双城市志

SHUANGCHENGSHIZHI

（1986 — 2005）

哈尔滨市双城区地方志编纂委员会　编

黑龙江人民出版社

图书在版编目(CIP)数据

双城市志:1986—2005/哈尔滨市双城区地方志编纂委员会
编.—哈尔滨:黑龙江人民出版社,2016.12
ISBN 978 - 7 - 207 - 10902 - 6

Ⅰ.①双…Ⅱ.①哈…Ⅲ.①双城—地方志—1986—
2005Ⅳ.①K293.54

中国版本图书馆 CIP 数据核字(2016)第 298666 号

责任编辑:李　珊
封面设计:王　刚

双城市志(1986 — 2005)

哈尔滨市双城区地方志编纂委员会　编

出版发行	黑龙江人民出版社
通讯地址	哈尔滨市南岗区宜庆小区 1 号楼
邮　编	150008
网　址	www.longpress.com
电子信箱	hljrmcbs@ yeah.net
印　刷	黑龙江艺德印刷有限责任公司
开　本	880mm×1230mm　1/16
印　张	48
插　页	12
字　数	1 400 千字
版　次	2016 年 12 月第 1 版　2017 年 5 月第 1 次印刷
书　号	ISBN 978 - 7 - 207 - 10902 - 6
定　价	290.00 元

ISBN 978-7-207-10902-6

哈尔滨市双城区地方志编纂委员会

主　任　刘志成

副主任　黄　志　于　军　刘跃民　杜　珉

委　员　曹大成　刘　彬　金兆海　于淑霞　韩淑萍　刘大为　李清林
　　　　张志强　李广贤　陆宝库　刘洪涛　李　琦　郭海平

哈尔滨市双城区地方志办公室

主　任　杨国伟

负责人　郭海平

《双城市志》(1986—2005)编纂人员

主　　编　葛文庆

副主编　赵德鹏　郭海平　关洪燕

编　　辑　齐春玲　李益兴　张继兴　佟基华　宫新民　武路线　赫崇明

图片采集　秦　苏

校　　对　刘维维

《双城市志》(1986—2005)编审指导

张国君　哈尔滨市人民政府地方志办公室副主任

王　冶　哈尔滨市人民政府地方志办公室区县指导处处长

刁殭军　哈尔滨市人民政府地方志办公室区县指导处调研员

冯　宁　哈尔滨市人民政府地方志办公室区县指导处副调研员

《双城市志》(1986—2005)审查验收

审查验收单位

哈尔滨市人民政府地方志办公室

审查验收成员

王　冶　哈尔滨市人民政府地方志办公室区县指导处处长

曾　欣　哈尔滨市人民政府地方志办公室编审指导一处处长

赵颖雪　哈尔滨市人民政府地方志办公室编审指导二处处长

冯　宁　哈尔滨市人民政府地方志办公室区县指导处副调研员

序　言

在举国上下深入学习贯彻党的十八届六中全会精神之际,《双城市志(1986—2005)》经过修志工作者10年的潜心编纂,终于出版了。这是一件功在当代、利在千秋的大事,为双城撤市设区(经国务院批准于2015年5月10日正式挂牌成立双城区,成为哈尔滨市管辖的第九个行政区)献上了一份厚礼,也为哈尔滨市史志建设增加了浓墨重彩的一笔。

这部志书全面、系统、形象地再现了双城撤县设市二十年来令人瞩目的历史变迁和辉煌成就。1988年9月,经国务院批准,撤销双城县,设立双城市(县级),从此掀开了双城发展史上崭新的一页。二十多年来,历届双城市委、市政府班子团结带领全市人民,高举中国特色社会主义伟大旗帜,以邓小平理论和"三个代表"重要思想为指导,以科学发展观统领全局,抢抓新机遇,共迎新挑战,在实现新突破、省市争排头的征程上迈出了新步伐,呈现出经济总量增长、结构优化、民生改善、社会和谐的良好发展态势。二十年间,双城的面貌发生了翻天覆地的变化,已经成为一座经济繁荣、蓬勃向上、快速发展的城市。

这部志书,不仅凸显了双城市人民在新的历史征程中开拓进取、团结奋斗、顽强拼搏、倾力建设新双城的精神风貌,也高度体现了励精图治、诚实守信、开明开放、发展创新的双城精神。面向未来,双城区广大人民群众正携手并肩,沉着应对各种挑战和考验,抢抓难得的发展机遇,抓重点、攻难关、求突破,在科学发展道路上,朝着建设全国农业循环经济示范区和放心食品产业城的目标阔步前进。在这一历史进程中,这部志书将充分发挥其存史资政、教化和帮助人们把握历史、正视现实、鉴知未来的作用。"明镜所以照形,古事所以知今。"我们相信,通过这部志书的编修,将更加有利于我们总结经验,认清当前的形势和任务,深入思考当前各项工作;更加有利于我们启发思维,统揽全局,牢牢把握时代脉搏,进一步谋划好双城的长远发展。这部志书也一定能够为外企客商及社会各界人士进一步认识双城、了解双城、研究双城提供最权威、最全面、最有价值的参考。

浩繁的编史修志工作是一项艰难复杂的系统工程。在这部志书里,充分体现了双城修志工作者较高的政策理论水平、敏锐的洞察力、丰富的工作经验和一丝不苟的工作作风,凝结着全区史志工作者和社会各界的无私奉献。这部志书全面介绍了双城政区历史沿革、自然地理、区位交通及资源禀赋等情况,记录了双城各个领域的详实数据,全方位、多角度地展现了双城各项事业的发展状况,是一部难得的史料典籍。相信,这部志书一定会引领大家走近双城,关心双城,激励双城儿女热爱双城,奉献双城,为建设富裕文明和谐的新双城做出更大贡献!

哈尔滨市双城区区长

2016年11月

凡 例

一、编纂指导思想。以邓小平理论、"三个代表"重要思想和科学发展观为指导思想，以中国共产党十一届三中全会以来路线、方针、政策为准绳，用历史唯物主义和辩证唯物主义的立场、观点和方法，实事求是地记述双城市在改革开放中全面发展的历史。

二、记述时限。本志记述上限为 1986 年，下限为 2005 年，对一些特定事物或内容因首次入志，为保证事物自身的完整，记述时可适当上溯。

三、记述时空。本志下限以双城市 2005 年行政区划为记述空间。

四、志书体式。坚持继承与创新的原则，努力体现时代特点和地方特色。体式上采取篇章节下的条目体，条目为基本记述单元。对特色事物采取升格形式进行记述。按照志书科学分类和社会实际分工的原则，大体分为环境、经济、政治、文化、社会。前设概述，后设附录，以概述为纲，以大事记为经，以各专业志为纬，横排竖写。

五、序文设置。在编下设序，展现门类中事物全面发展脉络和整体面貌，使叙文成为门类的提纲。

六、坚持人物生不立传的原则，在世人物通过以简介、表录及以事系人的方式记入相关内容。

七、本志中使用有关国民经济和社会发展的数字，原则上以统计部门的统计数字为准，统计部门未做统计的，按各行业、各部门的统计实录。

八、本志所采用的资料，以档案、文献、实物、声像资料为主，口碑资料为辅。入志资料除引用原文的，一般不注明出处。

九、首轮志书中由于客观原因未能记入的内容在本志相关章节内给予补记，重大殊误的更正收入附录。

十、本志行文按《哈尔滨市志书编写行文规定》纂写。

十一、机构名称第一次出现时用全称，括注简称，再次出现时用简称。地名一律使用标准名称。1988 年改市前称"县"，之后称"市"。黑龙江省、哈尔滨市名称简为省、哈市；中共黑龙江省委、中共哈尔滨市委、中共双城市委简称为省委、哈市委、市委。

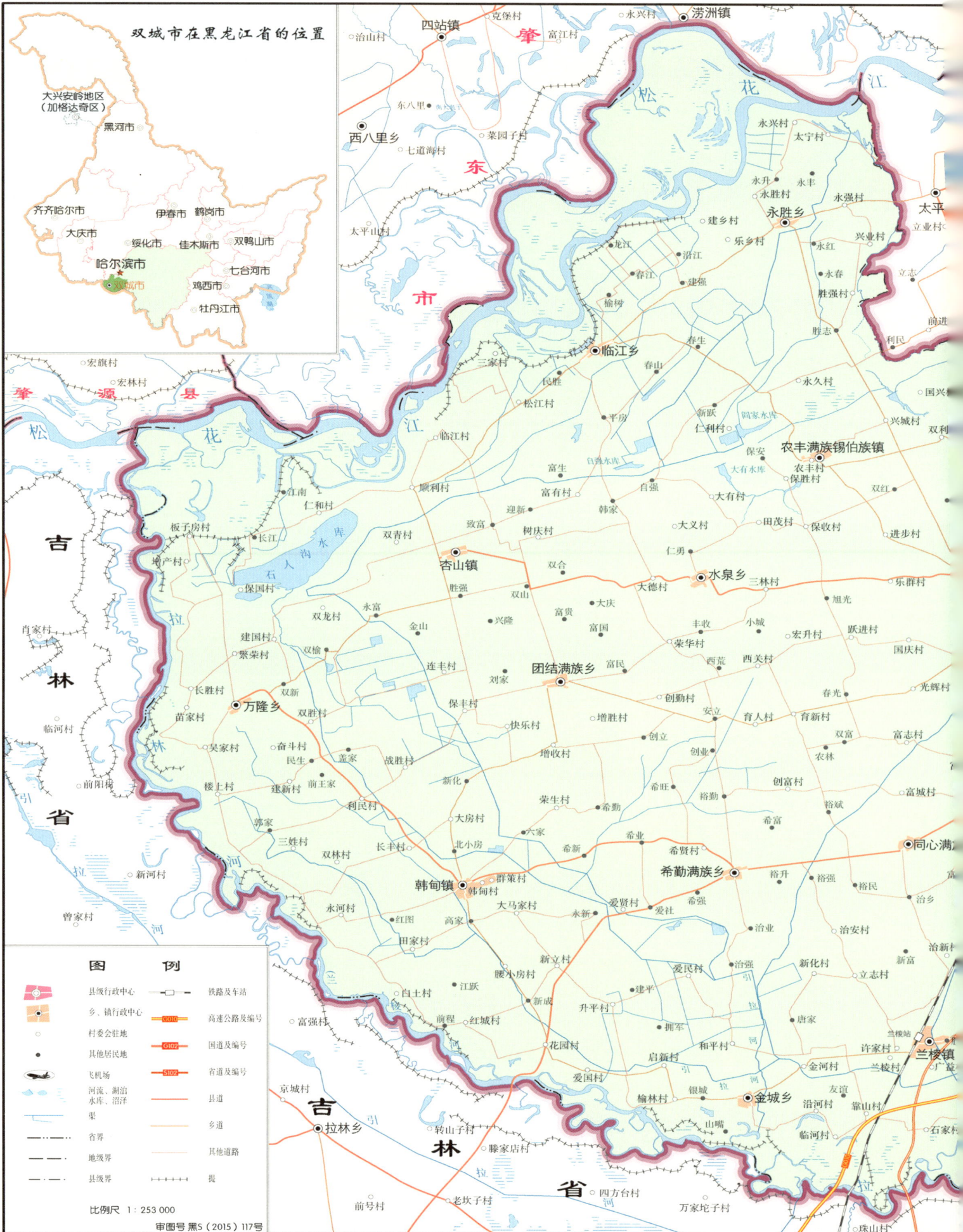

大兴安岭地区
（加格达奇区）

黑河市

齐齐哈尔市

大庆市　伊春市　鹤岗市

绥化市　佳木斯市　双鸭山市

哈尔滨市　　　　七台河市

双城市　鸡西市

牡丹江市

肇　东　市

肇　源　县

吉　林　省

松　花　江

拉　林　河

主要地名（自北向南）：

四站镇　克堡村　永兴村　涝洲镇

治山村　富江村

东八里　菜园子村　永兴村　太宁村

西八里乡　七道海村　永升　永丰

太平山村　建乡村　永胜乡　永强村　太平

龙江　乐乡村　永红　兴业村　立业村

沿江　春江　建强　永春　胜强村

临江乡　春生　胜志

三家村　民胜　春山　永久村　利民　国兴

临江村　松江村　新跃　锡家水库　兴城村　双利

顺利村　平房　仁利村　保安　大有水库

富生　自强　农丰满族锡伯族镇　双红

江南　富有村　韩家　农丰村　保胜村　田茂村　保收村

仁和村　迎新　树庆村　大义村　进步村

板子房村　长江　双青村　致富　仁勇　大有村

增产村　石人沟水库　杏山镇　双合　大德村　水泉乡　三林村　乐群村

保国村　胜强　双山　大庆　旭光

永富　兴隆　富贵　富国　丰收　小城　宏升村　跃进村

双龙村　金山　荣华村　西荒　西关村　国庆村

建国村　连丰村　富民　团结满族乡　光辉村

繁荣村　双榆　刘家　创勤村　安立　春光　富志村

长胜村　双新　保丰村　增胜村　创立　育人村　双富　农林

万隆乡　双胜村　快乐村　增收村　创业　育新村

苗家村　奋斗村　盖家　新化　希旺　裕勤　创富村　富城村

吴家村　民生　战胜村　荣生村　希勤　裕斌

楼上村　建新村　前王家　大房村　希富

三姓村　利民村　六家　希业　同心满族

双林村　长丰村　北小房　希新　希贤村　裕富

韩甸镇　群策村　希勤满族乡　裕升　裕强　裕民

永河村　红图　高家　韩甸村　大马家村　爱贤村　希强　治乡

田家村　大马家村　永新　爱社　治业　治安村

新立村　爱民村　治强　新化村　新富

腰小房村　升平村　建平　治业　立志村　治新

白土村　江跃　新成　拥军　唐家　新富

前程　红城村　花园村　启新村　和平村　金河村　兰棱站

富强村　爱国村　榆林村　银城　金城乡　许家村　兰棱镇

京城村　转山子村　金河村　友谊　沿河村　临河村　广益

拉林乡　滕家店村　山嘴　鲐山村

四方台村　老坎子村　万家坨子村　珠山村

宏旗村　宏林村

肖家村　临河村　前阳岗　新河村　曾家村

双城市行政区划图

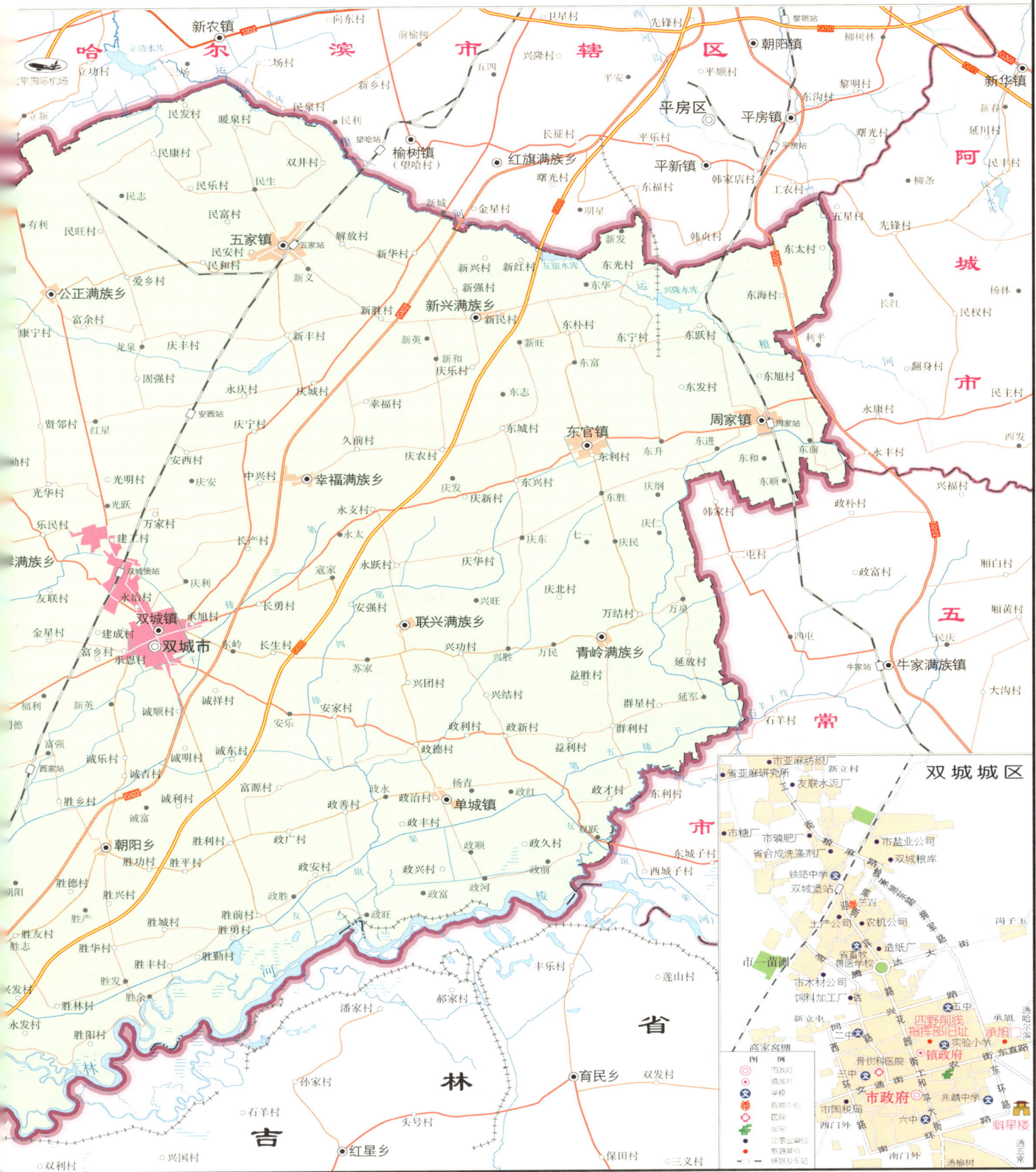

哈　东　滨　市　辖　区

新农镇
立功水库
立功村
二平国际机场
二场村
前榆树
向东村
卫星村
先锋村
黎明站
柳树林
黎明镇
新华镇
新华
延川村
新乡村
民泉村
民利
暖泉村
望哈站
榆树镇
（望哈村）
兴隆村
五四
平安
平顺村
东沟村
黎明村
曙光村
新春
民发村
民康村
双井村
新城
长征村
平房区
平房镇
平房站
阿
民丰村
民乐村
民生
金星村
红旗满族乡
曙光村
平新镇
韩家店村
工农村
城
杨林
有利
民旺村
民志
五家镇
五家站
解放村
新华村
新兴村
新红村
友谊水库
东福村
韩山屯
东太村
五星村
先锋村
民权村
市
公正满族乡
五家站
民安村
民和村
新义
新胜村
新兴满族乡
新民村
新强村
东光村
东华
兴隆水库
东海村
长红
民主村
富余村
龙泉
庆丰村
新丰村
新英
新和
东朴村
东宁村
东跃村
粮
利平
翻身村
康宁村
贤邻村
红星
固强村
永庆村
庆城村
幸福村
久前村
东志
东富
东发村
东旭村
河
永康村
西发
五
动村
光明村
安西站
庆宁村
庆农村
东城村
东官镇
东升
周家镇
周家站
东进
永丰村
兴福村
光华村
光跃
安西村
庆安
中兴村
幸福满族乡
庆发
东兴村
东利村
东和
东前
兴福村
市
乐民村
万家村
建国村
永支村
永太
庆东
七一
庆纲
韩村
政朴村
厢白村
满族乡
双城堡站
水治村
庆利
长产村
永跃村
庆华村
庆北村
庆仁
二屯村
政富村
厢黄村
友联村
金星村
建成村
三
安岭
长勇村
安强村
兴旺
庆民
四屯
五
常
双城镇
长生村
联兴满族乡
兴功村
万结村
万富
政富村
大沟村
富乡村
双城市
承恩村
长岭
苏家
兴胜
万民
青岭满族乡
益胜村
延放村
牛家站
牛家满族镇
福利
新英
诚顺村
诚祥村
安家村
安乐
兴团村
兴结村
群星村
延军
石羊村
常
门德
富强
诚乐村
诚明村
第
政利村
政新村
益利村
群利村
西家村
诚吉村
富源村
四
政德村
市
朝阳乡
胜利村
政永
政治村
单城镇
政红
杨青
政才村
东利村
胜功村
胜平村
政善村
政丰村
政广村
政顺
政久村
东城子村
西城子村
朝阳
胜德村
胜兴村
政安村
政兴村
政富
政河
河
河
吉
双城城区
胜勤村
胜前村
胜勇村
政旺
五
省
胜华村
胜丰村
政胜
胜志
林
吉
莲山村
丰乐村
潘家村
郝家村
发村
永发村
胜林村
胜阳村
林
省
孙家村
育民乡
双发村
高家窝棚
石羊村
红星乡
头号村
保田村
三义村
双利村
兴国村

附注：资料截止日期2005年

风光
FENGGUANG

·承旭公园冬季雪景

·承旭公园一角

·公正莲花湖

·临江油田晚照

·拉林河

· 满族风情园

· 优质草原

· 市花丁香

· 运粮河

基础设施
JICHUSHESHI

·民安大街一角

·市区十字街北路

·同三高速公路双城段

·周家镇小城镇建设

· 双城新兴开发区

· 完达山乳业厂区

· 临江石油开发区——南江分公司

· 永兴复酒业

·中强公司厂区照片

·哈麻集团有限公司

·大众肉联厂区

·雀巢公司

经济·农业
JINGJINONGYE

· 农田秋收图

· 百万亩稻田

· 五家镇花卉繁育基地

·优良奶牛

·土鸡饲养

·肉鹅饲养

·生猪饲养

·渔业丰收

经济·工业产品

JINGJIGONGYECHANPIN

·旺仔牛奶

·瑞麦产品

·雀巢奶粉

·雀巢咖啡

·天顺源食品

商品详情

编号 71532
品名：原味羊丸
规格：450g*20 袋
特点：肉质细腻，圆滑软嫩，食之滑爽味鲜，富有弹性，口感极佳。

·中国花园

·汇源饮品

·娃哈哈水

·娃哈哈饮品

·香其酱

·洽洽香瓜子

·花园白酒

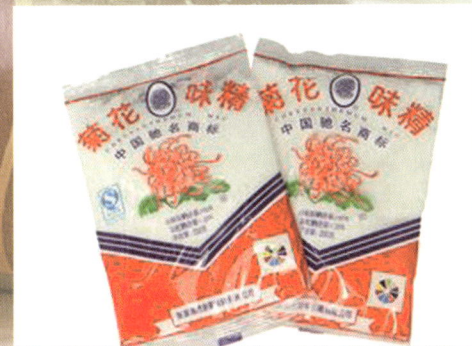
·菊花味精

经济·旅游

JINGJILVYOU

·承旭门

·魁星楼

·五家镇影视基地

·石人水库

·杏山望江山庄

·友谊渠（引拉河）

文化·教育
WENHUAJIAOYU

·双城实验小学

·双城兆麟中学

·运动会

·广播操

·冲刺

·2000年送书下乡到临江乡中学

·高一军训

·课间活动

文化·卫生
WENHUAWEISHENG

·双城市人民医院第一住院部

·人民医院第二住院部

·永胜乡卫生院

·双城镇卫生院

文化·曲艺
WENHUAQUYI

·1987年　刘劲松　黄启山
在首届中国艺术节上表演新
编传统二人传《高老庄》

·文艺演出现场

·优秀剧目获奖现场

文化·活动
WENHUAHUODONG

·少数民族文艺汇演

·2003年春节联欢会

·敬老院慰问演出

·干锅大饼子

·砂锅坛肉

·干锅土鸡

·锅包肉

·铁锅炖大鹅

·地三鲜

·小花卷铁锅菜

·杀猪菜

·白肉血肠

·酸菜炖粉条

·金代莲花纹银勺 东官镇出土

·兔毫盏 兰棱镇出土

·金代双耳三足平底锅 青岭乡出土

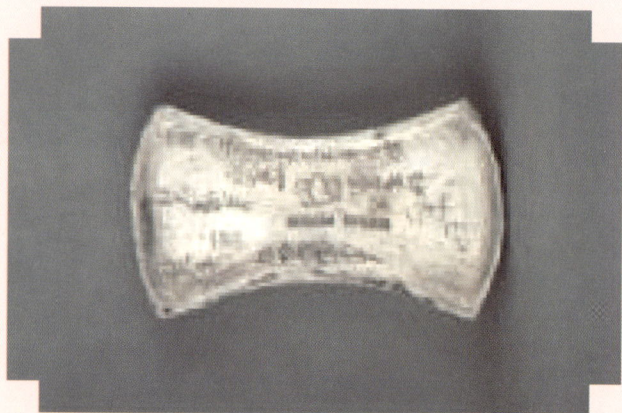

·金代银锭 东官镇出土

·新石器时期玉斧 同心乡出土

目录
CONTENTS

概 述

大事记

第一编　自然环境与资源

第二编　政区　人口

第三编　基础设施

第四编 经济综述

第五编 农 业

第六编　工业　建筑业

第七编　商业　贸易

第八编　交通　邮电业

第九编　银行　保险业

第十编 经济管理

第十一编　中共地方党组织

第十二编　地方人民代表大会

第十三编　地方人民政府

第十四编　　人民政协地方组织

第十五编　民主党派　工商联　人民团体　社会团体

第十六编　司法　军事

第十七编　教育　科技

第十八编 体育 卫生

第十九编　文　化

第二十编 习俗 宗教 方言

人 物

附 录

概　述

双城市位于黑龙江省西南部，距省会哈尔滨市区30公里。地理坐标为东经125°41′～126°42′，北纬45°08′～45°43′。东、东南与阿城、五常接壤；南、西以拉林河为界，与吉林省的榆树、扶余为邻；西北、北隔松花江与肇源、肇东相望；东北紧靠哈尔滨市。双城地处松嫩平原中部，东西长85公里，南北宽65公里，全境总面积3 112.3平方公里。其中土地面积占全境面积的93%，水域面积占总面积的7%。

双城地处松嫩平原腹地，海拔120～240米，相对高差100米。南面有拉林河，西面和北面有松花江环绕，流程200公里。20世纪70年代兴修的友谊渠总长212公里，流经13个乡镇103个村。气候特征属于北温带大陆性季风气候，春季多风少雨，夏季高温多雨，秋季凉爽干旱，冬季严寒少雪，年平均积温2 840度，年平均气温4.4度，是黑龙江省第一积温带，平均无霜期138日，年平均降水量481.8毫米，全年日照时数平均为2 551小时。

已探明和开采的矿产资源有五种：石油分布在临江、水泉、杏山、万隆等乡镇，在白垩地层1 200～1 500米之间。据石油勘测部门探明储油面积1 500平方公里，储量达3 700万吨，按每年开采50万吨计算，可开采70年，前景十分可观。天然气分布在永胜乡至哈尔滨市太平区之间。石英砂（建设用砂）主要分布在拉林河流域，年开采量在500万立方米左右，是建筑市场的主要材料。生产砖瓦的黏土分布较广，已探明储量为785.4万立方米，保有储量为565.2万立方米。矿泉水分布在公正乡、五家镇、农丰镇，储量丰富。

1986年，全县辖9个镇18个乡387个村。1988年9月，撤销双城县建立双城市（县级）。2001年3月，撤销前进乡、跃进满族乡、对面城乡。2001年9月，合并141个村民委员会，2005年末，全市9镇15乡，246个村，656个自然屯。

1986年，全县人口为703 365人，总户数153 276户。2000年，全市人口突破80万，2005年，全市人口达到810 966人，242 662户，非农业人口169 972人，净增107 601人。1986—2005年，人口出生率在14.5‰～9.4‰，自然增长率在8.9‰～3.94‰。2005年，人口男女性别比例为104∶100。全市有27个民族，其中以汉族人数居多，满族次之，蒙古族人数位列第三，还有回、藏、苗、朝鲜、锡伯等民族。

一

二十年来，城乡建设得到快速发展，城市面貌日新月异。市委、市政府根据经济发展的需要，先后两次编制《双城市总体规划》，绘制全市跨世纪经济建设和社会发展的蓝图，为这座古老而又年轻的城市注入了勃勃生机。城市建设中，在加快老城区改造的同时，辟建幅员4.25平方公里的新城区。到2005年，共建成设施配套齐全的标准化小区117个，楼房254栋，建筑面积435.2万平方米。城区实行亮化工程，主街道架设新型路灯1 700余盏。城区绿化面积400万平方米，绿化覆盖率达27%。改造新建城区道路总长度10.4万米，铺设白色和黑色路面共计92.8万平方米。城区自来水主干线长292公里，日供水能力10 000吨，供水户26 058户，受益12.8万人，占计划用水率96%；农村有30.4万人吃上自来水，自来水普及率达到52.1%。全市共铺筑通乡公路310公里，白色路面里程居省内县（市）之首。修高级路面26.9万平方米，长度25公里。农村居民住房得到很大改善，村镇建设砖瓦化住宅100多万平方米；住房砖瓦化率达到75.6%以上。

交通、运输、仓储及邮电业快速增长。2005年，交通运输仓储及邮电业实现增加值132 233万元，比上年增长24.9%。全年完成客货运输总量11 074万吨/公里，比上年增长28%。其中，铁路客货运周转量392万吨/公里，增长25.2%；公路货运周转量10 682万吨/公里，增长24.4%。完成邮电业务总量10 032万元，比上年增长18.6%。

通讯业迅速发展。2005年，全市电话装机总户数128 791户，比上年增长24.7%。其中市话用户53 869户，农话用户74 922户，移动电话用户145 872户，分别比上年增长9.3%、38.8%和24.8%。全市电话普及率为 56.7% ,移动电话普及率 25 部/百人。

二

二十年来,农村改革日益深化,广大农民思想观念不断更新,依靠科学,加大投入,实现了产业化规模经营,由传统农业向"两高一优"农业发展。

1986 年,在贯彻中央《关于一九八六年农村工作的部署》的 1 号文件精神中,全县农村经济持续稳定协调发展。全县农作物面积种植为 177 万亩,粮食总产首次突破 15 亿斤。1987 年,全县出现首次卖粮难的问题。县委提出"绝不放松粮食生产,积极发展多种经营"的方针,制定"植根于种植业,拓展于畜牧业,深化于加工业"的经济发展战略,在巩固发展粮食生产的同时,全县以生猪为主的畜牧业快速发展。1989 年,全市生猪饲养量为 30 万头,家禽饲养量为 268 万只,肉牛饲养量为 2 万头,畜牧业产值实现 2.2 亿元,占农业总产值的 31.6% 。1990 年全市粮豆薯总产超过 20 亿斤,跃入全国粮食生产百强县第十名。同年,瑞士雀巢公司双城公司——大乳品厂的建成投产,为双城农村产业化转型提供契机,奠定了发展大玉米—大奶牛—大乳品的基础。1994 年,全市粮豆薯总产达到 27.16 亿斤,单产 1 065 斤,分别比上年增长 7.4% 和 8.2% ,农民人均收入 2 015.6 元。同时,调整种植业结构,高产值玉米面积增加到 210 万亩,跃居全国粮食生产百强县第 5 位。在全国率先进入粮、牧、渔总产值双百强县行列,被国家授予全国农业先进市、粮食生产先进市称号。1996 年,全市粮豆薯总产突破 30 亿斤大关。1997 年,以畜牧业为主的多种经营总收入实现 35 亿元,乡镇企业实现产值 35 亿元。1998 年起,全面发展农村工业和第三产业,在全市形成农牧渔共同发展,农工贸综合经营,多种体制发展的格局,农业和农村经济的整体素质和效益显著提高。全市玉米面积稳定在 180 万亩,以小米、大芸豆、红小豆、甜玉米为主的小杂粮发展到 20 万亩,以西瓜、荷兰豆、苦瓜、丝瓜为主的特色瓜菜面积达到 3 万亩,以山鸡、黑貂为主的特色养殖业已达 2 万多只(头)。在全市建起谷子、水稻、两瓜、蔬菜为主的四大绿色食品基地面积 4 万亩。2000 年末,全市奶牛存栏达到 11 万头,肉牛饲养量达到 20.6 万头,生猪饲养量达到 51.5 万头,家禽饲养量 1 050 万只,全市畜牧业实现产值 18.5 亿元,占农业总产值的 45.6% ;全市畜牧业纯收入达 8 亿元,人均牧业收入 1 310 元,占农民人均收入的 53% 。全市乡镇企业总量已达到 12 688 家;乡镇企业实现全口径产值 41.9 亿元,增加值 11.6 亿元。全市农民离土创业人数达 12.7 万人,占农村劳动力总数的 45.6% 。2005 年,全市粮豆薯总产量达到 35.2 亿斤。农业总产值实现 72.5 亿元,增加值 41.9 亿元,农民人均收入达到 4 331 元。奶牛存栏达到 22.4 万头,鲜奶产量 60 万吨,被评为全国奶牛存栏和鲜奶产量第一县。肉牛饲养量 40 万头;生猪饲养量 100 万头;家禽饲养量 1 800 万只。建成牧业小区 61 个,奶牛小区 33 个,畜牧业规模比重达到 30% 。全市农机总动力为 29.99 万千瓦,农机总值 3 亿元,配套农机保有量达到 25 333 台。林业生产历经"三北防护林工程""退耕还林工程""绿色通道工程"三个发展阶段,森林活立木蓄积量达到 141.2 万立方米,形成 7 692 个农田网络,庇护农田 19 万公顷。乡镇企业实现总产值 423 亿元,增加值 88 亿元,利润 17.7 亿元,税金 4.5 亿元。连续 3 年被评为哈市和全省发展非公有经济先进市。

三

改革开放以来,工业经济得到快速发展,经济实力显著提高。1986 年,双城工业由全民所有制企业、集体所有制企业、个体工业组成,有县属企业 15 513 个,其中全民所有制企业 30 个,集体所有制企业 375 个(含村以下集体企业 210 个)、个体工业 15 108 个。工业总产值 25 050 万元,其中全民所有制企业占 46% 、集体企业占 43% 、个体工业占 11% 。按轻重工业分,轻工业占工业总产值的 70% ,重工业占 30% ,以轻工业为主。轻工业生产的是以农副产品为原料的初级产品,多为食品、纺织品。到"八五"时期工业发展不快，全县仍为"农业大县、工业小县、第三产业弱县"。为了发展工业，历届党委、政府深化企业改革，先实行企业内部改革，而后对有关企业进行关、停、并、转、出售、出租等。到了"九五"时期，全民所有制企业、二轻企业相继完成产权改造，进入二次创业阶段。经过招商引资，瑞士雀巢公司入驻双城，成为具有亚太地区最大的婴儿奶粉生产能力的企业，为双城的财政做出贡献。双城经济技术开发区落户的企业，形成食品加工、生物制药、机械电子、包装印刷、材料加工等群体。新兴工业项目园区建设，哈尔滨亚麻纺织公司、大众肉联等 10 户企业落户园区。大庆采油十厂进入临江石油开发区，拓展了石油工业。到 2005 年，形成多种经济所有制发展的工业格局，工业总产值达到 1 289 943 万元，是 1986 年的 51.49 倍。其中国有工业占工业总产值的 4%，股份合作企业、股份制企业、外商企业等占工业总产值的 96%。双城位列全国最具区域带动力中心城市全国百强县第 77 位。

伴随着城市改造，城市基础设施建设日益增进，双城建筑业也不断发展起来。1986 年，有建筑企业 7 家，建筑设计企业 1 家，完成总产值 627 万元，其中施工产值 627 万元。2005 年有建筑企业 5 家，完成总产值 7 155 万元，其中施工产值 2 340 万元，分别是 1986 年的 11.41 倍和 3.73 倍。完成重点工程设计 16 项。

四

在改革开放中，商业贸易经济发生重大变革，在管理体制上由国有逐渐变为国有与个体并存；在经营方式上，经历以国有为主、个人承包经营、全面实行个体私营的改革发展过程，建立起国有、集体、私营、合资、外资、股份制、个体等多种经济成分、多种经营方式并存的商贸经济格局。1986 年，商业系统有商业网点 107 个，启动商业体制改革，逐步实行集体承包、个人承包、个人租赁等经营形式，到 1995 年商业国有和集体企业大部分都关停改制，个体私人经济迅猛发展。到 2005 年，全市商业网点发展到 1 654 个，服务业网点 3 272 个，各类集贸市场 51 个，商贸经济繁荣。

1986 年开始，粮食收购按国家指令性计划实行合同定购，城镇居民口粮实行计划定量供应。1998 年，粮油市场逐渐放开，粮食收购经历了议价收购、保护价"订单"收购，2002 年，全省取消粮食定购，粮油市场彻底放开经营，粮油企业实行改制并轨。供销、物资企业经过不同形式的承包经营，企业经营逐渐放开。1996 年以后，供销、物资企业在竞争和城市改造中相继破产、关停。

1986 年，药品经营主要以国有企业为主渠道，积极扩大区外销售。1988 年，开始实行个人承包、集体承包。1993 年进行行业管理和市场管理改革。2005 年，全市有药品批发企业 6 个，医药有限公司 4 个，药品连锁企业 4 个，连锁门店 423 个。外贸下属企业，主要经营粮油食品、土畜产品和工艺用品出口，1996 年，国家放开外贸经营权后，企业相继破产。1993 年，汽油、柴油实行计划供应，1994 年，石油产品放开经营。2005 年，经营网点由 1986 年的 1 个加油站增加到 63 个，产品销量逐年增加。烟草行业管理体制逐渐完善，坚持依法维护正常的市场秩序，打击非法经营活动。卷烟品种齐全，销售网络建设不断加强，满足市场供应。1991 年烤烟种植曾突破万亩大关，2005 年，种植面积 2 684 亩，销售卷烟 21 514 箱，销售额为 12 480.48 万元。2005 年，酒类商业实行专卖管理和专卖许可证制度。酒类专卖局与工商、技术监督等部门，经常对酒类生产、经营企业进行监督检查，对违法违规行为进行查处，对酒类生产企业进行扶持。

随着工农业生产和市场经济的发展，新的金融业流通体制形成，促进了城市经济的繁荣和发展。1986 年 5 月，双城人民银行和双城工商银行分设，1987 年 5 月双城农村信用联社成立，至此全市金融体制改变"大一统"的单一银行制，政策性银行与商业性银行分离，形成以国有商业银行为主体，多种金融机构并存的新格局，金融业务范围迅速拓展，服务面迅速扩大。2005 年，全市共有银行 6 家，信用社 1 家，职工总人数 1 128 人，人民币存款余额为 340 120 万元，其中储蓄存款余额为 283 242 万元，贷款余额为 22 836 万元。人寿保险额 1.95 亿元，理赔额 1 787 万元。金融机构各项存款余额 329 527 万元，比上年增长 19.5%。其中，企业存款额 46 285 万元，增长 21.8%；城乡居民储蓄存款余额 283 242 万元，增长 13.5%。金融机构各项贷款余额217 998万元,其中,短期贷款176 255万元,中长期贷款34 145万元,增长8.5%;个人中长期消费贷款10 149万元,增长5.8%。保险事业稳步发展,2005年底全市有各类保险机构7家,全年保费收入5 377万元,比上年增长36.1%,其中,财产险保费收入684万元;人寿险保费收入4 051万元,增长68.5%。支付各类赔款885万元,比上年增长20.4%,其中,财产险赔付金额449万元;人寿险赔付金额280万元,增长33%。

<h2 style="text-align:center">五</h2>

在改革开放中,社会各项事业得到了长足发展。1986年,"义务教育法"颁布后,双城市被松花江地区教委评为基础教育先进县、"双实"先进县;1995年,分别通过了省和国家"两基"工作检查验收,在松花江地区率先实现基本普及九年义务教育,成为全省第二批实现"两基"的县(市)。2005年,双城市高标准高质量普及九年义务教育通过了省政府督导室的复检。

1986年,全县有347所幼儿园,幼儿教师623人;有小学387所,教师4 656人;有初级中学30所,高级中学1所,教师1 545人;职业中学4所,教职工45人。1996年,兆麟中学高中部迁入新址。2004年,兆麟中学(高中部)被评为省级示范高中。2005年,全市有485所幼儿园,规模化幼儿园达80%以上,幼儿教师685人;有小学310所,教师2 973人;初级中学46所,有教职工3 005人;兆麟中学20年间考入北京大学12人,升入本科院校3 355人,升入文科院校1 411人。有教师进修校1所,教职工67人。驻双城院校有黑龙江省畜牧兽医职业学院、哈尔滨工程技术学校、哈尔滨市经济贸易职工中等专业学校、哈尔滨市广播电视大学双城分校。

科技市场活跃,科技创新能力增强。1988年召开全县科技大会,确立科教兴县的战略思想。1990年编制了《双城市科教兴市实施方案》,本着"解放思想、发挥优势、商贸导向、科教先行、调整结构、外引内联、城乡联动、富市富民"的思想,全面实施科教兴市战略。1993年9月4日首次召开科技项目新闻发布会,会上对接126项科技项目,草签意向性协议88个。同年成立科技市场。1995年双城市被省科委确定为"两高一优"农业试验示范县。围绕玉米、奶牛、肉牛、蔬菜等主导产业开展8项新技术试验和推广。同年双城市被国家科委列为全国科技综合实力百强县之一,并荣获全国科技工作先进县的称号。1997年,双城市人大常委会通过《双城市1996年至2010年科教兴市实施方案》。2001年,市委、市政府又一次下发《关于实施科教兴市战略意见》。到2005年全市累计举办科技培训班4 309期,聘请授课教师1 744人次,受教育人数918 030人次,发放科技书籍和科技资料38 710份,科技咨询13 471人次。

20世纪80年代双城没有民营科技型企业,进入90年代,市委、市政府注重民营科技企业的发展。1995年,成立民营科技企业领导小组,出台《双城市民营科技企业协会章程》,明确市科学技术委员会对民营科技企业实行管理。到2005年,全市有民营科技企业35家,技工贸总收入32.5亿元,占全市国内生产总值的25.1%。具有自主知识产权产品的有15家,其中有中瑞雀巢乳业有限公司、时代工贸集团、中强能源科技、成杰集团、瑞麦公司、丰禾种业有限公司等。1986—2005年全市累计投入资金14 439.4万元(不含外企)完成科技项目661项(次),其中省、部级88项(次),哈市、松花江地区级95项(次),市(县)级478项(次);取得科技成果446项,获国家专利206项。2001—2004年双城市连续4年被国家科技部授予"全国科技进步先进市(县)"的称号;2005年,双城市被国家科技部确定为科技工作试点市(县)。

文化事业日益繁荣。1986年,全县有1个文艺演出团体,4家大型影剧院,5家对内俱乐部;有电视差转台1座,转播中央和省电视台节目;有26个广播站,1994年农村广播入户率94.8%,同年双城电视差转台被广播电视部批准为双城电视台。2005年,全市有专业剧团1个,剧场影剧院3个,电影放映200场次;文化馆(站)28个,图书馆1个,藏书8万册,展览馆1个;电视台、广播电台、有线电视台各1座,卫星接收站5座,微波站1座,电视人口覆盖率100%,有线电视用户14 000户,乡镇广播放大站24个,村级广播室 246 个。

体育事业蓬勃向上。1986 年,双城有业余体校 1 所。1988 年建成标准 400 米田径场 1 处。1989 年建篮球训练馆。2000 年建全市中心冰场。2005 年,全市各类体育场馆 5 个,体育设施 12 处,专项训练人员 13 人,举办各类竞赛 15 次,参加人数 3 947 人,全市有 18 个全民健身活动场所,配置各类健身器材 342 件。经常性锻炼人数达 30.8 万人,占全市人口的 38.1%。

医疗卫生事业健康发展。1986 年,双城有人民医院、中医院和 24 所乡镇卫生院,村级卫生所 354 个,卫生技术人员 1 260 人。2005 年,全市共有各类医疗卫生机构 407 个,其中医院卫生院 29 个,门诊部所(含个体门诊部)374 个,卫生防疫站 1 所,结核病防治所 1 所,妇幼保健站 1 个,疾病控制中心 1 所,卫校 1 所。共有卫生床位 1 762 张,专业医疗卫生技术人员 2 437 人,卫生防疫人员 43 人。婴儿死亡率 9‰,五岁以下儿童死亡率 1.5‰,产妇住院分娩比例 99%。

计划生育工作得到加强。1989 年,成立计划生育服务站,为计划生育开展服务。1990 年,形成集技术、宣传、药具为一体的三站合一。同时加强计划生育的宣传和政策的执行,使计划生育工作顺利开展。2002 年,建计划生育服务中心楼,增设男病科、理疗科、咨询科,使服务更加完善。人口自然增长率从 1986 年的 8.9‰,降到 2005 年的 3.94‰。

社会保障体系更加完善。1986 年,组建社会劳动保险公司,同时实施失业保险,1987 年开始收缴企业人员养老费 155 万元,发放 97 万元;收失业保险费 19.8 万元,发放 10.4 万元。1993 年,启动机关事业单位养老保险。1994 年,开展农村社会养老保险,到 1997 年收缴保金 7 078 元。1998 年,开始对企业离退休金社会化发放。2001 年,启动机关事业单位医疗保险。2005 年,收缴企业养老保险费 3 191 万元,发放 5 950 万元;领农村社会养老保险费 79 495 元;机关事业单位医疗保险费收入 192 万元,发放 176 万元;机关事业单位养老保险费收入 6 300 万元,发放 5 000 万元;失业保险费收入 190.25 万元,发放 1 133.61 万元。

2014 年,双城市经国务院批准撤市变为哈尔滨市辖区,使双城的发展进入一个新的阶段。

大事记

1986 年

3 月 25 日　双城县政协六届三次全委会议在县政府招待所召开。

是月 26 日　双城县第九届人民代表大会第三次会议在双城宾馆召开。

4 月 5 日　双城县老年人体育协会成立。

8 月　农丰镇被评为全国计划生育工作先进集体。

9 月 5 日　双城县卫星地面接收站建成投入使用。

是月 15 日　双城县兆麟中学举行建校 81 周年,命名 40 周年校庆,李兆麟将军塑像在校园落成。

是月　于文复任中共双城县委书记。

12 月 11 日　双城县政府与瑞士雀巢有限公司在哈尔滨市签订"中瑞合资兴办乳品加工项目合同"。

是月 16 日　双城县被评为黑龙江省殡葬改革工作先进县。

是月 20 日　双城县实施"三北"防护林二期工程。

是月 29 日　双城县民间艺术剧团与评剧团和影剧院三家合并,更名为双城县民间艺术剧院。

1987 年

3 月 28 日　双城县第九届人民代表大会第四次会议在双城宾馆召开。

是月　根据《黑龙江省民政厅关于村民委员会改选工作通知》〔黑民字(86)13 号〕的要求,双城县举行第一届村民委员会换届选举。

5 月　双城县邮电局恢复开办邮政储蓄业务。

是月　按照邮电部决定,双城县开始实行邮政编码。

9 月 28 日　双城县第十届人民代表大会第一次会议在双城宾馆召开。双城县政协七届一次会议在县政府招待所召开。

是月　双城县民间艺术剧院演出的二人转《猪八戒拱地》,在全国首届艺术节获金杯奖。

12 月 7 日　双城县老龄委员会成立。

是月 20 日　双城县开展首届"十佳公仆"评选活动。

是月 25 日　双城县电视差转台自办节目"双城新闻"与双城观众见面。

1988 年

1 月　双城县药检所被国家卫生部评为全国文明药检所。

3 月 27 日　双城县政协七届二次会议在县政府招待所召开。

是月 28 日　双城县第十届人民代表大会第二次会议在双城宾馆召开。

4 月 1 日　双城县颁发居民身份证办公室成立,在全县开展颁发居民身份证工作。

7 月 4 日　经黑龙江省民政厅批准,同心乡、希勤乡改设为满族乡。

是月 17 日　双城县遭受水灾,日降水量达 152.9 毫米,造成局部低洼地带内涝,全县洪涝灾害面积 513 580 亩。

8 月 20 日,中共双城县委召开全县科技大会,确立科教兴县的战略思想。

是月　中共双城县委决定在金城、乐群、单城、杏山、同心、朝阳、幸福、东官、临江增设九个乡镇法庭。

9 月 14 日　经国务院批准,撤销双城县设立双城市(县级)。

10月28日　双城市政协一届一次全体会议在市政府招待所召开。

12月14日　双城市第一届人民代表大会第一次会议在双城宾馆召开。大会通过了关于撤销双城县设立双城市的决议；关于人民代表大会届次的决议；关于更改机构名称和领导职务称谓的决议。

是月27日　中共双城市委、市政府印发《关于延长土地承包期工作的若干政策规定》，新一轮土地承包期从1997年12月31日零时开始，在第一轮土地承包基础上再延长30年。

1989 年

1月　中共双城市委决定成立双城市武装工作委员会。

3月28日　双城市政协一届二次全体会议在市政府招待所召开。双城市第一届人民代表大会第二次会议在双城宾馆召开。

9月　国务院总理李鹏视察双城农业。

是月　双城市在北门外兴建第二供水厂。

10月　京哈公路（G102国道）双城段通车。

12月10日　双城市政协一届三次全体会议在市政府招待所召开。

是月20日　双城市被国家教委评为全国幼儿教育先进市。

是月22日　双城市被评为黑龙江省殡葬改革工作先进市。

是月26日　双城市人民广播电台有线广播改为调频广播。调频发射机功率1 000瓦，频率97.5兆赫。

是月　张成果任中共双城市委书记。

1990 年

1月17日　中共双城市第一次代表大会召开。

2月21日　经黑龙江省民政厅批准，公正乡、联兴乡、跃进乡、新兴乡、青岭乡改设为满族乡。

是月28日　双城市政协一届四次全体会议在市政府招待所召开。

是月　雀巢有限公司正式投入生产。

8月　中华人民共和国成立后，双城县第一部《双城县志》出版发行。

9月10日　经黑龙江省民政厅批准，农丰镇改设为农丰满族锡伯族镇。

是月　周家镇在中国乡镇百颗星评选活动中，被评选为"中国乡镇之星"。与会代表受到中共中央政治局常委宋平，中共中央顾问委员会副主任宋任穷和国务委员陈俊生等领导同志的接见。

12月　双城市农机修造厂研发的"有载分接开关"在中央电视台全运会转播中投入试用。

是月　乐群乡农民赵力用秫秸扎制的高1.2米，直径50厘米黄鹤楼灯，送到北京亚运村，被国家收藏。

是月　全市粮豆薯总产超过20亿斤，跃为全国粮食生产百强县第十名。

1991 年

2月3日　双城市政协二届一次全体会议在市政府招待所召开。

是月5日　双城市第二届人民代表大会第一次会议在双城宾馆召开。

3月15日　省委书记孙维本、副省长杜显忠视察双城雀巢有限公司。

5月20日 双城市成立房地产市场交易中心。

8月14日 国务委员李贵鲜视察双城雀巢有限公司。

是月26日 双城市卫生防疫站被国家卫生部评为全国环境卫生监测先进单位。

是月27日 双城市结核病防治所被国家卫生部评为全国合格结核病防治所。

是月27日 双城市药检所获国家卫生部部级先进所称号。

是月 共青团中央第一书记宋德福到双城视察工作。

1992 年

3月10日 双城市人民政协二届二次全体会议在市政府招待所召开。

是月20日 双城市第二届人民代表大会第二次会议在双城宾馆召开。

是月 中共双城市委决定在全市进行体制改革,重点对工业企业进行改革。

4月 双城市被评为全国体育先进县(市)。

5月 农业部畜牧兽医司、全国畜牧兽医总站授予双城市1991年度青贮饲料推广工作先进单位称号。

是月 由王志才创办的全省第一家私立中学——文路中学正式招生。

8月4日 农业部畜牧兽医司副司长徐宝仁到双城市视察秸秆养牛情况。

是月31日 省政府批准设立双城经济技术开发区(省级开发区)。

9月 农业部畜牧兽医司授予双城市畜牧局全国基层三站建设先进集体称号。

10月27日 临街旧房拆扒工作启动,迎宾路、承旭路拓宽重建工程竣工。

11月26日 双城市人民政协二届三次全体会议在市政府招待所召开。

是月19日 农业部确定双城市为全国首批秸秆养牛示范县(市)。

是月27日 中华人民共和国农业部授予双城市全国秸秆氨化推广先进单位称号。

是月28日 双城市歌舞团、双城市书画院成立。

12月 双城市开通移动通讯。

是月 中共黑龙江省委书记孙维本到双城市视察工作。

是月 周家大市场落成剪彩。

是月 双城市政府下发《关于深化企业改革,转换经营机制工作方案》。

是月 双城市农业技术推广中心被国家农业部评为"农业科技先进单位"。

1993 年

3月15日 双城市人民政协二届四次全体会议在市政府招待所召开。

是月23日 双城市第二届人民代表大会第四次会议在双城宾馆召开。

是月 何忠学任中共双城市委书记。

4月1—3日 中国共产党双城市第二次代表大会召开。

6月18日 中共双城市委、市政府在花园宾馆举行人民警察首批授警衔仪式。

7月21日 黑龙江省乾坤园墓地在新兴满族乡境内奠基。

8月 国务委员陈俊生到双城市视察工作。

9月4日 双城市首次召开科技项目新闻发布会,会上对接126项科技项目,草签意向性协议88项。

10月 魁星楼在承旭公园人工湖北侧重建竣工,举行落成典礼。

11月11日 双城市人民政协三届一次全体会议在御花园宾馆召开。

12 月 17 日　双城市第三届人民代表大会第一次会议在御花园宾馆召开。

是月　周家镇被国家文化部命名为"书画艺术之乡"。

是月　东官镇农民文化技术学校被国家教委授予"全国先进农民文化技术学校"称号。

是月　省委省政府授予双城市畜牧十佳县（市）称号。

1994 年

1 月 1 日　第二供水厂正式运行。

3 月 16 日　双城市政协三届二次全体会议在御花园宾馆召开。

4 月　双城市化肥厂破产，成为全省第一家国有破产企业。

5 月 4 日　省委书记岳岐峰到双城市视察奶牛养殖情况，深入到公正乡有利村标准化奶牛养殖一条街视察。

是月 15 日　中共中央政治局候补委员、书记处书记温家宝，农业部副部长刘成果到双城视察农业、畜牧业。

是月　省长田凤山视察双城雀巢公司。

是月　加拿大阿尔伯达省政府农业委员会主任盖托尔和肉牛专家罗伯汉到双城市考察肉牛和奶牛生产。

9 月 14 日　双城市撤税务局，分别成立国家税务局和地方税务局。

是月　双城市有线电视成功开通。

是月　国务院授予新兴满族乡"全国民族团结进步少数民族乡"称号。

是月　双城市政府根据中央和省及哈市要求，决定对境内荒山、荒地、荒滩、荒草、荒水等"五荒"使用权进行拍卖。

是月　双城市第一条白色路面铺设竣工（和平大街）。

12 月 1 日　双城市 10 000 平方米的承旭广场落成剪彩。

是月 19 日　周家镇被评为全国文化先进乡镇。

是月 23 日　双城市在双城镇开展婚检试点工作。

是年　双城差转台经国家广播电影电视部批准，成立双城电视台。

是年　双城市被省委、省政府命名为文化先进县（市）。

1995 年

1 月　双城市属国有企业亚麻厂、糖厂、造纸厂、制鞋厂、陶瓷厂、农机修造厂、针织厂 7 户企业实施破产改造。

3 月 16 日　双城市人民政协三届三次全体会议在御花园宾馆召开。

是月 21 日　双城市第三届人民代表大会第三次会议在御花园宾馆召开。

4 月 12 日　双城第一口油井在临江乡开钻。

5 月　李军任中共双城市委书记。

7 月　全国人大常委会委员长乔石到双城市视察。

8 月 1 日　实行《双城市医疗保险试行办法》。

10 月 21—24 日　以农业部邱隽彬为组长的国家开发办、东北三省检查团到双城检查验收秸秆养牛示范县建设。

是月　溥韫欢(金志欢、北京第七十二中学退休教师、溥仪之妹七格格)与女儿乔英到双城市访问。

12 月　双城市医院、市妇幼保健站被卫生部命名为"爱婴医院"。

是月 6 日　双城市获"全国幼儿教育先进市"称号。

是月 15 日　东官镇农业技术推广站被农业部评为先进农业技术服务站。

是月 19 日　双城市被国家科委列为全国科技实力百强县。

是月 20 日　双城市进入 1995 年度中国 100 个粮食总产全国最高县(市)行列,排位为第 5 位。

是月 25 日　最高人民检察院检察长杨易辰到双城市视察。

是月 27 日　商贸大厦工程竣工并投入使用。

是月 28 日　双城镇敬老院被评为全国模范敬老院。

是年　经省和国家教委"两基"检查组检查验收,双城市基本实现普及九年义务教育。

是年　双城市检察院被最高人民检察院授予全国模范院称号。

是年　在全国第三次卫生城检查中双城市被命名为省级卫生城市。

是年　国务委员宋健到双城市视察。

是年　双城市获全国科技工作先进县称号。

1996 年

1 月 22 日　《双城市党政机构改革方案》《双城市机构改革分流人员政策方案》正式实施。

3 月 4 日　双城市举办首届新秧歌汇演,省委书记岳岐峰题词"革旧换新"。

是月 26 日　双城市政协三届四次全体会议在御花园宾馆召开。

5 月　双城镇将原有的 12 个街道办事处合并为 6 个。

6 月　双城市政府决定取消乡镇所在地村卫生所,其人员和公共卫生管理划归乡镇卫生院。

7 月　双城市第一条水泥混凝土路面道路——粮麻路开工。

8 月 2 日　晚 19 时 30 分,龙卷风袭击永胜乡 2 个村,持续 8 分钟左右,受灾面积 233.3 公顷。

10 月　双城市广播电视局被省广播电视厅授予"第三届亚洲冬季运动会特别贡献奖"。

11 月　经国务院批准,松花江地区与哈尔滨市合并,组成新的哈尔滨市,双城市归哈尔滨市管辖。

12 月 13 日　双城市第三届人民代表大会第五次会议在御花园宾馆召开。

是月 15 日　全国人大常委会委员长乔石视察双城雀巢公司。

是月 17 日　双城镇在西门外辟建 28 000 平方米的建材大市场。

是月 20 日　兆麟中学(高中部)工程竣工。

是月 22 日　双城市技术监督局被黑龙江省技术监督局授予"全省技术监督行政执法先进单位"及"黑龙江省标准化工作先进集体"称号。

是月 23 日　国家技术监督局副局长李瑞到双城市视察农业标准化工作。

是年　双城市被省政府授予"八五"期间地方病防治先进市称号。

是年　双城市实施"三北"防护林三期工程建设开始。

是年　东官镇被国家教委评为农民教育先进单位。

1997 年

4 月 21 日　双城市开通"110"报警电话。

6 月　省政府授予双城市"1996 年度全省科教兴牧工作先进单位"称号。

6月30日　庆祝香港回归承旭广场举办百人唢呐团演出——"震天唢呐"。

是月　卫生部妇幼司司长王凤兰到双城市检查妇幼保健工作。

9月　朱清文任双城市委书记。

10月8日　经省和哈尔滨市爱卫会检查验收,双城市获省级卫生城市称号。

是月20日　双城市人民政协四届一次全体会议在御花园宾馆召开。

是月28日　双城市第四届人民代表大会第一次会议在御花园宾馆召开。

11月4日　赵强国被中宣部、中华人民共和国公安部、中华见义勇为基金会授予"全国人民群众见义勇为与犯罪分子作斗争先进分子"称号。

是月11日　全国人大常委会副委员长姜春云同志到双城市视察并参观雀巢公司。

是月18日　双城市政府投资按原貌恢复"中国人民解放军东北野战军前线指挥部"旧址。

是月21日　农丰镇被黑龙江省民政厅评为黑龙江省民政工作全优乡镇。

是月23日　双城市政府投资重新修建烈士陵园。

12月　双城市荣获全国群众体育先进集体。

是年　双城籍女子柔道运动员刘闯,在东亚运动会获金牌。

是年　双城市公开向社会招录公务员。

1998 年

2月10日　双城市第四届人民代表大会第二次会议在双城市御花园宾馆召开。

5月　省政府授予双城市人民政府"1997 年度全省科教兴牧工作先进单位"称号。

6月　全国人大常委会副委员长姜春云到双城市新兴乡农业园区视察。

是月　双城市城镇居民最低生活保障制度开始实施。

7月30日至31日　连降暴雨,造成 19 个乡镇受灾。

8月　双城市军民战胜超百年一遇的特大洪水。

是月　修复第四野战军前线指挥部旧址,建立双城市文史馆。

10月8日　经国务院批准,全国邮电分营,分别成立双城市邮政局、双城市电信局。

是月　双城市成立打击偷税抗税工作领导小组。

是月　电业局与供电局合并归哈尔滨电业局直属,实行"两电合一"管理体制,并开始电网改造。

12月　双城市第三小学获全国教育科学"九五规划"国家重点项目"教育与发展"实验先进学校称号。

1999 年

1月　《哈尔滨日报·双城新闻》创刊。

1月17日　双城市政协四届三次全体会议在御花园宾馆召开。

3月10日　双城市政协四届四次全体会议在御花园宾馆召开。

4月10日　省委书记徐有芳、哈市委书记杨永茂到双城视察黑龙江三勤制药有限公司、金硕实业集团等企业。

5月30日　双城市举办首届职工文体大赛,庆祝建党 78 周年。

是月　全国人大原常委会副委员长、著名社会学家费孝通到双城考察农村经济和小城镇建设工作。

9月30日　双城市动物园开园。

是月　为纪念建国五十周年,举行全市各系统大合唱汇演。

11月　最高人民检察院副检察长胡克惠到双城市检查工作。

12月　双城市检察院被省检察院授予"人民满意检察院"称号。

是月　公正满族乡庆丰村的张海涛、张丽、张庆有、刘玉芝一家自办的唢呐班《摘棉花》节目,赴法国演出。

是月　省委书记徐有芳视察双城雀巢公司。

是月　双城市图书馆被文化部评为国家二级图书馆。

是月　双城市国家税务局入库税收10 688万元,首次突破亿元大关。

是月　全市党政干部开展"讲学习、讲政治、讲正气"教育活动。

2000 年

3月1日　双城市政协四届五次全体会议在工商局四楼会议室召开。

4月　市婚姻教育工作站集中办理婚姻登记,结束双城市由各乡镇分散办理婚姻登记的历史。

5月12日　瑞典副首相瓦伦女士在副省长马淑杰陪同下,到新兴乡新强村考察。

10月4日　省长宋法棠参加双城雀巢投产十周年庆典。

12月15日　双城市检察院5人乘汽车去哈市检察院开会,出现特大交通事故,造成5人死亡。

是月26日　团中央书记处书记崔波到双城视察共青团工作。

是月　中国联通双城分公司成立。

是年　双城雀巢与瑞士有限公司达成延续合作期限协议。

是年　新兴乡蛋禽批发市场建成运营。

2001 年

2月22日　双城市政协四届六次全体会议在兴城宾馆召开。

4月　按照哈尔滨市委、市政府关于区划调整的规定,原跃进满族乡与团结乡合并为团结满族乡。

5月29日　中共双城市慈善会成立。

是月　双城雀巢有限公司三期扩建工程启动。

7月　27个乡镇合并为24个乡镇,撤销前进、跃进、对面城三个乡。全市行政村由原来的387个调整到246个。

9月　同三高速公路(G101国道)双城市段通车。

10月　双城市客运站建成运营。

11月　《双城市党政机构改革方案》经上级批准后,正式实施。

是月　开始改造双城堡火车站站前广场。

12月　改造第二供水厂,日供水能力达到5 000吨。

是月　双城市实施"三北"防护林四期工程。

是月　双城市铁路东道口立交桥、希望广场、客运中心、金街地下商贸城重点工程竣工。

是年　双城市老城巷路改造全部竣工。铺筑水泥路121条、328 132平方米。

是年　双城市东直路、南直路建成白色路面,总投资4 000万元。

2002 年

1月15日　金街地下商贸城正式建成营业。

3月12日　双城市第四届人民代表大会第六次会议在职教中心召开。

5月　台湾旺旺集团双城瑞麦食品有限公司开工建设。

8月　杭州娃哈哈集团双城食品饮料公司在双城市开发区开工建设。

是月　哈尔滨富荣生物制品有限公司蛋粉加工项目开工建设。

是月　黑龙江中强能源科技有限公司到双城投资兴业。

是月　鼎鑫包装项目在开发区动工建设。

9月　李学良任中共双城市委书记。

10月18日　双城市人民政协五届一次全体会议在兴城宾馆召开。

10月21日　双城市第五届人民代表大会第一次会议在职教中心召开。

12月　双城市地税局被省委、省政府授予"省级文明单位标兵"称号。

是月　双城市被中国食品工业协会授予2001—2002年度全国食品工业强市称号。

是年　在新城区新建4 000平方米的急救中心门诊楼。

是年　双城市房产管理处评估所改制为双城市兴凯房地产估价有限责任公司。

2003 年

1月　双城市药品监督管理局成立。

是月　哈工大投资2 000万元的鼎新包装项目正式投产。

是月　双城市社区管理委员会成立，撤销街道办事处，社区管理委员会下设13个社区居民委员会，分别是隆化、富强、昌盛、团结、奋斗、车站、治国、新民、和平、工农、永治、承旭、牧校。

2月17日　中国农业发展银行行长张国群到双城市支行检查粮食收购工作。

是月24日　双城市人民政协五届二次全体会议在兴城宾馆召开。

是月26日　双城市第五届人民代表大会第二次会议在职教中心召开。

是月　双城市防治"非典型肺炎"指挥部成立，设立检查站，配合全国、全省的"防非"工作。

5月18日　省委书记宋法棠到新胜蛋禽批发市场视察工作。

7月2日　省下放企业——合成洗涤剂厂破产立案。

8月24日　新建观音寺举行大雄宝殿落成暨佛像开光大典。

是月　双城市与湖南兴鑫浏阳投资开发有限公司合作开发的民俗文化步行街奠基。

12月　双城市花园酒厂出售给哈尔滨市金太阳集团。

是月　双城市消协被中国消费者协会评为落实"消协法定职能"优秀单位。

是年　烈士陵园被市政府确定为"爱国主义教育基地"。

是年　双城雀巢公司获2003年度"进出口先进企业""财源骨干企业""哈市工业企业纳税50强"等称号。

是年　双城市人民政府被省委、省政府授予防"非典"先进集体称号。

2004 年

1月　全国知名企业哈尔滨亚麻纺织股份公司一期工程在双城市开发区开工建设。

2月　经哈尔滨市人民政府批准，双城市开发区新兴项目园区成立。

3月1日　双城市人民政协五届三次全体会议在兴城宾馆召开。

是月3日　双城市第五届人民代表大会第三次会议在职教中心召开。

5 月　全市调整社区居民委员会数量,由原来的 13 个社区,合并为 7 个社区。

是月　哈尔滨海兰、海飞药业落户双城市新兴工业园区。

6 月　双城市临江乡石油开发工作全面启动。

是月　双城市物业管理办公室成立。

7 月　双城市新型农村合作医疗管理办公室成立。

是月　双城市全面实行乡财政国库集中收付制度。

是月　哈尔滨菊花生物科技有限公司在双城市兰棱镇开工建设。

8 月　粮食企业实行改制并轨,职工与企业解除劳动关系,买断工龄。

8 月 31 日　大庆采油十厂南江分公司在双城市成立。

11 月 22 日　新建的 12 000 平方米急救中心住院大楼剪彩并投入使用。

是月　双城市粮食产量恢复到历史最好水平,当年实现总产 30.7 亿斤,产量居全国市(县)第八位。

12 月　双城市被评为"全国食品工业强县之星"。

是月　双城市被省政府授予"科技兴省先进市(县)"。

是月　双城市连续 4 年被科技部授予"全国科技进步先进市(县)"。

是月　国家农业部部长杜青林视察双城雀巢公司。

是月　哈尔滨天顺源食品有限公司落户新兴工业园区。

是年　双城雀巢公司获 2004 年度"全省非公有制纳税 50 强企业"称号,列中国纳税 500 强第 367 位。

是年　中央委员、国家质检总局局长李长江到双城市视察工作。

是年　双城市被黑龙江省确定为免征农业税改革四个试点市(县)之一。

2005 年

1 月 1 日　双城市被农业部确定为奶牛科技入户试点县(市)。

2 月　吉林省公主岭市马瑛女士到双城市投资兴办民营综合医院——英华医院。

3 月 1 日　双城市政协五届四次全体会议在兴城宾馆召开。

是月 2 日　双城市第五届人民代表大会第四次会议在职教中心召开。

是月 31 日　越南国家农业部长率代表团到新胜蛋禽批发市场考察。

4 月 12 日　省人大常委会副主任王宗璋到新胜蛋禽批发市场视察。

是月　哈尔滨百年老字号企业大众肉联实业有限公司在双城市新兴开发区举行奠基典礼仪式。

6 月　雀巢公司发生奶粉"碘超标事件"。调查结果显示按国际标准碘未超标。

7 月 20 日　中共双城市委四届 48 次常委会议研究制定《双城市村级干部建设专业村奖励办法实施细则》。

9 月 15 日　双城市兆麟中学举行百年校庆活动。

11 月 2 日　由国家质量监督检验检疫总局、中国质量万里行促进会主办,双城雀巢有限公司协办、双城市政府承办的"全国食品质量与安全研讨会"在双城市召开。

是月　经省爱卫会、哈市爱卫会检查验收双城市被评为"省级卫生城市"。

12 月 1 日　中国联通双城分公司 C 网通信质量达到全国领先水平,C 网通讯质量进入全国十佳网络城市。

是月　双城市被评为"全国科技进步先进市""省级文明城市"。

是月　双城市供销社由集体经济组织管理机构变为市直属事业单位。

是月　乔树江任中共双城市委书记。

是月　周家镇被评为"全国星火小城镇示范镇创建单位"，列为全国第一批发展改革试点小城镇。

是年　双城市法院因违规收费，被中央电视台《焦点访谈》栏目曝光。

是年　双城雀巢公司列哈市工业产值 50 强第七位。

第一编　自然环境与资源

环境保护　土地资源　自然资源　自然环境

双城地处松嫩平原腹地。境内无高山丘陵,地势平坦,土质肥沃,适合各种作物生长。海拔高度120~240米,相对高差100米。南面有拉林河,西面和北面有松花江环绕市界,流程200公里。全市耕地总面积226 259.0公顷。20世纪70年代兴修的友谊渠总长212公里,流经13个乡镇103个村。气候属于北温带大陆性季风气候,春季多风少雨,夏季高温多雨,秋季凉爽干旱,冬季严寒少雪,年平均积温2 840度,年平均气温4.4度,是黑龙江省第一积温带。平均无霜期138日,年平均降水量481.8毫米,全年日照时数平均为2 551小时。西北松花江沿岸地区石油、天然气储量丰富,大庆采油十厂于2003年5月在双城市临江乡建立分厂(南江分公司),已打采油井204眼,日产原油400吨,日产值达150余万元。

第一章　自然环境

第一节　地质 地貌

【地质】 1983年测定,双城成土母质为第四纪沉积物,分3种类型:冲积沉积物质,主要是二级河流阶地上的黄土状黏土,发育成黑质土壤。冲积物质,主要分布在江河泛滥地或靠近岸边的一级河流阶地,多为沙土或亚沙土。风积物质,主要是河流分选沉积的沙土,经风力吹蚀搬运堆积而成。分布在江河岸边的高地上,形成流动沙丘或风沙土。全境成土为黄黏土,俗称黄土板。开垦前地面覆盖着茂密的草木植物,经多年的自然循环,形成肥沃黑土,适于多种作物生长。局部江河坎附近,地形起伏稍大,造成部分水土流失。在陡坡地带,黑土层被冲刷,形成瘠薄黄土。岗洼水线地及河流两岸平川地带,地势较低洼,土壤黏重,保水力强,黑土层深厚,形成黑黏土。全市大部分宜旱田,少部分宜水田。

【地貌】 1983年测定,双城地处松嫩平原南部,全境为冲积平原和阶地。无高山丘陵,地势平坦,呈东高西低。东部周家镇至西部杏山镇为脊梁,南、西及西北部沿江河地势由高向下低垂,呈马鞍状。全境海拔高度120~240米,相对高差为100米,地貌类型可分为:二级河流阶地,海拔高程在160~210米范围内,素有平岗地之称。地势高,有水土流失,逢春则旱,对农业生产不利。主要分布在周家、新兴、水泉、团结、杏山等11个乡镇。一级河流阶地,海拔高程在120~160米之间,地势平坦,为低平原,易内涝。主要分布在单城、前进、兰棱、金城、韩甸、对面城、万龙等乡镇。高河漫滩地,海拔110~120米,地势低洼,季节性积水,有草甸化、盐碱化现象,分布在公正、农丰、临江、永胜、团结、希勤、同心等乡镇。低河漫滩地,海拔110米左右,分布在松花江、拉林河沿岸泛滥地。雨季易受洪涝灾害,群众称之为“河曲洼地,河间洼地,堤内洼地”。1959年,根据水位,土壤保水力及易受旱涝影响等因素,分别划分4种地势类型:平岗区,包括杏山、团结、水泉、农丰、公正、五家、新兴等乡镇,以及乐群、幸福乡北部,耕地面积49 436.2公顷,占全县耕地面积的26%。平常年景可旱涝保收,但时有旱灾出现。沿江河坡岗区,包括永胜、临江、杏山北部,万隆、韩甸、对面城及金城、前进、兰棱等乡镇南部,耕地面积45 437.7公顷,占全县耕地面积的23.9%。本区有部分漫坡、漫岗地,水土流失,耐涝怕旱。二洼区,包括周家镇南部、东官、青岭、朝阳等乡镇以及乐群、幸福乡南部、金城、兰棱镇北部,耕地面积41 255.1公顷,占全县耕地面积的21.7%,本区旱涝保收。低洼区,包括希勤、同心、城镇、联兴、单城及朝阳等乡镇,耕地面积52 091.7公顷,占全县耕地面积的27.4%。地下水位高,耐旱不耐涝。1985年6月开始,1987年末结束的全市土地利用现状调查显示,全市耕地坡度分级<2°面积为212 229.9公顷,占耕地面积的93.8%,2°~5°面积为13 507.4公顷,占耕地面积的5.9%。6°~15°面积为521.8公顷,占耕地面积的0.3%。1996年水土保持规划调查显示,全市水土流失面积90 190公顷,占总面积的28.98%,其中轻度流失64 035公顷,中度流失378 285亩,重度流失14 040亩;按土地类别划

分,耕地流失面积88 907公顷,林地流失面积816公顷,荒地流失面积467公顷。从侵蚀营力分,风蚀面积32 693公顷,水蚀面积49 937公顷。

第二节　水文 土壤

【地上水】　双城市境南、西为拉林河,北靠松花江,三面环水,境内无河,仅有少量泡泉。松花江,在双城境内流程65公里,江北岸为肇源县、肇东市,以松花江的主航道为界,市段积水面积27平方公里,年均流量为1 177.9立方米/秒。拉林河,由五常市入境,流经单城镇的前房子至金城乡的山嘴子屯折向北,绕经花园村、半拉城子、白土崖子、前对面城、后对面城屯到万隆乡的板子房屯入松花江。流经市境全程135公里,集水面积为46平方公里,年均流量105立方米/秒。

【地下水】　1986年,双城县地下水藏量为1.83亿立方米,开采量为0.32亿立方米,占可开采量的16.4%。2005年测定,地下水资源量3.45亿立方米,开采量为2.34亿立方米,其中农用灌溉用水量1.37亿立方米;林牧渔业用水量0.38亿立方米;国有规模以上工业用水量0.11亿立方米;规模以下工业用水量0.15亿立方米;城镇生活用水量0.06亿立方米;农村生活用水量0.27亿立方米。随着季节和地域变化较大,夏、秋两季水源丰富,冬、春季节水量减少。地下水的富水程度受地形、地貌和水文地质构造的影响,由南向北水量逐渐减少。拉林河沿岸水量丰富,为双城市的极富水区。松花江沿岸水量贫乏,为双城市的贫水区。由于在地形上有一条从西南经西北向东北伸展的弧形漫岗,近似垂直于岗下有一条地下水分水线,把全市地下水分为南北两部分。南部地下水流向为西南方向,泄入拉林河。北部地下水流向为东北方向,泄入松花江。全市地下水可分为浅层承压水和深层承压水两种,钻孔最深在160米,承压水头为20~30米。浅水承压水含水砂埋深在20~45米;深层承压水含水砂层埋深在70~90米,100~160米之间无含水砂层。根据地形、地貌和水文地质特点,全市地下水分布大体可分为4个区域:拉林河沿岸承压水区,该区包括单城、前进、朝阳、兰棱、金城、希勤等乡镇南部,对面城、万隆乡西部,团结乡西部,面积为74 890公顷。含水层埋深15~30米,由灰色或灰白色的沙砾石组成,含水层岩性较粗,含水层厚度一般在10~15米。个别地方有2米左右的河卵石,由南向北变细,地下水主要补给来源靠渗透及侧向径流补给。地下水流向为西南方向,排泄于拉林河。但在河流洪水期,由于河流水位高水位压力作用,也回灌补给地下水,地下水运动主要是垂直和水平两种。中南部平原承压水区,该区包括单城、前进、希勤、朝阳、兰棱等乡镇北部,团结、跃进、同心、乐群、城镇、联兴、青岭等乡镇南部,面积为79 040公顷。含水层埋深30~40米,含水砂层厚度12~17米,由灰色灰白色细中砂及粗砂组成。以中、粗砂为主,个别地方有1米左右的河卵石,含水层岩性由南向北变细,地下水来源主要靠渗透作用及侧向补给,流向西南,地下水位埋藏较浅,储量丰富,一般水位埋藏3~6米。岗丘地承压水区包括新兴、五家、公正、水泉、杏山的南部,跃进、乐群、双城镇、东官、周家、青岭等乡镇北部,面积为112 190公顷。含水层埋深45~55米,含水层厚度为12~15米。含水层由灰色或灰白色的细砂、中砂、粗砂组成,以中砂为主,地下水来源主要靠渗透作用,流向为西南和东北方向。一般水位埋深20米左右,杏山镇杏山村埋深达32米左右。松花江沿岸贫水区,该区包括永胜、临江、杏山、万隆、水泉、农丰等乡镇北部,面积为44 230公顷。地形坡度较大,土层厚度20~30米,有的还夹杂一层或无层微薄干沙层。其下是2~4米左右的含水沙层,以细沙或粉细沙组成,个别地方还有沙层缺失现象。该区地下水的来源主要靠渗透作用和侧向补给,排泄于松花江,流向为东北。

【土壤】　1983年土壤普查,全县分为六个土类,十个亚类,十三个土属,二十五个土种。黑土,分为两个亚类,即黑土、草甸黑土。分布在平岗地和漫川漫岗地,面积为171 830.6公顷,占境内土壤总面积的58.08%。海拔高度在140~210米,地下水位深达50~70米。地下水很少参与黑土的成因过程与土壤水分的循环。水分的主要来源是大气降水。故黑土的水分运动一般在1米左右的土层内进行。降雨集中时可达2米深土层内。随着雨季和旱季的变化,表层土壤易出现季节性干旱或过湿现象。还由于地势高,起伏不平,降水易产生地表径流,造成水土流失,降低自然土质中的有效肥分。黑钙土,分为一个亚类,即草甸黑钙土,分布在黑土向草甸土过渡的地段上,面积为55 788.9公顷,占土壤总面积的18.85%。全县27个乡镇都有黑钙土分布。分布规律是在黑土和草甸土之间的过渡地形部位上,如岗坡脚下或地势稍低的平地里,呈带状(宽50～1 500米)延伸。主要成土过程有腐殖质的积累和钙的淋溶与沉淀,附加较强的草甸化过程。地下水位较高,一般在5～10米之间,与黑土的不同点是黑钙土土壤剖面中有碳酸盐(石灰)反应,而黑土则没有。黑钙土是一种比较肥沃的土壤,适于种植多种作物。草甸土,分为三个亚类,即草甸土、碳酸盐草甸土、泛滥地草甸土,分布在微地形或低产地上。全县共有54 425.7公顷,占土壤总面积的18.3%。属于半水成的隐域性土壤。草甸土的形成过程主要为草甸化过程和盐分积聚过程。地下水位1～3米,土壤中水分充足,易反润。沼泽土,分为一个亚类,即泥炭腐殖质沼泽土。主要分布在农丰、水泉、杏山三个乡镇北部的沟塘积水地里。地形低,长期积水,沼泽化、泥炭化明显,面积1 045.8公顷,占土壤总面积的0.35%。它是一种水成土壤,受地下水或地表水长期浸润,而生长沼泽植被。沙土,在全市只有1 188公顷,占土壤总面积的0.4%,是由古河漫滩上的沙土,经风力的搬运堆积而形成的,是一种低产土壤。主要分布在韩甸、杏山两个镇。泛滥土,分为两个亚类,即泛滥土、生草泛滥土。主要分布在松花江、拉林河流域的泛滥地里。成土母质均为冲积物质。面积为11 629.7公顷,占土壤总面积的3.9%。是一种形成时间短,无地带性的幼年土壤。它的形成主要是在洪水季节里,江河水向沿岸低地泛滥,携带泥水逐渐淤积而成。

1983年第二次土壤普查与2005年抽样调查结果相比,土壤理化性状发生了明显的变化。土壤碱解氮由1983年的121.4mg/kg,提高至137.8mg/kg;土壤有效磷总体呈上升趋势,由1983年的14.8mg/kg,上升至32.6mg/kg;土壤速效钾呈下降趋势,由1983年的210.0mg/kg下降至138.0mg/kg;土壤有机质呈下降趋势,由1983年的27.34g/kg下降为26.46g/kg;土壤碱性降低,1983年时PH值平均为7.3,2005年时土壤PH仅为6.8。

第三节　气　候

【四季气候特征】　双城市属于温带大陆性季风气候。春季(3—5月)多西南风,持续时间长,风力大,瞬间最大风速达31.3米/秒,大风伴随升温。3月上、中旬土壤开始解冻,进入麦播期。4月上旬日平均气温通过0℃。5月上旬日平均气温稳定通过10℃,春季是冬夏交替过渡季节,冷暖气团交替频繁,天气多变,气温升降变化幅度大,较强升降温值可达正负20℃左右。有"三寒四温"的规律。春季降水偏少,蒸发量4—5月平均在50%左右。发生春旱年份占67%,故有"十年九春旱",春雨贵如"油"之称。夏季(6—8月)高温多雨,日平均气温21℃,其中7月最高平均为23℃左右。极端最高出现在6月上旬至7月中旬。2001年6月4日,极端最高气温达38.5℃。此季盛行西南风,风速3～4米/秒,为全年风速最小季节。多雷阵雨或连阴雨,降水量集中,但分布不均。此季降水通常在280～350毫米之间,占全年降水量的60—70%,时有冰雹。月最大降水量出现在1994年7月,月降水量411.8毫米。秋季(9—10月)降水量明显减少,气候变化较为急剧,气温易出现骤升、骤降,一次升降幅度可达正负10℃。入9月晴天较多,秋高气爽。中下旬时有强烈寒潮入侵,易出现早霜冻危害。秋初霜日平均出现在9月23日。冬季(11月—2月)太阳高度角较低,昼短夜长,地表白天吸收热量少,而夜间散热冷却强烈,北方冷空气不断南侵,寒冷干燥,降水少,是全年最冷季节,平均气温在零下13℃～15℃。1月为最冷月,平均气温在零下20℃左右。11月上旬土壤稳定结冻,最大冻土深度达185厘米。本季降水15～20毫米,占全年降水量的3%。

【光照】　双城全年太阳总辐射量为112.2千卡/平方厘米。主要作物生长季(6—9月),太阳总辐射量为49.5千卡/平方厘米,低于长江中下游地区,与川、贵、湘、鄂等一些地区大体相同。本市日照时间长,强度较大,年日照总时数在2 383～2 888小时。日照时数的年变化很明显,春季最多,夏季其次,秋季又次,冬季最少。5月份是全年日照时数最多月份,通常为201~213小时。6月份其次,在173~326小时。12月份为全年最少月,在113~197小时。日照百分率冬季大,夏季小,春秋两季属中,冬季昼短,实际日照时数也随之减少,但因空气寒冷干燥,云量少,所以日照百分率大。夏季相反,白昼长,日照时数相应增多,可是由于偏西南气流的控制,阴天多,实际日照时数反而减少,所以夏季日照百分率最小。本市春季日照时数多的原因主要由于春季多晴朗天气,少云、少雨所致。

【降水量】 双城市年总降水量通常在400~500毫米之间,平均值为481.8毫米,个别年份不足300毫米。降水量由西向东递增,一年四季降水差异悬殊,7月份以前降水量逐月增加,7月份以后逐月减少。夏季(6—8月)雨量集中,通常在280~350毫米之间,占全年降水量的60%~70%。冬季(11—2月)降水明显减少,为10~20毫米,占全年降水量的3%左右。春秋两季降水少于夏季,而多于冬季,分别占年降水量的13%和16%。降水峰值月一般在7月,平均为145~150毫米,而冬季1月份降水量常常不足10毫米。本市干湿季节明显,这种降水量高度集中的单峰式的形式,是大陆性季风气候的主要特征之一。降水量年内分配春季少于秋季。年降水量变化率很大,如1994年降水量为911.8毫米,为最多年,是最少年1989年246.9毫米的3.5倍。降水量最多月1994年7月降水量为411.8毫米。一般情况下降水量主要集中在作物生长发育季节(4—9月),占年降水量的90%左右,有利于农业生产。

【气温】 双城市年平均气温为4.4℃,全年有五个月的温度在零下。一年内气温夏高冬低,呈正弦曲线变化。月平均气温7月份以前逐月上升,7月份以后逐月下降。一年之中7月份最热,平均气温为22.5度至23.5度,最高气温一般在30℃以上,历史最高温度38.5℃(2001年6月4日)。1月最冷,平均气温在零下20℃,最低温度一般在零下30℃以下。春秋两季温度变化很明显,往往在短期内发生大幅度变化,造成剧冷、剧热天气。在强寒潮侵袭时,常降温10℃以上。一次升降温过程一般可维持3~4天,最长可维持7天左右。虽然地理纬度较高,但就热量条件来说,还是很优越的,为黑龙江省第一积温带。4月份月平均气温就可以稳定通过0℃,终日在11月上旬。稳定通过10℃的初日平均为5月4日,终日在9月下旬。大于等于10℃活动积温最高值为3 276.2℃。出现在2000年的最低值为2 408.3℃。活动积温80%保证率为2 700~2 800度。由西向东逐减,无霜期在134~168天,80%保证率为130~140天。初霜平均出现在9月23日前后,于第二年5月4日终止,个别年份无霜期不到120天。

【风力】 双城市盛行西南风,为全年风向频率之首,年平均风速为4m/s。春季多为西南大风,不但强度大而且持续时间长,通常风力在7~8级,最大瞬时风速为31.3m/s(12级以上)。本季大风的数量多,平均为14天,占全年平均大风日数的67%左右。春季大风日数最多可达33天,季平均风速为5.1m/s。夏季西风带北撤,副热带压北移,偏南风多,平均风速3.0~4.0m/s,为全年风速最小季。秋季控制在东北地区上空的暖低压开始逐渐消失,逐渐转入大陆性冷高压控制,本季盛行偏西风,平均风速4.0~4.5m/s。大风日数不多,但危害严重,有时虽然没有达到大风标准,5级风也能对一些农作物造成危害,收成因风灾造成减产。冬季从大气环流形势看,高空处在北支西风急流贝加尔湖高压脊前部,北方冷空气不断南侵,地面上经常为强大的西伯利亚高压脊控制,空气干燥,寒冷而漫长,风向以偏北为主,风速小,平均为3.2~4.2m/s。

第四节　自然灾害

【水灾】 受自然地理位置影响,境内南、西拉林河围绕,北靠松花江,每年汛期都要受到洪涝灾害的威胁。比较严重的是1988年、1991年、1994年、1998年,虽然尽最大努力抗洪抢险,但也受到一定的经济损失。1988年7月17日,日降水量达152.9毫米,造成局部低洼地带内涝,全市洪涝灾害面积34 238.7公顷。1991年7月29日,拉林河蔡家沟监测站出现洪峰,水位154.61米,超过警戒水位0.87米,比常年提前15天左右。松花江上游丰满水库开闸泄洪,与嫩江洪峰汇流后,于8月7日在双城市江段形成124米水位,超过警戒水位1米,比1957年提前一个月。拉林河洪峰为新中国成立以来第二次特大洪水,仅次于1956年。由于洪水持续时间长,松花江从7月2日至22日超过警戒水位20天之久。拉林河受松花江高水位顶托,回落速度缓慢,致使沿江河农田和村屯受到严重的外洪内涝的威胁。经过全市各级干部和广大人民群众的奋力抢险,110公里江河堤坝安然无恙,沿江河10个乡镇没伤一人一畜,受洪水威胁严重的4个乡镇17个村26个自然屯的999户2 294名老弱病残群众得到安全疏散转移,排除内涝面积13 133公顷,农田、民房损失降到最低程度。1994年7月9—13日,全市降特大暴雨,降雨量达328.1毫米,降雨量最大的兰棱镇达344毫米,是双城市有气象资料记载以来的最大值。全市受灾农田34 666.7公顷,绝产13 066.7公顷,冲毁鱼池1 333公顷;103个村屯14 952户居民住房进水,倒塌房屋810间,危房居民1 600户;水毁桥涵27座,冲坏主要公路4条4 000延长米;引拉干渠毁坏14处935米长,拉林河单城长沟子段溃堤长70米,直接经济损失超亿元。灾情发生后,省水利厅工作组来双城市指导组织抗洪抢险。全市出动10万人奋战在抗洪抢险第一线,投入抗洪抢险资金140万元,出动车辆4 800台、下摆100万条胶丝袋,把灾害损失减少到最低程度。1998年6月下旬,天气变化异常,频繁降雨,嫩江上游多次出现大面积、高强度、长时间的降雨过程,致使嫩江、松花江形成全流域历史性特大洪水,受其影响双城市松花江段江水暴涨,最高水位超过有历史记载的1957年最高水位0.33米,为双城有水文记载之最。其特点,一是汛情来得早,据记载历年松花江洪峰一般在8月中下旬形成,可是1998年7月末松花江水位即开始明显上涨,随之进入主期,比历年提前半个月。二是洪峰来势猛,次数多,间隔时间短。松花江段连续出现三次洪峰,一次比一次来势猛,且两次洪峰间隔时间只有5~7天,实属历史罕见。第三次洪峰水位高达124.7米,超过警戒水位1.7米,水面距坝顶不足1米,随时可能出现漫堤、决堤。三是洪水流量大,流速快。第一次洪峰流量为7 4403米/秒,第二次洪峰流量为94 403米/秒,第三次洪峰流量为173 003米/秒。齐齐哈尔江桥水文站距双城市松花江上游下岱吉水文站400公里,按历年洪峰推进速度需12天左右,而第三次洪峰形成后,流经下岱吉水文站仅仅5天时间,每天以80~90公里的流速向双城江段推进,对双城构成严重威胁。四是高水位运行时间长,在双城市松花江段洪峰向下游推进时,因哈尔滨江面狭窄,三座江桥阻截致使行洪断面缩小滞水,造成双城江段水位壅高,下泄缓慢,水位一直居高不下。由于堤坝长时间浸泡,渗漏、管涌频频发生,造成19个乡镇受灾,灾害面积18 666.7公顷,绝产面积3 194.7公顷。冲坏桥梁9处,冲毁涵洞18个,冲毁道路24 200平方米,冲毁鱼池576.6公顷,毁坏棚室49 700平方米,倒塌民房1 510间。在抗洪抢险中,全市下摆物资:编织袋550万条、铁线110吨、桩木30 000根、彩条布36 000平方米、塑料布98 000平方米、无纺布10 400平方米、草袋10万条、苫布1 000平方米、麻袋20.5万条、碎石2 300立方米、块石2 000立方米、钢筋笼30个、水泵30台、小型发电机27台、变压器3台。险工弱段处全部架设照明线路,共调动各种车辆3 340台(次),调拨船一艘,确保了抗洪抢险顺利进行。

【旱灾】　双城位于黑龙江省西部干旱区,十年九旱,年年抓苗难。特别是1989年、1997年、2000年三个年度旱情严重,给农业生产带来经济损失。1989年3—6月降水量仅82.2毫米,7—10月降水量150.5毫米,春旱连着夏旱,受旱面积164 700公顷,绝收18 930公顷。全县出动16.5万人参加抗旱,利用全部抗旱井和沟塘水源,坐水种,浇灌农田,挽回粮食22.33万吨,挽回经济损失7 100万元。1997年3—7月,降水量156.3毫米,受旱面积137 400公顷,绝收7 900公顷。全市抗旱措施得力,挽回粮食19.5万吨,挽回经济损失3 300万元。2000年4—6月降水量69.6毫米,春旱严重,8月最大降水量才82.8毫米,受旱面积180 000公顷,绝收18 000公顷,粮食总产比上年减少42.9万吨。经过全市上下共同努力抗旱,挽回经济损失8 800万元。

【风灾】　1996年8月2日19时30分,龙卷风袭击永胜乡2个村,持续8分钟,受灾户133户645人。高棵作物被刮断,矮棵作物全部倒伏,受灾面积233.3公顷。刮断电线杆7根,2台变压器被风刮落地摔坏,10只木船被风刮起落地摔坏,因灾减产粮食295吨,造成损失1 609万元。2003年4月14日,瞬时风速8级,周家镇蔬菜大棚被风刮坏,面积133 400平方米,双城市三粮库4个粮囤子刮坏。2003年4月16

日,瞬时风速9级,农丰镇、韩甸镇、双城四粮库受灾,农丰1栋大棚受灾;韩甸5栋大棚受灾,2栋掀起;双城市四粮库14个粮囤子刮坏。2004年3月10日,瞬时风速9级,双城市四粮库、周家粮库、临江粮库受灾较重。双城市纸箱厂库房刮坏800多平方米;3月28日,瞬时风速8级,韩甸粮库受灾,面积4 100平方米;4月13日,瞬时风速8级,韩甸粮库60多个粮囤子受损,面积2 000平方米;4月29日,瞬时风速8级,农丰镇政府办公楼房盖刮坏,永胜乡永星小学30间教室、2间民房房盖被刮坏;5月8日,瞬时风速9级,幸福乡北方奶牛繁育中心房盖全部刮坏,大门刮倒;五家镇300亩地膜刮飞,3栋洋葱大棚刮坏;韩甸粮库60多个穴囤,库房房盖被掀;周家粮库、单城粮库、临江粮库、水泉粮库等受灾,部分房盖被掀。

【雹灾】 1997年6月4日,幸福、五家、新兴、周家、双城镇、同心、对面城、万隆、团结、杏山、金城、朝阳、韩甸、临江等14个乡镇遭受不同程度的冰雹袭击。持续时间长达20分钟,最大的冰雹直径达6~7厘米,涉及78个村,20 584户,72 045人,成灾人口60 876人。农作物受灾面积24 753公顷,成灾面积18 485公顷,其中绝产3 857公顷,减产9 996公顷,减产粮食3 853吨,造成直接经济损失4 382万元。2003年6月8日,韩甸、金城、周家受雹灾,周家受灾面积1 333公顷,涉及5个村,12个自然屯,其中绝产面积800公顷;金城乡受灾面积1 000公顷,涉及1个村;韩甸受灾面积533公顷,涉及2个村,其中绝产133公顷。

第二章 自然资源

第一节 野生动物植物

【动物】 境内独特而原始的自然环境栖息着许多野生动物。由于开垦日久,垦殖率逐年增加。自然因素和人为因素的破坏或干扰,对野生动物种群产生一系列的生态影响,野生动物逐年减少,部分野生动物已灭绝。2005年,有野生动物4类54种。

野兽:狼、狍、狸(山猫)、狐狸、貂、貉子、鼬、水獭、旱獭、獾子、兔、鼠、蝙蝠等。

禽类:雉、野鸭、雁、燕、喜鹊、乌鸦、麻雀、猫头鹰、啄木鸟、鹁鸪、沙鸡、画眉、百灵、蜡嘴、黄雀、苏雀、娇凤。

昆虫:蚕、蜂、蝶、螳螂、蜘蛛、蜻蜓、蚯蚓、瓢虫、蟋蟀、蝈蝈、蚱蜢、蚁、蜗牛、天牛、蚊、蝇、蟑螂等。

两栖动物:东北小鲵、中华蟾蜍、花背蟾蜍、无斑雨蛙、中国林蛙、黑龙江林蛙、黑斑蛙。

【植物】 本地区在全国植被地理划分上,属温带针阔混交林(地带性植被)植被区。植被资源十分丰富,随着人口增多,草原多被开垦和退化,野生植物日益减少。2005年,有野生植物3类57种。

草类:现存的主要草类有小叶樟、蒲草、羊草、芦苇、乌拉草、三棱草、节骨草、蓼吊草、苜蓿草、马莲、浮萍等。

药材:红花、茴香、白芍、赤芍、车前子、柴胡、百部、防风、细卒、玉竹、紫草、紫苏、紫花地丁、紫荆、狼毒、地黄、串地龙、串山龙、艾蒿、羊齿、地锦草、蒲公英、老苍子、大蓟、茵陈蒿、香蒿、羊奶子、马粪包、和尚头、蓖麻子、芥菜、透谷草、黄芪、甘草、猪芽菜、黄瓜香、杏仁、黑星星、指甲花等。

花类:紫丁香、水仙、芍药、大丽花、百合、晚香玉、鸡冠花等。

【鱼类】 主要分布在松花江和拉林河流域。2005年有野生鱼类16科71种。

2005 年双城市水域内鱼类名目表

表 1 - 2 - 1

序　号	科	种
1	七鳃鳗科（Petromyzonidae）	雷氏七鳃鳗（*Lainpetra reissneri*）
2	鲑科（Salmonidae）	哲罗鱼（*Hucho taimen*）
		细鳞鱼（*Brachymystax lenok*）
3	茴鱼科（Thymallidae）	黑龙江茴鱼（*Thymallus arcticus grubei Dybowski*）
4	胡瓜鱼科（Osmeridae）	池沼公鱼（*Hypomesus olidus* Pallas）
5	狗鱼科（Esocidae）	黑斑狗鱼（*Esox reicherti* Dybowski）
6	鲤科（Cyprinidae）	马口鱼（*Opsariichthys bidens* Günther）
		青鱼（*Mylopharyngodon* piceus）
		草鱼（*Ctenopharyngodon idellus*）
		湖鲅（*Phoxinus percnurus*）
		洛氏鲅（*Phoxinus lagowskii* Dybowski）
		真鲅（*Phoxinus phoxinus*）
		花江鲅（*Phoxinus czekanowskii*）
		拟赤梢鱼（*Pseudaspius leptocephalus*）
		鱤（*Elopichthys bambusa*）
		东北雅罗鱼（*Leuciscus waleckii*）
		赤眼鳟（*Squaliobarbus curriculus*）
		餐（*Hemiculter leucisculus*）
		油餐（*Hemiculter bleekeri bleekeri* Wapachowsky）
		红鳍鲌（*Culter erythropterus* Basilewsky）
		翘嘴鲌（*Culter alburnus* Basilewshy）
		蒙古鲌（*Culter mongolicus*）
		鳊（*Parabramis pekinensis*）
		鲂（*Megalobrama terminais*）
		银鲴（*Xenocypris argentea* Günther）
		细鳞斜颌鲴（*Xenocypris microlepis* Bleeker）
		黑龙江鳑鲏（*Rhodeus sericeus*）
		大鳍鱊（*Acheilognathus macropterus*）
		兴凯鱊（*Acheilognathus chankaensis*）
		花鲭（*Hemibarbus maculatus* Bleeker）
		唇鲭（*Hemibarbus labeo*）
		麦穗鱼（*Pseudorasbora parva*）
		平口鮈（*Ladislavia taczanowskii* Dybowski）
		东北鳈（*Sarcocheilichthys lacustris*）

续表 1 - 2 - 1 - 1

序　号	科	种
6	鲤科（Cyprinidae）	东北黑鳍鳈（*Sarcocheilichthys nigripinnis czerskii*）
		凌源鮈（*Gobio lingyuanensis* Mori）
		犬首鮈（*Gobio gobio cymocephalus* Dybowski）
		细体鮈（*Gobio tenuicorpus* Mori）
		东北颌须鮈（*Gnathopogon mantschuricus*）
		兴凯银鮈（*Squalidus chankaensis* Dybowski）
		银鮈（*Squalidus argentatus*）
		条纹似白鮈（*Paraleucogobio strigatus*）
		棒花鱼（*Abbottina rivularis*）
		拉林棒花鱼（*Abbottina lalinensis* Huang et Li）
		突吻鮈（*Rostrogobio amurensis* Taranetz）
		蛇鮈（*Saurogobio dabryi* Bleeker）
		鲤（*Gyprinus carpio haematopterus* Temminck et Schlegel）
		银鲫（*Carassius auratus gibelio*）
		鳅鮀（*Gobiobotia pappenheimi* Kreyenberg）
		鳙（*Aristichthys nobilis*）
		鲢（*Hypophthalmichthys molitrix*）
7	鳅科（Cobitidae）	北鳅（*Lefua costata*）
		北方条鳅（*Nemacheilus nudus*）
		花斑副沙鳅（*Parabotia fasciata* Dabry）
		黑龙江花鳅（*Cobitis lutheri* Rendahl）
		北方花鳅（*Cobitis granoci* Rendahl）
		黑龙江泥鳅（*Misgurnus mohoity*）
8	鲇科（Siluridae）	鲇（*Silurus asotus*）
		怀头鲇（*Silurus soldatovi* Nikolsky et Soin）
9	鲿科（Bagridae）	黄颡鱼（*Pelteobagrus fulvidraco*）
		光泽黄颡鱼（*Pelteobagrus nitidus*）
		纵带鮠（*Leiocassis argentivittatus*）
		乌苏里拟鲿（*Pseudobagras ussuriensis*）
10	鳕科（Gadidae）	江鳕（*Lota lata*）
鲉11	鮨科（Serranidae）	鳜（*Siniperca Chuatsi*）
12	塘鳢科（Eleotridae）	葛氏鲈塘鳢（*Perccottus glehni* Dybowski）
		黄蚴（*Hypseleotris swinhonis*）
13	鰕虎鱼科（Gobiidae）	波氏吻鰕虎（*Ctenogbius cliffordpopei*）
14	斗鱼科（Belontiidae）	圆尾斗鱼（*Macropodus chinensis*）
15	鳢科（Channidae）	乌鳢（*Channa argus*）

续表

序　号	科	种
16	杜父鱼科（Cottidae）	杂色杜父鱼（*Cottus poecilopus* Heckel）

第二节　矿　　藏

【石油】　双城市境内临江、水泉、杏山、万隆等乡镇在地下白垩地层1 200～1 500米之间,储有工业价值原油。1995年4月12日,临江乡境内第一口探井正式开钻,7月19日试油,日产8.6吨,试采到2001年6月累积产油6 000吨。初步探明双城境内地质储量5 000万吨以上。2004年8月31日,大庆采油十厂南江分公司在双城注册。天然气主要分布在永胜乡至太平镇之间。

【砖瓦用黏土】　2005年调查,黏土矿在本市分布较广,储量785.4万立方米,是红砖生产的主要原料。

【石英沙】　石英沙(建筑用沙)主要分布在拉林河流域。2002年矿产资源调查,开采量500万立方米,是双城市建筑市场的主要建筑材料。

【矿泉水】　境内有三处生产加工水厂,公正、五家、农丰三个乡镇储量丰富,是省内宝贵的矿泉水资源。

第三章　土地资源

第一节　机构与管理

【双城市国土资源局】　1986年,称双城县土地利用管理办公室,共7人组成。办公室主任由农业局副局长兼任。1987年,成立双城县土地管理局,人员20人。内设机构有城乡用地管理股、土地资源管理股、土地法规监察股、文秘计财股、地籍股、信访办。1997年机构改革后,内设人秘股、用地股、地籍股、法规监察股、计财股、规划股和信访办公室。1989年5月,经市政府批准将双城镇管辖的城市建设区和规划区的管理权限划归双城市土地管理局。2001年12月,在土地管理局基础上组建双城市国土资源局。双城市地质矿产局归并到国土资源局,改称双城市地质矿产站,人数24人。站内机构在原有基础上增设矿产资源执法监察股。国土资源局设人秘股、规划股、地籍股、用地股、法规监察股、计财股、评估所、勘测队、统一征地站、土地收储中心和城区土地管理所。2005年12月,跨乡镇建立双城镇、周家镇、五家镇、兰棱镇和韩甸镇五个国土资源所。内设机构没变,局编制21人,在职19人。

历任局长:姜荣华、彭子权、姜凤权、李树武,副局长:乔士权、辛宝奎、郭庆江、李树武、姜凤权、张志国、林成斌、谢文臣、张玉波、裴永学、李彦龙。

【国土资源调查】　1985年6月,县政府组织专业队伍和人员,在全县范围内开展土地利用现状调查,1987年末结束。利用175幅1∶5万比例尺的新版地形图做工作底图,参照航空影像图片,开展野外测绘,利用电子求积仪在室内进行面积量算,清绘与绘制土地利用现状图和数据统计汇总。绘制1∶10万县级、1∶2.5万乡(镇)级和1∶1万比例尺村级土地利用现状图。根据《中华人民共和国土地管理法》和省《土地管理条例》的规定,1988年10月,在全市城镇乡村开展地籍调查,利用1∶500比例尺的地形图做工作底图,深入街区住户逐一进行土地权属调查和外业勘丈，绘制地籍图，进行面积量算、整理地籍档案和统计汇总。1989 年 1 月底完成双城镇 22 平方公里 70 个委，1992 年末完成农村居民点的地籍调查工作，形成城镇土地初始地籍档案 25 119 宗，乡村土地初始地籍档案 136 101 宗。2002 年，进行矿产资源调查，查明石英沙开采量 500 万立方米。2005 年，查明黏土储量 785.4 万立方米。

【土地使用制度改革】 1988 年，根据省政府《关于在部分市、县进行土地使用制度改革试点的方案》，决定将双城市列入全省 13 个试点市（县）之一。经过试点摸索，制定《双城市城镇国有土地使用权出让和转让暂行办法》《双城市依法清理整顿城市土地隐形市场、加强划拨土地使用权管理工作方案》《双城市居民临时用地管理规定》和《双城市农村宅基地有偿使用若干规定》等规范性文件。到 2005 年，在安排各类建设用地中，坚持以有偿使用方式提供土地。既为建设单位及时提供所需土地，也为地方政府积累更多的建设资金，改变了土地使用权长期无序、无偿、无流动和无限期使用的问题。

【土地利用总体规划】 1992 年 8 月，双城市开展土地利用总体规划工作，依据《黑龙江省土地利用总体规划编制规程》《全市社会经济发展计划》《国民经济各部门和居民点等各类建设用地计划》《国民经济十年发展规划》、城市建设总体规划和土地利用现状调查成果等资料、图件，贯彻"十分珍惜和合理利用每寸土地，切实保护耕地"的基本国策，坚持从实际出发，因地制宜；当前利益与长远利益，农业用地与非农业建设用地统筹兼顾；局部利益服从全局利益的原则；经济、社会和生态效益统一的原则，做到用地指标调整和土地利用分区相结合、总体规划与专项规划相结合、市与乡（镇）两级规划同步进行。在编制规划中，利用先进的数学模型和计算机等科学手段与常规方法相结合，开展土地利用现状分析、土地适宜性评价和土地需求量预测。1993 年 7 月，全面完成编制《双城市土地利用总体规划》，9 月通过省、地专家论证和检查验收，10 月松花江地区行政公署批准该方案。1994 年 4 月，完成全市基本农田保护区规划。1995 年 4 月完成《双城市菜田保护区规划》，使 71 块老菜田耕地得到保护，面积 7 639.1 公顷，新菜田耕地 49 块，保护面积 7 881.6 公顷，菜田控制地块 31 块，面积为 250.1 公顷。《双城市菜田保护区规划》1995 年底，经省政府批准实施。2003 年，聘请哈尔滨市远东地价评估咨询事务所专业科技人员，按照技术规程要求，对 1993 年总体规划进行修订、更新，编制出土地利用总体规划。到 2005 年，继续执行《土地利用总体规划》。

【土地法规宣传教育】 1986 年，县政府召开县、乡（镇）、村三级干部参加的 4 500 人的会议，传达学习中共中央、国务院 7 号文件和有关土地法规、政策，在开展宣传教育工作中，强调要开展国情、国策、国法教育，提高广大干部群众知法、懂法、执法、守法的自觉性。1987 年 1 月，《中华人民共和国土地管理法》开始实施，全县开展土地清查。1991 年，国务院决定将每年 6 月 25 日定为全国"土地日"，到 2005 年，每年利用 6.25"土地日"活动，采取电视领导讲话、广播电视讲座、印刷宣传单、张贴标语等形式，深入开展土地法规宣传，提高广大干部群众的土地法制观念。

【治理整顿土地市场】 1986 年，根据《关于清查非农业建设用地的通知》要求，在全县范围内清查城乡各类违法占地问题，共清查出违法占地 2 985 件，其中国家基本建设 22 件；乡（镇）企事业违法占地 9 件；职工村民建房违法占地 2 954 件。根据《土地管理法》和有关法律与政策的规定，做了认真处理，其中 22 人受到党政纪律处分。结案率达 98.6%。1990 年 5 月，市政府下发《认真查处越权批地和违法占地及干部占地建私房的通知》，组织市、乡（镇）两级有关人员开展清理工作，共查出违法案件 194 件，其中越权批地 21 件，未批先建、买卖土地、违反规划、擅自移位共 173 件。对上述案件都做了认真处理，其中 2 名干部受撤职处分。2004 年 4 月，开展全市整顿土地市场秩序工作。对 1999 年以来耕地占补平衡、新增建设用地有偿使用费征收与使用、征用集体土地补偿安置费兑现、土地利用总体规划与年度计划执行等情况，2002 年 7 月以来经营性土地使用权招标、拍卖、挂牌出让情况，2003 年以来土地占用等情况进行全面清理整顿。经国家批准的高等级"同三"公路占耕地 277.84 公顷，均由省、市耕地储备库中足额补充了耕地；新增用地 12.9879 公顷，应收有偿使用费 1 818.3060 万元，已全部上缴省财政厅；征用村级集体土地，其补偿安置费共拖欠 1.377 万元，占地单位于 2004 年 10 月末付清；未严格按照《双城市土地利用总体规划》使用土地、调整和增加建设用地分别为133公顷、4.7公顷、9.6公顷。没有突破总体规划指标和年度计划指标。2005年,共出让经营性用地3宗,其中拍卖2宗,挂牌1宗。出让面积61.03公顷,足额收缴出让金1 860.5万元。

【土地证书】　1993年,开始颁发集体土地所有权证书及国有土地使用权证书和集体土地使用权证书。到2005年底,已换发集体土地所有权证书383本,国有土地使用权证书29 945本,集体土地使用权证书133 329本。同时建立地籍管理信息系统数据库,并与上级主管部门的网站或网页实现微机联网。除分散管理和不符合计算机要求的地籍资料,大部分已经入库,实行动态管理。

【土地定级与地价测算】　1988年,依据国家土地管理局《城镇土地分等定级规程》在双城镇进行土地分等定级试点,用四个月时间,采用分值综合评定法,经过调查研究、划分分级单元、分级因素选择和分值计算,确定因素权重值等程序和方法,评定出双城镇的土地级,共划分13个单元5个级别。完成首次城镇土地分等定级工作。1991年5月开始,依据土地定级技术规程的要求,对双城镇首次土地定级成果进行更新。利用城区1:1000地形图等资料,遵循综合分析、主导因素、级差效益、地域差异和定性与定量结合的原则,采取多因素综合评定与总分数轴法划定土地级别,为开展城镇国有土地地价测量提供科学依据。根据规定,国有土地基准地价需两年修订一次,执行地价一年公布一次。1994年4月,市土地管理局会同有关部门,根据土地市场价格变化和土地位置优劣,基础设施和环境好坏,依据土地等级不同和基准地价标准,本着土地级差地租原则,对城镇土地地价执行标准进行评估。1996年8月,对城镇及农村建制镇国有土地地价执行标准做认真评估。2002年12月,对全市城乡国有土地地价执行标准进行评估。经市政府以双政发〔2003〕35号文件批转执行。

【建设用地管理】　1987年开始,根据国家计委、国家土地局发布的《建设用地计划管理办法》的规定,各类建设用地占用耕地和非耕地一律实行计划指标管理,每年年初按省下达年度内占用耕地和非耕地计划指标,不得突破。县计委和土地部门共同将上级下达的计划指标分解到各乡(镇),并与其签订责任状。1999年,对建设用地占用耕地实行占一补一的办法,建设占用一亩耕地,要建设占地单位负责,通过土地开发或土地复垦整理等措施补一亩耕地,达到占补平衡。不仅数量要保证,而且质量要达到耕地标准。到2005年末,全市各类建设占用耕地479.0公顷,通过提前采取开发复垦整理措施,及时补充耕地547.9961公顷,实现占补平衡。根据《中华人民共和国土地管理法》《黑龙江省土地管理条例》的规定,对各项建设用地实行严格审查,依据建设用地定额和指标,按照基本建设用地审批程序、方法和批准权限逐级报批。自1986年以来,20年共审批各类企事业单位建设用地1 013宗,面积达1 059.92公顷。审批职工农民个人建房用地11 632宗,面积401.27公顷。同时,为确保农业结构调整所需土地,共审批"三项用地"222.4公顷,其中耕地128.6公顷。按照国家《城镇国有土地使用权出让和转让暂行条例》的规定,对各类建设用地一律实行并轨,采取有偿出让方式或招标、拍卖方式提供土地。自1988年以来,全市共出让国有土地448宗,面积为819.59公顷,收缴国有土地出让金达1.4亿多元。至2005年,对符合使用划拨土地条件的建设用地单位提供划拨土地150宗,面积160.71公顷。

【土地开发复垦整理】　1989—1993年四年间,部分乡(镇)有计划地开垦荒地22.63公顷,补充了被占用的耕地。2002年,完成幸福乡标准化农田整理项目,面积160公顷,新增耕地21公顷;同年通过土地开发复垦整理,经省国土资源厅核准验收的项目,为省级耕地储备库输入备用耕地243.9公顷;经哈市局核准验收的项目,为市级耕地储备库输入备用耕地701.8公顷。针对市盐碱化土地面积较大的实际,2004年,土地开发复垦整理项目3个,面积383.9公顷,新增耕地面积330.1公顷。对临江、永胜、农丰三个乡(镇)的16.6公顷盐碱化土地争取立项,得到了省国土资源厅的批准,自力更生挖排水渠道3条、修筑道路桥涵7处。并以招投标方式选择施工单位,用四个月时间完成施撒风化煤239吨,翻地整地8 666.6公顷,占应作业面积的96%。栽植优质耐盐碱树苗2.85万株。2005年,土地复垦项目1个,面积72.4公顷,新增耕地达47.3公顷。开发利用废弃地2 172.3公顷,其中复耕327.7公顷。

第二节　土地与水域

【土地面积】　1986 年，全县辖区总面积 311 228.8 公顷，其中县内土地面积 308 194.9 公顷，占辖区总面积的 99%。外县市在本市境内使用面积为 3 033.9 公顷，占辖区总面积的 1%。国有土地 45 588.8 公顷，占辖区总面积的 14.7%；集体所有土地 265 696 公顷，占辖区总面积的 85.37%。至 2005 年年底没有变化。

【耕地】　1986 年，双城耕地面积 225 495.3 公顷，占辖区总面积的 72.5%。其中旱田 219 995.8 公顷，占辖区总面积的 70.7%；水田 4 472.5 公顷，占总面积的 1.4%；菜地 1 087 公顷，占总面积的 0.3%；园地 326.5 公顷，占总面积的 0.1%。2005 年，全市耕地总面积 226 259 公顷，占辖区土地总面积的 72.7%。其中旱田 220 759.5 公顷，占辖区总面积的 71%；水田 4 472.5 公顷，占辖区总面积的 1.4%；菜地 1 027.0 公顷，占辖区总面积的 0.3%；园地 326.5 公顷，占辖区总面积的 0.1%。

【林地】　1986 年，双城林地面积 12 055.2 公顷，占辖区总面积的 3.9%。其中有林地面积 5 892.1 公顷，占辖区总面积的 1.9%；灌木林 1 924.1 公顷，占辖区总面积的 0.6%；疏林地 61.5 公顷，占林地面积的 0.5%；未成林造林面积 4 163 公顷，占辖区总面积的 1.3%；迹地 1.4 公顷，苗圃 8.4 公顷。2005 年，全市现有林地总面积为 12 627.0 公顷，占辖区总面积的 4.1%。其中有林地面积 6 128.3 公顷，占辖区总面积的 2.0%；灌木林 2 179.2 公顷，占辖区总面积的 0.7%；疏林地 65.5 公顷，占林地面积的 0.5%；未成林造林地面积 4 244.3 公顷，占辖区总面积的 1.4%；迹地 1.4 公顷，苗圃 8.4 公顷。

【居民点及工矿用地】　1986 年，城乡居民点及独立工矿用地 21 354 公顷，占辖区总面积的 6.9%。其中城乡居民点用地 18 848.5 公顷，占辖区总面积的 6.0%；独立工矿用地 1 198.9 公顷，占辖区总面积的 0.4%；特殊用地面积 1 306 公顷，占辖区总面积的 0.4%。2005 年，全市城乡居民点及独立工矿用地共 21 360.8 公顷，占辖区土地总面积的 6.8%，其中居民点用地面积 16 901.8 公顷，占辖区总面积的 5.4%；独立工矿用地为 1 198.9 公顷，占辖区总面积的 0.4%；特殊用地面积 1 306.6 公顷，占辖区总面积的 0.4%。

【牧草地】　1986 年，双城牧草地面积 17 559.4 公顷，占辖区总面积的 5.6%。其中人工草地 270.9 公顷，占辖区总面积的 0.1%；天然草地 17 288.5 公顷，占辖区总面积的 5.6%。2005 年，全市牧草地面积 18 211.2 公顷，占辖区总面积的 5.9%；其中人工草地 270.9 公顷，占辖区总面积的 0.1%；天然草地 17 940.3 公顷，占辖区总面积的 5.8%。

【交通用地】　1986 年，全县交通用地面积 6 136.7 公顷，占辖区总面积的 2%。其中铁路用地 704.9 公顷，占辖区总面积的 0.2%；公路用地 901.4 公顷，占辖区总面积的 0.2%；农村道路用地 4 530 公顷，占辖区总面积的 1.5%。2005 年，全市交通用地 6 153.0 公顷，占辖区总面积的 2%。其中铁路用地 704.9 公顷，占辖区总面积的 0.2%；公路用地 901.4 公顷，占辖区总面积的 0.2%；农村道路用地 4 547.0 公顷，占辖区总面积的 1.5%。

【未利用土地】　1986 年，全县未利用土地面积 4 520.2 公顷，占辖区总面积的 1.5%。其中荒地 3 132.9 公顷，占辖区总面积的 1.0%；沼泽地 441.2 公顷，占辖区总面积的 0.1%；田坎 47 公顷；沙地 79.2 公顷；其他 744.7 公顷，占辖区总面积的 0.2%。2005 年，全市未利用土地面积 4 597.8 公顷，占辖区总面积的 1.4%，其中荒草地 3 145.7 公顷，占辖区总面积的 1.0%；盐碱地 85.9 公顷；沼泽地 467 公顷，占辖区总面积的 0.2%；沙地 118 公顷；田坎 45 公顷；其他 744.9 公顷，占辖区总面积的 0.2%。

【水域】　1986 年，双城水域面积 20 747.5 公顷，占辖区总面积的 6.7%。其中江河水面 4 405.8 公顷，占辖区总面积的 1.4%；水库面积 1 388.4 公顷，占辖区总面积的 0.4%；坑塘面积 2 447 公顷，占辖区总面积的 0.8%；苇地面积 5.1 公顷；滩涂面积 8 122.1 公顷，占辖区总面积的 2.69%；沟渠面积 3 917.7 公顷，占辖区总面积的 1.3%；水利工程建筑面积 461.1 公顷，占辖区总面积的 0.2%。2005 年，全市水域面积共

21 693.1公顷,占辖区总面积的7.0%。其中江河水面4 411.0公顷,占辖区总面积的1.4%;水库面积为1 388.4公顷,占辖区总面积的0.4%;坑塘面积为2 612.1公顷,占辖区总面积的0.8%;苇地面积5.1公顷;滩涂面积为8 883.8公顷,占辖区总面积的2.9%;沟渠面积3 921.9公顷,占辖区总面积的1.3%;水利工程建筑面积470.8公顷,占辖区总面积的0.2%。

第四章 环境保护

第一节 环境管理

【**双城市环保局**】 1986年为环保办,人员3人,下设监测站,编制9人。1987年5月,成立双城县环境保护局,编制12人,下设人秘股、环境管理股、法规宣教股。1988年9月,改为双城市环境保护局。1993年4月,成立环境监理站,编制9人。2002年,成立双城市环境保护监察大队,编制11人。2005年,局内设有人秘股、环境管理股、法规宣教股、环境监测站、环境保护监察大队,行政编制9人,工勤编1人,事业编20人,总编制30人。

历任局长:张贺、潘洪凯、孙学荣、王德力;副局长:叶福久、王洪飞、潘洪凯、杨立君、李克祯、耿文翰、赵军、朱波、王国岚。

【**大气污染治理**】 经环保局监测站监测,"七五"计划时期,大气悬浮微粒1.64mg/m^3。"八五"计划时期,大气悬浮微粒0.295mg/m^3,超过国家二级标准。"九五"以来,市政府十分重视环境综合治理,相继出台一系列的法规和地方政策,制定治理规划。采取集中供热,使用清洁能源,对企业燃煤量较大的单位采取分期分批的限期改造措施。大气悬浮微粒0.265mg/m^3,较"七五""八五"时期有所下降。"十五"计划时期开始,市政府加大对大气污染整治力度,效果比较明显。到"十五"计划期末,共治理工业企业17家,物业小区5家。实现集中供热320万平方米,建立洁净型煤厂1座,热力公司1处,关停和搬迁污染大户3家,饮食服务业、洗浴业2家。环保总投入治理资金447.3万元。在招商引资过程中严格执行环保第一审批权制度,把住环保关,继续扩大联片供热范围。2005年,楼房取暖供热部分进入市热力公司管网,减少大气污染问题,大气悬浮微粒下降到0.217mg/m^3。

【**水污染防治**】 1986年,双城市有工业企业41家,城市污水排放没有经过处理,两条排水干线直泄拉林河。到1990年,排水量200万吨,造成拉林河水污染。由于双城地处平原,仅靠明沟排放,且二、三排水干线距离拉林河30公里,当春秋两季温差较大时,日化夜冻,水溢排水沟外曾多次造成大片农田被污水淹没事件。农民上访、工厂赔偿,双方叫苦不迭,损失很大。工业企业无资金无法购置污水治理设备,水污染比较严重。1991年,全市建设地下排水干线13 338延长米,并建成污水提泵站1处。1992年,建设地下排污线18 200延长米。对排水大户造纸厂、啤酒厂、合成洗涤剂厂、化肥厂、味精厂、白酒厂、糖厂、亚麻厂、有机化工厂等十余家企业进行整治。2000年,全市在水污染治理上采取超常规的措施,借助招商引资改造落后企业的契机,贯彻执行国务院《环境保护若干问题的决定》和《中华人民共和国水污染防治法》,按照"一控双达标"的要求,即:对污染物总量控制,使工业污染源达到国家或地方规定的污染物排放标准,空气和地面水岸功能区达到国家规定的环境质量标准。先后关停啤酒厂、造纸厂、化肥厂、洗涤剂厂、糖厂、亚麻厂、味精厂、皮革厂、磷肥厂等水污染大户。对雀巢公司等企业实行限期治理,并对进入开发区的招商引资企业实行严格的审批制度。环保部门跟踪问效、严格执法,成效十分显著。到2005年,雀巢公司投资1 000万元完善水处理设施,达到国家排放标准,开发区新扩建企业也相继安装水处理设施。全市水污染排放企业由原来的 27 家减少到 2 家,减排废水 220 万吨。主要水污染物化学耗氧量(COD)660 吨,使企业降耗、增效,削减了排污量。并全部推广清洁生产,水污染治理从此步入快车道,为双城环境改善打下基础。

【工业污染防治】 "八五"计划期间,重点工业污染所排放污染物几乎没有治理,排放浓度超标。"九五"计划期间,按照国家、省、市的统一布置,制订工业污染总量控制计划。在国民经济总量递增的情况下,有 12 种污染物排放量比"八五"计划期间平均减少 13%。在工业企业大气污染防治上,大力普及和提供工业及民用型煤,提倡洁净煤技术,限制原煤散烧。对城内的小浴池等经常深入现场检查。按照"一控双达标"的要求,对已达标的锅炉,每年复查一遍,更新、改造燃烧技术以及消烟除尘装置,提高运行效率。全市 15 家企业开展清洁生产,在企业技术改造时优先应用无污染工艺,控制和限制能耗高、污染重的企业发展,把工业生产造成的废气污染控制在最低限度。2000 年,推行集中供热和小区供热工程,加快工业废气治理,废气处理率达到 98% 以上。大气总悬浮微粒平均控制在 0.24mg/标立方米以下。在水污染防治上,加快了治理力度,2005 年,全市工业企业废水基本达到排放标准。

【环境监测】 1986 年,环保局监测站开始对境内的环境质量监测和污染源监测。2000 年以来,随着环境保护工作科技含量的不断增加,监测队伍素质的提高和扩大,监测设备也在逐年更新和完善。2005 年,新增加大气质量监测仪、频谱仪、噪声振动监测仪等新仪器设备,形成较为完善的监测能力,可以开展水气声及生态网络的监测。为市环境保护工作提供准确翔实的执法依据和科学数据。有监测用房面积 300 平方米,连续多年被评为哈市"三优"监测站。

【执法检查】 1993 年开始,连续四年进行环保执法大检查。每年由市人大牵头,市直各有关部门参加,共检查企业事业单位 47 家,涉及国营、集体、乡企及驻双单位。1996 年取缔二轻电镀厂、五家电镀厂、周家东跃电镀厂、永胜小炼油厂、周家印染厂等 5 家"十五"小企业,即小造纸、小制革、小染料、土炼焦、土炼硫、土炼砷、土炼汞、土炼锌、土炼油、土选金、小农药、小电镀、土法生产石棉制品、土法生产放射制品、小漂染。并制定长期工作机制,防止死灰复燃。1997 年上半年,环保部门会同市公安、工商、文化、建设、乡企等部门对 18 个重点污染企业进行联合检查,其中 8 个单位接受哈市局联合执法检查团的检查,有 6 个单位受到严肃处理。1999 年,共检查 16 家重点污染企业,文化、计委、双城市开发区等部门参加,对检查出的问题,根据不同情况进行处理。2000 年,检查 12 家重点污染企业,其中以双城开发区为执法检查重点,严格控制环境污染,以确保城乡环境质量。2001 年,省人大执法检查团到双城开发区和雀巢公司进行环保执法检查,提出整改意见。2002—2003 年,检查所有的污染企业,对检查出的问题提出处理意见并依法进行处罚。取缔新"五小"企业(即小水泥、小火药、小炼油、小煤矿、小钢铁)6 家,关停污染严重企业 7 家。责令改正或限期改正环境违法行为 35 家。办理行政处罚案件 279 起,收缴罚款 60 余万元,有效地维护了环境法律法规的严肃性。2004 年,根据国家"一控双达标"的具体要求,省、哈市环保局对双城开发区企业进行检查,对 4 家企业挂黄牌督办,使开发区进入一个新的环境治理时期。2005 年,进入开发区的 41 家企业都根据企业排放特点安装现代化治理设备,达到国家节能减排的要求。

【环境信访】 1987 年,开始处理环境信访案件,到 1995 年,共处理信访案件 57 起。其中群众反映较大的双城亚麻厂、省合成洗涤剂厂、化肥厂、磷肥厂等 18 家企业粉尘、烟尘、水污染、水污染农田等问题处理效果明显。1996 年,处理信访案件 11 件,其中限期治理 5 家,停产 2 家。1997 年,处理环境纠纷和环境污染方面的信访案件 18 起,其中限期治理 12 家,停产 4 家。对禽类加工厂进行限期治理。1998 年,受理 30 起,全部进行处理和改造。1999 年,群众上访增多,尤其是农村上访面增大,全年处理信访案件 56 起。对群众反映强烈的市有机化工厂、味精厂、骨粉厂排放废水污染农田事件,以政府行为进行妥善处理,赔偿了农民的损失,并提出限期治理。2000 年,达到标准排放,维护了人民群众的利益。2005 年,市环保局受理环境信访案件 104 起,处理率 100%。重点处理了市硫酸加工厂、哈博纺织、时代集团水污染案件,赔偿农民损失 6 万余元。对全市 3 户烟尘污染企业实施搬迁,取缔新兴乡、朝阳乡"小炼油"企业两处,前进乡"小炼油"企业一处。

第二节　环境质量

【大气环境质量】　双城地处北方,冬季寒冷,取暖期长约 6 个月,原煤消耗量大。主要集中在一、四两季度,属煤烟型大气污染,其主要污染物为总悬浮微粒,污染程度随季节呈规律性变化,一季度、四季度较重,二、三季度较轻。二氧化硫、氮氧化物具有明显的季节性变化规律,冬季较重,春秋夏季较轻。随着城市改造规模逐步加大,供暖面积的加倍增长,污染治理相对滞后,使烟尘型污染呈逐年上升趋势。1986年,大气总悬浮微粒超过国家二级标准,二氧化硫、氮氧化物污染物浓度不断加重,致使大气质量下降。1990 年,燃煤总量 22.1 万吨,大气总悬浮微粒 2.63mg/m³,二氧化硫 0.510mg/m³,烟尘排放量 6 906 吨,废弃气放量 227 418.5 万立方米,工业粉尘排放量 237 吨。1995 年,燃煤总量 25.8 万吨,大气总悬浮微粒 0.334mg/m³,二氧化硫 0.314mg/m³,烟尘排放量 8 062 吨,废气放排量 265 493.1 万立方米,工业粉尘排放量 350 吨。2000 年,燃煤总量 30 万吨,大气总悬浮微粒 0.146mg/m³,二氧化硫 0.318mg/m³,烟尘排放量 9 375吨,废气排放量 308 712.9 万立方米,工业粉尘排放量 118 吨。2001 年以后,市政府加大对大气污染整治力度。2005 年,燃煤总量 32.4 万吨,大气总悬浮微粒 0.225mg/m³,二氧化硫 0.132mg/m³,烟尘排放量 10 125 吨,废气排放量 333 409.94 万立方米,工业粉尘排放量 170 吨。市内不同乡镇的大气环境质量相对较好,除每年春秋两季大风扬尘影响外,其他时间各项指标均符合国家二级标准,但随着招商引资和小城镇建设速度加快,一些大中型企业落户新兴、周家、兰棱、五家等乡镇,一些小型企业也呈增加态势,农村的大气环境质量受到影响。特别是双城森林覆盖率低,草原锐减,荒漠化加剧,长期以来对生态环境保护和建设认识不高,投入不足,也是造成农村环境质量破坏的直接原因。

1988—2005 年双城市大气环境情况统计表

表 1 - 4 - 1

年度	总悬浮微粒 （毫克/立方米）	二氧化硫 （毫克/立方米）	燃煤量 （万吨）	烟尘排放量 （万立方米）	废气排放量 （万立方米）	工业粉尘排放量 （吨）
1988	0.708	0.456	20	6 250	205 808.6	237
1989	1.483	0.318	21	6 560	216 099.03	237
1990	2.630	0.510	22.1	6 906	227 418.5	237
1991	0.431	0.473	22.5	7 031	231 534.68	260
1992	0.156	0.432	23	7 187	236 679.89	260
1993	0.271	0.501	23.5	7 343	241 825.105	260
1994	0.284	0.473	24.5	7 656	252 115.54	350
1995	0.334	0.314	25.8	8 062	265 493.1	350
1996	0.194	0.418	27	8 437	277 841.6	474
1997	0.333	0.468	27.9	8 718	287 102.1	474
1998	0.010	0.317	29	9 062	298 422.5	74
1999	0.644	0.215	29.6	9 250	304 596.73	118

续表

年度	总悬浮颗粒（毫克/立方米）	二氧化硫（毫克/立方米）	燃煤量（万吨）	烟尘排放量（万立方米）	废气排放量（万立方米）	工业粉尘排放量（吨）
2000	0.146	0.318	30	9 375	308 712.9	118
2001	0.211	0.508	30.8	9 625	316 945.3	142
2002	0.198	0.317	31	9 687	319 003.3	142
2003	0.220	0.314	31.6	9 875	325 177.59	150
2004	0.229	0.147	32	10 000	329 293.76	160
2005	0.225	0.132	32.4	10 125	333 409.94	170

【生态环境质量】 1986年，自然生态环境较好。主要得益于双城是全国奶牛生产第一大县，其他养殖业发展也很快，农村有机肥使用量占很大比例，化肥和农药的使用量较低。20世纪70年代引拉工程的建设，使河水灌溉面积达14个乡镇。2005年，全市可耕种农田面积300万亩，基本没有污水灌溉现象。虽然由于乡镇企业的兴起，对自然和农业生态环境产生一定的影响，但"十五小"企业始终被环保部门严格限制和随时取缔，未对生态环境造成破坏。加之林业、农业、畜牧等部门多年来积极努力，水土流失、土地沙化、盐化和退化、土地肥力降低程度均很低，农业发展的潜力很大。

【水环境质量】 1986年，环境监测站对拉林河双城段按功能区水位评价属于Ⅰ类水体。石人水库水质质量较好，比较清澈，适合渔业和农业灌溉用水。1987年对全市农村各乡镇饮用水监测显示，普遍呈现高铁、高锰、高硬度，PH值平均7.31。1994年，对5个乡镇的5眼井进行监测超标井数100%。从获得的35个数据看，超标11个，占31.4%，硬度100%超标。地下水综合污染指数，公正乡22.57，希勤乡7.69，杏山镇1.54，周家镇18.40，单城镇7.28。从综合污染指数看，杏山镇饮用水较好。2005年，环保监测站对饮用水源地监测，取样点大约在20～40米左右，结果数据显示：饮用水8项指标（PH、总硬度、硫化物、氯化物、高锰酸盐指数、氨氮、氟化物、总大肠菌群），基本符合《国家地下水质量分类标准》中的三类标准，只有硬度、铁、锰3项指标超过地下水质量标准的三类标准。全市饮用水水质特点：高铁、高锰、高硬度，由西往东水质由好变差。对拉林河双城段进行监测，化学耗氧量为21.21，生化耗氧量为5.21、氨氮为0.097。

双城境内有第二、第三两条排水干线排入拉林河，二干线基本常年无水，三干线主要排放城镇居民生活废水、雨水和工业废水，2005年，全年排水200万吨，排放COD（化学耗氧量）700吨，城市污水处理厂投入运行，所排污水达标。

1988—2005年拉林河水监测结果统计表

表1-4-2　　　　　　　　　　　　　　　　　　　　　　　　　　　　　　　单位：毫克/升

年　度	化学耗氧量	生化耗氧量	氨氮	年　度	化学耗氧量	生化耗氧量	氨氮
1988	8.94	2.95	0.0262	1997	23.58	2.38	0.0540
1989	12.03	3.28	0.0310	1998	20.15	3.25	0.0710
1990	13.24	2.35	0.0410	1999	23.12	2.18	0.0430
1991	14.36	2.36	0.0320	2000	21.68	3.21	0.0640

续表

年 度	化学耗氧量	生化耗氧量	氨氮	年 度	化学耗氧量	生化耗氧量	氨氮
1992	16.24	3.10	0.0340	2001	20.85	4.21	0.0760
1993	18.26	3.01	0.0410	2002	25.67	4.01	0.0810
1994	20.31	3.12	0.0510	2003	20.34	4.87	0.0570
1995	19.57	3.54	0.0340	2004	19.34	3.10	0.0610
1996	17.38	3.54	0.0380	2005	21.21	5.21	0.0970

1987 年双城市农村饮用水监测结果统计表

表 1 - 4 - 3   单位:毫克/升

乡镇	PH 值	铁	锰	乡镇	PH 值	铁	锰
同心	6.82	4.00	2.00	希勤	7.42	2.00	3.00
东官	7.14	5.60	4.00	杏山	—	0.50	2.00
周家	7.04	2.00	4.20	朝阳	7.62	3.40	3.00
跃进	7.19	0.50	3.60	兰棱	7.48	1.02	2.00
团结	8.10	0.90	1.00	五家	7.42	0.52	3.00
青岭	7.52	0.50	4.00	乐群	7.40	3.80	4.20
联兴	7.58	2.00	2.00	对面城	7.50	4.00	4.00
临江	7.80	4.20	4.00	水泉	7.36	0.50	4.00
农丰	7.20	1.00	2.00	新兴	7.00	3.80	4.40
单城	7.42	0.50	1.00	前进	7.10	1.00	2.00
公正	7.48	1.00	2.00	幸福	7.60	2.00	1.04
韩甸	7.45	1.00	1.00				

1994 年双城市农村饮用水监测结果统计表

表 1 - 4 - 4   单位:毫克/升

乡镇	PH	铁	锰	硬度	六价铬	氯化物	透明度
公正乡	7.00	5.00	0.409	815.62	0.010	33.74	0°
希勤乡	7.20	0.97	0.077	2007.90	0.003	10.92	0°
杏山镇	8.20	0.17	0.005	693.33		5.45	0°
周家镇	7.20	0.16	0.597	1107.10	0.014	22.92	0°
单城镇	7.40	0.57	0.323	531.90		4.00	0°

2005 年双城市农村饮用水监测结果统计表

表 1 - 4 - 5

地点	硬度 （以 CaCO 计）	铁 （mg/L）	锰 （mg/L）
公正	763	0.50	2.00
东官	1 390	2.30	3.50
前进	487	0.34	1.00
希勤	912	0.76	2.00
杏山	613	0.25	0.60
单城	378	0.57	0.24
幸福	766	0.35	0.18

第二编　政区　人口

政区

人口

双城市位于黑龙江省西南部。以拉林河为界与吉林省榆树市、扶余县毗邻;东、东南与阿城和五常两市接壤;西北、北隔松花江与肇源县、肇东市相望;东北紧靠哈尔滨市平房区、南岗区、道里区。市政府所在地双城镇距省会哈尔滨市区 30 公里。总面积 3 112.3 平方公里,1986 年全市辖 9 个镇 18 个乡,共计 27 个乡镇,387 个村。1988 年 9 月撤销双城县,建立双城市(县级)。2001 年 3 月,撤销前进乡、跃进满族乡、对面城乡。9 月,合并 141 个村民委员会。2005 年,全市 9 镇 15 乡,共计 24 个乡镇,246 个村,656 个自然屯。

1986 年,全县人口为 703 365 人,总户数 153 276 户。2000 年,全市人口突破 80 万。2005 年,全市人口达到 810 966 人,242 662 户,非农业人口 169 972 人,总人口净增 107 601 人。1986—2005 年,全市人口出生率均在 7.10‰ ~17.00‰,自然增长率在 0.3‰ ~11.9‰,2005 年,人口男女性别比例为 104:100。全市有 27 个民族聚居,其中以汉族人数居多,满族次之,蒙古族人数位列第三,还有回、藏、苗、朝鲜、锡伯等民族。

第一章 政 区

第一节 地理位置

【方位】 双城市位于黑龙江省西南部,在省会哈尔滨市区西南 30 公里处。地理坐标为东经125°41′ ~126°42′,北纬 45°08′ ~45°43′。

【面积】 辖境东西长 85 公里,南北宽 65 公里,全境总面积 3 112.3 平方公里,其中土地面积 289 535.7公顷,占全境面积的 93%;水域面积21 693.1公顷,占总面积的 7%。

【区域】 全市辖双城镇、周家镇、五家镇、兰棱镇、韩甸镇、东官镇、单城镇、农丰满族锡伯族镇、杏山镇等 9 个镇,新兴满族乡、幸福满族乡、联兴满族乡、朝阳乡、青岭满族乡、同心满族乡、希勤满族乡、万隆乡、临江乡、水泉乡、永胜乡、公正满族乡、乐群满族乡、金城乡、团结满族乡等 15 个乡,共计 24 个乡镇,246 个行政村,656 个自然屯。

【界邻】 东、东南与阿城和五常两市接壤;南、西南以拉林河为界,与吉林省榆树市、扶余县毗邻;西北、北隔松花江与肇源县、肇东市相望;东北紧靠哈市平房区、南岗区、道里区。

第二节 建置与行政区划

【建置沿革】 双城是黑龙江省设置较早的县份。距今三四万年前的旧石器时期,双城就有人类活动。先秦时期,分布着肃慎等先民,汉称扶余。南北朝初期称勿吉,后期属勿吉伯咄部。隋代属伯咄,唐代圣历元年(公元 698 年)后伯咄为渤海国郑颉府地。辽初属东京道滨江州乌萨札部。公元 10 世纪渤海国灭亡,其地为生女真完颜部,金代属上京会宁府肇州地,元代属辽阳行省开元路境,明初为奴尔干都司所辖之纳邻河卫(拉林河卫)。后属女真四部之一的扈伦部的属下乌拉部。清初属宁古塔昂邦章京。康熙元年(1662 年)属宁古塔将军管辖,康熙十五年(1676 年)为宁古塔副都统衙门所辖。雍正三年(1725 年)为阿拉楚喀副都统衙门属地。清嘉庆十九年(1814 年)设双城堡协领衙门,为双城设治之始。咸丰元年(1851 年)裁协领,设副都统衔总管。光绪八年(1882 年)设双城厅,置理事抚民通判,兼管拉林旗(满族人)、民(汉族人)分治。光绪三十三年(1907 年)归吉林省滨江道管辖。宣统元年(1909 年)设双城府。民国二年

（时成1913年）为双城县。民国十七年（1928年）废滨江道，由吉林省直辖，为一等县。1932年日本侵略者入侵时成立伪双城县公署，归滨江省管。1945年11月27日光复，成立双城县民主政府，隶属松江省哈南分区行政督察专员公署。1954年8月1日，黑龙江省与松江省合并，双城县为黑龙江省直辖。1958年8月6日，黑龙江省设置松花江专区，双城县归其管辖。1960年6月1日，双城县划归哈尔滨市管辖。1965年8月，双城县划归松花江地区行政公署管理。1988年9月，撤销双城县设立双城市（县级），隶属松花江地区行政公署。1996年11月，松花江地区与哈尔滨市合并，组成新的哈尔滨市，双城市划归哈尔滨市管辖。

【行政区划】 1986年，全县有27个乡镇。其中镇9个：双城镇、周家镇、五家镇、兰棱镇、韩甸镇、东官镇、单城镇、杏山镇、农丰满族锡伯族镇。乡18个：朝阳乡、万隆乡、金城乡、临江乡、永胜乡、团结乡、水泉乡、前进乡、对面城乡、乐群满族乡、希勤满族乡、同心满族乡、新兴满族乡、联兴满族乡、青岭满族乡、公正满族乡、幸福满族乡、跃进满族乡。2001年3月，按照《中共黑龙江省委办公厅黑龙江省人民政府办公厅关于印发黑龙江省乡（镇）行政区划调整工作的实施意见的通知》，撤销前进乡、跃进满族乡、对面城乡。前进乡整体合并到朝阳乡，跃进满族乡整体合并到团结乡改为团结满族乡。对面城乡的利民村、建新村、民主村、盖家村、战胜村、郭家村、楼上村、前五家村8个村划归到万隆乡。将大房村、三姓村、双林村、长丰村、新华村5个村划归到韩甸镇。合并后由原来的9镇18乡变为9镇15乡。

按照《中共黑龙江省委办公厅黑龙江省人民政府办公厅关于做好全省行政村调整工作的通知》《中共哈尔滨市委办公厅哈尔滨市人民政府办公厅关于印发〈哈尔滨市行政村调整工作方案〉的通知》，全市于2001年9月完成并村工作，由387个村民委员会，合并为246个村民委员会，减少141个村民委员会。2005年，全市辖9个镇15个乡，共计24个乡镇246个村民委员会。

1986—2001年双城市村民委员会统计表

表2-1-1

乡镇	村民委员会
双城镇	黎明 永治 建城 建华 永和 新荣 万家 庆安 光跃 光明 沈家 建功 承旭 庆利 东岭 长生 承恩 诚祥 诚顺 长勇 长产 中兴 金星 富乡 友联
周家镇	东前 东顺 东源 东发 东和 东进 东新 东旭 东跃 东安 东海 东太 东宁
五家镇	民乐 民富 新义 新丰 民发 民志 民康 五家 民安 民和 民生 暖泉 双井 解放
兰棱镇	兰棱 胜荣 胜友 胜志 新化 唐家 友谊 靠山 许家 广益 石家 永发 胜阳 胜林 兴发 治新村 立志村
韩甸镇	高家 群策 韩甸 新城 新立 六家 荣升 红图 田家 红跃 白土 前城 红城 永河 北小房 腰小房 大马家
农丰满族锡伯族镇	双红 双利 双丰 进步 保安 新跃 仁利 农丰 保收 田茂 兴城 永久 保胜
东官镇	东富 东官 东升 东利 东城 东志 庆发 庆新 庆东 东胜 庆民 庆人 庆纲 庆农 东兴
单城镇	双跃 政才 政前 政顺 政久 政河 政兴 政富 政发 政丰 政永 单城 政善 杨青 政红 政治 富源 政德 政利 政新
杏山镇	双山 双合 仁和 江南 永富 胜富 金山 兴龙 强胜 迎新 致富 树庆 杏山 顺利 临江 双青
朝阳乡	诚明 诚东 诚利 诚乐 诚吉 诚富 朝阳 诚堡 诚治 胜全 胜产 胜华 胜功 胜兴 胜乡 胜德
前进乡	胜前 胜平 胜利 胜业 政广 政安 政旺 政胜 胜发 胜余 胜勤 胜城 胜丰 胜勇
万隆乡	万隆 繁荣 保国 长江 增产 建国 唐家 谢家 苗家 吴家 奋斗 双胜 双榆 双龙 双跃 板子房
对面城乡	利民 建新 民主 盖家 战胜 郭家 楼上 大房 三姓 双林 长丰 新化 前五家
水泉乡	富有 富生 大有 自强 大义 韩家 水泉 仁勇 大德 大庆 荣华 丰收 三邻 旭光
金城乡	金城 银城 花园 吉利 启新 拥军 和平 爱民 沿河 临河 金河 榆树 爱国 升平

续表 2 - 1 - 1 - 1

乡镇	村民委员会
临江乡	民胜 平房 春山 春生 沿江 建强 榆树 龙江 春江 民强 永康 三家 松江
永胜乡	永生 永兴 永丰 太宁 永红 兴业 永春 胜志 胜强 永乐 永强 永胜 建乡 乐乡
团结乡	连丰 刘家 快乐 增收 创勤 创立 富民 富国 富贵 团结 保丰 增胜
幸福满族乡	永太 永支 久援 久前 幸福 庆城 庆宁 永庆 安西
公正满族乡	国兴 向阳 固强 龙泉 红星 贤邻 有利 公正 康宁 民旺 爱乡 富余 庆丰
乐群满族乡	友好 富志 光辉 国庆 乐群 富勤 光华 乐民 耕勤
希勤满族乡	裕生 裕强 治业 治强 永新 爱贤 裕丰 希强 希勤 希新 希业 爱社 希贤 希望 希富 裕勤
同心满族乡	同德 富新 富强 福利 裕民 裕斌 治乡 新富 同心 富成 治安
新兴满族乡	新强 新民 新胜 新和 新英 庆乐 新红 新兴 新旺 东朴 新发 东华 东光 新华
联兴满族乡	苏家 兴农 寇家 安强 安乐 安家 兴旺 兴功 永跃 兴团 兴结 庆华
青岭满族乡	万民 兴胜 群星 延军 万解 万星 青岭 七一 庆北 延放 群利 益利 益胜
跃进满族乡	育新 春光 育人 安立 创业 创富 农林 双富 跃进 小城 宏升 创新 西官 西荒

2001—2005 年双城市村民委员会统计表

表 2 - 1 - 2

乡镇	村民委员会
双城镇	永治 永和 承恩 承旭 诚祥 诚顺 长勇 金星 友联 建城 长生 中兴 富乡 万家 长产 建功 光明
周家镇	东新 东旭 东辉 东跃 东安 东海 东太 东发 东宁
五家镇	五家 民安 民和 民生 暖泉 双井 解放 民富 民康 新丰
兰棱镇	兰棱 许家 广益 石家 永发 胜阳 胜林 兴发 胜友 治新 立志 新化 靠山
韩甸镇	群利 荣升 新立 大房 双林 红城 永河 长丰 田家 三姓 白土 大马家 腰小房
农丰满族锡伯族镇	农丰 保胜 田茂 保收 进步 双利 兴城 永久 仁利
东官镇	东官 东利 东城 庆农 东兴 庆新 庆胜 庆和
杏山镇	杏山 河山 顺利 仁和 临江 双青 富山 树庆 龙山
单城镇	政治 政德 政利 政新 富源 政丰 政久 政善 政兴 政才
乐群满族乡	友好 富志 光辉 国庆 乐群 富勤 光华 乐民 耕勤
团结满族乡	团结 育新 育人 创富 农富 跃进 宏升 西官 连丰 保丰 快乐 增胜 创勤 金富
幸福满族乡	久援 久前 永支 幸福 庆城 庆宁 永庆 安西
同心满族乡	同心 富成 同兴 治安 同旺 同富 同强
公正满族乡	公正 康宁 国兴 庆丰 固强 贤邻 民旺 爱乡 富余
新兴满族乡	新华 新胜 新兴 东朴 庆乐 新民 东光
青岭满族乡	青岭 庆北 万解 延放 军星 兴民 益利 群利 益胜
希勤满族乡	爱德 爱新 爱勤 爱贤 爱业 希勤 爱富 爱强
联兴满族乡	兴农 永跃 兴功 兴团 安家 兴结 庆华 安强

续表

乡镇	村民委员会
朝阳乡	胜全 胜城 胜前 胜乡 胜功 胜华 诚明 诚吉 政广 诚乐 诚东 胜兴 胜平 胜业 胜德 胜利 诚利 胜丰 胜勤 政安
永胜乡	永乐 建乡 乐乡 永胜 永兴 太宁 永强 胜强 兴业
水泉乡	水泉 大义 大有 大德 荣华 富有 三邻
万隆乡	万隆 吴家 战胜 繁荣 增产 苗家 长胜 建国 楼上 奋斗 利民 保国 双胜 双龙 建新 板子房
临江乡	民强 三家 新发 建江 松江 三江 新富
金城乡	金城 沿河 金河 和平 榆树 启新 爱国 升平 花园 临河

第三节　乡镇概况

【双城镇】　双城镇是市委、市政府驻地。东为幸福乡、联兴满族乡，南与朝阳乡接壤，西与同心满族乡、乐群满族乡毗邻，北连公正满族乡。1984年，双城镇人民公社管理委员会改为双城镇人民政府。1986年，辖团结街、治国街、隆化街、昌盛街、奋斗街、车站街、工农街、富强街、民主街、新民街、和平街、文明街计12个街道办事处，71个居民委，639个居民组。黎明村、承旭村、永治村、建城村、承恩村、永和村、东岭村、庆利村、万家村、建功村、建华村，11个行政村，总户数33 154户，人口113 453人。1987年，沈家屯从建功村分离出来独立建村，变为12个村。1992年10月，幸福乡的庆安村、中兴村、长产村；联兴乡的长勇村、长生村；朝阳乡的诚祥村、诚顺村；同心乡的新荣村、富乡村；乐群乡的金星村、光明村、光跃村、友联村，共计13个村划归双城镇管辖，由12个村增加到25个行政村。2001年，乡村合并，内部村型调整，永治村、黎明村合并为永治村；承旭村、庆利村合并为承旭村；永和村、新荣村合并为永和村；建城村、建华村合并为建城村；光明村、光跃村合并为光明村；万家村、庆安村合并为万家村。2002年，12个街道办事处调整为9个街道办事处，分别是奋斗街、团结街、治国街、富强街、新民街、和平街、昌盛街、车站街、工农街。2003年1月，双城市社区管理委员会成立，撤销街道办事处，社区管委会下设13个社区居民委员会。2004年5月，调整为6个社区居民委员会，分别是富强、昌盛、和平、奋斗、工农、团结社区居民委员会。2005年，双城市社区管理委员会撤销，双城镇成立社区办公室，各社区划归双城镇管理。全镇辖6个社区居民委员会，17个行政村，35个自然屯，总户数37 635户，总人口139 294人，其中城镇户数26 940户，城镇人口77 628人，农业户数10 695户，农业人口61 666人，总面积160平方公里，耕地面积9 944公顷。双城镇区域内皆平原，无山地、丘陵，没有河流。土地肥沃，地势平坦，地形开阔，多为黑质土壤，适于多种作物生长。经济发展集城乡一体，贸工农各业并举的多元化乡镇。经济主要依托中心城镇的地域优势，全面发展各项事业。镇内人口大部分经商、务工、开办个体私营企业。近郊主要种植露地菜、棚室菜、两瓜等经济作物。1986年，有镇办企业18个，分别是木器加工厂、纸箱厂、纸制品厂、彩印厂、前进鞋厂、电工设备厂、五金修配厂、铸件厂、烟花厂、站前综合厂、综合加工厂、工程公司、织袋厂、铝制品厂、服装厂、青年牧场、水暖锻造厂、青年百货商店。2005年，双城镇烟花爆竹厂以租赁形式正常生产，其他企业均已解体。2005年，建有日光蔬菜温室54个，面积10 819平方米，蔬菜大棚759个，面积7 120平方米，蔬菜总产量39 747吨。距镇中心较远的村屯主要以农业和畜牧业为主。种植业主要以玉米、大豆为主，农作物总播种面积9 944公顷，年产粮食56 166吨。奶牛存栏13 115头，年产鲜奶36 000吨。生猪存栏37 055头，家禽81万只，肉类总产量3 448吨。东门外蔬菜大市场占地面积9 650平方米。西门外建材大市场占地面积45 717平方米，64个号位，每个号位480平方米。经营木材、钢筋、水泥、砂石、铁皮、彩钢、建筑附属材料等。全镇从业人员

17 851人。其中从事第一产业10 594人,第二产业5 100人,第三产业2 157人。财政总收入350万元,总支出350万元,人均收入8 389元,农村居民人均纯收入4 719元,居全市乡镇之首。全年农村用电量2 900万度。镇内文化公共事业比较发达。镇属小学14所,学生1 728人,教师196人。双城镇卫生院,既有乡镇卫生院的功能,又是一所以骨伤医疗为特色的专科医院。全镇有30 290人参加新型农村合作医疗。修筑砂石、水泥路17.4公里,总投资400万元,全部达到路面硬化。17个村全部通公路、通自来水、通邮、通电话,电视普及率百分之百。

历任镇长:李克荣、于占岐、叶福来、刘建章、郭永桓;副镇长:曲福元、鲍维华、何成玉、关志清、刘金、朱廷林、游森、杨庆文、丁继荣、刘锡德、闫铁友、王洪飞、辛宝奎、赵学锋、杨学禄、徐国祥、金宝祥、沈春成、王祥玉、王洪涛、沈刚、闫善利、魏铁志、刘刚、刘云春、刘连福、于洪亮、李振雷。

2005年双城镇所辖村屯统计表

表2-1-3

村名称	村驻地	辖自然屯名称
合计	17个村	35个自然屯
永治	双城堡北郊	双庙子
永和	双城堡南郊	张政窝堡
承恩	双城堡西郊	
承旭	双城堡东郊	岗子玉
诚详	苏家窑	苏家窑
诚顺	刘顺屯	刘顺屯
长勇	陈镶白旗二屯	陈镶白旗二屯
金星	镶红旗五屯	镶红旗五屯
友联	正红旗四屯	正红旗四屯
建城	新立屯	新立屯 高家窝堡
长生	陈镶白旗三屯	陈镶白旗三屯 欢喜岭
中兴	正白旗二屯	正白旗二屯 进步屯
富乡	余家窝堡	余家窝堡 关家窝堡
万家	万家窝堡	万家窝堡 小赵家窝堡 傅家窝堡 欢喜岭
长产	正白旗三屯	正白旗三屯 杨家窝堡 王家窝堡 张家窑
建功	那家窝堡	那家窝堡 沈家窝堡 常家窝堡 十里岗子 新民屯
光明	小白家窝堡	小白家窝堡 大白家窝堡 温家窝堡 高家窝堡 三星屯 汪家窝堡

【兰棱镇】　位于双城市的西南部,距双城市城区22.5公里。东接朝阳乡,西临金城乡,北依同心乡,南端与吉林省的松原市、榆树市隔拉林河相望,是两省(黑龙江省、吉林省)三市(双城市、榆树市、松原市)的交会处,黑龙江省的南大门。1986年,全镇辖17个行政村,44个自然屯,总户数6 390户,人口32 193人。2001年8月,17个行政村调整为13个村。撤销胜荣村,合并到兰棱村;撤销胜志村,合并到胜友村;撤销唐家村,合并到新化村;撤销友谊村,合并到靠山村。京哈铁路纵跨兰棱镇,兰棱火车站年货物吞吐量可达2万吨以上,客运量可达14万人次。102国道经过镇内4个行政村,总计13公里。同江至三亚高速公路

横贯全镇,直接与102国道相连,有得天独厚的交通优势。境内水利资源丰富,排水畅通,拉林河流经4个村,总计18公里。友谊渠横穿9个村,总计15公里。双城第三排水干线自北向南流经6个村注入拉林河(兰棱河)。有丰富的沙源,拉林河沿岸的8个采沙场年采河沙40万立方米。2005年,全镇总面积158平方公里,耕地面积9 313公顷。13个行政村44个自然屯,居民总户数10 010户,总人口38 522人。经济以农业为主。镇内建有科技示范区3处,各业专业村8个,个体酒坊75个,油坊13个。引进大庆丝利特集团、大庆萨尔图公司、大连博丰公司、江苏菊花味精集团、黑龙江寒地生物有限公司等超千万元以上企业12家,总投资10亿元。镇内有大型半封闭综合市场1处,占地面积1.5万平方米,建筑面积4 025平方米,130个精品屋,500个摊位。牲畜交易大市场1处,占地面积2万平方米,是周边吉林扶余县,榆树市和双城市农畜产品、商贸流通的集散地。从业人员21 421人,其中第一产业5 636人,第二产业1 936人,第三产业13 849人。农作物总播种面积9 313公顷,其中粮食播种面积7 980公顷,粮食总产量66 372吨。禽蛋总产量1 350吨,大牲畜存栏39 553头,奶牛5 100头,年产鲜奶1.5万吨。生猪存栏51 619头,肉类总产量5 649吨,其中猪肉1 412吨。水产品产量12吨。全年农村用电量530万度。财政总收入380万元,财政支出380万元,农村居民人均纯收入4 645元。镇内有中学2所,高中班16个,初中班28个,在校生1 820人,教师115人。小学13所,学生2 443人,教师142人。有卫生院1处,医护人员20人,10个诊室40张床位。20 881人参加新型农村合作医疗。固定电话、移动电话7 650余部。铺设白色路面3 000延长米,维修村屯沙石路20条25公里,村村通公路,屯屯通客车。

历任镇长:龙为民、关太山、赵洪君、李纯信、施晓飞、王荣、朱子奇、李振刚、王延秋;副镇长:宋柏林、关福和、李长武、于全洲、贾庆录、石贵、孙长岱、刘军锐、徐国志、孙金城、潘菊香、牛振芳、王荣、殷为民、王清柏、辛超、王永学、关德臣、李佳鹏、秦树军、石宝民。

2005年兰棱镇所辖村屯统计表

表2-1-4

村名称	村驻地	辖自然屯名称
合计	13个村	44个自然屯
兰棱	兰棱	兰棱 前贲家店 王家窝堡 瓦盆窑 望山屯
许家	倪家窝堡	倪家窝堡 许家窝堡 施家窝堡 韩登窝堡
广益	青草坡	青草坡 小贲家屯 乔家店 谢家屯
石家	石家崴子	石家崴子 三城号 李地方 王柳罐屯
永发	邓家屯	邓家屯 房身泡 赵家林子
胜阳	谭家屯	谭家屯 柞树林子 前林子 后林子
胜林	大林屯	大林屯 朱功屯 王回屯
兴发	祖家屯	祖家屯 王屠户屯 曹家窝堡
胜友	阎家屯	阎家屯 郎家窝堡 小林屯
治新	东拉拉岗	东拉拉岗 西拉拉岗 后贲家店
立志	新镶蓝旗四屯	新镶蓝旗四屯 何家窝堡
新化	新镶蓝旗三屯	新镶蓝旗三屯 唐家窝堡
靠山	乔家窝堡	乔家窝堡 靠山屯 车家城子 赵筛屯

【周家镇】 位于双城镇东30公里处。南与五常市牛家镇接壤,东与阿城市杨树乡、立新乡接壤,西与

双城市新兴乡,东官镇接壤,北与哈尔滨市平房区相连。拉滨线铁路从周家镇境内中部南北走向穿过,哈五公路即G102国道从周家东部与拉滨线铁路平行南北穿越,双阿公路在镇内东西穿过,镇内有火车站、汽车站、市场货物托运站,交通方便。小城镇基础建设完善,是全市十强乡镇之首。1986年,全镇辖13个行政村,总户数5 772户,人口26 644人。2002年9月,经民政部门批准将原来的13个行政村合并成9个行政村。东源村合并到东发村,村委会所在地在东发村王世玉屯。东进村、东合村合并到东新村,村委会所在地在东新村周家站。东顺村与东前村合并为1个行政村,村名为东辉村,村所在地在前三家屯。2005年,总面积101.9平方公里,耕地面积7 638公顷。全镇辖1个街道办事处9个行政村32个自然屯。有汉、满、回等民族,居民总户数12 367户,总人口46 736人。全镇地势北高南低,北部有稍高的丘陵和岗地,共有两道岭子,平均海拔高度180米,土质肥沃,适合农作物生长。镇内有运粮河一条,是金代时期为方便运粮,人工挖掘而成,故称之为金兀术运粮河。此河从阿城入境,流经镇内的东旭村、东安村、东跃村,在东宁村出境,经双城市新兴乡、五家镇流入松花江。1986年干枯,无流水,但雨季河床内存水,两侧低洼草地已开垦水田。境内东南部有一条排涝工程——双城第五排水干线。东宁村境内有一水库——兴龙水库,1958年用人工挖掘而成,面积3万平方米,水深3~4米,容水量36万立方米,除养鱼外,可灌溉农田8 000亩。1986年以前经济以农业为主,主要种植玉米,大豆等。1986年以后开始发展多种经营,转化土地使用的剩余劳动力。大力发展畜牧业,集中力量发展肉、蛋、乳。种植业向棚菜、陆地菜和两瓜发展,打破农村经济粮食生产的单一格局。1990年,被民政部评为全国乡镇之星。1991年12月19日,建立周家大市场。以周家大市场为龙头,大力发展商品经济,积极引进项目和投资,使周家经济进入快速发展阶段,被列为全国小城镇综合改革试点镇,被评为全国文化百强镇之一。周家大市场经过十多年的发展,占地面积5.1公顷,建筑面积4.1万平方米,门市摊位6 300个。主要商品有布匹、服装、鞋帽、针织、百货、床上用品、家电等20多类,上万个品种。日成交额280多万元,年交易额10亿元,年创利税200万元,是周家的支柱产业。围绕市场兴建的棉被厂、定型棉厂、服装加工厂、辅料加工厂等市场加工企业300多家,形成了前店后厂的企业发展格局,推动以市场加工业为主的工业企业的发展。市场的发展拉动着周家整个经济和各项事业的发展,促进并加快了周家小城镇建设与小康示范镇建设的步伐。周家镇的经济在以周家大市场为龙头的带动下,农业、工业、多种经营、交通运输、饮食服务等各业都得到迅速发展。2005年被评为"全国星火小城镇示范镇创建单位",列为全国第一批发展改革试点小城镇。2005年,在哈五公路两侧辟建的周家工业园区,占地面积10平方公里,引进投资超千万元的工业企业12家,总投资3亿元,新增税收1 000万元。全年农村用电量530万度。全镇从业人员16 534人,其中第一产业5 554人,第二产业2 985人,第三产业7 995人。农作物总播种面积7 638公顷,其中粮食播种面积7 038公顷,粮食总产量54 194吨,蔬菜总产量7 986吨。禽蛋总产量6 478吨。大牲畜存栏13 411头,奶牛8 650头,年产鲜奶3万吨。肉类总产量4 538吨,其中猪肉产量3 317吨。有集贸市场2个。全年财政总收入452万元,总支出452元。全年农村居民人均纯收入4 578元。镇内有初级中学1所,高级中学1所,小学校9所,教师235人,在校学生3 840人。文化活动中心1处,占地15 000平方米,设有图书室、周家镇历史文化展厅、民间艺术剧场、露天灯光休闲娱乐场等活动场所。镇卫生院医疗综合楼建筑面积1 800平方米,门诊部使用面积720平方米。镇内分设4个门诊部,共有医护人员50人,各村都有卫生所,有15 740人参加新型农村合作医疗。敬老院1处,建筑面积580平方米,有床位30张。电话普及到户,固定电话5 800部,移动电话4 000部,电话入户率80%,有线电视节目达40套。镇内村屯全部修筑了水泥路和沙石路,水泥路19条4万平方米。村村通客车,有个体出租汽车50台,三轮车20台,货运汽车30台。镇内三层以上住宅22栋,二层居民楼50座,建筑面积1万平方米。

历任镇长:赵文成、李纯信、张凤超、王树春、王为众、王相宝、张东城、关文良、李广贤;副镇长:李纯信、韩清彦、郎佰祥、那龙祥、徐少发、单振福、刘仁富、王为众、张东城、齐继宽、张友林、刘才、赵连军、张胜臣、高金鹏、齐瑞东、韩涛、张福友、赵延庆、刘斌、吴德生、胡忠森。

2005 年周家镇所辖村屯统计表

表 2 - 1 - 5

村名称	村驻地	辖自然屯名称
合计	9 个村	32 个自然屯
东新	周家	周家 五家子 荀家窝堡 傅家窝堡 箭杆窝堡 八家子
东旭	杨家伙房	杨家伙房 周家窝堡 范家窝堡 房家窝堡 杨青窝堡
东辉	前小三家子	前小三家子 吴家窝堡 马家窝堡 后小三家子
东跃	刘正屯	刘正屯 查家窝堡 苏家窝堡
东安	海旺	海旺 石家窝堡
东海	前长岭子	前长岭子 后长岭子
东太	安家窝堡	安家窝堡 王惠文屯 前二道沟 哈塘王
东发	王世玉屯	王世玉屯 倪家窝堡 张旭元屯 半步道
东宁	小醋	小醋 恒顺太

【五家镇】 位于双城市的东北部,距双城市城区 20 公里,距哈市城区 10 公里。东邻哈尔滨市道里区榆树乡,西邻双城市公正乡,南邻双城市幸福乡、新兴乡,北邻哈尔滨太平民航国际机场。1986 年,全镇辖 14 个行政村,37 个自然屯,总户数 6 653 户,人口 30 808 人。2001 年 8 月,撤销民乐、民发、民志、新义四个村。2005 年,全镇辖 10 个行政村 37 个自然屯,一个街道办事处,总面积 116 平方公里。居民总户数 10 800 户,总人口 34 619 人。京哈铁路横穿全镇东西,公路南有国道 102 京哈公路,北有机场路,交通便利。经济以农业为主,粮、多、企全面发展。耕地面积 8 769 公顷,主要种植玉米、大豆、谷糜等。养殖业主要以奶牛为主。企业以白酒生产和服装加工为支柱产业。2005 年,白酒生产工厂 130 家,酒坊酒窖子 1 124 个,日生产白酒 90 吨,年产白酒 32 000 吨。120 多家酒坊组成的龙头企业五家白酒集团公司,统一注册商标,有 20 多个品牌的系列产品,畅销全国各地及俄罗斯市场。20 多家规模较大的服装加工厂,服装加工户 824 户,从业人员 1 843 人,服装加工费年总收入 1 740 万元,企业年总收入 51 295 万元。全年农村用电量 850 万度。全镇从业人员总数 20 016 人,其中第一产业 12 400 人,第二产业 3 220 人,第三产业 4 396 人。农作物总播种面积 8 769 公顷,粮食总产量 78 694 吨。蔬菜总产量 780 吨,蛋禽总产量 10 146 吨。年末大牲畜存栏头数 19 095 头,奶牛 15 574 头,年产鲜奶 40 872 吨。肉类总产量 4 999 吨,其中猪肉 3 272 吨。有集贸市场 1 处。财政总收入 507 万元,财政支出 507 万元。全年农村居民人均纯收入 4 250 元,居民储蓄 7 784 万元。镇内有高级中学 1 所,初级中学 2 所,小学 10 所,教职员工 278 人。高中在校生 500 人,初中在校生 800 人,小学在校生 1 600 人。镇卫生院设备比较齐全。全镇有 14 370 人参加合作医疗,占常住人口的 78%。全镇 10 个村都建有标准化卫生所,做到小病不出村。有敬老院 1 处,占地面积 6 000 平方米,建筑面积 2 000 平方米,床位 60 张。村村通电话,村村通客车,村村能看有线电视,全镇固定电话 6 500 部,手机小灵通 9 874 部。

历任镇长:孙殿文、林国彬、兰国有、王振民、张文德、石贵、李军、付明远、刘玉峰、张万民、刘德明;副镇长:于富海、裴广才、刘相纯、陆明久、李桂兰、王忠武、李英杰、袁广喜、贾淑芬、王国发、张玉华、姜玉祥、张好祥、王振民、郭振坤、周大、霍丽霞、姜宝玉、韩建波。

2005 年五家镇所辖村屯统计表

表 2-1-6

村名称	村驻地	辖自然屯名称
合计	10 个村	37 个自然屯
五家	五家	五家 吴家窝堡
民安	镶蓝旗四屯	镶蓝旗四屯
民和	镶蓝旗三屯	镶蓝旗三屯
民生	镶蓝旗五屯	镶蓝旗五屯
暖泉	前暖泉子	前暖泉子 后暖泉子 后唐家窝堡
双井	双井子	双井子 前唐家窝堡
解放	后范家窝堡	后范家窝堡 前范家窝堡 赵家窝堡 自警屯
民富	镶蓝旗头屯	镶蓝旗头屯 镶蓝旗二屯 前西官 后西官 东岗 夹沟子
民康	汪家窝堡	汪家窝堡 何家窝堡 白家窝堡 乔家窝堡 金家窝堡 那家窝堡 藏家窝堡 岭后
新丰	赵家窝堡	赵家窝堡 凌空窝堡 高家窝堡 西高家窝堡 阎家窝堡 王家炉窝堡 中心堡 三家子 洼子甸

【韩甸镇】 位于双城市西部,镇政府驻地群利村,距双城市城区35公里。西北部靠万隆乡,东部与希勤满族乡接壤,东北部依团结满族乡,东南部和金城乡相邻,西部、西南部与吉林省松原市扶余县隔拉林河相望。1986 年,全镇辖17 个行政村,25 个自然屯,总户数5 466户,人口27 304人。2001 年 3 月乡镇合并,原对面城乡的大房、双林、三姓、长丰、新化 5 个村划归韩甸镇管辖。全镇由原来的 17 个村增加到 22 个村。2001 年 9 月,群策村合并到群利村,高家村合并到大马家村,六家村合并到荣生村,红跃村合并到白土村,红图村合并到田家村,新城村合并到新立村,前程村合并到红城村,北小房村合并到长丰村,新化村合并到大房村。韩甸镇是双城西部重镇,是周边区域的集贸中心,土地肥沃平坦,引拉河在境内流过,是双城市产粮大镇之一。2005 年,全镇共辖 13 个村 35 个自然屯。居民总户 10 166 户,人口 39 700 人,总面积256.8 平方公里。耕地面积 11 703 公顷,林地73 公顷,草原146 公顷,水域558 公顷,居民用地1 064公顷,交通用地 239 公顷,未利用土地 221.6 公顷。经济主要以农业和畜牧业为主。农作物总播种面积 11 703公顷,其中粮食播种面积 11 582 公顷,粮食总产量 102 791 吨。蔬菜总产量949 吨,禽蛋总产量 3 525 吨,水产品436 吨。大牲畜存栏 20 637 头,奶牛10 614 头,年产鲜奶25 473 吨,奶牛业收入占人均收入的50%左右。肉类总产量 3 640 吨,其中猪肉 1 886 吨。全年农村用电量820 万度。全镇从业人员 17 065 人,其中第一产业 7 670 人,第二产业 1 622 人,第三产业 7 773 人。镇内从事副食批发零售业户 17 家,五金家电类 10 家,服饰、摄影类 14 家,餐饮类 15 家,美发类 10 家,有集贸市场 2 个。财政总收入 320 万元,财政总支出 320 万元,全年农村居民人均纯收入 4 349 元。镇内小学校 26 所,132 个教学班,在校学生总数 2 391人,小学教师 155 人。有中学 1 所,初中班 20 个,高中班 12 个,在校学生 1 800 人,教职工 115 人,其中高级教师 9 人,一级教师 39 人。有卫生院 1 处,医务人员 30 人。有18 766人参加新型农村合作医疗。镇内道路全部实现沙石路、红砖路、水泥路面。村村通客运班车,村村通电话,村村通有线电视。境内有龙聚宝寺 1 座,古城遗址 4 处。

历任镇长:司景华、徐殿芳、李亚君、薄云、刘英文、韩士富、那振军、刘有为;副镇长:王术、王永臣、李启堂、孙佰修、隋广德、张宝权、王志学、题兆平、信一文、张福权、徐国志、张殿启、高国义、王艺玲、王金柱、张凯、任孝民、王广忠、张庆奎、郭丽梅、于振才、李柱。

2005 年韩甸镇所辖村屯统计表

表 2 - 1 - 7

村名称	村驻地	辖自然屯名称
合计	13 个村	35 个自然屯
群利	韩甸	韩甸 小马屯
荣升	正黄旗二屯	正黄旗二屯 六家子
新立	新立屯	新立屯 王亮屯
大房	大房身	大房身 会云堡
双林	双林子	双林子 靠山屯
大马家	大马家屯	大马家屯 高家窝堡
腰小房	腰小房	腰小房
红城	大半拉城子	大半拉城子 小半拉城子 汤家窝堡
永河	后三家子	后三家子 前三家子 功成号
长丰	马架子	马架子 刘家窝堡 北小房身
田家	田家窝堡	田家窝堡 前二道岗 后二道岗 拉拉岗
三姓	三姓屯	三姓屯 前对面城 后对面城 张文泡
白土	周家屯	郎家崴子 前柳河屯 后柳河屯 白土崖子 周家屯

【单城镇】 位于双城市的东南部,拉林河北岸,地处两省三市的交会处(即吉林省的榆树市、黑龙江省的五常市、双城市)。东邻五常市红旗乡,西靠双城市朝阳乡,南与吉林省榆树市的育民乡和红星乡隔河相望。北与联兴满族乡、青岭满族乡接壤,双五公路在境内穿过。镇政府驻地政治村距双城市区 15 公里,距哈尔滨市区 50 公里。1986 年全镇共辖 17 个村、28 个自然屯,总户数 4 645 户,人口 24 369 人。1988 年12 月,经民政部门批准,政兴村的长沟子、罗家店两屯分出建立政富村,政丰村的长发屯、郭家店两屯分出建立政发村,政永村的单城子屯分出建立单城村,全镇由原来的 17 个村变成 20 个村。2001 年行政村合并,原有的 20 个村合并为 10 个村。政前村、政顺村、政久村合并为政久村;双跃村、政才村合并为政才村;政红村、杨青村、政治村合并为政治村;政河村、政富村、政兴村合并为政兴村;政发村、政丰村合并为政丰村;政永村、单城村、政善村合并为政善村。2005 年,全镇辖 10 个村 28 个自然屯,总面积 118.9 平方公里,总户数 5 620 户,总人口 26 695 人。拉林河、引拉河在境内通过。耕地面积 7 648 公顷,水田面积 2 667 公顷,占耕地面积的 44%,年产水稻 3 万吨,占全市的五分之一,是双城市水稻生产第一大镇。有大型稻米加工厂 2 处,年加工大米 1.5 万吨。单城镇知名品牌大米远销全国各地,产值 1 200 万元,利税 120 万元。有林地面积 233.5 公顷,滩涂面积 280.5 公顷,草原面积 765 公顷,水域面积 6 002 公顷,养鱼水面 167 公顷,其中精养水面 147 公顷,种鱼池 20 公顷,年产成鱼 400 吨,产值 240 万元。全年农村用电量 167 万度。从业人员总数 10 034 人,其中第一产业 4 113 人,第二产业 2 701 人,第三产业 3 220 人。农作物总播种面积 7 648 公顷,其中粮食播种面积 7 337 公顷,粮食总产量 65 355 吨。蔬菜总产量 1 635 吨,禽蛋总产量 3 000 吨,大牲畜存栏量 12 585 头,奶牛 4 061 头,鲜奶 1.44 万吨。生猪存栏 3 500 头,肉类总产量 896 吨,其中猪肉产量 216 吨。财政总收入 135 万元,财政总支出 135 万元,全年农村居民人均纯收入 4 223 元。镇内有小学 10 所,教师 96 人,在校学生 1 450 人。初级中学 1 所,教学班 17 个,学生 698 人,教职工 61 人。卫

生院 1 处,床位 20 张,医护人员 22 人。2005 年参加新型合作医疗 14 657 人,占总人口的 82%。敬老院 1 处,占地面积 12 000 平方米,建筑面积 360 平方米,供养孤寡老人 28 人。境内有金代古城遗址 1 处。

历任镇长:高玉民、邓兆海、王永江、孙万华、刘洪涛、赵义生;副镇长:杨俊丰、张贵东、高守才、孙林、鲁景华、王国强、肖继尧、何明焕、谭成彪、徐志军、张国峰、武路线、王如海、张威、奚玉库、高志武、朱玉顺、刘国军、薄建夫。

2005 年单城镇所辖村屯统计表

表 2 - 1 - 8

村名称	村驻地	辖自然屯名称
合计	10 个村	28 个自然屯
政治	相家窝堡	相家窝堡 杨梁窝堡 李家窝堡 杨青店
政德	陈正蓝旗四屯	陈正蓝旗四屯
政利	新正蓝旗三屯	新正蓝旗三屯
政新	新正蓝旗四屯	新正蓝旗四屯
富源	陈正蓝旗三屯	陈正蓝旗三屯
政丰	王胡屯	王胡屯 郭家店 长发屯
政久	赵广屯	赵广屯 前房子 黄家店 熊家店
政善	石家屯	石家屯 单城子 柴家屯 梁家屯
政兴	王永屯	王永屯 赵泡屯 长沟子 罗家店
政才	夏家窝堡	夏家窝堡 颜家店 杂宝地 伊家屯 叶家岗子

【东官镇】 位于双城市东部,距双城镇 23.5 公里。东邻周家镇,西依幸福乡,北与新兴乡接壤,南连青岭满族乡。1986 年,全镇辖 15 个行政村,22 个自然屯,总户数 4 752 户,人口 22 494 人。2001 年 9 月,由原来的 15 个行政村调整合并为 8 个行政村。2005 年,全镇辖 8 个行政村 22 个自然屯,有汉、满、锡伯族等民族,总户数 6 135 户,总人口 21 908 人。总面积 100.4 平方公里。耕地面积 8 386 公顷,林地面积 732.6 公顷,草原面积 11.8 公顷,居民用地 1 333 公顷,交通用地 533 公顷。经济以农业和畜牧业为主,是双城市粮食主产区,全镇玉米种植面积 5 692 公顷,总产量 51 477 吨。镇农业技术推广站 1995 年被国家农业部评为先进农业技术服务站。1996 年,被国家教委评为农民教育先进单位。1996 年,投资兴建"东官皮装大市场",占地 1 万平方米,精品屋 104 个,1999 年停业。2005 年,农村用电总量 438 万度。全镇从业人员总数 15 626 人,第一产业 11 662 人,第二产业 979 人,第三产业 2 985 人。农作物总播种面积 8 386 公顷,其中粮食播种面积 7 558 公顷,粮食总产量 57 473 吨。蔬菜总产量 3 912 吨。大牲畜存栏量 20 824 头,有奶牛专业村 2 个,生猪生产专业村 1 个,全镇奶牛存栏量 12 500 头,年产鲜奶 3.1 万吨,属全市奶牛养殖大镇之一。生猪存栏 15 200 头,肉类总产量 1 121 吨,其中猪肉 589 吨,禽蛋产量 664 吨。镇内有集贸综合市场 1 处。全镇财政总收入 331 万元,财政支出 331 万元,全年农村居民人均纯收入 4 413 元。镇内有小学 8 所,71 个教学班,学生 1 328 人,教师 106 人。初级中学 1 所,12 个教学班,学生 600 人,教师 60 人。1994—1998 年,先后有 10 名东官中学毕业生考入清华大学、中国科技大学、上海复旦大学、哈尔滨工业大学等国家重点大学。镇卫生院建筑面积 310 平方米,有医护人员 19 人,科室比较齐全,住院部有床位 20 张。参加农村合作医疗人口达 95% 以上,全市排名第一。敬老院建筑面积 480 平方米,床位 25 张。村村通电话、通客运班车,有线电视可接收 36 个频道,固定电话 560 部。

历任镇长:孙兆田、郭宗山、顾国和、朱辉、关士范、李志双、刘才、石贵、孙金库、路宝库;副镇长:杨清平、韩树忠、关迎春、周永国、高兆林、汪德权、刘绍清、徐少发、杨和平、张威、李英杰、李孟杰、徐国志、王忠伟、谭成彪、刘乃孝、韩双福、吴太发、韩基忠、关春兰、张立、尹彦才。

2005 年东官镇所辖村屯统计表

表 2-1-9

村名称	村驻地	辖自然屯名称
合计	8 个村	22 个自然屯
东官	东官所	东官所 万福屯
东利	东官所	东官所 马家窝堡 牟家窝堡 于家马架子
东城	张家窝堡	张家窝堡 大赵家窝堡 王家窝堡
庆农	窦家窝堡	窦家窝堡 关家窝堡
东兴	后九家子	后九家子 小吴家窝堡
庆新	大韩家窝堡	大韩家窝堡 金家窝堡 王家窝堡 亮顶窝堡
庆胜	前九家子	前九家子 温家店 拉拉屯
庆和	刘家窝堡	刘家窝堡 六家子 七家子

【农丰满族锡伯族镇】 位于双城市西北部,镇政府驻地农丰村(正白旗五屯)。距双城市区 22.5 公里。东与公正乡接壤,南、西南与乐群、水泉两乡相邻。西北靠临江乡,东北与哈尔滨市太平镇毗邻。1985 年建农丰镇,1986 年,全镇辖 13 个行政村,25 个自然屯,总户数 4 349 户,人口 21 625 人。1990 年改为农丰满族锡伯族镇。2001 年 8 月,将原有的 13 个行政村调整合并为 9 个村。双丰村合并到进步村,双红村合并到双利村,保安村、新跃村合并到仁利村。农丰满族锡伯族镇属平岗区,土地肥沃、平坦。经济以农业为主,是双城市的粮食主产区。种植以玉米为主,1987 年,全镇玉米亩产达到 540 公斤,被松花江地区行署评为玉米亩产超千斤先进镇。农业总产值 13 886 万元,占全镇总收入的 43%。1988 年,注重发展各类专业户和专业村。永久、仁利、兴城、保收四个村成为双城市奶牛生产专业村。畜牧业生产总值达到 8 360 万元,占全镇总收入的 27%。2005 年,全镇辖 9 个村,25 个自然屯,总面积 137.6 平方公里。耕地面积 7 705 公顷,占全镇总面积的 55.8%,水域面积 520 公顷,占全镇总面积的 2.5%,草原面积 2 067 公顷,占全镇总面积的 15%,林地面积 1 560 公顷,占全镇面积的 3.78%。有满族、锡伯族、汉族等民族,居民 4 586,总人口 22 061 人。农作物总播种面积 7 705 公顷,其中粮食作物播种面积 7 325 公顷,粮食总产量 62 011 吨。蔬菜总产量 1 634 吨,禽蛋总产量 555 吨。大牲畜存栏头数 5 938 头,奶牛 4 510 头,年产鲜奶 1.5 万吨。生猪存栏 12 760 头,肉类总产量 1 370 吨,其中猪肉产量 751 吨。镇办企业 4 家,村办企业和个体企业 107 家,全镇企业产值 9 100 万元,占全镇总收入的 30%。全年农村用电量 130 万度。全镇从业人员 11 789 人,其中第一产业 9 897 人,第二产业 715 人,第三产业 1 177 人。财政总收入 208 万元,财政总支出 208 万元,全年农村居民人均纯收入 4 226 元。镇内有综合集贸市场 1 处。文化和公共事业比较发达,全镇农村砖瓦结构住房已达到 98%,基本上实现农民住房砖瓦化,28 户农民住进自建的楼房。9 个村用上自来水,修筑水泥路、沙石路 7 条 28.3 公里,村屯道路完全实现硬化。有出租客车 65 辆,农用货运车 576 辆,跑线客车 16 辆。通往双城市内的客车每 40 分钟一班次,每天通往哈尔滨市内康安路和建国公园的客运班车 4 班次。全镇有固定电话 3 169 部,占总户数的 71%,手机 2 014 部,电视普及率 98%。镇内中学 2 所,小学 13 所。中学属双城市农村全面中学,设初中部、高中部,学生辐射农丰、杏山、水泉、团结、临江等 5 个乡镇。农丰满族锡伯族农职中学,建于 1991 年,为教育改革和农村实行职业教育提供了先进经验。1992 年,在国家职

业教育研讨会上介绍了经验。镇中学高中部1986—2005年考入重点本科大学120人,一般本科院校381名,专科797人,中专5人。全镇有教师225人,其中中学教师115人,小学教师140人。卫生院1所,设2处门诊部。各村都有卫生所,屯有卫生室,镇、村、屯三级医疗卫生形成网络,共有医护人员48人,新农合参合率85%。1986年8月,农丰镇被评为全国计划生育工作先进集体,镇领导在全国计划生育双先会上介绍经验。

历任镇长:赵坤、苏铁民、陈延林、关旭东、付明远、白彬、关文良、吴威;副镇长:闫洪贵、苏宝玉、任久成、陈延林、曲海臣、孙文礼、常继祥、马成国、吴荣奎、宿国祥、吴世民、佟富兰、秦加龙、马广儒、闫兴田、潘春库、常猛、赵士波、王国昌、洪英、张书贤、夏玉玲。

2005年农丰满族锡伯族镇所辖村屯统计表

表2-1-10

村名称	村驻地	辖自然屯名称
合计	9个村	25个自然屯
农丰	正白旗五屯	正白旗五屯
保胜	正白旗头屯	正白旗头屯
田茂	正白旗三屯	正白旗三屯
保收	正白旗四屯	正白旗四屯
进步	正黄旗二屯	正黄旗二屯 小鄂家窝堡 关德顺窝堡 吴家炉
双利	镶白旗四屯	镶白旗四屯 赵明窝堡 大鄂家窝堡 于家沟
兴城	镶白旗三屯	镶白旗三屯
永久	前赵家窝堡	前赵家窝堡 陈家泡子 李家窝堡 后赵家窝堡 孙家窝堡
仁利	阎家窝堡	阎家窝堡 大苏家窝堡 小苏家窝堡 谢家窝堡 赵瘸窝堡 周祥生窝堡 正白旗二屯

【杏山镇】 位于双城市西北部,松花江南岸,距双城市区40公里。与肇源县、肇东市及吉林省扶余县隔江相望。东面是水泉乡,南面与团结满族乡接壤,西面与万隆乡毗邻。1986年,全镇辖16个行政村,36个自然屯,总户数5 154户,人口25 833人。2001年,进行村屯合并,由原来的16个行政村合并成9个行政村。兴隆村、强胜村和金山村合并为龙山村。致富村、树庆村和迎新村合并为树庆村。永富村和胜富村合并为富山村。仁和村和江南村合并为人和村。杏山村、双青村、顺利村、临江村不变。2005年,全镇辖9个行政村36个自然屯。总面积153.23平方公里,总户数7 056户,总人口28 839人。杏山镇是双城市著名产粮重镇,农业种植位于主导地位。耕地面积9 310公顷,有水面1 000公顷,牧草地1 133公顷,地下水位在35米深左右。松花江和引拉友谊渠流经全境。经大庆石油公司勘探,地下石油储存丰富,有很高的开发利用价值。农村全年用电量332万度。1986年以后,产业结构由单一农业逐步向农牧渔及特色养殖业发展。2005年,全镇从业人员11 744人,其中第一产业5 001人,第二产业3 970人,第三产业2 773人。农作物总播种面积9 310公顷,其中粮食作物播种面积9 207公顷,粮食总产量100 560吨,蔬菜总产量488吨。大牲畜存栏32 995头,奶牛存栏10 631头,年产鲜奶3万吨。肉牛存栏28 079头,两羊饲养量5 329只,生猪存栏106 242头,肉类总产量3 912吨,其中猪肉产量2 055吨。水产品产量1 022吨,禽蛋总产量3 063吨。镇内有集贸市场2个,综合市场和专业市场各1个。财政总收入221万元。财政支出221万元。全年农村居民人均纯收入4 365元。镇内有初级中学1所,在校学生680人,教师70人。小学9所,教师120人,在校学生1 800人。镇内卫生院1所,有医护人员40人,有15 275人参加新型农村合作医

疗,设备比较先进。镇敬老院占地面积4 000平方米,建筑面积700平方米。有线电视入户率98%,乡村公路实现了沙石、红砖和水泥路面,程控电话普及村屯。

历任镇长:白殿宇、张俭、王继富、陆明久、白雪松、齐瑞东、张吉才;副镇长:王书桥、杨跃武、付君、王守国、金喜庆、白雪松、李兴民、金志伦、吴建华、丁立安、魏丽芬、孙柏良、刘加发、庞永贵、裴丛态、朱喜奎、徐士英、隋建国、孙洪波。

2005年杏山镇所辖村屯统计表

表2-1-11

村名称	村驻地	辖自然屯名称
合计	9个村	36个自然屯
杏山	杏山	杏山
河山	双山屯	双山屯 中安屯 马邓烧锅 何家窝堡
顺利	都家屯	都家屯 池家屯 腰屯
仁和	八里岗	八里岗 前烟筒网 后烟筒网
临江	傅家屯	傅家屯 砬子屯 中心屯
双青	莫家窝堡	莫家窝堡 金家窝堡 大个子窝堡 邢家屯
富山	辛家窝堡	辛家窝堡 黄信屯 王振窝堡
树庆	九家屯	九家屯 尤家窝堡 牛角荒 迟家烧锅 永和窝堡 王家窝堡
龙山	兴龙沟	兴龙沟 南沟子 何大隅 沈家窝堡 付木匠屯 金山堡 后山 朝阳堡 四家

【朝阳乡】 位于双城市南部,拉林河北岸,乡政府驻地胜全村距双城市城区12公里。南与吉林省榆树市红星乡隔河相望,西南部毗邻兰棱镇,西北与同心乡接壤,北部与双城镇接壤,东部与单城镇毗邻,东北接联兴乡。1986年,全乡辖16个行政村,总户数5 005户,人口25 939人。2001年5月17日前进乡整体合并到朝阳乡。当年8月将所辖的30个行政村合并调整为20个行政村。政安村、政旺村、政胜村合并为政安村。胜勤村、胜勇村合并为胜勤村。胜丰村、胜余村、胜发村合并为胜丰村。胜兴村、胜产村合并为胜兴村。胜德村、朝阳村合并为胜德村。诚利村、诚志村、诚富村合并为诚利村。诚东村、诚堡村合并为诚东村。2005年底,全乡辖20个行政村47个自然屯,总面积142平方公里。总户数11 153户,总人口51 626人,耕地面积11 605公顷。经济依据"两河、两路、城市近郊"特有的地域优势和资源优势,制定发展思路。"两河"即拉林河,引拉河。拉林河流经朝阳乡南部边界6公里,引拉河流经境内13.5公里,有水面252.7公顷。草原面积267公顷,水、草、沙自然资源极为丰富,有利于发展畜牧业、无公害绿色大米和淡水养殖。"两路"即同三公路和102国道。两条高等级公路南北贯通全境。以公路两侧为中轴,辟建果园种植区和农业科技示范区。大力发展前瓜后菜,一季两茬种植的两瓜和陆地菜生产。2005年,建立农业科技示范园区667公顷,畜牧养殖小区4个,大型畜牧养殖场2个,发展畜牧专业村10个,牧业产值13 051.2万元,占农业总产量的57.7%。辟建朝阳工业园区1处,占地面积14万平方米,引进北京、河北、内蒙古等十几家企业在园区落户。境内有集贸市场2处。全年农村用电量450万度。全乡从业人员总数13 218人,其中第一产业11 824人,第二产业690人,第三产业704人。农作物总播种面积11 605公顷,粮食播种面积10 903公顷,粮食总产量100 560吨,蔬菜总产量10 423吨。大牲畜存栏数28 709头,奶牛14 154头,黄牛11 366头,绵羊1 098只,山羊1 224只,家禽1 422 785只。生猪存栏24 030头,出栏13 390头。境内有雀巢公司收奶站6个,年生产鲜奶4.5万吨。肉类总产量11 510吨,其中猪肉7 356吨,禽蛋产量4 316吨。

财政总收入 270 万元,财政总支出 270 万元,全年农村居民人均纯收入 4 442 元。乡内有小学 22 所,教师 208 人,在校学生 2 217 人。有初级中学 2 所,教师 102 人,在校学生 820 人。乡卫生院设两个门诊部,有医护人员 10 人,村级卫生所 42 个,全乡 85% 的人口参加新型合作医疗。

历任乡长:孙义、刘仁达、杨庆华、谢文臣、王继富、周永国、付明远、李君、张志尧;副乡长:郭学群、李志双、张仁、宋大勇、张建华、周振文、王焕文、陶玉成、苗佳辉、刘景林、付明远、王殿忠、于泽、张吉才、李玉峰、柴德胜、张永江、隋忠强、袁广喜、赵守志、郑玉华、顾国清、魏宝金、贾殿双、刘永宽、赵成爽。

2005 年朝阳乡所辖村屯统计表

表 2 - 1 - 12

村名称	村驻地	辖自然屯名称
合计	20 个村	47 个自然屯
胜全	刘起旺屯	刘起旺屯　小刘起旺屯
胜城	胡家窝堡	胡家窝堡
胜前	金钱屯	金钱屯
胜乡	陈镶蓝旗四屯	陈镶蓝旗四屯
胜功	张宽屯	张宽屯
胜华	高家窝堡	高家窝堡
诚明	辛家窝堡	辛家窝堡
诚吉	肖家窝堡	肖家窝堡
政广	于家烧锅	于家烧锅
诚乐	孔家窝堡	孔家窝堡　程家伙房
诚东	三眼井	三眼井　三家窝堡
胜兴	谭家窝堡	谭家窝堡　陆家窝堡
胜平	太平庄	太平庄　佟克屯
胜业	李家窝堡	李家窝堡　杨家屯
胜德	马德窝堡	马德窝堡　张家店　地窖子
胜利	孙茂屯	孙茂屯　马海屯　曹家店
诚利	独一处	独一处　王福窝堡　姜家窝堡　于家马架
胜丰	永发屯	永发屯　谢家岗子　大榆树　二泡子　张家湾
胜勤	城子	城子　陈家崴子　郝家窝堡　同发号　三家
政安	白家屯	白家屯　王家岗　聂乡屯　李豆腐坊　大架屯　徐家洼子　片泡

【金城乡】　位于双城市西南部。乡政府所在地金城屯距双城市区 33 公里。南以拉林河为界,与吉林省扶余市隔河相望,东与兰棱镇接壤,北与希勤乡毗邻,西北是韩甸镇。1986 年全乡共计 19 个行政村,1995 年合并为 14 个行政村。2001 年全市进行乡村合并,拥军村并入启新村,爱民村并入和平村,吉利村并入花园村,银城村并入金城村,总户数 4 841 户,人口 24 271 人。2005 年,全乡共有 10 个行政村,33 个自然屯,总面积 137 平方公里。居民总户数 6 470 户,人口 26 120 人。全乡水利资源丰富,黑吉两省界河——拉林河,又叫兰棱河,金代称"涞流水"(涞流,满语爽快之意),流经乡内 6 个村 10 个自然屯,总长

18公里。河套里沟泡相连,河盆密布,盛产鱼虾。有储量丰富的沙丘,花园大桥南北各建有一处大型采沙场。引拉河主线在境内流经2个村4个自然屯,总长12公里。支线流经4个村10个自然屯,总长15公里。耕地面积7 925公顷,占总面积的62.9%;草原面积1 352公顷,占总面积的9.9%;林地面积699.4公顷,占总面积的5.1%;滩涂面积63公顷,占总面积的4.6%;居民用地862公顷,占总面积的6.3%;工矿用地37公顷,占总面积的0.3%;交通用地175公顷,占总面积的1.7%;水域、水面536公顷,占总面积的3.9%;坑塘85公顷;占总面积的0.6%;其他用地473公顷,占总面积的3.4%。乡内有闻名全国的知名品牌花园白酒生产基地,年生产花园系列白酒2万吨。全乡农村用电量410万度。2005年,从业人员总数13 300人,其中第一产业3 900人,第二产业3 500人,第三产业5 900人。农作物总播种面积7 925公顷,粮食作物播种面积7 835公顷,粮食总产量70 372吨,蔬菜总产量360吨。大牲畜存栏17 855头,奶牛存栏8 000头,年产鲜奶1万吨。黄牛存栏7 000头,生猪年出栏5 000头,肉类总产量4 504吨,其中猪肉2 000吨,禽蛋总产量900吨,水产品产量150吨。乡内有集贸市场1处。财政总收入263万元,财政支出263万元,全年农村居民人均纯收入4 145元。乡内有小学9所,教师111人,在校学生1 350人。初级中学2所,教师76人。金城一中校址在乡所在地金城村,金城二中校址在启新村。乡卫生院2005年投资85万元,建成两栋楼房,建筑面积500平方米。有医护人员36人,科室比较齐全,床位20张。有17 448人参加新型农村合作医疗。敬老院占地面积5 000平方米,建筑面积600平方米。彩电已普及各村屯,有线电视能收看40多个频道。全乡共安装电话4 000部,手机2 500部,哈市双城客运班车通到各村屯,微型面包车、吉普车35台,摩托车已基本普及。

历任乡长:张连国、李启堂、薄云、鲁景华、蒋书范、那振军、邓瑜、李振林、杨海东;副乡长:薄云、那宝贵、刘国礼、李振才、那振勇、王忠武、邢安峰、杨兴华、牟明顺、白凤宏、柴志文、秦加龙、王振民、王金柱、张志强、孙金库、耿小刚、朱春梅、刘国平、关禹峰、邢安宏、李振林、信一文、王久双。

2005年金城乡所辖村屯统计表

表2-1-13

村名称	村驻地	辖自然屯名称
合计	10个村	33个自然屯
金城	金城屯	金城屯 上台子 山嘴 小房身 汤家窝堡
沿河	尹家屯	尹家屯 热闹屯 鲁家店
金河	金河屯	金河屯 王暖屯
和平	王豁屯	王豁屯 潘家窝堡 广信烧锅 小四屯 正红旗四屯
榆树	上榆树林子	上榆树林子 下榆树林子 彭家崴子
启新	三姓屯	三姓屯 马乡屯 陈家窝堡 杜家窝堡 小三屯
爱国	车家窝堡	车家窝堡 姜家窝堡 邓家屯
升平	三家窝堡	三家窝堡 正红旗三屯
花园	花园	花园 罗家屯 刘平窝堡 吉利屯
临河	王家岗	王家岗

【青岭满族乡】 位于双城市东部,乡政府所在地距双城市城区22.5公里。西与联兴满族乡毗邻,北与东官镇接壤,东与五常市牛家镇接壤,南与单城镇相连。1986年,全乡辖13个行政村,总户数4 034户,人口20 546人。1990年9月15日,经黑龙江省民政厅批准,青岭乡改为青岭满族乡。2001年兴胜村、万民

村合并成兴民村,延军村、群星村合并成军星村;万星村、万解村合并成万解村;七一村划归青岭村管辖,全乡由原来13个行政村变成9个行政村。即:兴民村、万解村、庆北村、青岭村、延放村、军星村、群利村、益利村、益胜村。2005年,全乡辖9个行政村18个自然屯,总面积92.6平方公里。有汉、满等民族,居民总户数5 360户,总人口20 763人。其中汉族12 199人,满族8 296人,其他少数民族268人。境内无山无河流,地势平坦,适宜各种作物生长。东部与五常境内的张广才岭余脉直线距离40公里。经济以农业为主,有耕地面积8 474公顷,林地面积1 500公顷,木材蓄积量157.5万立方米。以万解村为中心的大豆加工企业达80多家,大豆油畅销上海、浙江等全国各地。庆北村是全国闻名的毛皮收购专业村。青岭的西瓜和大豆油是黑龙江省的知名品牌。乡内有综合集贸市场1个。有8个奶牛专业村,畜牧业产值4 985.42万元。全年农村用电量235万度。从业人员总数9 670人,其中第一产业4 493人,第二产业2 160人,第三产业3 017人。农作物总播种面积8 474公顷,其中粮食播种面积7 852公顷,粮食总产量63 089吨。蔬菜总产量731吨,禽蛋产量871吨。大牲畜存栏数9 646头,奶牛9 264头,年产鲜奶2万吨。肉类总产量318吨,其中猪肉产量260吨。财政总收入85万元,财政支出93万元,全年农村居民人均纯收入4 273元。全乡有初级中学1所,8个教学班,学生748人,教师42人。小学13所,78个教学班,幼儿班23个,共有学生949人,教师102人。2005年,乡卫生院又投资80万元新建门诊部和住院部各1处,建筑面积500平方米,住院部床位20张,各村设卫生所,95%以上的人口参加农村新型合作医疗,村村通电话,屯屯通客运班车。

历任乡长:潘洪凯、夏仲库、关海权、何殿忠、王信、伊国富、王继文;副乡长:梁振才、李文贵、张贵东、刘家山、洪仁安、赵常国、刘仁富、庞凤先、刘惠民、肖继尧、何明焕、马玉祥、王绍纯、张继昌、苗佳辉、赵义和、张连丰、刘军锐、刘显荣、刘文林、苏明、伊国富。

2005年青岭满族乡所辖村屯统计表

表2-1-14

村名称	村驻地	辖自然屯名称
合计	9个村	18个自然屯
青岭	陈镶白旗五屯	陈镶白旗五屯 大于彩窝堡 小于彩窝堡 陈家窝堡
庆北	大吴家窝堡	大吴家窝堡 关家窝堡
万解	正白旗二屯	正白旗二屯 正白旗五屯
延放	正白旗头屯	正白旗头屯 偏坡子
军星	正白旗三屯	正白旗三屯 正白旗四屯 赵家崴子
兴民	镶白旗二屯	镶白旗二屯 新正蓝旗五屯
益利	镶白旗三屯	镶白旗三屯
群利	镶白旗四屯	镶白旗四屯
益胜	镶白旗头屯	镶白旗头屯

【联兴满族乡】 位于双城市东南,乡政府所在地兴农村距双城市区11公里。东与东官镇、青岭满族乡接壤,南与单城镇毗连,西邻朝阳乡和双城镇,北依双周公路与幸福满族乡隔路相望。1986年,全乡辖14个行政村,总户数4 821户,人口23 290人。1990年9月,联兴乡改建为联兴满族乡。1993年辖区的长生村、长勇村划归双城镇管辖。2001年乡村合并,苏家村合并到兴农村,寇家村合并到安强村,兴旺村合并到兴功村,安乐村合并到安家村。2005年,联兴满族乡共辖8个行政村,12个自然屯,总面积92平方公

里,总户数5 174户,总人口19 066人。其中汉族9 789人,占人口总数的51%,满族8 897人,占人口总数的47%。全乡土质肥沃、平坦,适应各种作物生长,是双城市重点产粮区之一。有耕地6 927公顷,黑土壤面积4 526公顷,占耕地面积的65.4%。有大中型农机具1 803台,机电井123眼,可灌溉面积3 067公顷。电力总容量5 188伏安,年耗电量600万度。有针叶树、阔叶林593公顷,木材总储量60 800立方米。1991年获黑龙江植树造林先进奖杯。养殖业收入占农业收入的50%,种植业中经济作物收入占粮食收入的50%,面积1 867公顷,产值5 000万元。名优土特产品有西瓜、甜瓜、白酒、笤帚等,均远销全国各地。同三全封闭国家级高速公路在境内南北通过并设有出口。三条县级公路横贯东西,交通便利。2005年有9家企业在联兴落户,占地面积38.7万平方米,总投资21 950万元,实现税收3 600万元,安排就业人员3 235人。全乡从业人员10 530人,其中第一产业4 220人,第二产业5 257人,第三产业1 053人。农作物总播种面积6 927公顷,粮食播种面积5 037公顷,粮食总产量44 809吨,蔬菜总产量8 760吨。大牲畜存栏7 920头,奶牛存栏9 042头,年产鲜奶3万吨。肉牛1 004头,生猪1 734头,羊2 166只,家禽312 275只。肉类总产量907吨,其中猪肉378吨。禽蛋总产量1 677吨。财政总收入180万元,财政支出180万元,全年农村居民人均纯收入4 397元。乡内有初级中学1所,占地面积27 166平方米,建筑面积2 523平方米,8个教学班,在校学生332人,教职工27人。小学9所,占地面积72 844平方米,建筑面积6 364平方米,教师80人,幼师10人,学生1 314人。乡卫生院1所,占地面积3 000平方米,建筑面积900平方米,11个科室,医护人员12人。参加合作医疗人数1 3890人,占全乡总人口的89.3%。全乡共有固定电话2 350部,移动电话3 060部,电视机4 990台,各村都有客运班车通过。

历任乡长:康诚、郭清昌、孙义、曹玉华、兰林夫、于广明、那振军、李广贤、魏铁志;副乡长:谢文胜、于忠海、金朝和、庞凤先、付明远、王晓东、白雪松、张福顺、贾俊鹏、陶玉成、陈绍全、周永国、那敏、奚玉贵、王申存、吴建华、夏仲举、朱大方、姚明芝、张志强、马丽、王长河、郭恒峰。

2005年联兴满族乡所辖村屯统计表

表2－1－15

村名称	村驻地	辖自然屯名称
合计	8个村	12个自然屯
兴农	陈镶白旗四屯	陈镶白旗四屯 苏家窝堡
永跃	陈镶白旗五屯	陈镶白旗五屯
兴功	新正蓝旗二屯	新正蓝旗二屯 郭家窝堡
兴团	陈正蓝旗五屯	陈正蓝旗五屯
安家	陈正蓝旗头屯	陈正蓝旗头屯 陈正蓝旗二屯
兴吉	新正蓝旗头屯	新正蓝旗头屯
庆华	钟家店	钟家店
安强	陈镶白旗头屯	陈镶白旗头屯 寇家窝堡

【幸福满族乡】 位于双城市东北部,东与东官镇接壤,东北、西北分别与新兴乡、五家镇毗邻,东南、西南分别与联兴乡、双城镇毗邻,西与公正乡交界。乡政府驻地久援村距双城市区9公里。1985年在原幸福乡的基础上建立幸福满族乡。1986年,全乡辖12个行政村,总户数5 016户,人口23 085人。1992年,中兴村、长产村、庆安村3个村划归双城镇管辖。2001年,永太村并入永支村,2005年,全乡辖8个行政村,11个自然屯,总面积86平方公里,总户数4 820户,总人口18 194人,汉族占总人口的48%,满族人口占总人

口的51.8%。经济以农业为主,耕地面积6693公顷,拥有大中小型农用拖拉机641台。农村年用电量288万度。2001年以后,畜牧业加快发展步伐,上升到支柱产业地位,其中奶牛发展最快,养殖业收入占农业收入的51.9%,种植业占农业收入的48.1%,经济作物种植面积占耕地面积的31%。西瓜、甜瓜面积1.2万亩,年纯收入730万元。2000—2005年,先后有九龙兽药制造有限公司、五兄弟装饰材料厂、金利蜂窝纸制品有限公司等9家加工企业入驻幸福乡,总投资1.2亿元。全乡工业总产值2亿元,年税收200万元,安排劳动力就业400人。2005年,全乡从业人员总数9118人,其中第一产业460人,第二产业851人,第三产业3660人。农作物总播种面积6693公顷,其中粮食播种面积5089公顷,粮食总产量39893吨,蔬菜总产量7776吨。大牲畜存栏6199头,奶牛存栏5360头,年产鲜奶1.8万吨,奶业纯收入突破1000万元。肉类总产量1325吨,其中猪肉产量988吨,禽蛋总产量2536吨。乡内有集贸市场1个。全年乡财政总收入428万元,财政支出428万元,农村居民人均纯收入4278元。同三高速公路、京哈102国道、双周公路、京哈铁路在乡内通过。全乡有大中小型货车197辆,小型客运车和轿车82辆。固定电话2882部,手机、小灵通等移动通信工具3509部,村村通邮。人均居住面积20.85平方米,砖瓦化率达到85%。2001年8月,第一中学、第二中学合并为幸福中学。2005年乡内有初级中学1所,在校学生540人,教职员工46名。建筑面积3472平方米,音乐室、微机室、语音室、多媒体室设备齐全。小学8所,在校学生1240人,教职工105人,幼儿园15所。全乡有卫生院1处,占地面积6160平方米,建筑面积560平方米,有医护人员19人,卫生所8个,乡村医生25人。参加合作医疗人数9138人,占总人口的68%。1987年、1991年和1995年,幸福满族乡珍珠球代表队代表松花江地区参加黑龙江省第二届、第三届、第四届少数民族传统体育运动会,并取得第三名、第二名的好成绩。1990年,被省体委命名为"少数民族体育先进乡"。

历任乡长:吴守庆、王连丰、关旭东、白春方;副乡长:张久祥、王连丰、张振久、郎清久、张玉华、徐少发、沈刚、王世宽、周恒金、王林泉、崔云龙、刘平、曲德平、修本富、李军、吕经志、郎书华、张志尧、刘宝刚、张建华、杨学林、孙英阁、赵宝征、谭成彪、邓凡宏、顾常勇、马英涛。

2005年幸福满族乡所辖村屯统计表

表2-1-16

村名称	村驻地	辖自然屯名称
合计	8个村	11个自然屯
久援	正白旗头屯	正白旗头屯
久前	正白旗五屯	正白旗五屯
永支	正白旗四屯	正白旗四屯 王家窝堡
幸福	陈镶黄旗四屯	陈镶黄旗四屯 白家窝堡
庆城	陈镶黄旗头屯	陈镶黄旗头屯
庆宁	陈镶黄旗三屯	陈镶黄旗三屯
永庆	陈镶黄旗二屯	陈镶黄旗二屯
安西	大赵家窝堡	大赵家窝堡 穆家窝堡

【新兴满族乡】 位于双城市城区东北25公里处。东连哈尔滨市南岗区红旗满族乡,南接双城市东官镇,西靠幸福满族乡,北临五家镇,距哈尔滨市区18公里。1986年,全乡辖14个行政村,总户数4080户,人口20058人。1990年9月,新兴乡改为新兴满族乡。1992年11月,新兴满族乡人民政府由新民村迁至新华村。2001年8月,全乡14个行政村调整合并为7个行政村。新民满族村由新民村所辖的自然屯和新

强村所辖的白家窝堡组成。新华满族村由镶红旗三屯(郎家烧锅)和大窑屯组成。新胜村是由新胜村和新强村的东高家窝堡组成。新兴满族村是由新兴村和原新红村合并组成。东光村是由东光村和东华村及新发村合并组成。东朴村是由东朴村和新旺村合并组成。庆乐满族村是由庆乐村和新和村、新英村的双家窝堡组成。1998年,利用国家农业开发资金100万元,在102国道两侧建立农业科技示范园区,面积1.2万亩。在园区内打井12眼,并全部配套,实施节水灌溉技术,亩增效益240元。2001年,建起新胜蛋禽批发市场,投资4 880万元,占地面积10万平方米,建筑面积2.8万平方米。引进27个鲜蛋经销商,利用市场现代化信息网络,牵动全乡100多个营销大户,鲜蛋行销全国20多个省市区,并出口俄罗斯。市场鲜蛋交易量居全国第二,被确定为农业部定点市场和省级农业产业化重点龙头企业。2004年4月,经哈尔滨市政府批准,辟建面积25平方公里的双城市开发区新兴项目园区。引进哈麻集团、大众肉联、华崴集团、兰格药业等各类企业39家,总投资25 835万元。2005年,全乡辖7个行政村,26个自然屯,5 445户,总人口21 689人,其中男11 452人,女10 237人,农业人口21 255人,在总人口中少数民族人口8 000人,占人口总数的36.89%。总面积92.7平方公里,耕地面积6 337公顷。地势平坦,土质肥沃,耕地为黑土和钙土。经济以农牧业为主,依托哈市大郊区的地域优势,大力发展市场经济。境内有同三公路、京哈公路、哈前公路沿东西走向穿过,国道与乡村路互为联通,四通八达,客运、货运十分便利。全乡共有大型农业机械49台,其中轮式21台,大四轮180台,小四轮270台,三轮车150台,载重汽车35辆。全乡年消耗电量671万度。全乡从业人员9 835人,其中第一产业2 404人,第二产业2 229人,第三产业5 202人。粮食播种面积5 926公顷,粮食总产量46 995吨。蔬菜总产量3 329吨,禽蛋产量12 303吨。大牲畜存栏数12 386头。奶牛8 350头,年产鲜奶7 835吨。肉牛3 415头,生猪存栏18 070头,肉类总产量4 126吨,其中猪肉933吨。境内有综合市场1个。专业市场1个,财政总收入638万元,总支出638万元。农民人均纯收入4 610元。乡内文化公共事业比较发达。自来水入户率100%,固定电话4 400部,入户率80%,移动电话350部。新胜、新华、新兴三个村开通有线电视,入户率20%。乡村路完全实现水泥路、沙石路、灰渣路、红砖路。固定客运班车辐射全乡所有村屯。有初级中学1所,教职工40人,在校学生450人。全日制小学7所,教职工93人,在校学生1 260人。卫生院1处,医务人员18人,病床18张。卫生所6处,屯卫生室7个,共有医护人员58人。有16 450人参加新型农村合作医疗。乡敬老院1处,占地面积1 500平方米,建筑面积400平米,各项条件全部达到哈市级敬老院标准。全乡各村都建立多功能农民综合活动中心。配备书刊杂志,活动设施,有的安装了电脑,解决农民开展文化体育娱乐活动、进行科技培训、信息咨询所需要的场所问题。1994年9月,国务院授予新兴满族乡"全国民族团结进步模范民族乡"称号。

历任乡长:白景和、洪仁安、曹玉华、于广明、莫喜申;副乡长:高金才、赵淑春、董绍清、王玉成、王申存、沈刚、周英杰、李伟、白春方、李景波、谭永忠、宋佰林、宋春岩、孔繁民、张云龙、刘清属、王垂洲、雷庆年、韩建波、周大、付洪波、刘兴伟、潘亚军、郭伟东、吴雷。

2005年新兴满族乡所辖村屯统计表

表2-1-17

村名称	村驻地	辖自然屯名称
合计	7个村	26个自然屯
新华	镶红旗三屯	镶红旗三屯 大窑
新胜	陈镶黄旗五屯	陈镶黄旗五屯 东高家窝堡
新兴	新镶红旗四屯	新镶红旗四屯 杨树趟子 前三屯
东朴	小八家子	小八家子 姜家窝堡 小赵家窝堡

续表

村名称	村驻地	辖自然屯名称
庆乐	大刘家窝堡	大刘家窝堡 双家窝堡 鲍家窝堡 苏家窝堡
新民	韩家窝堡	韩家窝堡 范家窝堡 沙家窝堡 白家窝堡 小刘家窝堡
东光	蒋家大桥	蒋家大桥 东闫家窝堡 西闫家窝堡 文家窝堡 关家窝堡 唐家窝堡 肖家窝堡

【公正满族乡】 位于双城市城区北15公里处。东邻五家镇,南与双城镇接壤。西与农丰满族锡伯族镇毗连,北接哈尔滨市道里区太平镇。1986年,全乡辖13个行政村,总户数4 409户,人口21 548人。1990年2月21日,经黑龙江省民政厅批准,设立公正满族乡人民政府。2001年9月26日,经双城市人民政府批准,原13个行政村合并为9个行政村。国兴村、向阳村两村合并为国兴村,村民委员会驻地设在镶白旗头屯。红星村、贤邻村合并为贤邻村,村委会驻地设在正黄旗五屯。固强村、龙泉村合并为固强村,村民委员会驻地在刘家窝堡。有利村、公正村两村合并为公正村,村民委员会驻地在正蓝旗头屯。调整后的9个村为:公正村、康宁村、国兴村、民旺村、爱乡村、富余村、国强村、庆丰村、贤邻村。其中有5个满族村和1个锡伯族村。2005年,全乡辖9个行政村17个自然屯,总面积118.3平方公里,总户数5 801户,总人口22 758人。境内无山,地势平坦,运粮河的分支裤衩河在境内通过。该河为自然大沟,始于五家镇与幸福乡交界处。经过公正乡庆丰村,固强村,富裕村,公正村,国兴村的国兴水库流入农丰镇联合水库,经哈尔滨太平镇、双城市永胜乡流入松花江,两岸均为坡耕地。全乡耕地面积8 371公顷。园地面积4.05公顷,林地面积250.5公顷,草原面积813.8公顷,滩涂面积23.8公顷,水库面积42.7公顷,居民用地558.6公顷,工矿用地16.2公顷,坑塘水面31.4公顷,交通用地、公路38.25公顷,农村道路用地206.7公顷。经济以农业为主,粮食作物有玉米、大豆、高粱、谷子、水稻等。玉米面积占播种面积的80%,亩产平均750公斤。全乡共有机电井57眼,小井475眼。全年农村用电量450万度。全乡从业人员总数11 580人,其中第一产业7 707人,第二产业1 480人,第三产业2 393人。农作物总播种面积7 613公顷,粮食总产量63 467吨。蔬菜总产量389吨。大牲畜存栏头数15 386头,奶牛存栏10 510头,年产鲜奶3万吨。生猪存栏8 571头,羊存栏1 350头。肉类总产量4 568吨,其中猪肉产量2 572吨,禽蛋总产量3 263吨。乡内有集贸综合市场1处,有乡镇企业48家,产值达30 107万元。东阳酱菜厂生产的"许氏大酱",是畅销全国的名优产品,还远销日本、俄罗斯等国。全乡财政总收入570万元,财政总支出570万元。农村居民人均纯收入4 328元。乡内有初级中学1所,有学生502人,教师51名。中心小学1所,村级小学9所,学生1 428人,教师80人。全乡村村通电话,有固定电话2 000部,1998年开始安装使用有线电视,普及率已达到80%。乡卫生院1处,有医护人员12人,开展新型合作医疗,共14 633人参加,占总人口的80%。全乡有老年活动中心13个。庆丰村的张海涛、张丽、张庆有、刘玉芝一家自办的唢呐班1992年在双城市古堡音乐会上的唢呐演奏《百鸟朝凤》获一等奖,在省市广播电台、电视台多次播放,1999年赴法国演出。

历任乡长:张桂林、白井河、夏文有、汪士伟、金兆海;副乡长:马全生、王垂洲、栾学、赵福良、吴洪军、马吉山、赫祥利、张军国、关禹峰、莫喜申、王文利、白彬、王英范、那新民、金志生、耿小刚、唐国臣、马平、张继珍、刘英文、赵常军。

2005年公正满族乡所辖村屯统计表

表2-1-18

村名称	村驻地	辖自然屯名称
合计	9个村	17个自然屯

续表

村名称	村驻地	辖自然屯名称
公正	正蓝旗头屯	正蓝旗头屯 徐家窝堡 沟口屯
康宁	正蓝旗三屯	正蓝旗三屯
国兴	镶白旗头屯	镶白旗头屯 向阳屯
庆丰	张家窝堡	张家窝堡 安家窝堡 栾家窝堡
固强	刘家窝堡	刘家窝堡 卧龙泉屯 西山屯
贤邻	正黄旗五屯	正黄旗五屯 乔家窝堡
民旺	正蓝旗二屯	正蓝旗二屯
爱乡	正蓝旗五屯	正蓝旗五屯
富余	正蓝旗四屯	正蓝旗四屯

【永胜乡】 位于双城市城区北40公里处。东与哈尔滨市道里区太平镇接壤,距太平国际机场7.5公里,西与临江乡毗邻。松花江主航道环绕境北而过,沿岸有客运码头3处。南面靠农丰镇,乡政府设在永乐村车家屯西侧。1986年,全乡辖14个行政村,总户数3 764户,人口19 003人。2001年9月,原有的14个村合并为9个村,兴业村和永红村合并为兴业村,胜强村、胜志村、永春村合并为胜强村,太宁村和永丰村合并为太宁村,永兴村和永生村合并为永兴村,永乐村、乐乡村、建乡村、永胜村和永强村原建制没变。永胜乡有紧靠哈尔滨的区位优势和水、陆、空便利的交通优势,矿藏资源丰富、经济比较发达。2002年6月辟建的永胜工业园区,在通往哈市区永太公路的南北两侧,东西长1 500米,南北宽130米,总面积20万平方米。2005年,有11家企业入驻园区内,其中万代泉饮品有限责任公司占地面积4万平方米,建筑面积3 000平方米,总投资1 000万元,年产值1 000万元,利税120万元。全乡辖9个行政村,28个自然屯,总面积154平方公里,耕地面积6 018公顷,草原3 200公顷,水面745公顷,江北草原开荒地4 234公顷。居民4 269户,有汉、满、蒙、回、布依族、朝鲜族、达哈尔族、锡伯族等8个民族。总人口20 374人,其中农业人口19 876人,非农业人口498人,农作物总播种面积6 018公顷,其中粮食作物播种面积5 510公顷,粮食总产量42 808吨,蔬菜总产量2 236吨,禽蛋产量1 577吨。大牲畜存栏7 481头,奶牛存栏5 512头,年产鲜奶2万吨。黄牛存栏2 996头,生猪28 457头,肉类总产量1 259吨,其中猪肉产量1 021吨。全年财政总收入237万元,财政支出237万元,全年农村居民人均纯收入4 118元。大庆油田在境内正式开采原油,打油气井23眼。全乡有农用车325台,四轮车477台,大型农机具31套,链轨拖拉机12台,联合收割机6台。全年农村用电量200万度。全乡从业人员9 166人,其中第一产业3 059人,第二产业1 800人,第三产业4 307人。乡内有集贸综合市场1个。有初级中学1所,12个教学班,学生500人,教职工40人。有小学10所,61个教学班,14个学前班,教师86人,学生985人。乡卫生院建筑面积300平方米,医护人员12人,病床9张。有11 280人参加新型农村合作医疗。安装电话2 256部,普及率达60.8%,移动电话10 275部,安装宽带35户,电视机4 458台,入户率104.4%,村村通公路,屯屯有客车。

历任乡长:徐殿芳、张凤君、杨跃武、邢宝贵、朱子奇、姜玉富、刘玉峰、莫喜申;副乡长:王宝元、谢子芳、苏成联、王志学、杨凤仪、祖贵桥、杨瑞廷、张志尧、孙鹏山、王垂洲、于文全、金淑珍、孔庆信、徐志军、王云波、徐敬东、于洪娟、陈绍权、刘雪松。

2005 年永胜乡所辖村屯统计表

表 2 - 1 - 19

村名称	村驻地	辖自然屯名称
合计	9 个村	28 个自然屯
永乐	大车家窝堡	大车家窝堡
建乡	孔家窝堡	孔家窝堡
乐乡	丛家窝堡	丛家窝堡 东何家窝堡 西何家窝堡
永胜	东城子	东城子 西城子 田家窝堡
永兴	谢家屯	谢家屯 和家纸房 师家洼子 王家岗
太宁	胡家屯	胡家屯 东老者屯 范家屯 李家屯
永强	朝阳屯	朝阳屯 北山屯
胜强	苍家窝堡	苍家窝堡 刘家窝堡 夏家窝堡 赫家窝堡 东岗
兴业	黄家窝堡	黄家窝堡 苏家窝堡 小车家窝堡 张乡屯 侯庄

【临江乡】 位于双城市城区西北 40 公里处,与肇东市隔江相望。乡政府所在地民强村距哈尔滨市区 75 公里,距哈尔滨太平国际机场 30 公里。东部及东北部与永胜乡接壤,西南、南部和东南部分别与水泉乡、农丰镇毗邻,西北部与杏山镇相接。松花江沿乡西北边境流经三家、民强、沿江等 6 个自然屯。1986 年,全乡辖 13 个行政村,总户数 3 684 户,人口 18 422 人。2001 年 9 月,13 个村调整为 7 个村。民强村与永生村合并为民强村,平房村与民胜村合并为新富村,春山村与春生村合并为新发村,建强村与沿江村合并为建江村,榆树村、龙江村与春江村合并为三江村,保留三家村和松江村。全乡地势平坦,地质有黑土地、盐碱地、沙土地和洼地四种类型,黑土地占全乡总面积的 80%,适于多种作物生长。松江村、新富村部分土地宜种水稻,松花江沿岸易受洪水浸淹。地下矿藏丰富,石油储量较大。1995 年 9 月 12 日,临江地区第一口探井正式开钻,7 月 19 日试油,日产原油 8.6 吨。试采至 2001 年 6 月,累计产油 6 000 吨。1995 年 4 月至 2005 年 12 月,相继打油井 204 口,累计产油 19.32 万吨。2000 年以前,基本上是以农业为主,以牧业为副,主要种植玉米、大豆、水稻等。2001 年乡政府进一步调整产业结构,实现农业和牧业主辅换位,并积极鼓励和大力支持发展个体工商户和私营企业,使乡域经济得到了快速发展。养殖户增加到 2 631 户,占全乡总户数的 52%。2002 年,建江村刘宗屯庆丰农业机械厂赵秀峰研制的"可调式三铧犁",在国家知识产权局申请专利已获注册。民强村树华加工厂生产的大型旅游船载重量可达 50 吨位,生产的多种型号船舶销往吉林、三肇和哈尔滨地区。乡友于秀云投资 20 万元在松江村建希望小学,重建占地 1 万平方米的新校舍。购置电脑、电视等先进教学设备,更换桌椅,改善家乡的办学条件。又为全校的在校生免费制作校服,松江小学更名为"秀云小学"。2003 年,乡友赵坤与有关部门协调投资 20 万元,易地建起新的春山小学,并购置微机等先进教学设备,使春山小学成为县级首批一类小学。乡友刘汉志投资 62 万元修筑 6 公里"乡友路"。2004 年 5 月,大庆石油公司南江分公司投资 230 万元,将原来的永临路沙石路改建成柏油路,开创临江乡公路史上的新篇章。2005 年,全乡辖 7 个行政村,32 个自然屯,总户数 4 374 户,总人口 20 508 人,总面积 146.67 平方公里,耕地面积 6 669 公顷。粮食播种面积 6 628 公顷,粮食总产量 56 351 吨,蔬菜总产量 360 吨。大牲畜存栏 12 991 头,肉类总产量 11 160 吨,其中猪肉 3 898 吨。禽蛋产量 3 037 吨,水产品产量 420 吨。全乡全年用电量 193.95 万度。全乡从业人员 8 618 人,其中第一产业 4 304 人,第二产业 634 人,第三产业 3 680 人。财政总收入 258 万元,财政支出 258 万元,全年农村居民人均纯收入

4 435 元。全乡有初级中学 1 所,教职工 125 人,在校学生 1 287 人。乡卫生院 1 处,建筑面积 560 平方米楼房。科室比较齐全,医护人员 12 人,其中副主任医师 1 人,主治医师 2 人,医师 4 人。全乡设有 6 个卫生所,6 个卫生室,新型合作医疗覆盖全乡常住人口的 80%。全乡有电话 2 275 部,达到村村通电话,电视普及率 100%。全乡实现沙石、水泥、柏油公路村村通,客货运屯屯通。

历任乡长:祖广和、王淑芳、金代国、杨继祥;副乡长:王淑芳、金代国、李东发、曲海臣、郭振坤、张宝金、赵义生、杨连春、袁广喜、李兴民、王丰太、何文举、赵英林、李方江、陈峰、刘景林、史敬轩、彦景波、孙伯文、刘志刚、杨彦久、郭振华。

2005 年临江乡所辖村屯统计表

表 2 - 1 - 20

村名称	村驻地	辖自然屯名称
合计	7 个村	32 个自然屯
民强	葛家崴子	葛家崴子 永康
三家	于万屯	于万屯 三家窝堡
新发	乱鱼甸子	乱鱼甸子 团山子 徐振窝堡 杨家窝堡
建江	东腰窝堡	东腰窝堡 西腰窝堡 杨升窝堡 刘宗屯 徐家窑屯
松江	李万发屯	李万发屯 三岔河 辛家窝堡 王珍屯 梁家窝堡　河南屯
三江	侯家屯	侯家屯 腰崴子 李方屯 胡景方屯 大榆树屯　小六队
新富	兴顺永	兴顺永 杨瓦盆 平房屯 单家屯 宗家窝堡　于安屯

【水泉乡】 位于双城市西北部。东邻农丰满族镇、乐群满族乡,南与团结满族乡接壤,西靠杏山镇,北部与临江乡相连。乡政府驻地水泉村(新镶黄旗四屯)距双城市 30 公里。因境内北部有多处泉眼,并有两个自然屯都以"泉子"命名,故称水泉乡。水泉乡是双城市最早的乡镇之一。1986 年,全乡辖 14 个行政村,22 个自然屯,总户数 4 545 户,人口 21 592 人。2001 年 8 月,14 个村合并为 7 个村,即:富有村、富生村合并为富有村,自强村、大有村合并为大有村,大义村、韩家村合并为大义村,水泉村、仁永村合并为水泉村,大德村、大庆村合并为大德村,荣华村、丰收村合并为荣华村,三邻村、旭光村合并为三邻村。2005 年,全乡辖 7 个村 22 个自然屯,总面积 115.94 平方公里,耕地面积 7 989 公顷,总户数 6 100 户,有汉、满、回、蒙等民族,总人口 23 506 人,其中农业人口 21 948 人。水泉乡地势较高,是双城西北岗区乡镇之一。地形南高北低,南部是平岗地,土质肥沃,北部坎下多为洼地、草原和盐碱地。引拉河库后渠自西向东穿过北部三个村,在大有村东北部流向农丰镇仁利水库。境内有三座水库:大有水库、自强水库和富有水库,总面积 120 公顷,年产鱼 20 万斤。大庆石油管理局勘测,境内地下含有一定储量的石油和天然气。经济以农业为主,粮食作物主要品种有玉米、高粱、谷糜、大豆。农作物总播种面积 7 989 公顷,其中粮食播种面积 7 356 公顷,粮食总产量 60 191 吨,蔬菜总产量 1 608 吨。经济作物主要有马铃薯、甜菜、陆地菜、两瓜、烤烟等。全乡有畜牧专业村 5 个,牧业小区 4 个,养殖专业户、规模户 2 400 户。全乡有加工企业 36 家,商服业企业 55 家,综合性集贸市场 1 处,村屯食杂店 21 家。农村全年用电量 450 万度。从业人员总数 10 989 人,其中第一产业 8 000 人,第二产业 1 800 人,第三产业 1 189 人。大牲畜存栏数 21 958 头,奶牛 8 201 头,年产鲜奶 1.23 万吨,禽蛋总产量 1 318 吨,生猪存栏 9 800 头,肉类总产量 1 526 吨,其中猪肉 800 吨。财政总收入 265 万元,财政支出 265 万元,全年农村居民人均纯收入 4 094 元。境内有初级中学 1 所,小学 15 所,教师 125 人,学生 2 900 人,其中中学生 1 000 人。有卫生院 1 处,卫生所 14 个,乡卫生院有医护人员 20 人,村

卫生所人员42人。全乡参加合作医疗13 597人,占总人口的62%,7个村22个自然屯全部实现自来水化,全部实现道路硬化标准。屯屯有客运班车。全乡公共建筑楼房5栋,面积6 000平方米,住宅建筑楼房12栋,面积3 000平方米,农民住房砖瓦化达到95%。有线电视已经普及,电冰箱拥有率达到60%,摩托车2 020台,占农户的45%。固定电话3 100部,入户率80%,手机5 500部,占人口总数的25%,家用电脑110台,网吧电脑65台。汽车拥有量较大,全乡自有小轿车11台,微型小客车59台,大型运输车15台,中小型运输车47台,小四轮539台,大胶轮8台。

历任乡长:王英才、王继富、张国文、祖贵桥、张志强、张波、曲德平、张国林、李悦堂;副乡长:赵智生、胡景华、付洪志、曲忠生、张连丰、吴荣奎、单福君、蒋本君、刘忠杰、徐洪祥、白春奎、张波、石维国、姜化儒、张国林、李悦堂、周平凡、褚亚臣、金兆阳。

2005年水泉乡所辖村屯统计表

表2-1-21

村名称	村驻地	辖自然屯名称
合计	7个村	22个自然屯
水泉	新镶黄旗四屯	新镶黄旗四屯 新镶黄旗头屯
大义	新镶黄旗二屯	新镶黄旗二屯 韩家窝堡 刘家窝堡
大有	新镶黄旗五屯	新镶黄旗五屯 前泉子 后泉子
大德	新镶黄旗三屯	新镶黄旗三屯 侯家窝堡 仁家窝堡 独一处
荣华	姜家窝堡	姜家窝堡 李家窝堡 夏家窝堡
富有	单城子	单城子 于士珍屯 宋彩屯 二道沟
三邻	范家窝堡	范家窝堡 赵家窝堡 付家窝堡

【乐群满族乡】 位于双城市城区西北9公里处。东北与公正乡毗邻,东抵双城镇辖区,南与同心满族乡相邻,西接团结满族乡、水泉乡、农丰满族锡伯族镇。1985年8月乐群乡改为乐群满族乡。1986年,全乡辖13个行政村,总户数5 572户,人口25 899人。1993年,金星村、友联村、光明村、光耀村划归双城镇管辖。2005年底,全乡共辖9个行政村9个自然屯,全乡总面积88.2平方公里。居民总户数5 475户,总人口21 661人,其中汉族3 631人,满族17 977人,回族20人,蒙古族11人,朝鲜族15人。乐群满族乡境内无山无水,地势平坦,是典型的农业乡,粮食生产一直占据重要位置,玉米是全乡的主栽品种。耕地面积7 213公顷,林地285公顷,居民用地358.8公顷,交通用地61.5公顷。先进的玉米栽培方法大双覆面积达533公顷,粮食单产606公斤。经济作物面积按市场需求适当种植,两瓜面积20公顷,青贮玉米300公顷。乡内有占地1万平方米的农贸综合市场1处。有香醋厂、乐民针织厂、乐园食品厂、忠信酱菜厂、荣坛亚麻纺织有限公司等企业。年实现税金45万元,从业人员400人。2005年,乡政府成立农民离土创业办公室、劳动力转移服务公司、服务站。全乡外出打工人数达到6 200人,占劳动力总数的60%,年实现劳务收入3 000万元。2005年,全乡从业人员总数10 864人,其中第一产业3 392人,第二产业2 863人,第三产业4 609人。农作物总播种面积7 213公顷,其中粮食播种面积6 896公顷,粮食总产量59 264吨。农村全年总用电量235万度。蔬菜总产量1 073吨。大牲畜存栏7 823头,奶牛4 237头,年产鲜奶1.6万吨。肉牛1 213头,生猪存栏13 271头,两羊饲养量4 523只,肉类总产量1 628吨,其中猪肉产量1 117吨,禽蛋产量2 515吨。财政总收入282万元,财政总支出420万元,农村居民全年人均纯收入4 241元。乡内有初级中学1所,在校生520人,教职员工59人。小学9所,在校生1 260人,教师108人。乡卫生院有医护人

员39人,住院病床15张,有14 225人参加新型农村合作医疗。乡敬老院占地面积4 000平方米,建筑面积
1 600平方米。双太、双临、双杏、双团四条公路在乡内通过,村村通客车,村村通电话,村村看有线电视。
由民乐村农民组建的方圆诗社,在各级刊物上发表多首散发着浓郁乡土气息的农民诗歌,成为黑土地上的
一朵奇葩。

历任乡长:马学良、吴斌、关寿禄、赵金国、汪士伟、裴永学、张云龙;副乡长:赫崇真、王兆臣、汪士民、陈
彦文、汪淑琴、朱立、隋丙林、佟君、于文权、胡忠海、高志武、赫祥利、姜玉富、王国岚、闫崇峰、费景山、赵艺
华、王玉林、裴永学、宋淑文、于洪亮、王承和。

2005年乐群满族乡所辖村屯统计表

表2-1-22

村名称	村驻地	辖自然屯名称
合计	9个村	9个自然屯
友好	正红旗头屯	正红旗头屯
富志	镶红旗二屯	镶红旗二屯
光辉	正红旗三屯	正红旗三屯
国庆	正红旗二屯	正红旗二屯
乐群	正黄旗三屯	正黄旗三屯
富勤	镶红旗头屯	镶红旗头屯
光华	正黄旗四屯	正黄旗四屯
乐民	正红旗五屯	正红旗五屯
耕勤	正黄旗头屯	正黄旗头屯

【团结满族乡】 位于双城市西部,距双城市区30公里。北靠杏山镇,东与水泉乡、乐群乡接壤,南、西
南与韩甸镇、希勤乡毗邻。西隔引拉河与万隆乡相望,引拉河流经保丰村、连丰村。乡政府驻地在团结村。
1986年,全乡辖12个行政村,总户数5 572户,人口25 899人。2001年4月,跃进满族乡与团结乡合并为团
结满族乡。2001年8月,辖区内的26个行政村合并调整为14个村。刘家村、连丰村合并为连丰村;快乐
村、增收村合并为快乐村;创利村、创勤村合并为创勤村;富民村、富贵村、富国村合并为鑫富村;育仁村、安
立村、创业村合并为育仁村;农林村、双富村合并为农富村;创富村、创新村合并为创富村;跃进村、春光村
合并为跃进村;西荒村、西官村合并为西官村;宏升村、小城村合并为宏升村。2005年,全乡辖14个行政村
38个自然屯,居民7 975户,总人口33 066人。总面积156平方公里,耕地面积12 118公顷。全乡境内地
势平坦,土地肥沃,以黑土地为主,适宜旱田。经济以农业为主,粮食生产在双城市名列前茅。全乡从业人
员9 679人,其中第一产业8 060人,第二产业634人,第三产业985人。富馨米业公司,占地面积10 000
平方米,年加工小米200吨,销售收入300万元。该公司生产的绿色小米"八家子小米"畅销国内,远销国
外,是全国知名品牌,双城著名土特产品。由美籍华人黄雅茹和美商易善戴投资1 100万元兴建的广源粮
油购销加工有限公司,占地20 000平方米,年购销粮食1万吨。安排就业人员100余人,销售收入500万
元,实现利税50万元。农作物总播种面积12 118公顷,其中粮食播种面积10 776公顷,粮食总产量97 022
吨,蔬菜总产量8 526吨。大牲畜存栏头数18 240头。奶牛存栏量为12 480头,年产鲜奶4万吨。有育
仁、团结、创勤、西官4个奶牛专业村。肉类总产量2 308吨,其中猪肉1 225吨,禽蛋总产量3 940吨。财
政总收入351万元,财政支出351万元,全年农村居民人均纯收入4 085元。全年农村用电量318万度。

全乡有初级中学2所,小学14所,教师319人,其中小学219人,中学100人,中小学生2 425名。乡卫生院有医护人员13人,床位10张,卫生室12个。有14 571人参加新型农村合作医疗,占全乡常住人口80%。敬老院1所。全乡固定电话3 608户,占全乡总户数的46%,手机拥有量占全乡总人口的38%,村村通沙石路,屯屯有客运班车。

历任乡长:周广才、王兆臣、王树春、李志双、王振民、隋广德、赵玉昌;副乡长:洪万龙、王洪祥、夏立友、张玉波、刘英文、任久成、王彦、单福军、范宝祥、刘乃孝、冯树祥、周玉坤、崔云龙、王忠伟、张成华、张国林、褚亚臣、于洪娟、苏彦成、李永才、张立、李庆连、石志刚。

2005 年团结满族乡所辖村屯统计表

表 2 - 1 - 23

村名称	村驻地	辖自然屯名称
合计	14 个村	38 个自然屯
团结	三姓屯	三姓屯 李明德屯
育新	王柳罐屯	王柳罐屯
育人	沈家窝堡	沈家窝堡 安立屯 大关家窝堡
创富	赵家窝堡	赵家窝堡 闻家窝堡 鄂家窝堡
农富	腰窝堡	腰窝堡 赵德明窝堡 范茂甸窝堡 孙佰灵屯
跃进	董家窝堡	董家窝堡 火烧锅 许家窝堡
宏升	徐家窝堡	徐家窝堡 双城子 小傅家窝堡
西官	西官所	西官所 小西荒
连丰	老房身	老房身 刘家屯
保丰	姜宝屯	姜宝屯 叶家窝堡 王永屯
快乐	三棵树	三棵树 孙天龙　尹地方屯
增胜	增胜裕	增胜裕 新家屯
创勤	王太窝堡	王太窝堡 张明窝堡 叶家屯
鑫富	胡家屯	胡家屯 哈篓屯 李家屯 八家子

【万隆乡】　位于双城市西北部。西靠拉林河,与吉林省扶余县毗邻,北靠松花江与肇源县、肇东市相望。东北与杏山镇接壤,东部与团结满族乡接壤,南部与韩甸镇接壤。乡政府所在地万隆村距双城市区50公里,总面积323.26平方公里。1986年,全乡辖16个行政村,总户数3 271户,人口15 774人。2001年3月,对面城乡的8个村划归到万隆乡所属,加上原有的15个村共计24个行政村。2001年11月,将24个行政村合并为16个行政村。万隆、双跃合并为万隆村。保国、长江合并为保国村。建新、郭家、民主和前五家合并为建新村。利民、盖家合并为利民村。双龙、双榆合并为双龙村。2005年,全乡共辖16个行政村41个自然屯,总户数8 482户,总人口40 657人。万隆乡属边远乡镇,主要产业是农业和牧业。境内有松花江和拉林河经过,均属松花江水系,有双城市最大的水利工程——石人水库,面积667万平方米。耕地面积11 734公顷,牧草地2 022.7公顷,林地及果园用地899公顷,水域面积4 832公顷,村屯占地面积118.4公顷,交通占地面积323.4公顷。全乡农村年用电量420万度。从业人员总数20 208人,其中第一产业15 405人,第二产业1 717人,第三产业3 086人。农作物总播种面积11 734公顷,其中粮食播种面积11 461公顷,粮食总产量100 615吨,蔬菜总产量1 705吨。禽蛋总产量2 084吨,大牲畜存栏39 974

头,奶牛18 970头,年产鲜奶4.4万吨。生猪存栏量4 200头,肉类总产量4 706吨,其中猪肉1 144吨。财政总收入367万元,财政总支出367万元,全年农村居民人均纯收入3 997元。乡内有初级中学1所,在校学生720人,教职工65人。小学16所,在校学生1 800人,教师130人。乡卫生院1所,有医护人员40人,住院床位25张。有20 593人参加新型农村合作医疗。敬老院建筑面积600平方米。村村通公路,村村有程控电话。

历任乡长:张贵、高金才、周振文、王继富、韩士富、刘英文、赵福良、孙金城、张万民;副乡长:肖方华、金朝和、王树春、金希林、郭金冠、刘青春、杨宝环、李忠野、周玉坤、曹玉华、殷闯、范东辉、曹文波、刘清禹、张万民、陈玉生、张军国、裴丛太、刘淑华、吕海涛、刘相超、杨文礼、兰红军、崔云龙、张亚鹏。

2005年万隆乡所辖村屯统计表

表2-1-24

村名称	村驻地	辖自然屯名称
合计	16个村	41个自然屯
万隆	万隆号	万隆号 义太号 王谢屯
吴家	吴家屯	吴家屯
板子房	板子房	板子房
战胜	王官屯	王官屯
繁荣	双庙	双庙 梁家屯 罗家屯
增产	老烧锅	老烧锅 下多口
苗家	苗家屯	苗家屯 夏家洼子
长胜	谢家屯	谢家屯 唐家崴子
建国	阚家屯	阚家屯 东石人沟
楼上	楼上	楼上 太平屯
奋斗	前青草坡	前青草坡 后青草坡 瓦盆窑
利民	机房屯	机房屯 两家子 盖家窝堡
保国	西石人沟	西石人沟 苏家崴子 韩平窝堡 杨家炉
双胜	阎家屯	阎家屯 广宁窝堡 乔家洼子 三眼井
双龙	张祥窝堡	张祥窝堡 双龙泉 单家屯 双榆树
建新	兰家烧锅	兰家烧锅 郭家屯 前五家 后五家

【希勤满族乡】 位于双城市西部,距双城市区20公里。东邻同心满族乡,南与金城乡、兰棱镇接壤,西邻韩甸镇,北部与团结满族乡接壤。哈前公路、双万公路在境内贯通。1986年,全乡辖16个行政村,总户数3 856户,人口18 593人。1989年希勤乡改为希勤满族乡。2001年,15个行政村合并为8个行政村,总户数4 428户,人口23 505人。玉强、玉生合并为爱新村,治业、治强合并为爱勤村,爱贤、永新合并为爱贤村,玉丰、希强合并为爱德村,希勤、希新合并为爱业村,希业、爱社合并为爱兴村,希贤、希望合并为爱富村,玉勤、希富合并为爱强村。2005年,全乡辖8个行政村,18个自然屯。总面积123.14平方公里。居民总户数4 786户,总人口20 050人,其中农业人口18 000人,占总人口的90%,满族人口10 156人,占总人口的50%。经济以农业为主,有耕地7 861公顷,林地793公顷,工矿用地267公顷,交通用地533公顷,居民用地1 000公顷。在稳定粮食生产的基础上,大力发展奶牛、肉牛、生猪、蛋鸡等养殖业,以畜牧业为龙

头带动其他各业。亚麻厂、面粉厂、农药厂、建材厂等10家乡镇企业经过改制,年创产值近亿元。有农贸综合市场1处。全乡农村年用电量301万度。全乡从业人员总数10 124人,其中第一产业4 038人,第二产业3 985人,第三产业2 101人。农作物总播种面积7 861公顷,其中粮食播种面积7 040公顷,粮食总产量63 582吨,蔬菜总产量3 904吨。大牲畜存栏17 029头,奶牛存栏16 340头,年产鲜奶4万吨。肉类总产量3 415吨,其中猪肉1 072吨,禽蛋产量7 998吨。财政总收入190万元,财政总支出190万元。全年农村居民人均纯收入4 278元。乡内有初级中学1所,小学14所,幼儿园4所。在校生初中480人,小学1 200人,幼儿园250人,全乡有教师140人。乡卫生院1所,医护人员12人,村卫生所10处,乡村医生40人,参加合作医疗农民14 000人。乡敬老院建筑面积400平方米,被双城市评为敬老院标兵。全乡共安装固定电话4 500部,入户率90%以上,彩电入户率98%,通村路均是水泥路和沙石路。

历任乡长:常识、汪振忠、吴斌、潘春库、邬再奇;副乡长:郎清久、关旭东、邵江、高树斌、盛忠武、张宝权、郭振坤、那振勇、王信、高兆林、郭淮明、张双林、孙晓辉、张吉才、钟林义、那振军、邬再奇、赵洪生、李孟杰、刘业祥、姜振涛、潘春库、兰红军、王继文、陈玉升、孙世华、石志刚、王洪伟、姚文占。

2005年希勤满族乡所辖村屯统计表

表2-1-25

村名称	村驻地	辖自然屯名称
合计	8个村	18个自然屯
爱德	镶红旗二屯	镶红旗二屯 小头屯
爱新	镶红旗五屯	镶红旗五屯 新镶蓝旗二屯 向阳屯
爱勤	镶红旗头屯	镶红旗头屯 镶红旗三屯
爱贤	正黄旗四屯	正黄旗四屯 正黄旗三屯 小西山
爱业	正黄旗五屯	正黄旗五屯 正黄旗头屯
爱兴	正红旗二屯	正红旗二屯 正红旗头屯
爱富	正红旗五屯	正红旗五屯 小关家窝堡
爱强	新正黄旗六屯	新正黄旗六屯 马家窝堡

【同心满族乡】 位于双城市区西部10公里。东邻双城镇,南邻朝阳乡、兰棱镇,西邻希勤乡,北部与团结乡、乐群乡接壤。双万公路东西贯通,京哈铁路穿越南北。1986年,全乡辖13个行政村,总户数4 237户,人口20 827人。1987年同心乡改为同心满族乡。1991年12月,同心满族乡所辖的富乡村和新荣村2个村3个自然屯划归双城镇管辖。2001年,将原来的11个行政村合并为7个行政村。裕民、裕彬合并为同兴村,治乡、新富合并为同旺村,富新、同德合并为同富村,富强、福利合并为同强村,同心、富城、治安没有变。2005年,全乡辖7个村14个自然屯,总面积91.7平方公里。总户数4 602户,总人口17 383人,其中满族人口10 628人,占总人口的61%,农业人口16 600人,占总人口的95.5%。全乡有耕地面积6 831公顷,林地面积733公顷,工矿用地面积43公顷,交通用地面积420公顷,居民用地面积1 098公顷。在耕地面积中,平洼地占80%。经济上以农业为主的同时,不断调整产业结构,走种、养、加平衡发展的路子。利用城郊型的地域优势,大力发展蔬菜生产和食品加工企业。乡内有温室18栋,面积3 000平方米,蔬菜大棚140个,面积16 800平方米。陆地菜面积600公顷,地膜覆盖400公顷,占蔬菜面积的60%,亩效益600元以上。天鹏食品有限公司是同心乡的龙头企业,占地面积13 000平方米,建筑面积6 000平方米。与412户签订订单,种黏玉米306.7公顷,平均亩纯收入500元,总收入230万元,户均5 582元。全年支

付农民工工资210万元,人均增加收入100元。2005年,全乡从业人员总数10 124人,其中第一产业3 957人,第二产业2 852人,第三产业3 315人。农作物总播种面积6 831公顷,其中粮食播种面积5 413公顷,粮食总产量46 701吨,蔬菜总产量29 280吨。大牲畜存栏量7 524头,奶牛存栏9 600头,年产鲜奶2.8万吨。生猪存栏6 300头,肉类总产量2 500吨,其中猪肉1 239吨,水产品产量10吨,禽蛋产量832吨。有集贸综合市场1处。全乡年财政总收入210万元,财政支出210万元,全年农村居民人均纯收入4 173元。乡内有初级中学1所,小学11所,幼儿园8所。在校学生初中434人,小学1 060人,幼儿园208人,全乡有教师121人。乡卫生院有医护人员7人,村卫生所6个,乡村医生36人。农民参加合作医疗10 010人,占总人口的58%。全乡共安装电话3 900部,电话入户率90%以上,电视入户率100%,彩电占98%。从事交通运输的货车40台,微型面包车30台,胶轮车200台,活跃在城乡之间。全乡共有砖房4 325座,建筑面积391 300平方米,砖瓦房占总户数的94%。

历任乡长:张凤超、何殿忠、艾贵平、栾学、韩德新、吴景利;副乡长:闫善明、刘兴龙、赵玉权、王发、陶凤君、李坤生、何希晓、孙凤林、柳双利、苍福君、韩秀梅、张锡久、朱子奇、魏铁国、吴景利、王淑英、刘相超、冯树祥、关文良、方向明、刘有为、孙占坤、魏崇、聂艳丽。

2005年同心满族乡所辖村屯统计表

表2－1－26

村名称	村驻地	辖自然屯名称
合计	7个村	14个自然屯
同心	陈镶蓝旗二屯	陈镶蓝旗二屯
富成	镶红旗三屯	镶红旗三屯
同兴	新镶蓝旗五屯	新镶蓝旗五屯 高家窝堡 刘家窝堡 郭家窝堡
治安	新镶蓝旗头屯	新镶蓝旗头屯 傅家窝堡
同旺	陈镶蓝旗三屯	陈镶蓝旗三屯 桑家窝堡
同富	陈镶蓝旗头屯	陈镶蓝旗头屯 隋家窝堡
同强	陈镶蓝旗五屯	陈镶蓝旗五屯 镶红旗四屯

【前进乡】 位于双城市南部边陲,拉林河北岸。南与吉林省榆树市的红星乡隔河相望;西部和北部与朝阳乡接壤;西北部邻兰棱镇,东部与单城镇毗邻,东北部接联兴乡。1986年,全乡辖15个行政村,25个自然屯,总户数4 369户,人口23 660人。乡政府所在地胜前村,距双城市区30公里。1988年6月24日,张家湾屯从胜余村分出成立张家湾村,聂乡屯从政安村分出来成立聂乡村,马海屯从胜利村分出来成立马海村,曹家店从胜利村分出来成立曹家村。1989年,杨家屯从胜业村分出来成立杨家村,陈家崴子从胜勤村分出来成立陈家村。1991年3月15日,胜业村与杨家村合并成胜业村,胜强村与胜平村合并成胜平村,张家湾村与胜余村合并成胜余村,政安村与聂乡村合并成政安村,马海村、曹家村、胜利村合并成胜利村,胜勤村与陈家村合并成胜勤村。2000年底,全乡辖14个行政村,25个自然屯。居民总户数5 966户,总人口23 302人,汉族占99.8%。总面积97.4平方公里,耕地面积5 204.9公顷,林地193公顷,草原266.7公顷,水面252.1公顷。拉林河在双城南部边界流过16公里,引拉灌渠(友谊渠)流经境内9个村,全乡13.5公里。

2000年,全乡农业人口22 549人,非农业人口472人,非农业人口占2%。经济以农业为主。粮食总产量47 095吨,牲畜饲养量:黄牛1 950头,奶牛6 072头,猪存栏9 801头,出栏157 625头,山羊1 341头,绵羊

329 头,家禽 145 392 只,牧业产值 5 980 万元。全年人均纯收入 3 175 元。

乡内有初级中学 1 所,在校生 757 人,小学 14 所,在校生 1 835 人,幼儿园 20 所,全乡有教师 235 人,其中小学教师 165 人,中学教师 70 人。校舍面积 7 300 平方米,其中小学 5 480 平方米,中学 1 820 平方米。乡卫生院 1 个,病床 23 张,医务人员 27 人,村级卫生所 14 个。1990—2000 年,共修筑 8 条村间公路,全长 120 公里,投入资金 240 万元,50% 的通村路面实现了砂石路。2000 年,有彩电 4 251 台,VCD 2 321 台。

2001 年 3 月,前进乡整体合并到朝阳乡。

历任乡长:刘士孝、刘德兴、李春德、丁振学、施晓飞、王树、高兆林、李兴民、李君;副乡长:张学贵、张俭、张凤君、顾国清、于广明、王英伟、付喜武、朱文生、郑玉华、刘永宪、金志伦、张福顺、郭俊丰、杨立忠、郑光伦。

2000 年前进乡所辖村屯统计表

表 2 - 1 - 27

村名称	村驻地	辖自然屯名称
合计	14 个村	25 个自然屯
胜前	金钱屯	金钱屯
胜平	太平庄	太平村 佟克屯
胜利	孙茂屯	孙茂屯 马海屯 曹家店
胜业	李家窝堡	李家窝堡 杨家屯
政广	于家窝堡	于家窝堡
政安	白家屯	白家屯 聂乡屯
政旺	片泡	片泡 聂乡屯
政胜	大架屯	大架屯
胜发	永发屯	永发屯
胜余	大榆树	大榆树 二泡子 张家湾
胜勤	城子	城子 陈家崴子
胜城	胡家窝堡	胡家窝堡
胜丰	谢家岗子	谢家岗子
胜勇	佟发号	佟发号 郝家窝堡 三家子

【跃进满族乡】　位于双城市西北部。乡政府驻地育新村距离双城市区 15 公里,南部与同心乡、希勤乡毗邻,北部、东北部与团结乡、水泉乡、乐群乡接壤。1986 年,全乡辖 14 个行政村,18 个自然屯,总户数 3 046 户,人口 14 090 人。1992 年 2 月,跃进乡改为跃进满族乡。2000 年底,全乡辖育新、春光、育人、安立、创新、创业、创富、双富、农林、跃进、宏升、小城、西关、西荒等 14 个行政村,18 个自然屯。居民总户数 3 600 户,人口 13 600 人,总面积 86 平方公里。耕地面积 6 466.7 公顷,林地面积 66.7 公顷。

境内以黑土地为主,主导产业为农业,辅之以畜牧业、养殖业主要为奶牛、生猪和蛋鸡。2000 年,跃进满族乡成为万头奶牛存栏乡,年产鲜奶 3.5 万吨,是双城市奶牛发展的重要乡镇。全乡各村奶牛存栏均在千头以上,育仁村奶牛存栏达到 2 700 头。乡域主要工业企业有跃进建材厂、跃进乡工业、邵家白酒厂。邵家白酒生产的白酒远近闻名,企业年产值 350 万元。2000 年,跃进满族乡社会产值 2.8 亿元,其中农业产值 1.2 亿元,牧业产值 1.3 亿元,工业企业产值 0.5 亿元,其他社会产值 0.15 亿元,财政总收入 160 万元,支出160万元。乡内有初级中学1所,小学14所,中小学教师140人,在校学生650人。乡村公路村村通,50%以上路面达到砂石化。

2001年3月,跃进满族乡整体合并到团结乡,组成团结满族乡。

历任乡长:关泰山、孙学荣、吴斌、白仁东、王连丰;副乡长:王永江、关海权、白仁东、穆传福、石远辉、马成兴、赵金国、王子会、孟庆华、韩德民。

2000年跃进乡所辖村屯统计表

表2－1－28

村名称	村驻地	辖自然屯名称
合计	14个村	18个自然屯
育新	王柳罐屯	王柳罐屯
家林	赵德明窝堡	赵德明窝堡 范茂甸窝堡
双富	腰窝堡	腰窝堡 孙百灵
创富	赵家窝堡	赵家窝堡
创新	文家窝堡	文家窝堡 鄂家窝堡
跃进	董家窝堡	董家窝堡
春光	火烧锅	火烧锅 许家窝堡
宏生	徐家窝堡	徐家窝堡
小城	双城子	双城子
西官	西官所	西官所
西荒	小西荒	小西荒
育人	沈家窝堡	沈家窝堡
安利	安利屯	安利屯
创业	大关家窝堡	大关家窝堡

【对面城乡】 位于双城市西北部。东与韩甸镇毗邻,北与团结乡接壤,西与万隆乡相接,南与吉林省扶余县隔拉林河相望。乡政府所在地利民村距双城市区45公里。1986年,全乡辖11个行政村,20个自然屯,总户数3 963户,人口18 546人。1988年,会云堡屯从大房村分出建立新化村。1989年,前五家屯从民主村分出建立前五家村。2000年底,全乡辖13个行政村,20个自然屯,总面积106.2平方公里,耕地面积6 224.8公顷,居民总户数4 958户,总人口20 903人。经济以农业为主,是双城市产粮重点乡镇之一。拉林河流经乡西南部7.5公里,引拉林河从东南至西北流经全乡13个村。2000年,总播种面积6 224公顷,其中粮食播种面积5 830公顷,粮食总产量26 937吨。奶牛存栏6 741头,产奶1.5万吨,生猪存栏21 112头,家禽269 168只。乡内有初级中学1所,小学13所,乡卫生院1所,村卫生所13处。

2001年3月,撤销对面城乡所辖的利民、建新、民主、盖家、战胜、郭家、楼上、前五家8个村合并到万隆乡;大房、三姓、双林、长丰、新化5个村合并到韩甸镇。

历任乡长:于占岐、韩明才、李志双、张凤君、张文德、赵福良;副乡长:王志远、董生财、吴季、张文德、裴永学、刘业斌、田春来、杨继祥、朱子奇、陈振丰、孙继华、闫兴田、陈平、孙占坤、范东君、刘德范、张玉财、刘兴伟、于振才。

2000 年对面城乡所辖村屯统计表

表 2 - 1 - 29

村名称	村驻地	辖自然屯名称
合计	13 个村	20 个自然屯
利民	机房	机房 两家子
建新	兰家烧锅	兰家烧锅
民主	后五家	后五家
盖家	盖家窝堡	盖家窝堡
战胜	王官屯	王官屯
大房	大房身	大房身
郭家	郭家屯	郭家屯
三姓	三姓屯	三姓屯 前对面城 后对面城 张文泡
双林	双林子	双林子 靠山屯
长丰	马架子	马架子 刘家窝堡
楼上	楼上	楼上 太平屯
前五家	前五家	前五家
新化	会云堡	会云堡

第二章 人 口

第一节 人口动态

【人口总量变动】 1986 年,全县人口为 703 365 人。2000 年,全市人口突破 80 万。2005 年,全市人口达到 810 966 人,净增 107 601 人。

1986—2005 年双城市人口统计表

表 2 - 2 - 1

年度	总人口(人)	其 中	
		非农业人口(人)	所占比例(%)
1986	703 365		
1987	709 044	44 675	
1988	716 943	137 217	19.1
1989	725 095	138 959	19.1

续表

年度	总人口（人）	其　中	
		非农业人口（人）	所占比例（％）
1990	735 608	142 659	19.3
1991	741 497	144 982	19.5
1992	746 718	147 465	19.7
1993	754 153	149 445	19.8
1994	761 664	158 542	20.8
1995	769 127	166 294	21.6
1996	773 638	168 645	21.7
1997	793 768	170 458	21.4
1998	790 961	172 936	21.8
1999	798 688	174 190	21.8
2000	800 088	174 854	21.8
2001	803 070	174 106	21.6
2002	804 948	174 357	21.6
2003	805 784	173 563	21.5
2004	808 829	171 115	21.1
2005	810 966	169 972	20.9

【人口自然变动】　1986 年,全县新出生人口 10 171 人,死亡 3 959 人,自然增长 6 212 人,自然增长率仅为 8.9‰。1999 年,新出生人口 5 622 人,死亡 4 436 人,自然增长为 1 186 人,自然增长率为 1.5‰。2000 年,新出生人口 6 825 人,死亡 6 563 人,自然增长 262 人,自然增长率为 0.3‰。2005 年,新出生人口 7 610 人,死亡 4 420 人,自然增长 3 190 人,自然增长率 3.94‰。

1986—2005 年双城市人口自然变动情况表

表 2 - 2 - 2

年　度	出　生		死　亡		自然增长		年均人口（人）
	人数（人）	出生率（‰）	人数（人）	死亡率（‰）	人数（人）	自增率（‰）	
1986	10 171	14.50	3 959	5.70	6 212	8.9	700 654
1987	9 249	13.10	3 314	4.70	5 935	8.4	706 205
1988	9 661	13.50	3 623	5.10	6 038	8.40	712 993
1989	11 661	16.20	3 299	4.60	8 362	11.60	721 019
1990	12 389	17.00	3 700	5.10	8 689	11.90	730 351
1991	10 147	13.70	3 657	4.90	6 490	8.80	738 553
1992	7 773	10.40	3 452	4.60	4 321	5.80	744 108
1993	8 023	10.70	3 379	4.50	4 644	6.20	750 436

续表

年　度	出　生		死　亡		自然增长		年均人口
	人数(人)	出生率(‰)	人数(人)	死亡率(‰)	人数(人)	自增率(‰)	（人）
1994	7 670	4.19	3 395	18.50	4 275	5.60	757 909
1995	6 838	8.90	3 406	4.40	3 432	4.50	765 396
1996	7 098	9.20	3 011	3.90	4 087	5.30	771 383
1997	10 785	13.80	3 431	4.40	7 354	9.40	778 703
1998	6 605	8.40	3 505	4.50	3 100	3.90	787 365
1999	5 622	7.10	4 436	5.60	1 186	1.50	794 825
2000	6 825	8.50	6 563	8.20	262	0.30	799 388
2001	5 653	7.05	2 867	3.58	2 786	3.47	801 579
2002	5 998	7.46	2 105	2.49	3 993	4.97	804 009
2003	6 501	8.07	2 725	3.38	3 776	4.69	805 366
2004	9 902	12.27	4 922	6.10	4 980	6.17	807 307
2005	7 610	9.40	4 420	5.46	3 190	3.94	809 898

【人口迁移变动】　1986—1989 年全市迁入人口 60 098 人,迁出人口 60 790 人。2000—2005 年全市共迁入人口为 60 098 人(其中省内迁入 54 593 人,省外迁入 5 495 人),迁出的人口为 60 790 人(其中迁往省内 50 127 人,迁往省外 10 663 人),仅减少 702 人。

2000—2005 年双城市人口迁移情况表

表 2 - 2 - 3　　　　　　　　　　　　　　　　　　　　　　　　　　　　　　　　　　　单位:人

年度	迁　入		迁　出	
	省内迁入	省外迁入	迁往省内	迁往省外
合　计	54 593	5 495	50 127	10 663
2000	17 485	990	12 029	2 126
2001	8 012	927	6 887	1 565
2002	8 457	881	8 086	1 717
2003	5 350	680	6 756	1 564
2004	8 274	1 136	9 230	2 010
2005	7 015	881	7 139	1 681

第二节　人口构成

【性别构成】　双城市女性与男性比例以女性为 100 相比,1990 年,全市第四次人口普查男女比为 103.91:100,2000 年,全市第五次人口普查男女比为 104.41:100。2005 年,全市总人口 810 966 人,性别比例 104:100。

表2-2-4

双城市全国第四、五次人口普查性别年龄构成情况表

年龄（岁）	1990年							2000年						
	人口数（人）			占总人口数的百分比（%）			性别比（女）100	人口数（人）			占总人口数的百分比（%）			性别比（女）100
	合计	男	女	小计	男	女		合计	男	女	小计	男	女	
总计	738 722	376 448	362 274	100	50.96	49.04	103.91	749 182	382 673	366 509	100	51.08	48.92	104.41
0~4	75 254	38 574	36 680	10.19	5.22	4.97	105.16	32 110	16 822	15 288	4.29	2.25	2.04	110.03
5~9	69 472	35 444	34 028	9.40	4.80	4.61	104.16	44 960	23 487	21 473	6.00	3.14	2.87	109.38
10~14	74 666	37 936	36 730	10.11	5.14	4.97	103.28	76 747	39 269	37 478	10.24	5.24	5.00	104.78
15~19	80 658	41 403	39 255	10.92	5.60	5.31	105.47	64 193	33 040	31 153	8.57	4.41	4.16	106.06
20~24	80 534	40 412	40 120	10.90	5.47	5.43	100.73	63 777	32 064	31 713	8.51	4.28	4.23	101.11
25~29	69 392	34 836	34 556	9.39	4.72	4.68	100.81	75 222	39 009	36 213	10.04	5.21	4.83	107.72
30~34	62 914	31 844	31 070	8.52	4.31	4.21	102.49	76 084	38 906	37 178	10.16	5.19	4.96	104.65
35~39	60 940	30 972	29 968	8.25	4.19	4.06	103.35	68 269	34 431	33 838	9.11	4.60	4.52	101.75
40~44	41 392	21 160	20 232	5.60	2.86	2.74	104.59	61 538	31 155	30 383	8.21	4.16	4.06	102.54
45~49	27 582	14 420	13 162	3.73	1.95	1.78	109.56	59 212	29 961	29 251	7.90	4.00	3.90	102.43
50~54	24 719	13 173	11 546	3.35	1.78	1.56	114.09	40 657	20 583	20 074	5.43	2.75	2.68	102.54
55~59	19 832	10 121	9 711	2.68	1.37	1.31	104.22	25 142	13 055	12 087	3.36	1.74	1.61	108.01
60~64	18 085	9 216	8 869	2.45	1.25	1.20	103.91	21 696	11 491	10 205	2.90	1.53	1.36	112.60
65~69	14 730	7 667	7 063	1.99	1.04	0.96	108.55	15 097	7 531	7 566	2.02	1.01	1.01	99.54
70~74	9 352	4 777	4 575	1.27	0.65	0.62	104.42	12 274	6 024	6 250	1.64	0.80	0.83	96.38
75~79	5 812	2 843	2 969	0.79	0.38	0.40	95.76	7 479	3 677	3 802	1.00	0.49	0.51	96.71
80~84	2 534	1 239	1 295	0.34	0.17	0.18	95.68	3 373	1 546	1 827	0.45	0.21	0.24	84.62
85~89	737	343	394	0.10	0.05	0.05	87.06	1 080	500	580	0.14	0.07	0.08	86.21
90~94	102	55	47	0.01	0.01	0.01	117.02	226	95	131	0.03	0.01	0.02	72.52
95~99	17	13	4	0.00	0.00	0.00	325.00	40	22	18	0.01			122.22

注：表内是1990年全国第四次人口普查、2000年全国第五次人口普查的数字。

【年龄构成】 据 1990 年全国第四次人口普查、2000 年全国第五次人口普查数据,双城市人口的年龄构成比较合理,0 ~ 54 岁的人口平均成不同的起落,而 55 岁以上年龄结构人口呈递减趋势。

【民族构成】 据 1990 年全国第四次人口普查、2000 年全国第五次人口普查数据,双城市共有 27 个民族聚居,其中以汉族人数居多,满族次之,蒙古族人数位列第三,还有回、藏、维吾尔、苗、彝、壮、布依、朝鲜、侗、白、土家、哈尼、傣、黎、佤、土、达斡尔、仫佬、锡伯及塔吉克、俄罗斯、鄂温克、鄂伦春以及赫哲族。

双城市全国第四、五次人口普查全市人口民族构成表

表 2 - 2 - 5　　　　　　　　　　　　　　　　　　　　　　　　　　　单位:人

民族	全国第四次人口普查			全国第五次人口普查		
	合计	男	女	合计	男	女
总计	738 722	376 448	362 274	749 182	382 673	366 509
汉	572 663	291 794	280 869	591 151	301 003	290 148
蒙古	1 762	975	787	1 838	976	862
回	506	260	246	476	243	233
藏	1		1	22	8	14
维吾尔	1		1	9	5	4
苗	23	15	8	41	24	17
彝	1		1	45	24	21
壮	22	9	13	20	7	13
布依	2	1	1	6	1	5
朝鲜	456	202	254	511	246	265
满	160 701	81 608	79 021	151 979	78 318	73 661
侗	2		2	6	2	4
白	1		1	1	1	
土家	8	5	3	2	1	1
哈尼				5	1	4
傣				1	1	
黎	2	1	1	5	3	2
佤				3	2	1
土				4	2	2
达斡尔	22	10	12	29	15	14
仫佬				6	4	2
锡伯	2 547	1 496	1 051	3 011	1 783	1 228
塔吉克				7	3	4
俄罗斯				1		1
鄂温克				1		1
鄂伦春				1		1

续表

民族	全国第四次人口普查			全国第五次人口普查		
	合计	男	女	合计	男	女
赫哲	1		1	1		1
外国人加入中国籍	1		1			

【劳动人口】 据1990年全国第四次人口普查、2000年全国第五次普查数据,全市的劳动人口可分为国家机关及事业单位工作人员;各类事业、技术人员;办事人员和有关人员;商业工作人员;服务性工作人员;农林牧渔劳动者;生产工人、运输工人和有关人员以及不便分类的其他劳动者等8大类。双城市属于农业大县,以农林牧渔劳动者为多,1990年全市从事农、林、牧、渔业人口为264 471人,占从业人口的77%。2000年,全市农业、林、牧、渔业人口为30 252人,占在业总人口的81%。

双城市全国第四、第五次人口普查全市劳动人口状况表

表2-2-6 单位:人

项目	1990年			2000年		
	合计	男	女	合计	男	女
在业人口总数	344 094	227 431	116 663	37 346	22 451	14 895
国家机关党群组织企事业单位负责人	4 311	3 929	382	395	301	94
各类专业技术人员	17 179	8 984	8 195	1 557	826	731
办事人员和有关人员	5 986	4 860	1 126	595	440	155
商业工作人员	10 473	5 277	5 196	2 087	1 088	999
服务性工作人员	6 435	3 433	3 002			
农、林、牧、渔劳动者	265 380	179 792	85 588	30 252	17 883	12 369
生产工人、运输工人和有关人员	35 004	21 766	13 238	2 438	1 896	542
不便分类的其他劳动者	235	115	120	22	17	5

注:此表2000年的统计数字是按全市劳动人口总数10%抽样的普查数字。

【农业人口与非农业人口构成】 根据1990年和2000年全国人口普查数据,10年间非农业人口增加近4万人,而农业人口仅增加4 000人,非农业人口的比例也从1990年的17.71%增加到2000年的22.59%。

双城市全国第四、第五次人口普查全市农业、非农业人口构成表

表2-2-7 单位:人

项目	1990年			2000年		
	合计	男	女	合计	男	女
合计	739 722	376 448	362 274	743 652	379 957	363 695
农业户口人数	571 414	291 567	279 847	575 696	293 626	282 070

续表

项目	1990 年			2000 年		
	合计	男	女	合计	男	女
非农业户口人数	130 847	67 088	63 759	167 956	86 331	81 625
非农业户口人数占总人口的比例(％)	17.71	17.82	17.60	22.59	22.72	22.44

注:表内是1990年全国人口第四次普查、2000年全国第五次人口普查的数字。

第三节　人口素质

【人口寿命】　随着国民经济的发展与社会的进步,全市人民的生活水平和医疗卫生条件的不断改善,严重危害人民健康的传染病、地方病、职业病受到严格控制,人口死亡率大幅下降,人口的身体素质与文化素质显著提高,人口的平均预期寿命不断延长。据全市第四次人口普查统计,1990年,全市人口735 608人,平均寿命72.2岁。全市第五次人口普查统计,2000年,全市人口810 966人,平均寿命73.3岁,比第四次全市人口普查平均寿命增长1.1岁,2005年,全市有65岁以上人口4万多人,百岁以上老人50人。

2005 年双城市百岁老人名录

表 2－2－8

序号	姓名	性别	出生年月日	地址
1	杨树森	男	1904.10.15	双城镇文明街 5－1
2	胡佩珠	女	1905.04.28	双城镇和平街 1－9
3	王殿玉	男	1905.01.11	双城镇文明街 1－8
4	殷继志	女	1905.10.24	双城镇和平街 1－5
5	张　氏	女	1905.09.19	双城镇文明街 1－5
6	何玉海	男	1905.07.08	双城镇和平街 5－1
7	白张氏	女	1904.01.01	双城镇文明街 3－4
8	张济禄	男	1904.03.11	双城镇文明街 3－1
9	孙正荣	男	1900.05.26	双城镇和平街 5－9
10	史德祥	男	1901.08.13	双城镇文明街 2－1
11	荀维国	男	1901.09.02	双城镇文明街 2－5
12	李王氏	女	1901.12.05	双城镇和平街 2－6
13	赵谭氏	女	1902.11.20	双城镇和平街 5－7
14	马清元	男	1903.04.12	双城镇文明街 3－4
15	高凤桐	男	1904.04.16	双城镇民主街 2－5
16	王清林	男	1904.03.04	双城镇民主街 5－1
17	朱祥会	男	1904.02.10	双城镇民主街 1－1
18	赵井春	女	1904.08.11	双城镇新民街 3－5
19	姜德林	男	1905.02.13	双城镇民主街 1－5

续表

序号	姓名	性别	出生年月日	地址
20	赵张氏	女	1905.09.19	双城镇新民街 2 - 2
21	朱宝祥	男	1901.01.28	双城镇新民街 3 - 8
22	李　氏	女	1901.02.15	双城镇富强街 3 - 3
23	仲延明	男	1902.05.11	双城镇新民街 3 - 8
24	黄白氏	女	1902.05.02	双城镇新民街 4 - 6
25	宋树森	男	1904.05.09	双城镇富强街 3 - 2
26	孟王氏	女	1904.07.27	双城镇民主街 2 - 5
27	王杰仁	男	1905.07.27	双城镇富强街 4 - 5
28	周　喜	男	1902.11.05	双城镇工农街 5 - 5
29	丁玉春	男	1902.06.26	双城镇工农街 9 - 3
30	杨仁氏	女	1903.09.11	双城镇工农街 3 - 3
31	王志会	女	1905.03.11	双城镇工农街 1 - 1
32	陈王氏	女	1904.03.04	双城镇隆化街 7 - 2
33	徐文德	男	1905.02.02	双城镇昌盛街 7 - 11
34	夏周氏	女	1905.05.05	双城镇隆化街 7 - 2
35	杨子余	男	1903.12.06	双城镇团结街 1 - 6
36	曲石氏	女	1904.01.10	双城镇治国街 3 - 4
37	胡玉润	男	1904.01.29	双城镇治国街 1 - 12
38	周刘氏	女	1905.10.29	周家镇周家街 3 - 1
39	高云峰	男	1903.05.28	跃进乡西官村
40	蒋张氏	女	1903.09.25	兰棱镇治新村
41	陈天富	男	1901.10.30	万隆乡新化村
42	孙明氏	女	1902.08.23	万隆乡利民村
43	陈　普	男	1903.05.08	万隆乡保国村
44	董孔氏	女	1901.06.06	杏山镇双合村
45	王淑珍	女	1901.04.26	希勤乡裕强村
46	徐　氏	女	1902.02.26	希勤乡希业村
47	洪候银	男	1899.06.07	朝阳乡朝阳村
48	范凤春	男	1903.10.23	朝阳乡胜业村李家屯
49	郭显东	男	1904.05.19	朝阳乡胜发村
50	王秀成	男	1905.10.19	朝阳乡政广村

【文化素质】　从 1990 年和 2000 年两次全市人口普查情况对比看,由 1990 年全市没有一名研究生学历的人员到 2000 年有 31 名研究生学历的人员。初中学历的人数由 1990 年的 173 111 人增加到 2000 年的 284 506 人;高中学历人数由 1990 年的 46 194 人增加到 2000 年的 51 058 人;中专学历人数由 1990 年的 6 791 人增加到 2000 年的 12 440 人;大学专科学历人数由 1990 年的 2 642 人增加到 8 908 人,大学本科

学历人数由1990年的623人增加到2000年的1 537人。小学文化和文盲、半文盲人数在逐年减少,小学文化人数从1990年的337 683人减少到2000年的315 409人,减少达22 274人,文盲、半文盲人数由1990年的82 803人减少到2000年的34 958人,减少47 845人。全市人口的文化素质逐年上升。

第四节　婚姻与家庭

【人口婚姻状况】　据1990年和2000年全市两次人口普查结果表明,全市各年龄人口婚姻构成是:1990年未婚男性较女性多,而丧偶的和离婚的女性又比男性多;2000年未婚的男性相对比女性少,丧偶的女性较男性多,而离婚的男性又较女性多。

双城市1990年、2000年全市人口婚姻状况表

表2－2－9　　　　　　　　　　　　　　　　　　　　　　　　　　　　　　单位:人

项目	1990年			2000年		
	合计	男	女	合计	男	女
15岁及15岁以上人口	519 330	264 494	254 836	54 154	27 470	26 684
未婚	113 489	64 377	49 112	9 325	5 454	3 871
有配偶	375 709	187 460	188 249	41 820	20 827	20 993
丧偶	27 417	10 778	16 639	2 526	855	1 671
离婚	2 715	1 879	830	483	334	149

注:此表2000年数字是按全市劳动人口总数10%抽样的普查数字

【家庭户数】　1986年,全县家庭户数153 276户。1990年,全市家庭户数比1986年增加11 617户。1995年,全市家庭户数比1990年增加23 415户。2000年,全市家庭户数比1995年增加35 966户。2005年,全市家庭户数比2000年增加18 388户。20年来,全市的家庭户数处于不断演变之中,从传统的大家庭逐渐转变为一对夫妇与父母相处的中小型家庭和越来越多的核心小家庭。

1986—2005年全市家庭户数表

表2－2－10　　　　　　　　　　　　　　　　　　　　　　　　　　　　　单位:户

年份	户数	年份	户数
1986	153 276	1996	189 964
1987	156 053	1997	195 079
1988	158 832	1998	197 951
1989	164 893	1999	215 312
1990	164 893	2000	224 274
1991	175 650	2001	226 774
1992	177 736	2002	230 827
1993	180 282	2003	233 812
1994	185 783	2004	276 037

续表

年份	户数	年份	户数
1995	188 308	2005	242 662

【家庭规模】 据 1990 年和 2000 年全市两次人口普查结果,全市的家庭户数规模是以四人户、三人户、五人户为主,以两代四人、两代三人、三代五人为主流。1990 年,以四人户为最多,三人户次之;2000 年,却以三人户为最多,四人户次之。

1990 年、2000 年双城市家庭户规模表

表 2 - 2 - 11

规模	1990 年		2000 年	
	户数（户）	百分比（%）	户数（户）	百分比（%）
合计	177 715	100.00	209 621	100.00
一人户	3 687	2.10	9 442	4.50
二人户	13 889	7.90	30 302	14.46
三人户	40 861	23.40	72 342	34.51
四人户	57 669	33.00	52 067	24.84
五人户	34 184	19.60	30 874	14.73
六人户	16 909	9.70	10 598	5.06
七人户	6 862	3.90	2 764	1.32
八人户	2 427	1.30	845	0.40
九人户	799	0.40	262	0.12
十人及以上户	428	0.20	125	0.06

【家庭户类型】 根据市第四、第五次人口普查数据,全市的家庭户类型是以二代户为主要类型,是父母与儿女同住,其次是父母与子媳及孙（女）同住的二代户。

1990 年、2000 年双城市家庭户类型

表 2 - 2 - 12

单位:户

类型	1990 年	2000 年
合计	177 715	
单身户	3 434	209 621
一代户	10 208	34 804
二代户	126 005	130 577
三代户	29 644	42 612
四代户	1 030	1 626

续表

类型	1990 年	2000 年
五代及五代以上户	2	2
一代与其他亲属和非亲属	718	
二代与其他亲属和非亲属	3 937	
三代与其他亲属和非亲属	2 420	
四代与其他亲属和非亲属	64	
五代与其他亲属和非亲属		
其他	253	

注：表内是 1990 年全国第四次人口普查、2000 年全国第五次人口普查的数字。2000 年，一代到五代与其他亲属和非亲属户没统计。

第五节 生育管理

【双城市人口与计划生育局】 1986 年，为计划生育委员会（简称计生委），编制 7 人，在职 6 人，内设机构有秘书股、业务股、宣传站、技术服务站、药具管理站。1992 年，秘书股改为办公室，增设财务室、法规股、科技股、统计股。1997 年，机构改革后内设机构有人秘股、政策法规股、业务股，核定行政编 10 人。2001 年，机构改革时内设机构调整为综合、政策法规（挂流动人口计划生育管理股牌子）、规划统计股、科技股，核定编制 11 人。市计划生育服务中心综合楼 2002 年重建，占地面积 10 000 平方米，建筑面积17 000平方米。其中计生服务中心建筑面积 3 300 平方米，实际使用面积 2 300 平方米，住宅楼 14 000 平方米，总投资 1 300 万元，其中计生服务中心投资 415 万元。2004 年，更名为人口与计划生育局。2005 年底，在职 14 人，内设机构没有变化。

历任局长（主任）：姜志国、王树森、朱连生、梁凤荣、杨庆华、苗长生；副局长（主任）：周玉才、金秀芳、田青、贾会君、赵东普、张贵、郭金冠、孙玉珍、李兴民、李海英。

【技术服务】 1988 年 9 月，双城市人口和计划生育技术服务站成立，负责全市人口计划生育技术服务，开展计划生育上环取环、皮下埋植、避孕节育手术、心电、B 超、乳腺微波治疗，同时对各种避孕、节育措施实行知情选择。对广大育龄妇女提供多种先进的避孕措施。有医生 15 名，其中副主任医师 1 名，主治医师 9 名，医师 1 名，护师 1 名，办公室 27 间，面积达 1 500 平方米。1989 年完成各种手术 5 000 例，各乡（镇）都建立了计划生育技术服务中心。1990 年初，形成三站合一（技术站、宣传站、药具站）的办公模式。1991 年，完成各种计划生育手术 8 500 例，被省人事厅命名为先进单位。1992 年，技术人员队伍扩大，职工21 人，技术人员比例占 75%，当年完成生殖保健普查 7 万例，各种计划生育手术 6 500 例。1993—1996年，完成生殖保健普查 7 万例，各种计划生育手术 20 900 例。1996 年服务项目拓宽，新增皮埋和妇科病治疗，并同时对乡（镇）服务站进行技术指导和培训，每年培训 2 次以上，培训人员达数十人次。1997 年，三站分开，分成计划生育技术服务站、计划生育宣传站、计划生育药具管理站。2003 年，计划生育技术服务站搬迁至新城区新兴路南侧新址，面积 2 000 平方米，人员 24 人，新增设男性科、理疗科，手术室面积扩大并规范，完善心电和乳腺、微波治疗，同年配备微机联网，实行药具管理微机化。药具库配有冷暖空调及湿度调节等现代化管理设备。药具的品种发展到工具，膜、长、短效避孕药等 20 余种。2005 年，对全市的143 201 名农民已婚育龄妇女进行免费生殖保健检查；完成生殖保健普查 22 万例，各种计划生育手术36 900例。23 个乡镇计划生育服务中心增加 B 超 23 台。

【宣传教育】 1986 年，双城市人口和计划生育宣传教育工作的主要内容是宣传人口计划生育的法律、政策和地方性法规,宣传各种避孕、节育措施的知情选择。1989 年始配合(联合国人口基金会)对育龄妇女搞好面对面指导、示范,用三年时间对 27 个乡(镇)的计划生育工作人员进行培训,并在联兴乡进行试点。1990 年,开展全市计划生育文艺汇演,双城市民间艺术剧院还为计划生育工作编排节目,到 27 个乡镇采用"大篷车"式演出,受到社会各界高度评价。2002 年开始,每年的 7 月 11 日(世界人口日)在广场搞宣传演出,到 2005 年坚持开展计划生育知识竞赛、大比武等。

【政策法规】 1988 年 1 月 3 日,双城市根据本地实际情况,制定具体规定:初婚青年晚婚的,可延长不超过两周的结婚假期,工资照发。女职工晚育并领取《独生子女证》的,经单位批准可延长不超过半年的产假,工资照发,不影响调资、晋级。做到晚育并领取《独生子女证》的夫妇,每年发给独生子女保健费 60 元,其中,准许生育二、三胎自愿不再生育的,每年加发奖金 60 元,发至孩子 14 周岁止。独生子女父母是职工,在领取《独生子女证》时仍有生育能力的,年老退休凭《独生子女证》各加 5% 的退休金。有生育能力、采取措施终身不生育或独子女死亡后不再生育的,年老退休各加 10% 退休金。独生子女父母是农民的,年老丧失劳动能力无人赡养,享受"五保户"待遇。计划外超生二胎的,女职工妊娠、分娩、产褥期一切医疗费自理,不享受公费、劳保和产假待遇;3 年内对夫妇双方不晋级、提拔、转干和评选模范,对夫妇双方,各免调一级工资,对夫妇双方处以最低 1 200 元的罚款,3 年内缴齐;对不接受教育造成极坏影响的,除按前 4 项处罚外,还要给予行政处分,直至开除公职;对个体工商户,除按上述进行处罚外,还要由工商行政管理部门给予停业半年到 1 年的处罚;对已领取《独生子女证》的夫妇,收回《独生子女证》,追回全部独生子女保健费和所得各项奖励。计划外生育三胎以上的,除按上述处罚外,是职工的,还要降一级工资;是农民的,在第三胎子女 16 周岁以前,不给第三胎子女自留地、自留山,虽准许生育二、三胎的,但不按规定间隔时间生育的,对夫妇双方处以 200~300 元罚款。1994 年,市财政局、计划生育委员会联合下发《双城市计划外生育费管理办法实施细则》,第一胎为计划外生育的,收取 1 000~5 000 元;第二胎为计划外生育的,收取 5 000~30 000 元;第三胎及其以上为计划外生育的,收取 10 000~60 000 元。2002 年根据《黑龙江省计划生育条例》规定:本市属城镇居民按下列规定缴纳社会抚养费:(1)生育第一胎的,缴纳 5 000 元以上 10 000 元以下社会抚养费;(2)生育第二胎的,缴纳 30 000 元以上 60 000 元以下社会抚养费;(3)生育第三胎及其以上的,缴纳 60 000 元以上 120 000 元以下社会抚养费。农村居民生育第一胎的,缴纳 3 000 元以上 5 000 元以下社会抚养费;生育第二胎的,缴纳 10 000~30 000 元以下社会抚养费;生育第三胎及其以上的,缴纳 30 000~60 000 元以下社会抚养费。2004 年 5 月 21 日,市政府印发《关于严禁非医学需要的胎儿性别鉴定和选择性别的人工终止妊娠的通知》,市政府组成联合清查小组,对全市各大医院的 B 超,进行清理清查,各乡镇也组织力量进行清理整顿。

【生育状况】 1986 年,全县育龄妇女 191 305 人,人口出生率 14.5‰,根据第四次人口普查数据,1989 年,育龄妇女 203 028 人,人口出生率 16.0‰,根据第五次人口普查数据,2000 年,全市育龄妇女 206 345 人,人口出生率 8.5‰。2005 年,全市育龄妇女 15 326 人,人口出生率 9.4‰。

1990 年、2000 年双城市育龄妇女生育状况对比表

表 2-2-13

年度	年龄	妇女数（人）	出生数（人）	出生率（‰）	一孩		二孩		三孩以上	
					出生数（人）	生育率（‰）	出生数（人）	出生数（‰）	生育率（‰）	出生数（人）
1990 年	总计	203 028	14 770	72.75	7 548	37.18	5 351	26.45	1 851	12.5
	15~19 岁	39 461	1 306	33.40	1 165	29.52	138	3.50	3	0.23

续表

年度	年龄	妇女数（人）	出生数（人）	出生率（‰）	一孩		二孩		三孩以上	
					出生数（人）	生育率（‰）	出生数（人）	出生数（人）	生育率（‰）	出生数（人）
1990年	20～24岁	39 700	8 277	208.49	5 370	135.26	2 578	64.94	329	3.97
	25～29岁	33 292	3 714	111.56	898	26.97	1948	58.51	868	23.4
	30～34岁	31 491	1 112	35.31	91	2.89	595	18.89	426	38.3
	35～39岁	28 315	289	10.21	22	0.78	104	3.67	163	56.4
	40～44岁	17 891	50	2.79	2	0.11	7	0.39	41	82.0
	45～49岁	12 878	22	1.71			1	0.08	21	95.5
2000年	总计	206 345	5 080	24.62	437	21.18	680	3.3	3	0.15
	15～19岁	26 745	215	8.04	215	8.04				
	20～24岁	28 240	3 390	120.04	3 315	117.39	7.5	2.66		
	25～29岁	32 790	107.5	32.78	778	23.64	30	9.15		
	30～34岁	33 550	36.5	10.88	6	1.79	28.5	8.49	2	0.6
	35～39岁	30 720	1.5	0.49	0.5	0.16	1.0	0.33		
	40～44岁	28 185	1.5	0.53			0.5	0.18	1	0.35
	45～49岁	26 115	0.5	0.19			0.5	0.19		

注：根据全市1990年第四次、2000年第五次人口普查数据统计

第六节　老龄人口工作

【双城市老龄工作委员会】 1987年,双城县老龄问题委员会成立,下设办公室,委员会主任、副主任由县委副书记、常委副县长、办公室主任分别兼任。2001年市委、市政府根据中共中央、国务院及省、哈市政府关于加强老龄工作的决定,将原老龄问题委员会调整为老龄工作委员会。老龄工作委员会是市委、市政府主管全市老龄(退管)工作的议事协调机构。

历任主任:李庆学、李孟东、李启和、佟宝刚、井岗、常务副主任兼办公室主任:张俭。

历任老龄办主任:周顺文、刘金、周恒恩、李斌、张俭。

【优待政策】 1999年10月9日,市政府召开市长办公会,落实哈市政府31号令,"哈尔滨市优待老年人规定",依照哈市政府31号令要求,结合双城实际,议定"双城市优待老年人规定",共计11条。持"敬老优待证"的老年人,进入公园、文博馆、体育场、办理图书借阅证受优待;在市、乡医院看病免费挂号,优先就诊;入老年大学学习,半价交费;农村60周岁以上老年人,不承担农村义务工、劳动积累工和社会集资性收费;对百岁以上老年人,市政府每人每月发放营养补助敬老费100元;公安机关要依法查处侵犯老年人权益案件,公开处理,公开曝光等。

【老年文化活动】 1986年,全县老年人缺少文化生活活动场所,内容单一。1995年,双城市有60岁以上老年人共计9.6万人,占全市人口总数的11.8%,只有10个市直系统有老年人活动室。1996年10月,市老龄工作委员会创办第一家个体老年社区文化娱乐中心(大众书曲茶社),老年人可以在那里喝茶、听书、下棋、玩麻将、看书读报。参加活动的老年人,持服务证,每位只交五角钱。试点成功后,黑龙江电视台、黑龙江广播电台、哈尔滨电视台、双城电视台及省、市级报刊都给予实况报道。1997年,在市政府支持下,双城市老龄委加大对老年文化市场和阵地占领力度,组建4支分布于市区各隅的老年大秧歌队进行健

身活动,多次参加哈市大秧歌比赛。参加活动的老年人每日活动达300多人次,并按地域位置审办2家老年社区文化活动室。

2000年,市老龄委进一步开拓和发展老年文化活动室活动。2001年,哈尔滨市组织七区十二县老龄办领导到双城召开会议,双城老龄办介绍创办个体老年文化活动室经验,哈尔滨电视台、黑龙江电视台、中央电视台对双城市的"大胆创办老年社区文化活动站,促进老年社区文化活动规范化,开创老年社区文化新局面"的经验给予专题报道。2005年,有个体老年文化活动室300家,其中农村130家,村办老年文化活动室89家,社区"老年星光之家"6家,组建城乡老年文化活动网。

第三编　基础设施

城乡建设

水利设施

电业

1986—2005 年是双城城乡建设快速发展的二十年。市(县)委、市(县)政府根据经济发展的需要,组织专家编制《双城市总体规划》。对城市建设做出总体规划,确定全市跨世纪经济建设和社会发展的蓝图。城市建设综合开发升级,在改造老城区的同时,辟建幅员 4.25 平方公里的新城区。到 2005 年,共建成设施配套齐全的标准化小区 117 个,楼房 254 栋,建筑面积 435.2 万平方米。改造新建城区道路总长度 10.4 万米,铺设白色和黑色路面共计 92.8 万平方米。城区自来水主干线长 292 公里,日供水能力 10 000 吨,供水户 26 058 户,受益 12.8 万人,占计划用水率 96%,农村有 3.04 万人吃上自来水。城区实行亮化工程,城区主干线架设新型路灯 1 700 余盏。城区绿化面积 400 万平方米,绿化覆盖率达 27%。房改工程推动建筑业发展,经过优化整合将原有的 11 个建筑公司整合为宏兴建筑总公司,集中财力、人力和机械形成建筑业龙头企业。建筑设计室更名为建筑设计院,引进人才,提升办公自动化水平。房产管理改革产权户籍办法,实行房地产市场化管理,各类产权房屋总登记率达 100%,更换房产证 46 355 本,发证率达 70%。

第一章　城乡建设

第一节　机构与城乡规划

【双城市建设局】　1986 年 1—2 月为双城县城乡建设环境保护局。1986 年 3 月,为双城县建设委员会。1988 年撤县设市为双城市建设委员会。1996 年 6 月,撤销城市建设委员会,组建双城市建设局。内设机构有秘书股、计划财务审计股、人事保卫股、城乡建设办公室,编制 16 人。2005 年内设机构编制无变化。

历任局长:王玉祥、郭永恒;副局长:唐忠文、李志和、杨山林、卢玉学、关志清、侯志云、刘显章、丛世发、陈宝生、侯玉春、金宝祥、马玉祥、祖广和、石贵、刘向民。

1988 年,成立城市建设管理局。

1996 年 6 月并入双城市建设局。

历任局长:张文岐、宋广鹏;副局长:刘显章、卢玉学、侯玉春。

【双城市城市执法局】　2004 年成立,内设机构有办公室、综合业务股、财务股、人保股,编制 18 人。2005 年,内设机构和编制无变化。

局长:石贵;副局长:姜玉祥、闫善利、孙玉彬。

【城市总体规划】　1988 年,双城撤县设市。城建规划部门重新编制《双城市总体规划》,规划确定双城市跨世纪经济建设和社会发展蓝图。规划分为近期(1988—2005 年)、中期(2006—2010 后)和远期(2011—2020 年)三个发展阶段。城市性质界定为双城市城区是全市政治、经济、文化、交通中心,城域是以食品工业为主,纺织工业为辅的综合性中等城市。到 2020 年,城市的发展目标是把双城市建设成中等规模现代化的哈尔滨卫星城,北方农副产品生产加工基地,品牌食品城,名牌乳业城,新兴石油城和具有独特旅游功能的哈尔滨南花园城。市域人口规划规模 2005 年 88.62 万人,城镇化水平达到 40%,2010 年 94.01 万人,城市化水平达到 45%,2020 年 105.55 万人,城镇化水平达到 52.8%。城区总体布局以老城区为依托,十字大街干道为主轴,建立多组团、串状布局的城市空间结构体系。整个城区由 4 片组成,即老城区、新城区、铁北区和开发区。城区规划用地 2005 年达 23.12 平方公里,人均占地 105 平方米。到 2020 年达 35.60 平方公里,人均占地 115 平方米。郊区规划面积 117.28 平方公里。规划结构:老城区以商业服务集贸市场为基础,沿民主、文昌、花园、和平大街形成市级集贸中心;以新城区为中心开发建设市级文化娱乐中心,并以火车站为中心,建立对外交易集散中心;铁北区和经济技术开发区主要设置产业用地。

2020 年双城市区建设规划用地平衡表

表 3 - 1 - 1

序号	用地代号	用地名称	面积（万平方米）		占城市建设用地（%）		人均建设用地（平方米/人）	
			现状	规划	现状	规划	现状	规划
合计			1 694	3 560.27	100.0	100.0	97.69	116.76
1	K	居住用地	658	896.73	37.8	25.2	37.90	29.40
2	C	公共设施	122	347.83	7.3	9.8	7.00	11.40
3	M	工业用地	365	523.95	21.5	14.7	21.10	17.18
4	W	仓储用地	99	179.54	5.8	5.1	5.70	5.89
5	T	对外交通	19.64	106.70	0.8	3.0	1.10	3.49
6	S	道路	277	480.10	16.4	13.7	14.40	15.98
7	U	市政	17	56.61	1.0	4.0	0.90	1.66
8	G	绿地	125	947.44	7.4	26.6	7.20	31.07
9	D	特殊用地	18	20.37	1.0	0.5	1.03	0.67

【交通网络规划】 双城市域的交通网络主要由公路、铁路、水运等三种运输方式组成,到2020年将逐步形成以城区为中心,乡镇为节点,京哈、拉滨铁路,102国道、京哈高速公路为主轴的综合交通网络体系。铁路:到2005年,配合国家和省实施哈大铁路电气化工程,把双城堡火车站建成主要的三级铁路枢纽,货运能力达到130万吨,旅客输送量达到290万人次。到2020年,继续提高双城堡铁路枢纽的技术装备水平,增加货运能力,把双城堡火车站建成二级铁路枢纽,总运力达到200万吨,旅客输送量达到350万人次。公路:配合国家京哈高速公路工程建设提高公路等级,市域内双团、双同、哈前、双周、双哈中线等公路在规划期内均升级改造,逐步实现二级黑色路面公路;完善市域内环线公路工程,修建临江乡临江村到临江乡顺利村,杏山镇杏山村至万隆乡万隆村,韩甸镇至金城乡金城村,朝阳乡小林屯村至单城镇等路段公路,使市域形成环路系统,构筑四通八达的村镇交通网。公路网密度2005年为0.16公里/平方公里,2020年为0.20公里/平方公里。规划城区道路网结构以分格网为主要形式,形成"两轴、三横、五环"的格局。两轴即东西南北大街;三横由腾达路、发达路、通达路组成;五环:即四个片区道路系统各自形成环状交通,又通过各区的环状道路串联成市区的整体环路系统。道路等级:城市道路网主要由主干道、次干道、支路组成,主干道设计红线宽40~60米,次干道为30~40米,支路为20~30米。规划干道总长度49.35公里,道路网密度10.13公里/平方公里,总用地面积487.10平方公里,占城市建设用地的13.7%,人均道路广场用地15.98平方米。

【供排水规划】 市域供水规划:中型水库(石人水库)控制流域面积540平方公里,总容量为5 830万立方米,兴利库容量为3 900万立方米,可灌溉水田2.5~3.0万亩。规划生活饮用水指标:2005年100升/人·日,2020年150升/人·日。规划市区供水体制采用生活、生产、消防合一体制,规划近期(2005年)市区日供水量达到8.4万吨;远期(2020年)市区日供水量达17.5万吨,增设站北水厂和开发区水厂。市域排水规划:从解决水资源短缺和保护环境出发,大力发展适合当地乡镇的污水处理设施,可采用氧化塘,冬季采用压氧处理等措施,解决居民生活污水和工业废水排放需求,达到国家标准(GB8978—1996)污水综合排入标准后排放,形成污水处理管网系统。城区规划排水体系为合流制和分流制并存的排水体系。根据城区地势由东北向西南呈千分之一坡度,铁北区为一排水区域,污水汇集提升排到铁路南侧排水干线,新老城区污水排放污水处理厂,开发区污水汇集后,经泵站提升到污水干道,污水干线沿主要干道铺设,污水截流主干管主要布置在西侧和南侧环城路上,护城河将由明沟排水逐步改造成暗管或暗渠排水。

2005 和 2020 年双城市城区规划总用水量表

表 3 - 1 - 2

单位:万吨/日

年份	生活用水	公共设施用水	工业用水	消防用水	未预见用水	总用水量
2005	2.6	0.5	4.4	0.06	0.8	8.4
2020	7.6	3.0	5.2	0.06	1.6	17.5

【供热规划】 城区规划建筑面积热指标按《城市热力网设计规范》推荐值、热结构指标采用居住 $60W/m^2$,其他建筑 $80W/m^2$。

2005 和 2020 年双城市采热负荷规划表

表 3 - 1 - 3

建筑物类别	2005 年		2020 年	
	建筑面积(平方米)	热负荷(MW)	建设面积(平方米)	热负荷(MW)
合计	5 300 000	470	11 370 000	897
工业厂房	2 000 000	232	2 600 000	302
住宅	1 300 000	78	5 300 000	318
公共设施	2 000 000	160	3 470 000	277

【燃气规划】 规划远期采用煤气为主气源,液压石油气为辅助气源。规划设计:日产煤气 80 000 立方米,液化气供气规模 6 000 吨/日。

2005 和 2020 年双城市燃气规划表

表 3 - 1 - 4

规划项目	2005 年	2020 年
用气指标(立方米/人·日)	0.45	0.50
用气人口(万人)	22.02	30.49
生活用量(万立方米)	9.90	15.20
公建用气(万立方米/日)	4.20	6.50
未预见用气(万立方米/日)	1.40	2.10
总用气量(万立方米/日)	15.50	23.80

【环保规划】 为促进市域城镇整体协调发展,防止村镇建成区无秩序蔓延,形成良好的村镇形态和生活空间,保持可持续性生态环境,生态环保区划分为村镇密集区、开敞区和生态敏感区。城区以京哈铁路、102国道、京哈高速公路为主架,建设200米宽防护林带,周家、东官、五家、兰棱镇建设100米宽防护林带,村屯建设20米宽防护林带。规划建立自然生态圈,构成水系——松花江、拉林河、兴隆、友谊、延军、政财、国兴、大有、自强水库,风景区——石人水库风景区,林地、牧草地等主要因素在内的自然生态敏感区。城区大气环境质量执行国家《大气环境质量标准》二级标准值,调整能源结构,减少燃煤量,发展集中供热,采用先进技术除尘、脱硫,保证足够的绿地面积。以承旭公园为核心,以城区干道绿化和环城绿化带为骨架,形成点、线、面、环、网相结合的城区绿地布局。2020年,总绿化面积达947.44公顷,人均公共绿地17.29平方米。

【城市空间风景风貌规划】 2020年,形成以城市人文景观和自然景观系统为基础,以科技、文化和生态文明为体系,通过城市设施建设、社会文化建设和城市生态环境,形成人文景观、产业景观和自然景观相交织的高品位现代化城市总体风貌格局。以老城区护城河组成水景廊绿化带,以经济开发区和京哈公路、沿线组成产业景观轴线。以承旭楼、四野指挥部、观音寺、双城堡火车站组成人文景观带。以承旭公园、植物园、森林公园组成自然景观区。

【城区防灾规划】 建设人防指挥系统,完善通讯、医疗和仓储设施。2020年人均人防使用面积达到1平方米。均匀设置消防点,按国家标准规划,市区设7个消防站,消防中心设在新城区,消防道路宽度不得小于3.5米。充分利用城市绿地、广场、体育场等地作为城市避震场所,采取有力的防震措施,防止次生灾害发生。

【郊区规划】 2020年,郊区人口38 000人。总用地117.78平方公里,居民点控制占地600公顷,人均150平方米。规划方向:1.农业生产基地,完善农业水利和农田基本建设,提高机械化水平,健全农业的社会化服务体系,实行家庭农场、家庭果园、家庭集团的经营方式,生态农业建设达到"两高一优"水平。2.蔬菜生产基地,沿京哈公路两侧建设千米宽的带状蔬菜基地,面积500公顷。近期(2005年)蔬菜需求量22.0万人×500斤=11 000万斤,远期(2020年)蔬菜需求量34.4万人×500斤=17 200万斤。3.副食品生产基地,近期(2005年)大力发展生猪和家禽生产,远期(2020年)开辟庄园休闲农业,集种植、养殖、加工、科研、休闲、度假为一体的立体式农副产品生产基地,为市民提供一个休闲度假场所。

【乡镇规划】 市域所辖土地面积3 112.29平方公里,共计24个乡镇,其中建制镇9个,乡15个,246个村,556个自然屯。根据《双城市总体规划》,将双城市域划分为四个层次区,第一层次区即双城市城区,以规划区界线为界,面积35.60平方公里,2000年总人口19.1万人。2020年总人口30.49万人。第二层次区城郊区,即双城镇行政区划内各村屯面积117.78平方公里,2000年总人口3.51万人,2020年总人口3.92万人;第三层次区近城区,包括5个乡,面积约44.3平方公里,距主城区平均半径为10公里,2000年总人口10.14万人,2020年总人口10.67万人;第四层次远城区,包括8个镇11个乡,面积250.9平方公里,2000年总人口51.86万人,2020年总人口60.47万人。

2020年双城市市域各空间层次行政范围表

表3-1-5

层次	行政区范围
第一层次	双城市城区(新老城区、铁北区、开发区)
第二层次	城郊区(双城镇所属各村屯)
第三层次	近城区(同心、乐群、幸福、朝阳、联兴乡)
第四层次	远城区(周家、五家、韩甸、对面城、兰棱、杏山、单城、东官、农丰镇、新兴、万隆、临江、永胜、团结、金城、公正、水泉、青岭、希勤)

【职能结构规划】 明确各乡镇职能分工,充分发挥各乡镇在组织生产、流通中的优势和作用。2020年,各乡镇职能结构划分为中心城区,重点镇,一般建制镇,一般乡镇四级。一级为中心城区,是双城市的政治、经济、文化、交通中心,以食品工业为主,纺织工业为辅的综合性中等城市;二级为重点镇,周家镇以轻纺工业为主导的商贸型地方性中心城镇,五家镇以酿造,纺织为主的轻型加工的北部中心城镇,兰棱镇以农副产品精深加工为主的南部中心城镇,韩甸镇以农副产品深加工的西部中心城镇;三级为一般建制镇,东官镇以农副产品加工、建材、服装为主的城镇,农丰镇、杏山镇、乐群乡以农副产品加工和乡镇工业为主的城镇,单城镇以农副产品加工、纺织工业和乡镇工业为主的城镇,新兴乡以吸引哈市工业和农副产品加工为主的城郊型城镇;四级为一般乡镇,均为本乡的服务中心。

2000—2020 年双城市等级规模结构规划表

表 3-1-6

城镇等级	个数	城镇名称	人口规模(万人)				2020 年占城镇人口比例(%)
			2000 年	2005 年	2010 年	2020 年	
合计	25	25	29.6	35.2	42.3	52.8	100.00
一级中心城区	1	双城市城区	19.1	22.0	25.3	30.5	57.76
二级重点镇	4	周家、五家、兰棱、韩甸、东官、农丰、杏山、单城、新兴、乐群	3.8	5.5	7.0	10.0	18.94
三级一般建制镇	6	对面城、万隆、临江、永胜、团结、幸福、同心、金城、公正、联兴、朝阳	3.2	4.0	5.2	6.3	11.93
四级一般乡镇	14	水泉、青岭、希勤	3.5	3.7	4.8	6.5	12.15

第二节 老城区改造

【道路建设】 1991 年,对迎宾路、花园大街、文昌大街、和平大街、承旭路进行拓宽改造,长度达10公里,修筑水泥混凝土和沥青混凝土路面25.5万平方米,铺装人行步道板10万平方米。1995 年,新修筑次干道7条,总长达3 960延长米。老城区44条砂石路分别由53个有经济实力的科局修建,全年老城区道路建设总投资达到615万元。1996 年,对西大街、南北二道街四条次干道、同兴路、通达路南段、承旭路南段及7条巷路进行改造。1999 年修筑白色路面1 250延长米,路面面积40.1万平方米,完成老城区道路191条,面积32万平方米,总投资300多万元。2000 年,修筑街巷路60条,总长度26万米,浇筑水泥混凝土路面15万平方米。2001 年,修筑巷路70条,长度12 426米,浇筑水泥混凝土路面14万多平方米。2005 年,对老城区部分主街人行步道板进行改造,完成花园大街、文昌大街及和平大街北段人行步道板铺装,总长5 600米,新铺装步道板33 000平方米,并完成4 500米路边石的维修任务。

【住宅建设】 1986 年以前,老城区的房屋多为解放前遗留下来的旧民宅,老旧破脏乱差。随着城市人口的逐年增加和老城区的动迁改造,住房紧张的状况十分严重,居民中的无房户、特困户的数量有增无减。1990 年,税务局率先建家属楼3栋,38 368平方米。1991 年,为解决居民住房问题,依据国家和省政府制定的住房制度改革政策,把集资建房作为城市住房制度改革的重点,形成由政府、单位、个人共同负担住房投资的新体制。将迎宾路、承旭路、花园大街、文昌大街、和平大街两侧作为重点开发区域,在这些地段分别建成住宅、商业、金融和仿古建筑一条街。房产处、交警大队、交通局等单位集资建楼,建筑面积16 400平方米,总投资740万元。1992 年,有16个单位集资建楼,建筑面积达到10万平方米,总投资4 814

万元。1995 年，老城区新开工建设的住宅楼总面积为 16.8 万平方米，其中集资建楼面积为 15.94 万平方米，占当年建楼面积的 94.88%。2005 年，老城区 70 多个单位集资建楼，建筑总面积 110 万平方米，201 座商服楼、办公楼、住宅楼拔地而起，总投资 8.5 亿元，职工个人投资 3.45 亿元。

【动迁工程】 1992 年，改造北大街，建商服一条街，动迁居民 262 户，动迁面积 20 988 平方米，动迁费用 785 万元。1997 年，完成 9 个地段的动迁任务，总计动迁居民 75 户，动迁房屋总面积 7 500 平方米。2000 年，共进行 10 个地段的拆迁工作，动迁居民 158 户，拆迁面积 13 395 平方米。2001—2003 年，拆除各类建筑 37 万平方米，动迁居民 5 500 户。到 2005 年，在建设民俗文化步行街、运华住宅小区、雀巢公司扩建改造工程和步行街二期改造等工程中共拆迁 498 户，拆迁面积 63 991 平方米，拆迁费用达 2 976 万元。

【市政设施工程】 1991 年，进行地下排水一期工程的建设，铺设地下排水主干线 13 338 延长米，建成污水提升泵站一处，使 40 万平方米的建筑楼群受益。1992 年，投资 720 万元对老城区供水设施改造，新铺设和改造管网 35 公里，新打 3 眼深水井，扩建过滤车间和蓄水池，新建供水能力为 500 吨/日的城镇第二供水厂，基本上解决老城区吃水难问题。1993 年，投资地下水排水工程 150 万元，供水工程 200 万元，并投资 1 500 万元新铺设地下排水主干线 18 200 延长米。1995 年，铺设地下排水主干线 1 300 米。2001 年投资 150 万元完成东直路 5 000 延长米的地下排水管道线铺设任务。2005 年，投资 2 000 万元，新铺地下排水主干线 22 200 延长米。

【公共设施工程】 1986 年，老城区公共设施薄弱。1991 年，开始在老城区十字街中心地段和承旭门分别建成 700 平方米和 23 000 平方米的停车场和广场各一处，并重建了魁星楼、七宝塔和道源禅寺等多处人文景观亭。房地产开发公司在老城区十字街建造一万平方米的双城贸易城，成为双城市最大的购物中心。之后又建成商贸大厦、大世界、电子联营大厦、承旭楼市场、秋林公司等购物中心。为给城市居民提供良好的休闲场所，新辟建一处综合性公园——承旭公园。公园占地面积 21 公顷，绿地面积 16 公顷，绿地覆盖率为 76%，公园内有古典建筑魁星楼，并建有凉亭、老年门球场、露天舞池兼旱冰场、单双杠、滑梯等游乐设施，是人们休闲、娱乐、健身的良好场所。公园内有多种乔木、灌木和花卉，构成清新优美的风景林带。1997 年，在公园内又兴建人工湖，1998 年，投资 80 万元对人工湖进行维修，并添置游船 10 多条，投资 40 万元辟建停车场，投资 150 万元修建动物园，从全国各地购买 10 多种 60 余头（只）珍稀动物，在全省第一个建起县级动物园。到 1999 年共投资 44 万元在老城区修建 41 个造型别致、坚固耐用的公厕，还投资 50 万元建成水冲式公厕一座，新建标准化公厕 8 座，维修公厕 15 座。2001 年，通过竞价十字街地下开发引资 1 200 万元，兴建 4 100 平方米的十字街人防金街地下商贸城；通过招商投资 5 300 万元，在东直路兴建汽车配件一条街，在西街庙头兴建了大型商服区，引进湖南浏阳市客商，投资 3 000 万元在西南隅二道街兴建全长 445 米的民俗文化步行街。2002 年，在和平大街北段扩建地下金街工程，长 40 米，建筑面积 1 400 平方米。2004 年，投资 300 万元安装文昌大街 24 座拱形装饰灯，经济技术开发区 42 盏中华灯和环路 11 盏路灯。完成承旭北路南段 500 米护城河改造工程和承旭南路北段护城河改造工程。2005 年，对老城区贸易城广场进行改造，广场共占地面积 5 000 平方米，地面用防滑大理石铺装，灯饰采用高档照明灯具，形成休闲广场的格局，绿化采用移动式绿化方式，附属设施按广场各区的功能配置，为居民提供一个休闲娱乐场所，也为老城区增添一处亮丽的景观。

第三节　新城区建设

【辟建新城区】 1998 年，双城市提出利用哈尔滨市城市和交通主干线的城市功能优势，规划建设现代化中等规模生态型园林城区的总体目标，确定"辟建新城区和改造老城区相结合，以辟建新城区为主"以及"加快速度，扩大规模，合理布局，完善功能，提高品位"的城市建设方针，突破传统的老城改造思维定式，在火车站与老城区之间，幅员 4.25 平方公里，住房十分稀少的空隙区内，辟建新城区，到 2005 年，仅用八年时间就建成一个新城区,创造了地上建筑住宅综合楼、修筑混凝土路面、地下铺设排水及供热干线、自来水管等22项工程同时运行的新纪录。共60余座中等楼房拔地而起,住房统一供水供热,长20公里面积达30万平方米的白色路面形成四横八纵的道路网络。建成党政办公中心、交通指挥中心、急救中心、客运中心、幼教中心、文化会展中心等八大中心,辟建12万平方米的希望广场和街心花园,设置千余盏路灯。新建市标塔、城市建设功勋碑、招商引资功勋碑及48座城市雕塑。

【道路建设】　1998年,修筑腾达大街、发达路、通达路北段和承旭路北段4条主干线,总长4 680米,浇筑水泥混凝土路面96 180平方米。1999年,又进行新城区南侧主干道和火磨路等35条道路的建设,投资额为2 721.74万元,总长度26.6公里,浇筑水泥混凝土路面23.13万平方米。同时投资1 592万元,在新城区修筑宏达路、兴达路、新兴路、承旭路北段、同兴路西段、通达路北段6条主干道,总长度5 915米。2000年修筑糖厂路2 346米,浇筑水泥混凝土路面17 052平方米。2003—2005年,新城区共修筑道路3 155米,浇筑水泥混凝土路面24 000平方米。并完成4.2万平方米站前广场的改造,铺设水泥块地面,修建喷池四座,并栽种观赏树木,把一个上百年的脏、乱、差的站前广场改造成视野开阔、风景宜人的多功能广场,为广大旅客和市民提供了一处观光、休闲的场所。

1990—2005年双城市城区筑路情况表

表3-1-7

序号	路名	地址	长度(米)	宽度(米)	面积(平方米)	路面结构	修建年份
1	粮麻路	粮库—亚麻厂	2 400	8	19 200	水泥混凝土	1990
2	迎宾路	北门—火车站	2 750	32	88 000	水泥混凝土	1992
3	花园大街	十字街—承恩门	1 250	24	30 000	水泥混凝土	1992
4	文昌大街	十字街—承旭门	1 250	26	32 500	水泥混凝土	1993
5	和平大街	十字街—北门	1 250	24	30 000	水泥混凝土	1994
6	团结大街	十字街—南门	1 250	24	30 000	水泥混凝土	1996
7	南北二道街	老城区	5 000	8	40 000	水泥混凝土	1997
8	腾达大街	新城区	1 710	34	58 140	水泥混凝土	1998
9	发达路	新城区	1 100	16	17 600	水泥混凝土	1998
10	通达路北段	新城区	1 000	16	16 000	水泥混凝土	1998
11	承旭路北段	新城区	870	12	10 440	水泥混凝土	1998
12	粮广路	新城区	1 250	24	30 000	水泥混凝土	1998
13	同兴路	老城区	1 954	14	27 356	水泥混凝土	1998
14	富民路	老城区	1 350	6	8 100	水泥混凝土	1998
15	发展路	老城区	939	6.5	6 104	水泥混凝土	1998
16	财源路	老城区	880	5.5	4 840	水泥混凝土	1998
17	光彩路	老城区	845	6.4	5 408	水泥混凝土	1998
18	为民路	老城区	1 200	6	7 200	水泥混凝土	1998
19	光明路	老城区	1 300	6	7 800	水泥混凝土	1998
20	丰收路	老城区	620	6	3 720	水泥混凝土	1998
21	通达路南段	老城区	1 250	16	20 000	水泥混凝土	1998

续表

序号	路名	地址	长度(米)	宽度(米)	面积(平方米)	路面结构	修建年份
22	承旭路南段	老城区	1 250	12	15 000	水泥混凝土	1998
23	兴民路	西南隅	1 250	8	10 000	水泥混凝土	1999
24	公平路	西南隅	1 250	8	10 000	水泥混凝土	1999
25	文明路	西南隅	1 254	6	524	水泥混凝土	1999
26	群英路	西南隅	741	6	4 446	水泥混凝土	1999
27	创业路	西南隅	620	6	3 720	水泥混凝土	1999
28	民心路（1）	西南隅	661	4	2 644	水泥混凝土	1999
29	民心路（2）	西南隅	499	4	1 996	水泥混凝土	1999
30	公正路	西南隅	537	5	2 658	水泥混凝土	1999
31	健康路	西南隅	672	6	4 032	水泥混凝土	1999
32	兴国路	西南隅	740	6	440	水泥混凝土	1999
33	利民路	西北隅	1 250	8	10 000	水泥混凝土	1999
34	同兴路	西北隅	590	14	8 260	水泥混凝土	1999
35	生机路	西北隅	621	5	3 160	水泥混凝土	1999
36	兴双路	西北隅	637	5	3 185	水泥混凝土	1999
37	团结路	西北隅	561	4	2 244	水泥混凝土	1999
38	团结路	西北隅	159	8	1 272	水泥混凝土	1999
39	抗航路	东南隅	1 250	8	10 000	水泥混凝土	1999
40	大禹路	东南隅	811	6	4 866	水泥混凝土	1999
41	兴工路	东南隅	627	6	3 135	水泥混凝土	1999
42	富民路	东南隅	920	6	5 520	水泥混凝土	1999
43	光彩路	东南隅	386	5	1 930	水泥混凝土	1999
44	发展路	东南隅	385	4	1 000	水泥混凝土	1999
45	奋斗路	东南隅	360	4	1 440	水泥混凝土	1999
46	平安路	东北隅	1 010	7	7 070	水泥混凝土	1999
47	爱民路	东北隅	1 260	6	7 560	水泥混凝土	1999
48	育才路	东北隅	1 200	4	4 800	水泥混凝土	1999
49	希望路	东北隅	394	4	1 576	水泥混凝土	1999
50	五洲路	东北隅	210	7	1 470	水泥混凝土	1999
51	公德路	东北隅	250	4	1 000	水泥混凝土	1999
52	海德路	东门外	317	6	1 902	水泥混凝土	1999
53	文德路	东门外	300	6	1 800	水泥混凝土	1999
54	惠民路	东门外	200	4	800	水泥混凝土	1999
55	糖厂路	东门外	2 436	7	17 052	水泥混凝土	2000
56	雀巢路	东门外	600	7	2 400	水泥混凝土	2000
57	财政家源路	东门外	120	9.3	1 116	水泥混凝土	2000

续表

序号	路名	地址	长度(米)	宽度(米)	面积(平方米)	路面结构	修建年份
58	永治村路	东门外	164	5	820	水泥混凝土	2000
59	承恩村东路	西门外	300	4	1 200	水泥混凝土	2000
60	承恩村西路	西门外	400	4	1 600	水泥混凝土	2000
61	兴旺路	老城区	904	12	10 872	水泥混凝土	2000
62	发达路	老城区	675.5	16	10 816	水泥混凝土	2000
63	承旭北路	老城区	810.3	12	9 739.6	水泥混凝土	2000
64	昌盛路	老城区	471.3	12	5 675.6	水泥混凝土	2000
65	群益路胡同	东北隅	274	4	4 096	水泥混凝土	2000
66	胜利路胡同	东北隅	260	4	1 040	水泥混凝土	2000
67	快乐路胡同	东北隅	255	4	1 020	水泥混凝土	2000
68	勤俭路胡同	东北隅	284	6	1 704	水泥混凝土	2000
69	亚麻路胡同	东北隅	558	5	2 790	水泥混凝土	2000
70	化革路胡同	东北隅	338	4	1 352	水泥混凝土	2000
71	工路胡同	东北隅	465	4	1 860	水泥混凝土	2000
72	民富路胡同	东南隅	334	6	2 004	水泥混凝土	2000
73	耕种路	东南隅	500	5	2 500	水泥混凝土	2000
74	忠诚路	东南隅	394	4	1 576	水泥混凝土	2000
75	康复路	东南隅	334	4	1 336	水泥混凝土	2000
76	工业路	东南隅	364	6	2 184	水泥混凝土	2000
77	前进路	东南隅	278	4	1 112	水泥混凝土	2000
78	工农路	东南隅	208	6	1 248	水泥混凝土	2000
79	光华路	东南隅	265	5	1 325	水泥混凝土	2000
80	百姓路	东南隅	255	5	1 275	水泥混凝土	2000
81	模范路	东南隅	218	5	1 090	水泥混凝土	2000
82	国华路	东南隅	448	3.5	1 568	水泥混凝土	2000
83	运输路	东南隅	270	5	1 350	水泥混凝土	2000
84	优胜南北路胡同	西北隅	335	4	1 340	水泥混凝土	2000
85	劳军路胡同	西北隅	284	6	1 704	水泥混凝土	2000
86	斧头路	西北隅	272	6	1 632	水泥混凝土	2000
87	仁光路	西北隅	248	6	1 488	水泥混凝土	2000
88	阳光路	西北隅	500	3	1 500	水泥混凝土	2000
89	自然路	西南隅	570	5	2 850	水泥混凝土	2000
90	丰收路胡同	西南隅	234	5	1 170	水泥混凝土	2000
91	进展胡同	西南隅	280	5	1 400	水泥混凝土	2000
92	友谊胡同	西南隅	254	4	1 016	水泥混凝土	2000
93	枝街胡同	西南隅	224	5	1 120	水泥混凝土	2000

续表

序号	路名	地址	长度（米）	宽度（米）	面积（平方米）	路面结构	修建年份
94	至林胡同	西南隅	224	5	1 120	水泥混凝土	2000
95	至倍胡同	西南隅	225	4	900	水泥混凝土	2000
96	明哲胡同	西南隅	208	5	1 040	水泥混凝土	2000
97	生产胡同	西南隅	142	4	568	水泥混凝土	2000
98	群英南北胡同	西南隅	175	4	700	水泥混凝土	2000
99	友爱胡同	西南隅	208	4.5	936	水泥混凝土	2000
100	群碑胡同	西南隅	102	4	408	水泥混凝土	2000
101	爱国胡同	西南隅	284	3.5	994	水泥混凝土	2000
102	自卫胡同	西南隅	258	3.5	903	水泥混凝土	2000
103	安居胡同	东北隅	258	3.5	903	水泥混凝土	2000
104	迎春胡同	东北隅	240	3.5	840	水泥混凝土	2000
105	糖厂胡同	东北隅	85	4	340	水泥混凝土	2000
106	社会胡同	东南隅	135	4	540	水泥混凝土	2000
107	健康胡同	东南隅	190	4	760	水泥混凝土	2000
108	红星胡同	西北隅	162	4	648	水泥混凝土	2000
109	卫东胡同	西北隅	65	3	195	水泥混凝土	2000
110	策政胡同	西北隅	184	4.5	828	水泥混凝土	2000
111	参军胡同	西北隅	125	4	500	水泥混凝土	2000
112	火星胡同	西北隅	168	3.5	588	水泥混凝土	2000
113	善友胡同	西南隅	153	4	612	水泥混凝土	2000
114	丰满胡同	西南隅	200	4	800	水泥混凝土	2000
115	自重胡同	西南隅	160	4	640	水泥混凝土	2000
116	爱助胡同	西南隅	160	4	640	水泥混凝土	2000
117	长延伸胡同	西南隅	112	4	448	水泥混凝土	2000
118	立业胡同	西南隅	150	3	450	水泥混凝土	2000
119	群英胡同	西南隅	280	4	1 120	水泥混凝土	2001
120	进化胡同	西南隅	155	3.5	524.5	水泥混凝土	2001
121	勤劳胡同	西南隅	72	4	288	水泥混凝土	2001
122	群众路	西南隅	232	3	696	水泥混凝土	2001
123	新立路	西南隅	250	3.5	875	水泥混凝土	2001
124	民主路	西南隅	210	3.5	735	水泥混凝土	2001
125	农民路	西南隅	80	3.5	280	水泥混凝土	2001
126	新影路	西南隅	524	4	2 096	水泥混凝土	2001
127	幸福路	西南隅	153.8	3	461.5	水泥混凝土	2001
128	民主南北段	西南隅	170	4	680	水泥混凝土	2001
129	谦政路	西南隅	100	4	400	水泥混凝土	2001

续表

序号	路名	地址	长度(米)	宽度(米)	面积(平方米)	路面结构	修建年份
130	新开路	西南隅	156	4	624	水泥混凝土	2001
131	民友胡同	东南隅	400	3	1 200	水泥混凝土	2001
132	真实胡同	东南隅	245	3	735	水泥混凝土	2001
133	灿烂胡同	东南隅	130	4	520	水泥混凝土	2001
134	至明胡同	西南隅	175	3	525	水泥混凝土	2001
135	至勇南北段	西南隅	170	4	680	水泥混凝土	2001
136	至勇东西段	西南隅	165	4	660	水泥混凝土	2001
137	鸣钟胡同	西南隅	220.3	3	662	水泥混凝土	2001
138	晨钟胡同	西南隅	515	4	2 060	水泥混凝土	2001
139	建志胡同	西南隅	355	3	1 065	水泥混凝土	2001
140	瑞兰胡同	西南隅	270	3.5	945	水泥混凝土	2001
141	明竟胡同	西南隅	151	4	604	水泥混凝土	2001
142	仁义胡同	西南隅	65	5	325	水泥混凝土	2001
143	长生胡同	亚麻小区	310	3.5	1 085	水泥混凝土	2001
144	奋进胡同	亚麻小区	346	3.5	1 211	水泥混凝土	2001
145	光华胡同	亚麻小区	374	3.5	1 309	水泥混凝土	2001
146	工厂胡同	亚麻小区	265.5	3.5	929.5	水泥混凝土	2001
147	清结胡同	东北隅	200	3	600	水泥混凝土	2001
148	新地税人行道	东北隅	205	5	1025	水泥混凝土	2001
149	法妙路	东门外	682	7	4 771	水泥混凝土	2003
150	观音寺南北路	东门外	88	14	1 232	水泥混凝土	2003
151	火车站前路	站前小区	947.3	7	6 631.1	水泥混凝土	2003
152	火车站货场南北路	站前小区	161.9	8	12 945	水泥混凝土	2003
153	火车站东西路	站前小区	253.85	8	2 030.8	水泥混凝土	2003
154	火车站前门	站前小区	104.83	3.6	3 774	水泥混凝土	2003
155	火车站南北路	站前小区	187.1	8	1 496.8	水泥混凝土	2003
156	火车站广场中心路	站前小区	171.6	18	3 088.8	水泥混凝土	2003
157	雀巢路	东门外	556	9	5 004	水泥混凝土	2003
158	雀巢路加油站路	东门外	100	4	400	水泥混凝土	2003
159	民间胡同	站前小区	184	4	736	水泥混凝土	2004
160	平民胡同南头	站前小区	161.8	4	647.2	水泥混凝土	2004
161	平民胡同	站前小区	173.6	4	694.4	水泥混凝土	2004
162	中华胡同	站前小区	145.5	4	582	水泥混凝土	2004
163	迎新胡同	站前小区	425	4	1 700	水泥混凝土	2004
164	火车站前	站前小区	95.6	16.45	1 572.62	水泥混凝土	2004
165	货场路南	站前小区	27	22.8	613	水泥混凝土	2004

续表

序号	路名	地址	长度（米）	宽度（米）	面积（平方米）	路面结构	修建年份
166	平顺胡同	站前小区	227	4	908	水泥混凝土	2004
167	立农胡同	站前小区	194.7	4	778.8	水泥混凝土	2004
168	纺织胡同	站前小区	225	3.5	787.5	水泥混凝土	2004
169	农昌胡同	站前小区	192.6	4	770.4	水泥混凝土	2004
170	志低房	站前小区	247	3	741	水泥混凝土	2004
171	火磨街东路口	站前小区	33.5	10	335	水泥混凝土	2004
172	健康胡同	站前小区	107.4	4	430.8	水泥混凝土	2004
173	南二道街东头拓宽	东门外	94.3	8.25	778	水泥混凝土	2005
174	承旭公园南北路	东门外	576	4	2304	水泥混凝土	2005
175	承旭公园花窖路	东门外	125	3.8	475	水泥混凝土	2005
176	铁路胡同	站前小区	388.3	3.48	1351	水泥混凝土	2005
177	小街胡同	站前小区	196.7	3.5	688.45	水泥混凝土	2005
178	龙华胡同	站前小区	285.9	3.5	1 000.65	水泥混凝土	2005
179	信誉胡同	站前小区	255.2	3.2	816.64	水泥混凝土	2005
180	富有胡同	西北隅	122	2.86	348.92	水泥混凝土	2005
181	求真胡同	西北隅	158	3.5	553	水泥混凝土	2005
182	爱民胡同	西北隅	77	3.5	269.5	水泥混凝土	2005
183	至平胡同	西南隅	70.3	4	218.2	水泥混凝土	2005
184	名理胡同	西南隅	201	3.5	703.5	水泥混凝土	2005
185	唯众胡同	西南隅	212	3.5	742	水泥混凝土	2005
186	博知胡同	西南隅	145	3	435	水泥混凝土	2005
187	博爱长鸣	西南隅	212	2.8	593.6	水泥混凝土	2005
188	远大胡同	东南隅	275	3	825	水泥混凝土	2005
189	模范胡同	东南隅	136.5	3	409.5	水泥混凝土	2005
190	真理胡同	东南隅	395	3.5	1 382.5	水泥混凝土	2005

【公共设施建设】 1998年,新城区改造和新铺设给水管网35公里,新打深水井3眼,扩建过滤车间和蓄水池,从根本上解决市区5 000户居民的吃水难问题。为改变市区住宅小区供热分散、成本高、不便于管理的状况,新城区启动集中供热工程总投资750万元,主要包括设备厂房1 000平方米,锅炉装机容量26吨,电容量535KV,外风管线2 304延长米,22个入户口等分项工程,规划供热面积17.28万平方米。同时投资370万元,在新城区腾达大街、通达街、同兴路安装新式路灯344盏,对600多个商服户的牌匾和广告进行全面整治和规范,均改为单式灯箱,临街73家单位也安装了射灯。1999年,全市绿化、香化、美化面积达到30万平方米,兴建14 000平方米的希望广场,摆放雕塑46尊,建成两处街心公园,安置喷泉、桌、凳等附属设施。完成新城区腾达大街彩灯装饰工程。包括在3 400延长米的绿化带上安装三层彩灯点缀,即草坪灯、柔式灯箱和仿欧式路灯,各综合楼安装轮廓灯,二层阳台装饰色彩各异的装饰灯,林业综合楼安装远程束光灯,新城区东西两个街心公园各安装3个礼花灯。电信局投资770万元铺设新城区地下通讯光缆。完成腾达大街、同兴路地下排水干线的铺设任务,铺设地下排水干线3 664延长米。全市投资73万元

用于新城区1 607延长米的地下管道工程建设。投入700万元用于新城区通信网络改造,新增市话用户3 000户。对新城区供电设施进行改造,共投资240万元用于线路改造,实施新城区主干道照明工程,安装路灯314盏,地灯100盏。2000年,市区种植草坪52 700平方米,其中公园种草1.4万平方米,市标塔851平方米,新城区楼前区域1.36万平方米,街心公园16 800平方米,隔离带6 800平方米。新城区人行步道板铺设3 900平方米。2001年,实施铁路东道口立交桥建设工程,投资2 083万元,建成长度为542米的铁路立交桥。投资430万元进行希望广场二期工程建设,面积达5.5万平方米,工程项目包括广场中心区和体育活动区。修建两处水冲式公厕。2003年启动站前广场改造工程,主要工程包括商服综合楼面积26 000平方米和一处灯光夜市面积1 000平方米;绿地面积4 000平方米,停车场面积1 000平方米。彩色铺装面积7 500平方米,改造总投资3 425万元。在新城区新兴路东段南侧兴建大型超市一座,建筑面积5 000平方米。市区亮化工程,完成新兴路东段和西段部分路灯以及承旭北路的路灯安装工程,安装路灯114盏。排水工程铺设排水管线长度1 300米。2005年,完成市疾病防控中心工程建设,即"非典"定点医院建筑面积3 440平方米,疾病防控中心3 600平方米。

【住宅建设】 1998年,全市把城区住宅小区建设作为城市建设工程重点,新建集商服住宅为一体的综合楼26栋,总面积18万平方米,总投资达1.44亿元,其中新城区17栋建设面积13万平方米,总投资达8 800万元。2001年,建成30栋住宅楼。2003年,法院、环保局、人寿保险公司、通讯团、交警大队、市委办、电业局、工业总公司、政府办等单位的新项目开工,建筑面积16万平方米。2005年,建成住宅小区114个,楼房260栋。

1991—2005年双城市城市住宅小区基本情况表

表3-1-8

序号	小区名称	规模(栋)	面积(平方米)	建设单位
1	承旭小区	5	17 338	建设局
2	粮贸小区	1	2 400	粮贸公司
3	南门里审计小区	1	6 000	审计局
4	老税务小区	3	38 368	税务局
5	计委小区	1	8 300	计委
6	邮局小区	2	14 000	邮电局
7	市政府小区	1	14 300	市政局
8	印刷厂小区	2	6 000	印刷厂
9	粮食局南小区	1	8 400	粮食局
10	县社小区	2	9 500	县社
11	人民银行小区	1	4 000	人民银行
12	计委小区	2	11 333	计委
13	城建小区	2	6 679	城建局
14	水利综合楼	1	9 800	水利局
15	地矿小区	2	29 200	地矿局
16	建行温馨小区	2	24 000	建设银行
17	卫生局小区	1	7 000	卫生局

续表

序号	小区名称	规模（栋）	面积（平方米）	建设单位
18	水利局小区	2	17 000	水利局
19	旧物市场小区	1	4 100	市联社
20	老畜牧局小区	2	6 500	畜牧局
21	承恩小区	2	7 000	建设局开发公司
22	广播局小区	2	16 000	广播局
23	西供电局小区	2	25 000	供电局
24	国税局小区	2	16 000	国税局
25	工商局小区	4	22 300	工商局
26	县社小区	1	7 077	县社
27	生资小区	1	46 000	生资公司
28	计生委小区	1	13 180	计生委
29	地税局小区	2	12 000	地税局
30	乡企局小区	1	3 640	乡企局
31	种子公司小区	2	10 012	种子公司
32	检察院小区	1	8 000	检察院
33	老法院小区	2	12 000	法院
34	发行楼小区	2	9 000	发展银行
35	教委小区	1	7 900	教委
36	二轻局小区	1	3 800	二轻局
37	烟草小区	1	7 000	烟草公司
38	中行小区	1	7 000	中国银行
39	保险公司小区	1	4 000	保险公司
40	建行小区	2	8 000	建设银行
41	民政局小区	1	5 000	民政局
42	种子公司小区	1	5 000	种子公司
43	浴池小区	1	4 500	商业总公司
44	生资小区	3	42 000	生资公司
45	编织带厂小区	1	3 800	编织带厂
46	老土地局小区	1	4 656	土地局
47	省外贸小区	1	6 000	省外贸
48	建设局4-7号楼	4	40 000	建设局
49	九〇四小区	1	15 000	九〇四大队
50	财政局小区	1	9 500	财政局
51	现代中小学区	1	2 000	现代中学
52	技校小区	1	4 200	哈技校
53	市医院小区	1	6 000	市医院

续表

序号	小区名称	规模（栋）	面积（平方米）	建设单位
54	福泰园小区	2	2 700	黑龙江
55	城镇小区	1	14 300	双城镇
56	空军部队小区	3	18 000	空军部队
57	工委楼小区	2	20 000	钻机厂
58	农行小区	1	10 000	农行
59	国土小区	1	7 000	国土局
60	长城小区	2	22 000	人大
61	水泥厂小区	1	2 300	水泥厂
62	电业局小区	7	60 000	电业局
63	一粮库小区	1	8 800	一粮库
64	花园小区	5	41 000	建设局
65	洗涤剂小区	8	60 000	洗涤剂厂
66	帝豪小区	5	35 000	哈飞公司
67	疾病防控中心小区	1	6 000	疾病防控中心
68	利民小区	2	12 250	农兴公司
69	军官楼小区	1	3 024	炮团
70	经贸园 3 栋小区	3	4 794	经济局
71	交运 4 号小区	1	21 000	交通局
72	新华书店小区	1	4 059	新华书店
73	市政府小区	8	74 000	市政府
74	鸿源工商行小区	6	15 000	工商行
75	大修厂小区	9	69 926	大修厂
76	老劳动局小区	1	9 900	劳动局
77	云城小区	1	12 000	云城公司
78	交通 1 - 3 号小区	3	36 346	交通局
79	运管站小区	3	21 142	运管站
80	交警队小区	7	7 000	交警大队
81	公路站小区	1	8 400	公路局
82	公安局小区	2	40 000	公安局
83	开发区小区	1	4 500	建设局开发公司
84	物价局小区	1	8 000	物价局
85	建设局 1 号楼小区	1	12 000	建设局
86	医药小区	1	4 632	医药公司
87	明安物业小区	4	4 600	商业总公司
88	城镇小区	2	20 000	双城镇
89	人民银行小区	4	14 500	人民银行

续表

序号	小区名称	规模（栋）	面积（平方米）	建设单位
90	房产小区	1	8 800	房产处
91	物探队小区	5	38 000	物探队
92	食品车队小区	1	6 044	食品车队
93	阳光公寓小区	4	24 000	老龄委
94	大兆中小区	3	20 000	兆麟中学
95	汽配一条街	3	26 000	黑龙江大有房地产公司
96	外贸军供大厦	2	16 000	民政局
97	征费所小区	1	6 100	征费所
98	龙升小区	2	22 000	龙升公司
99	财富名苑	11	70 000	泰城房地产公司
100	凤凰城小区	3	13 000	哈尔滨广友置业
101	龙门小区	4	27 600	哈尔滨三利公司
102	铁路小区	2	10 500	铁路局
103	双福大厦	1	9 100	商业总公司
104	林业局小区	1	9 300	林业局
105	牧校小区	5	23 000	省牧校
106	供销小区	1	10 200	供销社
107	农机公司小区	1	7 200	农机公司
108	国税温馨小区	3	32 918	国税局
109	法院小区	6	8 500	法院
110	审计局小区	2	30 000	审计局
111	畜牧局小区	3	26 000	畜牧局
112	劳动局小区	2	9 020	劳动局
113	民宗局小区	3	21 000	民宗局
114	运华广场小区	7	15 810	哈运华房地产公司

1994—2005 年双城市排水管网建设情况表

表 3 - 1 - 9

建设年份	施工地点	每年施工量（米）	建设年份	施工地点	每年施工量（米）
1994	团结、文昌大街	2 450	2000	粮库、通达、发展街	7 021
1995	和平、花园大街	3 700	2001	繁荣、新兴、同兴路	7 310
1996	迎宾、西大街	4 800	2002	东直、南二道街	4 326
1997	北二道街	2 100	2003	工业区	4 590
1998	老城区	9 000	2004	西门外、护城河	335
1999	老城区	8 000	2005	火车站	160

第四节 城市管理

【市容管理】 1986年,城区市容管理工作由双城镇负责,1988年撤县设市,市容管理工作由建设局负责。1991年,拆除违规商亭300家,拆除私建滥建512家,控制私建滥建1 807家,罚款处理126家,累计面积26 818平方米。2003年,在新城区查处私建滥建45起,其中拆除私建滥建12家,罚款26家,控制私建滥建7家,累计面积218平方米。2004年,双城市城市执法局成立,市容管理工作由城市执法局负责。当年清理取缔人力、机动三轮车辆万余台次,位于南北大街、东直路、建设路、南北二道街、光明路、三道街等主干道路的1 500余家单位落实门前包卫生、绿化、市容责任制,强化了市容的经常性管理。2005年,整顿有问题牌匾234块,灯箱78个,橱窗34台,修复灯饰121项,修饰刷新大型广告8处,清理无照流动商贩2 000余人次,清理乱贴乱画300余次,处罚损毁绿地树木、破坏市政设施等违法行为14起,取缔占道商亭12个。

【环境卫生管理】 1986年,市区保洁面积80万平方米,保洁区域4个,11个居委会,公厕78座,年粪便清掏量0.37万吨,年生活垃圾清运量11.3万吨。1990年,保洁面积95万平方米,1996年,保洁区8个,面积110万平方米,2001年,保洁区10个,面积130万平方米。2005年,保洁区7个,21个居委会,市区保洁面积170万平方米,其中一类街道21条路90万平方米,二类街道13条路30万平方米,三类街道170条路50万平方米,建有公厕248座,建有垃圾站519座,垃圾箱60台,半封闭垃圾箱28台。环卫处有各类机动车辆35台,清扫员236人,每人配备一台手推车。年生活垃圾清运量24.3万吨,年粪便清掏量0.77万吨。年清扫马路204条,总长度25.74公里,面积170万平方米及站前广场4 608平方米。市城区日产垃圾370.7立方米,环卫处配备清运垃圾车、翻斗垃圾车22台,东风翻斗车3台,802推土机2台,多功能车3台,50型铲车1台,15型铲车1台,180型垃圾拖拉机2台。同时在市东门外看守所南侧建有一座长620米,宽24米,深度可达9米的垃圾处理场,专设5人看管,可掩埋垃圾140万立方米,实行无害化处理。

【城市绿化】 1986年,城区绿化面积60万平方米。1991年,城市绿化规模扩大,大小块绿地相继出现,树木品种逐年增加,城区绿化面积达100万平方米。1998年辟建新城区,市区绿化速度加快。2003年,实行大树进城工程,引进桦树、柞树、水柳、山丁子等20多个品种。2005年,市城区绿化总面积达400万平方米,人均绿地面积达5平方米,绿化率达25%,绿化覆盖率达27%,成活率平均在92%以上,城区绿化树木品种也由原来的榆、杨、柳扩大到水蜡、京桃、柏树、松树、糖槭、丁香、榆树梅等30多个品种。市区香化已成规模发展态势,成街成片花圃达到20个,广场、公园、主要街路两旁年种(栽)植千米花带,建设四环城路花带,香化品种和规模列哈尔滨市十县(市)之首。

【城市路灯管理】 1986年,城区只有4条主要街道安装少量路灯,四隅街巷没有路灯,夜晚一片漆黑。1988年撤县设市,城市建设步伐加大,4条主要街道增加路灯100余盏,四隅主要街巷也安装路灯近100盏。1998年,新城区辟建,腾达大街、兴旺路、新兴路东段、迎宾路至火车站、希望广场、火车站广场等处投放路灯近500盏。2005年,老城区迎宾路、花园大街、文昌大街、和平大街、承旭路至102线路口,真理路、八中、二中、承旭北路、东门广场、贸易城广场、西门广场等处安装各式路灯1 000余盏,日常亮灯率达到90%,节日亮灯率达到98%。

【房产产权产籍管理】 1986年,制定《双城县房屋产权产籍管理规定》《双城县住房须知》《关于房屋产权登记发证工作的通知》《关于加强房屋租赁市场管理的通知》等地方性法规,使房地产行政管理宏观调控有法可依,微观管理有章可循。1997年,制作颁发全国统一房屋权属证书,2005年,产权登记发证任务基本完成,全市各类产权房屋全部清理普查登记完毕,总登记率达100%,更换房屋所有权证46 355本,发证率达70%。

【房地产市场管理】 1991年,成立房地产市场交易中心。2000年,又新建500多平方米的交易大厅,实行"一条龙"服务,把公对公、公对私、私对公、私对私的房产交易全方位管理起来,业务管理项目由原来的3项拓展到15项。同时制定《双城市商品房管理条例》《关于加强商品房管理的通知》,把房、图、卡、档按"十清"标准建档立卷,进入微机化管理,实行产权产籍管理程序化。从房屋的建设开始,审批证件、各项手续、测绘资料、鉴证图表、存档立卷等管理实现产权产籍的科学化管理。2005年,落实私房改造近300户约1万平方米,处理上访94户,理顺企事业单位2 622户,面积8.3万平方米,直管公房3.5万平方米。

【房产评估】 1986年,房产管理评估由房产管理处评估所负责,负责对房屋交易评估、房屋动迁评估,房屋抵押贷款评估及附属涉案评估。2002年,改制为双城市兴凯房地产估价有限责任公司。2005年,完成拆迁评估额1.5亿元,抵押贷款评估额9.5亿元。发放他项权利证书9 535本,注销他项权利证书4 230本,办理房屋租赁许可证3 000本,登记备案率达69%。

【房地产测绘】 2002年,成立具有资质的房地产测绘队,负责全市房屋建筑面积的测绘工作。测绘人员通过培训,持证上岗。本着"准确、严谨、明确"的原则,维护产权拥有人的合法权益。2005年,测量商品房50万平方米,测量棚户房24万平方米,测量房屋拆迁面积25万平方米。

【用水管理】 1989年7月,成立水资源办公室。1995年4月,成立水土保监组,依法保护水土资源,维护正常水土保持秩序,发放证照,收取相关费用。1996年,成立水利行政执法大队,配备交通工具,执法人员持证上岗,处理各类水事案件。2005年,对27个乡镇企事业供水单位自备井进行清查,核发水利统一印制的取水证,发放率达95%,并对用水量大的单位实行年控制用水定额,按月进行考核并实行监管。对水量实行动态管理,工厂建筑企业和服务行业每立方米0.1元,水费征收标准农田灌溉每立方米0.06元,畜牧、养殖业每立方米0.1元,其他用水每立方米0.2元,矿泉水每立方米2元,地下地热每立方米1元。依据《防洪法》加强对松花江、拉林河和南北涝区治理,综合整治河道秩序,按规定核发采砂许可证、取水证。

第五节　乡镇建设

【建设规划】 1986年,乡镇建设以发展乡镇经济,提高社会效益为中心,以小城镇基础设施和农村住房建设为重点内容,以统筹规划、突出重点、综合开发、配套建设、典型引路、分步推进为手段,加快实现农村城镇化、城乡一体化的新格局,完成三个建制镇的规划编制工作。1987年完成11个乡镇的规划编制工作。1988—1999年,完成27个乡镇和547个村屯的规划编制工作,乡镇规划率达100%,村屯规划率达97%。2000年,组织编制《乡镇建设总体规划》,并依据城市总体规划审查批准城乡规划用地总面积22.24万平方米,其中市区20.84万平方米,乡镇1.4万平方米。2005年,全市乡镇建设重点实施双十百工程,即十个砖瓦化样板村,十个砖瓦化样板街,百栋砖瓦化样板房,推广节能环保生态农村住房,改善农民居住环境,推动乡镇一体化进程。

【住宅建设】 1986年,全县农村新建住宅面积达23.45万平方米,其中砖瓦化结构住宅面积为23.20万平方米,占建筑面积的99%。1992年,全市农村建房2.1万平方米,其中楼房面积达1 820平方米,占建筑面积的8.6%。1993年,全市农村新建农民住房32万平方米,完成砖瓦一条街规划8个村。1995年,全市农村住房砖瓦化率达62.3%。1996—2002年,全市农村有2 800户农民建砖瓦房,总面积200万平方米,农村砖瓦化普及率达79.08%。2003年,全市农村共完成住宅建设27.55万平方米,其中建制镇完成6.1万平方米,集镇完成3.2万平方米,村屯完成18.25万平方米。2004年,乡镇完成住宅建设19.47万平方米,其中建制镇完成6.08万平方米,集镇完成3.24万平方米。村屯完成10.15万平方米。2005年,乡镇新建住宅18万平方米,其中建制镇完成4万平方米,乡镇完成3万平方米,村屯完成11万平方米。

【公共设施建设】 1986年,农村道路修筑沙石路面25.75公里,整修村屯土路264公里,公共设施建设总投资360万元。1989年,有197个村30万人吃上自来水,共修村屯土路839条。1991年,农村共整修土路950条,总计805.6公里,安装路灯331盏。1992年,已有220个村屯32万人吃上自来水,占全市农村总人口的 50%。1995 年,全市有 20 个乡镇实现光缆铺设,7 个乡镇实现村屯电话与全市联网。1996 年,各乡镇改造街道 134 条,修筑白色路、砂石道路 124.3 公里。1998 年,各乡镇新建维修道路 163.5 公里,修筑主街路面 11 000 平方米,道路修筑率达 28.4%。2000 年,各乡镇新建维修道路 130 公里。2001 年,投资 2 631 万元用于农村道路修筑和养护,总长度 190 公里。投资 2 000 万元用于铺设农村地下通信光缆。2002 年农村新建维修道路 150 公里。2003 年农村同时新建维修道路 155 公里,农村建设总投资 1.45 亿元。2005 年农村新建维修道路 130 公里,完成 203 条 233.4 公里乡村砂石路修筑和维修任务。新建白色路面 21 条,面积达 78 512 平方米。新增自来水供应人数 6 000 人。

第二章　水利设施

第一节　机构与防洪抗旱工程

【双城市水务局】　1986 年,为双城县水利局,编制 8 人,在职 9 人,内设机构有办公室、计财股、审计股、水保站、农田站(抗旱服务站)。1988 年为双城市水利局,内设秘书股、财务审计股、人事股、业务股、防汛办公室,行政编制 13 人。2001 年,更名为双城市水务局。内设秘书股、人保股、财会股、生产股、审计股、科教股、工程股。2002 年,改为三股一办,即秘书股、人事股、农田股、防汛办。2005 年,编制 15 人,在职 13 人,内设机构无变化。

历任局长:贾洪文、秦凤恩、许树芳、刘纯宏、裴立田、李亚军、王树春;副局长:迟忠义、王如生、张文歧、王子石、张景峰、徐殿方、关旭东、王新东、孙金城。

【防洪工程】　双城有界江、界河堤防长 110.54 公里,其中松花江堤防长 45 公里,拉林河堤防长 65.54 公里。境内江河堤防共保护耕地 21.9 万亩,村屯 59 个,人口 8.05 万人。其中松花江堤防 1953 年修筑,西起万隆乡多口店,东至永胜乡南涝洲,总长度 45 公里。拉林河堤防 1956 年修筑,沿拉林河道右岸,起点在单城镇前房子,终点在万隆乡多口店,经过单城、韩甸、万隆等七个乡镇,河堤全长 65.54 公里,防洪能力达到 20 年一遇。2005 年,松花江堤防保护耕地 4.16 万亩,保护人口 6.2 万人,村屯 35 个。拉林河堤防保护耕地 12.38 万亩,村屯 24 个,人口 1.85 万人。

【河道治理】　1986 年,江河堤防维修以沿江河乡镇为主,抢在汛期前组织人力、物力进行小修小补。1998 年,江、河堤防遭到洪灾重创,堤坝千疮百孔,构造岌岌可危。在国家加大松花江干流整治投资力度同时,市委、市政府决定集全市之力全面实施江河堤防升级达标,完成土方量 450 万立方米。2005 年,国家下拨整治资金 4 065 万元,完成护岸长度 5 710 米,其中新开口段 1 950 米,三家子段 1 860 米,卡脖子段 1 900 米。完成护坡长度 1 600 米,其中崴子估 1 500 米,新开口段 100 米,完成岸堤构造物(桥、涵、闸)10 座,堤顶路 37 公里,提高松花江防御能力达到 30 年一遇标准,确保汛期安全。

2005 年双城市江河堤防基本情况表

表 3 - 2 - 1

段别	长度（公里）	防洪能力（年）	最高洪水位		保护效益		人口（万人）
			年份	水位(米)	村屯(个)	农田(万亩)	
一、松花江	45.00				35	4.16	6.20

续表

段别	长度（公里）	防洪能力（年）	最高洪水位		保护效益		人口（万人）
			年份	水位（米）	村屯（个）	农田（万亩）	
朝阳段	15.03	20	1957	125.8	4	1.01	9.70
三家子段	10.99	20	1957	124.4	3	0.90	0.55
腰崴子段	11.32	20	1957	123.69	22	1.19	3.85
张家纸坊段	5.76	20	1957	123.49～123.78	4	0.61	0.70
胡家屯至南涝洲	1.90	10	1957	123.39	2	0.45	0.40
二、拉林河	65.54	20	1956		24	12.38	1.85
长沟子段	13.71		1956	146.89～155.24	5	2.32	0.35
陈家崴子	2.49		1956	144.40～145.07	2	0.25	0.14
永发段	2.70		1956	142.60～143.10		1.06	
石家崴子段	5.70		1956	140.70～141.40		1.40	
车家城子段	6.49		1956	138.38～141.30	3	1.55	0.23
山咀段	5.80		1956	137.85～139.32	2	1.33	0.21
吉利屯段	1.60		1956	136.21	1	0.40	0.10
半拉城子段	2.90		1956		3	1.45	0.17
三家子段	10.41		1956	130.78～133.58	3	1.25	0.25
楼上段	5.15		1956	120.45	2	0.62	0.15
谢家屯段	13.00		1956	130.60	4	1.22	0.30
多口店段	0.74		1956		1	0.15	0.10

【治涝工程】 1986年，南北两大涝区和十五处零星涝区，控制面积为281.43万亩，耕地80.32万亩，草原26.56万亩。其中南部涝区控制面积为225万亩，受涝面积达77.8万亩，耕地63.64万亩。1994年7月9—13日，降特大暴雨，三天降雨量达328.1毫米，是有气象记载以来的最大值。在省水利厅关于南部涝区复查基础上，全市加大配套工程建设力度。至2003年，完善干、支渠34条，总长度425公里，其中4条干渠总长105公里，三条分干长39公里，支线长165公里，支渠以上构造物116座。基本建成一个完整的排水系统。抵御五年一遇以上的涝灾59.45万亩，占治理面积的97.1%，五年一遇以下的涝灾1.8万亩，占治理面积的21.9%。北部涝区面积48.30万亩，岗坡地13.08万亩，洼中岗13.05万亩，低平地21.45万亩，干渠全长31.8公里，分干渠全长2.3公里，10条支渠总长47.7公里，基本形成了北部涝区的排水系统。2005年，完成干支渠构造物24座。治理面积达18.65万亩，占受涝面积86.7%。零星涝区十五处，主要靠群众自己治理，治理4万亩，占受涝面积的52.8%。

【抗旱工程】 1986年，全县有机电井678眼，小井1 620眼，实际井灌面积12 700公顷。1990年，机电井、水井比1986年增加701眼，实际井灌面积51 200公顷。1995年，机电井、水井总数比1990年增加1 444眼，实际井灌面积增加260公顷。之后机电井、水井总数有所增加，但实际井灌面积一直在15 000公顷之内。2005年，有机电井、小井9 133眼，实际井灌面积14 530公顷。

2005年双城市水库塘坝情况表

表3-2-2

水库塘坝	所在地 乡镇	所在地 村屯	集水面积(km²)	设计库容(万m³) 总库容	设计库容(万m³) 兴利库容	现有库容(万m³) 总库容	现有库容(万m³) 兴利库容	土坝 长(m)	土坝 高(m)	最大泄量(m³/s) 溢洪道	最大泄量(m³/s) 输水洞	设计效益 灌溉面积 计(万亩)	设计效益 灌溉面积 其中水田	设计效益 养鱼 水面(亩)	设计效益 养鱼 养鱼(公斤)	现有效益 灌溉面积 计(万亩)	现有效益 灌溉面积 其中水田	现有效益 养鱼 水面(亩)	现有效益 养鱼 养鱼(公斤)
石人沟水库	万隆乡	保国村	500	5 830	3 900	4 150	3 900	1 000	10	88	2.2	5	5	15 000	10万	3	3	6 500	
友谊水库	新兴乡	新红村	35	354.1	55	208	55	670	3.5	19.8	3.44	0.18	0.18	100	12 000	0.03	0.03	700	5 000
农丰水库	农丰镇	农丰镇	25	24.7	11.47	19	11.47	332.5	4.6	17.7	17.7	0.03	0.03	210	8 300	0.03	0.03	210	8 300
兴隆水库	周家镇	东宁村	75	340	90	230	90	600	5.9	17.16	4.14	0.13	0.13	1 000	12 000	0.02	0.02	700	4 500
大有水库	水泉乡	大有村	64	406	23.4	274	23.4	400	9.6	23.7	4.84	0.04	0.04	100	7 000	0.01	0.01	500	5 000
国兴水库	公正乡	国兴村	130	488	67.7	488	68.7	475	7.7	47	4.8	0.12	0.12	840	8 000	0.12	0.12	600	5 000
仁利水库	农丰镇	仁利村	20	42	15	42	15	1 300	3.6		4.2	0.1	0.1	600	6 500	0.08	0.08	500	5 500
自强水库	水泉乡	自强村	18.3	270	200	270	200	1 250	2.43		1.61	0.036	0.036	400	4 500	0.06	0.06	300	3 500
保胜水库	农丰镇	保胜村	15	79	13	79	13	370	3			0.03	0.03	250	3 000	0.01	0.01	180	2 000
塘坝				160	121	160	121					0.95	0.66			0.95	0.66		

表 3—2—3　1986—2005 年双城市灌溉效益情况表

单位：公顷

年度	设计面积		有效面积		旱涝保收		实灌面积		在实灌面积中						坐水种
									江河自流灌		江、河提水灌		机电井灌		
	计	其中水田	计	其中水田	计	其中水田	计	其中水田	计	其中水田	计	其中水田	计	其中水田	
1986	35.44	12.01	16.39	6.17	6.89	3.45	6.89	5.67	5.80	5.47			1.09	0.20	9.60
1987	35.42	12.30	19.37	9.46	9.88	5.70	13.87	8.95	9.80	8.47	4.00	0.47	0.07	0.20	39.90
1988	35.46	12.33	20.04	10.13	10.24	6.58	12.45	11.00	8.57	8.00	1.67	1.60	2.22	1.33	47.00
1989	36.12	12.33	21.04	11.13	10.91	6.70	11.46	10.00	5.57	5.00	2.47	2.47	3.42	2.53	65.00
1990	36.12	13.00	24.77	11.53	12.63	7.80	21.44	11.19	10.57	9.23	4.60	1.07	6.27	0.89	90.60
1991	37.93	13.00	21.84	11.93	11.44	7.20	14.70	13.33	8.53	8.00	1.33	1.33	4.84	4.00	93.30
1992	37.49	12.95	21.98	12.07	11.44	7.50	15.37	14.00	8.53	8.00	1.33	1.33	5.51	4.67	80.00
1993	37.49	12.95	20.35	10.44	9.41	7.40	13.37	12.00	6.53	6.00	1.33	1.33	5.51	4.67	33.33
1994	27.45	12.92	15.29	8.91	8.11	6.70	14.00	12.04	6.53	6.00	1.43	1.43	6.04	4.61	68.67
1995	27.45	12.92	15.53	9.06	8.26	5.90	14.33	12.37	6.68	6.15	1.43	1.43	6.22	4.79	66.67
1996	27.56	12.98	15.53	9.12	8.26	5.93	15.32	13.33	6.68	6.15	1.43	1.43	7.18	5.75	100.00
1997	28.24	13.13	16.20	9.26	8.96	6.02	16.15	13.63	6.68	6.15	1.43	1.43	7.48	6.05	100.00
1998	29.57	13.13	16.86	8.59	9.26	6.00	17.75	13.70	6.01	5.48	1.43	1.43	8.22	6.79	100.00
1999	29.57	13.13	15.70	7.43	7.10	4.16	17.75	13.90	4.86	4.33	1.43	1.43	9.57	8.14	100.00
2000	31.24	13.13	17.37	7.43	10.66	4.16	19.38	13.86	4.86	4.33	1.43	1.43	9.53	8.10	100.00
2001	31.43	13.13	17.56	7.43	10.85	4.16	19.24	13.87	4.86	4.67	1.40	1.40	9.23	7.80	100.00
2002	38.26	15.46	17.72	7.42	11.48	4.15	19.21	13.87	5.33	5.33	1.40	1.40	8.57	7.14	100.00
2003	38.26	15.46	17.71	7.42	11.48	4.15	18.69	13.35	5.33	5.33	1.40	1.40	8.05	8.05	100.00
2004	38.40	15.46	17.85	7.42	11.62	4.15	18.83	13.35	5.33	5.33	1.40	1.40	8.05	6.62	100.00
2005	38.40	15.46	17.85	7.42	10.76	4.15	16.93	11.45	4.47	4.47	1.40	1.40	7.01	5.58	100.00

1986—2005年双城市机电井、喷滴灌设备情况表

表3-2-4 单位:眼

年度	灌溉井合计	其中:旱田井			另配套小井	菜田井			另配套小井	林草井			喷滴灌设备		
		合计	机井	电井		合计	机井	电井		机井	电井	合计	合计	机井	电井
1986	678	557	10	547	1 365	106	10	96	255	15	5	10			
1987	704	563	10	553	1 386	125	10	115	260	16	5	11			
1988	715	574	10	564	1 428	123	10	113	265	18	5	13			
1989	685	544	10	534	1 331	121	10	111	257	20	4	16			
1990	600	450	5	445	1 543	128	10	118	268	22	4	18			
1991	636	491	5	486	1 867	126	10	116	284	19	5	14			
1992	727	579	8	571	1 985	128	10	118	289	20	5	15			
1993	730	577	10	557	2 003	131	8	123	298	22	6	16			
1994	731	581	9	572	2 015	131	10	121	305	19	5	14			
1995	729	585	8	577	2 125	129	10	119	324	15	3	12			
1996	760	614	10	604	2 537	133	10	123	315	13	2	11	4	4	
1997	823	677	20	657	2 581	135	10	125	328	11	2	9	24	22	2
1998	958	808	20	788	2 685	136	12	124	343	14	3	11	74	70	4
1999	982	839	20	819	2 850	131	10	121	375	12		12	74	70	4
2000	952	814	20	794	3 030	128	8	120	402	10		10	436	430	6
2001	896	758	28	730	3 035	126	10	116	438	12	2	10	437	431	6
2002	876	735	24	711	3 084	128	8	120	495	13	3	10	438	432	6
2003	866	732	20	712	3 150	121	6	115	518	13	4	9	448	440	8
2004	857	722	20	702	3 243	122	5	117	535	13	4	9	448	440	8
2005	846	706	15	691	3 285	125	5	120	550	15	5	10	448	440	8

【石人沟水库】 石人沟水库位于万隆乡保国村,1956年由省水利厅直接规划和设计,1958年5月始建,1959年10月竣工,属国家中型水库,为双城市水库之冠。1976年,友谊渠工程兴建,将拉林河水引流入水库内,又经过续建配套后达到了以灌溉养鱼,防洪为主的枢纽工程。水库由主坝、副坝、泄洪闸(输水洞)三部分组成。主坝是均质土坝,坝长1 000米,坝顶高程134.60米,坝顶宽6米,最大坝高10米,主坝迎水面由砌石护坡。副坝长700米,坝顶宽4米,迎水面由模袋混凝土护坡。1989年兴建泄洪闸,净宽7米,最大泄洪量109.50米/秒,闸底板高程129.00米,输水洞底板高程128.00米,水库0.5%校核。洪水位133.70米,兴利水位132.78米,低水位129.00米,校核闸库容为5 830万立方米,设计总库容4 150万立方米,兴利库容3 900万立方米,死库容1 250万立方米,水库设计灌溉面积5万亩,其中坎下灌区自流灌溉2万亩,库后灌区提水,补水灌溉3万亩,养鱼水面6 500亩,年产商品鱼20万斤以上。2005年没有进行扩建。

【友谊渠】 1976年兴修的一条人工水渠,渠首位于五常市红旗乡沿河村和吉林省榆树市怀家乡石龙山脚下,距市境11公里,总长212公里,流经13个乡镇103个村,有总干、东西干、分流干、高低干渠共6

条。正常引用流量 17.3 立方米/秒,最大引用流量 32 立方米/秒,建大小蓄水库 120 处,调整后设计灌溉面积 24 万亩,1995 年,实际灌溉面积 78 486.3 亩,受益 14 个乡镇 99 个村。2005 年,年供水量 9 000 万立方米。

1986 — 2005 年双城市友谊灌溉区年灌溉效益表

表 3 - 2 - 5

年度	引水流量 （立方米/秒）	设计灌溉面积（亩）		有效灌溉面积（亩）		实灌面积（亩）		年供水量 （万立方米）
		合计	水田	合计	水田	合计	水田	
1986	17.0	34	18	34	18	4.5	4.5	8 500
1987	17.0	34	18	34	18	4.4	4.4	8 400
1988	17.0	34	18	34	18	4.2	4.2	8 350
1989	17.0	34	18	34	18	4.4	4.4	8 400
1990	17.0	34	18	34	18	4.6	4.6	8 550
1991	17.0	34	18	34	18	4.7	4.7	8 600
1992	17.0	34	18	34	18	4.8	4.8	8 700
1993	17.0	34	18	34	18	5.0	5.0	8 800
1994	17.5	34	18	34	18	5.8	5.8	8 800
1995	17.5	34	18	34	18	6.0	6.0	8 900
1996	17.5	34	18	34	18	6.1	6.1	8 900
1997	18.0	34	18	34	18	6.2	6.2	8 900
1998	18.0	34	18	34	18	6.5	6.5	9 000
1999	18.0	34	18	34	18	6.6	6.6	9 100
2000	18.0	34	18	34	18	4.8	4.8	8 600
2001	17.0	34	18	34	18	5.1	5.1	8 600
2002		34	18	34	18	5.5	5.5	8 700
2003	18.0	34	18	34	18	6.3	6.3	8 900
2004	18.0	34	18	34	18	6.4	6.4	9 000
2005	18.0	34	18	34	18	6.5	6.5	9 000

【水土保持】 1986 年,全市共有水土流失面积 3.3 万公顷,占全市土地面积的 29%,水冲沟 1 757 条,面积达 0.9 千公顷,严重破坏土地整体性状态,使耕地面积锐减。1990 年,水土治理面积 27 140 公顷。为加快水土流失治理进程,主要采取以预防为主,防治结合的工作方针,管理好林木、草原,提高覆盖率,增加土壤蓄水能力,狠抓造林、育林工作,防止水土流失进一步发展,保持生态平衡。1995 年,水土治理面积 20 440 公顷。2002 年,国家投资 560 万元治理兰棱镇金鱼池小流域跌水工程 2 处,筑石路长 1 300 米,完成土石方 2.6 万立方米,植树造林 145 亩。2005 年,治理水土流失面积 33.33 公顷,其中梯田 21.6 公顷,治沟 255 条,植树造林 5.57 千公顷;共投工 160 万个,完成土石方 1 250 万立方米。

1986 — 2005 年水土流失治理情况表

表 3 - 2 - 6　　　　　　　　　　　　　　　　　　　　　　　　　　　　　　　　　　　　单位:千公顷

年度	水土流失面积	水土流失治理面积						
		合计	水平梯田	改垅	治沟	水土保持林	种草	其他
1986	33.11	26.23	0.46	0.23	0.520	0.82		24.20
1987	33.11	26.62	0.46	0.39	0.530	0.85	0.05	24.34
1988	33.11	26.78	0.46	0.45	0.533	0.95	0.05	24.34
1989	33.11	27.07	0.46	0.45	1.670	1.05	0.10	24.34
1990	43.11	27.14	0.46	0.45	0.540	1.25	0.10	24.34
1991	33.11	19.38	0.46	0.45	0.810	1.27	0.07	16.77
1992	33.11	19.51	0.46	0.67	0.810	1.34	0.07	16.83
1993	33.11	19.71	0.46	0.39	0.810	1.35	0.07	17.02
1994	33.11	20.13	0.46		0.810	1.38	0.07	17.41
1995	33.11	20.40	0.49			1.48	0.15	18.28
1996	33.11	20.67	0.49			1.52	0.15	18.51
1997	33.11	21.07	0.49			1.62	0.15	18.81
1998	90.19	22.97	0.79			2.12	0.15	19.91
1999	90.19	24.47	1.09			2.52	0.15	20.71
2000	90.19	28.17	1.43			2.97	0.15	21.62
2001	90.19	24.47	1.09			2.52	0.15	20.71
2002	90.19	27.71	1.84			3.58	0.15	22.24
2003	90.19	30.65	2.03			4.65	0.15	23.82
2004	90.19	32.17	2.11			5.17	0.15	24.74
2005	90.19	33.23	2.16			5.57	0.15	25.35

【安全饮水工程】 1986 年,打防病水井 8 眼,投资 16 万元。1992 年,打防病水井 6 眼,投资 24 万元。1996 年,打防病水井 10 眼,投资 40 万元,解决病区 52 个村屯 3.04 万人饮水安全问题。2000 年,省发改委、水利厅开始逐年下达解决人畜饮水工程建设计划,到 2005 年共投资 867.35 万元用于人畜饮水工程,其中国家投资 340 万元,省市投资 187.45 万元,地方自筹 339.9 万元,建设工程 63 处,其中自来水 39 处,完成一井、一泵、一罐、一房工程 24 处,17 个乡镇受益。

第二节　城市供水与排水设施

【城市供水设施】 1979 年,在老城区东北隅兴建第一自来水厂,1980 年投产使用。水厂占地面积 8 500 平方米,建筑面积 2 000 平方米,有蓄水池 3 座,分别为 500 吨、600 吨、800 吨,日供水能力 8 700 吨,实际供水 5 000 吨,一级泵一处,二级泵一处,2 000 吨水塔一座,深水井 8 眼,主干线长度 39 公里,支线长度 37 公里,进户干线长度 116 公里,负责双城镇及 17 个行政村供水。1992 年,第二自来水厂建成,日供水能力

500 吨。2001 年,两个水厂并网供水。2005 年,供水户数26 058 户,受益人口 12.8 万人,占计划用水率 96%。

【城区排水设施】 1986 年,城区排水基本上是明沟排泄。1994 年排水管理处成立,负责市区排水的维护与施工,每年对排水设施进行改造。1998 年,铺设30 000延长米的自来水地下管网,6 000延长米的排水干线。2005 年,市政排水管网总长度 56.99 公里,排水管服务面积 11.85 平方公里,密度 4.8,普及率 48%,日排放污水 3 万吨,服务用户 3 万余户。

1994—2005 年双城市排水管网建设情况表

表 3 – 2 – 7

建设年份	施工地点	每年施工量(米)	建设年份	施工地点	每年施工量(米)
1994	团结、文昌大街	2 450	2000	粮库、通达、发展街	7 021
1995	和平、花园大街	3 700	2001	繁荣、新兴、同兴路	7 310
1996	迎宾、西大街	4 800	2002	东直、南二道街	4 326
1997	北二道街	2 100	2003	工业区	4 590
1998	老城区	9 000	2004	西门外、护城河	335
1999	老城区	8 000	2005	火车站	160

第三章 电 业

第一节 机 构

【双城市电业局】 1986 年,双城县电业局属县级农电企业,行政隶属双城县人民政府,业务隶属哈尔滨农电局管理,担负 23 个乡镇的用电管理。局长 1 人;副局长 4 人。内设机构有办公室、用电股、生技股、电工管理股、财务股,职工 295 人。1988 年,撤县设市,双城县电业局改为双城市电业局,隶属关系未变。1998 年市电业局与双城市供电局合并,统称为双城市电业局。班子为 9 人,局长为 1 人,副局长 8 人,机构设置为:综合办、生产部、用营部、人劳部、财务部、乡管部,下辖 24 个乡镇供电所,4 座变电所,职工总数 326 人。2005 年末,领导职数 8 人,局长 1 人,副局长 7 人,机构设置为 7 部 2 办:政工办、行政办、人劳部、生产部、用营部、乡管部、财务部、审计部、安监部,下辖 23 个乡镇供电所,9 个变电所,职工总数 326 人。

历任局长:张玉田、吴恩国、王波;副局长:陶永富、董国岩、于庆友、陈永恩、王显臣、王晓波、赵宽、金朝军、杜万山、麻敏、刘洪斌、赵宝山、邓建为、周立强。

【双城市供电局】 1986 年,双城供电局隶属哈尔滨电业局管理。担负县城及周家镇、东官镇的用电管理。1998 年 10 月,市电业局与供电局合并组成双城市电业局,实行"两电合一"的管理体制。

历任局长:李长海、麻成林、陈增奇、张盾;副局长:王文玉、宋国军、杨玉双、杜万山。

第二节 电 网

【国网】 1986年,双城供电局供电区域包括双城镇、周家、东官3镇,年度供电能力26 740千伏安。其中双城镇辖区局属产权10千伏配电线路4条,回长72.8公里。用户自维10千伏线路5条,亘长35.6公里。局属产权变压器76台,容量14 110千伏安。用户变压器45台,容量8 960千伏安。局属10千伏线路开关8台;周家镇、东官镇局属产权10千伏配电线路3条,亘长28.5公里,局属产权变压器8台,容量1 520千伏安,用户自维变压器22台,容量2 630千伏安,10千伏开关3台。1991年,哈尔滨电业局将周家镇、东官镇划归平房供电局管理。1997年,将长勇线、民主线、承旭线,总长12.6公里、10千伏线路导线由铜芯铝绞线更换为绝缘导线。2003年,哈尔滨电业局投资1 792万元对双城镇辖区内供电设施进行建设和改造,新建10千伏线路7.28公里/6条,新装真空开关23台,更换开关19台,改造10千伏线路57.07公里/4条,新建10千伏电缆线路1 573公里,低压台区改造及考核箱工程67.9公里/70个,更换高能耗变6 180千伏安/26台,新建箱式变1台,容量为630千伏安,通过黑龙江省电力公司验收。2005年12月,双城供电局年度供电能力16.5万千伏安,供电面积38.9平方公里(城镇10.7平方公里),局属产权10千伏配电线路12条,回长197.28公里,配电变压器167台,容量33 370千伏安,10千伏线路开关38台。

【农网】 1986年,双城县农电局供电范围包括双城镇、朝阳乡、兰棱镇、金城乡、前进乡、单城镇、同心乡、希勤乡、对面城乡、韩甸镇、万隆乡、水泉乡、团结乡、临江乡、杏山乡、公正乡、永胜乡、乐群乡、幸福乡、跃进乡、农丰镇、联兴乡、青岭乡共23个乡镇,供电面积2 677.25平方公里,年度供电能力9 600千伏安。全县共有10千伏线路12条,总长1 002.58公里,配电变压器797台,容量49 876.2千伏安,66千伏线路3条,总长73公里,变电所3座(包括兰棱变、农丰变、韩甸变),容量9 600千伏安。1987年,杏山变电所建成,年度供电能力增加到11 600千伏安。全县共有10千伏线路16条,总长1 104公里,配电变压器840台,容量5 246.2千伏安,66千伏线路4条,总长93公里,变电所4座(包括兰棱变、农丰变、韩甸变、杏山变),容量11 600千伏安。1993年,兰棱变电所增容改造,年度供电能力增加到13 600千伏安。1996年,农丰、杏山两变电所增容改造,年度供电能力增加到19 900千伏安。1999年,韩甸变电所增容改造,年度供电能力增加到23 000千伏安。2000年,年度供电能力22 900千伏安。2002年,临江变电所建成,年度供电能力增加到24 900千伏安,全市共有10千伏线路19条,总长1 230.39公里,配电变压器938台,容量58 759.2千伏安,66千伏线路5条,总长104.5公里,变电所5座(包括兰棱变、农丰变、韩甸变、杏山变、临江变),容量24 900千伏安。2004年,东官变电所、单城变电所、万隆变电所、跃进变电所相继建成。2005年,年度供电能力37 500千伏安,全市共有10千伏线路39条,总长1 363.85公里。0.4千伏线路1 924.37公里,配电变压器1 318台,容量115 240千伏安。66千伏线路9条,总长151公里,变电所9座(包括兰棱变、农丰变、韩甸变、杏山变、临江变、东官变、单城变、万隆变、跃进变),容量37 500千伏安。

第三节 变电所

【兰棱变电所】 1980年建成,有S7-3 200千伏安主变1台,配出线路4回。1993年,供电局自筹资金,增加一台S7-2 000千伏安主变,同时对原有一二次设备进行更换。1996年,自筹资金将原S7—2 000千伏安变压器更换成S7—3 150千伏安变压器。2000年7月,省电力公司投资82.42万元进行改造,将原SJ—3 200千伏安变压器更换成S9—3 150千伏安变压器,新装二次控保、计量、直流屏共计5面,更换熔断器RW6—63G型2组,避雷器Y10WZ—90/232型1组,2台300千乏电容器,8月份竣工。由60千伏双韩线43号杆T接为兰棱变电源,66千伏双兰线19.5公里,供应范围包括兰棱、金城、朝阳、前进、希勤5个乡镇。2005年,有10千伏高压线路223.46公里,水泥杆3 564基,配电变压器215台,容量25 319千伏安,供应乡镇为兰棱、金城、朝阳、前进、希勤。

【农丰变电所】 1986年,农丰变电所有SJ—3 200千伏安主变1台,配出线路4回。1996年,局自筹资金改造,增加1台S7—3 150千伏安主变。由双城一次变供电,66千伏双丰线21公里。1999年12月,改造、配出线路5回,供应范围包括农丰、水泉、临江、永胜、公正5个乡镇。2000年省电力公司投资76.21万元进行改造,将原SJ—3 200千伏安变压器更换成S9—3 150千伏安变压器,新装二次控保、计量、直流屏共计5面,更换熔断器RW—63G型2组。2005年有10千伏高压线路127.59公里,水泥杆2 756基,配电变压器149台,容量7 445千伏安。供应乡镇未变。

【韩甸变电所】 1986年,韩甸变电所有SJ—3 200千伏安主变1台,配出线路4回。1999年,省电力公司投资230.7万元进行改造,将原SJ—3 200千伏安变压器更换成S9—3 150千伏安变压器,新增S9—3 150千伏安变压器一台。新装二次控保、计量、直流屏共计5面,更换熔断器RW6—63G型2组。1999年12月,由双城一次变供电,66千伏双韩线32公里,配出线路4回,供应范围包括韩甸、团结、希勤、对面城4个乡镇。2005年,有10千伏高压线路151.48公里,水泥杆2 123基,配电变压器148台,容量9 290千伏安。

【杏山变电所】 1987年建成,有S7—2000千伏安主变1台,配出线路4回,由双城农丰变转供电。66千伏农杏线20公里,配出线路4回,供应范围包括杏山、团结、万隆、水泉4个乡镇。1996年,局自筹资金改造,增加1台S7—2 000千伏安主变。2005年,有10千伏高压线路101.42公里,水泥杆984基,配电变压器43台,容量2 570千伏安。

【临江变电所】 2000年,省公司投资249.94万元开始筹建,10月份开工,占地面积10 000平方米,新建厂房236平方米。60千伏进线1回,10千伏出线3回,63/10.5主变1台,容量2 000千伏安,智能箱式变1座,63千伏隔离开关、熔断器、避雷器各一组。全长11.5公里,2001年5月14日竣工。配出线路3回,供电范围包括临江、永胜、农丰3个乡镇。2005年,有10千伏高压线路126.39公里,配电变压器98台,容量6 313千伏安。

【东官变电所】 2003年,省公司投资273万元筹建,6月20日开工,2004年4月20日竣工。占地面积10 000平方米,新建厂房273平方米,60千伏进线1回,10千伏出线3回,安装S9—3 150千伏安主变压器1台,隔离开关2组,避雷器1组,熔断器1组,二次保护为成套微机综合自动化设备。由周家变供电。2003年12月20日,建成66千伏周东输电线路,全长12公里,供电范围包括东官、青岭2个乡镇。2005年,有10千伏高压线路38.56公里,配电变压器69台,容量4 601千伏安。

【单城变电所】 2003年,省公司投资235.8万元筹建,同年9月7日开工,2004年4月20日竣工。占地面积10 000平方米,新建厂房273平方米,60千伏进线1回,10千伏出线3回,安装S9—3 150千伏安主变压器1台,隔离刀闸1组,避雷器1组,熔断器1组,二次保护为成套微机综合自动化设备,由东官变转供电。2003年12月20日,建成66千伏东单输电线路,全长19公里,仅供单城1个乡镇。2005年,有10千伏高压线路71.75公里,配电变压器78台,容量5 298千伏安。

【万隆变电所】 2003年,省公司投资248.9万元筹建,同年8月15日开工,2004年3月10日竣工。占地面积10 000平方米,新建厂房241平方米,60千伏进线1回,10千伏出线3回,安装S9—3 150千伏安主变压器1台,63千伏隔离刀闸、避雷器、熔断器各1组,二次保护为成套微机综合自动化设备,由韩甸变转供电。2003年8月15日,建成66千伏韩万输电线路,全长13公里,供电范围包括万隆、对面城2个乡镇。2005年,有10千伏高压线路64.37公里,配电变压器44台,容量2 223千伏安。

【跃进变电所】 2003年,省公司投资199万元筹建,6月20日开工,2004年4月20日竣工。占地面积10 000平方米,新建厂房98.9平方米,60千伏进线1回,10千伏出线3回,安装S9—3 150千伏安主变压器1台,63千伏隔离刀闸、避雷器、熔断器各1组,二次保护为成套微机综合自动化设备,由60千伏双韩线146号杆T接60千伏跃进分线,线路全长2公里,供电范围包括跃进、水泉2个乡镇。2005年,有10千伏高压线路39.03公里,配电变压器47台,容量2 690千伏安。

第四节 用电管理

【电量管理】 1986年,农网用电量为29 448千千瓦时。1990年为41 590千千瓦时,用电由哈尔滨电业局下达用电指标,县"三电"办按照"保护重点、兼顾一般"的原则,根据生产任务和用电量提出用电计划,对超用的单位采取限电措施。国家重点建设工程和重点生产企业,给予优先保护用电。农业生产用电,以保护生产为主,然后安排照明。冬季用电高峰,各乡镇按线路停供电。1993年,市"三电"办解散,仍由哈电业局下达用电指标,用电紧张的问题已得到解决,转为鼓励增供扩销。至1995年,双城农网用电量为51 561千千瓦时。1998年"两电合一"后,国网和农网的增供扩销工作都取得进展,两网的用电量增幅都很快,尤其是娃哈哈、旺旺集团等引资企业相继投产和扩大再生产,新城区的扩建和老城区改造,新建住宅楼不断增加,促进居民用电量和商业用电量的增长。2000年,双城农网用电量为66 201.18千千瓦时。2005年,为164 412千千瓦时。其中2000—2005年五年期间,用电年平均增幅为25.7%。

【安全管理】 1986年,局设立2名专职安全员,负责安全用电工作。1990年10月,全市进行电工培训,培训时间为1周,培训人数150人。同时进行安全大检查,开展百日安全无事故和百日操作无差错竞赛活动。每年还组织一次安全劳动保护和事故假想。对各企事业单位和农村乡村电工,进行培训、考核、发证。2005年,实现人身安全天数5 991天,实现设备安全天数4 833天。

【电价管理】 1986年,县城供电执行地方电价,价格由县物价局制定。每千瓦时0.80元。农村用电自行管理,有时电价高达每千瓦时2.50元。1994年起,双城市电业局开始规范用电价格。根据省农村电气化局、省物价局、省农村委员会、省财政厅、省电力工业部要求对农村居民生活电价执行二次发行电价,以台区为核算单位,逐户收取电费。生活用电为0.25元/千瓦时,工业用电为0.27元/千瓦时,非工业用电0.32元/千瓦时,农业用电0.25元/千瓦时。1996年,农村居民生活电价执行0.64元/千瓦时。1997年,机关单位电价执行0.80元/千瓦时,非居民电价执行1.10元/千瓦时,动力电价执行1.05元/千瓦时。2000年7月,为适当解决新投产电力项目的还本付息问题,缓解电力企业生产经营困难,在取消各种乱加价乱收费的基础上,按总体上不增加用户负担的原则,决定适当地调整黑龙江省电价水平,实行全省统一电价。2004年4月1日,实行城乡居民生活用电同网同价。同价范围内的居民生活用电,到户价格均执行0.47元/千瓦时(1KV及以上电压等级执行0.46元/千瓦时)。三峡基金、农网还贷资金、城市公用事业附加费已含在电价内,不再额外加价。取消县(市)农电企业向农村居民加计的每月每户1千瓦时的表损电量,农电企业按表计电量向农户计收电费。供电企业直供到城乡居民用户的生活用电,均执行0.47元/千瓦时。供电企业未直接抄表到居民用户,由物业单位抄表收费的居民生活用电,执行同价水平0.47元/千瓦时,供电企业向物业单位发行的居民生活用电,按0.42元/千瓦时执行(不满1千伏电压等级的执行0.43元/千瓦时)。2004年,新增加农业生产电价、商业电价。农业生产电价执行0.47元/千瓦时,商业电价执行1.09元/千瓦时。至2005年,电价没有变化。

【用电监察】 1989年,双城市电业局成立电业稽查大队,负责全市用电监察工作。市电业局稽查大队调查核定,全市综合线损率达到32%,远远超过规定线损指标。稽查大队组织力量开始对用电及电损情况进行全面摸查,对违规用电、偷电等问题进行严肃处理,当年综合线损率降到15%,回收追补电费及违约金10余万元。1998年10月"两电合一"后,稽查大队负责国网承旭线。承旭线线损率为35%,1999年线损率降到了15%,2000年降到13%,共回收追补电费及违约金40余万元。2001年开始,稽查大队主要负责农网降损增效工作。2005年完成营业外增收25万元。

特　载

百年古堡展新姿
——双城城市建设巨变巡礼

　　1999 年 9 月 1 日,京城著名诗人、作家王禹时老人回到阔别多年的家乡——古堡双城,在新城区,老人望着一座座拔地而起的新楼广厦,一条条纵横交错的坦途新街,连声说:"有气魄,有远见,大手笔。"这是怎样的一个大手笔? 50 余幢鳞次栉比的新楼取代了低矮杂乱的旧隅;数十公里宽阔通达的白色路面替换了坑洼泥泞的老街;承旭公园、街心公园及数以百计的花坪草地使整座古城沉浸在碧绿芬芳之中;30 余项涉及给排水等市政基础设施的建设工程使城市的载体功能和服务功能进一步健全、完善;修复的"四野"指挥部旧址、辟建的文史院、重建的承恩门增添了古堡的韵味……到 1999 年末,两年城建总投资 7.2 亿元,是财政总收入的 3 倍! 这是何等的速度,何等的气势! 人们不禁要问,一直作为我省农业大县的双城何以会在城市建设上有如此的突飞猛进? 是什么神力使这座百年古城在短短的两年里就发生了惊人的巨变?

一年间,新城拔地而起
两年里,老区焕然一新

　　自 1991 年起,双城市率先搞起了城市建设,使城市面貌焕然一新,但由于城市建设历史欠账太多,加之经济实力的限制,还仅限于老城古街的改造。虽然拓宽铺筑了老城区 6 条主干道,一个大"十"字引发了人们对现代城市的憧憬,但依旧担不起老城区四隅的拥挤和苍老,难以适应经济发展的需要。1997 年秋,新一届市委、市政府面对日益高涨的经济建设大潮,群众要求改善生存环境的呼声,同级县(市)日新月异的发展;以及双城距哈市仅 45 公里,距哈尔滨国际机场 30 公里,有两条高速公路和两条铁路大动脉在境内纵横,有 300 万亩肥腴的土地,有重点集镇比较完备的水、电、通讯、交通等基础设施,有遍布全国的乡友,他们认识到双城县有地缘、资源、物源和人缘等多种优势,这是双城新的发展的宝贵条件。于是他们提出了发展城市型经济,把双城建设成具有现代化中等规模的哈尔滨卫星城的设想。这是在过去双城发展城郊型经济基础上的又一次飞跃,显示出新一届市委、市政府的胆识、魄力和宏远目光。

　　1998 年初,辟建新城区的战役打响了。他们创造了地上建筑住宅综合楼、铺筑混凝土路面;地下铺设排水干线、自来水管线等 22 项工程同时施工,地上、地下交叉作业;主体工程与配套工程同步运行的立体建筑格局。曾被称为"美丽的传说"的新城区在一年间拔地而起,20 余幢住宅楼、21 万平方米的白色路面、3 万延长米的自来水地下管网、6 000 延长米的排水干线当年全部竣工。站在标志着古堡龙兴的双城市标塔下,环顾透着现代化气息的新城景区,望着"龙江第一街"、腾达大街,信步绿草如茵的街心公园,哪一位"老双城"会不心情激荡,似在梦中?

　　双城市委书记朱清文的城建理念是:不要政绩工程,多干民心工程,既要给老百姓办实事,又要拉动经济快速增长,这叫"一箭双雕"策略。当年双城老百姓最头疼的是行路难、吃水难、排水难、如厕难。上百条老街怎么修? 创非常之业自有非常之心,非常之举。五大班子带头,各系统、各单位齐上,分片分段,集资筹款,靠这种全民创业的精神,两年间硬是勒紧腰带把老城区 64 条、总面积 32 万平方米的土路变成水泥路,财政没拿一分钱,老百姓没掏一分钱,市民齐声称赞。功臣自不能忘,在修好的路口立上标牌,上面书明承建单位、单位领导的名字,并用与单位相关的特点命名该路。建在新城区的城市建设功勋碑,有几十人把自己连同奋斗的历程镌刻在上面。历史,将永远铭记他们。吃水难、排水难、如厕难的历史"症结"得到彻底的医治。两年间,政府投资720万元铺设和改造管网35公里,新打3眼深水井,扩建过滤车间和蓄水池,5000户居民吃上放心水;投资1500万元,新铺设地下排水管线28000延长米,新建污水提升泵站4处,改造污水提升泵站1处,消灭了"晴天污水臭,雨天污水流"的历史现象。市委、市政府又提出驻双施工单位助建一座、政府机关赞助一座厕所的号召,迅速建起了44座外形古朴典雅,内部宽敞洁净的"观赏型"公厕。

"四患"根除,使老城区面貌焕然一新,在外界树立了双城的美好形象,也引来众多凤凰栖身古堡筑巢发展,全国知名的万杰集团等6大集团、10大公司纷纷与双城联姻,在原糖厂、亚麻厂、磷肥厂上嫁接起一座座高科技含量的企业。城市建设也拉动第二产业,两年增长1.8个百分点,吸纳安置就业人员占全市城乡就业人员的12%,拉动了全市建材、流通、装潢、运输、饮食等30多项产业健康发展。这对于800年前就有"龙头地"之说的古堡双城,无疑又是一个历史的跨越。

竞争图强,练就双城精神
励精图治,再铸古堡辉煌

龙年岁首,双城市委、市政府已立下目标:再投5个亿,打好跨世纪的城建总体会战。靠什么去打,仅凭5个亿?双城人有双城人的思索。在轰轰烈烈的两年改革改造中,一种精神正凝练:竞争图强、不甘人后的进取精神;团结奋进、同舟共济的合作精神;快速高效、雷厉风行的创业精神,凭这股子精神,双城会更富强。今年规划的硬件措施有:建设4至5个住宅小区,全市落实经济适用住房及公用设施建设面积50至60万平方米,辟建别墅区,建设一条专业街,一条步行街;在新城区再筑4条4万平方米的次干道,把老城区剩下的71条巷路全部水泥化;建设急救中心、客运中心、幼教中心、文化影视中心和交通指挥中心,完善城市服务体系;建设花园小区商场、新城区商服农贸市场、龙华商场,方便居民的日常生活。

软件措施是以"三园"为重点的美化、绿化工程建设。在前几年辟建的承旭公园、承旭广场、承恩广场的基础上,今年继续建设承旭公园,完善人工湖、动物园和其他内部景点,新建4个综合景区,扮靓的承旭公园将成为古堡的又一颗明珠,是百姓休假、游玩的好去处。同时,继续兴建街心公园。改造历史悠久的站前广场,扩建占地4万平方米,中间是广场、四周为三层仿古式建筑的街心公园式广场,与闻名东北的双城堡火车站交相辉映;将承旭广场建成绿色广场,将承恩广场建成街心公园。这样,新旧城区的几十座街心公园遍布市区,为古城增添一道靓丽的风景线。今年,完成东护城河南段绿化封闭改造任务,三年里使古老的护城河变成环城绿色公园,似一条碧玉带伴着古堡新姿。"三园"建设的同时,古城绿化、香化、美化、变化也在大规模进行,今年提出在两年绿化30万平方米的基础上,再绿化30万平方米。特别引人注目的是古堡的文明之风:各单位摆放盆花,栽种草树,各住房种花养草,遛鸟放鸽。临街的商家一色用灯箱,少挂幌。每当夜幕低垂,古堡万灯齐明,百花吐芳,人闲游园,万行奔忙,好一派都市风情。

古城的巨大变化,是全体古城人民竞争图强、团结奋进、快速高效、奉献拼搏的结果。在市委、市政府的带领下,80万市民团结一致,上下一心,用辛勤的汗水建设着美好家园,市民和有关单位识大体、顾大局,不争争讲讲,不当钉子户,为自己的城市更美好甘愿奉献。大多数系统和单位积极主动为政府分忧解愁,争任务,抢压力,不提困难,该买的小车不买了,要换的设备不换了,艰苦奋斗全力支持市委、市政府的城建大计。中国人民解放军驻双部队和武警消防中队更是积极配合,处处当先锋,打主力,军民相处如同一家。

双城市的城市建设在两年间取得了决定性胜利,但战斗尚未结束,规划目标还没有最后实现,有待于今年的拼搏。市委、市政府和全体双城人民正厉兵秣马,决心在新世纪的灿烂阳光初照双城大地时,再铸古堡辉煌。

(双城市委宣传部:丁桂兰　关国庆　王　伟)
刊于《学理论》1999年6期

第四编　经济综述

国民经济运行

工业、农业改革

居民生活

1986 年以来,双城继农村土地承包后,实施稳定和完善以家庭承包经营为基础、统分结合的双层经营体制,建立土地使用权流转机制。市委、市政府确定"植根于种植业,拓展于畜牧业,深化于加工业"的总体思路,对农业产业结构进行不断调整,形成多种形式的经营。到 2005 年,全市农业总产值实现 75 亿元,粮食产值 18 亿元,牧业产值 12 亿元,乡镇企业产值 45 亿元,三次产业值比重为 24∶16∶60。

工业企业进行一系列改革,使工业走上快速发展轨道。以经济开发区和新兴项目园为载体,全面实施领导带头招商、专业队伍招商和市乡捆绑招商,通过招商,引进国际、国内知名大企业,实现"大项目拉动"。2005 年,固定资产投资 21.6 亿元,是 1986 年的 610 倍;国内总产值 1 198 866 万元,社会总产值 2 570 451 万元。改变了双城"农业大县、工业小县、财政弱县"的局面,实现了由农业大县到产业强市、经济强市的跨越。

与此同时居民生活逐渐提高。2005 年农民年纯收入 4 330.32 元,是 1986 年的 904 倍;全民所有制企业人员年人均工资是"六五"末期的 13.14 倍;其他类型从业人员劳动报酬年平均 24 849 元。1986 年居民消费水平中农业居民为年平均每人 355 元,非农业居民每人 705 元,到 2005 年,农业居民消费水平平均每人 3 249 元,非农业居民消费水平年平均每人 7 409 元。居民生活有了很大提高。

第一章　国民经济运行

第一节　经济综合指标

【国内生产总值】 1986 年,全县国内生产总值实现 51 163 万元。到 1990 年,由于产业化程度和各产业关联度较低,国内生产值一直徘徊在 5 亿～9 亿元之间,年均增长绝对值在一亿元以内。1992 年后,全市产业化经济模式已见雏形,当年全市国内生产总值突破 10 亿元。2002 年,国内生产总值达到 899 174 万元,已接近百亿元,此间年均绝对值增长 8 亿元左右。2003 年后,全市产业化经济模式基本形成,三大产业之间有机融合,相互促进,全市国内生产总值突破百亿元,当年为 1 054 919 万元。2004 年,国内总产值 1 265 746 万元,达到历史最高水平。2005 年,由于全市经济支柱企业——雀巢公司遭受"碘"事件影响,国内生产总值回落到 1 198 866 万元,但总体水平仍处在历史高位上,仅低于 2004 年水平。三年间国内生产总值绝对值年均增长超过 10 亿元。

【社会总产值】 1986 年,全县社会总产值为 88 284 万元,1988 年,社会总产值突破 10 亿元,到 1996 年,社会总产值增长至 754 121 万元,接近百亿元,其间,社会总产值绝对值年均增长达 8 亿元。1997 年,由于大力实施招商引资战略,一批规模较大的,对农业具有强大拉动力的工业龙头企业的建设,加上大力发展第三产业,社会总产值进一步攀升,当年全社会总产值达到 1 222 873 万元。到 2001 年达到 1 743 325 万元,四年间社会总产值绝对值年均增长达 10 亿元以上,呈现强有力的增长态势。2002 年,全市社会总产值达到 2 017 356 万元,2003 年达到 2 402 850 万元,2004 年达到 2 791 975 万元,处于历史最高位,2005 年虽然总产值有所回落,也仍处于历史第二高水平,为 2 570 451 万元,三年间社会总产值绝对值均增长达 20 亿元以上。

【社会商品零售总额】 1986 年,全县社会商品零售总额为 31 463 万元,1990 年为 45 053.3 万元。1995—1999 年在 10 亿元～20 亿元之间。2000 年则突破 20 亿元,2004 年突破 30 亿元。2005 年达到 342 529 万元,为历年最高值。20 年年均增长 16%。

表4-1-1　2005年黑龙江省10强县（市）主要经济指标情况表

项目		绥芬河市	双城市	阿城市	呼兰区	肇东市	尚志市	安达市	海林市	东宁县	讷河市
综合位次		1	2	3	4	5	6	7	8	9	10
地区生产总值	数值（万元）	263 849	1 469 711	954 091	995 562	1 288 090	980 000	633 853	412 774	264 444	699 490
	位次	20	1	6	3	2	5	9	11	19	8
人均地区生产总值	数值（万元）	43 975	18 145	14 620	16 123	14 132	16 079	12 272	9 566	12 714	10 456
	位次	1	2	5	3	6	4	9	20	8	16
地区生产总值发展速度	数值（%）	30.0	17.6	14.1	13.0	14.3	10.8	23.7	18.0	23.3	46.1
	位次	6	18	30	38	24	48	9	17	10	1
工业增加值	数值（万元）	31 971	454 698	347 626	419 021	365 629	425 000	173 262	180 387	53 900	108 457
	位次	37	1	5	3	4	2	9	8	21	13
二、三产业占生产总值比重	数值（%）	98.7	71.5	82.4	79.4	76.9	84.1	76.8	77.4	77.4	64.1
	位次	1	13	5	6	9	3	10	7	8	26
全口径财政收入	数值（万元）	62 366	51 524	58 019	57 187	60 754	31 213	41 628	36 416	26 101	15 329
	位次	1	5	3	4	2	11	7	8	13	21
一般预算收入	数值（万元）	27 807	26 927	27 906	31 704	28 217	16 063	18 890	9 654	11 367	11 319
	位次	4	5	3	1	2	8	6	16	13	14
工商税收占全部税收比重	数值（%）	89.3	96.7	91.3	89.0	90.5	92.4	88.9	90.6	87.1	46.2
	位次	28	1	13	30	19	9	32	16	40	66
全口径财政收入占生产总值比重	数值（%）	23.6	3.5	6.1	5.5	4.7	3.2	6.6	8.8	9.9	2.2
	位次	1	47	24	26	34	54	21	11	10	65
全社会固定资产投资	数值（万元）	143 314	225 913	215 407	220 422	127 048	131 100	120 520	124 176	109 355	97 194
	位次	6	1	3	2	8	7	10	9	11	13
社会消费品零售额	数值（万元）	56 030	342 529	284 058	208 498	240 848	260 248	210 285	113 046	76 993	135 011
	位次	38	1	2	7	5	4	6	14	25	10
实际利用外域资金	数值（万元）	80 594	93 900	201 000	221 463	125 000	104 000	69 200	83 500	76 364	71 141
	位次	9	5	2	1	3	4	20	7	12	17
城镇居民可支配收入	数值（万元）	11 444	6 326	7 800	6 750	7 212	7 600	6 175	6 936	8 506	7 495
	位次	1	20	5	14	9	6	22	12	2	7

续表 4-1-1-1

项目		绥芬河市	双城市	阿城市	呼兰区	肇东市	尚志市	安达市	海林市	东宁县	讷河市
综合位次		1	2	3	4	5	6	7	8	9	10
农村居民人均收入	数值（万元）	5 095	4 331	4 338	4 002	3 800	4 200	3 598	4 088	4 726	3 997
	位次	1	5	4	11	21	7	26	10	2	13
城乡居民人均年末储蓄存款金额	数值（万元）	76 058	3 497	6 900	5 286	3 911	7 836	5 238	8 236	13 758	3 732
	位次	1	50	21	29	43	15	30	12	7	47
城镇登记失业率	数值（%）	2.80	2.83	4.48	4.46	4.30	4.76	3.50	2.90	4.90	3.30
	位次	64	62	16	18	24	7	50	60	3	53
城镇化率	数值（%）	83.6	22.2	37.7	46.3	30.4	40.9	46.4	58.9	47.6	23.9
	位次	4	49	23	14	37	21	13	7	10	47
转移劳动力占农村劳动力比重	数值（%）	29.5	56.7	58.0	51.1	44.3	44.7	55.5	72.2	66.7	61.7
	位次	55	6	5	14	31	29	8	1	4	4
人均用电量	数值（千瓦时）	2 639.3	434.0	1 409.5	689.2	304.2	562.4	325.7	519.5	694.4	181.1
	位次	1	20	2	7	37	12	33	15	6	60
每万人在校中学生数	数值（人）	1 326.4	700.7	501.9	656.3	798.4	679.5	642.7	1 046.7	742.1	942.2
	位次	1	16	61	27	8	24	30	4	12	6
高中阶段毛入学率	数值（%）	61.8	43.9	38.1	51.0	55.5	39.8	64.0	80.6	67.5	80.2
	位次	8	33	44	25	16	40	7	1	5	3
每万人拥有卫生技术人员数	数值（人）	48.9	14.4	22.1	36.5	14.9	20.5	23.7	28.7	36.7	15.3
	位次	7	65	49	18	64	53	40	32	17	63
粮食总产量	数值（吨）	5 385	1 595 338	520 031		1 612 565	635 588	510 234	220 950	154 553	1 147 425
	位次	63	3	26		2	17	29	52	55	4

【固定资产投资】 1986年，全县固定资产投资为348万元，1988年后，由于雀巢公司的投资到位，投资总额突破千万元，到1993年投资水平一直在千万元间徘徊。1994年，公有制企业转制后引进域外资金和吸收社会资金投资，年投资总额突破亿元。1997年以来招商引资投资逐年提高。到2003年达到100 208万元，2004年为191 037万元，2005年达到215 815万元，创历史最高水平。

【双城在省十强县位次】 1993年，黑龙江省统计局连续3年进行全省十强县评比活动，1994年双城名列第九位，1995年双城名列第七位。2002—2005年，省统计局又先后4次对县域经济综合实力进行评价。2003—2005年双城位列全省第二位。

1993—1995年黑龙江省10强县（市）排名表

表4-1-2

1993年（第一届）		1994年（第二届）		1995年（第三届）	
县（市）名称	综合位次	县（市）名称	综合位次	县（市）名称	综合位次
海林市	1	阿城市	1	海林市	1
阿城市	2	海林市	2	阿城市	2
绥化市	3	绥化市	3	绥化市	3
肇东市	4	肇东市	4	肇东市	4
尚志市	5	尚志市	5	尚志市	5
宁安市	6	穆棱县	6	穆棱县	6
虎林市	7	宁安市	7	双城市	7
穆棱县	8	富锦市	8	讷河市	8
富锦市	9	双城市	9	鸡东县	9
东宁县	10	讷河市	10	富锦市	10

第二节　产业结构

【"七五"时期】 1986年，全县处于改革开放初期，农业在国家"决不放松粮食生产，积极发展多种经营"方针的指导下，得到较快的发展，粮食产量达30亿斤，成为全国粮食生产大县，当年第一产业为32 461万元，占地区生产总值63.4%；全县的工业是以国有工业和二轻企业为主体，企业规模较小，利润不多，建筑业共有7家，因而全县第二产业值只有9 965万元，占地区生产总值19.6%；全县第三产业主要是国营商业，商品销售总额为7 049万元，利润只有95.8万元，交通邮电业产值1 668万元，全县第三产业产值8 717万元，占地区生产总值17%。三次产业比重为63.4：19.6：17。1987—1989年，第二产业、第三产业仍然发展不快，农业经济仍占全县的主导地位。1990年，社会总产值193 059万元，其中第一产业产值为108 808万元，占社会总产值56.35%；第二产业产值为68 013万元，占社会总产值的35.2%；第三产业产值为16 238万元，占社会总产值的8.45%；三次产业比重为56.35：35.2：8.45。全市仍为"农业大县，工业小县，第三产业弱县"。

【"八五"时期】 1993年，全市大规模城市改造，沿主街商住两用综合楼为商贸流通和服务业提供了空间。市委市政府大力鼓励和支持第三产业，到1995年实现总产值321 204万元，是1990年1.66倍。第二产业由于工业进入产权改造时期,建筑业大规模的建筑市场尚未形成,因而第二产业国民总产值为61 106万元,占全市国民总产值19.08%。三次产业比重变化为50.12:19.08:30.84,农业比重较七五时期下降6.23个百分点。

【"九五"时期】　全市部分公有制工业企业完成产权改造,进入二次创业阶段,1997年全市性招商引资活动见成效,双城经济技术开发区初显成果。全市城市改造全面展开,建筑业迅速发展,加上支柱企业雀巢公司进入生产经营成熟期,全市第二产业年均增加值184 145万元,占全市的26.8%,比上期增加7.78个百分点,大规模城市改造为第三产业提供更广泛空间,大力吸纳个体私营资本,促进第三产业蓬勃发展。2000年达到277 119万元,占全市总产值的40.32%。以农业为主的第一产业在稳步发展的基础上,比重由上期的50.12%降为32.9%,三次产业的比重达到32.9:26.8:40.3,二三产业之和首次超过第一产业,农业大县、工业小县、三产弱县的局面有所改观。

【"十五"时期】　经过前三个"五年计划"发展,历届市委、市政府坚持产业兴市、经济强市发展战略,不断调整产业结构,使三次产业协调发展。第一产业,农业种植业积极推广应用先进科技,实施先进的耕作制度,栽培技术,调整种植业结构,粮食生产连年稳定在30亿斤以上。养殖业通过多年发展已经形成养牛、养猪、养鸡等产业链,畜牧业生产能力已经超过种植业,实现了主副换位。加上农村乡镇企业,商运建服各业的快速发展,2005年第一产业生产总产达到418 945万元,占生产总值34.95%。第二产业经过工业体制的改革,形成一大批非公有制工业企业;经济技术开发区引进一批生产规模较大的企业,特别是雀巢公司经过四次改造已经形成亚太地区最大的婴儿奶粉生产能力,临江石油开发区正式投产,全市形成多种经济所有制发展的工业新格局。在城市改造中,由于加快城市基础设施建设、住宅建设,促进建筑业发展,第二产业生产总值达到367 706万元,占生产总值的30.7%,比"九五"时期提高了3.6个百分点。第三产业在大力发展个体私营经济政策引导下,商贸流通业、交通运输业、房地产开发业、各类服务业迅速发展,第三产业生产总值412 221万元,占生产总值的34.4%。三个产业的构成为34.90:30.7:34.4,实现了由农业大县到产业强市、经济强市的跨越,列全国最具区域带动力中小城市百强县第77位。

第三节　招商引资

【招商引资活动】　1986年,为改变双城"农业大县,工业小县,财政弱县"状态,县委、县政府继续实施"外引内联"战略,与世界500强企业——瑞士雀巢公司达成合作建厂协议,这一招商引资的重大成果,使双城经济发展有很大提升。1992年,组建双城经济开发区,市委、市政府依据国家政策,制定"双城经济优惠政策",在土地使用、税收和项目审批等给投资者最大限度的优惠。1997年,市委、市政府在认真调查研究、总结本市改革开放以来经济发展成功经验基础上,尤其是借鉴雀巢公司成功引进,拉动农村产业化发展,提升全市经济实力的成功经验,把招商引资作为全市经济发展的重大战略。市委、市政府召开全市"招商引资动员大会"提出"千户企业进双城"的目标。采取以乡镇和市直科局部办为单位层层下达招商指标的措施,在全市营造浓重的招商引资氛围,引导全民参与。对招商引资实行目标管理,跟踪考核。2001年,市委、市政府提出招商引资重点由过去注重数量向数量质量并重的转变,变"全民招商"为"领导招商与部门招商相结合",并加大招商引资奖励力度,变"高压紧逼强力推进"为"政策吸引,利益驱动",使招商引资工作成为全市自上而下的自觉行动。2003—2005年,市委、市政府把"领导招商与专业队伍招商相结合"作为全市招商引资工作的主体,在全市组建15个招商局,并把招商引资任务指标分解到市级四大班子领导成员和15个招商局。"瞄准国内500强企业",引进国内国际知名大企业、大集团作为主攻方向,实施"大项目拉动"战略,使招商引资工作得到快速发展。

【招商引资成果】　1986年,瑞士雀巢公司落户双城,1991年投产,投资额4 750万元。1997—2000年,引进山东万杰集团、哈市时代工贸有限公司、浙江横店集团、华帝集团、唯有公司等一批国内知名企业。

2001年以后,引进台湾旺旺集团、杭州娃哈哈、哈工大集团、北京汇源饮料集团、江苏菊花味精集团、中强集团、山东富荣集团、哈尔滨大众肉联集团、哈尔滨亚麻集团等一大批国内外知名企业,这些企业的投产,提升双城"工业化"程度,形成一大批农业产业化的龙头企业,拉动全市经济发展。2003年固定资产投资10亿元,2004年达到19.1亿元。到2005年,双城雀巢公司先后三次增资扩建,投资总额达73 100万元,成为拉动全市经济发展的支柱企业。全市形成以雀巢、旺旺、娃哈哈、汇源、菊花和雨润为代表的食品产业;以哈博、鑫岳为代表的纺织产业;以临江油田、承旭化工为代表的石化产业;以隆泰利、沛奇隆为代表的药品保健品产业;以鼎新、多多和建恒为代表的包装运输服务产业;以吉田、荣耀和四季春为代表的饲料产业等工业产业群体,形成多元化的现代工业发展格局。固定资产投资达21.6亿元,是1986年的610倍。

第二章　工业、农业改革

第一节　工业企业改革

【国有企业改革】　1986年,县委、县政府根据国家有关政策,继续对国营企业实行改革。由县经济委员会牵头,制订出台《关于国营工业实行厂长任期目标责任制工作方案》,具体目标分为经济目标、技术发展目标、企业素质和福利4大类22个小项。首先在乳品厂、白酒厂、啤酒厂、钻机厂、亚麻厂、印刷厂、纺织厂、大修厂、变压器厂推行。然后在陶瓷厂、造纸厂、罐头厂、有机化工厂、烤醋厂推广。1987年12月,针对企业领导实际情况,采用招聘方法选聘企业厂长。由县政府、县人大以及有关部门组成竞聘领导小组,通过电视发表竞聘公告。首先在造纸厂实施,经过职工投票,领导小组讨论,确认中标。其后有14家企业分别竞聘厂长。1988年,县政府针对厂长负责制只调动经营者的积极性,没有从根本上调动全员职工积极性的弊病,制订《企业内部实行抵押承包实施方案》,先在味精厂、乳品厂试点,然后在全县企业实施。根据企业规模,职工责任大小,全员分档次交纳承包抵押金,厂长(经理)抵押金2 000～10 000元,副厂长1 000～3 000元,中层干部800～1 000元,工人300～500元不等,年终根据完成承包基数,采取盈利保息分红方法兑现奖惩。1990年,全市工业滑坡严重。市委、市政府成立"工业渡难关"指挥部,市委书记张成果任总指挥,市长李庆学任副指挥,市级四大班子领导成员分别包一户企业,采取各种办法活化资金,组织技术人员进行设备改造,开发新产品,强化产品销售等措施,但是没有扭转工业生产被动局面。1992年,市政府下发《关于深化企业改革,转换经营机制工作方案》,主要内容是:改革劳动人事制度,实行干部聘任制,工人招聘制,全员实行劳动合同制;改革工资分配制度,取消铁工资,实行以岗位技能和工作业绩为主的工资分配形式,主要是解决国有企业"铁饭碗,铁交椅,铁工资""工人躺在企业上,企业躺在国家上"和"大锅饭"等问题,收到了较好的效果。调整工业管理机构,将市经委、市工业局、二轻局和刚成立的化工办合并为双城市工业经济委员会,统一组织实施全市工业产权制度改革工作。10月,化肥厂向双城市人民法院提出破产申请,12月6日进入破产程序。1994年初,充实和加强了工业经济委员会班子,市委、市政府1号文件下发《双城市工业企业产权制度改革实施方案》。全市采取8种形式,对45户国有、二轻工业企业产权改造全面展开。对规模小、微利企业采取产权出售的方式。3月26日,在市政府招待所,由市委常委、工业副市长赵坤、工委主任王江主持,市各职能部门负责人参加,现场将变压器厂竞价出售,价格由底价100万元,竞拍到200万元,由原厂长董立新竞得,成为全省第一家产权出售的国营企业。3月27日《黑龙江日报》在头版头条报道此消息。4月28日清算结束,双城市人民法院依法宣告地方国营双城市化肥厂破产,化肥厂成为全省第一家国有破产企业。1996年6月,双城工业经济委员会与黑龙江省铁力实业发展公司签订兼并烤醋厂合同。企业更名为黑龙江省铁力集团双城烤醋有限责任公司。2001年8月28日,经市政府批准,将占地3万平方米、建筑面积3 710平方米磷肥厂的硫酸车间以120万元出售给哈尔滨金山石油化工总厂做硫酸分厂。2003年,共有11家企业破产,总资产12 616.2万元,总债务45 296万元,资不抵债33 679.8万元。国营系统18家企业,仅有印刷厂、罐头厂没有改制,采取了租赁经营。破产企业有11 154名职工失业,自动解除固定职工身份。到2005年,国有企业有7个,工业总产值5 404千万元。引进13个项目,将农机修造厂、陶瓷厂、印刷厂、造纸厂、乳品厂、味精厂进行住宅小区开发,建成"大修厂商住小区""财富名苑小区""印刷商住小区""凤凰小区""乳品小区""金融花园小区""北厂开发小区"和"神农生产资料批发市场"。自此,大部分国有企业在双城退出历史舞台,非公有制企业占主导地位,形成私营企业和多种经济成分并存的新型工业体制。

【二轻企业改革】　1986年,双城二轻集体工业有22户,针对大部分企业经营不善经济效益逐渐下滑的状态,实施完善企业管理措施。1988年,改变党委直接任命厂长的干部任用模式,在全系统实行干部竞聘上岗,抵押承包制,在企业内部实行工资与工作效率、生产指标、劳动成果挂钩等分配形式。1991年,企业出现产品销售不畅,销售货款不能及时回收的问题,各企业分别实行不同形式的产销承包责任制,有的组成"专兼群"结合的销售队伍,有的制订销售激励政策和制约措施。1992年3月,双城制伞厂、工艺美术厂与俄罗斯车里雅宾斯克市合资在该市成立了晴雨两用伞厂、玫瑰制花有限公司;10月,双城服装厂与俄罗斯麦塔市合资成立双鹿服装有限公司。企业内部的一系列改革,对企业经营下滑有所抑制但仍没能扭转企业体制上固有弊端,企业包袱沉重,资金严重短缺,工艺设备陈旧,管理粗放等问题仍然十分突出。1993年4月,双城市工业经济委员会集体经营办公室,负责二轻集体企业的行政管理和业务指导监管。同年11月,市政府根据省政府文件精神,开始着手全市企业产权制度改革。1994年3月15日,经市企业产权制度改革领导小组批准,塑料厂、梳棉厂按照产权改革规定程序,经过资产清查、产权界定、资金评估、通过职工代表大会讨论,分别以110万元和115万元的标的额进行公开竞价出售,两户企业的原厂长分别中标。4月10日珍珠岩厂以同样的方式完成企业产权出售。这3户企业的职工与企业签订解除与企业的劳动关系协议,并按照相关规定进行安置。按照全市工业产权改造实施方案的要求,在工委集体企业办公室的组织下,将企业资产依法评估后,在确保企业资产保值增值的前提下,由企业职工代表、企业法人、主管部门共同协商后确定企业租赁经营租金,然后在企业内部竞聘租赁人。水暖器材厂、鞋帽厂、服装厂、硝酸钾厂、木器厂、机床厂、供销公司、兰棱砖瓦厂、毡制品厂实行租赁。同时对周家阀门厂、皮革厂、纺织厂、制伞厂、工艺美术厂、五家精密铸造厂、电器开关厂、二轻综合厂先后实行股份合作制改革。在产权改革过程中,一些企业由临街手工作坊和店铺改造成前店后厂。在城市改造建中属于拆迁地块,依据《中华人民共和国集体所有制条例》,对纺织厂、制伞厂、服装厂、皮鞋厂、工艺美术厂、硝酸钾厂、木器厂、铸件厂、木器加工厂、机床厂、钟刻社、供销公司、钢制板厂、电镁厂、鞋帽厂实施解体。到2005年,二轻企业有5家产权出售,15家在城市建设中拆迁解体,周家阀门厂、五家铸造厂、兰棱砖瓦厂、毡制器厂、电器开关厂、水暖器材厂全部停产,只有3户企业正常生产。

第二节　农业改革

【土地流转】　1985年,农村推行家庭联产承包责任制,农村出现承包田较多,劳力较少的农户,丧失劳动能力和外出务工经商的农户,经村集体组织同意,在亲戚、朋友之间转让承包田,接包户承担完成粮食定购任务、缴纳统筹提留、农业税和代出农田基本用工;也有外出务工经商户将承包田交回村级合作经济组织,再由村级合作经济组织将这部分承包田转包给劳动力较多,机耕力量较强的农户耕种。这些农户要求继续耕种时,由村里收回来,再由原承包户耕种;有的经村同意,由出让土地的农户自行将土地转包给种粮大户。

1990年12月，双城市委、市政府在全市农村工作会议上提出"要逐步建立起正常的土地流转机制"，规范土地流转机制具体事宜，对常年在外从事非农产业，又有稳定经济来源的农户，在本人自愿前提下，集体经济组织给予一定经济补偿，转让给有耕种能力的农户；对少数耕种不好的农户，引导他们将土地转包给种田能手；对要求自行转包的农户，经村集体经济组织批准后，允许自行转包。在尊重农民意愿和经村集体经济组织同意前提下，使土地使用权有偿转让、租赁、抵押、入股，稳定了农户承包权，搞活了耕地使用权，建立起灵活的土地流转机制。1999年1月，市委提出"加强土地管理制度建设，稳定经营权，搞活使用权，强化管理权，建立健全土地流转机制"，全市进一步加强对土地流转指导，逐步完善土地流转机制。到2000年末，全市土地流转户2万户，转包土地40万亩。2003年，全市农村工作会议提出，要切实搞好农村土地经营权流转，贯彻落实《农村土地承包法》，在稳定完善家庭联产承包制前提下，促进土地规模经营。本着"自觉、有偿、依法、规模"原则，鼓励农民将土地经营权作为股东，进行有偿流通，可联合经营，可以入股经营，可以有偿转让，实行适度规模经营，对农民土地转让，转租经营权鼓励和支持。2005年，全市土地流转农户2.2万户，面积45万亩，比2004年增长20%。

【新一轮土地调整】 1997年，开启新一轮土地承包工作。市里成立由市委书记朱清文任组长，市长李学良、市委副书记裴君、副市长刘士文为副组长，由组织部、宣传部、纪检委、监察局、公安局、教委、计生委、广电局、农委、农业局、林业局、土地局为成员的领导小组。按照"大稳定、小调整"的原则，对人地矛盾突出的农户土地进行微调，核准应抽土地人口、应抽土地面积和应补土地人口，按公平合理的原则将抽回的土地分包到户。同时规范土地流转机制，认真清理农户陈欠，落实土地培肥、耕喧和水土治理等项制度，对承包土地实行依法管理。由村与农户签订土地承包合同，并发给土地使用权证。新的承包期从1997年12月31日零时开始，在第一轮土地承包的基础上再延长30年。五荒地开发性生产的承包期可适当延长。共调整土地31.5万亩，占总耕地面积10.3%。

【"五荒"拍卖】 1994年9月，双城市开始对境内的荒山、荒地、荒滩、荒草、荒水等"五荒"使用权进行拍卖。市农业委员会下发《双城市五荒资源拍卖开发利用实施方案》和《双城市拍卖五荒土地资源使用权的补充规定》，要求对原承包、租赁的宜林荒坡、荒地，造林保存率在30%～60%的，拍卖时将林木合理作价，优先拍卖给原承包户；对造林保存率达不到30%的收回使用权，另行拍卖；对已开发的熟地、经济效益好的地块，原则上不在拍卖出让之列，可继续实行承包经营和租赁经营。联片地块可以实行大户专项经营，也可以采取合伙、股份经营；对用国家和集体荒水开发的个人鱼池，如本人不再继续经营的，把个人的投入合理作价后返还本人，将鱼池再转包给他人；对宜牧的草原、荒坡优先卖给养畜大户作为发展畜牧业用地；各乡镇按要求，对本地的"五荒"资源进行调查，核准面积，落实具体拍卖地块。经过踏查、核实，全市共有可拍卖的"五荒"总面积17 084.6亩。市政府根据"五荒"资源的质量、治理任务、效益和地面附着物状况，由土地、水产等部门对相应的地块做出评价，在广泛征求群众意见的基础上，确定拍卖"五荒"的等级标准和底价，张榜公示。以乡镇为单位，成立"五荒"拍卖领导小组，在乡镇统一领导、统一规划、统一部署、统一组织下进行，对规划拍卖"五荒"土地使用权的宗地，严格按照规定的土地审批权限，经审查核准后，再行拍卖。到1996年10月，全市共拍卖"五荒"14 244.6亩，占应拍卖80%，拍卖金额86 467 500元。拍卖成交双方签订合同进行法律公证，对每宗地现场落实土地使用边界，增设界标，对拍卖地块编号上图，归档存查。购买者持合同文本和支付土地出让金的复印件到市土地局登记，领取《五荒土地使用证书》，获得土地使用权。地籍档案包括宗地图、地籍图、土地登记申请书、地籍调查表、审批表、登记卡、土地证书签收薄、合同文件、公证书、外业调查、地价评估、拍卖纪录等资料，由市土地局建档保管，作为依法进行管理的基础。

【粮牧企结构调整】 随着农村改革的深入，全市由单一粮食生产的一字形结构向粮多企全面发展的倒三角形结构转变。1986年，粮多企三业产值比重为50:16:34。1987年6月，县委、县政府在周家镇召开全面振兴农村经济的现场会，加快全县粮牧企产业结构的调整速度。当年多种经营和乡镇企业出现了大干快上的局面,粮多企总产值实现 6.8 亿元,比 1986 年增长 30.8%。其中粮食产值 3.4 亿元,比上年增长 15.3%;多种经营 1.1 亿元,比上年增长 10.7%;乡镇企业产值 2.3 亿元,比上年增长 54.8%。1988 年 3 月召开全县农村工作会议,县委书记于文复做《深化改革,挖掘潜力,推进我县经济大发展》的报告,提出全县农村经济要有个更大的发展。即强化基础,兴工活商,富民富县;全县农村经济发展的总体战略是实现 "五个转变":实现从资源的初级开发向资源的深度开发转变;从出卖"原字号"产品向出卖深加工产品转变;从分散低效脆弱的小生产向群体化、基地化转变;从内向型经济向内外结合型经济转变;从粗放经营向集约化经营为主的轨道转变。走上植根于种、扩展于养、深化于加工业,以商贸为导向的农村经济发展道路。自觉按市场需求和商品生产经济规律组织生产、引导生产,发展城乡一体化经济。当年农村社会总产值实现 7.3 亿元,比上年增长 9.7%,其中粮食产值 3.2 亿元,比上年增长 5.6%;多种经营产值 1.4 亿元,比上年增长 12.8%;乡镇企业产值 2.7 亿元,比上年增长 13.2%。"粮、多、企"三业产值比重为 43∶20∶37。1990 年,随着双层经营体制的实施,一方面鼓励村级兴办小农场、小牧场、小林果场、小加工厂等五小企业,为壮大村级集体经济闯出新路,另一方面突破薄弱点,健全农村社会化服务体系,农业、畜牧、园艺生产服务和乡企、农经服务公司的框架已初步形成。"粮、多、企"三业产值比重为 47∶13∶40。1991 年,全市农村工作会议提出,稳定发展粮食生产,大上畜牧业、大上乡镇企业,走以商贸为导向,以城带乡,以农促工,城乡共荣的发展路子,实现民、村、乡同富。"粮、多、企"三业产值比重为 38∶20∶42。1993 年,以建立社会主义市场经济体制,完善家庭联产承包制和统分结合的双层经营体制为重点,促进农村改革不断深化。全市逐步形成以农副产品加工、流通为依托的贸工农一体化经营,建立城乡市场 43 处,年成交额 5 亿元以上,已有万户农民进入农产品流通领域。当年农村社会总产值 24.85 亿元,其中种植业 8.4 亿元,畜牧业 5.2 亿元,乡镇企业 11.25 亿元,比重 33∶27∶40。而后在稳定完善家庭联产承包责任制同时,在二、三产业比较发达地区,进行规模经营,培育和建设市场体系,加大力度推进贸工农一体化。每个乡镇组建农副产品经销公司,村级以农机队为依托,建设村级农业综合服务队。组建民间各业生产者协会式研究会,培育农村经济新的生长点,加快发展股份合作制经济和个体私人经济。1995 年呈现出粮食、奶牛、肉兔、肉鸡、肉牛、蔬菜"六龙腾飞"的局面。实现农村社会总产值 65 亿元,粮食产值 19.6 亿元,畜牧业产值 10.4 亿元,乡镇企业产值 35 亿元,三业比重 31∶16∶53。2000 年,全市乡镇企业有 12 688 家,增加值 11.6 亿元。全市农民离土创业人数达到 12.7 万人,占农村剩余劳动力的 45.6%。当年,全市农业总产值实现 72.5 亿元,粮食产值 18 亿元,牧业产值 12 亿元,乡镇企业产值 42.5 亿元,三业比重为 26∶16∶48。2005 年全市农业总产值实现 75 亿元,粮食产值 18 亿元,牧业产值 12 亿元,乡镇企业产值 45 亿元,三业产值比重为 24∶16∶60。

【服务体系建设】　1985 年,农村实行家庭联产承包责任制之后,县乡村都相应地调整了工作思路,积极为农民的生产生活提供服务。1990 年 12 月 5 日,全市农村工作会议上提出,"进一步加强农业社会化服务体系建设"的要求,从市到乡镇在原有工作基础上,建立健全服务组织,扩大服务领域,加强农业社会化服务体系建设。到 1991 年底,全市形成以市为主体,以乡镇为辅的农业技术推广体系、畜牧兽医服务体系、农机服务体系、农村合作经济管理服务体系、水利服务体系、林业生产服务体系、粮食购销服务体系、水产服务体系、农村供销服务体系、农村金融服务体系等 11 个服务体系。12 月 29 日,市委、市政府召开会议要求"各服务组织纵向要搞好衔接,上下贯通,层层指导;横向要开展联合,分工协作,提高整体服务水平,为引导农民优化产业结构,搞好农产品加工储运,提高农副产品的商品率、转化率,提供优质、高效的全程服务"。全市各级领导把发展和完善农业社会化服务体系建设纳入工作日程,建立健全各项目标管理责任制,为农民提供良种供应、机械耕地、土壤增肥、农田水利、生产资料供应、产品销售等服务。各乡镇农口各事业站(所),健全服务设施,改进服务方式;鼓励农民自办服务组织;强化各类专业化、社会化服务网络建设。1995 年末,全市涉农部门共创办农业服务实体 82 个,为农民提供产前、产中、产后的较大规模服务组织 45 个,农民自办服务组织 820 个,农业技术推广系统每年培训农民 8 万人次,举办科技大集 12 场,全市建成达标的乡（镇）畜牧兽医综合服务站 20 个,农机服务站 25 个,农业技术综合服务站 26 个,水利综合服务站 24 个。1997 年,市委、市政府从发展市场经济和实施农业产业化需要出发,鼓励服务组织,办好实体促服务,发展各类专业协会、技术研究会,解决农村服务网络断层,服务功能断档的问题,建立起市、乡（镇）、村、农民相结合的社会化服务体系。全市形成上下衔接、功能完善的服务网络;服务项目由管理协调转向生产资料供应、技术指导、产品销售相结合的全方位发展;服务环节由产前、产中服务向产后服务延伸;服务领域由单项服务向全面综合服务和专业化服务拓展。为农民解决科技培训、耕地整地农田耕种用水、生产资料供应、农副产品销售和生产用资金等难点问题。到 2000 年末,全市各类服务组织8 253 个,其中农口各单位成立的农业技术推广中心、畜牧兽医中心、农机服务中心、生产资料供应组织 30 个,形成实体 32 个;乡镇事业站及其建立的服务组织 135 个,形成实体 56 个。这些服务组织凭借技术、信息及财力、物力等方面优势,组织科技攻关示范,推广实用技术,引进种、养业优良品种,向农民提供组装配套新技术,开展种养业技术指导,提供优质专用肥料和农药等生产资料等,帮助农民销售农副产品,保证农业生产顺利进行。村级合作组织建立的公司、服务组织 524 个,形成实体 182 个。农民自办研究会、专业协会、运销、粮食和饲料加工、生活用品供应等服务组织 358 个。2005 年,全市农业技术推广部门全面推进种子包衣化工程、科技入户工程、测土配方施肥工程。开发水稻大棚育秧、浅水栽培等 13 项新技术和 14 个新品种,推广新品种 30 多个,新技术 25 项,培训各类科技人员2 342 人次,农民 20 万人次。举办农业各类培训班1 250 期,培训 21 万人次,绿色证书培训8 500 人次,学校农民培训13 500 人次,农业、林业、水利、畜牧干部培训6 350 人次;师资培训1 900 人;科技入户培训8 320 人;跨世纪农民培训8 500 人,农村妇女培训45 000 人,其他培训 2 万人。

【农村税费改革】 2004 年,双城市被黑龙江省确定为全省免征农业税改革四个试点市（县）之一。为搞好试点工作,市委、市政府成立农业税费试点工作领导小组,组长由市委书记李学良、市长裴君担任,副组长由市委副书记丁顺、副市长朱辉、李继明、刘士文、丁桂兰同志担任,成员单位由市委办、市政府办、市财政局、市农委、市教育局、市民政局、市人事局、市编委办、市卫生局、市计划局组成,办公室主任由市财政局局长担任,并成立 12 个专题推进组。市委、市政府制订了《双城市全部免除农业税试点工作实施方案》,全市从 2004 年 4 月起,全力推进以"一个免征,三项改革,六个完善"为主要内容的农村税费改革。7 月初全面启动,8 月 9 日黑龙江日报三版以"角色变了,援手多了"为题对双城农村税费改革进行报道,9 月 11日头版再次以"全省免征农业税改革由试点转入实施,全省各县全部推开"为题给予报道;副市长李继明在全省全部免征农业税座谈会上做典型发言。到 9 月 15 日改革试点工作基本结束。当年,除保留烟叶特产税、耕地合同税和契税三个税种外,全市农村所有耕地全部免征农业税,共免征农业税6 746 万元。"两补"资金全部发放到农民手中,粮食补贴面积为 285.3 万亩,发放粮食补贴资金3 979 万元;玉米良种补贴面积 35 万亩,水稻良种补贴面积 7.6 万亩,共发放玉米、水稻良种补贴资金 464 万元,全市农民因"一免两补"人均实现增收 180 元。2005 年,发放粮食补贴资金4 082 万元,补贴面积 287.3 万亩,玉米良种补贴 23 万亩,补贴资金 230 万元,水稻良种补贴 17 万亩,补贴资金 255 万元。

第三章　居民生活

第一节　居民收入

【农业居民收入】 1986 年,全县农业人口年人均收入 462.6 元。1990 年比 1986 年增加 255 元。这个时期农业人口收入主要是种植业收入。1995 年,由于农村经济产业结构调整,农民外出务工,农业人口收入渠道增多,当年人均总收入3 989.24元,人均纯收入2 621元。在总收入中基本收入3 855.91元,其中劳动者报酬收入796.03 元,占基本收入的 20.64%;家庭经营收入3 059.88元,占基本收入的 79.35%;转移性收入113.29元,占总收入的 2.84%。在企业务工的报酬占劳动者报酬收入的93.84%,是主要收入。家庭收入中种植业为主要收入,占家庭收入的82.97%,牧业收入占 14.36%。尔后人均收入每年平均以0.2%的速度发展,到2000 年,年人均收入4 091.0元,比 1995 年增加102.66元。其中工资性收入342.71元,占总收入的 8.38%。家庭经营收入3 232.90元,占总收入的 79%,其中种植业收入1 506.48元,占家庭经营收入的 42.24%,牧业收入将近家庭经营收入的半壁江山。财产性收入占总收入的1.71%;转移性收入446.24元,占总收入的 10.9%。2001 年进入"十五"期间,市委、市政府认真贯彻党中央和省有关惠农强农的政策,促进农村经济不断地发展。同时乡镇企业和工业开发区不断增加,农民外出从业的人数也不断增多,使全市农民收入保持较快增长。2005 年,农民年人均总收入达到6 666.31元,比 2000 年增加2 574.41元,年均增加514.55元。其中工资性收入568.35元,占总收入的 8.52%;家庭经营收入比2000 年增加2 324.65元,占总收入的 83.34%;财产性收入400.56 元,占总收入的 6%;转移性收入134.86元,占总收入的 2.02%;牧业收入为2 371.93元,占总收入的 42.68%。牧业收入与种植业收入相差8.12 个百分点。家庭收入中种植业为2 823.45元,占总收入的 50.8%,纯收入比2000 年增加238.92 元,农民收入明显提高。

【非农业居民工资收入】　非农业居民收入主要来源是工资性收入。1985 年"六五"末期,全民所有制职工工资收入为3 169.7万元,年人均工资917 元。从部门上看,收入超出年人均工资从高到低有:地质工作1 376元,房产、公用、服务、咨询业1 144元,机关、团体1 110元,建筑业1 066元,科研、技术服务业1 030元,金融、保险业974 元,教育、文化、广播业973 元,交通邮电业961 元,商服业958 元;年人均工资低于平均工资的有:卫生、体育、教育906 元,农、林、牧、渔、水利业882 元,工业802 元。城镇集体所有制职工年人均工资713 元。从部门上看收入超出年人均工资从最高到最低的有:建筑业1 771元,机关、团体1 164元,卫生、体育、教育852 元,房产、服务业850 元,文化、广播业784 元,农业、林、牧、渔、水利业748 元。年人均工资低于年均工资的有:交通运输、邮电业704 元,工业698 元,商饮服务业526 元。1990 年"七五"初期全民所有制职工工资收入6 909.7万元,年人均工资1 554元,年人均工资比"六五"末期增加637 元。从部门上看收入超出年均工资从高到低的有:邮电业2 097元,金融保险业1 995元,教育1 886元,地质业1 848元,机关和团体1 846元,交通运输业1 761元,卫生、体育、福利业1 626元;低于年人均工资的有:商业服务业1 553元,工业1 375元,科研、综合服务业1 329元,农、林、牧、渔、水利业1 327元,房产、公共服务业1 252元,建筑业1 173元,城镇集体职工年人均工资1 018元,比 1985 年增加305 元。从部门上看超过年人均工资从最高到最低的有:建筑业2 160元,卫生福利事业1 546元,教育、文化、广播电视业1 181元,交通运输业1 157元,房产公共服务业1 134元,工业1 020元;年人均工资低于年平均工资的商业饮食物资仓储业只有761 元。1995 年,全市从业人员平均劳动工资3 788元,从部门上看收入超出年人均工资从高到低的有:邮电业7 194元,金融保险业6 342元,教育、文化、广播电视5 670元,建筑业5 094元,机关和社会团体4 446元,地质业4 025元;低于年人均工资的有:房产业3 578元,工业3 335元,商业饮食物资仓储业3 025元,农、林、牧、渔、水利业2 617元。城镇集体职工年人均工资2 805元,比 1990 年增加1 787元。从行业上看超出年人均工资从高到低的有:建筑业8 674元,外商企业8 450元,其他行业4 195元,卫生、体育、社会福利业4 115元;低于年人均工资的有:社会服务业2 368元,贸易餐饮业2 097元,交通运输业1 622元,制造业1 619元,采掘业1 558元。2000 年全民所有制职工年人均工资为7 344元,比 1995 年增加3 423元。从行业上看超出年人均工资从高到低的有:金融保险业10 376元,教育、文化、广播电视8 714元,电力煤气供应业8 421元,机关、团体7 815元;低于年人均工资的有:交通运输业为7 195元;卫生、体育、福利业7 083元,地质水利业6 686元,社会服务业6 223元,制造业5 786元,其他行业5 530元,科研、综合技术5 395元,批发零售餐饮业4 681元,建筑业4 395元,采掘业4 156元,集体所有制职工年人均工资2 552元,比1995年减少253元。超过年人均工资从高到低的有:机关、团体为8 295元,社会服务业2 840元;低于年人均工资的有地质业2 413元,电力煤气供应业2 404元,批发零售餐饮业859元,农林牧渔业847元。2005年,全民所有制企业人员年人均工资12 055元,比2000年增加4 711元。从行业上看超出年人均工资从高到低的有:金融业19 890元,批发零售业19 890元,居民服务和其他服务业16 577元,制造业14 312元,卫生、社会保障和社会服务业13 944元,教育12 836元,公共管理和社会组织12 594元;低于年人均工资的有:电力、煤气、水业11 250元,租赁和商务服务业10 842元,房地产业9 745元,交通运输、仓储和邮政业9 417元,科学、技术和服务业9 014元,建筑业8 165元,水利、环境和公共设施业7 816元,文化、体育和娱乐业7 677元,农林牧渔业5 745元。集体单位从业人员年人均工资3 926元,比2000年增加1 374元。公共管理和社会组织业11 861元,制造5 120元,批发零售业2 711元。其他经济类型从业人员年平均报酬24 849元。

【外资企业从业人员劳动报酬】 随着外资入驻双城,为劳动者就业拓宽了渠道。1990年,有外资企业1户,从业人员222人,年均劳动者报酬为3 792.79元。1995年,有2户外资企业,从业人员551人,年平均劳动报酬8 450元,比1990年增加4 657.21元。2000年,有外资企业9户,从业人员1 543人,从业人员年均劳动报酬11 378元,比1995年增加2 928元。2005年,有外资企业10户,从业人员1 881人,从业人员年平均劳动报酬24 849元,比2000年增长1倍多。

第二节　居民消费

【居民消费总水平】 "六五"计划末期的1985年,全县人均收入484元,在总消费中全体居民总消费28 109万元,其中农业居民消费18 940万元,占全体居民总消费的67.28%;非农业居民消费9 169万元,占全体居民总消费的32.62%。平均每人消费413元,在消费群体中以农业居民为主体。农业居民消费水平每人332元,非农业居民每人705元。"七五"计划末期,全市人均收入比"六五"计划末期增加304元,居民消费水平有所提高。在总消费中全体居民总消费比"六五"计划末期增加4 537万元,其中农业居民增加消费2 671万元,非农业居民增加1 866万元。全体居民消费水平比"六五"计划末期增加60元,农业居民消费水平增加35元,非农业居民消费水平增加79元。"八五"计划末期,在总消费中全体居民总消费16 775元,农业居民总消费115 598万元,非农业居民总消费52 177万元,全体居民消费水平2 192元,比"七五"计划末期增加1 745元,农业居民消费水平增加1 550元,非农业居民消费水平增加2 429元。这个时期居民消费水平增加最快最多。"九五"计划末期,在总消费中全体居民总消费比"八五"计划末期增加62 058万元,农业居民总消费153 218万元,非农业居民总消费76 615万元。全体居民消费水平每人2 875元,比"八五"计划时期增加683元,农业居民消费水平每人2 452元,非农业居民消费水平每人4 390元。"十五"计划末期,在总消费中全体居民总消费338 700万元,比"九五"计划末期增加1 307万元;农业居民总消费204 071万元,非农业居民总消费134 629万元。全体居民消费水平每人4 182元,农业居民消费水平每人3 249元,非农业居民消费水平每人7 409元,农业居民消费占全体居民消费百分比,比"六五"计划末期减少7.13个百分点,农业居民总消费仍占主体。

【农业居民消费】 1986年,全县农业居民年人均消费355元,到1990年全市农业居民年人均消费增加12元,购买的耐用品仍然是自行车、手表、缝纫机、收录机。1993年,农户人均总支出1 231.9元,其中家庭经营费用支出310.79元,购买生产性固定资产支出42.78元,缴纳税金17.18元,上交集体的承包费68.70元,生活消费支出765.02元,其他借贷性支出86.47元。在总支出中生活消费占62.1%。1995年,农业居民年人均消费水平1 917元,比1990年增加1 550元,年均增加310元;全年人均总支出4 377.25元,其中家庭经营费用支出981.91元,购买生产固定资产支出97.81元,缴纳税金36.76元,上缴集体承包任务、提留和摊派费用支出98.22元,生活消费支出313.19元,其他非借贷性支出25.36元。在总支出生活消费支出占71.67%,比1990年增加9.57个百分点。2000年,农业居民年均总消费水平2 452元,比1995年增加535元;农户人均总支出4 273.63元,其中家庭营业费用支出1 443.82元,购买生产固定资产支出122.89元,缴纳税费支出164.98元,生活消费支出1 786.13元,转移性支出755.13元,在总支出中生活消费支出占41.81%。2005年,农业居民年均总消费水平3 249元,比2000年增加797元;农户人均总支出5 299.68元,其中家庭经营费用支出2 127.6元,购买生产固定资产支出165.33元,缴纳税费0.41元,生活消费支出2 748.21元,转移性支出258.13元,生活消费人均支出占总支出的51.85%。

【非农业居民消费】 1986年,全县非农业居民年人均消费705元,1990年增加79元。1995年,全市从业人员劳动报酬年人均为3 788元,比1990年增加2 456元。非农业居民人均消费比1990年增加2 429元。1999年,对城市50户调查消费支出422 034.01元,人均消费2 370.97元。2000年,全市非农业居民年人均消费水平为4 390元;对城市50户调查,年人均消费支出比1999年增加761.43元。2005年,全市非农业居民年人均消费水平为7 409元;对城市50户居民的调查显示,年人均消费为4 340.66元,比上年增加5.3%。其中食品消费1 455.2元,衣着消费776.80元,家庭设备用品及服务消费203.95元,医疗保健消费605.15元,交通通讯消费440.20元,而通讯消费达347.22元。

第五编　农　业

乡镇企业

林业

农机

养殖业

种植业

农业开发与管理

双城市位于松嫩平原腹地,耕地面积为 307 万亩,属温带大陆性季风气候。无霜期在 140 天左右,年有效积温 2 600℃ ~2 900℃。农作物种植主要以玉米为主,是东北玉米种植黄金带之一,亦是全国商品粮生产基地。

1986 年,根据中央《关于一九八六年农村工作的部署》的 1 号文件精神,全县进入农村经济持续稳定协调发展阶段。全县农作物种植面积为 177 万亩,粮食总产首次突破 15 亿斤。1987 年,县委提出"绝不放松粮食生产,积极发展多种经营"的方针,制定"植根于种植业,拓展于畜牧业,深化于加工业"的经济发展战略,在巩固发展粮食生产的同时,全县以生猪为主的畜牧业快速发展。1990 年全市粮豆薯总产超过 20 亿斤,跃入全国粮食生产百强县第十名。同年,瑞士雀巢公司双城公司——大乳品厂的建成投产,为双城农村产业化转型提供了契机,奠定了发展大玉米—大奶牛—大乳品农业产业链的基础。1994 年,全市粮豆薯总产达到 27.16 亿斤,单产 1 065 斤,跃居全国粮食生产百强县第五位。在全国率先进入粮、牧、渔总产值双百强县行列,被国家授予全国农业先进市、粮食生产先进市称号。1996 年,全市粮豆薯总产一举突破 30 亿斤大关。2000 年,全市奶牛存栏达到 11 万头,肉牛饲养量达到 20.6 万头,生猪饲养量达到 51.5 万头,家禽饲养量 1 050 万只,全市畜牧业实现产值 18.5 亿元,占农业总产值的 45.6%;全市畜牧业纯收入达 8 亿元,人均牧业收入 1 310 元,占农民人均收入的 53%。全市乡镇企业达到 12 688 家,乡镇企业实现全口径产值 41.9 亿元,增加值 11.6 亿元。全市农民离土创业人数已达 12.7 万人,占农村劳动力总数的 45.6%。2005 年,全市粮豆薯总产量达到 35.2 亿斤。农业总产值实现 72.5 亿元,增加值 41.9 亿元,农民人均收入达 4 331 元。奶牛存栏达到 22.4 万头,鲜奶产量 60 万吨,被评为全国奶牛存栏和鲜奶产量第一县。肉牛饲养量 40 万头;生猪饲养量 100 万头;家禽饲养量 1 800 万只。建成牧业小区 61 个,奶牛小区 56 个,畜牧业规模比重达到 30%。全市农机总动力为 50.24 万千瓦,农机保有量达 26 518 台。林业生产历经三北防护林工程、退耕还林工程、绿色通道工程三个发展阶段,森林活立木蓄积量达到 141.2 万立方米,形成 7 692 个农田网络,庇护农田 19 万公顷。乡镇企业实现总产值 423 亿元,增加值 88 亿元,利润 17.7 亿元,税金 4.5 亿元。连续三年被评为哈市和全省发展非公有经济先进市。

第一章 农业开发与管理

第一节 机 构

【双城市农业局】 1986 年,农业局内设办公室、人事股、生产股、农情股,机关编制 15 人。下属单位有:农村经济管理站、农业技术推广中心、农广校、农科所、杏山良种场、东官良种场、五家果树繁育场。2001 年,农业局并入农业委员会。

历任局长:陈文声、刘颖、张贵林;副局长:郭庆祥、龙为民、白德山、郭英奎、佟明宇、苏铁民、关寿禄、魏然杰。

【双城市农业委员会】 1986 年为县委农村工作部。1989 年 5 月改为双城市农业委员会,内设机构为四股一室,即:生产股、农情股、综合股、人保股、办公室。工作人员 20 人。2001 年,市农业局、市乡镇企业管理局同时并入农业委员会,成立企业股,机构增至为五股一室。工作人员 32 人。下属单位有:农村经济管理站、农业技术推广中心、农广校、农科所、杏山良种场、东官良种场、五家果树繁育场。2005 年,机构、人员、所属单位未变。

历任主任(部长):李春和、薛永贵、李学良、刘士文、赵德兴、陈树军、文立恒;副主任(副部长):张洪江、沈继斌、白德山、王兴志、刘丰志、赵力、孙官华、夏鹏祥、夏仲绵、李忠野、刘善忠、赵文新、付亚超、姚文明、魏然杰。

【双城市农业综合开发办公室】 1993年7月成立,负责全市农业综合开发项目的立项申报、审批、建设实施及监督指导服务工作。2005年,编制10人。

历任主任:刘丰志、关海权、张建华;副主任:李洪贵、郭文焕、付文圣。

【双城市多种经营生产办公室】 双城市政府直管单位,编制为8人。1996年,机构改革与农业局合并。

历任主任:白德山、王兴志;副主任:陆广喜、王兴志、田中禹、洪仁安、何殿忠。

【双城市畜牧局】 1986年为畜牧总站,1988年改为畜牧局。下设办公室、人保股、财务股、草原管理站、动检站、防疫站,人员编制32人。下属单位有种畜场、新华猪场、赵家农场、兽医院等。2005年未变。

历任局长(站长):刘丰志、沈继斌、马学良、孙殿文、邓兆海、张连国、栾学;副局长(副站长):叶福来、党国祥、胡树芳、陶振东、李明林、裴立田、王兆臣、白仁和、霍志宏、高庆学、刘英文。

【双城市农机工作办公室】 1986年为双城县农机局;1988年,改为双城市农机局。内设机构有7个:办公室、人事股、计财股、审计股、生产股、经营管理站、修造站。编制为35人。下属企事业单位有:农机修造厂、农机修配厂、农机机械厂、农机公司、农技校、农机研究所、农机招待所。27个乡镇设有农机服务站。1996年,编制为14人,机构未变。2001年,机构改革改为双城市农机工作办公室,隶属市农委领导,编制7人。乡镇农机服务站下放乡镇管理。办公室内设人事股,计财股,业务股。下属单位有:农机修配厂、农机校、农机推广站、经营管理站、农机公司。2005年未变化。

历任局长(主任):何子丰、刘士文、张连国、夏仲绵;副局长(副主任):何永志、顾文朴、闫成一、白殿宇、田树林、兰林夫、佟明宇。

第二节 经济结构

【农林牧渔结构】 1986年,全县农林牧渔产值为47 543万元,其中,农业产值36 359万元,林业产值1 292万元,牧业产值9 359万元,渔业产值533万元。农林牧渔业结构为74.4:2.6:19.06:1.1。当年粮食产量首次突破15亿斤。1987年县委、县政府提出"植根于种植业,拓展于畜牧业,深化于加工业"的经济发展战略,引进雀巢公司,形成了"大玉米—大奶牛—大乳品"的双城特有的发展模式,经济产业化发展框架基本形成,促进了农业生产结构和布局调整。1990年,农业产值下降9.24个百分点,畜牧业产值增加9.94个百分点,农林牧渔产业比为64.8:0.9:29:1.5。粮食高产稳产,给畜牧业提供了充足的饲料,也为食品工业发展提供了原料,使农业经济发展迈出新的步伐。1995年,农业产值达到14.2亿元,首次突破上亿大关。牧业产值占农林牧渔的42.5%,与农业产值只差13个百分点。1997年,牧业产值达到22.5亿元,农林牧渔产业比为48.5:0.26:49.9:13,牧业产值首次超过农业产值。市委、市政府出台强农、惠农,支持畜牧业发展,招商引资,强化加工业的一系列政策和措施。继雀巢公司之后,娃哈哈公司、汇源食品饮料公司、大众肉联公司等一些企业陆续在双城建厂投产。2001年,建成新胜鲜蛋批发市场。这些龙头企业把双城丰富的粮食资源转化成牛鸡猪,把牛鸡猪转化成肉蛋奶,实现精深加工产品进入市场,形成市场牵龙头、龙头带基地、基地联农户、农户进市场的良性循环发展产业化格局。2005年,农林牧渔产值达到72.47亿元,比2000年增加319 275万元;牧业产值达到39.3亿元,比2000年增加216 874万元。农林牧渔产值比为42:3.8:54:2。

【劳动力结构】 1986年,全县乡村劳动力总数为136 322人,其中:男劳力90 881人,女劳力45 441人;大专以上6 816人,高中技校34 081人,文盲6 816人。各业分布:种养业106 470人,加工业33 461人,运输业1 199人,建筑业3 587人,商服业2 126人,其他行业6 825人。1990年,全市劳动力总数为160 798人,其中:

男劳力112 151人,女劳力48 647人;大专以上11 338人,高中技校22 676人,初中113 379人,高小56 689人,文盲11 338人。各业分布:种养业200 082人,加工业45 428人,运输业3 166人,建筑业4 613人,商服业5 745人,其他行业7 832人。1995年,全市乡村实有劳动力总数为185 561人,其中:男劳力121 457人,女劳力64 104人;大专以上9 091人,高中技校18 183人,初中90 815人,高小45 457人,文盲9 091人。各业分布:种养业150 160人,加工业66 494人,运输业3 987人,建筑业6 484人,商服业5 745人,其他行业6 212人。2000年,全市乡村实有劳动力总数为289 748人,其中:男劳力152 864人,女劳力136 884人;大专以上29 237人,高中技校294 473人,初中204 658人,高小23 390人,文盲5 847人。各业分布:种养业199 280人,加工业62 533人,运输业8 345人,建筑业13 809人,商服业8 857人,其他行业31 879人。2005年,全市劳动力总数为294 493人,其中:男劳力174 381人,女劳力120 112人;大专以上29 449人,高中技校29 449人,初中206 145人,高小23 559人,文盲5 890人。各业分布:种养业139 229人,加工业58 832人,运输业14 814人,建筑业39 601人,商服业27 198人,其他行业34 586人。

【分配结构】　1986年,农业总收入40 380万元,总费用12 551万元,净收入为27 829万元,农民人均纯收入为463元。1990年,农业总收入97 364万元,总费用46 569万元,净收入为50 993万元,农民人均纯收入为823.8元。1995年,农业总收入677 921万元,总费用468 099万元,净收入为209 822万元,农民人均纯收入为2 724元。2000年,农业总收入578 726万元,总费用432 478万元,净收入为146 248万元,农民人均纯收入为2 608元。2005年,农业总收入为593 092万元,总费用414 126万元,净收入为178 966万元,农民人均纯收入为4 331元。

第三节　农业开发小区

【京哈路农业综合开发小区】　1994年开始规划开发。位于102国道,西起拉林河,东北止于运粮河,主要是旱田改水田、棚室菜、建畜禽饲养舍等项目。设计总投资1 569万元。1995年末,到位资金800万元。2005年实现旱改水田0.35万亩,棚室菜5.2万平方米,棚室井320眼,自动给水装置7台套,建畜禽舍1.56万平方米。

【希勤农业综合开发小区】　1994年筹备开发,总投资为1 870万元。1995年末,到位资金753万元,1998年开始旱改水、植树造林、畜禽饲养等项目的开发。2005年开荒种稻2万亩,旱改水田0.3万亩,造林1 600亩,购买饲养奶牛710头,黄牛2 730头,羊1 200只,禽30 000只,建畜禽舍0.5万平方米;打田间水井650眼,建造水利工程购造物9座,修环形路6条。

【永胜小区】　1997年开始筹建。1998年正式开发,资金到位268万元。2005年开荒种稻1.2万亩,低产田改造1万亩。修抽水渠3处,排灌站1处,建成高压线路4.5公里。修排水涵洞86处,购置农机具68台。

【京哈路农业现代化示范园区】　1994年,国家批准立项开始建设,小区位于双城镇辖区。南起兰棱镇,北至新兴乡,全长40公里。区内含新兴、幸福、朝阳、双城镇、兰棱5个乡镇,27个村,9 100农户,39 546人。园区总面积11.8万亩,耕地面积10.5万亩。开发低产田7.92万亩,购奶牛523头,育肥牛1 000头,家禽25万只,建禽舍1.5万平方米。1998年,该示范园区被省农业开发办批准为农业现代化示范园区。中央及省资金到位639万元;县乡资金到位175万元,群众自筹资金到位725万元。改造中低产田8.08万亩,造林4 520亩,建设棚室菜基地12个,建设畜禽生产专业街8条,建畜禽舍1.56万平方米;新增奶牛2 800头,肉牛7 194头,蛋鸡75.4万只,打深水井20眼,小井30眼,电力增容320KVA,架设高低压输电线路22公里。1999年资金到位2 816万元,2005年现代化园区建设6.75万亩,造林520亩,购置农机具101台,建日光节能温室260栋,打大井40眼,小井300眼,购置配套大型喷灌设备47套,小型喷灌设备150套。

【五家小区】 2000 年始建。规划种植籽实玉米。资金到位 250 万元。2005 年,种植玉米面积 1 万亩,购买种子 2 万公斤,购买化肥 500 吨,播种机 25 台,拖拉机 4 台。

【金城小区】 2000 年始建,开发项目为旱田改水田,资金到位 150 万元。2005 年旱田改水田 0.5 万亩;修建大渠 14 公里,水渠 10 条 5 公里,农渠 50 条 30 公里,建造渠间构造物 80 座。

【哈尔滨生态开发区】 2000 年在双城幸福乡建成,投资总额为 220 万元。2004 年,在幸福乡哈尔滨生态农业开发区实施标准化奶牛饲养。饲养高产奶牛 80 头,另外,还建造大棚,实施棚室菜种植。

第四节　农业多种经营开发项目

【青贮饲料项目】 2000 年,在兰棱镇、朝阳乡、幸福乡、五家镇等 4 个乡镇 17 个村和一个种畜场,试行青贮饲料项目,种植青贮饲料玉米 2.5 万亩,建永久性青贮窖 634 个,容积 1.3 万立方米。建青贮塔 8 个,建临时性青贮窖 1.16 万个,容积 23.2 万立方米,购置切碎机 60 台。同时培训养牛农户 2 万户。2001 年,在同心乡、团结乡、乐群乡建青贮饲料基地 2 万亩,饲养奶牛 3 万头,投资 252 万元。2002 年,在周家镇建青贮饲料基地 1 万亩,投资 324 万元。2003 年,在团结乡、周家镇建青贮饲料优质基地 1.5 万亩,投资 585 万元。

【土地项目】 2001 年,在团结乡建优质粮(谷子)基地 2.5 万亩,项目投资 214 万元。2003 年,在幸福乡建优质苗木基地 0.5 万亩,项目投资 365 万元。2005 年,在周家镇、东官镇、幸福乡、公正乡实施低产田改造项目,改造低产田 2 万亩,投资 1 050 万元。

【科技项目】 2001 年,在幸福乡京哈路农业现代化示范园区,种植地栽香菇套种玉米 0.3 万亩,投资 118 万元。2004 年,在公正乡实施良种奶牛科技项目,建成 100 头良种奶牛示范场,推广 TMR 技术、奶牛舍饲技术及奶牛管理技术,总投资 283 万元。同年,在幸福乡久援村建立畜禽粪便无害化科技项目,投资 110 万元,年收集处理粪便 1.6 万吨,引进 T—奶氧发酵技术及菌种,推广粪便处理技术。2005 年,在双城镇中兴村建玉米良种繁育及"三节"科技项目基地,引进平衡施肥、超深松蓄水保墒节水和综合配比施药新技术,推广土壤墒情监测和玉米标准化施肥技术,示范区为 2 000 亩,总投资 95 万元。2005 年,在新兴乡建立蛋鸡养殖项目,年存栏蛋鸡 2.6 万只,产蛋 422 吨,投资 241 万元。

第五节　农村经济管理

【村务公开】 1997 年,市委、市政府出台《关于加强村级集体经济管理的实施意见》,全市实行村务公开,推进集体办公、财务审计、总账控制、财务公开四结合的管理办法,并且在杏山镇进行试点。1998 年,在全市普遍推行财务公开等各种制约机制。各村成立民主监督组织,建立制度,落实岗位职责,全面实行村务公开。对影响全局的重大事项,实行事前事后双公开;对日常财务收支等常规事项实行按季公开;对非常规事项随时发生随时公开。统一各阶段公开内容,确定公开日。全市乡镇有村民代表议事会成员 7 032 人,民主理财组织成员 1 964 人,村均理财议事 5 次以上。1999 年完善公开和民主管理制度,全市统一制订制度,各村制度上墙;推行规范运作,规定公开内容、时间,印发各种公开用纸;以公示板为主要形式,采用会议、广播、发往来清单、每村屯设公开栏等形式公开;市、乡镇抓目标考兑制,看公开的设施是否规范,公开的时间是否及时,公开的内容是否全面。各村务公开的内容:政策公开栏,把党和政府出台的农村有关政策、法规规章、重要文件,特别是直接涉及农民切身利益的规定,向群众公开;村务公开栏,重点是群众关心的用人、指标、建房及村里的一切重大事项;财务公开栏,公开村级收支预决算,重大投资项目,资产资源发包、租赁和出售情况,债权债务情况、干部工资等。2005 年末,上述村务公开办法,一直在全市各村执行。

【财务管理】 1986 年,全县出现了一些乡村领导重分轻统、集体经济观念淡薄、有章不循、有令不行、致使部分村级财务管理混乱、村级集体积累减少的现象。1988 年末,全市集体积累为 3 449 万元,比承包前减少 9 650 万元,减少 73.7%;固定资产减少 2 014 万元。1989 年开始,实行集体办公、财务审计、总账控制、财务公开四结合的财务管理办法,强化管理,增加收入,使集体经济得到发展。1992 年末,集体积累8 442万元,比 1988 年增加 1.4 倍,固定资产比 1988 年增加 2.98 倍。1995 年,以"两清"为内容,清理结果全市张榜公布。对各乡镇、村资产、负债、积累、抬款等主要指标排序,张贴大榜。表扬先进,惩处抬款额度大、经济状况差的乡、村。1996 年,开展财务清理,核实了资金、负债,理清经济关系,解决部分村财务管理紊乱问题,把解决乱账、核实债权、债务、往来、处理呆死账作为重要内容,下发《农村集体经济组织经营管理暂行规定》。1997 年,市成立清理整顿工作领导小组,清理 708 个村次,清出违纪资金1 337万元。7 月,召开依法治村电话会议,司法部门公开处理乡镇、村干部 33 人,打击财务管理违法违纪行为。同时实行财务管理改革,实施新的会计制度,改革钱物收付记账法为借贷记账法,使会计核算与国际接轨。1998 年,市委、市政府制定《关于加强村级集体经济管理的实施意见》,推行预算审批制、村财乡管、财务公开、民主理财、审计、费用包干、抬贷款监控及领导责任追究等各种制约机制。由市考兑办、农经站共同承担村级经济指标的考兑工作。1999 年,全市开展清理村级不良债务工作,有效控制新债务。2000—2002 年,改革管理模式——实行代理制。在村级"三权"不变的基础上,形成由乡镇村级会计委托代理服务中心,替代村级规范管理集体资产的管理制度。24 个乡镇依托农村经管中心设立村级会计委托代理服务中心,设置审核人、会计、出纳三个岗位。村级只设一名报账员,乡镇代理中心按村分别设账簿,分别核算财务收支,统一管理村级财务。配套制度文件编印成册,两块公示板上墙,增加管理好村级财务的透明度。2004 年,运用经济、行政和法律手段,开展欠款回收、债务化解的工作。"十项"化债措施被上级业务部门认可,欠款回收,化解两项工作取得了良好效果,"三资"管理上进一步完善制度。2005 年实施会计电算化,实行双账运行,使村级财务管理更加规范化。

1986—2005 年双城市村级经济统计表

表 5 - 1 - 1

单位:万元

| 年度 | 资产 | 负债 | | 积累 | 债权回收 | 债务纠解 |
		金额	负债率			
1986	9 434	1 611	17.1	7 823	1 275	327
1987	6 075	2 467	40.6	3 608	403	
1988	6 901	3 452	50.0	3 449	440	
1989	7 359	3 273	44.5	4 086	600	179
1990	13 257	7 328	55.3	5 929	703	110
1991	14 235	6 867	48.2	7 368	721	500
1992	20 078	11 636	58.0	8 442	773	
1993	20 111	10 550	52.5	9 561	894	904
1994	19 702	10 156	51.5	9 546	1 109	394
1995	19 415	9 708	50.0	9 707	936	810
1996	23 845	11 321	47.5	12 524	1099	346

续表

年度	资产	负债		积累	债权回收	债务纠解
		金额	负债率			
1997	38 577	23 876	61.9	14 701	980	
1998	39 390	24 119	61.2	15 271	1 300	
1999	43 077	26 286	61.0	16 791	760	
2000	44 290	27 197	61.4	17 093	860	
2001	41 510	24 254	58.4	17 256	1 502	2 943.0
2002	39 268	27 731	70.6	11 537	2 565	
2003	39 244	27 478	70.0	11 766	1 600	618.3
2004	39 560	25 577	64.7	13 983	2 925	1 901
2005	38 148	19 246	50.5	18 902	2 809	6 338

【收益分配】 1986—1996年,县、乡村农户统一认识,上下协调,共同实施年初乡村搞提留、统筹、税费等预算。市农经站审批,村与农户签订合同,按合同数额入往来账。针对每年的不同情况,在每年的10月下旬,市里成立调研组。由农委牵头,农经站具体负责,深入有代表性的乡、村、户调研,了解粮食产量、各项收入等情况,形成调研报告,为市委、市政府制订收益分配方案,提供参考依据。10月中下旬,"收益分配方案"形成后,以文件形式下发乡镇、村,全市召开收益分配大会,落实任务。按"方案"要求,收缴款顺序是:一税、二贷、三统筹、四提留、其他陈欠、两工等。乡镇干部蹲点、村干部包屯,有60%农户能主动交款。根据个别村屯税费难收情况,由乡镇成立"四收"工作队,逐户收缴。1997年前公粮任务以村为单位统收、统销、统一结算。农户卖粮有多有少,户拖延卖粮占10%～15%,也有因受灾等原因完不成任务的,年终决算时由村统一交农业税、乡统筹,还银行贷种子款、肥款,分配找补,兑现干部工资。1998年起,户交户结,粮库代扣税金。2000年粮食市场开放。2002年,税费改革,取消了提留统筹。2004年取消农业税,收益分配由农民自行支配。

1986—2005年双城市农村经济指标

表5-1-2

年度	总收入（万元）	种植业收入（万元）	畜牧业收入（万元）	乡镇企业收入（万元）	总费用（万元）	税金（万元）	提留（万元）	统筹（万元）	人均收入（元）
1986	40 380	29 809	4 488	4 652	12 551	923	661	528	462.6
1987	46 907	31 864	5 937	61 690	16 644	1 058	736	636	498.9
1988	60 500	40 194	8 233	12 951	25 062	1 086	719	869	584.0
1989	59 186	363 35	10 556	11 514	25 598	1 207	872	854	540.7
1990	81 653	50 517	17 473	12 749	37 033	1 280	1 632	819	717.6
1991	97 364	56 398	22 113	13 558	46 569	1 260	1 699	771	823.8

续表

年度	总收入（万元）	种植业收入（万元）	畜牧业收入（万元）	乡镇企业收入（万元）	总费用（万元）	税金（万元）	提留（万元）	统筹（万元）	人均收入（元）
1992	108 087	56 459	26 149	12 827	52 945	1 591	1 439	826	900.2
1993	149 280	72 856	33 180	24 822	79 767	1 658	1 454	920	1 138.7
1994	271 572	74 582	71 798	65 512	150 479	2 622	1 760	1 138	2 015.6
1995	384 324	166 254	104 971	127 497	236 369	3 132	2 376	1 490	2 438.8
1996	677 921	171 330	139 253	214 423	468 099	8 903	3 184	2 020	2 590.0
1997	554 436	118 679	115 375	222 034	373 083	8 187	3 432	2 311	2 408.0
1998	597 334	158 719	145 640	167 942	401 290	6 650	3 327	2 258	2 673.8
1999	562 204	109 471	135 672	206 984	410 354	9 162	3 267	2 265	2 421.0
2000	550 627	85 647	137 520	226 082	409 140	8 517	3 201	1 831	2 459.0
2001	573 467	100 858	144 501	228 127	416 960	8 254	3 118	1 831	2 607
2002	607 986	137 989	243 208	243 208	437 412	1 086			2 807
2003	655 897	119 533	186 599	254 166	461 713	11 438			3 277
2004	786 055	139 451	221 110	366 901	567 539	9 384			3 868
2005	858 343	158 932	236 905	402 212	613 929	4 639			4 331

【合作基金管理】　1987年,双城县农业合作基金会因基金、管理等方面的问题,一直处于滞后状态。1991年,根据黑龙江省人民政府黑政发〔1991〕8号文件关于"办好合作基金会,发挥集体资金的融通效益,已经建立合作基金会的地方,要建立健全经济核算、借款审批、收益分配等项制度,搞好资金投放和回收,扩大融资能力,提高效益。对集体无扩大再生产的村,可以从公积金中划出部分资金作为合作基金会底垫、支持农民生产所需资金。尚未建立合作基金会的村,要在清产核资、折股到户的基础上尽快把合作基金会建立起来。对确实无资可融的地方,可以在农民自愿的条件下集资兴办合作基金会。有条件的地方,可把乡镇企业一部分利润作为股份投放到合作基金会"的精神,积极推进农村合作基金会的创办,全市27个乡镇,共有25个乡镇陆续创办农村合作基金会。1998年末,全市农村合作基金会累计股金达到11 815.9万元。其中:集体股金885.2万元、农户股金6 113.7万元、其他4 817万元;累计放款14 027.9万元。2000年4月,全市逾期款、沉淀款高达2 363.9万元,严重影响了农村合作基金会的正常运转。根据省政府〔2000〕8号明传电报《关于进一步做好清理整顿农村合作基金会工作的通知》和哈尔滨市人民政府清理整顿农村合作基金会工作会议精神,市政府下发《双城市人民政府办公室印发关于清理整顿农村合作基金会工作实施方案的通知》,全面清理整顿农村合作基金会。随之,农村合作基金会业务中止。

【农民负担】　1986年,农村的各种税费有:农业税、婚龄保险费、车船使用税、工商管理费、宅基地使用费、土地管理费(宅基地)、草原管理费、四轮车养路费、契税、耕地占用税。村提留有:公积金、公益金、管理费;义务工5~10个,劳动积累工15~20个,车工2个台日;防疫费、养老保险费、电影费。1991年起,乡统筹款增加:办学经费(民办教师工资、校舍修建费和教学经费)、民兵训练费、义务兵优待费、优抚费、敬老院经费(房屋维修费和管理人员工资)、公路维修养护经费、计划生育费。1995年起,农田水力基本建设基金（每亩4元）、农机更新基金（每亩2元）；希望工程、敬老院维修、水井房费、公路养护费、农村电网改造费、赤眼蜂和鼠药费、生猪罚款；计划生育罚款；国库券、养地基金（省里文件）、广播线路改造（公积公益金列支）、防汛防洪费、引拉灌区水费、每亩20元；联防队员工资、护林员工资，电话费，1998年终止。2000年，人均负担125元、2001年130元、2002年125元；同年，取消提留、统筹款及"两工一车"。实行"一事一议"筹资筹劳。2004年取消农业税，农民负担人均为45元。2005年随着农业税取消，农民负担终止。

1986—2005年双城市农民负担情况对照表

表5-1-3

年度	统筹		提留		税改后			
	金额（万元）	占人均收入（%）	金额（万元）	占人均收入（%）	农业税附加（万元）	村级经费不足4万元的村（个）	农民负担（元）	转移支付（万元）
1986	528.0	3.0	661	3.7			45	
1987	636.0	2.5	736	2.9			52	
1988	869.0	3.1	719	2.6			58	
1989	854.0	2.6	872	2.7			74	
1990	819.0	2.7	1 632	5.3			80	
1991	771.0	1.9	1 699	4.1			90	
1992	826.0	1.7	1 439.3	3.0			89	
1993	920.0	1.8	1 454	2.8			84	
1994	1 138.0	1.7	1 760	2.7			114	
1995	1 490.0	1.3	2 376	2.0			184	
1996	2 020.0	1.4	3 183	2.3			203	
1997	2 310.8	1.4	3 431.8	2.0			263	
1998	2 258.2	1.5	3 327.1	2.3			255	
1999	2 265.9	1.4	3 266.8	2.0			149	
2000	1 830.9	1.2	3 202.7	2.1			125	
2001	1 831.7	1.2	3 118.1	2.0			130	
2002					1 124.3	93	125	93.3
2003					1 124.3	93	130	93.3
2004								1 217.6
2005								1 488.6

第二章 种植业

第一节 粮食与经济作物

【粮豆薯种植】 双城是全国粮食生产重点县,也是玉米种植黄金地带。1986 年,全县推广机械耕播种玉米,玉米种植面积1 603 796亩,产量604 954吨,列粮食生产第一位;水稻种植72 483亩,产量22 889吨;大豆种植323 621亩,产量37 497吨;薯类种植75 414亩,产量15 046吨。1990 年,全市玉米种植面积比 1986年增加349 766亩,产量增加448 525吨;水稻种植面积比 1986 年增加56 804亩,产量增加27 494吨;大豆种植面积比 1986 年减少989 329亩,产量减少12 045吨;薯类种植面积比 1986 年减少26 968亩,产量减少3 108吨;全市农作物种植面积为254 580亩,产量达1 186 332吨,首次跃入全国粮食产量百强县第十名。1994 年,全市粮豆薯总产量1 358 168吨,跃入全国粮食生产百强县第五名。1996 年,全市农作物种植面积为2 842 950亩,玉米机耕推广面积达 96%,使粮食产量达到1 532 709吨。总产首次突破 30 亿斤大关。1997 年全市粮豆薯总产为27.79 亿斤。1998 年起,根据农产品结构性过剩,效益下降的实际,全市玉米面积稳定在 180 万亩,其中饲料玉米面积 50 万亩,高效经济作物面积达 45 万亩。2005 年,玉米种植面积为230 422亩,地膜玉米种植技术推广,使玉米亩产增加,产量达1 418 535吨;水稻种植面积为156 180亩,产量达85 899吨;大豆种植面积为73 605吨,产量达28 295吨。粮豆薯产量达 32.5 亿斤。连续 13 年粮食产量居全省之首,连续 5 年名列全国粮食生产百强县前 10 名。

【经济作物】 1986 年,种植甜菜 6.2 万亩,产量 8.5 万吨;种植亚麻8 250亩,产量 502 吨;种植油料15 410亩,产量1 277吨。1991 年种植甜菜 10 万亩,产量 16 万吨;种植亚麻7 100亩,产量1 369吨;种植油料15 000亩,产量1 206吨。1995 年种植甜菜 10.2 万亩,产量 17 万吨;种植凿开麻7 100亩,产量1 369吨;种植油料3 431亩,产量 454 吨。从 1996 年起,随着糖业生产企业转轨,双城糖厂停产,甜菜种植也随之停止。2000 年亚麻种植8 250亩,产量 502 吨;油料种植3 800亩,产量 485 吨。2005 年亚麻种植1 980亩,产量 439 吨;油料种植4 005亩,产量 570 吨。

1986—1995 年双城市粮食作物种植统计表

表 5 - 2 - 1 单位:公顷、吨

		1986	1987	1988	1989	1990	1991	1992	1993	1994	1995
农作物播种面积		190 106	189 854	189 358	189 351	189 742	189 728	189 705	189 667	189 591	189 591
粮豆薯面积		143 532	149 902	140 879	141 702	151 511	151 514	152 893	138 658	145 443	162 274
粮豆薯总产		700 627	804 226	960 008	577 408	1 148 932	1 206 066	1 077 513	1 173 088	1 293 512	1 368 948
玉米	面积	106 920	120 272	114 443	115 031	130 237	130 229	130 756	110 225	121 317	144 522
	总产	604 953.36	711 408.88	853 744.78	509 587.33	1 053 487.09	1 102 258.26	963 279.45	995 221.53	1 112 476.89	1 238 698.06
水稻	面积	4 832	7 306	5 949	6 123	8 619	9 005	8 270	5 240	7 684	7 882
	总产	22 889	28 500	27 591	11 780	50 386	55 147	52 175	59 204	61 510	63 408

续表

		1986	1987	1988	1989	1990	1991	1992	1993	1994	1995
大豆	面积	21 575	18 827	22 150	1 021	14 979	13 944	15 082	29 557	21 378	13 693
	总产	37 497	42 492	47 866	1 258	25 464	26 466	31 114	76 405	54 984	27 947
杂豆	面积						302	739	519	319	137
	总产						616	1 643	1 158	645	361
高粱	面积	168 192	139 106	161 023	156 601	99 872	6 073	7 467	12 963	12 173	7 021
	总产	42 876	39 630	52 493	40 020	27 496	32 500	43 934	96 412	105 975	56 423
谷糜	面积	188 633	125 190	87 847	89 518	55 383	3 781	3 887	4 365	3 275	2 510
	总产	18 585	17 189	14 846	10 546	10 960	10 930	12 262	15 146	10 181	8 811
小麦	面积	3 127	1 861	1 152	1 143	842	1 050	859	1 398	558	323
	总产	3 874	2 345	1 916	1 689	1 654	1 623	1 727	2 905	1 222	904
薯类	面积	5 028	3 786	3 516	3 110	3 229	2 927	2 898	3 119	2 834	2 483
	总产	15 049	17 279	16 543	9 538	11 934	11 936	12 285	15 620	9 034	12 738

1996—2005 年双城市粮食作物种植统计表

表 5 - 2 - 2 单位：公顷、吨

		1996	1997	1998	1999	2000	2001	2002	2003	2004	2005
农作物播种面积		189 530	189 513	189 384	189 348	188 969	188 105	187 010	186 054	204 619	204 828
粮豆薯面积		172 486	170 964	180 169	176 847	168 323	170 079	163 702	162 190	179 664	204 333
粮豆薯总产		1 503 397	1 369 247	1 651 495	1 577 069	1 148 220	1 353 061	1 412 269	1 322 441	1 535 128	1 658 260
玉米	面积	154 219	155 596	156 054	157 312	121 058	136 366	134 492	136 716	146 963	153 615
	总产	1 363 758.62	1 252 392.2	1 499 522.89	1 456 551.81	1 907 692.88	1 207 930.03	1 226 836.02	1 173 023.28	1 332 207.08	1 418 535
水稻	面积	8 155	8 421	7 995	7 130	6 994	5 663	9 766	10 412		
	总产	66 123	66 997	74 268	76 349	104 255	85 902	83 215	48 589	88 558	85 899
大豆	面积	6 932	5 890	5 832	4 793	22 273	12 297	7 768	9 239	13 886	12 532
	总产	15 188	8 217	14 095	8 987	42 051	30 189	19 241	26 322	39 992	32 897
杂豆	面积	97	69	59	33	824	521	811	450	608	630
	总产	284	118	139	40	2 208	968	1 841	1 027	1 456	1 730
高粱	面积	8 183	5 275	5 516	2 661	6 247	5 244	4 749	3 462	2 550	2 114
	总产	66 729	44 054	40 850	17 709	43 364	34 983	34 037	28 051	24 225	20 015
谷糜	面积	1 745	1 770	1 656	1 080	4 877	3 118	2 727	1 577	1 243	1 548
	总产	6 419	4 485	6 895	3 378	19 508	10 138	9 938	6 326	5 811	5805
小麦	面积	267	209.7	133	71	100	293	200	20		
	总产	611	460	296	154	215	627	425	44		
薯类	面积	2 694	2 579	2 587	2 300	4 320	4 310	4 821	4 455	4 154	4 907
	总产	13 836	11 961	14 847	14 747	27 216	21 222	32 431	26 236	24 060	28 295

1986—2005 年双城市主要农作物种植面积对比表

表 5 - 2 - 3

年度	玉米		水稻		小麦		大豆		薯类	
	面积(公顷)	比重(%)	面积(公顷)	比重(%)	面积(公顷)	比重(%)	面积(公顷)	比重(%)	面积(公顷)	比重(%)
1986	106 920	56	4 832	3	3 127	2	21 575	11	5 028	3
1987	120 272	63	7 306	4	1 681	1	18 827	10	3 786	2
1988	114 443	60	5 949	3	1 152	1	22 150	12	3 516	2
1989	115 031	61	6 123	3	1 143	1	1 021	1	3 110	2
1990	130 237	69	8 619	5	842	1	14 979	8	3 229	2
1991	130 229	69	9 005	5	1 050	1	13 944	7	2 927	2
1992	130 756	69	8 270	4	859	1	15 082	8	2 898	2
1993	110 225	58	8 240	4	1 398	1	29 557	16	3 119	2
1994	121 317	64	6 484	4	558		21 378	11	2 834	1
1995	144 522	76	7 687	4	323		13 693	7	2 483	1
1996	154 219	81	7 646	4	267		6 932	4	2 694	1
1997	155 596	82	7 882	4	209.3		5 890	3	2 579	1
1998	156 054	82	8 155	4	133		5 832	3	2 587	1
1999	157 312	83	8 421	4	71		4 793	3	2 300	1
2000	121 058	64	7 995	4	100		22 273	12	4 320	2
2001	136 366	72	7 130	4	293		12 297	7	4 310	2
2002	134 492	72	6 994	4	200		7 768	4	4 821	3
2003	136 716	73	5 663	3	20		9 239	5	4 455	2
2004	146 963	72	9 766	5			13 886	7	4 154	2
2005	146 963	72	9 722	5			13 886	7	4 154	2

第二节　蔬菜与果树种植

【蔬菜生产】　1986 年,全县蔬菜棚室面积累计达到 45 万平方米,露地菜播种 3.1 万亩,主要种植白菜、甘蓝、茄子、辣椒、西红柿等蔬菜。1992 年底,全市棚室累计发展到 100 万平方米,露地菜发展到 7.28 万亩。1993 年,棚室面积累计发展到 170 万平方米,露地菜 8.5 万亩。市多种经营办公室成立了红椒经销公司,红椒面积在万亩以上。1994 年,棚室蔬菜面积达到 300 万平方米,露地菜面积仍保持在 8.5 万亩,全年总产蔬菜 1 800 万公斤,收益 3 950 万元,是棚室菜发展的一个高峰期。1995 年,棚菜面积发展到 400 万平方米,其中大棚 5 408 栋,温室 4 187 栋,露地菜 13 万亩。市政府棚室菜以双城镇承恩村、富乡村、兰棱镇的广益村,露地菜以双城镇永治村为典型。做到一户带四邻,四邻带全村,一村带一乡,加快了棚室菜的生产。全市在蔬菜生产布局上,从城郊和京哈路两侧抓起,修建棚室菜小区;在生产规模较大的双城镇、兰棱镇、韩甸镇、周家镇等,建立蔬菜批发市场,解决农民销售难问题。1996 年,棚室菜累计面积达到 700 万平方米,露地菜 13 万亩。总产达 5 亿斤,增长 25%;外销蔬菜 4.5 亿斤,全市仅蔬菜一项总收入 4 亿元。1997 年,为了提高生产效益,还搞了黄瓜嫁接、茄子老秧再生产等技术。通过推广科技、高产攻关取得可喜成果,番茄亩产万斤,黄瓜在 0.8 万斤以上,均比上年增长 15% 左右。1998 年蔬菜总面积发展至171 359亩,比 1997 年增加 115 亩,其中露地菜 16 万亩,棚室菜11 359亩,高效节能日光温室新建 157 栋,累计发展到 338 栋,基本覆盖全市各乡镇。其中兰棱镇达到 42 栋。1999—2000 年,生产面积基本与 1998 年持平。日光照温室有所增加。2004 年,蔬菜生产面积达到178 900亩,其中温室4 500亩,大棚6 400亩,露地菜168 000亩,为历史最高年份。2005 年蔬菜生产因投入高效益低,面积减为175 000亩,是棚室面积大幅减少,日光照温室不足 200 栋,当年蔬菜产量为 850 亿斤。

【名优特菜】 1992 年引进试种山东胶州红干椒。1995 年引进名、优、特新品种木耳菜、紫甘蓝、绿菜花、空心菜、毛角瓜等。1996 年,番茄引进了东农 704、东农 702、美丰 110 等新品种,小青椒引进“哈椒一号”“哈杂椒一号”“羊角”“牛角”等,黄瓜引进“新泰山刺”“津研七号”等新品种。1999 年,全市的名优特菜总面积为3 000亩,比 1998 年增加 11.1%,其中苦瓜 100 亩,花椰菜 50 亩,樱桃番茄 10 亩,舌瓜 10 亩,毛角瓜、木耳菜、西芹等在 50 亩以上,都是绿色无公害食品。2000 年,黑木耳发展到 50 万袋以上。香菇、滑子蘑、平菇种植户 820 余户。2005 年,全市食用菌生产已粗具规模,主要集中在双城镇、东官镇、联兴乡。出现专业合作社,食用菌专业生产基地形成。各类名优特面积由3 000亩发展到万亩以上。

【蔬菜贮存与加工】 1986 年,白薯贮存 200 万斤,土豆贮存 400 万斤。1990 年后,形成窖贮菜专业乡镇、村。同心乡以及双城镇的金星村、永治村等。2005 年末,同心乡有 40 余家酸菜加工厂,年需白菜、甘蓝1 亿多公斤。成品销售到长春、沈阳、山东各地。公正乡的洋葱贮存也形成规模,年贮存量为 1.5 万斤。

【果树种植】 1986 年,全县果树面积累计达到8 710亩,其中葡萄1 528亩。1990 年,随着 102 国道开通,政府着力发展路边经济与庭院经济,调动农民积极性。果树种植 1.2 万亩。1992 年底,果树累计种植15 000亩(其中葡萄3 019亩)。1993 年,果树累计栽植22 600亩(其中葡萄4 729亩),其中村办集体果园124 处,6 900亩;乐群乡、韩甸镇联办两处果树苗木繁殖基地,兰棱镇联办一处葡萄苗木繁育基地,为园艺生产贷款近 70 万元。1994 年,全市果树面积发展到30 500亩,其中大地栽植面积12 630亩,庭院栽植面积17 870万亩。当年结果面积17 000亩,总产量1 317万公斤。1997 年,全市的果树总面积达到38 270亩,总产量36 794吨,总收入4 811万元;集体办果园的村有 172 个,面积在11 810亩,百亩以上的果园 24 个,乐群乡有果园4 500亩全市从业人员5 000人次。果树品种也由小苹果发展到大中型苹果、李子、梨、樱桃、杏、桃、山楂、草莓、树莓、黑豆果等。葡萄面积达7 000亩。1998—2000 年,果树的面积始终保持在 4 万亩左右。2000 年以后水果价格较低,农民收入减少,许多农民毁树种植粮食作物、发展畜牧业,果树栽培出现严重滑坡。2004 年,全市的果树面积为23 000亩。2005 年,果树面积为8 000亩,大部分在乐群、五家、朝阳、兰棱等乡镇。

第三节　科学种植与病虫害防治

【耕作制度】 1986 年,全县执行的耕作制度为三年轮换制。1990 年起,制定新的“三三”耕作制度,即以深松为主体的松、翻、耙、施相结合的联合耕地整地措施,三年为一个耕作周期,在一块地上第一年平翻耕作(耕作或平翻垄作),第二年深松起垄或平作,第三年耙施起垄或平作,每三年一轮回,反复进行以上耕作程序。其特点是有利于疏松土壤、蓄水保墒,同时又解决历史上形成的多年平翻造成的土壤板结、地力下降的问题,达到合理投入、降低成本、适合机械轮耕,增加效益的作用。到 2005 年沿用这种制度。

【农业科研】 1986 年,农业技术推广中心承担省农业厅水稻超稀植栽培技术项目的试验,试验面积 5 万亩。1990 年,承担省农业厅耕地培肥项目,试验面积 80 万亩。1991 年,承担省农业厅玉米间作草木屑项目,试验面积 2 万亩。1992 年起,农业技术推广中心自行开展农业科研项目研究,进行玉米密植通透高产栽培研究,试种推广面积 10 万亩。1998 年,推广 20 万亩。2000 年,进行平衡施肥技术应用,推广面积 50 万亩;2005 年推广玉米催芽坐水技术,推广面积 150 万亩。

【科技培训】 1986 年,农业技术推广中心集中培训农村乡镇农业技术人员,培训内容是种植技术和栽培技术、病虫害防治。年培训技术骨干 150 人。1990 年,对科技示范户骨干进行培训,共培训 5 次,培训 400 人。1995 年,采取集中巡回相结合培训办法,集中培训 10 次,培训 900 人;巡回培训 15 次,培训农民 1 200 人。1996 年,培训内容增加水稻栽培、高产技术、寒地栽培、水稻优化施肥、水稻大棚旱育、大豆高产栽培技术。2000 年,集中培训 10 次,人员为 1 000 人次;巡回培训 20 次,人员为 1 800 人。2001 年,增加瓜菜栽培技术内容,同时开办了电视讲座。2005 年,集中培训 10 次,人员达 1 200 人次;巡回培训 24 次,人员达 2 400 人次;电视讲座 12 次,受训人数达 24 万人次。

【玉米栽培技术】 1986 年,全县推广玉米机械播种,把优质农家肥在整地前施入,磷钾肥和部分氮肥做基肥或种肥部分随机械深层施入,余下的氮肥做追肥结合封垄施入。播种面积达 120 万亩,占全市玉米种植面积的 60%。机播玉米比埯种玉米平均每亩增产 25 公斤。1996 年,全市机播玉米面积扩大到 192 万亩,占玉米面积的 96%。1997 年,推广玉米保持地栽培技术。140 厘米垄覆膜,垄上双植,70 厘米垄覆膜。采取机械播种、封闭除草和机械开沟、施肥、滤水、人工等距点籽、拉子覆土、封闭除草、机械覆膜。玉米地膜覆盖面积 5 万亩,比直播玉米平均亩增产 250 公斤。2005 年全市扩大到 20 万亩,占玉米种植面积 8% 以上。

【大豆栽培技术】 1986 年,大豆种植沿用埯种方法。1990 年起,推广大豆垄上栽培和 70 厘米垄上密植两种栽培模式。大豆垄上栽培即深松、深施肥、精量播种,比传统机械播种亩增产 30 公斤;窄行密植比传统机械播种增产 40 公斤。2005 年,推广面积 15 万亩。

【水稻栽培技术】 1986 年开始示范推广水稻旱育衡植栽培技术,示范面积 2 万亩。1992 年,推广面积达到 10 万亩,比过去水育苗亩增产 200 公斤;1993 年开始示范推广大棚育苗、超衡植宽窄行栽培技术,充分利用较晚熟高产品种,系选 1 号、五优稻 1 号、丰优 301 等品种,比旱育衡植亩增产 50 公斤。2005 年,推广面积达到 15 万亩以上,占水稻面积 95%。

【植物检疫】 1986 年,对全县种子行业进行检查,共查处伪劣种子案件 16 起,涉及种子 3 000 斤。1990 年,复检玉米种子 100 万斤;1991 年—1995 年,复检种子 200 万斤。1998 年 1 月 26 日,黑龙江省人民政府修订发布了《黑龙江省农业植物检疫实施办法》等有关检疫的法律、法规。全市开展了植物检疫工作。查处违法案件 50 余起,查处伪劣种子 5 000 余斤,复检种子 300 万斤。2005 年末查处伪劣玉米种子 1 亿斤左右,有效防止了含干腐病等玉米伪劣种子传入,保护了玉米生产的安全。

【农作物病虫害发生与防治】 1986 年二代黏虫发生 17 万亩,其中玉米田发生 10 万亩、谷子田发生 5 万亩、小麦田发生 2 万亩,防治 10 万亩次,使用敌敌畏和溴氰菊酯等药剂防治。玉米螟发生面积 10 万亩,没有防治。1987 年二代黏虫发生 11 万亩,其中谷子田发生 8 万亩、小麦田发生 3 万亩,防治 6 万亩次,使用敌敌畏和溴氰菊酯等药剂防治。玉米螟发生面积 10 万亩,没有防治。1988 年二代黏虫发生 1 万亩,小麦田发生 1 万亩,防治 0.6 万亩次,使用敌敌畏和溴氰菊酯等药剂防治。玉米螟发生面积 100 万亩,农田害鼠发生面积 200 万亩,防治面积 100 万亩次,使用溴敌隆鼠药。1989 年,二代黏虫发生 40 万亩,其中玉米田发生 32 万亩、谷子田发生 7 万亩、小麦田发生 1 万亩,防治 25 万亩次,使用敌敌畏和溴氰菊酯等药剂防治。玉米螟发生面积 20 万亩,地下害虫发生 20 万亩,防治 10 万亩次,使用辛硫磷和敌百虫等药剂防治。1990 年二代黏虫发生 9 万亩,其中谷子发生 7 万亩、小麦发生 2 万亩,防治 7 万亩次,使用敌敌畏和溴氰菊酯等药剂防治。玉米螟发生面积 150 万亩,防治 42.5 万亩次,使用辛硫磷颗粒剂防治。大豆蚜虫发生面积 35 万亩,防治 28 万亩次,使用乐果等药剂防治。1991 年二代黏虫发生 9 万亩,其中谷子发生 7 万亩、小麦发生 2 万亩,防治 4 万亩次,使用敌敌畏和溴氰菊酯等药剂防治。玉米螟发生面积 200 万亩,防治 50 万亩次,利用飞机防治玉米螟 47 万亩次(使用药剂是苏云金杆菌药剂),利用赤眼蜂防治玉米螟 3 万亩次。1992年玉米螟发生面积40万亩,防治10万亩次,利用赤眼蜂防治玉米螟10万亩次。大豆蚜虫发生面积12.4万亩,防治11.3万亩次,使用乐果等药剂防治。玉米丝黑穗病发生面积20万亩,防治10万亩次。1993年二代黏虫发生7万亩,其中谷子田发生5万亩、小麦田发生2万亩,防治5万亩次。玉米螟发生面积50万亩,防治21万亩次,利用赤眼蜂防治玉米螟21万亩次。大豆蚜虫发生面积12.48万亩,防治8万亩次,使用乐果等药剂防治。玉米丝黑穗病发生面积20万亩,防治10万亩次。1994年二代黏虫发生7万亩,其中谷子田发生5万亩、小麦田发生2万亩,防治4万亩次。玉米螟发生面积200万亩,防治20万亩次,利用赤眼蜂防治玉米螟20万亩次。大豆蚜虫发生面积6万亩,防治3万亩次,使用乐果等药剂防治。1995年玉米螟发生面积155万亩,防治55万亩次,利用赤眼蜂防治玉米螟55万亩次。大豆蚜虫发生面积15万亩,防治11万亩次,使用乐果等药剂防治。玉米丝黑穗病发生面积100万亩,防治30万亩次。地下害虫发生面积10万亩,防治面积2万亩。1996年玉米螟发生面积200万亩,防治80万亩次,利用赤眼蜂防治玉米螟80万亩次。1997年三代黏虫在玉米田发生面积30万亩,成灾面积20亩,绝产面积3万亩。玉米螟发生面积230万亩,防治120万亩次,利用赤眼蜂防治玉米螟98万亩次。使用辛硫磷颗粒剂防治22万亩次。1998年玉米螟发生面积200万亩,防治72万亩次,利用赤眼蜂防治玉米螟72万亩次。大豆蚜虫发生面积9万亩,防治9万亩次,使用乐果等药剂防治。1999年二代黏虫在玉米田发生面积24万亩,防治24万亩次,使用高效氯氰菊酯等药剂。三代黏虫在玉米田发生面积7万亩,草地螟发生面积80万亩,防治面积80万亩次,使用高效氯氰菊酯等药剂防治。玉米螟发生面积58万亩,防治5万亩次,利用赤眼蜂防治玉米螟5万亩次。2000年二代黏虫在玉米田发生面积56万亩,三代黏虫在玉米田发生面积42万亩,玉米螟发生面积180万亩,稻蝗发生面积10万亩,防治10万亩次,土蝗发生面积45万亩,防治面积45万亩次,使用甲拌磷颗粒剂防治。大豆蚜虫、大豆红蜘蛛各发生面积40万亩,防治80万亩次,使用抗蚜威、虫螨克等药剂防治。大豆食心虫发生面积40万亩,防治40万亩次,使用敌敌畏防治。2001年:二代黏虫在玉米田发生面积8万亩,三代黏虫在玉米田发生面积0.2万亩,草地螟发生面积10万亩,防治面积10万亩次,使用高效氯氰菊酯等药剂防治。玉米螟发生面积180万亩,地下害虫发生面积3万亩,防治80万亩次,玉米粗缩病发生面积30万亩,防治面积30万亩次,使用病毒灵加杀虫剂等药剂防治。2002年草地螟发生面积50万亩,防治面积50万亩次,使用高效氯氰菊酯等药剂防治。玉米螟发生面积170万亩,地下害虫发生面积30万亩,防治80万亩次,使用多克福玉米种衣剂等药剂防治。玉米丝黑穗病发生面积100万亩,防治面积50万亩次,使用戊唑醇等药剂防治。2003年草地螟发生面积50万亩,防治面积50万亩次,使用高效氯氰菊酯等药剂防治。玉米螟发生面积100万亩,地下害虫发生面积120万亩,防治120万亩次,使用多克福玉米种衣剂等药剂防治。玉米丝黑穗病发生面积120万亩,防治面积120万亩次,使用戊唑醇等药剂防治。2004年草地螟发生,发生面积100万亩,防治面积100万亩次,使用高效氯氰菊酯等药剂防治。玉米螟为大发生年,玉米螟发生面积200万亩,玉米粗缩病发生面积万亩,防治面积10万亩次,使用病毒灵加杀虫剂等药剂防治。农田害鼠发生面积200万亩,防治面积10万亩次,使用溴敌隆鼠药。2005年玉米螟发生面积200万亩,防治200万亩次。地下害虫发生面积96万亩,防治96万亩次,使用多克福玉米种衣剂等药剂防治。玉米丝黑穗病发生面积130万亩,防治面积130万亩次,使用戊唑醇等药剂防治。农田害鼠发生面积200万亩,防治面积50万亩次,使用溴敌隆鼠药。

【丰收计划】 1986年2月,双城承担了省农牧渔业厅"玉米套种草木栖改土肥田增产试验研究"项目。年末,圆满地完成研究课题,获省农牧渔业厅技术改进奖。1988年3月,省农牧渔业厅下达"玉米综合生产技术"科研项目,经一年的艰苦努力,获省农牧渔业厅丰收奖。1989年,市政府玉米秸秆造肥,项目获市政府科技进步奖。1990年4月,省农牧渔业厅下达"玉米综合丰产技术"规划,经一年的实践,1991年3月,获省农牧渔业厅丰收奖。1993年2月,实施农业部"种植绿肥增产粮食畜产品技术科研项目",同年获农业部农牧渔业丰收奖。1993—1997年承担联合国开发计划署(UNDP)平衡施肥项目,经农业部专家组验收,成绩优秀,该项目达到国内领先水平。1994年初,承担农业部"高寒地区玉米高产高效技术"科研项目,年末获农业部农牧渔业丰收奖。1996 年 2 月,实施"天然沸石农业应用的研究——化肥增效保肥措施及机理的研究"科研项目,年末获省农牧渔业厅科学技术进步奖。1997 年 1 月,"双城市玉米综合丰产技术"获省农牧渔业厅丰收奖。1998 年初,进行"玉米优质品种通透栽培"科研项目研究,年末,获哈市农业局丰收计划奖。1998 年末,实施省农牧渔业厅"玉米优质品种通透培训"科研项目,1999 年 1 月获省农牧渔业厅丰收计划奖。1999 年 1 月"测土配方施肥技术的研究与应用"获哈市科学技术委员会新成果奖。9 月,该项目又获哈市农业局科技进步奖。2000 年 1 月"双城玉米优质品种通透栽培综合丰产技术"获省农牧渔业厅丰收奖。8 月"北方土壤供钾能力及钾肥高效施用技术研究"获中国农业科学院土壤肥料研究所技术进步奖。2001 年 4 月"土壤养分限制因子系统诊断新技术研究"获省农科院科技成果奖。"绿色食品——优质小米生产技术"研究,获哈市农业局丰收计划奖。2002 年 12 月"玉米提质增效栽培技术"获哈市农业委员会丰收计划奖。2003 年 12 月"玉米提质增效栽培技术"获哈市农业委员会丰收计划奖。2005 年,继续实施大面积"玉米提质增效栽培技术"。

第四节 肥料、种子

【化肥施用】 1986 年,全县施肥主要以二铵为主,做底肥或种植施入,苗期追施尿素。二铵亩增施入量 12.5 公斤,产出投入比 1:2.2～12.8。施肥比例大体调控为增磷稳氮。年施入化肥总量 7.125 万吨。亩平均施化肥 25.2 公斤。东部乡镇亩施量 22～24 公斤,西部乡镇 24～26 公斤。玉米、水稻亩施化肥 42～48 公斤,大豆施肥量 12.5～17.5 公斤,两瓜蔬菜亩施肥 50～60 公斤。1997 年起,施肥由定性变为半定量阶段,由于多年施用二铵使土壤中磷素的含量不断增加,氮、磷、钾三元素中磷素不是限制粮食产量的主要因素,钾素成为主要因素,施肥的总体是稳磷、稳氮、增钾。2005 年,施肥数量基本是氮素肥料以尿素为主,做追肥用,亩施肥量 17.5～22 公斤;磷素肥料以复合肥为主,亩施肥量 25～30 公斤;钾素肥料以氯化钾为主,亩施肥量 2.5～8 公斤,总施肥量在 45～60 公斤。在施肥比例上达到氮、磷、钾配合施用,加上增施中微量元素和苗期喷施液体肥料。

【农家肥施用】 1986—1990 年,每年施用量 426 万立方米,平均亩施用量 1.5 立方米(284 万亩),农家肥有机质含量 6% 左右。1991—1995 年,年施用量 341 万立方米,平均亩施用量 1.2 立方米(284 万亩),农家肥有机质含量 7% 左右。1996—2000 年,年施用量 284 万立方米,平均亩施用量 1.0 立方米(284 万亩),农家肥有机质含量 8% 左右。2001—2005 年,年施用量 290 万立方米,平均亩施用量 1.02 立方米(284 万亩),农家肥有机质含量 10% 左右。

1986—2005 年双城市化肥施用量表

表 5－2－4

年度	施用化肥总量（吨）	其中				平均施用量（公斤／亩）
		氮肥（吨）	磷肥（吨）	钾肥（吨）	复合肥（吨）	
1986	46 803	28 500	17 813	190		16.42
1987	47 073	28 615	17 194	560	704	16.52
1988	48 737	29 885	17 365	657	861	17.10
1989	51 860	31 669	17 344	745	2 102	18.20
1990	53 722	32 978	17 402	878	2 464	18.85
1991	56 974	35 378	17 413	899	3 284	19.99

续表

年度	施用化肥总量（吨）	其中				平均施用量（公斤／亩）
		氮肥（吨）	磷肥（吨）	钾肥（吨）	复合肥（吨）	
1992	58 657	35 998	17 515	920	4 224	20.58
1993	63 293	40 372	17 662	1 022	4 237	22.21
1994	66 250	42 668	17 690	1 133	4 759	23.26
1995	69 493	43 479	17 558	1 216	7 240	24.38
1996	71 599	43 668	17 516	1 435	8 980	25.12
1997	77 285	48 336	17 536	1 553	9 860	27.12
1998	77 990	48 290	17 520	1 580	10 600	26.56
1999	75 700	45 340	17 460	1 690	11 210	27.63
2000	78 748	47 398	17 300	1 890	12 160	27.85
2001	79 363	45 290	16 360	2 455	15 258	28.28
2002	80 586	42 980	16 446	4 540	16 620	28.39
2003	80 908	42 736	16 322	4 560	17 290	24.31
2004	80 216	42 866	10 968	5 022	21 360	26.61
2005	87 829	43 967	8 096	5 526	60 240	28.33
2005	93 500	45 868	10 450	7 833	29 343	

【玉米良种推广】 1986—1989 年,应用玉米品种为四单 8、中单 2、本育九等。1990—1997 年,应用玉米品种为本育九、吉单 159、吉单 180 等。1998—2005 年,应用玉米品种为久龙 8、久龙 12、吉单 180、通单 24、郑单 958、农大 517、丰禾 1、丰禾 10。

【水稻良种推广】 1986 年,应用水稻品种为系选 14、吉粳 60、雪光等。1987—1995 年,应用水稻品种为结培 22、富士光、藤系 138 等。1996—2005 年,应用水稻品种为系选 1 号、松粳 3 号、五优稻 1 号、沙沙妮、丰优 301 等。

【大豆良种推广】 1983—1990 年,应用大豆品种为绥农 14、合丰 25 等。1991—2005 年,应用东农 42、黑农 38、黑农 37、黑农 40、合丰 35 等。

第三章　养殖业

第一节　奶牛养殖

【奶牛基地建设】 1991 年,建成 4 个集体奶牛场,其中,青岭乡七一村存栏奶牛 86 头,乐群乡乐群村奶牛存栏 86 头,水泉乡三邻奶牛场奶牛存栏 56 头,农丰镇永久村养殖奶牛存栏 72 头。1994 年,公正乡沟口屯村是松花江地区百强村之一,奶牛养殖户 98 户,最多的 10 多头,最少的 2～3 头。2002 年,市委《关于建设奶牛园区促进畜牧业大市的建设意见》,全市奶牛小区建设全面启动。2004 年建成奶牛专业村 40 个,分布在 17 个乡镇:水泉乡三邻村、富有村、荣华村、水泉村、大德村;乐群乡富志村、农丰镇兴城、保收村、永久村、仁利村;杏山镇龙山村、何山村、顺利村;临江乡民强村、新发村;东官镇东兴村、庆和村;幸福乡永援村、永支村;万隆乡建新村、利民村、苗家村;希勤乡爱兴村、爱德村;韩甸镇三姓村、大马家村;团结乡团结村、育仁村;朝阳乡胜德村、胜业村、胜利村、胜城村;金城乡升平村;双城镇中兴村、长勇村。这些村奶牛养殖业收入均占全村总收入的60%以上,从事奶牛生产的农户均占本村农户总数的50%以上,共存栏奶牛73 855头,占全市奶牛存栏194 860头的37.9%。2005年末,全市建成奶牛小区56个,年饲养奶牛2.5万头,占全市奶牛存栏数的11.2%。

【奶牛数量与产奶量】　1986年,全县奶牛存栏1.8万头,产奶量1.5万吨。1987年,雀巢公司的兴建,促进了双城奶牛业的发展。1990年,全市奶牛存栏达2.5万头,产奶达3万吨。1995年末,奶牛存栏5.1万头,提供鲜奶7万吨。2005年末,奶牛基地建设和政府促进奶牛养殖政策,使奶牛养殖步伐加快,全市奶牛存栏达到22.4万头,产奶量达到62.6万吨。

【良种繁育】　1986年,良种繁育实行统一供精、统一收费标准,良种繁育率为61%。1990年良种繁育率为7%。1991年双城县被省定为0.5ml奶牛细管冻精推广使用试点县,并将供精站与繁育站合并为双城市家畜繁育指导站,负责全市奶牛繁育改良、技术指导、技术培训及管理等工作。在技术手段上从颗粒冻精到细管冻精,从徒手操作到各种设备及高交往激素药物的使用,奶牛育种工作从空白跻身到全省繁改工作重点县(市)。1998年,开始大范围推广使用特级奶牛冻精。2000年,全面推广特优级奶牛冻精,并以自繁自育的形式培育高产奶牛核心群。良种繁育率为90%。2005年,被农业部定为全国奶牛良种补贴试点县。国家把奶牛良种补贴金拨给冻精生产单位,市奶牛繁育站到农业部指定的冻精供应部门进行差额采购。当年下摆优质冻精9.5万支,比2004年增长32%,良种繁育率达到98%。奶牛品种主要是荷斯坦。

第二节　其他养殖业

【肉牛养殖】　1986年,全县肉牛存栏15 036头,出栏1 300头。1990年,肉牛存栏29 807头,出栏6 100头。1995年,肉牛存栏82 125头,出栏46 055头。2000年末,肉牛存栏达到119 700头,出栏86 000头。2005年末,肉牛存栏171 423头,出栏211 342头。肉牛品种有西门塔尔、安格斯、夏洛来、本地黄牛等。

【生猪养殖】　1986年起,全县的生猪生产已从自给自足生产阶段逐步过渡到商品化生产阶段。当年,全县生猪存栏18万头,出栏16万头;1990年,生猪存栏21万头,出栏17万头;1995年,生猪存栏40万头,出栏32万头。2000年,由于饲料涨价,养猪效益下降,生猪存栏减少到25万头,出栏减少为26万头;2005年,生猪存栏44万头,出栏49万头。品种有格洛克、双肌双白、长白、红克、皮兰特。

【蛋鸡养殖】　1986年,全县蛋鸡存栏172万只,出栏181万只。1990年,蛋鸡存栏282万只,出栏156万只;1995年,蛋鸡存栏790万只,出栏540万只。2000年,蛋鸡存栏619万只,出栏434万只。2005年,蛋鸡存栏904万只,出栏757万只。品种有AA、海兰、海塞克斯、艾维茵等。

【肉鸡养殖】　1986年,全县养殖肉鸡68万只。1995年全市肉鸡出栏达到164.4万只,2000年全市肉鸡出栏下降到61万只。随着市场需求量的变化,肉鸡又逐年发展起来,2005年全市出栏肉鸡151.9万只。

【大鹅养殖】　1986年,全县大鹅存栏仅有10万只,出栏8万只。1995年存栏达到60万只,出栏79.6万只。1996—1999年,加工企业压缩生产规模,养鹅规模也逐渐减少。2000年,全市存栏47.5万只,出栏44.1万只。2005年存栏54.5万只,出栏69.8万只。全市养大鹅专业户发展到255户,户均养鹅4 875只。

1986—2005年双城市畜牧业发展情况一览表

表5-3-1

年度	奶牛(头)		肉牛及黄牛(头)		生猪(头)		家禽(只)		山绵羊(只)		马驴骡(头)
	存栏	其中成母	存栏	出栏	存栏	出栏	存栏	出栏	存栏	出栏	存栏
1986	17 080	1 132	150.6	1 300	181 572	160 789	1 719 732	1 810 000	25 667	5 700	28 249
1987	22 447	15 039	15 632	1 700	156 306	137 115	2 485 000	2 030 000	27 001	220	22 413
1988	24 838	15 258	16 474	1 700	164 973	138 951	2 532 000	2 050 000	25 164	4 600	21 292
1989	23 682	14 771	19 956	3 100	170 163	130 108	2 684 000	2 510 000	27 659	2 300	21 752
1990	28 425	16 895	29 807	6 100	211 270	174 175	2 817 200	1 556 000	36 702	3 800	25 093
1991	37 070	23 162	34 257	9 812	207 190	198 193	4 088 700	1 865 900	39 010	12 905	23 472
1992	44 545	22 879	50 991	21 045	20 902	211 068	4 999 300	2 400 000	40 672	16 260	24 415
1993	49 183	2 722	60 817	34 523	228 517	212 360	5 327 300	3 362 000	49 493	21 358	25 557
1994	50 458	26 020	78 034	39 874	253 662	262 582	7 111 803	4 753 600	58 475	24 989	2 490
1995	51 402	29 653	82 125	46 055	397 443	321 513	7 898 971	53 958 539	76 156	31 513	2 624
1996	58 855	37 778	88 306	53 193	402 609	354 846	8 930 999	6 855 065	82 349	43 406	28 972
1997	67 389	39 002	93 560	61 438	329 194	452 637	9 377 549	7 239 000	70 200	63 251	29 247
1998	75 800	42 900	97 933	70 961	217 944	256 290	5 365 000	10 063 000	46 419	66 455	30 792
1999	88 260	50 468	106 926	81 990	236 183	249 653	5 735 000	4 133 000	44 541	20 843	23 933
2000	108 560	37 215	119 765	86 090	253 072	262 135	6 193 900	4 339 400	46 320	21 895	25 380
2001	124 500	80 000	129 000	90 000	271 000	273 000	6 689 000	4 591 000	47 900	22 600	25 600
2002	140 980	87 000	113 515	108 743	243 747	259 620	7 224 000	5 257 000	43 336	30 552	21 578
2003	170 288	103 579	1 325 848	125 271	270 161	292 592	8 636 000	6 025 000	47 429	33 166	21 833
2004	194 860	120 816	190 459	153 777	373 795	423 160	9 905 000	6 704 000	69 340	32 746	21 629
2005	223 598	139 692	171 423	211 342	440 975	489 644	9 041 000	7 565 000	73 743	43 707	21 294

第三节 畜禽疫病防治及畜禽科技

【疫病防治】 1986年,动物防疫工作已实行规范化法制化管理。1987年,遵照国务院《兽药管理条例》,对严重危害畜牧业生产和人体健康的动物疫病,实行有计划强制免疫。针对鸡新城疫、禽霍乱病、猪瘟、猪丹毒、猪肺病每年组织三次定期预防注射,免疫密度95%以上。专业化规模经营养猪、养禽户逐步掌握免疫程序,自行采购疫苗免疫。1999年,实施《国家无规定动物疫病区》项目,对19种疫病加强预防和除口蹄疫、牛结核、布氏杆菌病外,其他16种病达到国家规定的控制指标,猪、禽和大牲畜病死率均低于国家规定的5%、13%和1%的控制指标。2005年,在全市12个乡镇开展奶牛布氏杆菌病检疫,检疫奶牛97813头,经省防疫站最终化验确定为阳性的223头,占受检牛的0.23%,全部扑杀,并相应地兑现补偿资金。按省防控重大动物疫病指挥部文件,在102国道和高速公路黑龙江省与吉林省的交界处,设立兰棱动物防疫检查站。畜牧、公安、交通等部门密切配合,协作联动,加强运输环节的监督检查和消毒,有效地阻止外疫传入。

【屠宰检疫】 1986年,商业部门在全县城乡设立的28个生猪收购站,兼营屠宰并负责检疫,生猪收购站全部解体。生猪屠宰由个人承包,屠宰点发展到37个。城区的1个县级生猪屠宰厂,由食品公司派驻兽医实施检疫。农村的36个屠宰点,由乡镇防治所负责检疫。家禽及大牲畜屠宰进入市场后,由畜牧部门负责检疫。1990年,对生猪实行了定点屠宰、集中检疫,市区设立2个生猪屠宰点,农村设立23个屠宰点,由畜牧部门派驻人员实施检疫。2000年,采取"一扩、二控、三治理"的措施,即:扩大定点屠宰集中检疫范围,对家禽大牲畜也实行定点屠宰集中检疫;控制屠宰点的数量,全市仅设置7个生猪屠宰点,1个家禽屠宰点和3个大牲畜屠宰点;严格检查上市肉类的屠宰检疫证明,治理私屠私宰,逃避检疫的违法行为。2005年,全市设10个生猪屠宰点,2个家禽屠宰点,5个大牲畜屠宰点。

【畜牧科技】 1990年开始按照省政府提出的科技兴牧战略要求,在奶牛、肉牛、生猪、蛋鸡、羔羊等饲养上推广综合技术、奶牛高产技术。推广良种冻配、配合饲料、饲喂青贮、规范管理、科学防疫等技术。2000年后又承担哈市丰收计划办公室下达的奶牛丰收计划项目,实施"优良种、冻精配、青贮料、全价喂、科学创高产"科学方法,到2005年实施丰收计划的2.6万头奶牛单牛产奶量提高到5.5吨,比1999年增加0.8吨,全市奶牛平均单产4.8吨。肉牛集中育肥技术推广"坐槽喂、短绳栓、补精料、快出栏"饲料模式,一般700~800斤的架子牛经集中育肥100天左右可出栏,日均增重3斤多。生猪直线育肥推广"三元杂交、全价饲料、暖舍饲养、科学防病"等配套技术,仔猪入栏后,饲养三个月左右即可出栏,体重可达200斤。生猪出栏率达130%。蛋鸡高产技术推广"优良品种、暖舍笼养、全价饲料、科学防病"等综合配套技术,使产蛋量明显提高。商品蛋鸡产蛋量达280枚以上。羔羊当年育肥技术推广"优良品种、适时补料、科学防病、当年出栏"等综合技术,每只羔羊当年体重可增长到60~70斤;羊出栏率提高到63%。2005年,双城市被农业部确定为奶牛科技入户示范工程试点县,在11个乡镇100个村的1000个养牛户实施,推广良种冻配技术、玉米青贮、疾病防治、标准化饲养等四项主推技术,启动一年就实现了成果转化、技术推广、农民增收、模式探索和机制创新的既定目标。

第四节 饲 料

【饲料草原建设】 1994年,根据《中华人民共和国草原法》,对全市草原面积进行重新核算,确认纳入草原管理的面积43.2万亩,其中产草场8.2万亩,放牧场19.7万亩,草原开荒地和已改变用途的11.9万亩,不能利用的3.4万亩。1995年,"五荒"拍卖后开垦草原6.57万亩。按照《黑龙江省草原资源承包开发实施方案》的要求,1996年,对39.2万亩草原实行承包经营。共签订草原承包合同2800份,其中短期承包的 324 户,承包 7.26 万亩;包期 15 年以上的 628 户,承包 4.46 万亩;包期 30 年以上的 905 户,承包 16.25 万亩;包期 50 年以上的 927 户,承包 11.1 万亩。同时,改良草原 4 万亩,其中人工种草 1 万亩。2002 年草原清查时,草原开荒地和改变用途草原增加到 18.47 万亩。2005 年,草原亩数和承包形式未变。

【秸秆饲料】 1991 年,双城市被确定为全国首批秸秆养牛示范县。确定 8 个乡镇 43 个村为重点,实施秸秆青贮和氨化技术,建造青贮窖 3 500 个,4.2 万立方米。建氨池 2 750 个,1 238 立方米。畜牧部门采取进村入户抓宣传、立足实际抓典型、深入基层抓指导、落实责任抓奖惩等措施,使青贮饲料普及应用面不断扩大。2004 年,市政府出台扶持发展青贮饲料政策,每亩青贮玉米补贴种子款 10 元,新建青贮窖并收贮的每立方米补贴 15 元。2005 年把种植青贮玉米纳入良种补贴,每亩补贴种子款 10 元。全市种植青贮玉米 15 万亩,收贮青饲料 70 万吨,应用青贮饲料的养牛户达到 30%。青贮窖总容积达到 120 万立方米,青贮机械 3 340 台(套),其中大型青贮收割机械 26 台(套),青贮打包机械 20 台(套)。同时,农户给青贮公司种植青贮玉米 2 万亩,收贮 9 万吨。

【饲料市场】 1986 年,养殖户多为自配饲料。1990 年起,预混料、全价料等新品种饲料成为主流,双城有饲料企业 8 家,饲料经销网点 50 个。2005 年,全市饲料生产企业发展到 31 家,年生产各种饲料 20 万吨,饲料经销企业发展到 150 家,经销本地和外埠饲料达到 96 个品种。

第五节 国营牧场

【黑龙江省双城市种畜场】 位于火车站北亚麻路。种畜场下设四个分场。一分场在种畜场部,以繁育黑白花奶牛为主;二分场在水泉乡赵家窝堡,以繁育本地种猪为主,兼养奶牛。三分场在农丰镇张家湾村,专门从事繁育种公马阿尔登;四分场在种畜场场部附近,生产红砖。1986 年,种畜场有 180 户,人口 800 人,职工 243 人。耕地面积 2 342 亩,草原面积 3 000 亩。砖厂一处,年生产能力 1 400 万块。奶牛场一处,牛舍 10 000 平方米。青贮塔 2 座,馒头奶牛 210 头,并逐渐发展成为主导产业。土地承包给职工经营,砖场承包给个人经营,奶牛场所有集体实行目标管理。1990 年起,每年市财政拨给 15 万元政策性补贴用于企业资金周转。随着改革的深入,财政取消补贴,企业连年亏损。2004 年起,饲料价格上涨,奶牛价格下降,奶牛场由原来每年盈利 30 万元左右,变成收支平衡。2005 年,种畜场开始探索经营管理新机制。实行个体股份制经营。

【黑龙江省双城市新华猪场】 在新兴乡新华村。开始由哈尔滨市城郊办投资,双城市畜牧科承建,生产商品猪,供应哈尔滨市场。1986 年,全场有职工 170 人,耕地 600 亩,畜舍建筑面积 4 000 平方米,向县内外提供纯种种用公母猪 15 771 头,其中种公猪 7 911 头,种母猪 7 860 头。1988 年,引进种鸡饲养和孵化项目,饲养"滨白 42"父母代种鸡 3 535 只,"兴波罗"肉种鸡 7 000 套,"贝蒂纳"火鸡 500 只,"狄高鸭"500 只。建孵化场一处,安装孵化器 4 台(套),向市场提供商品鸡雏。同年,建设砖厂一处,年生产红砖 1 200 万块。1991 年,管理体制转化为联营,组建成哈克森三江养殖总场新华分场。1994 年解体。猪、鸡饲养业停止生产经营,划归双城市供销联社管理。砖厂承包给个人经营,部分畜舍出租给个人从事肉牛饲养及其他生产项目。

第六节 渔 业

【双城市水产总站】 1986 年双城县水产管理总站更名为水产局,内设人事股、办公室、渔政股、推广站,编制 10 人。1996 年,市政府进行机构改革,市水产局更名为市水产总站,划归市农委管理,参照公务员管理。2001 年—2005 年,水产总站设秘书股、人保股、渔政股、推广站。历任局长(站长):杨德新、关庆祥、裴立田、郑旦生、乔淑清;副局长(副站长):苏德学、陆广喜、刘业彬、张云山、郭广志。

【水产资源】　1987年,全县水域总面积为326 266.6亩,河流水面为66 164.4亩,坑塘水面为39 181.3亩,沟渠58 827.8亩,其他水面为162 093.1万亩。2005年,全市水域总面积33万亩,其中,自然江河水面6.6万亩,自然泡沼12.6万亩、沟渠5.9万亩,已开发利用养鱼水面7.9万亩。在渔业水域中,有浮游植物166种,漂游动物296种,底栖生物152种,水生植物154种,已采集和发现鱼类近80种。经济鱼类,具有食用价值、个体较大、形成一定产量的有40余种,名贵鱼类,其中"三花五罗"(鳌花、鳊花、鲫花、哲罗、雅罗、法罗、铜罗、胡罗)均有分布;引进移植增殖品种,先后引进了淡水白鲳、大银鱼、池沼公鱼、河蟹、银鲫、松浦鲤、鲂鱼等品种。通过加强渔政管理和水产资源的保护工作,使自然水域资源得到合理开发利用,水产生产经济效益越来越好。

【渔业产量】　1986年,全县渔业总产量为2 100吨;1987年为2 250吨;1989—1990年平均为3 000吨;1992—2000年由3 700吨增加到8 600吨。2001年起,通过改造水质、挖潜创新,开始河蟹生产和稻草田养鱼。2003年,单城镇河蟹产量亩产100斤,效益为1 000元。2004年,全市水产品总量为9 683吨。2005年,全市有水产品养殖面积79 000亩,其中精养35 000亩,粗养44 000亩。成鱼投产70 700亩,鱼种投产8 300亩,放养鱼种1 181吨;放养鱼300万尾,鱼苗4 000万尾。综合养鱼11 000亩,驯化养鱼10 000亩。水产品产量9 803吨;鱼种产量1 536吨;实现水产品总产值9 071.2万元。

【养殖基地】　1986年,水产总站在单城、杏山、前进等乡(镇),建成商品鱼基地标准鱼池5 756.9亩,改造小水面1 000亩,陆续改造低产鱼塘5 000亩。1989年,实施渔业"丰收计划",推广实施面积35 000亩,有松浦鲤鱼、鲫鱼、鲢鱼、鳙鱼等几个养殖项目。1991年,开始建试验示范鱼种场,省财政厅先后投资100万元,建设标准化养殖场及河蟹养殖区。单城镇建立名特优养殖示范园区,政久村开始河蟹养殖试验,当年获得成功。全市有池塘养蟹400亩,稻田养蟹400亩,水库养蟹18 000亩,特别是水库养豆蟹填补省内空白。1993年,哈地税局投资5 000余万元,在兰棱镇拉林河畔,修建金鱼池山庄,集休闲、娱乐、餐饮、游钓为一体的标准化游钓场所。1995年,试验示范渔场对外承包,年承包费1.5万元。渔场转制,游钓业逐步实现有偿服务,提高了经济效益。1996年,在沿江河及重点12个乡镇建立水产站,配备24名专职水产助理,1997年末石人水库开始大银鱼和池沼公鱼移植养殖。2003年,单城镇河蟹养殖获丰收,亩产100余斤,效益在千元以上。2005年,大银鱼产量1万多公斤,产值达8万元。池沼公鱼产量2万多公斤,产值达20万元。同年,石人水库与辽宁省盘锦市洪流水产科学研究所养殖试验场合作,发展豆蟹养殖获得成功,年产成蟹5万余公斤,产值200余万元。此项目填补省内空白,双城市被哈市农委评为河蟹养殖先进市。

【渔政管理】　1986年,设专职渔政管理人员2名。1990年,设专职渔政管理人员3人。1995年,设渔政管理人员5人。2000年起,随着水产业的扩大,渔政管理人员增至7人。2005年,渔政管理人员增至9人,局长兼任组长,全面负责全市渔政管理工作。

【渔业执法】　1986年起,根据《渔业法》要求,渔政工作人员向渔民和水产养殖人员宣讲渔业养殖和捕捞知识,宣讲面达90%。实施巡逻检查执法制度,全年共查处违法事件5起。1990年起,每年举办一次"三法"普及培训班,聘请一级普法人员授课,渔民受教育率达到95%以上。至2005年,共举办渔业培训班75次,宣传渔业法规电视讲座12次,下发宣传资料10 000余份;出动宣传车20次,渔民受教育面达98%。到2005年,共出动检查船只23次,检查240天,参检人数1 750次。出动渔政检查车100次,检查200天,人数1 000次。收缴资源养殖费15万元。检验渔船203只;收缴检查费5万元,检验率100%。

第四章 农 机

第一节 农机装备

【农机拥有量】 1986年,全县拥有农用拖拉机1 130台,其中小型拖拉机650台,配套农机具1 656套。有小型农机具2 972台。1990年,个体、联户经营的大型拖拉机196台。在全县推广少耕法的基础上,采取机械化蓄水型旱做法,逐步推广超深松技术、旋耕技术。在全省"铁牛杯"竞赛和科教兴农活动中,全市农机系统更新大型农机具800套,同时又积极探索大型轮式代替链轨车的新路子。1995年,更新大型机车200台,引进多功能机150台,旋耕机械200台,大中小型灭茬机300台,秸秆还田机40台,超深松犁30台,七铧犁Ⅱ型100多台。2005年,全市农机总动力29.99万千瓦,其中柴油发动机26.45万千瓦,汽油发动机1.31万千瓦,电动机2.23万千瓦;拖拉机保有量14 192台,其中大中型拖拉机2 043台(链轨拖拉机714台),小型拖拉机12 149台,配套农具保有量25 333台,其中大型配套农机具8 518台(机引犁600台、机引耙800台、播种机30台、七铧犁1 800台、旋耕机1 800台、镇压器300台、深松机550台、联合整地机500台、秸秆粉碎还田机1 240台、其他898台),小型配套农机具16 765台(机引犁5 000台、机引耙300台、机引播种机7 000台、中耕机2 000台、根茬还田机200台、旋耕机2 000台、其他265台)。

【收获机械】 1996年引进收获机械20台。其中丰收二卧玉米收获机10台,水稻手扶自走式割晒机10台,填补了田间机械收获的空白。2005年末,收获机械保有量90台,其中稻麦联合收割机9台,玉米联合收获机30台,机动割晒机51台。

1986—2005年双城市农机拥有量统计表

表5-4-1　　　　　　　　　　　　　　　　　　　　　　单位:台

年度	拖拉机	农具	收获机械	运输机械	农副产品加工机械	耕地机械化程度	播种机械化	中耕机械化	收获机械化
1986	1 130	1 656		97	2 108	81%	67.5%	53%	
1987	6 801	5 824		104	2 445	82%	66%	73%	
1988	7 632	6 796		104	2 704	88%	59%	74%	
1989	8 206	6 761		93	2 748	88%	63%	80%	
1990	8 769	9 677		100	2 719	87%	67%	70%	
1991	8 595	9 569		99	2 719	86%	80%	72%	
1992	8 812	7 239		98	2 692	85%	81%	73%	
1993	8 712	7 340		270	2 776	92%	82%	75%	
1994									
1995	9 571	7 326		618	2 796	89%	80%	88%	
1996	11 181	9 090	16	1 674	2 824	89%	80%	82%	0.5%

续表

年度	拖拉机	农具	收获机械	运输机械	农副产品加工机械	耕地机械化程度	播种机械化	中耕机械化	收获机械化
1997	11 631	10 366	30	1 868	2 876	86%	80%	86%	1%
1998	11 755	10 753	45	2 400	2 876	88%	81%	81%	1.2%
1999	12 165	11 262	75	3 006	2 886	83%	82%	92%	1.4%
2000	12 213	11 430	75	3 400	2 892	99%	81%	93%	1.5%
2001	12 269	11 716	75	3 761	2 786	90%	81%	93%	1.5%
2002	13 555	11 976	76	3 761	2 786	93%	80%	93%	1.5%
2003	13 761	12 014	77	3 833	2 786	94%	85%	93%	1.5%
2004	11 201	12 034	78	3 833	2 786	92%	85%	93%	1.5%
2005	18 426	15 570	12	4 230	3 208	95%	90%	95%	30%

第二节　田间作业

【耕地机械化】　1986年,全县耕地面积285万亩,机耕作业面积231万亩,占耕地面积81%。1990年,全市耕地面积281万亩,机耕作业面积247万亩,占耕地面积87%。1995年,全市耕地面积282万亩,机耕作业面积251万亩,占耕地面积89%。2000年,全市耕地面积281.6万亩,机耕作业面积236万亩,占耕地总面积83%;2005年末,全市耕地面积286.2万亩,机耕作业面积264.2万亩,占耕地面积92%。

【播种机械化】　1986年,全县播种面积为280万亩,机械播种面积为189万亩,占播种面积67.5%。1990年,全市播种面积280万亩,机械播种面积为187.6万亩,占播种面积67%。1995年,全市播种面积为282万亩,机械播种面积225.6万亩,占播种面积80%。2000年,全市播种面积282万亩,机械播种面积231万亩,占播种面积82%。2005,全市播种面积283.4万亩,机械播种面积为239.5万亩,占播种面积85%。

【中耕机械化】　1986年,全县中耕面积259万亩,机械中耕面积137万亩,占中耕面积53%。1990年,全市中耕面积260万亩,机械中耕面积182万亩,占中耕面积70%。1995年,全市中耕面积282万亩,机械中耕面积248万亩,占中耕面积88%。2000年,全市中耕面积259.2万亩,机械中耕面积240.2万亩,占中耕面积92%。2005年,全市中耕面积258万亩,机械中耕面积240.4万亩,占中耕面积93%。

【收获机械化】　1996年,引进收获机械20台。1997年开始机械收获试运作。2000年,开始实施收获机械化,全市收获面积282万亩,机械收获面积4万亩,占收获面积的1.4%;2005年,全市收获面积283.4万亩,机械收获面积42.5万亩,占收获面积的15%。

第三节　农机监理与农机供应

【农机监理】　1986年,全县城乡有农机监理员33人,设6处安全检查站,进行经常性的路检,监理员深入基层,帮助农机户解决实际问题,减少了事故的发生。1990年起,每年9月至11月定期进行技术状态检查,不合格的进行修理,获得检验合格证方准使用。年审时,针对驾驶员进行全面审查,核发审查合格手续,方准继续驾驶车辆。2000年,城乡监管人员38人,设6处安全检查站,重新领发检查人员证件,重新对农机驾驶员进行证件核查。2005年,市农机监理站共有监理员40人,成立了四个监理分站,每个分站辖6

个乡（镇），每个分站配备了交通车辆，配齐了监理人员。市站和各分站签订责任状，定目标、定任务，极大地调动了各分站的积极性，监理人员深入到村屯，田间地块，宣传《黑龙江省农业机械管理条例》和《黑龙江省农业机械安全监督管理条例》。加大田查路检力度，重点检查送奶、赶集客货混载拖拉机的整治，坚决取缔违章行为，农机安全生产事故率降到 0.1%。

【农机供应】 1986 年，农机供应由县农机公司和 24 个乡镇农机站的 24 个供应站负责供应。县农机公司供应机械农具类、农田水利、排灌机械类、农副产品加工机械类、半机械化农具类以及各种机械配件。乡镇农机供应站供应的项目有农用油料和各类农机具配件。1997 年市农机公司变成农机股份有限公司，2001 年乡镇农机供应站归乡镇政府管辖。农机供应走向市场化，有市、乡镇个体多种渠道供应。2005 年未变。

第五章　林　业

第一节　机　构

【双城市林业局】 1986 年，内设林政股、生产股、人秘股、病虫防治站，编制 15 人。2005 年有工作人员 73 人。同年成立森林公安局。

历任局长：朱连生、李树山、夏仲绵、刘业斌；副局长：夏鹏翔、郭宗山、蔡培、周顺文、李继文、王树春、刘德范。

【双城市森林防火指挥部】 1989 年双城市成立森林防火指挥部，总部设在市林业局。总指挥由局长兼任，专业人员 10 人。乡（镇）组建 24 个专业防火扑火队伍。另有各村屯基干民兵和群众组成的义务扑火队。2005 年，队伍未变。

第二节　植树造林

【植树绿化】 1986 年，全县有林地 2.8 万公顷。1987 年，响应全国绿化委员会"植树造林绿化家园"的号召，全市集中在江河岸边、沼泽地插柳造林。为解决风沙袭地，开始广泛营造防沙林带，解决十年九旱现象。1995 年，造林 9 092 公顷。1996—2000 年，造林 14 113 公顷，绿化造林高峰时期，平均年造林 2 822.6 公顷。2005 年，共造林 5 758 公顷，绿化里程 55.7 公里，两侧绿化宽度 100 米，绿化面积 545 公顷，绿化沿线涉及新兴、幸福、联兴、东官、双城镇、朝阳、金城 7 个乡镇 30 个行政村，4 438 户耕地。林木保存面积 10 969 公顷，森林覆盖率 3.5%。246 个行政村，661 个自然屯面积 7 932 公顷，覆盖率已达 10%。村旁栽植 5 行以上护村林和小片林，80% 以上人居宅旁种植果树，发展经济林和花灌林，屯内街道已基本绿化，654 个自然屯，绿化率 98.9%。随着建设社会主义新农村步伐的加快，先后有城镇东岭村、希勤治业村、水泉大德村、东官庆仁村获全国造林绿化千佳村，形成了村穿裙子、路镶边、房前屋后建果园、村在林中、道在绿中、房在园中、人在景中的农村新面貌。

【"三北"防护林建设】 1986 年，是"三北"防护林"二期"建设期，造林 14 702 万亩。1996 年，进入三期工程，累计造林 36.23 万亩。2005 年，"三北"防护林累计造林 37 万亩，庇护着 360 万亩农田，形成林成网，地成方的景观，为全市粮食生产起到生态防护作用。

1986—2005 年双城市"三北"防护林工程各期完成情况统计表

表4－5－1

三北各期	规划任务（公顷）	保存面积（公顷）	保存面积占规划任务（％）	用材林（公顷）	防护林（公顷）	经济林（公顷）	薪炭林（公顷）
"三北"二期	20 000	14 600	73	1933	5 200	1 067	6 400
"三北"三期	3 333	8 133	244	1 067	7 600	533	1 600
"三北"四期	7 000	3 731	53	500	3 024	71	136

注："三北"二期1986—1995年、"三北"三期1996—2000年、"三北"四期2000—2005年。

【退耕还林建设】 2001年3月,退耕还林工程被正式列入"十五"规划《纲要》,全市完成667公顷。2004年,完成333公顷、2005年,完成400公顷,退耕还林累计1 400公顷,涉及户数4 628户。经上级业务部门对退耕还林地块的初步验收,保存率达到87％,取得了良好的生态效益。

【绿色通道建设】 2003年,国家开展对哈尔滨——大庆、哈尔滨——绥化、哈尔滨——阿城、哈尔滨——双城(G010国道)四条国家级绿色通道工程的建设,G010国道双城段绿化里程55.7公里,两侧绿化宽度100米,绿化面积545公顷,绿化沿线涉及新兴、幸福、东官、双城镇、朝阳、兰棱、金城7个乡镇,30个行政村,4 438户耕地。秋季完成整个双城段的绿化。2003年春季,开始通道绿化建设,到2004年秋季完成整个双城段的绿化。

第三节 林木生产及管理

【木材生产】 1986年,全县活立木蓄积58万立方米。1988年,全市活立木蓄积70万立方米。1998年,全市活立木蓄积97万立方米,采伐出材量2 615立方米。2000年,全市活立木蓄积103万立方米,采伐出材量5 117立方米。2001—2005年,年均采伐活立木4 735立方米,年均收入142万元。2005年末,全市活立木蓄积1 411 650立方米,活立木价值4.23亿元。

【森林病虫害防治】 1986年,有人工林10 969公顷,杨树占73.5％。由于树种单一,没能发挥生物种群的互相制约和有效的相互促进作用,致使病虫害大面积发生。主要病虫害有:青杨脊虎天牛、杨干象甲、分月扇舟蛾、白杨透翅蛾、舞毒蛾、杨树烂皮病、杨树溃疡病等。1997年,五家果园及其周围的防护林发现青杨脊虎天牛虫害。2000年,黑龙江省被国家列入国家级天牛防治治理区,采取了综合防治措施,青杨脊虎天牛危害面积由原来的3.5万亩下降到2.1万亩面积。2005年,降至2.8万亩。

【永胜林场】 2001年,永胜林场森林区划界定为生态公益型林场,有经营土地面积565公顷,其中林业用地135.3公顷,活立木蓄积量4 094立方米。2004年,林业部将林场划入"黑龙江西部地区省级森林生态效益补偿基金制度试点林场"。有专业技术人员29人,其中具有高级职称2人,中级职称11人,初级职称16人。2005年,林场内职工有林业广播电视学校培训中专生74人,大专生3人,林场内设林业研究所,所长由林业局副局长兼任,主要研究项目是杨树良种繁育技术。

2005 年双城市林业资源统计表

表 5 - 5 - 2

项目		合计	樟	落	杨	其他	国有	集体
活立木蓄积（立方米）		1 411 650	890	390	1 397 830	12 540	6 710	1 404 940
有林地合计	面积（公顷）	9 191	31	2	8 067	1 091	52	9 139
	蓄积（立方米）	1 405 500	890	390	1 391 680	12 540	6 710	1 398 790
用材林	面积（公顷）	2 494	6	1	2 438	49		2 494
	蓄积（立方米）	362 810	630	120	160 480	1 580		
防护林	面积（公顷）	5 942	25	1	5 595	321	52	5 892
	蓄积（立方米）	1 042 690	260	270	1 031 200	10 960	6 710	1 035 980
薪炭林	面积（公顷）	682			34	648		682
经济林	面积（公顷）	73				73		73
四旁树	蓄积（立方米）	6 150			6 150			6 150
经营用地	面积（公顷）	11 751					683	11 068
林业用地	面积（公顷）	11 223					155	11 068
未成林地	面积（公顷）	1 778					9	1 769
无林地	面积（公顷）	104					94	10
苗圃地	面积（公顷）	150						150

1997—2005 年双城市森林病虫害防治情况统计表

表 5 - 5 - 3   单位：万亩

年度	总面积	发生面积 其中：青杨脊虎天牛	总面积	防治面积 其中：青杨脊虎天牛
1997	4.100		4	
1998	4.500		4.100	
1999	4.700	0.50	3.450	
2000	4.700	3.50	3.700	2.80
2001	4.600	3.50	3.700	2.75
2002	4.500	3.30	3.750	3.05
2003	3.700	2.60	3.500	2.60
2004	3.580	3.18	2.900	2.78
2005	2.837	2.10	2.417	1.70

第六章　乡镇企业

第一节　机构及企业建设

【双城市中小企业局】　1986年,为双城县乡镇企业管理局,内设办公室、财务股、人事股、生产股。编制10人。1991年起,乡企局增设企业股,工作人员和领导职数没变。1997年,增设审计所,工作人员职数15名,领导职数未变。2002年,机构改革时将双城市乡镇企业管理局划归市农委,变为乡企股。2003年7月,改建为双城市中小企业局,工作人员4名,2005年末未变。

历任局长:张德胜、陈永富、白德山、王玉林、张文歧、陈家栋、赵文成、魏连启、题兆平;副局长:郑旦生、孙成全、王中武、贾洪文、游森、辛宝奎、熊继坤、丁继荣、徐明利、李振东。

【企业建设】　1986年,实施乡镇企业"星火"计划,使乡镇企业不断发展,全市乡镇企业有17 422户,其中乡镇办1 124户,村办246户,户办15 045户,从业人员33 461人,实现产值13 094万元,利润790万元,税金386万元,销售收入9 310万元,固定投资达到11 069万元。1990年,实施国务院《中华人民共和国乡村集体所有制条例》,全市乡村集体工业发展势头强劲。兰棱镇、五家镇、许家村等乡村制砖厂和单城、希勤等乡办亚麻厂及双城镇铸造厂、临江乡等乡村铸造厂,形成红砖、亚麻、铸造三大拳头产品。全市乡镇企业比1986年增加1 843户,其中乡镇办增加20户,村办增加442户,户办增加32 120家,从业人员增加14 595人,产值增加29 932万元,利润增加1 160万元,税金增加201万元,销售收入增加27 274万元,固定资产投入达到13 455万元。1995年2月,根据《乡镇企业东西合作示范工程》要求,推进股份合作制、组建企业集团、企业兼并、租赁、拍卖等形式的乡镇企业产权制度的改革。2000年,市委、市政府实施"船大抗风浪"和"招商引资"战略,乡镇企业认真做好"打破老三样(即红砖、亚麻、铸造)、发展大项目",相继有农丰木糖厂、临江高蛋白饲料厂、杏山、同心麦芽糊精厂、新兴三勤制药厂等高科技大项目42个,陆续建成达产。全市乡镇企业发展到13 044家,比1995年减少8 479户,其中乡镇办减少200户,村办减少802户,联办减少31户,户办减少7 456家;从业人员减少679人,产值535 370万元,比1995年增加298 550万元,利润23 477万元,税金6 247万元,销售收入542 293万元,固定资产达到143 444万元。2001年,市乡镇企业管理局下属的建材公司、供销公司、建筑联营公司3家国有企业和青年商店、招待所2家集体企业及新引进的永昌玉米经销公司先后以产权出售变为私营。2005年,全市乡镇企业发展到11 908家,其中乡镇办3户,村办1户,联办42户,户办11 862户,从业人员58 832人,实现总产值1 095 224万元,增加值231 829万元,利润43 954万元,税金11 074万元,销售收入1 101 869万元,固定资产投入达到69 956万元。

【工业小区】　1986年起,积极推进乡镇企业和非公有制经济大发展,建成15个乡镇工业小区。省级乡镇企业小区有周家、五家、新兴乡3个乡镇;市级乡镇企业小区有兰棱、农丰、乐群、临江4个乡镇;县级乡镇企业小区有联兴、朝阳、幸福、单城、希勤、永胜、韩甸、金城8个乡镇。乡镇企业工业小区的建成与发展,为各乡镇引进新项目、大项目构筑了有力的载体与平台。2001年,全市引进各级小的新项目就达千家。2005年引进投资额超100万元的大项目51个,投资总额达9.8亿元。

【名牌产品】　2005年,哈尔滨龙洋薯业有限公司生产的绿色营养粉丝,被哈尔滨市农委授予绿标产品:年产量为1 000吨。2004年,黑龙江新胜蛋禽批发市场生产的绿色营养蛋,被农业部定为绿色食品,使用年限5年,年产量21万吨。产品销往广州、福州、上海、北京等27个大中城市,年交易额实现12亿元。

1986—2005 年双城市乡企工业各项指标统计表

表 5 - 6 - 1

| 年度 | 全员人数（人） | 总产值（万元） | 增加值（万元） | 利润（万元） | 税收（万元） | 销售收入（万元） | 固定资产投资（万元） | | 企业户数（户） |
							当年增加	累计额	
1986	26 556	9 263		629	362	6 997	290	6 088	15 417
1987	21 360	14 796		732	487	8 200	304	6 392	7 748
1988	22 134	20 998		1 008	503	12 283	320	6 712	8 338
1989	22 996	23 367		1 090	531	15 368	335	7 047	4 860
1990	21 412	25 487		1 099	530	18 083	353	7 400	4 916
"七五"小计	114 458	93 911		4 558	2 413	60 931	1 602	33 639	41 279
1991	22 748	23 450		1 055	601	19 229	370	7 770	5 689
1992	24 568	37 566		1 690	971	30 804	777	8 547	8 290
1993	26 534	45 119		2 030	815	36 998	855	9 402	8 290
1994	28 657	102 066		4 593	1 384	83 694	940	10 342	8 368
1995	31 173	165 374		7 460	2 215	135 935	1 034	11 376	6 873
"八五"小计	133 680	373 575		16 828	5 986	306 660	3 976	47 437	37 510
1996	31 494	263 508	52 702	10 540	2 949	250 333	1 820	13 196	6 524
1997	28 880	369 979	73 783	14 799	3 699	358 1480	2 111	15 307	6 469
1998	23 393	299 475	60 663	1 199	2 995	284 501	2 450	17 757	3 835
1999	23 861	315 894	63 989	12 635	3 159	300 099	2 841	201 598	4 573
2000	24 338	374 759	75 890	14 990	3 748	356 021	3 296	23 894	3 394
"九五"小计	131 966	1 623 615	327 027	64 943	16 550	1 542 434	12 518	90 752	24 795
2001	27 533	455 339	91 068	18 743	4 416	419 757	3 819	27 713	4 061
2002	24 323	501 417	107 544	20 826	4 813	478 781	5 615	33 328	2 843
2003	19 912	586 040	119 172	23 849	5 284	551 730	− 5 177	28 151	2 227
2004	20 545	707 256	144 664	26 581	5 981	629 138	5 287	334 738	22 408
2005	22 468	815 705	163 143	29 349	6 523	712 476	6 432	39 870	2 258
"十五"小计	114 781	3 065 757	625 591	119 348	27 017	2 791 882	15 976	162 500	13 629

第二节　重点乡镇企业简介

【双城市五家白酒集团】　1994 年,在五家镇建厂并投产,投资总额 800 万元,其中固定资产 450 万元、流动资金 350 万元。占地面积 2 000 平方米,建筑面积 1 000 平方米。2005 年,资产总额 580 万元,负债总额 2 940 万元。从业人员 900 人,主要设备有,全自动瓶装机、全自动袋装机共有 30 台,白酒年产量 9600 吨销往黑龙江、吉林、辽宁、河南、河北、山东、山西等省。年创产值 17 399 万元、增加值 5 660 万元、收入 17 399 万元、利润 458 万元、税金 128 万元,带动农户 300 户,增加社会效益 300 万元。

【黑龙江省万代泉饮品有限责任公司】　1998 年 10 月建成投产。在双城市永胜乡工业园区,注册资金200万元,法人代表陈文彬。总投资300万元,其中固定资产100万元,占地面积50万平方米,建筑面积13 000平方米,从业人员60人,属于私营企业。主要产品为万代泉纯净水,年产纯净水40万桶、20万箱,年可实现产值2 573万元,收入2 573万元,利税83万元,产品主要销往省内各地。2001年被评为双城市十佳环保先进企业。2005年被评为乡镇企业技术创新单位。

【双城市保康农产品有限责任公司】 2004年10月成立,企业位于杏山镇顺利村,北临松花江,西接石人水库,南有友谊水渠,依山傍水,土质松软,水质清澈,自然环境符合生产绿色食品生产条件。企业总投资50万元,注册商标为"天德兴"牌,"双城堡"牌,2005年投产。产品有大米、小米、玉米楂子、高粱米等十多种,并被双城市评为一级绿色食品,产品远销北京、大庆、哈市、内蒙古、浙江等地。2005年企业被评为"全国消费者公认诚信示范单位",产品被评为"消费者满意品牌"。企业法人张孝君是市人大代表,获"五四青年"优秀奖章。

【双城市东官禽类加工基地】 1993年9月8日基地始建,地址在东官镇。1994年9月10日投产。总投资410万元,其中固定资产投资310万元,流动资金100万元。属于私营企业,法人王有吉。是加工羽绒、屠宰加工鹅、鸭、鸡为主的农副产品加工企业,属市级农产品加工龙头企业。占地面积8 000平方米,建筑面积5 000平方米。产品销往上海、南京、湖北、四川等省。2005年,企业与85户农户签订供销合同,年实现产值80.56万元,收入7 844万元,增加值2 270万元,利润总额148万元,上缴税金55万元。

【黑龙江省双城市塑料编织厂】 1995年建厂。2000年追加投资500余万元购置土地6 000万平方米,兴建厂房、仓库、办公区等建筑面积达3 000多平方米,增加二套生产线、彩色印刷机、涂膜等设备。工厂有职工170人,其中高级技师5人,专业技术人员15人,属于私人企业,法人徐登彪。2005年,编织厂设备有拉丝机组3套,纺织机30台,涂膜机组一套,三色印刷机3台,彩色印刷机一套,缝纫机35台。年产量为2 000万条编织袋,主要产品为塑料编织袋、涂膜袋、纸塑袋、彩色包装袋,供应黑龙江、吉林、辽宁三省各地80余家饲料、化肥、粮食、水泥等企业,并有部分产品出口俄罗斯。

【双城市龙池酒厂】 酒厂位于双城镇所在地。该厂注册资本50万元,2000年建厂,2001年投产,总投资100万元,其中流动资金43万元,固定资产38万元。该厂占地面积2 000平方米,建筑面积1 000平方米。资产总计81万元,负债30万元,安排就业人员70人,是双城镇2000年招商引资的私营企业,法人是雷明玉,生产瓶装白酒,其中"黑老大"等品牌,销往全国各地,2003年获哈市及河南省消费者满意产品奖。2005年产值2 714万元,营业收入2 714万元,增加值883万元,实现利润70万元,税金19万元。

【双城市东阳酱菜厂】 1991年建厂,当年投产,位于双城市公正乡所在地。企业占地面积为2.5万平方米,建筑面积为6 000多平方米。法人代表许彦国投资20万元,后经几次扩建改造,现发展成为有固定资产1 200万元的独资企业。主要产品有"许氏大酱",产品商标已在双城市工商局注册,并获1997年和2000年度黑龙江省技术监督局免检产品、黑龙江省著名商标、中国质量万里行质量信誉双保障实施单位。2005年,该厂每年缴纳税金20余万元,实现销售收入350万元,工业增加值300万元。全厂有职工200余人,生产管理人员12人,技术人员4人。

【哈尔滨三精海灵制药有限责任公司】 2000年建厂,注册资本1 500万元,哈尔滨三精制药厂投资,厂址在新兴乡所在地。总投资3 000万元,其中固定资产2 000万元,流动资金1 000万元,占地面积16 665平方米,建筑面积6 000平方米,私营企业,法人为杨松,生产头孢系列产品,年销售额7 320万元,销往全国各地。利税600万元,从业人员130人。

第三节　经济结构

【产业结构】 1986年,全县乡镇企业一、二、三产业总产值比为3.2:75.4:21.4。随后,乡镇企业在治理整顿中,产业结构得到调整。1990年,全市乡镇企业第一产业产值上升7个百分点,第二产业产值上升

2.6 个百分点,第三产业产值下降9.7个百分点,一、二、三产业总产值比为10.2∶78.1∶11.7,第二产业仍占主导地位。2000 年,全市乡镇企业第一、二、三产业总产值比为2.8∶80.4∶4.8。2005 年,全市乡镇企业第一、二、三产业总产值比为0∶80.1∶19.9。

【劳动力结构】 1986 年,全县乡镇企业职工3 346人,其中女职工占21.5%,集体职工占64.6%;初中以下文化程度的占89.6%,高中和中专文化程度的占9.8%,大专以上文化程度的占0.6%;初、中级职称27 人,其中初级职称24 人。1990 年,企业职工比 1986 年增加1 459人,其中女职工下降4.62个百分点,集体职工上升4.06个百分点;初中以下的下降0.91个百分点,而高中和中专文化程度的上升20.2个百分点,大专以上文化程度的上升0.67个百分点;有初级和中级以上职称的80 人,比 1986 年增加53 人,其中初级增加45 人,中级职称以上增加8 人。1995 年企业职工比 1990 年增加18 117人,其中女职工上升10.94个百分点,集体职工下降20.72个百分点;初中以下的下降8.89个百分点,高中和中专文化程度的上升12.49个百分点,大专以上文化程度的上升0.96个百分点;具有初、中级职称的有 123 人,增加43 人,其中初级职称的增加9 人,中级职称增加34 人。1996 年,全市乡镇企业实施《乡镇企业东西合作示范工程》,一些乡镇企业开始进入重组发展阶段,新组建的企业更注重职工的培训和素质的提高,为发展高科技产品,争得有发展前景的项目做好人才准备。2000 年乡镇企业的职工比 1995 年减少 6 835人,女职工占36.98%,集体职工下降到 11.37%;高中和中专文化程度的占职工总数的62.3%,初中以下文化程度的占34.58%,大专以上文化程度的占3.1%,比 1995 年上升0.87 个百分点;具有初、中级职称的131 人,其中初级职称比1995 年增加59 人,中级职称的增加42 人。2005 年,企业职工比 2000 年减少 506 人,其中女职工占42.5%,集体职工占21%;文化程度初中以下占 15.25%,高中和中专的占78%,大专的占6.7%;具有初、中级职称的529 人,初级职称有421 人,比 2000 年增加254 人,中级职称增加21 人。

特　载

双城富民强市抓农业

　　编者按　从今天开始,本报将在"推进农村经济和社会全面发展"题下发表一批报道。这组报道从不同角度,反映各地的一些做法,说明无论是农业大省,还是沿海经济发达省份,只要坚定不移地把农业放在国民经济首位,抓紧抓好,就能促进当地社会的全面进步。

　　各地的做法还告诉我们,抓好农村工作,也有一个如何因地制宜"弹钢琴"的问题,只有有针对性地解决好农业和农村工作中的各类矛盾,才能保持农村经济和社会的全面发展。

　　本报哈尔滨8月21日电　记者董伟报道:还没到秋收时节,黑龙江双城久援村69 岁的关树联老汉已经在家点上了票子,那是圈里7头奶牛带来的收入。种了30 亩地的关老汉,粮食从奶牛肚子一过,一年下来要比以往多收2.75 万元。市委书记李军说:"富民强市是我们始终把农业放在第一位的最大收获。"

　　双城市是排在全国前五名的产粮大县,去年产粮 14.1 亿公斤。从农业落后县跃入全国产粮大县,首位就必须高度重视农民,因为这是生产力中最活跃的因素。他们千方百计通过政策和市场调动农民种粮的积极性,并通过各种培训努力培养现代农民。在每年召开的农村工作会议上,除专题研究农村改革和发展外,很大精力放在如何减轻农民负担和调动农民种粮积极性上。去年,市里在十个方面停、缓、免收费,一次就减轻农民负担4 000万元,使农民负担始终控制在上年人均收入的4%左右。市里还多方面筹措资金,建立粮食和牲畜流通市场,同时大上加工企业,扩大本地市场。这样,使粮多的农民免除了憋粮憋畜之苦,激发了种粮和发展畜牧业的积极性。从1987年到今年,仅粮食产量就增长6.5亿公斤。连续的高产同高素质的农民是分不开的。从1992年到现在,双城市通过"绿色证书"等形式已累计培训42万人次,农村劳动力受教育面已达90%以上。

把农业放在首位,厚待土地也是题中之意。在双城,每年一到秋天,会看到上万台农机在田间深翻土地,使传统的"春潮"改为"秋闹"。为了继续加大深松土地的力度,市里今年又投资1000万元,买回了100台大型拖拉机。土地为双城做出了贡献,双城回报给土地更大的投入。1983年双城农业投入资金仅为3400万元,今年则达到3亿元。双城还是全国保护土地先进县,耕地从1970年到现在始终维持在284万亩左右,20多年没减少,另外,通过开发30万亩中低产田,新增粮食7500万公斤。

农民和土地固然是农业生产中的主要因素,如何使之效益最大化,则是双城市委在把农业放在首位时经常考虑的问题。正是基于这样的思路,从农村实行联产承包责任制以来,双城市委循着农村经济的发展轨迹,先是提出粮、牧兼营型农业的设想,通过粮食过腹增值;1990年提出"粮、牧、企协调发展,贸工农一体化"的农村经济产业化发展道路,根据本地实际,靠"六龙"腾飞推动双城市农村经济全面发展。现在,粮、牛、鸡、兔、猪、果菜六条龙中,仅奶牛一项,中瑞合资的雀巢乳制品有限公司的日加工鲜奶能力达530万吨,农民饲养的9.2万头奶牛日卖奶资就达100万元,市财政今年可得收入5000万元,占全市财政收入的1/3。

双城的事实生动地说明,农业也能富民强市,关键要有高视角和新思路。

(上文发表于《人民日报》1996年8月21日12版)

双城粮食生产再夺全省"魁首"
——突破十五亿公斤大关

本报讯 张建武 近日,我省最大的产粮县——双城市传来喜讯,今年全市粮豆薯总产量达15.3亿公斤,比去年增长8%,创历史最高水平,再夺全省产粮第一县的"桂冠"。

双城市的粮食产量不仅连续6年居全省之首,在全国产粮大县中也名列前5位。在发展农业中,这个市十分重视保护和合理开发土地,努力提高土地出产率。近几年来,全市耕地始终保持在近20万公顷,还开发中低产田2公顷。今年,农民投向土地的资金达4亿元。其中,化肥总投入达22万标吨,使每公顷施化肥比去年增加75标公斤。全市还更新大型拖拉机89台,新打抗旱大井60眼,小井3500眼,夯实了发展农业的基础。

这个市政府部门还通过政策引导和市场调动吸引农民种好庄稼,还在全市27个乡镇建立粮食和牲畜交易集市,解决憋粮憋畜问题。

(上文发表于《哈尔滨日报》1996年11月23日第一版)

粮食—奶牛—奶粉

本报讯 双城市转化余粮形成经济优势,1996年奶牛、肉鸡、肉兔、生猪吃掉粮食4亿公斤,消耗了全市大部分余粮,转化增值2.4亿元

黑龙江省双城市是东北粮豆主产区之一,过去,大量的玉米难以调出,积压严重。1990年以来,该市通过大力发展奶牛养殖,转化剩余粮食,同时兴办畜产品加工企业,形成粮多、奶多、财政收入多的良性循环。

双城市一直突出强调粮食生产的主导地位,通过不断改善农业生产条件,优化种植业结构,加大科技

投入等措施,确保了粮食稳产高产。全市粮豆薯总产自 1990 年突破 10 亿公斤大关后,连年呈递增趋势,1996 年达 14.1 亿公斤。过多的余粮积压在农民手中,怎么办?

粮多了是好事,市委、市政府依托粮食生产这个坚实基础,积极探索变资源优势为效益优势的最佳途径,适时地提出大力发展奶牛养殖,让粮食变牛奶,转化、增值。1990 年,中瑞合资的雀巢有限公司在双城投产,随着雀巢公司生产能力的不断提高,在全市奶牛饲养规模也越来越大。1995 年,奶牛存栏 8.6 万头,农民仅此项收入就达 1.5 亿元。到 1996 年年底,全市奶牛存栏 10 万头。满负荷生产的双城雀巢公司给地方财政创造了 6 000 万元的税收。奶牛的大规模发展,使当地部分剩余粮食实现了转化增值,以往当柴烧掉或丢弃的玉米秸秆经过氨化处理也成了奶牛的最好饲料,形成了高效益经济循环圈。双城市农业部门算过一笔账:1996 年全市饲养畜禽吃掉 4 亿公斤,转化净增值 2.4 亿元。

由奶粉加工企业牵动的奶牛业和粮食转化给双城人一个启示,"龙头企业决定着产业化生产的水平"。本着大上与国际国内市场对接能力强的龙头企业这一原则,双城市与日本、法国、美国等几家公司合作,建起了肉鸡、肉兔、生猪养加销一体化的大型企业。这三家大企业以其强劲的龙头牵动作用,调动了农民的养鸡、养兔、养猪的积极性。1996 年,全市鸡、兔、猪的饲养量分别达到 1 000 万只、300 万只、80 万头,消耗了全市大部分余粮。

对粮食,双城市还采取深加工及更好利用副产品使之增值。淀粉、麦芽精、高蛋白饲料、木糖、糠醛等一大批精加工产品在国内外市场上十分走俏。目前,双城市 500 多家粮食及其副产品加工企业年加工 2 亿公斤,加工玉米芯 5 万吨,加工玉米秸秆 10 万吨,实现增值 1 亿元。玉米,是双城农区的主栽作物,将其吃干榨尽,最大限度开发其价值,是双城市今后进一步发展粮食及副产品深加工所要做好的一篇大文章。

（上文发表于《人民日报》1997 年 2 月 24 日第二版）

大玉米　大奶牛　大乳品
——双城市利用科技成为产业化动力之源

本报讯　**张建武、关国庆、杨同玉**　黑龙江省的农业产业化建设刚到第四个年头,双城市的大玉米城虽然遭灾严重,粮食产量仍达到十三亿九千万公斤,奶牛已发展到十二万头,雀巢乳制品公司缴税金 6 553 万元。双城市产业化有如强劲的"加速度",其根本的原因是科技成为产业化的动力之源。

玉米生产 140 厘米超大型栽培试验成功并推广,使每亩单产提高到 769 公斤,比传统栽培增产近 30%,在示范区由于平均产量达 900 公斤,最高达 1 223 公斤。

奶牛生产由于采用先进的胚胎移植改良奶牛品种,推广暖舍养牛,普及秸秆激化和青黄贮技术。使这个市奶牛单产量由四吨提高到 4.7 吨。

乳品加工业由于雀巢公司二期工程完成,日加工鲜奶由 150 头转至 530 头。农民仅奶资收入就达 4.3 亿元。

双城市委、市政府鼎力支持科技的推广。每年,双城市都采取科技培训、科普大集、科普之冬、田间博览、科技咨询多种形式,利用农函大、农广校、农村夜校等各种阵地提高劳动者的科技文化素质。同时每年印发玉米高产模式、奶牛饲养规程等技术资料近万册,提供产前、产中、产后服务。

一些老农业专家不辞辛苦深入到田间地头做现场咨询示范,精心指导农民实施新技术。通过以上措施,全市累计培训玉米高产技术农民 3 250 户,奶牛高产农民 2 125 户,瓜菜果种植技术农民 3 185 户。

据不完全统计,近三年黑龙江省共推广应用各种科技成果 100 多项,扶持龙头企业十余家,累计创造经济效益 17 亿多元。双城市的雀巢公司就是其中的佼佼者,在它的带动下,1997 年仅发展畜牧业就吃掉

4 亿多斤粮食,约占粮食总产的三分之一,畜牧业实现过腹增值 2.4 亿元。双城市还崛起了一批生产高蛋白饲料、糠醛等高科技产品的企业,不仅通过精深加工增值,还使卖粮难的问题迎刃而解。

(上文发表于香港《大公报》1998 年 3 月 5 日第二版)

双城向农业强市跨越

本报讯 张建武 记者王作龙 5 月初,有些地方的大田播种还没结束,双城市兰棱镇胜有村 600 公顷地的玉米苗在大棚里已经长到了四叶一心。5 月 10 日终霜期一过,全市将有 2 万公顷耕地育苗移栽,这是双城市由农业大市向农业强市跨越所实施的又一次科技革命。

双城是我市的一个农业大县,粮食产量连续 8 年居全省之冠,列全国百名产粮大县前 5 位。80 年代初实施"南种北移"战略,曾引发了一场科技革命,使粮食产量突破 10 亿公斤大关,至 1996 年突破 15 亿公斤,并在 15 年内形成了大玉米—大奶牛—大乳品的效益型农业良性循环产业链条。在此基础上,双城市又掀起一场由农业大市向农业强市跨越的热潮。

首先,根据双城地处我省第一积温带的特点,他们把在宾县已经获得成功的玉米育苗移栽技术引进来,今年先推广 2 万公顷,据专家测定,用此法可抢回积温 250 摄氏度。同时建成百万亩科技示范园区和百万亩科技推广园区,推广大垄双行,发挥边行优势。其次,大力加强农业基础设施建设。扩大水源、水灌面积,新打大井 200 眼,达到 1 400 眼;新打小井 3 000 眼,达到 8 700 眼。共上喷灌 40 处,使喷灌、管灌、滴灌的可控面积达 1 万公顷。今年新增大型农机 100 台,达到 1 000 台,使农机总数达 9 800 台,总动力为 24.5 万千瓦。加大施肥量,使亩施农肥达 2 立方米,化肥 180 标斤。第三,调整种植结构和品种结构,将水稻面积扩大到近 2 万公顷,选用角质高硬粒型玉米品种,以提质增效。第四,搞玉米深加工增值。已经争取到世界银行贷款 1.4 亿元人民币,生产山梨醇项目正在紧锣密鼓的运作之中。

短评:空谈误农

农业,一篇大文章,年年得做年年做。有的是下力气做深做透,有的是没做到点子上。既然农业是国民经济基础的基础,那么,就不允许以花拳绣腿去对付。

双城连续 8 年稳坐霸主地位,是因为经常研究新招法,而且都是结合本地实际来操作。但毕竟也有不尽如人意之处,例如育苗移栽,外地已有成功的经验,作为一个"玉米王国",却在若干年之后才引进。"弱质农业"问题在我市乃至我省并没有得到根本解决。双城市委书记朱清文说得好,农业的问题必须用心思研究,找到问题的关键所在。积温不足就搞育苗移栽,"水苞米"效益低便搞"角质型",提高效益不一定非得以牺牲产量为代价,关键是我们能不能脚踏实地地去做。说来说去,还是一个"实"字。

(上文发表于《哈尔滨日报》1998 年 5 月 8 日第 4 版。)

双城市畜牧局奶牛发展规划
双畜字〔1990〕2 号

一、指导思想和基本原则

(一)指导思想

以全面提高产业核心竞争力为主线,以大幅度提高产业的效益水平和实现快速、协调、可持续发展为目标,通过大力发展规模化和产业化,健全标准化技术规范,提高产业化经营水平,加快市场化发育步伐和构建完善科技创新体系,不断优化畜牧业的品种结构、品质结构和产业布局,加快转变生产方式和经济增长方式,走优质、高产、生态、安全的效益型、现代畜牧发展之路,从而为增加农民收入,牵动市域经济发展,加速城乡一体化和协调进步,全面建设小康社会做出更大贡献。

（二）基本原则

一是效益优先的原则。要在提高畜牧业经济效益的同时,充分发挥畜牧业的中轴联运功能,促进国民经济持续、健康发展和社会、生态效益的同步提升。二是突出重点的原则。要以优势品种、优势产区为重点,尽快整合资源,形成规模化产业格局,创建依托资源优势的优质高产高效的特色产业带。三是内涵增长为主的原则。加大科技注入力度,加快涵盖品种、畜舍、饲养、管理、环境及产品生产全过程的标准化体系建设,使畜牧业增长方式转变到优质、高效的集约方式上来。四是确保安全的原则。通过执法监督,规范生产经营行为,加强疫病防控技术体系建设和环境治理,确保产业安全产品安全、环境安全和生态安全。五是统筹协调的原则。充分发挥畜牧业发展,加快农村工业化、城镇化和现代农业建设进程,带动相关产业协调发展。

二、规划目标

1990 年,全市奶牛存栏28 425头,肉牛存栏29 807头,出栏6 100头;生猪存栏211 270头,出栏174 176头;家禽存栏281 万只,出栏 155 万只;绵羊存栏36 702只,出栏3 800只。畜牧业产值1.3 亿元,农民牧业人均收入90 元。

1995 年,奶牛存栏5 万头,肉牛存栏8 万头,出栏 4 万头;生猪存栏40 万头,出栏32 万头;家禽存栏800 万只,出栏500 万只;山绵羊存栏7 万只,出栏3 万只。畜牧业产值10 亿元,农民牧业人均收入500 元。

2000 年,奶牛存栏10 万头,肉牛存栏12 万头,出栏9 万头;生猪存栏25 万头,出栏26 万头;家禽存栏600 万只,出栏400 万只;山绵羊存栏5 万只,出栏2 万只。畜牧业产值20 亿元,农民牧业人均收入1 000 元。

2005 年,奶牛存栏20 万头,肉牛存栏18 万头,出栏20 万头;生猪存栏45 万头,出栏50 万头;家禽存栏900 万只,出栏700 万只;山绵羊存栏7 万只,出栏4 万只。畜牧业产值38 亿元,农民牧业人均收入2 500元。

三、主要措施

（一）抓发展,推进主辅换位

一要继续推进牛鸡猪为重点的专业村建设,专业村数量要达到村级总数的60% 以上;要引导和扶持有条件的地方发展养殖小区,使全市畜牧业专业化、规模化经营比重达到60% 以上。二要继续发展壮大产业龙头,要本着超前的原则发展龙头企业,龙头企业必须为第一生产车间保留一定的生产空间。根据畜牧业发展情况,适时扩大加工龙头企业的生产规模。三要搞活流通。流通是养殖业发展的火车头,否则发展将是空话。要进一步完善新胜蛋禽批发市场营销机制,做大做强新胜品牌。要鼓励支持发展各种流通中介组织,扩大经营人队伍,搞活畜产品流通。

（二）抓科技,提高养殖业专业化水平

我市的畜牧业已经具有一定的规模基础,但是,由于科技投入低,科学技术的推广应用面较窄,科技效益提高较缓慢,抵御市场风险能力不强,影响畜牧业发展的不稳定和不确定因素时常出现。要宣传教育广大群众,不能把提高养殖业经济效益单纯寄托在企业提高原料价格和市场产品涨价上,应当把着力点放在普及推广科学技术上,依靠科学技术进步,提高畜牧业的产业率、优质率和市场竞争能力。要突出抓好以下四件事:一是开展科技入户活动。围绕我市畜牧业主导产业,全面组织实施科技入户工程,建立科技人员直接到户、良种良法直接到畜、技术要领直接到人的科技成果快速转化长效机制。二是推广繁改技术,提高奶牛品种质量。要普遍提高特优级以上冻精的运用比例,同时要继续推广奶牛胚胎移植示范,扩大优质种群数量。三是推广防疫灭病技术。要大力宣传普及防疫灭病的重大意义和基本知识,增强农民自我防范意识。对高致病性禽流感、口蹄疫等重大传染病要继续实施强制免疫。要加强环境卫生建设和消毒工作,建立防疫灭病长效机制,确保重大疫情不发生。四是推广饲料应用技术。要大力推广应用青贮和健宝牧草,做到夏喂健宝牧草,冬喂青贮。扩大青贮饲料种植面积和收贮数量。要大力普及推广饲料科学配方,提高饲料利用率。

(三)抓保障,确保畜牧业生产安全

一是抓好基层防疫体系建设。基层畜牧兽医服务体系不但是服务农民、传播科技、支持和保护畜牧产业发展的重要平台,而且是履行执法监督、规划监测等政府职能,确保公共卫生安全的必要基础。特别是面对动物疫情频发和人畜共患病增多的严峻现实,加强以动物防疫为主的基层服务体系建设尤为重要和紧迫。要认真搞好《以动物防疫为主的基层服务体系建设项目》的实施。利用三年时间把全市乡镇级和村级服务室全部建立起来。

二是搞好防疫,保护畜牧业生产安全。搞好动物防疫是确保畜牧业稳定发展的根本保障,也关系到人民群众的身体健康和社会公共安全,要加强建设,完善制度,健全体系。要按照中央一号文件要求,制定动物防疫体系建设规划,加快建设重大动物防疫监测预警、动物疫病预防控制、动物防疫检疫监督、动物防疫技术支撑、动物防疫物质保障等系统。要采取超常规果断措施,坚决控制各种疫病的发生。

三是加大市场监管力度。要加强奶牛冻精市场管理,坚持实行统一供精,杜绝劣质奶牛冻精流入我市。落实饲料公示淘汰制。对进入我市市场的饲料进行全面抽样检测,检测结果向社会公示,对主要营养成分不达标的,要退出市场。

(四)发展名优特产品,打造双城品牌

随着人民生活水平的不断提高和市场竞争的日益加剧,对畜产品的质量要求越来越高。从现在开始,就应当把发展名优特畜产品纳入日程,大力发展无污染、无病害、无残毒的绿色产品。从目前市场发展趋势和我市的实际看,首先,应大力宣传新胜蛋禽批发市场,叫响"新胜"品牌,扩大在南方市场的占有率。第二,要大力发展本地鸡和"笨猪"。市场上的本地鸡蛋、本地公鸡、"笨猪"肉价格高,倍受青睐,供不应求。要鼓励和扶持部分孵化场上本地鸡孵化项目,保证农民饲养本地鸡雏供应。第三,要加强猪、鸡防疫工作,实行科学饲养,同时要加强食品安全检测,减少药物残留、激素超标准现象发生。

(五)完善五大服务体系

繁育体系重点抓好奶牛统一供精、优质冻精配种、技术指导和标准化站(点)建设;防疫体系重点抓好计划免疫、强制免疫、疫病监测预报和防疫技术指导等;饲草饲料体系重点抓好青贮技术的普及应用、草原改良建设、草原管理和饲料监测等;技术推广体系抓好以奶牛科技入户示范工程为重点的技术培训和技术推广工作;奶牛安全保障体系继续抓好奶牛安全保障工作,不断探索新机制,增设新内容,扩大投保面。

(六)加强对畜牧业的宏观调控

要继续落实市委、市政府制定的一系列发展畜牧业的扶持政策和鼓励措施,同时,要结合畜牧业发展的新形势,认真搞好调查研究,出台新的政策和措施,确保畜牧业的永续发展。

社会化服务体系。全市形成了以政府部门服务为主导,以企业服务为补充的上下贯通的社会化服务网络。为了确保奶牛业健康发展,1982年成立奶牛生产管理办公室,为市政府下设的正科级单位,其职能是"组织、协调、指导、服务",即围绕发展奶牛业,组织生产,协调乳品加工企业和奶农的利益关系,协调金融等部门支持发展奶业生产、指导奶农推广应用科学饲养管理技术,为奶农提供技术、金融等方面的服务。2001年,政府机构改革时,撤销、合并到畜牧局。健全完善了防疫灭病、繁育改良、饲养管理、兽药质量监管、技术指导五大服务体系。

在防疫灭病体系建设上,市里设动物卫生防疫站,24个乡镇建立了畜牧发展中心,承担防疫灭病的职责。246个村都成立了防治室,配备335名村级防疫员。层层落实动物防疫责任制和责任追究制,大力推进强制免疫、计划免疫和检疫监督工作,有效地控制了疫病发生。

在繁育改良体系建设上，市设家畜繁育改良技术指导站，全市建成384个繁育改良站点，重点开展奶牛配种工作，从业技术人员达到400人。配种站点建设由市里统一检查验收，从业人员统一考核认定，市繁育站签发《生产许可证》和《从业人员合格证》，杜绝无证从事奶牛配种工作。为保证奶牛冻精质量和选种选配，防止近亲退化，奶牛冻精由市繁育站统一供应。

在饲料管理体系建设上，市畜牧局下设饲料工业办公室，认真贯彻落实《饲料及饲料添加剂管理条例》，对饲料生产企业和饲料经销店实行登记备案制度，开展经常性抽查检查，严防伪劣假饲料和添加有害物质饲料流入社会，确保养殖户利益和畜产品质量安全。

在兽药质量安全监管体系建设上，市动物卫生监督所下设专门负责兽药监督管理的小组，对兽药生产、经销和使用等环节严格监督检查，依法严惩生产、经销和使用伪劣假兽药违法行为，并对查出的假劣兽药即时销毁，有效维护了兽药市场正常秩序，保证了畜产品质量安全。

在科技推广体系建设上，市乡两级畜牧兽医技术干部已发展到257人，这些人常年深入乡镇、村屯和养殖场（户）宣传科学养殖技术，帮助养殖场（户）答疑解惑，提高了养殖场（户）运用科学技术的能力。在此基础上，各生产企业也围绕各自产业的发展，强化了企业服务。

双城雀巢公司定期分别把奶户集中起来，进行科技培训，讲解科学养牛技术。公司加强了鲜奶收购服务，收奶站扩大到了73个，使奶户实现就近送奶，同时每月及时把奶资划拨到城乡邮政储蓄所，奶户持卡领取奶资。各饲料生产企业都有一批固定的饲料推销员，常年活动在养殖户周围，为养殖户提供便捷的饲料供应服务。

第六编　工业　建筑业

工业综合

企业发展

主要工业企业简介

双城经济技术开发区

项目园与石油开发区

建筑业

1986年,双城工业由全民所有制企业、集体所有制企业、个体工业组成。有县属企业15 513个,其中全民所有制企业30个,集体所有制企业375个(含村以下集体企业210个)、个体工业15 108个。工业总产值25 050万元,其中全民所有制企业占46%、集体企业占43%、个体工业占11%。按轻重工业分,轻工业占工业总产值的70%,重工业占30%,以轻工业为主。轻工业生产是以农副产品为原料的初级产品,多为食品、纺织品。到"八五"时期工业发展不快,全县为"农业大县、工业小县、第三产业弱县"。为了发展工业,历届市委、市政府深化企业改革,先实行企业内部改革,而后对有关企业进行关、停、并、转、出售、出租等。"九五"时期,全民所有制企业、二轻企业相继完成产权改造,进入二次创业阶段。经过招商引资,瑞士雀巢公司入驻双城,成为亚太地区最大的婴儿奶粉生产企业,为双城的财政做出了贡献。双城经济技术开发区的建设,形成食品加工、生物制药、机械电子、包装印刷、材料加工等群体。新兴工业项目园区建设,有10户企业落户园区。大庆采油十厂进入临江石油开发区,拓展了石油工业。到2005年,形成多种经济所有制发展的工业格局,工业总产值达到1 289 943万元,是1986年的51.49倍。其中国有工业占工业总产值的4%,股份合作企业、股份制企业、外商企业等占工业总产值的96%。双城成为全国最具区域带动力中心城市百强县,列第77位。

1986年,有建筑企业7家,完成总产值627万元,其中施工产值627万元。建筑设计1家。双城建筑业是伴随城市改造发展起来的,2005年有建筑企业5家,完成总产值7 155万元,其中施工产值2 340万元,分别是1986年的11.41倍、3.73倍。完成重点工程设计16项。

第一章　工业综合

第一节　机　构

【双城市经济局】 1986年,称经济委员会,编制12人,内设办公室、生产股、企业股、人事股、企业管理股、财务股。县工交领导小组办公室主任由经委主任兼任。1997年,市政府成立计划、节约、安全用电办公室,简称"三电办"挂靠经委。1996年,"三电办"撤销。1997年,财贸办与商业局合并为商务局。2001年,将商务局并入经济局。设综合文秘股、经济运行股、财务审计股、市场管理股、政策法规股,编制18人。2005年,职工16人,内设机构无变化。

历任局长(主任):王国清、陈忠礼、王江、李士杰、景丽玲;副局长(副主任):陈忠礼、孙淑碟、刘晓峰、陶永富、关权海、王克敏、景彦林、李清林、郭金冠、关大军。历任财贸办主任:王树清、李景堂;副主任:管逢林、王福泰、王国清、吴建忠、高振奎、李景堂、郎国君、韩建双、于淑莲、毛亚芹。历任财贸局局长:康诚、孙淑碟、李贵君、施晓嘉、梁玉栋、景彦林、张凤君。

【双城市工业集团总公司】 1986年,工业科人员18人。1987年成立工业局,内设办公室、生产、财务、人事等部门,人员未变。1993年工业局归属经济委员会,1997年改组为工业集团总公司,到2005年无变化。

历任局长(经理):吴长德、吴恩国、王江、李士杰、朱文生、景丽玲;副局长:吴长德、关权海、严立志、卿贤忠、王江、张丰文、张福型、张文波、赵宽、景彦林、李清林、郭金冠、李灿泉、张贵文、许君、孙德江、刘双臣、关大军。

【双城市二轻总会】 1987年,手工业联合会更名为第二轻工业局,1993年,市委、市政府决定,二轻局、工业局、市经济委员会合并,组建双城市工业经济委员会。内设集体经济办公室,负责二轻集体企业的管理和业务指导监管。1996 年,更名为双城市二轻总会,到 2005 年无变化。

历任局长（会长）:吴荣佩、周景华、曲福元、王江、李灿泉、李世杰、李忠伟;副局长、会长:周景华、冯文斌、张丰文、辛宝奎、李士杰、李忠伟、吴绍云、张国钦、闫树伟。

第二节　工业指标

【工业总产值】　1986 年,全县工业总产值为21 678万元。随着改革开放政策的落实和城市化、工业化进程的推进,从 1987 年开始,全市工业经济总体上呈现增长趋势,工业经济在全市经济中的比重逐步提升。1990 年工业总产值(现价,下同)比 1985 年增长43 306万元,年均增长8 661万元;"八五"计划末期的 1995 年比"七五"计划末期增长177 790万元,年均增长35 558万元;"九五"计划末期的 2000 年比"八五"计划末期增长288 808万元,年均增长57 761.6万元;"十五"计划末期的 2005 年比"九五"计划末期增长758 361万元,年均增长151 672万元。期间,各五年计划工业总产值增长速度呈现不均衡状态,"七五"比"六五"年均增长 39.9%;"八五"比"七五"增长 54%;"九五"比"八五"增长23.8%;"十五"比"九五"增长 28.5%。前两个"五年计划"增长幅度较大,其中一个重要原因是由于1985 年前工业发展规模较小,基数较低,而后两个"五年计划"期间虽然增长幅度降低,但实际后两个"五年计划"期间,由于工业总产值基数加大,工业总产值增长的绝对值却大幅度增长。"八五"期间是"七五"期间增长值的 4 倍多,"九五"期间是"八五"期间增长值的 1.62 倍,"十五"期间年均增长151 672万元,是"九五"期间增长值的 2.63 倍。

【工业产品销售收入】　"七五"末期比"六五"末期增长42 810万元,年均增长8 562万元;"八五"末期比"七五"末期增长84 752万元,年均增长16 950万元;"九五"末期比"八五"末期增长171 458万元,年均增长34 292万元;"十五"末期,比"九五"末期增加791 997万元,年均增长158 399元;与现价工业总产值相同,前两个"五年"年均增长比例比较大,原因是上限年份工业产品销售基数低,而后两个"五年",虽然增长比例降低,但由于基数加大,实际增长值却大幅度提升,"七五"年均增长8 562万元,"八五"期间年均增长16 950万元,是"七五"的一倍多,"九五"期间年均增长34 292万元,是"八五"期间年均增长的一倍多,"十五"期间年均增长158 399万元,是"九五"期间增长的五倍多。

【工业企业利润】　"七五"末期比"六五"末期增加 827 万元,年均增长 65.4 万元;"八五"末期比"七五"末期增加831 万元,年均增长 166.2 万元;"九五"末期比"八五"末期增长4 253万元,年均增长 850 万元;"十五"末期比"九五"末期增长44 457万元,年均增长8 891万元。工业利润总体呈上升趋势,但各五年计划期间增长呈现不稳定状态,"七五"期间,由于基数较低,增长比例达27%,"八五"期间工业处于产权改造期,经济效益增长比例降到11.5%,"九五"期间部分企业完成产权改造,有部分企业完成招商引资二次创业,盈利水平提升,年均增长达37.5%,"十五"期间,全部企业完成产权改造,二次创业中一大批企业投入运营,加上支柱企业雀巢公司进入盈利期,年均增长达到136%。工业利润增长绝对值"七五""八五"期间年均以百万元增长,"九五"时期以近千万元增长,"十五"期间年均达到近亿元增长。

【上缴税金】　"七五"末期比"六五"增长3 228万元,年均增长 645.6 万元,"八五"末期比"七五"末期增加8 150万元,年均增加1 702万元;"九五"末期比"八五"期末增加3 401万元,年均增长 680 万元,"十五"末期比"九五"末期增加7 876万元,年均增长1 575万元,后两个五年计划税收增幅降低则是由于 1993 年实行增值税后税赋减轻所致,但税收总额仍呈现增长趋势。

部分年份双城市工业总产值和销售收入情况表

表 6 – 1 – 1

年份	工业总产值				销售收入			
	完成值（万元）	比上期增长（％）	比上期增长（万元）	年均增长（万元）	完成值（万元）	比上期增长（％）	比上期增长（万元）	年均增长（万元）
1985	21 678	12.7	8 412	1 682.4	15 094			
1990	64 984	39.9	43 306	8 661.2	57 904	56.7	42 810	8 562
1995	242 774	54.9	177 790	35 558	132 656	25.8	84 752	16 950
2000	531 582	23.8	288 808	57 761.6	304 114	25.9	171 458	34 292
2005	1 289 943	28.5	758 361	151 672.2	1 096 111	52.1	791 997	158 399

部分年份双城市工业经济效益表

表 6 – 1 – 2

年份	利润				税金			
	完成值（万元）	比上期增长（％）	比上期增长（万元）	年均增长（万元）	完成值（万元）	比上期增长（％）	比上期增长（万元）	年均增长（万元）
1985	612		776	155.2	916			
1990	1 439	27.0	827	165.4	4 138	70.9	3 228	645.6
1995	2 270	11.5	831	166.2	12 648	41.1	8 510	1 702.0
2000	6 523	37.5	4 253	850.2	16 049	5.0	3 401	680.2
2005	50 980	136.0	44 457	8 991.0	23 925	9.8	7 876	1 575.2

第三节　工业体制、结构

【工业体制】　1986 年,全部工业企业 155 174 个,其中省地属企业有省外贸地产加工厂、铁路汽车大修厂、冶金金属制品厂、省合成剂洗涤厂。县以下全民所有制企业 30 个,集体所有制企业 1 654 个,其中二轻企业 22 个,双城镇工业 18 个,街道工业 5 个,农村乡镇工业 76 个,其他工业企业 44 个;村以下企业 210 个;个体工业 15 513 个。全部工业总产值 27 626 万元,全民所有制工业总产值占全部工业总产值的 46.3％,集体所有制企业工业总产值占全部工业总产值的 38.47％,村以下工业和个体工业总产值占全部工业总产值的 14.59％。全县工业体制是以全民所有制为主体,集体所有制次之,辅以村以下和个体工业,虽然村以下工业和个体工业企业数量较多,但他们规模小,都是小作坊,多数无定型产品,产值和利润不多。1990 年,全市工业企业有 5 015 个,全部工业总产值 64 984 万元。全民工业企业有 33 个,工业总产值 19 483 万元,占全部工业总产值的 29.98％;集体工业企业有 147 个,工业总产值 14 202 万元,占全部工业总产值 21.85％;村以下工业企业 4 827 个,工业总产值 16 620 万元,占全部工业总产值 25.58％;个体工业企业 4 543 个,工业总产值 13 272 万元,占全部工业总产值 20.42％。同年瑞士雀巢公司落户双城,其产值为

1 143万元,占全部工业总产值1.7%。全市工业形成全民、集体、个体工业企业总产值平分秋色的局面。

1993年,在计划经济向市场经济过渡中,一些企业不适应形势的发展,市属国有企业处于停产半停产状态,二轻集体企业运营不畅。1994年,市委、市政府根据中央和省对产权制度改革精神,对全民工业所有制企业、二轻集体企业进行破产重组、兼并、产权出售、股份制改造,乡镇工业也进行相应改革。到2000年,全部工业企业有3 908个,全部工业总产值531 582万元。全民所有制工业企业22个,工业总产值11 951万元,占全部工业总产值2.25%;集体所有制工业企业120个,其中规模以上企业10个,工业总产值165 509万元,占全部工业总产值31.13%;个体工业企业3 276个,工业总产值82 185万元,占全部工业总产值15.46%;规模以上股份合作企业3个,工业总产值2 013.7万元,占全部工业总产值的0.38%;联营企业1个,工业产值1 023.2万元,占全部工业总产值的0.19%;有限责任公司1个,工业总产值16.5万元;外商投资企业1个,工业总产值86 769万元,占全部工业总产值16.32%。全民所有制工业产值不断下降,非全民所有制的企业产值占主导地位。随着工业企业改造,招商引资力度加强,集体企业统计部门不再列入统计指标。2005年,全部工业企业2 302个,全部工业总产值1 289 943万元。全民所有制工业企业7个,工业总产值54 049万元,占全部工业总产值4.2%;股份合作企业3个,工业总产值8 945万元,占全部工业总产值0.69%;股份制企业19个,工业总产值81 421万元,占全部工业总产值6.3%;三资企业5个,工业总产值347 240万元,占全部工业总产值26.91%;个体工业2 259个,工业总产值776 496万元,占全部工业总产值60.2%;其他工业企业9个,工业总产值21 792万元,占全部工业总产值1.69%。非全民所有制企业工业总产值占全部工业总产值95.8%,自此全市工业企业形成以私营工业经济为主的局面。

【工业结构】 1986年,全县工业结构按轻重工业分,轻工业企业有15 382个,其中以农产品为原料的加工企业15 334个;重工业企业131个,其中原料加工企业10个,制造业120个。轻工业总产值占全县工业总产值70.74%,轻工业与重工业比为70.74:29.26,轻工业占主导地位。1990年,市以下轻工业企业有3 521个,总产值37 389万元,占全部工业总产值57.53%;重工业有企业1 487个,总产值14 059万元,占全部工业总产值21.63%。轻工业与重工业比为72.39:27.61。市委、市政府提出依托农产品资源,发展“大玉米、大奶牛、大乳品”产业链,调整工业结构,依托农产品加工的轻工业不断发展壮大。1995年,全市独立核算轻工业企业有123个,其中以农产品为原料企业99个,工业产值119 372.3万元,占全部工业总产值49.17%;重工业企业有93个,工业产值21 699.4万元,占全部工业总产值11%。轻工业与重工业之比为81.72:18.28。2000年,全市规模以上轻工业企业有26个,依托农产品为原料加工企业就有22个,虽然企业数量减少,但工业总产值比1995年增加65 148.8万元,占全部工业总产值33.35%;重工业企业有16个,工业总产值比1995年减少15 913.4万元,占全部工业总产值2.02%。轻工业与重工业之比为94.27:5.73。轻工业在全市工业中独占鳌头。随着招商引资工作的强力推进和工业园区的兴建,雀巢、娃哈哈、四季春等知名有实力的企业落户双城,带动了畜禽加工、羽绒加工、酱菜加工、饮料加工和酒业的发展。到2005年,全市规模以上轻工业有28个,工业产值18万元,占全市全部工业产值35.1%。重工业企业有15个,工业产值3.4万元,占全部工业总产值6.6%,轻工业与重工业之比为5.29:1。

第二章　企业发展

第一节　所有制企业

【国营企业】 1986年,全县地方国营工业企业有30家,其中工业局所属企业16家、农机企业2家、粮食工业 4 家、商业办工业 2 家、水利工业 3 家、其他工业 3 家,全县国有企业完成工业总产值11 756万元,占全县工业总产值的46.3%。国有工业成为全县工业的骨干力量。在计划经济管理体制中,这些国营企业中有 11 户的生产原料由国家计划统一安排。钻机厂、变压器厂、农机修造厂的生产原料钢材主要由计划调拨,亚麻厂、糖厂、有机化工厂所需的亚麻原茎、甜菜、玉米芯仍由政府每年向农村乡镇下达种植面积和收购指标,乳品厂所需的奶源靠政府下达奶牛计划指标,获取生产原料。白酒厂、啤酒厂、烤醋厂生产所需的粮食也由政府安排平价供应。随着城乡改革的深入,政府对农业不再下达指令性指标,工业企业重要的生产资料实施"双轨制",国有企业计划内物资供应额度缩减,一些企业不得不到市场上购进议价原材料组织生产,工业局所属国有工业企业,每年原材料平议价差高达上千万元,无法通过生产经营消化这些涨价因素,企业经济效益严重下滑。1990 年,国营工业系统产成品库存占用资金由 1985 年的 2 023万元上升为4 930万元,上升 1.44 倍,全市工业滑坡严重。市委、市政府成立了"工业渡难关"指挥部,市级四大班子领导成员分别包一户企业,采取各种办法活化资金,组织设备改造、开发新产品、强化产品销售,加强企业管理。1992 年,市政府下发《关于深化企业改革,转换经营机制方案》,对企业实行改革。1993 年,百元销售利润率由 1988 年的 7.6% 下降为6.99%,由财政贡献大户变为财政负担,有 7 家企业处于停产半停产状态,占全部国有工业企业的三分之一还强。1994 年,市委、市政府 1 号文件重新下发《工业企业产权制度改革实施方案》,对变压器厂、烤醋厂、磷肥厂产权出售。到 2003 年,有 11 户企业破产,总资产12 616.2万元,总债务45 296万元,资不抵债33 679.8万元,有11 154名职工失业。2005 年国营企业只有 7 户,工业总产值54 049万元,占全部工业总产值的4.2%。

【二轻企业】　1986 年,全县二轻企业有 22 户,亏损企业 2 户。工业总产值为 3 019万元,产品销售收入2 293万元,利润 123 万元,税收 136 万元。1990 年全市二轻企业有 25 户,停产 2 户,工业总产值比 1986 年增加1 344万元,利润减少到 96 万元,税收增加 42 万元。1995 年,全市二轻企业有 17 户,其中 5 户停业、2 户半停业,工业总产值比 1991 年减少 26 万元,利润减少 20 万元,税收减少 210 万元。2000 年,全市二轻企业有 10 户,其中 6 户停产,工业总产值比 1996 年增加 11 万元,而利润由 1996 年负 10 万元,提升到持平,税收增加 63 万元。2005 年,全市二轻企业有 9 户,只有 3 户正常生产,工业总产值比 2001 年增加1 002万元,利润增加 17 万元,税收增加 153 万元。

1986—2005 年双城市二轻企业各项指标完成情况表

表 6-2-1

年度	全员人数（人）	工业总产值（万元）	工业增加值（万元）	利润（万元）	税收（万元）	销售收入（万元）	企业户数			
							计（户）	正常生产（户）	停产（户）	半停产（户）
1986	3 474	3 019	896	123	136	2 293	22	22		
1987	3 305	3 234	968	157	127	2 570	23	23		
1988	3 482	3 522	1 058	200	123	3 293	22	22		
1989	3 633	4 042	1 207	270	162	3 300	27	27		
1990	3 583	4 363	1 308	96	178	3 049	25	23	2	
1991	3 354	4 189	1 253	57	226	3 483	25	23	2	
1992	3 036	4 134	1 240	71	211	3 417	24	19	5	
1993	2 578	3 724	1 118	22	170	2 889	20	15	5	
1994	2 064	4 017	1 204	25	30	2 104	18	13	5	

续表

年度	全员人数（人）	工业总产值（万元）	工业增加值（万元）	利润（万元）	税收（万元）	销售收入（万元）	企业户数			
							计（户）	正常生产（户）	停产（户）	半停产（户）
1995	1 516	4 163	1 250	37	16	1 998	17	10	5	2
1996	926	1 799	540	–10	16	2 042	15	7	8	
1997	1 187	1 348	406	–25	20	1 460	13	5	8	
1998	1 661	1 632	490	0	55	1 544	12	5	7	
1999	1 414	1 721	514	16	69	1 827	12	5	7	
2000	1 332	1 810	51	0	79	1 660	10	4	6	
2001	1 137	1 998	609	15	65	1 571	9	3	6	
2002	794	2 089	627	26	88	1 987	9	3	6	
2003	777	2 370	763	12	201	3 175	9	3	6	
2004	770	3 010	893	33	184	3 055	9	3	6	
2005	759	3 000	882	32	218	3 693	9	3	6	

【有限责任公司】 1990年,在国营企业、二轻集体企业产权改造过程中,开始组建有限责任公司。亚麻厂破产后,2000年北京亿仁公司投资组建成哈尔滨哈博纺织有限责任公司。2004年规模以上有限责任公司有10个,工业总产值33 233.8万元,工业增加值168 753.2万元,净产145 993.5万元,产品销售收入31 837.9万元,利润8 039万元,利税总额93 067.8万元。2005年,规模以上有限责任公司发展到19户,工业总产值81 421.2万元,净产合计73 805.6万元,产品销售收入7 342.6万元,利润2 013.8万元,利税4 875.4万元。

【外商企业】 1990年,雀巢公司开工生产,成为双城第一家外商企业。1993年,黑龙江省杨双木制品有限公司在双城投产,全市外商企业2户,工业生产值183 190万元,税金2 334万元,固定资产82 561万元。1996年,外商企业3户,工业总产值594 721万元,亏损2户,亏损额415万元;固定资产419 665万元,利税47 115万元。2005年有外商企业5户,工业总产值3 472 404万元,亏损有2户,亏损额275.6万元,利税24 616.3万元,固定资产49 941.7万元。

【个体企业】 1986年,全县有个体工业企业15 108户,工业总产值2 309万元,占全县工业总产值9.2%。这些企业户数多,但规模较小,多为油米加工点、小烘炉、小农机修理、豆腐坊等。1990年,全市个体工业户比1986年减少10 565户,工业总产值增加10 963万元,占全市工业总产值20.42%。1995年,全市个体工业有6 565户,工业产值71 047万元,占全市工业总产值29.26%,比1990年提高8.84个百分点。2000年,个体工业户比1995年减少3 289户,工业总产值增加11 138万元,占全市工业总产值15.34%。2005年,全市有个体工业2 259户,工业总产值776 496万元。

第二节　工业门类及产品

【食品加工业】 1986年,双城食品加工业有:粮食加工企业和1家畜禽屠宰企业,这些企业规模比较小,工业生产总值4 995万元。1990年引进瑞士雀巢公司,2003年,娃哈哈集团在双城又建一条液体奶生产线,双城成为全国鲜奶生产加工第一县。2004年,利润52 679万元,占当年规模以上企业的98.7%,税收16 796.8万元,占全市规模以上企业的70.3%,占全市工业税收的76.2%,创历史最高。2005年,通过招商引资,有旺旺集团、菊花味精、香其酱等一批粮食加工的大型企业落户双城,新建规模以上粮食加工企业13 户,其中年销售收入超亿元企业 2 户,超千万元的 5 户,规模以上的企业销售收入24 853万元。全市食品加工业总产值达38 366万元,占全市规模以上工业总产值的75.1%,占全市工业总产值的29.4%,利润103 958万元,占规模以上企业的33.9%,占全市工业利润的20.4%;食品加工业成为全市经济支柱产业,被国家评为全国食品工业百强县。

【纺织行业】　1986 年,全县纺织工业企业有 9 户,其中国营亚麻纺织厂规模较大。全县纺织工业总产值22 002万元,是全县工业总产值的8.7%。1990 年以来,先后引进和建立规模以上纺织企业 5 户全部投产。2004 年又引进哈麻有限公司,总投资 5.16 亿元,是国内亚麻纺织业的大型企业,使纺织工业成为全市工业的一个重要产业。2005 年完成工业产值29 967万元,实现销售收入33 477万元,工业总产值占全市工业总产值的2.32%。

【包装印刷行业】　1986 年,全县有 1 户印刷厂,年产值 150 万元,1990 年,全市包装印刷行业有 3 户小型企业和零星个体印刷户。随着双城市食品工业的发展,促进了配套包装印刷业的发展。到 2005 年已经引进和建立规模以上包装印刷企业 4 户,年实现工业产值10 201万元,占全市工业总产值的0.79%。

【石化行业】　1986 年,全县有化工企业 6 家,以生产化肥为主,靠国家对小化肥政策性补贴维持生产,工业总产值 613 万元,利润 36 万元,税金 41 万元。1993 年,这些企业由于产品落后,生产成本过高,企业经营不善,先后破产、解体。1998 年后通过招商引资,引进一批从事化工生产的企业,有生产单氯代苯的时代工贸集团,生产糠醛的兴城有限公司,从事精细化工生产的承旭化工厂和双城市化工总厂,2000 年前后,这些企业先后投产,2005 年完成工业总产值5 923万元,销售收入4 233.6万元,利税实现1 230万元。这些化工企业虽生产规模不大,但多数产品技术含量高,具有很好的发展前景。

【机电行业】　1990 年以来,双城机电行业"围绕农业办工业"的方针,多数是为农业服务的企业,产品种类是农机具制造,农机具修理业,仅有少量企业生产定型产品,且规模很小,1998 年后,华庆管道公司、中强能源科技公司、三环有限公司、华崴集团、哈市农村电气化电缆厂、变压器厂等企业落户双城。2005 年有 3 家企业在建,4 户企业投产,年产值达到17 818万元,销售收入11 065万元,实现利税1 871万元,机电产业已经成为双城市工业的一个重要产业。

【饲料行业】　1986 年,全县饲料工业有 3 家,其中独立核算企业 2 家,工业总产值 226 万元,产品销售收入 31 万元,利润 2 万元。1992 年随着产业结构的调整,养殖业得到发展,科学养殖普及,全价饲料、配方饲料、复合饲料已成为饲料主体,因而带动饲料行业迅速发展,到 2005 年已有广州湛大、荣耀、四季春、泰达等饲料企业,这些企业不但推动畜牧养殖业的发展,同时也大量转化粮食,实现粮食增值,工业总产值103 812万元,成为全市工业的一个重要行业。

【制药行业】　1986 年,全县只有县医院附设的中药丸剂和西药分装制剂室。2000 年后,引进三精制药、维康生物工程、龙泰利生物工程、拉林科技开发、沛奇隆生物制药、兰格制药等科技含量较高的规模以上企业,2005 年有 5 家企业在建,三精制药一家投产,年产值7 320万元,利税 254 万元,销售收入6 800万元。

【工业产品】　1986 年,农机修造厂、亚麻厂、糖厂、乳品厂、化肥厂的产品多数是围绕传统农业服务的初级产品,主要有亚麻纺织业原料产品亚麻纤维、农机具修理、白砂糖、婴儿乳粉、碳酸氢铵等;而一些由作坊式发展而来的企业产品为手工业制品。仅有少量产品具有一定的机械化程度,但产品仍然为初级产品,大部分乡镇办企业主要是建筑用红砖、铸造、农具修理。而乡村集体、个体工业产品多数是油米加工、豆腐坊、铁匠炉,基本上没有定型产品,商品量不多。也有部分优质产品,白酒厂的花园白酒、乳品厂的婴儿奶粉、烤醋厂的烤醋、工艺美术厂的绢花、工具厂的鹿牌钳子等。这些产品虽然获得不同档次的优质产品称号,但由于企业活力不足,多数不能做大做强,优质产品年销售收入仅3 628万元,占全市工业销售收入的20.6%。1995 年,全市工业体制上发生大变革,一大批国有、集体和乡镇办的企业先后解体,其中部分拥有优秀产品的企业也先后破产和解体,全市19个名牌产品,仅有花园白酒、双城烤醋2个品牌维持生产,且生产规模呈萎缩状态,全市名牌产品销售收入仅为1 256万元,占全市工业销售收入的比例由20.6%下降到7.4%。1998年,在强力推进工业强市战略的过程中,实施名牌战略,以"大企业、大老板、大集团"为主攻对象,全力招商引资,引进一大批国内外知名品牌企业在双城投资建厂,这些大型企业经济实力强,技术含量高,产品档次高,使双城市工业产品档次有了大幅度提升。2005年,全市工业企业各种档次、各种类型的优质名牌产品有23个,优质产品销售收入达309 333万元,占全市工业销售收入的28.2%,优质品率比1986年提高8个百分点,推动全市工业产品由传统型向知名品牌发展。

2005 年双城市工业企业优质产品名录

表 6 - 2 - 2

企业	优质产品	优质产品种类	优质产品销售收入(万元)
双城雀巢公司	乳粉、米粉	国际名牌、国家质量免检产品	214 122
娃哈哈公司	饮料	哈尔滨市特色产品二等奖、国家驰名商标	19 884
汇源果汁	果汁、饮料	国家质量免检产品、驰名商标	9 000
旺旺(瑞麦公司)	膨化食品	旺旺雪饼 旺旺仙贝	3 067
香其酱公司	食用酱	黑龙江省著名商标	505
花园有限公司	白酒	ISO9001:2000 国家质量体系认证,中华老字号品牌	
大众肉联有限公司	肉制品	黑龙江名牌、ISO9001:2000 质量体系认证、中华老字号品牌	在建
新世纪电器公司	有载分接开关	国家专利金奖产品、ISO9001:2000 质量体系认证	2 250
三有水泥公司	水泥	哈尔滨著名商标、ISO9001:2000 质量体系认证	6 522
胜全酒业公司	白酒	黑龙江省著名商标、ISO9001:2000 质量体系认证、黑龙江省免检产品	654
双城机电技术开发公司	有载开关	国家专利金奖产品、ISO9001:2000 质量体系认证	2 300
承旭酒业公司	庄稼汉白酒	黑龙江省免检产品、ISO9001:2000 质量体系认证	1 099
双城市酿酒厂	老村长白酒	黑龙江省免检产品、ISO9001:2000 质量体系认证	645
龙池酒业公司	白酒	ISO9001:2000 质量体系认证、哈尔滨市名牌	2 714
龙洋薯业公司	速溶土豆粉	哈尔滨名牌、ISO9001:2000 质量体系认证	
哈尔滨菊花味精公司	谷氨酸 淀粉	国家驰名商标	10 077
华丰	方便面	省驰名商标	在建
三得利酒厂	东北家园白酒	省驰名商标	523
太阳岛酒业	白酒	省驰名商标	986
龙江源酒业	白酒	省驰名商标	
双花酒业	白酒	省驰名商标	506
哈博纺织公司	涤纶塔夫绸	省驰名商标	2 5299
烤醋有限公司	烤醋	省级名优产品	180

第三章　主要工业企业简介

第一节　国营企业简介

【地方国营双城县儿童乳品厂】　1986年,双城县儿童乳品厂是双城县乳品生产企业,是国务院确定以生产婴儿食品为主的专业厂家。"双工牌"婴儿奶粉获国家银奖,畅销全国21个省、市、自治区,盈利超百万元,1988年产值5 000万元,利税总额880万元。由于企业盲目追求产值、产量,忽视了产品质量,导致1992年中央电视台315晚会曝光,产品大量积压,当年亏损110万元,职工工资不能支付,拖欠农民奶资严重。1993年调整班子后,企业内部进行各项改革,精简富余人员,实行剥离经营,成立双城环球乳制品公司,开始生产国际紧缺的奶制品——干酪素,当年盈利110万元,到1995年,由于体制上、资金上等多种因素导致企业解体。

【地方国营双城县亚麻厂】　建于1958年,1988年企业达到历史最好水平,工业总产值1 859万元,利润233万元。1989年出口受限,到1991年连续三年亏损,企业严重滑坡,陷入停产状态。拖欠职工工资达十几个月,造成近千人到省政府上访,要求解决生活困难,经省政府协调,确定实施重新启动亚麻生产方案,到1994年,人员包袱沉重、资金不足、设备老化等矛盾突出,使企业运转不畅,再次陷入困境,被迫关停。

【地方国营双城县酿酒厂】　双城酿酒厂是建国初期,工商业社会主义改造时期转制为地方国营企业。1986年,工业总产值1 259万元,销售收入1 409万元,利润83万元。1988年,更名为双城花园酿酒总厂,生产的花园系列白酒是省优产品,1994年白酒产量12 000吨,销售收入3 400万元,利润150万元,税金1 034万元。1994年后,企业由于经营不善,加上债务沉重、人员包袱等原因,生产经营出现了困难,转制为股份合作制企业。

【地方国营双城县糖厂】　从事甜菜制糖业,1982年正式投产,以甜菜为原料,生产白糖,当年亏损353万元,1983年即宣告停产整顿。1988年6月重新恢复生产,1991—1992年产糖7 580吨,产值3 686万元,销售收入2 605万元,利税总额负274万元。产品由商业部门统一收购,先预付糖款,资金充裕,是历史最好时期。其后,由于实行市场机制,企业自行销售,致使资金运转不灵,只好靠银行贷款收购原料组织生产,加之原料上涨等因素,企业运行困难。1994年由于不能及时偿还银行贷款,被多家银行起诉并查封资产。

【地方国营双城县化肥厂】　1958年建厂,主要产品为碳酸氢铵、草酸、草酸二乙酯。1987年前国家对小化肥实行政策性补贴,企业还能维持正常运转。其后,政策性补贴取消,加上碳铵产品落后,原材料涨价等因素,再加上国有体制自身原因,1990—1992年企业连续亏损,1992年亏损高达746万元,1993年被迫停止运营。

【地方国营双城县农机修造厂】　建国初期,军转民企业,在发展农业机械化运动中,成为大型农机修理企业。1983年适应农村联产承包形势,研发了"松花江"牌小四轮拖拉机。1986年,产量达4 000台,产值超千万,利税达百万元。1987年,各地小四轮制造厂家锐增,原材料取消平价供应后,涨价因素增加,企业自身包袱沉重,尤其是军转民老企业,平均三个在岗职工就要负担一个退休人员,企业经营困难。从1988年到1990年被迫三换厂长,始终没有扭转下滑局面。1990企业成功研发"有载开关"产品,在中央电视台亚运会转播中试运行良好,中央电视台无偿为产品拍发了广告短片,著名播音员罗京做解说。1991年,市委、市政府与企业班子成员分析生产经营状况,主动调整产品结构,放弃农机大修、小四轮制造等生产,抓住有载开关这个产品,并根据当时的政策,对该产品实施了剥离经营,成立了生产有载开关的"三环有限责任公司"。并利用原厂地段优势开发房地产住宅小区。1995年农机修造厂破产。

【地方国营双城县啤酒厂】 1982年经双城县政府批准,由原酿酒厂分离成立双城县啤酒厂。1986年企业第一次设备改造,生产能力达8 000吨。1988年,由于产品质量差,产品大量积压,加上原材料涨价,资金短缺,职工人数大量增加,工厂濒临亏损边缘,1993年,投资1 100万元进行二次改造,企业粗具规模,产量达1.2万吨,销售收入1 222万元,利润50万元,税收500万元。2004年,企业转为双城市啤酒有限公司。

【地方国营双城县针织厂】 1980年组建,1986—1990年企业运营状况较好,年上缴利税50万元左右。1991—1994年,在市场激烈竞争中,产品销售不畅,企业出现亏损,负债累累。1994年初在企业改革时,组建"羊毛衫股份有限公司",由于技术力量弱,生产工艺落后,设备陈旧,管理混乱,企业负债较多,被迫停止运营。

【地方国营双城县磷肥厂】 1970年建厂,年产硫酸一万吨,普钙二万吨,1980年在全省率先生产颗粒普钙。1985年由于计划经济体制规定:地产化肥不得出境销售,产品大量积压,被迫停产。1987年经县政府批准恢复生产,1989—1993年开发"当春牌"各种作物专用肥。1996年,由于企业机制不活,企业总资产778万元,负债高达3 308万元,资产负债率高达419.8%,再次停产。

【沈阳味精厂双城分厂】 1984年,双城县味精厂由于经营不善关停。1986年由县政府通过"内引外联,搞活企业",与沈阳味精厂达成联营协议,12月重新启动,每年向沈阳味精厂提供4 000吨味精半成品——麸酸,到1989年企业连续三年盈利,厂长被评为省劳动模范。1990年,企业由联营初期的100多人,增加到420人,加之管理不善和体制自身的问题,导致亏损。1992年12月已无法运营,经松花江地区行署批准关停。

【地方国营双城县钻机厂】 1958年由公私合营企业转制为国营企业。经营项目先后有木器制造、农具制造、农机修理、水利机械。1985年5月,转项为钻机生产,主要生产长螺旋钻机系列产品。1986年产值和销售收入达到300万元。1993年,产值1 018万元,销售收入1 418万元,利润40.7万元,税金56.7万元。1994年在市委、市政府的统一安排下,企业进行了股份制改造。

【地方国营双城县糠醛厂】 1970年建厂,主要产品是用玉米芯制造化工原料——糠醛,1988—1990年连续三年亏损。1992年,生产糠醛1 960吨,产值670万元,销售收入744万元,盈利22.5万元,创历史最好水平。1993年后,由于糠醛出口受限,价格下降,企业包袱沉重,资不抵债,无法继续运营。

【地方国营双城县制鞋厂】 1958年,由军企307厂转地方的以生产布鞋为主的企业,产品实行省统一计划,统一调拨体制。1985年以后,产品逐步推向市场化经营,为了适应市场需求,企业进行大规模的设备改造,提高了产品档次和生产能力,先后进行了分厂单独核算,分厂租赁经营、承包经营(分厂经工商局注册为独立法人),企业经营状况有所改善,但无法解决自身的弊端,从1990—1993年,连续亏损140万元,利税总额负69万元。1994年,企业负债率高达255.9%,企业倒闭。

【地方国营双城县陶瓷厂】 1970年建厂,是东北地区生产陶瓷"宝丽光"锦砖唯一厂家,产品很走销,企业一直是工业利润大户。1988—1992年,平均产值400～500万元,利税总额为303万元。1992年后,南方大块磨光瓷砖取代"宝丽光"小块瓷砖,企业由于资金不足,技术力量薄弱,加之管理不善,产品滞销,处于半停产状态。1993年,市政府决定与农机修造厂合并管理,合并后企业自身问题仍无法解决,被迫关停。

【地方国营双城县烤醋厂】 1985年建厂,1990年,国家取消平价原料供应后,亏损额达30万元。在此期间产品"喜丰收"被评为轻工部优质产品。到1995年,经营指标平均产量1 600吨酱油,185吨"喜丰收"牌烤醋,销售收入73万元,税金4万元,利润负5万元。1996年,由于企业无力扩大再生产和进一步开拓销售市场,市委、市政府决定对其进行产权改造,国有体制运营终止。

【地方国营双城县变压器厂】 1970年建厂,1987—1993年,年均产值237.6万元,利润10.8万元,纳税15.8万元。1994年,根据双城市《工业企业产权制度改革实施方案》采取"靓女先嫁"策略,对企业实行整体出售,至此国有体制停止运营。

【地方国营双城县造纸厂】 1952年建厂,1986年,对作坊式生产设备进行改造。1988年,投入生产,由于自有资金不足,设备老化落后,企业亏损560万元。1991年,亏损额9万元,被迫关停。1994年12月,申请破产。

【地方国营双城县罐头厂】 1973年建厂,1986年后受市场经济冲击,企业连年亏损,至1993年累计亏损81万元。1994年12月,欠银行贷款100.6万元,利息104.6万元,本息合计205.2万元,被双城市工商银行诉至法院,经调解将总资产106.6万元偿付给工商银行双城市支行,自此企业完全停止运营。

【地方国营双城县印刷厂】 1971年建厂,1987—1993年,累计盈利9万元,纳税44万元。1988年,企业实行厂长负责制,车间单独核算等。1994年,实行厂长租赁经营,但没有从根本上改变企业规模过小、设备落后、人员包袱沉重等问题。1998年停产。

第二节 有限责任公司简介

【哈尔滨哈博纺织有限公司】 1998年,市政府组织全市招商团赴京招商,联系到山东万杰集团(全国500强企业),达成在双城办企业协议,开启了双城国有企业产权改造后二次企业的先河。2000年6月2日,北京亿仁公司(山东万杰集团为在双建厂专门注册的下属公司)以人民币1 803万元买断原亚麻厂破产后企业全部资产。主营项目纺织系列产品。然后对老厂房进行改造,总投资达10 218万元,设备投资为8 415万元,2000年12月—2001年1月分两批引进日本丰田LW602型高速喷水织机230台和与其配套的大型前纺设备3台套,3月正式投产。产品种类有涤纶塔夫系列、尼丝纺系列、春亚纺三大系列。年产3 300万米,二期工程于2003年9月引进日本丰田190DM603、210DB603、190DM601单喷、双喷和多臂织机127台和与其配套的前纺设备3台套。其设备规模为东北三省第一,具世界先进水平,生产工艺也在同行业中领先。2005年实现产值4 860万元,销售收入3 920万元,其中出口86万美元,上缴税金70.8万元,安置劳动力230人。

2001—2005年哈博纺织有限公司经营状况表

表6-3-1

年度	产品产量		产值		销售收入		工业增加值 (万元)	增长状况 %
	万米	增长%	万元	万元	万元	增长%		
2001	1 154		1 490		1 090		0	0
2002	2 702	134.1	3 210	115.4	3 130	187	27	
2003	2 800	3.6	4 130	28.6	4 100(其中出口42万美元)	30.9	52	92.6
2004	3 470	24	5 750	39.2	4 620(其中出口43万美元)	12.6	202	288.4
2005	2 200	36.6	4 860	15.5	3 920(其中出口86万美元)	-15.2	416	105.9

【黑龙江省双城花园酒业有限公司】 2003年12月,哈尔滨金太阳集团以1 200万元人民币对双城市花园酒业有限公司进行整体收购,然后对设备进行检修和改造。2004年1月份正式投产,产品主要是花园系列白酒,有五大系列150多个品种,远销全国各地。2005年末,向国家商务部申报"中华老字"号品牌,

成为全省"老字号"品牌之一。

【哈尔滨市时代科技发展有限公司】 1999 年 8 月引进,研制开发单氯代苯酐,设计能力年产 300 吨,总投资 2 500 万元人民币,该产品科技含量高、低成本、高纯度,是广泛应用于航空、航天、微电子领域的重要新型化工原料。2005 年处于试生产阶段,各项经济指标年平均值为:产量 40 吨,销售收入 3 360 万元,产值 3 360 万元,纳税 480 万元,利润 300 万元。

【新世纪电器有限公司】 三环公司从农机修造厂剥离出来后,1997 年在市统一组织下实行股份合作制改造,主要生产经营有载分接开关,并利用原农机修造厂破产厂地开展房地产开发。剥离初期,利用农机修造厂闲置厂房生产"有载分接开关",在职工入股资金和厂区房地产开发大量周转资金支持下,生产形势逐年好转。1998 年,生产量 80 台,产值 450 万元,纳税 60 万元。2000 年,在新城区移地重建新厂,更名为新世纪电气有限公司,2002 年新厂投入使用。到 2005 年,共生产"有载分接开并"2 000 余台,缴税金 800 万元,产品在国内占有率为 40%,产品由单一的 10KV 三相有载分接开关发展到 10KV 三相端部、10KV 中部调压真空开关、10KV 单相 9 – 25 真空开关、10KV 空气三相、10KV 空气单相、35KV 单相、35KV 三相等 7 大系列 20 多个品种,并为广东、上海、海南、山东、天津、重庆等 60 多个国内驰名变压器厂配套,为中央电视台、黄河小浪底工程、首都机场、广州白云机场、国家气象局提供产品。

2000—2005 年新世纪电器有限公司生产经营情况表

表 6 – 3 – 2

年度	产量（台）	产值（万元）	税金（万元）	销售收入（万元）	年份	产量（台）	产值（万元）	税金（万元）	销售收入（万元）
2000	120	720	80	720	2003				
2001	320	1 600	240	1 200	2004	300	1 200	120	1 200
2002	260	1 000	100	1 000	2005	340	1 500	160	1 500

【三有水泥有限责任公司】 是一家民营企业,起步期租赁原磷肥厂磷肥车间部分厂区生产。2002—2003 年因企业生产规模扩大,分两期以 190 万元购买磷肥厂全部厂房和场地,占地 58 600 平方米,建筑面积 18 000 平方米,投资总额 8 880 万元。主要产品为普通硅酸盐水泥和煤灰硅酸盐水泥,主要设备有全自动控制 2.6×13 米、2.2×7.5 米、3.8×13 米球磨机及水泥生产线,微机配料、烘干、除尘、仓储、包装等设备成龙配套,是双城市生产工艺设备控制技术最先进的水泥生产企业。生产的"双工牌"水泥销往周边 20 多个市县,荣获"哈尔滨市著名商标"、省"质量达标产品""质量稳定合格企业""全国商品质量诚信企业""黑龙江省消费者品牌活跃度和影响力百强品牌"等称号,2002 年,通过 ISO9001—2000 质量管理体系认证,公司董事长孙广义被双城市政府授予"模范市民"称号。2005 年,产量达到 189 580 吨,产值达 5 658 万元,上缴税金 368 万元。

1998—2005 年三有水泥有限责任公司企业各项经济指标表

表 6 – 3 – 3

年度	产量（吨）	产值（万元）	销售收入（万元）	年份	产量（吨）	产值（万元）	销售收入（万元）
1998	10 000	300	280	2002	42 300	1 269	1 035
1999	14 219	427	335	2003	54 321	1 630	1 312
2000	22 078	662	530	2004	107 898	3 237	2 645

续表

年度	产量(吨)	产值(万元)	销售收入(万元)	年份	产量(吨)	产值(万元)	销售收入(万元)
2001	36 880	1 106	905	2005	189 580	5 688	4 187

【黑龙江省铁力集团双城烤醋有限公司】　1996年6月—1997年4月,铁力集团整体收购双城市烤醋厂后,投资340万元对原厂设备进行全面改造,翻建烤醋车间、灌装车间、前烤车间共5 000多平方米,形成年产2 000吨烤醋生产能力。1997年5月27日正式投产,省委书记孙维本、副书记李剑白和双城市政府领导参加开业典礼。开业初期,由于前期投入大,承担原厂债务186万元,没有打开市场销路,到1999年末,累计亏损110万元。2000年后,企业主动开发新产品,加大产品销售力度,产销量逐年增加,经济效益回升,扭亏为盈。2005年底,还清原企业大部分债务。

2001—2005年双城烤醋有限公司经济指标情况表

表6-3-4

年度	产量(吨)	销售收入(万元)	税金(万元)	利润(万元)	年份	产量(吨)	销售收入(万元)	税金(万元)	利润(万元)
2001	495	155	11	12	2004	468	141	10	13
2002	473	170	12	13	2005	415	180	10	19
2003	505	185	10	27					

【双城市啤酒有限公司】　双城市啤酒厂改制停止运营后,先后与黑龙江省金世纪集团、黑龙江省食品工业公司合作,都没有运作起来。2004年10月26日与哈尔滨冰源啤酒有限责任公司合作,实行租赁经营。投资200万元,对设备进行改造,11月25日启动生产。2005年完成工业产值2 128万元,利润80万元,税金30万元,安排原企业200人就业。

【双城市英北水泥有限责任公司】　针织厂破产后,英北公司采取先租后买的办法,于2002年投产(按合同约定2006年还清全部买厂资金),水泥年设计生产能力10万吨,2005年,水泥产量达到17 504吨。公司工艺布局合理,技术力量雄厚,具有完备的质量管理、质量保证体系,配料、包装等部分都实现自动控制,其"英北"牌水泥获国家质量认证,被评为双城市私营企业20强。

2002—2005年英北水泥有限公司经济指标情况表

表6-3-5

年度	产量(吨)	产值(万元)	销售收入(万元)	税金(万元)	利润(万元)
2002	15 851	425	427	27.3	-6.9
2003	20 864	523	524	33.6	-1.2
2004	17 695	448	449	28.7	-1.2
2005	17 504	450	439	32.2	-14.5

【双城市鑫岳亚麻纺织有限公司】　是利用黑龙江省合成洗涤剂厂部分厂区建立的。黑龙江省合成洗涤剂厂由哈尔滨市轻工局下放双城市管理,2003年2月28日,双城与鑫岳亚麻有限公司签约,由该公司以2 000万元买断洗涤剂北部厂区从事亚麻纺织生产。7月25日,设备安装完毕后投产,由于设备落后,工人

操作不熟练等原因,企业运营状况不佳。2005 年初,企业对设备进行二次改造,引进先进设备 23 台套,当年生产亚麻纱 300 吨,产值 1 050 万元,销售收入 860 万元,安置下岗职工 180 人。

【新城化工有限公司】 2003 年,引进双城市兴城化工公司,实行租赁经营,租期五年,利用原糠醛厂的厂房设备生产糠醛。在 2004 年后的两个生产期生产糠醛 3 340 吨,产值 1 680 万元,销售收入 1 770 万元,税金 80 万元,利润 10 万元,安置职工就业 53 人。

【双城市变压器有限责任公司】 1994 年由原任厂长董立新买断后,企业的人员负担、债务负担较重,经营者努力兑现对职工的承诺,维持生产经营。产量由改制前的年均 3 万千伏安变压器 200 台提高到 5 万千伏变压器 350 台,上缴税金提高到年均 30 万元。1994—2005 年,上缴税金总额达 359 万元。

【东源鞋业有限公司】 1995 年 7 月,通过招商引资利用鞋厂北厂与黑龙江省抽纱出口公司签订 15 年租赁经营合同,成立东源鞋业有限公司,生产出口美国劳保鞋。1996 年投产后,由于设备工艺比较先进,加上省抽纱公司经济实力较强,具有进出口权,企业运营较好,2005 年末由于企业发生火灾,解除合同,迁至哈市呼兰区。

【双城市大元制衣有限责任公司】 其前身是双城市针织厂一分厂,企业法人代表施元敏等人合股购买原企业一分厂厂房,组成"双城市大元制衣有限责任公司",主要产品为外贸出口加工针织服装。1994 年 7 月,投资 11 万元,对原设备、厂房进行改造,投入生产,当年销售收入突破百万元,纳税 12.2 万元。1999 年,受亚洲融风暴影响,企业生产产生波动;2001 年,企业经营形势好转;2004 年,企业投入 80 万元对设备进行了更新改造,生产能力有很大提升。2005 年,销售收入达到 181 万元,上缴税金 21 万元,安排就业人数 2 739 人。

1994—2005 年大元制衣有限责任公司经营情况表

表 6 - 3 - 6

年度	销售收入（万元）	上缴税金（万元）	年度	销售收入（万元）	上缴税金（万元）
1994	114	12.2	2000	65	11.0
1995	176	12.5	2001	109	20.0
1996	134	9.0	2002	85	14.6
1997	216	11.5	2003	135	17.0
1998	252	19.0	2004	123	6.0
1999	40	5.4	2005	181	21.0

第四章 双城经济技术开发区

第一节 开发区建设与机构

【开发区管理委员会】 1992 年,建立双城经济技术开发区,松花江行署与双城市政府共同组建了双城经济技术开发区领导小组,领导小组组长由沈萃华担任（松花江地区行署专员）,成员由富亚州（松花江行署副专员)、何忠学(双城市长)、李春和(双城市副市长)组成。日常领导由开发区管理委员会负责,管委会第一任主任为何忠学,副主任李春和。内设行政部、招商部、项目部、规划建设部、企业管理部,内设机构均为副科级。1996年,松哈合并后,开发区由双城市独立建设,原开发区领导小组自动撤销,开发区管理委员会对开发区实施全面领导,历任管委会主任均由双城市市长兼任,分别为李军、张继先、李克荣、李学良、裴君。2003年,为了强化对开发区的领导,调整开发区领导结构,成立中共双城开发区工作委员会。内设招商局办公室、企业发展办公室、建设规划办公室。2005年,书记由市委书记李学良兼任,开发区管理委员会主任由市长裴君兼任,副主任王江(主管工业副市长)、刘丽秋(开发区管委会办公室主任)。内设机构未变。

【开发区建设】　1992年8月31日,经黑龙江省人民政府批准设立双城经济技术开发区(以下称开发区),为省级开发区,初期规划面积4.4平方公里。距省会哈尔滨市32公里,距吉林省会长春市190公里,距黑龙江省、吉林省交界仅35公里,距京哈铁路双城堡车站7公里,距哈市太平国际机场35公里,距松花江航运码头40公里;东邻同三高速公路(同江至三亚);102国道(哈尔滨至北京)从开发区中间南北向穿过;哈前公路(哈尔滨至吉林省前郭旗)从开发区北部边缘通过;双阿公路(双城市—阿城市)从开发区中间东西向穿过。

建设初期,开发区属松花江地区行政公署和双城市共同合建,市委、市政府采取"小块启动,滚动发展"策略。1995年5月,进行区内道路建设,投资300万元,修筑三横一纵四条沥青混凝土路1 800延长米。2002年,市委、市政府提出做大做强开发区,集中人财物,集中对区内水、电、路、通讯等基础设施进行打造。投资6 120万元,在区内建成一座万KV变电所和一座排水泵站,使入区企业用电、排水等基本需求得到满足。同时为娃哈哈食品饮料有限公司投资1 100万元建设1 500平方米生产车间,使企业顺利安装设备,加速企业入驻。2003年,投资1 850万元修筑白色路面4条5.4公里,使区内形成分布合理的交通网络;同时投资400万元,沿区内交通干道修筑地下排水网络5公里;投资400万元,架设8.7公里的万伏输电线路;投资200万元在区内铺设4.6公里的通讯光缆;沿区内道路投资30万元绿化10 000平方米;投资600万元,为富荣生物制药有限公司建成9 100平方米厂房;投资400万元,为普罗彩钢有限公司建设5 000平方米厂房。2002—2003年,先后为瑞麦食品公司垫付2 500万元,为四达管道公司垫付600万元,为子叶公司垫付60万元,垫付资金总额3 160万元,解决企业建设车间和基础设施资金不足的问题。2004年投资15万元,增置绿化带5 000平方米;投资2 000万元,为汇源食品饮料有限公司建设40 000平方米的车间;投资240万元,为沛奇隆生物制药有限公司修筑基础设施;为企业无息垫付土地出让金1 711.5万元。2005年,又投资150万元,新增区内道路1.1公里,投资70万元增铺排水管线1公里,投资15万元增加绿化面积5 000平方米。2005年底,区内基础设施投资总额达8 550万元,已经形成了四通八达、纵横交汇、布局合理的道路网络、排水网络、供电网络、通信网络,达到四通一平标准。初步形成外商独资、中外合资、民营、集体等多种经济成分同步发展的企业群体。有41户企业入驻,多数企业处在启动阶段,企业生产尚未达到满负荷的情况下,完成工业产值47 314万元,上缴税金2 273万元,安排就业2 995人,形成食品加工、生物制药、机械电子、包装印刷、材料加工等各门类的工业加工产业群体,成为市域工业经济的一个重要组成部分。

第二节　开发区主要企业简介

【哈尔滨双城娃哈哈食品饮料有限公司】　2002年8月开工建设,由杭州娃哈哈集团有限公司和美国白金网络有限公司共同投资兴建。2003年1月正式投产,项目总投资2.5亿元人民币,占地面积90 000平方米,建筑面积30 000平方米。产品有液体奶、茶饮料、果汁饮料、瓜子炒货、纯净水、激活维生素饮料六大系列产品,设计年产各种饮料60 000吨,炒货35 000吨,达产后,实现产值5亿元,销售收入8亿元,上缴税金1.19亿元,安排就业550人。2005年,完成工业总产值2.27亿元,销售收入2.4亿元,上缴税金1 284万元,安排就业 171 人。

【哈尔滨汇源食品饮料有限公司】 2004 年 7 月,北京汇源集团投资兴建。2005 年 5 月竣工投产,项目总投资 5 亿元人民币,占地 21 万平方米,建筑面积 4 万平方米。主要生产果蔬汁饮料,设计能力为年产 15 万吨,达产后可实现产值 9 亿元,销售收入 9.8 亿元,税金 6 900 万元,安排就业人员 500 人,2005 年投产,半年时间完成产值 500 万元,销售收入 560 万元,上缴税金 40 万元,安排就业 165 人。

【哈尔滨双城瑞麦食品有限公司】 2002 年 5 月,新加坡旺旺控股有限公司投资建设,项目总投资 510 万美元,占地 5 万平方米,建筑面积 1.4 万平方米。主要生产雪饼、鲜米饼、馒钙等食品,年设计生产能力为膨化食品 1 100 吨,达产后可实现年产值 9 000 万美元,销售收入 9 800 万美元,税金 500 万美元,安排就业 1 100 人。2005 年,完成产值 3 100 万元,上缴税金 168 万元,安排就业 556 人。

【黑龙江中强能源科技有限公司】 2002 年 9 月,由黑龙江省中强能源科技有限公司投资兴建。2004 年 1 月投产,项目总投资 1.5 亿元,占地 13.6 万平方米,建筑面积 2 万平方米,主要产品为矿用聚合物锂离子电池、电动摩托、汽车用聚合物锂离子电池,设计能力为年产电池 1 000 万 Ah,达产后可实现产值 4.5 亿元,销售收入 5 亿元,税金 8 000 万元,安排就业 2 000 人。2005 年完成产值 8 000 万元,销售收入 8 200 万元,上缴税金 300 万元,安排就业 1 260 人。

【哈尔滨富荣生物制品有限公司】 2003 年 8 月,山东淄博富荣集团投资兴建。2004 年 8 月生产,项目总投资 8 000 万元,占地 6.8 万平方米,建筑面积 9 500 平方米,主要生产鸡蛋粉,设计能力年加工鲜蛋 25 000 吨,生产蛋粉 5 000 吨。达产后,可实现产值 1.4 亿元,销售收入 1.6 亿元,上缴税金 2 380 万元,安排就业 300 人。2005 年,投产完成产值 3 500 万元,销售收入 3 560 万元,上缴税金 167 万元,安排就业 61 人。

【黑龙江省鼎鑫包装制品有限公司】 2002 年 9 月,哈尔滨工业大学集团投资兴建的项目。2004 年竣工投产,项目总投资 3 500 万元,占地 3 万平方米,建筑面积 1 万平方米,主要产品为软硬包装物,设计能力为年产 1 000 万平方米纸板包装、1 000 万平方米软包装和 1 000 万平方米纸张胶印包装,全部达产后,可实现年产值 2.2 亿元,销售收入 2.8 亿元,上缴税金 2 000 万元,安排就业 320 人,2005 年完成产值 3 300 万元,销售收入 3 500 万元,上缴税金 70 万元,安排就业 150 人。

【双城多多印铁制罐有限责任公司】 2003 年 7 月,黑龙江多多集团同佳木斯晨星药业集团投资兴建。2004 年 8 月投产。项目总投资 3 000 万元,占地面积 22 500 万平方米,建筑面积 5 000 平方米。主要生产彩印马口铁制罐,设计能力为年加工彩印、涂料马口铁 8 000 吨,生产彩印铁罐 1 000 万个。达产后可实现年产值 1.2 亿元,销售收入 1.5 亿元,税金 500 万元,安排就业 180 人。2005 年,完成产值 2 100 万元,上缴税金 86 万元,安排就业 140 人。

【双城香其酱业有限责任公司】 2003 年 6 月由哈尔滨香其食品有限公司投资兴建。2004 年 11 月投产。项目总投资 2 600 万元,占地面积 26 000 平方米,建筑面积 8 400 平方米。公司主要生产香其酱,设计能力为年生产豆酱 6 000 吨,达产后,可实现年产值 1 500 万元,销售收入 1 500 万元,税金 140 万元,安排就业 200 人,2005 年完成产值 264 万元,销售收入 270 万元,上缴税金 22 万元,安排就业 50 人。

第三节　双城雀巢有限公司

【公司建设】 1984 年春,在"广州中国投资促进会"上,瑞士雀巢公司在中国寻求合作伙伴,找到黑龙江省轻工业厅副厅长李维成、轻工业厅食品处长武显彰,李维成向瑞士雀巢公司推荐黑龙江省双城县。6 月 14 日瑞士方应邀前来双城考察,县长李树森率县有关部门负责人,全程陪同考察。雀巢公司对双城农业生产条件、气候条件、交通运输条件、奶牛养殖状况等方面十分满意。7 月 4 日,瑞士雀巢致电双城县政府,同意在双城合作建厂。1985 年 4 月邀请中方组成代表团到瑞士雀巢总部韦威市进行洽谈,并签订合作意向书。1986 年 10 月 8 日,在北京国际饭店就合资企业的生产能力、生产品种、产品销售、合资企业组织结构、合作期限、奶源发展、工艺设备、许可证合同、投资总额及各方出资比例和利润分配、企业章程等方面问题,经历七轮谈判,1986年12月11日,在哈尔滨花园村宾馆签订了"中瑞合资兴办乳品加工项目合同",并于当日举行新闻发布会,副省长刘仲黎及省有关部门领导出席合同签字仪式和新闻发布会。为此,县政府在县委党校会议室召开政府常务会议,县长李树森主持会议,讨论合资项目问题,儿童乳品厂扩建筹建处主任刘景江汇报中瑞合作兴建乳品加工企业项目进展情况和项目建设可行性论证报告,经县委常委会议讨论,决定向省和国家上报有关合资建厂申请。经过多轮谈判和国家计委立项审批,议定项目为合资项目,注册资金4 750万元人民币,瑞士雀巢投资2 850万美元,占60%的股份,中方投资1 900万元人民币,占40%的股份,所需100万元流动资金由合资公司申请贷款解决。各种审批手续仅公章就盖了96枚。1987年3月17日,取得工商执照,7月破土动工修建,到1990年7月,基本建设和生产设备基本装完。总投资6 400万元人民币,日处理鲜奶150吨,并一次试验成功,10月份生产出力多精1号。1991年6月,生产出婴儿米粉,成为国际名牌产品。1992年8月,由于产品供不应求,经董事会讨论决定进行一期扩建,增加投资26 000万元人民币,其中瑞士雀巢方注入资金25 200万元人民币,占股份的81%,双城方注入855万元人民币,占股份的19%,此间外贸部开拓投资公司因不便参与管理撤出股份。1995年3月,新增3号干燥塔、2号干燥塔等关键设备,提高奶制品生产能力,新增豆制品生产线,扩建完工,企业生产能力由日处理鲜奶150吨提高到540吨。1997年8月,随着产品销售形势的不断上升和双城市奶源的增长,企业的生产能力已不能满足国内和国际市场需求和奶源增长需要,公司董事会再次决定扩建二期工程,1999年3月,新增无水奶油生产线,第一条罐装生产线、新建厂房和新生产线完工,新增投资15 000万元人民币,生产能力提高到日处理鲜奶1 050吨,比建厂初期提高10.5倍。2001年5月,启动三期扩建,其中,瑞士雀巢方注入资金13 580万元人民币,股份扩大到97%,双城方注入资金4 200万元人民币,股份为3%,从美、意、法、葡萄牙、西班牙等西方发达国家引进先进设备高达8 800万元人民币,新增4号干燥塔、谷物水解生产线、蜂蜜添加生产线、大听罐装生产线等关键设备,大大提升了双城雀巢的技术、装备实力,使企业生产规模由日处理鲜奶1 050吨提高到1 500吨。到2004年,鲜奶收购量达40.1万吨,乳制品总产量达到7.2万吨,销售额达到27.8亿元,上缴税金3.27亿元,利润总额达到4.8亿元,其中销售额、上缴税金、利润总额分别达到历史最好水平,上缴税金总额列全国500强企业第367位。2005年,由于"碘事件",使企业生产和经营受到影响,销售收入降到24.8亿元,上缴税金下降到2.22亿元,利润下降到5 598万元。

【企业管理】 公司管理层由投资各方组成公司董事会,实行董事会领导下的总经理负责制,总经理由瑞士方委派,全权负责企业的生产经营活动,中方委派一人出任副总经理协助总经理工作,重点负责国内相关事务的协调工作。历任总经理为常恩乐(瑞士籍1987—1992)、康伟西(澳大利亚籍1992—1994)、蒲克(1994—1995,康伟西病逝后任代理总经理)、贺永勤(澳大利亚籍1995—2000)、詹宇栋(瑞士籍2000—2002)、恩伟达(荷兰籍2002—),历任中方副总经理为刘景江(1987—1992)、马玉文(1992—1994)、李大锦(1994—2000)、耿彪(2000—2005)。公司管理人员为择优选聘的具有专业知识的大学生。1989年7月,为投产做准备,常恩乐总经理亲自去省乳品培训中心招聘管理人员,一次就选聘10名具有大学文凭、掌握乳品行业专业知识的大学生,并分别派往亚太地区雀巢系列乳品企业进行专门培训。建厂初期,担任质量部经理的职员就是1988年10月从省乳品培训中心招聘的,聘前曾去新西兰一家乳品企业化验室学习三年,聘后又送东南亚四国培训八个月,雀巢公司从日本雀巢公司派一名会计师担任财务部负责人,上岗前又专门培训三个月。企业工人全部实行合同制,管理人员实行聘用制,合同期五年,表现好、能胜任工作的可续签合同。

质量管理上,坚持国际标准,每批产品都由公司化验室严格检测,合格后把抽样空运新加坡中心化验室(亚太地区)检测,然后再把检查合格后的抽样空送到雀巢总部,经进一步检测合格后方可出厂,公司化验室每天对生产车间地面、墙壁、通道进行抽样化验,进行微生物分析。对每个工人都进行无菌观念教育,使产品质量、理化指标严格达到国际标准。

在生产技术和生产工艺、设备方面,始建初期双城雀巢公司就采用瑞士雀巢公司的先进技术和先进管理模式,选用雀巢公司具有国际先进水平的专利技术,生产线的关键设备都从国外进口具有国际先进水平的设备。

【碘事件】 2005年5月初,浙江省工商行政管理局对一批食品进行市场抽查,对双城雀巢生产的"雀巢金牌成长奶粉3+"(3+指3岁以上儿童食用的奶粉)的29种成分做了分析,认定其中28种成分符合国家标准,而含量极少的碘成分超出国家标准。浙江电视台对此做了报道,并要求雀巢方在15日内对此做出答复。中央电视台也连续报道。6月5日雀巢公司在媒体上向广大消费者表示道歉。召回全国尚未销售的"雀巢金牌成长3+"乳粉6 000吨,价值2.4亿元人民币,并按规定做妥善处理。致使2005年双城雀巢公司当年销售收入降到24.8亿元,比2004年减少3亿元,上缴税金下降到2.22亿元,比2004年下降近一亿元,利润总额下降到5 598万元,比2004年减少4.2亿元。此后雀巢公司加强企业的工艺、质量管理和生产经营管理,新增一整套从产品源头——奶源到生产工艺配方、产品各种微量元素层层检测设备。在雀巢公司总部和双城雀巢公司的积极努力下,"碘事件"造成的消极影响,开始逐步消除,企业的各项管理进一步完善,企业产品的品质得到进一步提升,企业的信誉逐步恢复。

【经济效益】 双城雀巢公司1990年下半年投产,到1992年就实现税收1 300万元,以后逐年呈增长趋势,到2004年税收高达33 402万元,达到历史最好水平,在全国纳税500强工业企业中排位367位。税收额占全市地方财政收入的62%,到2005年累计上缴税收达到150 440万元,年均对市级财政贡献达到一亿元以上。

2001—2005年双城市雀巢公司各项经济指标完成情况表

表6-4-1

年度	收奶总量（吨）	生产量总量（吨）	销售净额（万元）	纳税（万元）	工业增加值（万元）	利润（万元）	支付奶资（万元）
合计	1 676 000	317 570	1 150 900	125 468	466 155	104 344	296 189
2001	276 000	47 411	172 700	16 258	82 639		47 666
2002	319 000	56 393	205 900	23 071	99 488		54 958
2003	326 000	64 656	246 000	31 241	121 071	50 746	56 640
2004	354 000	72 110	278 100	32 710	135 669	48 000	64 188
2005	401 000	77 000	248 200	22 188	127 288	5 598	72 737

【社会效益】 雀巢公司投产后,拉动双城畜牧养殖业跨越式发展。1986年,全县奶牛存栏1.2万头。到2005年全市奶牛存栏达到22.4万头,20年间增长17.5倍,鲜奶产量由1986年的21 600吨,提高到2005年的40.1万吨,增长18.6倍,成为全国牛奶产量第一县(市)。2001—2005年农民销售鲜奶收入达到29.6189亿元,最高的2005年达到7.2737亿元,全市60万农业人口,仅鲜奶收入人均即达到1 212元。在雀巢公司的拉动下,双城已经实现由农业大县到畜牧大县再到经济强市的跨越,2005年全国百强县双城列117位。由于奶牛业的迅猛发展,使过去农民卖粮难问题得到了解决,全市奶牛每年转化粮食近10亿斤,接近粮食总产量的30%,对农村产业结构调整起到推动作用。

【鲜奶收购服务体系】 双城雀巢公司把原料生产作为第一车间,建厂初期就把鲜奶收购体系运筹于企业经营范畴之中,建立完备的收购服务体系。1990年雀巢投产后,双城市把东部十个乡镇作为雀巢鲜奶收购区域(西部十七个乡镇划为国营儿童乳品厂收购)。收购前雀巢公司就根据奶牛分布情况,统筹规划,合理布局,建立10个中心冷却收购站,16个卫星收奶站。为保证鲜奶质量,10个中心收购站备有氨制冷贮奶罐,其中8个是从国外进口的冷却贮奶罐,各收购站备有铝合金奶桶。奶户还配备了奶桶清洗用具、用水。为了方便奶户送奶,根据逐年奶牛增长情况增设奶站,到2005年鲜奶收购站已达76个,遍布全市乡村,其中有6个境外鲜奶收购,扩张到本省阿城市、吉林省榆树县、扶余县,平均每个乡镇有3个收购站便于农民送奶,也促进奶牛的养殖,使全市奶牛养殖户达26 800户。

【获得荣誉】 1994年度国务院发展中心及管理世界中国企业评价中心在全国500家最大工业企业评价排序中,双城雀巢公司占500家最佳经济效益工业企业饮料制造业第四位。1997年度获得哈尔滨市国家税务局颁发的模范纳税企业称号。1998年获哈尔滨市政府"哈尔滨市非公有制经济先进企业"称号。2001年获中共哈尔滨市委、市政府"纳税大户"荣誉称号。2003年、2004年连续获哈尔滨市政府"进出口先进企业"称号和哈尔滨市"财源骨干企业"称号。2004年获"哈尔滨市工业企业纳税50强"称号。同时获中共黑龙江省委、省政府"全省非公有制纳税50强企业"称号,列中国纳税500强县(市)企业第367位。2005年列哈尔滨市工业产值50强第七位。

第五章 项目园与石油开发区

第一节 新兴工业项目园

【园区建设】 2003年,中共十六大确立了对东北老工业基地实施调整改造的政策,双城市委、市政府及时抓住哈市老工业企业改造和退城进郊的机遇,借鉴双城经济技术开发区迅速发育成长的成功经验,在中共双城市委四届四次全委会上做出决策,利用新兴乡地处哈市与双城市城乡接合部的优越地理条件,辟建新兴工业园区。项目园区在双城市东北25公里处的新兴乡境内,北、东北与哈市郊区接壤,南与本市东官镇为邻,东、东南与本市周家镇相连,西与本市幸福乡相通,园区规划面积50平方公里,起步区15平方公里,分为工业园区和北城新区两大区块。规划目标为利用15年时间把园区建成对俄贸易加工的样板区、招商引资的承载区、工业项目的聚集区、高新产业的孵化区、新型工业的示范区。2005年,市委、市政府引进哈尔滨市郊农村电气化局投资3.5亿元资金,建设6.6万KV变电所,占地达40 000平方米,建成后可以满足进区企业生产生活用电,并架设从哈市旭光到园区的一条1万KV备用电线路和已入园区五户企业生产建设用电线路。投资25万元铺设区内通讯光缆网络,铺设园区排水干线12公里,征用土地200万平方米,修筑区内道路6条,总长达91公里。到2005年,市委、市政府对园区基础设施总投入达2 000万元(不含引进项目投资)。已有10户企业落户园区,其中投资超亿元的有哈尔滨大众肉联集团、哈尔滨亚麻集团、哈尔滨电缆厂、华崴集团4户;投资3 000万元以上企业6户,这些企业正在建设中,达产后预计年创销售收入28.74亿元,税金2.18亿元,就业岗位9 350个。

【企业简介】 **哈尔滨大众肉联集团有限公司** 是江苏雨润集团投资兴建的,坐落在同三公路北侧。2004年1月引进建设,一期工程正在建设中,预计2006年建成投产,项目总投资6亿元,占地面积28万平方米,主要加工项目是150万头生猪屠宰、10万头肉牛屠宰、5万吨肉制品加工和血红蛋白提取。达产后,可实现产值1.2亿元,利润1 500万元,税金700万元,销售收入1.4亿元,增加值4 440万元。二期工程2006年底开工建设,预计2007年投入生产,项目为1 000万只鸡屠宰项目。项目全部达产后,可实现产值20亿元,税金1亿元,安排2 000人就业。

哈尔滨亚麻纺织集团有限公司 由中外合资企业哈尔滨亚麻纺织集团有限公司直接投资建设。2004

年1月引进,位于同三公路北侧,计划总投资5.16亿元,占地28万平方米,建设周期2年,分两单元建设,2005年正在建设中。

哈尔滨华崴集团有限公司 2004年汇通科技有限公司和盛隆新材料有限公司落户新兴工业园区,位于新兴乡新华村102国道南侧,主要生产AMT产品。项目总投资5 000万元,建设用地2 000平方米,2006年5月将投产使用。

哈尔滨兰格药业股份有限公司 2004年5月引进,8月20日在新兴工业园区新华村102国道北侧正式兴建。总投资5 000万元,占地10万平方米,主厂房4 000平方米,主体工程基本完成。工程分两期建设,一期投资3 000万元,二期投资2 000万元。主要生产中药制剂、药用空心胶囊、药用软包装复合材料,工程全部达产后,年产值可实现1 000万元,税金850万元,安排100人就业。2005年,正在建设中。

哈尔滨北江制药设备有限公司 2004年5月引入建设,位于新兴工业园区新华村102国道北侧,投资3 000万元,占地4万平方米,主体厂房完成,建筑面积4 000平方米,目前企业已经投产,主要产品为制药设备的生产加工,可实现产值3 000万元,实现利税800万元,可吸纳劳动力400人。2005年,正在建设中。

黑龙江省哈尔滨天顺园清真食品有限责任公司 2004年引入,位于大众肉联北侧,占地面积20万平方米,项目总投资6 000万元,主要进行清真食品的加工,年可屠宰加工20万只羊,预计2006年达产。预计可实现产值12 400万元,利润360万元,税金60万元,销售收入11 580万元,增加值1 465万元。企业全部达产后,可实现利税1 000万元,安排700人就业。2005年,正在建设中。

哈市市郊农村电气化局电缆厂、变压器厂 于2005年引入,占地面积57 000平方米,投资总额1亿元,主要生产变压器、电缆、电线和辅助器材等,全部达产后可实现销售收入4 000万元,利润800万元,税金650万元,可安排就业150人。

第二节 临江石油开发区

【油区勘查】 油区地处双城市临江、永胜、水泉、万隆等乡镇。油气田面积1 000平方公里,其中临江油田为132平方公里,地质储量5 000万吨以上。20世纪50年代,国家在双城境内做过重力和磁法普查。1963年应用"五一"型地震仪做过5×10公里测网地震普查;1985年做过高耗度航测,1986年进行4×8公里和2×4公里测网24次覆盖数字地震普查;1989—1990年进行了2×4公里测网地震详查;1993—1994年完成双城地区1×2KM测网地震详查;1995年在进行涝州气田评价时(涝州与双城一江之隔)在试气井中获工业油流,4月12日,双城临江区域第一口探井——双30井正式开钻,7月19日试采,日产8.6吨。

1999年12月18日,国土资源部批准中石油股份公司"黑龙江松辽盆地王府地区石油天然气勘查"探矿证,该地区属地质构造区域,位处双城、肇东、肇源三市县交界处的松花江两岸。2002年以三站—涝州油环为中心勘探工作处扩到双城境内,重新采聚379.9KM^{2}高分辨率三级地震,应用LPM法进行烃类检测,圈定双城境内含油面积132KM^2,提供预测储量3 635万吨。2003年下半年大庆采油十厂对临江油田双30区块进行开发建设,投资230万元,修建23公里的临江至太平柏油公路,建设1 800平方米办公大楼,2 000平方米职工公寓和车库、加油站等附属设施。2004年在双城境内1000平方公里进行二维地震勘探,8月31日,大庆采油十厂南江分公司在双城工商管理局正式注册。2005年下半年在双城境内沿松花江的永胜、临江、杏山、万隆等乡镇进行320平方公里的三维地震勘探。同年3月19日,市委、市政府决定成立"临江石油开发区",由临江乡党委书记赵金国兼任办公室主任,负责大庆方面在双城境内油田开发与地方协调服务工作及石油开发的初步规划工作。

【石油开采】 2004年8月,大庆采油十厂进入双城油田开采后,相继开发双30区块(位于临江乡榆树村)、双301区块(位于临江乡江心岛位置)共布127口油井,49口水井,累计产量达1 756万吨,2004年向双城市财政缴税1 500万元,2005年缴税5 390万元。

2003—2005 年双城市双 30 区块、双 301 区块具体情况统计表

表 6 - 5 - 1

区块	开发时间	储量(万吨)	面积(平方公里)	油井数(口)	日产油(吨)	水井数(口)	日注水(方)
双 30	2003 年 2 月	261	4.17	46	120	15	330
双 301	2005 年 12 月	390	7.72	81	275	34	680

2003—2005 年双城市石油开采情况

表 6 - 5 - 2

项目	2003 年	2004 年	2005 年
油井数 9(口)	38	38	127
年产油(万吨)	0.93	4.63	12
销售收入(万元)		13 504	35 000

第六章　建筑业

第一节　企业及管理

【双城市建筑企业】　1986 年,全县有 7 家建筑企业,即双城县建筑工程公司、双城县第三建筑工程公司、双城县第四建筑工程公司、双城县城镇建筑工程公司、双城县联营建筑工程公司、双城县设备安装公司、双城县化工安装公司。1989 年,双城市建筑工程公司改为双城市建筑安装公司。双城市第三、四公司合并到双城市建筑安装工程公司。1992 年又成立双城市第二建筑工程公司。2001 年,把双城市建筑安装公司第一、二、三、四工程处,双城市第二建筑工程公司,双城市建筑安装公司水电工程处,排水工程处,双城市房产建筑工程公司,双城市双城建筑工程公司,双城市城乡建筑工程公司等 10 家建筑企业重新组合成立双城市宏兴建筑安装工程有限公司。公司隶属建设局,具有国家二级资质,注册资金 2 000 万元,活动资金 3 040 万元,固定资产 2 560 万元。职工 110 人,管理员工 30 人,专业技术人员 20 人,其中高级工程师 2 人,工程师 18 人,施工塔吊 5 台,龙门架 20 台,搅拌机 40 台。2005 年,全市建筑施工企业 5 个:供电局电力安装公司、双城市锅炉安装队、双城市北方工程公司、双城市宏兴建筑安装工程有限公司、双城市化工建筑安装公司。

【双城市时空建筑设计院】　1980 年 4 月,双城县建筑设计室成立,建筑设计资质为丁级。2004 年,建筑设计室更名为双城市时空建筑设计院,资质晋升为丙级,共有专业设计人员 22 人,其中高级职称 7 人,中级职称 8 人,初级职称 7 人。设计范围:单跨 24 米以内工业厂房,高度 14 层以下民用建筑,年设计能力 30 万平方米。代表性设计项目有双城市急救中心、双城市经贸园、娃哈哈集团双城工厂、汇源集团双城工

厂等 14 个重点工程。

1986—2005 年双城市时空建筑设计院重点工程设计情况表

表 6 - 6 - 1

工程名称	建筑面积（平方米）	层数	结构	设计人
双城市急救中心	15 000	5	砖混	李忠山　阎崇田
双城市经贸园	9 000	3	底框	王　权　刘加权
双城市新兴宾馆	3 500	5	砖混	王　权　刘加权
龙华市场	8 000	2	框架	李忠山　张新争
长城饭店	13 000	9	框架	张新争　刘加权
双城市畜牧局住宅小区	25 000	7	底框	赵明震　刘加权
双城市法院住宅小区	16 000	7	砖混	刘加权
双城市劳动局住宅小区	20 000	7	砖混	王明惠　刘加权
娃哈哈集团双城工厂	20 000	2	门式钢架	王　权　刘加权
汇源集团双城工厂	30 000	单	门式钢架	刘加权
瑞麦集团双城工厂	20 000	单	门式钢架	苏　影　刘加权
富荣生物集团双城工厂	10 000	2	门式钢架	李忠山　刘加权
华丰集团双城工厂	8 000	3	框架	张新争　刘加权
益农有限公司双城工厂	8 000	单	钢混	张新争　刘加权
兆麟中学新北楼	6 500	4	砖混	孟庆河
龙昌物流双城公司	7 000	3	混合	闫德楼　刘加权

【建筑生产总值】　1986 年,全县建筑业完成总产值 627 万元,均为施工产值。设备安装公司完成 29 万元,房产建筑工程队完成 13 万元,县建筑工程公司完成 280 万元,第三建筑工程公司完成 125 万元,双城建筑工程公司完成 180 万元。1990 年,全市建筑业完成总产值 1 266 万元,其中施工产值 1 261 万元。设备安装工程处完成 109 万元,建筑联营公司完成 150 万元,建安公司一处完成 563 万元,建安公司二处完成 237 万元,双城建筑工程公司完成 187 万元,环卫站施工队完成 15 万元。1995 年,全市建筑业完成总产值 47 762 万元,均为施工产值,双城市建筑安装公司完成 42 700 万元,双城市双城建筑工程公司完成 5 062 万元。2000 年,完成建筑业总产值 6 487 万元。均为施工产值,双城市建筑安装公司完成 4 138 万元,双城市建筑三公司完成 700 万元,双城市化工建筑安装工程公司完成 729 万元,双城市房产建筑工程公司完成 415 万元。2005 年,全市建筑总产值 7 155 万元,其中施工产值 3 652 万元。供电局电力安装公司完成 890 万元,双城市锅炉安装队完成 24 万元,双城市北方工程公司完成 398 万元,双城市宏兴建筑安装有限公司完成 2 340 万元,双城市化工安装工程公司完成 3 652 万元,双城市化工建筑安装公司没有施工。

【建筑工程施工】　1986 年,施工面积 33 443 平方米,竣工面积 14 648 平方米,竣工产值 627 万元,其中设备安装公司竣工产值 29 万元;房产建筑工程队施工面积 814 平方米,竣工面积 814 平方米,竣工产值 13 万元;县建筑工程公司施工面积 20 074 平方米,竣工面积 8 155 平方米,竣工产值 13 万元;第三建筑公司施工面积 8 446 平方米,竣工面积 4 070 平方米,竣工产值 125 万元;双城建筑工程公司施工面积 4 109 平方米,竣工面积 1 609 平方米,竣工产值 150 万元。1990 年,施工面积 50 481 平方米,竣工面积 35 715 平方米,竣工产值 1 261 万元,其中设备安装工程处施工面积 4 298 平方米,竣工面积 4 298 平方米,竣工产值 109 万元;建筑联营公司施工面积7 572平方米,竣工面积2 372平方米,竣工产值150万元;建安公司一处施工面积19 805平方米,竣工面积1 153平方米,竣工产值563万元;建安公司二处施工面积11 922平方米,竣工面积8 008平方米,竣工产值237万元;双城建筑工程公司施工面积6 818平方米,竣工面积1 818平方米,竣工产值187万元;环卫站工程队施工面积66平方米,竣工面积66平方米,竣工产值15万元。1995年,施工面积143 656平方米,新开工面积51 410平方米,竣工产值35 062万元,其中双城市建筑安装公司施工面积135 565平方米,新开工面积43 310平方米,竣工产值30 000万元;双城市双城建筑工程公司施工面积5 062平方米,新开工面积8 100平方米,竣工产值5 062万元。2000年,施工面积48 478平方米,新开工面积64 712平方米,竣工产值6 803万元。其中,双城市建筑安装公司施工面积92 692平方米,新开工58 392平方米,竣工产值4 598万元;双城市建筑三公司施工面积11 800平方米,竣工产值700万元;双城市双城建筑工程公司施工面积12 300平方米,竣工产值776万元;双城市化工建筑安装公司施工面积6 320平方米,新开工面积6 320平方米,竣工产值729万元;双城市房产建筑公司施工面积10 430平方米,没有当年竣工。2005年,只有双城市宏兴建筑安装有限公司开工,房屋施工面积40 717平方米,新开工面积40 717平方米,竣工产值2 191万元。

【建筑管理】 1986年,建筑工程管理由建委和建筑企业专人负责。1989年,设立建筑工程管理站,负责建筑市场管理,包括企业资质年检以及专业人员上岗证书办理、年检;各种建筑工程合同的审查;建筑施工企业发放经营执照;对建筑专业技术人员岗位培训,办施工许可证。1996年,根据《招投标法》,对所有建筑工程全部实行公开投标,推进勘查、设计、监理、预决算与招标代理等各个环节公开招投标。2000年,根据国务院279号文件《建筑工程质量管理条例》,实行施工质量管理,新开工程推进率98%,新开工程投标覆盖率达90%。2005年,工程质量监督覆盖率达100%,一次工程竣工检验合格率达100%,竣工工程优良品率达40%,新开工程报建率达98%,新开工程招投标覆盖率达90%。

第二节　重点工程

【承恩门】 位于老城区西护城河内侧。1997年7月,由双城市工商局、粮食局共同筹资40万元动工兴建。与哈前公路处于同一轴线,建筑风格仿明、清宫廷式造法,为单、双飞檐箭门垛楼式建筑。该门楼总建筑面积66.5平方米,总高度11.5米,1998年10月竣工。

【承旭公园】 承旭公园位于双城市区东部,占地50.6公顷,其中绿化、香化面积达到36公顷,绿化、香化率达到75%。1991年,市委、市政府为恢复双城市人文景观,多方筹资,在东郊承旭公园内重修魁星楼,重建的魁星楼为钢筋混凝土结构仿古建筑,高39.9米,座围133米,南侧设魁楼碑志一座。占地50.6公顷,其中绿化香化面积36公顷,绿化、香化率75%。1997年兴建人工湖,占地14.6万平方米,其中人工湖水面12万平方米,湖心岛1个,假山2.6万平方米。1999年兴建动物园,占地4.5万平方米,园内有熊、骆驼、猴、孔雀等动物,是哈市所辖县(市)中唯一动物园。此外,公园还有少儿活动区、中老年活动区、游览区等。

【东直路工程】 1996年动工,1997年完工,全长2 500米,设计宽度42.5米。其中主车道18.5米,每侧2米绿化带,8米非机动车道,2米人行道,两座小桥,一座纪念碑。设计结构:底层为土基,20厘米白灰土,18厘米水泥稳定砂粒,5厘米中砂粒式,3厘米细砂粒式。总投资1 270万元。承建单位为北京建一公司。

【南直路工程】 1997年竣工,全长2 600米,白色路面,设计宽度为21米,其中,中间4米绿化带,每侧8米主车道,每侧50厘米路肩,一座中桥。设计结构:底层为土基,20厘米白灰土,15厘米水泥稳定砂粒,22厘米白色路面。总投资885万元,全部费用由省交通厅负责。

【第二中学新建教学楼】 2001年7月5日破土动工,于11月1日交付使用。新建教学楼共四层,总建筑面积4 053平方米,总投资300万元,其中,省有关部门投资200万元,市政府投资100万元。新教学楼共有18个教室,18个办公室,3个实验室,1个微机室,1个语音室。

【希望广场】 1999年,开始兴建。广场规划总面积12万平方米,一期工程占地面积为14 000平方米,于2000年年底建成投入使用。2001年,希望广场二期工程建成,工程面积55 000平方米,总投资430万元。二期工程包括:标志性彩虹式大型舞台,广场硬铺装27 563平方米,绿化面积9 500平方米,砌筑路边石4 000延长米,安装礼花灯7盏、广场高杆照明灯6盏、飞利浦草坪灯24盏、国旗升降台及彩旗旗杆等。体育活动区包括:彩色板铺装7 889平方米,设有篮球场、老年体育活动区、儿童体育活动区、停车场等设施。

【双城市市标塔】 建于1998年,位于新城区中心,塔高19.9米,市标塔的立意是中华民族是龙的传人,双城历史上有龙兴之地说。巨龙腾飞象征双城图腾向上,无限辉煌。双龙翱翔于宇宙星际之间,造型S和C为双城英文字母之首,展示双城人宏伟高远的理想抱负与人类未来的前景更加美好。工程投资40万元。

【城市建设功勋碑】 建于1999年,总体立意是:双城人民用自己勤劳智慧的双手,在双城版图上建设起一座现代化、美丽的城市。底座记载着每年城市建设功臣的姓名。功勋碑设计立意是招聚海内外资金、技术、项目和人才落户双城,实现双城的大发展、快发展。四个小钻石和四个小球体寓意从海内外、四面八方招财进宝;大钻石寓意招商引资聚少成多,积小成大;地面造型为双城地图;八个圆柱体寓意通过招商引资,实现双城经济持续稳步发展。

【职业技术教育中心】 1998年7月2日动工,总占地面积1.7万平方米。建筑面积9 479.68平方米,其中教学楼5 163.12平方米,生活楼4 316.56平方米。总投资900万元。1999年10月建成。

【新城区主干道——腾达大街】 建于1998年5月20日,9月20日竣工。大街总长1 710米,宽34米,路面面积58 140平方米,地下排水管线1 710米,总投资737.64万元。

【铁路东道口跨线桥】 2001年建成,全长542米,其中主桥和引桥由哈尔滨铁路局负责,引道由双城市负责,设计宽度为12米,其中主车道9米,每侧1.5米人行道,引道设计结构为每侧为石头墙,路面结构底层为土基20厘米。

【双城市客运总站】 2000年6月工程开工,2001年10月建成。建筑面积4 500平方米,主楼东西长82.34米,南北跨度27.14米,楼高15.3米,共三层,总投资1 000万元。新站规模宏大,二楼候车大厅新增大型彩色电子信息显示屏和高级数码广播音响。院内停车场12 000平方米,发车位17个,日发旅客4 700人次,日发班次280个。

附：

特 载

强市富民的"龙头战略"
——双城市发展县域经济记事

地处松嫩平原的黑龙江省双城市，土质肥沃，是全国著名的产粮区。近年来，市委、市政府不断总结经验，及时调整经济发展战略，使双城在较短的时间内实现了由农业大市向经济强市的大步跨越。而这一战略的形成，主要来自于——

雀巢的启示

双城土地连片，较早地实现了秸秆养牛，奶牛饲养业发展很快。1987年，瑞士雀巢公司看中了这里奶源的优势，与市里合资建起一家雀巢乳制品有限公司，日处理鲜奶150吨。自1990年投产到1994年底，雀巢公司累计加工鲜奶15万吨，上缴利税5 300万元，每年农民可从乳品加工企业获得收入8 000万元，人均138元。市财政纯获利税2 200万元，占财政收入的22%。1993年，中瑞双方继续投资扩建，今年投产后，日加工鲜奶增加到530吨，年销售额6亿元，年创利税6 000万元，市级财政可直接获利税4 000万元。

从大玉米—大奶牛—大乳品的循环发展过程中，市领导悟出一个道理：单纯搞粮食，农民很难富裕，即使农民富了，政府也无强大经济实力。而依托农业，进行资源的二次开发，深度开发，大上畜牧业和农畜产品加工业，农民得到实惠，政府获得利税，既富民又强市，而强市更利于富民。于是，这个市确定了发展县域经济的总体思路：发挥整体优势，扩大引联开放，开辟第二战场，增加经济总量，实施强市富民的——

"龙头"战略

按照产业化要求，确定全市主导产业，以一种企业为龙头，围绕主导产业和产品，发展农村专业户，组装配套龙形产业链，走"公司＋农户"的路子。根据本地实际，发挥6大"龙头产业"优势。

——粮食。利用粮食的优势，发展以淀粉厂、麦芽糊精、高蛋饲料厂、有机化工厂、哈双木糖厂、三龙饲料厂为代表的加工玉米芯5万吨，加工玉米秸秆10万吨，年增产值1亿元。

——奶牛。以雀巢乳制品有限公司为龙头，带动奶牛饲养业的大发展。目前，全市奶牛发展到8.6万头，农民养奶牛收入超过1.5亿元，市财政可获税收2 279万元。

——肉鸡。以中日合资的黑龙江双凤集团有限公司为龙头，在西部10个乡镇建立肉鸡生产基地。现在已养肉鸡500万只，年底可达1 000万只，农民养鸡收入2 000万元。

——肉兔。以中法合资黑龙江北方兔业集团有限公司为龙头，在南部10乡镇建立肉兔生产基地。现已发展种兔6万只，今年下摆种兔1.5万组。发展商品兔300万只，农民养兔收入可达1亿元。

——生猪。以中美合资史丹特公司为龙头，启动生猪养、加、销一条龙。目前已建立年加工30万头的生猪屠宰加工厂，今年以来，全市生猪饲养量可突破80万头。

——果菜。根据双城靠近大城市、运输便利的条件，建立京哈路经济开发区，大力发展果瓜蔬菜生产。目前已有露地菜13万亩，棚室菜700万平方米，西瓜8万亩，各类果树3万亩，瓜果菜生产已成为城郊和京哈公路沿线农民的主要经济来源。

在龙头企业的带动下，双城市初步形成了具有自己特色的东乳、西禽、南兔、北牛，中部瓜菜果、遍地猪牛禽的多种经营生产格局。市委、市政府为保证龙型经济的稳步发展，全方位提供配套服务。

市委书记李军说："认清市情，科学确定经济发展战略，仅仅为第一步，而实施这一战略，是一项极其复杂的系统工程，涉及城乡各个领域，必须统一认识，形成合力，落到实处。"市级领导分工，每人分抓一项产业，分别兼任"牛司令""兔司令""鸡司令""菜司令"等，30多个部、办、局一把手分别包扶一个乡镇、一个企业、一个私营业户，帮助搞好规划，解决生产经营中的问题。几年来，双城市建起了54处农副产品批发交易市场，初步形成了功能比较齐全的城乡市场网络，各类市场年成交额达6亿元。在区域布局上，坚持走一村一品，一乡一业，规模发展的路子，全市已建成专业乡镇7个，专业村241个，发展专业户2.6万个。

双城市在实施牵动城乡的"龙头战略"过程中，把增加科技含量作为提高经济效益的重要环节，采取选送培训、专业培训、电视广播讲座、印发技术手册、科技示范、现场参观等多种形式，提高领导者、生产者的技术素质，全市种养业有90%以上农户采用了模式化栽培饲养技术。双城市不断调整城乡利益关系，组成龙头企业与农民协商，多次调整糖、麻、乳原料收购价格，奶收购价自1990年以来已做4次调整，由每公斤0.78元上调到1.8元，极大地激发了农民养牛的积极性，仅去年一年，全市奶牛就增加了2.3万头。

龙头牵动，使古老的双城正从黑土地上跃起。去年，全市社会GNP达80亿元，比上年增长25.4%，国内生产总值达到32.1亿元，比上年增长31.3%，财政收入1.3亿元，比去年增长29.6%，经济综合实力由1990年全省第21位，跃进10强县行列，位居第7。双城的龙头战略，为农业地区的经济发展提供了有益的尝试。

（上文发表在《中国税务报》1996年6月3日第二版）

双城情筑暖巢引凤来

近年来，双城市把推进产业化经营作为统筹城乡经济发展、加快经济结构调整和升级的主要途径，全力打造新的竞争优势和经济优势，使县域经济在较高起点上实现了新突破。去年，全市国内生产总值89.9亿元，市级财政收入3.88亿元，农民人均收入2 807元。今年前5个月，全市国内生产总值实现31.1亿元，同比增长13.7%；工业增加值实现9.9亿元，同比增长43.6%；财政收入1.9亿元，同比增长39.4%，其中地方财政收入实现1亿元，同比增长61.9%。

结合市情实际，双城市抓龙头，建市场，牵动主导产业快速发展。他们确定了大市场—大加工—大畜牧业—大农业的产业化发展思路，坚持反弹琵琶，抓生产先抓市场，上产业先上加工，构建市场牵龙头、龙头带基地、基地联农户、农户进市场的产业化经营格局，形成了以雀巢为龙头的奶牛养殖加工、以新胜蛋禽批发市场为龙头的蛋鸡养销售、以浙江协力集团为龙头的生猪养殖加工、以大庆房地产开发公司为龙头的肉牛饲养销售、以娃哈哈为龙头的葵花种植加工和以瑞麦食品为龙头的粮食种植加工等六大主导产业链条。

双城市以诚招商，抓环境，抓服务，引进知名的大型龙头企业。从多年实践中，他们认识到，招商引资已不再是单纯意义上的引进资金、技术和人才，更重要的是引进市场，必须立足于招大商、上大项目，引进知名企业，通过知名企业巨大的品牌优势和市场优势，把资源优势变成经济优势。双城市通过以真情实意打动投资者，以双赢谋划说服投资者，以诚信实干服务投资者，全面实施了大集团、大项目战略，吸引了一大批农产品加工的大项目落户双城市，特别是雀巢、娃哈哈、旺旺等知名企业的落户，引发了巨大的集聚效应，目前已有哈工大东力等19个企业落户开发区，投资总额达11.5亿元。

双城市依托龙头，抓基地，上规模，加快结构调整升级。龙头企业的发展壮大，为双城市农畜产品提供了广阔的发展空间，同时也对基地原料的生产规模和产品质量提出了更高的要求。双城市紧紧依托龙头，不断加快基地建设步伐，促进基地生产上规模、上水平。其中通过靠干部带动，靠政府牵动和靠优化环境推动等措施,双城市进一步扩大了基地生产规模。全市已建成各类专业乡镇9个、专业村108个,发展专业户5.6万户,分别占乡、村、户的30%、44%和42%,各类农产品生产基地可以为全国每人提供1斤鲜奶、1枚鸡蛋。他们从强化扶持服务职能入手,对一家一户的分散经营进行整合,在资金、政策上予以重点扶持和倾斜,着力提高产业基地的规模化、专业化和集约化水平,特别是本着政府牵头搭台、企业化动作、养殖户唱戏的原则,积极辟建高标准、现代化的牧业园区,已有6个标准化牧业小区建成使用。通过依托龙头抓基地、上规模,使双城市农业和农村经济乃至整个县域经济发生了深刻的变化,全市饲料作物、特色高效经济作物面积大幅度增加,种植业内部结构进一步优化,粮经饲三元种植比例已调整到6:1.9:2.1;以牛、鸡、猪为主的畜牧业发展势头强劲,已成为全市最具竞争力的优势产业,去年全市畜牧业产值实现24.1亿元,占农业总产值的比重上升到46%,基本实现了"半壁江山"的目标;全市从事牧业养殖等非农产业农民达18.3万人,占农村劳动力总数的63%,农村劳动力就业结构更趋合理;在县域经济结构中,一、二、三产业比重调整到31:30:39;来自农畜产品加工企业的税金已成为财政的强大支柱。

（上文发表在《哈尔滨日报》2003年7月3日第4版）

第七编　商业贸易

商业服务业

粮食

供销 物资

医药 外贸 石油

烟酒 食盐专卖

1986 年,商业部门开始进行商业体制改革,实行集体承包、个人承包、个人租赁等经营形式,经营形式逐步放开,到 1995 年商业国有和集体企业绝大部分都关停改制,个体私营经济迅猛发展。1986 年商业系统有商业网点 107 个。2005 年,全市商业网点发展到 1 654 个,服务业网点 3 272 个,各类集贸市场 51 个,商贸经济繁荣活跃。

1986—1997 年,粮食购销实行计划经济模式,粮食收购按国家指令性计划实行合同定购,城镇居民口粮实行计划定量供应。1998 年,粮油市场逐渐放开,粮食收购经历了议价收购,保护价"订单"收购,到 2002 年全省取消了粮食定购,粮油市场彻底放开经营,粮油企业实行改制并轨。

供销、物资企业经过几次不同形式的承包经营,企业经营逐渐放开。1996 年以后,随着供销、物资市场放开经营,多数供销、物资企业在竞争和城市改造中相继破产、关停。

1986 年,药品经营主要以国营企业为主渠道,积极扩大区外销售。1988 年开始实行个人承包、集体承包。1993 年进行行业管理和市场管理改革。2005 年,全市有药品批发企业 6 个,医药有限公司 4 个,药品连锁企业 4 个,连锁门店 423 个。外贸下属企业,主要经营粮油食品,土畜产品和工艺品。1996 年,国家放开外贸经营权后,企业相继破产。

1986—1993 年,汽油、柴油实行计划供应。1994 年,石油产品放开经营,1986 年,经营网点 1 个加油站,2005 年增加到 63 个加油站,产品销量逐年增加。烟草行业管理体制逐渐完善,坚持依法维护正常的市场秩序,打击非法经营活动。卷烟品种齐全,销售网络建设不断加强,满足市场供应。1991 年,烤烟种植曾突破万亩大关。2005 年,种植面积 2 684 亩。酒类商品实行专卖管理和专卖许可证制度。酒类专卖局与工商、技术监督等部门,经常对酒类生产、经营企业进行监督检查,对违法违规行为进行查处,同时,对酒类生产企业进行扶持。

第一章　商业　服务业

第一节　机构与商业服务业改革

【**双城市商业总公司**】　1986 年,商业局内设财会、统计、业务、人事、保卫、秘书、集体企业 7 个股室。机关总人数 28 人。办公地点在双城镇西大街路南。1988 年增设审计股。1992 年 12 月,经市政府批准,撤销商业局,成立双城市商业总公司。公司内设财会、审计、人事、保卫、办公室、集体企业 6 个股室,公司总人数 46 人。1995 年,总公司搬入商贸大厦 5 ~ 6 楼办公。内设行政办公室、计财、人事 3 个科室,公司总人数 21 人。2005 年没有变化。

历任局长(总经理)杨继武、刘凤英、王连仲、刘福芹、朱铁;副局长(副总经理)赵振洲、曹均、魏宝玉、吴连忠、邱喜庭、李德威、李向阳、康成、刘福芹、于淑霞、霍志国、朱铁、卜宪贵。

【**国营商业企业改革**】　1986 年,根据国家体改委、商业部、财政部《关于深化商业体制改革的意见》,对全县小型企业、饮食服务业、商办工业实行放开经营。1988 年,根据县体改委《双城县企业招标抵押承包(租赁)经营实施方案》要求,商业系统在国有 42 个核算单位中实行抵押承包。其中集体承包 13 个,个人承包 2 个,个人租赁 19 个,目标管理 8 个。1990 年,商业系统制定《国营商业企业第二轮承包实施办法》,对承包主体和抵押金、承包形式、承包者的确定、承包期限、承包基数、奖惩办法、审计监督、内部配套改革等做了明确规定。1992 年,商业零售企业推行经营、价格、分配、用工"四放开"。在国营 10 个零售商店 188 个营业组中,按三种形式实行"四放开":(一)收买库存、自主经营、确保上缴、超利全留、营业组长挑头承包,共 105 个经营组;(二)五定(定人员、定任务、定收入、定费用、定上缴)到组、联利计酬、不买库存、经营自主、超利分成、亏损自补、营业组集体承包,共 73 个营业组;(三)个人租赁柜台,共 10 个营业组。批发企业根据"四放开"的主体内容,采取一站两制的办法,对非计划供应商品实行经营放开、价格放开、分配放开的政策,隶属关系不变,两种制度并存,分开经营、独立记账、分别核算。到 1995 年,在现存的企业中,坚持以市场为导向,实行国有民营。批发企业关停后,划给部门库存商品,与原公司脱钩,按照统一管理、分散经营的原则,开辟第二战场,另立门户,分散经营。到 2005 年,商业形成多种经济、多种经营方式并存的商业经济格局。

【国营饮食服务业与食品公司改革】 1985 年,实行放开经营、个人承包。1987 年,对 10 户国营企业实行个人租赁经营。1991 年,通过审计、清理和兑现个人租赁合同。双退人员工资由服务局统一管理和发放,全行业除浴池外,一律实行个人抵押租赁经营。同年,食品公司采取"砍块分片、各自为战、一业为主、综合经营"的办法。收购站实行"定额补贴、经营自主、资金自筹、费用自理、亏损自补、超利全留";肉类加工厂实行五定到车间,一业为主,综合经营;镇内单位实行"自主经营、亏损自补、超利全留、集体承包"。集体企业改革,参照国营企业"四放开"的办法,一律实行了个人抵押承包经营。1992 年,由于城市改造,商业企业相继拆扒、出卖、关停和注销。1995 年,绝大部分单位解体,商业总公司仍承担对关停企业人员的管理职责,包括人事、工资档案管理,办理养老保险、退休手续,下岗职工职业介绍及岗前培训等工作。2005 年,国营饮食服务业已不存在,个体私营饮食服务业得到发展。

第二节　商业企业

【企业概况】 1986 年,商业系统国营直属单位 9 个:百纺批发公司、糖酒公司、五金公司、食品公司、饮食服务公司、信托公司、商业贸易中心、商业职工医院、商业职工学校。独立核算单位 42 个,其中:工业品批发站 3 个,百货零售商店 5 个,副食品商店 4 个,五金商店 2 个,食品公司核算单位 6 个,饮食服务单位 18 个,商办工业 2 个,医院 1 所、学校 1 所。国营职工 3 476 人,离退休 967 人。1991 年,食品厂、双城宾馆、百货一商店、人民商场先后归商业局直属,国营商业独立核算单位增加到 48 个。集体商业独立核算单位 48 个,主要从事商业零售、饮食服务业、服装及副食品加工等行业。全系统职工总数 1 798 人。1992 年,在城市改造中,临街商业网点绝大部分被拆扒或出售。1995 年,全系统先后解体 90 个核算单位,其中国营企业 42 个,集体企业 48 个。2005 年,全系统国营职工总数 2 683 人,离退休 1 697 人。集体企业全部注销。营运的国营企业 8 个:食品公司、车辆综合性能检测站、商业汽车队、广济医院、商贸大厦、双泰蔬菜批发市场、大世界消费品综合市场、饮食服务管理局。

【食品公司】 1986 年,下属 6 个核算单位即公司及收购站(城乡 27 个收购站)、汽车队、招待所、食品贸易中心、肉类批发部及肉类加工厂。1989 年后,相继增加骨粉厂、羽毛厂、汽车检测站等单位。1992 年公司院内兴建龙华市场。1996 年,各食品站陆续出卖。2000 年,龙华市场扩建,建筑面积达 6 400 平方米。2005 年出租摊位经营。

【车辆综合性能检测站】 1993 年,成立车辆综合性能检测站。1997 年,从车队分出归商业总公司直属。担负对全市营运车辆安全性能、综合性能检测任务。年检车能力一万台,年营业收入 45 万元左右。

【商业汽车队】 1986 年前是食品公司汽车队,有各种车辆 23 台,年主营业务收入 30 万元。1997 年与检测站分离,重新选址,更名为商业汽车队,到 2005 年,靠运输服务维持经营。

【广济医院】 1987 年,商业职工医院,更名广济医院。1993 年单位改建扩建,1996 年搬入新楼营业。2005 年,医院设 18 个科室,职工集资增添设备后,日均门诊 50 人次,年门诊量近万人,年营业收入 20 万元左右。

【商贸大厦】 1993 年,商业总公司在原百货一商店旧址,后动迁北二道街以南的临街单位及民房,兴建的大型商场,主楼是七层综合楼,总建筑面积23 300平方米。1995年开业,经营项目以工业品为主。1997年,主营业楼一至五层出售给个体经营者。2005年,商厦有临街门市房40个,室内精品屋60个,摊位540个,从业人员700余人,年交易额15 000万元左右,是老城区中心地段一处较大的综合性商场。

【关停注销的商业企事业单位】 1990年,在城市建设中共关停注销商业企业106家。其中主要企业有:百纺批发公司,1986年纺织品公司从县经委划回商业,1988年与百货公司合并更名百纺批发公司。下属一个百货批发站及百货一、二、三、四、五商店6个国营企业,1992年关停后注销。糖酒公司,1983年烟草公司划出后更用此名,1986年公司下属一个糖酒批发站和第一副食品商店、第三副食品商店、综合商店、物华新商场、食品厂(糕点厂)等6个国营企业,1993年拆扒,1995年注销。五金公司,下属一个五金批发站和五金商场(五金一商店)、五金二商店3个国营企业。1992年因建大世界购物商场而拆扒关停,1995年注销。商业贸易中心,是百货零售企业,1984年成立,1996年拆扒,原地点建了老爷庙综合楼,当年竣工,房产全部出卖,企业关停后注销。双城宾馆,1977年成立,是饮食服务系统大型宾馆,曾因连续10年接待全省高考招生工作驰名,1989年归商业局直属。在市场激烈竞争中,随着招生工作地点变化,企业房屋及设施陈旧老化,无力更新改造,于1994年,出售给个人,单位注销。百货一商店,1986年隶属百货公司,1988年隶属百纺批发公司,1990年归商业局直属,是商业系统大型国营百货零售商店,坐落在十字街东北角,营业面积1 100平方米,年销售额750万元,1993年拆扒后注销。第一副食品商店,坐落在十字街西北角,是商业系统大型国营副食品商店,原归糖酒公司隶属,1990年归商业局直属,更名人民商场,年销售额500万元,1993年拆扒后注销。商业职工学校,1975年成立,承担着对商业职工干部进行文化、业务培训等任务。1992年因校舍整体出售而关闭,1995年撤销。

1990—1996年双城市关停注销商业企业情况表

表7-1-1

企业名称	原名	企业类型	经营项目	注销年份	注销原因
百纺批发公司	百货公司	公司	管理	1992.07	建设城市小区
百纺批发站	百货站	批发	百货纺织	1992.07	建设城市小区
百货一商店		零售	百货纺织	1992.04	城建拆扒
百货二商店		零售	百货纺织	1992.02	城建拆扒
百货三商店		零售	百货纺织	1992.02	城建拆扒
百货四商店		零售	百货纺织	1993.07	城建拆扒
百货五商店		零售	百货纺织	1995.10	经营困难
糖酒公司	烟酒公司	公司	管理	1992.07	城建拆扒
糖酒批发站	烟酒批发	批发	酒糖菜	1992.07	城建拆扒
红光商店		零售	百货纺织	1992.07	城建拆扒
利民商店		零售	百货纺织	1992.07	城建拆扒
振兴商店		零售	百货	1990	城建拆扒
振北副食品批发部		零售	副食品	1990	城建拆扒
一商店翻新补旧厂		工厂	加工服装	1992.07	城建拆扒
二商店大新服装厂		工厂	加工服装	1992.07	城建拆扒
百纺批发劳保厂		工厂	加工服装	1992.07	城建拆扒
食杂一店		零售	副食品	1995.10	城建拆扒

续表

企业名称	原名	企业类型	经营项目	注销年份	注销原因
食杂二店		零售	副食品	1995.10	城建拆扒
食杂三店		零售	副食品	1995.10	城建拆扒
食杂四店		零售	副食品	1995.10	城建拆扒
向阳食杂店		零售	副食品	1990	整体出卖
创业食杂店		零售	副食品	1992.07	整体出卖
峰火食杂店		零售	副食品	1990	动迁拆扒
北三副食店	食杂三店	零售	副食品	1995.10	动迁拆扒
利民五金商店		零售	五金交电	1995.04	关停倒闭
庆华五金商店		零售	五金交电	1995.04	城建拆扒
家禽商店		零售	家禽	1995.04	经营困难
进步日杂商店		零售	日杂	1995.04	经营困难
龙华百货商店		零售	百货	1995.10	经营困难
利群商店		零售	百货纺织	1992.07	城建拆扒
合作饭店		餐饮业	餐饮	1995.10	经营困难
市场饭店		餐饮业	餐饮	1995.10	经营困难
利民饭店		餐饮业	餐饮	1995.10	经营困难
站西饭店		餐饮业	餐饮	1995.10	经营困难
味美香饭店		餐饮业	餐饮	1995.10	城建拆扒
永兴饭店		餐饮业	餐饮	1995.10	企业改制
人民商场	国营第一副食品商店	零售	副食品	1992.07	城建拆扒
物华新商场	国营第二副食品商店	零售	副食品	1992.07	城建拆扒
国营第三副食品商店		零售	副食品	1992.07	城建拆扒
综合商店		零售	副食品	1992.07	城建拆扒
五金公司		公司	行政	1992.07	建大世界
五金批发		批发	五交化	1992.07	建大世界
五金商场	五金一商店	零售	五交化	1992.07	建大世界
五金二商店		零售	五交化	1995.04	城建拆扒
五交化商场		零售	五交化	1995.10	整体出售
食品招待所		服务业	餐饮旅店	1995.04	城建拆扒
肉类批发部		批发	猪肉家禽	1993.10	经营困难
骨粉厂		工厂	加工骨粉	1995.04	经营困难
羽毛厂		工厂	加工羽毛	1995.04	经营困难
商业贸易中心		零售	百货纺织	1996.05	城建拆扒
食品厂	糕点厂	工厂	加工食品	1995.02	城建拆扒
商业职工学校		教育	培训职工	1995.06	整体出售
双城宾馆		服务业	餐饮旅店	1994.02	整体出售

续表

企业名称	原名	企业类型	经营项目	注销年份	注销原因
国营一旅社		服务业	餐饮旅店	1993.03	整体出售
车旅店		服务业	旅店	1995.10	企业改制
人民旅社		旅店业	旅店	1995.10	城建拆扒
新华旅社		旅店业	旅店	1995.10	城建拆扒
东北旅馆		旅店业	旅店	1995.10	城建拆扒
国营三饭店		餐饮业	餐饮	1995.04	城建拆扒
国营四饭店		餐饮业	餐饮	1995.10	城建拆扒
人民饭店		餐饮业	餐饮	1995.04	城建拆扒
站前饭店		餐饮业	餐饮	1995.04	城建拆扒
兴隆饭店		餐饮业	餐饮	1995.04	城建拆扒
顺民饭店		餐饮业	餐饮	1995.04	城建拆扒
春风饭店		餐饮业	餐饮	1995.04	城建拆扒
北方饭店		餐饮业	餐饮	1995.04	城建拆扒
回头香饭店		餐饮业	餐饮	1995.10	城建拆扒
酒江源饭店		餐饮业	餐饮	1995.10	城建拆扒
国营浴池		洗浴业	洗浴	1995.10	经营权出售
国营照相馆		照相业	照相	1992.07	城建拆扒
日用品商店		零售	百货	1995.04	城建拆扒
综合饮料厂		工厂	加工饮料	1992.07	整体出售
金源商场		零售	百货	1995.04	城建拆扒
针纺织品公司		批发	针纺织品	1995.04	经营困难
工业品经销公司		批发	工业品	1995.04	经营困难
日用品公司		批发	日用品	1995.04	经营困难
化妆品公司		批发	化妆品	1995.04	经营困难
议价粮油经销部		零售	粮油	1995.04	经营困难
双兴百货商店		零售	百货	1995.04	经营困难
五金建材商店		零售	五金建材	1995.04	经营困难
商业纸制品厂		工厂	纸制品	1995.04	经营困难
粮油食品贸易公司		零售	粮油	1995.10	经营困难
食品木材加工厂		工厂	加工木材	1995.10	经营困难
繁华旅店		旅店业	旅店	1995.10	经营困难
五交化批发公司		批发	五交化	1995.10	经营困难
五金粮油经销处		零售	粮油	1995.10	经营困难
水产商店		零售	水产用品	1995.10	经营困难
迎宾饭店		餐饮业	餐饮	1995.10	企业改制
鼎丰昌饭店		餐饮业	餐饮	1995.10	城建拆扒

续表

企业名称	原名	企业类型	经营项目	注销年份	注销原因
龙华饭店		餐饮业	餐饮	1995.04	企业改制
创业饭店		餐饮业	餐饮	1995.04	经营困难
三八饭店		餐饮业	餐饮	1995.04	城建拆扒
东亚大酒家		餐饮业	餐饮	1992.07	城建拆扒
浴池洗染厂		工厂	洗染	1992.07	经营困难
长虹照相馆		照相业	照相	1992.07	城建拆扒
北大照相馆		照相业	照相	1992.07	城建拆扒
理发社		理发业	理发	1992.07	城建拆扒
东亚食杂店		零售	副食品	1995.04	城建拆扒
食品奋发副食店		零售	副食品	1995.04	经营困难
鸿盛酒家		餐饮业	餐饮	1995.04	经营困难
北馨冷饮厅		餐饮业	餐饮	1995.10	经营困难
先锋服装厂		工厂	加工服装	1995.10	经营困难
昭君副食店		零售	副食品	1995.10	经营困难
海霞日杂商亭		零售	日杂	1995.10	经营困难
第三食杂店一分店		零售	副食品	1995.10	城建拆扒
北苑饭店		餐饮业	餐饮	1995.10	城建拆扒

【商业网点】 1986年,商业在向市场经济体制转换的过程中,商业部门仍承担着组织商品供应任务。百纺、糖酒、五金三个批发站担负百货纺织类、酒糖茶果类、五金交电及化工油漆类商品批发业务。食品公司担负生猪、家禽等收购、上调、内销和肉制品加工任务。商业部门有百纺批发公司、糖酒公司、五金公司、食品公司、饮食服务公司、百货一商店、副食品商店等国营、集体零售网点和收购站107个,会同供销、物资、石油、烟草、医药等部门,组成城乡购销网络,继续发挥主渠道作用。在城区、乡镇市场中仍占主导地位。1992—1995年,在城市改造中,商业网点多数被拆扒。在随之而来的基本建设高潮中,为培育市场,商业部门利用地缘优势,采取自筹资金、合伙集资、预售商品房等办法,先后筹集11 019万元,新建蔬菜批发市场、龙华食品市场、商贸大厦、大世界商场、商业综合楼、双福大厦综合楼等11栋商业综合楼和批发市场。总建筑面积98 174平方米,其中营业面积54 606平方米,临街门市房261户,室内精品屋246户,经营摊位1 722个,从业人员近3 000人。2005年,全市共有个体超市、小卖部、仓买1 654个。

1992—2000年双城市商业网点改建情况表

表7-1-2

工程名称	地址	总造价（万元）	建筑面积（平方米）	营业面积（平方米）	临街门市（户）	精品屋（户）	摊位（个）	竣工年份
蔬菜批发市场	西北隅	700	6 000	12 000	80		140	1 997.07
食品龙华市场	北街路西	700	7000	6 400	5	70	425	2 000.10
商贸大厦	十字街	3 205	23 300	7 500	40	60	540	1 995.05

续表

工程名称	地址	总造价（万元）	建筑面积（平方米）	营业面积（平方米）	临街门市（户）	精品屋（户）	摊位（个）	竣工年份
商业综合楼（一）	十字街	936	10 300	4 900	20			1 996.05
商业综合楼（二）	北二道街	501	6 000	2 400	16			1 996.05
大世界商场	西街路北	1 778	14 044	13 436	18	104	517	1 992.08
老爷庙综合楼	西街路地	380	5 430	2 000	8			1 996.10
食品厂综合楼	西南隅	588	6 400	830	17			1 998.05
旧物市场综合楼	西北隅	926	7 700	940	31			2 000.11
双福大厦综合楼	火车站前	1 016	8 100	3 600	19	12	100	2 000.11
检测站综合楼	北门外路东	289	3 900	600	7			1 994.09

第三节　商业购销业务

【商品购销总额】　1986年,商业企业面临经济体制转轨变形、商品流通渠道不畅、企业历史包袱沉重、经营资金紧缺、经济效益低下等诸多困难。商业系统仍坚持以提高经济效益为中心,以搞活购销业务为突破口,采取广开进货门路、增加兼营项目、扩大经营范围、开拓销售市场、多种形式推销等措施,取得较好经营成果。国营商业商品总购进6 421万元,商品总销售7 049万元,实现税金95.8万元。1989年,商品总购进7 274万元,商品总销售9 323万元,实现税金188.8万元。1991年,商品总购进6 056万元,总销售7 542万元,实现税金56.3万元。1986—1991年六年中,前四年销售逐年增长,后两年逐年下降。国营商业商品总购进六年累计完成38 806万元,年平均6 468万元;商品总销售累计完成48 505万元,年平均8 084万元;期末库存1 661万元。上缴税金累计完成633万元,年平均106万元。1991年以后,城市建设大规模进行,商业企业开始关停注销。

1986—1991年双城市国营商业商品购销及税金完成情况表

表7-1-3　　　　　　　　　　　　　　　　　　　　　　　　　　　　　　　单位:万元

年度	商品总购进	商品总销售	实现税金总额
1986	6 421	7 049	95.8
1987	6 855	8 291	101.8
1988	6 446	8 699	94.4
1989	7 274	9 323	188.8
1990	5 764	7 602	96.1
1991	6 056	7 542	56.3

【农副产品采购】　主要是生猪和家禽,由食品公司负责经营。1986年,随着收购政策的调整,收购量逐年下降。全年收购生猪45 854头,到1991年下降到6 136头。6年累计收购生猪185 830头,年平均30 972头;累计收购大鹅3 426只,全部调往上海。农副产品采购总额累计完成4 803万元,年平均801万元。自1996年起实行生猪定点屠宰,由肉类加工厂、农村四个食品站和东门外6个屠宰点承担。2005年,

全市有生猪屠宰点8家,肉牛屠宰厂6家,驴屠宰厂1家,禽类屠宰厂5家,小犊牛屠宰厂4家。10年累计屠宰加工生猪629 300头,每年平均6.3万头。

1986—1991年双城市商业农副产品采购情况表

表7-1-4

年度	采购总额(万元)	生猪收购(头)	大鹅收购(百只)
1986	845	45 854	437
1987	850	48 557	319
1988	1 225	37 437	1 257
1989	1 257	37 973	1 042
1990	373	9 873	101
1991	253	6 136	270

【主要商品销售】 1986年,商业系统销售絮棉41万公斤,棉布272万米,缝纫机2 806架,手表11 987块。其后主要日用工业品、五金、副食品等商品销售呈逐年下降趋势。其原因:受市场经济体制转换影响,计划商品供应减少;受市场多家竞争、多渠道流通影响,供销社减少了从商业进货;商业改革实行放开经营,零售商店进货渠道增加。尽管市场消费需求增长,但国营商品销售量却逐年减少。销售的五金交电商品:电视机3 203台,自行车5 200辆,收音机6 252台,电风扇188台,洗衣机1 631台。絮棉、棉布、缝纫机、手表四种主要商品销售量比前六年平均水平下降90.4%;1991年销售电视机2 136台,自行车1 004辆,收音机215台,电风扇12台,洗衣机274台。销售量只占六年平均水平的22.8%,其中销量最好的电视机也只占平均水平的70.8%。1986年销售食糖102万公斤,白酒173万公斤,卷烟3.2万条;1991年销售食糖109万公斤,白酒22万公斤,卷烟0.2万条,销售情况也是逐年下降,食糖销售量只为六年平均水平的15.4%;酒类销售为六年平均水平的13.4%。1993年,省委、省政府下发《关于进一步加快发展个体私营经济的决定》后,个体私营经济不断发展壮大,成为主要商品经营销售的主力军。

1986—1991年双城市商业系统十五种主要商品销售情况表

表7-1-5

	1986	1987	1988	1989	1990	1991
絮棉(百公斤)	4 105	2 704	1 618	772	921	66
棉布(百米)	27 224	32 668	28 126	22 155	12 821	2 725
缝纫机(架)	2 806	3 481	2 793	1 707	826	80
手表(块)	11 987	10 837	12 026	7 840	6 215	1 475
食糖(百公斤)	10 206	5 346	3 464	15 772	6 622	1 089
酒(百公斤)	22 311	31 886	32 271	39 470	15 588	3 222
其中白酒(百公斤)	17 397	20 006	15 441	16 487	12 306	2 189
卷烟(百条)	327	429	308	232	182	24
元钉(吨)	174	92	113	127	83	15
铁线(吨)	89	118	96	86	66	11

续表

	1986	1987	1988	1989	1990	1991
自行车(辆)	5 200	6 181	3 038	3 590	3 397	1 004
电视机(架)	3 203	3 915	2 891	3 302	2 643	2 136
收音机(架)	6 252	3 790	3 461	4 111	2 095	215
电风扇(台)	188	209	232	533	476	12
洗衣机(台)	1 631	2 121	1 544	1 173	806	274

第四节　饮食服务业

【饮食业】　1986 年,商业系统下属的饮食服务公司有饭店 18 家,其中国营 10 家,有三饭店、四饭店、人民饭店、站前饭店、兴隆饭店、顺民饭店、春风饭店、北方饭店、酒江源饭店、回头香饭店。集体饭店 8 家,有市场饭店、合作饭店、利民饭店、迎宾饭店、鼎丰昌饭店、龙华饭店、创业饭店、东亚大酒家。饭店多数是综合经营,主营大众饭菜,少数经营中高档熘炒菜、火锅、包办酒席等,饭店经营形式开始实行个人承包。农村饭店多数由供销社经营,有的是前店后厂,经营品种较单一,但服务热情,便民快捷。1987 年,先对 10 户国有企业实行个人租赁经营,到 1991 年全部实行个人抵押租赁经营,农村各供销社经营的饭店也先后实行个人承包、租赁经营。1992 年以后,在城市改造中,商业系统所属饭店相继被拆扒,到 1995 年饮食服务业全部关停、注销或出售。1996 年,全市个体私营饮食业快速发展。综合性大酒店、专业饭店、特色小吃遍及主要街道。双城镇内规模较大的有北味馨饭店、粮食招待所、农机招待所、鑫城大酒店、新世界美食娱乐城、迎宾饭店、计生委餐厅等。大中型饭店都设有单间雅座,KTV 包房设有彩电音响等。2000 年,双城镇内饭店发展到 1 525 家,从业人员 2 963 人,农村 307 家,从业人员 698 人。较大饭店有韩甸杀猪菜、吉鸿饺子馆、夜巴黎大酒店、信合饭店、供销招待所、天都大酒店、步步高大酒店、兰棱杀猪菜、东来顺火锅、回香火锅、老驴饭店、于氏锅烙、乡村炖菜馆等。快餐小吃有加州牛肉拉面、自助餐、冷面馆、烧烤店及多种风味的烤鸡、酱肉店等。2005 年,全市有各类饮食网点 1 487 个,其中双城镇内网点除饭店外有快餐店 16 家、烧烤店 71 家,菜馆 28 家,咖啡冷饮厅 15 家,较大的有佟氏冷饮厅、富华冷饮厅。

【旅店业】　1986 年,饮食服务公司所属旅店业 6 家,其中国营旅店业有双城宾馆、一旅社、车旅店、人民旅社 4 家,集体旅店有新华旅社和东北旅社。县政府有招待所 1 个,原为二旅社,后改为政府招待所。建筑面积 1 万多平方米,设有大小会议室、大小餐厅、有客房 130 间。还有粮食、供销、农机、教育等几个行业招待所。其中双城宾馆是较大型宾馆,配有中档客房,内设大小餐厅、大小会议室,曾连续 10 年接待全省高考招生工作。1994 年,宾馆出售给个人,单位注销。到 1995 年其他 3 家国营旅店和两家集体旅店也因城市改造被拆扒。2000 年,市政府建兴城宾馆,建筑面积 1 万平方米,设有大小会议室,大小餐厅,中高档客房、游泳馆。2000 年,全市有较大的旅店 34 家,其中农村 11 家,全部为私营和个体经营,小型旅店大多由居民低层楼改建的,营业面积一般在 150～200 平方米左右,设有电视、电话、公用卫生间,有的设有洗澡间。2005 年,全市有旅店 580 家,其中农村 385 家,从业 4 600 人。其中较大型有兴城宾馆、新兴宾馆、信合宾馆、润丰商务酒店。

【洗浴业】　1986 年,商业系统下属服务公司有国营浴池 1 家,独家经营,洗浴条件简陋。1988 年原地辟建,增加营业面积和设施,1995 年,浴池经营权出售给个人。到 2000 年,个体私营洗浴业户发展到 51 家,从业人员 280 人,较大型洗浴网点有宝石浴场、龙府浴场、双大浴场、帝豪洗浴休闲中心、大众浴池、水上人家等。2005 年,有洗浴网点 75 家,从业人员 450 人。较大的浴池普遍设有淋浴,桑拿浴等时尚洗浴品种,还有搓澡、按摩、拔罐、药浴、冲浪、游泳、理发、足疗等服务项目。高档的浴池还兼有餐饮、休闲、健身、娱乐等功能。

【理发美容业】 1986 年,商业系统有理发店 1 家,下设 3 个分店,是集体企业。1992 年,这些企业注销。伴随市场发展,个体理发美容网点逐渐发展,服务项目逐年增加,在单纯理发、染发、烫发基础上,有的理发店增加文眉、文唇、打耳眼等时尚服务项目。2000 年,全市理发美容网点发展到 178 家,其中农村 148 家,从业人员 746 人。理发店的服务项目和性质也逐渐发生变化,出现了一批以美容、皮肤护理为主的现代、时尚的中小型美容院、美发美容学校。2005 年,全市有理发美容网点 421 家,其中农村 151 家,从业人员 630 人。

【修理业】 1986 年,双城镇内仅有几家刻字、钟表修理、自行车修理、服装加工企业,都是集体企业。多数修理业如修鞋、配钥匙、家电修理、黑白铁加工、自行车修理等全部由个体经营。随着社会化服务领域不断拓宽,金银首饰加工、汽车美容、家政服务等一些新兴的服务业应运而生。2000 年,全市修理网点 119 家,从业人员 460 人。随着全市小汽车数量增多,机动车修理部、汽车零配件商店增加较快,在双城镇东门外形成了汽配一条街。2005 年,全市修理网点 297 家,从业人员 1 180 人。

【其他服务业】 1986 年,商业系统下属 3 家照相馆,国营照相馆 1 家,集体照相馆 2 家,分别是长虹和北大照相馆,1992 年在城建拆扒时被注销。随着市场经济体制的深化改革,个体照相馆、影楼迅速发展。开业较早的摄影世界,率先购进大型彩色照片冲印设备,开彩色照片冲印先河。随后,多家大型影楼开业,儿童摄影、艺术摄影、婚纱摄影、数码影像制作都更加专业化。随着结婚庆典、生日祝寿等私人生活录像业的兴起也带动了婚庆礼仪公司的发展。到 2005 年,全市有影楼、照相馆、婚庆礼仪公司、广告、牌匾店、婚姻介绍所、家政服务公司、老年公寓、托老所、预测起名馆、信息服务中心、物业管理等多种服务业 412 家。

第五节　集贸市场

【市场建设】 1986 年,双城县只有一个固定市场,占地面积 7 000 平方米。1987 年 8 月,县政府采取"人民市场人民建,公益事业大家办"的措施,动员二百多个单位义务献工献料,投入土石 7 000 多立方米,在承旭门外建成一处总面积 5 000 平方米,投资 12 万元的承旭门农贸市场。同时县工商局等有关部门筹资 19 万元,在中心市场建成 210 延长米钢铁结构顶棚的交易区,内设摊床;在周家镇建成 100 延长米钢铁结构轻工市场;在五家镇建成面积 2 500 平方米的综合市场,在东官镇建成面积 1 200 平方米农贸市场。共建成 9 处农村大集,建成各类市场 34 处。1988 年,出现多种渠道办市场的局面。工商局筹资 25 万元,在中心市场新建 67 个半封闭式商亭;在中神道市场新建 200 延长米,拥有 150 个钢铁结构顶棚的摊床,整修承旭门市场,增设摊床。1989—1991 年,全市引资 20 万元,投资 15 万元,建成站前顶棚市场,在站前和东北隅各建 1 000 平方米农贸市场,在兰棱镇建 1.2 万平方米综合市场,设置顶棚摊床。同时扩建承旭门市场,建饮食商亭 400 平方米,修建中心市场储藏室,建庙头市场商亭 180 平方米。建成农村大集 22 个,全市农村每月 54 个集日增加到 66 个。1993 年,周家大市场已发展成"龙江第一集",客商由 200 户增到4 000 余户。1995 年,建各类批发市场 43 处,占地 26 万平方米,其中双城镇内建了肉禽批发、蔬菜批发、果品批发、毛皮、旧物、副食品批发、封闭式的贸易城、大世界等 8 处专业市场。农村 26 个乡镇都办大集,平均每月有 3 个以上的大型集日,每月有集日 80 多个。1996 年,进一步加强市场建设。双泰蔬菜批发市场又投资 700 万元,扩建 600 平方米,贸易城扩建 6 000 平方米,大世界扩建 1 200 平方米,周家大市场又投资500 万元新建封闭式商场,希勤乡新建 6 000 平方米综合市场。兰棱大集进入全省"农村"十大集行列,贸易城市场升级为"全省文明市场标兵"。2001 年,新兴乡建成新胜蛋禽批发市场,总投资 4 880 万元,占地面积 10 万平方米,建筑面积 2.8 万平方米。2002 年,客商投资 1 500 万元,兴建轻纺商贸城,占地 1 万平方米。2003 年,周家又投资 600 万元,兴建综合贸易大厅,有门市 200 多间,完成对旧市场建筑的改造。2005年,全市总投资 2.8 亿元,共兴建各类集贸市场 53 个,其中双城镇内市场 20 个,乡镇市场 12 个,大集 21

个。市场建设总面积 15 万平方米,可容纳摊位 1.2 万个。是全省市场门类较多,面积较大,布局较为合理的县级市之一。

【双泰蔬菜批发市场】 1992 年建成,位于双城镇西北隅原蔬菜公司院内。蔬菜公司将院内闲置的 8 000平方米的场地、1 000 余平方米的地下暖库、600 平方米的办公室和库房改建成双泰蔬菜批发市场。1996 年,投资 700 万元,动迁居民 60 户,扩建面积60 000平方米,1997 年,市场总占地面积12 000平方米,南面、东面临街处建砖混结构营业楼。2001 年,又建交易大厅1 300平方米,彩钢板房300 平方米,1 000 多平方米的地下暖库。到 2005 年市场有内外门市房 80 个,摊位 140 个,从业人员 500 余人。经营项目有鲜菜、水果、干调、生肉、熟食、家禽、鲜蛋、海产品等农副产品,是全市以批发鲜菜为主的交易场所,辐射山东、辽宁、吉林和本省十余个市县。市场生意红火,购销两旺。在当地蔬菜生产淡季,经营者采取汽车运输方式每年从南方购进各种鲜菜1 000 余车次,秋冬季节购进各种水果、冷冻海产品等 500 余车次。每日平均近万人入市交易,年销售额可达 2 亿元左右。

【龙华农副产品综合市场】 1992 年建成,位于花园大街西侧,紧临北三道街。开始由食品公司职工个人集资在公司院内兴办起来的。处于市中心,经济效益较好。2000 年,公司又筹资 700 万元,对市场进行扩建,当年 10 月竣工营业。市场总建筑面积6 400平方米,临街门市房 5 户,室内精品屋 70 个,摊位 425 个,从业人员 400 余人。经营项目有生肉熟食、家禽鲜蛋、蔬菜水果、烟酒糖菜、糕点副食、调味品、水产品、餐饮小吃等。是市区内较大型综合市场之一,到 2005 年每年交易额 1 亿元左右。

【大世界消费品综合市场】 1992 年建成,位于双城镇老十字街广场西侧。由商业总公司兴建,投资 1 778万元,占用原五金公司后院场地,动迁物探队的旧房和部分民房,建筑面积6 680平方米。后经二次改造,翻建原五金商场二楼,贯通西大街和北二道街,总建筑面积14 044平方米。1993 年 8 月开业,商业总公司抽调人员直接管理,独立核算。下设游乐部、摊床部、工业品部、饮食服务部、后勤部和保安队。精品屋和摊位分别租给商业系统下岗职工和社会个体经营者。经营项目主要有棉布化纤、服装鞋帽、百货日杂、糕点副食和床上、化妆、文化用品等。年营业额5 000余万元。1995 年,将房屋产权相继出售给个人。在竞争中经过人员重新组合及经营项目调整,日用百货、家具用具、中西药品等项目有较大发展,已粗具规模。2005 年,商场有临街门市房 18 个,精品屋 104 个,摊位 517 个,从业人员近1 000 人,年交易额亿元左右。由于地点好,交通便利,经营品种齐全,价格低廉,交易方便,特别受广大农村消费者欢迎,是以经营中低工业品为主的综合性市场。

【周家大市场】 1991 年 12 月 19 日建成,位于周家镇西侧,占地面积 2 万平方米,投资 100 万元,建封闭式商亭 80 个,伞式摊床和露天摊位2 300个。省委书记孙维本为周家大市场题写了匾额。1992 年,引进伊春林业局投资 150 万元兴建服装大世界、百货天地等封闭市场6 000平方米,建交易城门市房 100 间,同时建货物托运站,开通浙江省柯桥、河北省晋县、山东省临沂、省内牡丹江、鸡西、齐齐哈尔、双鸭山、伊春、黑河等 13 条线路。由此改善了市场的设施,增加市场的知名度。1992 年 4 月,市场二次开业,经营者达4 000余人,主要是来自浙江、江苏、山东、河北等 22 个省 200 多个市县的客商。1995 年,市场进入发展时期,杭州市企业家投资 500 万元,兴建浙江城。1998 年,浙江义乌市投资 700 万元兴建义乌商城。2001 年,建床上用品大世界。2002 年 5 月,市场改为民营企业,当年客商就投资1 500万元,兴建轻纺商贸城,占地 1 万平方米,是一座大跨度二层砖混结构的商贸建筑,厅内有大、中、小门市 657 间。主要经营各种面料及床上用品等。2003 年,又投资 600 万元,兴建综合贸易大厅,有门市 200 多间。由此基本完成对旧市场建筑的彻底改造。到 2005 年,市场占地面积达 5.1 万平方米,建筑面积 4.1 万平方米,门市摊位6 300个,主要经营棉布、服装、鞋帽、针织、百货、床上用品、家电等 10 大类,上万个品种,日成交额 280 多万元,年交易额近 10 亿元,年创利税 200 多万元。

【新胜蛋禽批发市场】 2001 年建成,位于 102 国道边,新兴乡新胜村东侧。市场建设实行一次规划、分期实施。2005 年,市场累计投资4 880万元,占地面积 10 万平方米,建设面积 2.8 万平方米,市场布局为

"三区一厂",即洽谈交易区、蛋品贮备区、商饮服务区、禽类冷冻屠宰厂。市场具有完善的基础设施和先进的营销手段,交易区内设微机与中国农业信息网联网,通过大型电子屏幕可随时了解全国蛋禽市场价格和购销信息。引进全国各地 27 个鲜蛋经营商,利用市场现代化的信息网络,牵动全乡 100 多个营销大户,800 多台运输车,近两千人参与鲜蛋营销。产品远销广州、福州、上海、北京等 27 个大中城市,并出口俄罗斯。日销蛋禽 800 余吨,年交易额达 12.6 亿元,市场鲜蛋交易量位居全国第二,被农业部确定为定点市场和省级农业产业化重点龙头企业。市场牵动全市及周边 24 个市县,372 个村。发展养殖户15 900个,围绕服务大市场就业的农民达3 500多人。

第二章　粮　食

第一节　机构与粮食企业改革

【双城市粮食局】　1986 年,为双城县粮食局。机关内设机构有财会股、审计股、储运股、农管股、人事股、工业股、供应股、计调股、科教股、价检股、秘书股、保卫股、企管股、老干部办、劳动服务公司、粮食招待所,在职人员 55 人。1997 年,机构改革后内设机构有财会股、审计股、人事股、企管股、秘书股、仓储股、工业股、供应股、计调股、价检股、科教股、农管股、保卫股、老干部办,人员 51 人。2005 年,内设机构为办公室、财审股、计调股、仓储股、人事股、保卫股、综合业务股,人员 23 人。

历任局长:张志太、焦文林、袁英有、曲守贵、刘丰志、李士杰;副局长:郎国钧、王江、马荣、马明君、曲福元、杨双林、辛彦章、冯雅芳、许树芳、李振刚、王继富、刘景宽、张建民、张荣廷、那振军。

【粮食企业改革】　1986 年,粮食局下属国营企业有双城粮库、制粉厂、油米厂、饲料公司、粮油中心供应部、粮油贸易公司、周家粮库、五家粮库、兰棱粮库、韩甸粮库、临江粮库、水泉粮库、单城粮库、粮食幼儿园、粮食卫生所、粮食职工学校等 16 个单位。1989 年,成立双城粮油食品卫生监测站。1992 年,成立双城粮油贸易中心,油米厂重组为双城市第三粮库。1993 年,制粉厂重组为双城第二粮库,饲料公司重组为第四粮库。随着市场经济的形成,粮食价格也逐渐放开。1996 年 12 月,国家出台粮食收购保护价政策。为保护农民利益不受损失,1998 年 5 月,对粮食收储企业资质进行认定,粮食收储与加工分开,油米厂、制粉厂和饲料公司三家以库代厂的企业,由粮食局配合农业发展银行,将其收储和加工资产核定清楚进行分离,报请人民银行审核认定后划转。全市粮食系统 11 个收储企业与 35 个附营业务进行剥离、分立,不再与储备业务混合。同年,粮食局与所属粮食企业在人、财、物等方面实行彻底脱钩。做到人员不动、资金不外借、资财、物资不上调,让企业真正成为自主经营、自负盈亏、自我约束的经济实体。变行政手段为经济责任管理、法制管理;变直接管理为间接调控管理。实行"谁主管谁负责"的目标责任制。为确保粮食企业减轻沉重的人员包袱,全系统开展富余人员下岗分流工作,1999 年,粮油中心供应部重组为粮油购销公司。其下属的 13 个粮店和马车队、食品加工厂解体。2002 年末取消定购粮任务,实行合同定购政策,保护价粮其价格由省政府确定;中央储备粮的购销价格由国家发展计划委员会与财政部、国家粮食局等部门确定;省级储备粮价格由省政府确定。这样粮食流通领域在安全推向市场经济的过渡阶段完善了价格政策。2003 年末,粮食市场完全放开,保护价收购也随之结束。同年下岗分流1 045人,并清退计划外用工和临时工,实施全员劳动合同制,职工与企业签订劳动合同,企业按粮食经营量定岗定编。按照省粮食流通体制改革工作会议所规定的减员增效标准实施,以年粮食经营量计算,10 万吨以下的单位,每 300 吨留一名员工;10~20 万吨的每 450 吨留一名员工;20 万吨以上的,每 600 吨留一名员工。自然减员指标终止使用,各粮食企业分别成立再就业服务中心。2004年5月,国务院下发了〔2004〕17号《关于进一步深化粮食流通体制改革》的文件,各方面相关政策出台。8月,改革全面进入实施阶段。根据实际情况和哈市并轨文件精神,粮食企业职工下岗一次性经济补偿金的标准是:按照工龄每人每年补偿一个月工资。16户国有粮食企业原有职工5 571人,先后两批共5 277人全部与企业解除劳动关系,买断工龄,领取下岗补偿金,共发放补偿金5 432万元,企业职工下岗的基本生活保障向失业保险并轨。企业实施并轨后,有799名职工重新上岗。2005年,粮食系统所属企业,有双城堡国家粮食储备库,第二粮库、第三粮库、第四粮库、周家粮食储备库、五家粮库、兰棱粮库、韩甸粮库、临江粮库、水泉粮库、单城粮库、盐业站、军粮供应站共13个单位。

第二节 粮 库

【双城堡国家粮食储备库】 1986年,为双城粮库。位于双城堡火车站东约1 000米的京哈铁路南侧,在国家政策性粮食收购期间,担负着双城镇,公正、农丰、幸福乡35个村的粮食收购任务。1991年,经国家商业部批准为国家粮食储备库。占地面积30万平方米,仓储量15万吨,年经营量可达35万吨。是集收购、中转、储存于一体的国家大型二类粮食购销企业。2004年,粮食企业改制并轨,816名职工买断工龄与企业解除劳动关系。粮库曾获得黑龙江省粮食局"四无"先进单位、中储粮黑龙江省先进单位、省粮食系统先进单位、省精神文明标兵单位等荣誉称号。2005年返聘上岗152人。

【第二粮库】 1986年,为双城制粉厂,从事面粉加工业,位于双城堡火车站西火磨街8号,占地面积4.8万平方米。1996年,更名为双城市第二粮库。1996年9月30日,开始负责同心、联兴两个乡的粮食收购任务。粮库有地坪30万平方米、仓库21万平方米,仓容2万吨。2004年12月,实行改制并轨,700名职工一次性买断工龄,与企业解除劳动关系。2005年,返聘32人上岗。

【第三粮库】 1986年,为双城县油米厂,从事粮油加工业。位于双城市北大街北门里208号,占地面积11万平方米,仓容3万吨。1992年,更名为双城市第三粮库。2003年,在册职工1 009人。2004年,粮食企业改制并轨,职工全部买断工龄下岗,返聘职工34人。2005年,在粮库院内广东湛大集团投资合作开发"金谷家园"商住小区。

【第四粮库】 1986年,是双城饲料公司,位于双城市北门外通达路5号。主要从事饲料生产与销售,为全市奶牛和畜禽业供应饲料。1994年1月,改组建立第四粮库,库区占地面积7.9万平方米,仓容2万吨。主营粮食收购、烘干、储运及销售。1994年,职工人数362人,2004年10月企业实行改制并轨,职工全部买断工龄,与企业解除劳动关系。2005年,返聘职工59人。

【周家国家粮食储备库】 1986年,为周家粮库,位于双城市周家镇。1990年,被商业部批准为周家粮食储备库。占地面积22万平方米,仓储量11万吨。是集收购、中转、储备于一体的中型二级企业。在政策性收购期间负责东官农场和周家、东官、青岭、新兴、联兴等乡镇45个村的粮食收购。粮食购销放开后,收购面辐射到五常市牛家镇5个村,阿城市杨树、立新等乡镇。2004年10月企业人员实行改制并轨,粮库538名职工一次性全部买断工龄,与企业解除劳动关系。2005年返聘职工67人。

【五家粮库】 解放初期建库,位于五家镇京哈铁路南侧,占地面积21.4万平方米,仓容4.7万吨,是集收购、中转、储备于一体的中型二级企业。在粮食政策性收购期间,负责五家、公正、新兴、幸福乡镇35个村的粮食收购。2004年12月,企业并轨改制,430名职工买断工龄下岗。2005年,返聘上岗83人。

【兰棱粮库】 解放初期建库,位于兰棱镇中心,1986年,有职工167人。1998年,被认定为国家中型二级企业,占地面积14.9万平方米,仓容4.4万吨。在政策性粮食收购期间,担负着兰棱、金城、希勤、同心、朝阳5个乡镇58个村的粮食收购。2004年12月,企业并轨改制,485名职工买断工龄。2005年,返聘上岗127人。

【韩甸粮库】 1968年建库,位于双城市西部,双万公路35公里处,占地面积18.7万平方米,仓容4.3万吨。在政策性收购期间,主要担负着韩甸、万隆、对面城、金城4个乡镇34个村的粮食收购,年经营量17万吨左右。2004年,企业并轨改制,276名职工买断工龄。2005年返聘上岗64人。

【水泉粮库】 1984年建库,位于双城市西北部,双杏公路25公里处。库区占地面积13万平方米,仓容4.8万吨,仓储量10万吨,年经营量18万吨左右。在政策性征购期间,担负着水泉、团结2个乡镇26个村的粮食收购。2004年12月,311名企业人员买断工龄。2005年,返聘上岗44人。

【单城粮库】 1984年建库,位于拉林河北岸的单城镇内。库区占地面积15.3万平方米,年经营量10万吨。在政策性收购期间,主要担负单城、青岭、联兴3个乡镇27个村的粮食收购,改革后粮食收购区域辐射到五常和榆树等地区。2004年12月,企业改制并轨,227名职工买断工龄。2005年,返聘上岗47人。

【临江粮库】 1955年建库,位于临江乡三家村,属沿江粮库,是全市唯一具有松花江水上运输条件的粮食收储企业。原库区分为南场区,北场区,后因江水南滚将北区淹没,只剩南场区。占地面积20万平方米,仓容6.2万吨,存储量8.6万吨。在政策性收购期间,担负着临江、永胜、杏山、农丰、万隆5个乡镇53个村和杏山农场的粮食收购任务,年经营量18万吨左右。2004年12月,企业改制并轨,318名职工买断工龄。2005年,返聘上岗105人。

第三节　粮食收购与储运

【粮食收购】 1986年,全县的合同定购任务是39.4万吨,委托代购3.8万吨。为确保定购任务落实,春季粮食局抽掉190名业务骨干,由各库负责人带队,深入各自征购乡、镇、村屯,与农户签订定购合同书,定购户数109 776户,实际完成49.9万吨。1987年,合同定购任务19.7万吨,其中玉米18.9万吨,大豆2 340吨,水稻5 200吨,实际完成25.4万吨。当年省物价局,粮食局出台提高玉米收购价格政策,玉米由每市斤0.146元提到0.1525元,1988年,合同定购任务18.6万吨。实行国家粮食合同定购"三挂钩"(定购粮任务与平价柴油、平价化肥、预购粮定金挂钩)政策,与农业银行紧密配合,组织人员到乡镇与农户在签订种植合同时,发放预购粮定金879万元。1991年,国家粮油价格调整,饲料市场放开,市场疲软,物价上涨,收购资金短缺,出现了农民卖粮难的问题。粮食部门采取预约收购、密码验收等新办法,既解决农民送粮起大早、贪大黑、排长队的问题,又提高工作效率,消除收粮定"人情等"的问题。各乡镇村屯和农民送来表扬信86封,锦旗6面,锦镜10块。1992年,会计制度改革,取消粮食收购专用基金。1994年,是议价收购最高年份,达到22.6万吨。1996年,国家成立农业发展银行,资金实行封闭运行管理,改革粮食购销体制,"减购放销、敞开经营",并取消亏损补贴,实行粮食超储库存补贴政策,从根本上打破粮食部门独家经营的传统格局。允许集体、个人经营粮油,外地粮商也可进入市场经营粮油。出现多形式、多渠道、多层次的市场竞争形势,并引发收购市场的价格大战、调运中的车皮大战、贷款中的资金大战。1997年开始,定购粮任务数量逐年减少。国家粮食定购政策逐步退出市场,粮食的产、销由市场来决定,1998年,在粮食收购上,国家粮食储备局、国家技术监督局修订下发《关于执行粮油质量标准有关问题的规定》,以水分标准玉米18%、水稻15.5%为基础,水分每低于标准0.5个百分点,增价0.75%,低于安全水分不再增价。每高于标准水分0.5个百分点扣量0.75%,并核收粮款总额3‰的整晒费;杂质以1.0为标准,每低于标准0.5个百分点,增价0.75%,每高于标准0.5百分点,扣价0.75%扣量0.75%。1999年,取消大豆合同定购,自此大豆退出国家征购范围。玉米的收购,执行等内玉米定购价和保护价同一个价格的政策,即合同内外一个价。对等外玉米、水稻不实行保护价收购。以前的定购价高于保护价的优惠政策结束。2000年,玉米收购取消合同定购办法,开始实行保护价"订单"收购,各企业分别与各经济区农户签订"订单"合同,全市收购入库玉米45.5万吨,其中保护价34.3万吨,专储3.2万吨,委托收购7 900吨。是年粮食收购实现微机联网,11个粮食购销企业从粮食入库到结算实行微机作业。2002年,全省取消粮食定购,放开粮食购销市场。2004 年,收购入库玉米 30 万吨,其中商业性订单收购 18 万吨,代购 12 万吨,玉米的收购基本走向市场化运作。2005 年,收购议价粮 22.2 万吨,其中玉米 21.6 万吨。

1986—2001 年双城市国家征购粮情况表

表 7 - 2 - 1

年度	实际总量(吨)	任务总量(吨)	总值(千元)	分品种(吨)			
				玉米	水稻	大豆	小麦
1986	499 570	394 000	151 098	378 000	6 000	10 000	
1987	254 575	197 240	80 093	189 700	2 340	5 200	
1988	310 573	186 300	98 967	177 500	4 300	4 500	
1989	303 680	204 761	100 150	193 304	5 590	5 867	
1990	742 549	212 880	247 500	202 090	5 590	5 200	
1991	719 765	190 000	238 890	182 500	3 000	4 500	
1992	596 261	141 724	239 730	135 992	6 350	3 382	
1993	738 447	149 400	318 403	143 500	2 350	3 550	
1994	324 250	149 400	217 164	143 500	2 350	3 550	
1995	336 818	149 400	228 141	143 500	2 350	3 550	
1996	665 917	149 400	695 551	143 500	2 350	3 550	
1997	406 805	149 400	425 883	144 050	2 350	3 000	367
1998	589 439	141 599	580 929	138 590	2 148	861	
1999	355 730	130 482	285 612	129 476	1 006		
2000	454 715	343 089	245 150	342 065	1 024		
2001	352 032	58 012	312 281	57 530	482		

1986—2001 年双城市国家粮食品种统购价格情况表

表 7 - 2 - 2   单位:元/斤

年度	玉米	水稻	大豆	高粱	小麦	谷子
1986	0.1460	0.231	0.345	0.098	0.225	0.106
1987	0.1525	0.231	0.345	0.098	0.225	0.106
1988	0.1525	0.231	0.345	0.116	0.225	0.126
1989	0.1630	0.301	0.345	0.124	0.265	0.137
1990	0.1630	0.301	0.450	0.124	0.265	0.137
1991	0.1630	0.301	0.450	0.124	0.265	0.137
1992	0.1970	0.351	0.450	0.197	0.325	0.214
1993	0.1970	0.351	0.550		0.325	
1994	0.3300	0.500	0.840		0.470	
1995	0.3300	0.500	0.840		0.470	
1996	0.5100	0.730	1.060		0.730	

续表

年度	玉米	水稻	大豆	高粱	小麦	谷子
1997	0.51/0.48	0.73/0.65	1.060		0.730/0.620	
1998	0.49/0.46	0.70/0.65	1.060		0.695/0.560	
1999	0.4000	0.580	0.860		0.560	
2000	0.4200	0.575	0.860			
2001	0.4550	0.570				

【仓储设施建设】 1986年，县内有双城粮库、油米厂、制粉厂、饲料公司、周家粮库、五家粮库、兰棱粮库、临江粮库、韩甸粮库、水泉粮库、单城粮库等11个粮食收储企业，总仓容量12万吨。到1990年，由上级拨款、自筹资金、专项基金、银行贷款等多种渠道筹集资金，新建韩甸、周家、兰棱、水泉、临江等粮库5座日处理潮玉米300吨的烘干塔，改造和新建地中衡7台。韩甸粮库，增扩场地4377平方米，建房式仓12栋。国家投资周家粮库储备库407万元，建房式仓3745平方米，建砖圆仓18个，水泥晒台14000平方米，购置输送机20台。双城粮库建罩棚一栋6700平方米。1991—2003年，双城市成为全国玉米产量十强县市之一，成为国家重要商品粮基地之一，国家在产粮区加大投资，新建和扩建国家储备粮库。世界银行贷款、银行简易建筑贷款和自筹资金等多种渠道集资共计14259万元，投入双城仓储设施建设。各企业的投资额度分别是：双城堡国家粮食储备库5000万元；兰棱粮库3615万元；第四粮库388万元；五家粮库1705万元；韩甸粮库746万元；临江粮库1816万元；水泉粮库989万元。到2005年，全系统粮食保管设施进一步完善，有储粮仓库103栋，浅圆仓12座，罩棚45栋，砖圆仓33座，钢板仓3座，硬化地面38万平方米，总仓容达53.5万吨。有烘干塔22座，日处理潮粮8600吨。

【粮食保管】 1986年，全县收潮玉米61000吨，为确保储粮安全，各企业认真贯彻"以防为主、综合防治"的保粮方针，坚持落实"三级"保粮检查制度。巩固"四无"粮仓成果。1986—1987年连续两年被省、地局定为"四无"（无虫、无霉、无鼠雀、无事故）粮库县。1988年，潮玉米烘晒任务达163536吨，玉米水分在35%以上，烘晒量之大，水分之高，都是历史上没有的。各库堆放摊晒在场地上的12万吨玉米，受到连续十几天雨雪的威胁，粮食部门立即采取应变措施。组织各种运力，日夜不停，向市区北大街及东街道路上铺晒；充分发挥烘干效能，加快进度超负荷烘晒；机关干部全体动员，组织挖沟排水，抢运水粮，筛选结合抢救土粮，终于使12万吨潮粮全部脱险。1989年，开展粮食保管科技应用和推广，仓储系统的机械通风技术得到应用，到1990年达到30%；PN节检温技术在砖圆仓保管中的应用效果比较好，1991年已达到70%；微机在仓储生产管理以及烘干塔除尘技术的应用，都推动了粮食保管工作的技术进步。当年全系统烘干潮玉米273000吨，创造烘干历史的最高水平。烘干玉米合格率达98%，吨成本11.55元，比上一年降低费用30.63元。1997年，潮粮数量大、干粮露天型多、保管时间长、保粮难度大，粮库认真抓保粮制度落实，开展科学保粮竞赛，加强检查督促等措施，杜绝粮仓结露、结顶、坏粮等事故的发生，各库全部达到"四无"粮库的标准。在粮食保管技术上也不断地研究、试验、改进。将20世纪90年代，初穴囤60~80吨库容进行改造，到90年代中期改为160~170吨。到90年代末，普遍改成大型钢筋囤320~350吨。不仅提高储存量，而且还减少占地面积，节约保粮资材的费用。1998年，全系统11个收储单位共收潮粮73万吨，烘后干粮60万吨，做囤1800个，共节约费用570万元。2000年，全系统11个储粮企业都改变过去的笨重体力劳动方式，实行机械化作业。场内倒运甩掉包装物，使用翻斗车，散积运输，节省装卸的费用。配备进、出料仓，粮食不落地直接入库，减少装卸环节，大大提高作业效率；烘干塔用装载机上料，每台装载机每年可节约资金7~10万元。2003年，随着粮食经营体制的改变，一些企业关停并转，仓储数量逐年下降。2005年，粮食仓储比2002年减少57.5万吨。

表7-2-3

2005 年双城市粮食企业基础设施、机械设备一览表

项目	合计	双城粮库	周家粮库	五家粮库	兰棱粮库	韩甸粮库	临江粮库	水泉粮库	单城粮库	第二粮库	第三粮库	第四粮库	盐业公司
仓库(栋)	103	25	19	10	6	10	15	3	3	3	4	1	2
烘干塔(座)	22	3	3	2	2	2	2	1	2	2	1	2	
罩棚(栋)	45	2	8	4	1	3	6	7	4	2	4	4	
浅圆仓(座)	12	9			3								
砖圆仓(座)	33	3	16	4	3	4		6					
钢板仓(座)	3				3								
地坪(万平方米)	38	3.25	3.62	2.86	3.86	4.5	3.7	3.5	1.28	3.04	7.46	0.87	
专用线(米)	7 795	2 495	2 633	967	1 700								200
公铁车(辆)	2	1			1								
场内车辆(辆)	95	33	3	15	8	6	2	7	9	7		5	
输送机(台)	300	66	39	35	22	25	12	20	14	10	32	22	3
滚筒筛(台)	20	2	2	4	2	1	4	1	2	2		2	
地上衡(个)	22	2	2	1	2	2	3	2	2	1	2	2	
环流熏蒸(台)	4	1		1	1		1						
谷物冷却机(台)	28	2		8	12	6							
变电所(千伏安)	7 765	1 130	815	800	915	755	830	415	375	630	600	500	

1986—2005 年双城市粮食仓储情况表

表 7 - 2 - 4　　　　　　　　　　　　　　　　　　　　　　　　　　　　　　　　单位：吨

年度	总量	分品种						
		玉米	水稻	大豆	高粱	小麦	杂粮	其他
1986	192 723	162 097	1 290	9 198	5 889	11 686	91	2 472
1987	217 235	201 814	1 495	6 624	918	4 418	41	1 925
1988	232 384	199 936	2 580	11 745	7 226	9 769	35	1 093
1989	217 380	197 357	2 261	5 568	1 347	9 412	4	1 431
1990	54 662	35 434	428	1 190		2 948	9 549	5 117
1991	213 779	173 117	7 877	4 414		20 196	4 227	3 948
1992	1 290 201	849 165	78 953	35 108		264 108	37 846	25 021
1993	161 853	132 472	4 912	4 396		11 717	6 094	2 262
1994	384 388	363 338	4 131	4 848	4 183	5 948		1 840
1995	322 613	308 444	4 562	3 531	87	5 948		41
1996	527 188	512 579	3 913	3 290	384	6 491		431
1997	570 821	557 629	5 131	410		5 914	355	372
1998	969 981	938 303	19 296	2 019		8 528	272	1 563
1999	1 217 212	1 186 747	18 691	1 669		8 527	272	1 306
2000	922 140	879 490	35 327	113		6 800		410
2001	1 058 979	1 017 670	34 065	113		6 800		331
2002	867 337	756 779	16 797	113		40		1 223
2003	586 398	572 742	13 656					
2004	349 462	338 060	11 402					
2005	291 952	275 667	16 285					

注：此数量为每个收购年度结束后的库存总量。

【粮食调运】　1986 年，按照上级下达的调入调出指标，调出粮食 24.2 万吨，其中玉米 23 万吨。1987 年比 1986 年多调出粮食 10.6 万吨，其中调出玉米 14.4 万吨，出口玉米 2.2 万吨，水稻 2 000 吨。调入小麦 9 253 吨，大米 4 900 吨，江米 109 吨，葵花油 215 吨。1989 年，调出粮食 20.5 万吨，其中出口玉米 7.2 万吨，调入粮食 3.6 万吨，其中省外调入 2.4 万吨。1990 年，粮食的销售主要途径是计划调拨。自 1992 年起，省政府规定平价粮油不再进行区间和市县间调拨。当年调出数量仅为 1 419 吨。1994 年，恢复调运，调出粮食 2.6 万吨。1997 年，国家调出玉米 29.3 万吨，其中专储粮省间移库调运 19.6 万吨，是历史上调出粮食最多的一年。1998 年，调运粮食 20 万吨，主要是顺价销售的定购玉米、保护价玉米和议价玉米。2005 年，粮食调出调入量都很小，已不再做统计。

1986—1997 年双城市国家调出调入粮油情况表

表 7 - 2 - 5　　　　　　　　　　　　　　　　　　　　　　　　　　　　　单位：吨

年度	粮食					
	调出			调入		
	合计	省外	省内	合计	省外	省内
1986	137 398		137 398	46 987	8 921	38 066
1987	244 173	62 850	181 323	28 480	17 440	11 040
1988	325 697	103 413	222 284	34 240	25 066	9 174
1989	205 407	19 553	185 854	36 025	24 055	11 970
1990	175 028	1 617	173 411	27 755	2 004	25 751
1991	67 589	538	67 051	16 892		16 892
1992	18 851		18 851	1 586		1 586
1993	1 419		1 419	40		40
1994	26 323		26 323	850		850
1995	131 130		131 130	10 897		103 897
1996	82 327		82 327	9 178		9 178
1997	3 700		3 700	1 607		1 607

第四节　粮食供应与加工

【城镇居民粮油供应】　1986 年,继续实行城镇居民(菜农和非农业户)口粮凭证定量供应办法。每年由粮食局按照国家政策规定,确定成人、学生和幼儿的不同年龄的口粮定量标准,确定不同行业工种粮的定量标准。粮食中心供应部 13 个粮店进行市场供应。成人每人每月供应米面 13.5 ~ 15 公斤,学生 14 ~ 16 公斤,豆油 0.25 公斤。平常月份每人供应标准面粉 2.5 ~ 3 公斤,大米 0.5 ~ 1 公斤,菜豆 0.5 公斤,菜豆顶口粮定量(城镇由商业部门发副食票买豆腐),其余为粗粮供应。供应的大米每公斤 0.39 元,标准面粉每公斤 0.37 元,豆油每公斤 1.60 元,玉米面每公斤 0.19 元,玉米楂每公斤 0.20 元,小米每公斤 0.22 元,高粱米每公斤 0.20 元。1987 年,省粮食局下发文件规定粮油销售指标包干,超指标自负,粮油供应企业实行批零差利改税办法,给供应企业带来新的挑战。为保证销售指标不突破,加强各环节的经营管理与核算,健全各项手续制度,堵塞漏洞,严禁乱批乱销。1989 年,面粉供应定量调减,大米定量压缩,平价粮油供应所占市场比例在逐年减少,国家财政负担也逐年减轻。为保证充足的市场供应,采取凭证限供当月粮,过期缓供的办法;逐月核实销售指标,超销罚款,杜绝乱批现象,控制销售量;抓熟食品生产和小杂粮供应,保证市场的稳定与活跃。1990 年 9 月,省政府下发《关于将工种粮改为议价供应有关事宜的通知》,自 10 月 1 日起,职工所需工种粮可到粮店购买议价粮,也可自行到集贸市场购买农民的自产粮。菜农的供应粮随之改为议价,菜农粮证作废,保留母籍底卡。跨省迁移,凭卡可办农村粮食供应转移证。1991 年 4 月国家出台粮油调价政策,大米每公斤上调为 0.72 元,标准面粉每公斤上调为 0.56 元,豆油每公斤调为 4.40 元,其他粗粮也都上调。为保证此项政策的平稳过渡,粮油生产和供应企业齐心合力,抓宣传、生产和服务各环节工作,保证市场供应。1992 年 11 月起,除军粮外,平价粮油不再进行市县区间调拨供应,粮油市场全部放开。全市平价粮油由自己生产加工,供应量大为减少。1993 年,全年市场供应量852 吨,只占上年度的三分之一。1995 年 1 月，全市恢复城镇居民口粮供应。实际供应在册 13.5 万人（含农村非农业人口）。统一换发省粮食厅印制的粮油供应证。每人每月供应量 7.5 公斤，豆油 0.5 公斤，面粉 2 公斤，大米 1.5 公斤。玉米面或楂子 4 公斤，其中大专院校学生标准外增供 2.5 公斤粗粮。同年 9 月又增为每月供应口粮 9 公斤，其中细粮 2.5 公斤，粗粮 6.5 公斤，豆油 0.58 公斤，两个月购完有效，过期作废。1996年 10 月 1 日再次调整供应粮油价格。供应价高于市场价格，大米每公斤 1.08 元，面粉每公斤 0.82 元，豆油每公斤 5.4 元。居民供应粮油基本无人购买，粮店有行无市。1998 年，3 月起，对城镇居民口粮按国家规定的定销价销售，食油每人每月 0.5 公斤，口粮每人每月 9 公斤，当市场价低于定销价时做好档案定量，不限量不留存。当市场价等于或高于定销价时，由省里统一规定恢复定量，按定销价供应，年终据实结算。这是粮油供应史上最后的一项政策，从此城镇居民口粮计划定量供应停止，粮油供应结束。

1986—1998 年双城市成品粮供应情况表

表 7 - 2 - 6

单位:吨

年度	总量	大米	面粉	豆油	玉米面	玉米楂	其他
1986	21 724	2 540	12 918	519	3 196	1 526	1 025
1987	21 379	5 154	11 406	465	2 765	1 483	106
1988	16 711	4 278	5 816	666	4 712	1 180	59
1989	24 188	2 383	7 121	780	11 111	2 657	136
1990	24 624	1 821	11 899	931	7 567	2 315	91
1991	26 668	1 912	7 877	504	14 745	1 548	73
1992	22 795	1 330	6 667	547	13 039	249	963
1993	852	195	164	29	461	3	
1994	1 428	685	425	143	130	45	
1995	20 272	1 678	3 363	915	13 944	372	
1996	12 014	3140	929	471	7 457	17	
1997	1 224	10	−1	1 215			
1998	264	60	57	108			39

【军粮供应】　1986 年,军粮供应由粮食中心供应部所属的第五粮店负责。1998 年 8 月,成立军粮供应站,负责市内驻军官兵的粮食与食用油供应。1999 年上半年,正式挂牌营业,场所在第五粮店原址。占地面积 1 200 平方米,仓容 300 吨,有人员 7 人。军粮供应站自组建以来积极做好军粮供应工作,保证优质安全。并做到品种齐全,不脱销,不断档,质量合格,数量准确,满足军队生活的需要,成品粮油来源的主要渠道是自主采购和哈市调拨。到 2005 年,总经营量 4 365 吨,其中大米 2 591 吨,面粉 1 774 吨。

【粮油加工】　1986 年,加工小麦 2.3 万吨,玉米 1.2 万吨,高粱 1.3 万吨,谷子 1 300 吨,大豆 5 000吨。生产标准面粉 1 600 吨,精粉 900 吨,玉米面 4 600 吨,玉米楂子 1 700 吨,豆油 678 吨,豆饼 4 100 吨。在完成计划任务的前提下,各生产厂积极安排代加工业务和议购议销业务,全年实现工业总产值 1 600 万元,比 1985 年增长 13%,利润完成 25 万元,比 1985 年增加 62.5 倍,产值、利润都超额完成任务,实现议价利润 100 万元。1987 年,粮食经营方式实行"一业为主、主副兼营、平议结合"的双轨制,在经济核算上,工商业之间实行价拨经营的方法。全年加工特二面粉 6 000 吨,玉米楂子 1 516 吨,标准面粉 9 046 吨,玉米面

5 745吨,豆油966吨,保证市场需求。1988年,粮油加工随着市场平价供应量的调减和压缩,产品数量大幅度下降。1989年,只有混合饲料生产1.2万吨,其他产成品逐年减少。1992年起平价粮油不再进行调拨加工供应,粮油市场全部放开。1997年上半年,除油米厂的油车间和制粉厂的挂面车间尚能维持生产以外,其余生产车间全部停产。1999年下半年粮油加工全部停产。

【粮食销售】　粮食销售大体分为三个阶段。第一阶段(1986—1997年)实行粮食调拨价阶段。主要是平价调出和供应销售为主,1989年开始,议价销售玉米12.5万吨,销售利润近1 000万元,创历史纪录。从此,议价玉米销售占据重要位置。第二阶段(1998—2003年)为顺价销售阶段。1998年,玉米顺价销售15.8万吨,1999年,顺价销售玉米18.5万吨,2000年,在全国粮食市场销售疲软,价格走低的情况下,仍销售玉米296 773吨。其中:顺价销售28.7万吨,出口玉米18万吨,陈化粮销售9 773吨。2003年,玉米销售25万吨,其中包括非保护价销售。第三阶段(2004—2005年)为市场价格销售阶段。以市场价格为中心,以购得进销得出为原则,采取委托代购、合同定购、联营收购等办法,到2005年,议价销售玉米24万吨左右,达到历史最高水平。

第三章　供销　物资

第一节　供　销

【双城市供销合作社联合社】　1986年,供销合作社联合社(简称供销社)内设业务股、副业股、工业饮服股、财会股、审计股、基层股、人事股、保卫股、秘书股、物价股10个职能股室和1所职工学校,在编人数47人。供销社行政设理事会和监事会,负责领导、管理、监督和指导全系统工作。1989年,各股室改为科室。1998年,内设人事科、保卫科、基教工饮科、业务科、财会科、审计科、行政办公室。在岗人员31人。2005年12月,上级对县级供销社的体制做了明确规定,纳入直属事业单位管理,经费列入同级财政预算,不再向基层收取管理费。

历任理事会主任:牛乾庚、王玉林、刘晓波、于治军;副主任:雷淑英、谭忠礼、李长喜、王国清、吴连忠、许树芳、范金信、于治军、王连峰、王永江、夏仲兴、王玉发、王世勇。监事会主任:梁世茹、李启和;常务副主任:李景春、左丽伟。

【代表大会】　1989年5月29日,召开建市后第一次社员代表大会,与会代表87人,特邀代表9人。会议听取牛乾庚代表上届理事会所做的《双城市供销社理事会工作报告》,选举产生供销社第一届理事会、监事会。理事会成员17人,主任:牛乾庚。监事会成员9人,常务副主任李景春。1997年8月11日,召开第二次社员代表大会。与会代表110人,会议听取刘晓波代表上届理事会所做的《双城市供销社理事会工作报告》,选举产生供销社第二届理事会、监事会。理事会成员15人,主任刘晓波;监事会成员9人,常务副主任左丽伟。第二次代表大会之后再没有开会。

【直属企业】　1986年,县供销社直属全民所有制企业有7家:农业生产资料公司、土产公司、果品公司、生产资料门市部、土产门市部、供销综合商店、供销招待所。1990年,土产门市部由于经营不善,企业破产。关停供销招待所。土产公司一分为二,将废品收购业务分离出去,成立双城市废旧物资回收有限责任公司。1998年废旧物资回收有限责任公司和生产资料中心商场(生资门市部)相继解体,经营场地搞房地产开发。2002年,果品公司和供销综合商店关门歇业,土产公司随之停业设留守处。2002年末,市供销社以企业闲置资产变现、房地产开发等方法多方筹集资金,为全系统下岗职工办理了社会养老保险。2005

年,农业生产资料公司一分为二,将日杂和烟花爆竹业务分离出去,成立双城市鑫泰烟花爆竹经销处。市供销社直属企业只剩下农业生产资料公司和鑫泰烟花爆竹经销处两家企业。直属企业职工 958 人,在岗职工 77 人。

1986—2005 年双城市国营供销企业情况表

表 7 - 3 - 1

企业名称	原名	企业类型	经营项目	注销（关停）原因	注销年份
农业生产资料公司		批发	化肥、农资商品		
土产公司		批发	农副土特产品	经营不善关停	2002.9（关停）
果品公司		批发	干鲜果品、调料	城市建设拆扒	2002.8（关停）
生资中心商场	生资门市部	零售	农杂、日杂	城市建设拆扒	1998.8（破产）
土产门市部		零售	土特日杂用品	破产注销	1990.7（破产）
供销综合商店		零售	日用工业品、副食品	城市建设拆扒	2002.8（关停）
供销招待所		饮服业	旅店、餐饮	经营不善解体	1990.7（关停）
废旧物资回收有限责任公司		批发	再生资源回收销售	城市建设拆扒	1998.8（关停）
鑫泰烟花爆竹经销处		批发	烟花爆竹		

【基层供销社】 基层供销社是集体所有制性质,职工保持全民所有制身份。基层供销社设置是以乡镇为基础,随着乡镇设置的变化而变化。1986 年,基层供销社为 27 个,村屯供销部为 231 个。1999 年,撤销了对面城供销社。2000 年,因乡镇合并减少了 2 个供销社,永胜供销社增设 1 个供销部,2003 年,团结供销社增设 1 个供销部,2004 年,单城供销社增设 1 个供销部,到 2005 年,乡镇基层供销社 24 个,村屯供销部为 235 个,在册职工 1 545 人,在岗职工 448 人。

【体制改革】 1988 年开始,供销社根据市场经济发展的需要,实行企业内部经营体制改革的试点工作。首先在土产公司和土产门市部试行招标承包,承包的原则是"先内后外",企业内部职工优先,然后再向社会招标,经两年多的实践,终止了承包合同。之后在全系统推行风险抵押承包和股份制整合等多种承包形式。1992 年,根据中共中央、国务院关于改革经营机制和商业部的提出经营、价格、用工、分配"四放开",在保持企业稳步发展的原则指导下,坚持因企而异,因部、组而异,不搞一刀切的方针,全系统确定以联销、联利为主,实行多种承包形式:1. 联销计酬形式。即根据商品纯销售额、工资和费用核定联销计酬率。计算公式是:联销计酬率＝（工资＋费用/商品纯销售额）×100%。实行联销计酬的企业对部、组超计划的手续费率实行阶梯式定律,超得越多手续费率越高,最高不得超过 3.5%,完不成计划的按比例受罚。采取这种承包办法的有 19 个社 157 个分销店和部组。2. 联销联利计酬形式。即联商品纯销售额,联毛利率和毛利额计算报酬。实行这种承包形式的零售企业,可以把现金进货和商品调价权下放到部、组以利竞争。这种承包形式在保企业利润的前提下差价保率、库存保值。对实现的差价率高于核定的部分,在做到库存保值的前提下,企业和部、组实行五五分成,年末兑现。这种承包形式适用于基础较差的基层供销社。实行这种承包形式的有 8 个社,77 个供销部。3. 利润大包干形式。即自主经营、盈亏包干、超利归己（税后）,亏损全额包赔。实行这种承包形式的市级零售企业有 3 个商店和 1 个招待所。4. 市级批发企业（3 个公司）对部组实行定额承包、利奖挂钩、完成利润计划的得奖,完不成利润计划的受罚。采取这些承包形式和办法,调动了广大干部职工的积极性。1994 年,实行"二级承包制",即市级供销社对市直企业和基层供销社实行"目标管理",基层供销社对供销部和部组实行"抽本经营"（即租壳卖瓢）承包形式。实行这种承包办法后,供销社的经营状况有很大好转,基本上消灭了亏损社。1996 年,供销社按上级社要求,开始试办农村专业合作社。按照"入社自愿、退社自由""风险共担、利益均沾"的原则。1997年,按照"把农村供销社真正办成农民合作经济组织"的总体要求,加强为"三农"服务体系建设,先后成立"庄稼医院"28个,生资公司设立"庄稼医院"总院。230多个村屯供销部设立"农村综合服务站"。到2005年,兴办起专业合作社15家。其中:大米专业合作社6家,西瓜和香瓜、洋葱和蔬菜专业合作社5家,还有复合肥专业合作社、农副产品专业合作社、养鸡专业合作社等4家。这些专业合作社的主要职能是为种植业户和养殖业户提供服务和开展订单农业,为农民创收服务。专业合作社共有入社农户2802户。

【供销系统购销业务】　1986年,供销社经营商品5 000多个品种,主营品种有化肥、农药、农具、土特产品、干调、果品、饮食用具等七大类,共500多个品种。兼营品种有百货、针织、纱布、鞋帽、烟酒、五金交电、药品等八大类,共4 500多个品种。1993年,全系统商品销售净额都在1 000万元以上。1994年以后,由于市场放开,供销社的商品销售额有所下降,当年,核销历史挂账包袱349.8万元,1998年和1999年全系统分别亏损88.4万元和24.7万元。2005年,全系统商品销售净额949余万元。

1986—2005年双城市供销系统商品销售、税利情况表

表7-3-2　　　　　　　　　　　　　　　　　　　　　　　　　　　　　　　　　单位:万元

年度	商品销售净额	税金	利润
1986 - -	10 198.0	166.7	40.6
1987	10 927.9	200.1	74.6
1988	12 563.9	188.7	73.0
1989	13 798.3	196.6	115.4
1990	12 876.1	174.4	28.2
1991	15 183.0	199.6	79.1
1992	15 738.5	167.5	28.6
1993	10 979.6	135.3	13.3
1994	6 961.2	154.7	-349.8
1995	7 989.5	102.2	2.9
1996	12 944.7	68.5	1.4
1997	11 708.7	61.7	0.5
1998	7 262.3	51.4	-88.4
1999	7 042.3	52.0	-24.7
2000	5 019.2	2.9	0
2001	5 203.2	3.4	0
2002	4 281.2	2.0	52.9
2003	3 259.3	2.8	0
2004	1 552.7	3.6	5.0
2005	949.0	3.8	6.0

【农业生产资料销售】　1986年,农业生产资料公司经营主要是化肥、农药、农具、饮食用具等1 500个品种以上。1998年以后,农资商品流通全面放开,供销社农资商品经营的重点放在化肥经营上。每年向

全市提供质优、价廉化肥3万多吨,占据双城化肥市场的半壁江山,起到保证供应、稳定市场、平抑物价的主要作用。在化肥的营销中,供销社充分发挥整体优势,以农业生产资料公司为龙头,利用供销社点多、面广的网络优势,全面开展化肥锁销经营。外部引入省公司、哈尔滨市公司、山东绿源厂和天津津欧厂等名优厂家。内部实行系统联合,开展公司、基层社、村屯供销部三级连锁,化肥下摆到供销部。联营的品种有大庆尿素、名优复合肥等十几个品种。联营数量每年都在万吨以上。2005年,供销社又集中财力,在生产资料公司化肥库原有库房、货场、铁路专用线的基础上,开发建设农资批发中心。该中心占地面积27 600平方米,新建库房面积15 000平方米,门店面积2 000平方米,年吞吐能力在5万吨以上,可完全满足全市化肥等农资商品的流通需要。

1986—2005 年双城市化肥销售情况表

表 7 - 3 - 3 单位:吨

年度	合计	氮肥	磷肥	钾肥	复合肥
1986	34 080	25 278	1 545	20	7 237
1987	91 955	58 239	7 916		25 800
1988	47 702	28 871	826	502	17 503
1989	60 665	36 640		449	23 576
1990	56 246	31 872	1 806	3 105	19 463
1991	56 856	37 241		1 536	17 809
1992	58 794	38 008	686	642	19 458
1993	41 683	25 535	815	5	15 328
1994	25 479	12 878	3 694		8 907
1995	32 039	17 970	1 214	1 795	11 060
1996	47 374	29 192		1 476	16 703
1997	49 183	33 894		2 550	12 739
1998	32 681	21 094	250	1 566	9 771
1999	27 651	15 275	9	1 510	10 857
2000	20 936	13 955	2	323	6 656
2001	63 762	18 909		517	44 336
2002	39 779	12 990		637	26 152
2003	29 424	6 995		247	22 182
2004	32 430	1 353		243	30 864
2005	32 124	6 200			25 924

【农副土特产品经销】 1986年,市社所属土产公司担负着全市土特产品和畜产品的收购、销售工作。1996年,收购的主要农副土特产品有谷草、秫秸席、笤帚、草袋子、草帘子、大豆、玉米、高粱等。收购的畜产品主要品种有绵羊皮、牛皮、马皮、狗皮、猪鬃毛、马鬃马尾等。2002年土产公司关停。

双城市部分年度主要土畜、农副产品收购情况表

表7－3－4

项目	1986年	1987年	1990年	1991年	1992年	1993年	1994年	1995年	1996年
绵羊毛（吨）	21.58	22	2.85						
狗皮（张）			24.06						
牛皮（张）	5 822	5 060	1 187	580	550	700	650	630	610
羊皮（张）			1 463	1 900	1 800	2 200	2 100	200	1 980
大豆（吨）	18 907		30						
玉米（吨）		7 290	174	12 268	11 368	1 182			
高粱（吨）			172	1 441	7 236	214			
谷草（吨）			25		34				

　　【废旧物资回收】　1986年，废旧物资回收业务归土产公司经营。1990年6月，土产公司和废旧物资回收业务分离，单独成立双城市废旧物资回收有限责任公司。公司主营业务收购废钢铁、废杂铜和畜产品。1990—1996年，收购的废钢铁总量为5 863吨，废杂铜1 733吨，牛皮4 320张，羊皮13 900张。1998年公司关停。废旧物资收购业务停止。

　　【新型农村合作经济组织】　从2003年开始，供销社根据农村经济发展的迫切需要，转变工作职能，利用供销社的网络优势。共创办农村合作经济组织协会、奶牛生产者协会等28个（含26个分会），吸纳会员19 530人。对提高农民组织化程度、维护农民合法权益、促进农民增产增收起到了重要作用。其中双城市农村合作经济组织协会有会员1 850人；双城市奶牛生产者协会，会员17 784人，并在24个乡镇成立了分会。2004年10月，成立双城市养鸡生产者协会新兴分会，会员106人；10月成立双城市洋葱生产者协会公正分会，会员66人。2005年，共有协会30个。

第二节　物　资

　　【双城市物资总公司】　1986年，县物资局内设人保股、秘书股、会计股、业务股，人员21人。1991年增设审计股。1992年，撤销物资局，成立双城市物资总公司。2003年物资总公司内设会计股、办公室、煤炭稽查队，人员17人。2005年，机构、人员未变。

　　历任局长（总经理）：肖景玉、杨继武、袁英有、梅连元、施晓佳、吴平、白彦国；副局长（副总经理）：孙嘉庚、孙广武、李志诚、梅连元、吴平、赵军、孙丽红、柳枫、高德君。

　　【物资企业】　1986年，物资局所属国营企业有燃料公司，下设5个煤炭营业部，分布在双城镇四隅及火车站。2个煤炭经销商店，设在兰棱镇和五家镇。1个型煤厂和燃料车队、2个配煤厂系集体企业。到1992年燃料公司担负着全县人民的生产生活用煤。金属公司，是物资系统的龙头企业，全县的纳税大户。主要经营条钢、螺纹钢、镀锌铁、盘圆等产品。木材公司，下设加工厂、临江木材站两个国营企业和木制品厂、家具厂两个集体企业，主要专营木材及木制品。此外还有化工建筑材料公司、机电设备公司、废旧物资再生利用公司、生产资料服务公司和化学清洗公司及物资职工学校共9个单位，全系统职工793人。1993年全系统在册职工1 603人，其中国营职工1 136人，集体职工467人。随着物资市场进一步开放，物资各企业进入关停边缘。1996年，经营汽车、轴承、机电等产品的机电公司和经营平板玻璃、白灰、水泥、化工产品的化建公司因负债、拆扒关停。废旧物资再生利用公司因偿还债务，全部资产被执行给债权人，企业关

停,职工全部下岗。回收业务归旧金属回收总站,属私营企业。1997 年生产资料服务公司因办公室、库房等原来是租用双城镇黎明四队的,资产被黎明四队收回后,公司注销。1999 年成立汇鑫旧机动车交易市场。2001 年成立煤炭总公司。2005 年,物资总公司所属企业仅剩下已经关停留守的木材公司、燃料公司和个人承包的汇鑫旧机动车交易市场、煤炭总公司、化学清洗公司。

【物资改革】 1988 年开始,物资系统有 6 个公司由原公司经理个人承包,个人交抵押金,由物资局依实际情况核定指标,年终兑现奖惩。实行个人抵押承包经营,把风险机制引进企业,调动了承包经理的积极性,在短期内做到了指挥灵、决策快、业务活、效益高。但个人抵押承包基本上是包盈不包亏,并且带来分配不公,班子成员之间、经营者和职工之间经常产生矛盾。1990 年 6 月,总结两年来第一轮承包的经验和教训,实行第二轮承包。即领导班子集体抵押滚动承包经营,实行目标管理,定额加奖励的办法,将经济指标、其他工作目标细化,层层分解,建立岗位责任制落实到人头,年终考核兑现。1994 年,为寻找新的经济增长点,采取化整为零,化小核算单位,分灶吃饭,筑巢引凤,借鸡生蛋,招商引资,另起炉灶的经营方略。仅运行半年,随着物资市场的进一步开放,物资系统所属的国营企业全部关停并转。

【物资经营】 1986 年,物资企业主管经营的计划物资 100 多种,主要经营汽车、化工建材、钢材、木材、水泥、白灰、平板玻璃、煤炭等。销售钢材3 434吨,木材17 800立方米,煤炭163 462吨。全系统商品购进总额为1 834.7万元,商品销售总额为2 179.2万元。1988 年,商品购进总额为2 947.2万元,商品销售总额3 349.3万元,亏损 140.7 万元。1989 年,商品购进总额2 324.3万元,商品销售总额2 864.2万元,实现利润14.7 万元。1991 年商品购进额2 697.4万元,商品销售总额2 865.8万元,亏损35.8 万元。1992 年,物资企业经营的计划物资锐减到 10 余种,有些物资开始实行"双轨制",大部分物资逐年放开。1993 年,钢材、木材等建筑材料放开经营,商品销售额急剧下降,企业效益开始下滑。1994 年后,由于经营亏损,旧城改造拆扒等原因,物资系统的国营企业全部关停。

1986—1991 年双城市物资企业进、销、利润情况表

表 7 - 3 - 5 单位:万元

年度	购进总额	销售总额	利润总额
1986	1 834.70	2 197.23	− 205.20
1987	1 848.00	2 150.43	− 233.00
1988	2 947.20	3 349.30	− 140.70
1989	2 324.30	2 864.20	14.70
1990	1 891.13	2 473.40	− 93.90
1991	2 697.42	2 865.89	− 35.88

第四章　医药　外贸　石油

第一节　医　药

【双城市医药药材总公司】 1985 年 4 月,组建双城县医药药材总公司,将县医药公司和药材公司从

商业系统划出,归医药药材总公司直属。1986年,更名为县医药总公司,1988年,建市后称双城市医药总公司。内设人秘、计财和综合业务3个股,编制18人。1991年4月,改为双城市医药管理局,政企合一,增设审计股。1992年8月,设立医药市场检查所,与业务股一个机构两个牌子。全系统职工1 100人。2003年,医药行政监督管理和行业管理机构分设,医药管理局解体,成立双城市药品监督管理局和双城市医药药材总公司。2005年,医药药材总公司内设办公室、业务股、计财股、人保股4个股室,人员15人。

历任总经理(局长):王显臣、孙淑碟、康诚、吴安平、关和;副经理(副局长):田路、赵成海、高振奎、于淑莲、王连仲、丰农利、马文学、吴安平、丁继荣、韩志军、张德学、周纯。

【医药体制改革】　1986年,药品经营主要以国营企业为主渠道。1988年实行个人招标抵押承包,一包三年,经理主任层层承包,一酬多挂,定岗定责,独立核算,财务包干。1991年,实施第二轮承包,由个人承包转为集体承包,企业兴衰同班子利益连在一起,同利益、共风险。同时,制定十条药品销售的具体规定,各公司也参照制定相应的办法和措施,以让利等方式促进销售。1992年3月18日,医药管理局出台《医药系统转换企业经营机制方案》,着重实行企业领导干部聘任制,中层干部选聘制,专业人员招聘制,坚持责、权、利相结合,定岗定编,优化组合;改革用工制度,合同化管理、国营、集体、合同工人一律将原职务、工资存入档案,保留身份;改革分配制度,岗位工资浮动,奖勤罚懒,提倡自谋生计,停薪留职,可以假退。1992年5月,对国营药材商店实行全面股份制改造,是全市第一家股份制改造企业。采取自愿入股,股金不限,入退自由,每股1 000元,股期一年,利润分红,股份制改造取得成功,调动了职工积极性,开拓了市场。1993年,进行行业管理和市场管理改革,成立医药市场检查所,整顿医药市场,调整区外网点。1995年,开始试行企业经营体制,因企制宜,责权利一体,实现国有保值的产权制度改革。1996—2002年,医药管理局调整经营方向,实行市场化营销,以股份制为主,以剥离、租赁为补充。公司拨给库存、分流职工,原则是个人承包,目标管理。医药局对公司、公司对药店,层层签订目标管理责任状。公司对药店责任状主要条款是:经营方式为个人经营,自负盈亏。经营者必须保证职工工资及待遇,同时向公司缴纳目标管理费。公司负责经营单位人员的人事档案,管理档案、工资调整。2003年开始,吸纳民营,实现资产重组,成立药品连锁有限公司,批发有限公司,个人出资筹建店,到2005年,原国有、集体药店加盟,实行公司集约化、零售企业连锁化经营。

【医药企业】　1986年,双城有医药公司和药材公司两个药品批发企业(三级批发),医药商店、药材商店两个大型医药商店和10个个体零售药店。1990年,增加12个药店。1991年,两大公司向农村延伸经营,医药公司设五家批发部、水泉批发部;药材公司设周家批发部、兰棱批发部、韩甸批发部、单城批发部,称为四级批发。集体药店8家。1992年,成立双城市医药系统劳动服务公司,统一管理集体药店。对国营药材商店进行股份制改造,成立双城市药品股份公司,后改为双城市药品经营公司。1993年,将国营医药商店组建为双城市新药特药公司。1996年成立康泰药品经营部,经营方式为批发兼零售。1996年,全市零售药店29家。2000年,实行《药品经营许可证》《营业执照》,"一证一照",企业实行批发零售分开,双城市医药公司、药品经销公司、康泰药品经营部为法人批发企业,药材公司为非法人批发企业。2002年,全市零售药店41家。2003年,出现民营形式的药品连锁有限公司、批发公司和个体药店,国有集体药店大部分加盟连锁店,至此国有医药企业基本退出经营领域。2005年,全市有药品批发企业6家,其中国有企业2家:双城市医药公司、双城市药品经销公司。医药有限公司4家:黑龙江省吉尔康医药有限公司、黑龙江远东医药有限公司、黑龙江省荣化医药有限公司、黑龙江省东旭医药有限公司。药品连锁企业4家:双城市泰康医药连锁有限公司(连锁门店217家)、双城市嘉诚医药连锁有限公司(门店50家)、双城市鸿顺医药药材连锁有限公司(门店105家)、双城市荣盛医药连锁有限公司(门店51家)。有国有药店6家,集体药店3家。

【药品购销】　1986年,药品经营是以国有企业为主渠道,要求三级站从二级站进货,但企业为了提高经济效益,直接从厂家进货,组织专业销售队伍搞区外销售,有80家厂商30个医药站提供货源,销售客户达 100 家。这是医药经销最兴盛时期。从 1987 年起，销售额逐年攀升，全年销售 1 957.4 万元，实现利润 50.5 万元，缴税 32 万元。1992 年，实现销售 4 370.9 万元，利润 40.2 万元，缴税 99.3 万元。1994 年，效益明显滑坡，销售 1 900 万元。1995 年，销售额降到 677 万元。1996 年起，不允许让利销售，区外销售费用加大。厂家直销药品给医疗单位和药品零售企业，药品批发企业只好调整经营方向，将销售转为区内，靠零售药店安排职工。虽然相应增加一些网点，但销售有限，且药品利润降低，销售 217 万元，缴税 21 万元。这个阶段只有康泰药品经营部和药品经销公司有批发业务。2003 年，吸纳民营资金进行资产重组，连锁企业开拓了农村市场，达到一村一店，形成城乡一体化的新格局，药品销售、上缴利税又有增加。到 2005 年，每年全行业缴税额平均在 200 万元以上。

第二节　对外贸易

【双城市外贸总公司】　1986 年，为双城县对外贸易公司，内设人事、财务、业务、总务 4 个股，在职人员 10 人。1990 年，改为双城市外贸局，划归省经贸厅，由松花江地区外贸局直管，人事、财务、业务三权在上。内设人事科、财务科、业务科、保卫科、后勤科 5 个科室。人员 18 人。1996 年，外贸局改为外贸总公司，内设科室未变。2005 年，公司内设人秘股、财贸股、总务股、办公室 4 个股室，公司人员 25 人。

历任总经理（局长）：宋广鹏、史喜华、林国英、张德学、贾双；副总经理（副局长）：高振奎、张波、朱立、陈守业、辛海清、罗忠伟、贾双、黄庆山、汪红霞。

【外贸企业】　1986 年，外贸总公司下属企业有粮油产品收购站、土畜产品收购站、工艺品收购站和一个国营养牛场。粮油食品收购站，除为省外贸收购供港活牛（奶牛犊、黄牛）外，增加收购玉米、高粱、大豆、豆饼等农副产品用于出口。土畜产品收购站，主要经营高粱、玉米、红芸豆、毛皮等农产品和畜产品用于出口。工艺品收购站主要经营绢花、铁排栓、发渣、高粱、玉米等工艺品和农副产品出口。1990 年改为双城市外贸局后，下属企业有粮油食品公司、土畜产公司、工艺品公司（与法国联合）。1996 年，工艺品公司因城市改造关停，把原来归市政府直管的主要开展对苏贸易的边贸公司划归外贸总公司，至此全系统共有职工 181 人。1999 年土畜产公司、粮油食品公司关停。2005 年外贸企业全部关停。

【外贸经营】　1986 年，双城外贸是国家外贸出口的前沿阵地，很多农副产品和商品的出口都必须由基层外贸经营企业组织落实。双城是黑白花奶牛犊出口的大县，是国家供应香港活牛的主要货源地。1993 年前，每年供港活牛都在 2 000 头左右。第二个出口较大的项目是玉米，每年出口玉米高达 2 万多吨。1995 年，外贸出口、内销的产品、商品品种达 20 个，金额达 20 多亿元人民币。1996 年以后国家放开外贸经营权，外贸部门一律面向市场，自主经营，自负盈亏。外贸公司面对困难，积极与省、哈市外贸部门合作，搞商品经销。粮油公司、土产公司、边贸公司分别建了玉米烘干塔，自收自烘自销玉米。由于市场竞争激烈，外贸企业资金不足，历史包袱沉重，出现亏损，处于停产、瘫痪状态，而后相继破产、倒闭。

1986—1995 年双城市外贸主要出口商品情况表

表 7 - 4 - 1

项目	单位	1986 年	1987 年	1988 年	1989 年	1990 年	1991 年	1992 年	1993 年	1994 年	1995 年
大豆	吨	5 000	5 750	5 950	6 700	7 100	7 200	7 400	7 500	7 460	5 300
豆粕	吨	6 500	6 100	6 300	6 700	5 400	5 810	5 700	5 600	5 500	4 000
豆饼碎	吨	3 500	7 500	7 900	8 100	9 000	9 800	9 700	9 800	700	5 200
玉米	吨	18 000	21 500	27 000	29 000	3 000	37 100	39 000	40 070	30 000	17 000

续表

项目	单位	1986 年	1987 年	1988 年	1989 年	1990 年	1991 年	1992 年	1993 年	1994 年	1995 年
活牛	头	1 051	1 750	1 830	1 930	2 150	2 345	2 431	2 120	1 200	590
亚麻絮	吨	800	9 150	10 150	1 251	1 371	1 481	1 752	1 571	1 701	1 200
白瓜子	吨	35	41	51	65	73	84	97	70	37	27
发渣	吨	50	71	87	91	101	109	115	73	24	17
高粱	吨	5 000	7 750	15 000	17 051	20 500	2 150	2 350	1 700	500	370
铁排栓	吨	100	135	154	172	193	219	231	73	37	27
骨粉	吨	2 000	2 700	3 001	3 041	3 401	300	3 920	170		
骨粒	吨	1 000	1 350	1 530	1 750	1 981	2 900	315	1 032	200	57
草酸	吨	500	670	750	810	921	1 092	1 123	1 015	750	570
糠醛	吨	600	750	815	920	1 050	1 211	1 300		800	650
绢花	打	3 400	7 500	15 000	17 000						
亚麻	打	200	310	370	390	470	512	517	411	320	170
瓦饼	吨	3 000	3 700	4 100	4 700	4 900	5 700	5 070	2 300	1 500	1 200
麦麸子	吨	500	650	751	850	951	1 021	1 011	870	570	437
铸铁件	吨	57	62	71	87	97	101	100	37	27	
貂皮	张	116	141	151							
柳编	打	2 000									
绿豆	吨	200	310	200	100	450	420				
红芸豆	吨	800	9 010	1 500	1 500	700					
红小豆	吨	237	300	200	150	107					
柳编制品	套	350	420	237							

第三节　石　油

【中国天然气股份有限公司黑龙江哈尔滨销售分公司双城营业部】　1985 年,双城石油公司从双城商业系统划出归黑龙江省石油公司直属。内设办公室、人事股、保卫股、业务股、集体股、老干部办、石油经济学会。下设油库、汽车队、基建队、东门加油站、石油建材一商店、石油建材二商店。1990 年,公司内设 8 个股,7 个基层单位。职工 207 人。1998 年,双城市石油公司划归中国石油天然气集团公司黑龙江省石油化工销售总公司管理,更名为黑龙江省石油化工销售总公司双城支公司。1999 年,中国天然气集团公司组建由国家控股的中国石油天然气股份有限公司。双城支公司实行重组,减员增效,由集团公司出资按照每年工龄 2 500 元的金额给予补偿,双城支公司分三批与 150 名员工解除劳动关系。2002 年,公司改称中国天然气股份有限公司黑龙江哈尔滨销售分公司双城经营部,人员和资产全部划归股份公司。2005 年,经营部内设财务科、业务科、综合办公室,所属企业有双城堡、站西、迎宾、兰棱、朝阳、花园、韩甸、新兴、英达、同兴、顺发、通达、南直13个加油站和油库、汽车队。职工90人。

历任经理:樊廷超、徐迅、韩志、王宝禄。

【石油产品销售】 1986年,汽油、柴油实行计划供应,业务股每月定供应指标,指标不足补充高价汽柴油。1987年,国家对农村实行粮油挂钩政策,农户每交售100公斤粮食供应平价油票1.5公斤,平价柴油指标和供应由农机局安排供应。1987年,成品油销售22 090吨,销售额9 576万元。其中汽油5 559吨,柴油11 050吨。1993年上半年全部放开石油市场,1994年下半年,取消平价和高价油的价格双轨制政策,石油产品放开经营。经营网点随之迅速增加。1996年,全市有加油站48个。1997年加油站增加到69个,其中石油公司有加油站1个。成品油销售量9 222吨,企业第一次出现严重亏损,亏损额达138万元。2001年,企业出现亏损500多万元,降到历史最低点。2002年,哈尔滨分公司接管主营业务后,解决经营资金不足的问题,实行报账制管理。2003年企业开始盈利。2005年,全市有加油站63个,其中中石油13个,中石化5个,农机(乡镇)16个,个体27个,省石油分公司2个。成品油销售23 565吨,实现利润10万元。

1986—2005年双城市石油购销、利润情况表

表7－4－2

年度	购进量(吨)	销售量(吨)	利润(万元)
1986	16 894	17 403	44
1987	22 007	22 090	55
1988	23 783	18 489	73
1989	23 604	22 622	70
1990	19 691	22 196	65
1991	25 327	23 880	70
1992	28 171	28 053	78
1993	24 551	24 608	99
1994	14 787	14 828	4
1995	10 443	9 568	0.1
1996	12 746	13 655	0.2
1997	10 704	9 222	−138
1998	9 873	11 072	−49
1999	16 834	17 413	−5
2000	19 599	18 122	8
2001	15 273	17 078	−534
2002	13 937	13 584	−25
2003	21 703	22 663	17
2004	19 809	19 955	8
2005	23 998	23 565	10

第五章　烟酒　食盐专卖

第一节　烟草专卖

【哈尔滨市烟草公司双城营销部】　1983年1月,烟草公司从双城县烟酒公司分出,11月成立双城县烟草专卖局,与县烟草公司两块牌子一套机构。1985年9月,双城县烟草专卖局(公司)由松花江地区所属划归哈尔滨市烟草专卖局(公司)管理。1986年,烟草公司内设文秘、财会、专卖、业务、烟叶5个股,公司批发部、中心批发部、车站批发部3个批发部,2个烟叶站。1993年,内设机构改为办公室、专卖办、财务部、保卫部、卷烟销售公司、金叶经贸公司、烟叶经销公司、烟叶站和五个专卖所。2003年1月,双城市烟草公司更名为哈尔滨市烟草公司双城营销部。2005年,内设机构有综合业务办、专卖办、督查办、网建办5个办公室和五家、周家、兰棱、水泉、韩甸五个批发部。

历任局长(经理):李玉芳、王稀重、徐永春、罗国良、郭学群、杨春荣、李明学、韩文书。

【烤烟生产与经营】　1989年开始,市烟草公司在团结等乡镇试种烤烟3 010亩,收购烟叶3 819担,收购总值28.7万元。由此结束了烤烟生产自由种植状态。1991年,全市落实烤烟种植面积10 500亩,首次突破万亩大关,开创双城市大面积种植烤烟的历史。2000年,种烟乡镇由原来的杏山、团结、农丰、韩甸、对面城、跃进6个乡镇又增加为团结、农丰、对面城、水泉、杏山、朝阳、幸福、双城镇、跃进、万隆、希勤、乐群等12个乡镇。烤烟种植面积发展到8 970亩,收购烟叶22 070担。公司与各乡镇烟农签订产销合同,按省烟草公司"统一计划、统一管理、统一调拨、统一结算"的四统一原则,落实种植面积。2003年3月,根据黑龙江烟草专卖局将烟叶、卷烟经营分离的要求,双城成立烟叶站,与双城烟草专卖局分离。2005年,烤烟种植的乡镇有韩甸、水泉、幸福、杏山、团结、农丰、万隆等乡镇,种植面积2 684亩。

1989—2005年双城市烤烟种植面积情况

表7-5-1　　　　　　　　　　　　　　　　　　　　　　　　　　　　　　　　单位:亩

乡镇	1989年	2000年	2005年	乡镇	1989年	2000年	2005年
对面城	510	103.3		团结	820	2 512	1 153
韩甸	145		435	乐群		45	
水泉		614	62	城镇		12	
幸福		1.628	510	朝阳		160	
杏山	190	1.412	311	农丰	935	954	40
希勤		280		金城		230	
跃进	410	90		万隆			173

【卷烟销售】　1986年,卷烟销售8 059箱,销售收入实现795万元,实现利润11.1万元。1990年,公司与烟草批发部签订承包合同,实行集体抵押承包,定岗定编,取消工资,按劳计酬。1991年,公司实行经营承包制,全员风险抵押,集体承包。1992年,销售卷烟11 640箱,销售收入实现2 123万元,实现利润73.7

万元,到 1994 年,连续三年取得超计划、超同期、超历史的最好水平。2000 年,烟草公司所属卷烟销售公司改为卷烟营销公司。下设的中心、东门、双龙等卷烟批发部和专卖管理所均改为卷烟营销所。公司实行目标管理,全员风险抵押,劳动报酬与卷烟销售数量挂钩,超奖欠罚。当年卷烟销售实现15 702箱,销售收入实现3 278万元,实现利润 122.3 万元,又一次超过历史最好水平。2003 年,公司在镇内实行访送分离的基础上,撤销农村 4 个卷烟批发部,购置 8 台送货车,配访销员、送货员,在农村全面开展访送分离工作,扩大卷烟销量。下半年,完善和加强卷烟销售网络建设,配备 7 名座席员和微机,对全市城乡近3 000户卷烟零售户实行电话访销。对业户实行诚信等级动态化分类管理。2005 年,扩大电子结算,电子结算业户1 239户,占全部业户的34.4%,其中市区电子结算率95%以上。2005 年,销售卷烟21 514.6箱,销售额实现12 400.48万元(不含税)。

1986—2005 年双城市烟草公司卷烟经营情况表

表 7 - 5 - 2

年度	卷烟销量(箱)	销售收入(千元)	年度	卷烟销量(箱)	销售收入(千元)
1986	8.059	7.948	1996	15.088	44.846
1987	8.055	8.987	1997	13.721	43.55
1988	8.665	9.742	1998	13.523	38.829
1989	5.871	8.728	1999	15.526	36.35
1990	8.804	14.011	2000	15.702	32.782
1991	10.622	19.677	2001		
1992	11.64	21.233	2002	17.402	
1993	12.902	33.093	2003	19.278	86.807
1994	12.046	33.422	2004	18.945	105.735
1995	13.009	30.386	2005	21.514.6	134.086

【专卖管理】 1986 年,市烟草专卖局下设专卖股,履行专卖管理职能。专卖工作除发放、更换、审验专卖许可证外,重点是维护正常的市场秩序,保护合法经营,打击非法经营活动。1991 年,市烟草专卖局在京哈公路上成功堵截两辆武装押运的走私香烟车,案值达 30 余万元,是全省罕见的香烟走私大案。1995 年,市烟草专卖局在全市范围内,全面推进卷烟贴防伪标识办法。防伪标识由省烟草专卖局统一印制,按条贴售,加强对假私烟的鉴别和卷烟市场的管理。1997 年,烟贩用箱式吉普车偷运喜庆、白灵芝等18 个品牌卷烟2 757条,在双城周家镇被堵逃跑时,撞坏稽查队的车辆,除卷烟全部被没收,还受到了应有的处罚。1997 年,查获周家镇一处卷烟黑批发点,没收 37 种无防伪标识卷烟2 174条,案值 3 万余元。到1999 年,先后查获烟贩从外地贩运的假红灵芝、假昆湖等品牌卷烟338 件。在开展一整两打四取缔工作中,一年查处案件248 起,其中5 000元以上案件 8 起,端掉销假烟窝点 4 个,收缴各种卷烟832 件,罚没收入31.6 万元。到 2000 年查处各类违法违章案件2 309起,其中万元以上大案 35 起,收缴各种品牌卷烟4 705件,收缴罚没款 138 万元,取缔黑批发点 24 个,捣毁黑加工厂 2 个,取缔无证经营户 182 个。2005 年,共查办案件 220 起,收缴真假卷烟1 538.2条,收缴烟丝、烟叶35 593.8公斤,案件总值 24.5 万元,端掉黑批发点 3 个。

第二节　酒类专卖

【双城市酒类专卖管理局】 1986 年,酒类专卖管理局设在商业系统糖酒公司,归商业局领导,公司经理兼任局长。1995年,市专卖管理局从糖酒公司划出直属商业总公司。1997年划归市贸易局。2000年,定为自收自支事业单位。2002年划归市经济局。2005年,内设办公室、业务室、稽查队,干部职工16人。

历任局长:范廷忠、陈仰贤、田宝成、何喜坤、高佳峰、曹显义、魏宝玉、景彦林、张庆策。

【证照管理】 1986年,实行对零售酒类的商店、饭店进行审批,发放酒类专卖经营许可证。1995年,对生产、经营酒类的厂家、商店、业户要先到酒类专卖管理局办理许可证,然后到工商、卫生、税务等管理部门办理相关手续,发放证照1 200本。酒类专卖许可证有酒类生产许可证、酒类批发许可证、酒类零售许可证3种。酒类专卖管理局设专人管理证照,每年进行一次复查换验。经常对市场进行监督检查,运用法律和行政手段严格执行市场准入条件,对无照(证)生产经营、制售假冒伪劣酒类商品、产品质量无法保证的企业、经销户依法取缔。同时开展酒类零售登记备案工作。到2005年底已对全市2 400户酒类零售业户进行备案登记,备案率达到60%。对酒类商品"总代理""总经销"经营的商品进行重点监督管理。对多种进入双城的酒类商品实行备案登记制度,建立"三证"档案,确保酒类市场经营规范、有序、安全。

【扶持地方企业】 1995年,双城白酒生产、灌装企业迅猛发展,带动相关产业发展,解决上万人的劳动就业。规模较大的企业有三得利酒业、双城市酿酒厂、龙池酒业、承旭酒业、胜全酒业、双花酒业和淼烨酒业等。酒类专卖管理局坚持贯彻"管理、监督、服务、协调"的工作方针,经常深入企业调查研究,帮助企业排忧解难。购买白酒酿造技术书籍,免费向企业赠送,为企业提供先进生产工艺和实用生产技术。聘请专业技术人员进行现场指导,帮助企业解决生产难题。加大对花园、三得利、老村长等地方名优品牌的保护力度。严厉打击伪冒名优品牌、侵犯知识产权等违法行为,促进双城酒业健康发展。同时掌握酒类生产经营企业状况,协助税务部门确定准确的税源基数,及时调整税收。2005年,双城市共有酿酒企业500余家。灌装企业中取得国家白酒生产许可证的51家,年产量500吨以上的企业8家,常年生产散装白酒的200多户,全市年生产白酒近10万吨,年销售白酒3.6万吨,啤酒近3万吨。

【市场管理】 1986年,公司经常组织专卖管理人员对经销酒类的零售企业进行检查。1996年,把打击制售假冒伪劣酒行为作为酒类流通监管工作的重点,与工商、技术监督等部门密切协作,在中秋、国庆、春节酒类销售旺季,开展酒类市场大检查。1999年,开展取缔无证生产经营专项战役,堵住假冒伪劣酒流入市场。2002年,查处制售假冒伪劣酒案件5起。在乐群乡查处一处经销假玉泉酒的黑窝点,查处没收假冒玉泉大曲、二曲70余箱。在农丰、水泉等乡镇查扣涂抹啤酒生产日期销售过期变质啤酒30余箱。2004年,开展酒类市场清理整顿,对西街菜站附近的18家散白酒经销业户,城镇6户酒类专营批发单位,5家大型超市,3个集贸市场和早市,500多家酒店、饭店和食杂店以及兰棱、五家、万隆等乡镇及偏远乡镇的散装酒销售场所进行集中检查,查封1吨多进货渠道不明、没有质检卫检合格证的散装酒;查扣40多桶没有任何标志的塑料桶装散白酒;查获国家明令禁止销售的半汁葡萄酒、假冒五粮液、玉泉系列酒以及其他品牌酒类共计1 000多瓶,净化了酒类市场。2005年,检查超市、商场、酒店500余家,查处和取缔无证生产经营户4户,查处违法违规案件3起,案值7.8万元。端掉制假售假窝点1个,收缴假冒伪劣酒5 000余瓶。

第三节　食盐专卖

【双城市盐业公司】 1986年,盐业批发站设在粮食局,负责全县居民食用盐、畜牧和工业用盐的核准与销售。1994年4月,根据国家规定,国有粮食企业中的主营和副营分离,成立双城市盐业公司。盐业公司实行企业化管理,与盐业站是一套机构,两块牌子,合署办公,负责盐业专营管理。盐业公司坐落于双城市车站街机场路1号,占地面积7 500平方米,场内有铁路专用线一条,仓库占地面积2 000平方米,拥有大型储盐库2栋,食盐包装车间2座。2004年,公司有职工110人,2005年,职工买断工龄下岗分流,返聘60人上岗。

【食盐供应】 1986年,食盐实行计划供应,由粮食部门专营。批发业务由各供应区的粮库经营。零售业务由城镇各粮店和农村供销社经营。城镇居民凭购粮证每月定量供应,农村居民凭购盐本购买。做酱季节每人增加供应。对农业生产、行业用盐实行计划供应。1992 年,根据省粮食部门文件,停止食盐凭票供应,由盐业部门实行计划管理,统一调拨,居民可任意购买。行业、畜牧业用盐按计划供应。1993 年,销售3 218吨。1995 年,销售2 888吨。2005 年,销售5 404吨。

【专卖管理】 1986 年,食用盐零售由城镇各粮店和农村供销社负责,食盐专卖市场管理由盐业站负责。1994 年,盐业公司负责监督管理食盐业市场。依据国务院《食盐专营办法》和《黑龙江盐业管理条例》,每年配合公检法、工商、技术监督部门进行盐业市场检查、整顿工作。盐务稽查队负责查处非法购销、走私食用盐和畜牧、工业用盐,坚决杜绝无碘盐流入市场,打击非法贩盐活动和伪劣假冒产品,保证全市居民食用盐安全和各行业用盐的日常供应。到2005 年,查处违规经营 80 起,罚没款 77.890 万元,没收劣质盐 221 吨。

1995—2005 年双城市食盐销售及价格情况表

表 7 - 5 - 3

年度	精盐		畜牧用盐		工业盐		
	价格（元）	数量（吨）	价格（元）	数量（吨）	价格（元）	数量（吨）	总量（吨）
1995	930	1 348			700	1 540	2 888
1996	930	1 561			700	1 350	2 911
1997	930	1 407			700	1 616	3 023
1998	1 233	1 640			750	1 532	3 172
1999	1 233	2 042			750	1 753	3 795
2000	1 233	2 373			750	1 678	4 051
2001	1 233	2 803			750	1 416	4 219
2002	1 233	2 898			750	1 515	4 413
2003	1 773	2 522	750	320	647	1 636	4 478
2004	1 773	2 507	860	946	647	1 758	5 211
2005	1 773	2 584	860	1 073	770	1 747	5 404

第八编　交通　邮电业

交通运输业

邮政、电讯业

双城地处松嫩平原腹地,境内无山,缺少砂石,公路建设滞后,多为乡间土路。1986 年,只有县级公路 6 条 170.7 公里,乡级公路 12 条 175.9 公里,没有一条完整的三级以上公路。历届市委、市政府坚持把公路建设作为发展双城的大事来抓,制定和不断完善双城市农村公路发展规划,确定修筑高等级公路,提高农村公路通达深度。积极筹措资金,抓住时机,加速公路建设。到 2005 年,有两条国家级公路通过双城,有县级公路 7 条,里程 210.7 公里;乡级公路 16 条,里程 270 公里,村村通公路质量为硬化路面,完成了"两环三支线"的公路主体框架目标。

伴随公路建设,公路交通运输业也得到迅速发展。2005 年,实现货运量 120 万吨,货运周转量 7 920 万吨／公里;开通客运线路 83 条,通车里程 4 220.5 公里,年运输客运量 339 万人次,客运周转量 13 051 万人／公里。

境内有京哈和拉滨线两条铁路,为双城提供远途货运和客运的方便,也促进了双城的经济发展。

20 年来,双城的邮政、电讯业得到飞速发展。2005 年,26 个乡镇有邮政支局,村村通邮;市话机总量101 366部,农话机90 983部,各种通讯为生产、生活、经贸活动提供了方便。

第一章　交通运输业

第一节　公路建设

【国家级公路】　1986 年,县内没有一条国家公路,只有一条通往吉林省的哈前路(哈尔滨—吉林前郭旗)。1987 年,北京至哈尔滨(京哈公路,编号 G102)双城段公路开工建设,1989 年 10 月双城段竣工通车。双城境内走行 54.4 公里,由双城兰棱镇进入省界,途经朝阳乡、双城镇、幸福乡、新兴乡。沥青混凝土路面,路基 12 米,路面 9 米,双向单车道,沿途构建了拉林河大桥、第三排水干线、友谊中桥等和 42 道过水涵洞。双城路段是国家全额投资 6.5 亿元,由国家统一设计、统一组织施工、统一验收的国家级公路,公路贯通东北三省及河北省,直通北京,从而提升了双城在全省交通的重要地位,也为双城经济发展提供了交通便利,特别是拉动沿途乡镇经济迅速发展,成为充满生机的经济带。1998 年,开工建设的同三公路(海南三亚至黑龙江省同江市,编号 G101),2001 年 9 月,双城段竣工通车,国家投资 25.5 亿元。贯穿双城南北全境,直抵哈尔滨,境内走行 58.79 公里,沥青混凝土路面,双向四车道,28 米宽。双城段建大型桥梁两座,分离立交桥 15 座,涵洞 37 道,并在双城境内设两处互通区。途经金城、兰棱、朝阳、联兴、双城镇、幸福、东官、新兴 8 个乡镇。到 2005 年,双城境内有京哈公路、同三公路两条国家级公路,里程 113.19 公里。

【县级公路网】　1986 年,县级公路 6 条,170.7 公里,乡级公路 12 条,175.9 公里。1988 年,修建临永公路,全程 12.41 公里,路面宽 5 米,砂石路面。1992 年,周家镇开办闻名全省的"周家轻纺大市场",由于双周公路破损严重制约周家轻纺大市场发展,1993 年初,修建双周公路,总投资 2 600万元,1995 年完工。至此,拉开了双城公路改造的序幕。1996 年,市政府为了改善粮麻路,确定粮麻路修建资金由双城粮库、省外贸土产库、亚麻厂等 13 个单位筹款,交通局承建,集资 178 万元,历经 100 天完成了这段路的改建。2001 年,市委、市政府组织交通部门制订《双城市农村公路发展规划(2000—2020 年)》(下称规划),确定发展高等级公路,提高农村公路通达深度,实现"两环一带三支线"的公路主体框架目标。西北环路由哈双中线、双杏路两条县级公路和太临路、临杏路两条乡级公路组成,穿越双城镇、公正、朝阳、兰棱、金城、韩甸、万隆、杏山 7 乡镇。西南环路由双万路、双金路两条乡级路和几条村级路组成,穿越万隆、韩甸、希勤、兰棱、朝阳 6 个乡镇。一带由双周路、哈前路两条县级公路组成,穿越周家、东官、幸福、双城镇、同心、希勤、金城7乡镇。三支线由一条县级公路、两条乡级公路组成，即双拉路、双青路、双前路，将沿途4乡镇直接连接到G102国道和双城市区。根据《规划》的总体安排，2001年共改造哈双中线、东支线、南支线县级公路网，投资4 380万元，由砂石路改造为水泥路23.2公里。2002年底，国家出台利用国债资金加快农村公路建设政策，加大了对县级公路建设资金的支持。市政府抓住这一机遇与省计委、省交通厅、哈计委等部门协调争取到对希万路、双杏路、耕永路3条县级公路改建工程款9 500万元。为加强对县级公路网建设的领导，成立由市主要领导牵头的公路建设领导小组，设立东、西线两个指挥部，确定通乡公路采用三级或四级标准，路面宽4.5—7米，筑路结构基础层10—15厘米泥结碎石标准，上基层中层15—20厘米水泥稳定沙砾，层面20厘米水泥混凝土或18厘米沥青混凝土的标准，同时，规范通乡公路施工和招投标工作规程。2003年5月，由哈尔滨市通乡公路办公室统一组织下，在哈尔滨伟业商务酒店进行公路招标，22个具有资质的公路建筑企业中标，下半年开工建设。2004年10月完成希万路的希勤乡至万隆乡31.6公里的水泥混凝土路面，双杏路的双城市区至杏山镇公路41.1公里的水泥混凝土路面，耕永路的双杏路耕勤村至永胜公路的21.8公里的水泥混凝土的路面，总投资10 620万元。2005年，完成双青路的双城市区至青岭乡20公里的水泥混凝土路面，总投资2 300万元；完成太临路的太平机场至临江乡砂石路面改为沥青路面10公里的改造。全市有县级公路7条，里程218.7公里，乡级公路16条，里程270公里。

【通村公路建设】 1986年，兰棱镇组织修建所在地至石家村公路，全程6公里，路面宽度6米，为砂石路面。1988年，周家镇组织修建所在地至八家子村公路，全程6公里，路面4米，为砂石路面。1989年，新建公路东官乡至青岭乡，全程11.5公里，路基8米，路面6米，砂石路面。全县3年中共修公路三条，总里程23公里，全部为自行设计、自行组织、自行施工、自行验收的工程，年均修路仅为6公里。在国家和省市级不断加大公路建设投入，拉动经济增长的带动下，尤其是G102国道沿途各乡镇迅速步入经济增长快车道，使乡村两级组织对公路建设有了更加深刻的认识，因而乡村两级修建公路的积极性迅速高涨，1998年，市政府下达了全市27个乡镇每乡镇修建一条公路的任务（不小于2公里），一些乡镇村主动提出新建、改建公路任务，自行筹集资金，自行组织施工。到2000年共修筑通村公路（含乡与乡间公路）77条，里程299.1公里，年均24.9公里，其中黑白路面85.9公里。因此，双城市也被省公路局评为道路建设先进市（县）。2001年以后，在县乡公路建设快速发展的同时，加快了通村公路建设步伐。部分乡镇多方筹资修筑砂石路，有的还修筑水泥路面，达到"一次投入，多年受益"的公路建设标准。到2005年，五年共修通村公路56条133.9公里，其中水泥路7条26.3公里，乡村总投资2 420.8万元。

1986—2005年公路建设改造情况表

表 8-1-1

公路级别	修筑年份	公路名称	起止	修筑里程（公里）		路面铺装（公路）		投资额（万元）
				境内里程	新建或改造	硬化	砂石	
合计				926.97	783.39	435.95	429.88	276 180
国道	1989	京哈公路	北京—哈尔滨	54.40	54.40	54.40		65 000
	2001	同三公路	同江—三亚	58.79	58.97	58.79		255 000
县级公路网	2001	哈双中线	双城—哈机场	18.10	18.10	18.10		1 200
	2003	双杏公路	双城—杏山	41.10	41.40	41.10		2 200
	2003	哈前公路	哈尔滨—吉林前郭	80.10	22.60	22.60		1 890
	2003	哈前公路	哈尔滨—吉林前郭	80.10	22.60	22.60		1 890
	2003	希万公路	希勤—万隆	31.60	31.60	31.60		3 150

续表

公路级别	修筑年份	公路名称	起止	修筑里程(公里)		路面铺装(公路)		投资额(万元)
				境内里程	新建或改造	硬化	砂石	
县级公路网	2003	耕永公路	耕勤—永胜	21.80	21.80	21.80		1 920
	2003	庆五公路	庆城—五家	7.80	7.80	7.80		1 000
	2004	双阿公路	双城—阿城	32.50	32.50	32.50		2 750
	2005	太临公路	哈机场—临江	18.70	18.70	18.70		2 350
	2005	双青公路	双城—青岭	20.00	20.00	20.00		2 300
		双拉路	双城至五常拉林	24.61			24.61	
		耕临路	耕勤至临江	25.39			25.39	
		双前路	双城至前进	12.67			12.67	
		乐团路	乐群乐民至团结	23.41			23.41	
通村公路	1986~2005	乡与乡、乡与村	乡与乡、乡与村	456.00	456.00	112.20	343.80	2 420.8

第二节 公路管理

【**双城市交通局**】 1986年,编制8人,在职8人,内设秘书股、生产股、路政股、人保股、审计股。县交通战备办公室挂靠交通局。1997年,机构改革后设秘书股、人事股、党群办、总务股、财务股、审计股,行政编制8人,老干部编3人,工勤编1人。2005年,编制12人,在职13人,内设秘书股、人保监察股、总务股、审计财务股。

历任局长:张文岐、金代江、何云复、赵革、李树林;副局长:张兆范、王岚、关志清、杜景春、赵革、徐彬、李玉来、赵淑媛、付亚超、李贵福、刘波、高峰、薄云、刘金禄、关国庆、康庄。

【**公路管理站**】 1986年,有职工134人,下设八个道班,负责哈前路(66.61公里)、哈双中线(18.15公里)、双阿公路(33.64公里)、双拉公路(34.61公里)、南支线(2.55公里)公路养护和管理工作,养护总里程155.56公里。此间实行目标承包制,对公路进行养护。1989年,实行养路管理改革,完善各项规章制度,公路养护各项达到计划指标,公路整修里程接近公路总里程。2001年以后,公路状况大有改善,养护任务逐渐减轻。到2005年,公路养护重点是尚未改造的公路。

【**地方道路管理站**】 1986年,全站职工16人,负责指导隶属乡镇21个道班的公路养护、整修工作。1987年,县政府改革公路养护体制,由地方道路管理站统一计划、统一管理、统一收费、统一养护、统一整修。乡镇不再养护公路,地方道路管理站对道班和养护人员实行责任制、承包制等措施,有效地提高了工作效率和养护水平,基本上完成好路率和综合值养护指标。到2000年,伴随通村公路修筑,公路质量不断提高,公路维护重点转向尚未改造的道路。2005年,市委、市政府根据路面硬化情况,对公路养护改造升级。

【**规费征缴**】 1986年,交通规费征收主要有运输管理费、客运附加费等项。营运车辆养路费征收由交通局所属的交通监理所负责征收。1987年交通监理所将交通安全、车辆管理职能划归公安部门,交通部门按国家规定撤销交通管理所,成立黑龙江省交通征费稽查松花江处双城所,松哈合并后,改称黑龙江省交通征费稽查局哈尔滨二处双城所(以下简称哈二处双城所),负责本县(市)营运车辆养路费征收工作,行政业务归哈二处管理。道路运输管理费、客运附加费、车辆维修企业管理费由双城市道路运输管理站（下称双城运管站）负责征收。1993 年,哈二处双城所和双城运管站推进目标管理责任制,把征费指标分解到组、队,落实到人头,工资、奖金与指标完成情况挂钩。开展政务公开活动,增加工作透明度。同时加强征费稽查队伍建设,提高执法人员的素质,遏制征费工作中的不正之风,连年超额完成各项征收任务。1994 年 4 月 17 日,双城市成立"小型机动车征费所",负责征收本市营运的拖拉机、三轮汽车、摩托车养路费。到 1999 年,国家放宽运输管理,实行收费卡制度,停征车辆修理企业管理费。2001 年,停征农用三轮、四轮车运输管理费。2005 年,完成各项征费 657.7 万元。

1986—2005 年交通各项征费情况统计表

表 8 - 1 - 2

年度	地方养路费（万元）	运输管理费（万元）	客运附加费（万元）	货运附加费（万元）
1986		37	20.8	
1987		38.2	13.5	
1988		46	25	
1989		47	36.7	
1990		63	48.5	
1991		73	29.4	
1992		83.6	59.2	
1993		82.5	77.9	
1994	130	135.7	80.2	
1995	261	148	99.7	
1996	295	165.9	102.9	
1997	304	107.7	97.0	40.6
1998	270	224.3	133.4	57.2
1999	221	242.9	273.2	75.0
2000	287	269.3	311.5	79.1
2001	225	201.4	216.7	62.7
2002	302	251.9	233.4	85.1
2003	305	226.5	180.0	64.6
2004	236	243.2	191.3	80.6
2005	155	232.7	195.3	74.7

【运政管理】 1986 年,对全市各种营运车辆进行全面普查和登记,对所有的车辆和运输户做到底数清、收费定额准,还认真整顿客运、货运市场和修理市场。对营运车辆的管理公开化,将审批程序公布于众,简化审批手续。1989 年,根据《双城市公路货物运输管理办法（试行）》,运管站对全市各种货车进行了全面普查,并加强对货运市场的管理。1991—1993 年,重点整治公有运输企业内部争抢客流、侵吞票款、扰乱市场秩序等问题。1994 年在原有客运稽查队的基础上,组建小型车辆稽查队,加强对出租车、接站车和小型三轮车的稽查管理,重点打击争抢客流、串线行驶、偷拉私运、偷漏规费等不法经营者。1995 年重点打击了乱停、乱靠、满街叫客、欺行霸市、扰乱运输市场秩序的不法分子。1996 年,针对客运市场抢班争

点、站外揽客、脱线掉班、超范围经营、违价收费等非法营运、违章营运进行治理。1997 年对货运营运车辆进行重新登记,建立了车辆档案和台账,对所有大型货车、危险品运输车进行统一喷号和年度审验,使营运车辆全部进入货运市场停放,实行公平交易,杜绝垄断市场欺行霸市现象。2002 年,为了加强运输市场管理,方便客户办事,投资 50 万元新建了 200 平方米的交通征费大厅。2005 年,加强稽查队伍建设,努力提高执法人员素质,对客运、货运汽车修理市场进行全面整顿,营运客车都配齐方向牌、标价表、灭火器等服务设施,使运输市场建立了规范、有序、优质、高效的运输新秩序。

【公路养护与整修】　1986 年,全县农村公路多数是砂石路,基类低,养护量大,成为交通部门的一项艰巨任务。农村改革后,生产队和农户不再承担公路养护用料任务,多数公路养护无料可用,加剧公路养护难度。公路养护实行分级管理,全县 5 条县级公路由县公路管理站负责养护,养护用料县乡自筹,养护费用由省、地交通部门支付,2 条县级公路、8 条乡级公路由地方道路管理站负责养护,其他通乡和通村公路由所在乡村自行养护,养护资金由县乡村分别自筹。1987 年,根据松花江地区公路养护现场会议精神,开展"以处理翻浆为重点,全面提高路况,确保公路畅通"为目标的公路整修大会战,县级四个班子领导每人包一条路,交通局负责技术指导,完成希万路 5 公里,哈前路 2.5 公里等 31.5 公里公路整修。1988 年,夏季降雨量大,致使全县翻浆公路达到 21.2 公里,占公路总里程的 4.7%,水毁桥涵 19 座,公路路面和路基大面积破损。这些水毁路段多集中在县城附近交通流量大地带(县乡公路网中心地带),造成的危害十分严重。哈前路同心路段距县城十余公里,水毁公路 700 米,下游的希勤、韩甸、对面城、万隆四乡镇及同心、金城部分村屯无法出行,且整修难度大,受阻时间长,严重影响人民生活和经济发展,尤其造成农村的鲜奶运输困难,农民不得不把辛辛苦苦获得的鲜奶倒掉。双杏路 2 公里处 300 米道路翻浆,由于距县城较近,下游的双杏、双团、耕临、耕永公路全面受阻,涉及乐群、团结、跃进、水泉、杏山、农丰、临江、永胜八个乡镇,仅此一个路段的公路毁损就使全县近三分之一的乡镇人员无法出行,物资无法运送。双阿公路出城650 米处和 24 公里处(东官镇东升村)公路翻浆,使幸福、联兴、东官、周家四个乡镇交通受阻,双前、双青公路也不同程度出现水毁灾害。造成全县 20 多个乡镇交通阻断,占全县乡镇总数的三分之二。对受灾公路进行大规模抢修。重点整修哈前路、双前路 46 公里的翻浆路。1989 年,重点整修希万公路、双周公路2.2 公里。1990 年,整修双拉公路、希万公路 15 公里。1991—1993 年,整修双拉、希万、农临、双周公路、双金公路 137 公里。1994 年,整修农临、双杏、希万公路 115.8 公里。1995 年,整修双杏、双金、哈双(中线)78.4 公里。1996 年,整修双前、新兴、双周公路 33 公里。1998 年,整修哈前公路 10 公里。1999 年,整修双杏、希万、农临公路 98.3 公里。2000 年,整修希万、双周、双拉公路 65.5 公里。由于改造和新建公路项目大幅度增加,公路养护、整修压力减轻,全市公路有了很大改善,达到了保通车的目标。2001 年,整修双周公路 30 公里,哈前路 25.5 公里,庆五路 8.5 公里。2002 年,整修临江、永胜两乡砂石路 20 公里。到2005 年,全市建成"两环一带三支线"公路网,提升公路质量,抢修工作转为日常养护。

1988 年水毁公路、桥(涵)统计表

表 8 - 1 - 3

线路	里程桩	水毁路里程		水毁桥涵	
		里程(米)	路段	名称	水毁程度
哈前	62.3 ~ 63.8	700	同心		
希万路	5.7 ~ 5.9	3 200	希业—希新	裕强桥	两侧台身中间断裂,台帽破损脱落
	13 + 600	600	韩甸小马屯		
	21 + 200 ~ 21 + 800	600	红光		

续表

线路	里程桩	水毁路里程		水毁桥涵	
		里程（米）	路段	名称	水毁程度
阿双路	0＋650	500	城镇		
	24.6＋250	400	东官于马架子		
双拉路	0＋700	700	城镇	杂宝桥	
	1.4～2.1	700	朝阳		
	8＋9.5	1 500			
	6＋700	1 000		安家涵	冲毁
	9.5＋25.5	1 000			
双杏路	2～2.3	300			
农临路	2＋500～9＋500	2 000	农丰		
	25＋00～25＋500	500	临江		
双金路	1～4	2 000	朝阳		
	5～9	1 000	城镇		
双前路	8＋300～10＋300	2 000	前进	城明涵	冲毁
双青路	17＋900～18＋400	500	青岭	联兴涵	冲毁
双团路	12＋300～13＋300	1 000			
庆五路	5＋200～6＋200	1 000	五家	五家涵	冲毁

第三节　公路运输

　　【货运】　1986年,公路货运主要由县国营运输公司、第二运输公司（集体企业）承担,其中国营公司有货车14台,二运公司有货车19台,车辆已经老化,运输能力弱;非运输企业自养车队和车辆,只承担本单位货运,不对外承担营业性运输,公路货运量年942万吨,周转量533 804万吨/公里。1987年,运输公司实施招聘经理,层层聘任的优化组合;二运公司进行队社单独核算、单车核算、集体承包,这些改革在一定程度上调动了企业职工的积极性,使企业扭转了亏损局面。1991年造纸厂停产后,利用其场地做货运站。1994年,市政府决定把交通局货运股分离出来设立货运站,还在二运公司、食品车队、联运办设立货运分站,在农村乡镇设立11个货运代办点,在承旭门广场前设立2 000平方米的货运市场,形成货运网络。1995年,市政府投资30万元,在已破产原造纸厂院内建立15 000平方米、可容纳300台货车的大型综合货运市场,每天为100多台货运车辆提供货运信息、配货和调度车辆等服务,年组货能力达50万吨。为个体经营和非运输企业搭建经营货运平台,改变货运车辆分散、不便管理、运力和运量分离不便经营的局面。2000年,个体货运车辆达到1 060台,货运量增长到388万吨,货运周转量2 875万吨/公里,个体私营货运成为全市货运业的主力军。2001年后,哈尔滨龙港物流有限公司成立,承担雀巢公司的货运、仓储业务;黑龙江省全营货物运输有限公司专项承揽水泥厂的货物运输;志远货物运输公司承揽粮食运输和个体物资运输及仓储业务;建恒物流专项承揽双城经济技术开发区各企业货运和仓储业务;义龙经贸公司专门从事市场物资的运输和仓储业务。这些运输企业呈现出专业化的特点,能够满足客户要求,为客户提供优质服务。与此同时,一些配货站、运输联运社也应运出现,承担各种零担运输,方便了客户,成为货运市场重要力量。2005 年,货运量为 120 万吨,货运周转量为7 920万吨/公里。

【客运】 1986 年,全县客运线路 19 条,大型客车 71 台;公路客运场地两处,一处是运输公司的客运大楼,一处是二运公司的客运大厅。全县年运输客运量277.7 万人,客运周转量7 893.1万人/公里。1993年,对全市 25 条客运线路实行招标,允许个体私营和其他具有运输能力的非运输企业进入运输市场,1994年又对 25 条招标线路进行续标,招标年限由原来 1 年增加到 2 年,在客流大、效益好的线路新增招标客运车辆 5 台,全市招标客运车辆达 58 台。1995 年全市年运输客运量183.1 万人,客运周转量5 455.3 万人/公里。2000 年,运输公司利用招商引资方式,引进金龙客车 7 台,使全市客运车辆达到 209 台,其中大型空调高档豪华客车 19 台。这些车辆状况比较好,运输效率大幅度提高。运输线路增加到 83 条,运营线里程由 1986 年的 540 公里增加到1 930公里。全市运输客运量达 2 683 万人,客运周转量为 7 337 万人/公里。2001 年,市委、市政府根据公路客运的需要,采取向上争取一点、财政投入一点、主管部门自筹一点的办法,筹措资金1 100万元,在新城区中心修建双城市客运总站,建筑面积4 500平方米,占地20 000平方米,6 000平方米水泥混凝土面的停车场。车站采取微机售票,候车大厅设有大型彩色信息显示屏、高清晰度等离子电视、X 光安全检查仪、先进播音设备和影像监控系统,是省内县级市规模最大、服务功能最全、标准化、现代化的新型客运中心。同年 4 月,天元客运有限公司成立,投入高档豪华客车 79 台,开通经哈市至明水、经哈市至伊春市、经哈市至宾县多条客运线路,成为双城客运主力军。2003 年,又在杏山镇、周家镇建设 300 平方米客运分站。2005 年,又在客流量大的临江、五家、万隆、团结、金城、单城、青岭、公正、农丰乡镇建立客运分站。全市多数村屯不出村屯就可以乘车,直抵省城哈尔滨,较为偏远村屯也可以不出乡镇就可乘车出行,最长乘车半径不超过 5 公里。全市所有村屯全部通车,不出村就可以乘车直达双城市区。全市开通客运线路 83 条,通车里程4 220.5公里,年运输客运量 339 万人,客运周转量13 051万人/公里。

2005 年全市客运通车情况表

表 8-1-4

路线起止	线路简称	发车班次（班次）	通车里程（公里）	日客流量（人次）	车辆种类(台)			途经站点
					合计	大客	中客	
总计		470	4 220.5	281		70	174	
双城—大庆	跨地市	1	228	60	1		1	哈市
双城—平房	地市内	6	45	375	3			幸福、新胜、金星、长征
双城—阿城	地市内	24	55	1 948	29	3	18	永支、东官、周家、张合
周家—阿城	地市内	4	64	174	2	11	2	安家、政新、拉林
双城—五常	地市内	2	30	98	1		1	新华、红旗、王岗
新民—教化	地市内	2	42	84	1		1	新华、红旗、王岗
周家—哈市	地市内	12	44	499	6		4	大修厂、和平、东海、平房
公正—康安路	地市内	1	56	49	1		1	友利、太平
五家—哈市	地市内	1	52	52	1		1	庆城、新华
东官—哈市	地市内	8	55	397	4		2	周家、大修厂、和平、平房

续表

路线起止	线路简称	发车班次（班次）	通车里程（公里）	日客流量（人次）	车辆种类（台）			途经站点
					合计	大客	中客	
农丰—康安路	地市内	2	56	67	1		1	永久、前进村、太平
临江—哈市	地市内	2	68	81	1		1	永胜、太平庄、故乡
朝阳—教化	地市内	2	69	104	1		1	诚明村、诚顺村、双城
水泉—康安路	地市内	2	72	109	2		2	农丰、前进村、太平
前进—教化	地市内	1	75	50	1		1	胜利、诚顺、永和、幸福、新兴
联兴—教化	地市内	1	78	46	1		1	青岭、东官、东朴
双跃—教化	地市内	1	83	43	1		1	政才、政新、政德、安家、双城
杏山南—教化	地市内	1	96	67	1	1		水泉、农丰、太平
杏山北—教化	地市内	2	83	116	2		2	付屯、临江、永胜、太平
仁和—康安路	地市内	1	87	43	1		1	临江、永胜、太平
花园—教化	地市内	2	95	111	1		1	爱贤、希勤、同心、长勇
万隆—教化	地市内	1	110	76	1	1		韩甸、同心、双城、承旭、长勇
万隆—教化	地市内	2	97	140	2	2		杏山、临江、永胜、太平
团结—教化	地市内	4	100	195	2		2	水泉、乐群、农丰、太平
金城—教化	地市内	2	90	104	1		1	兰棱、胜友、诚明、诚顺、永和、长勇
青岭—教化	地市内	2	75	98	1		1	东官、周家、平房
政前—教化	地市内	1	68	40	1		1	长勇、幸福、红旗、王岗
韩甸—教化	地市内	1	98	52	1		1	希勤、同心、双城、长勇
益胜—教化	地市内	1	68	36	1		1	延君、东利、东朴、乐升、平房
双城—公正	地市内	4	21	129	4		2	光明、贤邻、双利、庆丰、民旺、国兴
双城—永胜	县内	20	42	759	10		10	赵家、兴城、永久、胜强、兴业、永乐
双城—农丰	县内	13	25	461	8		6	进步村、赵明窝堡、傅家、水泉
双城—临江	县内	12	45	403	6		4	仁利、小苏家、新发、民强、松江、三家
双城—水泉	县内	8	28	276	4		2	耕勤、乐群、赵家、傅家窝堡、三邻、水泉
双城—杏山	县内	24	44	782	12		6	大德村、独一处、富有村、韩家窝堡、河山
双城—团结	县内	30	34	872	15		12	乐群村、友联村、国庆村、跃进、创富、创勤
双城—万隆	县内	38	55	153	19		18	同心、希勤、新正、楼上
双城—金城	县内	16	35	950	13		7	兰棱、临河

续表

路线起止	线路简称	发车班次（班次）	通车里程（公里）	日客流量（人次）	车辆种类（台）合计	大客	中客	途经站点
双城—前进	县内	10	18	321	5		2	胜利、富泊、胜平、胜业、胜城
双城—单城	县内	5	18	191	3	1	2	安家、政善、政丰、政利、益胜、政新
双城—青岭	县内	18	25	538	9		3	安强、苏家、群利、益胜、万鲜
双城—周家	县内	38	34	1 145	19		19	庆新、东兴、东官、东宁
双城—幸福	县内	1	10	15	1		1	长勇、长产、中兴
双城—新兴	县内	4	30	143	2		2	幸福、新胜、新华、新兴
双城—五家	县内	4	25	101	4		4	长勇、长产、中兴、庆宁、新丰
双城—仁和	县内	2	55	88	1		1	水泉、杏山
五家—哈建国公园		18	46	1 200	6	6		双井、蒋化、大区家、三姓
五家—哈站		20	60	1 100	10	10		五家、新民、新发
新民—哈平房		5	20	500	3	3		平房、东光、东华、新民
新华—哈站		20	35	1 000	10	10		和兴路、王岗、红旗
新红—哈站		4	39	400	2	2		和兴路、王岗、红旗
周家—榆树		1	100	40				五常拉林、吉林榆树
团结—哈市		1	75	60	1	1		团结、水泉、农丰、太平
荣华—哈市		1	70	200	1	1		水泉、农丰、公正、太平
群星—哈市		1	57	1			1	青岭、东官、周家、平房、哈市
杏山—哈市		3	88	3			3	临江、永胜、太平
周家—青岭		2	30	2			2	东官
周家—新兴		1	30	1			1	东官
周家—联兴		1	30	1			1	东官
花园—双城		6	47	3		3		膛国、启新、榆树、金城
花园—双城		6	40	3		2	1	希勤、同心
升平—双城		4	42	3		3		启新、榆树、金城
临河—双城		4	39	2		2		沿河、金城、兰棱
富贵—双城		2	35	1		1		富民、荣华、西官、国庆、太阳升
创立—双城		2	28	1			1	富勤、创富、富志、富城
创立—双城		2	32	1			1	诚明、诚利、胜利
政广—双城		1	12.5	1			1	诚明、诚利、胜利、胜业
胜前—双城		4	14	3			3	诚明、诚利、胜利、胜业、胜前
胜丰—双城		1	18					诚明、胜全、胜产、胜华
胜发—双城		1	15	1			1	诚明、诚利、胜业、胜前、政胜
政安—双城		1	18	1			1	诚明、诚利、胜利、胜业、胜前
政旺—双城		1	20	1			1	政久、政顺、政治、安家、安乐

续表

路线起止	线路简称	发车班次（班次）	通车里程（公里）	日客流量（人次）	车辆种类（台）			途经站点
					合计	大客	中客	
政前—双城		2	25	2	2			杨青、政治、政德、安家、安乐
政红—双城		1	20	1	1			政顺、政治、政德、安家、安乐
长河子—双城		1	24	1	1			希勤、同心、双城
韩甸—双城		1	35	1	1			希勤、同心、双城镇、永支、东官
韩甸—周家		1	62	1			1	大义、水泉、三邻
大有—双城		6	30				3	水泉、乐群
延军—双城		1	27	1	1			群星、群利、青岭
万兴—双城		1	24	1			1	万星、万解、青岭
益胜—双城		1	22	1			1	庆北、青岭、兴民
庆北—双城		1	20	1	1			青岭、联兴

【运输车辆】 1986 年，全县运输车辆1 720台，其中大型货车689台，小型货车152台；大型客车71台，小型客车239台；摩托车534台。1990 年，全市运输车辆比1986 年增加2 051台，其中大型货车增加476台，小型货车增加476台；大型客车增加52台，小型客车减少42台；摩托车增加723台，轿车达到488台。到2000 年，全市运输车辆有15 230台，比1995 年增加10 314台，增幅较快的是小型客车，增加1 172台，轿车达到576台，摩托车达到9 812台。进入"十五"时期，全市招商力度加大，一些企业纷纷落户双城，产品和货物量逐年增长，运输经营者适应运输市场的需求，购进各种类型的专用车，包括拉运鲜奶、油料、液化气的槽罐车，拉运鲜货的保暖车、厢式车、拉动冻货的冷冻冷藏车，拉运建筑砂石的工程自动装卸车，拉运鲜活水产品的活体运输车，拉运水泥的散装水泥车，拉动体积大的超长厢式车，还有高效率的超大吨位车。货运车改变过去单一单板车，呈现出多种多样的车辆。客运汽车车辆也在增加，相当一部分更新了高档豪华车，运输线路和里程不断增加。市内出租车也越来越多，方便群众出行。到2005 年，全市车辆达到24 796台，比2000 年增加9 566台，平均每年增加1 913台。其中大型货车达到789台，大型客车165台；中型客车156台，营运60台，自用44台，公用52台；轻便和摩托车12 484台，其中摩托车6 621台；小型客车2 274台，参加营运1 047台，自用1 013台，公用214台；轿车901台，参加营运174台，自用428台，轿货车93台。

第四节　铁路运输

【铁路线】 双城境内有两条铁路线。一条京哈铁路，境内北起五家镇的双井桥，南至兰棱拉林河大桥，驶入吉林省境内，设有兰棱、双城堡、安西、五家等车站；另一条是拉滨线，境内途中仅设周家一站，海旺乘降点。

【货运】 境内铁路货运主要由周家、双城堡、兰棱三个车站承担。其中双城堡货运量最多。1986 年，周家货运量为8.81万吨，双城堡站为29万吨，兰棱站为14.89万吨。1990 年，周家站货运量24.18万吨，双城堡站为30.3万吨。兰棱站为14.7万吨。1995 年，周家站货运量为29.7万吨，双城堡站为61.7万吨，兰棱站为4.3万吨。2000 年，周家站货运量为2.9万吨，双城堡站为30.9万吨，兰棱站为8.4万吨。2005 年，周家站货运量为5.7万吨，双城堡站为76.9万吨，兰棱站为11.6万吨。

【客运】 1986 年，境内人们外出主要由火车承载。周家站承担客运量为25.66万人，双城堡站为

113.52 万人,兰棱站为 27.61 万人。1990 年,周家站承担客运量为 6.66 万人,双城堡站为 75.62 万人,兰棱站为 23.25 万人。1996 年,周家站承担客运量为 81 万人,双城堡站为 67.26 万人,兰棱站为 22.3 万人,安西站为 12.6 万人。2000 年,周家车站承担客运量为 56.22 万人,双城堡站为 64.71 万人,兰棱站为 14.45 万人,安西站为 10.34 万人。2005 年,周家站承担客运量 54.2 万人,双城堡站为 74.2 万人,兰棱站 7.4 万人,安西站不再承担客运。

第二章　邮政　电讯业

第一节　邮　政

【双城市邮政局】　1986 年,双城县邮政局隶属松花江地区邮电局管理。1997 年双城市邮电局因松哈合并,隶属哈尔滨市电信局管理。1998 年 10 月,全国邮电实行邮、电分开经营,双城市邮政局隶属哈尔滨市邮政局管理。2005 年末,双城市邮政局下设 7 部 1 办,计划财务部、经营服务部、储汇部、集邮公司、电信业务局、广告部、发投公司、综合办公室。职工总数为 328 人,19 个班组,31 个支局(农村 22 个),4 个代办所。

历任局长:赵树福、刘宝文、陈重、白春武。

【邮路】　1986 年县城镇内街道胡同、农村 26 个乡镇及所属村屯全部实现了通邮。邮路总长度 2 190 公里。其中,农村乡邮路 1 790 公里,城镇邮路 400 公里。投递路线 55 条。其中,农村乡镇村屯 44 条,城镇内 11 条。1986—1993 年全市农村实行委办邮路,由邮局派押运员利用汽车运输公司的汽车把邮件运送到各乡镇支局。1994 年邮政局开始自办邮路,由三台邮运车辆,每天负责当日邮件送到 26 个乡镇邮政支局。自办邮路后,既保证了邮运时限,也保证了邮运质量,使乡镇所在地政府机关和广大人民群众能够看到当日的报刊。2005 年,全市农村邮路未变。

【市内投递】　1986—1998 年,市内共有 8 个投递段区,10 名投递员。2005 年市内由 8 个投递段区增加到 11 个段区,13 名投递员,市内投递网服务人员 17 万人,占全市总人口的 21%,年均投递出邮件 52 万件,报刊 108.5 万份,占全市总投递量的 70%。

【农村投递】　1986 年,全县 26 个乡镇全部开设了邮路,每个村屯都设立了投递点,乡镇所在地的政府机关、企事业单位及广大群众都能看到当日报纸。1999 年,邮政传统业务下降,报刊收订数量减少。2005 年,农村 26 个邮政支局投递员由原来的 2~3 人,减少到 1~2 人,投递时限由原来的当日班变成 2 日班,乡邮员也由原来的 56 人减少到 29 人,乡邮投递网仍然覆盖每个村屯,服务用户没有减少,业务量下降。

【函件　包裹　汇兑】　1986 年,邮电局邮政业务种类扩大,邮政开办了快递业务。品种有信函、明信片、印刷品、盲人读物、挂号邮件、特别挂号信函、保价信函、保价印刷品、包裹、快递小包、保价包裹、航空邮件、国际信函等。到 1993 年,各项业务年均以 10% 的速度增长。1994 年邮政新开办国际包裹、国际特快、国内特快业务,呈逐年上升趋势。2005 年,发出信函 7 800 件,包裹 6 139 件,汇兑 8 500 件,比 1993 年的总量下降了 12%。全年收寄国际包裹 64 件,国内特快 13 030 件,国际特快 193 件,比 1994 年分别增长 315%、20%、13%。

【邮政储蓄】　1987 年 6 月,邮政恢复开办邮政储蓄业务,有储蓄网点 3 个。业务项目和利率与银行相同,当年实现储蓄余额 120 万元。1998 年全市邮政储蓄户 2.5 万户,储蓄余额 1.97 亿元,到 2005 年全市邮政储蓄户13万户,储蓄余额6.8亿元,比1998年增长了3.57倍,比1987年增长了566倍,当年储蓄收入1 654万元。全市邮政储蓄网点20个。

【报刊发行】 1986年,全县报刊发行量为1.2万份。1998年增加到29 700份,其中刊物1 120份。1998年10月,邮政独立运营后,把报刊作为企业的主打产品,加大了收订力度,依靠社会力量,扩大报刊发行面,在公款订阅大幅度下降的情况下,加大了个人订阅的力度,在全国报刊发行量逐年下降的情况下,双城邮政减缓了下降的速度。1999年报刊总发行份数27 300份,其中刊物930份,实现流转额189万元。2005年,在全市繁华地域共设立了八处报刊零售网点,年流转额12万元。

【机要通信】 1986年,邮政部门继续办理机要通信业务,机要文件的收寄、封发、交换、投递都由专人负责,设机要员2人,机要文件邮寄范围到全市科级单位,其中:地区农机校、省畜牧兽医学校、双城驻军部队也包括在邮寄范围内。机要业务在4 000件左右。到1998年机要业务上升到2.5万件。1990年,机要业务大幅度下降,邮寄量1.3万件。2005年,邮寄量5 600件,机要人员减至1人。

【邮政编码】 1987年7月,邮电部决定在全国范围内推行邮政编码制度,改手工处理信件为自动化处理。根据邮电部和省邮电管理局的规定,市邮电局指派专人进行调查研究,按要求核定了全市各行政区域的邮政编码,共39个。编码采用阿拉伯数字,以"六码四级"的方式编制。"六码"即由6位数字组成,"四级"代表区,编码中的一、二位数字代表省(市、自治区),第三位数字代表邮区,第四位数字代表县(市)、第五、六位数字代表投递区。2005年末,市区设置13个邮政编码,乡镇设置23个邮政编码。

2005年双城市各邮区邮政编码情况表

表8-2-1

邮件投递区	邮政编码	邮件投递区	邮政编码	邮件投递区	邮政编码
双城市区	150100	五家镇	150112	农丰镇	150126
东南隅	150101	周家镇	150113	临江乡	150127
西北隅	150103	兰棱镇	150114	公正乡	150128
进步大街	150108	韩甸镇	150115	永胜乡	150129
西南隅	150104	同心乡	150116	幸福乡	150131
承旭路	150105	希勤乡	150117	联兴乡	150132
和平路	150105	万隆乡	150119	青岭乡	150133
民主大街	150106	对面城代办所	150118	单城乡	150134
团结大街	150107	乐群乡	150121	朝阳乡	150136
东北隅	150108	团结乡	150123	前进乡	150135
和平大街	150109	跃进代办所	150122	新兴乡	150137
迎宾路	150111	水泉乡	150124	金城乡	150138
承恩路	150107	杏山镇	150125	东官镇	150139

【集邮】 集邮业务原是在邮政营业窗口设立一个台席,出售纪念邮票,集邮爱好者不多,每年销售的纪念邮票也不多。1986年,为了适应集邮业务的发展,双城邮政成立了集邮公司,设经理1人,业务员3人,负责全市集邮票品的预订和销售工作。1995—1996年集邮业发展到了最高峰,年销售额达到120万元,集邮爱好者达到1 800人。1998年邮电分营后,邮政传统业务逐年下降,集邮业务也是一样,下降幅度比较大。2004年撤销集邮公司,划归经营服务部管理,经理由服务部业务员兼任,业务员减到2人,2005

年,集邮总收入 30 万元,集邮爱好者减少到 1 100 人,比 1996 年分别下降了 75% 和 40%。

【广告业务】　1999 年,邮政开办广告业务,主要经营商业广告制作。2001 年 1 月,成立邮政广告部,设主任 1 人,营销员 1 人,广告设计员 1 人。经过几年的运作,广告业务发展迅速,经营项目不断扩大,经营项目主要有中国邮政广告、企业明信片、校园邮资信封、企业金卡等,广告专业人员也由原来的 3 人增至 4 人,广告业务收入 10 万元。2005 年,广告业务费收入为 55 万元。

【邮政业务资费】　1988 年起,邮政业务资费执行的是国家统一规定的标准,企业自身无权调整资费标准。2000 年,随着改革的深入,资费随之市场化。包裹的收费标准:每 1 000 克为一个计算单位,收费标准根据寄递局相互间的距离确定,普通包裹每 1 000 克收费 0.80 元,快包每 1 000 克收费 5.00 元。特快邮件:每 500 克收费 20 元,每超过 500 克按区收费,一区 6 元,二区 9 元,三区 15 元。普通信件:外埠 0.80元,本埠 0.60 元。给据邮件:每 20 克 3.80 元。汇款收费:按汇款额的 1% 收取费用,一张汇票最高限额 50 000 元,最低限额 1 元。

第二节　移动通讯

【双城移动通信分公司】　1999 年 7 月 20 日与双城市电信局分营,隶属黑龙江移动通信有限责任公司。共有员工 53 人。中专学历 11 人,专科学历 9 人,本科生 5 人。设经理 1 人,副经理 1 人,工会主席 1人,办公室主任 1 人,营销部经理 1 人。

历任总经理:何永祥、吴振江。

【业务建设】　从 2000 年起,每年投资 1 000 万元,建设新的通信设施。至 2005 年末,共投资 8 000 万元,建设起 64 座移动基础站。

【业务种类】　主营业务有两种,一种是 GPRS 业务;一种是移动收费业务。GPRS 业务包括全球通、龙江行、神州行、动感地带等。分营时用户仅 2 万余户,从 2000 年起,每年发展一万户,至 2005 年末,这几项业务用户达 7 万余户,移动收费从 2000 年起,每年都在 4 000 万元以上,至 2005 年末,6 年间移动业务收费共 25 000 万元。

第三节　联通通讯

【中国联通双城分公司】　2000 年 1 月成立。营业大厅面积为 280 平方米,设综合部、市场营销部。整个公司员工为 30 人,公司设总经理 1 人;副总经理 1 人。23 个乡镇设有收费网点 50 个。总经理为万金龙。2005 年机构未变。

【业务建设】　公司业务主要经营有:移动通信、数据、长途、互联网。网上用户达 6 万余户。到 2005年末,联通公司营销业务已延伸至双城各个角落,累计业务收费达 9 500 万元,C 网通信质量达到全国领先水平,G 网通信质量进入全国十佳网络城市。

第四节　通信公司

【黑龙江省通信公司双城市分公司】　双城市通信分公司前身是双城市电信公司,历经 1998 年邮电分营、1999 年移动剥离、2000 年电信重组后,2002 年重新更名为网通集团黑龙江通信公司双城市分公司。2005 年公司有 356 人,管理干部 66 人,下设 10 个生产班组、3 个模块局、4 个片区、26 个农村支局、30 个营业网点、101 个交换网点。

总经理:刘永泉、陈继文。

【通信设施建设】 2002 年,为了适应双城电信发展,开始加快通信设施建设。到 2005 年公司共投资 2.2 亿元,完成大小管线工程项目 427 个。其中:完成电缆线路 289 项,新出局电缆线对 112 600 线,布放电缆 1 983 皮长公里;完成光缆线路工程 68 项,建设光缆线路 456 皮长公里;完成通信管道工程 16 项,铺设电缆管道 158 孔公里,完成管道下迁及线路改造 7 项,建设市内地下电缆线路 19.6 皮长公里;完成线路大修改造项目 66 个,使管道及线路状况得到明显改善;新增农村交换设备点 86 个,撤并优化交换点 38 个,新增市内模块局 3 个。全市交换机总容量达到 142 600 万门,拥有电话用户 111 387 户,安装率达到 86.48%。小灵通业务和数据通信业务异军突起,发展迅猛,成为最具潜力的新业务增长点。其中小灵通业务做到当年建设当年放号当年形成拥有两万用户的大规模用户群。数据通信则从无到有,开通数据业务设备点 24 个,互联网用户超过 10 000 户,ADSL 用户突破 5 000 户,互动电视用户 2 200 户。

【业务建设】 2000 年,通信业务种类不断增多。到 2005 年,相继开通帧中继、800、200、300、IP 电话、450M 无线电话、远程教学、ISDN、小灵通 PHS、语音短信、固定短信、电话 Q 吧、ADSL、光纤 + LAN 等新业务品种,为社会提供了多层次、多方位的通信服务。随着改革开放的不断深入,双城通信以积极的姿态适应市场经济发展,搞活经营,拓展服务领域。

【通信资费】 1999 年,双城通信业务收入为 3 214 万元,2000 年完成业务收入 3 644 万元,2001 年完成业务收入 4 353 万元,2002 年完成业务收入 5 262 万元,2003 年完成业务收入 6 287.04 万元,2004 年完成业务收入 7 260 万元,2005 年完成业务收入 7 440 万元,在全省县(市)中排名分别为 1999 年第 13 位,2000 年第 11 位,2001 年第 9 位,2002 年第 7 位,2003 年、2004 年第 5 位,2005 年第 6 位,固定资产达到 2.5 亿元。

第九编　银行　保险业

银行、信用社

保险 证券 典当

1986年5月30日,双城人民银行和双城工商银行分设,1987年5月双城农村信用联社成立。至此,全市金融体制改变"大一统"的单一银行制形成政策性银行与商业性银行分离、以国有商业银行为主体,多种金融机构并存的新格局。金融业务范围迅速拓展,服务面迅速扩大,2005年,全市共有银行6家,信用社1家,职工总人数1 128人,人民币存款余额为3 401 200万元,其中储蓄存款余额为283 242万元,贷款余额为22 836万元。人寿保险额计1.95亿元,理赔额1 787万元。财产保险额计1.20亿元,理赔额7 518万元。

第一章　银行　信用社

第一节　人民银行、银监局办事处

【中国人民银行双城市支行】　1986年5月30日,双城人民银行与双城工商银行分设。更名为中国人民银行双城县支行,内设会计、国库、资金计划、发行、人秘、工会等职能部门,职工23人。办公地点在文昌大街95号。1988年撤县设市更名为中国人民银行双城市支行,机构编制无变化。1989年,在花园大街建办公楼,1990年7月搬入。1992年8月,增设综合业务科、稽核科、保卫科和纪检监察室,职工50人。2003年,内设机构撤销稽核科,增设农金科、金管科和内审科。2005年,内设机构调整为办公室、会计国库科、货币信贷与统计科、保卫科、货币金银科5个职能部门,职工43人。

历任行长:姜永胜、宋慧中、孙永奇。

【金融监管】　1995年,《中国人民银行法》颁布,双城市支行开始按着"统一领导、分工负责、权责分明、责任到人、依法监管"的原则,制定监管目标,建立定期沟通协调机制,全面落实监管责任,层层签订责任状,做到责任清楚,发现问题以责论处。严格执行各项内部管理制度,加强监管干部队伍建设,规范监管行为;不断改进监管方式,采取通报监管情况、征求被监管对象意见等形式,增强监管工作的效果。2001年,中国人民银行哈尔滨中心支行发布《银行监管考核办法》,双城支行根据监管中发现的问题,及时发出《监管通报》和《监管意见书》。2003年6月5日,中国人民银行哈尔滨中心支行出台《关于落实国家宏观调控政策,进一步加强贷款风险管理实施意见》,双城支行认真贯彻通知精神,采取积极措施解决投资需求过旺、信贷投放过快的问题,督促指导商业银行增强对市场和风险变化的理性判断,建立科学的风险管理长效机制,充分利用再贷款、再贴现和中央银行票据等货币政策工具,加大对各金融机构的资金支持,督促各金融机构用好用活贷款利率浮动政策,实现风险溢价。对重点内容、重点机构实行重点监管,切实防范和化解金融风险,监督各商业银行,抓紧清收不良贷款,仅中国银行借助股改上市就剥离信贷本金1 410万元,核销呆账本金1 489万元。2005年,加大利率、房地产、货币信贷工具的检查力度,对辖内各金融机构进行存贷款利率执行情况检查,对检查出的利率标注不当、约期不合理的问题进行及时纠正。

【货币政策】　2003年7月28日,哈尔滨中心支行召开支持农业农村经济结构调整现场会后,双城市支行根据会议精神,加大信贷支农工作力度,重点支持农业结构调整,投放农业贷款4 500万元。农村信用联社根据农村产业经济结构调整的需要,新增1 500万元贷款,主要用于发展奶牛和"两瓜"等经济作物种植。2004年,组织各商业银行累计发放贷款217 998万元,其中:农业贷款138 969万元,办下岗职工小额担保贷款2 135万元。2005年,农村信用联社投放2 000万元贷款支持白酒加工企业、有载开关、三友水泥等民营企业,农业贷款投入1.1亿元。工商银行向雀巢公司投放8 000万元贷款。

【维护金融稳定】　2003年,双城市支行建立金融稳定和反洗钱工作协调机制,重点监测各商业银行信贷资金质量、结构与宏观经济运行变化的动态,制订风险紧急处置预案,对备付金偏低、资本金严重不足和资产负债期限结构严重失衡的金融部门及时发出风险预警,加强对银行业金融机构反洗钱工作的检查、指导和监督大额可疑支付交易的报备(现金交易20万,转账100万)。2004年,双城市支行协助中行、建行和工行做不良资产的剥离和清收工作。工行运用综合清收政策,剥离不良资产68笔,金额10 117万元,实现现金清收310万元。在信用社交纳股金7 633万元之后,达到了申购人民银行票据的条件。2005年,通过人民银行票据申购考核,对其给予4 506万元的无偿资金支持,使农村信用社的改革平稳有序地进行。

【改进金融服务】 2003年,金融统计制度出台后,及时更换、编制各类统计报表,改变报表程序,提高电子化水平。推进景气监测、商品交易价格调查,及时反映商品生产和流通趋势。开展居民对存、贷款利率上调和各金融机构对存款准备金率上调的反映等专题调研活动,撰写有指导实际工作价值的调研报告16份。2004年,加强现金管理,规范商业银行现金存取业务。督促各金融机构严格执行国家规定的存、贷款利率和其他货币交易价格。2005年,核准企业基本账户1 229户。农业银行大力为双城招商引资项目服务,重点支持经济技术开发区招商项目——哈尔滨汇源食品饮料有限公司,为其开办556.75万美元的信用证,用于从法国克朗斯公司引进无菌冷藏生产线一套,总价655万美元,同时为该企业提供4 000万元人民币流动资金贷款。

【人民币管理】 1995年4月25日,《中国人民银行法》颁布,全市各金融系统出动200人上街开展宣传,摆设咨询台21个、拉过街横幅32条、散发宣传资料2万份,咨询4 000余人次。1996年6月25日,开展反假人民币宣传周活动,张贴标语600余条,发宣传材料4万份,咨询人员5 000余人。2003年7月,向持币人出具统一印制的《假币收缴凭证》。2005年,收缴假币20.66万元,共为群众兑换残缺污损人民币32万元。

【稽核管理】 1994年,人民银行为加强和完善对金融机构、银行业务的监督管理,在行内设稽核科,各行、社先后增设相应机构和稽核人员,负责内部各项业务的核查、审计工作。稽核内容包括金融经营证照、账户管理、内部管理、综合指标、贷款资产质量、拆借资金、应收账款、核算业务等,进行全方位核查、评价。1995年,人民银行进行专项稽核35项、常规稽核8项、委托稽核6项,共核查29家(次)行、社的265价目(次)经营网点。2005年,查出超范围经营、违规经营、有问题资金等3 125笔,金额31 267万元,有问题贷款386笔,金额14 560万元。

【金银管理】 1991年,根据国家调整金银价格的政策,人民银行收兑黄金价格由每克30元,调到每克70元。1994年,因人民银行收购黄金价格低于市场个人(属黑市)收购价格2倍,人民银行黄金收购量逐年减少。2000年,只有一家金店——华鑫金店,2005年,全市金店有9家。

【经理国库业务】 1986年,根据国务院颁布的《国库宣传条例》,双城县支行认真履行经理国库职能,做好国库库款的收纳、支拨、报解、国债管理工作,加强对各商业银行代理国库业务的监督检查力度,确保国库资金安全。1990年,本外币各项存款余额30 965万元,贷款余额53 158万元。1998年,本外币各项存款余额156 366万元,贷款余额247 895万元。2001年,本外币各项存款余额203 134万元,贷款余额238 734万元。2005年,全市金融机构本外币各项存款余额3 401 200万元,比上年同期增加35 915万元,增长11.8%。全市金融机构本外币各项贷款余额22 836万元,比上年同期增加10 369万元,增长4.75%。全市金融机构累计现金收入1 805 133万元,同比增长12.97%,累计现金支出1 960 014万元,同比增长18.79%,收支差净投放现金154 881万元;全年全市金融机构累计盈利－2 710万元,同比多亏损986万元,其中国有商业银行盈利－3 435万元,同比多亏损473万元。政策性银行盈利187万元,同比少盈利1 138万元。

【银监局办事处】 2004年4月8日,黑龙江银监局双城办事处经中国银行业监督管理委员会批准正式成立,人员编制5人,属正科级单位,主任赵丽娟。到2005年,开展了对辖内金融机构现场检查和非现场监管。完成了对双城市富华城市信用社和高科技城市信用社风险排查及资产评估工作、对双城市农业银行、双城市建设银行贷款偏离度的检查工作、对双城市农村信用社重要岗位风险排查工作、对辖内9家金融机构2个增设分支机构、6个机构23名高级管理人员任职资格的初审工作。查出违纪金额15 240万元,下发风险提示书2份,取消2名高管资格,提高了金融机构依法经营意识,促进其规范、审慎经营,同时对保护存款人和其他客户的合法权益及辖内金融机构持续发展起到了积极作用。

1986 — 2005年双城市金融业存贷款情况表

表9 - 1 - 1   单位:万元

项目	一、存款合计	企业存款	财政存款	储蓄存款	二、贷款合计	工业贷款	商业贷款	农业贷款	固定资产贷款	个体贷款
1986年	12 862	2 517	1 019	4 544	33 986	7 294	19 120	4 342	2 578	50
1987年	15 614	3 131	826	6 864	34 852	8 483	18 776	4 299	2 350	362
1988年	20 914	3 830	1 192	9 501	43 681	9 869	25 492	2 647	2 723	385
1989年	26 279	5 007	1 386	12 647	47 689	11 343	26 378	2 549	3 872	265
1990年	30 965	4 907	1 495	16 630	53 158	13 712	29 947	2 581	4 037	216
1991年	37 596	5 370	1 717	20 703	64 855	16 277	39 198	2 906	4 068	
1992年	40 750	7 241	1 365	26 259	73 320	18 741	42 252	3 316	4 374	708
1992年	40 750	7 241	1 365	26 259	73 320	18 741	42 252	3 316	4 374	708
1993年	57 642	14 889	1 412	33 501	94 597	21 346	61 912	3 389	4 137	314
1994年	49 468	12 324	908	46 586	125 540	22 243	76 532	3 803	4 663	189
1995年	102 633	11 941	802	58 608	155 859	23 459	98 224	4 320		49
1996年	123 608	15 066		99 158	199 725	23 092	12 266	7 874		
1997年	130 138	21 653	520	110 843	228 295	17 236	166 893	6 164	1 346	855
1998年	156 366	18 625	1 180	129 096	247 895	16 145	182 993	6 956	1 566	1555
1999年	172 840	16 080	2 318	147 252	253 073	10 532	196 506	7 702	502	1 741
2000年	187 015	24 735	357	156 881	230 343	12 971	180 840	10 309	595	126
2001年	203 134	23 270	1 480	172 325	238 734	13 084	187 183	10 505	95	1 261
2002年	239 285	38 125	1 740	195 581	238 680	7 911	187 792	11 517	1 045	1 404
2003年	268 087	37 993	2 828	223 404	234 486	7 217	165 077	10 553	2 392	1 766
2004年	340 250	46 285	2 564	249 608	217 998	8 741	138 969	11 564	2 338	2 135
2005年	340 120	34 285	2 931	283 342	228 367	12 436	132 056	22 699	1 937	1 448

第二节　工商银行

【机构】　1986年5月,中国工商银行双城县支行成立,地址在文昌大街67号。设储蓄科、信贷科、计划贷管科、会计科、出纳科、保卫科、总务科、人事科。下设车站办事处和六个储蓄所:中心储蓄所、南街储蓄所、北街储蓄所、西街储蓄所、亚麻储蓄所、东街储蓄所。1988年,撤县设市更名为中国工商银行双城市支行,设储蓄科、信贷科、计划贷管科、会计科、出纳科、保卫科、总务科、人事科,下设车站办事处和八个储蓄所,有职工205人。1996年,支行划归中国工商银行哈尔滨市分行管辖。2004年,人事体制由过去的固定工

1986—2005年工商银行双城支行各项存、贷款数据统计表

表9-1-2　　　　　　　　　　　　　　　　　　　　　　　　　　　　　　　　　　　单位：万元

项目	1986年	1987年	1988年	1989年	1990年	1991年	1992年	1993年	1994年	1995年	1996年	1997年	1998年	1999年	2000年	2001年	2002年	2003年	2004年	2005年
一、各项存款	5 922	7 229	8 117	10 638	11 127	13 678	15 733	17 909	18 470	22 290	24 091	26 669	28 738	33 598	37 306	36 942	45 914	42 555	52 076	42 965
财政性存款	308	110	367	398	537	727	360	455							8 144					
企业存款	1 598	1 889	1 724	2 578	2 396	2 359	3 375	4 018	3 102	4 318	3 593	4 142	4 081	5 941	29 162	10 136	19 250	14 638	19 734	12 209
储蓄存款	4 016	5 230	6 026	7 662	8 194	10 592	11 998	13 436	15 368	17 972	20 498	22 527	24 657	27 657		26 806	26 664	27 917	33 342	30 756
外币存款（美元）																			10	10
二、各项贷款	16 800	17 005	19 234	22 338	26 419	27 288	31 119	38 480	27 150	27 560	27 696	21 762	21 290	14 487	15 993	16 148	12 103	12 275	14 003	8 275
工业企业贷款	5 957	6 781	7 433	9 426	11 191	13 608	15 270	17 576	20 229	20 056	17 485	12 462	12 111	7 396	10 343	11 013	11 054	10 879	12 786	7 390
商业企业贷款	6 854	6 790	7 489	8 322	10 028	10 753	12 823	15 135	5 728	5 917	5 857	5 428	5 358	4 054	3 187	3 141				
集体企业贷款	1 458	1 546	1 507	1 674	1 778	1 903	1 807	1 910			2 260	2 315	2 216	1 241			1 049	1 376		
个体贷款	56	38	83	45	28	75	154	146			273	27	176	154	925	1 061			1 217	885
固定资产贷款	553	811	824	887	910	951	1 005	963	941	1 326	1 326	1 234	784	470	1 027	498				
对外业务贷款	1 922	1 039	219									296						20		
三、其他贷款			1 679	1 984	2 484		60	2 750	252	261	495	8 146	645	1 172	511	435				
贷款核销情况	1 525	1 176							866	790	222		151	1 323		122	3 250			
呆坏账核销情况										5								8	126	
资产总额												36 279	36 043	39 145	38 562	40 805	48 040	45 307	55 719	48 942
负债总额												42 095	46 077	55 883	57 628	52 030	49 699	46 250	56 557	50 748

制改革为合同制,实行全员劳动合同制。首次开展全员竞聘上岗、机构整合,内部机构设三部一室。撤并车站分理处、东街储蓄所。2002年,再次开展全员竞聘上岗,成立"三清"办公室,设立开发区金融业务咨询处。2005年,有职工84人,内设机构无变化。

历任行长:侯翼祥、王运兰、闫志强、门建国。

【存款业务】　1986年,企业存款规模为1 598万元,财政性存款308万元,储蓄3 107万元。1987年,储蓄存款余额5 230万元。1988年,储蓄存款余额6 026万元,各项存款余额7 662万元。1989年,各项存款10 638万元,同比增长31.1%。1991年,存款增长2 551万元,余额达13 678万元,同比增长22.9%。1996年,各项存款余额达到24 091万元,比1992年增长53.1%,储蓄存款纯增2 526万元,增长14.1%。1999年,实现33 598万元,同比增长16.9%,是近5年增幅最高的。2002年,各项存款余额达到45 914万元,同比增长24.3%,再创历史新高。2003年,储蓄存款余额27 918万元,同比增长1 253万元,实现中间业务收入26万元。2004年,对公存款时点余额19 774万元,纯增5 137万元,增幅35.1%,完成全年计划257%。对公存款日均余额13 629万元,较上年日均纯增200万元。同业存款旬均余额2 462万元,较上年旬增余额增长1 003万元;储蓄存款余额32 342万元,较年初纯增4 425万元,增幅16%。2005年,存款业务形成规模,各项存款余额45 600万元。

【贷款业务】　信贷业务种类主要有工业企业流动资金贷款、商业流动资金贷款、技术改造贷款、中短期设备贷款、粮食贷款、外贸贷款、集体工商业贷款、个体工商户贷款等。1986年,投放贷款1 525万元,贷款余额168 00万元。1987年,投放贷款1 176万元,贷款余额17 005万元。1988年,因中行分离业务,外贸贷款余额下降至219万元。1992年,为支持全市工业企业的改组改造,贷款余额达31 119万元,同比增长14%。1994年,工行拨给农业发展银行10 368万元,当年贷款余额27 150万元,比上年下降9.4%。1995年,关停企业发放贷款50万元,本年核销不良贷款5万元。1997年、1998年、1999年和2001年各年核销不良贷款分别为8 146万元、151万元、1 323万元和122万元。2003年,养牛贷款余额483万元,达到了零不良的标准。2004年,贷款余额14 003万元,较年初纯增1 728万元,发放贷款2 930万元(包括流动资金贷款2 000万元、信贷贷款251万元、个人消费贷款679万元),收回贷款1 076万元,核销贷款126万元。2005年,投放贷款8 000万元。

【外汇业务】　1986年,按传统的人民银行外汇储蓄办理外汇储蓄业务,主要满足特殊持汇人员的业务需要。2004年,经上级行和国家外汇管理局批准,正式开办国际结算业务,当年吸收外币存款10万美元。2005年,外币存款10万美元。

第三节　农业银行

【机构】　1986年,双城县农业银行营业机构69个,其中:农行办事处39个、信用社办事处30个,在编人员585人。1988年,撤县改市更名为双城市农业银行,机构编制无变化。1990年,在花园大街213号新建办公楼,1991年12月交付使用。1996年,农行全市营业机构39个,内设12个科室即工业信贷科、商业信贷科、农业信贷科、计划科、会计科、储蓄科、审计科、监察室、保卫科、人事科、工会和办公室,在编人员240人。2005年,全市营业机构11个,内设五部一室即计财信息部、客户经理部、综合管理部、清收管理部、监察保卫部和办公室,职工239人。

历任行长:王禹、张贵复、蒋希田、官守国、闫义、唐宝有。

【存款业务】　1986年,各项存款5 613万元,同比增长24.7%。1991年,各项存款余额15 148万元,比1989年增长31.3%。1992年,各项存款余额18 025万元,同比增长18.9%。1996年,各项存款26 204万元,其中财政存款850万元,企业存款4 847万元,储蓄存款20 507万元。居民储蓄存款比上年纯增3 113万元,同比增长17.9%。2000年,开通全国储蓄通存通兑业务,发行农业银行储蓄金穗卡,当年储蓄存款增长5 900万元,同比增长 50%。2002 年,发行储蓄借记卡,当年储蓄借记卡存款量达到1 000万元,储蓄存款纯增5 000万元。2003 年,发行金穗通宝银联卡,此银行卡可以办理跨行支取现金、修改密码等项业务,当年储蓄存款增长8 500万元。2004 年,各项存款大幅增长,储蓄存款增长5 000万元。2005 年,各项存款54 547万元,其中企业存款2 968万元、储蓄存款51 579万元。

【贷款业务】 1986 年,农业银行开办的贷款种类有工业贷款、商业贷款、农业贷款、个体贷款、村办企业贷款和其他贷款等。发放各种贷款余额14 778万元,比上年增长 19.9%,1988 年,各项贷款余额20 440万元,同比增长 37.4%。信贷投放重点是农业、科技、教育、电力等重要原材料的建设项目。投资2 000万元重点支持了生产资料公司的经营生产。1992 年,为发展第三产业广泛筹资,投放工业贷款 200 万元,商业贷款10 571万元,各项贷款余额22 863万元,比上年增加 74 万元,增长0.34%。1996 年,累计发放贷款24 689万元,其中发放农业生产贷款7 769万元,为乡企贷款5 435万元,商业贷款7 235万元,农副产品采购贷款4 250万元。2000 年,投放各项贷款21 583万元,比上年减少27.4%。2002 年,发放各项贷款余额42 865万元,比上年增长 101.2%。2003 年,农业银行积极筹措资金对奶牛贷款,投放4 500万元。2005 年,投放各项贷款51 742万元,并为哈尔滨汇源食品饮料有限公司开立 556.75 万美元的信用证,同时为该企业提供了4 000万元人民币流动资金贷款,发放2 200万元农业贷款和3 300万元奶牛贷款。

【外汇业务】 2004 年农业银行开办外汇业务,种类有信用证、进口代收汇出汇款、汇入汇款、西联汇款。2005 年,外汇国际结算量达到 515.23 万美元。

1986 — 2005 年双城市农行存、贷款情况表

表 9 - 1 - 3 　　　　　　　　　　　　　　　　　　　　　　　　　单位:万元

项目	一、存款合计	财政存款	企业存款	储蓄存款	二、各项贷款	工业贷款	商业贷款	农业贷款	个体贷款	基本建设贷款	科技贷款	其他贷款	三、外汇	国际贸易结算（万美元）
1986 年	5 613	601	2 896	2 116	14 778	51	7 467	6 028	508			724		
1987 年	7 125	715	3 026	3 384	14 880	63	7 621	5 906	525			765		
1988 年	10 354	823	4 108	5 423	20 440	72	10 798	8 015	746			809		
1989 年	11 534	987	5 069	5 478	21 452	85	9 658	9 957	828			924		
1990 年	12 089	957	5 206	5 926	22 589	115	9 867	10 617	1 005			985		
1991 年	15 148	989	5 348	8 811	22 706	153	10 562	9 487	1 675			829		
1992 年	18 025	1 004	6 278	10 743	22 784	200	10 571	9 022	2 145			846		
1993 年	20 468	956	7 680	11 832	22 863	218	10 640	7 527	3 574			902		
1994 年	22 096	894	7 865	13 337	23 548	236	10 954	7 601	3 804			958		
1995 年	24 178	802	5 982	17 394	23 908	257	10 986	7 696	4 001			968		
1996 年	26 204	850	4 847	20 507	24 689	285	11 315	7 769	4 250			1 070		
1997 年	27 481	708	9 183	17 590	29 277	315	12 086	7 985	6 877			2 014		
1998 年	22 640	32	1 721	20 887	29 065	328	12 515	6 256	7 645			2 321		
1999 年	25 972	14	1 962	23 996	29 746	328	12 515	6 856	7 726			2 321		

续表

项目	一、存款合计	财政存款	企业存款	储蓄存款	二、各项贷款	工业贷款	商业贷款	农业贷款	个体贷款	基本建设贷款	科技贷款	其他贷款	三、外汇	国际贸易结算（万美元）
2000 年	30 261	5	3 670	26 586	21 583	165	7 015	5 856	6 626			1 921		
2001 年	33 553	23	4 198	29 332	21 303	165	7 015	5 856	6 398			1 869		
2002 年	32 979	66	2 482	30 431	42 865	236	20 156	13 869	7 012			1 596		
2003 年	41 860	364	4 452	37 044	45 744	236	21 170	15 467	7 249			1 622		
2004 年	50 197		3 821	46 376	47 083	236	21 161	17 599	6 858			1 229		
2005 年	54 547		2 968	51 579	51 742	4 000	21 144	16 039	8 676			1 883	515.2	515.2

第四节　建设银行

【机构】　1986 年,中国建设银行双城支行,内部机构有会计、拨款、信贷和人秘 4 个股室,全行员工 20 人。1992 年 5 月,在双城镇花园大街 100 号建办公楼,内部机构设置增加到 10 个股,有储蓄、审计、投资、建经、计划、人秘、会计、总务、保卫、清算等,有两个办事处,并建立 7 个储蓄网点。1999 年 5 月,机构设置调整为 5 个部门即个人银行业务部、财会计划部、筹资信贷部、综合管理部、保卫科。另设城建分理处、周家分理处及 7 个储蓄所。2004 年,双城建设银行更名为中国建设银行股份有限公司双城支行,内部机构:办公室、公司业务部、财会计划部、个人银行业务部、保卫部、城建分理处、新城分理处及 2 个储蓄所,职工 87 人。2005 年机构编制无变化。

历任行长:黄如昌、李文志、刘洪波。

【存款业务】　1986 年,各项人民币存款余额 308 万元。1987 年,各项存款余额 434 万元。1988 年,各项存款余额 1 251 万元。1991 年,各项存款比 1989 年增长 161.2%,其中储蓄存款增长 3 倍。1994 年,各项存款比 1993 年增长 62.8%,1995 年比 1994 年增长 6.9%;1996 年比 1995 年增长 53.8%。2000 年,企业存款比 1999 年增长 81.5%,各项存款比 1995 年增长 126.7%。2001—2004 年各项存款余额分别为 28 833 万元、33 638 万元、38 320 万元和 44 792 万元,分别比上年增长 5.48%、10.46%、16.7% 和 16.9%。2005 年,各项存款余额达 54 253 万元,比上年增长 21.1%,是 1986 年的 176 倍。

【贷款业务】　1986 年,各项贷款余额 2 408 万元。1988 年,各项贷款余额 4 007 万元,比上年增长 35.1%。1992 年,各项贷款余额 5 116 万元,比上年增长 33.8%。1993 年,各项贷款 7 071 万元,比上年增加 38.2%。1997 年,新发放贷款增长较快,贷款余额 10 717 万元。2003 年,优化信贷结构,对有利于提高产业整体水平和产品档次的项目给予更多的资金支持,全年发放贷款 1 393 万元,回收 1 320 万元。2005 年,办理基建贷款 600 万元、流动资金贷款 3 700 万元、个人住房贷款 1 790 万元等贷款业务。

1986—2005 年建设银行双城支行存贷款情况表

单位：万元

表9-1-4

项目	1986年	1987年	1988年	1989年	1990年	1991年	1992年	1993年	1994年	1995年	1996年	1997年	1998年	1999年	2000年	2001年	2002年	2003年	2004年	2005年
一、各项存款	308	434	1 251	1 641	2 133	3 268	5 032	6 570	10 694	11 434	17 854	20 029	23 106	26 573	25 921	28 833	33 638	38 320	44 792	54 253
其中财政性存款	110	1	2	1	1	1	1	1	14	0	660	169	845	2 365	1 669	539	1	0	0	0
企业存款	198	433	831	895	679	1 026	1 653	1 302	1 561	1 155	1 530	1 873	3 252	2 794	5 071	4 734	6 095	8 864	14 220	18 076
储蓄存款	0	0	418	745	1 453	2 241	3 378	5 267	9 119	10 279	15 664	17 987	19 009	21 414	19 181	23 560	27 542	29 456	30 572	36 177
二、各项贷款	2 408	2 967	4 007	3 899	2 026	3 824	5 116	7 071	5 763	5 177	10 442	10 717	19 861	19 860	5 285	3 096	5 084	4 576	4 197	6 164
其中基建贷款	0	1 076	1 278	1 219	959	3	958	3	3	3	3	3	3	3	0	0	0	0	0	600
更改措施贷款	969	588	456	403	404	0	752	0	0	0	0	0	0	3	0	0	0	0	0	0
中央预算基建贷款	0	0	20	0	0	0	0	0	0	0	0	0	0	0	0	0	0	0	0	0
地方预算基建贷款	1	5	53	53	3	0	3	0	0	0	0	0	0	0	0	0	0	0	0	0
财政委托贷款	243	869	221	251	252	0	104	0	0	0	0	0	0	0	0	0	0	0	0	0
其他委托贷款	1 195	429	1 392	1 340	408	1 640	1 736	4 479	1 681	0	4 613	7 398	15 680	16 157	0	0	0	0	0	0
流动资金贷款			300	293		2 181	414	2 589	4 079	0	5 826	3 316	4 178	3 700	390	750	3 240	3 130	3 300	3 700
其他贷款			287				1 149			5 177					2 269					74
住宅贷款				47											2 626	2 303	1 781	1 374	873	0
个人贷款															0	43	63	72	24	1 790
单位贷款																				

第五节　中国银行

【机构】　1988年9月1日成立中国银行双城支行,位于双城市花园大街102号,内部机构有会计、储蓄和人秘三个部门,全行员工17人。在业务上除了经营人民币存、贷款和人民币结算等传统银行业务外,还办理人民币定期保值储蓄,开办其他银行当时所不办理的外币存、贷款和外币结算业务。1996年,有营业网点5个,支行内部设有人秘、保卫、工会、会计、出纳、存款、信用卡、计划信贷和稽核科室,员工76人。2002年10月,支行将原有的机构压缩为"三部一室",即业务管理部、业务发展部、营业部和办公室。2005年,支行由原来的"三部一室"缩减为"两部",即综合管理部和营业部。职工59人。

历任行长:邹宗彦、金佩珠、姚忠志、张洪权、王怀平。

【存款业务】　1988年,各项人民币存款余额275万元。1989年为706万元,增幅156.7%。1990年,各项人民币存款余额820万元,较上年增长16.1%。1991年,各项人民币存款余额1 121万元,较上年增长36.7%。1994年,增办长城卡业务,各项人民币存款余额2 772万元,比上年增长43.8%。1995年,各项人民币存款余额3 716万元,比上年增长34.1%。1996年,各项人民币存款余额7 213万元,比上年增长94.1%,其中储蓄存款由1995年的2 426万元,增加到6 555万元,增幅170.2%。1997年,各项人民币存款余额突破亿元大关,达到10 761万元,比上年纯增3 548万元。1998年,各项人民币存款较上年同期增加近6 000万元。2003年,各项人民币存款余额33 520万元,其中储蓄存款余额24 217万元,比2000年增长48.8%。2005年,各项人民币存款余额39 554万元,是1988年的144倍,其中储蓄存款余额是1988年的605倍。

1988—2005年中国银行双城支行人民币存款情况表

表9-1-5　　　　　　　　　　　　　　　　　　　　　　　　　　　　　　　单位:万元

年度	合计	其中			较上年增幅
		储蓄存款	企业存款	金融机构	
1988	275	50	225	0	0
1989	706	297	409	0	431
1990	820	640	180	0	114
1991	1 121	668	453	0	301
1992	1 489	913	576	0	368
1993	1 928	1 243	685	0	439
1994	2 772	1 557	1 215	0	844
1995	3 716	2 426	1 290	0	944
1996	7 213	6 555	658	0	3 497
1997	10 761	9 554	1 207	0	3 548
1998	16 514	13 740	2 774	0	5 753
1999	17 771	14 866	2 905	0	1 257
2000	19 314	16 279	3 035	34	1 543
2001	23 460	18 101	5 359	602	4 146

续表

年度	合计	其中			较上年增幅
		储蓄存款	企业存款	金融机构	
2002	27 546	20 918	6 628	1 005	4 086
2003	33 520	24 217	9 303	1 305	5 974
2004	37 061	28 625	3 419	5 017	3 541
2005	39 554	30 252	7 285	2 017	2 493

【信贷业务】 1988 年,累计发放企业贷款3 100万元,当年实现利润59 万元。1994 年,贷款余额10 147万元,比1993 年增长100.2%。1995—1999 年,各项人民币贷款一直在亿元上下。2003 年,各项人民币贷款余额9 160万元,比上年增长17.9%。2004 年,消费信贷余额7 930万元,其中住房贷款余额6 189万元。2005 年,各项人民币贷款余额11 742万元。

1988—2005 年中国银行双城支行人民币贷款情况表

表9-1-6
单位:万元

年度	余额	正常	不良	不良比(%)
1988	3 100	3 100	0	0
1989	3 397	3 054	343	10
1990	3 441	1 715	1 726	50
1991	5 065	3 867	1 198	24
1992	4 834	2 958	1 876	39
1993	5 069	2 198	2 871	57
1994	10 147	3 620	6 527	64
1995	8 589	1 915	6 674	78
1996	9 108	2 578	6 530	72
1997	10 173	3 394	6 779	67
1998	10 369	3 606	6 763	65
1999	9 002	3 125	5 877	65
2000	7 694	3 786	3 908	51
2001	5 217	1 449	3 768	72
2002	7 767	4 034	3 733	48
2003	9 160	7 761	1 399	15
2004	7 930	7 930	0	0
2005	11 742	11 268	474	4

【外汇业务】 1988 年,中国银行双城支行开展外汇业务,是双城市办理外汇业务的商业银行,办理外贸、创汇企业的存贷款业务和会计结算业务。2005 年,外汇存款总额144 万美元,但由于受地域环境和经济发展的制约,外汇存款余额始终不高,外汇贷款也始终为0。

1988—2005 年中国银行双城支行外汇存款情况表

表 9 - 1 - 7
单位:万美元

年度	金额	年度	金额	年度	金额
1988	0	1994	26	2000	92
1989	1	1995	28	2001	134
1990	2	1996	29	2002	163
1991	3	1997	39	2003	149
1992	8	1998	36	2004	229
1993	21	1999	69	2005	144

第六节　农业发展银行

【机构】　1996 年 11 月成立双城市农业发展银行,办公地点在农业银行四楼。内设信贷科、会计科、计划科、审计科、保卫科和办公室,全行员工 27 人。1997 年 9 月 8 日,农业发展银行迁入位于北门的花园大街 220 号新址。2004 年 4 月,支行规范和细化内部岗位设置,由 6 大科室变为 2 部 1 室,即计划信贷部、会计出纳部和办公室。2005 年,机构设置无变化,职工 39 人。

历任行长:李树海、王景权、费成才、国文学、孙泽君。

【存款业务】　1996 年,建行初期企业存款 450 万元,1997 年,企业存款 1 900 万元,2005 年,企业存款达到 7 967 万元,比上年增长 17.7 倍。

1996—2005 年双城市农业发展银行企业存款情况表

表 9 - 1 - 8
单位:万元

年度	粮食企业	粮食局	其他企业
1996	450	85	
1997	1 900	109	300
1998	4 275	130	752
1999	2 414	51	
2000	3 026	119	3
2001	2 900	73	4
2002	5 869	146	174
2003	2 729		1 241
2004	6 267		571
2005	7 967		765

【贷款业务】　1996 年贷款业务主要针对农业发展,实行"收一斤粮给一斤粮款"的保护价粮食收购政

策。2000 年实行"购得进、销得出、不赔钱"政策,"按销售合同收购,有一定保证金,按比例发放贷款"。2001 年,发放贷款174 054万元。2003 年,发放贷款141 622万元。2005 年,发放贷款113 570万元。

1996—2005 年双城市农业发展银行贷款及粮食收购情况表

表 9 - 1 - 9

年度	贷款合计（万元）	其中（万元）			当年累计放贷（万元）	当年支持收购粮食（万公斤）
		专储贷款	流转贷款	建仓贷款		
1996.9	90 181	10 782				
1996.12	117 181	10 782				
1997	146 860	34 407				
1998	166 709	6 248		545		
1999	180 202	12		835	35 850	42 542
2000	166 203	5 430		1 870	9 376	10 381
2001	174 054	9 750		2 751	18 317	24 546
2002	174 946	10 571	110	2 751	32 375	29 262
2003	141 622	7 103	4 859	2 635	17 657	14 693
2004	117 152	7 449	9 723	2 635	17 270	20 666
2005	113 570	0	28 024	2 635	38 943	38 254

第七节　信用联社

【机构】　1987 年 5 月,双城县农村信用合作社成立,归属农业银行管理,办公地址在双城镇和平大街 7 号,有员工 323 人,内设信贷股、储蓄股、会计股等。1996 年,根据国务院关于农村信用社体制改革的决定,与农业银行脱离隶属关系,成立双城市农村信用合作联社,机构设置为 6 科 1 室即储蓄科、信贷科、会计科、保卫科、人事科、审计科和办公室。2004 年 11 月,双城市农村信用社正式开始进行产权制度和管理体制等方面改革。逐步建立农村商业银行、农村合作银行。2005 年,有法人信用社办事处 26 家,1 个营业部、4 个信用分社,代管 2 家城市信用社,辖 19 个储蓄所,共计 52 个营业网点。联社机关设有人力资源部、财务部、监察保卫部、综合业务部、办公室、稽查支局、网络中心。职工 572 人。法人代表:高文祥。

【存款业务】　1996 年,各项存款余额 20 354 万元,其中企业存款1 318万元,储蓄存款19 036万元。1997 年,各项存款余额24 159万元,比上年增长 18.7%,其中企业存款比上年增长 19.7%,储蓄存款比上年增长 18.6%。2000 年,各项存款余额33 166万元,比上年增长 6.8%,其中企业存款与上年持平,储蓄存款增长 3.7%。2001—2002 年,各项存款余额分别是36 732万元和40 761万元,分别比上年增长 14.8% 和 10.9%,其中企业存款 2001 年比上年增长 36.4%。2003 年末各项存款余额46 882万元,比上年增长 15%,其中企业存款比上年增长 35.9%。2004 年,各项存款余额52 287万元,比上年增长 14.5%,其中企业存款比上年增长 52.2%。2005 年,信用社改革进入实质性阶段,建立和完善市场营销体系,广开吸纳资金渠道,各项存款余额62 989万元,比上年增长 20.5%,是 1996 年分设时的 3.09 倍。

【信贷业务】　1996 年,贷款余额8 850万元,其中农业投放3 000万元,占比为 47%。1997 年,贷款余额9 601万元,比上年增长 10.7%。1998—2000 年,三年中投放农业贷款余额7 629万元,占三年贷款余额的37.2%。2003年,各项贷款余额13 476万元,比上年增长27.9%,投放农业生产贷款14 280万元,比上年同期增长14.5%。2004年,各项贷款余额20 876万元,比上年增长54.9%,投放各项贷款38 999万元,比上年同期增长50.6%,其中农业贷款26 934万元,比上年同期增长43.7%,企业及其他贷款5 601万元,比上年同期增长45.0%。发放养殖业贷款5 788户,金额10 950万元,其中奶牛贷款4 562户,金额9 016万元,养鸡贷款526户,金额939万元,养猪贷款320户,金额417万元。2002—2004年,年增加1 500余万元贷款资金投向养殖业和经济作物。贷款余额26 726万元,比上年增长28.3%。2005年,发放贷款55 706万元,比上年同期增长46.5%。农业贷款占各项贷款的83.3%,农业贷款中投放养殖业贷款1.6亿元,占34.5%。投放个体工商户贷款4 500万元,占8.1%,投放中小企业贷款5 500万元,占9.9%。

1996—2005年双城市农村信用联社存款、贷款情况表

表9-1-10　　　　　　　　　　　　　　　　　　　　　　　　　　　　　　　　　单位:万元

年度	存款余额	其中		贷款发放	贷款回收	贷款余额	其中	
		企业存款	储蓄存款				农业贷款	企业贷款
1996	20 354	1 318	19 036	12 775	16 308	8 850	1 118	2 129
1997	24 159	1 577	22 582	12 040	11 825	9 601	2 545	2 128
1998	27 577	1 789	25 788	11 705	11 933	8 837	2 389	1 812
1999	31 055	2 066	28 989	15 033	14 970	8 249	2 557	1 579
2000	33 166	2 065	31 101	10 881	10 935	8 195	2 683	1 555
2001	36 732	2 817	33 915	12 098	10 847	9 947	2 836	2 103
2002	10 761	3 021	37 743	20 881	19 796	10 532	4 048	2 186
2003	46 882	4 107	42 775	25 883	22 888	13 476	7 163	2 221
2004	52 287	6 254	46 033	38 999	31 599	20 876	10 894	5 159
2005	62 989	7 044	55 945	55 706	46 512	26 726	18 038	3 197

第二章　保险　证券　典当

第一节　保险业

【中国人民财产保险股份有限公司双城支公司】　1986年,内设综合业务股、计财股、人秘股,办公地点由文昌大街30号迁至花园大街106号。收保费148.4万元,赔付204.7万元,赔付率138%。1988年,开展农机具保险,共承保拖拉机近万台,占全县保有量80%以上。1989年,收保费363.8万元,赔付138.2万元,赔付率38%,实现利润157.6万元。1990年优化险种,收保费360万元,赔付126万元,赔付率35%,实现利润191.1万元。1993年,收保费570万元,赔付率50%,实现利润240万元。1994年,自然灾害频发,公司承保114户企业财险,有59户受灾,占51.8%,收保费116.8万元,理赔85万元;机动车辆险981台,收保费214.7万元,赔付240.8万元,赔付率110%,公司亏损140万元。1995年,收保费678万

元,赔付420.8万元,赔付率62%,实现利润30.2%。1996年,公司企业化经营,收保费535万元,赔付441.8万元,赔付率80%。1997年,收保费790万元,赔付415万元,赔付率60.94%。2000年,收保费780万元,赔付460万元,赔付率59.35%。2001年,收保费918万元,赔付559.3万元,赔付率60.93%。2002年,收保费突破千万元大关,实现1 000.2万元,赔付523.8万元,赔付率52.28%。2003年,收保费1 120万元,赔付493万元,赔付率44%。2004年,收保费684.4万元,赔付449.2万元,赔付率65.63%。2005年,由于统计数量几次调整,公司又集中处理一批历史遗留未解决问题,收保费753万元,完成计划的83.7%,赔付624万元,赔付率82.87%。

历任经理:毛一琼、林建忠、刘守伟、王建君。

【中国人寿保险股份有限公司双城支公司】 1996年4月1日正式成立,办公地址在双城镇花园大街106号。有员工10人,内设团险1科、2科,财务科、办公室。1997年,组成个险营销机构。1999年5月,公司更名为中国人寿保险(集团)公司双城支公司。2003年6月,公司又更名为中国人寿保险股份有限公司双城支公司,改制后内设团险部、客服部、营销部和综合部。正式员工7人,营销队伍发展到190多人。2005年,内设团险业务部、理赔部、客服部、中介部、续展部、督察部、个代部和综合部,公司员工8人。

1996年,分业经营,提前43天完成保费350万元,比1995年增长80%。1997年11月30日,营销完成314.7万元,完成年计划122.5%。到12月15日短期险种完成394.9万元,同比增长28.67%,长期险种完成294.4万元,同比增长578.34%,保费收入1 004万元。1998年,保费完成年计划的105.7%。1999年,各项业务指标完成959.3万元。2001年,先后有中国平安保险公司、中国太平洋保险公司进入双城开展业务,11月17日和12月7日先后两次召开产品推介会,现场签单的保费达200多万元。2002年,开办建筑工程附加疾病住院医疗保险、农民意外伤害附加医疗保险及母婴安康险等部分险种。2003年,加大农村网点建设,寿险服务站半年时间里收取保费达25万多元。2004年,收取保费突破1 800万元大关,跻入全国中介代理百强县。2005年,全年各项业务计划4 500万元,实际完成5 000万元,超额11.1%。

历任经理:陈桂杰、王正光、李翰林、王俊彦、赵朴。

1996—2005年人寿保险双城支公司业务情况表

表9-2-1   单位:万元

年度	各险种保费收入	理赔金额
1996	350	161.8
1997	1 004	169.3
1998	1 231.4	193.5
1999	959.3	182.9
2000	1 460	225.7
2001	1 873	208.9
2002	2 400	189.2
2003	2 263.4	129.2
2004	4 016	182.7
2005	5 000	144.7

【新华人寿保险股份有限公司黑龙江省分公司双城营销服务部】 2003年8月正式营业,办公地址在烟草公司一楼。其产品逐渐形成涵盖个人、团体、银行代理、健康险业务体系,先后推出吉庆有余分红险、

定期寿险 A 款、B 款、健宁重大疾病(终身)、健安重大疾病(终身)、万年青终身寿险、全家福联合寿险、年年有余两全保险 A 款、B 款;健康天使重大疾病保险和美满人生保险;2005 年,又推出吉庆有余两全保险 A 款、美满安康两全保险 A 款(分红型)和锦绣年华养老年全保险 A 款(分红型)等,新华寿险特有的保额分红更是让客户享有年度红利和终了红利的双重保障,在保障生命和健康的同时可以实现保额和财务的递增。成立之初,每年保费在 30 万元左右。

第二节　证券典当

【证券业】　2000 年 4 月,黑龙江省证券公司中山路营业部双城服务部成立并开业,从事证券业务。2002 年 4 月 8 日,黑龙江省证券公司改制为兴安证券有限责任公司,是经中国证监会批准设立的综合类证券公司。原黑龙江省证券公司的下设分支机构全部并入兴安证券有限责任公司。2003 年 1 月,兴安证券有限责任公司中山路营业部双城服务部,在双城市正常开展证券经纪业务。到 2005 年,开户客户数 778 户,客户资产 1 亿元,其中客户保证金 2 000 万元,股票市值 8 000 万元。

【典当业】　1988 年,双城市鑫大典当行成立,属国营体制,隶属商业局百货公司,职工 10 人,设主任 1 人,副主任 1 人,会计 1 人,出纳 1 人,典当师 1 人,营业员 5 人。经营项目:金银首饰、钟表电器、古玩古画、家具用品、日常用品等。年业务交易额 200 万元左右。由于缺少专业人员参与管理,没有雄厚资金支持,经营业绩落后,仅维持 3 年,于 2001 年关闭。2003 年 7 月,双城市第一个私营典当行双城市弘成寄卖商行成立,注册资金 25 000 元,经营范围:旧物收集寄卖,不含国家禁止品种。2004 年,贸易城保金市场诚信寄卖店成立,注册资金 60 000 元,经营范围:收集寄卖,不含国家限制品种;同年,物龙典当寄卖商行成立,注册资金 13 000 元;2005 年,盛昌寄卖行成立,注册资金 5 000 元,旧物寄卖,不含国家限制商品。

第十编　经济管理

技术监督管理

税务

物价

工商管理

审计

财政

国民经济统计

计划管理

1986—2005 年是双城从计划经济向市场经济转型的关键时期。经济管理工作顺应这个根本转变进行了相应的改革。计划管理部门开始从理论上认识市场经济的价值规律和市场对生产、流通领域的调节作用，突破指令性计划约束，充分发挥市场调节作用，实行向社会主义市场经济的彻底转变。计划、统计、财政、审计、工商、物价、税务、技术监督等经济部门在管理体制和管理方向上、从制度到措施、从内容到形式都做了相应的调整和创新，注重处理好市场机制与宏观调控的关系、市场运作与生产流通的关系，把主要精力转移到抓好经济调节、市场监管、社会管理和公共服务上，为经济工作纳入规范化、法制化管理，促进经济发展，发挥了重要的作用。

第一章　计划管理

第一节　机构与计划编制

【双城市发展改革局】　1986 年，为计划委员会，编制 12 人，在职 14 人，内设机构有综合股、工交农财股、物资基建股。国土区划办、矿产资源办隶属计委。1991 年 2 月，成立农业综合开发办，与国土区划办、矿产资源办合署办公。1992 年，经协委与计委合署办公，国土区划办划归农委。1993 年，增设信息服务中心。1997 年，内设机构有人秘组、农业组、工业组、财贸组、基建组、国土区划办公室，核定行政编 14 人、工勤编 1 人。2001 年，更名为发展计划局，内设机构调整为综合股、工财股、农业股、基建股、物业业务股，核定行政编 16 人，工勤编 1 人。2004 年，更名为发展改革局。2005 年，编制 10 人，在职 11 人，内设机构无变化。

历任局长（主任）：韩宏模、吴荣佩、赵革、李树林、刘才；副局长（副主任）：李克栋、王福太、吴荣佩、赵洪君、王炜、李树林、李兆岩、张玉波、刘庆生、孙学荣、李连江、刘才、关国庆、刘晓峰、关海泉、于廷浩。

【计划编制】　1986 年，编制双城县"七五"国民经济和社会发展计划。1990 年，增加全民所有制工业企业和集体所有制工业企业独立核算的主要经济指标。1991 年，编制"八五"规划。1993 年以后不再下达交通运输计划。1994 年，物资、能源、资源节约和综合利用计划等各项计划指标不再下达。1995 年，农业生产计划全部取消。1996 年，编制"九五"规划。2000 年全社会固定资产投资规模累计 316 681 万元，年均增长 15.7% , 2001 年，编制"十五"规划。2005 年，在招商引资推进下，全市工业经济快速发展，拉动全市固定资产投资累计达 1 076 500 万元，各项社会事业计划实行指导性计划，各项经济指标由各部门自主平衡调控。

第二节　计划实施与固定资产投资

【第七个五年计划实施(1986—1990 年)】　1986 年，县委、县政府提出整治经济秩序，遏制投资需求，稳定家庭联产承包制，工商企业推行抵押承包和租赁，深化科技、卫生、金融流通体制改革。1990 年，全市地方生产总值89 745万元，比 1986 年增长 75.4% , 年均增长 11.9% , 人均国内生产总值达1 282.3元。完成社会总产值200 205万元，其中工业总产值64 984万元，比 1986 年增长 133.7% , 年均增长 17.2% 。工业上缴税金1 536.7万元，比 1989 年增加 322 万元，比 1987 年增加 713 万元。工业实现利润 380 万元。农业总产值96 084万元，比 1986 年增长 94.1% , 年均增长 12.9% 。其中农村工业总产值24 708万元，比 1986 年增长 238.3% , 粮豆薯总产 118 万吨，比 1986 年增长 56.7% , 粮食亩产 466 公斤，比 1986 年增长 58% ;农民人均收入达到717.6元,比1986年增长55.1%。市乡两级政府用于城乡公共事业建设总投资达150万元,新增城乡居民住宅66.21万平方米。全市职工工资总额9.08万元,职工平均工资1 388元,比1987年增长33.8%。社会商品零售额51 033万元,比1986年增长162%。固定资产投资4 088万元,比1986年增长294.9%。

【第八个五年计划实施(1991—1995年)】 1991年,市委、市政府提出坚持把国有企业改革作为经济体制改革的中心环节,从减税让利转向体制创新,对企业实行改组、联合租赁、出售、承包经营和股份合作制等形式,在市场机制的作用下,企业通过资产重组和产权多元化,优化社会资源的配置,以调整结构,提高效益为中心,加强基础产品和基础设施的建设。坚持把农业放在突出的位置,出台一系列保护农业加强农业的政策措施;提高部分农产品的收购价格,制定控制农业生产资料价格的有效措施,多渠道增加对农业的投入;依靠科技进步,大力发展高产、优质、高效、低耗农业,农业生产连年丰收,农民收入不断增加,农村市场空前繁荣。深化以粮食为重点的流通体制改革,加快市场价格体系建设,85%以上的生产资料价格和农产品价格,90%以上的工业品价格在竞争有序的市场体系中逐渐形成。经济实力进一步增强,提前5年实现国民生产总值比1980年翻两番的战略目标。1995年,全市地方生产总值达310 626万元,比上年同期增长22.3%。五年平均增长26.7%,人均地区生产总值达4 098元。社会总产值达545 832万元,比1990年增长261%,其中农业总产值达335 332万元,年均增长28.4%。粮豆薯总产量达141万吨,比1990年增长19.5%。全市奶牛存栏达8.66万头,比上年增长36%;肉牛饲养量达20万头,比上年增长35.9%;家禽饲养量达1 311万只,比上年增长10.5%;生猪饲养量达72万头,比上年增长39.1%。全市工业总产值达241 988万元,比上年同期增长42.3%;年均增长26.6%;工业利税额达1.8亿元,比上年同期增长20%,年均增长27.2%。乡镇企业总产值达35亿元,比上年同期增长65.1%,年均增长42.3%。财政收入达13 006万元,比上年同期增长29.6%,年均增长25.4%。外贸出口额达2.3亿元,同比增长16%,年均增长39.2%。商品流通活跃,社会消费品零售总额达110 516万元,比上年同期增长25.1%。年均增长13.8%。城市居民人均消费水平达2 600元,扣除物价上涨因素,年均增长25%,农民人均收入达2 438.8元,扣除物价上涨因素,年均增长24.2%。

【第九个五年计划实施(1996—2000年)】 1996年,市委、市政府提出坚持社会主义市场经济改革,大力推进工业强市战略。提高企业整体质量和经济效益为中心,进一步调整产业结构和产品结构,优先发展主导产业、名牌产品和外向型经济;发挥资源优势、优化资源配置,走集团化发展之路,仪器化工、医药、机械、电子、纺织等产业迅速壮大。农业和农村经济结构不断优化,农业基础地位得到加强,结构调整取得实质性进展。2000年,粮豆薯总产达到114.8万吨,农民人均收入2459元。社会消费品零售总额为214 954万元,同比增长8.5%,比1995年增长94.5%。地区生产总值达880 004万元,平均增长7.0%,人均地区生产总值7 634元,全口径财政收入25 637万元,比1995年增长97.1%,平均增长14.5%。工业总产值474 602万元,比1995年增长107.8%;农业总产值405 402万元,比1995年增长20.9%。

【第十个五年计划实施(2001—2005年)】 2001年,全市财政收入实现大幅度增长,首次突破3亿元大关,达到3.08亿元,比上年增长20%。2004年,全口径财政收入实现6.01亿元,同比增长25.2%。地方财政收入2.61亿元,同比增长30.8%。2005年,财政总收入60 358万元,比2000年增长135.4%,年均增长18.7%。国内生产总值实现1 198 866万元,是2000年的2.8倍。人均GDP 14 766元,比上年增长16.2%。工业增加值实现34.48亿元,是2000年的2.2倍,占GDP比重比"九五"末期上升7个百分点。工农业总产值1 826 637万元,比2000年增长107.5%。其中工业总产值1 117 247万元,比2000年增长135.4%;农业总产值709 390万元,比2000年增长74.9%。粮食产量实现159万吨,奶牛存栏223 598头,生猪饲养量930 621头,肉牛饲养量382 765头,家禽饲养量1 661万只,社会消费品零售额完成342 529万元,比2000年增长59.3%。城镇居民人均可支配收入5 823元,年均增长9%;农民人均纯收入4 320元,年均增长12%;城乡居民储蓄余额32亿元,年均增长18%。

【固定资产投资】 1986年,完成固定资产投资额1 035万元。1995年,完成固定资产投资达91 020万元。新建综合住宅楼等131座,住宅面积近90万平方米;改造城区主干线道路10公里,投资1 700万元;投资1 200万元新建城区给排水系统。2000年,完成固定资产投资达316 681万元。2001年,完成固定资产投资109 178万元。2002年,完成固定资产投资额201 829万元。2003年,固定资产投资完成240 468万元。2004年,固定资产投资完成296 722万元。2005年,加大经济技术开发区、新兴工业园、城乡基础设施及社会公益事业的投入力度,使一批科技含量高、牵动力强的大项目顺利落户双城。全年固定资产投资完成228 303万元。

双城市"七五—十五"时期主要计划指标完成情况表

表10-1-1

	1986—1990	1991—1995	1996—2000	2001—2005
社会总产值(万元)	200 205	722 871	1 297 782	2 570 451
GDP(万元)	89 745	310 626	606 809	1 198 866
人均GDP(元)	1 220	4 039	7 584	14 783
工农业总产值(万元)	161 068	563 713	880 004	1 841 924
农业总产值(万元)	96 084	335 332	4 054 402	724 677
粮豆薯总产值(亿公斤)	11.9	14.1	11.5	16
工业总产值(万元)	64 984	22 381	474 602	1 117 247
社会商品零售总额(万元)	41 679	110 516	214 954	342 529
财政收入(万元)	4 199	13 009	25 637	60 358
年末人口(人)	735 608	769 127	800 088	810 966

双城市部分年份经济社会发展指标比例表

表10-1-2 单位:万元

项目	1990比1985	1995比1990	2000比1995	2005比2000
社会总值	143	261	80	98
GDP	156	246	95	98
工农业总产值	180	250	56	109
工业总产值	174	251	108	135
农业总产值	183	249	21	79
社会商品零售额	77	165	95	59
基本建设投资	569	931	-51	1 393
财政收入	148	210	97	135

第二章　国民经济统计

第一节　机构与执法监督

【双城市统计局】　1986 年,编制 14 人,内设业务股和秘书股。1987 年,增设综合股,增设农调队,职工 19 人。1989 年,增设城调队,职工 24 人。1995 年,增设法规股。1996 年,增设计算股。2001 年,内设综合股、业务股、法规股、秘书股,行政编制 10 人,工勤人员编制 1 人,城调队、农调队编制各 5 人。2005 年,内设业务股、秘书股、综合股和法规股,职工 21 人。

历任局长:季福彬、何云复、蒋书祥、夏文友、汪世伟;副局长:郭洪泉、蒋书祥、王恒年、郑少夫、罗彦。

【统计执法监督检查】　1986 年,统计监督检查每年开展 1～2 次以统计数字质量为重点的统计执法监督检查,基层单位首先进行自查,自查面为 100%。检查的内容是:统计数字有无逻辑上和计算上的技术错误;统计的口径、范围、计算方法是否符合国家规定;统计数字的来源是否可靠;原始记录是否健全;计量是否准确;有无虚报、瞒报、漏报、伪造篡改等违反统计法行为。监督检查工作主要以农村乡镇和各企事业单位为重点进行,对有违反统计法律法规行为的,追究法律责任。1994 年开始每年 8 月进行统计执法检查。由市统计局牵头,监察局、法制办、农委、经委、财贸办等综合部门配合。对被查单位的统计报表填报情况进行检查,对发现问题的单位限期改正。2000 年,统计执法检查在城乡普遍开展,查处各种违反统计法的单位和部门 40 多个,有力地维护了统计法。2001 年,对全市统计"四五"普法工作和统计员持证上岗工作进行培训、考试,合格率达 97%。2005 年,开展《中华人民共和国统计法》宣传活动,完成"四五"统计普法工作。

第二节　专项统计与信息服务

【农业统计】　1986 年,农业统计包括农业经济核算、农民收入和消费调查、农产品产量调查、农业生产要素统计、农产品价格调查、区域社会经济基本情况统计、重大信息调查,以及包括农村经济运行动态监测、农村贫困监测、农村小康监测、农村专项调查等在内的农村社会经济动态监测。1991 年,增加耕地情况、农业收入、播种情况、养殖业情况、农村社会情况等。1992 年,建立农业增加值核算。2000 年,按照国家产量抽样调查方案,组织实施全市农作物播种面积、农作物长势及粮食产量实测,推算全市粮食生产总量,农业生产水平和农业综合生产能力。还对农业生产要素进行统计,主要包括农村劳动力、耕地面积、农村投资等情况。2005 年,增加农村社会总值项目,包括农村牧渔总产值、农村工业总产值、农村建筑业总产值、农村运输业总产值、农村批零贸易总产值、农村社会总产值。

1986—2000 年双城市农村社会总产值情况表

表 10－2－1　　　　　　　　　　　　　　　　　　　　　　　　　　　　　　　　　　　单位:万元

年度	农林牧渔业总产值	农村工业总产值	农村建筑业总产值	农村运输业总产值	农村批零贸易业总产值	现价农村社会总产值
1986	49 108	7 304	2 879	417	968	60 676

续表

年度	农林牧渔业总产值	农村工业总产值	农村建筑业总产值	农村运输业总产值	农村批零贸易业总产值	现价农村社会总产值
1987	58 853	12 086	2 903	2 153	1 339	76 524
1988	79 380	18 272	3 037	3 774	1 193	105 656
1989	69 317	20 027	3 221	4 036	1 388	97 989
1990	96 084	24 708	3 342	4 145	2 310	130 589
1991	105 493	23 315	3 550	5 000	5 300	142 658
1992	111 909	27 625	4 110	5 525	4 644	153 813
1993	152 479	60 141	10 655	16 679	22 924	125 646
1994	274 155	85 963	26 800	35 000	46 280	468 198
1995	335 332	234 067	38 191	44 641	89 183	741 414
1996	435 804	263 508	23 212	44 311	63 502	830 337
1997	342 401	219 004	6 192	6 701	57 645	632 543
1998	393 003	300 195	10 182	15 133	61 648	780 161
1999	350 176	315 897	14 875	23 331	72 325	776 604
2000	405 402	374 759	14 643	29 463	106 932	931 199

【工业统计】　1986年,工业统计包括工业企业主要经济指标、主要工业技术经济指标、主要工业产品产量与库存量。1992年,新增加工业增加值和工业销售产值、工业"三废"排放情况,取消工业净产值指标。1994年,增加工业企业能源购进、消费及库存指标、重点耗能工业企业能源购进、消费与库存、村办和个体企业。1995年,增加私营企业。1996年,增加资产负债率和资本保值增值率指标,将资金利税率改为总资产贡献率。1997年,减少村办、个体、私营统计。1998年,增加按规模分类统计。2005年,工业统计范围包括城市各种经济类型的独立核算、非独立核算工业生产单位、城市个体手工业和农村工业。

【运输邮电统计】　1986年,运输邮电统计包括铁路、公路、水运、民航、管道等多种运输方式和邮电局所数、邮路长度。1996年,公路运输货运量3 020千吨/公里,客运量20 540千人/公里,邮电业务总量2 885万元/公里。1998年,公路运输货运周转量26 000千吨/公里,公路客运周转量61 190千人。2002年,公路运输货运量4 640千吨/公里,货运量32 370千吨/公里。2005年,公路运输货运周转量62 040千吨/公里,客运周转量108 020千吨/公里,邮政业务总量8 099万元。

【建筑业统计】　1986年,建筑业统计包括企业个数、建筑业总产值、从业人员年均人数、单位工程施工个数、房屋建筑施工面积、自有机械设备年末总台数和实收资本等指标。1994年,统计内容调整为建筑业产品的价值量和实物量、工程质量、劳动工资、财务成本、施工机械、经营效果。2001年,建筑业完成总产值9 119万元,全员劳动生产率397 583元/人。2005年,完成建筑施工面积260万平方米。

【批发零售、住宿餐饮业统计】　1986年,批发零售、住宿餐饮业的统计报表分为定期报表和年报两种,内容包括批发零售贸易业、住宿餐饮业销售总额、类值和数量,批发零售贸易业、餐饮业财务状况、社会消费品零售总额以及限额以上连锁企业情况等。2001年,社会消费品零售总额2 352 100千元。2002年,社会消费品零售额2 566 229千元。2003年,"社会消费品零售总额"统计指标不再包括"制造业"对居民的零售额和"农业生产者"对非农居民的零售额。"社会消费品零售总额"月报。在总额中取消"农业生产者"和"制造业"分组指标,将制造业的销售公司、门市部和商品交易市场内设厂家直销点等属于商品流转活动部分纳入批发零售贸易统计。对制造业厂家不通过上述三种形式直接销售给农民和社会集团的零售活动不予统计。将农民和所有农业生产单位在商品交易市场内的买卖活动纳入批发零售贸易统计。对于农民个人、农场、果园、渔场等在田间地头直接售给居民和社会集团的零售活动不予统计。2004 年,社会消费品零售总额3 136 709千元。2005 年,社会零售总额2 827 383千元。

【商业、贸易、财政、金融统计】 1986 年,商贸、金融统计按完成情况统计报表。1991 年,商贸统计包括社会商品购买力、零售总额、社会集团消费、商业商品购销存数量和总额、社会农副产品收购量和收购总额、商业机构人员等多项统计。1993 年以后,只统计社会消费品零售总额及分类、批发零售贸易业商品购进、销售、库存总额和限额以上批发贸易餐饮业财务状况等指标。2001 年,财政金融统计,要求统计财政收入分项完成情况、综合信贷计划执行情况、城乡储蓄存款变化情况、综合现金计划执行情况、现金投放回笼执行情况、农村信用社信贷计划执行情况等。2005 年,按商贸、财政、金融分项统计。

2001—2005 年双城市社会消费品零售总额情况表

表 10 - 2 - 2 单位:千元

项目	2001 年	2002 年	2003 年	2004 年	2005 年
社会消费品零售总额	2 352 100	2 566 229	2 796 912	3 136 709	2 827 383
一、按销售单位所在地分					
1. 市	2 106 071	2 206 272	2 412 770	2 686 312	2 319 223
2. 市以下	336 026	359 957	384 142	450 397	508 160
二、按行业分组					
1. 批发零售贸易业	2 064 284	2 257 211	2 467 340	2 776 032	2 426 215
限额以上	5 926	7 786	8 181	9 233	10 156
限额以下及个体户	1 823 948	2 249 425	2 459 159	2 766 799	2 416 059
2. 餐饮业	50 933	53 043	58 041	63 521	69 746
3. 其他	236 883	255 975	271 531	297 156	331 422
其中:制造业	47 594				
农业生产者	189 297				
三、按经济类型分组					
1. 国有经济	143 751	140 898	154 372	172 726	116 679
2. 非国有经济	2 208 350	2 425 331	2 642 540	2 963 983	2 710 704
个体经济	1 907 273	2 103 169	2 117 886	2 370 859	2 275 803
私营经济	70 854	73 816	80 494	88 543	89 199
集体经济	40 926	41 963	45 938	51 879	24 023
其他经济	189 297	206 383	398 222	452 702	321 679

【统计信息服务】 1986 年,通过统计调查所取得的反映社会、经济、科学技术发展情况的统计信息,运用特有的方法进行加工、整理、综合、分析,形成便于人们了解和使用的数字、文字和图表资料,向党政领导机关和社会公众提供信息服务。1994 年,通过统计整理,把大量的统计资料按照一定的逻辑次序加以组织和安排,汇编成系统化、条理化和有较强概括性的资料集,使之便于分析,比较和查阅,它是统计服务

的一种重要形式,也是统计分析的前提和基础。包括《年报》《统计提要》《统计年鉴》。2000 年,通过统计分析报告,比较系统地向党政领导和有关部门反映国民经济和社会各个领域的发展变化,发挥统计的信息、咨询、监督作用。2002 年以后,每年各专业报表结束以后,统计局都要发表双城市国民经济和社会发展统计公报。公报运用大量的数据,公布国民经济各行业的完成情况,反映综合、农业、工业和建筑业、固定资产投资、交通运输、邮电通讯业、贸易业、财政、金融、保险业、教育、科技、文化、卫生和体育、人口和人民生活的发展变化,来满足社会各界对统计信息的需求。2005 年,开展统计服务,加强近期、短期和中长期的统计监测,定期提供月份、季度、半年及年度经济形势分析报告,面向社会、面向企业、面向群众提供及时有效的统计咨询服务。

第三节　专项普查

【第一次全国农业普查】　第一次全国农业普查的时间点是 1996 年 12 月 31 日,对象是全市的农业生产经营单位、农村住户、乡镇企业、行政村和乡镇。普查内容涉及 38 个调查项目,共 687 个指标。1 月 31 日前完成现场调查登记工作,2 月 5 日前完成复核验收工作。2 月 15 日前完成质量抽查工作,3 月 20 日前完成主要数据手工汇总并上报上级普查机构。下半年进行数据处理和计算机处理资料汇总工作。普查主要数据:1997 年全市乡镇个数 26 个,其中镇 8 个、乡 18 个,行政村 390 个。1997 年耕地面积 224 996 公顷。农作物播种面积 181 925 公顷。大牲畜年末存栏数量:黄牛 128 042 头,奶牛 66 213 头,马 15 960 匹,驴 3 313 头。农村住户合计:134 691 户,人口 551 973 人,男 283 190 人,女 268 783 人。农村住户从业人员 357 929 人。1998 年建立市数据库,并进行资料分析和普查总结工作

【第四次全国人口普查】　第四次人口普查登记,从 1990 年 7 月 1 日到 7 日,方法是采用入户调查的方法。普查的主要数据:总户数 177 786 户,其中:家庭户 177 715 户,占总家数 99.9%;集体户 71 户,占 0.1%;在家庭户中一人户占 1.8%;二人户占 8.3%;三人户占 23.8%;四人户占 31.6%;五人户占 19.4%;六人户占 9.6%;七人户占 3.5%;八人以上 2%。总人口:738 722 人,其中:男 376 448,占总人口 50.9%;女 362 274 人,占总人口 49.1%。民族数 19 个,其中:汉族 572 663 人,占 77.5%,满族 160 701 人,占 21.8%,其他 5 358 人,占 0.7%。全市具有各种文化程度的人口为 567 047 人,占总人口的 76.8%,不识字或识字很少人数为 82 803 人,占总人口的 11.2%。全市农村人口:612 198 人,占总人口 82.9%。人口变动情况:1989 年出生人口 14 967 人,占年平均人口的 20.75‰。死亡人口 3 343 人,占年平均人口的 4.64‰。人口自然增长数为 11 624 人,占年平均人口的 16.1‰。人口婚姻状况:15 岁及 15 岁以上人口 519 330 人,其中男 264 494 人,女 254 836 人。有配偶 375 709 人,男 187 460 人,女 188 249 人。未婚 113 489 人,男 64 377 人,女 49 112 人。丧偶 27 417 人,男 10 778 人,女 16 639 人。离婚 2 715 人,男 1 879 人,女 836 人。

【第五次全国人口普查】　第五次全国人口普查是 2000 年 11 月 1 日为标准时间点,普查分四个阶段。(一)准备阶段。1. 组建人口普查机构。2. 制定人口普查工作规划。3. 人口普查试点。4. 划分普查区和编写地址代码。5. 户口整顿。6. 宣传动员工作。7. 选调和培训普查员。8. 普查摸底。(二)现场普查登记。11 月 1 日开始,普查员入户进行登记,10 天内完成普查登记任务。11—15 日采取自查、互查、联查的形式进行全面复查,发现错误经核实后予以改正,把差错降到最低限度。16—25 日逐级验收普查登记资料。(三)完成数据汇总工作阶段。1. 手工汇总工作。并以统计公报的形式向全市发表。2. 2001 年 1 月开始编码工作,抽取 10% 小区进行验收,获得光电录入一次性成功的效果。(四)分析研究等其他后期工作阶段。普查的主要数据:全市总人口 749 182 人(包括外来人口,不包括外出人口)。同 1990 年 7 月 1 日 0 时第四次全国人口普查的 738 722 人相比,十年零四个月共增加 10 460 人,增长 1.42%,平均每年增长 1 013 人,年平均增长率 1.36%。人口自然增长率 0.31%,人口自然增长率低于国家控制人口增长要求。全市总人口中,0~14 周岁的人口为 153 817 人,占 20.53%;15~64 周岁的人口为 555 790 人,占 74.19%,

65 周岁以上的人口为39 575人，占5.28%。全市人口中，男性为382 673人，占51.08%，女性为366 509人，占48.92%，性别比为104.41。全市209 621个家庭户中，一代户34 804户占16.60%；二代户130 577户，占62.29%；三代户42 612户，占20.33%；四代户1 626户，占0.78%；五代户及以上2户。家庭户口人均住房面积情况：8平方米以下13 574户，占6.48%；9～12平方米34 018户，占16.23%；13～16平方米48 258户，占23.02%；17～19平方米20 824户，占9.93%；20～29平方米60 813户，占29.01%；30～39平方米20 813户，占9.93%；40平方米及以上11 321户，占5.40%。15周岁及以上54 154人口中，未婚9 325人，占17.22%；初婚有配偶的40 694人，占75.15%；再婚有配偶1 126人，占2.08%；离婚483人，占0.89%；丧偶2 526人，占4.66%。全市总人口中，接受研究生教育的31人，占0.004%；接受大学本科教育的1 537人，占0.2%；接受大专教育的8 908人，占1.2%；接受高中（含中专）教育的63 498人，占8.5%；接受初中教育的284 506人，占38.0%；接受小学教育的315 409人，占42.1%；15周岁及15周岁以上不识字或识字很少的34 881人，占4.66%。

【第一次基本单位普查】 全国基本单位普查的标准时间为1996年12月31日，普查分为两个阶段进行：第一阶段是清查阶段，摸清普查和登记的单位底数。第二阶段是普查和统计登记阶段，根据清查的单位数填报普查表并进行统计登记、收表审表、数据录入和数据处理、数据验收、上报。根据普查资料开展资料分析，编辑出版普查资料和发布成果。普查的主要数据：法人单位1 520个，其中：多产业法人单位1 339个，单产业法人单位181个。产业活动单位2 644个，其中：多产法人所属的产业活动单位1 305个。法人单位从业人员数68 942人，其中：第一产业47个从业人员1 872人，第二产业348个从业人员27 649人，第三产业1 125个从业人员39 421人。按经济类型分组的法人单位数：国有经济522个、集体经济469个、私营经济52个、联营经济3个、股份制经济10个、外商投资6个、港澳台投资1个、其他经济457个。

第三章　财政

第一节　机构与体制改革

【双城市财政局】 1986年，内设9个股（室）：秘书股、预算股、预算外股、工业股、商业股、粮食股、农业股、农业税征收管理股、控制社会集团购买力办公室，编制46人，在职42人。1997年，内设机构有人秘股、综合计划股（国债股）、预算股、工业交通股、商业股、粮食股、文教行政股、社会保障股、农业股、农业税征收管理股、乡镇股、会计股、基本建设股、财政监察室、政府控制社会集团购买力办公室、政府财政税收财务大检查办公室、法规税政股、罚没站、票据站。行政编52人，工勤事业编1人。2001年，国有资产管理局、农业综合开发办并入财政局。2005年，内设机构为秘书股、预算股、国库股、文行股、综合股（含综合计划、罚没站）、农财股、政府采购管理办公室、基建股、企业股（含工业、商业、粮食）、会计股、社保股、农业税征收管理股、票据股、监察室，编制54人，在职51人。

历任局长：于春海、管逢林、宋广鹏、张士义；副局长：郭荣阁、张秀文、管逢林、王成志、林文国、卢永春、刘丰志、关海权、赵淑媛、刘纯宏、祖贵桥、张丽秋、李兆岩。

国有资产管理局，1990年成立。局长：管逢林、何云复、赵淑媛、祖贵桥；副局长：张振国、朱波、关权海。

【财政管理体制改革】 1986年实行"划分税种，核定收支，分级包干"的财政管理体制。1989年，实行"财政包干"办法。1994年，开始全面实行分税制财政管理体制改革，分税制的财政管理体制实行增值税为核心的流转税制度、规范统一的所得税制度以及严格征收的税收管理制度。税率由11档简化为2

档,对经营的每一环节的增值部分进行课征。建立以增值税为核心的流转税,主要内容是统一实行33%的企业所得税税率;取消对国有大中型企业征收的调节税;取消对国有企业征收的能源交通重点建设基金和预算调节基金;逐步建立国有资产投资收益投股分红、按资分利或税后利润上交的国家与国有企业的财政分配制度。合并自然人所得税即个人所得税、个人收入调节税、城乡个体工商户所得税。统一开征个人所得税。1995年,乡镇财政体制是核定收支基数,明确增长目标,超收分成,对个别乡镇实行补贴。1996年,双城财政划归省财政实行计划单列,对双城实行分税制财政管理体制,即双城不享受一般性转移支付补助,除执行分税制财政管理体制外,临江油田的增值税与省5∶5分成;排污费收入市、省、中央实行7∶2∶1分成。城镇土地使用税、耕地占用税双城与哈市5∶5分成。1998年,对个别乡镇的收支基数做部分调整,但体制没有变化。2002年,税费改革,全面实行"分税制"管理体制,采取划分税种、核定收支、定解定补、超收全留、增支自负、自求平衡,一定三年的乡镇财政管理体制。2005年,在国家实行分税制财政管理体制的同时,市乡镇财政体制基本建立。乡镇财政形成体制合理、机构健全、职能完备、管理规范、预算独立的一级实体财政。

第二节　财政收入

【财政总收入】　1986年,财政收入1 579万元。1993年,分税制前8年财政总收入29 015万元,年均递增16.7%。1994年实行分税制,当年财政收入3 864万元。2001年开始财政收入连续4年跨越式发展,2003年,财政收入突破5亿元大关。2005年,财政总收入188 168万元,年均递增17.6%。分税制后12年财政总收入是前8年财政总收入的6.49倍。

1986—1993年双城市分税前财政收入情况表

表10 – 3 – 1　　　　　　　　　　　　　　　　　　　　　　　　　　　　　单位:万元

年度	收入合计	工商税收类	农业税和耕地占用税类	国有企业所得税类	国有企业计划亏损补贴类	国有企业调节税类	其他收入类	国有企业承包收入退库类	专款收入类	社会保险基金收入	行政性收费收入类	其他所得税	土地有偿使用收入
总计	217 183	113 711	38 106	20 441	− 15 655	798	38 640	− 325	3 317	542	12 793	3 922	893
合计	29 015	27 206	6 858	1 717	− 11 612	798	3 055	− 325	776	542			
1986	1 579	1 626	601	159	− 1 001	168	26						
1987	2 106	1 882	656	224	− 847	110	81						
1988	3 077	2 351	744	305	− 522	104	62	− 36	69				
1989	3 425	2 851	846	249	− 893	59	290	− 43	66				
1990	3 149	3 183	949	162	− 1 890	151	547	− 62	109				
1991	4 596	3 988	954	302	− 1 955	123	534	− 51	159	542			
1992	4 447	4 468	1 045	178	− 2 197		868	− 92	177				
1993	6 636	6 857	1 063	138	− 2 307	83	647	− 41	196				

1994—2005 年双城市分税后财政收入情况表

表 10 - 3 - 2　　　　　　　　　　　　　　　　　　　　　　　　　　　　　　　　单位：万元

年度	收入合计	工商税收	农业税费	企业所得税	国有企业上缴利润	国有企业计划亏损补贴类	其他收入类	专项收入类	行政性收费收入类	其他所得税	罚没收入	土地有偿使用收入
合计	188 168	86 505	31 248	18 724		-4 043	25 458	2 541	12 793	3 922	10 127	893
1994	3 864	2 091	1 823	119		-1 281	876	236				
1995	7 086	3 522	1 837	405		-490	201	198	1 413			
1996	9 301	4 186	3 032	435		-801	231	217	2 001			
1997	9 399	4 392	2 849	167		-649	538		2 102			
1998	12 673	5 304	2 917	288		-418	1 236	153	465	813	1 492	423
1999	14 839	6 855	2 873	1 074		-202	496	168	1 174	769	1 162	470
2000	14 579	6 951	2 376	1 274		-202	1 716	127	559	379	1 399	
2001	16 866	7 963	2 387	2 225			1 936	217	384	524	1 230	
2002	20 325	9 623	2 756	2 536			2 341	225	1 362	335	1 147	
2003	26 257	11 174	6 889	3 647			1 725	275	907	262	1 378	
2004	26 052	12 229	1 013	3 463			6 572	294	1 149	339	993	
2005	26 927	12 215	496	3 091			7 590	431	1 277	501	1 326	

【工商税收】　分税制前 1986—1993 年，工商税收入为 27 206 万元，1993 年比 1986 年增长近 4 倍。1994 年，国家财政管理体制发生重大变化，实行"分税制"。分税制后 1994—2004 年，工商税收入为 86 505 万元，2005 年，工商税收 12 215 万元，比 1994 年增长 5.8 倍。

1986—2005 年双城市工商税收情况表

表 10 - 3 - 3　　　　　　　　　　　　　　　　　　　　　　　　　　　　　　　　单位：万元

年度	合计	产品税	增值税	营业税	集体企业所得税	城市维护建设税	其他工商税	奖金税	补税罚款收入	个人所得税	盐税	个人调节税	土地使用税	印花税	工商统一税
合计	113 711	6 716	46 957	33 169	712	8 144	4 539	6	2 378	4 653	8	24	2 005	841	3 559
1986	1 626	808	52	621	46	84	5	2	8						
1987	1 882	704	154	814	44	94	45	4	15	8					
1988	2 351	688	461	872	123	104	64		12	19	8				
1989	2 851	594	452	1 300	135	164	60		49	25		5	48	19	
1990	3 183	1 008	435	1 224	107	172	53		59	44		8	52	8	13
1991	3 988	1 084	394	1 364	115	181	106		157	40		8	63	8	468
1992	4 468	685	389	1 604	106	171	149		162	50			53	9	1 090
1993	6 857	1 145	954	1 762	36	205	186		448	67		3	50	13	1 988

续表

年度	合计	产品税	增值税	营业税	集体企业所得税	城市维护建设税	其他工商税	奖金税	补税罚款收入	个人所得税	盐税	个人调节税	土地使用税	印花税	工商统一税
1994	2 091		464	323		238	254		531	147			118	16	
1995	3 522		1 366	364		199	329		680	501			52	31	
1996	4 186		1 664	393		312	623		159	754			245	36	
1997	4 392		1 926	520		401	776		98	158			480	33	
1998	5 304		2 225	1 444		628	262			552			128	65	
1999	6 855		2 505	2 048		784	447			769			130	172	
2000	6 951		3 285	1 971		948	205			379			89	74	
2001	7 963		4 185	2 016		1 063	242			275			89	93	
2002	9 623		5 034	2 872		906	271			335			113	92	
2003	11 174		6 505	3 418		617	175			262			118	79	
2004	12 229		7 527	3 912		372	180			67			131	40	
2005	12 215		6 980	4 327		501	107			201			46	53	

【企业收入】　1986 年,企业处于亏损局面,工业、商业和粮食企业连年亏损,亏损额一直居高不下,企业亏损及企业承包收入退库额高达负 1 001 万元,1994 年,加快企业改革步伐,加大扭亏增盈力度,努力提高企业的经济效益,一方面运用拍卖、租赁、国有民营、股份制改造等多种手段,促进企业转换机制,引导企业进入市场。另一方面对亏损企业通过加强管理,开展多种经营,发展第三产业,对扭亏无望的企业,坚决予以关、停、并、转,直至宣布破产。企业亏损及企业承包退保额为 218 万元。2001 年开始,企业计划亏损补贴没有发生,而企业国有资产经营收益额达到 17 396 万元。2005 年,企业收入 7 138 万元。

1986—2005 年双城市企业收入情况表

表 10 - 3 - 4

单位:万元

项目	合计	国营企业所得税	国营企业上缴利润与所得税	计划亏损补贴	国营企业承包收入退库	国有资产经营收益
合计	22 655	20 441	798	− 15 655	− 325	17 396
1986	− 674	159	168	− 1 001		
1987	− 513	224	110	− 847		
1988	− 149	305	104	− 522	− 36	
1989	− 628	249	59	− 893	− 43	
1990	− 1 639	162	151	− 1 890	− 62	
1991	− 1 581	302	123	− 1 955	− 51	
1992	− 2 111	178		− 2 197	− 92	
1993	− 2 127	138	83	− 2 307	− 41	
1994	− 1 162	119		− 1 281		

续表

项目	合计	国营企业所得税	国营企业上缴利润与所得税	计划亏损补贴	国营企业承包收入退库	国有资产经营收益
1995	−85	405		−490		
1996	−366	435		−801		
1997	−482	167		−649		
1998	−130	288		−418		
1999	872	1 074		−202		
2000	1 072	1 274		−202		
2001	2 925	2 225				700
2002	4 297	2 536				1 761
2003	5 314	3 647				1 667
2004	9 593	3 463				6 130
2005	10 229	3 091				7 138

【农业税收】　1986年,农业税改为折征代金,对计征土地、常年产量、依率计征任务等基础数字,县财政掌握到村,乡财政掌握到户。农业税税率执行标准13.5%,农业税附加为正税的15%,农业税附加分成为5%。全年农业税收入6 889万元。2001年,全市计税土地面积260.5万亩,税率13.50%,征税面积260.5万亩。2002年,重新测定计税土地常年产量每亩386公斤,税率7%,征收单价0.84元,附加率20%,亩负担税额13.7元。村税费农民亩均负担由44.3元减至35.4元,亩均减负8.9元;计税土地263.6万亩,政策调整面积3.1万亩,年征税额5 982万元,核定农业税减免比例7.33%,减免额438万元,实征入库2 621万元,实征农业税附加524万元。2003年,农业税进行征收价格调整,由上年的0.84元/公斤调整为0.80元/公斤,继续为农民减负337万元。2004年,农业税全部免征,对财政减收的农业税收入由国家通过转移支付予以补助,转移支付补助金额为6 182万元,为上年农业税计征额的88%,全年免征农业税6 746万元。2005年,发放粮食补贴资金4 082万元,补贴面积283.6万亩。农业税减免4 082万元。

1986—2005年双城市农业税收入情况表

表10-3-5　　　　　　　　　　　　　　　　　　　　　单位:万元

项目	合计	农业税	契税	耕地占用税	农业特产税
合计	38 106	33 946	1 873	649	1 638
1986	601	599	2		
1987	656	651	5		
1988	744	735	7	2	
1989	846	815	6	25	
1990	949	868	5	50	26
1991	954	923	5	8	18
1992	1 045	1 008	20	10	7

续表

项目	合计	农业税	契税	耕地占用税	农业特产税
1993	1 063	998	30	22	13
1994	1 823	1 731	54		38
1995	1 837	1 610	46	57	124
1996	3 032	2 730	132	47	123
1997	2 849	2 528	121	34	166
1998	2 917	2 620	141		156
1999	2 873	2 137	427		309
2000	2 376	1 926	91	210	149
2001	2 387	1 994	50	68	275
2002	2 756	2 621	100		35
2003	6 889	6 667	97	9	116
2004	1 013	785	145	41	42
2005	496		389	66	41

第三节　财政支出

【财政总支出】　1986年,财政支出6 667万元。1993年,财政支出10 604万元,是1986年的1.59倍。1994年,实行分税后,财政支出11 898万元。分税制前8年(1986—1993年)财政总支出62 716万元,年均递增7.3%。分税制后12年(1994—2005)财政总支出362 235万元,年均递增17.2%,是前8年的5.78倍。1986—2005年,用于企业挖潜改造(包括简易建筑费)的投资达19 105万元,占财政总支出的4.5%,用于农业的投资43 201万元,占财政总支出的10.2%,用于文教卫生事业的支出152 828万元,占财政总支出的36%。用于城市维护费方面的支出27 778万元,占财政总支出的6.5%。1995—2005年,用于社会保障方面的支出16 907万元,占这十年财政总支出的3.7%。

【经济建设支出】　1986年,经济建设支出732万元,占总支出的10.97%,其中支农支出180万元,占总支出的2.69%。1988年,支出971万元,占总支出的15.45%,其中城市维修费103万元,占总支出的1.63%。1996年,支出3 775万元,占总支出的24.95%,其中支援不发达地区支出27万元,占总支出的0.18%。2002年,支出5 322万元,其中工交商业费259万元,占总支出的1.04%。2005年,支出17 645万元,占总支出的28.45%,其中农村水事业费690万元,占总支出的1.11%。

【文教科卫事业费支出】　1986年,文教科学卫生事业费支出1 517万元,占总支出的22.75%。1991年,支出2 332万元。1996年,支出5 456万元。2001年,支出12 858万元。2005年,支出21 508万元,比1986年增长14.2倍,年均递增14.2%。

【抚恤、社会福利救助费与行政管理费支出】　1986年,行政管理、抚恤、社会保障、社会福利救济补助支出934万元,占总支出的14%。1988年,抚社支出764万元,占总支出的11.46%,其中抚恤费374万元,占总支出的45%。1996年,抚社费支出2 577万元,占总支出的17.03%,其中行政2 196万元,占总支出的85.22%。2002年,抚社费支出8 100万元,占总支出的21.04%,其中社福费1 704万元,占总支出的24.37%。2005年,抚社费支出14 542万元,占总支出的23.45%,其中行政费支出7 289万元,占总支出的50.12%。比1986年增长12.4倍,年均递增13.4%。

1986—2005年双城市财政一般预算支出情况表

表10-3-6　　　　　　　　　　　　　　　　　　　　　　　　　　　　　　　　　　　　　　　单位：万元

年度	合计	企业挖潜改造资金	简易建筑费	支农支出	农林水事业费	工交商事业费	城市维护费	城镇青年就业费	文教卫生事业费	其它部门事业费	托幼社教费	行政管理费	价格补贴支出	其他支出	科学事业费	专款支出	公检法支出	支援不发达地区支出	社会保险基金	农业综合开发	社保支出	土地开发支出	国防支出	武警支出	基本建设支出
合计	424 951	18 154	951	21 868	17 775	7 588	27 778	143	148 953	17 110	14 820	51 708	26 311	16 373	3 875	4 005	23 431	1 172	542	3 558	16 907	870	373	557	129
1986	6 667	102	58	180	265	22	105	45	1517	82	347	587	3 236	121											
1987	7 216	160	126	239	428	19	87	32	1 597	134	195	551	3 472	149	17	10									
1988	6 285	9	192	204	366	26	103	2	1 752	50	247	517	2 439	87	12	61	208	10							
1989	7 455		99	344	286	27	126	7	1 886	51	219	608	3 421	102	24	66	181	8							
1990	7 372	19	176	495	338	21	124	29	2 156	116	241	608	2 373	327	30	109	215	14							
1991	9 235			344	393	26	230	19	2 332	126	272	720	3 562	730	49	159	247	7							
1992	7 340	160	30	345	528	28	319	5	2 602	280	344	840	725	487	54	177	402	14							
1993	10 604	390	6	297	511	40	431	4	3 510	242	308	1 017	2 219	1 063	67	176	323	7							
1994	11 898	492		539	497	43	401		3 838	383	348	1 210	1 443	1 105	70	251	729		542						
1995	13 872	1 915	20	74	548	46	482		4 791	305	344	1 600	1 117	1 474	72	183	698			203					
1996	15 125	1 114	15	386	714	52	781		5 456	886	381	2 196	310	1 101	3	217	1 069	27		417					
1997	16 189	330	143	483	914	72	1 071		5 581	1 172	501	2 729	265	828	17		1 359	20		704					
1998	19 855	984	86	509	1 390	197	1 424		7 073	829	488	2 666	307	692	172	159	1 829	56		327	237	400	17	13	
1999	23 984	699		418	1 294	279	1 923		8 663	1 133	560	2 688	379	1 582	261	204	2 028	49		473	821	470	43	17	
2000	24 931	712		887	1 681	259	1 157		10 248	1 384	782	3 037	407	370	298	141	1 849	68		417	1 138		37	59	
2001	31 619	67		1 245	2 205	574	2 363		12 858	1 643	827	4 244	162	327	253	242	1 955	65		554	1 976		28	31	
2002	38 494	389		603	3 019	1 249	3 373		15 844	1 826	1 265	4 861	137	372	408	240	2 201	150		463	1 974		36	84	
2003	46 906	606		3 780	903	2 116	3 881		17 828	1 954	1 778	7 123	40	804	520	310	2 246	171			2 690		39	117	
2004	57 875	6 611		5 135	805	1 177	3 269		18 732	2 101	2 545	6 617	27	2 342	729	869	2 797	181			3 646		64	99	129
2005	62 029	3 395		5 361	690	1 315	6 128		20 689	2 413	2 828	7 289	270	2 310	819	431	3 095	325			4 425		109	137	

表10-3-7

1986—2005年双城市预算外支出情况表

单位：万元

年度	合计	支出																
		更新改造支出	大修理支出	基本建设支出	简易建筑支出	福利奖励支出	城市维护支出	增补流动资金支出	行政事业支出	上缴国家能源交通基金支出	地方财政支出	国企及主管部门支出	固定资产投资支出	统筹支出	社会保障支出	专项支出	其他支出
合计	77 779	1 650	780	282	4	1 664	1 844	117	44 312	380	882	10 117	242	11 824	2 217	579	885
1986	1 409	278	220	62	4	426	10	36	177	97							99
1987	1 634	358	185	25		550	2	30	263	127							94
1988	2 890	1 014	375	97		613	9	51	406	156							169
1989	2 912								546		46	2 320					
1990	3 002								638		138	2 226					
1991	3 980								759		473	2 748					
1992	3 872								905		144	2 823					
1993	1 017								936		81						
1994	1 805					38	50		1 388				182				147
1995	3 186					37	183		2 774				60				132
1996	5 372						326		2 447					1 529	1 064		6
1997	6 523								2 955					2 134	1 153	267	14
1998	6 786								4 232					2 233		312	9
1999	4 839			98			31		2 429					2 266			15
2000	4 150						72		2 221					1 830			27
2001	5 732						327		3 573					1 832			
2002	3 088						199		2 889								
2003	4 847						383		4 464								
2004	5 016						252		4 628								136
2005	5 719								5 682								37

【其他支出】 1986—2005 年,共支出67 188万元,占总支出 15.84%。其中:国防支出 373 万元,武警支出 557 万元,城镇青年就业费支出 143 万元,公检法支出23 431万元,占总支出 5.5%。2005 年支出 3 095万元,比 1988 年增长 14.9 倍,年均递增 16.2%。

【预算外支出】 1986 年,预算外支出1 409万元,占财政预算内支出 21.13%,其中:更新改造支出 278 万元,大修理支出 220 万元,基本建设支出 62 万元,简易建筑支出 4 万元,福利及奖励支出 426 万元,城市维护支出 10 万元,增补流动资金支出 36 万元,行政事业经费支出 177 万元。上缴国家能源交通重点建设基金 97 万元。1990 年,支出3 002万元,其中行政费 638 万元,地方财政支出 138 万元。2001 年,支出5 732万元,其中城市维修费 327 万元,行政费3 573万元。2005 年,支出5 719万元,其中行政费5 682万元,其他 37 万元。

第四节　财政管理

【预算内资金管理】 1986 年,将年度内的全部财政收入与支出汇集编制出收支计划,经过法定程序审核批准后执行。每年的预算内资金,包括财政收入和财政支出都要编制明细科目,报经本级人大常委会审批后方可执行。在执行过程中遇到追加追减,年度前还需报人代会进行调整。1995 年,实施"预算法"和实行"零基预算"。2004 年,推行"部门预算"。2005 年,延续"部门预算"。

【预算外资金管理】 1986 年,只对工商、土地、农机监理三个部门实行预算外资金收支两条线财政专户储存管理,原则是预算外资金所有权不变,即全额上缴,全额返还,财政不留。1987 年,对全市各部门、各单位实行专户储存管理,比例分成的原则。2002 年,各部门、各单位合理编制年度预算外资金收支计划,改变过去的管理体制和返还比例,实行"零基预算"方式。建立综合财政预算管理模式,采取政府调控、财政管理、明确定额、核定收支、短收自负、比例拨付、综合平衡的管理体制。各行政事业单位的收入过渡账户全部被取消后,其资金支付、结算业务都要到财政支付中心办理。从 2003 年 11 月起,全部取消行政事业单位过渡账户,直收直缴国库或财政专户。2005 年,全面推行"部门预算"。

【文教行政事业财务管理】 1986 年,实行定额和费用开支标准管理,把定员定额作为编制核定预算的基础和检查预算执行情况的重要依据,也是考核资金使用效果的尺度。1994 年分税制后,实行收入和支出管理,行政事业收入的主要来源是财政预算内拨款和预算外资金收入。支出管理按预算、规定,严格执行各项费用开支范围和标准以及各项财政、财务制度,有效控制支出,发挥资金的使用效果。2004 年,调整行政事业单位的财产物资管理规定,包括固定资产、材料、低值易损品等财产物资管理。2005 年,支出 21508 万元,比 1986 年增加 14.2 倍,年均递增 12.4%。

【农业事业财务管理】 1986 年,形成适应财税改革的农村事业财务管理体系和财务资金运行机制。1994 年分税制后,加强对扶贫专项资金的管理,根据黑龙江省《财政扶贫资金报账制管理办法》的规定,建立市财政扶贫资金专户,实行报账制管理,防止和杜绝违纪违规现象发生。积极推行大额扶贫物品政府统一采购,修路、建卫生所和畜牧站等项目实行招标管理,保证资金的安全,提高资金使用效益,确保项目的工程质量。2003 年,加大引进支农资金力度,着力提升农业经济发展实力。充分发挥财政部门自身优势,大力支持和帮助农业部门争取支农资金和项目,并且严格资金管理,确保资金及时拨付和专款专用。规范农业事业单位票据管理。2005 年,支出 690 万元,比 1986 年增长 3.4 倍,平均年增 4.9%。

【会计工作管理】 1986 年,随着全市经济和各项事业的发展,会计管理工作不断加强,会计制度逐步完善。对预算会计、行政事业会计、企业会计、农业税征结会计,建立一套较为完善的管理制度。特别是1995 年国家颁布新《会计法》以来,会计监管工作得到进一步强化。每年都要对执行《会计法》情况进行检查。2000 年 7 月 1 日实行新《会计法》,市人大常委会加大执法力度,定期对新《会计法》的执行情况进行视察,逐步开发《财政财务管理系统》,利用现代化信息管理手段,收集、处理、量化、整合与再分配财务会计信息资源,进而达到分析利用、跟踪监督、管理决策一体化。从 2001 年开始,每年参加继续教育的会计人员1 200人,并由财政局编写了《会计基础知识培训讲义》,对各单位、各部门会计进行培训,对学员提出的问题进行解答、讲解。2005 年,取消会计专业类学历换证的规定,会计从业资格证书的取得全部实行考试制度,取得会计从业资格证书的已达1 940余人。其中:初级技术职称的 350 人,中级技术职称的 30 人,副高级技术职称的 2 人,注册会计师 6 人。全市 400 个单位办理了会计账簿的建账监管登记手续。

【国库集中支付制度管理】 2003 年 7 月 1 日,开始实施财政国库集中支付制度,10 月份,制定《报账须知》和《业务流程图》,主任、出纳、录入会计、审核会计岗位责任制和微机管理、档案管理、印鉴管理、保密纪律等十二项制度。12 月份办理业务9 953笔,支付金额13 819万元,拒付额 380 万元;2004 年,办理业务18 134笔,支付金额29 254万元;2005 年,办理业务19 265笔,支付金额22 282万元。

【国有资产管理】 1990 年 4 月,成立市国有资产管理局,负责国有资产产权登记。新开办企业单位在向工商行政管理机关申办工商注册登记前应到国有资产管理部门申报和办理占有、使用国有资产的产权登记。1994 年,按照省、市国资办统一部署,开展第 5 次清产核资,对 108 户国有企业进行清产核资,通过资产清查等项工作,基本摸清企业的资产分布和构成状况,纠正企业清产核资中损失不实、价值不准等问题。1995 年,对工业企业亚麻厂、化肥厂等 10 户企业依法进行破产,对啤酒厂、钻机厂两户企业实行股份制改造,对变压器、烤醋厂两户企业整体出售。2002 年,通过国有资产经营公司运营,将临街的行政事业单位办公楼面向社会统一公开出售。东直路黄金地段作价1 700万元,招商兴建汽配一条街,十字街地下人防工程开发以 120 万元出售建设金街地下商贸城。2005 年,企业户数 26 户,比上年减少 26 户,14 户企业改制完成退出国有,有 12 户界定为事业单位。全市 26 户国有企业资产总额156 306万元,负债总额167 158万元,所有者权益总额 –10 852万元。行政事业单位 196 户,资产总额50 724万元,负债总额7 634万元,国有资产43 090万元。全市 26 户国有企业国有资产总额156 306万元,负债总额167 158万元,所有者权益 –10 852万元,国有企业净资产总额比 2004 年增加 –2 045万元;全市行政事业单位资产总额50 724万元,负债总额7 634万元,净资产总额43 090万元,净资产总额比 2004 年增加4 611万元;全市有 108 户企业按照有关规定办理了产权登记。

【控制社会集团购买力与政府采购】 1986 年,县控办实行"三项指标"管理,即指令性、指导性、专控性。对行政事业单位按照级别和人员编制,工作量大小和现有车辆状况等综合审定,从紧从严掌握。对企业购车,主要同经济效益挂钩,对经济效益好、创汇多、盈利高、对国家贡献大的企业,给予特殊的优惠政策,对拖欠职工工资、亏损和欠缴国家税款的企业,一律停止审批。严格审批文档专控商品,控制各种会议费支出,年终前原则上停止对高档专控商品的审批。2001 年,试行政府采购招标改革。2005 年,完成政府采购项目 21 项,实现采购额1 100万元,其中:集中采购 928 万元,分散采购 172 万元。政府授予采购合同1 100万元,采购方式公开招标 195 万元,询价 905 万元。

第四章 审 计

第一节 机构与审计调查

【双城市审计局】 1986 年,审计局设综合、工交、商贸、财金文行、农林基建等 5 个股室,在职 16 人。1987 年,审计事务所成立。1988 年 9 月,更名为双城市审计局。1990 年,局设综合、工交、商贸、财金、文行、农业、基建、审理 8 个股室,在职 26 人。2001 年,在职 20 人。2002 年,在职 22 人,2005 年,局设综合、财政、文行、经贸、农林、基建等6个股室,职工22人。

历任局长:范德昌、关太山、施晓飞;副局长:王文章、韩建双、姜延武、李君朴、曹钧、毛亚芹、何鹏、王术、邹洪玉、徐新民。

【审计调查】 1986年,开展审计调查项目。1990—1995年逐步加大审计调查在整个审计项目计划中的比重。审计调查项目有:关于中小学收费的审计调查、乡镇政府外债的审计调查、世行贷款情况的审计调查、乡村转移支付资金的审计调查等。2005年,配合国家审计署审计调查组,开展国家支持补助资金管理使用情况审计调查,是一项规模大、范围广、持续时间较长的审计调查。

【审计结果】 1986年,完成审计项目38项,查出违纪违规资金154万元,收缴财政27万元。1994年,审计项目95项,查出违规金额1 725万元。2001年审计项目71项,查出违规金额3 399万元。2005年,审计项目196项,查出违规金额780万元。撰写审计报告、审计信息、审计论文等2 100多篇,其中被黑龙江省、松花江地区、哈尔滨市报刊、审计简报及互联网刊载的95篇。

1986年—2005年双城市审计项目情况表

表10 - 4 - 1　　　　　　　　　　　　　　　　　　　　　　　　　　　单位:万元

年度	项目数	查出违纪金额	缴款数	年度	项目数	查出违纪金额	缴款数
1986	38	154	27	1996	83	2 024	52
1987	165	205	27	1997	153	1 562	72
1988	182	217	39	1998	63	444	45
1989	91	195	37	1999	68	538	35
1990	114	204	59	2000	65	501	22
1991	98	338	80	2001	71	3 399	18
1992	95	937	76	2002	64	360	22
1993	82	52	5	2003	61	480	35
1994	95	1 725	15	2004	58	505	27
1995	95	596	49	2005	196	780	25

【审计事务所】 1987年7月17日,经省审计局批准成立审计事务所,4名事业编。1989年11月,在省社会审计工作会议上,审计事务所做了题为《立足服务,狠抓管理,促进社会审计发展》的经验介绍。1991年6月,在松花江地区审计工作"双学"经验交流会上,审计事务所做了题为《面向社会,立足服务,充分发挥社会审计作用》的经验介绍。2000年末,审计事务所与审计局脱钩,成为独立法人事业单位。2005年在职干部17人,评估师5人,会计师3人,编审员5人。

第二节　专项审计

【预算执行审计】 1986年,审计局组成审计组,对上年度财政预算执行情况进行审计。1990、1995、2000年审计项目逐年增加。2005年,政府财政预算执行审计涉及工业、农业、城建、交通、文化、教育、体育、卫生、科技、计划生育等经济与社会发展的方方面面。

【财政金融审计】 1986年,进行财政预算执行情况审计、乡镇的财政决算审计、地税局的税收征管情况审计及金融机构的审计监督。1995年,金融机构的审计监督权上划上级审计机关。1996年,对财政预算执行情况和地税局的税收征管情况进行审计。2000 年,审计 24 个乡镇。2001 年,对撤并乡镇进行审计。2002 年,审计乡镇资金主要是国家拨入的乡村转移支付资金。2005 年,由省统一组织并授权,对市农业发展银行进行审计。

【行政事业审计】　1986 年,对文教卫生行政事业单位进行审计监督。1990 年,对交通、城建系统行政事业单位进行审计。1995 年,对水利、林业系统行政事业单位进行审计。2000 年,对乡镇行政事业单位进行审计。2005 年为"审计年",组织人员,对城乡 198 个行政事业单位进行全面审计,突破历年行政事业审计的年度项目数。

【国有企业审计】　1986 年,国有企业实行财务收支审计。1988 年,国有企业实行承包责任制,审计项目也有所改变。1991 年,采取分级分层次和分阶段审计制度,对承包经营企业实行全覆盖、全过程审计。审计对象变为对国有企业承包经营经济责任进行审计,主要审计承包指标完成情况、利润真实性、存货保值等内容。1998 年,按照省审计厅《国有粮食企业新增财务挂账情况专项审计实施方案》的要求,对五常市 14 个粮库进行新增粮食挂账的审计,历时五个月,出动审计人员 22 人。2004 年,国有企业大部分转制、破产,审计对象越来越少。对国有粮食企业的审计,除每年正常安排的项目外,按照全省的部署,进行两次大的审计项目。2005 年,根据《黑龙江省审计厅国有粮食购销企业财务挂账清理审计方案》的要求,对全市 11 个粮库进行财务挂账清理审计,历时 4 个月,出动审计人员 20 人。

【农业审计】　1986 年,对农业资金进行审计。1998 年,对农村经济管理部门和涉农资金的使用进行审计。2002 年,哈尔滨市审计局对双城市水利资金进行审计。2004 年,哈尔滨市审计局安排依兰县审计局对双城市国土资源系统进行审计。市审计局受省和哈尔滨市审计局授权,组成审计组先后对三农江农场、沙河农场、木兰县国土资源系统进行审计。2005 年,在农业审计中,发现个别部门挤占、挪用和滞拨专项资金的问题,审计组依据有关法规进行处理。

第三节　内部和投资审计

【内部审计】　1986 年,成立内部审计机构,人员 53 人。1988 年,人员 84 人。内部审计人员由专职及兼职人员组成。2005 年,有人员 37 人。查出问题资金2 875万元、违纪资金9 704万元,查出贪污案件 19 个,移交司法部门 14 人,受党纪政纪处分的 20 人,收回资金 14 万元。

【投资审计】　1986 年,负责农林基建审计。1990 年,负责市国有投资的建设项目,及市建委、城管局、环保局及所属事业单位的审计。2002 年,审计市办公中心、市防"非典"医院、市疾病控制中心、旺旺集团生产区、娃哈哈集团生产区、通乡公路建设指挥部(双周公路、双青公路、双万公路、耕永公路等)项目。2005 年,开展自筹基本建设项目、国家重点投资项目审计。

第五章　工商管理

第一节　机构与违法查处

【双城市工商行政管理局】　1986 年,局内设办公室、人秘股、财务股、企业股、个体股、市场股、合同股、商标广告股及打击投机倒把办公室(后变为经济案件检查股)。下设车站、城镇、周家、五家、兰棱、韩甸六个工商行政管理所,干部职工 82 人。1998 年,归哈市工商行政管理局管理,机构人员无变化。2005 年,设行政办公室、人教股、财务股、企业股、个体股、市场投、商标广告股、公平交易股（消保股）、法制股、周家工商分局及五家、兰棱、韩甸、东南隅、东北隅、西南隅、西北隅、新城区、商厦、贸易城、大世界、蔬菜批发市场和城郊13个工商所。另设车辆管理所、经检大队。消费者协会、个体劳动者协会由工商局协管。编制188人。

历任局长：尤德民、柳兴、刘树斌、张波；副局长：于海君、赵长春、张波、许树芳、李景堂、于振学、杨华、马慧娟。

【违法经营查处】 1986年，清理无照经营户197户，追缴车辆交易费和个体管理费6万元，比上年增长12倍。查处各类违章违法经营行为450起。吊销营业执照4份，限期停业整顿15户。1988年，受理各类经济案件265起。1989年6月，查出购销390箱假西凤酒案，查封200箱，12月查出新兴乡南某卷烟地下加工点1处，查出生产的假红塔山等烟1 100条。受理经济案件138起，其中倒把案件18起，万元以上11起。1991年，对生产资料经营生产企业、倒买倒卖农用物资行为进行整治，受理24起案件。1994年，打击走私贩私，查处贩私行为9起，倒卖香烟案10起。受理制售假冒"正阳河"酱油案一起。倒卖玉米种子案3起。查处非法经销无碘盐案70起。收缴无碘盐100吨。1996年，检查家电经销企业12家，个体鞋业摊床165个，受理投诉340件，为消费者挽回经济损失13.6万元。1997年，查处违章违法行为320起，其中侵权行为、制假售假、商标侵权行为19起，假冒商标3件，收假标识1.3万份，伪劣冒牌毛衫1 220件。建筑合同行为10起，滥屠滥宰行为3起，药品回扣行为12起，集贸市场和个体私营业户违章违法经营行为350起。2001年，查处冒充注册商标案1件，商标一般违法案21件，违规发布印刷品广告、店堂广告、户外广告、虚假广告55起。查处合同违法4起，与省市工商局共同取缔报废汽车拼装市场一处，捣毁冒牌肉灌制品地下加工点一处，依法查处不正当竞争行为2起，受理投诉143起，为消费者挽回损失30万元。2002年，捣毁假冒"乡吧佬"鸡蛋地下加工点2处。检查农药、农膜、化肥、种子、汽车配件、农机配件经销户112户，坑农害农、违法经营行为4起。检查屠宰、肉类加工、经营肉类食品业户203户，查处制售伪劣、未经检疫、经销不合格产品等不法行为16起，各类违章违法案件45起，商标违法案件8件，广告违法案件11件，合同违法案件6件，非法传销案件1起，"黑心棉"6起。端掉"黑心棉"加工点一处。取缔着藏装沿街售假鹿茸、熊掌、灵芝等各类中药材行为1起。检查27户成品油燃油经销户，查处成品油案件25起，3家未经登记擅自开业的保险公司。2003年，"防非典"期间，查处哄抬物价、出售假冒伪劣"非典用品"等违法经营行为16起。利用12315维权体系，接待咨询340人（次），受理各类投诉258起，调解率97.2%，为消费者挽回经济损失30万元。2004年，对前置审批的各种许可证检查227家，责令整改38家。2005年，检查各类经营企业1 154户，查处各类违章违法案件49起，检查农资市场83户，查获假种子7 000公斤，劣质化肥2 001.5吨，立案37起，为农民减少损失4.8万元；检查食品市场，清理主体29个，摊位1 613个，检查禽类及其加工企业（点）360个，取缔无照屠宰户4户，没收未检疫白条鸡32只。出动150人次，排查5 523户，取缔无照经营行为，补办证照1 881户，取缔65户，立案89起，引导登记12户。

【消费者权益保护】 1986年，开始加大受理消费者投诉，保护消费者权益活动。1993年，受理消费者投诉2 041起，为消费者挽回经济损失192.9万元。1994年受理投诉340件，为消费者挽回经济损失13.6万元。1997年，受理消费者投诉187件，为消费者挽回经济损失19.2万元。1999年受理各类投诉案件208件，为消费者挽回经济损失16.5万元，投诉化解率95.7%。2000年，接待各类投诉286件，为消费者挽回经济损失21.6万元，解决率96.4%。2001年受理投诉193件，挽回经济损失30余万元。2002年，受理消费者投诉195件，解决率96%，为消费者挽回损失21万元。2003年，接待咨询340人（次），受理各类投诉258起，调解率97.2%，为消费者挽回经济损失30万元。2004年受理各类投诉案件172件，解决率97.5%，挽回损失21万元。2005年，受理各类投诉202起，解决率98%，为消费者挽回损失20万元。

第二节 企业登记与管理

【企业登记管理】 1986 年,核发工商企业营业执照 40 份,比上年增长 12%;不能承担纳税义务和民事责任的 25 户予以取缔。1989 年,共注销营业执照 240 份,清理假集体企业 133 家,企业换照率 95%,撤销公司 56 家,占公司总数 61%。1990 年,对保留的 42 家公司重新登记,对 38 家撤、降公司的 28 家企业进行债权债务清理和审计。清理 25 户不具备经营条件的粮油企业、保留 19 户医药批发企业、15 户煤炭企业、整顿 7 户石油企业;新发展企业 173 户,其中法人登记 45 户,营业登记 128 户,办理变更 73 户,注销登记 34 户;企业总数1 815户,法人登记 502 户、营业登记1 313户。1991 年,核发企业法人营业执照 81 份,营业执照 160 份,注销登记 36 份,变更登记 126 份;新发展工商户 810 户,从业人员 961 人。1992 年,共核发营业执照 346 份,其中法人营业执照 184 份;工商企业2 271户,其中全民企业 622 户,集体所有制企业1 649户。"三资"企业 9 户,股份制企业 2 户;办理变更 175 份;全年检查企业2 020户,新发展2 867户。1994 年,新发展企业 219 户,其中法人企业 120 家,营业企业 99 家,股份合作企业 17 家;全年清理假集体企业 310 户,引导 100 户办理了个体营业执照;个体工商户12 768户,从业人员14 802人。清理无照经营行为 440 起。1997 年,新发展企业 101 户,比上年下降 58%。1998 年,新登记企业 205 户,年检1 405户,查处各类违章 98 起。1999 年,新发展各类企业 148 户;共注销营业执照 44 份。个体工商户发展2 858户,注销626 户。2000 年,新办理登记企业 79 户,企业年检办照 98%;发展工商业户1 824户,注销3 048户;启动档案录入微机工作。2001 年,新注册企业 162 户;规范完善个体工商户档案 650 份,年检合格率 96%;注销工商业户3 165户,发展1 965户。2002 年,新发展各类企业 148 户,新发展个体工商业户3 163户,注销5 017户。2003 年,发展国有、集体企业 24 户,私营企业 145 户,新发展个体工商业户2 360户,注销4 336户。2004 年,新发展各类企业 290 户。发展个体工商业户2 277户,注销3 463户。2005 年,新发展各类企业 527 户。注销个体工商业户4 134户,发展2 661户。

【个体私营企业管理】 1986 年,是个体经济发展的初始阶段。1988 年,个体工商户总数有6 666户,从业人数7 338人。1991 年,市政府出台《关于促进全市经济稳定发展意见》《关于扶持全市贸工农一体化意见》《关于扶持大中型企业发展的意见》和《关于保证和促进村经济发展 10 条意见》《关于加速发展个体私营经济的规定》等文件,个体经济有较大发展。1998 年,个体户和私营企业分别比上年增长 8% 和 9%;1999 年又比上年分别增长 10% 和 24%。2003 年,涌现出荣耀生物饲料公司、机电开发公司、丰禾玉米研究所、梅章记酒业、新胜蛋禽批发市场等一大批品牌优势企业。2005 年,个体工商户已达到11 843户,从业人员17 091人;私营企业 624 户,雇工4 449人,注册资金总额 5.2 亿元,固定资产1 000万元以上的发展到 8户,100 万元以上的 49 户。

1986—2005 年双城市个体工商户登记管理情况表

表 10 – 5 – 1

年度	上年在册总户数(户)	本年增长总户数(户)	注销户数(户)	从业人员(人)
1986	4 317	897		
1987	5 879	1 562		
1988	6 666	689		
1989	5 372			·
1990	5 336	856		

续表

年度	上年在册总户数(户)	本年增长总户数(户)	注销户数(户)	从业人员(人)
1991	5 064	810		6 364
1992	7 527	2 463		
1994	12 768	5 241		14 802
1997	25 900	13 132		53 940
1998	28 000	2 100		58 300
1999	20 526	2 858	626	43 651
2000	19 302	1 824	3 048	38 546
2001	18 102	1 965	3 165	26 361
2002	16 428	3 163	5 017	37 224
2003	14 502	2 360	4 336	15 163
2004	13 316	2 277	3 463	19 815
2005	11 843	2 661	4 134	17 091

【经济合同管理】 1986年,鉴证合同37份,合同金额887万元。1989年,签订合同12 000份,处理违章合同12起。1990年,检查企业465家的2 530份合同,纠正有问题合同200份;依法查处违章建筑合同9起,鉴证合同19份,调解合同纠纷案4起。处理各种违章违法行为163起。1991年,检查各类经济合同2 282份,金额11 568万元。鉴证建筑合同49份,调解各类经济纠纷合同6起。1992年,检查合同1 500份,鉴证建筑合同42份。1994年,检查企业70户,签订经济合同22份,金额为4 563万元,检查基建项目20多个,查出违章行为25起。1998年,鉴证建筑合同63起,登记动产不动产抵押合同11起。重点监管粮食、建筑工程合同履行,查处五起违法合同。1999年签订合同109份,标的额39 850万元,办理企业动产抵押合同登记36件,查处建筑安装工程承包违章行为7起。2000年,办理签订合同45份,标的5 693万元,办理企业动产抵押合同登记15件。2005年,鉴证合同400份。检查企业350次,检查合同520份,检查合同违法行为4起。

【商标广告管理】 1986年,检查商标印刷单位10次,检查使用商标单位100个,核转商标8件,受理假冒伪劣商品案件30起。1989年,查处违章违法经营行为73起,对54件注册商标、73件未注册商标进行清理。1990年,规范厂名厂址不符的注册商标64件,清理酒类商标23件,侵权商标案13起。1991年,核转注册商标11件,立案11起,办理广告备案300件。1992年,受理投诉200件,处理重大商标侵权案3起,协助6户企业办理注册商标核转手续。1994年,受理各类冒用商标、标识、图案等商标侵权案件9起。1998年,制止虚假广告宣传行为14起,查处违法广告发布行为10起,查处假冒商标行为1起,扣缴商标标识28万套。1999年,打击商标侵权案,共查处案件4起,查处虚假违法广告案件21起。2005年,查处商标违法案件10起,查处各类违法广告31起。查处冒充注册商标案1件,商标一般违法案件21件,查处违规发布印刷品广告、店堂广告、户外广告、虚假广告55起。

【集贸市场建设】 1986年,双城镇建有3处集贸市场:庙头市场、承恩市场、东门市场。总摊位550个,总面积4 200平方米。1992年,新建扩建集贸市场21处,总面积8 700平方米。双城镇建立肉禽蛋批发市场、蔬菜市场、果品批发市场、副食批发市场、毛皮旧物市场、贸易城、大世界、轻纺轻工百货综合批发市场。在周家、五家、兰棱等乡镇建成大型综合市场。2005年,城乡集贸市场总数53处,摊位11 675个,总建筑面积150 470平方米。

1986—2005 年双城市集贸市场统计表

表 10－5－2

序号	市场名称	主办单位	市场地点	面积（平方米）	建筑形式	摊位数（个）	市场类型
1	双城市农副产品综合市场	双城镇政府	承恩村	2 000	露天	200	综合
2	双城市中神道消费品市场	双城镇政府	双城镇庙头	1 200	露天	200	综合
3	双城市东门外农副产品市场	双城镇政府	东门外	1 000	露天	150	综合
4	周家工业品批发市场	周家镇政府	周家镇	3 500	封闭	1 200	综合
5	双城市蔬菜批发市场	双城市商业局	双城镇	4 500	露天	1 000	专业
6	周家农副产品综合市场	周家镇政府	周家镇	600	露天	100	综合
7	双城市肉类批发市场	双城镇政府	双城镇	500	封闭	70	专业
8	双城市韩甸大牲畜交易市场	韩甸镇政府	韩甸镇	400	露天		专业
9	兰棱消费品综合市场	兰棱镇政府	兰棱镇	800	露天	60	综合
10	兰棱大牲畜交易市场	兰棱镇政府	兰棱镇	1000	露天		专业
11	韩甸消费品综合市场	韩甸镇政府	韩甸镇	300	露天	60	综合
12	五家消费品综合市场	五家镇政府	五家镇	900	露天	200	综合
13	周家肉蛋禽市场	周家镇政府	周家镇	800	露天	180	综合
14	新城农副产品综合市场	双城镇政府	双城镇	600	露天	100	综合
15	大世界消费品综合市场	双城市商业局	双城镇十字街	18 000	封闭	470	综合
16	双城市贸易城消费品综合市场	开发公司	双城镇十字街	22 000	封闭	600	综合
17	双城市站前消费品综合市场	哈铁路房产段	双城堡火车站前	1 000	露天	120	综合
18	五家供销第二商场	五家镇政府	五家镇	1 400	封闭	200	综合
19	龙华农副产品综合市场	双城市食品公司	双城镇	8 000	封闭	300	综合
20	双城市公路货运市场	黑龙江省双城市公路货运市场	双城堡火车站	300	封闭	150	专业
21	双城镇迎宾路菜市场	贾记商行	双城市迎宾路	200	露天	40	综合
22	东官皮装大市场	东官镇政府	东官镇	2 600	封闭	800	专业
23	双城市旧物交易市场	双城镇政府	双城镇物资局院内	2 600	露天		专业
24	新胜蛋禽粮油饲料蔬菜综合市场	周家乡政府	周家镇	1 800	露天		专业
25	旧机动车交易市场	双城镇政府	双城镇	2 000	露天		专业
26	铁路成品粮油批发市场	铁路局	铁路货物处	1 000	封闭	210	专业
27	承旭楼农副产品综合市场	双城市开发公司	双城镇东门处	3 500	露天	200	综合
28	杏山镇牲畜交易市场	杏山镇政府	杏山镇	2 000	露天		专业
29	东门早市	双城镇政府	东门处	14 000	露天	500	综合
30	东门夜市	双城镇政府	东门处	8 000	露天	400	综合
31	五家大集	五家镇政府	五家镇	1 600	露天	300	综合
32	兰棱大集	兰棱镇政府	兰陵镇	1 000	露天	350	综合

续表

序号	市场名称	主办单位	市场地点	面积（平方米）	建筑形式	摊位数（个）	市场类型
33	韩甸镇大集	韩甸镇政府	韩甸镇	2 500	露天	400	综合
34	新兴大集	新兴乡政府	新兴乡	2 000	露天	180	综合
35	希勤大集	希勤乡政府	希勤乡	3 200	露天	160	综合
36	团结乡大集	团结乡政府	团结乡	1 000	露天	100	综合
37	杏山镇大集	杏山镇政府	杏山镇	600	露天	100	综合
38	对面城乡大集	对面城乡政府	对面城乡	1 500	露天	120	综合
39	万隆乡大集	万隆乡政府	万隆乡	1 500	露天	300	综合
40	跃进乡大集	跃进乡政府	跃进乡	600	露天	80	综合
41	同心乡大集	同心乡政府	同心乡	300	露天	40	综合
42	金城乡大集	金城乡政府	金城乡	350	露天	60	综合
43	朝阳乡大集	朝阳乡政府	朝阳乡	300	露天	60	综合
44	前进乡大集	前进乡政府	前进乡	430	露天	80	综合
45	单城镇大集	单城镇政府	单城镇	390	露天	90	综合
46	临江乡大集	临江乡政府	临江乡	500	露天	95	综合
47	农丰镇大集	农丰镇政府	农丰镇	2 500	露天	180	综合
48	水泉乡大集	水泉乡政府	水泉乡	600	露天	120	综合
49	乐群乡大集	乐群乡政府	乐群乡	3 000	露天	260	综合
50	公正乡大集	公正乡政府	公正乡	1 400	露天	260	综合
51	永胜乡大集	永胜乡政府	永胜乡	500	露天	80	综合
52	双城市建材市场	双城镇政府	双城镇西门外	4 200	露天	300	专业
53	秋林双城分公司	哈市秋林公司	双城镇庙头	14 000	封闭	450	综合

第六章 物 价

第一节 机构与管理

【**双城市物价局**】 1986 年,内设农产品成本调查队、农价股(内含价格信息咨询站)、非商品股、工价股。1988 年,内设成本股(原农产品成本调查队)、农价股(含价格信息咨询站)、非商品股、工价股。1989年,成立价格事务所。1991 年成立五家检查所和兰棱检查所。1997 年内设农价股、工价股、非商品股、成本股、价格事务所、价格调查基金办公室、综合股。2001 年 7 月,撤销价格事务所,成立价格认证中心。2002 年 3 月,物价局并入发展计划局。撤销内设机构工价股、农价股、非商品股、成本股、综合股,成立办公室、业务股,保留价格事务所、价格调节基金办公室、物价检查所。2003 年 3 月份,撤销物价检查所,成立监督检查分局。2005 年,物价局设办公室、业务股、价格认证中心、物价监督检查分局和价格调节基金办公室。在职 65 人。

历任局长:景文彩、赵文成、孙醒范、孙学荣、王申存;副局长:吴忠玉、张启生、王文章、苗长生、杨松尧、付文圣、李连江。

【价格监审】　1986 年,居民生活必需品实行物价部门审批制度,1994 年,市政府下发《关于加强对居民基本生活必需品和服务价格监审的通知》,决定对面粉、大米、豆油、猪肉、鸡蛋、奶粉、秋菜、食盐、绵白粮、酱油、肥皂、洗衣粉、民用煤、液化气、学生本、自来水、学杂费、托儿费、医疗费、民用电费、理发、浴池、自行车、毛线、絮棉、汽油、房租、市内汽车票 28 个品种实行监审。1996 年,监审品种扩大到 5 类 62 个品种,其中粮油类 5 种,食品类 33 种,日用品类 10 种,药品类 7 种,服务收费类 7 种。新增加监审品种 34 个。1998 年,对 62 个监审品种取消,不再实行差率控制、提价申报、提价备案和作价办法管理。2005 年,哈市物价局下发《价格成本监审目录》,实行重要商品价格成本监审。

【收费管理】　1986 年,行政事业性收费实行物价部门审批制度。1991 年,对行政事业性收费进行一次大清理,清理出 35 项不合理收费和超标准收费。1993 年,对 301 项收费标准进行清理整顿,撤销交通等 12 个部门的 24 项收费,降低公安等部门的 6 项收费。1995 年,实行收费价目公开制度,对交通、公安、农机等 11 个部门和双城、五家、兰棱三个镇进行清查,取消五家镇政府收取的市场综合服务费和环保局收取的汽车尾气排放费。降低交通局收取的港田三轮车辆养路费标准。1997 年,开展以清理整顿乱收费减轻企业、农民和居民负担为重点的清费治乱减负工作。2000 年,清理出不合理收费 11 项,降低收费标准 2 项。为企业和群众减负 200 多万元。2003 年,对 699 个单位的 66 项收费进行清理,对 3 户重点企业进行收费全程监控。2004 年,把价格和收费公示制推向社会,印制涉农收费项目和标准。2005 年,对全市 559 个收费单位进行《收费许可证》年度审验,清理 3 项不合理收费项目。

【价格调节基金】　1991 年,开始制定《关于建立主要副食品价格调节制度的通知》。1992 年,征收副食品价格调节基金。征收标准按销售额和劳务费的 1%。1994 年,修订下发《关于价格调节基金收缴范围及标准的通知》规定国家定价商(产)品和经营性收费项目提价部分的 1‰;放开商(产)品按销售额月征收 1‰;宾馆、招待所、旅店按实际住宿人数收取 1～2 元价格调节基金;个体运输车辆每月征收 2～10 元价格调节基金;饭店每月每桌 4 元;对出租柜台、摊床、商亭和个体食杂店每月每节(间)征收 10 元。举办培训班,按收费的 5% 征收;经营生产加工企业和个体户每月征收 50 元。同时对各乡(镇)、村医药行业和医疗单位也开展征收,征收标准是销售额 1‰。1995 年,调整部分征收标准:设有舞厅的饭店除按餐桌收费外,每月加收 100～300 元;KTV 包房、桑拿浴每月定额征收 300～800 元。1996 年,调整等级饭店价格调节基金征收标准:一般饭店每月 500 元至 800 元;二级饭店每月 300～500 元;三级饭店每月 200～300 元。1997 年,提高对从事营运的出租车的征收标准,由原来最高 10 元提高到 20 元。降低机动车配件和修理企业标准,由原来 1% 降到 0.5%。广告业按广告营业额和广告代理额的 3% 征收。2001 年,降低营运车辆征收标准,大客货车辆每月 10 元,中小型车辆每月 8 元,微型出租车每月 5 元。2005 年,市辖区的所有纳税企业和单位按实应纳税额的 4% 征收,个体工商户按实际应纳税额的 10% 征收。医疗单位按营业收入额的 1‰征收。农村乡镇卫生院按每月 60 元征收;个体诊所按每月 50 元征收。全年征收价格调节基金 642 万元。

【价格鉴证】　1996 年,成立价格事务所,承担起为司法和行政机关办理涉案物品价格鉴证服务。规定赃物估价统一由价格事务所承担。1997 年,国家计委、高法、高检、公安部联合下发《物品估价办法》。2000 年,价格事务所更名价格认证中心。2002 年,省物价局下发《价格鉴定标准》。2004 年下发《物价鉴定条例》。到 2005 年,物价局价格认证中心共办理价格鉴证案件2 237起,其中刑事案件1 422起;民事案件 695 起,其他案件 120 起,评估总额5 650万元,共收评估额 113 万元。

【价格监督检查】　1986 年,对2 434个有价单位和收费部门 586 个单位进行检查,查出违价单位 380 个,

表10-6-1

1986—2005年双城市物价检查案件查处情况表

年度	案件总数（件）	收缴总额（元）	一般违纪行为				一般违纪案件				重大违纪案件	
			件数	1~999	件数	1 000~9 999	件数	10 000~99 999	件数	10万~99万	件数	100万以上
合计	6 628	13 317 866.20	5 596	956 376.98	893	2 161 989.49	123	3 620 223.72	10	1 713 193.37	6	
1986	366	71 607.88	352	31 319.60	14	40 288.23						
1987	523	306 854.90	499	26 047.95	17	63 080.12	6	117 726.83	1	100 000.00		
1988	540	280 483.00	503	46 711.46	34	87 367.58	2	30 763.96	1	115 640.00		
1989	918	1 982 590.78	855	73 897.49	52	207 790.28	10	216 889.11			1	1 484 013.90
1990	1 291	956 264.26	1 245	81 018.52	29	92 283.83	15	551 589.26	2	225 372.65		
1991	357	4 301 350.14	340	28 048.37	4	12 658.81	6	112 393.60	2	766 180.62	5	3 382 068.74
1992	45	56 222.59	32	7 941.19	11	24 964.40	2	23 317.00				
1993	21	107 267.63	8	3 082.00	8	22 840.00	5	81 345.63				
1994	59	1 023 177.41	33	12 335.44	16	44 142.48	10	966 699.49				
1995	22	114 301.76	4	1 401.76	15	44 900.00	3	68 000.00				
1996	59	290 092.50	36	8 175.00	14	55 380.00	8	111 100.00	1	115 734.50		
1997	204	1 272 490.04	124	43 250.00	54	160 411.85	24	778 265.59	2	290 056.60		
1998	369	668 854.26	211	124 983.20	46	304 617.86	12	239 253.20				
1999	318	474 162.05	169	61 678.00	141	291 604.00	8	120 880.05				
2000	283	235 950.00	221	57 650.00	60	158 300.00	2	20 000.00				
2001	295	229 866.00	233	72 026.00	59	107 860.00	3	50 000.00				
2002	235	221 790.00	175	81 490.00	57	109 300.00	3	32 000.00				
2003	293	285 261.00	229	81 261.00	62	134 000.00	2	70 000.00				
2004	219	283 960.00	163	54 110.00	54	109 850.00	1	20 000.00				
2005	211	161 300.00	164	59 950.00	46	91 350.00	1	10 000.00				

占检查单位的64%,查处违价案件386起,违价总额164 211元,收缴71 607元。1987年,对2 480个有价单位和收费部门进行抽查,共查违纪行为和违纪案件523起,收缴价格违纪金额306 854元。1988年,在抽查各有价单位和收费单位中,有540个单位和部门存在价格违法问题,分别都进行查处。1989年,围绕"383工程"这个中心,检查有价单位2 057个,查出价格违法案件918起,总计收缴违纪金额198万元。1990年,在对交通、教育、卫生收费进行专项检查中,查出违价金额32万元,共查出违价案件1 291起,收缴违价总额95万元。1991年,在开展粮食专项检查中,查出重大价格违纪案件5起,收缴非法所得338万元,价格违纪案件357起,收缴非法所得430万元。1992年,开展农村电价、农业生产资料、药品、成品油、专项储备粮、食盐和各项收费检查,共查有价单位986个,查违价案件264起,违价金额24万元,收缴入库5万元,其余全部退还用户。1993年,主要开展农业生产资料、成品油、农村电价等商品价格和教育、交通、邮电、农机等非商品收费的物价检查,共查有价单位和收费部门874个,占应查单位92%,查出价格违纪案件95起,查出违价金额87万元,收缴入库11万元,退用户76万元。1994年,开展主要生产资料和垄断行业经销的商品价格检查。查出价格违法违纪案件130起,违价金额165万元,退还用户10万元,收缴入库102万元,待处理53万元。1995年,检查有价单位390个,查出违价单位67个,查出非法所得44万元,退还用户33万元,收缴入库11万元。2000年,查处价格违纪案件1 233件,收缴入库总金额294万元。2005年,开展涉农价格和收费标准专项检查。共检查872个单位,查出价格违法行为324起,查出违价金额400余万元,实施经济制裁300万元,其中没收非法所得27万元,罚款3万元,退还消费者280万元。

第二节　物价改革与调整

【价格改革】　1986年,价格改革进入"全面放开"和以建立市场价格机制为主要内容的深化改革阶段。1991年,将6 741个品种小商品价格全部放开,同时对人民生活必需品价格和农业生产资料等70种商品实行价格管理。1992年,外进菜、水果、水产品、山产品、议价粮等副食品和针棉织品、日用百货、文化用品、五金交电等商品价格放开。1993年,除化肥、农膜等个别国家定价的产品外,其他产品全部由企业自行定价销售,物价局控制进销差率的110种商品价格全部由企业协商定价自销。1995年,对肉、蛋、菜主要品种实行最高限价,对粮油主要品种实行差率控制,对自来水、民用煤等品种实行提价申报和调价审批备案。1996年,加强对居民基本生活必需品和服务收费监审,对5类63个品种商品价格进行差率控制和价格监测。1999年,对12类62种商品价格实行价格和差率控制。2001年3月,向社会公布全国统一价格举报电话号码12358。2002年,取消的收费项目涉及5个部门592项收费项目,免收费项目涉及6个部门122项。2003年,全市公办普通高中招收的"自费生"严格执行限录取分数、限招生人数、限收费标准政策,自费生每学年最高收费标准为7 000元,借读生收费参照"自费生"的标准执行。2004年,义务教育阶段中小学实行"一费制"收费办法;对出租轿车养路费征收标准进行审定,每台每月养路费征收标准定为270元。自2005年10月1日起执行《政府定价药品目录》,国家定价药品:西药部分1 018种,中成药499种。省物价局定价药品:西药部分355种,中成药441种,麻醉药品,一类精神药品47种。

【物价水平】　1986年,零售物价目标,控制在1985年社会商品零售总额的2%以内,零售物价总指数上升幅度4.8%。1987年,市场物价上升到9.4%,超出省定控制在5.8%以内的目标。1988年,零售物价总指数上升到19.7%。1989年,物价涨幅比上年降低4.3个百分点,为15.4%。1990年,国家实施"治整改"经济措施,价格水平从1989年的通货膨胀逐渐回落至适度轻微上涨的水平,市场物价处于平稳阶段,零售物价总指数降到2.9%。1991年,物价指数比上年有所上升,当年指数为6.7%。1992年,物价指数上升4.8%。1993年,上升9%。1994年,上升16.9%。1995年比上年下降2.4%。1996年,由上年的14.5%降到4.3%。1997年,零售物价指数上涨2.3%。2003年,国家采取一些治理通货膨胀措施,促使物价总水平不断回落。2005年,价格总水平实现合理回落。

【价格调整】 1986 年,工业消费品中的小商品价格已全部放开,机电产品实行浮动价格,能源材料价格实行调放结合的"双轨制"价格。1990 年,提高部分粮、油的收购价格,以及煤、电、油等能源产品的出厂价格,调整副食品的价格补贴。放开 13 种名烟和 13 种名酒价格,适当提高部分烟酒的价格。提高菜、棉、胶部分商品价格。调整棉纺织品、毛线、铝锅、铁锅、保温瓶等商品价格;对实行浮动价格的电冰箱、洗衣机、自行车等实行审批制度。对列入"383 工程"实行指导性价格的猪肉、的确良衬衣等 19 种商（产）品制定加价差率,对列入"383 工程"实行市场调节价的 27 种商（产）品实行最高限价和提价申报制度,对 108种地产新品制定出厂价格,调整 37 种产品出厂价格,提高玉米、水稻、小麦、甜菜、大豆的收购价格。1991年,物价部门及时清理实施"383 工程"中各项降价让利措施,先后调整水果、水产品、肉制品、中药、服装等商品加价差率;调整批发环节部分商品的运杂费率。将原实行倒扣加价差率的百货、文化商品改为顺加差率,把五金交电商品倒扣加价改为综合加价差率。从 5 月份起,提高城镇定量供应的粮油价格,相应调整豆制品、酱油、烤醋、糕点价格。对地产白酒、水泥、学生作业本出厂价格适当调整。1992 年 4 月调整粮食统销价格,9 月调整燃料价格。11 月粮油放开价格,调整酱油、烤醋、糕点价格。1993 年,放开地产啤酒、白酒、沥青等 15 种产品出厂价格。放开台球厅、录像厅、服装加工、米面加工等 10 项非商品收费。对计划外的化肥、农膜价格进行调整。1994 年,对地产化肥、计划外化肥、农膜、农药、种子等重要农业生产资料价格进行严格审批。1995 年,对地产复合肥制定价格,对放开价格品种中实行价格监审的啤酒、酱油、醋、奶粉等实行提价审批制度,对计划外化肥、农膜、种子等农业生产资料价格实行审批制度。1996 年,对自采计划外化肥价格进行审批,对浴池收费标准进行统一。1997 年,统一制定复混肥出厂价格,测算核定农村用电价格。1998 年,新增加医疗服务项目、收费标准,共计 342 项;对火化费、寄存服务收费等 33 种收费项目、标准进行统一规范。1999 年,规范婚姻服务价格,重新制定遗传咨询、查孕查环等 10 项计划生育技术服务收费标准。2001 年,制定玉米、大豆种子销售价格。2002 年 9 月,确定中学住宿学生收费标准,即兆麟中学高中部每生每月 25 元;铁路中学每生每月 20 元;农村中学学生每生每月 18 元。2003 年,对收取餐饮、旅店、集贸市场、娱乐、公路客运、出租汽车行业的费用按不同比例实行减免。制定特优级奶牛冷冻精价格。下调了营运小型车辆工商管费收费标准。制定人工湖、动物园、魁星楼门票价格;市聋哑学校住宿学生收取宿费标准。2004 年,对农业生产用电价格进行调整,农业生产用电由原来的 0.75 元/千瓦·时,下调到 0.47 元/千瓦·时;商业用电价格由原来的 1.10 元/千瓦·时,下调到 1.09 元/千瓦·时。同年 4月,对在市区主要道路营运的微型面包、公共汽车票价进行了规范和确定。面包车 1.00 元/人次;公共汽车 0.50 元/人次,出租汽车运价标准分为计程、计时两种方式计算。2005 年 4 月,调整供热收费标准。

【价格法制建设】 1987 年,国务院发布《中华人民共和国价格管理条例》,1989 年省政府提出物价稳定的"383 工程"。确定严格控制 383 种商品和收费价格,其中有国家定价的 188 种,指导性价格的 31 种,放开价格的 164 种。1991 年,制定 70 种商品（收费）价格管理办法。1993 年,取消 37 项向农民收费项目,为 408 个国营、集体和个体工商户发放《企业定价认可证》,为 237 个企事业单位和个体户发放《收费许可证》。1994 年,国家下发《关于商品和服务实行明码标价的规定》。1996 年,对服务费用的构成、物业管理、定价原则及权限做出明确规定。1997 年,治理乱收费做出 7 条规定。确定 13 类 46 种,差率控制。自1998 年 5 月 1 日起施行《中华人民共和国价格法》,本法对经营者的价格行为、政府的定价行为、价格总水平调控、价格监督检查、法律责任都有明确规定。2000 年,建立价格行政处罚程序规定。2005 年,建立以乡镇党委书记、村支部书记、村会计为物价监督员的农村三级价格监督网络。

第三节　物价、价格及收费

【粮食、食油、食盐价格】 1986 年,玉米统购价格（标准品）,由每公斤 0.196 元提到 0.216 元。玉米面统购价由每公斤 0.23 元提到 0.25 元;玉米糙统购价（标准品）由每公斤 0.27 元提到 0.30 元。玉米面比例价由每公斤 0.29 元提高到 0.33 元;玉米糙比例价(标准品)由每公斤 0.34 元提到 0.40 元。大豆收购价格,定购的大豆从每公斤(标准品)0.60 元提到 0.69 元,等级差价仍为 3%;豆油(水化)收购价从每公斤 2.60 元提到 3.30 元。1987 年,玉米统购价格(标准品),由每公斤 0.216 元提到 0.232 元。玉米面统购价由每公斤 0.25 元提到 0.27 元;玉米糙标准品统购价由每公斤 0.30 元提到 0.31 元。食盐塑料袋小包装销售价格:精盐 500 克装零售价格为 0.22 元,1 000 克装零售价格为 0.42 元;洗盐 500 克装零售价格为 0.20 元,1 000 克装零售价格为 0.38 元。1989 年,玉米收购价格(标准品)每百公斤合同定购价由 36.50 元降到 32.60 元,统购价由 23.20 元提到 24.60 元。玉米面统购价格由每百公斤 27 元提到 29 元;比例价格每百公斤 35 元提到 38 元。水稻合同定购价由 48.20 元提到 60.20 元;统购价由 34.40 元提到 43 元。大米统购价格由每百公斤 51 元提到 65 元;比例价格由 71 元提到 90 元。小麦合同定购价每百公斤由 50 元提到 53 元,统购价每百公斤由 37 元提到 39.60 元。面粉标准品统购价格由每百公斤 49 元提到 52 元;比例价格每百公斤由 64 元提到 68 元。1990 年,大豆(标准品)统购价格由每百公斤 69 元提到 90 元。豆油统购价格由每百公斤 330 元提到 430 元。1991 年,标准面粉 500 克由 0.185 元提到 0.28 元,标准大米500 克由 0.175 元提到 0.34 元。1993 年,每百公斤小麦专储差价 36.80 元,每百公斤大豆专储差价 40 元。2005 年,粮食价格由市场调节。

【农业生产资料价格】　1986 年,国产尿素价格每吨 520 元,平价进口化肥全省统一零售价。磷酸二铵每吨 700 元,三清过磷酸钙每吨 503 元,硫酸钾每吨 390 元,复合肥每吨 440 元,二元素复合肥每吨 446 元,尿素每吨 632 元,硝酸铵每吨 424 元。1987 年,外汇出口议价磷酸二铵销售每吨 1 048 元。1990 年化肥全省综合销售价格:尿素每吨 748 元,硝酸铵每吨 472 元,磷酸二铵每吨 1 200 元。进口(不包括边贸进口苏联化肥)复合肥、硫酸钾、磷酸二铵、重过磷酸钙价格一律不动。1994 年,进口磷酸二铵销售价格零售价每吨 210 元。1996 年,全省统一价格:尿素每吨 1 700 元;磷酸二铵每吨 2 580 元。1997 年化肥综合零售价格:进口尿素每吨 2 300 元,国产尿素每吨 2 450 元,磷酸二铵每吨 2 640 元,硝酸铵每吨 1 450 元。1998 年,化肥价格改革,将化肥出厂价格由政府定价改为政府指导价,取消化肥综合调拨价,零售价放开。2005 年,农资价格由市场调节。

【供热价格】　1986 年,职工住房供热单位福利分煤供应。1994 年,市建委、物价局、财政局联合下发《关于调整集中供热收费标准的通知》规定,凡以煤做燃料,采用锅炉集中供热的商品房、职工住房,按供暖面积每个采暖期每平方米收费 20 元。商服企业按供暖面积每个采暖期每平方米收费 24 元。2005 年,调整供热价格,并统一物业服务收费标准。居民供热收费标准按每平方米使用面积计算,由 20 元调到 28.5 元;商服供热收费标准按每平方米使用面积计算,由 24 元调到 32.5 元。

【殡仪馆收费】　1986 年,每具尸体火化费 25 元。1992 年 3 月,火化收费价格由 25 元调整到 35 元;12 月,城镇殡仪馆火化收费由原来的 35 元调整到 45 元,韩甸殡仪馆火化收费由原来的 35 元调整到 55 元。1993 年,城镇殡仪馆火化收费由 45 元调整到 60 元,韩甸殡仪馆火化收费由 55 元调整到 70 元。1996 年,城镇尸体火化费调整为:每具收费 80 元;冻尸每具 90 元。第二殡仪馆每具尸体火化收费调整到 85 元至 95 元。2005 年,火化费调整到每具尸体 150 元。

【自来水价格】　1986 年,居民用水每人每月 0.30 元。1989 年调整自来水价格,居民用水每人每月 0.50 元。1991 年,调整自来水收费标准,居民用水:无水表、无下水设备的每人每月 0.80 元;无水表、有下水设备的每月每人 1.20 元。其他生活用水:机关、事业单位、部队、学校有水表的每吨 0.80 元,无水表的按每人每月 0.80 元收费,饭店每桌每月 6 元。1994 年,调整自来水价格。居民生活用水(包括部队、学校住宿教师、学生)有水表每吨 1.80 元,无水表每人每月 1.80 元。单位用水无水表每人每月 2 元,没有固定人员的按单位面积计算,每平方米 0.40 元,有水表的按水表计算,每吨 2 元。建筑用水按建筑面积每平方米 2.50 元。2005 年,居民生活用水每立方米 2.60 元,工业用水、行政事业用水每立方米 3 元,经营服务用水每立方米 4.50 元,特种用水每立方米 8 元。

第七章 税 务

第一节 国家税务

【双城市国家税务局】 1986年,税务局内设秘书股、人事教育股、计会股、税政股、征管股、监察室;下设一、二、三分局和周家、五家、兰棱、韩甸、农丰5个农村分局,职工干部152人。1988年,增设稽查队、驻厂组和公安局税务派出所,三分局更名为双城镇分局。基层税务所在原有车站税务所的基础上,增设东官、单城、新兴、幸福、公正、乐群、金城、同心、朝阳、希勤、水泉、杏山等12个农村乡镇税务所,职工干部192人。1994年9月14日,国、地税机构分设,国税局内设机构为办公室、税政股、税收管理股(含发票管理所)、计划会计股、人事教育股和监察室。直属机构为稽查分局。城内设一、二分局,农村设周家、五家、兰棱、韩甸、农丰5个分局。分局下设车站、东官、单城、杏山、新兴、公正、乐群、幸福、金城、同心、朝阳、希勤、水泉、临江、青岭等15个税务所,在职140人。2005年,内设机构调整为办公室、综合业务科、法规科、计划征收科、人事教育科、监察室、信息中心,城内设承旭、承恩、开发3个分局,农村设周家、五家、兰棱、农丰4个分局,在职131人。

历任局长:张祥兆、张宝安、郭彦侠;副局长:赵德福、王德智、程国珍、白常权、王安国、刘晓峰、关洪玲。

【税务改革】 1986年,在第一步和第二步改税后,相继增加奖金税、个人收入调节税、印花税、筵席税等。1988年,税种23个,包括个体工商业户所得税、个人收入调节税、私营企业所得税、印花税、土地使用税和筵席税等。1994年,实行"分税制",除增值税、消费税、外商企业所得税3个较大税种由国地税共管,其他税种归入地税局征管范围。1998年,金税工程(增值税专用发票管理系统)一期上线,增值税专用发票管理实现规范化。2003年,金税工程二期投入运行,增值税专用发票管理系统覆盖一般纳税人,实现增值税专用发票发售、报税、认证、协查、稽核一体化,CTAIS0.5版升级为1.10版。2005年11月又升级为2.0版,实现系统全国联网,信息共享。计算机管理信息化提升税收服务质量与层次。

【1986—1994年征收税种】 1986年,产品税有5类21目。税率3%~50%。热力(包括热水热气)3%;钢锭、生铁3%;食用生猪、菜牛菜羊3%,粮食白酒50%,1987年开征房产税,其税率为1.2%。1988年,增值税税目为16个,子目52个。税率8%~45%。税率8%的应税产品有钢坯;税率45%的应税产品有化妆品。营业税:税率:3%~15%,商品零售税率3%;铁路运输15%。建筑安装3%,金融保险5%,邮政电信3%,公共汽车3%,宾馆旅社5%,饮食业3%。盐税:从量定额征收,每吨盐的税额为141元。国营企业调节税,占核定的基期利润的比例为55%。维护建设税:其税率为5%、1%。1989年开征土地使用税:其税率是每平方米为2角~1.5元。车船使用税,手动船每只1.20~5.00元,机动船每只0.60~1.40元,机动车每辆60—300元,载货汽车每辆(吨)16~20元。牲畜交易税:其税率为5%。屠宰税:仍按实征收定额屠宰税,牛每头8元,马、驴、猪每头5元,羊每只1元。建筑税:其税率是10%。印花税:按销售额万分之三、万分之五征收。筵席税:按次从价计征,税率为15%~20%。城乡个体工商业户所得税,按照《十级超额累进所得税税率表》计算征收。1991年开征,国营企业工资调节税,此税按超额累进税率计算征收。国营企业奖金税、集体企业奖金税和事业单位奖,实行超额累进税率。1994年开征国营企业所得税,适用税率为八级超额累进税率(原八级)。集体企业所得税:税率按新八级超额累进税率执行。私营企业所得税,依照35%的比例税率计算征收。工商统一税种有108个税目,最高税率69%(甲级卷烟),最低税率1.5%(棉坯布)。中外合资经营企业所得税:实行单一比例税率,税率30%,另按应纳所得税额附征

10%的地方所得税。中外合资企业的外国合资者,从企业分得的利润汇出国外时,按汇出额缴纳10%的所得税。城市房地产税:按标准房价税率1%,按标准地价税率1.5%。车船使用牌照税:按车船载重的吨位、座位不同,以辆、艘为依据,车按幅度定额税率,船按分级定额税率进行征收。

1988—1994年双城市个人收入调节税税率情况表

表10-7-1

档次	一	税率(%)
适用地区计税基数	六类和六类以下工资区100元	
超基数的倍数	全月应纳税收额	
三倍	400元以上至500元部分	20
四倍	500元以上至600元部分	30
五倍	600元以上至700元部分	40
六倍	700元以上至800元部队	50
七倍	800元以上部分	60

1988—1994年双城市十级超额累进所得税税率情况表

表10-7-2

级距	全年所得税	税率(%)	速算扣除数(元)
1	不超过1 000元的	7	0
2	超过1 000至2 000元部分	15	80
3	超过2 000至4 000元的部分	25	280
4	超过4 000至6 000元的部分	30	480
5	超过6 000至8 000元的部分	35	780
6	超过8 000至12 000元的部分	40	1 180
7	超过12 000至18 000元的部分	45	1 780
8	超过18 000至24 000元的部分	50	2 680
9	超过24 000至30 000元的部分	55	3 880
10	超过30 000元的部分	60	5 380

1994年双城市八级超额累进所得税税率情况表

表10-7-3

级次	应纳税所得额级距	税率(%)	速算扣除数(元)
	全年所得额在1 000元以下的		
1	全年所得额超过1 000元至3 500元的部分	10	0
2	全年所得额超过3 500元至10 000元的部分	20	100
3	全年所得额超过10 000元至25 000元的部分	28	380
4	全年所得额超过10 000元至25 000元的部分	35	1 080
5	全年所得额超过25 000元至50 000元的部分	42	2 830

续表

级次	应纳税所得额级距	税率（%）	速算扣除数（元）
6	全年所得额超过 50 000 元至 100 000 元的部分	48	5 830
7	全年所得额超过 100 000 元至 200 000 元的部分	53	10 830
8	全年所得额超过 200 000 元以上的部分	55	14 830

1991—1994 年双城市工资调节税超额累进税率情况表

表 10 - 7 - 4

级次	工资增长总额占核定工资总额的（%）	税率（%）	速算扣除率（%）
1	7% 以下	0	0
2	7% ~12%	30	2.1
3	12% ~20%	100	10.5
4	20% 以上	300	50.5

【1995—2005 年征收税种】 1995 年征收增值税。税率分为基本税率 17%、低税率 13% 和零税率三种。自 1998 年 7 月 1 日起，商业企业小规模纳税人的增值税征收率由 6% 调减为 4%。金银首饰消费税率为 5%。企业所得税实行 33% 的比例税率。另实行两档优惠税率为 27%、18%；外商投资企业和外国企业所得税，按应税所得额计算，税率为 30%；地方所得税按应纳税所得额的 3% 计算。车辆购置税从 2001 年 1 月 1 日起开征，车辆购置税的征收范围包括汽车、摩托车、电车、挂车、农用运输车，车辆购置税的税率为 10%。

1995—2005 年双城市消费税税目、税率（税额）情况表

表 10 - 7 - 5

税目	征收范围	计量单位	税率（税额）
一、烟 1. 甲类卷烟 2. 乙类卷烟 3. 雪茄烟 4. 烟丝	包括各种进口烟 每条对外调拨价在 50 元以上（含 50 元）的 每条对外调拨价在 50 元以下的 从量征收	标准箱	45% 30% 150 元 25% 30%
二、酒及酒精 1. 粮食白酒 2. 薯类白酒 3. 黄酒 4. 啤酒 5. 其他酒 6. 酒精	从量征收 从量征收 出厂价在 3 000 元以上（含 3 000 元）的 出厂价在 3 000 元以下的	斤 斤 吨 吨 吨	25%、0.5 元 15%、0.5 元 240 250 220 10% 5%
三、化妆品	包括成套化妆品		30%
四、护肤化妆品			8%

续表

税目	征收范围	计量单位	税率(税额)
五、贵重首饰及珠宝玉石	其中金银首饰		10% 5%
六、鞭炮、焰火			15%
七、汽油	无铅 含铅	升 升	0.2元 0.28元
八、柴油		升	0.1元
九、汽车轮胎			10%
十、摩托车			10%
十一、小汽车 1、小轿车 气缸容量(排气量,下同)在2 200毫升以上的(含2 200毫升) 气缸容量在1 000～2 200毫升(含1 000毫升)的 气缸容量在1 000毫升以下的			8% 5% 3%
2、越野车(四轮驱动) 气缸容量在2 400毫升以上的(含2 400毫升) 气缸容量在2 400毫升以下的 3、小客车(面包车) 气缸容量在2 000毫升以上(含2 000毫升)的 气缸容量在2 000毫升以下的	22座以下		5% 3% 5% 3%

【1986—1994年税收收入】　1986年,征收税种有增值税,营业税,个人所得税、滞纳金罚款收入、产品税、城市维护建设税、房产税、屠宰税、牲畜交易税、建筑税、国有企业奖金税、国有企业所得税、集体企业所得税、集体企业奖金税、国家能交基金税等15个税种。1988年增加盐税、涉外企业所得税、个人收入调节税、印花税、城乡个体所得税等5种税种。1994年增加消费税、国家预调剂基金等2个税种,税收税种总数达22种。

1986—1994年双城市税收收入情况表

表10－7－6

单位:万元

年度	合计	1986	1987	1988	1989	1990	1991	1992	1993	1994
增值税	4 881.3	52.4	154	460.5	620.1	651.7	394	389	955	1 856
消费税	3 559									3 559
营业税	8 485.2	620.9	813.7	871.9	1 420.7	1 857	1 363	1 604	1 764	27
企业所得税	282					464.3	115	106	36	25
涉外企业所得税	206.4			17.4		19	25	48	57	59
个人所得税	298	0.8	7.8		19	22	39	42	52	137

续表

年度	合计	1986	1987	1988	1989	1990	1991	1992	1993	1994
盐税	7.9			7.9						
滞纳金罚款收入	1 104	7.9	15.1	10.5	75.5	105	157	163	448	227
产品税	6 123	808.2	703.8	688.4	747.1	985	1 181	758	1 236	
工商统一税	3547						469	1 090	1 988	
个人收入调节税	34.9			0.2	4.7		8	7	15	
城市维护建设税	1 022.3	83.9	93.9	103.8	173.7		181	171	205	10
车船使用税	124		6.4	8.4	16		18	28	35	12
房产税	328.9	3.8	36.4	51.8	45.7		56	60	75	0.2
城镇土地使用税	438.2				100.5		129	108	100	0.7
屠宰税	42.4	1	1	0.8	1.6		5	12	16	5
牲畜交易税	10.1	0.6	1.2	2.2	2.1		1	1	2	
国企工资调节税	4.3						1	0.3	3	
奖金税	0.9						0.1	0.7	0.1	
印花税	55.2			2.3	19.9		8	9	13	3
城乡个体所得税	2 253.6		0.8	2.2	6.3					
建筑税	60.6	2.8	4.4	8.1	14.3		11	15	5	
筵席税	1.1				0.1		1			
国有企业奖金税	4	0.1	3.9							
国营企业所得税	2 421.5	160.4	224.7	306.2	250.9	464.3	436	392	187	
集体企业所得税	350.1	45.7	43.9	123.4	137.1					
集体企业奖金税	1.2	0.9		0.3						
国家能交基金	1 126.8	90	142.9	142.6	135.4	180.9	146	148	105	36
国家预调基金	601.8				102	137.8	123	109	90	40
其他	341.2				49.2		61	60	82	89

【1995—2005 年税收收入】　1995 年,税收税种有增值税、消费税、营业税、企业所得税、涉外企业所得税、个人企业所得税、滞纳金罚款收入、城市维护建设税、车船使用税、城市土地使用税、屠宰税、印花税等 12 个税种。1996 年,增加房产税、其他税两个税种。1999 年,税制改革保留税种有增值税、消费税、营业税、企业所得税、涉外企业所得税、个人所得税等 6 个税种。2003 年,保留税种有增值税、消费税、企业所得税、涉外企业所得税、个人所得税等 5 个税种。2005 年,保留税种有增值税、企业所得税、涉外企业所得税、个人所得税、车购税等 5 个税种。

1995 — 2005 年双城市税收收入情况表

表 10 - 7 - 7　　　　　　　　　　　　　　　　　　　　　　单位:万元

	合计	1995	1996	1997	1998	1999	2000	2001	2002	2003	2004	2005
合计	215 333	7 817	8 561	8 453	9 553	10 688	14 141	18 453	25 720	35 644	40 142	36 161

续表

	合计	1995	1996	1997	1998	1999	2000	2001	2002	2003	2004	2005
增值税	173 823	5 612.5	6 658	7 706	8 852	9 970	13 112	16 738	20 137	26 018	31 078	27 941
消费税	3 038	1 134	491	387	209	140	59	7	38	62	226	285
营业税	759	75	61	56	231	155	87	66	28			
企业所得税	1 404	15	43	22		23	4	26	4	257	311	699
涉外企业所得税	30 582	95	228	268	261	398	540	1 065	4 826	8 673	7 804	6 424
个人所得税	4 902	490	714			2	339	551	687	634	723	762
车购税	50											50
滞纳金罚款收入	304	240	50	14								
城市维护建设税	54	32	22									
车船使用税	296	104	192									
房产税	6		6									
城镇土地使用税	2.1	0.1	2									
屠宰税	0.4	0.4										
印花税	39	19	20									
其他	74		74									

　　【税务税政管理】　1986 年,税收结构确立多税种、多环节、多层次的新体系,1988 年 6 月出台私营企业所得税,8 月出台印花税,9 月出台城镇土地使用税,年底产品税达 12 类 96 目。2000 年,一般纳税人申报全面实行“一商一人一机”管理模式,利用“一户式”管理信息系统,有效提高征管层次和效率。加强税源管理,实施划片管理,推行税收管理员制度,明确职责,强化培训,较好地解决了“疏于管理,淡化责任”的问题。认真推行 CTAIS 征管软件和网络版防伪税控系统软件,认真做好两个系统软件的升级工作,确保安全管理,高质量运行。加强发票管理,限额审批、限量供应和验旧换新以及审核缴销。抓好以票管税,通过核定发票的填开量,及时掌握纳税人营销活动的动态信息,根据销售情况及时调整定额,公平税负。特别是对增值税专用发票,健全制度,强化监督,跟踪协查,有效防止利用发票骗抵税款问题发生。2002 年,退税 3 887 万元。2005 年,个体工商业户中未达起征点业户 669 户,免征个体业户增值税 200 万元。一般纳税人,已有 70% 实行电子申报。积极开展一般纳税人年审工作,年审面 100%。

　　【税务稽查】　1986 年,税务稽查由监察室负责。1988 年,成立稽查队。1994 年,国地税分设成立稽查分局,税务稽查由收入型向执法型转变。2000 年以来,严格按选案、实施、审理、执行四个环节开展稽查工作,加大对废旧物资收购发票等抵扣凭证的抵扣情况、异常申报企业、酿酒、煤炭经营等重点行业的专项稽查力度,严厉打击各种涉税违法犯罪行为,整顿和规范税收秩序。2005 年,收罚没款 300 万元。

第二节　地方税务

　　【双城市地方税务局】　1994 年,国、地税分设,地方税务局成立,内设办公室、监察室、人事教育股、征管股、税政股、计财股;另设有稽查分局、征收一分局、征收二分局、周家分局、五家分局、兰棱分局、韩甸分局和农丰分局,全局职工 94 人。1996 年,建立办税服务大厅。2001 年 10 月,撤销税政股,增设综合业务股、税收会计核算服务中心、稽查局、社保局和 6 个分局。2004 年 2 月成立开发区分局和站前税务所。2005 年,内设机构无变化。在职 106 人。

历任局长：程国祯、阮永余、何力波、沈斌；副局长：王成志、张振国、张兴波、单承祥、王斌、谭成武、刘东光。

【征收税种】 1994年1月1日开征企业所得税，税率为33%，另设两档优惠税率27%和18%。个人所得税、工资薪金所得税，适用5%~45%超额累进税率，个体工商户生产、经营所得税，适用5%~35%超额累进税率。营业税K交通运输业税率为3%、建筑安装业税率为3%、邮电通讯业税率为3%、文化体育业税率为3%、金融保险业税率为5%、娱乐业税率为5%~20%、服务业税率为5%、转入无形资产税率为5%、销售不动产税率为5%。土地增值税的税率为30%、40%、50%、60%。印花税比例税率：（1）财产租赁合同、仓储保管合同、保险合同的税率为千分之一。（2）加工承揽合同、建设工程勘查设计合同、货物运输合同、产权转移数据、营业账簿中记载资金的账簿，其税率为万分之五。（3）购销合同、建筑安装合同、技术合同的规定税率为万分之三。（4）借款合同的规定税率为万分之零点五。（5）股票交易规定税率为千分之二。定额税率：权利许可证照和营业账簿中的其他账簿，采取按件规定固定税率，单位税额为每件5元。房产税：税率为从价、从租计征12%。车船使用税：按其种类、吨位大小、定额征收的一种资产税，采取以辆、以净吨位、以载重吨位为计税标准。城镇土地使用税以纳税人实际占用的土地面积为计税依据。城市维护建设税税率为7%、5%、1%。屠宰税：实行定额税率。1999年开征资源税，实行定额税率。固定资产投资方向调节税，税率为0.5%和15%。教育附加费，税率统一规定为3%。2005年，征收税种无变化。

【税收征收管理】 1994年，组织开展税源调查工作，认真分析税源的增减变化因素，科学合理的分配落实税收计划。组织收入工作实行目标管理责任制，坚持按月确定收入计划，按旬进行初步分析，按周掌握收入进度，确定"双超双保"（超平均进度、超上年同期、保半年过半、保全年任务完成）的工作目标，宏观地指导组织收入工作。把房地产税收和建筑业税收放在工作首位，及时掌握涉税信息，通过对建筑安装、房地产开发企业实行全方位监管，使营业税连年增加，营业税占收入总额的37.5%，达到减少税源，增加财政收入的目的。1998年，开展对饮食业、服务业、娱乐业开征定额调整工作，平均增幅30%，其中，洗浴中心、网吧、歌厅等高收入业户调整幅度较大，平均增幅超过100%。2000年，开展户籍清理工作，为纳税人重新办理税务登记。检查各分局执行定额标准与清缴欠税相结合；完善征管档案建设摸清税源底数，采取边清理边登记造册，全面掌握所辖纳税人登记事项，达到减少税源流失，增加财政收入的目的。2002年，制定《饮食业定额统一发票管理办法》《机动车营运车辆税收管理办法》《定期定额业户纳税管理办法》等15项征收管理办法，规范各行业税收标准，打击难点税源偷税现象，堵漏增收，建立协税护税网络。加强纳税申报和税款征收管理，2005年，全面使用机打发票，税收征管工作全部实现计算机管理，部分企业已经实现网上申报，个体税银（邮）一体化工作全面铺开，当年营业额60.6%。

第八章　技术监督管理

第一节　机构与执法监察

【哈尔滨市双城质量技术监督局】 1986年，称标准计量局，内设文秘股、标准质量股、计量管理股、产品质量检验所、计量检定测试所，机关定编14人，事业单位定编23人。1991年改称质量技术监督局，机构编制无变化。1992年增设集体管理股、个体管理股和鲜奶检验站。局机关定编21人，事业单位定编25人。1996年，局设综合计划股、标准化股、管理股、市场稽查股；另设产品质量监督检验所、计量检定测试所。局机关定编24人,事业单位定编70人。1997年,质量技术监督局与经济委员会合署办公。1998年8月归属哈尔滨市质量技术监督局。2002年,改称哈尔滨市双城质量技术监督局,内设办公室、政策法规宣传教育股、综合管理股、特种设备安全监察股,农业标准化股;另设稽查大队、产品质量监督检验所、计量检定测试所、锅炉压力容器检验所。机关定编30人,事业单位定编117人。2005年,内部机构编制无变化。

历任局长:刘忠忱、赵荫宝、李纯信、王景坤;副局长:王玉田、李君瑞、曹钧、赵玉文、李纯信、王英杰、王景坤。

【特种设备安全监察】　2003年1月,对8家液化气站、1家钢瓶检验站、3家工业气瓶经销点进行安全监察,查封销毁报废钢瓶75个,确保全市气瓶的安全使用。12月,对浴池在用的锅炉进行全面排查,查封不合格和有严重安全隐患的土蒸汽锅炉19台。2004年,对压力管道进行普查登记,共登记压力管道4.1千米。2005年,共检验在用锅炉564台(件),在用压力容器452台(件),安装监检锅炉23台(件),压力容器13台(件),驻厂监检锅炉82台(件),压力容器7台(件),校准安全阀718支,监测水样492个,培训司炉人员326名。

【法制宣传】　1987年1月19日,《中华人民共和国计量法实施细则》发布施行,元旦、春节期间,在十字街开展大型宣传活动,展示计量法实施以来依法查获的各类利用计量器具作弊坑害消费者、使用国家非法定计量单位计量器具、定量包装商品缺斤少两违法实物、图片等。1993年9月1日,《中华人民共和国产品质量法》正式施行。1994年元旦、春节期间对质量法制宣传的同时,组织行政执法人员对节日市场供给商品的质量、计量进行检查,重点查处生产、销售不符合保障人体健康和人身、财产安全的国家、行业标准的产品的不法行为。2003年3月,《中华人民共和国产品质量法》实施十周年,结合3.15消费者权益日,在双城镇内主要繁华区设立普法咨询站,散发宣传单1 500份,举行大型法制宣传纪念活动。2005年,利用"安全月"活动,大力宣传《特种设备安全监察条例》。

【行政执法】　1986年,查处计量违法案件325起,没收不合格和非法定计量单位计量器具1 203台(件)。1989年,查处违法案件32起,收缴不合格和违法计量器具780台(件),收缴失效、变质、危及人身安全、健康的商品2 550件,价值98 000元。1990年,对全市1 567家经销单位的27类1 285种商品进行监督检查,查处伪劣商品9 857件,价值28.6万元,收缴腐烂变质、危及人身安全、健康的食品、低压电器产品3 254件,价值1.6万元。抽样检查计量器具984台(件),收缴不合格计量器具216台(件)。1991年,在流通领域的监督检查中,重点加强对伪劣商品和主要农用物资计量违法案件的监督检查。检查经销单位369个,查出伪劣商品15 670余件,处理违法案件43起,对危及人身健康和人身安全的伪劣商品公开销毁1 230余件。掀起"打假扫劣"新高潮,查出假冒伪劣商品15类,61个品种,总价值达20.3万元,立案23起,移送司法机关案件2起,捣毁黑加工点11处,通过新闻媒体向社会公开曝光13次,对查获的假冒伪劣商品在市区主要街头进行三次曝光展览,并进行集中销毁。1994年,《中华人民共和国产品质量法》正式实施,检查国营、集体、个体经销单位1 250余家,查出假冒商品27 000多件,价值达122.4万元。组织2次伪劣商品展览,销毁伪劣商品1.2万件,价值3.4万元。受理消费者来访、投诉案件187起,为消费者和用户挽回经济损失4.7万元。1995年,检查国营、集体,个体生产和经销单位1 360余家,查出假冒伪劣商品28 300多件,价值113.7万元,销毁假冒伪劣商品1.73万件,价值9.7万元,通过新闻媒体对生产经销假冒伪劣商品的违法行为向社会公开曝光4次。1996年,开展六次大型专项检查,集中力量组织新年、春节市场商品质量、计量专项检查,春秋两季农用生产资料、建筑材料、医药市场、粮油市场和粮食、甜菜收购专项检查。处理案件457起,查出假冒伪劣商品28 970多件,标值达317.9万元。1997年,对农机、石油、农药、化肥、一次性输液器等质量问题突出的领域进行了专项整顿。整顿商品14类364批次,产品16类358种932批次,查获假冒伪劣产(商)品总标值328.3万多元,查处违法案件167起。1999年,共收缴假冒伪劣商品标值达13.4万元。2000年,重点整顿农资市场、建筑材料市场、汽车配件市场、粮油市场、五金电器市场、农机及配件市场、食品酒类批发市场、日用小百货市场等。查获一批假冒"小糊涂仙"酒、"五粮液"酒、"红塔山"香烟,查处违法案件 427 起,收缴伪劣产(商)品标值达 21.7 万元,收缴不合格计量器具 83 台(件),销毁伪劣产(商)品 20 余万元。2001 年,共查处质量、计量、标准化行政违法案件 561 起,收缴并销毁假冒伪劣产(商)品标值达 13.8 万元,收缴不合格计量器具 79 台(件)。共端掉小炼油厂 2 个,小轧钢厂 3 个,制造假冒食品黑窝点 7 处;共查处不合格农用整机及配件、劣质农用柴油、不合格水泵、农肥、定量包装严重少量案件 51 起;共查处无生产许可证生产螺纹钢企业 1 家,无标准生产预应力空心楼板企业 4 家,经销和使用不合格水泥、建筑用低压电器案件 47 起,农村电网改造用不合格电线、电缆案件 4 起。2002 年,查处假冒劣质农药、复混肥、种子、建筑用钢材、汽车及农机配件、化妆品、润滑油、电子信息产品、食品、酒类、家用电器、装饰材料等 15 类商品。共查处假冒伪劣商品标值达 203.4 万元,为企业及消费者挽回经济损失 236.7 万元。对营业中的 57 家加油站抽取 114 个成品油样品,其中汽油样品 56 个,合格 43 个,合格率为 76.8%,柴油样品 58 个,合格 42 个,合格率为 72%。经销不合格成品油的加油站 10 家,其中石油公司加油站 4 家,占 20%,农机加油站 3 家,占 65%,个体加油站 3 家,占 15%。2003 年,查处假冒伪劣种子、农药、复混肥、低浓度磷肥、钾肥、农地膜、农业机械及零配件、拖拉机、农用运输车、农用汽、柴油及润滑油、农用车轮胎、麻袋、农用电机及水泵等物资;监控小型、个体农资生产、分装企业和经销门市、商店,堵住假劣农资流向农民手中的源头。监督检查生产企业 26 家,经销单位 148 家,查处生产和经销单位、个人案件 16 起,立案查处 3 起,收缴违法收入 3 万余元。2004 年,加大对建材、农资、粮油、蔬菜、水果、奶制品、水产品、白酒、饮料和儿童食品等重点产品的查处力度。查处重点食品类案件 6 起,农用物资类案件 6 起,建材类案件 5 起。查处计量违法案件 63 起,质量违法案件 15 起,标准化违法案件 26 起,特种设备案件违法 1 起,产品质量抽查 480 多批次,特种设备安全监察 87 次。2005 年,开展建材、食品、米、面粉、酒类、奶粉、化肥等专项检查或打假行动。出动执法人员 2 100 多人次,查获假冒伪劣产品货值 11 万多元,查办各类违法案件 153 起,其中计量违法案件 91 起,质量违法案件 17 起,标准化违法案件 45 起,结案 153 起。

第二节　标准化管理

【农业标准化】　1991 年,推行农业综合标准化模式生产的有 7 个乡(镇)、88 个村、32 万个农户,落实面积 53.9 万亩。1993 年,结合落实农业"二高一优"的实施方案,在 9 个乡(镇)开展农业综合标准化推广工作,对小麦、大豆、水稻、烤烟实行标准化栽培,落实面积 3.7 万公顷。1995 年 4 月 5 日,发布地方标准 DB232101/T01—1995《玉米生产技术规程》用于玉米标准化示范区建设的实施,完善农业标准化体系。1996 年 1 月,双城市玉米生产被国家技术监督局确立为国家农业标准化示范区,示范区面积 6 万公顷,1.9 万农户,单产指标实现 700 公斤/亩。1998 年 12 月,农业标准化示范区正式通过国家技术监督局考核验收,被授予"国家农业标准化示范区"称号。到 2000 年玉米标准化示范区已在全市范围内展开,玉米标准化播种面积 15.3 万公顷,占全市总耕地面积 18.95 万公顷的 80% 以上,总产量达 13 亿公斤。2005 年 7 月,团结满族乡被国家质量监督检验检疫总局、黑龙江省质量技术监督局确立为国家、省两级奶牛养殖标准化示范区。

【产品综合标准化】　1991 年,为提高产品标准覆盖率和标准化水平,采用国际标准 2 项;国家标准 32 项,行业标准 44 项,地方标准 17 项,企业标准 18 项。主要产品标准覆盖率达 100%,有 6 家生产企业通过标准化升级考核。1993 年,启动统一代码标识制度,填报代码表 512 份,发证 512 家。1995 年,组织《食品标签通用标准》培训班,对食品生产企业贯彻《食品标签通用标准》《饮料酒标签标准》等国家标准,并对 200 余种食品标签进行备案。1996 年 10 月,承担国家技术监督局"消灭无标生产县(市)"试点工作。1998 年,为 40 家企业制定企业标准 50 项,为 60 家企业的 88 种食品标签进行备案。1999 年,对食品生产和经销企业贯彻《食品标签通用标准》情况进行监督检查,共检查食品生产企业 68 家,经销企业 96 家,食品标签合格率达 92% 以上。2001 年,贯彻国家标准 34 项,酱油、食醋 20 项,白酒 14 项,贯彻行业标准 12

项,其中酱油、食醋 6 项,洗涤用品 6 项,审查备案产品企业标准 25 项,标准覆盖率达 96.6%。接待企业标准咨询 98 人(次),帮助企业完善质量保证体系 15 项,受理食品标签咨询服务 50 余次。2003 年,对新增企业进行普查登记、备案。产品标准 264 项,涉及 210 家生产企业。帮助企业制定、修订企业产品标准 45 项,查询产品标准 50 余项,无偿为企业提供技术咨询服务达 100 余人(次),共查处无标准生产企业 6 家,其中执行已废止标准的企业 2 家,未按照标准组织生产检验的企业 4 家。对有载开关厂等 11 家生产企业采用国际标准情况进行调查,其中 2 家企业修改采用了国际标准,5 家企业尚未采用国际标准,4 家企业停产、转产。有 18 家白酒生产企业标准体系、质量保证体系尚不健全。质监局帮助企业购置白酒生产必备检验仪器和化学试剂等,帮助企业按标准组织生产和检验。2005 年,继续推行企业产品执行标准注册登记制度,建立全市范围内的生产企业标准信息库。并对 74 家食品生产加工企业的 105 项食品企业标准开展清理工作,积极为企业提供查询标准、制修订标准等方面的咨询服务。全年共接待企业咨询 260 人(次),帮助企业查询产品标准 60 余项(次),帮助企业制修订企业标准 33 项(次),备案企业产品标准 22 项(次)。

【生产许可证管理】 2000 年 3 月 1 日,国家对白酒产品实施生产许可证管理制度,共有 33 家白酒产品生产企业通过第一批发证审查。2003 年 10 月 15 日又有 18 家白酒产品生产企业通过第二批发证审查,2005 年,全市共有 51 家白酒生产企业获得国家质量监督检验检疫总局颁发的"全国工业产品生产许可证"。

【产品质量管理】 1986 年,产品质量管理侧重在工业产品质量抽样检测方面。1989 年,花园白酒获首届中国食品博览会银奖。1991 年,制粉厂特二小麦粉、啤酒厂 9.5°联珠啤酒、周家阀门厂丝扣截止阀评为省优产品,啤酒厂 10.5°啤酒、塑料厂塑料薄膜、水暖器材厂丝扣闸阀和法兰截止阀评为地优产品,制伞厂晴雨自动两用伞获全国星火计划博览会银奖。1993 年,对可能危及人体健康和人身财产安全的工业产品进行抽查,检验产(商)品 500 批(次),合格率 70%。1994 年,对 128 家企业生产的 48 种产品进行定期检验,检验 600 批(次),合格 450 批(次),合格率 75%。花园酒厂的花园罎酒被评为布鲁塞尔金奖;环球乳制品公司、康力佳系列奶获全国食品博览会金奖。1995 年,对 200 家生产和经销企业生产和经营的产(商)品进行定期监督检验,检验 600 批(次),合格率 80%。1996 年,对涉及百姓切身利益的产(商)品检验,检验批次上升到 700 批(次)。1997 年对饮料、饲料、肉灌制品实施省地方准产证管理。2001 年,完成产品质量监督检验 1 000 批(次),检验批次合格率上升到 85%。2005 年,对质检设备进行更新,检验项目由过去 7 个品种 18 个项目发展到 47 个品种,100 多个项目,检验批次上升到 1 800 余批次。

【计量管理】 1986 年,取得二级计量合格证书的企业 4 个,三级证书的企业 12 个。1988 年,取得二级计量合格证书的企业 3 个,三级证书的企业 12 个,石油公司油库被黑龙江省标准计量局、黑龙江省石油公司授予黑龙江省石油公司系统"石油计量信得过单位"。1991 年,检定各种计量器具 5 800 多台(件),受检率达 96%,周期检定合格率达 97%,有 7 家生产企业通过计量升级考核。石油公司被黑龙江省技术监督局授予"全省计量信得过标兵单位"。1992 年,对城乡各企业和部门在用计量器具使用情况进行检查,查出计量器具有问题的 247 家,对利用计量器具作弊、克扣消费者比较严重的商贩,通过电视进行曝光。2003 年,开展集贸市场、加油站计量专项整治工作,在主要集贸市场设置公平秤,集贸市场在用计量器具受检率达到 85% 以上,公平秤设置及受检率达到 100%,加油站加油机受检率达到 100%。2004 年,在八个液化气站推进使用具有专利保护的一次性防伪液化气阀口净含量标注塞,防止利用计量手段欺骗消费者的不法行为。2005 年,对加油站开展计量专项整治工作,从技术手段入手,按照《加油站计量监督管理办法》的要求,对 61 个加油站的 251 台加油机进行计量芯片签封,防止利用计量手段欺骗消费者的不法行为发生。

第十一编　中共地方党组织

社会主义精神文明建设

机关工委 党校

政法工作

纪检监察

统战工作

宣传工作

组织工作

党办工作与信访工作

中共双城市（县）委员会

中共双城市（县）代表大会

1986年以来,中共双城市(县)地方组织不断发展壮大,党员总数由1986年的21 844人,发展到2005年的22 968人,党组织自身建设和战斗力明显增强。二十年间,中共双城市(县)委充分发挥党组织的核心作用,领导和带动全市(县)人民,高举邓小平理论和"三个代表"重要思想的伟大旗帜,深入贯彻党的十三大、十四大、十五大、十六大会议精神,坚持四项基本原则,坚持以经济建设为中心,坚持改革开放,从双城实际出发,适时确定各时期的工作重点,及时制定并推进落实促进经济建设和社会发展的重大措施,使全市(县)的社会主义物质文明、精神文明和政治文明建设都取得了令人瞩目的成就。

第一章　中共双城市(县)代表大会

第一节　代表

【代表的产生】　中共双城市(县)委员会于1986年9月、1990年1月、1993年4月、1998年3月和2003年3月共召开5次党员代表大会。每次代表大会代表的产生,都是根据中共十二大党章和中组部《关于党的地方各级代表大会若干具体问题的暂行规定》,全市(县)划分若干选举单位选举产生的。代表候选人的提名坚持自下而上、上下结合、充分酝酿、反复协商、广泛听取各方面意见,按照多数选举人的意见确定代表候选人,采取无记名投票方式,以候选人多于应选人数20%的差额选举产生代表。代表选出后,召开市(县)委常委会、全委会和有关部门负责人会议,对选出的代表进行初步审查,确定是否符合代表条件。

【代表的构成】　中共双城县九次代表大会代表构成:代表中领导干部250人(含离休干部6人),占61%;专业技术人员69人,占16.8%;工业、农业、商业等各战线先进人物代表89人,占21.7%;解放军代表2人,占0.5%。其中,妇女代表74人,占18%;少数民族代表54人,占13.2%。中共双城市第一次代表大会代表构成:代表中领导干部229人,占71.5%;专业技术人员63人,占19.69%;工业、农业、财贸等各战线先进人物代表28人,占8.75%。其中,离退休干部3名,占1.3%;妇女代表49人,占14.69%;少数民族代表16人,占5%;45岁以下党员代表161人,占50.31%。中共双城市第二次代表大会代表构成:代表中领导干部224人,占70%;各条战线先进人物32人,占10%;专业技术人员63人,占20%。其中,离退休干部4人,占1.3%;妇女代表50人,占15.7%;少数民族代表68人,占21.3%;45岁以下中青年代表168人,占52.5%;大专以上文化程度的代表130人,占40.8%。中共双城市第三次代表大会代表构成:代表中领导干部211人,占65.7%;各条战线先进模范人物41人,占12.8%;专业技术人员69人,占21.5%。其中,离休干部3人,占总数的0.93%;妇女代表58人,占总数的18.1%;少数民族代表74人,占总数的23.1%;45岁以下代表180人,占总数的56.1%;大专以上文化程度的代表184人,占总数的57.3%。中共双城市第四次代表大会代表构成:代表中领导干部224人,占70%;各条战线先进模范人物32人,占10%;各类专业技术人员64人,占20%。其中,离退休干部3人,占1.3%,妇女代表47人,占14.5%;少数民族代表54人,占16.9%;45岁以下的代表168人,占52.5%;大专以上文化程度的代表218人,占总数的68%。

第二节　历次党代表大会

【中共双城县第九次代表大会】　1986年9月25—27日,中共双城县第九次代表大会在双城县政府招待所召开。出席会议的代表410人,会议听取和审议于文复代表第八届县委作的《团结起来,开拓前进,为振兴双城、富裕人民而奋斗》工作报告,李孟东代表第八届县纪委做的《全党动手,为实现全县党风的根本好转而团结奋斗》工作报告。选举产生九届县委委员35名:于文复、李树森、朱喜和、张洪儒、李庆学、张振铎、李孟东、邰春玉、付连兴、谭中义、张国富、王吉、王国清、王冠茹(女)、王景山、冯汉、刘凤英(女)、关加伦、孙武成、何文发、陈文声、李洪树、李恩禄、张富、张世武、张国兴、张枝森、范德武、赵洪君、袁英有、康士奎、梁世茹(女)、焦文林、彭子全、韩宏谟;候补委员6名:仇同贵,金佩珠(女)、王桂珍(女)、张天贵、侯玉丰、李克荣(女)。选举产生九届县纪委委员15名:李孟东、王子勤、侯义、杨连仲、王琳、明树德、单继纯、孙俭、关国才、肖辉、李子臣、李德威、范德昌、赵家林、洪祥春。

【中共双城市第一次代表大会】 1990年1月17—19日,中共双城市第一次代表大会在双城市政府招待所召开。出席会议代表320人,列席代表64人。会议听取审议张成国代表九届县委做的《团结一致,艰苦奋斗,一心一意搞"治、整、改",发展经济,振兴双城》工作报告,佟彦代表九届县纪委做工作报告。大会选举产生市委委员28名:王庆喜、王树森、付连兴、白景喜、朱喜和、刘凤英(女)、刘文彬、李大锦、李庆学、李启和、李学良、李孟东、李春和、佟彦、何文发、何雅春(女)、张世武、张成果、张志太、张国富、张洪儒、邰春玉、周景华、柳兴、韩长河、焦文林、谭中义、薛永贵;候补委员5名:韩宏谟、张天贵、赵文成、李恩禄、陈文声。选举产生市纪委常委9名:佟彦、李立奎、叶福来、单继纯、沈秀岚(女)、关国才、杨连仲、李德威、夏尊元。

【中共双城市第二次代表大会】 1993年4月1—3日,中共双城市第二次代表大会在双城市御花园宾馆召开。出席大会代表319人,列席代表61人,特邀代表25人。会议听取审议何忠学代表一届市委做的《以十四大精神为指针,加快改革开放步伐,为加速实现"两个率先"目标而奋斗》工作报告,薛永贵代表第一届市纪委做工作报告。选举产生二届市委委员29名:王明才、付连兴、白景喜、曲守贵、刘文彬、刘鹏雁、李伦、李军、李立奎、李克荣(女)、李启和、李孟东、李学良、李春和、吴荣佩、何文发、何忠学、何雅春(女)、佟彦、佟宝刚、张富、张士伟、陈文声、邰春玉、柳兴、赵坤、高景坤、焦文林、薛永贵;候补委员4人:刘颖、刘士文、韩长河、周国禄。选举产生二届市纪委常委10人:薛永贵、叶福来、周国禄、单继纯、沈秀岚(女)、杨连仲、李德威、关国才、何文泰、赵宽。大会还选举产生双城市出席黑龙江省第七次党代会的代表。

【中共双城市第三次代表大会】 1998年3月1—4日,中共双城市第三次代表大会在双城市御花园宾馆召开。出席大会代表321人,列席代表83人。会议听取审议朱清文代表二届市委做的《振奋精神,开拓进取,全力搞好二次创业,为建设二十一世纪新双城而奋斗》工作报告,佟宝刚代表第二届市纪委做工作报告。选举产生三届市委委员28人:丁桂兰(女)、王江、王明才、王树清、朱辉、朱清文、刘士文、刘文彬、刘志国、刘丽秋(女)、孙醒范、纪永福、李启和、李学良、吴荣佩、吴宣文、何文发、何雅春(女)、佟宝刚、张英凯、林国彬、林淑清(女)、赵洪君、高景坤、景丽玲(女)、焦文林、裴君、薛永贵;候补委员4人:刘丰志、刘颖、陈树军、宋广鹏。选举产生三届市纪委常委9人:佟宝刚、沈秀岚(女)、张继兴、关国才、朱文科、齐继宽、杨连仲、李天文、贾文华。

【中共双城市第四次代表大会】 2003年3月17—20日,中共双城市第四次代表大会在双城市职教中心召开。出席大会代表320人,列席代表64人。会议听取审议李学良代表三届市委做的《艰苦奋斗创业,打造经济强市,为全面建设小康社会奠定坚实基础》工作报告,丁顺代表三届市纪委做工作报告。选举产生四届市委委员30人:丁顺、丁桂兰(女)、于广明、王江、王庆丰、王明才、文立恒、朱辉、刘士文、刘长河、刘建章、纪永福、苏联华(女)、李大锦、李启和、李启堂、李学良、李继明、佟宝刚、宋柏林、张士义、张立君、张英凯、陈树军、栾学、高尚国、郭永恒、郭景友、韩淑萍(女)、裴君;候补委员4人:王祥玉、刘志强、李克真(女)、李士杰。选举产生四届市纪委委员21人:丁顺、齐继宽、孙长征、杜长海、李天文、李卓勋、李常玲(女)、杨谷秀、邹洪玉、张双城、张国荣、陈彦君、赵君、赵柏恒、姜凤麟、姜振涛、姚文明、袁立军、贾文华、高金鹏、景丽玲(女)。

第二章 中共双城市(县)委员会

第一节 组织机构

【领导机构】 1986 年 9 月 27 日,召开中共双城县九届委员会一次全委会议,选举产生九届县委常委 11 名,书记 1 人,副书记 4 人。1990 年 1 月 19 日,召开中共双城市一届委员会一次全委会议,选举产生一届市委常委 9 名,书记 1 人,副书记 3 人。1993 年 4 月 3 日,召开中共双城市二届委员会一次全委会议,选举产生二届市委常委 10 名,书记 1 人,副书记 4 人。1998 年 3 月 4 日,召开中共双城市三届委员会一次全委会议,选举产生三届市委常委 10 名,书记 1 人,副书记 3 人。2003 年 3 月 20 日,召开中共双城市四届委员会一次全委会议,选举产生四届市委常委 12 名,书记 1 人,副书记 4 人。

1986—2005 年中共双城市(县)委领导更迭表

表 11 - 2 - 1

届别	职务	姓名	民族	性别	籍贯	生年	党派	学历	任职时间
县九届 (1986.09 — 1990.01)	书记	于文复	汉	男	巴彦县	1945	中共	大专	1986.09—1989.12
		张成国	汉	男	巴彦县	1949	中共	大专	1989.12—1990.01
	副书记	李树森	汉	男	双城市	1930	中共	初中	1986.09—1987.10
		朱喜和	汉	男	双城市	1936	中共	大学	1986.09—1989.12
		张洪儒	汉	男	双城市	1934	中共	大专	1986.09—1987.10
		李庆学	汉	男	双城市	1937	中共	大专	1986.09—1990.01
		张振铎	汉	男	双城市	1936	中共	高中	1987.10—1989.12
		张成国	汉	男	巴彦县	1949	中共	大专	1987.12—1989.12
		李孟东	汉	男	双城市	1949	中共	大专	1989.12—1990.01
		谭中义	汉	男	双城市	1941	中共	中专	1989.12—1990.01
	常委	张振铎	汉	男	双城市	1936	中共	高中	1986.09—1989.12
		李孟东	汉	男	双城市	1949	中共	大专	1986.09—1989.12
		邰春玉	汉	男	密山市	1943	中共	大学	1986.09—1987.10
		付连兴	汉	男	双城市	1937	中共	大专	1986.09—1989.12
		谭中义	汉	男	双城市	1941	中共	中专	1986.09—1989.12
		张国富	汉	男	吉林梅河口	1942	中共	高中	1986.09—1990.01
		李子臣	汉	男	双城市	1938	中共	中专	1988.03—1989.12
		李春和	汉	男	巴彦县	1944	中共	中专	1988.03—1990.01
		彭子权	汉	男	双城市	1941	中共	中专	1988.12—1989.12
		佟 彦	锡伯	男	双城市	1948	中共	大专	1989.12—1990.01
		张志太	汉	男	双城市	1937	中共	大专	1989.12—1990.01

续表

届别	职务	姓名	民族	性别	籍贯	生年	党派	学历	任职时间
市一届 （1990.01 — 1993.04）	书记	张成国	汉	男	巴彦县	1949	中共	大专	1990.01—1993.01
		何忠学	满	男	五常市	1945	中共	大专	1993.03—1993.04
	副书记	李庆学	汉	男	双城市	1937	中共	大专	1990.01—1990.11
		李孟东	汉	男	双城市	1949	中共	大专	1990.01—1993.04
		谭中义	汉	男	双城市	1941	中共	中专	1990.01—1992.08
		何忠学	满	男	五常市	1945	中共	大专	1990.11—1993.03
		邱长弘	汉	男	山东省	1953	中共	硕士研究生	1991.09—1992.11（挂职）
		李 伦	汉	男	吉林辽源	1954	中共	大专	1992.08—1993.04（挂职）
		佟 彦	锡伯	男	双城市	1948	中共	大专	1992.11—1993.04
	常委	邰春玉	汉	男	密山市	1943	中共	大学	1990.01—1993.04
		张国富	汉	男	吉林梅河口	1942	中共	高中	1990.01—1990.08
		李春和	汉	男	巴彦县	1944	中共	中专	1990.01—1992.11
		佟 彦	锡伯	男	双城市	1948	中共	大专	1990.01—1992.11
		张志太	汉	男	双城市	1937	中共	大专	1990.01—1992.11
		王占民	汉	男	宾县	1946	中共	中专	1990.08—1990.11
		高景坤	汉	男	双城市	1951	中共	大专	1990.11—1993.04
		李启和	汉	男	双城市	1950	中共	大专	1992.11—1993.04
		刘文彬	汉	男	双城市	1953	中共	大专	1992.11—1993.04
市二届 （1993.04 — 1998.03）	书记	何忠学	满	男	五常市	1945	中共	大专	1993.04—1995.04
		李 军	汉	男	巴彦县	1946	中共	大专	1995.05—1997.09
		朱清文	汉	男	宾县	1956	中共	大专	1997.09—1998.03
	副书记	李 军	汉	男	巴彦县	1946	中共	大专	1993.04—1995.04
		李孟东	汉	男	双城市	1949	中共	大专	1993.04—1997.09
		佟 彦	锡伯	男	双城市	1948	中共	大专	1993.04—1993.09
		李 伦	汉	男	吉林辽源市	1954	中共	大专	1993.04—1994.10
		支殿奎	汉	男	通河县	1947	中共	大专	1993.10—1997.09
		张继先	汉	男	辽宁西丰	1946	中共	研究生	1995.05—1996.03
		李克荣	满	女	双城市	1947	中共	初中	1996.03—1997.09
		李学良	汉	男	双城市	1951	中共	大专	1997.09—1998.03
		刘文彬	汉	男	双城市	1953	中共	大专	1997.09—1998.03
		裴 君	汉	男	通河县	1954	中共	大专	1997.09—1998.03
	常委	邰春玉	汉	男	密山市	1943	中共	大学	1993.04—1993.10
		薛永贵	汉	男	望奎县	1942	中共	中专	1993.04—1996.03
		高景坤	汉	男	双城市	1951	中共	大专	1993.04—1998.03
		李启和	汉	男	双城市	1950	中共	大专	1993.04—1996.03 1997.09—1998.03

续表

届别	职务	姓名	民族	性别	籍贯	生年	党派	学历	任职时间
市二届 （1993.04 — 1998.03）	常委	刘文彬	汉	男	双城市	1953	中共	大专	1993.04—1997.09
		李克荣	满	女	双城市	1947	中共	初中	1993.10—1996.03
		焦文林	汉	男	双城市	1943	中共	高中	1993.10—1996.03
		赵　坤	满	男	双城市	1956	中共	大专	1993.10—1997.09
		李学良	汉	男	双城市	1951	中共	大专	1996.03—1998.03
		裴　君	汉	男	通河县	1954	中共	大专	1996.03—1998.03
		刘志国	汉	男	双城市	1963	中共	大学	1996.03—1998.03
		佟宝刚	锡伯	男	双城市	1959	中共	大学	1996.03—1998.03
		王树清	锡伯	男	山东掖县	1956	中共	大学	1996.10—1998.03
		朱　辉	汉	男	呼兰县	1962	中共	大专	1997.09—1998.03
市三届 （1998.03 — 2003.03）	书记	朱清文	汉	男	宾县	1956	中共	大专	1998.03—2002.09
		李学良	汉	男	双城市	1951	中共	大专	2002.09—2003.03
	副书记	李学良	汉	男	双城市	1951	中共	大专	1998.03—2002.09
		刘文彬	汉	男	双城市	1953	中共	大专	1998.03—2000.06
		裴　君	汉	男	通河县	1954	中共	大专	1998.03—2003.03
		达娃札西	藏族	男	西藏普兰	1958	中共	中专	1998.03—1999.12（挂职）
		王树清	锡伯	男	山东掖县	1956	中共	大学	1999.02—2002.02
		陈佩钢	汉	男			中共	大学	1999.04—2000.04（挂职）
		刘志国	汉	男	双城市	1963	中共	大学	2000.12—2002.09
		王明才	汉	男	双城市	1953	中共	大专	2001.12—2002.09
		佟宝刚	锡伯	男	双城市	1959	中共	大学	2002.09—2009.03
		郭景友	汉	男	宾县	1955	中共	在职研究生	2002.09—2003.03
		丁　顺	汉	男	五常市	1962	中共	大专	2002.09—2003.03
	常委	李启和	汉	男	双城市	1950	中共	大专	1998.03—2000.12
		高景坤	汉	男	双城市	1951	中共	大专	1998.03—1999.04
		马志歧	回	男	宁夏	1956	中共	大学	1998.06—（挂职）
		刘志国	汉	男	双城市	1963	中共	大学	1998.03—2000.12
		佟宝刚	锡伯	男	双城市	1959	中共	大学	1998.03—2002.09
		王树清	锡伯	男	山东掖县	1956	中共	大学	1998.03—1999.02
		朱　辉	汉	男	呼兰县	1962	中共	大专	1998.03—2002.03
		丁桂兰	汉	女	双城市	1955	中共	大学	1999.02—2002.09
		王有存	汉	男	讷河县	1954		大学	1999.04—2000.03
		徐　明	汉	男	哈市	1956	中共	大学	2000.03—2003.03
		郭景友	汉	男	宾县	1955	中共	在职研究生	2000.12—2002.09
		王明才	汉	男	双城市	1953	中共	大专	2000.12—2001.12
		王文力	汉	男	双城市	1965	中共	大学	2000.12—2001.12

续表

届别	职务	姓名	民族	性别	籍贯	生年	党派	学历	任职时间
市三届 （1998.03 — 2003.03）	常委	宋柏林	汉	男	双城市	1960	中共	大学	2002.06—2003.03
		刘长河	满	男	阿城市	1963	中共	大学	2002.09—2003.03
		高尚国	汉	男	辽宁鞍山市	1965	中共	硕士研究生	2002.09—2003.03
		李继明	汉	男	巴彦县	1968	中共	大专	2002.09—2003.03
		陈树军	汉	男	双城市	1959	中共	大学	2002.09—2003.03
		张立军	汉	男	兰西县	1958	中共	大学	2003.03—2003.03
市四届 2003.03	书记	李学良	汉	男	双城市	1951	中共	大专	2003.03—2005.12
		乔树江	汉	男	巴彦县	1962	中共	大学	2005.12—
	副书记	裴君	汉	男	通河县	1954	中共	大专	2003.03—2005.12
		佟宝刚	锡伯	男	双城市	1959	中共	大学	2003.03—2004.06
		郭景友	汉	男	宾县	1955	中共	在职研究生	2003.03—
		丁顺	汉	男	五常市	1962	中共	大专	2003.03—
		张军	汉	女	哈尔滨市	1967	中共	硕士研究生	2004.02—
		井岗	汉	男	宾县	1960	中共	在职研究生	2004.06—
		程晓波	汉	男	山西省	1972	中共	硕士研究生	2004.06—2005.06（挂职）
	常委	朱辉	汉	男	呼兰县	1962	中共	大专	2003.03—2005.12
		高尚国	汉	男	辽宁鞍山市	1965	中共	硕士研究生	2003.03—
		李继明	汉	男	巴彦县	1968	中共	大专	2003.03—2004.06
		刘长河	满	男	阿城市	1963	中共	大学	2003.03—
		宋柏林	汉	男	双城市	1960	中共	大学	2003.03—2004.06
		陈树军	汉	男	双城市	1959	中共	大学	2003.03—
		张立军	汉	男	兰西县	1958	中共	大学	2003.03—2005.01

【工作机构】 1986年,县委常设工作机构8个:办公室、组织部、宣传部、统战部、纪检委、政法委、农工部、机关党委;直属事业单位1个:党校。政研室、党史办挂靠县委办公室;审干办、组织员办挂靠组织部,老干部局归口组织部;县文联、县委学习室、县五四三办公室挂靠宣传部;县委对台工作办公室、县民族宗教事务委员会、县工商联挂靠统战部;综合治理办与政法委合署办公。县委临时机构2个:贯彻办、整党办。1987年,县委政研室由挂靠县委办改为独立的县委工作部门;成立老龄工作委员会,挂靠县委办公室;撤销临时机构贯彻办和整党办,成立临时机构经打办。1988年,民委由挂靠统战部改变为政府机构;撤销临时机构经打办,成立临时机构农情办。1988年,撤县建市后成立市委保密工作委员会办公室,挂靠在市委办。1989年,撤销市委工作机构农工部和临时机构农情办。1990年,五四三办公室更名为社会主义精神文明建设办公室。1991年,机关党委分设为市委机关党委和政府机关党委。1993年,市纪委与市监察局合署办公,一套工作机构,两个机关名称。1997年,市党政机关机构改革,撤销市委政策研究室,其职能并入市委办公室;市精神文明建设办公室改为宣传部内设机构,对外挂牌子;工商联并入统战部,对外挂牌子;对台工作办公室改为统战部内设机构,对外挂牌子;综合治理办与政法委合署办公;市委机关党委与政府机关党委合并为市直属机关工作委员会,为市委派出机构;党史办并入档案局。2001年再次进行党政机关机构改革,核定市委常设工作机构7个:市委办公室(包括市委政策研究、市委督促检查、市委机

要、市委保密等工作机构)、组织部(市委组织员办公室设在组织部、市委老干部局由组织部管理)、宣传部(市委学习室设在宣传部、市精神文明建设办公室改为宣传部内设机构,对外不再保留牌子、市文联依托宣传部开展工作,对外保留名义,不挂牌子)、统战部(包括对台工作,不再保留对台工作办公室牌子、工商联依托统战部对外开展工作)、政法委(社会治安综合治理办公室设在政法委,对外挂牌子、市委处理法轮功领导小组办公室隶属政法委,挂市政府防范和处理邪教问题办公室的牌子)、直属机关工作委员会、纪检委(市监察局与其合署办公)。2005年,党史办从档案局整建制划出,隶属市委组织部,为股级事业单位。2005年,市委常设工作机构7个:办公室、组织部、宣传部、纪检委、统战部、政法委、直属机关工委;直属事业单位1个:党校。

第二节　全委会议

【县八届全委会议】 1986年1月11日,县八届六次全委会议召开,主要是部署近期工作。李树森代表县委做《统一思想,明确任务,为振兴双城开拓前进》的报告,朱喜和副书记部署农村整党工作。1986年8月29日,县八届七次全委会议召开,审议通过召开中共双城县九次党代表大会事项。

【县九届全委会议】 1986年9月27日,县九届一次全委会召开。选举产生九届县委常委11人,书记1人,副书记4人。1987年1月15日,县九届二次全委会召开,传达中央和省、地会议精神,部署近期工作。于文复代表县委做《认真贯彻"决议"精神,努力开创双城县商品生产的新局面》报告;审议通过《双城县"七五"期间社会主义精神文明建设规划要点》。1987年6月5日,县九届三次全委会召开,部署近期工作。1988年1月18日,县九届四次全委会议召开。学习省委书记孙维本讲话精神;于文复做《统一思想,深入改革,发展城乡一体化经济》的报告,明确双城经济发展总战略,"三通三开,强化基础,兴工活商,富县富民"。1988年4月8日,县九届五次全委会议召开,县委对深入开展生产力标准学习讨论工作进行部署。1988年9月9日,县九届六次全委会议召开,县委对撤县设市后,市委、人大、政协换届工作进行部署。1988年10月30日,县九届七次全委会召开,传达贯彻中央工作会议和十三届三中全会精神和省、地委委员(扩大)会议精神,并进行具体部署。1989年8月1日,县九届八次全委会议召开,贯彻落实党的十三届四中全会精神,于文复做《认真落实四中全会精神,把我县建设和改革提高到新水平》的报告。

【市一届全委会议】 1990年1月19日,市一届一次全委会议召开。选举产生一届市委常委9人,书记1人,副书记3人。1990年2月12日,市一届二次全委会议召开。贯彻落实党的十三届五中全会、省委六届四次全会和地委委员(扩大)会议精神,讨论制定今后一个时期治理整顿、深化改革的重大措施,部署1990年各项工作,张成果做《振奋精神,艰苦奋斗,努力夺取治理整顿新胜利》的报告。1991年2月3日,市一届三次全委会议召开,贯彻落实党的十三届七中全会、省委六届七次全会和地委委员(扩大)会议精神,讨论制定《双城市国民经济和社会发展"八五"计划及十年规划纲要(草案)》;张成果做《认真贯彻七中全会精神,为全面振兴双城而努力奋斗》的报告。1991年9月5日,市一届四次全委会召开,传达贯彻地委委员(扩大)会议精神,总结前八个月全市各项工作,研究部署后四个月工作,张成果做《认清形势,坚定信心,坚决完成全年各项工作任务》的报告。1992年1月18日,市一届五次全委会议召开,贯彻党的十三届八中全会、省委六届八次全会和地委委员(扩大)会议精神,总结1991年工作,部署1992年工作。张成果做《认清形势,振奋精神,努力把我市改革和两大文明建设推向新阶段》的报告。

【市二届全委会议】 1993年4月3日,市二届一次全委会议召开,选举产生二届市委常委10人,书记1人,副书记4人。1993年10月4日,市二届二次全委会议召开,传达贯彻地委委员(扩大)会议精神,部署全市反腐倡廉工作。1994年1月7日,市二届三次全委会议召开,传达贯彻党的十四届三中全会精神,总结1993年工作,安排部署1994年工作。何忠学做《认真贯彻十四届三中全会精神,加快改革步伐,推进我市经济持续快速健康发展》的报告。1994年7月31日,市二届四次全委会议召开,学习《邓小平文选》三卷,进一步解放思想,更新观念,适应市场经济的发展,重新调整全市经济和社会发展思路,明确要在产业调整上加快发展第三产业,要在创建企业上,大力发展乡镇企业、民营企业和个体工商户。1995年1月11日,市二届五次全委会议召开,传达省、地会议精神,部署当年工作,何忠学做《深入贯彻省地精神,调整完善工作思路,进一步推进全市经济快速发展》的报告。1995年11月30日,市二届六次全委会议召开,李军做《以中央和省、地精神为指针,加快由农业大市向农业强市的跨越》的报告。1996年3月24日,市二届七次全委会议召开,李军做《推行强市富民战略,加快两个根本转变,努力实现经济社会发展宏伟目标》的报告。1997年1月7日,市二届八次全委会议召开。贯彻落实党的十届六中全会,中央经济工作会议、省七届六次全会和哈市九届六次全会精神。1998年1月4日,市二届九次全委会议召开,贯彻落实党的十五大、中央经济会议、省七届八次全会和哈市九届八次会议精神。朱清文做《贯彻十五大精神,扩大改革开放,强力推进经济社会快速发展和各方面工作全面进步》的报告。

【市三届全委会议】 1998年3月4日,市三届一次全委会议召开,选举产生三届市委常委10人,书记1人,副书记3人。1998年7月4日,市三届二次全委会议召开,总结上半年工作,部署下半年工作。朱清文做《坚持改革,强力推进落实,全面超额完成今年的各项工作任务》的报告。1999年1月11日,市三届三次全委会议召开,贯彻落实党的十五届三中全会,省八届二次全会和哈市十届二次全会精神。朱清文做《解放思想,开拓创新,把我市改革和发展努力推向前进》的报告。1999年7月20日,市三届四次全委会议召开,朱清文做《坚持改革发展,继续开拓创新,全力推进我市经济社会发展向更高层次跨越》的报告。2000年1月26日,市三届五次全委会议召开。朱清文做《坚持改革发展思路,强力推进落实提高,再创双城经济社会发展的新辉煌》的报告。2000年8月9日,市三届六次全委会议召开,学习贯彻"三个代表"重要思想,总结上半年工作,部署下半年工作。朱清文做《深度解放思想,大胆改革创新,持续合力攻坚,促进全速发展》的报告。2001年2月21日,市三届七次全委会议召开,贯彻党的十五届五中全会、省八届四次全会精神,总结2000年工作,部署2001年工作;讨论修改"十五"计划纲要。朱清文做《把握机遇,代表先进,开创新世纪各项工作新局面》的报告。2001年6月27日,市三届八次全委会议召开,朱清文对下半年工作进行具体部署。2002年1月25日,市三届九次全委会议召开,贯彻落实中央经济会议精神、省委八届六次会议和哈市委十届六次会议精神。朱清文做《代表先进,真抓实干,努力实现双城经济社会跨越式发展》的报告。2002年7月22日,市三届十次全委会议召开,总结全市五年来经济社会发展取得的成果和推进改革发展的基本经验教训,确定未来五年经济和社会发展的总体思路。朱清文做《乘势而上,捷径赶超,全力推进双城经济社会发展的新跨越》的报告。部署人大,政府换届工作。

【市四届全委会议】 2003年3月20日,市四届一次全委会议召开,选举产生四届市委常委11人,书记1人,副书记4人。2003年7月10日,市四届二次全委会议召开,总结上半年工作,部署下半年工作,研究落实建设专业生产基地工作,李学良做《负重奋进,加快发展,确保全年各项工作任务圆满完成》的报告。2003年9月22日,市四届三次全委会议召开,李学良做《振奋精神,再接再厉,为全面完成今年各项工作任务而奋斗》的报告。2004年2月4日,市四届四次全委会议召开,确立"推进产业化,实行大招商,突出潜力点,建设专业村"的经济发展战略。李学良做《突出发展主题,奋力拼搏进取,为实现"打造经济强市"的目标而奋斗》的报告。2005年1月14日,市四届五次全委会议召开,研究确立将双城市的市区面积由16.9平方公里扩大到38平方公里,城市人口增加到30万人,年GDP达200亿元,在省内达到中等规模城市的目标。李学良做《乘势而上,跨越发展,为加快建设中等规模哈尔滨卫星城市而奋斗》的报告。

第三节　市（县）委工作要点

【县九届委员会工作要点】 以中共中央关于"七五"计划为指针,充分发挥双城资源和地缘优势,继续深化城乡改革,加快外引内联,促进资源开发,发展系列产品,建设哈市城郊型经济,富民富乡富县。继续深化农村改革,认真落实党在农村的各项政策,深入搞好产业结构调整,在稳定粮食生产的同时积极发展多种经营,重点发展乡镇企业,普遍发展第三产业,逐步建立起具有最佳经济效益、生态效益和社会效益的产业体系,实现结构增值、内涵增值、过腹增值和加工增值,彻底扭转靠单一粮食生产,靠卖原字号粮食实现增产增收的被动局面;全面推进城镇经济体制改革,深入搞好企业放权工作,积极完善企业内部的各种经济责任制,从有利于发挥优势、有利于工业合理布局、有利于改变产品结构、有利于增强企业活力着眼,搞好企业引进联合;大力发展有计划的商品市场,逐步完善以国有商业企业为主导的多种形式联合的市场体系,为搞活流通,促进城乡经济发展提供有效服务;坚持科技面向经济发展的方针,大力推广应用促进工农业生产发展的新技术,切实抓好人才培训、引进工作,建立健全人才奖励机制,为科技兴县提供先决条件;立足当前,着眼长远,坚持标本兼治,以改善城乡交通、加快住宅建设、美化绿化环境、兴修地下排水工程为重点搞好城乡基础设施建设,改善人民生活条件;加大对教育、卫生、广播等各项事业的投入,促进各项事业与经济建设协调发展;坚持以提高人民基本素质的基点,深入开展"五讲四美三热爱"活动,培育"四有"新人;坚持以开展城乡整党工作为契机,切实抓好党的建设,特别要抓好党风廉政建设,力争在两年内实现党风的根本好转。

【市一届委员会工作要点】 坚持以邓小平同志建设有中国特色社会主义理论为指导,坚定不移地贯彻执行党的基本路线,紧紧抓住经济建设这个中心,积极推进城乡改革,加快引联开放步伐,努力改善投资环境,集中力量抓好经济建设。努力稳定农村政策,进一步调整产业结构,全面推行科技兴农战略,不断增加农业投入,以畜牧业为中轴产业,实现粮牧企一体化;深入搞好企业调整结构,挖潜外延,扩大销售,做好技术改造和产品更新换代工作,促进企业不断提高效益;加快发育市场体系,积极培植税源,壮大财政实力;积极推进和深化城乡改革,进一步完善工商企业多种形式的承包经营责任制并搞好转换经营机制的试点和推进工作,在深入搞好农村家庭联产承包责任制的完善、深化工作的同时抓好壮大集体经济和服务体系建设,有计划、分步骤地进行财政金融改革以增强地方财力和资金调度能力,积极稳妥地推行职工待业保险和退休保险,探索性地进行行政机构改革的试点工作;通过成立专门机构,制定优惠政策,以兴办和完善经济技术开发区为依托,加快引联开放步伐,促进外向型经济发展;以解决基础设施落后和整体功能不健全为重点搞好城市建设;深入搞好党的建设和社会主义精神文明建设,为开创双城经济和社会发展的新局面提供可靠保障。

【市二届委员会工作要点】 深入贯彻落实党的十四大关于发展社会主义市场经济的指导方针,坚持"解放思想,发挥优势,商贸导向,科教先行,调整结构,外引内联,城乡联动,富市富民"的宏观发展战略思想,进一步加大城乡改革力度,切实搞好以转换经营机制为中心的企业改革,继续深化农村改革,坚持和完善以家庭联产承包为主的责任制和统分结合的双层经济体制,发展多种形式的农村社会化服务体系;扩大对外开放,加大引联力度,坚持以外贸、边贸、民贸并举为引联的主攻点,以发展壮大双城经济技术开发区为依托,通过"引鸟筑巢"或"筑巢引鸟"的方式,大力开展经济技术合作,重点引进劳动密集型、农副产品深加工型、资源深度开发型、出口创汇型的高新项目;强力推进科教兴市战略,坚持依靠科技进步促进产业结构调整,坚持抓好科技成果向实现生产力的转化,认真贯彻《中国教育改革和发展纲要》,把教育摆在优先发展的地位,大力加强基础教育,积极发展职业教育和成人教育;以创建现代化哈市卫星城市为目标,着力加快城镇改造和基础设施建设,坚持以开发新城区为主,带动老城区改造,以基础设施建设为先导,带动住宅楼、办公楼和商服楼、电讯设施、交通设施、休闲广场的建设;切实加强社会主义精神文明建设,不断提高全市人民素质,严格控制人口增长,加强社会治安综合治理。力争到1997年实现基础产业得到加强,产业结构基本趋于合理,产业内部结构得到优化,社会主义市场经济体制初步形成,国民经济整体素质和经济实力大大提高,人民群众的衣、食、住、行条件有较大改善,提前达到小康水平。

【市三届委员会工作要点】 深入贯彻党的十五大精神和省委关于"二次创业,富民强省"的发展战略,推进经济体制改革和政治体制改革的不断深化,充分利用双城地缘、交通和城市基础设施的优势,实施大开放、促成大开发、实现大发展。制定帮扶措施,鼓励下岗职工再就业和农民开辟新的产业;继续实施好"科教兴市"战略,促进经济增长方式的转变;加强领导分工负责制和目标责任体系建设,强化督办考核工作,促进和推动各项工作落实;实现我市原国有工业经济的全面恢复与振兴,以个体私营经济为主的非国有经济成为县域经济的主要组成部分,外向型经济成为经济社会发展的主体牵动力量;功能配套、种类齐全的市场体系初步形成,为发展社会主义市场经济较好地发挥指导和服务作用;初步建成农业强市,农业经济效益和农民生活水平有较大幅度提高;推进各项社会事业有较快发展和较大进步,小城镇建设和新农村建设迈出新步伐;加强精神文明建设和社会治安综合治理,促进社会治安秩序根本好转;力争在届内实现财政收入翻一番,富民强市登上新台阶。

【市四届委员会工作要点】 深入贯彻落实党的十六大精神,坚持以解放思想为先导,以经济建设为中心,以结构调整为主线,实施产业化经营,发挥比较优势,以发展牛、鸡、猪为突出重点,走好粮食生产转化的路子,全力建设食品工业基地,使肉蛋乳占领国内市场并不断扩大国际市场的占有份额;发挥领导率先作用,积极组织攻坚力量,以大项目牵动为突破重点,走好招商引资的路子,凝聚和引发"大老板"大集团的集聚和裂变,使资本流入双城,使产品进入市场;继续调整种植业结构,发展规模经济,以生产绿色无公害农畜产品为突破重点,走好公司加农户的路子,加快集约化、区域化、设施专业化建设,提高各业的市场化水平,实现质量提升、成本降低、收入增加的目标;打破二元结构,推进产业分工,以制度变革和组织创新为突破重点,走好劳动力转移的路子,用市场手段配置资源,拓宽生产领域,增加就业机会,实现生产要素的优化组合;消除市场壁垒,强化全程服务,以城市化建设为突破重点,走好不建企业建环境的路子,创造"洼地"效应,做好优良环境品牌,使双城走向世界,让世界了解双城;加大科教兴市和生态建设力度,以科技进步和环境保护为突破重点,走好可持续发展的路子,推进人口、资源、环境的和谐统一;进一步加强和改善党的领导,推进三个文明建设,为全面建设小康社会提供坚强保证,实现经济社会持续健康发展。

第四节　党组、基层组织与党员

【党组】 1986年,县委直属非党组织领导机关党组有10个,即县人大、政府、政协、人民武装部、法院、检察院、公安局、工商联、工商银行、农业银行。1994年,撤销工商联、工商银行、农业银行党组,市委直属非党组织领导机关党组减少到7个。到2005年底,市委直属非党组织领导机关党组共有市人大、政府、政协、法院、检察院、人民武装部、公安局等7个单位,各党组在市委的领导下,负责贯彻执行党的路线、方针、政策;讨论和决定本单位的重大问题;做好干部管理工作;团结非党干部和群众,完成党和国家交给的任务;指导所在机关和直属单位的党组织工作。

历任市(县)人大党组书记:王景山、张洪儒、付连兴、李孟东(兼)、焦文林、李启和;副书记:李和、赵乾质、刘荣、张振铎、张志太、焦文林、李春和、高景坤。历任政府党组书记:李树森、李庆学、何忠学、李军、李克荣(女)、李学良、裴君;副书记:张振铎、李孟东、邰春玉、付连兴、李军、李克荣(女)、焦文林、李学良、李启和、佟宝刚、朱辉。历任政协党组书记:朱喜和、张富、支殿奎、汪玉祥、王明才;副书记:冯汉、杨永清、张富、侯义、薛永贵、于占岐。历任法院党组书记:何文发、王树森、张士伟、纪永福;副书记:单哈年、周庆林、孙国忠、宋恩芳、赵连军。历任检察院党组书记:张世武、李立奎、张禄、张英凯;副书记:孙俭、王福顺、陈喜满、孙国庆、金代江、孙国忠、肖宪林、施晓飞、陆晓庆、刘松波。历任人民武装部党组书记:于文复(兼)、张成果(兼)、何忠学(兼)、李军(兼)、朱清文(兼)、李学良(兼);副书记:张国富、王占民、高景坤、杨焕廷。历任公安局党组书记:张国兴、韩长河、孙殿生、顾质学、王祥玉、郭景友;副书记:黎景祥、闫铁友、张伦、徐国祥、杨德新。历任工商联党组书记:王志文。历任工商银行党组书记:姜永胜、宋慧中。历任农业银行党组书记:王禹、夏成吉。

【机关及企事业单位党委(总支)】 1986年,县委直属基层机关企事业单位党委有28个,总支3个。

即:机关党委、农业党委、农机党委、交通党委、粮食党委、工业党委、手工业(二轻)党委、供销党委、商业党委、文化党委、畜牧党委、建设党委、卫生党委、物资党委、邮电党委、教育党委、水利党委、税务党委、医药药材党委、电业党委、党校党委、亚麻纺织厂党委、机电建材总公司党委、化肥厂党委、花园酿酒总厂党委、糖厂党委、儿童乳制品厂党委、农机修造厂党委、林业总支、外贸总支、水产总支。1990年,撤销机关党委,成立市委机关党委、政府机关党委、政法党委。1991年,成立老干部局党委。1993年,撤销工业党委和手工业党委,成立工业经济委员会党委。1994年,撤销工业经济委员会党委,恢复工业党委和手工业党委;成立乡企局党总支和工商局党总支。1995年,税务局分为国税局和地税局,税务局党委撤销,分别成立国税局党总支和地税局党总支。1996年,市委机关党委和政府机关党委合并为市直属机关工作委员会;文化局与体委合并,文化党委改为文体党委。1997年,党校党委改为党总支;工商局党总支变为工商局党委;文化局与体委分开独立办公,文体党委又恢复为文化党委。2001年,机关进行机构改革时,文化党委并入教育党委;水利局党委改称为水务局党委;乡企局党总支合并到农业党委。1996—1998年,随着企业改革的不断深化,市(县)委直属的亚麻纺织厂党委、机电建材总公司党委、化肥厂党委、花园酿酒厂党委、糖厂党委、儿童乳制品厂党委、农机修造厂党委等7个企业党委相继撤销;国税局党总支和工商局党委随行政机关上管到哈市。到2005年底,市委直属机关和事业单位的党委、总支共21个。即直属机关工委、政法党委、工业党委、二轻党委、交通党委、商业党委、物资党委、粮食党委、医药药材党委、建设党委、教育党委、卫生党委、农业党委、农机党委、供销党委、水务党委、畜牧党委、水产党总支、林业党总支、外贸党总支、党校党总支。

历任农业党委书记:付士显、陈文声、刘颖、张桂林、文立恒;副书记:陈文声、付士显、孙毅、杨春昌、苏铁民、张玉华、邢宝贵。历任农机党委书记:闫成一、刘士文、张连国、夏仲绵;副书记:刘文彬、关正仁、王青山、陆恩海、叶成臣、闫成奎、苏德学、李振东、李清林。历任交通党委书记:高继宏、金建成、金代江、何云复、赵革、李树林;副书记:张文岐、金代江、白青山、金建成、赵淑媛(女)、杜景春、马春华、高峰。历任粮食党委书记:焦文林、王志、袁英有、曲守贵、刘丰志、王继富;副书记:张志太、吴山、王江、王志、祁凤和、肖恩余、李士杰。历任工业党委书记:张成邦、许文彩、王江、李士杰;副书记:张成邦、郎恩志、齐胜顺、郎殿奎、王福泰、杨秀斌(女)、刘敏(女)、丛士发、朱文生。历任手工业(二轻)党委书记:周景华、吴永江、王江、李灿泉、李士杰;副书记:李景堂、叶成臣、侯喜禄、郎殿奎、赵纯华(女)、李忠伟。历任供销党委书记:牛乾庚、王玉林、刘晓波、于志君;副书记:田喜东、范金信(女)、何文太、许树芳、夏仲兴。历任商业党委书记:李梅、高步才、肖辉、王连仲、刘福芹(女)、朱铁;副书记:杨继武、刘凤英、路致、张国政、毛亚芹(女)、陈喜满、付文圣、吴安平、丰农利、张志强、金忠伟。历任文化党委书记:张治国、姜志国、王茂珍、王文山、徐新民;副书记:王茂珍、姜志国、高步才、王占山、邹喜林、管凌云(女)、周永国。历任文体局党委书记:王世春、王维林;副书记:王文山、邹喜林。历任畜牧党委书记:王青山、沈继斌、孙殿文、邓兆海、张连国;副书记:刘丰志、王青山、郭宗山、王启顺、胡士芳、毛希葆、郑旦生、题兆平、刘英文。历任建设党委书记:李志和、肖辉、王玉祥、郭永恒;副书记:王玉祥、姚友、陈宝生、朱立。历任卫生党委书记:姜志国、张世鸿、唐立权、王庆阁;副书记:张义、张世鸿、王启顺、薛士尧、王英鹏、张义田、张德学、曲福元、王为重、梁咏梅(女)。历任物资党委书记:李志成、杨继武、袁英有、梅连元、施晓佳、吴平;副书记:肖景玉、张凤山、李志成、魏正杰、孙家庚、王守诚、闫成奎、柳枫。历任教育党委书记:韩长河、白景喜、吴宣文、李启堂、杨跃武;副书记:郎会学、白连生、胡启维、高振奎、王英芳(女)、关明贤(女)、周永国、管凌云(女)、陈彦君(女)。历任水务(水利)党委书记:侯玉峰、贾洪文、许树芳、刘纯宏、裴立田、李亚军、王树春;副书记:毛希葆、侯玉峰、秦凤恩、孙官华、王儒生、王启顺、张鹏、张凤君、金代国、高玉华。历任税务党委书记:张祥兆、张宝安;副书记:赵德福、王德智、王安国。历任国税局党总支书记:张宝安;副书记:李纯喜。历任地税局党总支书记:程国祯;副书记:赖廷斌。历任邮电党委书记:徐万宝;副书记:徐秋云(女)。历任医药药材党委书记:王显臣、孙树碟(女)、康成、吴安平、关和;副书记:张玉琴(女)、闫成奎、魏正杰。历任电业党委书记:陶永富、吴宣文、吴恩国；副书记：张玉田、张丰文、吴宣文、范玉国、王朝福、王显臣。历任林业总支书记：王志全、李树山、夏仲绵、刘业彬；副书记朱连生、王志全、王英鹏、郭宗山、崔成文、吴彬、赫崇明、邢宝贵、刘德范、张丽梅（女）。历任外贸总支书记：张新田、史喜华、林国英、张德学、贾双；副书记：宋广鹏、张新田、吴安平、陈凤祥、夏尊元、汪洪霞（女）。历任水产总支书记：郭宗山、郭庆祥、裴立田、郑旦生、刘业彬、乔淑清（女）；副书记：祖国元、杨德新、金喜林、王相宝。历任工业经济委员会党委书记：王江；副书记：张成邦、王江、张丰文。历任工商局党委（总支）书记：刘树彬、张波；副书记：侯殿云、许树芳、王志、石向权。历任老干部局党委书记：李德臻、李斌；副书记：赵家林、姚友。历任党校党委书记：周世勇、郑景祥、赵力田；副书记：郑景祥、杨贵福、李凤才、关明贤（女）。历任乡企局党总支书记：薛世尧、魏连启；副书记：徐明利。历任政法党委书记：王树森、孙俭、韩长河、郑崇、孙醒范、赵文成、王庆丰、王祥玉；副书记：郑崇、张继兴、陈喜满、夏重库、刘洋、徐兴军。历任亚麻纺织厂党委书记：王焕斌；副书记：吴长德、孙绍义。历任农机修造厂党委书记：杜迎普、尹喜来、王东滨；副书记：孔庆彬、于长顺、张天海。历任机电建材工业总公司党委书记：王东滨；副书记：张天海、王福泰。历任化肥厂党委书记：田荣兴、张文波；副书记：刘丛真。历任花园酿酒总厂党委书记：刘晓波、张忠；副书记：付兴茂、陶金慧（女）、刘用才。历任糖厂党委书记：李学；副书记：高锡久。历任儿童乳制品厂党委书记：李学林、于汇一、严立志；副书记：李满庆、郎恩志、李士杰。历任环球乳制品总公司党委书记：严立志；副书记：李士杰。

【乡镇党委】 1986年，全县共有27个乡镇党委。各乡镇党委设党委书记1人，副书记2人，组织、宣传、纪律检查委员各1人；配备共青团、妇联的负责人各1人，在党委领导下抓好群团工作。2001年进行机构改革和合并乡镇，全市乡镇党委由27个合并为24个，撤销对面城乡党委、跃进乡党委，前进乡党委，保留双城镇党委、周家镇党委、五家镇党委、兰棱镇党委、韩甸镇党委、杏山镇党委、单城镇党委、东官镇党委、农丰满族锡伯族镇党委、幸福满族乡党委、新兴满族乡党委、青岭满族乡党委、联兴满族乡党委、同心满族乡党委、希勤满族乡党委、乐群满族乡党委、公正满族乡党委、团结满族乡党委、万隆乡党委、朝阳乡党委、金城乡党委、水泉乡党委、临江乡党委、永胜乡党委。2005年，全市有24个乡镇党委。

历任双城镇党委书记：曲守贵、于占岐、王树清、王文力、刘建章；副书记：李克荣（女）、曲福元、赵学峰、何成玉、吴永江、刘庆文、单继纯、叶福来、魏振亚、张立新、任士和、于占岐、郭永恒、沈纯成、朱廷林、王振民、祖广和、刘建章、沈刚、王洪涛、白雪松、闫善利。历任周家镇党委书记：薛永贵、赵文成、赵坤、赵洪君、朱辉、林国彬、栾学；副书记：赵文成、关志清、关海权、李纯信、张凤超、佟志先、韩清彦、施晓飞、任世和、徐明利、曲海臣、王相宝、王为众、王树春、刘才、高兆林、张东诚、白春芳、齐瑞东、杨宝环、高金鹏、杨立忠、关文良。历任五家镇党委书记：金代江、李树山、孙殿文、林国彬、张国文、杨跃武、韩德新；副书记：任增贵、栾志朴、姜殿钧、林国彬、兰国友、郭金冠、刘子华、张玉华、王振民、李富臣、孙金库、王国发、张文德、石贵、王世宽、李君、付明远。历任兰棱镇党委书记：许树芳、关太山、施晓飞、朱子奇；副书记：龙为民、孙智生、林国彬、李长武、王荣、周振文、赵洪君、张宗、李纯信、高兆林、张建华、贾庆录、石贵、孙金城、邓瑜、朱子奇、殷为民、李振刚、赵义生、李佳鹏。历任韩甸镇党委书记：王成志、张连国、徐殿芳、李亚军、赵洪生、张东诚；副书记：李成国、李启堂、孙占生、司景华、王术、李亚军、鲁景华、刘英文、李兴民、薄云、张玉波、张殿启、石云广、王金柱、李孟杰、韩世富、孙继华、那振军、张志强、刘有为。历任杏山镇党委书记：李启和、关太山、刘洪斌、孙学英、张桂林、白雪松、祖贵桥、王洪伟；副书记：白殿宇、王兆臣、张俭、王继富、兰国友、王书桥、王守国、陆明久、白雪松、付军、庞永贵、刘大为、齐瑞东、朱喜奎、张吉才。历任单城镇党委书记：李祯、高玉民、吴守庆、邓兆海、高金才、宋柏林、刘才；副书记：高玉民、刘启英、邓兆海、谢文臣、王永江、杨学禄、武路线、张玉华、王国强、孙万华、隋有涛、刘洪涛、张威、赵义生。历任东官镇党委书记：史喜华、孙兆田、李纯信、朱辉、王树春、刘才、宋伯林、孙金库；副书记：张元宏、孙兆田、刘绍青、郭宗山、顾国和、韩树忠、朱辉、陆明久、关迎春、何忠勋、韩树忠、关世范、王树春、李志双、刘才、周恒金、刘乃孝、路宝库、石贵、孙金库、刘仁富、伊庭富。历任农丰满族锡伯族镇党委书记：赵宪维、马学良、苏铁民、白仁东、周大；副书记：孙殿文、付振东、赵坤、苏铁民、关世范、洪仁安、陈彦林、曲海臣、孙文礼、付军、关旭东、马广儒、刘玉峰、付明远、常猛、王国昌、白彬。历任幸福满族乡党委书记:吴永江、史喜华、孙醒范、邓兆海、张建华;副书记:吴守庆、赵坤、佟祥文、王连峰、朱辉、关世范、洪仁安、田汝高、邢宝贵、周恒金、关旭东、张建华、杨继祥、曲德平、张志尧、谭成彪、杨学林、白春芳、方向明。历任新兴满族乡党委书记:郭宗山、吴连忠、白景和、孙兆田、吴守庆、周振文、于广明;副书记:白景和、汪士连、董绍清、高金才、金喜林、冯军、曹玉华、宋柏林、王玉成、赵淑清(女)、李伟、白春芳、杨彦久、王垂洲、张云龙、刘志强、王国维、周大、刘兴伟。历任青岭乡党委书记:李树山、潘洪凯、关海权、王继富、张连峰、李君;副书记:潘洪凯、夏重库、刘仁达、关海权、艾贵平、孙万华、冯军、王信、赵长国、裴永学、王玉成、张连峰、李文贵、伊国富、苗佳辉、王彦、路宝库、王继文。历任联兴满族乡党委书记:康诚、于占岐、张桂林、于广明、王申存、张志强;副书记:郭清昌、于长河、孙义、曹玉华、王振民、兰林夫、周永国、李志双、韩树忠、那振勇、于广明、王申存、谭成彪、金朝和、刘有为、夏仲举、张志强、张福顺、那振军、李广贤。历任同心满族乡党委书记魏连启、赵洪君、佟宝刚、文立恒、栾学、韩德新、赵文新;副书记:张凤超、苏铁民、郎清久、张希久、何殿忠、艾贵平、栾学、付明远、吴洪君、韩德新、吴景利、谢殿臣、刘有为、方向明、孙占坤。历任希勤满族乡党委书记:李斌、常识、徐殿芳、王文力、潘春库;副书记:周广才、杨学禄、顾国和、常识、郎清久、汪振忠、张希玖、关旭东、王信、吴斌、杨宝环、赵洪生、邢安峰、潘春库、邬再奇、李晓非、李孟杰、张宏钧、刘业祥、王继文、王洪伟、王连军。历任乐群满族乡党委书记:彭子权、何云复、姜凤权、关寿禄、张国荣、汪世伟、齐瑞东;副书记:马学良、何殿忠、吴斌、赫崇真、朱立、王兆臣、郎清久、关寿禄、孙立昌、赵金国、姜玉富、王国岚、姜凤林、裴永学、张大庆、赵艺华、张云龙。历任公正满族乡党委书记:刘庆文、李启堂、夏文友、张继民;副书记:张桂林、赵洪珍、王继富、马权生、白景和、谢忠福、邢宝贵、刘英文、夏文友、李忠野、王文力、赵福良、莫喜申、汪士伟、白彬、齐瑞东、张连峰、孔庆信、马平、金兆海。历任团结满族乡党委书记:刘士文、姜凤权、王兆臣、何殿忠、王术、蒋书范;副书记:司景华、姜春廷、周广才、张凤军、王申存、韩忠、王树春、杨学禄、李志双、任久成、王振民、隋广德、王彦、吴泽林、崔云龙、李兴民、王子惠、赵玉昌、隋有涛、张成华。历任万隆乡党委书记:李学良、赵坤、张贵、陆明久、白雪松、谭成彪;副书记:张贵、陈广仁、王锡仁、王树春、高金才、冯军、韩世富、周振文、张连峰、王继富、刘仁富、韩德新、陆明久、张万民、张军国、刘英文、赵福良、田春来、崔云龙、孙金城。历任朝阳乡党委书记:赵荫宝、李启堂、杨庆华、刘丽秋(女)、王忠勋;副书记:孙义、闫海泉、刘仁达、宋大勇、周振文、孙万华、谢文臣、王世宽、周永国、张吉才、李悦利、付明远、李君、高兆林、刘永宪、郭俊峰、张志光。历任金城乡党委书记:何云复、张连国、赵宪维、刘志国、常识、鲁景华、高兆林;副书记:张连国、顾国和、闫海泉、李启堂、薄云、邢宝贵、夏文友、王振民、邢安峰、鲁景华、张宗、蒋书范、那振军、刘国平、金兆海、王久双、邓瑜。历任水泉乡党委书记:孙殿生、汪振忠、祖贵桥;副书记:王英才、范英武、付洪志、周振文、邢宝贵、王继富、张国文、赵金国、王申存、郎清久、张志强、王殿忠、祖贵桥、白春奎、张波(女)、张忠宝、关文良、张国林、曲德平、李悦堂。历任临江乡党委书记:刘洪斌、白殿宇、祖广和、赵金国;副书记:祖广和、丁振学、周士林、兰林夫、王淑芳(女)、王永江、金代国、杨连春、张玉波、王垂洲、赵义生、李方江、杨继祥、孙柏文。历任永胜乡党委书记:关寿实禄、白景和、周振文、杨跃武、张文德、姜玉富;副书记:徐殿芳、陈福兴、张凤君、吴斌、白仁东、王宝元、隋广德、付军、杨跃武、王垂洲、朱子奇、邢宝贵、祖贵桥、潘春库、孔庆信、徐志军、宋春岩、莫喜申、姜玉富、刘玉峰。历任前进乡党委书记:吴连忠、刘德军、刘士孝、孙学荣、施晓飞、刘志国、李春仁、高兆林、李君;副书记:刘士孝、李春德、张俭、丁振学、王英伟、于广明、高兆林、王术、关世范、王申存、李君、李兴民、郑玉华、刘永宽、吴向晨、张福顺、杨立忠。历任跃进乡党委书记:姜凤权、李斌、林国彬、白仁东、谢文臣、李兴民;副书记:关太山、孙学荣、王永江、白仁东、金喜林、洪万龙、王连峰、穆传福、王子惠、张忠宝、赵玉昌、周永国。历任对面城乡党委书记:刘纯宏、张连国、陈树军、王信;副书记:常识、韩明才、于占岐、王信、王树春、李亚军、张文德、李志双、杨跃武、张凤君、沈刚、田春来、刘德范、孙继华、赵福良。

【**基层组织分布**】 1986年,全县共有党委58个,总支39个,支部1 221个。1988年,撤县设市,全市共有党委 57 个,总支 38 个,支部 1 225 个。其中支部:工业 222 个、交通 17 个,农林水 440 个、财粮贸 149 个、文教卫生 157 个、基本建设 13 个、机关 195 个、其他 32 个。1994 年,撤销税务党委,成立国税党委、地税党委,全市党委增加到 59 个。2001 年,撤销了前进乡、跃进乡、对面城乡,由原来的 27 个乡镇调整为 24 个乡镇。全市共有党委 60 个,总支 77 个,支部 911 个。其中支部:工业 84 个、交通 35 个、农林水 314 个、财粮贸 91 个、文教卫生 109 个、基本建设 20 个、机关 233 个、其他 25 个。2005 年,全市共有党委 54 个,总支 30 个,支部 893 个。

1986—2005 年双城市基层党组织行业分布情况表

表 11 - 2 - 2　　　　　　　　　　　　　　　　　　　　　　　　　　　　　单位:个

年度		合计	工业	交通	农林水	财粮贸	文教卫生	基本建设	机关	其他
1986	党委	58	6	1	0	0	6	0	45	0
	总支	39	9	1	6	11	2	1	9	0
	支部	1 221	211	20	441	150	155	7	201	36
1987	党委	57	5	1	0	0	6	0	45	0
	总支	38	9	1	6	14	2	1	5	0
	支部	1 223	211	16	442	159	153	13	193	36
1988	党委	57	5	1	0	0	6	0	45	0
	总支	38	9	1	6	14	2	1	5	0
	支部	1 225	222	17	440	149	157	13	195	32
1989	党委	60	7	1	0	0	5	0	47	0
	总支	41	8	1	6	16	2	1	7	0
	支部	1 251	214	26	446	168	151	12	185	49
1990	党委	63	7	1	0	0	5	0	50	0
	总支	45	10	1	5	18	1	1	9	0
	支部	1 275	205	20	438	179	159	9	208	57
1991	党委	63	7	1	0	1	6	0	48	0
	总支	45	10	1	5	18	1	1	9	0
	支部	1 300	209	18	443	184	160	10	227	49
1992	党委	63	7	1	0	0	6	0	49	0
	总支	50	10	1	5	19	1	1	13	0
	支部	1 299	205	18	439	186	162	12	236	41
1993	党委	61	7	1	0	0	3	0	50	0
	总支	62	11	1	18	17	1	1	13	0
	支部	1 253	194	18	423	180	154	13	226	45
1994	党委	59	7	1	0	0	3	0	48	0
	总支	63	11	1	18	17	1	1	14	0
	支部	1 203	150	18	423	166	155	12	222	57

续表

年度		合计	工业	交通	农林水	财粮贸	文教卫生	基本建设	机关	其他
1995	党委	60	7	1	0	0	3	0	49	0
	总支	66	11	1	21	17	1	1	14	0
	支部	1 172	145	18	413	160	155	12	212	57
1996	党委	61	8	1	0	0	3	0	49	0
	总支	65	11	1	21	1	1	17	13	0
	支部	1 172	150	23	419	160	174	17	229	0
1997	党委	63	7	2	0	0	3	0	51	0
	总支	65	11	2	21	0	1	18	12	0
	支部	1 162	143	23	421	160	165	17	233	0
1998	党委	64	7	0	0	3	4	1	49	0
	总支	66	13	0	21	17	1	1	13	0
	支部	1 152	186	129	421	60	61	7	288	0
1999	党委	63	5	4	2	8	5	1	36	2
	总支	41	3	9	2	10	3	1	11	2
	支部	1 042	48	34	410	126	132	21	181	90
2000	党委	64	7	4	4	6	5	1	33	4
	总支	41	3	9	3	10	3	1	10	2
	支部	1 069	57	25	463	116	132	19	194	63
2001	党委	60	6	5	4	6	4	1	34	0
	总支	77	3	1	1	0	2	8	62	0
	支部	911	84	35	314	91	109	20	233	25
2002	党委	58	4	3	2	3	3	1	37	5
	总支	40	3	15	0	5	3	1	8	5
	支部	861	55	25	253	87	129	18	232	62
2003	党委	51	4	3	3	3	3	1	30	0
	总支	24	1	13	0	0	3	1	6	0
	支部	833	50	20	283	83	159	18	210	0
2004	党委	53	4	3	2	3	3	1	32	0
	总支	24	1	13	0	0	3	1	6	0
	支部	833	50	20	283	83	159	18	210	0
2005	党委	54	4	3	2	3	3	1	33	0
	总支	30	1	13	1	2	3	1	9	0
	支部	893	50	30	293	93	169	18	230	0

【党员队伍】 按照发展党员工作"坚持标准、保证质量、改善结构、慎重发展"方针,从优化党员队伍结构,提高党员素质出发,调整发展比例,着重向生产第一线、工人、农民和长期未发展党员的薄弱支

部和空白班组倾斜,向优秀青年、妇女、科技能手、致富带头人倾斜。1986 年,全市发展 578 名新党员,其中:工人 83 人、农民 119 人,妇女 107 人,35 岁以下的青年 381 人,少数民族 94 人,高中以上文化 396人,专业技术人员 98 人,学生 40 人。1990 年,全市发展 414 名新党员,其中:工人 118 人,农民 153 人,妇女 88 人,35 岁以下的青年 259 人,少数民族 66 人,高中以上文化 313 人,专业技术人员 49 人。1995年,全市发展 498 名新党员,其中:生产工作一线 299 人,工人 127 人,农民 201 人,妇女 91 人,35 岁以下的青年 347 人,少数民族 83 人,高中以上文化 417 人,专业技术人员 41 人,学生 6 人。2000 年,全市发展 572 名新党员,其中:生产工作一线 324 人,工人 170 人,农民 170 人,妇女 154 人,35 岁以下的青年 407 人,少数民族 138 人,高中以上文化 466 人,专业技术人员 27 人、学生 7 人。2005 年,全市共有党员22 968 人,工人1 677 人,农民9 037 人,妇女3 530 人,35 岁以下的青年4 637 人,少数民族3 525 人,高中以上文化13 247 人,专业技术人员3 453 人,新的社会阶层 6 人;全市共有入党积极分子5 115 人,其中:生产工作一线4 213 人,工人 299 人,农民2 596 人,妇女 1446 人,35 岁以下的青年3 794 人,少数民族982 人,高中以上文化3 640 人,高中学生 120 人。全市发展新党员 489 人,其中公有制经济单位在岗职工 314 人,工人 32 人,企事业单位专业技术人员 150 人,机关干部 126 人,非公有制经济单位共 6 个,工人 1 人,企事业单位技术人员 5 个,农牧渔民 171 人(农民 163 人),学生 4 人,新社会阶层 3 人,民营科技企业技术人员 2 人,私营企业主 1 人。20 年间全市发展新党员9 828 名。其中工人2 140 人,占发展党员总数的 21.7%;农民3 045 人,占 30.9%;妇女2 397 人,占 24.3%;35 岁以下的青年6 745 人,占68.6%;少数民族1 818 人,占 18.5%;高中以上016 人,占 81.5%;专业技术人员1 407 人,占 14.3%;学生 157 人,占 1.6%。党员总数由 1986 年21 844 名增至22 968 名。

1986—2005 年双城市部分年份中共党员基本情况表

表11 - 2 - 3   单位:人

项目		1986 年	1990 年	1995 年	2000 年	2005 年
党员人数	总计	21 844	22 566	23 596	23 172	22 968
	男	19 243	19 851	20 484	19 342	19 438
	女	2 601	2 715	3 112	3 830	3 530
民族	汉族	18 071	18 805	19 559	19 338	19 443
	少数民族	3 773	3 761	4 037	3 834	3 525
年龄	25 岁以下	613	754	756	650	4 637
	26—30	2 212	5 942	3 907	3 290	
	31—35	3 867				
	36—40	6 016	6 427	7 454	5 930	5 511
	41—45					
	46—50	2 547	5 010	5 123	6 649	6 439
	51—55	2 079				
	56—60	2 185	2 181	2 381	2 697	2 824
	60 岁以下	2 325	2 252	3 975	3 956	3 557
文化程度	大专以上	860	1 138	2 227	3 968	5 065
	中专	1 568	1 941	2 595	3 121	3 052

续表

项目		1986 年	1990 年	1995 年	2000 年	2005 年
文化程度	高中	2 996	3 798	5 120	5 079	5 130
	初中	7 808	7 970	7 482	6 777	
	小学	6 761	6 177	5 215	3 734	9 721
	小学以下	1 851	1 542	957	493	
行业分布	工业交通	2 818	2 675	2 762	1 037	590
	农林水	10 720	10 511	9 978	9 829	9 628
	文教卫生	1 976	2 171	2 387	2 362	1 113
	机关	3 504	3 315	4 247	4 594	3 001
	其他	2 826	3 894	4 222	5 350	8 636

第三章　党办工作与信访工作

第一节　党办工作

【中共双城市（县）委办公室】　1986 年,编制 26 人,在职 24 人,内设机构有文秘组、综合组、督办组、行政组、机要室。政研室、党史办挂靠在办公室。1987 年,县委政研室由挂靠县委办改为县委直属工作部门;成立老龄办,挂靠在县委办。1988 年,成立市委保密工作委员会办公室,挂靠在市委办。1997 年机关机构改革时将政研室撤销,并入市委办,作为内设机构,办公室内设机构有秘书组、综合组、督办组、信息调研组、行政组、政研室、机要室、保密办,核定行政编 30 人(含市委领导)、老干部编 4 人、工勤编 6 人。2005 年,内设机构有秘书科、综合科、信息科、行政科、政研室、督办室、机要室、保密办,核定编制 37 人(含市委领导)、在职 30 人。市信访办由市委办和政府办双重管理,以市委办管理为主。

历任主任:焦文林、李子臣、刘文彬、王明才、陈树军;副主任:王玉林、宫新民、刘洪彬、赵长春、王明才、张士伟 、刘彦文、裴立田、关和、付亚超、李贵君、王庆丰、于振学、李振刚、刘建章、李新松、杨海东、郑孟楠、刘洪涛、赵文新、郎林峰、吴威。

【综合文秘工作】　市(县)委办综合科(组)工作主要是起草市(县)委召开的党代会、全委(扩大)会、常委(扩大)会、各种工作部署会、动员大会等的报告文稿;向上级党政机关、领导、会议所做的汇报、发言或经验交流的材料;起草或修改市(县)召开的经验交流会议上的典型经验和先进事迹材料;为有关报刊撰写宣传稿件。1986 年,起草中共双城县第九次党代会上的报告;1988 年,二次起草全县农村工作会议上的讲话;1995 年,拟定全市宣传工作会议上的讲话;2000 年,双城市政府在全省对外工作会议上的典型发言稿,2005 年,撰写在国家食品工作发展高峰讨论会上的典型发言稿。市(县)委办公室秘书科(组)职能主要是及时收发、收转党中央和国家、省、地区、哈市各部门的各类文件,制发市(县)委文件、市(县)委办公室文件、双办秘文件和《双城情况》《信息参阅》《调查研究》《学与思》《信息专报》《工作参考》等简报。二十年间共制发市(县)委文件 208 件,与政府联合发文 265 件;市(县)委办文件 183 件,与政府办联合发文 415 件;双办秘文件 137 件,与政府办联合发文 42 件;制发各类简报共 610 期。

1986—2005 年双城市（县）委办主要综合撰稿情况表

表 11 - 3 - 1

撰稿年份	文稿用途	文稿名称
1986.09	全县农村改革经验交流会上讲话	总结经验,开拓创新,把农村改革引向深入
1986.09	县第九次党代会上的报告	团结起来,开拓前进,为振兴双城富裕人民而奋斗
1987.01	县九届二次全委(扩大)会议报告	认真贯彻《决议》精神,努力开创我县商品生产的新局面
1988.01	县九届四次全委(扩大)会议报告	统一思想,深化改革,发展城乡一体化经济
1988.03	全县农村工作会议上的讲话	深化改革,挖掘潜力,推进我县农村经济大发展
1989.02	全市农村工作会议上的讲话	抓改革整治,办六件大事,把我市农村经济推向新阶段
1989.08	县九届八次全委(扩大)会议的报告	认真贯彻落实四中全会精神,把我市的建设和改革提高到新水平
1990.02	全市农村工作会议上的讲话	坚持三个结合,促进粮食稳定增长
1991.02	市一届三次全委(扩大)会议上的报告	认真贯彻七中全会精神,为全面振兴双城而努力奋斗
1991.09	市一届四次全委(扩大)会议上的报告	认清形势,坚定信心,坚决完成今年的各项工作任务
1992.02	全市农村工作会议上的讲话	实行粮牧企三位一体,实现种养加良性循环,推进农村经济持续协调发展
1993.11	工作部署会议上的讲话	何忠学在深入开展反腐败斗争广播动员大会上的讲话
1995.04	全市宣传工作会议上的讲话	努力开创新时期宣传思想工作新局面
1996.03	市二届七次全委(扩大)会议上的报告	推行强市富民战略,加快两个根本转变,努力实现经济社会发展宏伟目标
	全市纪检监察工作会议上的讲话	卓有成效地开展反腐败斗争,保证经济建设顺利进行
1996.07	报刊投稿	东北平原一颗璀璨的明珠——双城
1996.08	报刊投稿	为了这片土地
1997.01	市二届八次全委(扩大)会议的报告	抓住机遇,乘势而上,全力推进国民经济持续快速健康发展
1997.02	全市农村工作会议上的讲话	以增加农民收入为目标,开创我市农业和农村工作新局面
1997.05	省农村工作典型经验介绍	大力实施产业化战略,推进经济社会快速发展
1998.01	市二届九次全委(扩大)会议的报告	贯彻十五大精神,扩大改革开放,强力推进经济社会快速发展和各项工作全面进步
1998.02	市委重点工作部署	1998 年全市重点工作实施专项推进意见
	全省农村工作会议典型发言	粮牧并举,转化增值,加快畜牧业发展步伐
	哈市农村工作会议典型发言	围绕旱作农业,坚持四个结合,确保粮食生产的继续领先地位
1990.01	市委重点工作部署	关于加快现代化中等规模卫星城市建设的意见
1999.07	市三届四次全委(扩大)会议的报告	坚持改革发展,继续开拓创新,全力推进我市经济社会发展向更高层次跨越
2000.01	报刊投稿	发挥区位优势,把双城建设成为哈尔滨卫星城
2000.03	市三届六次全委(扩大)会议的报告	坚定信心,乘势前进,实现双城新世纪发展的良好开局
	全市经济工作会议的讲话	解放思想,开拓进取,全力推进二次创业,构建双城经济发展新格局
2000.05	省对外开放工作会议典型发言	引进跨国公司,拉动县域经济发展
2000.06	省县域经济会议发言	发挥优势,突出特色,强力推进县域经济的快速发展

续表

撰稿年份	文稿用途	文稿名称
2000.08	报刊投稿	面向新世纪的战略抉择——双城市实施农业产业化的探索和体会
2001.04	哈市春耕生产标准化典型发言	突出结构调整,落实抗灾措施,全面推进标准化春耕生产
2001.05	哈市开展"三个代表"教育活动典型发言	宣传教育群众,征求农民意见,深化"三个代表"教育活动
2002.01	市三届九次全委(扩大)会议的报告	代表先进,真抓实干,努力实现双城市经济社会的跨越式发展
2002.03	全市农村工作会议的讲话	提高认识,强化措施,高标准高质量完成全年农村各项工作任务
2002.06	报刊投稿	推进产业化战略升级,加快质量效益型农业发展步伐
2002.07	市三届十次全委(扩大)会议的报告	乘势而上,捷径赶超,强力推进双城经济社会发展的新跨越
2002.09	报刊投稿	发展质量效益型农业,促进农村经济增长方式的根本转变
2003.06	全市经济工作会议讲话	以"两风"建设为动力,推动县域经济快速发展
2003.07	市四届二次全委(扩大)会议报告	负重奋进,加快发展,确保全年各项工作任务圆满完成
	哈市农村工作会议发言	实施产业化经营,统筹城乡经济发展
2004.10	市委工作会议讲话	牢固树立科学发展观,努力建设中等规模哈尔滨卫星城市
2004.12	国家食品工业发展论坛会发言	依托资源优势,推进产业升级,全力打造食品工业强市
2005.01	全省农村工作会议典型发言	发挥资源优势,壮大龙头群体,促进农业产业化战略升级
2005.06	国家县域食品经济发展座谈会典型发言	龙头食品企业是带动地方经济腾飞的发动机
	省县域经济现场会典型发言	发挥比较优势,创造竞争优势,推进县域经济跨越式发展
2005.07	哈市委政研室《调研通讯》上发表文章	搞好"五区"建设,推进"三带"开发,加快经济强市建设步伐
2005.08	省委政研室《调查研究》上发表文章	兴工带农,城乡统筹,全面加快农村小康社会建设
2005.11	国家食品工业发展高峰论坛会典型发言	加速食品基地建设,推进县域经济跨越发展
	哈市民营经济工作会议典型发言	聚精会神抓招商,科学谋划促发展,不断打造民营经济发展新优势
2005.12	省委办公厅《黑龙江通讯》发表文章	实施"三化"战略,加快县域经济发展

【督办工作】 1988年5月,按照中央、省、地委的要求,中共双城县委成立督办检查室,隶属于县委办公室,并印发《中共双城县委关于加强督办检查工作规定的通知》。为切实解决工作中最易出现的决策多、落实少,布置多、检查少的问题,重点督办检查上级各级党委的重大决策、重要工作部署的贯彻落实情况;本级党委确立的重大决策、重要工作和决定的具体事项的贯彻落实情况;1990年督办检查推进城乡改革,加快引联开放步伐,改善投资环境方面工作。1991—1993年,围绕完善工商企业多种形式的责任制,搞好农村家庭联产承包责任制进行督办。1994—1997年,督办检查开展经济技术合作,引进边贸、外贸、引进高新项目,加快城镇改造和基础设施建设,开发新城区,带动老城区改善等方面重点工作;督办检查基础职业教育成人的工作。1998—2003年,结合领导分工责任制和目标责任体系建设进行督办检查,重点放在经济体制和政治体制改革上。2004—2005年,围绕发展牛、鸡、猪实现粮食生产转化,全力建设食品工业基地,以及实现劳动力转移,增加就业机会等方面进行督办检查。为保证督办检查工作卓有成效地开展,在工作实践中不断完善五项工作制度:工作责任制度、检查通报制度、工作报告制度、协调制度、督办检查与考核干部相结合的制度。工作职责的明确和保障制度措施的实施,保证了党的路线、方针、政策和重大决策事项在基层的落实。

第二节　信访工作

【双城市信访办公室】　1986年,县委县政府信访接待室有行政编10人,内设来访接待股、来信受理股。1998年,在信访办设立市长信访电话办。2005年,市长电话办增加事业编制,人员由原来的10人增加到13人。

历任主任:张凤山、吴宣文、姜志国、付建超、付士显、贾淑芬(女)、韩辉(女)、赵太柱、王庆丰、武学汉、吴平、姜士辉;副主任:张书贤、田玉堂、王启顺、耿文翰、王志辉、崔成文、裴秀兰(女)、姜士辉、胡景轩、侯家春。

【信访处理】　1986年,县委、县政府制定并实施《双城县建立各级党政领导信访工作责任制》和《双城县信访工作责任制》。各乡镇、各系统都进一步充实和加强信访机构,配备专兼职人员,27个乡镇及各系统、各部门都确定3名领导负责信访工作,各基层单位及村都设有信访信息员。1987年,信访突出反映在农村第一轮土地承包中出现的矛盾和问题,农民群访人数多、频率高。市、乡(镇)、村三级信访工作负责制发挥了作用。市里把农民反映的问题集中梳理后及时进行反馈,各乡(镇)认真向有关群众宣传国家的土地政策,并对具体问题集中进行调查处理。全市此类案件的结案率达90%以上,抑制了上访居高不下的势头。1990年开始,逐步实施《双城市信访工作一案三查制度》《双城市信访工作首问责任制度》《双城市信访工作排查制度》《双城市信访工作下访制度》等若干配套的制度。1993年,改变信访工作的传统的方式、方法,更新工作机制,有效地化解了由于城市改造拆扒、国有企业改制以及农村第二轮土地承包而产生的上访问题。1996年,根据"一案三查"(查原因、查责任、查包案)和"三包一保"(包案件、包处理、包结案、保稳定)以及"排查"和下访等制度的要求,市信访工作采取"主动排查、分级负责、上下结合、联手互动"的全新思路开展工作,即深入基层排查问题、摸清情况,根据问题的性质和缘由,明确处理和解决问题的单位和领导,限期结案。1998年,信访工作采取请上访人员参加市里统一组织的信访协调会,市主管信访工作的领导和与此问题相关部门的领导都到会,共同研究解决问题的办法,拿出处理意见。如上访人对最后的处理意见不满意,及时带他们去省或哈市相关部门咨询政策,由上级领导来认定处理意见是否正确。如有问题,重新复查、重新处理。2001年开始,双城市委、市政府制定并实施《双城市信访工作通报及重点管理制度》《双城市紧急重大信访信息报告制度》《双城市信访工作责任追究制度》,通过双向规范,实现依法信访。一方面教育群众依法上访,规范上访秩序;另一方面,把有涉法的问题移送到司法部门解决。以纪治访,重点是提高各级信访干部的素质。2002年,市信访办加强了信访干部培训工作,内容主要是针对信访工作出现的新情况、新问题,研究工作的新思路、新方法,统一认识,同时对新出台的新条例、新法规进行辅导,加深理解,每次培训,都请有关的领导和专家进行系统的讲解,提高各级干部按党的纪律要求,严肃认真处理信访问题的能力。2005年,市委调整信访办领导班子,市信访办整修庭院,建立标准化群众来访接待窗口,更新办公设备,购置一台新办公用车。全市共发生群众来访295批次、4 722人次,受理群众来信65件,来电120次,全市信访总量比上年下降27%,被评为哈尔滨市信访工作先进单位。20年间,信访总量为30 068件。其中来信769件,占25%;来访21 120件,占70%;来电1 369件,占5%。立案29 373件,占总量98%。按信访问题的性质分类:土地问题占30%,城市改造方面占13%,企业改制方面占22%,涉法案件占25%,人民群众生产生活方面占6%,其他纠纷占4%。越级访626件,其中进京126件,到省206件,到哈市294件,上级批转595件,占总量2%。

表11-3-2

1986—2005年双城市群众来信来访来电办理及分类表

年度	信访总量（件）	其中（件）					办结件数（件）	办结率（%）	问题分类（件）					
		来访件次	来信件次	来电次数	上级批转	本市立案			涉法案件	企业改制	土地问题	城市改造	生产生活	其他纠纷
合计	30 068	21 120	7 569	1 379	600	29 468	28 024	1 883	7 370	6 740	9 095	3 830	1 730	1 248
1986	1 200	800	400		24	1 176	1 080	90	400	50	600	50	70	30
1987	3 000	2 100	900		58	2 942	2 850	95	900	50	1 700	100	150	100
1988	3 000	1 900	1 100		56	2 944	2 850	95	950	100	1 600	50	300	100
1989	3 000	2 000	1 000		60	2 940	2 880	96	950	150	1 500	100	150	150
1990	2 300	1 500	800		44	2 256	1 980	90	700	300	800	120	300	80
1991	2 000	1 400	600		40	1 960	1 800	90	550	750	200	340	100	60
1992	1 700	1 200	500		34	1 666	1 564	92	200	800	100	400	120	80
1993	1 500	1 300	200		30	1 470	1 380	92	300	700	80	300	70	50
1994	1 400	1 100	300		28	1 372	1 316	94	400	600	50	200	80	70
1995	1 100	900	200		22	1 078	1 045	95	300	500	20	200	50	30
1996	1 050	900	150		21	1 029	977	93	200	400	50	300	60	40
1997	1 000	850	150		20	980	950	95	150	300	40	400	60	50
1998	1 100	900	200		22	1 078	1 034	94	200	400	80	300	70	50
1999	1 450	1 000	240	210	30	1 420	1 407	97	300	200	600	200	80	70
2000	1 350	900	200	250	27	1 323	1 246	93	200	300	700	80	40	30
2001	1 130	600	240	290	23	1 107	989	96	240	310	430	90	20	40
2002	800	500	120	180	16	784	760	95	100	240	200	150	60	50
2003	900	600	120	180	18	882	846	94	150	290	150	200	50	60
2004	608	375	84	149	13	595	595	98	100	200	100	100	60	48
2005	480	295	65	120	10	470	475	99	80	100	50	150	40	60

1986—2005 年群众越级上访与交办案件统计表

表 11 – 3 – 3

年份	信访总量	群众越级上访（件）					上级交办案件（件）				
		越访案件	占总量（%）	去哈	到省	进京	交办案件	占总量（%）	哈市	省	国家
合计	30 068	626	2.1	294	206	126	600	2	303	179	118
1986	1 200	40	3.3	16	14	10	24	2	10	7	7
1987	3 000	40	1.3	17	13	10	58	2	29	20	9
1988	3 000	35	1.2	15	12	8	56	2	25	21	10
1989	3 000	35	1.2	15	13	7	60	2	29	20	11
1990	2 200	36	1.6	18	12	6	44	2	20	17	7
1991	2 000	36	1.8	18	12	6	40	2	24	10	6
1992	1 700	33	1.9	15	10	8	34	2	18	10	6
1993	1 500	33	2.2	15	10	8	30	2	15	8	7
1994	1 400	34	2.4	16	10	8	28	2	14	8	6
1995	1 100	34	3.1	16	12	6	22	2	10	7	5
1996	1 050	33	3.1	17	10	6	21	2	10	6	5
1997	1 000	33	3.3	15	12	6	20	2	11	5	4
1998	1 100	30	2.7	15	10	5	22	2	13	5	4
1999	1 450	30	2.1	16	9	5	30	2	19	6	5
2000	1 350	28	2.1	14	10	4	27	2	16	6	5
2001	1 130	26	2.3	12	9	5	23	2	12	6	5
2002	800	26	3.3	12	8	6	16	2	8	5	3
2003	900	24	2.7	12	8	4	18	2	9	5	4
2004	608	20	3.3	10	6	4	13	2	6	4	3
2005	480	20	4.2	10	6	4	10	2	5	3	2

第四章　组织工作

第一节　机构与党建工作

【**中共双城市委组织部**】 1986 年，编制 30 人，在职 27 人，内设机构有办公室、干部组、组织组、知工组、调研组、秘书组、电教办。审干办、组织员办挂靠在组织部，老干部局归口组织部管理。1997 年，市直机关机构改革，内设机构有秘书组、调研组、干部组、知工组、培训组、组织组、审干办、电教办。市委组织员办公室仍设在组织部。核定行政编制25人,老干部编制4人,工勤编制2人。2005年,内设机构有秘书组、调研组、干部组、组织组、知识分子培训组,核定编制29人,在职22人。市委组织员办公室设在组织部,老干部局由组织部管理。

历任部长:付连兴、张志太、李启和、裴君、朱辉、刘长河;副部长:侯义、吴恩国、李启和、宫新民、吴宣文、韩锐(挂职)、南明良、张国荣、张继民、么有才、景丽玲(女)、魏元军。历任市(县)委组织员办主任:崔国富、杨松尧、沈继宁、李庆吉、赵秀梅(女)、李宇鹏;副主任:叶成臣、张志国、杨松尧、戴忠文、沈继宁、于春永、李悦利。

【基层组织建设】　1986年,按照中共松花江地委组织部《关于深入开展"创先争优"活动的通知》要求,县委组织部制订印发《关于深入开展"创先争优"活动的实施方案》,并根据每年工作重心进行相应调整。1987年,全县基层组织开展"坚持四项基本原则,反对资产阶级自由化"的教育。1988年,开展党的基本路线和基本知识教育,到1991年,各党委、党支部收看全国优秀党员谷文昌的事迹等20余部党员教育片。1992年,在五家镇、兰棱镇首先开展致富带头人群体建设,后在全市作为基层党组织建设的重项全面推开,全市致富带头人群体总数626人,人员14 060人。出现284个专业村,8 964个专业户。1993年,在双城电视台开辟《党的生活》专栏节目,围绕两个文明建设,介绍党建信息和相关经验,指导基层组织建设。1995年,全市开展后进支部整顿工作,到1997年,集中整顿44个后进村党支部,占全市村党支部总数的11.4%,经过3年的整顿和建设有42个后进村党支部有了根本性转化。未完成转化的2个村也发生可喜变化。1998年,开展基层党校轮训党员、民主评议党员、定期上好党课、严格组织生活等系列活动。1999年,组织党员学习中央领导关于取缔"法轮功"活动的讲话和人民日报特约评论员的《法轮功就是邪教组织》的文章。引导党员认清"法轮功"的本质,旗帜鲜明地同邪教斗争。2002年,开展"三级联创"活动,全市共涌现出"五个好"村党支部116个(其中省级1个,哈市级3个),"六个好"乡镇党委14个(其中省级1个,哈市级2个),双城市委两次被省委命名为农村党建工作先进县(市)委。2003年,完成市委换届工作,组建城镇居民社区党支部,将71个居委会重新整合为13个社区,并同步组建13个社区党支部,隶属于双城镇党委。2004年,重点开展"先锋工程"活动,建成创业型乡镇班子7个,创业型村班子112个。2005年,创新农村基层组织设置模式,成立村级党总支,并按行业特点划分党支部。先后在双城镇永治村、幸福乡永支村、兰棱镇兰棱村、周家镇各业协会建立党总支,下设蔬菜种植、个体私营、劳务输出、老年等特色行业党支部。对全市"两新"组织进行普遍调查,在符合条件的企业,新组建了11个党支部,建成独立企业党支部20个,联合党支部1个,个体党支部2个。1986—2005年,共评选出市级先进基层党委57个、先进基层党支部361个、"六个好"先进乡镇党委44个、"五个好"先进村党支部294个、模范党务工作者229名、优秀共产党员1 145名、优秀共产党员标兵10名、党风建设先进集体104个、党风建设先进个人275名。出席哈市级的先进基层党组织14个、"六个好"先进乡镇党委6个、"五个好"先进村党支部16个、模范党务工作者12名、优秀共产党员29名、优秀共产党员标兵1名、党风建设先进集体2个、党风建设先进个人1名;荣获省级先进基层党组织1个、"五个好"先进村党支部1个、模范党务工作者1名、优秀共产党员6名、党风建设先进个人1名。

【党员管理】　1986年,主要是开展经常性的组织活动,以及党员定期向组织汇报思想,来凝聚党员及时掌握党员的思想工作生活状况。1990年开始,根据省委组织部《关于加强对外出务工、经商农民党员、个体户党员、离退休党员复员退伍军人党员管理的规定》,对在职党员实行目标管理。1992年,对在职党员按其工作岗位和主要职责,提出具体工作目标和措施,签订目标管理责任书,对承诺事项进行考核监督。2005年,继续加强对无职党员实行引导式管理,广泛开展"设岗定责"活动,引导其发挥模范作用。对困难党员实行救助式管理,采取结对帮困、重大节日上门看望慰问、定期组织志愿者上门服务等形式,加强对年老体弱的困难党员的关心和服务。积极为家庭生活困难的党员就业铺路、创业搭桥,提高发展生产和脱贫致富的能力。对流动党员实行服务式管理。主动跟踪服务管理,建立健全流动党员登记、专人定期联系,建立健全流动党员基本信息库,使流动党员做到外出有请示、中途有联系、回家有报告。

第二节　领导班子建设与干部管理

【领导班子建设】　1986 年,县委结合整党工作,调整领导班子 46 个,提拔科级干部 26 人,调整 51 人,退二线 5 人,为 17 名符合离休条件、5 名符合退休条件、2 名符合享受副专员待遇规定的人员办理了相关手续。1987 年,建立领导班子目标责任制管理和民主评议领导班子制度,通过考核和评议,调班子 67 个、领导干部 197 人,其中提拔科级干部 54 人,市直党委和部门领导 10 人。乡镇领导 1 人在民主评议中因不胜任测评票超过规定的底线被免职,20 人退二线,168 名符合条件的干部办了离退休手续。1988 年,全县预算内外 48 家国有企业领导班子,除 14 名科级以上领导外,其他均下放给主管部门管理,规定新任职的科级以上领导干部不实行终身制,任期结束后享有的级别待遇自然终止。县亚麻厂、儿童乳品厂、农机修造厂领导班子一把手被松花江地委确定为配副处级职务且由其任免管理。全年共调整县直领导班子和乡镇领导班子 39 个,提拔科级干部 39 人,调整 89 人,退二线 6 人,办离休 6 人。1989 年,调整领导班子 36 个,提拔科级干部 56 人,调整 153 人,下派科技副乡长 2 人,11 人退二线,8 人离退休。1990 年,规范科技副乡镇长的管理。结合系统党委(总支)和企业党委换届,调整领导班子 68 个,提拔科级领导干部 101 名,调整 109 名,15 人退二线,11 人离退休,15 名离休干部办理享受副处级待遇手续。1991 年,按照干部回避交流计划,在乡镇和市直各部门领导班子中,交流领导干部 19 人。为加强农村政法工作,22 个乡镇配备综合治理副乡镇长,均实行两年任期制。调整领导班子 23 个,提拔科级干部 34 人,调整 31 人,下派科技副乡镇长 3 人,退二线 1 人,离退休 7 人。1992 年,城乡共调整领导班子 41 个,提拔科级领导干部 99 人,调整 155 人,退二线 30 人,办离退休 37 人,因不称职免职 2 人,下派科技副乡镇长 7 人,综治副乡镇长 7 人,为企事业选配领导 5 人。全面开展重要工作岗位干部轮换工作,全市有 133 人需要岗位轮换,年度完成 50 人轮换;有 95 人需要回避年度交流,对 70 人进行回避交流。一次性在城乡每个党委配齐专兼职统战干部。1993 年,共调整城乡领导班子 64 个,变动科级领导干部 253 人,提拔科级干部 107 人,退二线 72 人,下派科技副乡镇长 9 人,综合治理副乡镇长 6 人。在班子调整中,完成轮换、交流、回避的全部任务。调整中,重视乡镇女领导干部的配置,为 12 个乡镇配齐女领导干部。加强乡村两极领导班子的日常管理,开展乡(镇)、村两极党政班子成员政绩考核工作,按管理权限,分级组织考核,完成对党政机关领导在各类经济实体中兼(任)职的清理工作。1994 年,为实行公务员制和分类管理做准备。调整领导班子 12 个,提拔科级干部 25 人,调整交流 41 人,退二线 4 人,14 名离休干部办理了享受副处级待遇手续,接收安置省、市下派的挂职干部 8 人。选派 7 名 35 岁以下优秀干部到村挂职锻炼。1995 年,研究制定《双城市培养选拔优秀年轻干部的三年规划》。调整领导班子 53 个,提拔科级干部 121 人,调整 143 人,退二线 34 人,下派科技副乡镇长 14 人,任命综合治理副乡镇长 14 人。有 10 名新提职的副科级领导干部实行试用期制。1996 年,初步形成分类管理的干部体制,完善推行国家公务员制度和参照管理工作的有关配套制度和措施。全市党政机关领导班子按 71 个管理,配备职数 253 个;29 个党委(不含驻双单位党委)设领导职数 102 个,调整领导班子 44 个,提拔科级干部 91 人,调整 231 人,退二线 72 人,任命综合治理副乡镇长 17 人,18 名新任命的市党政机关副职和乡镇政府副职实行试用期制。1997 年,组织各有关部门对符合条件的 451 名国家干部依法向国家公务员参照管理人员过渡;组织 17 名基本条件具备、年限不够的人员,经过培训完成了过渡。市委决定在选拔领导干部上实行聘任制,在领导班子、领导干部考核上实行目标责任制。完成 3 个乡镇长候选人选聘的试点,组织人员并指导有关党委考核了国有工商企业领导班子,为企业配备 9 名领导。根据加强干部工作监督管理的要求,按照哈尔滨市委要求,组织部内设的组改为科。全年调整领导班子 45 个,新提科级干部 130 人,调整 251 人,试用副职领导干部 9 人,下派科技副乡镇长 13 人,退二线 44 人,退养 4 人。1998 年,选调优秀年轻干部 20 人,组建双城市目标责任考核考兑办公室,对城乡领导班子进行考核评价。调整领导班子67个,提拔科级干部188人,调动178人,退二线99人,安置选调生12人,为11名离休干部办理副处级待遇手续。1999年,为17个乡镇配备女副乡镇长,为13个党政部门领导班子配齐女干部。接收安置9名下派的大学生任乡镇长助理。调整领导班子21个,提拔科级干部57人,调整95人,退二线23人。2000年,调整领导班子17个,提拔科级干部82人,调动57人,退二线24人。2001年,农村乡镇进行区划改革,市直机关进行机构改革,乡镇党委副书记由每乡镇3个减为1个,副科级以上职数减少了74个。改革后的乡镇领导由276人减为202人。解决干部走读问题,37人回城安排非领导职务,18人将爱人工作调到乡镇。对39名拟提干部在电视台进行公示,对调整的209名和新提的39名干部实行票决制。按机构改革的需要,有46人退二线,47人退养。2002年,提拔科级干部51人,调动64人,改任主任、副主任科员16人,办理退休手续27人。51名新提人员进行公示;全年讨论的131名干部全部实行了票决制。为269名符合机构改革政策、任职满8年的具有副科级职务的二线和退养人员办理享受正科级待遇手续。按领导职数的75%核定非领导职务80个,即主任科员30个,副主任科员50个,分配到有关部门或群团组织机关。2003年,哈市组织部审批相关领导职数共142名,其中党政机关和群团组织112名,系统党委(总支)20名,控制机动10名。调整领导班子47个,提拔科级干部86人,调整115人,退长改员11人,退二线58人,办理退休手续48人。新提职干部全部实行公示制,提拔和调整科级干部全部实行票决制。2004年,实施公安派出所所长、社区警长挂职任乡镇党委副书记、社区党支部副书记的工作,24名乡镇派出所所长在所在乡镇挂职党委副书记,11名警长在双城镇内6个社区挂职党支部副书记。调整领导班子17个,新提科级领导26人,调整95人,退长改员3人,退休45人。26名新提职干部进行公示,124名市委讨论的干部全部实行票决制。2005年,加强机关事业单位人事管理,对借调干部实行规范化管理。调整领导班子24个,提拔科级干部53人,调整71人,退长改员43人,办理退休手续34人。

1986—2005年科级领导班子调整和领导干部任用情况

表11-4-1

年度	班子调整数（个）	干部调整（人）				
		人数	提职	二线	离退休	免职
1986	46	51	26	5	24	
1987	67	197	54	20	168	11
1988	39	89	39	6	6	1
1989	36	153	56	11	8	
1990	68	109	101	15	11	
1991	23	31	34	1	7	1
1992	41	155	39	30	37	2
1993	64	253	107	72		6
1994	12	41	25	4		
1995	53	143	121	34		
1996	44	231	91	72		
1997	45	251	130	44		
1998	67	178	188	99		

续表

年度	班子调整数（个）	干部调整（人）				
		人数	提职	二线	离退休	免职
1999	21	95	57	23		2
2000	17	57	82	24		
2001	54	209	39	46		
2002	42	131	51	21	27	
2003	47	115	86	69	48	
2004	17	95	26	3	45	
2005	24	31	53	43	34	

【干部制度改革】 1986 年,双城市委组织部下发《关于股级干部管理的暂行规定》,将党政机关、农村乡镇、企事业单位股级干部的选拔、任免、调动的管理权,除党委委员、党政机关的人事股长等少数职务外,均下放给基层。1987 年,实施县乡镇机关干部任期目标责任制,开始把工作目标实现的情况纳入领导干部的评价体系。城乡所有党政领导班子均开展民主评议工作,城乡共有 11 名副职领导干部处于不胜任档次被免职。县委制定并印发《关于改革干部管理制度的意见》,在行政机关新选拔的副职中实行为期一年的试用期,并对年底前提职的 1 名新领导实行试用。1988 年,转发省、地关于全民所有制企业人事制度改革,领导干部管理的有关政策规定,将全县 48 家国企中除副科级以上领导干部的管理权下放给主管部门。1990 年,对乡镇党政主要领导、市直机关、各部门、各直属事业单位,市属各较大型企业主要负责人离任和任职期实行经济责任审计。对当年被调整正职的 2 个乡镇、3 个政府行政部门进行了经济责任审计工作。1991 年,对在人、财、物审批管理权岗位工作 8 年以上的人员进行调查,登记造册,限期按干部管理权限自行轮换,自行轮换不了的市委组织部统一组织轮换。全市符合轮岗条件的 133 人,当年轮岗 50 人。1995 年,提拔的 10 名政府部门副职均实行了试用制。1996 年有 18 名行政副职实行试用制,选派 38 名农村乡镇后备干部到温州的苍南、平阳两县挂职锻炼。1997 年,市委对领导干部选拔任用和管理方面的改革进行重点调研,市委第十九次常委扩大会议决定在试点的基础上,推行领导干部选聘制和领导班子领导干部实行目标责任制管理。10 月份公布试点方案,首先选择 3 个乡镇长岗位进行试点,在全市副科级 35 岁左右具有大专以上文化的人员中,74 人参加了笔试,9 名入选者进行讲演答辩,经考察后 3 名同志被确定为乡镇长候选人。其次是在公安局科、所、队领导中进行选聘试点,在原有领导职务一律免除的基础上,重新核定职数,公布竞聘条件、资格和办法,自愿报名参加。经过公开讲演、投票、考核、组织审批,320 人参加竞聘,选出 99 人任职,原任职人员中有 31 人落聘,10 名普通干警被选聘,消化超职数配备 21 个。在试点的基础上,组织市委、市政府各部门及直属事业单位在 864 个岗位上公开选聘,有 5 000 余人参加竞选,原任中层领导职务的副科级干部 31 人落聘安排到一般干部岗位。1998 年,抽调 20 名正副科级后备干部组建全员目标责任管理考核考兑办公室,直接归市委领导,组织部负责协调工作。制订下发《双城市 1998 年度考兑考核乡镇和市直党政领导班子工作实施方案》,将考核内容划分为经济建设、精神文明建设、党风廉政建设、党的建设等几个方面和具体指标,年初下达,年终考核兑现奖惩。由市目标办和组织部抽调相关部门人员组成工作组,逐个乡镇和单位考察考核。考核结果上报市委常委会进行处理或决定升降去留奖惩。在日常工作中,目标办还对市委市政府的重点工作进行跟踪考察。在抗洪抢险、抗旱、春种、秋收、秋翻、招商引资、城市改造建设等工作中派人员定期、不定期地检查,并及时将信息反馈给市领导。按照我市部分单位副职实行公开竞聘的工作方案,选聘 9 名行政部门副职领导干部。选出 38 名副乡镇长候选人,384 名正副科级后备干部。在 27 个乡镇党政机关股级岗位和事业站站长岗位上组织公开竞聘,375 人被

选聘上岗,参加竞聘3 000余人。1999 年,分两次组织公开选聘行政部门副职8 人,副乡镇长候选人22 人。2000—2001 年,公开选拔乡镇长5 名、副乡镇长候选人2 名,行政副职9 名。2003 年,公开招聘经济技术开发区部门领导干部,参加考试招聘人员18 人,录取6 人。对双城市经济技术开发区5 个招商局组成人员进行公开招聘,聘任局长5 人,副局长5 人,工作人员3 名。2004 年,在领导班子和领导干部评价体系中突出经济工作实绩的内容。2005 年,对农村乡镇及市直有关党政领导班子实绩考核中,将环境保护责任纳入了领导班子领导干部考核评价体系。

【干部监督】　1986—1987 年,双城市委制定干部管理和严格组织纪律的相关规定,下发《关于整顿县直各部门内设机构的通知》,明确自行设置机构超职数配备的股级干部必须立即纠正。1988 年,市委制定《关于乡镇干部宏观管理的暂行规定》《关于干部回避交流的规定》《关于主要岗位干部轮换的规定》。在干部工作大检查中,各乡镇、各部门对自行设置的机构和超职数、超级别配置的股级干部进行自查自纠。在此基础上,全县进行检查通报。在全县开展民主评议党政领导班子,县直所属10 个部门10 名副职,一个乡镇1 名副科级领导干部,因民主测评票不胜任票超过三分之一被免除职务。1990 年,开始对党政机关、乡镇、直属企事业单位实行经济责任审计制度,对2 名乡镇主要领导、3 名部门负责人进行调动离任审计。科技副乡镇长不胜任被免职3 人,因处分被免去副科级职务1 人。1991 年,按照干部回避交流计划,共交流19 名领导干部,其中血亲交流2 人,班子矛盾交流4 人,异地交流3 人,培养交流4 人,需求性交流6 人。认定参加工作时间1 人,退休改离休1 人,免去职务3 人,其中不称职免职1 人,自动辞职1 人,因犯错免职保留待遇1 人。1994 年,制定《关于领导干部能上能下,优胜劣汰的工作意见》。1995 年,制定《关于防止和纠正任用干部工作不正之风的意见》。1996 年,下发《关于加强全市副科级(含科级员)以上干部管理的通知》,进一步规范市管干部的范围、对象、操作程序、调动、任免手续。1997 年,市委决定恢复干审办公室,更名为中共双城市委干部监督审查办公室,科级单位,设在市委组织部,配2～3 名监督员,履行全市干部管理工作中的监督、审查、宏观管理等工作职责。制订《双城市干部监督管理工作实施方案》。在普遍自查的基础上,市委对8 个乡镇、4 个市政府部门进行重点抽查,对抽查情况进行通报。转发中组部《关于印发:中共五莲县委制止跑官要官风的做法的通知》。1998 年,组织市直机关和乡镇干部学习毛泽东、邓小平、江泽民关于干部监督的论述。1999 年,由于控制治理受邪教蒙骗群众群发事件不力,2 名副科级领导干部被免职。2000 年,按规定开始开展因公出境政审工作,明确因公出国及赴港澳人员的政审手续,为3 名赴港澳和新马泰人员办了政审手续。结合半年工作考评,全面检查27 个乡镇党委和22 个市直系统党委干部管理工作。2002 年,组织全市党政领导干部学习中共中央《党政领导干部选拔任用工作条例》,分层组织知识答题活动。2004 年,下发关于转发中央《公开选拔党政领导干部工作暂行规定》等六个文件的通知,增强党政领导干部选拔任用的透明度、公信度,增强了干部管理的民主性。加强全市初、高中学校领导班子及其成员管理工作。2005 年,双城市委、双城市政府加强机关事业单位人事管理和借调干部管理工作,针对实行国家公务员制度和干部分类管理后,对跨类别滥借乱调人员有所抬头的苗头性问题加强了宏观控制和约束。

【后备干部队伍建设】　1986 年,全县共有后备干部1 396人,其中县级后备27 人,科级98 人,副科级446 人,村级825 人。1989 年,中共双城市委先后制订下发《调整充实后备干部队伍的实施方案》和《后备干部测评考核办法》,确定后备干部1 428人,其中县级29 人,科级103 人,副科级471 人,村级825 人。1990—1997 年,按照《双城市培养选拔优秀年轻干部的规划》和《关于培养选拔年轻干部、女干部、党外干部、少数民族干部工作的规划》,调整后确定副科级以上后备干部644 人,其中市级后备干部27 人,正科级后备干部127 人,副科级500 人,女后备干部85 人,占13.2%,非党后备干部31 人,占4.9%,少数民族后备干部146 人,占22.6%,35 岁以下后备干部206 人,占32%。有计划地选派后备干部到基层挂职锻炼,选派50 名后备干部到农村开展后进村整顿工作,下派7 名后备干部到村任职,派38 名后备干部到温州所属苍南等两县挂职两个月学习锻炼。1998—2001 年,把正副科级后备干部选拔纳入公开竞聘的范围内,共选出 386 名后备干部,其中正科后备 126 人,副科后备 260 人。选拔 15 名具有大学文化 30 岁左右的年轻干部做战略后备干部。抽调 20 名后备干部到市委市政府目标责任管理办公室工作。在抗洪抢险、"三个代表"学教活动、招商引资、城市改造建设、农村抢种抢收工作中抽调大批后备干部去经受锻炼和考验。2002 —2005 年,制订实施《中共双城市委关于选派后备干部参加信访和 610 工作实践锻炼的工作方案》、对 2004 年入学的"村村大学生"学员毕业后纳入村级后备干部队伍管理。到 2005 年,确定后备干部 378 人,其中市级后备干部 26 人,正科级后备干部 135 人,副科级后备干部 217 人。参加信访锻炼三批次 68 人,招商引资挂职 37 人,选派到城市建设工程 58 人,参与抗击非典 79 人。20 年来,提拔的正副科级干部 1 383 人,后备干部有 982 名,占 71%。

【干部培训】 1986 年,市委根据不同时期的形势任务,围绕中心工作,适时制订全市干部培训计划,开展教育工作。1992 年,对机关和事业单位工作人员开展创造学培训。1994 年,开展国家公务员过渡培训,发国家公务员过渡培训合格证书。1995 年,进行国家公务员任职培训 200 人次。1996 年,开展新进入机关人员初任培训。1997 年,举办机关和事业单位工作人员经济知识培训。2000 年,机关事业人员计算机培训参加人员 2 300 人。2001 年进行 WTO 培训。2002 年,举办正科、副科级干部培训班。2004 年,对科级后备干部进行轮训。2005 年结合保持共产党员先进性教育对机关事业单位人员进行专题培训。到 2005 年,通过党校举办各类培训班 161 期,培训 15 596 人次。其中正科级人员培训班 10 期,645 人次;副科级干部轮训班 38 期,2 685 人次;理论骨干培训班 13 期,1 465 人次;科级后备干部培训班 12 期,725 人次;中青年后备干部班 6 期,27 人次;农村村支部书记(含村民委员会主任)培训班 46 期,4 187 人次。举办组织、人事和领导干部公务员计算机培训班 15 期,培训 2 670 人次。各基层党委举办各类培训班 122 期,培训 22 903 人次,共完成上级调训 426 人次。

第三节　学习教育

【党员电教化教育】 1988 年,市委电教办成立,配备专职人员,购置录像机、音响等电教设备。1989 年制作第一部电教片《文化党委党建工作纪实》。1991 年,省、市委组织部下拨电教经费 15 万元,为全市 27 个乡镇配备电视机、录像机。1992 年,购进党建、时事政治、农村实用技术等音像教材 60 多份,在各乡镇进行集中和巡回播放。1995 年,在《双城人》专栏播出蔬菜批发市场专题片《创业》。1996 年,拍摄制作专题片《老百姓的诉说》,获全市党教片观摩一等奖;在市电视台播发中组部录制的两部电教片《无愧于光荣称号》《先锋颂》。1997 年,在市电视台开设《党的生活》专栏;党教片《温馨的家》获市党教片评比二等奖。1998 年,解说词《逆风扬帆》获哈市党教片解说词评比特等奖;党教片《灯箱背后的故事》在市党教片评比中获三等奖。1999 年,拍摄《为了大地的丰收》《都市里的村庄》《咬定青山不放松》等 4 部专题片在《党的生活》栏目播出。2000 年,配合"三讲"教育,下发《学习邓小平理论,搞好思想武装》录像片;围绕揭批"法轮功",下发《揭批李洪志及其"法轮大法"》《共产党员不能有宗教信仰》等录像教材;党教片《开老爷车的省劳模》在哈市党教片评比中获一等奖。2001 年,哈市委组织部在双城召开了哈市党员电教示范基地现场会;党教片《乡村医生治穷路》获哈市党教片观摩一等奖。2002 年,电教科技示范县乡村活动中双城镇被确定为首批党员电教示范基地;党教片《民心称出的好村官》获哈市党教片观摩一等奖;党教片《圆一个大学生的求学梦》获哈市党教片评比二等奖。2003 年,党员电教基地建设工作被哈尔滨市委组织部授予"先进单位";有 15 部专题片或党建新闻被省和哈市党员电教栏目采用,稿件被采用量名列前茅;在哈尔滨市委组织部党教片解说词征文评比中获"优秀组织奖",有 19 篇作品获单项奖;党教片《旅客心中的家》获哈市党教片观摩优秀奖。2004 年,结合"先锋工程"活动拍摄制作专题片《主辅换位谋发展,争当先锋奔小康》在哈市"先锋工程"活动双城现场会上播出;代表哈市参加全国评比的专题片《开老爷车的省劳模》获银奖;在哈市第八届党教片评比中《美丽社区我的家》获优秀奖;在市电视新闻节目中开辟"党员带头人访谈"专栏,共制作播出 35 期。2005 年,结合"保持共产党员先进性教育"活动,制作新兴乡先进性教育活动纪实片《先锋在行动》和先进事迹专题片《愿做红烛不言悔》和《执着为党旗增辉的人》;在市电视台开辟"保持共产党员先进性教育"专栏,共播发新闻 100 余条;双城被省委组织部评为"党员电化教育科技示范市"。

【"三讲"教育】　2000 年 1 月 6 日至 3 月中旬,按照中央、省委和哈尔滨市委的部署,在市级领导班子和领导干部中开展以"讲学习、讲政治、讲正气"为主要内容的"三讲"教育,以全面加强市级领导班子和领导干部作风建设为目的,认真解决党性党风方面存在的突出问题,加强领导班子建设,提高领导干部素质,进一步增强党的凝聚力和战斗力,为加速实现"二次创业、富民强市"宏伟目标提供思想和组织保证。参加教育活动的市级领导 25 人。通过思想发动、学习提高,自我剖析、听取意见,交流思想、开展批评,认真整改、巩固成果,"三讲"教育取得了明显成效:领导干部讲学习、讲政治、讲正气的自觉性明显提高;广大干部群众反映强烈的一些突出问题得到有效解决;进一步理清调整总体工作思路,切实解决一些制约经济发展的观点问题;建立完善各种规章制度,从管理机制上保障"三讲"教育的长效。

【"三个代表"教育】　2000 年 12 月,按照中央和省市委的统一部署,开展"三个代表"重要思想学习教育活动。市委印发《关于学习贯彻"三个代表"重要思想的实施意见》。第一批从 2000 年 12 月 25 日全面启动,参加学习教育活动的单位有 94 个,其中:市直部门 63 个,驻双单位 7 个,乡镇 21 个,试点村 3 个,参加学习人数3 858人。整个学习教育活动经历"学习培训、对照检查、整改提高"三个阶段。第二批从 2001 年 7 月 10 日开始全面启动,范围是 6 个试点村,9 个驻双金融部门,3 个因行政区划调整未列入第一批学教活动的乡镇和 2 个经历了学习阶段但未完成二、三阶段学教任务的市直部门,共计 20 个单位。总人数 899 人,其中乡镇干部 230 人,试点村 134 人,市直部门 52 人,驻双金融部门 483 人。第三批从 2001 年 11 月 7 日全面启动,全市除第一、二批试点村外,其余 242 个村全部参加学习教育活动,参加总人数为 20 466人,其中:"两委"班子成员2 019人,普通党员8 725人,入党积极分子2 580人,村民代表7 142人。通过强化领导、发动群众、典型示范、查学改结合、整章建制等措施,活动成效明显:农村基层干部普遍受到一次深刻的政治思想教育;农村基层干部思想作风和工作作风有了明显转变;农民群众普遍关心的热点难点问题得到了初步解决;发展农村经济的思路进一步清晰;农村基层组织建设取得积极的效果;农村民主法治建设和精神文明建设不断加强。2001 年 12 月底,"三个代表"重要思想教育活动结束。

【保持共产党员先进性教育】　2005 年,按照中央、省委和哈尔滨市委的安排部署,开展两批保持共产党员先进性教育活动。市委制订印发《中共双城市委关于开展保持共产党员先进性教育活动实施方案》和《关于双城市市委常委参加先进性教育活动的建议方案》。第一批从 2005 年 1 月开始到 2005 年 6 月结束。参加范围为全市党政机关,人大、政协机关,法院、检察院和人民团体机关以及机关直接管理的部分事业、企业单位。涉及 191 个单位,28 个党委、26 个党总支 262 个党支部,6 142名党员。第二批从 2005 年 7 月开始到 2005 年 12 月基本结束。参加范围为社区和社会团体、社会中介组织、中等专业学校、城市中小学校、乡镇机关及其直属单位、驻乡镇的基层单位,尚未参加第一批集中教育活动的企事业单位。涉及党委 25 个,其中乡镇党委 24 个,社区党委 1 个,党总支 26 个,党支部 311 个,有 231 个独立单位;参加学教活动的党员总数为7 167名,其中在职在岗党员2 737名,流动党员1 373名,下岗失业党员2 678名,离退休党员2 581名。广泛深入的活动提高了党员素质,加强了基层党组织建设,解决了比较突出的问题,影响改革发展稳定、涉及群众切身利益的社会治安、城市供水、城乡环境卫生、城区空缺陷污染等实际问题得到有效改善。在13 300人参加的群众满意度测评中,群众满意率达 100%。

第四节　老干部工作

【双城市老干部局】　1986 年,编制 25 人,其中行政编 10 人,老干部编 15 人。2005 年,有编制 22 个,其中:行政编7个、老干部编15个。内设基层指导股、秘书股、财会室、老干部活动管理中心。

历任老干部局局长:高振双、李德臻、李克真、刘丽秋、李斌、许文彩;副局长:朱国庆、郑旦生、赵家林、徐亚男、关洪涛、林国英。

【落实待遇】 1986年,县直各大系统及全县各乡镇都进一步完善了老干部活动室,配备专兼职干部。1987年,在落实老干部政治待遇上,经常组织老干部阅读文件,参加会议;市老干部活动中心专门设置了阅文室;市(县)委召开的各种大型会议都请老干部参加;党代会、人代会重大会议召开前,请市级老干部座谈,征求意见;为老干部订阅报刊;加强老干部支部建设。各大系统、各乡镇加强老干部活动室建设,配备了专兼职干部。1991年,根据中组部的相关规定,老干部生活待遇实行工资补贴优先发放、药费优先报销、福利待遇优先安排、子女就业优先解决的办法,解决了老干部的后顾之忧。1992年,在市医院设立老干部病房。1997年7月,市政府制定《关于部分企业离休干部参加社会保险统筹开支的通知》,使企业离休干部社会劳动保险统筹问题得以解决。8月,市委、市政府召开落实全市离休干部“两费”专项工作会议,解决了离休干部特需费和公用经费问题。2001年,根据中办发《关于落实离休干部离休费医药费的意见》,建立和完善离休干部的“三个机制”(离退休费、医疗费、财政支持)建设。落实了资金,其中有财政转移支付197万元,市财政补贴42万元,一次性解决了部分离休干部养老金问题。企业老干部的医疗费采取企业交1万元保终身的办法,使资金得到落实,其中企业自筹203万元、市财政补贴120万元。2003年,翻建办公楼,总面积为1 400平方米,设有麻将室、象棋室、台球室、乒乓球室、图书室、健身室、会议室等,各室都配有相应的活动器材和设备。2004年5月,全市企业离休干部养老金每人每月增加90元。到2005年,全市有离休干部697人,其中机关176人,事业单位278人,企业243人;离休干部中享受局级待遇1人,处级待遇35人;抗日战争时期的13人,解放战争时期的684人。

【老干部活动】 1986年,市老干部局在五一、七一、八一、十一、老年节、元旦春节期间都组织老干部开展各种文体活动。有传统的象棋、扑克、乒乓球、门球比赛,也有歌咏比赛、专题演唱会等。每次活动都有上百人参加。1988年,组织老干部学习十三大文件,重点了解改革开放和发展社会主义商品经济的理论知识。1992年,市政府还拨款在双城承旭公园、社区修建五个老年门球场,总面积达500平方米,老年门球爱好者长年在这里活动。1994年,老干部局开展“做跨世纪健康老人”活动,2002年,全市开展争创“老干部之家”以及争做好党员、好农民、好参谋、好邻居、好长辈活动。各乡镇、各系统认真组织实施,收到较好效果。老干部局经常组织老干部开展参观考察活动,参观了“四野指挥部”纪念馆、市开发区、临江油田等,通过这些活动,让老干部了解改革开放以来发生的巨大变化。2003年,老干部活动管理中心还对残破的办公楼进行翻新改造,使老干部的活动阵地面积进一步扩大,环境得到很大改善。2005年9月,组织召开抗日战争胜利60周年纪念大会,老干部局们追忆先烈们的丰功伟绩,畅谈新中国的巨大变化,展望中华民族的美好前景,激发余热发光的革命豪情。

1986—2005年双城市离休干部名单

表11-4-2

单位	姓名	人
市委办、妇联	关振山、徐富有、唐守礼、苏耕华	4
人大	张福田、温士芳、王鹏翘、朱国兴、陆文发	5
政府办、宾馆	付振声、关富祥、高 鹏、张枝森、刘洪生	5
政协	赵天顺、杨永清、冯 汉	3
纪检委	于桂涌、赵永富、赵文治、王子勤	4

续表

单位	姓名	人
机关工委、工会	王乃庚、王　和、佟荫生、何恩先、徐慧芳	5
经济局	李永和、刘伯通、韩行武、郭德林	4
劳动局	陈守彦、沈　殿、袁执忠、那　邠、张玉清	5
物价局	李明歧、徐洪瑞、张启生	3
计委、科委	林　彬、徐家祯、高国栋	3
农委	王立志、周学舜、夏树田、奎喜民、盛语林、高国生、聂洪荣、安作文、孙　魁	9
执法局	于洪太等7人（6人在双城镇）	7
环保局、统计局	郎绍武、佟法尧	2
宣传部、党校	顾万志、马启坤	2
检察院	张世武、赵　炎、王文生	3
法院	宋　义、赵昌兴、善哈年、刘英桥、王明中、刘士才、张连生、郭春富	8
公安局	唐志发、吴　枫、刘志学、刘德生、刘英俊、徐广友、董生金、张国兴	8
财政局	关　朴、郑　坤、马文举、杨广成、于春海、徐瑞华	6
民政、司法	贾庆平、常　贵、刘大昕、王兴邦	4
老干部局	兰昌国、张云峰	2
政法	刘玉田	1
人防	赵国富、李升	2
医疗办	于振志	1
农机局	栾忠诚、陈永富、韩德诚、金纯喜、闫凤玉、杨洪铭、郎重生、刘景轩、吴　铁	9
畜牧局	王志恩、白景轩、于治金	3
林业局	赵福志、陶道谦、郑玉良、徐　和、张忠清、陈鸿章	6
交通局	崔长青、夏敬之、刘英贵、韩永奎、薛春安、王庆义、朱运兰、李士琛、杨晓村、黄邦义、王占山、许奎顺、耿庆余、关质勤、韩凤桃、张兆范、肖　贵	17
乡企局	张德胜、范广恩、王春雨	3
市社	王连壁、胡景涛、艾立国、吴伯英、王廷臣、梁守玉、魏　凡、朱　林、赵维正、张喜忠、郑广良、刘英赫、王胜武、贾景悦、时　田、李庆录、冯桂珍、刘茂文、吴玉臣、许承业	20
水务局	辛裕田、刘德军、许彦丰、李化民、李洪文、田永山、韩跃东、叶哲民、高会生、刘万银、刘仁福、王成福、王献清、胡振昌、孙　逊、刁本荣、于庆之、李　希、于凤岐、程少贤	20
卫生 （含乡镇卫生院）	彭顶生、关仲印、王明启、王振儒、刘长发、李尽臣、李基平、许平宁、钟祥魁、闫成魁、徐凤智、贺淑芝、孙兰玉、秦乾玉、陈　文、付志友、南基仁、李贵林、陈文冬、费桂元、袁安明、王忠义、陈静茹、赵效轩、关树山、刘文誉、王永册、韩明月、关奎英、蒋立一、朱国安、薛凤祥、车远华、车启福、丁忠福、赵兴民、曹　义、周祥瑞、房秀兰、刘英才、马秀山、许子正、钟祥奎、王海宽、韩忠林、单宝贵、白启东、于凤奎、曹学贤、申云志	50
建委	白占奎、杜占江、兰希春、赵安朴、陶菊芹、付石峰、寇洪图、温余昌、凌福太、田万雨、佟国金、李洪桥、李文宝、何国友	14
水产	赵文林、李恒德、聂景尧	3

续表

单位	姓名	人
广播局	李洪义、洪文方	2
医药	何成恩、金玉梅、杨　静、史景利、柳义方、李洪臣	6
外贸	范守忱、王贵文、韩恒宽、刘学德	4
二轻	谷照明、谢文孝、金基洛、王井才、朱玉林、孟兆臣、吴国才、王成瑞、王　和、郭淑云、单淑芳、邢双竹、孟福禄、乔士本	14
物资	吴景林、张凤山、郝淑珍、郑济洲、张仲信、于兴发、钟延生、赵松元、刘士恩、周云福、李志辅、田春林	12
粮食局	孟宪君、王　信、董生奎、李树平、贺邦林、张玉振、黄国柱、徐云志、敖贵俭、胡国全、姜贵金、于纯杰、邢　宽、许连升、刘长久、钟林栋、白宪奎、葛术方、那殿友、林荣三、郎士玉、宋希贤、李殿彬、潘　杰、吴胜德、赵道文、吴志安、李恒福、章安忠、韩树国、胡会英、闫家丰、李殿清、贺贵复、吴井福、赵成武、刘友山、刘长升、王海清、张维贤、杨作友、那宝义、鲁林祥、何万江、何贵清、刘永玉、王凤山、田玉章、五守才、张国庆、刘茂章、马贵先、于金钵、赵凤珍、张荣富、郑忠林、巩长福、高士德、孔庆元、贺文明、王业志	61
教育局（文化）	雷文秀、谢永凯、马启德、吴宣忠、刘士民、宋恩华、孟可仁、井　范、车延卿、霍　波、柴宝和、蔡汝熙、龚官彪、沈一君、王振德、王兴泽、孙　静、霍友彬、鲁凤桐、那日琦、刘凤国、李百珊、范国兴、刘伯达、王永昌、高　峰、冯丙加、佟敬轩、于殿元、张锡伍、付文斗、王　云、果泽民、刘百然、吴　克、郑喜生、刘廷贵、张　坤、赵　琳、赵振峰、张德清、刘兴文、肖淑珍、张学增、甄晓波、王秀忠、韩尉然、许荣森、李　萍、李　英、黄子敬、胡文涛、王乃生、程海清、许文恒、陶敬威、葛天庆、闫岚峰、郑雪桥、陶允昌、杜桂珍、李秀珍、李昌太、刘喜荣、杨玉坤、付国太、朱绍先、韩建英、金玉江、顾元芳、王文科、王福成、杨国斌、盛赞鼎、关洪莲、韩恒太、黄启权、那明月、王　辉、刘景芳、伊祥文、肖凤鸣、周　礼、张宝廷、刘万东、张乃祥、赵志远、冯万主、颜成环、夏尊勤、赵羽环、赵振昌、于安森、于殿文、郭景太、王本太、高景奎、艾　坤、吴自强、苏凤贤、周树、佟忠山、何成祥、王春林、彭　勋、王忠儒、张天贵、王洪儒、何恩太、白林玉、刘希春、张福学、汪士坤、金广德、贾国祥、王洪图、赵兴久、王振东、邱玉林、葛秀功、王忠民、王贵主、高守发、顾月鹏、于利渊、栾功伟、万　辉、洪乃千、张　文、张艺林、曲井贵、赵文仲、刘洪凡、周乃因、关义义、孙兴邦、杜兰清、赵永和、周乃启、张福远、张忠贤、陈士勋、关禹涛、何元明、闻　艺、何明月、于廷辅、雪　征	148
商业局	张兆海、于柏林、赵振洲、田安祥、杨宝珍、刘玉怀、周克明、李加生、石玉才、孙淑云、王守信、韩树林、赵文山、姚文选、孟兆献、蔡荣会、张明谦、郭玉和、侯天贵、孙朝义、卢基杰、尚会英、刘长顺、高　文、李景春、赵德玉、王则勋、康占春、韩福贵、韩树学、刘桂清、李　仁、郭振德、彭魁武、陈车营、张国彦、索焕久、刘景华、赵淑贤、严　智、张　平、吴少林、周立权、刘克良、于树俭、刘爱群、李廷仕、杨殿君、刘仁峰、赵彦昌、付永年、钱振国、张育民、李德珍、姚普祥、温乃会、刘祥顺、张宝珠、王椎民、刘洪斌、马宝庆、刘　松、杨殿国、张士清、徐继先、付玉兰、王忠维、赵　敏、孔庆存、孙　玉、李清林、广树海、杨海彬、周武勋、张　彬、那云飞、刘国君、史井甫、魏占芳	79

续表

单位	姓名	人
工委	刘忠祥、白书恒、潘义桐、佟文远、赵国芬、王奎书、陈兴安、罗　发、张富林、陶玉明、付明连、刘淑兰、刘　祥、梁维民、徐兴洲、马　玉、关德祥、李　佚、赵书林、高富贵、雷天宝、佟志远、刘作宝、周庆礼、李金玉、韩友余、宋国福、刘凤阁、陈作武、韩秀云、孙赞臣、李德铭、丁　杰、周国芳、李昌金、张凤鸣、李方华、杨国林、郭秀文、蔺荣阁、金喜孝、徐　荣、张书达、郑宝玉、顾永清、修　珍、韩巨远、赵德明、郭恒富、张　发、袁启贤、朱裕倬、赵东英、陈　有、程玉铎、殷帮珍、赵成林、王贵林、丁文远、张殿军、梁志辉、于春连、郭　荣、张洪斌、张喜书、张鹏程、白景纯	65
计量局、工商局	王梦瑞、孟　光、王古胜、赵广家、黄国忠、佟法尧、曲　敏、陈忠和	8

2005年双城市乡镇离休干部名单(不含乡镇卫生院)

表 11 – 4 – 3

单位	姓名	人
双城镇	王成祥、赵德志、周运明、孙成珍、王进福、屠宝海、白福奎、代庆义、李树明、李春太、王占文、耿立信、吴长发、高云秀、赵景方、孙立恒、赵延楼、马英奎	20
单城镇	肖满	1
朝阳乡	董宝全、孙海明	2
兰棱镇	隋学文、李景文、闫春玉、那德山	4
金城乡	李凤山、郭景忠	2
乐群乡	周武学	1
杏山镇	赵宝政、杨凤金、刘国堂	3
农丰镇	郭荣、王喜年、吴桂生	3
临江乡	刘伯忠	1
公正乡	李铁民、王士荣	2
五家镇	朱玉学、韩　忠	2
新兴乡	关德祥、姜朝洲	2
周家镇	刘茂奎、苑书义、王立升	3
联兴乡	刘永江	1
青岭乡	蒋立英、赵荣凯、孙万贵、刘永常	4
水泉乡	金永有、侯显贵、付喜忠	3
幸福乡	贾志清	1
东官镇	王观谈	1
同乡心	吴英海	1

第五章　宣传工作

第一节　机构与理论学习

【中共双城市委宣传部】　1986 年,编制 23 人,在职 18 人,内设机构有文秘组、社会宣传组、新闻报道组、科教组;县委学习室设在宣传部,县文联和县"五四三"办公室挂靠宣传部。1990 年,五四三办公室更名为社会主义精神文明建设办公室,仍挂靠宣传部。1997 年,市直机关机构改革,确定宣传部内设机构有秘书组、社会宣传组、新闻组、科教组。精神文明建设指导委员会办公室改为宣传部内设机构,对外挂牌子;市委理论学习室设在宣传部,市文联挂靠宣传部。核定行政编制 18 人,老干部编制 2 人,工勤编 2 人。2005 年,内设机构有人秘组、社会宣传组、新闻组、科教组、精神文明建设指导委员会办公室(属内设机构,对外不再挂牌子);市委理论学习室仍设在宣传部,市文联依托宣传部开展工作,对外保留名义。核定编制 14 人,在职 14 人。

历任部长:邰春玉、李春和、刘文彬、丁桂兰(女)、高尚国;副部长:顾万志、温玉才、郑崇、傅振书、魏振亚、王德力、赵东朴、丁桂兰(女)、宋君元、姜宏伟、刘彬、于圣波。

历任理论学习室主任:魏正杰、郑崇、丁桂兰(女)、宋军元;副主任:魏振亚、丁桂兰(女)、姜宏伟、王国维。

【理论学习】　1986 年,在全县继续深入开展学习《邓小平文选》活动,举办 3 期读书班,深入学习宣传邓小平建设有中国特色的社会主义理论。学习十二届六中全会《关于社会主义精神文明建设指导方针的决议》,紧密结合现实问题,有针对性地围绕对社会主义再认识、经济体制改革和对外开放、社会主义精神文明建设、社会主义经济是在公有制基础上的有计划的商品经济、新时期党的建设、领导方法的科学知识等六个专题进行学习。1987 年 5 月,深入学习邓小平的《坚持四项基本原则,反对资产阶级自由化》《建设有中国特色的社会主义》两本书。10 月,组织全市党员干部群众开展贯彻落实"十三大"文件精神学习活动,1988 年,紧密围绕深化改革和社会主义初级阶段的重大理论问题开展理论学习活动,开展生产力标准问题的大讨论。在农村以《党的基本路线教育通俗读本》为教材,结合农村改革实践开展发展社会主义商品经济的学习教育;在企业中以《党的基本路线教程》为教材,侧重进行改革开放的理论学习,在党员干部中侧重进行反僵化、反腐化的教育。1989 年,学习《邓小平文选》第二卷,进一步明确什么是社会主义,什么是有中国特色的社会主义。深入进行形势和党的基本路线教育,用社会主义初级阶段理论进一步武装头脑,引导干部用辩证的方法看待形势,用历史的、发展的、分析的观点对待改革。4—6 月北京发生政治风波后,党员、干部集中学习中共十三届四中、五中全会精神,学习《邓小平同志论坚持四项基本原则,反对资产阶级自由化》和邓小平《在接见首都戒严部队军以上干部时的讲话》等重要文件,广泛开展坚持四项基本原则,反对资产阶级自由化的斗争的教育。12 月,市委宣传部召开"坚持四项基本原则,反对资产阶级自由化理论研讨会"。同年,还组织 1 700 余名干部参加《新编历史唯物论》和《社会主义初级阶段理论和党的基本路线学习文献选编》理论学习;组织 1 953 名干部参加《建设有中国特色的社会主义基本理论概论》的学习活动。1990 年,贯彻党中央在全党加强马克思主义哲学教育的决策,组织全市 2 万多名干部学习马克思主义哲学。1992 年,以学习邓小平南方谈话和十四大精神为主,开展姓"社"姓"资"的理论研讨活动。从 11 月初开始,全市举办学习党的十四大文件专题系列讲座,共 7 讲,近万人参加学习。同时,还举办各种形式的研讨会、座谈会,为振兴双城经济献计献策。1993 年和 1994 年,为了认真贯彻中共中央关于学习《邓小平文选》第三卷的决定精神,制定下发《关于学习〈邓小平文选〉第三卷的通知》,学习中共中央《关于建立社会主义市场经济体制若干问题的决定》,专门安排 8 个专题讲座,邀请专家学者和有关领导就邓小平的一些论述以及经济体制改革等专题做辅导报告。听讲人数达2 000多人次。开展"解放思想大讨论"。始终把学习《邓小平文选》作为全市理论学习工作的重点,与学习"三个代表"重要思想结合起来,指导实践,推进工作。1995 年,进一步开展 中国特色社会主义理论学习活动,市委中心组集中学习 4 次,8天,64 个学时,举办《关于民主集中制建设》专题研讨会,中心组成员共撰写调研文章和心得体会46 篇,其中有 7 篇在省、地市会议上交流或在省、地刊物上发表。同时,组织副科级以上干部轮训班 6 期,900 余人,占全市副科级以上干部的80%,举办两期理论骨干培训班,培训 600 余人次;组织大型报告会 12 场,专题辅导报告 25 次,受教育人数达9 000余人;举办"中特理论"学习经验交流会,有 6 个党委在会上介绍学习经验和体会。1997 年,重点学习中共第十五次全国代表大会精神,市委办公室发出《关于认真学习宣传贯彻党的十五大精神的通知》。9 月 26 日,市委理论学习中心组,集中学习党的十五大报告。10 月 13—17日,市委宣传部举办"学习党的十五大报告理论骨干培训班",各党委党群书记、宣传委员和理论骨干250多人参加培训。培训班围绕党的十五大报告进行 7 个专题辅导。市委讲师团的理论工作者还深入各个基层单位做40 场专题辅导报告,听众3 000多人。2005 年,全市继续开展中共十六大精神的学习,紧密围绕邓小平理论、江泽民同志"三个代表"重要思想、科学发展观和市委提出的发展规划等问题开展一系列理论学习活动,并紧密联系全市实现二次创业、五年翻番、在经济总量上再造一个新双城、实现经济社会快速发展和多方面工作全面进步的战略目标,联系思想实际,着眼于改革的深度、发展的速度、稳定的程度,把运用十六大精神指导推进本职工作作为学习的出发点和落脚点,作为学习成效的重要标准。

第二节 社会宣传与新闻工作

【社会宣传】 1986 年,社会宣传工作围绕党的中心工作,广泛开展经常性的宣传教育;组织全县干部群众收看改革先进典型马胜利的报告录像11 场,宣传县钻机厂坚持思想工作领先,促进企业改革健康发展和县亚麻厂用工制度改革的先进经验。广泛开展理想教育。举办老山战斗英雄孙玉奎烈士事迹报告12 场,战斗英雄闫玉堂报告23 场,组织收看曲啸树立远大理想报告录像片30 余场。直接收听收看达 35万人次。编写农村党课教材八讲,推广周家镇利用算账对比的方法对农民进行形势政策教育的经验。1987 年,编辑《宣传工作简讯》和《宣传工作情况》。进行广泛的典型宣传,在全县中树立一大批有理想和锐意改革的先进典型。双城县教研室白金声的《自强不息是我生命交响乐的主旋律》、兰棱镇新容理发店马文秋的《当生活的美容师做群众的服务人》、县站前饭店瞿焕文的《带领职工租赁经营走兴国崛企富民之路》等先进事迹在全县进行巡回报告。同时,全县建立的一支 120 人的报告员队伍,开展坚持四项基本原则,反对资产阶级自由化的宣传教育活动。1988 年,与体改委配合大力宣传全县经济体制改革和社会主义商品经济发展的新形势;宣传县委九届四次全委(扩大)会议提出的"三通三开、强化基础、兴工活商、富县富民"的经济发展战略。1989 年,开展以"治理经济环境、整顿经济秩序、全面深化改革"为中心内容的形式任务教育活动,先后在干部群众中做辅导报告 24 场,参加人员达20 012人次;印发"三讲"宣传材料,编发 7 讲广播讲座,录制双城市十年改革成就以及市油米厂进行形势任务教育专题电视片;举办双城市十年改革成就展览,展出照片图表320 幅,100 多个单位 10 万人参观展览,同时还开展纪念五四运动七十周年和建国四十周年的庆祝活动。召开全市思想政治工作经验交流会议,总结 14 个典型经验和三篇论文。文化党委的《坚持思想教育为主,打好思想基础》的经验,被《奋斗》杂志 1989 年第三期刊发。

1990 年,开展经济形势、经济政策教育,编写 15 讲基本路线教育专题学习材料、4 讲改革理论辅导材料,印发到各系统党委。聘请中央宣传部、思想政治工作专家曲啸来双城做专题报告。开展"十年改革怎么看、治理整顿怎么干、面对困难怎么办"的大讨论。共举办专题辅导报告会 13 场,听课干部群众4 100

人。春节期间,编写"四提倡、四反对"(提倡相信科学,反对封建迷信;提倡正当娱乐,反对聚众赌博;提倡合理消费,反对大操大办;提倡互尊互让,反对不讲道理)宣传材料和广播稿。1991年,开展"科技是第一生产力"大讨论活动。组织全市5 000多名党政、企事业单位干部参加全省"科技是第一生产力"知识竞赛。广泛搜集各阶层干部群众的思想动态情况,综合成书面材料10篇。组织以建党70周年为重点的系列纪念活动。举办大型文艺汇演、摄影、书法、绘画展览、"七一"征文。9月份,开展禁毒工作的宣传,组织全市干部、群众观看政治教育影片《焦裕禄》《开天辟地》《毛泽东和他的儿子》《周恩来》等。在全市开展学习李嘉泰、苏宁、葛树霖等先进人物的活动。1991年,上半年组织干部群众学习《马克思主义哲学纲要》和《社会主义若干问题纲要》。6月有3 750名干部参加省统一考试。下半年又组织4 080名党员干部学习《中共党史》,为进一步宣传贯彻落实七中全会和江泽民同志"七一"讲话精神,在全市10个系统中进行十年规划和"八五"计划辅导讲话10场,受教育面达1 500余人。为配合农村社会主义教育,专题对村党支部书记宣传辅导七中全会精神讲课15场,为第二期开展社教的18个乡镇编写教材讲稿7篇。针对东欧、苏联等国际上发生的一系列变化进行国际形势辅导讲课26场,收听人数达13 000人次。1992年,在全市城乡中开展"奔小康"大讨论活动。1994年,加强对社情舆情的收集、调查、分析研究和反馈工作,全年共反馈各种信息120件(次)。开展"走十企访百户"的调查研究活动,形成调查报告7篇,其中《关于企业在发展中急需解决资金问题》的信息被地委采用,发至松花江地区各县(市)。建立啤酒厂、白酒厂、农机修造厂、糖厂等第一批四个思想政治工作研究会。开展爱国主义教育活动,建立烈士陵园、兆麟中学、东北民主联军前线指挥部旧址等3处爱国主义教育基地,搜集整理有关爱国主义教育资料5万余字、图片120幅、录像资料数十盘。组织四次爱国主义教育的电视讲座,举办中小学生"爱祖国、爱家乡"的读书演讲活动和爱国主义知识竞赛。

1995年,开展改善经济发展环境大讨论活动。深入开展《邓小平同志建设有中国特色社会主义的理论学习纲要》的学习宣传活动,共举行大型学习报告会12场,专题辅导25次,受教育人次达9 000人。1996年,开展"普及市场经济知识,引导企业和农民进入市场"学习讨论活动。为纪念哈尔滨解放50周年,在全市范围内开展"知我哈尔滨,爱我哈尔滨,建我哈尔滨"活动和纪念红军长征胜利60周年宣传教育活动。1997年,配合香港回归,开展国情、省情、市情、县情、乡情教育,6月30日,在承旭广场举办迎香港回归全市大型文艺演出庆祝活动,组织400人合唱团、100人的震天唢呐演奏团,6场大秧歌,参加庆祝活动。中央、省、市新闻单位都予以报道。1998年,在全市进一步掀起学习十五大热潮,在市委党校举办骨干学习班,共培训180人,各党委进行辅导讲课20余场,受教育人数达2 562人次。《哈尔滨日报》和《黑龙江经济报》分别报道双城市学习十五大精神的做法。哈市讲师团《中心组学习通报》第八期采用《双城市中心组联系实际学习十五大精神》等2篇信息。开展爱国主义、集体主义、社会主义教育。组织采写各行各业先进典型事迹,有9篇入选《中华英才录》。在农村开展"提高农民素质、致富奔小康"宣传教育活动。撰写的全市活动经验和希勤乡《提高农民素质,加快致富奔小康步伐》的做法在哈市研讨会上进行交流。参加哈市"讲、树(讲文明、树新风)"读书活动电视大奖赛,双城市中、小学组分别获第一名。1999年,组织全市三万多名中小学生开展"光辉五十年"读书教育活动,有37名学生获得国家级、省级、哈市级一、二、三等奖,宣传部社宣组被授予国家级优秀组织奖。举办以揭露和抗议美国为首的北约悍然轰炸我驻南使馆为内容的图片展《中国人民不可侮》。在哈市召开的提高农民素质、致富奔小康活动经验交流会上,希勤乡《提高素质、加快步伐、建设新农村》的经验进行交流。撰写的《加强政工队伍建设,为经济发展提供动力》的经验,也在哈市思想政治工作研究会上交流,市政研会被评为哈市优秀思想政治工作研究会。

2000年,向各乡镇下发《学习邓小平理论农民读本》。举办《崇尚科学文明,反对迷信愚昧》大型图片巡回展览,召开全市思想政治工作理论研讨会,交流调研文章6篇。2001年,建立思想政治工作联席会议制度和市乡村思想动态信息网络。开展评选"十大杰出青年经纪人""十大女杰"活动。建起216个村级"一校两室"(一校:新型农民学校,两室:图书室、活动室),覆盖率达56%。在希望广场开展庆"七一"迎国庆百日百场文艺演出活动。5 万多名干部群众参与活动。2002 年,编写双城市《公民道德建设实施纲要》学习读本。举办以"倡导诚信经营、弘扬文明新风"为主题的公民道德建设宣传教育活动,在双城电视台进行"诚信经营、打假维权"专题讲座。3 月 15 日,哈尔滨市和双城市联合举办情系农民千名科技人员百日下乡系列活动首发仪式暨双城市科技大集。五家镇民富村、希勤乡希贤村被哈市授予"一校两室"建设示范村。2003 年,指导电业、电信等窗口部门组建三支共产党员义务服务队,树立工商局以思想教育推进工商行政管理的先进典型。组织指导各社区组建"两校一室"并在富强、和平社区进行试点。2004 年,两次组织宣讲团深入到 24 个乡镇和市直有关单位,举办 30 多场形势任务报告会。在"五四"青年节之际开展"学雷锋志愿服务"活动;在"七一"组织开展"党在我心中"大型群众文化活动;在"十一"组织开展纪念建国 55 周年系列庆祝活动。2005 年,举办中国人民抗日战争暨世界反法西斯战争胜利 60 周年大型图片展。

【新闻工作】 1986 年 3 月 28 日,《黑龙江日报》1 版刊发县委宣传部撰写的《可嘉之举》一文,对双城县甜菜管理站破格录用揭发批评他们工作中的问题的农民进行报道。1987 年,全年发稿件近 800 篇,县委宣传部采写《双城踏出平原养奶牛新路》稿件,被省电视台、省电台、省日报同时采用。《双城形成蛋乳优化组合》,在《农村报》《哈尔滨日报》一版刊发头条新闻,并刊登编后话。1988 年,全年共接待国家、省、哈市新闻单位来双城市采访 260 人次,发稿 600 篇,其中有分量的稿件 40 多篇。《人民日报》中《双城奶牛富裕了双城财政》的报道,介绍了平原地区养奶牛的经验,《方寸之地,大有文章》的报道,全面介绍双城棚式菜生产的美好前景。1989 年,全年共发稿 521 篇,其中有分量的稿件 68 篇,《黑龙江日报》2 版刊发《提高单产粮牧企协调发展》一文,对双城挖掘农业内部潜力发展粮食生产进行深入调查。《农民日报》刊发的《双城市农副产品收购实行转账结算》一文,介绍收购农副产品实行转账结算的做法指导农民合理使用资金。同年《奋斗》杂志第三期刊发文化党委《坚持下面教育为主,打好思想基础》的思想政治工作经验介绍,并加编者按语。

1990 年,全年共刊播发稿件 410 篇,《双城市农业技术推广迈大步》《双城市形成玉米、奶牛、乳品同步发展良性循环》,对双城发挥粮食生产优势,形成了大玉米——大奶牛——大乳品三业齐上的产业结构,进行全方位的介绍。1991 年,全年共发稿件 450 篇。《黑龙江日报》发表《以牧促粮,以工带牧,双城推进粮牧企协调发展》《双城雀巢一个成功的范例》,同年 5 月 20 日,《黑龙江日报》第二版还发表了《畜牧业,让我们重新认识你——双城市畜牧业振兴引发的思考》。1992 年,全年共刊播发新闻稿件 470 篇。《昔日小镇如今商贾云集各业兴旺——周家市场带来一片繁荣》,宣传了双城市周家镇自兴办周家服装大市场以来,形成前所未有的"经商热"。《在改革开放中起飞——双城市市政建设巡礼》一文,全方位地介绍双城市的市政建设高投资、大规模、高进度。1993 年,全年共播发稿件 550 篇,市委宣传部新闻报道组先后被《黑龙江日报》《哈尔滨日报》《哈尔滨城乡新闻》等三家新闻单位评为优秀通讯组。编辑出版大型彩色画册《东北历史名城——双城市》。1994 年,在省、市新闻单位发稿共 435 篇,其中头版头题新闻 50 篇,获省、市新闻单位嘉奖。

1995 年在国内外各大新闻媒体刊播发头题新闻 38 篇,一版重要位置发表新闻 60 篇,主要有《人民日报》1 篇、中央电视台 1 篇、《光明日报》1 篇、《中国青年报》2 篇、《黑龙江日报》6 篇、《中国文化报》1 篇、黑龙江电视台发稿 13 篇、黑龙江广播电台发稿 24 篇,全年累计发稿 510 篇。同年正月十五举办全市首届新秧歌汇演、艺术灯展、焰火晚会等大型群众文化活动,省委书记岳岐峰题词"革旧换新",由他题写片名的《双城新秧歌》以及《省委书记和大秧歌》两部专题片在中央电视台 7 频道播出。1996 年,在国家、省、市各级新闻单位采用新闻稿件 615 篇,其中国家级 20 篇、省级 270 篇,综合性报道双城经济发展情况的重点稿件 205 篇。《人民日报》头版头题刊发《双城富民强市抓农业》的文章,黑龙江电视台新闻联播栏目头题播出《大玉米——大奶牛——大乳品,双城农村形成高效益经济循环圈》,《中国税务报》二版头题刊发《强市富民的"龙头战略"——双城市发展县域经济纪事》。第七届哈洽会期间,宣传部与《中国引进报》《中国经济时报》联系,制作、发行反映双城市整体概况及部分企业情况的彩色专刊。1997 年,发表新闻稿件 480 篇,其中国家级 30 篇、省级 180 篇、市级 270 篇。《人民日报》二版要位刊发《粮食——奶牛——乳品》后,国家有关部门的领导就此报道做出批示:双城经验值得借鉴、推广。《新华每日电讯》刊发《双城市实行机械化种田连年丰收》,《黑龙江日报》一版头题刊发《双城粮食转化形成经济优势》,《黑龙江经济报》在 3 月 20 日、21 日、22 日连续三天头版要位推出反映双城市龙型经济发展的系列报道。副省长孙魁文看了报道后,极为重视,亲自批示。1998 年,发稿 500 篇,其中国家级 25 篇,省级 258 篇,市级 217 篇,《黑龙江日报》头版头题刊发《双城抢抓机遇不耽搁》,香港《大公报》哈尔滨版刊发《大玉米——大奶牛——大乳品》的报道,介绍双城市以龙头企业雀巢公司为支撑,畜牧业得到长足发展的经验。《人民日报》头版新闻特写《双城农闲打工忙》,中央电视台二套节目播发《双城经济产业化》,《金土地》栏目播发《双城农民冬闲找市场》,黑龙江电视台新闻联播节目播发《产粮大县话农业》。1999 年,全年共接待新闻记者 280 人次,全年发表新闻稿件 538 篇。《哈尔滨日报》一版头题刊发《双城向农业强市跨越》的文章,《黑龙江经济报》一版头题刊发《产粮第一县:让效益与产量同夺魁》的消息,省报、省电视台、哈报、哈尔滨电视台都刊播发了双城招商引资引来的大项目,创造宽松环境,促进经济发展的新闻。

2000 年,发稿 808 余篇,其中国家级新闻媒体 30 篇,省级新闻媒体 150 篇,《中央电视台》(七套)"乡村大世界"栏目在黄金时段播放专题片《双城市发展质量效益型农业》,系统报道双城市质量效益型农业,通过开发形成大玉米——大奶牛——大乳品的良性格局。中央电视台(七套)农村节目又在中午黄金时段播放纪录片《龙舞双城》,从农业、工业、城建等各个角度反映双城人抓住机遇、创业创新的成绩。2001 年,相关新闻媒体综合报道双城市广大干部群众学习"三个代表"重要思想活动情况。黑龙江电视台《新闻联播》《黑龙江日报》A2 版《黑龙江经济报》、哈尔滨电视台《新闻联播》等栏目先后播发双城实践"三个代表"切实为老百姓办实事的事迹;双城市开展"两打三治"(两打:打黑除恶、打击偷盗、毒害奶牛犯罪,三治:治理经济发展环境、治理鲜奶市场购销秩序、治理安全秩序)专项工作取得一系列战果;庆祝建党八十周年举行"百日百场"大型群众文艺演出活动的情况和对占据"半壁江山"的畜牧业呈现良好势头的情况。中央电视台《东方时空》的"早新闻"栏目播发黑龙江新胜蛋禽批发大市场的鲜蛋热销俄罗斯的情况。2002 年,发表稿件 480 篇,黑龙江电视台《新闻联播》栏目播发双城在龙头企业雀巢公司的带动下,做强做大"牛经济",充分展示双城畜牧业发展的强劲势头。哈尔滨电视台《新闻联播》栏目播发双城市的城市建设取得的新突破,宣介双城招商引资的优良环境、优惠条件。2003 年,发稿 420 篇(条),其中国家级 61 篇(条)、省级 231 篇(条)、哈市级 140 篇(条)。突出对双城市全力抗旱保全苗、严防死守抗"非典"、上下齐心大招商、主辅换位兴牧业、众多名企落双城、城乡公路变通途,进行大篇幅、全方位的报道。《双城"原野牧歌"正嘹亮》的消息,报道双城市破解发展难题,实现农业大市、畜牧大市向经济强市的跨越式发展。《哈尔滨日报》刊发的《黑龙江打造增粮兴牧"双桅船"》的新闻,使"双城模式"成为破解县域经济发展难题的现实途径。2004 年,在国家级发表作品 36 篇(条),省级 205 篇(条)、哈市级 162 篇(条),大大地提高了双城的知名度和影响力。还与《人民日报》《光明日报》《经济日报》《农民日报》《法制日报》《中国青年报》《大公报》《文汇报》等驻黑记者站建立联系,并刊发反映双城工作成绩的稿件。7 月 1 日中央电视台(二套)"金土地"栏目 5 月 2 日,中央电视台(七套)"聚焦三农"栏目、新华网、中央人民广播电台,都在黄金时段播发反映双城经济增长、社会全面进步的稿件。4 月 15 日—20 日,香港阳光卫视《百家市长话城池》摄制组在双城进行采访,并于 9 月 16 日—18 日在阳光卫视播发三次。2005 年,全年共刊播发稿件 828 篇,其中有分量的稿件 250 篇。《中华商报》五版头题刊发《何以引得"凤凰"来》,对双城招商引资成功进行深刻的剖析。《黑龙江日报》头版头题刊发《产业化集群引领龙头劲舞》,对双城市开发区招商引资进行全方位的报道。《哈尔滨日报》一版头题刊发《龙头企业让农民日进 600 万——双城市推进农业产业化建成全国最大绿色食品生产基地》。

第三节　国防教育与职称评定

【国防教育】　1988年12月18日,市委、市政府下发《转发〈关于在全市开展全民国防教育的安排意见〉的通知》,重点从国防地位、国防理论、国防精神、国防历史、国防法制、国防常识、国防体育和公民国防义务方面开展教育。要求"抓好四项活动":开展军事生活周活动;开展国防知识竞赛和国防文艺活动,每年举办一次军事电影周和军事项目运动会;开展军事夏令营活动;开展为国防尽义务活动。"搞好三个结合":结合民兵季课,对民兵进行系统国防教育;结合军训、征兵,对适龄青年进行国防义务教育;结合各节日,分别对不同对象进行教育。"办好两个节目":广播电台和电视台分别办好国防教育专题节目。"建好一个基地"即四野纪念馆国防教育基地,动员全社会力量投资对馆址进行修缮。1991年开始,开展"双拥"活动。1993年7月28日,成立双城市全民国防教育领导小组。8月10日,中共双城市委办公室下发《双城市全民国防教育实施方案》。1994年,宣传部下发《双城市爱国主义教育实施方案》。1995年,以纪念抗日战争和世界反法西斯战争胜利五十周年为契机开展国防教育,增强全民"居安思危"的国防意识。1996年,中共双城市委办公室转发由国防教育办制定的《双城市全民国防教育大纲》。1997年,开展学习宣传新《国防法》活动,在全市中小学生中开展系列征文活动和国防知识竞赛活动。1998年,调整双城市全民国防教育领导小组成员。2月5日,成立双城市学生德育工作领导小组。2000年,开展"我们保卫21世纪中国"青少年国防知识竞赛和"龙水杯"世纪回眸有奖征文活动。在现役军人中开展"献身国防、无私奉献",在党政干部中开展"爱我中华、筑我长城"为主题的演讲比赛。2001年11月1日,双城市"四野"辽沈战役前线指挥部旧址纪念馆被中共黑龙江省委、黑龙江省人民政府命名为省级爱国主义教育基地。2002年,组织开展"千里北疆、万米长卷、百万人民签名话国防"活动。到2004年,发放《国防教育法》宣传挂图200套、宣传光盘150盒。开展"军营一日兵"活动,举办"爱家乡、强国防"演讲比赛,宣传第三粮库《强化国防意识,推动企业振兴》的典型经验。民兵付荣军创办宝丰蔬菜种苗公司,被省委、省政府、省军区授予带头科技兴农的好民兵。2005年,开展纪念中国人民抗日战争暨世界反法西斯战争胜利60周年大型图片展,组织中学生200余人参观"731"遗址,上报100多篇观后感,开展以"八个一"活动为重点的宣传教育活动。

【政工人员职称评定】　1990年,首次在全市企业中开展政工人员职称评定工作。1991年4月,市企业思想政治工作人员专业职务评定领导小组成立,办公室设在市委宣传部社会宣传组。5月11日下发双城市《企政评职人员工作守则》《评职工作评比方案》《评职工作规章制度与违纪处罚条例》,发简报4期。1994—2005年,先后下发《黑龙江省企业思想政治工作人员专业职务评聘工作经常化实施细则》《哈尔滨市政工职称办关于贯彻〈黑龙江省企业思想政治工作人员专业职务评聘工作经常化实施细则〉的补充意见》《双城市政职办关于贯彻〈黑龙江省企业思想政治工作人员专业职务评聘工作经常化实施细则〉补充意见》。政工人员根据自己从事政工工作的年限和资历,向所在党委逐级申报正高、副高、中级、初级政工职称。2005年,全市共有教授级高级政工师3人、高级政工师32人、中级政工师309人、助理政工师207人、政工员12人。

1990—2005年双城市政工职称评定情况表

表11-5-1　　　　　　　　　　　　　　　　　　　　　　　　　　　　　　单位:人

年度	合计	教授级高级政工师	高级政工师	中级政工师	助理政工师	政工员
合计	563	3	32	309	207	12

续表

年度	合计	教授级高级政工师	高级政工师	中级政工师	助理政工师	政工员
1990	139		6	85	39	9
1991	7			4	3	
1992						
1993	2			2		
1994	108			79	26	3
1995	36		2	19	15	
1996	87		6	64	17	
1997	64		8	17	39	
1998	8		2	5	1	
1999	23			2	21	
2000	16		2	3	11	
2001	6			1	5	
2002	26	1		9	16	
2003	21		5	8	8	
2004	13	2	1	5	5	
2005	7			6	1	

第六章　统战工作

第一节　机构、学习与教育

【中共双城市委统战部】　1986年，编制9人，在职9人。内设机构有：县委对台工作办公室、县民族宗教事务委员会、县工商联挂靠统战部。1988年，民委从统战部整建制撤出转为政府工作机构。1997年，市直机关机构改革确定内设机构有秘书股、党外知识分子工作办公室、经济工作办公室；工商联和对台办仍挂靠在统战部。共核定行政编制7人、老干部编制2人。2005年，内设机构为办公室、综合股，对台工作纳入统战部，不再保留对台工作办公室牌子；工商联依托统战部开展工作，包括工商联共核定编制8人，在职8人。

历任统战部长：康士奎、张士伟、周国禄、侯义、何文发、苏联华(女)；副部长：张士伟、王志文、刘树彬、张文岐、刘晓波、李德威、马学良、严立志、韩世富、刘智。历任工商联办主任：张国文，副主任：王英芳(女)。历任对台办主任：何永春(女)、吴向晨、刘智、汪敏。

【党外干部工作】　1986年，县委建立党的领导干部与党外人士联系制度。1988年，各党委坚持开展党外人士协商对话工作，听取他们的意见和建议，组织他们参与治理整顿和反腐倡廉工作。1992年，市委在各市直党委和农村乡镇党委一次性配齐了兼职统战干部，使统战工作以及做好党外干部工作大大加强。1993年，市委常委会专题研究党外干部培养选拔工作，制定下发《关于选派党外人士担任政府领导职务和建立党外后备干部队伍的意见》。在党外后备干部队伍的建设中,坚持政治上激励、工作上支持、生活上关心的原则,促进后备干部健康成长。1994年,实行定期考核制度,对个别人员实行调整和重点培训,全市党外后备干部充满生机与活力。1998年,市委组织党外干部的培训工作,重点学习讨论《中共中央关于农业和农村工作若干重大问题的决定》,使其在全市农业、农村工作中发挥应有的作用。2001年,建立后备干部档案26本。2002年,统战部和组织部组成党外后备干部考核组,对成熟的及时推荐选拔,担任相关的领导职务。对党外干部的任职年龄和资历可比党内干部适当放宽,对优秀的党外人士做到不拘一格、大胆使用,特别注重"女少非"(女干部、少数民族干部、非中共人士)党外后备干部的培养。市委还分期选派他们到社会主义学院进修学习,重点培养5人,有3人任职提级。2005年,在市直各职能部门任职的副科级以上干部12人。市人大政协中安排党外成员201人。

【思想建设】 1986年,统战部组织民主党派、人民团体人员学习宣传"七五"计划和中央1号文件。1990年,组织学习建设有中国特色的社会主义理论。1996年,开展坚持四项基本原则、国情教育等。1997年,结合香港回归进行爱国主义教育。1998年,开展学习中共十五大精神的学习活动。1999年,开始开展科技是第一生产力、改善发展经济环境方面的讨论。坚持与民主党派和人民团体人员的思想交流制度,掌握他们的思想动态、了解工作和生活情况,帮助解决实际问题。每年都组织他们学习党的统一战线理论,回顾党的统一战线的历史进程,提高参政议政能力。2004年,撰写的《加强宗教工作,为构建和谐社会做贡献》在哈市统战研讨会上做专题交流,并刊发在省《统战理论研究》上。2005年,有80人参加统战理论研究会。根据政治、经济形势的发展,每年向民主党派和人民团体人员,提出统战理论研究题目,注重研究新情况、新问题,探索统战工作的新思路新方法,开拓统战工作的新途径和新领域。《围绕中心,真抓实干、全面开创新时期统战工作新局面》刊登在《哈尔滨统一战线》杂志上。

第二节　参政议政与对台工作

【参政议政】 1986年以来,党外人士在双城各届人民代表大会和政协的代表委员名额中均占有一定的比例,以发挥其参政议政作用。1988年,双城市一届人大代表中党外人士占29.7%,1990年,双城市二届人大代表中占25.8%,1993年,双城市三届人大代表中占25.5%,1997年,双城市四届人大代表中占27.4%,2002年,双城市五届人大代表中占31.1%;市一届政协委员中党外人士比例为58.8%,市二届政协为55.6%,三届政协为52.7%,四届政协为52.9%,五届政协为51.2%。还有一些党外人士担任民主党派、工商联、侨联等统战团体组织负责人。1999—2001年,中共双城纪检委、市监察局、市工商局等单位聘请党外人士做监督员工作,监督窗口部门工作人员的遵纪守法情况以及行风状况。2002年,通过人大议案、政协提案以分组视察调研等形式反映社情民意,就环境保护、奶牛发展、大力发展私营经济等方面积极建言献策,履行参谋议政职能,为双城的经济发展和民主政治建设做出了突出贡献。2005年,党外人士对《草原法》《盐业法》等四项法律执行情况,向市人大、市政协提出相关意见,市政府及相关部门进行了认真整改。

【经济领域工作】 1986年,县委支持鼓励民主党派和人民团体等各方面人士通过各种形式、各种渠道为发展双城市县域经济出谋划策。结合市委的中心工作,围绕提质降耗、增加经济效益、开展合理化建议活动。《关于我县工业生产运营中急需解决的问题》等13篇调查报告为市委市政府决策提供依据。通过召开党外人士座谈会、市场经济形势研讨会,就全市的工业、农业和群众关心的热点难点问题献计献策。先后有《关于双城市农村个体经济的现状及发展思路》《我市农业工业科技队伍状况的调查》等受到了市委、市政府的重视,召开会议专题研究。1990年,统战部、工商联引导全市制花行业成立制花生产协会,减少了个体业主在生产经营中出现的风险。1992年,对双城市个体制鞋业的发展状况进行调查研究,形成《关于双城市制鞋业现状及今后的发展的建议》的调查报告,引起市委市政府的高度重视,召开全市制鞋业大户座谈会,市委书记、市长亲自参加,现场解决实际问题,促进双城市制鞋业的健康发展,在轻工市场上,赢得"西柳服装双城鞋"的美誉。1993 年,组织党外人士先后视察全市工业、农业、城市建设和第三产业的发展情况,及时建言献策,为市委、市政府科学决策提供有价值的意见。1999 年,国庆 50 周年前夕,由统战部牵头,市工商联组织全市个体私营业户,在承旭门广场举行大型庆祝活动,通过文艺演出激发业户热爱祖国、建设家乡的热情。2000 年,针对双城市农村连续出现偷盗毒害奶牛案件,许多养牛专业户对养牛失去信心。统战部组织统战成员深入实际调查研究,并向市委提出《关于打击奶牛投毒》的提案,被市委列为 1 号提案。司法机关在全市进行了严厉打击偷盗毒害奶牛犯罪专项治理,侦破偷盗毒害奶牛案件 80 起,抓捕犯罪分子 106 人。2003 年,日达兴和唯友两家企业运行中遇到困难,统战部派一名副部长进驻企业,与企业负责人一起调研,找到了企业走出困境的切入点,促成中强科技有限公司成功兼并收购这两家企业,从而盘活沉淀多年的资产,化解 3 700 万元的股民风险,安排就业岗位 436 个,解决了企业遗留问题给政府带来的负担。为企业开辟绿色通道,扶持非公经济企业设立改善环境专项举报电话,开展对政府相关部门的评议活动,每年一次对公安、工商、物价等执法执纪部门进行评议,当场划票公开评议结果。提出"关于促进非公有制经济发展的若干意见",被市委、市政府采纳。协调、协商解决成员中经济纠纷、法律诉讼等问题 20 件,排除制约企业发展的不利因素 30 条。引导统战成员参与光彩事业,协调中强公司、三得利酒厂、机电技术开发公司、荣耀饲料公司、溪洋糖果有限公司等企业安排近 30 000 人次就业。到 2005 年,统战部先后同七个省市统战部建立友好单位,共组织招商引资推介会 13 场,接待考察人员 430 人,签约项目 21 个,资金到位额 7 亿元,成功引进和扶持 4 个大项目,即:投资 2 亿元的黑龙江省中强能源科技有限公司、投资 1.2 亿元的龙升集团有限公司、投资 5 000 万元的黑龙江省兰格药业有限公司、投资 3 000 万元的四达管制品有限公司,四个大项目实现纳税额 2 100 万元,外汇总额 100 万美金,解决就业岗位 3 000 个。招商引资成果列哈市统战系统首位。

【对台工作】 1987 年,恢复对台工作办公室。县（市）委、政府十分重视对台工作。由于双城在台人员较多,市委统战部、对台办积极贯彻落实《台湾同胞投资保护法》及其《实施细则》,开展对台资企业的调查研究工作,摸清合资企业的底数和现状,听取台商的意见和要求,积极帮助解决生产中的困难和问题。扩大吸收利用台资,拓宽渠道,加强联系,对确有投资意向的项目,认真搞好协调、咨询和服务工作,逐步建立和完善招商引资的服务体系,争取更多台商来双城投资。坚持"归口、分级、按规格"的原则,做好来双台胞的接待、服务、管理工作,积极组织安排,提供方便;做好赴台人员的行前教育、指导工作,扩大双城与台胞的往来和交流。开展涉台教育,定期组织有关领导及有关人士观看录像片,举办台情报告会,增强广大党员干部,特别是领导干部对台方针政策的了解。探索新形势下海外统战工作,寻找新的工作切入点。实行"以台引台,以侨引侨,以商引商"工作政策,坚持"走出去,请进来"的方针,扩大双向联系和交流,拓宽联络渠道,发展市域经济。在台或旅居海外乡友回双城探亲时,市委、市政府主管对台工作的负责人均亲自接待宴请。1995 年,按照市政府的意见,统战部起草《致在台双城乡友一封信》,深深打动了乡友眷恋故土之情,纷纷来电来信或亲自回双城,关心家乡的发展。台湾人士陈瑞传与市外贸局合作在双城开办木制品厂,台湾红典集团董事长黄淑慧女士向双城发来投资项目函,台中市慈善寺主持慧空曾先后 8 次到双城访问。帮助涉台人员解决实际问题,针对前国民党考试院院长莫德惠的侄子莫松军年过七旬无儿无女、生活无依无靠的实际,台办从落实政策着手,协调民政等部门帮助其解决了住房、生活费、医疗费及特殊生活补助,还为其嫡孙女莫乃雪及丈夫解决城镇户口并安排工作,此举在台湾岛内产生了一定的影响。还为国民党投诚人员林基明的家属解决工资待遇、遗属补助、子女就业等问题。为"文革"前县工商联会长王景福的遗孀及方英、叶枫等非党民主人士代表人物解决医疗费、办理退休手续及生活费等等,把党的温暖直接送到台胞、台属心中。统战部、台办通过积极协调沟通,台湾满族联谊会理事佟光英先后两次来双城考察,撰写《双城奶牛发展纪实》一文,此文成为在岛内唯一的宣传双城的文章。自 2001 年以来,对台办公室有 3 篇理论文章先后在省、市杂志上刊登,全面记载和反映了双城对台办公室的工作。

2002—2005 年,统战部连续 4 年被评为哈尔滨统战系统标兵单位;"争先创优"先进单位;哈市统战理论研究先进单位;哈市招商引资先进单位。哈尔滨电视台专题报道了双城市委统战部参与经济建设的典型事迹,经验在全市推广。

第七章　纪检监察

第一节　组织机构

【中共双城市纪律检查委员会】　1986 年,为中共双城县纪律检查委员会(以下简称纪检委)内设办公室、案件检查室、案件审理室、信访室、纪律教育室,在职 25 人。1993 年 5 月,根据中纪委、中组部和国家监察部的文件精神,市纪委与监察局合署办公,一套工作机构,两个机关名称。履行党的纪律检查和行政监察职能,1 名纪委副书记兼任监察局局长,2 名副局长任纪委常委。内设机构由原来的 5 个室调整为办公室、检查室、综合室、审理室、信访室、党风教育室、教育研究室、执法监察室和纠正行业不正之风办公室(纠风办)。1997 年,市纪委、监察局内设机构为办公室、研究室、执法监察室、党风教育室、案件审理室、检查一室、检查二室、宣传教育室、信访室、纠风办、纪律监察大队。2005 年,市纪委、监察局内设机构有办公室、研究室、信访室、党风室、宣教室、改善经济发展环境办公室、纠风办、审理室、法规室、案件管理室、案件检查一室、案件检查二室、监察综合室、执法监察室、纪律监察大队,在职 39 人。

历任纪委书记:李孟东、彭子权、佟彦、薛永贵、刘志国、佟宝刚、王明才、丁顺;纪委副书记:王子勤、侯义、张新田、李立奎、叶福来、周国禄、张继兴、关国才、贾文华、张国荣、李天文、陆明久。

历任监察局局长:肖辉、王琳、刘志国、周国禄、沈秀岚、关国才、张国荣、陆明久;副局长:王琳、何文太、刘志国、赵宽、白长友、李德威、齐继宽、贾文华、李天文、赵柏恒。

纪检委、监察局内设机构任职情况:办公室主任:杨连仲、李天文、姜凤麟;副主任王瑞馥、关唤宇。信访室主任:关富深、单继纯、沈东生、肖恩余、赵柏恒、赵艳华;副主任:李亚杰、赵艳华。审理室主任:沈秀岚、朱文科、赫岩、袁立军;副主任:单继纯、尹华。党风教育室(党风廉政建设室)主任:夏尊元、马春华、沈东生、李天文、赫岩、田忠生、林松楠。研究室主任:马春华、杜长海、姜凤麟、孙立权。执法监察室主任:祁凤和、许长权、王晓东;副主任:张志家、许长权。综合室主任:关国财。检查室主任:李德威、贾文华。检查一室主任:贾文华、王秀华、白志勇;副主任:王秀华。检查二室主任:宗臣、赫岩、赵君;副主任:宗臣、李亚杰。宣传教育室主任:杜长海、王明和。纠正行业不正之风办公室主任:赵宽、齐继宽、王敏红、孙长征;副主任:王明和。纪律监察大队队长:张志家、赵太柱、宗臣、杜长海;副队长:赵太柱。改善经济发展环境办公室主任:关国才、李天文;副主任:姜凤麟、许长权、孙英辉。监察综合室主任:孙长征、吴凤岐、王敏红。案件管理室主任:杨福有。法规室主任:赵太柱、张波。科级检查员:杨永和、关国财、沈东生、夏尊元、包洪文、贾文华、翟国祯、关和、夏凤彩、王晓东、田忠生、赵柏恒、宗臣、朱文科、李天文、赫岩、赵太柱、许长权、王秀华、赵艳华、杜长海、王福义、白志勇、杨福友、王敏红、王瑞馥、王明和、姜凤麟、孙长征、袁立军、赵君、孙立权。

【基层纪检组织】　1985 年,县纪委首先在商业、粮食、工业等系统党委成立纪律检查委员会,设纪检书记 1 人,专兼职委员 3 至 5 名。1986—1988 年,各系统党委相继成立纪检委和纪检组。1989 年 2 月,21 个乡镇成立纪检委,配备专职纪检书记。到 1993 年,全市共有纪检组织 48 个,其中乡镇纪检委 27 个,系统党委(总支)纪检委 18 个,企业党委纪检委 1 个,纪检组 2 个。基层纪检委设专职纪检书记 1 人,委员 3

~5人,委员多为兼职。到2001年,根据上级要求,全市24个乡镇和部分市直部门的纪委书记改由党委副书记兼任纪委书记。市纪委书记也改为市委副书记兼任纪委书记。2005年,全市共有基层纪检委45个,纪检组7个,专兼职纪检监察干部268人。

基层单位历任纪检委书记:市直机关纪委李凤良;市委机关纪委刘文志;政府机关李凤良、刘敬岩;机关工委纪委刘敬岩、李明哲、李常玲;商业纪委田路、张继兴、王福昌、张志强、金忠伟;粮食纪委徐振坤、肖恩余、吴洪岩;供销纪委夏仲兴、吴天序;工业纪委夏双阳、张贵文、张成帮、丛士发、刘敏、何长青;二轻纪委侯湘滨、张善华;农业纪委徐长河、白凤权、杨春昌、李洪贵、马玉祥、葛峰;农机纪委宋秀山、陆恩海、苏德学、李树勇、赵桂华;交通纪委洪祥春、关伟;畜牧纪委宗臣、曹英奎、鞠帮范;建设纪委张悦奇;物资纪委刘德友、王守成、勾福祥、柳枫;水务纪委包洪文、张鹏、赵永生;林业纪委高树斌、付喜武、张丽梅;政法纪委裴秀兰、徐兴军;文化纪委陈彦君;文体纪委朱礼;卫生纪委梁咏梅;教育纪委胡启维、陈彦君;外贸纪委陈树森;电业纪委范玉国;双城镇纪委亢宝富、孙玉亭、闫善利、刘玉华、郭永桓、魏铁志;东官镇纪委孟昭发;周永国、杨青平、路宝库;韩基忠、姜振涛、吴太发;金城乡纪委裴永学、王忠江、刘国平、王久双、高启武、金兆海;公正乡纪委王兴业、莫喜申、王英范、唐国臣、丁立安、孔庆信;农丰镇纪委王殿忠、马广儒、潘春库、董勤印、刘忠杰、常猛;兰棱镇纪委于全洲、王文波、吴凤岐、孙金城;同心乡纪委张希久、赵元学、赵义生、宋兆孟、关文良、韩秀海、方向明、孙占坤;青岭乡纪委孙万华、张继昌、苗家辉、袁广喜、刘军锐、赵义和、赵延庆;乐群乡纪委孙立昌、王承和、赵艺华、姚文占;万隆乡纪委杜显成、张万民;周平凡、田春来、崔云龙;韩甸镇纪委杨春昌、孙凯、张庆奎;张士明、李孟杰;永胜乡纪委李振玉、孔庆信、于泽、徐志军、徐敬东、王云波;临江乡纪委杨连春、王丰太、李方江、孙柏文、潘亚军、杨彦久;周家镇纪委郎柏祥、谢宇安、赵元学、张友林、高金鹏、刘斌、韩涛、杨立忠;五家镇纪委高锡久、王国发、李富臣、刘德明、王国发、韩建波;新兴乡纪委徐万生、曲德平、卞喜君、周大、刘兴伟、潘亚军;联兴乡纪委武路线、白雪松、金志伦、韩德新、朱大方、张德彬、夏重举;幸福乡纪委关世范、王世宽、修本富、张志尧、杨学林、王本业、张凤权;单城镇纪委鲁景华、张国锋、孙金城、张玉林、高志武、姜炳友、隋有涛、张威、赵玉丹;朝阳乡纪委沈刚、魏宝金、张福顺、刘志刚、袁广喜、刘喜权、郭俊峰、柴德胜;水泉乡纪委赵和、周士军、石云广、关文良、张国林、李悦堂;团结乡纪委周玉坤、刘乃孝、赵玉峰、崔云龙、吴泽林、刘国军、李永才;杏山镇纪委刘加发、吴凤岐、庞永贵、孙洪波、李文波、朱喜奎;希勤乡纪委罗胜发、王继文、姚文占、王连君;对面城乡纪委王信、张文德、周永胜、张忠宝、刘德范、孙占才;前进乡纪委朱文生、郭志新、刘志刚、张福顺、林松楠;跃进乡纪委马成兴、王彦、孟庆华、张书贤、张力、隋建国。

第二节　历届委员会

【中共双城县第九届纪律检查委员会】　1986年9月,中共双城县第九次代表大会选举产生中共双城县第九届纪律检查委员会。本届纪委由15名委员组成,在第九届一次全体委员会议上,选举李孟东、王子勤、侯义、王琳、张新田、明树德为中共双城县纪委常委。李孟东为书记,王子勤、侯义为副书记。1987年4月,侯义离任,李立奎任纪委常委、纪委副书记。1987年6月,王子勤离任,9月李孟东离任。1988年4月,彭子权任纪委书记。叶福来任纪委常委、纪委副书记。1989年3月,杨连仲、单继纯任纪委常委。1989年12月,佟彦任纪委书记。

【中共双城市第一届纪律检查委员会】　1990年1月17日—19日中共双城市第一次代表大会召开,选举产生中共双城市第一届纪律检查委员会。本届纪委由18名委员组成,选举佟彦、李立奎、叶福来、单继纯、沈秀岚、杨连仲、李德威、关国财、夏尊元为纪委常委。佟彦为纪委书记,李立奎、叶福来、单继纯为副书记。1990年12月,周国禄任纪委常委、纪委副书记。1992年11月,薛永贵任纪委书记。12月,沈秀岚任纪委副书记。

【中共双城市第二届纪律检查委员会】　1993 年 4 月 1 日—3 日,中共双城市第二次代表大会召开,会议审议通过市纪律检查委员会的工作报告。会议选举产生中共双城市第二届纪律检查委员会。本届纪委由 19 名委员组成。选举薛永贵、叶福来、周国禄、单继纯、沈秀岚、关国财、杨连仲、李德威、何文太、赵宽为纪委常委。薛永贵为纪委书记,叶福来、周国禄、单继纯、沈秀岚为纪委副书记。1993 年 12 月,孙醒范、关国财任纪委副书记。1996 年 3 月,刘志国任市纪委书记。4 月张继兴任纪委常委、纪委副书记。1996 年 6 月祁凤和任纪委常委。1997 年 9 月,佟宝刚任市纪委书记。

【中共双城市第三届纪律检查委员会】　1998 年 4 月 1 日—4 日,中共双城市第三次代表大会召开,纪委书记佟宝刚代表市纪委向大会做工作报告。会议选举产生双城市第三届纪律检查委员会,由 20 名委员组成,其中常委佟宝刚、沈秀岚、张继兴、关国财、贾文华、齐继宽、杨连仲、李天文、朱文科 9 人。佟宝刚为纪委书记,沈秀岚、张继兴、关国财为纪委副书记。1999 年 11 月,贾文华任纪委副书记。2000 年 12 月,王明才任市纪委书记。2001 年 2 月,张国荣任市纪委副书记。2001 年 12 月李天文任市纪委副书记。2002 年 9 月,丁顺任市纪委书记。

【中共双城市第四届纪律检查委员会】　2003 年 3 月 17 日—20 日,中共双城市第四次代表大会选举产生中共双城市第四届纪律检查委员会,由 21 名委员组成。随后召开中共双城市纪律检查委员会第一次全体会议,选举产生中共双城市第四届纪律检查委员会常委、书记、副书记。纪委常委丁顺、张国荣、贾文华、李天文、齐继宽、赵柏恒、姜凤麟、袁立军、孙长征。丁顺为市纪委书记,张国荣、贾文华、李天文为纪委副书记。2005 年 1 月,陆明久任纪委副书记。

第三节　纪检工作

【宣传教育】　1986 年,县纪委以党章、准则为主要内容,对党员进行党性、党风、党纪教育。通过支部的"三会一课",每年纪委都与有关部门配合,举办学习班,培训基层党群书记、纪检书记和纪检委员。到 1992 年,全市举办各种类型学习培训班 70 多次,培训骨干 4 000 余人次,讲党课 10 000 多次。1993 年,以党规党法为主要内容,开展党纪党风教育活动。印发《党规党法文件汇编》8 000 册。开展党规党法知识竞赛,市纪委组织 4 次,基层纪委组织 80 次,参加人员达 23 000 人次。树立市委组织部副部长侯义、宣传部副部长郑崇、万隆乡党委书记张贵、检察长张世武为遵守党规党法,一心为公的廉政典型,并召开大会,介绍先进事迹,公开表彰奖励。组织放映《早春》《晚秋》《忠诚卫士》《惩腐疑案》等多部反腐倡廉录像片,全市播放 180 场,40 000 多人次观看。1994 年,市纪委、监察局开展党纪党风百题竞答有奖活动,参加哈市纪委组织的以案说法竞赛活动;开展学先进、找差距、树形象、正党风活动和讲政治、讲正气、讲纪律活动。到 1998 年,举办党规党法教育学习班 80 次,开展党规党法讲座 925 次,参加 21 000 人次。印发《中国共产党纪律处分条例》《党政领导干部廉洁自律读本》等党规、政策材料 4 800 册。1999 年,以"三个代表"学习为主要内容,深入开展学教活动,使党员干部树立正确的权力、地位、服务意识,处理好自身利益与国家、集体和群众利益的关系,牢固树立执政为民、廉洁自律的公仆意识。深入开展改进党的作风的教育活动。认真学习贯彻《中共中央关于加强和改进党的作风的决定》。把严明党的政治纪律放在首位,有效促进党的作风建设;开展先进典型教育,在市电视台开设廉政窗口,播放反腐倡廉专题片,组织收看哈尔滨电视台的专题节目,开展学习汪洋湖等先进人物的先进事迹。开展警示教育,深入学习《中国共产党纪律处分条例》和《行政监察法》,采用电化教育方式,组织党员干部观看《生死抉择》《新中国第一大案》《高墙内的钟声》等电教片,同时还利用典型案例开展以案说纪、以案讲法的教育活动。2004 年,市纪委、监察局与宣传、广播电视、文化等部门密切配合,多管齐下,形成反腐倡廉大宣教的格局。围绕党风廉政建设和反腐败工作,以党风廉政宣传教育"大格局"为依托,以推进"五进入"(进社区、进家庭、进学校、进企业、进农村)活动为重点,充分利用报刊、广播、电视等大众媒体覆盖面广、群众参与率高等优势,营造廉政文化建设氛围。采取知识竞答、创作反腐倡廉歌曲、树廉政典型、播放廉政影视片等形式,为廉政文化建设搭建广阔平台。使廉政文化进社区、进学校、进农村工作得到省市纪委的充分肯定。2005 年,以"保持共产党员先进性教育活动"为契机,在全市城乡党员干部中广泛开展"读报促廉"活动,做到每名副科级以上干部人手至少一份学习资料。在全市 1 968 名副科级以上党员干部中开展以《建立健全教育、制度、监督并重的惩治和预防腐败体系实施纲要》为主要内容的知识测试活动;举办"国税杯"党风廉政建设知识竞赛;开展"人寿保险杯"家庭助廉政知识竞赛活动,全市 56 个党委均组队参加;开展反腐倡廉征文活动,全市党员干部共撰写反腐倡廉文章 782 篇;市电视台开辟党风廉政建设专栏,每月播放一期;每季度向副科级以上干部发一条廉政信息,做到警钟长鸣;与文化局联合创作一首名为《反腐先锋》的歌曲;在市电视台开辟警示教育专栏,定期播出党风廉政建设和反腐败斗争专题片;组织市直部门主要领导、各系统党委、纪委书记赴哈市参观反腐倡廉成果展,从中受到警示教育;组织全市党员干部收看《黑龙江省廉洁从政十大标兵》、《王怀忠的腐败人生》、《李真贪污受贿案》、《警示》等正反两方面反腐倡廉电教片,收到良好的教育效果。

【党风廉政建设】 1986 年,为切实加强党风廉政建设,县委成立党风廉政建设领导小组,组长由县委书记担任,副组长由县委副书记、县长和党群副书记、纪委书记担任。办公室主任由纪委负责党风工作的副书记兼任。1990 年,全市 56 个基层党委(总支)纪委也都成立领导小组,建立相应的党风廉政建设责任制,明确任务和职责。1993 年,在解决群众反映强烈的热点、难点问题上进行突破。对计划生育工作中弄虚作假、办假证、生育二胎进行大清查,全市共清出弄虚作假办准生证的 447 人,其中党员 356 人,副科级以上干部 41 人,股级 53 人,一般党员 262 人,非党干部 46 人。立案 267 起,补收计划外生育费 150 万元。7 月经市委批准,成立纪律监察大队,监督检查党员干部公款吃喝、公车私用、婚丧事大操大办等不正之风。1997 年,认真落实中共中央国务院《关于党政机关厉行节约,制止奢侈浪费行为的若干规定》,市委制定【1997】11 号文件《关于严禁干部和党员婚丧事等大操大办的规定》,组织纪律监察大队,深入城乡饭店进行检查。加强财务管理,对招待费实行"一支笔"审批,国有企事业单位招待费实行向职代会报告制度。并对"小金库"问题进行检查清理,在清理党政机关经商办企业的问题上,共清理出 52 户,其中 18 家劳动服务公司全部划转,应脱钩的 34 户。党政机关干部在经济实体中兼职的 29 人,全部予以纠正处理。1998 年,组织党员干部学习《中国共产党纪律处分条例》和《中国共产党党员领导干部依法从政若干准则》,对公款出国旅游、乡(镇)领导干部"走读"进行检查。对党员干部公款配备移动电话进行清理,共清理出不合理配备 62 部。2003 年,市委、市纪委坚持把对各级党政班子和领导干部的廉政考核,作为促进党员领导干部廉洁自律的一项重要措施,纳入党风廉政建设工作目标。制定《双城市党风廉政建设考核实施细则》,由市纪委领导带队,抽调组织部、宣传部、市委办、政府办干部和党风巡视员、行政特邀监察员组成考核组,采取提前公示、自查自报、个别谈话、查看资料、暗查暗访、反馈意见、廉政述职、民主测评等办法,对全市 56 个党委领导班子和领导干部进行考核,将考核结果及时向市委作汇报并通报全市。2005 年,成立以市纪委主要领导为组长的反腐败抓源头工作领导小组。深入推进行政审批制度改革,对市政府颁布的各类规范性文件进行集中清理。坚持选拔任用干部常委会、全委会票决制。对调整变动的 81 名干部实行全委会表决;通过对原始单据和列支渠道的审核,拒付虚假票据和不合理支出资金总额累计 726 万元,代扣代缴财政开支、自收自支单位职工个人所得税近 4 万元;落实领导干部经济责任审计制度,对 5 名乡镇党委书记、4 名乡镇长、4 名市直部门主要领导进行离任经济责任审计。落实经营性土地使用招标拍卖、挂牌出让制度,公开出让经营性土地使用权 2 宗,总面积 3 000 余平方米,收缴出让金 1 261 万元。落实政府采购制度,对违反政府采购制度的单位进行纠正和处罚,对 3 名责任人进行了责任追究。

【案件查处】 1986 年,县纪委、监察局充分发挥纪检监察机关的惩处职能,使案件查处工作经常化、制度化、规范化。当年纪委、监察局立案 255 件,结案 243 件,处分 176 人,其中开除党籍 11 人,留党察看

21人,撤销党内职务3人,党内严重警告34人,党内警告107人,追究刑事责任7人。查处副处级干部2人,正副科级干部9人。1989年查处党员干部27人,其中开除党籍6人,留党察看3人,党内严重警告1人,党内警告17人。1992年处分违纪党员215人,其中开除党籍17人,留党察看25人,撤销党内职务1人,党内严重警告44人,党内警告128人。1994年,处分违纪党员237人,其中开除党籍6人,留党察看5人,党内严重警告27人,党内警告192人,查处违纪党员中科级干部3人,一般党员干部34人,一般党员200人。在案件处理中,审理工作遵循"事实清楚,证据确凿,定性准确,处理恰当,手续完备,程序合法"的二十四字方针,保证了案件查处工作的质量,使查处的案件经得起历史的检验。1998—2005年,纪检监察机关立案各类案件1 061起,其中贪污贿赂案件35起,失职渎职案件100起,违反廉洁自律规定案件25起,其他违纪行为832起。立案涉及人数1 066人。其中科级干部105人,一般干部322人。处分违纪党员925人,其中开除党籍85人,留党察看66人,撤销党内职务47人,严重警告203人。1986—2005年,全市纪检监察部门共查处违纪案件3 297件,处分党员干部3 214人。

【执法监察、纠风】　1986年,县纪委根据中央精神,清理党政机关违规购置小汽车22台;清退吃喝公款154 270元;清理取消村级小食堂348个;清理乡机关干部不合理发放奖金,实物合款109 348元,退回92 064元;清理出63名党员干部外包土地747亩,全部收回;对部分乡镇党员领导干部建房乱批乱占耕地34 000平方米,进行立案检查,追究党政纪责任。1987年12月,执法监察室,以纠风为切入点,对《中共中央关于建立社会主义市场经济体制若干问题的决定》《全民所有制工业企业转换经营机制条例》和《关于为发展经济创造宽松环境若干问题的规定》进行专项执法监察和监督检查。重点纠正有令不行,有禁不止,开展"反拖拉、反刁难、反梗阻、反勒卡"活动。对办事拖拉刁难造成重大经济损失和社会影响的行为以及以权谋私、弄权勒卡、不给好处不办事、给了好处乱办事的行为进行纠正处理,对部分企业实行挂牌保护。对建筑市场进行清理整顿,对新开工的建筑项目的工程立项、报批招(投)标、工程质量等方面进行监督检查,使建筑市场混乱问题得到治理。对征兵、招生、招(录)干等工作进行执法监察,扼制腐败和各种不正之风。1990年,市委成立纠正行业不正之风领导小组,办公室设在纪委,负责纠风工作的情况综合、检查指导、协调落实。纠风工作做到经常化、制度化和规范化。1993年纠风与执法监察工作相互配合,加大清理"乱收费"歪风的力度,清理出10个单位21项乱收费,违纪资金787 699元,向单位个人退款233 430元,收缴479 013元,根据"纠建并举"的原则帮助整章建制,规范收费行为。到1998年,纠风办与执法监察室会同有关部门对预算外资金管理混乱问题进行清理纠正,清理出小金库28个,违规资金650万元。将11项行政性收费纳入财政预算管理。深入开展减轻农民负担工作。治理向农民乱收费、乱摊派问题。认真抓国家和省、市明令取消的381个收费项目的落实。对检查出来的农民不合理负担及时进行纠正处理。2003年突出抓治理公路"三乱",进一步规范上路执法行为,明确规定除省政府批准的交通、公安、林业部门外,其他部门一律不准在路上设卡收费或罚款。市纠风办与交通、公安、农委等部门组成联合工作组,定期到102国道、"同三"高速公路进行督导检查,对发现的问题及时处理。2005年,春季开学前市纠风办与教育局联合下发《双城市治理教育乱收费的有关规定》,市教育局与全市中小学校领导签订责任状。由市纪委牵头,抽调物价、审计部门专业人员,2次对全市中小学校收费进行专项检查,清理不合理收费74.2万元。对8起乱收费案件进行严肃处理,有4名校长受到责任追究。纠正医药购销和医疗服务中的不正之风,全市4家市级公立医院和24家乡镇卫生院全部实行药品公开招标采购,全年招标金额1 890万元,占药品总购销额的86%,让利患者54万元。做好减轻农民负担工作,重点抓好"两免一补"政策落实,使国家所补资金及时、足额发放到农民手中。进一步规范涉农收费行为,严禁巧立名目自设收费项目,严禁搭车收费,有效防止农民负担的反弹。对新兴交巡中队在102国道违规追截农用车造成交通事故案进行严肃查处,4名责任人和主管领导受到党政纪处分。治理教育乱收费。全年开办21期"行风热线",35个职能部门现场解决和纠正群众反映强烈的问题51个,处理梗阻问题23个。

【改善经济发展环境】 1998年开始,由市纪委牵头成立个体私营经济管理办公室和改善经济发展环境办公室,专门负责创建宽松经济发展环境工作。通过明确、公开、降低对个体工商户和私营企业收费标准,严格执纪执法人员纪律规定,开展专项举报,挂牌保护重点企业,开展"为经济建设服务,树立行业新风"最佳最差单位"双评"活动,严肃查处影响环境宽松的中梗阻案件等,使全市改善经济发展环境工作有了实质性的进展。2001年6月召开的市委三届八次全委扩大会议上,市委出台《关于全面营造宽松经济发展环境,促进企业发展的若干意见》,明确提出从政策、硬件、设施、人才等十一个方面改善经济发展环境。各有关部门制定完善《双城市招商引资优惠政策》、制定《为创建优良经济发展环境服务的若干规定》《关于影响和破坏经济发展环境行为的处分暂行规定》。积极推进舆论环境、政策环境、法制环境、服务环境和城市环境的建设。到2003年全市各部门出台优惠政策273条,制定规章制度125条,对外公示项目1 350条,向社会公开承诺340条,解决梗阻问题28个,处分违纪人员23人。废止265个不适应经济发展的文件。2005年,市纪委、监察局以"端正政风行风、优化发展环境"评议活动为载体,大力整治经济发展环境,着力解决群众反映强烈的重点、热点和难点问题。当年确定综合管理、执法监督和社会服务参评部门50个,各参评部门通过电视台做出承诺,公开接受社会监督。工商局深入开展"六个一"活动,为个体工商业户创造宽松优良的发展环境;地税局在评议活动中提出"六个到位",切实提高了服务质量;金融部门不断拓宽服务领域,工商银行和信用联社专门开办了奶牛贷款业务,扶持农村奶牛业的发展壮大。在市电视台开辟"双评回顾"专栏,共播出13期,11月中旬召开全市"最佳最差单位听证测评大会",由服务对象进行测评,促进了各部门规范执法和服务水平的提高。卫生主管部门结合"端正政风行风、优化经济发展环境"评议活动,以杜绝医疗服务"回扣""红包"和"开单提成"为主要内容,在医疗大厅设立公开举报专栏,并通过多次明察暗访,加强监督检查,使医德医风明显转变。2005年双城市纪委被哈市评为"改善经济发展环境先进单位"。

【纪检信访】 1986年,双城县纪委根据《党政机关信访工作暂行条例(草案)》和《黑龙江省人民群众来信来访工作的规定》,制定《纪检监察信访工作实施细则》,建立健全信访岗位责任制,实行定人、定时、定责、定质和一包到底的"四定一包"制度。全年受理群众来信来访122件(次),结案89件,结案率72.9%。1988年,市纪委按照"分级管理、归口办理"的信访工作原则,把纪检信访工作重点转向基层,在各乡(镇)建立信息站27个,确定信息员246个。举办纪检信访业务学习班4期,培训信息员200余人(次)。1996年,市纪委、监察局制定领导定期接待群众来访接待日制度,纪委书记、副书记在接待日亲自接待群众来访。1997年,市纪委制定《双城市纪检监察1997—1999信访举报工作三年规划》。每月至少召开一次纪委常委会议,对群众举报信件进行定性分析,全年受理来信来访179件(次),其中接访16人(次)、来信163件,结案率93%,按期结案率82%以上。1998—2000年,共受理人民群众来信来访839件(次),其中来信645件,来访68人(次)、电话126次,本着"事事有交待,件件有着落"的原则,分别做了妥善处理。2001年,市纪委、监察局受理群众来信来访305件(次),其中来信148件,来访43人(次)、电话73次。初核136件,占来访总数量的94.1%,初核转立案49件,占初核总数的36%,转办32件,查结32件。信访举报结案率96%,按期结案率96%,优质结案率100%。2003年,市纪委、监察局组成专门工作组,深入村屯排查"隐患",变坐着等上访为主动下访,共解决农村信访问题18件,立案3起。全年受理信访案件79件(次),比上年下降22.3%。2005年,实行乡(镇)、村信访联络员制度,建立乡(镇)、村两级信访接待室及纪检信访领导小组,配备协调员,健全基层信访网络。全年受理群众来信来访286件(次),其中来信138件,来访54人(次)、电话56次。信访初核86件,转办15件,信访调查132件,转立案86件。

第八章　政法工作

第一节　机构队伍

【中共双城市委政法委员会】　1983年,成立中共双城县委政法委员会(下称政法委)。1988年4月撤销,成立市委政法领导小组办公室,1989年4月成立社会治安综合治理办公室,工作人员4人。1990年6月,成立政法党委,与政法办合署办公。8月恢复市政法委员会,政法委内设办公室、政工科,人员9人。1992年,社会治安综合治理办公室与政法委合署办公。1997年,内设机构有秘书组、政法工作组、综合指导组、综合治理办,人员10人。1999年5月,成立维护社会稳定工作领导小组,下设稳定办,与社会治安综合治理办公室合署办公。1999年7月,成立处理法轮功问题办公室(简称610办公室)。2001年更名为"610"办公室,设在政法委。2005年,政法委内设秘书科、政工科、综合指导室、综合治理办公室、稳定办,在职10人。

历任常务副书记:孙武成、李春和、王树森、孙俭、韩长河、郑崇、孙醒范、赵文成、王庆丰、王祥玉;副书记:王志、高步才、陈喜满、张继兴、夏重库、牛振芳(兼)、姜宏伟(兼)、王会清。

历任综合治理办公室主任:牛振芳、谢远华、王会清(兼);副主任:魏正杰、李洪基、陆恩海、白树栋。

历任市委处理法轮功问题领导小组办公室主任:姜宏伟;副主任:刘善忠、冯海军、陈树森、傅大力。

【政法队伍建设】　1986年以来,全县政法系统先后开展以严格执法为重点的廉政教育,密切政法机关同人民群众的联系以及远学东宁、近学东莱的双学活动,教育干警树立全心全意为人民服务思想。1991年,地区政法委要求,从社会上公开录用10名政法干警,充实到法院、检察院和安全局。12月,开展学卫国赶东宁,学张贵臣、赶刘平的活动。1992年,按照省政法委等六单位联合发文(1992)19号文件《关于清调不适合做政法工作人员的通知》精神,开展不适合做政法工作人员清理整顿。查处违法违纪干警12人,清理不适合干警2人。1993年,清理不适合做政法工作的干警12人,清理不适应做政法工作干警1人,辞退合同制干警27人。1994年,组织人大代表评议司法机关,提出评议意见266条,其中表扬23条,批评243条,司法机关认真进行自改自纠。公安机关查处违法违纪干警5人,清理辞退私招乱用人员68人。1995年,在继续开展学东宁、学刘平活动中,公安局副局长张国富被评为黑龙江省公安战线学刘平先进个人。市检察院被最高人民检察院授予全国模范检察院称号,检察长李立奎被授予全国模范检察领导干部。1996年,认真贯彻全国全省政法工作会议精神,重点抓"从严治警,从优待警"。对政法队伍思想不纯、作风不纯、成分不纯问题进行集中整治,清理政法干警1人。2000年,深入贯彻《中共中央关于进一步加强政法干部队伍建设的决定》,坚持依法治警、政治建警和从严治警的方针,通过开展三讲(讲学习、讲政治、讲正气)教育,重点突出全心全意为人民服务的宗旨教育,实事求是的思想路线教育,严格、公正、文明执法的法制教育三个方面的教育整顿和提高,收到较好的效果。2003年,全市政法系统开展为期三个月的执法为民教育检查活动。集中查摆并纠正一批执法不公、执法不严案件,整改一批群众反映强烈的突出问题,严肃查处违法违纪干警。通过开展活动,使广大干警受到一次深刻的执法为民的思想教育。2004年,政法系统开展党员先进性教育、开展向任长霞学习活动,不断加强政法队伍思想政治建设。公安系统还重点解决领导干部廉洁从政、求真务实等问题。2005年,政法系统开展"规范执法行为,促进执法公正"专项整改活动。对2004—2005年上半年办理的各类案件进行检查,共查各类案卷5 653件。查摆出不公正、不规范、不文明执法问题77个,整改率达98%,追究有过错案件责任人16名,建立和完善规范办案流程,加强质量考评监督和落实过错责任追究等方面制度,干警司法水平和工作效率明显提高。

第二节　社会治安综合治理

【群防群治】　1986 年,县委、县政府制定下发《双城县社会治安综合治理目标考核细则》以后,逐年不断修改和完善,每年年初县主管领导都与各乡镇党委政府及综治成员单位一把手签订《社会治安综合治理目标责任状》,由县社会治安综合治理办公室组织检查考评。同时,对各乡镇农村治保组织进行整顿,配齐配强农村治保主任,建立健全基层自治组织。到 1987 年,全县共建立农村治保会 445 个,成员 2 225 人。1991 年,全市城乡共有治保会 977 个,成员 885 人,农村组建治安联防队 26 个,派出所所长兼联防队长。实行乡与乡、村与村联防。城镇设治安员 193 人,看护员 177 人。这些治安防范力量,在管理重点人口、帮教失足青少年、预防与发现犯罪等方面发挥了重要作用。市委、市政府选派一些政法干警到乡镇担任社会治安综合治理副乡镇长,没有选派的乡镇由派出所所长兼任。1993 年,认真贯彻落实社会治安综合治理属地化管理原则,总结出城镇社会治安综合治理五项工程(龙头工程、治乱工程、细胞工程、育新工程和基础工程)经验。各乡镇撤销了联防队,治保会主任由村长、民兵连长或团支书兼任。积极推行"十户联防"治安防范体系。1994 年以后,对发生重大案件和治安灾害事故的单位,依据中央综治委《关于实行社会治安综合治理一票否决权的规定(试行)细则》实行一票否决。1997 年,双城市综治委下发通报,对"徐四"犯罪团伙打击不力、造成影响、负有一定责任的双城市交通局、公安局予以社会治安综合治理一票否决,取消其评选综合性荣誉称号的资格。1998 年,为加强全市农村政法工作,市委为全市 24 个乡镇配齐政法副书记。1999 年,市综治委两次下发通报对发生被盗案件的双城市第二粮库、梳棉厂、纺织厂、建材厂、亚麻研究所给予通报批评。2004 年 3 月,市政法工作会议做出开展创建"平安双城"活动的决定。7 月,召开社区社会治安综合治理属地管理工作会议。理顺社区管委会同各综治成员单位及其所属部门、同社区警务工作、社区群防群治组织的关系,落实了社会治安属地化管理工作。2005 年,根据省《关于加强农村治保会建设的通知》精神,对全市治保会进行整顿,按照"一村一会"的原则,全市农村建立治保会 384 个,成员 1 158 人。

【开展专项打击】　1986 年,全县集中开展抢劫盗窃专项打击,破获刑事案件 47 起,打掉犯罪团伙 5 个,成员 18 人,抓捕刑事犯罪分子 72 人。1988 年,开展 7 次统一行动,打击刑事犯罪和经济犯罪,抓获各种刑事犯罪分子 1 724 人。1991 年 10 月,按照全省统一部署开展反盗窃斗争,重点开展打击双城盗窃大牲畜犯罪专项斗争,破获盗窃大牲畜案件 28 起。1992 年,松花江地区综合治理现场会在双城召开,市委、市政府、双城镇、市供销社、治国街道办事处在会上介绍经验。1993 年,按照省综合治理委员会的部署,开展以打击杀人、抢劫、强奸、盗窃和严惩暴力犯罪、团伙犯罪、流窜犯罪为重点的春季攻势。10 月份,又开展破大案、挖团伙、抓逃犯、打盗车的"百日攻坚战",会战中破获重特大案件 67 起,打掉犯罪团伙 67 个,抓获团伙成员 45 人。1995 年,开展打击经济诈骗犯罪活动的专项斗争,查处经济诈骗案件 10 起,其中重特大案件 7 起,抓捕违法犯罪分子 11 人。同时贯彻"稳定压倒一切"的方针,坚持维护了双城市的政治稳定和社会安定。1998 年,根据省、哈市政法委、综治委的统一部署,全市开展为期三个月的打击侵财犯罪专项斗争和"百日攻坚"行动,破获各类刑事案件 1 268 起。2001 年 3 月至 5 月,针对全市社会治安状况,决定利用 50 天时间,在全市范围内集中开展以"打黑除恶"打击偷盗毒害奶牛犯罪和治理经济发展环境、治理安全秩序、治理鲜奶市场购销秩序为重要内容的"两打三治"专项工作。4 月份,党中央、国务院做出在全国开展"严打"整治斗争的战略部署后,全市立即把"两打三治"专项斗争融入全局工作之中,打掉带有黑恶势力性质的团伙 9 个,抓获团伙成员 23 人,破获奶牛投毒案 170 起,抓获投毒犯罪嫌疑人 41 人。2005 年 7—9 月,开展社会治安专项整治两大战役,重点打击"两抢一盗",打击扒窃犯罪以及乡匪村霸、车匪路霸、市匪行霸,彻底整治校园周边治安秩序。战役期间,共破获各类案件 102 起,抓获人犯 150 名,检察机关受理案件 65 件 90 人,抓捕 79 人。市人民法院受理案件 148 件,结案 136 件,判处人犯 162 人。并适时召开"两抢一盗"犯罪分子公判大会,判处人犯 7 人。

【查处邪教】 1992 年,法轮功传入双城,设置练功点。1999 年 7 月 19 日,中共中央颁发《关于共产党员不准修练法轮大法的通知》后,在全市取缔法轮功邪教组织。7 月 22 日,双城市法轮功习练者去哈市非法聚集,是区县(市)法轮功习练者去哈市人数之首。此后,双城市进京上访人数一直居高不下。2000 年,在开展打击邪教组织、制止非法宗教活动专项斗争中,及时预防和平息了"519"法轮功首干分子周某因疾死亡引发的治安案件和监所内法轮功习练人员绝食风波。成功侦破"1021"特大下载、印发、传播非法宣传品案件。拦堵遣返进京聚集滋事法轮功人员,依法查处法轮功人员。经过几年的工作,到 2002 年,全市法轮功习练者转化率达 95%。2004 年,对团结乡、杏山镇的"东方闪电"进行了打击。2005 年,端掉周家镇"东方闪电"窝点。

【见义勇为表彰】 1994 年 12 月 26 日,双城市地方税务局干部贺巍在单位同志生命安全受到威胁的情况下,奋不顾身制止歹徒持刀行凶,被歹徒刺中,因流血过多,抢救无效而牺牲,年仅 26 岁。1996 年 1 月 8 日,贺巍被黑龙江省社会治安综合治理委员会、黑龙江省见义勇为奖励基金会评为"一九九五年度黑龙江省见义勇为先进分子"。1996 年 4 月 13 日,双城市个体营运司机赵强国在营运面包车行驶途中,突然遭遇一名车匪打劫,歹徒先是将一桶汽油在车里四处泼溅,然后一手持刀、一手拿打火机逼车内的 20 多名乘客掏钱。生死存亡刹那间,赵强国猛地扑上去,拼死夺下歹徒手中尖刀,并打开车门让乘客逃生。搏斗中,歹徒用打火机点燃赵强国身上的汽油。赵强国在浑身是火的情况下,坚持将最后一名乘客拥下车后才跳下车,乘客得救了,他的面部和手臂三度严重烧伤。1997 年 5 月 9 日,赵强国被黑龙江省见义勇为奖励基金会授予"全省见义勇为先进分子"荣誉称号,1997 年 11 月 4 日,赵强国被中宣部、公安部、中华见义勇为基金会授予"全国人民群众见义勇为与犯罪分子做斗争先进分子"光荣称号,并参加了表彰大会。

第九章　机关工委、党校

第一节　机关工委

【机构】 1986 年,中共双城县委直属机关工作委员会(下称机关党委)为县直机关党委,设组、宣、纪检委员和工会主席。1990 年,分为市委机关党委和政府机关党委。1996 年,市委机关党委和政府机关党委合并为市直属机关工作委员会,人员 8 人。

历任机关党委书记:李恩禄,副书记林国英、赵家林;历任市(县)委机关党委书记:王琳、刘凤英、姜志国,副书记陈凤祥、姜志国、马和文。历任政府机关党委书记:李恩禄、林国英;副书记林国英、付建超。历任直属机关工作委员会书记:傅振书、祁凤和,副书记马和文、韩辉、刘敬岩、戴忠文。

【机关工委工作】 1986 年,围绕党的中心工作,结合学习宣传"七五计划"和中央 1 号文件,在机关党员中开展党的路线方针政策教育。贯彻陈云同志在党的代表大会所做的关于加强思想教育工作一系列指示精神、十二届六中全会《关于社会主义精神文明建设指导方针的建议》。1987—1988 年,在机关党员中开展社会主义商品经济教育,学习全县改革的先进典型,开展坚持四项基本原则反对资产阶级自由化的宣传教育。1990 年,开展经济形势经济任务教育。1991 年,开展科技是第一生产力的大讨论。组织以建党 70 周年为重点的党史教育活动。1995 年市直机关开展整顿工作,考核机关干部的德能勤绩,改进机关的思想作风加强管理提高机关整体效能。1996年，根据政府职能转变和机构改革中机关党员干部出现的各种思想问题，请专家、学者讲改革开放和经济发展的形势和趋势，请党校教师辅导机关建设与改革开放的关系等方面的理论知识。各支部还针对机关干部思想动态，及时地组织学习和开展三帮三教活动。1997年，配合香港回归开展国情、省情、市情、县情教育，开展"光辉五十年读书教育活动"。2000年，机关工委利用申奥成功的契机，大力宣传民族精神，开展爱国主义思想教育，组织知识竞赛，参加人员1 050人。2001—2003年，制定机关工委《加强和改进思想政治工作的规定》，树立5个加强思想政治工作的典型，召开思想政治工作研讨会和经验交流会。组织指导所属43个支部（总支）的换届工作，及时批复新的党组织领导班子成员。强化管理分类指导，实行支部书记首任负责制，党的活动实现经常化、制度化。在组织发展上，不断强化积极分子的培养教育工作和发展党员工作。制定了《党内监督实施细则》，建立上下结合的党内监督队伍。2004—2005年，开展以实践"三个代表"重要思想为内容的保持共产党员先进性教育活动，各支部（总支）都制定办事公开化、制度化等相关规定，通过定期总结典型推动、强化办公效率。各部门共推出"政务公开制度"600条，推出服务承诺400项，为群众办实事好事3 600件，为群众解决实际困难2 040项，捐款50 000余元，捐物4 000多件（套）。查处党内违纪案件20起，处分党员28人。20年间，先后组织机关干部学习《邓小平文选》一、二、三卷和建设有中国特色社会主义理论，学习党的"十四大""十五大""十六大"精神，学习新党章和党的基本路线，开展"一五""二五""三五"普法教育，撰写论文605篇，普法中有98%的人通过了考试。开展多种有益活动丰富机关干部文化生活，先后开展了增强职业道德创十佳竞赛，创五好家庭，救助失学儿童希望工程，讲文明、树新风等活动。组织开展灵活多样、丰富多彩的文化体育活动，每年还在"五一"劳动节、"七一"党的生日、"八一"建军节以及元旦、春节期间，围绕不同时期的中心工作、确定不同的活动主题；举办演讲比赛、知识竞赛、文艺演出、篮球赛、乒乓球赛、象棋赛等活动，仅大型活动就有44次，丰富活跃了机关干部的文化生活。

第二节　党　校

【机构队伍】　1986年，中共双城县委党校（行政干部学校）有编27人，实有34人，其中，干部30人，工人4人。内设办公室、教务处、基础教研室、哲学教研室、社科教研室。1997年，编制24人，内设机构调整为教研室、教务处、办公室。2005年，党校编制24人，有专职教研人员8人，其中高级讲师2人，讲师4人，内设机构没有变化。

历任党校校长：朱喜和、李庆学、李孟东、刘文彬、裴君、佟宝刚；常务校长：周士勇、郑景祥、赵力田、林国彬、赵洪生。副校长：郑景祥、李洪志、潘希才、魏正杰、赵力田、李凤才、戴文敬、关明贤、王国维、张双林。

【培训工作】　1986年以后，认真贯彻落实《中共中央关于实现党校教育正规化的决定》，坚持一切从实际出发，实事求是，理论联系实际的教学方针，开设哲学、政治经济学、科学社会主义、中国革命史、党建理论、十三大文件精神学习以及公文写作等课程。开展各级各类培训班，有村党支部书记、村主任的进修班；县属企业领导干部、政工干部培训班；机关事业单位工作人员的专项培训；国家公务员的岗位培训等。1995年以来，坚持建设有中国特色的社会主义理论，研究中国改革和建设中的实际问题，培养德才兼备的理论人才为内容的教学方针，主要开设《邓小平文选》第三卷、十五大文件、社会主义市场经济理论教育课，针对不同学员进行培训。2001年，相继开展中共十六大精神学习，紧密围绕邓小平理论、"三个代表"重要思想、科学发展观等一系列理论学习活动。到2005年，举办各级各类培训班161期，培训人数达15 596人次。其中市直部门正职培训班10期，645人次；副科级以上干部轮训班38期2 685人次；理论骨干培训班13期1 461人次；科级后备干部培训班12期726人次；中青年干部培训班6期527人次；农村基层干部培训班46期5 361人次。根据市委、市政府安排或受有关部门委托，适时举办有关现代化建设、党的建设以及相关业务学习等方面的专题培训36期4 187人次。在学历教育方面，与中央党校函授学院、黑龙江大学、黑龙江省委党校、哈尔滨市委党校、黑龙江农业职业技术学院等学校联合开设函授专科班、本科班(设有经济管理、行政管理、法律和中文等多个专业)等学历班156个,毕业学员12 600人。在教学实践中,开展学术理论研究。到2005年共撰写涉及政治、经济、党建、企业管理、思想政治工作等方面论文19篇,分别发表在省市相关刊物上。完成各种科研成果22项,其中,主持完成省级以上哲学、社会科学规划项目2个,获市(厅)级科研成果3个。

1987—2005年双城市党校科研成果情况表

表11-9-1

姓　　名	论文名称	发表时间及刊物	获奖情况
左桂兰	市场经济与宏观调控	1992年《北方经贸》	一等奖
聂宝友	社会主义民主政治本质探析	1994年《黑龙江教育》	一等奖
马启坤	关于学生记忆力的浅谈	1987年《党校》	
王国维	中国共产党三次理论创新与执政能力建设	2005年《哈尔滨市委党校学报》	哈党校一等、省党校二等奖
苏联友	邓小平社会主义本质思想初探与精神文明建设	1996年《经济管理论丛》	省社科三等奖
	形势要坚持"两点论"	1998年《经济管理论丛》	省佳作奖
	对社会主义初级阶段理论的再认识	《北方经贸》	哈市佳作奖
	浅析领导影响力	《行政论坛》	
马喜坤	民主集中制是我们党的根本制度	1995年4月《理论研究》	省社科佳作奖
	对实施可持续发展战略的几点认识	2001年1期《北方经贸》	省社科二等奖
	浅论物质文明建设和精神文明建设的辩证关系	1998年6期《经济管理论丛》	省社科佳作奖
	如何提高成人中专学生综合素质	2001年10期《成人教育》	省社科佳作三等奖
兰例	新世纪党建也要与时俱进	2002年5月《哈市委党校校刊》	一等奖
	努力培养高素质的领导干部队伍　加强和改进党校工作	《省党建学会谈纪念建党八十周年》	一等奖
王菊艳	廉政建设和反腐败斗争	1995年《建设有中国特色社会主义理论研究》	省佳作奖
	社会主义市场经济与国有企业改革	1998年《经济管理论丛》	省佳作奖
	关于加强和发挥党对农村工作领导思考	1999年《北方经贸》	省三等奖
	新时期思想政治工作初探	2001年《北方经贸》	省三等奖
	培育新作风　践行"三个代表"	2003年第十次邓小平理论研究会	省社科联一等奖

第十章 社会主义精神文明建设

第一节 机构与目标管理

【机构】 1985年,设立双城县精神文明建设活动委员会(以下简称文明委)下设办公室。1995年,由县(市)长或主管书记担任文明委主任。1996—2005年,由市委书记担任,成员由相关部、委、办、局、群团组织及双城镇主要领导组成。2005年,全市基层文明办公室86个,有专兼职工作人员194人。

历任文明委主任:李树森、李庆学、朱喜和、李孟东、李 军、朱清文、李学良。历任文明办主任:张士伟、关洪策、赵东朴、宋军元、张建武、刘 滨、贾宝瑞、刘波。

【建设目标】 1986年开始,县委先后制定和实施双城县社会主义精神文明建设"七五""八五""九五""十五"规划和《双城市社会主义精神文明建设长远规划》。总体目标是:在全市人民中牢固树立建设有中国特色社会主义共同理想,牢固树立坚持党的基本路线不动摇的坚定信念,实现以思想道德修养、科学教育水平、民主法制观念为主要内容的公民素质的显著提高,实现以社会风气、公共秩序、生活环境为主要标志的城乡文明程度的显著提高;在全市范围内形成三个文明建设协调发展的良好局面。到2010年,文明单位创建活动开展面达到80%以上;文明小区要达50%以上。双城市级文明村要达70%,哈市级文明村达10%,省级文明村达5%。军警民共建共育活动建点率保持在100%,先进点要达30%以上。

【考核验收】 1987年7月,县文明办制定《创文明单位、建五好家庭、做文明公民试行标准》,共分三部分:第一部分基本标准;第二部分具体标准:包括文明乡镇、文明厂、店、文明医院、文明街道、文明机关等标准和《城乡各类文明单位检查验收内容及其评分标准》(百分制)。第三部分有关其他公约、守则、规范,包括县人民文明公约、乡(村)规民约、居民守则等。1999年,双城市文明办印发《双城市市直党委(总支)精神文明建设工作考兑细则》《双城市农村乡镇党委精神文明建设工作考兑细则》。对具体工作目标和考核评比办法都做了明确的规定。考核评比办法采取100分制和加分制。由宣传部统一认定打分。依据《关于在机关和行政事业单位实行全员目标责任管理实施办法》兑现奖惩。1995年,文明委按照省地的要求,对1995年以前命名的省、地、市级文明单位进行了全面复查整顿工作,依据省文明单位建设标准的相关标准,经复查后报请省、地撤销了省级文明单位1个,地级文明单位7个,市级文明单位8个。2005年,重新命名的哈市级文明单位标兵10个、文明单位标兵2个,重新命名的文明单位3个、新命名的文明单位3个。

第二节 思想道德建设

【职业道德教育】 1986年,在全县开展创建文明窗口活动,各行各业进行当好人民公仆教育并结合实际修订《文明公约》,提倡互相团结、互相帮助,形成一个良好的团结进步的氛围。同时,商业、服务业、卫生和交通等"窗口"行业努力改进服务态度,提高服务质量,建成为群众排忧解难的"窗口",传播社会主义文明的窗口,并在全县继续开展"文明窗口"竞赛活动。1987年,县委制定《双城县"七五"期间社会主义精神文明建设规划要点》,通过集中办班、学习竞赛、请老领导、老模范讲历史、校史、培养先进典型、先进事迹报告会等形式,重点抓了三个层次的教育:首先是对党员和机关干部进行为人民服务的宗旨教育,重点解决官僚主义、弄虚作假、以权谋私和脱离群众问题;其次是对商业、服务业、交通、卫生等"窗口"单位进行以纠正行风为重点的服务思想、服务知识和职业技能教育;第三是对青少年和中小学生进行爱祖国、爱人民、爱劳动、爱科学、爱社会主义的"五爱"教育,从小树立起讲理想、讲文明、讲礼貌的社会道德教育。各部门结合各自行业特点制定包括职业责任、职业纪律和职业信誉在内的职业道德规范和岗位责任制。广泛宣传县教育局语文教研员白金声、兰棱镇个体理发户马文秋、黑龙江籍赴老山前线参加战斗的大学生等先进典型,继而推广乳品厂、糖厂、土产公司、陶瓷厂、百货一商店等单位的事迹和经验。1992—1996年,在全市各行各业进一步制定完善职业道德规范和守则、文明服务公约,开展向孔繁森学习争当人民公仆活动。结合哈市"职业道德百十佳"评选活动,在全市各行业中开展创"十佳"活动,评选粮食、农行、邮电、建设、文化等先进行业。1997—2005年,以提高服务质量为宗旨,以公示制、承诺制为载体积极开展职业道德教育。在党政机关中开展以"为人民服务,做人民公仆"为宗旨的"转变职能,服务基层"活动;在执法和经济杠杆部门开展文明执法为民服务活动;在窗口单位开展"社会承诺""满意放心""树立行业形象"活动。并在机关、执法和窗口单位普遍实行"公示制"和"承诺制"。树立御花园宾馆、贸易城、市医院等一批先进典型。市医院推出首诊负责制、不收受红包、不出售假药"三项承诺"。

【社会公德教育】 1986年,进一步完善《文明公约》和各种乡规民约。开展体育场、文化娱乐场、交易市场秩序和交通秩序的整顿工作。在全县城乡中统一制订《双城县人民公约》《双城县乡(村)规民约》《双城县居民守则》《五好家庭标准》《公共场所"三要、六不要"》《社会公共生活准则和文明行为》《婚姻家庭中的道德》《爱情中的道德》《关于"门前三包"的各项规定》《文明风貌"十字"用语》等,在公民中全面开展以爱祖国、爱人民、爱劳动、爱科学、爱社会主义为主要内容的社会公德教育。建立和发展平等、团结、友爱、互助的社会主义新型关系。按照《双城县"七五"期间社会主义精神文明建设规划要点》,在全市开展了尊老爱幼、救死扶伤、尊敬军烈属和荣誉军人、关心和帮助鳏寡孤独及残疾人生活和开展"送温暖小组""包户服务小组"等活动。教育和鼓励人们共同维护公共场所秩序,做文明乘客、文明群众、文明顾客,形成人人做文明公民的良好社会风气。到1988年,全县共为福利院捐款30余万元,捐助救灾款14万余元、粮票5万余斤、衣物2 000余件、公共事业集资82万余元。1989年,按照《双城市依法治市方案》,开展以抓主旋律教育为重点、从净化人们精神生活入手的社会公德教育活动。开展观看传统影片、大唱革命歌曲活动。在松花江地区中小学生爱国主义教育经验交流会上,市委宣传部、团市委、实验小学交流了经验。开展三次大规模"扫黄打非"活动,共收缴非法出版物116件,并在承旭广场召开销毁黄色书刊、录音录像和非法出版物大会,省电视台做了专题报道。到1998年,共清理取缔用词不规范、带有封建迷信、崇洋媚外内容的牌匾90余块,纠正乱贴乱画广告100多处,清理酒店、商店、宾馆公开供奉神像119尊,清理歌舞厅淫秽画像290余块,清查处理"三陪"人员286人,收缴各类淫秽书报刊、音像制品872册(件)。1999年,相继开展以治理和加强环境建设为重点的社会公德教育。2005年,强化了校园周边环境建设,取缔校园周边的游戏厅、台球厅,为学生营造安静的学习环境;不断强化商贸市场秩序建设,纠正乱摆摊床、沿街叫卖和违法经营活动;继续加大城市环境建设力度,市容市貌和环境卫生明显改善。

【系列教育活动】 1986年,在全县干部群众中继续广泛开展讲文明、讲礼貌、讲道德、讲卫生、讲秩序和行为美、语言美、仪表美、环境美及热爱党、热爱祖国、热爱社会主义活动;在广大干部职工和青少年中掀起有理想、有道德、有文化、有纪律的学习教育活动,结合学习孙玉奎烈士和老山前线战斗英雄事迹,教育广大干部和青少年争做"四有"新人。1987年,按照《双城县"七五"期间社会主义精神文明建设规划要点》,在全县干部群众中开展树立与改革开放相适应的新观念,促进生产力发展的教育活动:即破除小生产和产品经济观念,树立社会主义商品经济观念以及效益观念、时间观念、信息观念、市场观念、竞争观念;破除安于现状、因循守旧观念,树立按劳分配、多劳多得观念;破除领导就是"指挥命令"、就是"统"的观念,树立领导就是服务的观念;破除任人唯亲、论资排辈,轻视教育科技文化和轻视知识分子的观念,树立尊重知识、尊重人才的观念;破除"以言代法""以权代法"等封建残余习惯,树立和增强民主法制观念。在中小学校中继续开展"五爱"教育,上好思想品德课,恢复和坚持升国旗、唱国歌制度,提倡学校创作校歌、制定校训。1988年,全市开展双城经济体制改革和商品经济发展大好形势教育,宣传十年来全面改革的重大成就。总结和推广粮食、工业、物资、农业系统把思想政治工作纳入目标责任制和承包合同的经验。1991年，开展农村社会主义思想教育活动。按照省委宣传部制定的《三基本教育大纲》的要求，在全市党员中开展"三基本"知识教育活动和知识竞赛，全市共有20 992名党员参加答卷。1997年，围绕香港回归祖国举办"庆七一、迎回归"大型广场文艺汇演和《香港回归》图片展、美术书法作品展、《迎回归》知识竞赛等，大力开展弘扬爱国主义为主旋律的宣传思想工作，激发全市人民的爱国主义热情。1999年，在全市干部中深入开展讲学习、讲政治、讲正气教育活动。2000年12月，按照中央和省、市委的部署，在全市开展江泽民同志的"三个代表"（即代表中国先进生产力的发展方向、代表中国先进文化的前进方向、代表中国最广大人民的根本利益）重要思想学习教育活动。2005年，在全市干部职工中广泛开展党的十六大提出的科学发展观的重要思想理论的学习活动。

第三节　文明创建活动

【创建文明城市】　1986年，全县在开展文明城市建设中主要突出治理"脏、乱、差"，美化香化环境，抓死角，重点解决厕所、排水、垃圾、污水的管理和背街小巷走路难的问题，逐步改善城镇基础设施落后状况和居民生活环境、居住条件。解决镇内主要街道的地下排水工程，更换南门至火车站的路灯。1991年后，全市城建改造总投资达10余亿元，完成迎宾路、承旭路、花园大街、文昌大街等主要街道的拓宽改造工程，铺设水泥、柏油路面27万平方米，新安装路灯570盏，铺装人行步道板10余万平方米，地下排水管线1.3万余延长米，新建供水能力为5 000吨的第二供水厂，城乡电话装机达到15 315部；建成住宅、办公、教学、商服楼160多栋，总面积100多万平方米，6 110户居民迁入新居。投资7 000多万元，整修农村道路3 163条，计269.7万延长米。1994年，在全市开展《黑龙江省文明单位建设条例》的宣传贯彻落实活动。集中组织乡镇和市直党委书记、宣传委员128人培训班，并组织基层干部学习讨论，促进文明单位的创建活动。1996年创建省级文明城市扩大到县一级以后，双城市委、市政府召开创建省级文明城市专题会议，提出创优美环境、优良秩序、优质服务、优化管理的"四优"活动，创造优美环境要本着重在建设，标本兼治的原则，采取重点突破的方式，从治脏治乱入手，加强环境卫生建设以及市容市貌等方面的管理；创优良秩序主要是整顿治安秩序、交通秩序、文化市场秩序、商贸市场秩序、建筑市场秩序；创优质服务要在各部门、各行业搞好职业道德宣传教育的同时，建立完善职业服务公约或职业道德守则，大力开展优质服务竞赛活动；创优化管理主要是在强调"建"的同时更要突出"管"，做到建管结合，特别要重点抓好市城区市容环境卫生管理。2001年，市文明办组织3 600多名学生走上街头，开展清除乱贴乱画活动。农村全面开展"三净三化"（街面净、边沟净、庭院净和绿化、美化、香化）活动。2002年7月，组织《纲要》知识竞赛，并参加了哈市的竞赛活动。编写下发4 000份《公民道德建设学习读本》和10万份《文明市民守则》，开展"评选十佳、树立典型、弘扬先进"活动。城区主要街道种植灌木1.5万株，绿篱1.2万平方米，草坪0.6万平方米，草木花卉0.8万平方米，人均绿地到7.2平方米，新城区绿地率达到35%，老城区绿地率达33%，城市绿化覆盖率达到30%。投资5 000万元，改造了开发区和新兴工业园的道路、通讯、电力等基地设施建设。投资300万元对文昌大街路灯进行全面更新。到2002年，投入城市建设资金14.9亿元，全市铺筑白色路面190条113.5万平方米，新建楼房110万平方米，完成新城区四横六纵16公里、26.6万平方米路网建设和职教、医疗、客运、商贸、农贸、党政办公、广场文化七大中心建设。新建城郊和街心公园4处，使城区规模增加到16.9平方公里，扩大1.7倍。2004年，全面接受省级文明城市的检查，并被评为省级文明城市建设先进市。2005年，总结建设省级文明城市的先进经验和先进典型，把创建文明城市工作推向新阶段。

【创建文明村镇】　1986年，根据《双城县"七五"期间社会主义精神文明建设规划要点》的要求，制定和完善各乡镇、村屯整体规划，有计划、有步骤地改造旧村屯，建成省级文明村2个，哈市级文明村3个，县级文明村179个，县级文明村占村总数的45%。积极推进"两进、两出、三改造"（粪肥出村、柴草出村；砂石路进村、花草树木进村;改造饮用水条件、改造厕所畜舍、改造庭院围墙)活动,1990 年,有 15 个乡镇、38 个村修筑红砖路 11.2 万延长米。利用乡镇文化站、村文化室、村民活动点等阵地,组织农民群众学政治、学文化、学时事、学科学,开展演讲比赛、知识竞赛、组织奔小康经验交流巡回报告团、文艺宣传队演出,开展农村社会主义教育活动和奔小康大讨论及普法教育等活动。利用市农民中专和乡镇农民技校,培训农民科技骨干队伍,聘请省市专家到乡镇村屯讲农村适用科学技术,指导农民进行科学试验。培训农村青壮年农民 26 万多人次。到 2000 年,涌现出科技示范户8 362户。2002 年,建成省级文明村 2 个;哈市级文明村 5 个;双城市级文明村 206 个。2005 年,以修路、整治环境为重点,推进"两进、两出、三改造"活动,全市涌现出省级文明村 3 个;哈市级文明村 9 个;双城市级文明村 124 个。

【创建文明单位】 1986 年,以服务人民、奉献社会为宗旨,以纠正损害人民群众利益的不正之风为突破口,开展创建文明行业活动。各行各业根据自身特点,对职工普遍进行岗位培训,规范行业行为、树立行业精神、塑造良好的行业形象。建立健全责权利明确的内外监督机制,提高事业单位和"窗口"行业的服务质量。1990 年,有 14 个行业参加"四职三优"(四职:职业理想、职业道德、职业纪律、职业技能,三优:优质服务、优良秩序、优美环境)竞赛活动。双城市建设局、卫生局、电业局等 6 家单位获先进单位称号。2001 年,开展"文明示范窗口"创评活动,有 68 家"窗口"单位申报参加创评,各单位在显著位置悬挂、张贴标语口号,营造氛围。抓好"五优"即服务优质、秩序优良、环境优美、设施优化、评价优秀。各参评单位积极对照标准,认真查摆、发放征求意见卡和测评表13600 多张。环保局、法院、移动公司等 23 家单位荣获"文明窗口示范单位"光荣称号。2002 年,建成省级文明单位 22 个,哈市级文明单位 36 个,双城市级文明单位 78 个;全市评出私营企业文明单位 36 家。到 2005 年,全市共建成省级文明单位(标兵)14 个,哈市级文明单位 18 个,双城市级文明单位 53 个。全市共评出私营企业文明单位 90 家。

【创建文明小区】 1999 年,下发《关于双城市首批文明楼院评选活动的方案》,8 月,市委、市政府召开全市首次文明楼院(标兵)命名表彰大会,电业局 2 号楼等 22 个小区被命名为双城市文明小区。2000 年,电业局家属楼、省牧校家属楼、904 大队家属楼、国税局家属楼、人民医院家属楼、法院家属楼、卫生局家属楼、交警大队家属楼、运管站家属楼、粮食 2 号家属楼被评为双城市文明楼院标兵;授予公安局 2 号家属楼、文化局家属楼、地税局家属楼、种子公司家属楼、粮食局家属楼为双城市文明楼院。2003 年,全市开展"绿色楼道工程"创建活动。文明办制订《双城市"绿色楼道"工程实施方案》,并召开各小区物业管理公司负责人参加的动员大会。主要在净化、亮化、美化、香化等四个方面开展创建活动。2004 年,下发《关于在社区中开展,评选"先、优"典型活动方案》,评选出司丙林等 11 人为党员志愿者标兵,文明市民张丽芹等 22 人,杰出妇女陈淑真等 73 人,杰出青年王春梅等 27 人,五好文明家庭刘成等 86 户,学习型家庭孙克礼等 19 户,文明户黄有海等 158 户,文明楼院人民银行住宅小区等 6 个,绿色楼道工商局家属楼 13 单元、14 单元等 15 个单元。2005 年,组织 20 个住宅小区开展"绿色楼道"建设活动,在楼道内悬挂以双城风光为背景、以公民道德建设为内容的公益画1 500幅,起到了教育群众、美化环境的作用。

【创建五好家庭】 1986 年,"五好家庭"创建纳入市精神文明建设总体规划。妇联组织广大妇女开展"五好家庭"创建活动。1989 年,启动"四四"工程,即对广大妇女进行"四个坚持"(坚持社会主义道路、坚持无产阶级专政、坚持共产党的领导、坚持马列主义、毛泽东思想)、"四爱"(爱党、爱祖国、爱人民、爱社会主义)、"四有"(有理想、有道德、有文化、有纪律)、"四自"(自尊、自信、自立、自强)为内容的教育。1989 年,评选出"五好文明家庭"66 150户,标兵户 754 户,双文明户7 581户,"三八"节期间奖励先进人物 400 名。在革除封建迷信陋习教育中,联兴乡妇联采取积极有效措施,解散了一个由天主教派生出来的"苦哭派"迷信组织,解脱了受蒙蔽的妇女,也挽救了一些因此而出现裂痕的家庭。1992 年,组织妇女参加省首届家庭文化知识竞赛。通过开展家庭演唱会、运动会、故事会,促进"美好家庭"活动深入开展,评出"美好家庭"典型户 253 户。1996 年,开展《写给年轻妈妈》读书和评选优秀年轻妈妈活动。年轻母亲通过学习掌握了科学的教育知识,树立良好的母亲形象。组织广大妇女学习《公民道德建设实施纲要》,开展"公民道德规范进家庭"活动,开展以"妇女家园环境"为主题的环保宣传教育活动,倡导"绿色文明",创建"绿色家庭",净化古堡环境。在防控"非典"工作中,大力开展"合力防非典、健康在家庭"活动。2003 年,开展"美德在农家"活动。2005 年,在城镇开展"学习、廉洁、节约、平安、环保"五型家庭创建活动。

【共建活动】 根据《黑龙江省军警民共建共育工作暂行规定》精神,重点抓中小学共建活动。1986 年以来,城内大部分中小学都开展军警民共建活动,使双方之间优势互补、发扬光大、军警民为中小学开展军训活动进行指导并派专门教员教练;选派军警中的英雄模范人物为中小学生讲英雄事迹;讲部队的光荣传统以及交通安全方面的法规等。中小学校还主动为部队在练习书法、绘画方面给予帮助,派文艺演出队到部队慰问,同时还在部队子女入托入学方面给予照顾。通过共建,地方相关单位人员特别是中小学学生提高了纪律观念和国防意识,增强了综合素质,进一步融洽了军警民关系。同时也改善了一些中小学的教学环境。市第八中学由于流氓闹校严重,师生一度失去安全感,通过警民共建活动,流氓闹校已经杜绝,校风、校纪、校貌和教学质量明显好转。1996—2005 年,双城市第六小学与中国人民解放军 81037 部队通讯团一连签订协议,结成共建对子。81037 部队一连成为双城市第六小学校外辅导单位,第六小学少先队活动与通讯团一连官兵共同参加活动,互帮互勉。双方共同按协议要求履行好自己职责。对学校的教育工作和军队的革命化建设起到互相促进、共同提高的作用。双城市人武部为共建单位双城市新兴乡新华村的新农村建设提供物资和技术方面的支持,同时还为新华村小学捐款,并送去单双杠等体育器材。全市先后有 9 个共建共育对子,即:双城公安交警大队与实验小学、民主派出所与第二职业中学、武警中队与第八中学、红旗派出所与贸易校、81037 部队与铁路中学、81037 部队五连与农民成人中专、86055 部队一中队与教育幼儿园、86055 部队与省牧校、民主派出所与第六中学结成共建对子,共建的原则、共建的内容都具体明确。双城市公安交警大队与双城市实验小学共建共育活动协议有八个方面:一、交警大队为实验小学训练 128 名小交警,学会全套手势指挥操,并能正确运作。其中 64 名训练达标。二、交警大队每月为实验小学全体师生进行"交通法律法规常识教育"讲座。三、由双方共同举办"警校共建共育夏令营"活动。主要寻找"车辆违章"和"行人不文明交通行为"等现象,并依法进行文字评论,在市电视台《交警专栏》中播放。四、交警大队支持并参与实验小学开展的"扶贫济困"活动,每个股队负责 2 名特困优秀学生就学费用。五、实验小学负责净化城市交通设施,并定期管护。六、实验小学定期为交警进行"钢笔字、毛笔字、美术字、音乐"等科目的辅导培训。七、实验小学为交警子女入托、入学、入团、选干等方面提供方便,优先照顾。八、为加强警校共建共育的领导,双方各自成立领导小组。到 2005 年,全市获省级军警民共建共育先进集体一对,省级军警民共建共育先进个人 3 名,市级军警民共建共育先进集体标兵 3 对,市级军警民共建共育先进集体 15 对。陈绍义、张大庆等被评为省级军警民共建共育先进个人,王正坤被评为哈尔滨市级军警民共建共育先进个人标兵,王庆丰被评为哈尔滨市级军警民共建共育先进个人。

第四节 讲文明树新风

【倡导新风尚】 1986 年以来,结合文明城市建设等活动,先后在城乡开展"四提倡、四反对"(提倡相信科学,反对封建迷信;提倡正当娱乐,反对聚众赌博;提倡合理消费,反对大操大办;提倡自尊互让,反对不讲道理)活动。1997 年,市文明办印发《双城市公民精神文明教育读本》和《双城市市民文明守则》。主要内容是:要热爱祖国,热爱家乡;要遵纪守法,见义勇为;要言行文明,自尊自重;要家庭和睦,邻里相亲;要讲究卫生,保护环境;要崇尚科学,勤劳致富;要计划生育,移风易俗;要爱岗敬业,优质服务;要维护秩序,保持安定;要拥军优属,助残扶贫。十不准:不准危害国家,损害集体;不准涉黄吸毒,放纵坏人;不准污言秽语,损人利己;不准虐待老人,吵架斗殴;不准随地吐痰,乱扔杂物;不准相信迷信,坑蒙拐骗;不准违反政策,大操大办;不准玩忽职守,敷衍塞责;不准妨碍交通,滋扰闹事;不准歧视贫困,欺小凌弱。1998 年,文明办下发《关于在全市开展"破旧俗、立新风、婚事新办活动月"的通知》,通过召开座谈会、理论研讨会、事迹报告会、举办集体婚礼等多种形式组织开展破旧俗、立新风、婚事新办活动。推广农丰镇成立"红白理事会"的经验,宣传和表彰婚事新办以及丧事简办的好典型。妇联通过电视讲话,开展破旧俗立新风婚事新办活动,倡议全市女党员、女干部转变旧观念,自觉抵制大操大办,新办俭办婚事。动员广大妇女积极参与"情系西部共育母爱,支援西部大开发"募捐活动,为西部贫困母亲和儿童捐助。2001 年,开展"强素质、树形象"教育活动。动员干部群众倡导文明新风、树立双城人的良好形象。下发《关于禁毒工作的宣传提纲》《双城市爱惜粮食方案》,设立宣传站,出版宣传册,广泛开展宣传活动。抗洪结束后,及时总结抗洪抢险先进人物事迹,在全市巡回报告。开展"文明言行系列教育"、"我为家乡添光彩"活动。为了弘扬双城精神,塑造双城形象,双城市文明办向全市各单位及市民发活动倡议书,明确双城精神为"竞争图强,团结奋进,快速高效,强市富民"。同时对双城形象的内涵高度概括为"热爱双城,建设家乡的主人形象;立足古堡,追求现代的开放形象;整洁优美,功能完善的城市形象;遵纪守法,讲究礼貌的文明形象"。提出倡议:带头搞好学习,深刻领会双城精神的本质和双城形象的内涵。不但要自己吃透精神实质,还要带动其他人的学习,使双城精神深入人心,家喻户晓,使双城形象得到更好体现。带头以双城精神为标准,以双城形象为方向,积极投身到经济建设中去。要在实际工作中去实践双城精神,树立、光大双城形象,在各自工作岗位上,用自己的实际行动为双城精神增辉,为双城形象添彩。带头投入到各级组织的活动中去,发挥应有作用。弘扬双城精神,塑造双城形象是我市的一项系统工程,是一项有组织的精神文明建设活动,要在全社会形成一定的氛围,要大张旗鼓地开展有影响的活动。2002—2005 年,文明办在全市城乡广泛开展"弘扬双城精神塑造双城形象"的宣传教育,树立了一批先进典型。

【移风易俗】　1987 年,按照《双城县人民乡(村)规民约》和《五好家庭标准》开展"勤俭持家,讲求科学、文明、健康的生活方式,不铺张浪费,不恪守愚昧无知落后的生活习惯","婚姻自主,计划生育,更新传宗接代的守旧观念,树立男孩女孩都一样的新思想,不索要彩礼,不包办买卖婚姻,不近亲联姻,不早婚,不早生""移风易俗,婚丧简办"活动。1988 年,编写《狠刹赌博风和破除封建迷信活动》的宣传材料,印发城乡,并表彰一批树文明新风的好典型。1989 年,从综合治理入手,在全市城乡中广泛开展"四提倡四反对"宣传教育活动。1997 年,结合加强文化市场管理,清理整顿不良文化现象,清理街头看相、算卦、测字、看风水、电脑算命等封建迷信活动,取缔固定卦点 1 处,卦摊 7 处,收缴卦书、卦签 108 本(件);收缴带有博彩性质的游戏机 23 台,电路板 18 块,查封游戏厅 12 户;取缔花圈店 80 个,使全市城乡的移风易俗工作开展的扎实有效。1998 年,相继制定和印发《双城市改进社会风气的实施方案》《进一步深化移风易俗工作的通知》。通过电视台以及各种媒体播发通告,大力宣传。到 2005 年,由市执法局、文化局、公安局、工商局密切配合,取缔街头、公园卦摊 28 处,取缔阴阳先生 35 人,对经营烧纸的个体户和流动商贩在店外沿街摆摊经营和上街流动销售者进行疏导整治。同时,开展丰富多彩的思想教育活动,充分利用社区、农村文化活动室等各类思想文化阵地,以老百姓喜闻乐见的娱乐形式开展各种活动,丰富了群众的精神生活。各基层单位和群团组织把整治封建迷信活动与创建文明社区、文明单位、文明楼院结合起来,强化广大群众的文明意识、科学意识和公德意识。

【十佳公仆】　1997 年,开展首届"十佳公仆"评选活动。1999 年,王玉祥、李静杰、刘丽秋、李岩秋、赵元达、王文力、杨跃武、周振文、赵革、吴宣文 10 名同志荣获"十佳公仆"荣誉称号。2001 年,授予张波、刘建章、李永健、吴敏、刘向民、李树林、李士杰、于广明、祖贵桥、张宝安 10 名同志"十佳公仆"荣誉称号。其中兆麟中学校长李永健获哈市级"十佳公仆"提名奖。2003 年,王宏伟、苗长生、郭永恒、么有才、王庆丰、于淑霞、朱文生、刘从泉、朱万福、王德智 10 名同志荣获"十佳公仆"荣誉称号。其中双城镇永治村党支部书记朱万福获哈尔滨市"十佳公仆"荣誉称号。2005 年,在双城市"十佳公仆"评选活动中,闫崇峰、白雪松、栾学、李悦会、徐衍龙、王忠勋、王椿荣、赵金国、王晓峰、李玉臣 10 名同志获"十佳公仆"荣誉称号,授予刘君伟、朱子奇、苏彦文、范业霞、张宝昌、杨凤斌、闫善利、刘德奎、孙永山、张国权等 10 名同志"优秀公仆"荣誉称号。其中,社会保险事业管理局局长李玉臣获哈市"优秀公仆"荣誉称号。

第十二编　地方人民代表大会

人大代表

历届人大会议

双城市（县）人大常委会

1984—2005 年,市(县)人民代表大会以及常委会历经 7 届。按照《中华人民共和国地方各级人民代表大会和地方各级人民政府组织法》规定,选举人大代表,市(县)要设立选举委员会,乡镇成立领导小组,并主持本级人大代表的选举工作,代表名额由市(县)人大常委依照《组织法》确定。20 年间组织了 6 次选举,有 1 627 人次当选人大代表。召开全体代表会议 26 次,常委会议 146 次,审议和决定全市政治、经济、文化、教育、卫生、市政建设等方面的重大事项 135 项,任免政府及法检两院工作人员 1 264 人次。

市(县)人民代表大会按照《中华人民共和国宪法》和其他有关法律所赋予的职权,认真贯彻执行国家的各项法律、法规,依法对市(县)人民政府、市(县)人民法院、市(县)人民检察院进行法律监督和工作监督。在 20 年的工作实践中,建立了完善的工作机制,取得了明显成效。地方国家权力机关的职权也得到了有力的发挥,促进了市域经济和社会事业快速发展。2005 年底,市第五届人民代表大会已召开 4 次全体会议,任期未满。

第一章　人大代表

第一节　人大代表的产生

【人大代表的选举】　根据《地方组织法》《选举法》的规定和省、松花江地区行署人大工委及哈尔滨市人大常委会换届选举工作会议的要求,双城市(县)人民代表大会代表于 1984、1987、1991、1993、1997、2002 年进行 6 次换届选举。市选举委员会每届换届选举时都成立宣传机构、组建宣传队伍,充分利用各种宣传媒介,广泛宣传换届选举的重大意义、选举制度和人民代表大会的优越性等,增强广大选民当家做主,管理国家大事的自觉性;划分选区,按照便于选民参加选举活动,了解代表候选人,监督代表和代表联系;农村一般按居住情况(村、村民小组)划分、市区和城镇按生产和工作单位划分;选民登记各选区负责,按选民小组逐人登记,然后汇总上报,并在选举日 30 天前张榜公布(1995 年修订的《选举法》改为选举日前 20 日公布),凡年满 18 周岁以上的中华人民共和国公民、除被剥夺政治权利外,不分民族、职业、社会出身、宗教信仰、文化程度、财产状况和居住年限,都有选举权利和被选举权。推荐代表候选人:初选代表候选人,由各政党、团体单独或联合推荐。初步代表候选人由选区上报选举委员会,选举委员会汇总后于选举日 20 天前(1995 年修订的《选举法》改为 15 天前)按选区张榜公布。初步代表候选人名单,经选民反复酝酿协商,由选举委员会根据多数选民的意见和多于应选代表人数的三分之一至一倍的原则,确定正式代表候选人名单,并于选举前 5 日前按选区张榜公布;投票选举:通过召开选举大会或在一个选区内设若干个投票站,组织选民在统一的时间内投票选举。选区全体选民过半数参加投票,选举有效。代表候选人必须获得参加选举选民过半数的选票,始得当选。选举结果上报选举委员会,依法确定代表资格有效后,以选区为单位向选民公布。当选的代表,由选举委员会颁发当选证书。

【县九届代表】　1984 年,第一季度换届选举,选举人大代表 410 名,到 1986 年,九届三次人代会时,实有人大代表 420 名。

双城县第九届人民代表大会代表名录表

表 12－1－1　　　　　　　　　　　　　　　　　　　　　　　　　　　　　　　单位：人

代表团	代表	代表姓名	届中调整	
			补选	终止代表资格
合计	420			6
县直机关	16	范德武、杨永清、王和、张枝森、付士显、刘凡、肖辉、王朝福、刘洪斌、周国禄、吴丽芳（女）、詹秀琴（女）、张淑清（女）、张景坤、王依群、刘凤英（女）		范德武
粮食、物资、金融	17	梁世茹（女）、李孟东、焦文林、张志太、肖景玉、贾玉坤、王信、刘玉林、朱文礼、蔡德贵、张文志、范瑞君、姜永胜、王鹏南、李德义、王继文（女）、王杰（女）		范瑞君
商业、供销	20	赵乾质、冯汉、王树清、杨继武、王连璧、许殿生、谭忠礼、涂宝信、张雄飞、范德昌、贾贵生、陈继祥、赵福贵、康学、张树琦、赵松芳（女）、覃晋英（女）、孙淑娥（女）、何良艳（女）、顾秀伟		
工业、电业、邮电	24	关振山、刘贵、王顺、陈忠礼、杨余新、何成家、郭明友、崔继康、杜云春、张世成、张相福、王长海、邢忠德、司连德、冯国华、王宝山、张继福、宫志远、张淑云（女）、周淑芹（女）、王革（女）、刘影（女）、吴秀英（女）、赵万复（女）		
二轻、交通、建设	22	李和、黎伯均、王国清、袁英友、吴荣佩、王玉祥、崔百川、白占奎、孙百廷、赵丽杰（女）、王恒玉、张野、郭淑兰（女）、高喜范、陈继凯、王桂香（女）、卢玉学、杨山林、张树信、徐桂文（女）、赵德生、郝建忠		
农业	15	朱国兴、张富、谭中义、韩刚印、贾洪文、赵瑞光、车喜、沈继彬、陈永富、张洪江、金秀岩、刘玉铎、阎世本、叶福来、李秀英（女）		
科教	18	张义、韩长河、王茂珍、何伟琦、吴永廉、宋爱民、龚官彪、车城秀（女）、孟淑清（女）、徐瑞恒（女）、王桂珍（女）、温希民、颜世民、蔡桂元、邵洪信、胡显民、董殿臣、李金满		胡显民
政法、驻军、驻双单位	10	刘荣、张国兴、张世武、叶云贵、梁振涛、王诗亮、孙武成、何文发、高步才、黄延增		黄延增
双城镇	29	李庆学、陆文发、李洪树、任贵德、王世明、张贺、金佩恒、黄秀芝（女）、高永山、李秀芳（女）、李满金、聂元江、迟景元、刘庆祥、张忠信、李德选、张玉岱、李彦坤、李德祯、孙成珍、张树勤、关胜莲（女）、关志会（女）、张淑芹（女）、赵亚芹（女）、南亚清（女）、王云杰（女）、兰希香（女）、朱广忠		
周家镇	11	张振铎、张明印、晁淑芬（女）、苏家仁、马秀山、金士辉、朱明福、沈义安、赵文秀、吴国有、曹秀兰（女）		
五家镇	12	李德臻、任增贵、胡庆吉、李庆祥、王继兴、汪振祥、付宝玉、吴庆功、阚维华、关淑兰（女）、赵松年、王志民（女）		赵松年、王志民（女）
兰棱镇	12	付连兴、赵荫宝、王玉英（女）、贾景余、王景双、王发、车仁德、王太、许连庆、邵国柱、何敏（女）、计秀芬（女）		

续表

代表团	代表	代表姓名	届中调整	
			补选	终止代表资格
韩甸镇	10	张金荣(女)、李成国、王相中、郭文祥、阎善文、史树阁、张树芳、罗继春、李福生、刘景范(女)		
杏山镇	8	朱喜和、白殿宇、孙永年、刘殿富、何志国、董广生、李桂莲(女)、郑春芝(女)		
东官镇	9	马永魁、阎成一、刘义发、马奎生、刘少柏、伊国会、安庆文、杨和平(女)、关英贤(女)		
农丰镇	10	邰春玉、康士奎、孙殿文、王士林、付志军、赵军国、王士凯、文业清、谢亚芝(女)、周士文		
单城镇	11	胡秉珍、康成、张玉坤、范国祥、郭显仁、刘凤山、赵克义、白忠山、苍学成、韩淑清(女)、任凤杰(女)		
新兴乡	9	于春海、郭忠山、赵万智、王忠孝、阎善通、白永仁、赵家志、马桂云(女)、范秀珍(女)		
团结乡	10	张洪儒、刘士文、阎桂英(女)、姜诗波、李连福、崔德清、宋吉昌、张明芳、刘桂香(女)、刘德兴		
永胜乡	9	关寿禄、邱淑霞(女)、乔树华、郑永军、李春生、车宗兴、徐林、陶富新、张朋英(女)		
青岭乡	9	赵洪君、潘洪凯、洪纯孝、徐君国、曹大中、张吉昌、刘仁福、孙亚茹(女)、艾秀清(女)		
联兴乡	7	王冠茹(女)、刘士孝 、苏贵朴、方广金、于长富、于明坤、杨秀霞(女)		
万隆乡	9	孙醒范、刘庆学、李春友、苗洪信、李绪合、刘丙生、陈志发、王淑坤(女)、兰玉娟(女)		
乐群乡	10	马学良、白仁东、王立志、陈家栋、汪海斌、王振 发、关树栋、裴照华、阎成荣(女)、杨秀荣(女)		
水泉乡	10	于文复、何子丰、孙殿生、刘国彬、高明江、石宝丰、王国福、阎成巨、孙桂香(女)、赵淑珍(女)		
金城乡	8	赵淑清(女)、张连国、宁宗民、郎凤学、李福臣、孙学恒、叶福兴、阎金霞(女)		
同心乡	9	李树森、魏连启、王瑞启、许树江、王连杰、韩德奎、曾淑云(女)、孙柏玲(女)、徐长清		
公正乡	8	王景山、刘庆文、赵长君、赵志和、施长富、关永彬、刘玉琴(女)、白景新(女)		
希勤乡	8	刘恩俊、王忠山、苗士昌、赵连丰、王亚臣、薛英武、那振军、刘孝珍(女)		

续表

代表团	代表	代表姓名	届中调整	
			补选	终止代表资格
幸福乡	10	徐中复、吴永江、曹大忱、郎淑华（女）、朱万才、寇显志、陈久令、赵歧成、于木春、何志芳（女）		
临江乡	8	祖广和、刘洪兴、姜志国、胡忠芳、付元和、王德军、李清彦、王淑芳（女）		
朝阳乡	8	张福田、龙为民、董宝玉、张维新、任德林、殷雨兴、王英兰（女）、孔桂芬（女）		
对面城乡	7	李启和、丛振海、张秀（女）、兰林峰、刘洪有、李树生、宫玉良		
跃进乡	8	姜凤权、衡则勋、宁士民、付振兴、芮福林、贾志有、张国栋、夏桂香（女）		
前进乡	9	关富祥、吴连忠、聂德彬、于洪君、雷树森、祝振东、谢远祥、李杰（女）、姚桂芳（女）		

【县十届代表】 1987年7月—9月1日，完成代表选举工作，全县设208个选区，全县初步提名推荐候选人489名，确定正式候选人369名，由选民直接选举产生246名县人大代表。直接参加选举的选民达412 379人。在本届人大代表中，男194名，占78.9%；女52名，占21.1%；中共党员173名，占70.3%；民主党派和无党派人士73名，占29.7%；少数民族54名，占22%；工人农民76名，占30.9%；知识分子52名，占21.1%；干部115名，占46.7%。代表的文化结构是：大专以上学历54名，占22%；中专学历57名，占23.2%；高中学历54名，占22%；初中文化70名，占28.5%；小学文化11名，占4.1%。代表的年龄结构是：35岁以下36名，占14.6%；36岁至55岁187名，占76%；56岁以上23名，占9.4%。代表中全国、省、地、县劳动模范69名，占28%。连选连任57名，占23.2%。

双城县第十届人民代表大会代表名录表

表12-1-2 　　　　　　　　　　　　　　　　　　　　　　　　　　　　　　　　单位：人

代表团	代表	代表姓名	届中调整	
			补选	终止代表资格
合计	246			
县直机关	9	何雅春、李恩禄、孙武成、张国兴、张枝森、韩宏模、张文歧、姜永胜、张祥兆		
粮食	5	李孟东、张志太、史丽梅（女）、王国春、关永林		
建筑、电业、物资	5	王玉祥、陈树春、张玉田、王文郁、肖景玉		
二轻	5	周景华、佟凤兰（女）、袁英有、白胜智、高喜范		
工业	14	佟祥友、吴长德、张成邦、任英（女）、于春海、李学林、王焕彬、田荣兴、周立侠（女）、赵云峰、吴常富、孙绍义、刘青春（女）、杨秀芝（女）		

续表

代表团	代表	代表姓名	届中调整	
			补选	终止代表资格
农业	8	刘玉铎、刘文彬、刘凤志、王香云（女）、金秀岩、杜迎普、戴清荣、王玉芬（女）		
商业、县社、药材	10	赵乾质、梁世茹（女）、杨继武、高佳峰、严立志、王泽生、罗国良、佟凤英（女）、牛乾庚、张彦春		
科教	7	李庆学、邰春玉、韩长河、苗士田、龚官彪、杜洪福、孟凡波		
驻双单位	9	李凤武、樊廷超、刘宪图、贾凤鸣、高士太、赵洪范、邵洪信、高凯、周伯通		
双城镇	23	李洪树、李克荣（女）、白雪松、曲守贵、张淑琴（女）、沈淑华（女）、亢宝富、张海军、米慧（女）、孙凤英（女）、兰希香（女）、聂元江、巴庆雨、田佩娟（女）、刘晓艳（女）、顾锦荣、宋立国、孟庆先、修本荣、武政修、胡乃全、刘永福、高荣祥		
周家镇	9	于文复、薛永贵、赵文成、裴凤文（女）、沈义安、关凤志、韩清彦、于久海、曹玉香（女）		
五家镇	9	李德臻、孙殿文、赵景文、付宝玉、侯仁禄、汪振洋、杨中平、关淑兰（女）、王俊茹（女）		
兰棱镇	9	李树森、龙为民、王玉英（女）、许连庆、王青柏、项庆仁、崔广才、王士魁、何敏（女）		
韩甸镇	7	张金荣（女）、司景华、王相忠、阎善文、史树阁、李福生、刘景范（女）、		
杏山镇	6	朱喜和、白殿宇、阎玉珠（女）、宋殿印、孙永年、董广生		
东官镇	6	马永魁、孙兆田、杨和平（女）、徐家申、刘吉有、袁德昌		
农丰镇	6	赵坤、康士奎、谢亚芝（女）、何永海、王士凯、张福臣		
单城镇	6	刘凤英（女）、邓兆海、张玉坤、陈洪魁、赵克义、韩淑清（女）		
新兴乡	6	白景和、吴连忠、阎善通、姜贵林、王忠孝、赵秀丽（女）		
团结乡	5	张洪儒、周广才、钟秀阁、苗士学、赵淑杰（女）		
永胜乡	5	张文玉、徐殿芳、邱淑霞（女）、徐林、霍双福		
青岭乡	5	赵洪君、潘洪凯、赵丽华（女）、刘仁福、许广峰		
联兴乡	5	何文发、郭清昌、马立英（女）、方广金、孙文奇		
万隆乡	5	温希民、张贵、刘庆学、杨宝志、李淑贤（女）		
乐群乡	6	刘恩俊、马学良、彭金秋（女）、王玉林、何万昌、葛忠彬		
水泉乡	5	丁全周、王英才、向春魁、刘景龙、伊静霞（女）		
金城乡	5	张富、张连国、宫志民、王石山、李秀娟（女）		
同心乡	5	刘荣、张凤超、许晓辉（女）、段其泉、张明富		
公正乡	5	王景山、张桂林、张淑杰（女）、兰厚江、敖万武		
希勤乡	5	王贵才、常识、张喜彦、那振军、刘孝珍（女）		
幸福乡	5	谭中义、吴守庆、马国彦、刘文涛、何志芳（女）		
临江乡	5	李和、祖广和、张树宽、薛艳芬（女）、付元和		
朝阳乡	6	张世武、孙义、田再春、齐国华、张建华、孔桂芬（女）		

续表

代表团	代表	代表姓名	届中调整	
			补选	终止代表资格
对面城	5	于占歧、丛振海、张秀、车成有、鲍志武		
跃进乡	5	宁世民、关太山、夏桂香（女）、王成山、白兴中		
前进乡	5	张振铎、刘士孝、聂德彬、刘玉库、李杰（女）		

注：双城县第十届人民代表大会代表直接转为双城市第一届人民代表大会代表。

【市一届代表】 1988年9月，双城县撤县设市，黑龙江省人大常委会决定，双城设市后不再进行换届选举，双城县第十届人民代表大会代表可直接转为双城市第一届人民代表大会代表。据此，双城市履行法律程序后，有246名上届人大代表，直接转为双城市第一届人民代表大会代表。经过届中几次微调，到届满时，人大代表242名，空额4名。

【市二届代表】 1990年11月下旬至1991年1月25日，完成代表选举工作，全市设256个选区推荐初步候选人647人，确定正式候选人461名，选出302名市人大代表。直接参加选举的选民达425 288人。在本届人大代表中，男238名，占78.8%；女64名，占21.2%；中共党员224名，占74.2%；民主党派和无党派人士78名，占25.8%；少数民族77名，占25.5%；工人农民132名，占43.7%；知识分子60名，占19.9%；干部106名，占35%。代表的文化结构是：大专以上学历65名，占21.5%；中专学历65名，占21.5%；高中学历59名，占19.7%；初中文化93名，占30.8%；小学文化20名，占6.6%。代表的年龄结构是：35岁以下51名，占16.6%；36岁至50岁189名，占65.5%；51岁至55岁41名，占13.9%；56岁以上12名，占4%。代表中全国、省、地、县、乡劳动模范181名，占59.9%。连选连任69名，占22.8%。经过届中几次微调，到届满时，人大代表已达306名。

双城市第二届人民代表大会代表名录表

表12－1－3 单位：人

代表团	代表	代表姓名	届中调整	
			补选	终止代表资格
合计	302		8	4
市直机关	11	刘文彬、柳兴、李恩禄、王琳、李克真（女）、韩长河、管凤林、姜永胜、马慧娟（女）、徐万宝、赵影（女）	赵双全	
二轻	7	王庆喜、陈乃文、刘凤玉（女）、辛长志、周宝山、冷元、朱占洪		
工业	23	佟祥友、吴恩国、王佩礼、张志友、段洪军、曹玉江、林凤霞（女）、姜来群、薛淑华（女）、王明会、那富臣、赵凤兰（女）、韩劲松、杨喜坤、陈增亚、顾南平、付万祥、李丽君（女）、马林跃、周庆泽、宋佩新、王德成、任国清	韩宏模	
建设、物资、交通、电业	8	王玉祥、杨继武、徐衍龙、许丽华（女）、勾福堂、王冠加、李贵福、石兴林		
商业、市社、两药	12	刘凤英（女）、杨秀斌（女）、陈仰贤、胡振友、黄汝学、何志学、马玉环（女）、陈明富、郭殿华、关福全、王春山、李亚芹（女）		
粮食	7	李孟东、袁英有、辛彦章、徐德江、朱喜文（女）、陈双才、韩克俭		

续表

代表团	代表	代表姓名	届中调整	
			补选	终止代表资格
农业	6	刘士文、沈继斌、张亚芹(女)、迟忠义、尹喜来、陈凤艳(女)、		
科教	9	白景喜、王占山、石成(女)、吴云升、黄朝贵、常丛文、杜洪福、张振江、陈家本		
驻双单位	9	刘鹏雁、李凤武、刘宪图、张培彬、丁继久、吴桂本、邵青、高凯、杨以理		丁继久
双城镇	25	李克荣(女)、刘世孝、赵学峰、王洪涛、宋文、何玉珠(女)、南亚清(女)、孙凤英(女)、李世光、李桂凤(女)、聂元江、田佩娟(女)、李秀环(女)、周玉昌、白英文、李志水、姜文斌、李德选、李春贵、邹宝全、高荣祥、赵玉民、修本荣、韩柏云(女)、宋立国	张士伟	
周家镇	11	张成国、李纯信、周才、裴凤文(女)、沈义安、庞来斌、关风志、奚玉贵、韩清焕、李成祥、曹玉香(女)		张成国
五家镇	11	李立奎、林国斌、于富海、王俊茹(女)、付宝玉、侯印禄、李洪彦、王景山、李常彦、汪作斌、刘敏(女)		
兰棱镇	11	佟彦、赵洪君、康诚、王玉英(女)、周广才、谭士诚、孙占洲、薛英、马立华(女)、倪长影(女)、陈兆敏		
韩甸镇	9	李大锦、司景华、王相学、李明华(女)、史树阁、刘景范(女)、马喜山、阎善文、张凤学		
杏山镇	8	朱喜和、白殿宇、金喜庆、阎玉珠(女)、孙永年、董广生、宋殿印、李洪霞(女)		
东官镇	7	马永魁、顾国和、马奎权、钟淑珍(女)、周永河、洪克江、苍秀芝(女)		
农丰镇	6	邱春玉、苏铁民、阎洪贵、杜亚敏(女)、何永海、谢亚芝(女)	林成斌	
单城镇	7	肖景玉、邓兆海、高玉民、韩淑清(女)、赵克义、苍德贵、赵淑华(女)		
新兴乡	7	何忠学、白景和、洪仁安、董绍清、郭艳华(女)、何永清、唐庆山		
团结乡	6	张洪儒、王兆臣、王先海、赵世娟(女)、王德新、赵万林		
永胜乡	6	张文玉、徐殿芳、谢子芳、赵淑珍(女)、孟宪成、于文祥		张文玉
青岭乡	7	刘荣、潘洪凯、关海权、刘仁达、王秀清(女)、许广峰、董福山		
联兴乡	6	王树森、曹玉华、郭清昌、马立英(女)、方广金、吴凯		
万隆乡	6	李启和、张贵、肖方华、谢亚香(女)、杨宝志、陈玉生		
乐群乡	8	刘恩俊、吴斌、曹兴海、彭金秋(女)、葛忠斌、王玉林、邓桂莲(女)、何万昌		
水泉乡	6	丁全周、王英才、赵河、阎淑萍(女)、耿成武、王文琴(女)		
金城乡	6	薄云、齐国宽、付翠云(女)、刘世和、李贵铭、陈守吉	付连兴	
同心乡	6	何雅春(女)、张凤超、刘宝轩、许晓辉(女)、段其泉、马太全		
公正乡	6	康士奎、张桂林、赵洪珍、马中国(女)、关永斌、敖万伍	苏春源	
希勤乡	6	汪振忠、王贵才、关建彤、那振军、苗士昌、刘孝珍(女)		
幸福乡	7	谭中义、王连丰、孙义、马国彦、单宝贵、刘文涛、陈茹贤(女)	张志太	谭中义
临江乡	6	邱喜庭、祖广和、王文章、薛艳芬(女)、王海、刘洪兴	李　军	
朝阳乡	8	张世武、杨庆华、贾殿双、齐国华、张荣、赵国富、张淑霞(女)、纪淑玲(女)		
对面城乡	6	丛振海、韩明才、刘继成、张亚芝(女)、王振富、吕成歧		

续表

代表团	代表	代表姓名	届中调整	
			补选	终止代表资格
跃进乡	6	宁士民、白仁东、陈彦文、夏桂香(女)、白兴中、马万年		
前进乡	6	张振铎、丁振学、赵福义、陈淑云(女)、张龙哲、王世友		

【市三届代表】 1993年7月27日至9月23日,完成代表选举工作,选举产生298名市人大代表。全市设选区245个,推荐初步候选人586名,确定正式候选人447名,直接参加选举的选民达436 383人。在本届人大代表中,男233名,占78.2%;女65名,占21.8%;中共党员222名,占74.5%;民主党派和无党派人士76名,占25.5%;少数民族70名,占23.5%;工人农民119名,占39.9%;知识分子58名,占19.5%;干部117名,占39.3%。代表的文化结构是:大专以上学历102名,占34.2%;中专学历70名,占23.5%;高中学历58名,占19.5%;初中文化61名,占20.5%;小学文化7名,占2.3%。代表的年龄结构是:35岁以下38名,占12.8%;36岁至50岁223名,占74.8%;51岁至55岁31名,占10.4%;56岁以上6名,占2%。代表中全国、省、地、县、乡劳动模范137名,占46%。连选连任75名,占25.2%。经过届中几次微调,到届满时,人大代表已达302名。

双城市第三届人民代表大会代表名录表

表12-1-4　　　　　　　　　　　　　　　　　　　　　　　　　　　　　　　单位:人

代表团	代表	代表姓名	届中调整	
			补选	终止代表资格
合计	298		89	85
市直机关	21	柳兴、林国英、宫新民、韩辉(女)、叶福来、郑崇、张继兴、金代江、孙国忠、张贵祥、韩长河、何云复、史喜华、徐万宝、刘树斌、张宝安、王臣、王运兰(女)、徐晓惠(女)、蒋希田、毛一琮	傅振书、苏联华(女)、南明良、吴荣佩、孙醒范、顾质学	柳兴、郑崇、韩长河、毛一琮
工业	24	陈忠礼、严立志、李丽霞(女)、王明会、张忠、李学、孙绍义、张文波、张桂芝(女)、董立新、李铁山、柴德民、王玉生、施庆太、张兆智、杨喜坤、吴连民、李正永、阎秀华(女)、高喜范、王洪常、刘英杰、王东滨、陈淑娟(女)	王江、李士杰、赵革、徐晶(女)、林成志、屠顶祥、赵宪维	陈忠礼、李学、李正永、施庆太、王玉生、李丽霞(女)
农业	7	刘士文、陈文生、沈继斌、张玉凤(女)、邢文、许树芳、王子石		沈继斌
科教	9	白金声、白景喜、孟凡波、杨淑芳(女)、吴云生、孙玉海、夏彦君(女)、王文山、顾玲华(女)	梁守钦、吴宣文	白景喜
粮食、物资建设、电业	11	袁英有、王玉祥、杨艳华(女)、孟庆和、杨继武、辛彦章、马河、王福汉、马丽英(女)、题忠莲(女)、吴恩国		袁英有、杨继武
财贸	10	王连仲、孙树碟(女)、张静(女)、杨秀斌(女)、崔泽林、张玉林、黄汝学、韩行贵、康成、赵启学	周纯	

续表

代表团	代表	代表姓名	届中调整	
			补选	终止代表资格
驻双单位	12	张英凯、李凤武、刘宪图、马玉文、白树海、史建华、王景春、吴桂本、张培斌、邵青、朱亚芝(女)、孙广臣	王长利、黄明举、孙成章	白树海、史建华、邵青、马玉文
双城镇	30	于占歧、吴永江、张欣、曲守贵、李士光、王贵海、徐国美、张凯权、王桂兰(女)、白英文、郑佩娟(女)、鲍维华、李秀环(女)、穆秀兰(女)、田佩娟(女)、南亚清(女)、李志水、陈淑珍(女)、王安良、南广文、单宝贵、高庆恩、张国君、邹宝全、穆春华(女)、黄德海、南玉梅(女)、姜文斌、朱万福、李德选	李学良、赵学峰、单继纯、魏振亚	吴永江、赵学峰、单继纯、王安良
周家镇	10	薛永贵、张凤超、单振福、裴凤文(女)、韩清彦、赵连军、关凤志、曹玉香(女)、贾立权、庞来滨	王为重、刘金禄、郎柏祥、王连瑞	薛永贵、王树春、张凤超、单振福、王连瑞
五家镇	10	兰国友、栾志朴、张淑珍(女)、孙殿文、王井山、吴洪学、张立江、姜宝玉、臧玉秋(女)、傅秋菊(女)	林国斌、林淑清(女)、裴广才	栾志朴
兰棱镇	10	李军、关太山、关福和、关明贤(女)、周广才、贾景余、梁凤艳(女)、任志民、孙英祥、卢洪娇(女)	王文波	关福和、任志民
韩甸镇	9	佟宝刚、徐殿芳、司景华、李明华(女)、雷声清(女)、管亚如(女)、史树国、张佐民、赵玉俭	李春仁、李海威、张宝权、孙占生	李春仁、孙占生、司景华
杏山镇	8	李立奎、张俭、曹宗泽、阎玉珠(女)、孙永年、董广生、黄义清(女)、刘洪芬(女)	张禄、宋广鹏、陆明久、王书桥	李立奎、张俭
东官镇	7	朱辉、支殿奎、顾国和、苍秀芝(女)、吴德祥、王永富、王月华(女)	关士范、汪德全、宋华	朱辉、顾国和、汪德全
农丰镇	6	邰春玉、苏铁民、阎洪贵、赵宝霞(女)、杜亚敏(女)、何永海	马成国、陈彦林	苏铁民、阎洪贵
单城镇	7	肖景玉、王永江、杨俊丰、赵淑华(女)、董玉学、刘文、张春凤(女)	武路线	肖景玉、杨俊丰
新兴乡	6	何忠学、曹玉华、徐万生、郭艳华(女)、唐庆山、李全信	李克荣、吴守庆、李伟	何忠学、曹玉华、徐万生
团结乡	6	王树森、王树春、姜春廷、何玉芳(女)、黄胜堂、熊纯申	王振民、王洪祥、赵君	姜春廷、王洪祥、黄胜堂
永胜乡	6	那祖顺、张凤君、谢子芳、赵淑珍(女)、邱宗孝、于文祥	杨耀武、陈福兴、李振玉	白景和、谢子芳、陈福兴
青岭乡	6	佟祥友、何殿忠、刘仁达、吴梅(女)、许广峰、于常金	王杰、王玉成	何殿忠、佟祥友、刘仁达

续表

代表团	代表	代表姓名	届中调整	
			补选	终止代表资格
联兴乡	6	李孟东、兰林夫、谢文胜、那敏(女)、高凤义、张忠武	于广明	兰林夫
万隆乡	6	张士伟、高金才、肖方华、谢亚香(女)、杨宝志、张树国	周振文、纪永福、王锡仁、刘青春	张士伟、王锡仁、肖方华、高金才
乐群乡	6	刘恩俊、吴斌、陈志才、黄如清(女)、汪振江、何万昌	杨兴华、关寿禄、曹兴海	陈志才
水泉乡	6	丁全周、王英才、范英武、张艳辉(女)、白洪君、王国福	张国文、刘仁才、赵智生、周士君	丁全周、范英武、赵智生、白洪启、王英才
金城乡	6	林成斌、薄云、齐国宽、付翠云(女)、刘士和、白志文	鲁景华、王忠江	林成斌、齐国宽
同心乡	6	苏春源、艾贵平、刘宝轩、白丽霞(女)、侯志杰、石永君	张希久、宋兆孟	刘宝轩、张希久
公正乡	6	何雅春(女)、白景和、赵洪珍、马忠国、王世和、莫喜申	夏文友、谢忠福	赵洪珍
希勤乡	6	张志太、汪振忠、盛忠武、苗世昌、刘俊华、刘孝珍(女)	焦文林、罗胜发、邵江	张志太、盛忠武、罗胜发、汪振忠
幸福乡	6	付连兴、王连丰、李振和、马明礼、陈茹贤(女)、刘文涛	李春和、关旭东	付连兴、王连丰
临江乡	6	刘凤英(女)、祖广和、王淑芳(女)、王丰和、王广臣、张树奎	金代国、张玉波	祖广和、王淑芳(女)
朝阳乡	6	张富、王继富、贾殿双、孙秀茹(女)、佟德金、齐国华	谢文臣	王继富
对面城乡	6	杨焕廷、李志双、韩明才、张亚芝(女)、王振富、孙继华	王有存、张文德	杨焕廷、韩明才
跃进乡	6	宁士民、白仁东、陈彦文、白英莲(女)、穆传友、赵忠友	洪万龙、金喜林	白仁东、陈彦文、洪万龙
前进乡	6	赵双全、施晓飞、顾国清、陈淑云(女)、张龙哲、李国	刘志国、关海权、王术	王术

【市四届代表】 1997年7月11日—10月30日,完成代表选举工作,选举产生266名市人大代表。全市设139个选区,推荐初步候选人741名,确定正式候选人432名,直接参加选举的选民达454 394人。在本届人大代表中,男207名,占77.8%;女59名,占22.2%;中共党员193名,占72.6%;民主党派和无党派人士73名,占27.4%;少数民族64名,占24.1%;工人农民165名,占62%;知识分子49名,占18.4%;干部49名,占18.4%。代表的文化结构是:大专以上学历148名,占55.6%;中专和高中学历82名,占30.8%;初中文化36名,占13.5%;本届人大代表首次消灭了小学以下文化程度,文化素质明显提高。代表的年龄结构是:35岁以下29名,占10.9%;36岁至50岁174名,占65.4%;51岁至55岁59名,占22.2%;56岁以上4名,占1.5%。代表中全国、省暨哈尔滨市、双城和乡镇劳动模范173名,占65%。连选连任137名,占51.5%。经过届中几次大规模调整,辞去代表职务和调离本行政区及自然减员,有142名人大代表终止了代表资格,各选区又补选了市人大代表142名,到届满时,人大代表266名。

双城市第四届人民代表大会代表名录表

表 12－1－5　　　　　　　　　　　　　　　　　　　　　　　　　　　　单位:人

代表团	代表	代表姓名	届中调整	
			补选	终止代表资格
合计	266		142	142
市直机关	23	傅振书、苏连华(女)、宫新民、吴荣佩、刘敬岩、张国荣、李克真(女)、孙醒范、沈秀岚(女)、金代江、曲守贵、杨德新、张贵祥、常识、王玉祥、蒋书祥、刘兆昌、赵力田、林文俊、赵玉文、王少敏(女)、齐春玲(女)、刘庆文(女)	陈树军、张士义、王庆丰、祁凤和、王祥玉、郭永桓、张福型、李贵军	张国荣、王玉祥、张贵祥、常识、沈秀岚(女)、曲守贵、金代江、刘兆昌、王少敏(女)
工交	22	王江、李大锦、杨秀斌(女)、徐晶(女)、张忠、赵革、严立志、李灿泉、陈增奇、刘宝文、张兆智、朱守成、王东滨、李海燕、柴德民、关大军、关明河、单桂兰(女)、曹进和、李明福、冉桂芹(女)、题忠连	耿彪、吴恩国、张盾、李士杰、董立新、王波、孙德江、李树林、朱文生、孙启银、姬森	王江、杨秀斌(女)、吴恩国、张盾、姬森、李灿泉、题忠连、李明福、单桂兰(女)、陈增奇、朱守成、张忠
财贸	13	刘福芹(女)、刘丰志、孙永奇、朱波、刘树斌、马河、辛彦章、王连仲、张宝安、康诚、崔泽林、王运兰(女)、蒋希田	张波、吴安平、官守国、施晓嘉、刘守伟、朱铁、何力波、卜宪贵、高文祥、张荣廷	王连仲、康诚、蒋希田、刘树斌、马河、官守国、王运兰(女)
农业	10	郑旦生、刘颖、赵英惠(女)、刘纯宏、孙殿文、张连国、裴立田、范金信(女)、黄汝学、刘殿彬	文立恒、邓兆海、张桂林、李亚军、李树武	孙殿文、刘颖、范金信(女)、郑旦生、裴立田
科教	13	刘彦文、王德力、吴宣文、王椿荣(女)、梁守钦、李启堂、王庆阁、王文山、吴守庆、杨庆华、王维林、孙玉海、陈守霞(女)	宋君元、徐新民、李永建、李志文、苗长生、吴振生	吴宣文、王文山、孙玉海、吴守庆、王维林
私营经济	7	王志才、王凤清、王宪斌、姜秀、佟杰(女)、张慧芝(女)、王纯仁	梅章记、付荣耀、刘国君	王纯仁、佟杰(女)
驻双单位	5	李凤武、程永贵、李固江、裴琦、王长利	姜长林、陈志来	裴琦
双城镇	29	朱清文、王树清、于占歧、魏振亚、穆春华(女)、叶福来、朱万福、沈纯诚、陈惠琴(女)、孟凡玉、王永江、张振柱、张子春、赵玉民、陶淑春(女)、高桂霞(女)、李世光、田佩娟(女)、南亚清(女)、周春艳(女)、姜文斌、南玉梅(女)、张钦富、陈淑珍(女)、王德学、刘军伟、单宝贵、南广文、白英文	刘建章、沈刚、黄祖敏(女)、任士和	王树清、魏振亚、单宝贵、沈刚、李世光

续表

代表团	代表	代表姓名	届中调整	
			补选	终止代表资格
周家镇	8	南明良、林国彬、王为众、郎佰祥、么祥柱、贾立友、黄丙秀（女）、魏兴辉	刘志国、么有才、张东诚、王相宝、杨宝环	王为众、南明良、郎佰祥、王相宝、杨宝环
五家镇	7	刘鹏雁、兰国有、裴广才、张淑珍（女）、臧玉秋（女）、张立江、姜宝玉	李桂兰（女）、王世宽	兰国有、裴广才、李桂兰（女）
兰棱镇	8	支殿奎、王荣、王文波、关明贤（女）、贲景余、顾城、田桂荣（女）、周广才	汪玉祥、孙长岱、贲庆录、李振刚、殷为民	支殿奎、王文波、王荣、孙长岱、贲庆录
韩甸镇	7	裴君、刘英文、张保权、宫少志、张彦彬、管亚茹（女）、雷声清（女）	王艺玲（女）、孙喜山、孙凯	张保权、管亚茹（女）、王艺玲（女）
杏山镇	6	宋广鹏、陆明久、王书桥、那春梅（女）、孙永年、崔志军、	白雪松、付军、齐瑞东、刘凤海	陆明久、白雪松、付军、王书桥、
东官镇	6	李学良、刘才、宋华、苍秀芝（女）、王国忠、袁德昌	孙金库、石贵、周恒金、刘乃孝、赵全志	刘才、袁德昌、宋华、周恒金
农丰镇	5	李启和、关旭东、马成国、洪英（女）、何永海	董勤印、秦加龙、王国昌	马成国、董勤印、关旭东、秦加龙
单城镇	6	苏春源、王永江、武路线、张春凤（女）、董玉学、刘文	孙万华、肖继尧、何明焕	武路线、王永江、肖继尧
新兴乡	6	佟宝刚、周振文、宋柏林、李 伟、郭彦华（女）、唐庆山	王垂州、崔雪松、周大、赵淑春、雷庆年	周振文、宋柏林、李伟、赵淑春
团结乡	5	王有存、王振民、赵君、何玉芳（女）、王德和	徐明、隋广德、周玉昆、任久成	王有存、王振民、赵君、周玉昆
永胜乡	4	邢宝贵、王艳（女）、李振玉、张景阳	朱子奇、段兴国、姜玉富、苏成联	朱子奇、李振玉、邢宝贵、段兴国
青岭乡	4	王杰、王玉存、吴梅（女）、于长金	张连峰、王俊宽、伊国富、王彦	王玉成、张连峰、王俊宽
联兴乡	5	李海威、王申存、谢文胜、关云杰（女）、胡元金	王宏伟、景丽玲（女）、陶玉成、刘洪涛	李海威、景丽玲（女）、谢文胜、王申存
万隆乡	6	纪永福、韩世富、刘青春、张树国、谢亚香（女）、杨宝志	刘仁富、孙占才	刘青春、刘仁富

续表

代表团	代表	代表姓名	届中调整	
			补选	终止代表资格
乐群乡	5	赵金国、杨兴华、曹兴海、黄如清(女)、何万昌	梁玉栋、裴永学、孙立昌、胡忠海	赵金国、曹兴海、杨兴华、孙立昌
水泉乡	5	周世君、刘秀兰(女)、刘仁才、王国福、白广春	熊继坤、祖贵桥、张志强、张波(女)、白春奎、赵宝发、王殿忠	周世君、祖贵桥、刘仁才、赵宝发、白春奎
金城乡	6	刘安太、蒋书范、王中江、李淑慧(女)、郑彦达、白志文	那振军、高启武	蒋书范、王忠江
同心乡	5	焦文林、栾学、宋兆孟、白丽霞(女)、石永军	韩德新、魏铁国、刘有为、吴洪军	栾学、宋兆孟、韩德新、魏铁国
公正乡	5	王文力、何雅春(女)、谢中福、赵淑华(女)、孙立华	汪世伟、莫喜申、王英范	王文力、谢忠福、莫喜申、汪世伟
希勤乡	5	赵洪升、林淑清(女)、邵江、汤淑杰(女)、刘业祥	韩淑萍(女)、潘春库、赵振学、那振宽	赵洪升、潘春库、林淑清(女)、刘业祥
幸福乡	5	李春和、张建华、李振和、刘淑琴(女)、刘文涛	高景坤、谭成彪、王本业、赵树堂	李春和、李振和、张建华、王本业
临江乡	5	刘文彬、金代国、杨连春、曲洪兰(女)、王广臣	王明才、杨继祥	刘文彬、金代国
朝阳乡	6	刘凤英(女)、刘丽秋(女)、王世宽、任德林、周永国、齐国华	付明远、高文选、刘永宪	刘凤英(女)、高文选、王世宽、周永国
对面城	5	张英凯、张文德、田春来、张雅芝(女)、盖兴志	赵福良、张玉林、李清文	田春来、张玉林、张文德、李清文
跃进乡	4	王连丰、白英连(女)、王子惠、穆传友	穆传福	王连丰、王子惠、穆传福
前进乡	6	赵双全、高兆林、王英伟、陈淑云(女)、魏文彦、兰志余	李兴民、李君、郑玉华(女)	高兆林、王英伟、李兴民、郑玉华(女)

　　【市五届代表】　2002年7月15日至10月23日,完成代表选举工作,选举产生了273名市人大代表。全市设选区146个,推荐初步候选人569名,确定正式候选人424名,直接参加选举的选民达574 134人。在本届人大代表中,男205名,占75.1%;女68名,占24.9%;中共党员188名,占68.9%;民主党派和无党派人士85名,占31.1%;少数民族75名,占27.5%;工人农民122名,占44.7%;知识分子64名,占23.4%;干部87名,占31.9%。代表的文化结构是:研究生学历6名,占2.2%;大学和大专学历178名,占

65.2%；中专和高中学历 53 名，占 19.4%；初中文化 36 名，占 13.2%；本届人大代表的文化素质较上届有大幅度提高。代表的年龄结构是：25 岁以下 2 名，占 0.7%；26 岁至 40 岁 76 名，占 27.8%；41 岁至 55 岁 188 名，占 68.9%；56 岁以上 7 名，占 2.6%。代表中全国、省暨哈尔滨市、双城劳动模范 127 名，占 46.5%。连选连任 101 名，占 36.9%。经过届中几次调整，辞去代表职务和调离本行政区及自然减员，有 62 名人大代表终止了代表资格，各选区又补选了市人大代表 70 名，到 2005 年 12 月底，人大代表 281 名。

双城市第五届人民代表大会代表名录表

表 12-1-6　　　　　　　　　　　　　　　　　　　　　　　　　　单位：人

代表团	代表	代表姓名	届中调整	
			补选	终止代表资格
合计	273		70	62
市直机关	23	李大锦、王忠勋、祁凤和、赵革、刘敬岩、林国彬、李克真（女）、刘向民、王庆丰、刘晓春、刘松波、张国荣、王祥玉、吴荣佩、郭永恒、施晓飞、李贵军、孙醒范、王德力、林文俊、邹雷（女）、常晓敏（女）、吴秀英（女）	王小林、刘才、顾成林	祁凤和、林国彬、赵革、刘松波、吴荣佩、孙醒范、刘晓春、李克真（女）
工交	26	李士杰、李树林、刘敏（女）、刘福芹（女）、徐衍龙、郎兆军、王波、朱文生、刘永泉、李贵福、吴平、耿彪、李忠伟、朱铁、卜宪贵、李延庚、关大军、何长青、赵纯华（女）、王东滨、刘双臣、孙德江、关明和、孙东来、段文安、徐晶（女）	景丽玲（女）、刘波、黄再利、王珊珊（女）、董立新、付治国	李贵福、关大军、赵纯华（女）、刘永泉
农业	9	文立恒、高丽馨（女）、李亚军、乔淑清（女）、赵英惠（女）、于志君、刘业彬、李树武、张连国	王树春、曲永发、高玉华、李春林	
财贸	10	张士义、王继富、赵淑媛（女）、辛彦章、张波、张宝安、何力波、孙永奇、闫义、高文祥	沈斌、刘纯宏、杨春荣、张大春	赵淑媛（女）、何力波、闫义、杨春荣
科教	13	刘彦文、宋君元、李启堂、王椿荣（女）、李永健、王晓峰、王庆阁、苗长生、蒋书祥、李固江、王梓臣（女）、陈守霞（女）、姜禹智	杨耀武、苏如臣、张大庆	李启堂、李永健、王梓臣（女）
私营经济	12	梅章记、张格海、王志才、王凤清、钟秀丽（女）、王丽（女）、王松楠、孙广义、付荣耀、宋就荣、陈明举、刘宝力	孙长红、杨大震、关士义、范祥彬、赵连有、张宝山、汪配银、张贵、马宝利	
双城镇	29	李学良、刘建章、郭永桓、任士和、黄祖敏（女）、朱庭林、朱万福、刘玉华（女）、王继忠、南玉梅（女）、李振雷、宋伟宏（女）、王永江、孟凡玉、佟波、穆春华（女）、薛可瑞、刘英城、杨柏臣、聂元江、王广义、孙树权、刘君伟、姜文斌、邓桂莲（女）、张钦富、陈淑珍（女）、王亚娟（女）、雷明玉	王洪涛、董福才、李德来	朱庭林、任士和、黄祖敏（女）、穆春华（女）

续表

代表团	代表	代表姓名	届中调整	
			补选	终止代表资格
周家镇	7	么有才、栾学、张东城、赫英丽（女）、贾立友、刘彩云（女）、赵明君	关文良、杨立忠	张东诚
五家镇	9	王明才、石贵、王世宽、那丽（女）、张孝龙、张利伟、臧玉秋（女）、汪春杰（女）、乔青山	郭振坤	王世宽
兰棱镇	9	傅振书、李振刚、殷为民、魏长玲（女）、孙英祥、王月芹（女）、张志民、贾景余、何永武	秦树军、王永学	殷为民、王永学
韩甸镇	9	裴君、韩世富、孙凯、刘亚杰（女）、张恒权、杨兆文、宋德昌、阎德霞（女）、李志杰（女）	王金柱	韩世富、孙凯
杏山镇	7	郭景友、齐瑞东、刘凤海、那春梅（女）、黄义清（女）、陈贵森、张孝君	张吉才、杨贵峰	刘凤海、齐瑞东
东官镇	6	朱辉、路宝库、刘乃孝、苍秀芝（女）、赵全志、赵彬		
单城镇	6	苏春源、孙万华、何明焕、张春凤（女）、安清久、董玉学		孙万华、何明焕
新兴乡	7	佟宝刚、吴坚、崔雪松、王垂州、雷庆年、郭岩华、唐庆山	井岗	佟宝刚
韩阳乡	11	纪永福、刘丽秋（女）、李君、刘永宪、陈淑云（女）、刘堂、兰志余、贾廷友、张景坤（女）、殷禹兴、范永利	张志尧、程立刚	李君、刘永宪
农丰镇	5	李启和、付明远、黄明星（女）、王国昌、谭守顺	白彬	付明远
万隆乡	9	王杰、张万民、赵福良、孙占才、张亚芝（女）、谢云侠（女）、谢亚香（女）、张树国、盖兴志	王江、孙金城	赵福良、孙金城、张树国
团结乡	8	梁玉栋、隋广德、任久成、白英莲（女）、蔡恩平、王德和、穆传友、王秀丽（女）	赵玉昌、张立、王子会	隋广德、任久成、王子会
永胜乡	5	张英凯、姜玉富、王艳（女）、苏成联、王才	刘玉峰	姜玉富
青岭乡	5	丁顺、伊国富、吴梅（女）、王彦、李君贵	王继文	伊国富
联兴乡	5	张志强、刘洪涛、李淑清（女）、陶玉成、韩世柏	李广贤、刘志强、那振勇	张志强、陶玉成、刘洪涛
乐群乡	5	陈树军、裴永学、何丽（女）、胡忠海、何连生	张云龙、王玉林	裴永学、胡忠海
水泉乡	6	熊继坤、张波（女）、王殿忠、王广波、吕书哲、陈永庆	曲德平、张国林	张波（女）、王殿忠
金城乡	6	刘安太、那振军、高启武、王宪芹（女）、高文礼、郑彦达	李彦鹏、邓瑜	那振军、郑彦达
同心乡	5	赵双全、刘有为、金永莉（女）、吴洪君、石永君	吴景利、艾英武	
公正乡	6	何雅春（女）、刘英文、王英范、赵淑华（女）、许彦国、张立文	张军（女）、金兆海、徐继君、苍安亭	刘英文、王英范

续表

代表团	代表	代表姓名	届中调整	
			补选	终止代表资格
希勤乡	5	王宏伟、隋传江、韩淑萍（女）、赵振学、那振宽	邬再奇、陈玉升	赵振学、陈玉升、韩淑萍（女）
幸福乡	5	高景坤、谭成彪、陈立文（女）、赵树堂、赵英伟	白春芳	谭成彪、赵树堂
临江乡	5	刘长河、杨继祥、郭振华（女）、杨连春、于海洲	孙百文	杨连春

第二节　代表的建议、意见

【县九届代表建议、意见】　1986—1987年，共提出代表建议、批评和意见291件。其中九届三次会议提出170件，九届四次会议提出121件，共分7类：属于城市建设和卫生保洁方面58件，占19.9%；属于市场和物价管理方面73件，占25.1%；属于加强教师队伍建设和提高教学质量方面41件，占14.1%；属于医疗制度改革和医德医风建设方面39件，占13.4%；属于发展科学技术方面31件，占10.7%；属于解决农民买难卖难方面20件，占6.9%；属于社会治安方面29件，占9.9%。

【县十届代表建议、意见】　本届代表建议、批评和意见105件，共分8类：城市建设和卫生方面25件，占23.8%；粮食生产、煤炭供应方面19件，占18.1%；减轻农民负担和企业职工负担方面13件，占12.4%；加强个体商贩和物价管理方面16件，占15.2%；引拉河架桥和排涝方面11件，占10.5%；社会治安方面9件，占8.6%；落实科技人员政策方面8件，占7.6%；其他方面4件，占3.8%。

【市一届代表建议、意见】　1988—1990年，本届人大代表提出代表建议、批评和意见共计172件，共分10类：属于城市建设和卫生保洁方面31件，占18%；属于解决拖欠农民糖、麻、奶款方面13件，占7.6%；属于社会治安方面17件，占9.9%；属于提高教师待遇和改善办学条件方面22件，占12.8%；属于改进居民粮油供应和煤补方式方面19件，占11%；属于市场和物价管理方面21件，占12.2%；属于医疗和医德医风建设方面14件，占8.1%；属于减轻农民负担和农机管理方面22件，占12.8%；属于改进军需商品供应方面7件，占4.1%；属于其他方面6件，占3.5%。

【市二届代表建议、意见】　本届人大代表提出建议、批评和意见共计480件，分12类：属于加强市政管理和改善居住环境方面89件，占18.5%；属于解决拖欠农民糖、麻、奶款方面47件，占9.8%；属于制止乱摊派、收费、罚款方面39件，占8.1%；属于增加教育经费和提高教师待遇方面42件，占8.8%；属于加强税收和市场管理方面45件，占9.4%；属于减轻农民负担和调整生产资料价格方面43件，占8.9%；属于调整土地分配不公方面33件，占6.9%；属于社会治安方面38件，占7.9%；属于煤补和稳定居民生活必需品价格方面35件，占7.3%；属于公费医疗和增加卫生经费方面29件，占6%；属于增加科技投入和发挥科技人员作用方面31件，占6.4%；属于其他方面9件，占2%。

【市三届代表建议、意见】　本届人大代表提出建议、批评和意见共计720件，分15类：属于改善经济发展环境方面47件，占6.5%；属于市政管理和改善居住环境方面84件，占11.7%；属于制止乱收费、乱摊派、乱罚款方面72件，占10%；属于社会治安方面68件，占9.4%；属于减少流通环节和解决农民卖粮难方面98件，占13.6%；属于提高教师待遇和改善办学条件方面74件，占10.3%；属于减轻农民负担和解决拖欠农民糖、麻、奶款方面53件，占7.4%；属于加强地方道路建设和维修管理方面32件，占4.4%；属于改善医疗卫生条件和提高医护人员素质方面21件，占2.9%；属于兑现大型农机具补贴款方面19件，占2.6%；属于加强市场管理和打击假冒伪劣商品方面43件，占5.9%；属于增加科技投入和发挥科技人员作用方面 39 件,占 5.4% ;属于改善水利设施和修复排水干线方面 11 件,占 1.5% ;属于改革公费医疗制度和简化报销手续方面 26 件,占 3.6% ;属于其他方面 33 件,占 4.8% 。

【市四届代表建议、意见】　本届人民代表大会共召开了 6 次人代会,共提出代表建议、批评和意见 1 064 件。其中四届一次会议 229 件、四届二次会议 176 件、四届三次会议 193 件、四届四次会议 161 件、四届五次会议 143 件、四届六次会议 162 件。这些建议、批评和意见共分 15 类:属于改善经济发展环境和大力发展私营经济方面 82 件,占 7.7% ;属于增加农业投入和改善农业结构方面 76 件,占 7.1% ;属于提高农民收入和解决"四难"(回收难、种地难、贷款难、送奶难)方面 87 件,占 8.2% ;属于减轻农民负担方面 91 件,占 8.6% ;属于制止乱收费、乱摊派、乱罚款方面 69 件,占 6.5% ;属于增加教育投入、改善办学条件和提高教师素质方面 103 件,占 9.7% ;属于市政管理和改善居住环境方面 127 件,占 11.9% ;属于增加科技、广播电视、文化、卫生事业投入方面 81 件,占 7.6% ;属于社会治安方面 131 件,占 12.3% ;属于加强地方道路建设和维修管理方面 57 件,占 5.4% ;属于招商引资和实施再就业工程方面 25 件,占 2.3% ;属于严厉打击"法轮功"邪教组织方面 46 件,占 4.3% ;属于减轻乡镇财政负担方面 49 件,占 4.6% ;属于精神文明建设和消除封建迷信活动方面 22 件,占 2.1% ;属于其他方面 17 件,占 1.7% 。

【市五届代表建议、意见】　本届人大代表共提出建议、批评和意见 670 件,共分 14 类:属于城市建设和市政管理方面 76 件,占 11.3% ;属于环境保护方面 64 件,占 9.5% ;属于增加农业投入和调整农业结构方面 112 件,占 16.7% ;属于持续发展奶牛业方面 42 件,占 6.3% ;属于改善经济发展环境和大力发展私营经济方面 36 件,占 5.4% ;属于社会治安方面 73 件,占 10.9% ;属于增加教育投入和提高教师素质方面 55 件,占 8.2% ;属于加强乡镇道路建设和管护方面 60 件,占 9% 。人大代表主要在代表大会期间提出议案建议、批评和意见,人大常委会及时归纳整理分类转交一府两院办理。2005 年以前的议案、建议和意见全部办理完毕;属于招商引资和启动破产企业方面 33 件,占 4.9% ;属于精神文明建设和消除封建迷信活动方面 21 件,占 3.1% ;属于社会稳定和严厉打击"法轮功"及无理上访方面 42 件,占 6.3% ;属于发展广播电视事业方面 26 件,占 3.9% ;属于增加科技投入和提高企业科技含量方面 21 件,占 3.1% ;属于其他方面 9 件,占 1.3% 。

1986—2005 年,县(市)人大代表提出的议案、建议批评和意见,县(市)人大常委会及时归纳整理分类,转交一府两院办理,受理单位及时办理,并将办理结果以书面形式告知代表,如有特殊情况,可征求代表同意限时办理,代表的建议、批评和意见,办结率均在 100% 。

第二章　历届人大会议

第一节　县九届人民代表大会会议

【第三次会议】　1986 年 3 月 26 日—29 日,在双城宾馆召开,大会主席团常务主席王景山、李和、赵乾质、刘贵、刘荣、马永魁、陆文发、朱国兴、张金荣主持会议,大会主席团成员 31 名,大会应到代表 420 名,出席大会开幕式代表 386 名,大会听取、审议、通过了县人大、政府、"七五"计划、财政预决算、法院、检察院共 6 个工作报告并做出相应的决议。大会补选范德武为双城县政府副县长,补选丛振海、吴连忠、赵洪君为双城县第九届人大常委会委员。

【第四次会议】　1987 年 3 月 28 日—30 日,在双城宾馆召开,大会主席团常务主席王景山、李和、赵乾质、刘贵、刘荣、马永魁、陆文发、朱国兴、张金荣主持会议,主席团成员 31 名,大会应到代表 414 名,出席大会开幕式代表 356 名，大会听取、审议、通过了县人大、政府、财政预决算、法院、检察院共 5 个工作报告并做出相应的决议。

第二节　县十届人民代表大会会议

【第一次会议】　1987 年 9 月 28 日至—30 日，在双城宾馆召开，大会主席团常务主席张洪儒、李和、赵乾质、刘荣、马永魁、康士奎、张金荣主持会议，主席团成员 33 名，大会应到代表 246 名，出席大会开幕式代表 245 名，大会选举张洪儒、梁玉北、佟祥友、许晓辉、张天贵为省七届人大代表；大会选举张洪儒为双城县第十届人大常委会主任，李和、赵乾质、刘荣、马永魁、康世奎、张金荣为副主任；选举丛振海、王贵才、丁全周、张文玉、李德臻、刘恩俊、何雅春、袁英友、赵洪君、佟祥友、宁世民、吴连忠、杜洪福、许晓辉、龚官彪、严立志、陈树春、白胜智 18 人为县人大常委会委员；选举李庆学为双城县政府县长，李孟东、谭中义、李洪树、梁世茹、郜春玉当选为双城县政府副县长；选举何文发为双城县法院院长，选举张世武为双城县检察院检察长。

【第二次会议】　1988 年 3 月 28 日—30 日，在双城宾馆召开，大会主席团常务主席于文复、张洪儒、朱喜和、张振铎、李和、赵乾质、刘荣、马永魁、康士奎、张金荣主持会议，主席团成员 29 名，大会应到代表 246 名，出席大会开幕式代表 239 名。大会听取、审议、通过了县人大、政府、财政预决算、法院、检察院共 5 个工作报告并做出相应的决议。

第三节　市一届人民代表大会会议

【第一次会议】　1988 年 9 月，经国务院批准，双城县撤县设市。黑龙江省人大常委会决定，双城设市后不再进行换届选举，双城县第十届人民代表大会履行法律程序后，直接转为双城市第一届人民代表大会。12 月 14 日，在双城宾馆召开市一届一次会议，大会主席团常务主席于文复、张洪儒、朱喜和、张振铎、李和、赵乾质、刘荣、马永魁、康士奎、张金荣主持会议，主席团成员 30 名，大会应到代表 246 名，出席大会开幕式代表 237 名，大会通过了关于撤销双城县设立双城市的决议；关于人民代表大会届次的决议；关于更改机构名称和领导职务称谓的决议。

【第二次会议】　1989 年 3 月 28 日—30 日，在双城宾馆召开，会期一天。大会主席团常务主席于文复、张洪儒、朱喜和、张振铎、张成国、李和、赵乾质、刘荣、马永魁、康士奎、张金荣主持会议，主席团成员 31 名，大会应到代表 246 名，出席大会开幕式代表 241 名。大会听取、审议、通过了市人大、政府、财政预决算、法院、检察院共 5 个工作报告并做出相应的决议。大会选举丛振海为市人大常委会秘书长，补选邱喜庭为市第一届人大常委会委员。

【第三次会议】　1989 年 12 月 4 日，在双城宾馆召开，会期一天。大会主席团常务主席张洪儒、李和、赵乾质、刘荣、马永魁、康士奎、张金荣主持会议，主席团成员 31 名，大会应到代表 241 名，出席大会开幕式代表 236 名。大会补选张振铎、彭子权为双城市第一届人大常委会副主任，选举付连兴、周景华、焦文林、薛永贵为双城市政府副市长。

【第四次会议】　1990 年 3 月 28 日—30 日，在双城宾馆召开，大会主席团常务主席张成国、张洪儒、李孟东、谭中义、张振铎、李和、赵乾质、刘荣、马永魁、康士奎、彭子权、张金荣主持会议，主席团成员 32 名，大会应到代表 241 名，出席大会开幕式代表 231 名，大会听取、审议、通过市人大、政府、财政预决算、法院、检察院共 5 个工作报告并做出相应的决议。

第四节　市二届人民代表大会会议

【第一次会议】　1991 年 2 月 5 日—8 日,在双城宾馆召开,大会主席团常务主席张成国、张洪儒、李孟东、谭中义、张振铎、刘荣、马永魁、康士奎、张世武、佟祥友主持会议,主席团成员 24 名,大会应到代表 302名,出席大会开幕式代表 283 名。大会选举张洪儒为双城市人大常务委员会主任;张振铎、刘荣、康士奎、张世武、佟祥友为副主任;丛振海、王贵才、刘恩俊、张文玉、邱喜庭、李启和、王庆喜、李大锦、何雅春、潘洪凯、刘士孝、王明惠、宁世民、辛彦章、杜洪福、吴云生、杨秀斌等 17 人为人大常务委员会委员。选举何忠学为双城市政府市长;邰春玉、付连兴、焦文林、薛永贵、周景华、张金荣为副市长;选举王树森为双城市法院院长,选举李立奎为双城市检察院检察长。大会听取、审议、通过市人大、政府、"八五"计划、财政预决算、法院、检察院共 6 个工作报告并做出相应的决议。

【第二次会议】　1992 年 3 月 20 日—23 日,在双城宾馆召开,大会主席团常务主席张成国、张洪儒、李孟东、谭中义、张振铎、刘荣、康士奎、张世武、佟祥友主持会议,主席团成员 28 名,大会应到代表 305 名,出席大会开幕式代表 286 名,大会听取、审议、通过了市人大、政府、财政预决算、法院、检察院共 5 个工作报告并做出相应的决议。

【第三次会议】　1992 年 11 月 28 日,在双城宾馆召开,大会主席团常务主席张成国、张宏儒、李孟东、佟彦、张振铎、刘荣、康士奎、张世武、佟祥友主持会议,主席团成员 22 名,大会应到代表 307 名,出席大会开幕式代表 293 名,大会补选付连兴、张志太为双城市第二届人大常委会副主任,选举刘鹏雁、李春和、李学良、李克荣为双城市政府副市长,选举张士伟为双城市法院院长,补选林成斌、丁全周、苏春源、韩洪模为双城市第二届人大常委会委员,选举谢勇、韩桂芝、梁玉北、赫崇学、何忠学、白金声、赵宝霞、马立英为黑龙江省第八届人民代表大会代表。

【第四次会议】　1993 年 3 月 23 日—25 日,在双城宾馆召开,大会主席团常务主席何忠学、张洪儒、李孟东、佟彦、张振铎、刘荣、康士奎、张世武、付连兴、张志太、佟祥友主持会议,主席团成员 28 名,大会应到代表 305 名,出席大会开幕式代表 294 名,大会听取、审议、通过市人大、政府、财政预决算、法院、检察院共5 个工作报告并做出相应的决议。大会选举李军为双城市政府市长,补选佟宝刚为双城市第二届人大常委会委员。

第五节　市三届人民代表大会会议

【第一次会议】　1993 年 11 月 17 日—19 日,在御花园宾馆召开,大会主席团常务主席何忠学、付连兴、李军、李孟东、支殿奎、张志太、王树森、刘凤英、佟祥友、那祖顺主持会议,主席团成员 27 名,大会应到代表 298 名,出席大会开幕式代表 291 名。大会选举付连兴为双城市第三届人民代表大会常务委员会主任;张志太、佟祥友、王树森、刘凤英(女)为副主任;赵双全、刘恩俊、苏春源、丁全周、林成斌、宫新民、白金声、佟宝刚、何雅春、孙殿文、吴永江、王明惠、宁世民、杨秀斌、吴云生、张忠、孟庆和等 17 人为人大常委会委员;选举李军为双城市政府市长,焦文林、李克荣、刘鹏雁、李春和、李学良、赵坤、王杰为副市长;选举张士伟为双城市法院院长;选举李立奎为双城市检察院检察长。大会听取、审议、通过市人大、政府、法院、检察院共 4 个工作报告并做出相应的决议。

【第二次会议】　1994 年 3 月 24 日—25 日,在御花园宾馆召开,大会主席团常务主席何忠学、付连兴、李孟东、支殿奎、张志太、王树森、刘凤英主持会议,主席团成员 24 名,大会应到代表 301 名,出席大会开幕式代表 289 名,大会听取、审议、通过了市人大、政府、财政预决算、法院、检察院共 5 个工作报告并做出相应的决议。大会补选了杨兴华、李春仁、林淑清为双城市第三届人大常委会委员。

【第三次会议】 1995 年 3 月 21 日—23 日，在御花园宾馆召开，大会主席团常务主席何忠学、付连兴、李孟东、支殿奎、张志太、佟祥友、王树森、刘凤英主持会议，主席团成员 25 名，大会应到代表 301 名，出席大会开幕式代表 292 名，大会听取、审议、通过市人大、政府、财政预决算、法院、检察院共 5 个工作报告并做出相应的决议。大会补选了林国斌、梁守钦为双城市第三届人大常委会委员。

【第四次会议】 1996 年 3 月 28 日—30 日，在御花园宾馆召开，大会主席团常务主席李军、李孟东、支殿奎、王树森、刘凤英主持会议，主席团成员 24 名，大会应到代表 295 名，出席大会开幕式代表 283 名，大会选举李孟东为双城市第三届人大常委会主任，焦文林、李春和、王杰为副主任，选举李克荣为双城市政府市长，选举纪永福为双城市法院院长，选举张禄为双城市检察院检察长。大会听取、审议、通过市人大、政府、"九五"计划、国民经济和社会发展计划、财政预决算、法院、检察院共 7 个工作报告并做出相应的决议。

【第五次会议】 1996 年 12 月 13 日，在御花园宾馆召开，会期一天。大会主席团常务主席李军、李孟东、李克荣、支殿奎、焦文林、李春和、王树森、刘凤英、王杰主持会议，主席团成员 24 名，大会应到代表 299 名，出席大会开幕式代表 293 名。大会选举董克勇、李军、李克荣、李孟东、焦文林、王树清、刘士文、傅振书、张济、张英凯、王凤清、王志才、王淑清、叶兰、付荣军、刘颖、刘丰志、刘业祥、刘志军、刘福芹、孙醒范、李启堂、李德来、吴荣佩、杨喜坤、陈忠琴、林淑清、南明良、赵淑媛、柴德民、曹玉香、薄云 32 人为哈尔滨市第十届人民代表大会代表。补选刘金禄、李海威、南明良为双城市第三届人大常委会委员。

【第六次会议】 1997 年 3 月 18 日—19 日，在御花园宾馆召开，大会主席团常务主席李军、李孟东、支殿奎、焦文林、李春和、王树森、刘凤英、王杰主持会议，主席团成员 27 名，大会应到代表 297 名，出席大会开幕式代表 291 名，大会听取、审议、通过市人大、政府、国民经济和社会发展计划、财政预决算、法院、检察院共 6 个工作报告并做出相应的决议。

第六节　市四届人民代表大会会议

【第一次会议】 1997 年 10 月 28 日—30 日，在御花园宾馆召开，大会主席团常务主席朱清文、焦文林、刘文彬、裴君、李春和、刘凤英、王杰主持会议，主席团成员 25 名，大会应到代表 266 名，出席大会开幕式代表 261 名。大会选举焦文林为双城市第四届人民代表大会常务委员会主任；李春和、刘凤英、王杰、傅振书为副主任；赵双全、刘安太、苏春源、杨兴华、刘仁才、王有存、何雅春、林淑清、南明良、李海威、王宪斌、刘福芹、刘殿彬、李启堂、张忠、林国斌、赵英惠、梁守钦 18 人为双城市人大常务委员会委员；选举李学良为双城市政府市长；李启和、刘志国、赵洪君、刘士文、王明才、关波、韩淮军为副市长；选举纪永福为双城市法院院长；选举张英凯为双城市检察院检察长；选举王华放、许德生、张桂华、赵国胜、葛喜东、朱清文、焦文林、李学良、王树清、王江、张济、张英凯、王源灿、冯瑞和、吕济平、张建军、周德新、房崇林、胡喜原、赵华安、马淑芳、王荣、王凤清、王志才、王宪斌、王淑清、左丽伟、叶兰、付荣军、刘业祥、刘福芹、孙醒范、李启堂、林国斌、赵淑媛、柴德民 36 人（其中哈市派选代表 13 人）为哈市第十一届人民代表大会代表。大会听取、审议、通过市人大、政府、法院、检察院共 4 个工作报告并做出相应的决议。

【第二次会议】 1998 年 3 月 10 日—11 日，在御花园宾馆召开，大会主席团常务主席朱清文、焦文林、刘文彬、裴君、李春和、刘凤英、王杰、傅振书主持会议，主席团成员 27 名，大会应到代表 267 名，出席大会开幕式代表 259 名。大会听取、审议、通过市人大、政府、国民经济和社会发展计划、财政预决算、法院、检察院共 6 个工作报告并做出相应的决议。大会补选景丽玲为双城市第四届人大常委会委员。

【第三次会议】 1999 年 1 月 18 日—19 日，在御花园宾馆召开，大会主席团常务主席朱清文、焦文林、刘文彬、裴君、李春和、刘凤英、王杰、傅振书主持会议，主席团成员 25 名，大会应到代表 266 名，出席大会开幕式代表 254 名。大会听取、审议、通过了市人大、政府、国民经济和社会发展计划、财政预决算、法院、检察院共 6 个工作报告并做出相应的决议。大会补选梁玉栋、熊继坤、韩淑萍为双城市第四届人大常委会委员。

【第四次会议】　2000年3月2日—3日，在职教中心召开，大会主席团常务主席朱清文、焦文林、刘文彬、裴君、王树清、李春和、刘凤英、王杰、傅振书主持会议，主席团成员25名，大会应到代表273名，出席大会开幕式代表261名。大会听取、审议、通过市人大、政府、国民经济和社会发展计划、财政预决算、法院、检察院共6个工作报告并做出相应的决议。大会补选王宏健、李永健、辛彦章为双城市第四届人大常委会委员。

【第五次会议】　2001年2月22日—24日，在职教中心召开，大会主席团常务主席朱清文、李启和、焦文林、裴君、王树清、刘志国、李春和、刘凤英、王杰、傅振书主持会议，主席团成员30名，大会应到代表270名，出席大会开幕式代表266名。大会选举李启和为双城市第四届人大常委会主任。大会听取、审议、通过了市人大、政府、"十五"计划、国民经济和社会发展计划、财政预决算、法院、检察院共7个工作报告并做出相应的决议。

【第六次会议】　2002年3月12日—14日，在职教中心召开，大会主席团常务主席朱清文、李启和、裴君、刘志国、王明才、高景坤、王杰、傅振书、何雅春主持会议，主席团成员25名，大会应到代表265名，出席大会开幕式代表262名。大会选举高景坤、何雅春为双城市第四届人大常委会副主任，补选么有才、刘洪涛为双城市第四届人大常委会委员。大会听取、审议、通过市人大、政府、国民经济和社会发展计划、财政预决算、法院、检察院共6个工作报告并做出相应的决议。

第七节　市五届人民代表大会会议

【第一次会议】　2002年10月21日—23日，在职教中心召开，大会主席团常务主席李学良、李启和、佟宝刚、郭景友、丁顺、高景坤、王杰、傅振书、何雅春主持会议，主席团成员27名，大会应到代表273名，出席大会开幕式代表271名。大会选举李启和为双城市人大常委会主任；选举高景坤、王杰、傅振书、何雅春为副主任；赵双全、苏春源、刘安太、熊继坤、梁玉栋、么有才、李克真、韩淑萍、刘洪涛、王庆丰、王宏伟、刘福芹、辛彦章、李永健、刘向民、梅章记、吴坚、王晓峰18人当选为双城市人大常委会委员；选举裴君为双城市政府市长；朱辉、李继明、刘士文、关波、丁桂兰、王江、宋柏林为副市长；选举纪永福为双城市法院院长；选举张英凯为双城市检察院检察长。选举王华放、王莉、李学良、李启和、裴君、张济、张英凯、张世义、崔雪松、杨震、于春燕、田在玮、吕济平、曲虹、刘赛光、李靖、佟亮、邹富森、吴坚、王丽、王凤清、王志才、王宪斌、付荣耀、朱文生、刘福芹、那春梅、孙广义、杨华、杨春荣、杨耀武、李启堂、吴敏、郎兆军、高峰、梅章记36人为哈市第十二届人民代表大会代表。大会听取、审议、通过了市人大、政府、法院、检察院共4个工作报告并做出相应的决议。

【第二次会议】　2003年3月26日—27日，在职教中心召开，大会主席团常务主席李学良、李启和、佟宝刚、郭景友、丁顺、高景坤、王杰、傅振书、何雅春主持会议，主席团成员30名，大会应到代表281名，出席大会开幕式代表280名。大会听取、审议、通过市人大、政府、国民经济和社会发展计划、财政预决算、法院、检察院共6个工作报告并做出相应的决议。

【第三次会议】　2004年3月3日—5日，在职教中心召开，大会主席团常务主席李学良、李启和、佟宝刚、郭景友、丁顺、高景坤、王杰、傅振书、何雅春主持会议，主席团成员29名，大会应到代表271名，出席大会开幕式代表270名。大会听取、审议、通过了市人大、政府、国民经济和社会发展计划、财政预决算、法院、检察院共6个工作报告并做出相应的决议。大会补选李彦鹏、刘志强、徐衍龙为双城市第五届人大常委会委员。

【第四次会议】　2005年3月2日—4日，在职教中心召开，大会主席团常务主席李学良、李启和、井岗、张军、郭景友、丁顺、高景坤、王杰、傅振书、何雅春主持会议，主席团成员31名，大会应到代表281名，出席大会开幕式代表278名。大会听取、审议、通过了市人大、政府、国民经济和社会发展计划、财政预决算、法院、检察院共6个工作报告并做出相应的决议。大会补选王祥玉、王椿荣、付荣耀、朱铁、孙广义为双城市第五届人大常委会委员。

第三章　双城市（县）人大常委会

第一节　组织机构

【组织领导】　市人大常委会是市人民代表大会的常设机构，对人民代表大会负责，并报告工作。人大常务委员会由人民代表大会在代表中选举主任1人，副主任、委员若干人组成，其任职与人民代表任期相同。人大常委会闭会期间，由主任、副主任组成主任会议处理日常政务。1986—2005年，共选举产生五届人大常务委员会，8人次任人大常委会主任，副主任33人次，委员88人次。

1986—2005年双城市（县）人大常委会领导更迭表

表12-3-1

届别	职务	姓名	民族	性别	籍贯	年龄	党派	学历	任职时间
县第九届	主任	王景山	汉	男	双城市	59	中共	大专	1986.01—1987.09
	副主任	李　和	汉	男	宾县	55	中共	高中	1986.01—1987.09
		刘　贵	汉	男	双城市	56	中共	初中	1986.01—1987.09
		李　健	汉	男	吉林省四平市	56	中共	初中	1986.01—1985.03
		刘　荣	汉	男	内蒙古昭乌达蒙	51	中共	初中	1986.01—1987.09
		马永魁	汉	男	双城市	53	中共	大专	1986.01—1987.09
		陆文发	汉	男	双城市	58	中共	初中	1986.01—1987.09
		朱国兴	汉	男	双城市	54	中共	初中	1986.01—1987.09
		张金荣	汉	女	双城市	43		本科	1986.01—1987.09
县第十届	主任	张洪儒	汉	男	双城市	53	中共	大专	1988.09—1988.12
	副主任	李　和	汉	男	宾县	58	中共	高中	1988.09—1988.12
		赵乾质	汉	男	双城市	57	中共	大专	1988.09—1988.12
		刘　荣	汉	男	内蒙古昭乌达蒙	54	中共	初中	1988.09—1988.12
		马永魁	汉	男	双城市	56	中共	大专	1988.09—1988.12
		康士奎	汉	男	双城市	52	中共	初中	1988.09—1988.12
		张金荣	汉	女	双城市	46	中共	本科	1988.09—1988.12
市第一届	主任	张洪儒	汉	男	双城市	54	中共	大专	1988.12—1991.02
	副主任	张振铎	汉	男	双城市	53	中共	高中	1989.12—1991.02
		李　和	汉	男	宾县	59	中共	高中	1989.12—1991.02

续表

届别	职务	姓名	民族	性别	籍贯	年龄	党派	学历	任职时间
市第一届	副主任	张振铎	汉	男	双城市	53	中共	高中	1989.12—1991.02
		李　和	汉	男	宾县	59	中共	高中	1989.12—1991.02
		赵乾质	汉	男	双城市	58	中共	大专	1989.12—1991.02
		刘　荣	汉	男	内蒙古昭乌达盟	55	中共	初中	1989.12—1991.02
		康士奎	汉	男	双城市	53	中共	初中	1989.12—1991.02
		张金荣	汉	女	双城市	47		本科	1989.12—1990.08
		彭子权	汉	男	双城市	48	中共	中师	1989.12—1991.02
市第二届	主任	张洪儒	汉	男	双城市	56	中共	大专	1991.02—1993.11
	副主任	张振铎	汉	男	双城市	55	中共	高中	1991.02—1993.11
		刘　荣	汉	男	内蒙古昭乌达蒙	57	中共	初中	1991.02—1993.11
		康士奎	汉	男	双城市	55	中共	初中	1991.02—1993.11
		张世武	汉	男	双城市	58	中共	高中	1991.02—1993.11
		付连兴	汉	男	双城市	54	中共	大专	1992.11—1993.11
		张志太	汉	男	双城市	54	中共	大专	1992.11—1993.11
		佟祥友	满	男	双城市	44		中专	1991.02—1993.11
市第三届	主任	付连兴	汉	男	双城市	55	中共	大专	1993.11—1996.03
		李孟东	汉	男	双城市	47	中共	大专	1996.03—1997.09
	副主任	焦文林	汉	男	双城市	53	中共	高中	1996.03—1997.10
		张志太	汉	男	双城市	55	中共	大专	1993.11—1996.03
		李春和	汉	男	巴彦县	52	中共	中专	1996.03—1997.10
		佟祥友	满	男	双城市	45		中专	1993.11—1996.03
		王树森	汉	男	双城市	51	中共	中专	1993.11—1997.10
		刘凤英	汉	女	山东省郓城县	49	中共	中专	1993.11—1997.10
		王　杰	汉	男	双城市	41	九三学社	大学	1996.03—1997.10
市第四届	主任	焦文林	汉	男	双城市	54	中共	高中	1997.10—2001.01
		李启和	汉	男	双城市	51	中共	大专	2001.02—2002.10
	副主任	李春和	汉	男	巴彦县	53	中共	大专	1997.10—2002.01
		高景坤	汉	男	双城市	50	中共	大专	2002.03—2002.10
		刘凤英	汉	女	山东省郓城县	54	中共	中师	1997.10—2002.01
		王　杰	汉	男	双城市	42	九三学社	大学	1997.10—2002.10
		傅振书	锡伯	男	双城市	48	中共	中专	1997.10—2002.10
		何雅春	汉	女	双城市	51	中共	中专	2002.03—2002.10
市第五届	主任	李启和	汉	男	双城市	52	中共	大专	2002.10—2005.12
	副主任	高景坤	汉	男	双城市	51	中共	大专	2002.10—2005.12
		王　杰	汉	男	双城市	47	九三学社	大学	2002.10—2005.05
		傅振书	锡伯	男	双城市	53	中共	中专	2002.10—2005.12
		何雅春	汉	女	双城市	52	中共	中专	2002.10—2005.12

【工作机构】 1986年,人大常委会内设有办公室、人事办公室、法制办公室、经济办公室、科教办公室。1991年8月,经松花江地区行政公署编制委员会批准,增设信访办公室。1996年撤销信访办公室,其职能由法制办公室行使。2005年,增设信访办公室,为正科级单位,同时增加2名行政编制。市人大常委会设有工作机构:人大办公室、人事办公室、法制办公室、经济办公室、科教办公室、信访办公室。机关行政编制16名,离退休干部工作人员编制8名,工勤人员事业编制7名,合计31名。领导职数为人大常委会主任1名,副主任4名;机关科级领导职数为8名。

历任办公室主任:丛振海、赵双全,副主任:刘晓峰、张文玉、丁全周、林成斌、赵双全、林文俊;人事办公室主任李德臻、邱喜庭、林成斌、刘金禄、刘安太、李彦鹏,副主任赵英华、李淑芹、么璇;法制办公室主任王贵才、苏春源,副主任苏春源;经济办公室主任刘恩俊、杨兴华、梁玉栋,副主任刘信、李瑞金、黄春艳、梁玉栋;科教办公室主任丁全周、张文玉、熊继坤,副主任刘仁才、左丽伟、熊继坤;信访办公室主任刘金禄、林文俊、吴平,副主任刘信、林文俊。

第二节　常委会会议

【县九届人大常委会议】 1986—1987年8月,召开14次会议,审议"议题"29项,其中涉及县人大常委会的10项;县政府18项;县检察院1项。做出决定5项,决议3项,通过2项法律实施细则。接受2人辞去国家机关领导职务。任免国家机关工作人员66人,其中县人大常委会机关6人;县政府组成人员17人;法检两院法职人员43人。

【县十届人大常委会议】 1987—1988年9月,召开9次会议,审议"议题"10项,其中涉及县人大常委会5项;县政府4项;县法院1项。做出决定5项。任免国家机关工作人员61人,其中县人大常委会机关2人;县政府组成人员39人;法检两院法职人员20人。

【市一届人大常委会议】 1988—1991年2月,召开14次会议,审议"议题"27项,其中涉及市人大常委会7项;市政府17项;市法院2项;市检察院1项。做出决定14项。接受7人辞去国家机关领导职务。任免国家机关工作人员52人,其中市人大常委会机关1人;市政府组成人员46人;法检两院法职人员60人。

【市二届人大常委会议】 1991—1993年11月,召开17次会议,审议"议题"58项,其中市人大常委会15项;市政府39项;市法院2项;市检察院2项。做出决定18项,决议3项。接受7人辞去国家机关领导职务。撤销法院法职人员1名。任免国家机关工作人员166人,其中市人大常委会机关17人;市政府组成人员64人;法检两院法职人员85人。

【市三届人大常委会议】 1993—1997年10月,召开33次会议,审议"议题"119项,其中市人大常委会44项;市政府67项;市法院4项;市检察院4项。做出决定28项,决议3项。通过4项法律实施细则。接受27人辞去国家机关领导职务。任免国家机关工作人员270人,其中市人大常委会机关17人;市政府组成人员148人;法检两院法职人员105人。

【市四届人大常委会议】 1997—2002年10月,召开38次会议,审议"议题"125项,其中市人大常委会35项;市政府80项;市法院5项;市检察院5项。做出决定35项,决议1项。通过6项法律实施细则。接受24人辞去国家机关领导职务。任免国家机关工作人员365人,其中市人大常委会机关14人;市政府组成人员145人;法检两院法职人员206人。

【市五届人大常委会议】 2002—2005年3月,召开21次会议,审议"议题"122项,其中市人大常委会51项;市政府64项;市法院3项;市检察院4项。做出决定18项,决议2项。接受7人辞去国家机关领导职务。任免国家机关工作人员92人,其中市人大常委会机关8人;市政府组成人员49人;法检两院法职人员35人。

1986—2005 年人大常委会决定的重大事项

表 12 - 3 - 2

单位:次

届别	会议次数	审议重大事项	其中			
			民主法制	经济	社会事业	其他
县第九届	14	8	2	3	2	1
县第十届	9	5	1	2	1	1
市第一届	14	14	3	8	2	1
市第二届	17	21	2	10	5	4
市第三届	33	31	5	20	4	2
市第四届	38	36	2	22	8	4
市第五届	21	20	3	12	4	1

1986—2005 年人大常委会任免干部情况

表 12 - 3 - 3

单位:人

年度	任免总数	任职数				免职数			
		计	县级	科级		计	县级	科级	
				机关	法检			机关	法检
1986	10	6	1	2	3	4	1	2	1
1987	49	28	2	3	23	21	2	2	17
1988	58	51	2	44	5	7		2	5
1989	70	53	1	11	41	17		7	10
1990	50	32		11	21	18	1	11	6
1991	31	20	3	9	8	11	1	5	5
1992	118	117		65	52	1			1
1993	71	50		39	11	21		10	11
1994	106	77	2	51	24	29		14	15
1995	53	35	3	16	16	18		9	9
1996	50	31	2	14	15	19	9	2	8
1997	63	45	1	34	10	18		10	8
1998	151	104		41	63	47		20	27
1999	40	32		27	5	8		6	2
2000	44	40		18	22	4		2	2
2001	78	59		31	28	19	4	5	10
2002	81	59	5	24	30	22			22
2003	81	54		34	20	27		17	10
2004	41	21		9	12	20		9	11

续表

年度	任免总数	任职数				免职数			
		计	县级	科级		计	县级	科级	
				机关	法检			机关	法检
2005	19	13		5	8	6	1		5

第三节 主要工作

【工作监督】 1986—1988 年,县九届人大期间,县人大常委会先后组织部分委员和代表对市场食品卫生、自来水卫生、抗灾扶贫工作等进行了视察。雨季时,常委会统一组织农村各乡镇代表分别视察了本乡中小学校危房情况,并同乡镇领导一起研究解决学校危房的具体措施,使农村中小学校舍状况逐步得到改善。县人大围绕完善社会主义企业经济体制改革情况和围绕完善社会主义民主政治问题进行两个专题调查;汇同县政府有关部门对《计量法》《食品卫生法》《药品管理法》执行情况和节日市场物价进行调查;组织部分委员对城乡一些单位执行《黑龙江省劳动安全条例》和防火情况,看守所、拘留所的安全和管理情况进行检查,对于发现的问题提出改进意见,反馈给县政府。1988 年 5 月,会同卫生局、标准计量局、畜牧局和消费者协会,组成联合检查组对城乡 33 家不同体制的食品生产厂家进行检查,县人大常委会第七次会议对检查的情况进行审议并做出《关于加强对〈食品卫生法〉〈计量法〉贯彻执行的决定》。

1989—1993 年,市一届、二届人大期间,重点抓了对执法部门的监督工作,分别听取和审议市政府《关于全市治安情况的报告》、市法院《关于人民法院审结案件执行情况的汇报》和市检察院《关于打击经济犯罪情况和下步工作意见的汇报》。在充分肯定取得的成绩的同时,要求不断提高办案质量和效率。1989年 9 月下旬,由一名人大常委会副主任牵头的检查组,用 6 天时间检查贯彻两高《通告》和严惩严重经济犯罪情况。1990 年 2 月下旬至 4 月上旬,会同市法院民事指导庭,对农村 15 个法庭,以审判作风和法庭建设为重点,普遍进行一次检查,发现一些群众"打官司"难、办案条件差等问题。市一届人大常委会第九次会议,对进一步改善农村法庭工作,加快法庭标准化建设,提出建议,推动了农村法庭建设。市人大有计划、有目的开展"三查工作",重点检查政府对行政法规的实施情况,国家工作人员的勤政廉政情况,对全市环保工作情况进行视察,要求市政府抓好环境保护的宣传和落实工作,把治理污染和保护环境列入企业承包的考核指标之中,同时要在近期内解决好影响群众生活的噪音、污水和粉尘问题。

1992—1993 年,市人大进一步推进"二五"普法教育规划的实施,做出《关于在全市公民中开展第二个五年法制宣传教育的决议》并专题听取市政府《关于"二五"普法工作情况的报告》《关于全市社会治安综合治理工作情况的汇报》。审议批准《双城市人民政府依法治市方案》,并做出《关于落实双城市人民政府依法治市方案》的决议。同时还审议批准了《关于双城市市歌、市徽、市花的决定》和《关于文昌街、花园街命名的决定》。

1994—1997 年,市三届人大期间,市人大常委会有计划、有重点地对依法行政、依法治市等工作进行审议、并提出强化法律宣传、明确部门责任、强化执法力度、追究违法者责任的具体建议。先后制订《关于在全市开展人民代表评议司法机关工作方案》《关于评议政府组成人员工作实施方案》,组织对相关人员的评议工作,听取并审议计划生育工作、扶贫工作、科技兴市工作实施情况的汇报,还审议通过了《双城市城区绿化管理暂行规定》。人大常委会还围绕《双城市依法治市规划》,集中对群众反映强烈、涉及全市工作急需解决的事项和行政人员依法办事及执法人员依法办案等问题,对相关窗口单位进行检查。通过《督办与建议》,将发现的问题、提出的意见通报市政府及有关部门,促进其落实工作。

1998—2002 年,四届人大期间,重点听取审议公检法三机关"整顿社会治安工作""人民法院执行工作""法纪检察工作"的汇报,市人大常委会共印发15期《督办与建议》,将检查中发现的问题、提出的意见进行了通报。按照省人大《追究法官、检察官、人民警察违法办案责任的规定》,监督个案12起,调卷11次,并对重点案件发了执法监督书。同时对财政收支审计、工业经济运行、环保、文化市场管理、消防安全、减轻农民负担、减轻学生负担、渎职侵权等项工作的审议和监督也取得较好效果。市政府根据加强我市文化市场管理工作的督办文件,集中进行了整治,收缴盗版光盘3 850张,盗版书刊410册,对65家违法经营的娱乐场所做出了限期整改处理,清理了17家电子游戏场所,对25家网吧进行限期整改。2001年下半年,市人大常委会领导和部分组成人员利用1个月时间走访全市24个乡镇的市人大代表和部分乡镇代表,两级人大代表提出215条意见和建议,经整理为17个方面81条。市人大常委会集中约见"一府两院"领导和有关部门,促进了问题的解决和工作的落实。

2003—2005年,五届人大期间,继续开展对政府组成人员和法职人员的评议工作。2003年9月1日—11月15日,历时两个半月,按照"借鉴外地经验,积极探索,大胆实践,开拓创新"的原则,对1名政府副市长、2名政府组成人员、1名驻双部门领导、9名法职人员进行了述职评议。评议中,着重对评议对象履行职责、依法行政、廉洁从政等方面进行分析评价,在肯定成绩基础上,实事求是地指出存在的问题,同时结合人大代表提出的意见和群众反映的情况,由常委会领导带头,认真填写审议意见卡,并送达"一府两院"及相关部门,要求限时办结,并将落实情况以正式文件向市人大常委会报告。还印发《审议意见书》13期,向"一府两院"反馈社会治安、民营科技企业、市容市貌、预防职务犯罪、依法审理土地纠纷等98条审议意见,绝大多数得到了很好落实。2005年,对政府1名副市长、检察院检察长、3名政府组成人员、2名行政执法部门负责人进行了述职评议。

【法律监督】　1986—1988年,县九届、十届人大期间,人大常委会就《物价管理暂行条例》《计量法》《治安管理处罚条例》《草原法》《土地法》《义务教育法》和《义务教育条例》落实执行情况先后深入到医药公司、城镇内四个派出所以及农村乡镇进行检查,并形成《关于执法检查情况的汇报》反馈给政府有关领导和部门。第25次常委会议讨论通过了《双城县环境保护管理暂行办法》,县十届人大常委会第二次会议讨论通过《双城县人大常委会依法任免干部实施办法》。

1989—1993年,市一、二届人大期间,组织部分常委、代表对贯彻实施《食品卫生法》和《标准计量法》的情况进行视察,检查了城乡73家食品企业和8个农贸市场,市政府认真听取意见,并积极采取措施解决问题。对贯彻执行《标准化法》《计量法》《食品卫生法》《省工业产品质量监督条例》《省保护消费者合法权益条例》《省物价暂行管理条例》《省城乡集市贸易管理条例》等"三法、四条例"的情况,进行全面视察。除向政府建议外,并向市委报送了专门报告,强化了城乡市场管理。根据全国人大常委会委员长会议《关于检查〈中华人民共和国义务教育法〉贯彻实施情况的决定》和上级有关文件精神,在各乡镇自查的基础上,组织有关人员对9个乡镇贯彻实施《义务教育法》情况进行抽查,对存在的问题提出了建议。1992年,市人大常委会听取和审议了市政府贯彻执行《土地管理法》《草原法》《计划生育条例》《文化市场管理条例》《矿产资源法》等项法律法规的贯彻落实情况,并组织人员进行检查。人大常委会还专题审议了法院《经济审判工作汇报》和检察院《开展反贪污贿赂为重点的打击经济犯罪情况的汇报》,加强了对司法部门执法工作的监督,既看到了成绩,又找到了缺点和不足,及时纠正了在贯彻执行法律法规中存在的问题。1994—1997年,市三届人大期间,市人大常委会先后对《消费者权益保护法》《食品卫生法》《税收征管法》《妇女权益保障法》《文化市场管理条例》等10多项法律法规在我市的落实情况进行检查,此外,还对公安局收容所和看守所羁押人犯情况、粮食市场供应情况进行了检查。

1998—2005年,市四届、五届人大期间,市人大常委会加大执法检查监督力度,先后有组织、有重点地检查了《税收征管法》《消防法》《文化市场管理条例》《宗教活动场所管理条例》《保密法》《统计法》《审计法》《计量法》《价格法》《环保法》《食品卫生法》《村民委员会组织法》《居民委员会组织法》《老年人权益保障法》《广告法》《义务教育法》《黑龙江省道路运输管理条例》等多项关系国计民生的法律法规的贯彻执行情况,组织人大常委及代表深入城乡相关部门和单位,采取听汇报、召开群众座谈会、实地考察等多种方式了解实情,每次检查结束都形成告,把相关意见反馈给被检单位,要求限期整改,并跟踪问效。2002 年,五届人大产生后,组织开展《动物防疫法》执法检查,发现一些亟须解决的问题,提出防疫要及时、检疫要严格等 4 条建议。2003 年,对《烟草专卖法》《个人所得税法》《保密法》等法律法规进行执法检查,突出检查的针对性、意见的可行性、整改的时效性。2004 年,市人大在对《种子法》执法检查中,发现全市种子市场管理混乱,检查组向市政府及有关部门提出要宣传到位、打击到位、服务到位 3 条整改意见,对种子市场的继续发展起到促进作用。2005 年,全年有重点对《草原法》《盐业法》等 4 项法律法规进行检查,提出注重深入宣传、加大执法力度、严格控制草原开垦等 4 条整改意见,市政府及相关部门认真进行整改。

【信访工作】 1985 年,常委会共收到人民来信 40 件,接待上访的群众 35 人次。1988 年,市人大收到代表提出的议案和意见、批评、建议 105 件,对这些意见、批评和建议,都及时予以转递、催办、答复。在县十届人大常委会第七次会议上,还就代表提出的五家镇中心小学集资办学和五家镇中学食堂房屋维修问题、县酱油厂原料供应问题以及筹建县工业技术研究中心问题,专门听取了政府办理情况的汇报,并研究解决办法。1990 年,市人大从人事办、法制办抽调专人做好来信来访和接待申诉工作,有重大申诉案件,由人大常委会主管的副主任亲自接待处理。4 月,就一起因盗窃申诉案,经法制办阅卷审查和现场调查后,市人大主任会议听取市法院领导及办案人员的汇报,同法院共同研究,比较妥善地解决了此事。在一起伤害申诉案中,市人大法制办,一方面查阅了该案的所有材料,一方面到发案现场进行周密调查,在查清大量事实、获得确实证据的前提下,认定市检察院的定案是正确的,并对申诉人据实依法进行说服教育,从而维护了当事人的合法权益,维护了法律的尊严。2001 年 10 月,市人大在省人大信访工作会议上介绍了《认真贯彻信访条例,开创人大信访工作新局面》的经验,被评为全省人大信访工作先进集体。2003 年,五届人大常委会第 6 次会议通过《双城市人大常委会信访工作领导小组工作规划》《人大常委会办理人民群众来信来访工作制度》及《人大常委会重要司法类信访问题协调会议制度》。在信访工作中,市人大常委会信访工作坚持贯彻落实全国人大提出的"五句话 20 个字"的信访工作原则,即"分别受理、综合分析、统一交办、定期反馈、严格督查"和落实好"四个百分之百"即:所有来信来访,件件进行登记,件件记录在案随时可查,达到百分之百;所有来信来访,都要有人拆阅,有人接访,都要进行分析,归类,达到百分之百;所有来信来访,要交办,要把办理责任落实到单位、个人,达到百分之百;所有来信来访,件件要有回音,达到百分之百的工作原则。按照省暨哈尔滨市人大常委会的统一安排,2004 年,市人大先后走访了 236 名市人大代表,93 名乡镇人大代表,共征集到市、乡两级人大代表批评、意见和建议 432 条,整理为 15 个方面 103 条。分轻重缓急,采取不同形式反馈给"一府两院"及有关部门,各有关部门结合实际情况认真抓了落实。1 名市人大代表由于负责村计划生育工作而得罪了人,致使家里 1 头奶牛被毒死,有关部门协调资金 5 000 元给予了补偿,不仅为这位代表弥补了经济损失,也坚定了她继续做好工作的信心和决心。市人大开通了主任热线、代表信访、代表联络等 4 部热线电话,一年来共接听 89 人次,在农田追肥季节,就群众反映化肥价格涨幅过高问题,市人大与市政府沟通协调,市政府及相关部门采取宏观调控措施,加强对化肥市场管理,抑制了化肥价格狂涨趋势。2005 年 3 月,制定了《双城市人大常委会关于全国人大常委会交办、转办信访案件的办理办法(试行)》,又根据全国人大信访工作座谈会精神制定了"四强化、四落实"即"强化领导、落实责任,强化机制、落实要求,强化督办、落实标准,强化信息,落实网络"的工作措施。

县九届—市五届人大常委会受理信访情况

表 12 - 3 - 4

届别	总数	其中		
		来访（人次）	来信（封）	来电（次）
合计	8 832	5 431	2 158	1 243
县九届	470	276	137	57
县十届	504	347	63	94
市一届	873	456	219	198
市二届	1 077	783	230	164
市三届	891	491	258	142
市四届	3 538	2 641	635	262
市五届	1 773	831	616	326

【培训与视察】　1986—1991 年,市人大常委会根据《黑龙江省乡镇人民代表大会工作暂行条例》,注重对市、乡镇人大干部进行培训,集中辅导《乡镇人大工作暂行条例》和《代表法》。组织征订了省人大发行的《法治》等刊物,并组织法律知识问答活动,印发了相关的法律知识问答题,下发到 27 个乡镇和镇内 8 个代表团。组织代表视察和深入基层进行调查,制发了《代表视察工作证》,人大常委会有计划地深入基层走访各代表组,了解情况,征求意见,帮助开展活动,启发代表自觉发挥作用,积极参政议政。1992—1995 年,市人大常委会对人大代表进行培训,组织 14 个乡镇的市乡人大代表,对农村基层 432 个站所的为农服务工作开展了认真的评议。同时,对乡镇人大主席进行培训,不断提高其业务能力和工作水平,从而使乡镇人大主席团建设有了很大加强。常委会制定代表工作制度,从而使代表工作与活动步入制度化、规范化、经常化轨道。将市人大代表编成 51 个代表组,深入到各乡镇,通过召开座谈会、听取汇报、实地调查等形式对乡镇政府贯彻代表法情况进行全面系统检查,同时组织代表开展视察、检查和调查活动,先后 6 次组织部分委员和市人大代表就经济建设、工业企业转换经营机制、减轻农民负担、乡镇企业发展、停产企业职工生活安排情况进行了视察。1996—1997 年,市人大领导实行分片联系代表负责制,常委会 23 名组成人员分成 6 个组,对全市 27 个乡镇 187 名农村市人大代表进行走访,听取代表的意见和建议,组织代表进行调查、视察活动。同时抓了人大代表的意见、建议和批评的落实情况,通过简报《督办与建议》进行交流。1998 年,配合省和市人大组织全国和省代表视察 4 次,组织哈市和双城市人大代表开展视察活动 3 次,6 名市人大常委、28 名各级人大代表利用 3 天时间对《粮食收购条例》贯彻执行情况进行了专题视察。人大常委会还利用召开代表会议,组织代表小组活动,定期为代表团印发《会刊》,围绕经济建设和群众关心的热点问题组织代表进行"三查(察)活动"19 次,并形成检查报告 20 余篇,通过走访、召开座谈会等形式,广泛征集代表意见和建议,印发《督办和建议》15 期,送市政府及有关部门。2000—2002 年,按照《市人大常委会与人民代表联络制度》的规定,市人大常委会组成人员分别对 27 个乡镇的 177 名农村代表和部分乡镇人大代表进行走访,征集代表意见 147 条。积极组织代表活动,开展"三查(察)"活动 17 次,形成书面材料 20 余篇。人大常委会坚持向代表通报工作情况和邀请代表列席有关常委会会议。市人大努力为代表履行职责创造条件,提供服务,在哈尔滨日报双城版、市电视台,积极宣传先进代表小组和先进代表的事迹,激发代表依法执行代表职务的热情。为代表订阅《中国人大》《法治》《会刊》等刊物。2003—2005 年,市人大不断拓宽各种渠道引导代表参政议政,先后举行二期培训班,培训代表 368 人,4 人 5 次参加省人大

常委会主任培训班,25 人 4 次参加哈市人大代表培训班,在全国人大新闻协会《人民代表报》,省人大《法治》,《哈尔滨日报》和市电视台,积极宣传先进代表小组和先进人大代表的事迹。邀请省人大人事委领导做中央 9 号文件和省委 16 号文件精神的专题辅导,市人大常委会还组织了 5 次视察活动。

【理论研讨】 1986—1989 年,县人大领导成员就企业经济体制改革和完善民主政治问题做了专题调研。1989 年,对农村法庭标准化建设、不断提高办案质量和效率进行了实践和理论方面的探讨。1990—1997 年,对依法治市问题、国家工作人员勤政廉政问题以及治理污染保护环境问题进行了专项调研。1998—2002 年,对文化市场建设问题、减轻农民负担、渎职侵权、乡镇人大主席团建设等工作进行了专项调研。2003 年 12 月,编撰了《双城人大工作的理论探讨和实践》一书,这部书收录双城市人大 5 年期间内撰写的 75 篇文章,共 25 万字。全书共分理论研讨、工作实践、情况交流、调查报告、代表风采、乡镇经验等 6 个部分。黑龙江省人大常委会常务副主任王宗璋为本书题写"积极实践,努力探索"的题词,哈尔滨市人大常委会主任孟广遂为本书题写"学习研究人大理论,促进人大工作发展"的题词。1986—2005 年 12 月,有 19 位人大常委会领导亲自撰写调查报告 58 篇。每届市人大常委会领导和机关干部均深入基层调研。开展了依靠市委领导开展人大工作,充分发挥乡镇人民代表大会作用,人大代表如何履行职责,围绕全市重点工作行使监督权等近 30 项专题调研,用调研成果指导市人大常委会工作。同时还撰写理论研讨文章 586 篇。第五届市人大常委会主任李启和,5 年中有 13 篇论文获省暨哈尔滨市人大论文评比一、二、三等奖。五届市人大常委会有 19 篇理论研讨文章被全国人大新闻协会等国家级单位采用和收录。

【新闻宣传】 1986—1996 年 3 月,松哈合并前的 10 年间,在全国、省人大及双城新闻媒体上刊播人大新闻宣传稿件 1 027 件。有 26 件作品获市(地)以上宣传人大制度好新闻奖。为拓宽宣传阵地,市人大常委会同市委宣传部及新闻单位充分酝酿,精心筹备,在双城电视台、《双城文学》《双城文化》《双城音乐》等载体上开办了固定的人大宣传专栏。2002 年 11 月,全国人大《人大新闻导刊》第 11 期刊发了双城市人大《双城市重视人大新闻宣传工作》的经验。2004 年 1 月,双城市报道《人大常委会会议审议实况》的经验被全国人大《人大新闻导刊》第一期刊发。市人大常委会抽调专人做信息宣传员,关注重点,着重宣传审议报告、执法检查、述职评议、换届选举、代表视察等重要工作。结合全国人大制度建立 50 周年和地方人大常委会建立 25 周年,市人大常委会开展了 10 项纪念活动。

第十三编　地方人民政府

历届双城市（县）人民政府组成

综合政务

人事与机构编制

民政

劳动和社会保障管理

双城市(县)人民政府市(县)长由市(县)人民代表大会选举产生,副市(县)长由市(县)人民代表大会或其常委会选举产生。政府部门正职领导由市(县)人大常委会任命。正、副市(县)长任期:县九届4年3个月,县十届1年3个月,市一届2年2个月,市二届2年8个月,市三届4年,市四届5年,市五届已任期3年2个月,到2005年底,届期未满。1986—2005年,市(县)人民代表大会及其常委会共选举市(县)长10人次,副市(县)长71人次,政府对全市(县)行政工作实行计划、组织、协调、控制、监督职能;市(县)长承担全市(县)行政职责。1986—2005年,市(县)政府共召开政府常务会议269次,政府全体会议24次,市(县)长碰头会议418次和其他专项工作会议926次。按照坚持从双城实际出发、突出推进改革发展,造福广大民众这一主旨,制定了不同时期双城经济建设和社会发展的战略目标和具体推进措施。决定实施改革、促进经济建设和社会发展、社会稳定等重大问题共3 771个。其中综合方面的有170个,农业方面的有538个,工业方面的有525个,财贸方面的有380个,科教文卫等各项事业方面的有420个,市政建设方面的有1 028个,招商引资方面的有710个。对于推进城乡经济健康快速发展、加快城市农村建设、增加城乡居民收入、促进社会和谐稳定,起到了重要作用。

20年间,各届政府适应国家深化改革、扩大开放形势,坚持以发展国民经济、振兴社会各项事业、改善人民生活为奋斗目标,开拓进取,勤奋工作,取得重大业绩。

第一章 历届双城市(县)人民政府组成

第一节 组织机构

【领导更迭】 1986年县九届政府的领导班子由1983年6月县第九届人民代表大会第一次会议选举产生。选出县长1人、副县长4人。平均年龄45.6岁,大专以上学历3人。届内离职另任1人,增补女副县长1人。1987年9月,县第十届人民代表大会第一次会议选举产生县长1人、副县长5人,其中女副县长1人。平均年龄44岁,比上届减少1.6岁;大专以上学历4人,届内增补科技副县长1人。1988年9月14日,双城撤县设市。双城市第一届人民代表大会常务委员会决定:双城县人民政府更名为双城市人民政府,原双城县上届县政府的正副县长和科技副县长过渡为双城市第一届人民政府的正副市长和科技副市长。届内更选市长1人,增补副市长5人,其中女副市长1人,离职另任3人,撤职1人。1991年2月,市第二届人民代表大会第一次会议选举产生市长1人,副市长6人,其中女副市长1人。平均年龄49.1岁,比上届增加5.1岁;大专以上学历4人,科技副市长1人。届内更选市长1人;增补副市长4人(女副市长1人),科技副市长2人;离职5人,其中女副市长1人、科技副市长2人。1993年10月,市三届人民代表大会第一次会议选举产生市长1人,副市长7人,其中女副市长1人,顾问(付振生)1人。平均年龄44.7岁,比上届减少4.4岁;大专以上学历5人。届内更选市长2人,其中女市长1人;增补副市长8人,科技副市长1人,挂职副市长2人;离职另任9人,挂职返回1人。1997年10月,市第四届人民代表大会第一次会议选举产生市长1人,副市长7人。平均年龄42岁,比上届减少2.7岁;大专以上学历8人。届内更选市长1人,增补副市长9人(女副市长1人),挂职3人,离职另任5人,挂职返回3人。2002年10月,市第五届人民代表大会第一次会议选举产生市长1人,副市长7人,其中女副市长1人。平均年龄44.5岁,比上届增加2.5岁;大专以上学历8人。到2005年12月,届内离职另任1人。

1986—2005 年双城市（县）九届人民政府领导更迭情况表

表 13 - 1 - 1

届别	职务	姓名	民族	性别	籍贯	生年	党派	学历	任职时间	届中调整
县九届	县长	李树森	汉	男	双城市	1930	中共	初中	1983.06—1987.03	
	副县长	李庆学	汉	男	双城市	1937	中共	大专	1983.06—1987.09	常务、代县长
		张振铎	汉	男	双城市	1936	中共	高中	1983.06—1987.09	
		张 富	汉	男	巴彦县	1939	中共	大学	1983.06—1987.09	
		范德武	汉	男	双城市	1945	中共	大学	1983.06—1987.09	
		梁世茹	汉	女	天津市	1944	中共	大学	1984.03—1987.09	补选
县十届	县长	李庆学	汉	男	双城市	1937	中共	大专	1987.09—1988.12	
	副县长	李孟东	汉	男	双城市	1949	中共	大专	1987.09—1988.12	常务
		谭中义	汉	男	双城市	1941	中共	中专	1987.09—1988.12	
		李洪树	汉	男	双城市	1944	中共	中专	1987.09—1988.12	
		梁世茹	汉	女	天津市	1944	中共	大学	1987.09—1988.12	
		郘春玉	汉	男	密山市	1943	中共	大学	1987.09—1988.12	
		叶德章	汉	男	河北省	1943	中共	大学	1988.03—1988.12	科技副县长
	顾问	李树森	汉	男	双城市	1930	中共	初中	1987.09—1988.12	
市一届	市长	李庆学	汉	男	双城市	1937	中共	大专	1988.12—1990.11	
	副市长	李孟东	汉	男	双城市	1949	中共	大专	1988.12—1990.12	常务
		谭中义	汉	男	双城市	1941	中共	中专	1988.12—1990.12	
		李洪树	汉	男	双城市	1944	中共	中专	1988.12—1989.09	
		梁世茹	汉	女	天津市	1944	中共	大学	1988.12—1989.09	
		郘春玉	汉	男	密山县	1943	中共	大学	1988.12—1991.02	常务
		叶德章	汉	男	河北省	1943	中共	大学	1988.12—1991.02	科技副市长
		付连兴	汉	男	双城市	1937	中共	大专	1989.12—1991.02	补选
		焦文林	汉	男	双城市	1943	中共	高中	1989.12—1991.02	补选
		薛永贵	汉	男	望奎县	1941	中共	中专	1989.12—1991.02	补选
		周景华	汉	男	五常市	1941	中共	高中	1989.12—1991.02	补选
		张金荣	汉	女	双城市	1943		大学	1990.08—1991.02	补选
		何忠学	满	男	五常市	1945	中共	大专	1990.11—1991.02	代市长
	顾问	李树森	汉	男	双城市	1930	中共	初中	1990.02—1991.02	
市二届	市长	何忠学	满	男	五常市	1945	中共	大专	1991.02—1993.02	
	副市长	李 军	汉	男	巴彦县	1946	中共	大专	1993.02—1993.10	补选
		郘春玉	汉	男	密山市	1943	中共	大学	1991.02—1993.10	常务
		付连兴	汉	男	双城市	1937	中共	大专	1991.02—1992.11	
		焦文林	汉	男	双城市	1943	中共	高中	1991.02—1993.10	

续表

届别	职务	姓名	民族	性别	籍贯	生年	党派	学历	任职时间	届中调整
市二届	副市长	薛永贵	汉	男	望奎县	1941	中共	中专	1991.02—1992.11	
		周景华	汉	男	五常市	1941	中共	高中	1991.02—1993.10	
		张金荣	汉	女	双城市	1943		大学	1991.02—1992.11	
		叶德章	汉	男	河北省	1943	中共	大学	1991.02—1991.03	科技副市长
		赵绍光	满	男	辽宁抚顺	1943	中共	大学	1991.04—1992.11	科技副市长
		李克荣	满	女	双城市	1947	中共	初中	1992.11—1993.10	补选
		李学良	汉	男	双城市	1951	中共	大专	1992.11—1993.10	补选
		李春和	汉	男	巴彦县	1944	中共	中专	1992.11—1993.10	补选
		刘鹏雁	汉	男	呼兰县	1944	中共	大学	1992.11—1993.10	补选
市三届	市长	李军	汉	男	巴彦县	1946	中共	大专	1993.10—1995.05	
		李克荣	满	女	双城市	1947	中共	初中	1996.03—1997.05	补选
		李学良	汉	男	双城市	1951	中共	大专	1997.05—1997.10	补选
	副市长	李克荣	满	女	双城市	1947	中共	初中	1993.10—1997.05	常务
		焦文林	汉	男	双城市	1943	中共	高中	1993.10—1996.03	
		赵坤	满	男	双城市	1956	中共	大专	1993.10—1997.05	
		李学良	汉	男	双城市	1951	中共	大专	1993.10—1997.05	常务
		李春和	汉	男	巴彦县	1944	中共	中专	1993.10—1996.03	
		刘鹏雁	汉	男	呼兰县	1944	中共	大学	1993.10—1997.05	
		王杰	汉	男	双城市	1955	九三学社	大学	1993.10—1996.03	
		赵立斌	汉	男		1951	中共	大学	1994.03—1996.12	科技副市长
		郭曙光	汉	男		1954	中共	大学	1994.04—1995.12	挂职
		张继先	汉	男	辽宁西丰县	1946	中共	研究生	1995.05—1996.03	代市长
		刘文彬	汉	男	双城市	1953	中共	大专	1996.03—1997.10	补选
		李启和	汉	男	双城市	1950	中共	大专	1996.03—1997.10	补选
		佟祥友	满	男	双城市	1948		中专	1996.03—1997.10	补选
		赵洪君	满	男	双城市	1954	中共	大专	1996.03—1997.10	补选
		关波	满	男	双城市	1951		大专	1997.05—1997.10	补选
		刘士文	汉	男	双城市	1952	中共	在职研究生	1997.05—1997.10	补选
		刘志国	汉	男	双城市	1963	中共	大学	1997.05—1997.10	补选
		王明才	汉	男	双城市	1953	中共	大专	1997.05—1997.10	补选
		韩淮军	汉	男		1953	中共	大学	1997.05—1997.10	挂职
	市长助理	郜春玉	汉	男	密山县	1943	中共	大学	1993.11—1995.01	
	市长	李学良	汉	男	双城市	1951	中共	大专	1997.10—2002.09	
		裴君	汉	男	通河县	1954	中共	大专	2002.09—2002.10	补选

续表

届别	职务	姓名	民族	性别	籍贯	生年	党派	学历	任职时间	届中调整
市四届	副市长	李启和	汉	男	双城市	1950	中共	大专	1997.10—2000.12	常务
		赵洪君	满	男	双城市	1954	中共	大专	1997.10—1999.03	
		刘志国	汉	男	双城市	1963	中共	大学	1997.10—2000.12	
		刘士文	汉	男	双城市	1952	中共	在职研究生	1997.10—2002.10	
		王明才	汉	男	双城市	1953	中共	大专	1997.10—2000.12	
		关波	满	男	双城市	1951		大专	1997.10—2002.10	
		李永清	满	男	辽宁盖县	1966	中共	大学	1997.10—2000.05	挂职
		佟宝刚	锡伯	男	双城市	1959	中共	大学	2000.12—2002.10	补选
		韩淮军	汉	男		1953	中共	大学	1997.05—1997.10	挂职
		郭景友	汉	男	宾县	1955	中共	在职研究生	2000.12—2002.10	补选
		高尚国	汉	男	辽宁鞍山	1965	中共	硕士研究生	2000.12—2002.10	补选
		刘长河	满	男	阿城市	1963	中共	大学	2000.12—2002.10	补选
		王江	汉	男	双城市	1958	中共	大学	2000.12—2002.10	补选
		才让多杰	藏	男	青海西宁	1964	中共	大学	2001.07—2001.11	挂职
		宋柏林	汉	男	双城市	1960	中共	大学	2002.07—2002.10	补选
		李继明	汉	男	巴彦县	1968	中共	大专	2002.09—2002.10	补选
		朱辉	汉	男	呼兰县	1962	中共	大专	2002.09—2002.10	补选
		丁桂兰	汉	女	双城市	1955	中共	大学	2002.09—2002.10	补选
	市长助理	高尚国	汉	男	辽宁鞍山	1965	中共	硕士研究生	2000.12	
市五届	市长	裴君	汉	男	通河县	1954	中共	大专	2002.10	
	副市长	朱辉	汉	男	呼兰县	1962	中共	大专	2002.10	常务
		李继明	汉	男	巴彦县	1968	中共	大专	2002.10	
		刘士文	汉	男	双城市	1952	中共	在职研究生	2002.10	
		关波	满	男	双城市	1951		大专	2002.10	
		丁桂兰	汉	女	双城市	1955	中共	大专	2002.10	
		王江	汉	男	双城市	1958	中共	大学	2002.10	
		宋柏林	汉	男	双城市	1960	中共	大学	2002.10—2004.07	

　　【工作机构】　1986 年,县政府下设直属委、办、局 47 个,即:政府办公室、计划委员会、经济委员会、建设委员会、科学技术委员会、体育运动委员会、计划生育委员会、农业局、统计局、人事局、劳动局、民政局、财政局、物价局、工商行政管理局、商业局、粮食局、外贸局、物资局、交通局、教育局、文化局、卫生局、广播局、审计局、档案局、林业局、农机局、水利局、乡企局、计量局、电业局、公安局、司法局、税务局、科技干部

局、供销合作社联社、手工业联合会、畜牧总站、水产总站、编制委员会办公室、爱国卫生运动委员会办公室、人民防空办公室、多种经营办公室、农村能源办公室、信访办公室、县志办公室。1987年,政府机构增设财贸办、农业办、对外经济技术协作委员会、经济体制改革委员会、工业局、安全组、土地管理局、医药总公司、安全办、环境保护局;广播局更名为广播电视局、手工业联合会更名为二轻局,外贸局改为外贸总公司。政府机构由原来47个变为57个。1988年,政府机构增设侨务办、电力办、民委、国土规划办;撤销农业局、畜牧总站、水产总站组建农牧渔业局;外贸总公司上管;撤销科干局;政府机构仍为57个。1989年,政府机构增设农委、城建局、国有资产局、安全局;撤销国土规划办,农业办;教育局更名为教委;政府机构由57个变为59个。

1990年,政府机构增设区划办、农业局、畜牧总站、大检查办、水产局、综合治理办;撤销农牧渔业局;电业局上管;政府机构由59个变为63个。1991年,政府机构中医药总公司改为医药管理局,标准计量管理局改称为质量技术监督局,机构总数仍为63个。1994年,省政府决定建立双城经济技术开发区,市政府组建开发区管理委员会办公室;畜牧总站改为畜牧局;税务局分设为国税局和地税局,实行上管;机构总数仍为63个。1996年,市直机关进行机构改革,机构调整设置如下:政府办公室(民族宗教事务委员会并入政府办公室,对外保留牌子);计划委员会;经济委员会(撤销电力办公室,其职能并入经济委员会);质量技术监督局与经济委员会合署办公,单挂牌子;科技委员会(科协并入科技委员会对外保留牌子);撤销能源办,其职能并入科技委员会;教育委员会;公安局;司法局;监察局与纪律检查委员会合署办公,一个机构两块牌子;民政局;财政局(税收、财务、物价大检查办公室为财政局内设机构,对外挂牌子);人事局(机构编制委员会与人事局合署办公);劳动局;建设局(撤销城乡建设委员会,组建建设局,城建局并入建设局);环境保护局;交通局;农业局;农业工作办公室(农业委员会改为农业工作办公室);农业开发办公室(为议事协调的办事机构,挂靠财政局);卫生局(爱国卫生运动委员会办公室改为卫生局内设机构,对外保留牌子,公费医疗的行政职能保留在卫生局,医疗保险办公室为卫生局所属事业单位);计划生育委员会;审计局;统计局;工商行政管理局;土地管理局;乡企局;水利局;粮食局;贸易局(财贸办公室与商业局合并组建贸易局,贸易局为财贸口的综合办事机构);畜牧局;农机局;林业局;文化体育局(文化局与体育运动委员会合并度为文化体育局);经济开发办公室(为市政府派出机构);石油开发办公室(归经济开发办公室管理);人民防空办公室;经济体制改革委员会;安全局;物价局(归计划委员会管理);国有资产管理局(归财政局管理);信访办公室(归市委办、政府办管理,以政府办管理为主);水产局改为水产总站,为农业局所属事业单位;撤销多种经营办公室,组建蔬菜生产办公室和多种经营作物指导站,为农业局所属事业单位;广播电视局改为广播电视事业局,为事业单位,宣传业务归口宣传部;档案局与档案馆实行局馆合一,一个机构两块牌子,为市政府直属事业单位;市志办、党史办并入档案局;老龄工作委员会为事业单位,归民政局管理;撤销对外经济技术协作委员会,组建经济技术协作开发公司,为企业单位;撤销工业局,组建工业总公司,为企业单位;原经济技术协作委员会和工业局的行政管理职能并入经委;商业局作为企业管理工作的部分组建商业总公司,为企业单位;撤销医药管理局,组建医药药材总公司,为企业单位;撤销物资局,组建物资总公司,为企业单位;撤销外贸局,组建外贸总公司,为企业单位;原商业局、物资局、外贸局和医药管理局的行政管理职能并入贸易局;二轻局改为二轻总会,为事业单位,负责政府授权的行政行业管理工作;矿产资源办公室改为矿产资源管理站,为事业单位,归计委管理;供销联社,为集体经济合作组织,归农业工作办公室管理。通过改革确定市政府机构为42个。1999年,工商行政管理局实行上管,市政府机构为41个。

2001年,市直机关再次进行机构改革。根据哈市编委批复,市政府应设机构17个,因地制宜设置机构7个,限额24个。政府机构调整设置如下:保留市政府办公室,民族宗教事务局并入政府办公室,挂民族宗教事务局牌子;经济体制改革委员会并入政府办公室,不再保留牌子;经济委员会改为经济局,贸易局并入经济局,商业、物资的行政职能划归经济局;计划委员会改为发展计划局,物价局并入发展计划局,挂物价局牌子；教育委员会改为教育局，文化局和体委并入教育局，挂文化体育局牌子；科学技术委员会改为科学技术与信息产业局，同时挂地震局牌子；监察局与纪律检查委员会合署办公，不占政府机构限额；保留财政局，国有资产管理局并入财政局，挂国有资产管理委员会办公室牌子；农业开发办公室改为事业单位，正科级，编制由现有事业编制内调剂 7 至 10 人，隶属财政局管理；保留人事局，编制委员会办公室与人事局合署办公，其编制、经费、文件等实行单列；在劳动局的基础上组建劳动和社会保障局，原人事局管理的机关事业社会保障局、政府办管理的医疗保险办和民政局的养老保险职能都划归到劳动和社会保障局；在农业局和农业工作办公室的基础上组建农业委员会，乡镇企业局并入农业委员会，不再挂牌子，农机局在人员精简 50% 的前提下并入农业委员会，在农业委员会设农机工作办公室，保留水产总站，隶属农业委员会管理，其行政职能划归农业委员会；保留卫生局，卫生局不再挂爱国卫生运动委员会的牌子；在土地管理局和地矿站的基础上组建国土资源局，地矿站隶属国土资源局管理，其行政职能划归国土资源局；计划生育委员会更名为计划生育局；水利局更名为水务局，将建设部门承担的供水、排水、水源地建设的管理职能和地矿机构承担的地下水管理职能划归水务局；保留公安局、司法局、民政局、交通局、审计局、统计局、建设局、粮食局、环境保护局、畜牧局、林业局；保留人民防空办公室，为议事协调机构的办事机构，不占机构限额；保留经济技术开发区管理办公室，为市政府派出机构，不占机构限额。2001 年成立市委、市政府接待办公室，为市政府直属事业单位。2002 年，民族宗教事务局单独设置。2003 年，成立城市行政执法管理局，为市政府直属事业单位。2004 年，发展计划局更名为发展改革局；市计划生育局更名为人口与计划生育局；独立设置安全生产委员会办公室，挂市安全生产监督管理局的牌子，为市政府工作部门；经济局不占机构限额。

　　2005 年，将已并入档案局的党史办，市志办工作的隶属关系做了调整：党史办从档案局整建制划出，隶属市委组织部，机构规格股级，机构性质为行政支持类事业单位；市志办从档案局整建制划出，隶属市政府办公室，机构规格股级，机构性质为行政支持类事业单位；设置招商局，为具有行政职能的事业单位，将行使招商任务的外经委和驻外办事处的职能和人员并入招商局。截至年底，市政府有工作部门 27 个，直属事业单位 5 个，双重及上级垂直管理单位 8 个，群众性经济组织 2 个。

2005 年双城市政府工作机构

表 13 - 1 - 2

常设工作机构	群众性经济组织	直属事业单位	双重及上级垂直管理单位
政府办公室、人事局、劳动和社会保障局、民政局、公安局、司法局、财政局、发展改革局、统计局、审计局、农业委员会、林业局、畜牧局、水务局、国土资源局、交通局、建设局、环境保护局、经济局、粮食局、科技信息局、教育局、卫生局、人口与计划生育局、监察局、民族宗教事务局、安全生产监督管理局	供销合作社联合社、手工业者联合会	广播电视事业局、档案局、招商局、城市行政执法管理局、政府接待办公室	工商行政管理局、地税局、国税局、质量技术监督局、烟草专卖管理局、邮政局、电业局、气象局

　　【双城市（县）人民政府办公室】 （下称政府办）1986 年编制 47 人，在职 53 人，内设文秘组、综合组、行政组、督办室，信访办归口政府办。1997 年，机构改革时内设机构增设侨务外事办、法制办、无线电管理办、经济研究中心、道路管理办；信访办从政府办撤出，设立独立机构；将民族宗教事务委员会并入政府办管理，对外保留牌子。政府办核定行政编制 23 人，工勤事业编制 29 人。2001 年，机构改革时将内设机构的无线电管理办撤销，增设民族宗教办（对外挂民族宗教事务局牌子），核定编制 59 人。2002 年，民族宗

教办从政府办撤出,单独设置民族宗教事务局。2005年,将市志办从档案局建制划出,隶属政府办。2005年,编制60人,在职61人。政府办内设机构有秘书科、综合科、行政科、督办室、法制办、经济研究中心、侨务外事办、市志办、信息中心、道路管理办。

历任政府办主任:张枝森,佟彦、柳兴、苏联华、李大锦、王忠勋;副主任:郭景信、陈守业、宋恩芳、杨凤荣、宋丕敏、马玉文、李大锦、文立恒、苏联华、夏茂森、李连江、汪士伟、马玉祥、苗长生、李忠野、耿彪、孙振海、赵淑嫒、刘景宽、孙学荣、王忠勋、刘文志、张福型、刘安太、单士来、罗正学、刘善忠。历任体改委主任:陈家栋、刘兆昌、张福型;副主任:张文彬。

第二节　工作纪要

【县九届政府工作纪要】　本届政府1983年6月组成,1986年是承上启下的一年。经过四年来的工作,在发展农业上,进一步调整产业结构,扩大高产作物面积,认真搞好百万亩玉米技术攻关,选用优良品种,增施肥料,充分发挥农业机械作用,加强水利设施修复和建设,战胜了1985年严重洪涝灾害带来的困难,实现了省委、省政府提出的"一年受灾,一年恢复"的奋斗目标。粮食生产获得历史上最好收成,全县粮豆薯总产量达7.5318亿公斤,比历史最高的1984年增长12.9%;向国家交售商品粮49 000万斤,超额完成国家核定的粮食定购任务;农业总产值完成38 535万元,农业总收入达到40 380万元,多种经营总产值达到9 367万元,比历史最高的1985年增长8.8%;全县造林63 235亩,超过年计划5%,育苗21 136亩,超过年计划6%;奶牛存栏17 018头,黄牛存栏15 036头,生猪饲养量达到339 000头,养鱼投产41 000亩,共产商品鱼2 050吨,产值达531万元;乡镇企业总产值完成13 500万元,实现利税770万元,比上年增长5.6%,从业人员已达32 000人,占农村劳力总数的23.5%。

在发展工业生产上,坚持把提高经济效益放在首位,正确处理速度与效益、产量与质量、当前与长远、局部与全局的关系,认真推进企业内部改革,在普遍实行厂长负责制的基础上,试行厂长任期目标责任制和离任审计制。坚持从实际出发,对生产有原料、经济效益好、有接续能力的适销对路产品,积极组织生产,在资金、能源和材料供应上重点保证,使工业生产有了新发展。1986年,工业总产值完成18 643万元,实现利润776万元,县以上工业产品销售总额实现16 174万元。企业的基础工作不断加强,企业的技术改造有了新突破,技改投资额达354万元,完成投资额238万元;开发新产品9项,创省级优质产品3项;企业横向经济联合效果显著,全县已有62家工业企业实行了联合,占企业总数的32%;引进资金达207万元,人才80人,设备87台(套)。

在财贸工作上,深入进行流通体制改革和财政税收体制改革,促进商贸发展和财政增收。1986年,全县财政收入实现2 071.7万元,财政支出实现2 655万元;金融部门加强资金调度、调剂和融通,支持工农业生产发展和抗灾救灾,促进企业提高经济效益,保证了工资改革、物价改革的顺利进行;发展保险事业,人民保险在抗灾救灾、支持工农业生产和维护人民群众生命财产安全等方面发挥了积极作用;在开展横向经济联合中,各有关部门积极同外部建立多种联合或协作关系,组织购进生产生活所需商品2 300多种,总值达110多万元,引进资金达100万元;在扶持工农业生产发展上各有关部门为农业生产、多种经营、乡镇企业投资140万元,为工业企业投放挖潜改造资金255万元,税务部门为51户困难企业减免工商税166万元,为19户企业以税还贷和集体企业提供周转金共122万元;商业、工商、粮食、外贸、物价、审计等有关部门为发展生产、搞活流通做了大量工作,使城市集体和个体商业网点发展到4 059个。1986年,全年集市贸易成交额实现3 376万元,达到历史最高水平;社会商品零售总额实现31 463万元,农副产品采购总额实现19 998万元,外贸出口总额达2 213万元。

在基本建设上,1986年,全县基本建设完成投资348万元,其中,生产性建设完成投资194万元,比上年增长24%,投资比重由上年的38%上升到56%;非生产性建设完成投资154万元,比上年下降39%,投资比重由上年的 62% 下降到 44% 。全年施工的基本建设项目有 40 项全部建成投产,形成了新的生产能力。建筑业全面推行经济承包责任制,促进了工程进度和质量的提高,全年共完成建筑安装工程量达28 446平方米,竣工面积完成12 225平方米。

城乡人民生活水平有很大提高。1986 年,农民人均收入达到 462 元,城镇居民平均收入达到 651 元;城乡居民购买消费品总额达28 223万元,城乡储蓄存款余额达到8 333万元,超年计划 18.9% ;县乡两级政府用于公共事业建设总投资达 150 万元,其中完成双城镇地下排水设计并铺设地下管道1 340延长米;城乡居民新建住宅 15.2 万平方米。广大群众文化生活更加活跃,全县电影放映和民间演出队演出达 2.8 万多场次,观众达2 200万人次,工人之家、老干部之家、青少年活动室更加活跃。

各项事业有了新发展。1986 年,科技部门改革了科技三项费用的使用和管理,共完成科技项目 77 个,通过县以上科研成果鉴定 19 项。教育工作认真贯彻义务教育法,做好普及九年义务教育的准备工作,全面抓好学龄前教育、初等教育、职业教育和成人教育,教育教学质量有所提高。新建翻建校舍21 747平方米,改善了办学条件,促进了标准化学校建设。卫生事业进行初步改革,农村集体办的卫生所逐步得到恢复,药品管理、妇幼保健、免疫接种、地方病和职业病防治工作都取得新成就。计划生育工作更加扎实深入,人口自然增长率控制在国家规定范围之内。广播电视更新了各乡(镇)到村的广播线路,增设彩色电视差转机,开通县城对农村各乡(镇)的对讲,收视效果有了很大提高。体育事业取得新成就,在省级比赛中,县运动员夺得 4 枚金牌,在地区级比赛中,县运动员夺得 14 枚金牌。群众性的体育活动更加活跃,促进了体育社会化。

加强法制建设,社会治安不断好转。深入开展普及法律常识的宣传教育活动,广大干部和群众的法制观念不断增强;严厉打击严重刑事犯罪和严重经济犯罪,社会治安秩序明显好转;进一步加强了社会主义民主与法制建设,认真处理群众来信来访,扎实搞好扶贫救灾工作和安全生产工作,确保了社会稳定。

【县十届政府工作纪要】 县十届政府于 1987 年 9 月组成,在工作中,坚持以改革总揽全局,坚持生产力标准,突出治理整顿,促进了经济和社会各项事业的发展。到 1988 年底,全市社会总产值实现151 528亿元,工农业总产值实现85 347亿元,国民收入达到73 948亿元,农业取得全面丰收。农业总产值达到49 159亿元,粮豆薯总产突破 10 亿公斤,创历史最好水平,居全省之首,跨入全国粮食生产先进县(市)行列。造林30 273亩,奶牛饲养量达24 838头,生猪存栏达164 973,家禽存栏达 253 万只,亚麻、甜菜等主要经济作物生产都比上年有所发展,水产品产量达3 930吨,乡镇企业全口径产值达33 900万元,利税达1 590万元。

工业持续稳定发展。工业总产值(不含村及村以下工业)实现22 835万元,其中,预算内实现8 249.7万元;工业利润实现1 653.6万元,其中,预算内实现 697 万元。

市场繁荣活跃促进财政增收。全市城乡贸易成交额达4 331万元,社会商品零售总额实现54 568万元,外贸出口总额实现2 611.4万元,财政总收入完成3 092万元,财政总支出为3 249.1万元,工商各税实现2 360.4万元。

教育、科技、计划生育工作取得新成绩。教育改革不断深化,结构和布局日趋合理,经费有所增加,教育教学质量有了新的提高。科技工作紧紧围绕工农业生产重大课题,积极开展科研攻关和新技术推广应用,全年共完成科技项目 51 项,同时强化了技术监督、质量监督和标准化等基础工作。计划生育工作取得了较好成绩,全市人口自然增长率稳定在 8.5‰,实现了人口控制计划。爱国卫生运动普遍开展,环境保护工作进一步加强,群众健康水平有所提高。

人民群众生活有了不同程度的改善。全年职工人数达到63 079人,城镇个体劳动者发展到4 000人,职工人均收入达到1 213元,农民人均收入 584 元,贫困户的生产生活有了保证。

社会秩序基本稳定。通过全面综合治理,实行专项打击、专项整顿,从重从快地打击了严重经济犯罪和各种刑事犯罪,维护了社会的正常秩序;认真落实了各项安全防范措施,减少了生产、交通、火灾等各种事故的发生,保证了工农业生产的顺利进行和人民群众生命财产安全;积极开展扶贫救灾工作,尽力为群众排忧解难,巩固和发展了安定团结的政治局面。

【市一届政府工作纪要】 本届政府1988年12月组成。到1990年底,全市社会总产值实现180 591万元,国民总收入达到73 209亿元,工农业总产值达到159 131亿元,分别比1987年增长29.9%、8.9%和35.3%。1989年全市零售物价上涨指数控制在13.9%,比上年降低5个百分点,明显低于全国18.1%、全省14.3%的水平,1990年进一步回落,广大群众对涨价的紧张心理已基本消除。认真开展清理整顿党政机关及机关干部经商办企业和"挂靠"办 集体企业工作,到1989年底,全市清理整顿公司103家,撤销57家;取缔假集体133户,转为个体工商户。党政机关办的各种公司全部撤销或脱钩,机关干部在公司任职或兼职的问题全部解决。加强了对集市、商场、生产资料市场、运输市场的整顿和管理,实施了生产资料专营、生猪定点屠宰,维护了各类市场的正常经营秩序。经济体制改革不断向纵深发展,农村在稳定家庭联产承包制的基础上,建立合作经济组织和专业化服务体系,努力发展壮大集体经济实力,完善了统分结合的双层经营体制,推进了农村金融体制、流通体制的改革,因地制宜地调整农村产业政策,优化农村产业结构、产品结构,积极启动了农村第二步改革;城市经济体制改革,在工商企业中全面推行招标抵押承包和租赁经营等多种形式的责任制,积极推进企业领导体制、用工制度、分配制度、管理形式等企业内部的配套改革,把竞争机制、风险机制引入企业,使企业真正成为相对独立、自主经营、自负盈亏、责权利相统一的商品生产者和经营者,理顺了国家、企业和职工三者利益关系,为企业发展注入了新的生机和活力。与之相关的金融体制、流通体制、物资体制、外贸体制、科技体制的改革也都取得了进展。同时,教育体制、卫生管理体制和房地产业的改革也有了较大进展。

农业取得了令人鼓舞的成绩。由于大力推进科技兴农战略,粮食生产取得了历史性突破。1990年,粮豆薯总产首次突破10亿公斤大关,达到11.86亿公斤,亩产达466公斤,玉米亩产首次突破千斤;新增造林面积211 765亩,森林覆盖率达9.2%;新增养鱼水面积1 000亩,水产品总产量达3 505吨,比1987年增长55.8%;奶牛饲养量达28 425头,比1987年增长37.9%;生猪饲养量达38.5万头,比1987年增长31.4%;家禽饲养量达403万只,与1987年比也有所增长;乡镇企业全口径产值达40 200万元,比1987年增长91%;全市农业总产值达96 080万元,比1987年增长34.1%。

工业生产在困境中保稳定,求发展。1988年,全市工业(不含村及村以下)总产值(按可比价格)实现22 835万元,实现利润1 653.6万元,比1987年分别增长11.8%和21.5%。1989年,由于国家压缩消费需求和信贷规模等整治措施的逐步到位和受国际制裁,消费市场开始疲软,生产资金出现短缺,企业再生产严重受阻,致使工业生产出现了大幅度滑坡。为了尽快摆脱困境,市政府切实加强了领导,千方百计活化资金、强化销售、加强管理、调整结构,在一定程度上抑制了滑坡,取得了比预想要好得多的效果。1990年10月全市工业生产开始回升,到12月工业增长率达28%,工业上缴税金有了增加,企业纳税达1 536.7万元,比1989年增加322万元,比1987年增加713万元。工业企业经历了这场严峻的考验,积累了许多宝贵经验教训,促进了调整紧缩,推进了素质提高,为工业生产扭转被动局面,冲出低谷奠定了基础。特别是在此期间双城雀巢有限公司的投产,为双城工业的发展和整个经济的振兴带来了新的生机和活力。

财贸工作,坚持实施"财政保盘子"工程,大力开展"双增双节"活动,强化税收征管,搞好开源节流,确保收入稳定增长;国营商业千方百计强化购销,发育市场,搞活流通,发挥主渠道和蓄水池的作用;金融部门以搞活经济为己任,竭尽全力融通资金,搞活信贷,有力地支援了经济建设。1990年,社会商品零售额达51 033万元,比1987年增长29.7%;外贸出口总额完成3 209万元,为年计划的174.6%;财政收入达4 199.1万元,比1987年增长14.6%。

社会各项事业有了新发展。三年来,用于科研的经费达125万元,比前三年增长5.25倍,完成科研项目6项,其中有4项获国家和省、地科技进步奖,全市推广应用科技新成果10项,有力地促进了工农业生产的发展;教育投入保持高于财政收入的增长幅度,三年中累计投入教育经费达4 393万元,比前三年增长

36%,保证和促进了基础教育、职业技术教育和成人教育的发展;计划生育完成了人口控制计划,三年中人口自然增长率一直控制在10.07‰以内,计划生育率达到80.2%以上;文化、体育、卫生、广播电视等项事业也都取得了很大成绩。

社会秩序基本稳定。积极推进精神文明建设,下大力气抓好"扫黄打丑、除六害"斗争,开展社会治安专项打击、专项整顿,严厉打击了各类刑事犯罪活动,加强了安全防范工作,使各类案件发案率明显下降,火灾、生产和交通等各类事故有所减少,群众增强了安全感。与此同时,市政府切实加强了信访接待处理、扶贫救济、优抚安置工作,积极化解社会矛盾,进而保证了全市的政治、社会、人心的基本稳定。

人民群众生活水平有了改善和提高。新增城乡居民住宅66.21万平方米,新建公路249公里,大修公路44.5公里。城市建设和管理得到加强,卫生环境状况明显好转,交通运输、邮电设施有所改善,城乡人民生活水平有了新的提高。1990年,全市职工工资总额达9 080万元,职工平均工资达1 388元,比1987年增长33.8%;农民人均收入达717元,比1987年增长43.9%。

【市二届政府工作纪要】 本届政府1991年组成。1993年,实现国民总值111 500万元、国民收入102 000万元,社会总产值166 500万元,分别比1990年增长17%、22.4%和38.9%,年均增长率分别为5.4%、7%和11.6%。

在发展农村经济上,三年来,通过不断调整产业结构,努力增加农业投入,切实减轻农民负担,加强农业基础设施建设,按照"两高一优"农业发展目标,组织实施 稳住粮食生产,大上以畜牧业为主的多种经营生产,大上乡镇企业的农村经济发展战略,使农业的基础地位得到巩固和加强,实现粮、多、企各业稳定协调发展,农村经济持续全面发展。农业总产值平均年增长8.2%;粮食生产连续三年获得大丰收。1991年,粮豆薯总产量达12.445亿公斤,居全省首位;1992年,在遭受低温寡照等自然灾害的情况下,粮豆薯总产量仍达11.2亿公斤,居全国百强产粮大县第六位;1993年粮豆薯总产量达12.65亿公斤,创粮食生产历史最高水平。以畜牧业为主的多种经营生产有了迅猛发展,1993年,全市黄牛饲养量9万头、奶牛存栏5万头、家禽饲养量800万只、生猪存饲养量42万头,分别比1990年增长150%、75.9%、83%和9%;多种经营总收入48 000万元,比1990年增长55.8%。乡镇企业发展步伐加快,1993年,乡镇企业产值达11亿元,实现利税5.557万元,分别比1990年增长164%和127%。植树造林、水利和农田基本建设也取得新进展。

为使工业走出低谷,尽快扭转被动局面,三年来,市政府突出工业主导地位,以提高经济效益为中心,以市场经济为导向,在深化改革、调整结构、加强管理、强化销售、狠抓扭亏增盈、启动特困企业等方面,采取一系列切实可行的措施,卓有成效地遏制了工业生产下滑,使全市工业呈现出稳步发展的良好势头。1993年,市工业实现产值85 700万元,实现利税4 200万元,实现销售收入50 500元,分别比1990年增长66.6%、80.6%和90.8%。三年来,全市共完成技改项目80项,开发新产品80余种,工业总户数发展到186户,基本形成了以食品、纺织、建材、缝纫、皮革、化工、印刷、塑料、糠醛、造纸等10种行业为主的工业体系,拥有各种工业产品240种,其中省优以上产品30种,特别是以农副产品为原料的乳制品、食糖、糠醛、啤酒等主导产品正在向系列化方向发展;工程钻机、有载开关、变压器等优势产品畅销全国各地;糠醛、绢花、晴雨伞、羊毛衫等出口产品,不断打入独联体等国际市场。

财贸工作在外部环境趋紧、财政减收增支因素不断增加、流通不畅、金融调控失衡的状况下,坚持以发育市场体系为启动点,不断深化流通体制改革,加强宏观调控,搞好活化资金,使社会化市场体系初步形成,活跃了商品流通,带动了第三产业和个体私营经济的发展。1993年,全市已有各类市场43个,比1990年增长126%;个体私营业户已发展到10 000户,从业人员已达13 100人,分别比1990年增长78.4%和76.2%;集市贸易成交额达8 300万元(不含周家大市场18 000万元),比1990年增长180%;财政收入7 150万元,比1990年增长66.7%;财政支出6 900万元,比1990年增长64.3%;工商各税5 700万元,比1990年增长71.6%;社会商品零售总额68 500万元,比1990年增长34.2%,年递增率为10.3%;城乡储蓄三年纯增7 000万元,年递增率为14.7%。

市政府把借助外力发展双城经济提高到重要战略地位,不断加大引联力度,加快开放步伐,制定开放引联的优惠政策.在哈市、北京、广州设立乡友联谊会,在北京、广州、大连、黑河、绥芬河设立办事处,与松花江地区在双城合办双城经济技术开发区,使双城利用外资、外智的领域不断拓宽,外向型经济得到迅速发展。1993 年,双城经济技术开发区已有 16 家企业 21 个项目被批准立项,协议投资总额达14 800万元人民币;全市共引进外资11 991万元,引进项目 106 项,引进人才 381 人,引进设备 87 台套;"三资"企业由原来的 1 个发展到 14 个;外贸出口额实现6 000万元,年递增率为 23%。

城市建设上,按照"统一规划、合理布局、综合开发、配套建设"的方针,进行老城区改造和新城区开发。通过国家、集体、个人一起上,调动一切社会力量解决建设资金不足这一关键性问题,使城市建设取得历史性突破进展。三年来,全市共投资37 000万元,对总长度为7 420延长米的迎宾路、承旭路、花园大街和文昌大街进行加宽改造,使迎宾路由 12 米拓宽到 50 米,承旭路由 7 米拓宽到 20 米,花园大街和文昌大街由 12 米拓宽到 40 米;修建5 000平方米的停车场;兴建办公商服住宅综合楼 102 栋;其中贸易城、大世界、承旭、电子商业大厦已投入使用;兴建日供水能力为5 000吨的第二供水场,铺设地下排水管道11 838延长米;重新修建魁星楼,新建高度为 132.5 米的广播电视塔,安装6 000门程控电话。

大力发展社会事业。三年来,科技事业有了长足发展,全市引进科研项目 112 项,进行技术改造 42 项,其中有 118 项获国家、省、地科技进步奖,创直接经济效益37 800万元;三年累计投入教育事业经费5 788.5万元,比前三年增长 30%;计划生育工作较好地完成了人口控制量化指标,人口自然增长率一直控制在千分之 7.9 以内,计划生育率达到 90% 以上;加强了体育基础设施建设,实现争创体育先进县的一步双跨,跻身于全国、全省体育先进县行列;卫生和广播电视事业也都有了新的发展。

人民群众生活水平有了提高。1993 年与 1990 年相比,城镇居民人均收入增加 233 元,达到1 850元;农民人均收入增加 335 元,达到1 053元;居住条件有了进一步改善,市区新建居民住宅 30 万平方米,农村新建住宅 32 万平方米;交通、通讯和卫生状况得到改善,人民群众健康水平有所提高。

加强了社会治安综合治理工作。坚持"打、防、教、管、建、改"六管齐下,以"破大案、打团伙"为重点,有力地打击了重大刑事犯罪活动;开展以反盗窃为主的专项打击和禁毒、扫黄、除"六害"的斗争,不断净化社会治安环境,通过加强社会主义精神建设和开展"二五"普法教育,全民的思想道德素质和法制观念不断增强。以生产、交通、用电、防火为主的安全工作进一步加强,减少了事故发生,进而保证了社会治安秩序的基本稳定。

【市三届政府工作纪要】 本届政府 1993 年 10 月组成。到 1997 年,实现国内生产总值533 000万元,社会总产值1 330 000万元,分别比 1993 年增长 150.7% 和 145.4%,年均递增分别为 25.8% 和 25.2%。

农村社会总产值实现1 040 000万元(现价),四年平均递增 41.1%;实现农、林、牧、渔业总产值465 000万元,四年平均递增 13.6%;粮食连续四年获得大丰收,四年平均总产量达 14.3 亿公斤;以畜牧业为主的多种经营生产总收入实现170 000万元,比 1993 年增长 2.9 倍,全市畜牧业综合饲养量有大幅度提高。具有双城特色的农业和农村产业化结构已粗具规模,农业综合开发和农业基础建设都取得新进展,使农业的基础地位进一步加强。

工业经济在困境中有了转机。1997 年,在市属国有工业仍处于困境的情况下,乡和乡以上工业实现产值214 000万元,四年平均递增 30.8%;实现销售收入200 000万元,四年平均递增 30%;实现利润5 448万元,四年平均递增 38.5%;实现税收12 917万元,四年平均递增 32.6%。

非国有经济和第三产业有了快速发展。1997 年,乡镇企业实现产值550 000万元,四年平均递增41.4%;"三资"企业发展到 10 户,创利税9 241万元;民营科技企业和个体私营企业的经营规模不断扩大;第三产业实现增加值168 000万元,占国内生产总值的 31.6%,四年平均递增 39.7%。

财政收入稳步增长。1997 年,全市财政收入实现17 600万元,四年平均递增 23.5%;工商各税实现12 806万元,四年平均递增 16.9%。

市政府加强了"引联"工作。坚持把借助外力发展双城作为推动市域经济发展的重大举措和突破口，制定出台一系列招商引资的优惠政策，促进"引联"工作收到良好效果。四年来，共引进项目595项、资金50 000万元、人才825名、设备752台(套)，有28家企业进入经济技术开发区。

在城乡建设上，本届政府坚持统筹规划，合理布局，做到改造老城区和辟建新城区相结合，达到综合设施配套，提升城市功能。四年来，共投资84 000万元，先后拓宽改造和平大街、团结大街、南北二道街和粮麻路、雀巢路、南直路，铺设地下排水干线15 000延长米；新建扩建了建材市场、煤炭交易市场、水果蔬菜批发市场、贸易城地下商场、承恩楼、承恩桥、永和桥；兴建了集办公商服住宅于一体的综合楼1 100 000平方米及38 000平方米的停车场和广场；完成市城区主要街道及10大景点、30个席地的绿化工程；在承旭公园内新辟建面积达120 000平方米的人工湖。同时在农村先后投资30 000万元搞自来水建设和道路建设，使农村自来水普及率达到50%、道路铺装率达到40%；26个农村乡镇全部开通了程控电话，有2个乡镇安装了有线电视。由于4年间加快了城乡建设步伐，已有周家等4个乡镇进入全省和全国小城镇试点行列，在全国和全省的卫生城、十佳城、文明城的评比中均取得了好成绩。

在保证和促进社会各项事业发展上，"科技兴市"战略得到进一步贯彻实施，农业先进技术覆盖率达到80%，优良品种覆盖率达到90%，进行大型工业技术改造4项，开发新产品10项，开发高新技术产品10项，使双城市的科技工作跻身于全国科技先进县行列；在发展教育事业上，4年累计投放教育事业经费16 500万元，完成兆麟中学、第九小学、第十小学建设，全市新建和翻建校舍达51 000平方米，改造危房34 200平方米，使双城市的"两基"工作于1995年就通过了省和国家的验收，1996年，被评为全国幼儿教育先进县；全面落实计划生育基本国策，4年中人口自然增长率平均控制在5.17‰以内；卫生事业迈上新台阶，新建中医院、三门诊，初级卫生保健得到了加强；广播电视事业取得了长足发展，修建电视塔，开通有线电视和加密频道，有线电视入网户达8 600户；文化事业步入健康发展轨道，在全社会营造了良好的文化氛围；全民健身活动广泛开展，体育事业蒸蒸日上；全面完成政府机关机构改革，顺利实现了公务员过渡。

在保障和促进社会稳定上，切实加强精神文明建设，以创建文明城、文明村、文明企业、文明单位、文明户为载体，广泛开展思想教育，建立健全讲文明的规范制度。在政府机关实施形象建设工程，对窗口行业和有关部门推行"公示制"和"承诺制"，政府各部门为民服务的意识进一步增强，工作作风明显改变，工作效率显著提高；启动"三五"普法教育，公民知法守法意识不断增强；民主与法制建设得到进一步加强，4年来，市政府共办理人民代表建议663件，政协委员提案245件；进一步加强社会治安综合治理，加大"打黄扫非"力度，深入开展了"严打"斗争，切实加强安全工作，使社会治安状况有了明显好转；妥善安置下岗职工和受灾贫困群众的生产生活；认真接待和处理人民群众的来信来访，体现执政为民的宗旨，促进社会稳定。

经济的发展，促进了人民生活水平的不断提高。1997年，农民人均收入实现2 100元，城镇居民人均生活费3 980元，分别比1993年增长84.4%和81.4%；城乡居民储蓄余额116 000万元，社会消费品零售总额165 000万元，分别比1993年增长193.6%和152.8%；城镇人均居住面积达到9.8平方米，农村人均居住面积达到20.9平方米，均比1993年有较大幅度提高。

【市四届政府工作纪要】 本届政府1997年10月组成。到2000年实现了"二次创业，五年翻番，在经济总量上再造一个新双城，实现经济社会快速发展和各方面工作全面进步"的战略目标。

综合经济实力明显增加。2002年完成国内生产总值897 000万元，比1997年增长80.5%，年均递增12.5%；财政收入实现五年翻番，完成38 000万元，比1997年增长122.8%，年均递增17.4%；产业结构进一步优化，三个产业结构比例由1998年的48.8∶20.6∶30.6调整为31.30∶39；第三产业有了迅猛发展，实现增加值360 000万元，比1997年增长99.8%，年均递增14.8%；全市个体民营企业发展到38 800家，实现税金2 900万元，比1997年增长112%；社会固定资产投资实现137 000万元，比1997年增长141.4%，年均递增19.3%；社会消费品零售总额达257 000万元，比1997年增长57.2%，年均递增9.5%。

农业结构调整步伐加快,农村经济长足发展。2002 年,农业总产值实现510 000万元,比 1997 年增长50.3%,年均递增 8.5%;种植业结构进一步优化,全市粮、经、饲的种植比例由 1997 年的 9.6∶0.4∶0 调整为 6∶1.9∶2.1;以奶牛为重点的畜牧业发展迅猛,畜牧业产值实现240 000万元,占农业总产值的 47%,比1997 年增长 80.6%,年均递增 12.6%,基本实现了"半壁江山"的目标;乡镇企业总产值实现700 000万元,比 1997 年增长 175.8%,年均递增 22.5%;全市农民离土创业、从事非农产业人数达 18.3 万人,占农村劳动力总数的 63%。

招商引资取得丰硕成果,工业经济形成新的发展格局。5 年来,全市共引进项目1 200个,投资总额达180 000万元,其中亿元以上的项目 3 个、千万元以上的项目 12 个、百万元以上的项目 182 个,有山东万杰集团、哈尔滨时代工贸集团、唯友集团、黑龙江三勤制药有限公司、台湾旺旺集团、浙江娃哈哈集团、协力集团等一批科技含量高、牵动力强的工业企业落户双城,全市工业经济走出低谷,开始步入发展复兴的快车道。2002 年,全市工业总产值实现786 000万元,比 1997 年增长 134.2%,年均递增 18.6%;工业增加值实现220 000万元,比 1997 年增长 117.7%,年均递增 16.8%。

加快城市基础设施建设,城市化水平不断提高。5 年来,共筹集城市建设资金215 000万元,铺筑白色路面 190 条面积 113.5 万平方米,新增楼房面积 110 万平方米,新增排水管线 36 公里、供水管线 40 公里、完成老城区街巷路白色路面铺筑、地下排水网建设、供水网改造和标准化公厕建设,基本解决了市区居民长期企盼解决的"走路难、吃水难、如厕难"的问题;完成新城区四横七纵路网建设和职教、医疗、客运、农贸、商贸、党政办公、文化广场等七大中心建设。城市品位功能有较大提高,城区面积由 6.25 平方公里扩大到 16.9 平方公里,哈尔滨市的卫星城的框架基本形成。

民主与法制建设进一步加强,实现政治经济社会的稳定。政府各部门自觉接受人大的法律监督、工作监督和政协的民主监督,5 年来,办复人大代表建议 673 件、政协委员提案 459 件;进一步扩大基层民主,建立完善新的行之有效的工作运行机制和监督机制,促进了政府及其各部门依法行政水平的提高;坚持不懈地抓好安全工作,杜绝了重特大事故的发生;信访工作得到加强,认真接待处理群众来信来访,有效地解决长期影响稳定的各种突出矛盾和问题;深入开展以打黑除恶为重点的严打整治斗争,依法严厉打击"法轮功"邪教组织和各种严重刑事犯罪活动,保持了社会稳定。

精神文明建设不断深入,社会各项事业全面进步。进一步加强对广大人民群众的思想道德教育,促进了思想觉悟的提高,提升文明村镇、文明行业的创建水平;以市区广场和乡镇综合文化活动室为载体,丰富活跃了人民群众的业余文化生活,群众性体育健身活动进一步普及。2002 年,科技进步对经济增长的贡献率达到 53%,农业实用技术覆盖率达到 90%以上;教育事业有了新发展,5 年累计投资120 000万元,改造危房 3.5 万平方米,新建校舍 5.1 万平方米;城乡医疗卫生条件明显改善,卫生保健和防疫工作不断加强;扭转了计划生育工作的被动局面,人口自然增长率 5 年中平均控制在 2.74‰以内;广播电视、交通、电信等项事业也都取得了新成绩。

城乡人民生活水平不断提高。解决了企事业单位拖欠离休干部特需费和公用经费问题,乡镇老干部"两费"上划到市财政,建立财政保障机制;补发多年来乡镇拖欠的教师、职工工资,将农村教师的工资全部上划到市财政发放;社会保障体系进一步完善,保证全市离退休人员养老金和下岗职工基本生活费按时足额发放,扩大了城镇居民最低生活保障线的覆盖面。2002 年,农民人均纯收入实现2 769元,城镇居民人均可支配收入达到4 986元,分别比 1997 年增长 15%和 42.5%,年均递增 2.8%和 7.3%;城乡居民储蓄余额可实现210 000万元,比 1997 年增长 88.7%,年均递增 13.5%;城乡人民群众的居住条件得到改善,人均居住面积比 1997 年有较大幅度提高。

【市五届政府工作纪要】　本届政府 2002 年 10 月组成。到 2005 年,全市生产总值比上年增长14.5%,人均 GDP 实现17 900元,全口径财政收入达到60 358万元。城镇居民人均可支配收入6 170元,比上年增长 10%;农民人均纯收入4 331元,比上年增长 12%。

以增加农民收入为核心,促进农村经济协调发展。2005年,全市粮豆薯总产量达到15.95亿公斤;通过完善服务措施和健全保障机制,以奶牛、生猪、蛋鸡为主的畜牧业实现较快发展,奶牛存栏达到22.4万头,生猪饲养量93.1万头,肉牛饲养量38.3万头,家禽饲养量1 661万只;新型农村经济合作组织发展到46家,化解农村不良债务6 219万元,全市村级兴建的生产和福利性事业"一事一设"筹资720万元;农业产业化内涵与外延不断延伸和扩展,来源于产业化经营的农民人均收入达到2 509元,占农民人均收入的58%。2005年,双城市被评为全国粮食生产先进县。

以大项目建设为牵动,力促招商引资再登新台阶。2005年,共引进项目51个,其中投资千万元以上项目37个,投资总额达208 000万元。北京汇源、江苏菊花味精二期工程实现当年建设投产,南京雨润、天顺源清真食品当年开工建设。双城市被国家评为食品工业强县之星、县域食品经济发展示范县和全国中小城市综合实力百强县。

以增加财政收入为重点,确保财源建设水平不断提高。2005年,努力化解雀巢公司"碘超标"事件给财政税收带来的不利影响,财政总收入与去年基本持平,其中新上企业比年初增收1 000万元;通过专项市场整顿增收1 524万元;挖掘各方面潜力增收4 164万元;地税收入突破7 000万元;国税除雀巢公司以外其他企业入库13 939万元,首次突破亿元大关。

以基础设施建设为先导,逐步扩大开发区规模。将市经济技术开发区面积规划扩大到18平方公里,投资400万元完善经济技术开发区的路灯、绿化等收尾工程建设;新辟建25平方公里的新兴项目园,投资500万元修建园区内道路、排水、电力、通讯等基础设施,为入区企业实现达产达效创造良好的基础条件。

以建设中等规模哈尔滨卫星城为目标,加快城市改造步伐。对城市总体规划重新修编,完成22条街巷路改造、承旭公园维修、303万平方米人行路步道板更新、老城区贸易城广场改造和4条街道515盏路灯亮化工程;新开工建设住宅楼15万平方米;完成331公里乡村砂石路铺装和维修任务;投资2 320万元修筑20.1公里双青公路、18.2公里哈前公路双花段的白色路面,进一步改善农村的交通条件。

以维护人民群众利益为出发点,大力发展社会各项事业。投资完成18所农村学校D级危房、市医院老住院处改造和兆麟初中、第三中学校舍扩建工程;通过兆麟中学省级示范性高中、"双高"普九检查验收;计划生育工作取得良好效果,符合政策生育率为92.04%;有1.2万名城镇居民纳入最低生活保障,企业新增养老保险6 000人;完成农村低保农民大病救助试点工作,有5 200名农民纳入农村低保,37万人参加农村合作医疗,占农民总数的61.8%;安置就业再就业人员3 600人,其中向北京输送保安累计700人。被评为全国科技进步先进市和省级卫生城市。

以精神文明建设为主导,切实加强民主法制建设。认真贯彻落实"三个代表"重要思想和党的十六届四中、五中全会精神,分批开展保持共产党员先进性教育,党员的先锋模范作用明显增强,党风廉政建设取得新成效;民族宗教、侨务和旅游工作稳步发展;双拥共建工作继续推进,军民团结进一步加强;保护妇女儿童工作、老龄工作和发展残疾人事业有了新进展;坚持重大事项向人大常委会报告和向政协通报制度,共办复人大代表议案164件和政协委员提案67件,有力地推动政府工作依法有效开展。

第二章　综合政务

第一节　外事　侨务

【外事】　1986年,双城县不断扩大对外交往活动,开展了经济组织、民间团体为主体的多层面、多种形式的交流。1989—1990 年,通过民间交流,邀请澳大利亚畜牧专家到双城市做奶牛饲料方面的专题培训,培训人员 600 多人。1989—1999 年,经双城外事办与哈市外事处共同去哈市的友好城市丹麦奥尔胡斯市进行友好交流,同时商定丹麦派畜牧专家到双城市讲学,做畜牧技术业务方面的培训。2000—2002 年,丹麦专家深入到农村乡镇讲课,对饲养奶牛专业户人员提高饲养水平,对全市的奶牛饲养起了积极作用。20 年间,按照有关规定,与省外办培训处、松花江地区外事办、哈市外办协调为市领导和有关部门领导办理因公出国出境手续 197 人次,出访地为日本、加拿大、韩国、美国以及台湾地区。组织劳务输出 30 批次 486 人。接待来访外宾进行公务活动的外事人员 16 个团次 143 人。

【侨务】　1986 年,双城有华人华侨 121 户 477 人,侨眷 129 户 688 人。1990 年,政府继续坚持组织归侨侨眷对国外"华人华侨"开展打一个电话、发一封电报、寄一封信的"三个一"活动和利用春节发一封慰问信活动,向海外侨胞宣传祖国大好形势、家乡可喜变化和国家的有关政策,引导他们了解祖国、了解家乡,努力实践支援祖国建设、报效家乡父老的爱国夙愿,积极为发展家乡经济和社会公益事业做贡献。1992 年 3 月,旅日华侨黄慧之女士到双城市探亲,为表达对市政府及其双城亲属的感谢,回日本后用自己的积蓄买了尼桑、丰田等品牌的轿车 15 台分别 赠给市残联、人民医院、中医院、妇幼保健站、聋哑学校、市福利院等 6 个单位。1995 年,侨办对双城市第一届归国华侨联合会的召开进行了指导。1999 年,美国华人华侨组织的教育基金会出资 2 万美金在五家镇、朝阳乡捐建 2 所希望小学,并坚持每年对捐建的每个希望小学捐资 5 000 元人民币用于增设教学设施和改善学校环境。2000 年,参与指导二届侨联的总结工作,并对双城市第三届归国华侨联合会的召开做了相应的工作。2004 年,《中华人民共和国归侨侨眷权益保护法》下发,市侨办协同市司法局利用广场、商场等场所进行广泛的宣传,并组织归侨侨眷进行学习。到 2005 年,全市的归侨侨眷累计捐款 3 万余元用于抗洪救灾和扶贫助残。全市共有国外华人华侨 11 户 42 人;归侨侨眷 178 户 954 人;分布在美国、日本、俄罗斯、韩国等 10 个国家和地区,在国外分别从事工业、文化、科学、卫生、教育等事业。港澳同胞 18 户 54 人,眷属 17 户 62 人。全市已兴办侨属企业 9 家,安排职工 800 人,年上缴税金达 180 万元。

第二节　信息与行政审批

【信息工作】　1988 年,正式组建覆盖市直各部门、各乡镇的信息网络,通过传真和邮寄的方式向省、松花江地区和哈市上报政务信息,年均上报信息 118 条。2003 年,成立信息科,同年开通"中国·双城"政府官方网站(HTTP://www.Hrbsc.gov.cn),着力建设电子政务网络,当年联通审计、计划、统计、农委等部门,初步实现信息共享。2004 年,按照哈尔滨市政府的部署,开通电子政务网、互联网双光纤,实现与上级政府无纸化传输。到 2005 年底,"中国·双城"政府网站已发布本地新闻信息 1 735 篇,其他公众服务信息 5 681 条。2005 年,市政府网站获得省电子政务网站评比县级政府三等奖。

【行政审批制度改革】　2000 年 8 月,首批政府行政审批制度改革工作启动,全市上报审批事项 314 项,经清理保留行政审批事项 168 项,精简比例为 53.5%。2003 年,行政许可法出台后对行政审批事项再次清理,确定保留 146 项,其中:审批事项 38 项,核准事项 55 项,审核事项 31 项,备案事项 22 项。2005 年,取消行政审批 4 项,保留行政审批 142 项,其中审批事项 38 项,核准事项 53 项,审核事项 30 项,备案事项 21 项。

第三节　安全生产

【双城市安全生产监督管理局】　1986 年,双城县安全委员会办公室隶属于政府,编制 4 人;1990 年,安全办增加劳动安全职能,办公室设在劳动局;2002 年,安全办设在市政府办公室;2004 年,市政府独立设置安全生产委员会办公室,挂市安全生产监督管理局牌子,为市政府工作部门。安全生产监督管理局成立时,编制 13 人,在职人员 7 人,2005 年底,内设机构和人员没有变化。

历任局长（主任）：郎殿魁、王恒年、程显海、张东诚；副局长（副主任）：岳东旭、宋春岩、白斌。

【安全生产工作】 1986 年,县政府在贯彻落实《消防条例》中加强安全生产管理。1989 年,县成立安全管理委员会,下设办公室。为贯彻《黑龙江省安全条例》举办了由机关事业单位负责人、企业专职干部、建筑企业经理等参加的安全生产培训班,请专业人士讲防火及安全生产知识。从 1992 年开始,每年都在春秋两季坚持对生产经营单位的主要负责人、安全生产管理人员进行安全生产、防火知识等方面的培训。对特种人员进行业务及安全方面的岗前培训。经过严格考试,全市电工、电焊工、架子工、卷扬机工等人员都基本达到了持证上岗。安全办组织公安、交通、建筑、燃气等相关部门进行春季、秋季的安全检查,以及夏季高温期安全生产大检查、常年的交通安全检查。在元旦、春节、五一、十一重大节日期间,由四大班子领导成员带队对重点部门进行安全大检查。1995 年后,逐步建立和完善安全生产责任制,实行安全目标层层分解,责任到人管理。每年市政府主管安全领导都分别与市直各部门、各乡镇主要领导签定安全生产责任状。在此基础上,各部门和乡镇再与所属企事业单位及行政村签订责任状。形成横向到边、纵向到底的责任网络。1997 年,市安全办进行安全检查,把市房产开发公司贸易城作为重大隐患单位,列为监察的重点。贸易城投资 510 万元,新增防火通道,上防火监控装置,基本达到防火要求。1999 年,西门外木材批发市场在整改中,新打防火水井,打通消防通道。依法对小型加油站、液化气站、易燃易爆品、危险化学品的生产储存运输进行登记核准,取缔非法经营行为。与此同时,安全办还对企业的新建、改建、扩建项目,从设计、施工、投入使用进行安全监管,使项目的设施、维护及功能符合安全标准。重点对商品房开发、大型粮食储备库建设进行监督管理。1995 年,对公共场所进行整顿,到 2000 年,共查处 138 家公共娱乐场所,查处隐患 1 200 多处。2004 年,成立双城市安全生产监督管理局,加大劳动生产安全管理力度。7 月 7 日,全市开展公共聚集场所消防安全专项治理,组成专项治理排查小组。到 2005 年,共排查市政府实施挂牌督办的重大火灾隐患单位 3 个,纳入火灾隐患排查整治范围的人员密集场所及公众聚集场所 12 个、易燃易爆单位 4 个,医院、幼儿园、学校、敬老院、宾馆 42 个、建筑工程 11 个,各公安派出所排查小歌厅、小舞厅、小网吧、小游戏厅等“众小单位”共 728 个。还对全市危险化学品生产、经营、使用单位进行清理和整治,共排查隐患 80 个、当场整改 50 个、限期整改 30 个,共下达限期整改指令书 30 份；关闭加油站 2 家,停业整顿 1 家。对 260 家生产、经营企业进行安全评估。依法严肃处理了伤亡事故 25 起,一般重伤事故 150 起。

第四节　民族宗教

【双城市民族宗教事务局】 1988 年成立,在职 2 人。1997 年机构改革时将民族宗教事务委员会并入市政府办公室,对外保留牌子。2001 年,再次机构改革时民族宗教事务委员会改称为民族宗教事务局,仍属市政府办,对外挂牌子。2002 年,民族宗教事务局从政府办撤出单独设置。2005 年,在职 5 人,内设机构有秘书股、业务股。

历任局长（主任）：杜兴成、高步才、陈喜满、傅振书、刘文志；副局长（副主任）：刘文志、袁广喜。

【民族工作】 1986 年,大力扶持已建成民族乡镇的经济发展和相关民族政策的落实,同时,对全县各少数民族,特别是满族人口进行了调查研究,在此基础上,提出了第二批满族乡镇的申报意见。1988 年,市政府重点抓民族乡的建设,进行民族状况的普查。经省政府批准在已改建的幸福满族乡、乐群满族乡的基础上,又改建希勤满族乡、同心满族乡。1990 年,青岭乡改为青岭满族乡、联兴乡改为联兴满族乡、新兴乡改为新兴满族乡、公正乡改为公正满族乡、农丰镇改为农丰满族锡伯族镇、跃进乡改为跃进满族乡。2002 年,进行区划调整时,跃进满族乡与团结乡合并,组建团结满族乡。市委、市政府注重少数民族乡镇的经济发展,政策上给予倾斜、资金上予以扶助。投入民族发展资金 200 万元,分别用于全市 10 个民族乡镇的经济发展和基础设施建设。2002 年,组织满族群众参加哈尔滨市满族"莫勒真"大会,并取得第二名的好成绩。2003 年,在贯彻落实《黑龙江省清真食品生产经营管理条例》和《哈尔滨市少数民族权益保障条例》中,纠正和取缔不符合清真食品生产经营条件的企业和个体业户,对 31 家符合清真食品的生产经营条件的企业和个体业户核发清真标志牌证。在少数民族干部培养、选拔、使用方面,每年市里选拔后备干部都为少数民族保留一定的名额。2005 年,全市少数民族干部 2 571 人,占干部总数的 21.02%,其中一般干部 2 419 人,科级干部 147 人,处级干部 5 人;具有初级职称的 297 人,中级职称的 165 人,高级职称的 43人。注重提高少数民族整体素质,根据《黑龙江省少数民族考生民族成分审核管理工作暂行规定》,每年为少数民族高考生办理民族成分审核,到 2005 年,已有 500 多名少数民族中、高考生享受了加分待遇。同年12 月,民宗局整理双城满族的历史文化,编写了《满族历史文化简编》一书。1998—2005 年,双城市民族宗教局、8 个少数民族乡镇和 5 个个人先后获得哈尔滨市民族团结进步模范奖。对锡伯族、蒙古族、鄂温克族、朝鲜族等 26 个少数民族进行调查,对其发展生产、改善生活条件进行了扶持。

【宗教工作】　1986 年,在落实宗教政策上,县保护合法宗教活动的同时,打击非法宗教活动,市委成立宗教工作领导小组,层层有人负责,形成市、乡、村宗教工作三级管理网络。1993 年 4 月,根据《黑龙江省宗教活动场所管理办法》,双城召开会议认真贯彻落实,对宗教活动场所进行整顿登记;5 月 13 日,观音寺举行开光庆典。1994 年观音寺由释安海住持筹措善款重新选址建设,共投资 800 多万元,新寺位于双城市双城镇承旭村,东邻 102 国道,占地面积 24 000 平方米,建筑面积 5 500 平方米,分西院、东院。西院有天王殿、大雄宝殿、藏经楼、功德堂和延寿堂等建筑;东院有七宝佛塔、千佛塔、钟鼓楼等建筑。2002 年 3 月 5日,龙聚宝寺恢复宗教活动。同年 4 月,依法取缔"蒙头教",共查处骨干分子 27 人。8 月 6 日,基督教西北隅教会礼拜堂献堂。2003 年 8 月 22 日,新建观音寺开光庆典。同年打击了"东方闪电"邪教组织,抓获骨干分子 3 人,分别被劳动教养。举办各宗教团体教职人员和活动场所负责人培训班,受训者 2 000 多人次。2005 年,全市共有 7 处正式宗教活动场所,其中佛教 2 处,伊斯兰教 1 处,基督教 4 处,51 处基督教聚会点。

第三章　人事与机构编制

第一节　机构、人事安置

【双城市人事局】　1986 年,双城县编制委员会办公室与双城县人事局合署办公。编制 17 人,在职 15人,内设办公室、干部组、工资福利股、调配股、退管办、考评办、军转办、编委办。1987 年,成立县(市)人才中心,隶属人事局。1998 年,建立人才市场,与人才交流中心合署办公,隶属人事局。1997 年,政府机构改革,内设机构有综合组、干部组(军转办与其合署办公)、退休办、考培办、职称办,核定行政编制 18 人,工勤编 1 人。2005 年,编制 20 人,在职 19 人。内设机构为:办公室、职称管理办公室、转业军官安置办、离退休干部管理办、公务员管理办公室、干部组。

历任局长:肖辉、彭子权、张志太、刘洪彬、南明良、宫新民、孙醒范 、施晓佳;副局长:王庆喜、郭庆江、南明良、刘洪彬、郑少夫、夏茂森、梁凤荣、兰国友、彭爱玲、施晓佳、朱礼、伊国富。

【干部录聘调动】　1986 年,从农村乡镇录用 2 名、聘用 14 名干部做税收专管员,充实到农业税收队伍;从乡镇企业管理人员中录用 5 名干部办理了录用手续。1989 年,开始从非在职"五大"毕业生中录用干部。1991 年,为二轻系统工作人员及其所属的企业中的优秀管理人员和技术骨干 16 人办理录用干部手续。1992 年,择优为计生系统录用 4 名国家干部,充实到农村乡镇计生工作队伍中。到 1995 年,为农村 27 个乡镇 587 名各类人才办理了合同制干部手续,充实到乡镇事企业单位。还先后 4 次从社会"五大"毕业生中录用干部 260 名,充实到机关、事业、农村乡镇以及企业单位。1996 年,为城乡卫生部门录用 43 名干部;从 1988 年开始,相继与省、市相关大中专院校联合办学,为双城培养人才,根据省市有关文件和委托办学协议,到 2005 年,为委托生办理录用干部手续 1 800 名,办理聘用干部手续 369 名,充实到城乡机关事业以及企业单位。在此期间,根据相关政策及实际需要择优为有关单位符合条件人员办理了吸收干部手续,还为民办教师、以工代教、顶编代课人员办理了录用干部手续。到 2005 年,按相关政策规定办理干部调动 2 429 次。

1986—2005 年双城市干部调动情况统计表

表 13 - 3 - 1 单位:人

年度	人数	年度	人数
1986	126	1996	92
1987	134	1997	103
1988	163	1998	104
1989	157	1999	79
1990	189	2000	92
1991	192	2001	126
1992	18	2002	119
1993	143	2003	71
1994	105	2004	738
1995	75	2005	203

【大中专毕业生安置】 1986 年,大中专毕业生按实际统包分配的办法安排就业。采取专业对口、供需见面、双向选择的方法,到 1997 年,共接收大中专毕业生 2 005 人,其中,本科 79 人、专科 319 人,共占 19.85%;中专 1 609 人,占 80.2%,分配去向为机关 73 人、事业单位 1 726 人、企业 206 人。从 1998 年开始,除师范类院校毕业生外,其他毕业生实行计划分配与双向选择就业,逐步向自主择业的方式过渡,到 2003 年,所有大中专毕业生就业均采取双向选择自主择业的办法。到 2005 年教育系统共安置毕业生 1 817 人,其中本科生 512 人,专科生 829 人,中专生 476 人。

1986 — 2005 年双城市大中专毕业生安置情况表

表 13 - 3 - 2 单位:人

年度	人数	年度	人数
1986	132	1996	224
1987	147	1997	273
1988	116	1998	326
1989	170	1999	369
1990	159	2000	70

续表

年度	人数	年度	人数
1991	169	2001	31
1992	196	2002	16
1993	158	2003	24
1994	210	2004	32
1995	189	2005	54

【民办教师转正】 1986 年,按上级有关文件精神,开始逐年为符合条件的民办教师办理转为正式教师手续。到2001 年,这项工作停办。

1986 — 2001 年双城市民办教师转正情况表

表 13 － 3 － 3　　　　　　　　　　　　　　　　　　　　　　　　　　　　　　　　单位:人

年度	人数	年度	人数
1986	50	1994	120
1987	70	1995	130
1988	90	1996	122
1989	120	1997	90
1990	160	1998	120
1991	170	1999	156
1992	170	2000	134
1993	120	2001	210

【军转干部安置】 1986 年,采取指令性与荐贤选用的方法进行军转干部安置。1991 年以后,根据国务院中央军委的安置政策,实行组织推荐与单位选择和计划分配相结合的方法安置。2003 年接收安置军转干部6 人,并按上级要求为 295 名在企业工作的军转干部发放了困难补助金。到 2005 年,按照省分配任务,共安置军转干部 139 人。安置去向主要是公安局、检察院、法院以及市委、市政府机关及企事业单位。接收管理自主择业军转干部 21 人。

1986 — 2005 年双城市军队转业干部安置情况表

表 13 － 3 － 4　　　　　　　　　　　　　　　　　　　　　　　　　　　　　　　　单位:人

年度	人数	年度	人数
1986	3	1996	6
1987	2	1997	7
1988	4	1998	7
1989	3	1999	24
1990	1	2000	15

续表

年度	人数	年度	人数
1991	4	2001	3
1992	5	2002	1
1993	4	2003	6
1994	5	2004	29
1995	5	2005	5

第二节　公务员管理

【推行公务员制度】　1997 年 1 月，根据国家机关机构改革的总体要求，市直机关现有工作人员开始向国家公务员过渡。成立推行国家公务员制度领导小组，制定《双城市人民政府工作部门推行国家公务员制度基本程序的通知》，明确过渡工作的指导思想、过渡人员范围和对象、程序方法以及相关政策。各行政机关根据方案的要求，组织本单位的公务员过渡的具体实施。通过公布职位、民主推荐与自荐、岗位竞聘、民意测验、双向选择、择优选拔等程序，分别完成本单位工作人员的过渡工作。至 5 月，全市共有 1 654 人参加了公务员过渡，其中 1 633 人实现了过渡，17 人暂缓过渡，4 人不予过渡。根据公务员过渡的相关政策，市直机关有 4 名在职人员主动辞去公职另谋职业。9 月，全市首次面向社会公开考试录用公务员。根据省、市相关文件的要求，双城市人事局、中共双城市委组织部组织了这次考试录用工作。依据公开、平等、竞争、择优的原则，通过笔试，每个职位按 1∶3 的比例，由高分到低分确定 81 个人进入面试，经面试后，根据笔试、面试总成绩，按招考职位 1∶1 的比例由高分到低分确定体检人员 29 人，经体检、资格审查、考核、公示等程序录用 22 名国家公务员和 5 名党政机关工作人员。1999 年 6 月，根据哈尔滨市人事局《关于印发试行从优秀村干部中录用乡镇国家公务员及建立后备资源队伍工作实施方案的通知》精神，择优录用 6 名优秀村干部为国家公务员。2002 年 1 月，经过公开招考，在全市范围内录用 12 名国家公务员，党政机关录用公务员 6 名，补充到市直机关相关职位。2003 年 4 月，经哈尔滨市人事局批准，从曾经在哈尔滨市人事局培训的全市农村后备公务员队伍中，按招录公务员的程序，择优录用 24 名农村优秀青年人才为公务员，充实到农村 24 个乡镇机关。根据哈尔滨市委组织部、哈尔滨市人事局《关于为选调生统一办理国家公务员和机关工作人员录用手续的通知》，为 23 名选调生办理了录用公务员手续。2004 年，全市党政机关招录公务员 6 人，2005 年，党政机关招录公务员 4 人。他们分别被组织部、宣传部、市政协、团市委录用。根据《国家公务员辞退暂行规定》及相关政策，市直机关有 6 名公务员被辞退，1 名公务员辞职，恢复公务员身份人员 2 名。

【干部考评】　1984 年，成立县考评委员会考评办公室，负责全县机关事业单位和工作人员的考评和行政奖励工作。1986—1993 年，按照国家劳动人事部《关于建立国家行政机关工作人员岗位责任制的通知》要求，采取定编制、定岗位、定任务、定责任、定权限的办法，考核干部的德、能、勤、绩。按考核结果分别兑现记功、记大功、模范工作者、升级、提职、通令嘉奖 6 种奖励。按年度制订目标责任制实施方案，采取自考，各部门、各乡镇对照年度目标逐项检查，填写《目标考评表》；联评，市考评办组织检查和联评，由各参评单位相应打分，联评时填写《测评表》；市考评办根据各单位自考和联评情况定出部门等次，报考评委员会审核，确定各部门等次。1994 年，根据黑人联〔1994〕24 号文件《印发关于贯彻执行〈国家公务员考核暂行规定〉的具体意见的通知》精神，下发了《双城市国家公务员考核暂行标准》《双城市国家公务员考核奖励办法〈试行〉》，主要从德、能、勤、绩四个方面进行考核，确定优秀、称职、基本称职、不称职四个档次。

考核的主要方法是平时考核、半年初评、年终考评。2000 年,根据哈人联字〔2000〕9 号文件,中共哈尔滨市委组织部、哈尔滨市人事局《关于做好 2000 年度考核和评奖工作有关问题的通知》,考核的主要方法步骤是:定量考核、主管领导平时考核、半年和年终考核。1997 年 6 月,根据省《关于国家机关中连续考核优秀人员晋升级别工资问题的通知》,对全市在 1994—1996 年度连续在考核中评为优秀的 141 人中晋升一级级别工资。2000 年 4 月,为 1994—1999 年连续 6 年考核优秀的晋升一级级别工资。2001 年 4 月,为连续 3 年考核优秀的 174 人晋升一级级别工资。2005 年,参加考核单位 243 个,其中机关单位 69 个,事业单位 174 个,评出先进单位 22 个,其中机关 8 个,事业单位 14 个,参加考核机关2 196人,事业单位7 416人,评出优秀人数机关 293 人,事业单位 656 人,授奖人数机关 202 人,事业单位 650 人,不称职人员机关 9人,事业单位 12 人。

1994—2005 年双城市公务员考核评奖情况表

表 13 - 3 - 5

年度	参加考核单位（个）		先进单位数（个）		参加考核人数（人）		优秀人员数（人）		授奖人员数（人）		不称职不合格人员（人）	
	机关	事业	机关	事业	机关	事业	机关	事业	机关	事业	机关	事业
1994	117	78	18		2 832	3 009	280	67	280	67	8	
1995	117	80	19		2 809	3 120	296	36	296	36		
1996	117	78	15		2 801	3 018	274	21	274	21		
1997	117	219	16	4	2 720	7 768	381	307	381	307		
1998	117	220	28	15	2 714	7 754	452	430	452	430		
1999	114	218	18	11	2 318	7 749	340	672	340	672		
2000	114	217	14	15	2 320	7 795	328	619	291	767		
2001	111	224	11	13	2 274	7 704	292	814	228	683	5	5
2002	84	195	10	8	2 251	7 577	246	665	208	624	6	6
2003	84	182	9	11	2 232	7 525	241	593	238	593	3	1
2004	75	168	9	11	2 211	7 420	227	633	227	633	13	2
2005	69	174	8	14	2 196	7 416	293	656	202	650	9	12

第三节 职称评聘、人员培训

【职称评聘】 1987 年,开始职称评聘工作,由组织部下设科技干部局负责。1991 年 9 月,职称评定工作由市科委划归市人事局职称办。1991 年,根据《黑龙江省关于贯彻人事部〈企事业单位评聘专业技术职务若干问题暂行规定〉的实施意见》的通知和省关于印发《关于全民所有制企业评聘专业技术职务工作的原则意见》的通知精神,全民所有制事业单位专业技术人员的职称评定与聘用采取评聘结合的管理方式,即限定评定人员数额,限额内评定的专业技术职称同时聘用相应档次的专业职务。相继实行专业技术职务结构比例控制,改变了过去实行的各级人事部门下达事业单位聘任专业技术职称宏观控制指标的办法,放开了企业单位专业技术人员评定职称的指标限制,实行评聘公开、评聘专业技术职务五自主(自主设岗、自主确定高中初级结构比例、自主选用职务系列、自主确定受职人员待遇、自主确定专业技术职务任职聘任考核办法）。1992 年,对会计、经济、统计、审计四个系列初、中级职称实行以考代评。事业单位专业技术职务聘任工作采取确立聘任原则、范围及对象;合理设置岗位、明确责任、细化任务,按照聘任权限及程序签订聘约与聘期;建立考核制度、考绩档案。1995 年,重点进行事业单位专业技术职务任职聘任管理工作。1998 年,建立专业技术人员信息库。2000 年,录入专业技术人员 9 127 人。2004 年,根据黑龙江省政府《关于扩大十强县(市)经济管理权限的决定》,双城的中级专业人员的职称评审下放到市,由双城人事局负责,组建"哈尔滨市双城中、小学教师中级评委会",隶属哈尔滨市职称办。建立评委信息库,库存评委个人信息 56 人。2005 年,评审通过 429 人。全市有高级职级 355 人,中级职级3 567 人,初级职级5 548 人。

【人员培训】 1986 年,对机关人员进行培训,除学习社会主义基本理论外,主要是进行职业道德教育、机关工作行为规范、机关应用文写作等方面的培训。一般是通过市行政干校或请专家讲课的方式进行,到 1990 年,培训在 300 人左右。1991 年,举办国家行政机关工作人员岗位培训。1992 年、1993 年,举办机关事业单位工作人员创造学培训。1994 年,开展国家公务员过渡培训,1995 年,举办机关工作人员任职培训,1996 年,举办新调入机关人员初任培训,1997 年,开展机关事业单位人员经济知识培训和机关事业单位技术工人等级培训。从 1999 年开始,分别进行国家公务员计算机初级培训、WTO 培训、机关事业单位技术工人以及事业单位专业技术人员培训等。到 2005 年,共培训人员6 850人。

1992 — 2005 年双城市各类人员培训情况表

表 13 – 3 – 6

年度	培训内容	培训人数（人次）
1992	机关事业单位工作人员创造学培训	2 000
1993	机关事业单位工作人员创造学培训	7 000
1994	国家公务员过渡培训	1 600
1995	机关工作人员任职培训	200
1996	新调入机关人员任职培训	350
1997	机关事业单位工作人员知识经济培训	2 000
1997	机关事业单位技术工人等级培训	330
1999	国家公务员计算机初级培训	1 500
2000	机关事业单位技术工人等级培训	180
2001	WTO 培训	
2002	公务员、专业技术人员计算机培训	1 800
2003	事业单位专业技术人员计算机培训	990
2003	机关事业单位技术工人等级培训	160
2004	事业单位专业技术人员计算机培训	1 010
2005	事业单位专业技术人员计算机培训	930
2005	机关事业单位技术工人等级培训	280

第四节　工资　津贴

【工资制度】 1985 年下半年,在国家机关和事业单位中,实行工资制度改革,将等级工资制度改为职务工资为主的结构工资制。1987年,按照国家劳动人事部文件精神,全市职工工资区类由五类调到六类。1993年,根据中共中央、国务院决定,对国家机关和事业单位工作人员现行工资制度进行改革,机关工作人员(除工勤人员外)实行职级工资制。其工资按不同职能分为职务工资、级别工资、基础工资和工龄工资四个部分。机关工勤人员则分为技术工人和普通工人,技术工人工资由岗位工资、技术等级工资和奖金三部分构成;普通工人实行岗位工资制,其工资由岗位工资和奖金两部分构成;事业单位工作人员,除运动员外,均实行以职务工资为主的结构工资制,其工资由职务工资和津贴两部分构成。全额拨款事业单位其工资构成中固定部分为70%,活的部分为30%;差额拨款事业单位其工资构成中固定部分为60%,活的部分为40%;自收自支单位其工资构成中活的部分为50%;事业单位工人分技术工人和普通工人两类,技术工人实行等级工资和岗位津贴两部分,普通工人实行等级工资和津贴两部分。

1985、1993年,两次改革后建立了常态化的增资制度。机关工作人员考核优秀和称职的,每2年可在本职职务工资标准内,晋升一个工资档次;随着职务、级别的晋升和工作年限的增长相应增加工资;在原级别任职期间连续考核称职或优秀的,在本职务对应的级别内晋升一个级别。事业单位工作人员等考核合格的,每2年晋升一个工资档次,专业技术人员和管理人员晋升职务时,按晋升的职务相应增加工资;工人晋升技术等级或技术职务时,按晋升的技术等级、技术职务相应增加工资。到2005年,共进行5次工资晋升。

【工资调整】　1986年,根据国务院工资制度改革领导小组、国家劳动人事部、财政部联合下发的《关于国家机关工作人员奖励工资问题的通知》精神,按照省人事厅的部署,全县机关工作人员奖励工资全部按不超过机关工作人员一个月的基本工资总额发给。按照劳动人事部《关于1986年解决国家机关事业单位部分工作人员工资问题的通知》,为部分机关和事业单位工作人员理顺了工资并调整了工资。按规定解决了部分工作人员的升级问题。1987年,解决了部分中年专业技术人员工资调整问题。1989年9月30日以后,基础工资在122元、113元、105元、97元、89元、76元、70元的基础上增加一级工资。1993年10月,工资制度改革,按照新的工资制度调整了工资标准。1997年,按照财政部、人事部《关于调整机关、事业单位工作人员工资标准等问题的通知》,调整机关事业单位工作人员工资标准,机关行政人员基础工资部分由原来每人90元调整为110元;机关工人和事业单位工作人员工资中固定部分增加14元,活的部分按国家规定的工资构成比例相应增加。新工资标准从1997年7月1日起执行。1999年,机关行政人员调整基础工资和级别工资,基础工资由原来的110元提高到180元,级别工资平均增加约50元,各级别在现行标准的基础上,按大体相同的比例予以提高,分别由现行的十五级55元至一级470元提高到十五级85元至一级720元。事业单位各职务人员增资额与机关同职务人员的增资额大体相同。机关工人和事业单位工作人员工资中固定部分平均增资84元,活的部分按国家规定的工资构成比例相应增加。新工资标准从1999年7月1日起执行。2001年1月1日起,机关行政人员基础工资标准由每人每月180元提高到230元,级别工资标准由十五级至一级每人每月85元至720元提高到115元至1 166元。调整事业单位工作人员工资构成中的固定部分。固定部分调整后,活的部分按国家规定的工资构成比例相应提高。2001年10月1日起,公务员分层次职务工资起点标准由最低的50元至最高的480元提高到100元至850元;调整事业单位工作人员工资构成中的固定部分,固定部分调整后部分按国家规定的工资构成比例相应提高。2003年7月1日起,调整机关行政人员职务工资标准,各职务起点工资标准由现行的100元至850元分别提高到130元至1 150元,其他各职务工资档次标准相应提高。适当调整机关工人的岗位工资标准。机关工人的奖金部分按照其在工资构成中的比例相应提高。调整事业单位工作人员工资构成中的固定部分。固定部分调整后,活的部分按照国家规定的工资构成比例相应提高。同年,对现行的机关、事业单位工资制度的单位中2003年9月30日在册的工作人员,2001、2002年连续两个年度考核优秀和称职(合格)的人员,从2003年10月1日起,晋升一个工资档次。

【离休退休金】　1986年,按照省委组织部、省人事监察局、省劳动局《关于提高部分抗日战争和解放战争时期参加工作的老干部工资待遇问题的通知》的要求,落实了离休干部工资待遇。1988 年,按照省和松花江地区的有关规定,落实 1937 年 7 月 6 日前参加革命工作的老干部、老红军以及处级以上离休干部的工资、营养费补贴、市内交通费包干的待遇。1989 年,按国家人事部、财政部的规定,调整了部分离休干部的离休费标准。1991 年,按照省老干部局、人事厅、财政局《关于给予部分离休人员工资补贴的通知》规定,落实了离休干部的工资补贴和生活补贴。1992 年,按照省人事厅通知规定,落实了离休人员每月 15 元的补贴待遇。1994 年,按照省人事厅、劳动局的通知要求,离休人员科技津贴由每人每月 7 元调整到 20 元。1995 年,为全市 212 人办理了离休手续。1998 年为全市 260 人办理了离休手续。2000 年,为 256 人办理了离休手续。2005 年,办理离休人员 255 名。

1986 年 10 月,按照省政府办公厅《关于对部分退休职工给予退休费补贴的通知》规定,对 1949 年 10 月 1 日—1957 年底前参加工作,连续工龄满 20～30 年的分别按本人原工资标准的 20%～50% 计发退休费补贴。1988 年 8 月以后,按照中共中央组织部、国家人事部《关于认真执行干部退（离）休制度有关问题的通知》规定,及时为达到退休年龄的干部办理了退休手续。同时进一步明确需留住或延退人员的范围。1989 年,办理退休手续 180 人。1990 年 4 月,执行省政府《关于鼓励科技人员为振兴农村经济若干政策的规定》,对在县、乡（镇）农业科技事业单位连续工作满 30 年以上（含满 30 年）的科技人员,退休时享受 100% 工资待遇;对应聘到乡镇从事技术推广、技术服务工作的科技人员,男满 55 周岁,女满 50 周岁,本人要求退休的,允许提前退休,享受退休待遇。1997 年,按省人事厅《关于对机关事业单位工作人员退休条件、待遇等几个具体问题的通知》规定,工作年满 30 年或男满 55 周岁,女年满 50 周岁,且工作年限满 20 年的可提前退休。1998 年,为 23 人办理提前退休手续。2000 年,全市共有退休干部 4 613 人。2003 年,全市有退休干部 5 931 人。2005 年,全市退休干部为 6 500 人。

1986—2005 年双城市办理离休人员统计表

表 13 - 3 - 7

年度	人数	年度	人数
1986	166	1996	306
1987	178	1997	315
1988	176	1998	260
1989	180	1999	281
1990	191	2000	256
1991	202	2001	591
1992	187	2002	121
1993	160	2003	606
1994	190	2004	284
1995	212	2005	255

1986—2005 年双城市退休人数统计表

表 13 - 3 - 8

年度	人数	年度	人数
1986	1 531	1996	3 501

续表

年度	人数	年度	人数
1987	1 709	1997	3 816
1988	1 873	1998	4 076
1989	2 053	1999	4 357
1990	2 244	2000	4 613
1991	2 446	2001	5 204
1992	2 633	2002	5 325
1993	2 793	2003	5 931
1994	2 983	2004	5 960
1995	3 195	2005	6 500

【福利及津贴】　1986年,为机关、事业单位在职女职工的0～6周岁子女每月发托儿费25元。1988年,为党政机关和事业单位在职、离退休人员每人每月补贴报刊费10元。1992年起,机关、事业单位在职和离退休人员每年享受30元防暑费。1993年10月起,享受书报费,中级以上职称或副处及以上干部每月18元、一般干部16元、工人14元;享受洗理费,每人每月18元;1994年1月起,部分在职和离退休人员享受科技津贴,每月20元;1994年7月起,享受御寒费,每月45元;1998年1月起,女职工享受卫生费,每月10元。到2005年,党政机关事业单位合同工、计划内临时工卫生费由2元提高到10元。

第五节　人才交流与培训

【人才市场建设】　1987年,县人才交流中心成立,属人事局内设机构。1998年,建立人才市场,市人才交流中心负责日常管理工作。市场设在市科委二楼大厅。同时制定并逐步完善了人才市场工作程序及各项岗位责任制,配置了微机、桌椅等硬件设施。同年建立人才信息库,运用人才信息库上网查询及搞好日常登记等办法,广泛采集人才信息。截至2005年底,进入人才信息库的单位63家,求职人员720人。按季进行综合分析,列出人才供需信息,及时向社会发布。对农村人才资源信息,实施重点管理。2005年,农村24个乡镇共有各类人才8 800人,其中,种植业2 595人,养殖业2 790人,服务加工业1 378人,其他行业2 037人。属于科技致富带头人892人(其中种植业210人,养殖业335人,服务加工业236人,其他行业111人)。拔尖人才49人(其中种植业12人,养殖业19人,服务加工业16人,其他行业2人)。

【人才交流】　1998年,市人才市场举行揭牌仪式,并举办首场人才交流会,到会企业9家、应聘人员100多人,提供就业岗位23个,当年引进外地人才17人。1999年,举办人才招聘会4场,参加交流人员120多人,招聘企业21家,有25人与用人单位签订聘用合同。2000—2001年,举办7次招聘会,有39家用人单位到会招聘,求职人数510人次,有256人与用人单位达成协议。2002年市人才中心到双城市经济技术开发区,深入到旺旺集团、娃哈哈集团、哈工大集团、时代工贸集团了解人才供需信息,据此,举办了各项人才招聘会,通过公开报名、笔试、体检等环节从6 000多人中,择优录用1 026人。2003年,共举办人才交流会3次,通过市场洽谈有28人进入4家企业。荣耀公司就引进人才18人,分别担任业务经理、人事、保卫等要职。市人才交流中心通过市场积极为进驻双城市经济技术开发区的40家企业招聘人才。到2005年,全市共引进各类专业人才近3 000人次,召开招聘会32次,成功交流人才720人。

【人事代理】　1996年开始,主要负责待分配的"五大"毕业生计划内毕业生的档案管理工作。1997年,根据人事代理的要求,人才交流中心同企事业单位建立协作关系,拓展了代理业务。2003年,开始办理事业技术人员职称。到 2005 年底，已为 93 人实施人事代理，为 7 家企业建立人事代理关系，为代理人审批档案工资、落实党团组织关系、协助办理职工社会养老保险、为新聘人员签订聘用合同并进行合同鉴证工作。办理全国卫生专业技术人员职称 44 件，办理会计职称申报 11 件。办理落户手续 20 人次，开具考研证明 13 件，开具存档证明 35 件。目前人才中心管理各类人员档案1 283卷。

【紧缺人才培养】 1994 年，人才中心组织 149 人参加省物资财会中专班。组织 137 人参加黑大行政大专班培训。同时与双城市粮食职工学校联合办学、培训短缺人才 230 人。1996 年，组织 180 人参加省物资校会计中专班培训。1997 年，与省人才中心联合办学，有 82 人参加会计中专班学习。1999 年，与省经贸中专联合办学，有 159 人参加会计中专班培训，同年与省人才中心联合举办计算机中专班培训学习，培训人员 181 人。2000 年，同省物资校经贸中专共培训学员 150 人。1998—2001 年，与哈人才中心、双城粮食职工学校培养短缺人才 130 人。2002 年以后采取以学历教育为主、技能学习为辅的培训模式，到 2005 年，先后委托吉林师范大学、哈市广播电视大学开办中文专科以及成人教育，参加人员 934 人。同时与双城市职教中心联合开展计算机、外语职业能力短期培训，参加人员 250 余人。

第六节　机构编制管理

【双城市机构编制委员会办公室】 1986 年，内设行政股、事业股，编制 3 人。2005 年机构编制无变化。

历任主任：刘洪彬、陶永久、张文德；副主任：徐柏春、陶永久、胡彦斌。

【机构编制】 1986 年开始，市机关事业单位设置一律报市机构编制委员会审批，内设机构设置需报编委办核准。市机关事业单位人员编制数量，根据改革和事业发展的要求严格控制。1990 年，市乡机关人员编制控制在2 190名，事业单位10 371名。1995 年，市乡机关比 1990 年增加 210 名，事业单位增加 161 名。2000 年，市乡机关比 1995 年增加 267 名，事业单位增加2 679个。随后机关改革，2005 年，行政机关人员编制为2 144名，比 1986 年减少 9.5%，事业单位人员编制比 1986 年增加 22%。

1986—2005 年双城市机关事业单位人员编制情况表

表 13 - 3 - 9 单位：个

年度	市乡机关	其中						事业单位	其中	
		市委	政府	乡镇	其他机构	人大、政协	法检两院		市直	乡镇
1986	2 368	162	1 344	624	73	45	120	9 714	4 672	5 042
1987	2 489	170	1 452	624	78	45	120	9 788	4 702	5 086
1988	2 394	209	1 285	624	85	45	146	10 144	3 631	6 513
1989	2 394	209	1 285	624	85	45	146	10 144	3 631	6 513
1990	2 190	179	755	983	69	53	151	10 371	3 964	6 407
1991	2 190	179	755	983	69	53	151	10 371	3 964	6 407
1992	2 190	179	755	983	69	53	151	10 371	3 964	6 407
1993	2 371	194	921	983	69	53	151	10 520	3 063	7 457
1994	2 400	154	961	983	69	53	180	10 532	3 061	7 471
1995	2 400	154	961	983	69	53	180	10 532	3 061	7 471
1996	2 642	135	1 075	1 054	144	48	186	12 207	3 795	8 412

续表

年度	市乡机关	其中						事业单位	其中	
		市委	政府	乡镇	其他机构	人大、政协	法检两院		市直	乡镇
1997	2 644	135	1 077	1 054	144	48	186	12 207	3 795	8 412
1998	2 656	178	1 034	1 054	156	48	186	12 321	3 940	8 381
1999	2 661	180	1 037	1 054	156	48	186	13 185	5 228	7 957
2000	2 667	180	1 037	1 054	156	48	192	13 211	4 994	8 217
2001	2 339	159	1 014	840	94	40	192	13 526	5 529	7 997
2002	2 413	159	1 107	840	94	40	173	13 525	5 528	7 997
2003	2 413	170	1 096	840	94	40	173	13 439	5 466	7 973
2004	2 134	170	1 096	576	79	40	173	11 701	11 095	606
2005	2 144	170	1 096	576	79	40	173	11 887	11 281	606

1986—2005年双城市机关事业单位设置情况表

表13-3-10

单位:个

年度	市乡机关	其中						事业单位	其中	
		市委	政府	乡镇	其他机构	人大、政协	法检两院		市直	乡镇
1986	93	8	47	27	7	2	2	677	109	568
1987	105	9	57	27	8	2	2	677	109	568
1988	104	9	56	27	8	2	2	712	131	581
1989	106	8	59	27	8	2	2	712	131	581
1990	110	9	62	27	8	2	2	403	123	280
1991	110	9	62	27	8	2	2	403	123	280
1992	110	9	62	27	8	2	2	403	123	280
1993	110	10	62	27	7	2	2	440	85	355
1994	110	9	62	27	8	2	2	440	85	355
1995	110	9	62	27	8	2	2	440	85	355
1996	86	8	40	27	7	2	2	494	162	332
1997	86	8	40	27	7	2	2	494	162	332
1998	86	8	40	27	7	2	2	505	171	334
1999	85	8	39	27	7	2	2	537	167	370
2000	86	8	39	27	8	2	2	535	166	369
2001	72	8	28	24	8	2	2	776	190	586
2002	73	8	29	24	8	2	2	742	189	553
2003	73	9	28	24	8	2	2	733	190	543
2004	72	9	28	24	7	2	2	354	282	72
2005	72	9	28	24	7	2	2	361	289	72

【市直党政机构改革】 1996 年 1 月，《双城市党政机构改革方案》经省编委审核同意，松花江地委、行署批准后正式实施。改革后，市直党政机构由 71 个（市委 9 个、市政府 62 个）减为 48 个，减少 23 个，精简比例为 32.3%。市直党政群机关总编核定 1 588 名，其中行政编制 773 名、机关工勤人员事业编制 93 名、离退休干部工作人员编制 65 名、政法专项编制 588 名，市定事业编制 69 名。全市乡镇机关设置 27 个，分为两类，一类乡镇 8 个，二类乡镇 19 个。乡镇机关内部撤销委员、助理员制，二类乡镇设置党群办公室、政府办公室、经济办公室、社会事务办公室、财政等 5 个综合性办事机构。一类乡镇在二类乡镇设置 5 个综合性办事机构基础上增设法制与乡村建设办公室。全市乡镇机关总编制 1 054 名，其中行政编制为 941 名，机关工勤人员事业编制 113 名。2001 年 11 月，《双城市党政机构改革方案》经省编委审核及哈市市委、市政府批准正式实施。改革后，市直党政机构由 47 个减为 36 个，减少 11 个，精简比例为 23.4%。其中市委机构设置仍为 8 个，市政府机构由 39 个减为 28 个，人大、政协和法检机关予以保留。市直党政群机关总编制核定 1 499 名，比改革前 1 588 名减少 89 名，精简比例为 5.6%。其中行政编制 564 名、工勤人员事业编制 69 名、机关离退休工作人员编制 95 名、政法专项编制 589 名、市定政法事业编制 158 名，其他事业编制 24 名。到 2005 年，无变化。

【乡镇机构改革】 2001 年 4 月，《双城市乡镇机构改革》经哈市市委、市政府批准正式实施。全市乡镇机关由 27 个减为 24 个，机关内部机构由过去的"五办一所"精简设置为党群办公室、政府办公室、财税办公室 3 个综合办事机构，双城、周家、五家、兰棱、韩甸 5 个中心建制镇各增设 1 个社会事务办公室。将乡镇 10 个事业站撤并，一律改设为农业综合服务、农村经济管理、文化广播服务、畜牧发展、农机服务、计划生育服务 6 个事业中心。乡镇机关总编制核定 840 名（含工勤事业编制 87 名），比改革前的 1 054 名减少 214 名，精简比例为 20.3%。乡镇事业编制核定 889 名，比改革前的 1 112 名减少 223 名，精简比例为 20%。2004 年 7 月，《双城市乡镇机构改革实施方案》经哈市编委批准正式实施。改革后，机关内部机构设置由原来的 3～4 个减少为 2 个综合性办事机构。即：党群办公室、行政办公室。单位由 6 个中心减为农业技术综合服务、农村经济管理服务、畜牧兽医服务、计划生育服务 4 个中心。乡镇机关总编制核定为 576 名，比改革前的 840 名减少 264 名，精简比例为 31.4%。乡镇事业编制由 865 名减为 606 名，精简比例为 30%。到 2005 年，没有变化。

【工资基金计划管理】 1986 年，双城县委办公室下发《关于进一步加强机构编制管理的意见》（双办发〔1986〕24 号）的通知，对全市机关、事业单位劳动工资计划编制下达及审核。对各建户单位《工资基金管理手册》按月审核，每年开展一次由人民银行、计委、统计、编办等单位组成的联合大检查，对有关部门进行重点抽查，抽查率达 25%。1990 年，开户单位 261 个，11 464 人，年工资总额 19 054 千元；2000 年，开户单位 312 个，17 745 人，年工资总额 144 308 千元；2005 年，开户单位 357 个，16 115 人，年工资总额 192 406 千元。

1986—2005 年双城市机关事业单位工资基金情况表

表 13－3－11　　　　　　　　　　　　　　　　　　　　　　　　　　　　　单位：千元

年度	单位	人数	年工资	年度	单位	人数	年工资
1986	248	9 730	8 907	1996	286	14 540	66 732
1987	253	9 915	9 412	1997	299	15 498	73 600
1988	261	10 122	10 333	1998	304	16 913	114 263
1989	261	10 853	15 635	1999	312	17 034	123 069
1990	261	11 464	19 054	2000	312	17 745	143 008

续表

年度	单位	人数	年工资	年度	单位	人数	年工资
1991	265	12 075	27 031	2001	321	17 883	180 079
1992	277	12 012	26 892	2002	325	17 600	227 300
1993	277	11 566	27 885	2003	328	18 464	228 700
1994	283	12 848	28 921	2004	355	16 111	192 237
1995	283	13 731	32 315	2005	357	16 115	192 406

【事业单位登记管理】 1997年3月,根据《哈尔滨市事业单位登记管理办法》,开始对全市事业单位实施登记管理制度。事业单位登记分为事业单位法人登记和事业单位登记,当年初始登记事业单位478个,其中事业单位法人201个,事业单位非法人277人。在确定登记的同时分别发放了黑龙江省事业单位法人证书和事业单位证书。2000年9月,根据省及哈市编委要求,按照国家事业单位登记管理暂行条例,对全市事业单位实施重新登记,这次重新登记只对具备法人资格的事业单位进行登记。共登记事业单位166个。对登记的事业单位下发国家事业单位登记管理局印制的事业单位法人证书。各年度符合登记条件并准予登记发证单位数为:2001年161个,2002年162个,2003年169个,2004年167个,2005年181个。

第四章 民 政

第一节 机构与村委会建设

【双城市民政局】 1986年,内设秘书股、救灾救济股、优抚股、退伍军人安置办公室。所属事业单位有县殡仪馆、收容遣送站、军人转运接待站、双扶服务公司、军队离退休干部休养所、殡葬管理所。行政编制14人,事业编制25人,全系统共有干部职工98人。1988年,殡仪馆与殡葬管理所合并。1989年,增设地名办公室、募捐办公室、第二殡仪馆。1990年,增设婚姻教育工作站、社团登记管理股。双扶公司更名为社会福利企业生产管理办公室。1991年,增设双拥办公室,为副科级单位。1996年,撤销社团登记股、优抚股,其职能并入双拥办。2000年,增设慈善会、民办非企业管理办公室。军人转运接待站更名为军用饮食供应站。2001年,增设民间组织管理办公室。2002年,增设最低生活保障局,为副科级单位。2003年,收容遣送站更名为救助管理站。2005年,内设办公室、救灾救济股、区划地名办、退伍军人安置办、双拥办、民间组织管理办、研究室、审计室、信访室。所属事业单位有市慈善会、婚姻教育工作站、军用饮食供应站、军队离退休干部休养所、福利生产管理办公室、救助管理站、最低生活保障局、殡葬管理所、第一殡仪馆、第二殡仪馆,共有干部职工234人。

历任局长:刘凤英、肖景玉、张贵祥、吴荣佩、李亚军、张国荣;副局长:王国清、张贵祥、任贵德、张国德、陈双文、赵洪贵、鲁景华、夏茂森。

【村民委员会建设】 1984年,双城县开始组建村民委员会。村民委员会由主任、副主任、委员3至7人组成。人口在1 500人以下的村设3人;1 500~3 000人的村设5人;3 000人以上的村设7人,任期三年,可以连选连任。1987年3月,举行第一届村民委员会换届选举。全市387个村民委员会进行改选,改选前村民委员会成员2 169人,村民小组长1 645人,改选后村民委员会成员2 074人,村民小组长1 628人。从这届开始村民委员会成员实行有选举权的全体村民无记名投票选举产生,群众称之为"海选"。村民委员会全面实行村民自治,民主选举、民主决策、民主管理、民主监督。1991 年举行第二届村民委员会换届选举。1993 年,举行第三届村民委员会换届选举。1997 年 4 月,举行第四届村民委员会换届选举。选出村委会成员 1 495 人,其中妇女 351 人。1998 年,全市农村村委会全面推行村务公开。村务公开民主活动日每年两次,1 月 15 日和 7 月 15 日为公开日,大事急事及时公开。民主活动日的形式根据村民意愿确定,公开通过公开栏、广播及明白纸等形式进行。公开内容主要有国家、省、市涉农的政策法规、农业生产、人民生活情况及财务管理等内容。2000 年 12 月,全市推行乡镇政务公开,公开主要内容有乡镇党务、政务工作项目和站、办、所业务工作项目;涉及群众利益较大的事项,做到事前、事中、事后三公开,重大问题随时公开。2005 年,举行第七届村民委员会换届选举。有 246 个村进行换届选举,选出村民委员会成员 1 131 人,其中妇女 182 人。

第二节　离退休军人安置与双拥工作

【退伍军人安置】　1986 年,对城镇复转军人原则上按父母所在单位对口接收安置,实行按系统分配任务,尽量考虑专业对口及其在部队的表现予以安置。农村复员转业军人一律回乡村安置。当年接收退伍军人 570 人,其中城镇安置 431 人,回乡务农 139 人。1999 年,要求各单位严格按照市政府的安置计划,接收退役士兵,下达安置计划。2001—2002 年,接收城镇退役士兵 405 名,涉及安置的系统和单位 37 个。2003 年,实行退役士兵安置任务有偿转移办法,对完不成退役士兵安置计划的单位,收缴有偿转移金。鼓励城镇退役士兵自谋职业,对 405 名城镇退役士兵落实 37 个单位进行安置。2005 年,对 495 名城镇退役士兵安置在 50 个单位。1986—2005 年,全市接收退役士兵 9 528 人。其中城镇 6 057 人,农村 3 471 人。安置城镇退役士兵 5 360 人。

【军队离退休干部安置】　1985 年,民政部门成立军队离退休干部休养所。1986 年,干休所有军队离退休干部 8 人,其中离休 6 人。有 1 栋 12 套军休干部住宅,建筑面积 780 平方米的三层楼房,军休干部全部搬进新楼。1996 年,又投资 50 万元建一栋 700 平方米的综合楼,设有阅览室、台球室、乒乓球室、麻将室、健身室、门球场等活动设施,改善了住宅条件。在生活待遇上,按标准兑现军休干部住房,按时足额发放离退休金,全部参加医疗保险,利用创办第三产业收入,对军休干部的生活进行补贴,每人年均补贴 500 余元。2005 年干休所有军休干部 8 人,其中离休 2 人,退休 6 人。

【抚恤优待】　1986 年,全县有优抚对象 6 484 人,其中革命残疾军人 177 人,因公牺牲军人家属 14 人,病故军人家属 69 人,烈属 211 人,在乡复员退伍军人 3 223 人,现役军人家属 2 967 人。乡镇优抚对象群众优待金每人每年 280 元,城镇老复员军人的定期补助为每月 12 元,1998 年,提高到 42.5 元。1999 年,提高到每月 145 元,农村提高到每月 73 元;城镇义务兵家属优待金每人每月 80 元。2002 年,抗战时期的老复员军人每人每年定期补助为 2 680 元,医药费补助 280 元;解放战争及抗美援朝时期的老复员军人每人每年定期补助 2 180 元,医药费补助 280 元。2004 年优抚对象群众优待金标准为上年全市人均收入的 33%。2005 年,全市有 461 名革命残疾人员、39 名因公牺牲军人家属、52 名病故军人家属、145 名烈属、191 名带病退伍军人、2 212 名在乡老复员军人享受定期定量补助,年定补金额 910 万元。民政局筹集 32.5 万元为 72 户优抚对象修建房屋,为 22 名重点优抚对象发放生活补助款 2.7 万元,为 28 名重点优抚对象补助医疗费 3.1 万元。为农村优抚对象全部办理医疗保险和大病救助。重点优抚对象及其遗属全部纳入最低生活保障。

【双拥工作】　1986 年优抚股负责拥军优属、拥政爱民工作。1986 年以来,各级政府每逢元旦、春节、建军节,都组织慰问团到驻双部队和重点优抚对象家中走访慰问,各乡镇、系统、学校、企事业单位、街道都开展经常性的拥军优属活动。火车站、汽车客运站、医院等服务窗口都设立"军人优先"牌。省牧校、哈市农机校、市农业技术推广中心的专业技术人员到部队传授蔬菜栽培、畜禽饲养管理、疾病防治和农机修理等实用技术,培养军地两用人才。1991 年,成立市双拥办公室,各乡(镇)各单位也都建立双拥工作机构。1996 年,市政府为驻双部队干部的子女解决入学、入托问题。市广播电视局为驻双 81037 部队免费安装有线电视。1998 年,抗洪抢险 81037 部队全团出动,扛运河沙袋 35 万个,排除险情 5 次,奋战 34 天,完成抗洪抢险任务。部队被评为哈尔滨市双拥先进单位。1999—2000 年,开展"爱心献功臣活动",全市各单位和哈尔滨市 11 个帮扶单位,共投资 133.8 万元,集中解决优抚对象住房问题,为优抚对象新建住房 96 户,6 228 平方米,维修房屋 194 户,13 660 平方米,同时解决种子 2.5 吨,化肥 8 吨,优待医疗费 3 万余元和价值 4.73 万元的物品。2003 年,组织拥军优属慰问团(组)走访慰问驻军和优抚对象。2004 年,驻双 95935 部队被哈尔滨市评为"拥政爱民先进单位"。双城市消防大队被授予哈尔滨市"军民共建共育先进集体标兵"光荣称号。双城市被评为哈尔滨市"双拥"模范市。2005 年 9 月,在抗日战争胜利 60 周年之际,对全市 39 名抗日老战士进行走访慰问,送去慰问金、纪念章和慰问品。民政部门投资 7 万元,为驻双空军部队修筑一条部队通往市区的水泥路,命名为"双拥路"。

【救灾救济】　1986 年,全县有 21 个乡(镇)207 个村,25 470 户农民程度不同地遭受风雹和洪涝灾害,受灾面积 54 637 公顷,直接经济损失 14 153 万元。民政部门下拨救灾款物合计 123 万元。1991 年,双城沿江河 10 个乡(镇)受灾。市委、市政府一面组织抗洪抢险,转移灾民,一面组织全市捐款 186 703 元,下拨救济款物合计 115 万元,帮助灾民安置生产、生活。1996 年,全市有 27 个乡镇 301 个村程度不同地遭到龙卷风、冰雹、干旱、内涝等灾害的袭击。受灾人口 564 929 人,受灾面积 175 959 公顷,造成直接经济损失 7 796 万元,市政府下拨救济款物合计 125 万元。1998 年,全市遭受百年不遇的特大洪灾。20 个乡(镇)、175 个村受灾。灾害发生后,受灾村民收到省和哈市下拨救灾款及社会各界捐款 790 万元。捐赠的救灾物资折款 307 万元,市民政局下拨救灾款 345 万元。到 2005 年,民政部门累计下拨救灾款 2 288 万元。

第三节　居民生活保障

【城镇居民最低生活保障】　1998 年 6 月,开始实施城镇居民最低生活保障制度。城镇居民每人每月收入低于 80 元的为最低生活保障对象。当年共有 166 户 273 人享受最低生活保障,发放标准是月收入不足 80 元的补到 80 元,全年支出低保金 14.8 万元。2000 年 7 月,低保标准由每人每月 80 元提高到每人每月 96 元。有 227 户 365 人享受最低生活保障。低保局对低保对象实行动态管理,每年都要对低保对象收入变化情况进行检查,建立家庭信息档案,实行微机管理。2002 年,城镇居民最低生活保障金由原来的每月 96 元提高到 104 元。2003 年 9 月全市共有低保户 4 060 户 6 365 人。同年全市有 7 977 户 12 334 人享受低保待遇,支出低保金 890 万元。2005 年,经市政府研究决定,低保局承担为已到退休年龄、未参加养老统筹的集体企业职工发放生活费的工作。标准为每人每月 104 元,为 1 131 人发放生活费 141 万元。

【农村居民最低生活保障】　1986 年,农村居民生活社会保障工作,是以乡、村集体经济为主,以县(市)财政补助为辅,实行县(市)、乡(镇)、村三级分工负责的目标管理。2004 年,双城被省政府确定为农村税费改革(一免两补)试点市,农村居民社会保障经费开始由市财政承担。2005 年,省政府在双城进行农村居民最低生活保障试点,市政府出台《双城市农村居民最低生活保障实施办法》,把农村居民最低生活保障标准定为每人每年 640 元,对达不到最低生活保障标准的发给低保金,补到每人每年 640 元。对不能按常规办法计算家庭收入的农户,按男劳力年收入 1 800 元,女劳力年收入 900 元计算。全市有 4 441 户计 5 230 人被纳入农村居民最低生活保障,发放低保金 140.7 万元,年人均补差 269 元。

第四节　社会事业管理

【流浪乞讨人员救助】　1986—2001 年,双城县(市)收容遣送站收容遣送流浪乞讨人员每年 1 500 人次左右,其中以上访为名流浪乞讨的占 15% ;遭灾和其他原因造成生活困难的占 2% ;家庭管教不严流浪儿童占 8% ;以乞讨增加收入的占 21% ;屡收屡遭以乞讨为生的占 25% ;家庭无力看管的痴、傻、呆、精神病人和孤儿弃婴占 29% 左右。2002 年,收容遣送 1 501 人,生活无着需救助的 256 人,安置弃婴 25 人,安置无家可归精神病人 8 人,救助危重病人 17 人。2003 年,更名为双城市救助管理站,职能也发生转变,由过去对流浪乞讨人员收容遣送变为关爱性救助。实行来去自由,自愿救助,无偿救助。为救助对象提供食宿和返回原籍车票,对精神病人送到哈市民政部门开设的精神病院,对孤儿送到哈市儿童福利院,对有病的流浪乞讨人员实行无偿救治。2004 年救助站完成与全省救助系统联网工作。2005 年,与双城市妇联联合成立全省县级第一家反家庭暴力庇救中心。全年共救助流浪乞讨人员 1 204 人。

【敬老院】 1986 年,全县有敬老院 27 个,五保户 1 961 户,五保供养人口 2 761 人,其中集中供养 800 人。分散供养的五保户主要由乡、村两级负责供养,生活标准不低于当地人均生活水平。1995 年,双城镇敬老院被评为全国模范敬老院。1999 年,省民政厅及双城市政府拨款 80 万元,新建万隆乡、公正乡、单城镇等五个敬老院,对双城镇、跃进乡、朝阳乡、对面城乡、五家镇等 14 个敬老院进行修缮。2001 年,对前进乡、跃进满族乡、对面城乡敬老院进行合并。2004 年,农村税费改革后,五保供养对象的生活费由财政统一拨付,集中供养五保老人生活费标准,每人每年 1 500 元。分散供养五保户的生活费,每人每年 1 200 元。有条件的敬老院积极开展农业生产、饲养畜禽、创办工厂。2005 年,全市有敬老院 23 个,五保户 2 152 户,五保供养人口 2 352 人,其中,集中供养 469 人,分散供养 1 883 人。23 个敬老院共占地 163 688 平方米,有耕地 786 亩,房舍 500 间,其中生活用房 375 间,床位 1 024 张,生产用房 125 间,有工作人员 108 人。敬老院住房全部实现了砖瓦化,设有夫妻间、病号间和光荣间。有 17 个敬老院设有洗澡间,有 7 个敬老院还建有医务室。双城、农丰、杏山、水泉、公正等乡(镇)敬老院年人均生活费达到 2 500 元左右。

【社会福利】 1986 年,有双城镇社会福利服装厂,安置 15 名残疾人就业。1990 年成立社会福利企业生产管理办公室。1997 年全市兴办第一家老年公寓(托老所),从此社会各方力量兴办老年公寓(托老所)逐年发展。2005 年,全市共有个体办社会福利机构(老年公寓、托老所、安养院)25 家,入住老人 300 余人。这些老年公寓、托老所一般都有单间、夫妻间。有电视、电话、洗衣机等生活用品和文娱活动用品,条件好的还有活动室。市政府对这些社会福利机构免收税费,实行鼓励政策。全市有社会福利企业 11 户,安置残疾人 163 名,企业实现销售收入 1 463 万元,实现利税 116 万元。

【募捐】 1988 年,开始销售即开型有奖福利彩票,面值 1 元,年发行 20 万元。2000 年开始,建立电脑福利彩票投注站。2001 年 5 月,成立双城市慈善会,慈善会办公室设在民政局,有工作人员 8 人,办公场所 2 处,经常性社会捐助站点 30 个。2002 年,即开型有奖福利彩票发行 170 万元,发行量逐年上升。返奖率从 3% 到 55% 不等,彩票利润 19.5% 上缴,16.5% 为地方福利基金,14% 为代销费。从 2004 年开始,电脑福利彩票销售额的 7% 返给市民政部门作为公益金,用于福利事业。到 2005 年,全市建立电脑福利彩票投注站 28 个,其中市区 19 个,农村乡(镇)9 个。销售电脑福利彩票 500 万元,提取公益金 35 万元。共有 8 万人次参加捐赠活动,捐款 436 万元,其中接收定向捐赠款 25.1 万元;接收衣裤棉被等 5 443 件,救助灾民 3 万余人。同年在全省率先建立使用面积 40 平方米的慈善超市,具备一定的应急救助能力。在救灾捐赠和对口帮扶活动中,共接收捐款 233.5 万元。新兴乡党政干部一次性捐赠 20 万元,成为经常性社会捐赠的典型。

【婚姻登记】 1986 年,婚姻登记工作由各乡(镇)民政部门负责。当年全县办理结婚登记 3 330 对,离婚登记 219 对。1990 年 4 月,民政局成立双城市婚姻教育工作站,在每个乡(镇)招聘 1 名婚姻登记员负责婚姻登记工作。1990—2000 年,全市每年结婚登记在 2 500 对至 3 000 对,离婚登记在 100 对至 200 对。从 2000 年 4 月开始,市婚姻教育工作站直接办理全市婚姻登记。2001—2003 年,每年结婚登记 5 000 至 5 500 对;离婚登记呈明显上升趋势,每年离婚登记在 400 至 500 对。2004 年,是结婚和离婚的高峰年,结婚登记 8 095 对,离婚登记 1 048 对。2005 年,办理结婚登记 5 588 对,离婚登记 1 188 对。1986—2005 年,共办理结婚登记70 559对,离婚登记6 083对。收养登记也由婚姻登记机关办理,1995—2005 年,全市办理收养登记40 例。

【民间组织管理】　1990 年,民政局内设社团登记管理股,开展社会团体组织登记工作。当年有社团组织8 个。1996 年4 月撤销社团登记管理股,其职能并入双拥办。2000 年,增加民办非企业单位登记和监督管理。2002 年,成立民间组织管理办公室,到2005 年,通过年检和执法检查共查处非法民间组织12 个,撤销不符合条件民间组织14 个。全市共有社会团体38 个,民办非企业单位50 个。

第五节　勘界与地名管理

【行政区域界线勘定】　1996 年,进行省级行政区域界线勘定,双城市与吉林省榆树市以拉林河主河道中心线为界,东起单城镇双跃村叶家岗子屯前1 公里处,西止兰棱石家村王柳罐屯前1.5 公里处,边界全长52.5 公里。埋设3 处界桩,分别是23、24、25 号双立指示界桩。1996 年,双城市与吉林省扶余县以拉林河主河道中心线为界,东起兰棱镇石家村王柳罐屯前1.5 公里处,西止万隆乡板子房村西北5 公里处,边界全长91 公里,埋设2 处双立指标桩。省级行政区域界线两处,全长143.5 公里。1997 年,进行地市级行政区域界线勘定和哈尔滨市辖区内行政区域界线勘定,双城市与肇东联合勘定双方界线,双方以松花江主江道中心线为界,全长53.1 公里。双城市与阿城市双方以"土地利用现状图"为基础材料,以习惯线为依据,对实地进行联合勘察,对边界走向进行确定,边界全长19 公里,埋设6 个界桩。双城市与五常市双方也进行联合勘察,确定边界全长31 公里,埋设13 个界桩。1998 年,双城市与肇源县联合勘定双方界线,双方以松花江主江道中心线为界,全长9 公里。2000 年,双城市与哈尔滨市联合勘定,界线西起点为道里区、双城市、肇东市边界线交会点(双城市永胜乡胡家屯东北2.3 公里松花江主航道中心线处),终点为哈尔滨市平房区、阿城市、双城市边界线交会点(平房区平房镇工农水库南侧0.32 公里处),边界线全长81.25 公里,共设16 个界桩和界址点。由市民政局、土地局、林业局、水利局和各乡镇政府进行各乡镇行政区域界线勘定,确定界线的走向、位置和长度。对边界经过的主要地形、地物、地貌、标志、拐点都制作档案,并制作《双城市乡镇行政区域界线图》。

【地名管理】　1992 年,东门至102 国道的双周路更名为东直路。北门至火车站的马路街更名为迎宾路。老城区十字街至北门的进步大街更名为花园大街。1993 年,老城区十字街至东门的民主大街更名为文昌大街。南门至102 国道的双前路更名为南直路。西门至西门外加油站的哈前路更名为西直路。1998 年,民政局与双城镇共同为城区住户安装楼牌、门牌15 600多块;到2001 年,有同心乡、希勤乡、公正乡、联兴乡、跃进乡、新兴乡、青岭乡、团结乡更名为满族乡,农丰镇更名为农丰满族锡伯族镇。2002 年,乡镇公路两侧有村屯的地方安装地名标志碑89 个。这是双城有史以来首次在公路两侧设置的标准化、规范化的地名标志。2004 年,新兴满族乡安装立式街路牌16 块、门牌227 块,是全市第一个安装地名标志的乡镇。2005 年,民政局与民营企业以广告招商的形式,在市区主要街路安装立式街路牌23 块。民政局在老城区426 条街路胡同安装墙挂式街路、胡同牌1 119块;在老城区主要街路安装门牌1 893块。

第六节　殡葬事务

【殡葬管理】　1985 年,成立殡葬管理所,负责全县的殡葬管理工作。全县取消非火化区,尸体一律实行火化。1986 年,民政部门挑选一批工作认真身体好的军队和地方离退休干部组成殡葬管理专业队伍,常年深入到各乡镇,发现土葬的立即配合当地政府做好工作,在说服教育的基础上,起尸火化。当年火化尸体3 676具。到1988 年,全市基本消灭土葬。实行馆所合一的管理体制,殡葬管理所所长兼任第一殡仪馆馆长。1996 年,火化尸体4 080具。到2005 年,全市共火化尸体69 875具。

【殡仪馆】 1966年,建县火葬场,坐落在双城镇东南郊,占地面积9 000平方米,建筑面积810平方米,设有办公楼、火化间、骨灰寄存室。1986年,火葬场有职工22人。1989年,更名为双城市第一殡仪馆。1994年9月6日晚22时,第一殡仪馆发生火灾,第五寄存室寄存的468个骨灰盒全部被烧毁,直接经济损失23.5万元。经消防部门勘察认定为是一起纵火案。火灾发生后,民政部门做了妥善处理。1989年,民政局投资20万元在韩甸镇建第二殡仪馆,占地面积1 000平方米,建筑面积400平方米。2003年,哈市居民沙德成投资1 000万元买断第一殡仪馆进行重建。新建殡仪馆建筑面积5 000平方米,设有礼仪厅、业务厅、办公楼、守灵居、火化间、骨灰寄存室。2005年,第二殡仪馆交由个人经营管理。

【公墓】 1993年,由民营资本投资建设乾坤园公墓。公墓位于双城市新兴满族乡境内,建在102国道1 283公里处。占地面积21.5万平方米,有墓葬、塔葬、树葬三种葬式。有各类墓型近百种,可容纳双穴标准型墓位6万余座,有塔葬位5万余穴,可集约化安葬骨灰10万份,是省内非国有性质的较大型省级标准化公墓。2000年由双城市民营资本建设的元德公墓,位于双城镇南郊,102国道1 256公里处,占地8万平方米,分高、中、低档墓型,安葬容量4万余座。2005年有公墓2座。

【烈士陵园】 1964年,在双城镇东南2公里处建设烈士陵园一处,占地10 200平方米,安放解放战争中牺牲的200余位烈士遗骨。1997年,市政府投资20万元重新修建烈士陵园,建有310平方米烈士纪念堂一处,烈士纪念碑一座。2003年,市政府通过资产置换,引进民营资本投资100万元,在102国道北侧,异地兴建占地10 000平方米的烈士陵园。有烈士纪念堂一处,建筑面积500平方米,将兰棱、周家等乡镇的零散烈士墓的烈士骨灰安放到烈士陵园。到2005年,有405名烈士骨灰安放在纪念堂保存。除此,还有杏山镇烈士陵园一处,有水泥陵墓17座;公正乡烈士陵园一处,有拱形水泥陵墓28座,纪念碑一座。这些烈士陵园被市政府确定为爱国主义教育基地。

第五章　劳动和社会保障管理

第一节　机构、就业安置

【双城市劳动和社会保障局】 1986年为劳动局。编制15人,在职15人,内设秘书股、工资调配股、培训股、保护股、劳动争议仲裁委员会办公室、安全生产委员会办公室。1997年,机构改革时内设机构调整为秘书股、劳动争议仲裁委员会办公室、安全生产委员会办公室、劳动力管理及监察室、工资福利股、技工培训股,核定行政编制14人,工勤事业编制1人。2001年,在劳动局基础上成立劳动和社会保障局。2005年,编制14人,在职17人,内设机构有秘书股、社会保险股、工资保护股、劳动监察大队、职业技能培训股、劳动争议仲裁办。

历任局长:沈殿、白连举、常识、李贵君;副局长:白连举、袁执忠、王恒年、崔国富、付胜贵、施晓佳、李贵君、杨兴华、林淑清、王荣、王信、孙玉珍、马和文(兼)、马玉祥。

【劳动就业】 1986年,以安置城镇待业青年为主,面向社会公开招用并注重特殊困难人员的安置,采取先培训后就业、全面考核择优录用的原则,广开就业渠道,加大安置力度,同时全县工业系统、二轻系统以及县亚麻厂、化肥厂、糖厂、大修厂、酒厂、乳品厂都成立了劳动服务公司,创办与企业产品配套的小企业安置职工家属子弟。1992年,企业改制以来,不仅有大批的待业人员,还出现大批下岗失业人员,市里先后出台相应政策,一方面对特困户实行救济;一方面以多项优惠政策鼓励失业人员实现再就业。1996年以后,主要通过劳务市场安置,加快市场建设,发展私营企业;政府以开发公益性岗位和开展劳务输出工作等形式增加就业岗位。2001年,在城内各商场出摊床经商的2 296人;被引进企业招用的862人;从事交通运输业的1 900人;从事餐饮服务业的267人;在农贸市场经商的1 200人;从事个体加工业的76人。2003年,利用扩大商服面积、增加服务岗位安置1 300人;扩大城市交通运输吸纳1 230人从业;扩大市场建设、增加摊位,为3 400人提供经营场地;引进企业招收有技术专长人员300人就业;各类私营企业已达2万多户,招收2 100人上岗就业;劳动就业部门组织推广家政服务等灵活就业形式,使1 100人走上工作岗位;政府开发保洁、保绿、牧业管理等公益性岗位安置128人。当年按照市政府《关于在乡镇和社区建立劳动保障服务机构的意见》的要求,在全市24个乡镇建立了劳动保障事务所,在双城镇13个社区建立劳动保障工作站,设有兼职工作人员46名。全年发放《再就业优惠证》1 285个,安置就业人员3 873人。

2004年6月,省和哈市出台国有企业下岗职工基本生活保障向失业保险并轨政策,全市粮食企业职工3 710人全部并轨。2005年12月,交通运输公司有188人实行并轨,并轨人员与原企业解除劳动关系,由失业保险经办机构按月发给失业保险金24个月,由就业局负责发放《再就业优惠证》,下岗失业人员持《再就业优惠证》重新就业时可享受到相关的优惠政策。全年发证2 423个,安置就业5 012人。同时按照"劳动者自主择业,市场调节就业和政府促进就业"相结合的方针,积极组织城镇劳务输出,全年输出劳务6 621人,安置城镇就业和再就业3 607人。

1986—2005年双城市招用工人情况表

表13-5-1　　　　　　　　　　　　　　　　　　　　　　　　　　　　　　单位:人

年度	全民合同制	集体	年度	全民合同制	集体
1986	1	1 300	1996	140	100
1987	200	1 300	1997	130	20
1988	5600	1 300	1998	100	19
1989	240	1 000	1999	100	16
1990	370	800	2000	90	15
1991	390	600	2001	50	13
1992	350	300	2002	50	11
1993	310	160	2003	50	3
1994	310	140	2004	50	2
1995	310	120	2005	50	2

【劳动合同制】　1986年开始,全县国有企业新招工人除复员退伍军人外,一律实行劳动合同制,推行企业用工合同化管理,国有企业招用的职工称为全民所有制"合同制"工人。在国家劳动工资指标内,面向社会公开招工,培训后录用。1987年,废止"子女顶替"制度。1990年以后,全市集体企业也先后实行了合同制,推行全员劳动合同制度,以劳动合同的形式确定劳动关系,签订了无固定期限和长期劳动合同。至2005年12月份,有部分企业已关停,5 213人已经解除劳动关系。全市失业人员17 236人。

1996—2005年双城市签订、续签、补签劳动合同情况表

表13-5-2

年度	合同份数	年度	合同份数	年度	合同份数
1996	27 234	2000	4 217	2004	9 825
1997	3 403	2001	7 714	2005	10 405

续表

年度	合同份数	年度	合同份数	年度	合同份数
1998	2 726	2002	4 328		
1999	10 058	2003	13 259		

【技工培训】　1988 年,开始技工培训,主要是指导全市企业职工的培训,后又承担待业人员的技能培训,每年都根据人才供求的需要拟定培训计划,并认真组织实施。培训工作主要以职教中心、哈市技工学校等采取与相关单位联合办学的方法,根据培训内容,还聘请全市各行各业的专家亲自授课。到 2000 年,培训报考技校的初、高中毕业生有 1 200 人被技校录取。培训高级技术工人 500 名,其中评聘技师 110 人,培训初、中级技术工人 11 000 人;对下岗失业职工实行集中办班培训,开设微机班 5 期,培训 815 人,面点班 4 期,培训 303 人,电焊班 3 期,培训 56 人,美容美发班 3 期、培训 55 人;根据国务院发布《社会力量办学管理条例》,社会办的计算机培训班由教委审批改为劳动部门管理。有社会办学机构 15 处,办学项目分别为服装裁剪、电气焊、家电维修、面点厨师、美容美发、微机培训等。2003 年,全市培训机构已增至 26 家。2004 年,培训计算机人员 954 人,美容美发 50 人,汽车修理 20 人,面点 47 人,创业培训 136 人,保安 151 人,定项培训 20 人,全年培训 1 378 人。2005 年,培训下岗失业人员 4 200 人,培训企业职工 1 100 人,待业人员、劳动预备人员培训 600 人。

第二节　劳动监察与仲裁

【劳动监察】　依据 1993 年 8 月劳动部《劳动监察规定》、1994 年 7 月全国人大常委会颁布的《劳动法》,1994 年 10 月组建"双城市劳动监察大队"。1995 年开始,贯彻和实施劳动和社会保障的法律法规,推动劳动保障工作依法行政;监督劳动力市场秩序;维护劳动关系双方合法权益。到 2005 年,共接待举报、投诉案件 422 起,立案查处 338 起,为打工者讨还工资 2 954 360 元,追缴企业养老金 54 万元,清退非法用工 560 名。

【劳动争议仲裁】　1987 年,根据黑龙江省《劳动争议处理暂行规定》的精神,成立双城县劳动争议仲裁委员会,由常务副县长任主席,劳动局、总工会的主要领导任副主席,成员由劳动、人事、卫生、公安、信访等部门的一名副职组成。仲裁委员会下设劳动争议仲裁办公室,办公室设在劳动局属正科级单位,由主任(正科)、副主任、科员三人组成。其职能是:负责劳动争议案件和劳动争议仲裁委员会委托的劳动争议案件的调整处理;负责企业劳动争议调解委员会调解员的培训和指导工作;负责接待来信来访。到 1994 年,共处理劳动争议案件 88 件,接待来访 1 173 人次,《劳动法》颁布后,特别是深化企业改革,劳动关系复杂多变,劳动纠纷案件大幅上升,到 2005 年共受理工伤、工资、辞退、除名、经济补偿金等劳动争议投诉案件 480 起;接待处理各种信访案 6 581 人次。

1987—2005 年双城市信访、仲裁案件情况表

表 13 - 5 - 3

年度	信访案件数	接待人次	仲裁案件数	年度	信访案件数	接待人次	仲裁案件数
合计	1 379	6 581	480	1996	66	340	27
1987	39	98	2	1997	70	358	29
1988	43	116	4	1998	77	430	34

续表

年度	信访案件数	接待人次	仲裁案件数	年度	信访案件数	接待人次	仲裁案件数
1989	51	130	7	1999	67	410	30
1990	62	156	11	2000	58	795	49
1991	64	148	9	2001	120	660	44
1992	69	171	17	2002	99	427	35
1993	58	160	15	2003	101	400	30
1994	47	194	23	2004	98	387	31
1995	59	401	31	2005	131	800	52

第三节　工资与保险

【劳动工资】　1986年,企业职工的工资是由计时工资、计件工资、奖金、津贴、浮动工资等组成。劳动工资支付分为所招工人工资、职工调动工作后工资、大中专毕业生转正、定级工资、受处分职工工资、特殊情况下的工资支付等种类。1991年5月1日起,工资标准等级均增加6元。1992年企业职工工资分配制度进行深入改革,政府对企业的分配制度进行宏观调控、指导和监督,制定与市场经济相适应的劳动工资分配制度和管理办法,推行"工资总额弹性计划""工资总额同经济效益挂钩办法""工资总额包干办法"和"两个低于"宏观调控原则。企业内部工资分配多种形式并存,体现"多劳多得"的分配原则,工资分配向苦、脏、累、险、技术岗位的一线人员倾斜。1993年,对工效挂钩的企业区别政策性亏损企业、非主观未实行工效挂钩企业确定不同等级指标,将职工档案标准工资等级直接套入新标准,对完不成指标企业,办理职工调资手续执行时间由企业自定。1993年、1994年,企业职工先后两次调整工资标准,全市国有企业112户、集体企业146户参加调资职工人数31 539人,其中全民职工14 316人、企业所有制合同制工人4 243人、集体企业职工12 980人,人均月增加工资98.72元。1999年7月1日,简化工资结构,将津贴补贴纳入职工基本工资后套入企业工资标准,最低工资调整为每月300元,企业可根据自身情况自定起薪时间,调资企业,人均月增加工资157.00元,其中纳入标准工资的物价福利补贴额76.50元。10户已经依法破产的企业和4户已经出售给个人的企业没有参加这次调资。2005年,企业实行岗位工资和岗位技能工资、计件工资、定额工资、提成工资、协商工资、计时工资等多种分配形式,劳动部门对企业工资进行监督检查和原则性的指导。

【企业养老保险】　1986年底,组建双城县社会劳动保险公司,1987年,年收缴养老金1万元,参险职工5 000人。1998年开始,对企业离退休人员的离退休金实行社会化发放。1998年社会劳动保险公司更名为双城市社会保险事业管理局。到2003年全市参保企业已达157户,参保职工24 349人,收缴养老金1 829万,全市企业离退休人员已达9 314人。2004年,收缴养老金7 987万元,离退休职工已达9 904名,全年支付离退休金4 952万元,新增参保人员1 030人,参保职工总数达2.6万。2005年,收缴养老金3 191万元,新增参保人员6 008人,接续养老保险关系1 951人,参保人数已近2.7万,离退休职工为10 600人,支付养老金5 950万元。

1987—2005 年双城市企业养老保险费征缴发放情况表

表 13 - 5 - 4 　　　　　　　　　　　　　　　　　　　　　　　　　　　　　　　　单位:万元

年度	收入	发放	年度	收入	发放	年度	收入	发放
1987	155	97	1994	648	556	2001	1 706	3 168
1988	518	458	1995	654	534	2002	2 206	4 136
1989	675	558	1996	671	561	2003	1 829	4 511
1990	765	553	1997	103	890	2004	7 987	4 952
1991	623	535	1998	1 585	1 376	2005	3 191	5 950
1992	746	475	1999	1 210	1 823			
1993	591	617	2000	2 156	2 379			

【农村社会养老保险】　双城市农村养老保险事业管理处,1992 年,隶属市民政局管理。1994—1997年,开展农保业务工作,常规农险有46 717人,收保费4 124 724元;婚龄保险12 900人,收保费2 211 367元;子女保险 352 人,收保费71 155 元;义务兵 11 人,收保费6 286 元,合计参保人数60 070 人,收保费6 406 028.20元。双城市农村社会养老保险事业处于 2002 年 4 月 1 日归属劳动和社会保险局,更名为双城市农村社会养老保险管理中心。自 2004 年以来,共为1 191人办理了领取、退保、续领手续。

1997—2005 年双城市退领农村社会保险养老金情况表

表 13 - 5 - 5

项目	1997 年	1998 年	1999 年	2000 年	2001 年	2002 年	2003 年	2004 年	2005 年
人数(人)	26	15	36	30	22	172	254	198	871
金额(员)	7 078	1 601	1 188.70	6 176	6 918	92 235	196 486	52 669	75 495

【医疗保险】　2001 年,根据《国务院关于建立城镇职工基本医疗保险制度的决定》和《黑龙江省建立城镇职工基本医疗保险制度总体规则》及《哈尔滨市城镇职工基本医疗保险制度改革实施方案》的精神,开始组建经办机构,将公费医疗办划归给劳动保障局,更名为"医疗保险中心"。到 2003 年全市参保人数4 500人,收保险金176 万元,设定点医院五家,药店二家,哈市定点医院四家。2004 年收保险金186.8 万元,累计参保人数4 670人。2005 年参保人员4 800人。收缴比例为:单位在职职工工资总额的 4%;职工本人工资总额 2%;退休职工个人不缴费。

2001—2005 年双城市机关企事业单位医疗保险执行情况表

表 13 - 5 -6

年度	参保户数(户)	参保人数(人)	收入(万元)	发放(万元)
2001	85	4 100	164	140
2002	87	4 300	172	157
2003	90	4 500	176	157
2004	92	4 670	186.8	162
2005	96	4 800	192	176

【机关事业养老保险】　1993 年,机关事业养老保险工作开始启动,2001 年,机关事业养老保险经办机构从人事局划归到劳动和社会保障局,更名为机关事业社会养老保险局。2005 年,全市 226 个财政全额拨款的事业单位 1 万名在职职工全部纳入机关事业保险,全年收缴养老金 5000 万元,参保人数达 1 300 人,离退休人员累计为 5 700 人,拨付养老金 4 400 万元。

1993—2005 年双城市机关事业单位养老保险收缴发放情况表

表 13 – 5 – 7

年度	参保户数(户)	参保人数(人)	收入(万元)	发放(万元)	存结余(万元)
1993—1995	27	200	15	0	35
1997	24	150	25	10	50
1998	68	3 000	40	20	70
1999	84	3 300	78	40	108
2000	96	3 500	196	80	224
2001	105	3 700	450	360	314
2002	108	3 900	780	450	644
2003	110	4 300	880	550	974
2004	113	4 600	1 000	600	1 374
2005	330	1 3000	6 300	5 000	2 674

【失业保险】　1986 年 7 月 12 日,根据国务院《国营企业职工待业保险暂行规定》、省政府发布《国营企业职工待业保险暂行规定》实施细则的精神,劳动部门所属的劳动服务公司(现劳动就业局)组建“双城县劳动服务公司职工待业救济管理股”。其职责:执行国务院和省有关待业保险的有关政策,负责国有企业待业职工待业保险费的收缴和管理;按有关规定使用好待业保险金;搞好待业职工的管理、转业培训工作。1992 年,省政府下发《黑龙江省国营企业职工待业保险制度深化改革方案》和黑军待字〔1992〕45号文件,收费标准由全部职工标准工资的 1% 变为按企业全部职工工资总额的 1%,职工本人每月交纳 1元钱。1995 年 10 月 20 日,省政府发布《黑龙江省城镇企业职工失业保险规定》,至此由“待业保险”改为“失业保险”。1998 年 7 月,按省政府规定,缴费标准进行调整,由原来按企业职工工资总额的 1% 调到2%;职工本人每月 1 元调到本人工资总额的 1%。这个收缴比例一直延续到 2005 年。

1987—2005 年双城市失业保险征缴发放情况表

表 13 – 5 – 8

年度	参保户数(户)	参保人数(人)	收入(万元)	发放(万元)
1986 – 1987	142	18 387	19.80	10.4
1988	142	18 387	16.71	7.5
1989	142	18 387	16.70	6.7
1990	142	18 387	15.20	15.7
1991	142	19 220	25.69	13.5

续表

年度	参保户数(户)	参保人数(人)	收入(万元)	发放(万元)
1992	164	26 493	42.94	7.7
1993	164	26 493	45.97	18.5
1994	164	27 179	71.70	138.4
1995	164	27 179	126.25	128.3
1996	164	27 179	141.17	169.4
1997	117	15 098	91.68	13.64
1998	117	15 098	65.48	89.91
1999	101	15 634	111.36	92.78
2000	101	24 267	82.78	81.11
2001	96	14 759	72.57	10.00
2002	96	15 000	222.72	0.076
2003	96	15 000	172.09	156.52
2004	96	15 000	547.94	372.06
2005	96	1 000	190.25	1 133.61

双城市企业职工各种补贴及纳入企业养老统筹项目情况表

表 13 - 5 - 9

序号	项目	标准(元)	执行时间	文件依据
1	副食品价格补贴	5	79.11	国发〔79〕245
2	物价补贴	5	84.10	哈价字〔84〕24号
3	肉价补贴	3.5	85.4	黑政发〔85〕32号
4	主要副食品价格补贴	8	88.5	黑政发〔88〕65号
5	煤电价格补贴	6	90.11	黑政发〔90〕116号
6	粮价补贴	5	92.4	黑政发〔92〕29号
7	生活补贴	5	88.1	劳险字〔88〕42号
8	燃料价格补贴	11	92.7	黑政发〔92〕134号
9	书刊费	14、16、18	94.1	省劳动局口头通知
10	洗理费	18	94.1	

第十四编　人民政协地方组织

政协委员

政治协商会议

双城市（县）人民政协常务委员会

中国人民政治协商会议双城市委员会,在中共双城市委领导下,认真执行党的路线、方针、政策和市委决定,在改革开放、全面建设有中国特色社会主义实践中,充分发挥政协优势,认真履行政治协商、民主监督、参政议政基本职能,紧紧围绕市委中心工作,团结社会各界人士,为富民强市,振兴双城做出积极贡献。1986年,受到全国政协表彰,参加全国地方政协座谈会,并介绍经验。1986—2005年,双城市(县)政协共召开全体委员会议27次,其中换届选举6次,组织委员视察、调查、考察搜集和反映社情民意,为双城经济建设和社会发展建言献策。

第一章　政协委员

第一节　委员产生与构成

【委员产生办法】　1986—1993年3月,市政协委员会每届任期3年,1993年11月开始改为每届任期5年。每届政协委员的产生由基层党委推荐,经市委统战部、组织部、政协三部门联合考核,再由政协党组研究,提出建议名单,报政协常委会讨论通过。每届政协委员在市委统战部和政协两部门备案。政协常务委员会委员遵照政协章程规定,在政协委员中产生,由政协党组推荐,市委常委会议通过,再到政协全委会上进行等额选举产生,市委组织部备案。

【委员构成】　政协委员由中国共产党、民主党派、群众团体、无党派民主人士、农工商、教科文、民营企业、少数民族、宗教协会等不同界别人士组成。另有特邀委员,具有广泛的代表性、文化水平相对较高和从事科学技术、教育、卫生事业的人员较多,这是委员构成的显著特点。县第六届政协委员会委员162人,其中大专以上文化85人,占52.4%;高中文化(含中专)45人,占27.7%;初中以下文化32人,占19.7%。第七届委员会委员176人,其中大专以上文化90人,占51.1%。市政协第一届委员会委员188人,大专以上文化96人,占51%;高中文化(含中专)58人,占30.8%;初中以下文化34人,占18%。第二届委员会委员200人,大专以上文化98人,占49%。第三届委员会委员185人,大专以上文化92人,占49.7%。第四届委员会委员187人,大专以上文化95人,占50.8%。第五届委员会委员212人,大专以上文化110人,占51.8%;高中文化(含中专)65人,占30.6%;初中以下文化37人,占17.4%。从市政协第三届委员会开始,增加了两名民主党派委员,占委员总数的10%。第四届、第五届委员会都有两名民主党派委员。

双城市(县)政协历届委员会委员构成情况表

表14-1-1　　　　　　　　　　　　　　　　　　　　　　　　　　　　　　单位:人

	县六届	县七届	市一届	市二届	市三届	市四届	市五届
总数	162	176	188	200	185	187	212
中共党员	18	20	21	18	17	18	15
教育	21	19	17	22	21	20	20
科技	42	33	34	35	34	18	12
卫生	16	16	12	17	16	12	18
文化	8	10	11	9	9	5	8

续表

	县六届	县七届	市一届	市二届	市三届	市四届	市五届
工商	10	18	18	20	19	21	32
新闻	2	3	3	2	2	2	3
共青团	2	2	2	2	2	1	1
工会	2	2	2	2	2	3	2
妇女	2	2	2	2	2	7	3
体育	2	2	2	1	1	1	1
政法	2	5	18	9	8	10	21
社会福利	2	2	2	2	2	1	1
侨台属	8	8	8	13	12	9	5
特邀	8	9	8	9	9	13	15
个体劳动者	3						
少数民族	5	6		7	6	5	7
农民	6	7	6	5	3	12	12
企业经济	3	5	14	18	16	18	22
宗教		6	7	6	2	6	12
民主党派		1	1	1	2	2	2

【省政协委员】 1983—1987年2月,双城出席政协黑龙江省第五届全体委员会议委员1名:刘玉铎 (双城畜牧局高级畜牧师);1988年1月—1992年2月,双城出席政协黑龙江省第六届全体委员会议委员2 名:刘玉铎(双城畜牧局高级畜牧师)、易梦雄(双城市兆中高级教师);1993年2月—1997年2月,双城出 席政协黑龙江省第七届全体委员会议委员2名:易梦雄(双城市兆中高级教师)、马玉文(双城雀巢公司中 方代表)。

【哈市政协委员】 1997年10月—2001年10月,双城出席政协哈尔滨市第九届全体委员会议委员4 名:何文发(双城市政协副主席、市委统战部部长)、陈志佳(双城市文化局股长)、崔泽林(双城市药材公司 经理)、郭喜元(双城市盖敌农药厂厂长);2002年10月—2005年10月,双城出席政协哈尔滨市第十届全 体委员会议委员6名:王明才(双城市政协主席)、苏联华(双城市政协副主席、市委统战部部长)、白金声 (双城市政协副主席、市进修学校高级教师)、张济(双城市政协副主席、市书画院院长)、付荣耀(双城市政 协常委、双城荣耀饲料有限公司董事长)、郭喜元(双城市盖敌农药厂厂长)。

第二节 政协委员工作

【政协委员视察】 1986年,政协组织委员进行专题视察11次,向有关部门写出专题调查报告3份。 1988年组织委员视察15次,参加人员120人次,对中小学体育教育、工业企业承包、文化市场清理整顿等 方面提出了中肯的批评。1991年,针对"农民卖粮难"问题,组织农业组的委员和有关职能部门,对粮库进 行重点视察,提出20多条意见和建议,粮食部门积极采取措施,以增加临时仓库等办法,缓解了农民卖粮 难的问题。1992年,农业组委员视察时,提出"靠科技提高玉米、水稻生产效益""做好玉米螟的防治""加 强农业综合服务体系建设""提高农业生产者的科技素质""加速引进推广农业现代化科研成果"等五个方 面的建议,得到市政府主管领导的重视。1993年,对本市市场肉制品的卫生检疫、农村市场发育、工业企业转换经营机制、农村小学教育等方面进行视察。对发现的问题提出许多改进和加强的意见。有的被市政府采纳。1994年,组织委员视察"两杂"种子和集体奶牛、黄牛场管理。委员们提出加强"两杂"种子管理和对集体牛场进行经营体制整顿的意见和建议,受到市政府领导的赞扬和肯定。1995年,组织农业科技界的委员就全市发展"两高一优"农业状况及京哈路两侧经济开发区的农、牧业生产和棚菜生产进行视察,委员们对双城市京哈路边的农业综合开发工作表示满意,提出要加大实施力度,形成规模化生产的建议。1996年,组织委员对"工业企业产权改革"进行视察,委员们就搞好破产企业再起动,职工再安置,加快配套改革;搞好企业领导班子建设;提高企业科技含量;开发名、优、特产品和发挥科技人员作用等,向政府提出30条意见和建议。1997年,委员们对个体私营经济和农业开发区与路边经济发展情况进行视察,听取工商局对个体私营经济发展情况的通报,深入到几家私营企业视察。委员们在讨论中提出许多意见和建议。1998年,组织委员对"城乡市场发育""民族经济发展状况"进行视察,委员们对发现的问题提出加强和改进意见,有的意见被随同来视察的领导及有关部门采纳。1998年,双城市遭受百年不遇的特大洪水,政协领导亲临险要河段,指挥战斗,并组织和发动政协委员、常委、机关干部向灾区群众捐款捐物达22万元。其中,史丹特公司经理王作韬一次就为灾区捐款8万元,恒华复合肥厂厂长夏荣堂捐资4.3万元。1999年,委员们对新兴乡丰禾玉米研究所、恒华复合肥厂进行视察,委员们提出有助于市委、市政府科学决策的意见和建议。2000年组织委员围绕发展五大主导产业,突出质量效益型农业,加快工业、企业改革,推进个体经济发展等群众普遍关心的热点问题进行视察,委员们向政府提出合理化建议100多条。2001年,针对医疗机构运行机制改革,加强民主法制建设进行视察,委员们提出58条意见和建议。2002年,组织农业委员和科技委员视察后提出加快生态农业建设的意见和建议,形成报告后,报送到哈市政协转到哈市委。2003年委员们对全市"药品市场管理""文化市场管理"进行视察,被视察的部门采纳委员们提出的意见和建议。2004年,组织委员对"开发区建设""专业村建设""医疗防疫体系"进行视察。视察中委员们提出的意见和建议,被视察单位采纳或限期改进。2005年,组织委员视察10次,重点视察文化市场、医药市场、城市建设、民族宗教场所的整顿、市中医院和一小门前小商小贩占道经营等问题,通过《政协信息》《社情民意》反馈给市政府及有关部门。

【政协委员提案】　1986年,双城县第六届委员会上,委员提案98件,办复95件。1988年,在政协双城市七届二次会议上,收到委员提案210件。陈家本委员根据双城市的历史文物流失严重情况,提出"成立双城文物管理所"一案,市委、市政府非常重视,并采纳提案人的建议,于6月正式成立双城文物管理所。1989年,吴忠珍提出"站北职工公费看病难"一案,市政府责成卫生局在中医院车站分院设立公费医疗点,解决了站北职工看病难的问题。1990年,方英委员提出:"解决双城供水紧张,兴建第二水厂"建议,和市政府的规划相符合,认真采纳提案人的意见,在北门外新城区建了第二供水厂,1992年正式投入生产。1991年4月,政协委员牟多本提出"双城第四中学教学楼年久失修,出现下沉现象,全校师生很担忧",教育部门采纳建议,投资4万多元,维修该教学楼,排除了险情。1992年,张天贵委员提出"农村的喇叭已变成了哑巴"提案,广播电视局采纳了意见,在全市范围进行设备改造,采用高频广播,全市辐射面达70%以上,实现村村户户都能收到广播。1993年,市政协二届委员会期间收到委员提案237件,办复234件。魏喜宽委员关于"积极调整农村产业结构,加快农村商品经济步伐"的提案,市委、市政府非常重视,多次与政协及有关单位协商,听取意见,为市委、市政府在调整农村产业结构方面决策提供了依据。1994年,温玉国委员提出"关于制鞋业安全生产建议",市政府在花园宾馆专门召开市长办公会议,对个体私营企业进行一次全面清理整顿,建立健全安全生产制度,落实安全生产措施。1995年,张树林委员提出"关于双城镇内巷道卫生"的提案,双城镇政府立即指派专人对镇内273个公厕设24人专管,组织力量清理污水、垃圾,使城区环境面貌有很大改观。1996年,王松楠委员提出"完善龙头配套企业,培育壮大奶牛发展"的建议,市委、市政府责成畜牧等有关部门认真研究,落实发展规划。1997年,市政协三届委员会期间收到委员提案303件,委员王胡兰在会上提出"新毕业大学生分配到学校半年不给发工资问题",市委、市政府会同财政局研究,给予了解决。1998 年,王江委员提出"组织政协委员招商引资"的提案,政协非常重视,召开办公会议、常委会议,认真研究该提案的落实,动员全体政协委员为双城市招商引资贡献力量。1999 年,景丽玲委员提出"加强食品检疫问题"的提案,畜牧局认真研究解决,建立定点屠宰场,集中检疫,以防止病害畜禽流入市场。2001 年,政协常委白金声提出"东门路北护城河环境污染严重,气味难闻"的提案,市政府领导多次召开有关部门参加的改造护城河的专门会议,改造治理护城河,减少了污染。2002 年,周立峰委员提出"乡镇公路建设的问题"提案,市委、市政府责成交通局及有关部门抓紧办理,加快双城农村乡镇主干道,白色路面的建设。2003 年,委员左广山提出"药监局应调整方案,防止假药流入市场让老百姓吃上放心药"的提案,药监局召开局长办公会议研究,扩大药品监督员的队伍,从人大、政协委员中聘请 6 名药品监督员,加强药检部门的执法队伍建设,整顿了药品市场。2004 年,李元杰委员提出"实施品牌战略,提高我市个体私营企业的竞争能力",建议市政府及有关部门重视个体私营企业发展,运用广告策略创立名牌,开拓市场。工商局接到提案后,加强对《商标法》《广告法》的宣传力度,对具有特色的产品生产厂家给予指导和帮助。2005 年,韩建双委员的"整顿鲜奶收购市场,打击非法收购鲜奶的行为"的提案,市政府责成畜牧局及有关部门配合,严厉打击私收奶点,法院依法执行 4 起,拘留数十人,保护了双城奶牛生产这一支柱产业。

第二章　政治协商会议

第一节　县政协六届、七届全体会议

【县政协六届三次全体委员会议】 1986 年 3 月 25 日—29 日,在县政府招待所召开。出席会议委员140 名,特邀 19 名。副主席黎百均致开幕词;副主席冯汉传达全国政协工作座谈会精神;听取并审议了副主席赵淑清所做的六届委员会常委会工作报告、副主席吴永廉所做的六届二次会议以来的提案处理情况报告;听取市纪委书记李孟东关于端正党风情况通报。会议补选朱喜和为县政协第六届委员会主席,杨永清、康士奎为政协副主席。增补张士伟、杜兴成为六届委员常务委员。政协主席朱喜和做总结讲话。政协原主席徐中复离休。

【县政协七届一次全体委员会议】 1987 年 9 月 28 日—30 日,在县政府招待所召开。出席会议委员154 名。政协主席朱喜和致开幕词;听取张士伟关于县政协七届一次会议筹备工作情况的报告;副主席杨永清宣读政协双城县第七届委员会常务委员、主席、副主席候选人推荐名单;县委书记于文复到会讲话;全体委员列席双城县第十届一次人民代表大会;协商县政府正、副县长,法院院长、检察长候选人以及出席全省人代会人选。会议选举:方英、王革、王树清、王桂芹、冯汉、冯文林、叶枫、朱喜和、刘玉铎、刘凤英、刘国强、刘劲松、孙惠忠、孙淑清、杨永清、杜云春、陈忠礼、李坤生、李荣福、李维武、张富、张士伟、孙树林、张荣昌、林淑清、金建成、孟繁弟、贾谦、顾万志、徐淑彬、温希民、雷文秀、谭信、颜影、魏树仁为政协双城县第七届委员会常务委员。会议选举朱喜和为政协双城县第七届委员会主席;张富、冯汉、杨永清、温希民、刘玉铎、杜云春、贾谦为副主席。

【县政协七届二次全体委员会议】 1988 年 3 月 27 日—28 日,在县政府招待所会议室召开。出席会议委员 164 名,列席 16 名。朱喜和致开幕词;听取并审议张富做的第七届委员会常务工作报告;听取副主席刘玉铎作的七届一次会议委员提案处理情况报告和副主席温希民作的七届二次提案审查报告;部分政协委员参加了县委、县政府召开的意见听取会;县委书记于文复到会讲话。

第二节　市政协一届全体会议

【第一次全体委员会议】　1988年10月28日在双城市政府招待所召开。出席会议委员164名。会议的主要议题是:传达省政协工作会议精神;宣布中华人民共和国民政部关于黑龙江省设立双城市的批复;通过双城市政协一届一次会议关于改变领导机构和领导职务名称的决议,原政协双城县委员改为政协双城市委员会。原政协双城县主席、副主席和县常务委员会,改为政协双城市委员会主席、副主席和市常务委员会。会议选举朱喜和为政协双城市第一届委员会主席,张富、冯汉、杨永清、温希民、刘玉铎、杜云春、贾谦为市政协第一届委员会副主席。会议决议:原政协双城县第七届委员会改为政协双城市第一届委员会。届起时间从1987年9月28日算起。会议增补马文学、翟继明、王英芳、何永春、刘衍玉、史禹生、王永恒、王启顺、杜兆才、薛永贵、肖景玉为市政协一届委员会委员。补选李明珍、肖景玉、张天贵、倪文秀、薛永贵为政协一届委员会常务委员。市政协一届委员会常务委员有:方英、王革、王树清、王桂芹、冯汉、冯文林、叶枫、朱喜和、刘玉铎、刘凤英、刘国强、刘劲松、孙惠忠、孙淑清、杨永清、杜云春、陈忠礼、李坤生、李荣福、李维武、张富、张士伟、张树林、张荣昌、林淑清、金建城、孟繁弟、贾谦、顾万志、徐淑彬、温希民、雷文秀、谭信、颜影、魏树仁、李明珍、肖景玉、张天贵、倪文秀、薛永贵。

【第二次全体委员会议】　1989年3月28—30日,在市政府招待所召开。出席会议委员148名,列席11名。政协主席朱喜和主持会议。副主席刘玉铎传达省政协六届二次会议精神;副主席张富做一届常委会工作报告;副主席温希民做政协提案工作报告;协商讨论了政府工作报告和法、检两院、财政预、决算报告;表彰奖励在建功立业活动中做出贡献的委员;选举倪文秀为政协秘书长;增补兰国有为市政协一届委员会委员。

【第三次全体委员会议】　1989年12月10日,在双城市供销合作社招待所召开。出席会议的委员165名。会上传达学习了省政协会议精神;补选李子臣为市政协一届委员会副主席。

【第四次全体委员会议】　1990年3月28日—30日,在双城市政府招待所召开。出席会议委员170名,列席49名。副主席李子臣传达了中共中央14号文件。副主席刘玉铎传达了省政协六届三次会议精神。听取并审议了副主席张富做的市政协一届三次会议以来的常委会工作报告。讨论协商政府两院工作报告和财政预、决算报告。市委书记张成国讲话。会间召开意见听取会,市级班子领导听取了委员代表对政府工作的意见和建议。会议增补周国禄、高步才、刘丰志、佟祥友为市政协一届委员会常务委员。

第三节　市政协二届全体会议

【第一次全体委员会议】　1991年2月3日—4日,在双城市政府招待所召开。出席会议委员188名。政协主席朱喜和致开幕词;副主席张富做常务委员会工作报告;副主席温希民做提案工作报告;副主席贾谦做提案工作审查报告;酝酿了市长、副市长候选人;市委书记张成国讲话。会议选举:方英、王杰、王革、王树清、王维民、叶枫、冯文林、付延庚、左殿臣、刘文焕、刘丰志、刘兴贵、刘国强、刘朝清、孙志华、孙淑清、朱喜和、多智新、陈景学、陈忠礼、李维武、杜云春、张富、张天贵、张树林、张荣昌、肖景玉、郑崇、林淑清、孟繁弟、侯义、贾谦、倪文秀、高步才、温希民、谭信为双城市政协第二届委员会常务委员。会议选举:朱喜和为市政协第二届委员会主席,张富、侯义、温希民、杜云春、贾谦为市政协第二届委员会副主席。

【第二次全体委员会议】　1992年3月10日至12日,在双城市政府招待所召开。出席会议委员190名,列席28名。会议由主席朱喜和主持。副主席刘玉铎传达省政协六届五次会议精神;市委书记张成国会上讲话;市长何忠学做关于市政府工作报告的说明;副主席张富做常委会工作报告;副主席贾谦做市政协二届一次会议提案工作报告;副主席侯义宣布关于增补政协委员的说明;表彰奖励了1991年度政协工作先进工作组、联络组、先进委员;会议增补:丰农利、施晓飞、苏德学为市政协二届委员会委员。

【第三次全体委员会议】 1992年11月26日,在双城市供销合作社招待所召开。出席会议委员148名。主席朱喜和主持了会议。会议的议题是:学习贯彻党的"十四大"会议精神;增选张金荣、何文发为政协双城市第二届委员会副主席;增补佟祥友为政协常委;增选李启和、王荣、郭俊山、陈家本、孙维忠、徐东明、翟继明、王政新、高庆学为二届委员会委员。

【第四次全体委员会议】 1993年3月15日—16日,在市政府招待所召开。出席会议委员189名,列席30名。主席朱喜和致开幕词;听取并审议副主席张富所做的市政协二届二次会议以来的常委会工作报告;听取市委书记何忠学的讲话;听取代市长李军关于政府工作报告的说明;协商讨论"一府两院"工作报告和财政预、决算报告;审议了政协提案工作情况报告。政协原副主席杨永清离休。

第四节　市政协三届全体会议

【第一次全体委员会议】 1993年11月11日—13日在双城市御花园宾馆召开。出席会议委员180名,列席人员,各乡(镇)党群书记和市直各党委(总支)专职书记,共计56人。主席张富致开幕词;地区政协工委领导梁志先致贺词;市委书记何忠学讲话;市长李军就政府工作报告做了说明;听取和审议副主席侯义做的二届常委会工作报告和副主席温希民做的提案工作报告;副主席何文发介绍政协第三届委员会委员组成情况。政协主席张富致闭幕词。会议选举方英、王革、王松楠、王维民、叶枫、冯文林、付延庚、左殿臣、刘文焕、刘丰志、刘兴贵、刘国强、刘树斌、刘朝清、孙志华、孙淑清、多智新、张富、张天贵、张金荣、张荣昌、何文发、杜云春、陈希满、陈忠礼、陈淑君、陈景学、辛彦利、佟祥友、李维武、肖景玉、郑崇、林淑清、孟繁弟、侯义、温希民、谭信为市政协第三届委员会常务委员。会议选举张富为市政协第三届委员会主席,侯义、温希民、杜云春、张金荣、何文发为市政协第三届委员会副主席。

【第二次全体委员会议】 1994年3月16日—18日,在双城市御花园宾馆召开。出席会议委员185名,列席54人。主席张富致开幕词;市委书记何忠学讲话;副主席侯义做市政协常委会工作报告;副主席温希民做提案工作报告;李克荣副市长向大会介绍全市经济、体制改革情况;听取并协商讨论"一府两院"工作报告及市1994年国民经济和社会发展计划(草案),1993年财政预、决算执行情况,1994年财政预算报告。各工作组长和有关政协委员参加了政府领导召开的综合意见听取会。会议增补王江、傅振书为市政协三届委员会常务委员。

【第三次全体委员会议】 1995年3月16日—17日,在双城市御花园宾馆召开。出席会议委员182名,列席52人。会议由主席张富主持。会议主要议题是:副主席侯义做常委会工作报告;副主席杜云春做提案工作报告和提案审查报告;协商讨论市政府工作报告和法、检两院工作报告;市委书记何忠学讲话。部分政协委员参加市长征求意见座谈会。增补崔泽林为市政协三届委员会常委。

【第四次全体委员会议】 1996年3月26日—27日,在双城市御花园宾馆召开。出席会议委员175名,列席各乡(镇)、市直党委(总支)65人。张富主席闭幕式讲话。会议主要议题是:市委书记李军讲话;副主席侯义做政协常委会工作报告;副主席温希民做政协提案工作报告;代市长李克荣做政府工作报告(征求意见稿);协商讨论市"一府两院"工作报告;市"九五"计划和2010年国民经济和社会发展规划纲要,1995年财政预决算执行情况和1996年财政预决算报告;表彰奖励1995年度先进工作组及委员;各工作组长及有关委员参加市领导征求意见座谈会。会议补选薛永贵为市政协三届委员会副主席。

【第五次全体委员会议】 1997年3月14日—15日,在双城市御花园宾馆召开。出席会议委员185名,列席60人。会议由主席张富主持。会议听取市委书记李军讲话;哈市政协副主席王修瑞讲话;市长李克荣做政府工作报告(征求意见稿);副主席薛永贵做常委会工作报告;温希民副主席做提案工作报告;协商讨论"一府两院"工作报告,市1997年国民经济和社会发展计划(草案);增补王凤清、付荣军、徐东明为市政协三届委员会常务委员。各工作组长及有关委员参加市领导征求意见座谈会。

第五节　市政协四届全体会议

【第一次全体委员会议】 1997 年 10 月 20 日—21 日,在双城市御花园宾馆召开。出席会议委员 185 名,列席 61 人。会议听取副主席何文发关于政协四届委员会组成情况的报告;哈市政协领导致辞祝贺;听取市委书记朱清文讲话,市长李学良政府工作报告(征求意见稿);听取并审议副主席薛永贵做的市政协三届常委会工作报告;副主席何文发做的提案工作报告;协商讨论"一府两院"工作报告。会议选举王田、王江、王凤清、王松楠、王志才、王英芳、王胡兰、支殿魁、叶枫、白金声、冯文林、傅振书、付荣军、刘颖、刘丰志、刘树斌、多智新、何文发、宋广鹏、陈志佳、陈淑君、吴坚、吴宣文、辛彦利、张济、张树林、张国荣、徐东明、黄汝学、崔泽林、温中来、韩凤岐、满都拉、谭信、薛永贵、鞠加民等为市政协四届委员会常务委员。会议选举支殿魁为市政协四届委员会主席,薛永贵、何文发、白金声、张济为市政协四届委员会副主席。

【第二次全体委员会议】 1998 年 3 月 9 日—10 日,在双城市御花园宾馆召开。出席会议委员 175 名,列席 65 人。会议由副主席薛永贵主持。徐东明宣读哈市政协贺信;市委书记朱清文讲话;听取并审议了副主席何文发做的政协常委会工作报告;副主席白金声做的提案工作报告;讨论协商了"一府两院"工作报告;财政预决算工作报告和 1997 年国民经济和社会发展计划执行情况,1998 年计划(草案);会议增补张贵祥、杨德新为市政协四届委员会常务委员。

【第三次全体委员会议】 1999 年 1 月 17 日—18 日,在双城市御花园宾馆召开。出席会议委员 170 名,列席 63 人。副主席白金声宣读哈市政协贺信;副主席何文发做市政协常委会工作报告;副主席张济做提案工作报告;市委书记朱清文讲话;讨论协商"一府两院"工作报告、财政预决算报告和 1998 年国民经济和社会发展计划执行情况、1999 年计划(草案);副主席薛永贵闭幕讲话。会议增补张继民、刘晓波为市政协四届委员会常务委员。会议表彰奖励 20 名杰出政协委员。

【第四次全体委员会议】 1999 年 3 月 10 日—11 日,在双城市御花园宾馆召开。出席会议委员 178 名,列席 59 人。市委书记朱清文讲话;副主席何文发做提案工作报告;副主席薛永贵做常委会工作报告;讨论协商了"一府两院"工作报告;会议选举汪玉祥为政协四届委员会主席。

【第五次全体委员会议】 2000 年 3 月 1 日—2 日,在双城市工商局四楼会议室召开。出席会议委员 180 名,列席 55 人。会议由主席汪玉祥主持。副主席何文发宣读哈市政协贺信;市委书记朱清文讲话;市长李学良做政府工作报告说明;副主席薛永贵做四届常委会工作报告;副主席张济做四届提案工作报告;协商讨论了"一府两院"工作报告、财政预决算报告、1999 年社会发展计划执行情况和 2000 年计划(草案);增补么有才、田青、刘文志、张波、郭岩龙、侯玉三为市政协四届委员会常务委员;表彰奖励 21 名先进政协委员。

【第六次全体委员会议】 2001 年 2 月 22 日—23 日,在双城市兴城宾馆召开。出席会议委员 170 名,列席 67 人。会议由主席汪玉祥主持,会议听取市委书记朱清文讲话;听取了市长李学良做的《政府工作报告》《双城市国民经济和社会发展纲要》草案说明;听取并审议了副主席白金声做的四届常委会工作报告;副主席张济做的提案工作报告;协商讨论了"一府两院"工作报告、2000 年国民经济和社会发展计划执行情况和 2001 年计划(草案);会议选举苏联华为市政协四届委员会副主席。选举吴荣佩、陈明举、张士义、张桂林为四届委员会常委。主席汪玉祥闭幕讲话。

【第七次全体委员会议】 2002 年 3 月 11 日—12 日,在双城市兴城宾馆召开。出席会议委员 180 名,列席 68 人。会议由主席汪玉祥主持。会议主要议题是:市委书记朱清文讲话;市长李学良做《政协工作报告》说明;副主席白金声做政协常委会工作报告;副主席张济做政协提案工作报告;协商讨论了"一府两院"工作报告、2001 年国民经济计划执行情况和 2002 年计划报告、2001 年财政预决算执行情况和 2002 年财政预算报告（草案）；会议选举于占岐为市政协四届委员会副主席，景丽玲为四届委员会常务委员。

第六节　市政协五届全体会议

【第一次全体委员会议】 2002 年 10 月 18 日—19 日，在双城市兴城宾馆召开。出席会议的委员 210 名，列席人员 63 人。会议听取副主席苏联华关于市政协五届委员会组成情况的报告；哈市政协领导致贺词；市委书记李学良讲话；听取市长裴君做的政府工作报告，听取并审议副主席于占岐做的政协常务工作报告；副主席张济做的提案工作报告；协商讨论了"一府两院"工作报告、2001 年国民经济和社会发展执行情况及 2002 年计划（草案）的报告、财政预决算报告；各工作组长和有关委员参加了市政府领导召开的意见听证会。会议选举于占岐、马学良、马保利、王凤清、王志才、王明才、王松楠、王胡兰、白金声、田青、付荣耀、孙国华、多智新、刘文志、刘国军、关英杰、李士杰、李启堂、李跃奎、吴坚、吴荣佩、肖宪林、陈志佳、陈明举、苏联华、张波、张济、张贵、张士义、张孝君、郭岩龙、高立新、高喜生、徐新涛、温中来、景丽玲为市政协五届委员会常务委员。会议选举王明才为市政协五届委员会主席，于占岐、白金声、张济、苏联华为市政协五届委员会副主席。

【第二次全体委员会议】 2003 年 3 月 24 日—25 日，在双城市兴城宾馆召开。出席会议委员 210 名，列席 34 人。会议由主席王明才主持；市委书记李学良讲话；市长裴君做《政府工作报告》说明；听取并审议了副主席于占岐所做的常委会工作报告；副主席张济做的提案工作报告；协商讨论了"一府两院"工作报告。2002 年国民经济和社会发展计划执行情况及 2003 年计划（草案）的报告，2002 年财政预决算执行情况和 2003 年财政预算工作情况的报告（草案）。

【第三次全体委员会议】 2004 年 3 月 1 日—2 日，在双城市兴城宾馆召开。出席会议委员 210 名，列席 40 人。主席王明才开幕式讲话；市委书记李学良讲话；听取市长裴君做政府工作报告的说明；听取并审议了副主席于占岐做的常委会工作报告；听取并审议了副主席张济做的五届提案工作报告；协商讨论了"一府两院"工作报告；协商讨论了 2003 年国民经济和社会发展计划执行情况及 2004 年计划（草案）报告和 2003 年财政预决算执行情况、2004 年财政预算工作的报告。

【第四次全体委员会议】 2005 年 3 月 1 日—2 日，在双城市兴城宾馆召开。出席会议委员 210 名，列席 36 人。主席王明才主持会议；市委书记李学良讲话；听取市长裴君政府工作报告的说明；听取并审议了副主席于占岐做的五届常委会工作报告；听取并审议了副主席张济做的提案工作报告；协商讨论了 2004 年国民经济和社会发展计划执行情况与 2005 年计划（草案）报告和 2004 年财政预算执行情况和 2005 年预算报告草案；协商讨论了"一府两院"工作报告。会议增补褚亚臣、韩世富、杨耀武、白雪松、王学思、汪启军、白雪飞、杨大振、万国华、耿强、林耀主、李家国、张仲明、王铁奇为市政协五届委员会常务委员。政协主席王明才闭幕讲话。

第三章　双城市（县）人民政协常务委员会

第一节　组织机构

【领导更迭】 县政协第六届委员会设专职主席 1 人，专职副主席 2 人，兼职副主席 5 人。其中中共党员 4 人，兼职副主席非党人士 4 人。大学学历 3 人，高中学历 2 人，中专学历 3 人。县政协第七届委员会设专职主席1人,专职副主席2人,兼职副主席5人。其中中共党员4人,兼职副主席非党人士4人。大学学历6人,高中学历1人,中专学历1人。市政协第一届委员会设专职主席1人,专职副主席2人,兼职副主席5人。其中中共党员4人,兼职副主席非党人士4人。大学学历6人,高中学历1人,中专学历1人。市政协第二届委员会设专职主席1人,专职副主席3人,兼职副主席4人。其中中共党员4人,兼职副主席非党人士4人。大学学历4人,高中学历1人,中专学历3人。市政协第三届委员会设专职主席1人,专职副主席1人,兼职副主席3人。其中中共党员3人,兼职副主席非党人士2人。大学学历3人,中专学历2人。市政协第四届委员会设专职主席1人,专职副主席1人,兼职副主席3人。其中中共党员3人,兼职副主席非党人士1人,民革1人。大学学历3人,中专学历2人。市政协第五届委员会设专职主席1人,专职副主席1人,兼职副主席3人。其中中共党员3人,兼职副主席非党人士1人,民革1人。大学学历3人,中专学历2人。

1986－2005年市(县)政协领导更迭情况表

表14－3－1

届别	职务	姓名	民族	性别	籍贯	年龄	党派	学历	任职时间
县六届	主席	徐中复	汉	男	双城市	57	中共	高中	1984.04—1986.03
		朱喜和(兼)	汉	男	双城市	50	中共	大学	1986.03—1987.09
	副主席	冯汉	汉	男	双城市	54	中共	中专	1984.04—1987.09
		黎百均	汉	男	双城市	56	中共	中专	1984.04—1987.09
		赵淑清(兼)	汉	女	双城市	50	中共	高中	1984.04—1987.09
		康士奎(兼)	汉	男	双城市	55	中共	高中	1984.04—1987.09
		吴永廉(兼)	汉	男	双城市	65	非党	大学	1984.04—1987.09
		温希民(兼)	汉	男	吉林省	49	非党	大学	1984.04—1987.09
		刘玉铎(兼)	汉	男	双城市	63	非党	大学	1984.04—1987.09
		杜云春	汉	男	肇东市	53	非党	中专	1984.04—1987.09
		马永魁(兼)	汉	男	双城市	55	中共	中专	1984.04—1987.03
县七届	主席	朱喜和	汉	男	双城市	51	中共	大学	1987.09—1988.10
	副主席	张富	汉	男	巴彦县	48	中共	大学	1987.09—1988.10
		冯汉	汉	男	双城市	55	中共	中专	1987.09—1988.10
		杨永清(兼)	汉	男	双城市	53	中共	中师	1987.09—1988.10
		温希民(兼)	汉	男	吉林省	50	非党	大学	1987.09—1988.10
		刘玉铎(兼)	汉	男	双城市	64	非党	大学	1987.09—1988.10
		杜云春(兼)	汉	男	肇东市	54	非党	中专	1987.09—1988.10
		贾谦(兼)	汉	男	双城市	50	非党	大学	1987.09—1988.10
市一届	主席	朱喜和(兼)	汉	男	双城市	52	中共	大学	1988.10—1991.12
	副主席	张富	汉	男	巴彦县	49	中共	大学	1988.10—1991.12
		冯汉	汉	男	双城市	56	中共	中专	1988.10—1991.12
		李子臣	汉	男	双城市	51	中共	中专	1989.12—1990
		杨永清	汉	男	双城市	54	中共	中师	1988.10—1991.12
		侯义(兼)	汉	男	双城市	50	中共	中专	1990.10—1991.12

续表

届别	职务	姓名	民族	性别	籍贯	年龄	党派	学历	任职时间
		温希民（兼）	汉	男	吉林省	51	非党	大学	1988.10—1991.12
		刘玉铎	汉	男	双城市	65	非党	大学	1988.10—1991.12
		杜云春（兼）	汉	男	肇东市	55	非党	中专	1988.10—1991.12
		贲谦	汉	男	双城市	51	非党	大学	1988.10—1991.12
市二届	主席	朱喜和	汉	男	双城市	55	中共	大学	1991.02—1993.11
	副主席	张富	汉	男	巴彦县	52	中共	大学	1991.02—1993.11
		侯义（兼）	汉	男	双城市	53	中共	中专	1991.02—1993.11
		张金荣	汉	女	双城市	48	非党	大学	1992.11—1993.11
		何文发（兼）	汉	男	双城市	50	中共	中专	1992.11—1993.11
		杜云春（兼）	汉	男	肇东市	58	非党	中专	1991.02—1993.11
		温希民	汉	男	吉林省	53	非党	大学	1991.02—1993.11
市三届	主席	张富	汉	男	巴彦县	54	中共	大学	1993.11—1997.10
	副主席	侯义	汉	男	双城市	55	中共	中专	1993.11—1996.03
		张金荣	汉	女	双城市	50	非党	大学	1993.11—1997.06
		何文发（兼）	汉	男	双城市	52	中共	中专	1993.11—1997.10
		杜云春（兼）	汉	男	肇东市	60	非党	中专	1993.11—1997.10
		温希民（兼）	汉	男	吉林省	56	非党	大学	1993.11—1997.10
		薛永贵	汉	男	望奎县	52	中共	中专	1996.03—1997.10
市四届	主席	支殿奎	汉	男	通河县	50	中共	大专	1997.10—1998.12
		汪玉祥	汉	男	通河县	53	中共	大专	1999.03—2002.09
	副主席	薛永贵	汉	男	望奎县	56	中共	中专	1997.10—2001.02
		何文发（兼）	汉	男	双城市	55	中共	中专	1997.10—2001.03
		白金声（兼）	汉	男	双城市	49	民革	大专	1997.10—2002.09
		张济（兼）	汉	男	双城市	41	非党	大学	1997.10—2002.09
		苏联华（兼）	满	女	双城市	45	中共	大学	2001.03—2002.09
		于占岐	汉	男	双城市	52	中共	大专	2002.03—2002.09
市五届	主席	王明才	汉	男	双城市	49	中共	大专	2002.09—2005.12
	副主席	于占岐	汉	男	双城市	52	中共	大专	2002.09—2005.12
		苏联华（兼）	满	女	双城市	46	中共	大学	2002.09—2005.12
		白金声（兼）	汉	男	双城市	55	民革	大专	2002.09—2005.12
		张济（兼）	汉	男	双城市	46	非党	大学	2002.09—2005.12

【工作机构】 1986 年,县政协委员会下设办公室、文教办、法制办、提案办、经济科技办、文史办、学习室。设秘书长 1 人(兼职)。机关人员 16 人。1988 年,成立提案委员会办公室和学习、宣传、文史委员会办公室。1989 年,成立经济科技委员会办公室。1993 年,增设民族、法制委员会办公室,同时把政协办公室改为政协综合办公室。1998 年将政协综合办公室更名为政协办公室。"四个办"也更改为"四个专门委

员会"，即：经济科技委员会、文化教育委员会、民族法制委员会、提案委员会。2005 年,市政协内设机构仍为一室四委。机关人员 16 人。

历任办公室主任：金建成、倪文秀(兼秘书长)、徐东明、田青、褚亚忱；副主任：倪文秀、马和明、徐东明、王政新、高庆学、王连均。文教办主任徐东明；法制办主任翟继明；提案办主任翟继明,副主任丰农利、范文芳；经济科技办副主任高庆学；文史办主任马文学；学习室主任马文学；民族法制办主任翟继明、范文芳；经济科技办主任高庆学、张景昌；文教办主任徐东明、吴向晨；民族法制委员会主任范文芳、王志辉；经济科技委员会主任张景昌；文化教育委员会主任吴向晨；提案委员会副主任李琦。

【常委会议】　1986—1988 年,县政协七届委员会共召开 7 次常委会议,10 次常委专题会议。讨论协商全县(市)国民经济发展战略目标和实施；重要人事安排；学习党的十三大会议精神；贯彻学习全国地方政协工作座谈会精神以及欢迎海外亲人来大陆探亲和经商等问题,常委们提出 100 多条意见和建议。1988—1990 年,政协双城市第一届委员会共召开 16 次常委会议,常委专题协商会议 15 次。讨论协商全市工商业承包情况；市场物价和粮油问题；统一思想深化改革、发展城乡一体化经济等有关问题,常委们提出许多意见和建议。1991—1993 年,政协第二届委员会共召开 17 次常委会议,常委专题协商会议 12 次。主要协商讨论双城经济发展上存在的问题和原因；"八五"计划和"十年规划"以及调整结构、外引内联、城乡联动等重大问题,常委们提出 150 条意见和建议。1993—1997 年,政协三届委员会议共召开 20 次常委会议,常委专题协商会议 18 次。主要讨论协商"八五"计划的战略思想、指标、措施；发展全市粮牧企、贸工农、农科教、城乡四个一体化经济；廉政建设、法制建设；学习省委、省政府关于进一步扩大开放、加速发展外向型经济的决定；《双城市人民政府关于进一步开放搞活,促进经济发展的若干规定》和双城发展经济外引内联的有关政策；学习和平统一、一国两制的基本方针和江泽民在新春茶话会上所做的《为促进祖国统一大业的完成而继续奋斗》的重要讲话；协商讨论社会治安情况和国有企业产权制度改革等。常委们提出了 190 条意见和建议。1997—2002 年 9 月,市政协四届委员会议共召开 22 次常委会议,常委专题协商会议 20 次。学习贯彻中共十五大、全国人大和政协会议精神,学习"三个代表"重要思想。主要讨论协商农牧业生产、工业企业产权制度改革、个体私营经济发展；新城区建设和老城区改造等问题。常委们提出 180 多条意见和建议。2002 年 10 月—2005 年 12 月,政协五届委员会议共召开 18 次常委会议。常委专题协商会议 20 次。主要讨论协商加大依法治市力度；做大做强畜牧这一支柱产业；组织动员抗击"非典"；进行捐助活动；新兴工业园区建设；石油开发区建设；专业村建设；饲料涨价养牛成本增加给奶牛业发展带来的新情况新问题；重点项目投融资等问题；组织动员常委们为双城市的经济发展招商引资。常委们提出 200 多条意见和建议。

第二节　主要工作

【协商与监督】　1986 年,县政协委员对县委、县政府、县直系统、基层单位进行三级协商和民主监督。列席县委常委会、人大会、政府会议 29 次,参加各项检查 12 次。县政协第六届委员会三次会议,在意见听取会上,委员们反映"看病难的问题"政府非常重视,对卫生系统的医疗状况进行七天调查研究,发现部分医院存在着不顾患者利益,单纯追求经济效益等问题,及时提出意见,卫生局专门召开会议,进行整改。政协副主席冯汉参加了全国地方政协工作座谈会,并介绍经验,受到全国政协的表彰,中央人民广播电台和《人民政协报》都做了报道。1987 年,政协意见听取会上,20 多名委员针对全县物价市场和粮油供应问题,进行座谈讨论协商,提出 11 条意见和建议,县委、县政府召开有关部门会议,当场拍板定案加以解决。1988 年在意见听取会上,政协委员们对端正党风、深化改革、廉政建设、重要人事任免等问题进行协商,提出许多好的意见和建议。县委县政府很重视,多数意见被采纳。1989 年,委员们围绕科技兴农建设农业强市,大力发展国有经济,完善土地承包,中小企业改革,粮食流通体制改革等热点难点问题进行协商讨论,委员们提出40多条意见和建议,多数意见和建议被市政府采纳和认可。1990年,在政协意见听取会上,委员们联名提出"关于积压教师工资应兑现的问题",市政府认真对待,很快把拖欠、积压教师工资问题解决了。1991年,委员们在听取意见会上,根据群众呼声比较强烈的"解决双城镇地下排水问题",市政府主要领导召开有关部门参加的专门会议,决定在双城镇内分期分批解决地下排水问题。1992年,委员们协商讨论"假冒产品充斥市场的现象严重,有关部门应该重点打击"的意见。工商、质量监督等部门非常重视,严厉打击了伪劣假冒产品的制造者和销售者,整顿了市场。1993年,在意见听取会上,按四个界别组织四个内容的协商讨论会,参加委员40人,市长到会听取意见,委员们围绕发展双城经济、改革等方面进行讨论,提出45条意见和建议。1994年,委员们对"两高一优"农业发展、工业振兴、商贸导向、科教兴市和全局性政策等五个方面问题进行协商讨论,提出60多条意见和建议。其中关于《发展龙江商贸城》建议,市长亲自阅批并指派一名副市长召开有关部门参加的会议,针对商贸城的现状及今后发展等问题进行讨论,制订发展商贸城的工作计划。1995年,委员们就经济体制改革、财政预决算、执法等方面重大问题进行协商,提出40多条建议和意见;科技界的委员就全市发展农业状况,对京哈路两侧经济开发区的农牧业生产和棚菜生产提出建议。1996年,委员们在政协意见听取会上提出化肥价格不合理的问题,政府责成有关部门对全市城乡农贸市场全面检查和整顿,平抑农资市场的价格。1997年,委员们协商讨论"关于西北隅数百户居民供水中断的问题",要求市政府给予尽快办理,市长立即批示,责成有关部门尽快解决,自来水公司干部职工昼夜会战,10天时间改造了旧管道,解决了西北隅部分居民吃水难的问题。1998年,委员们在意见听取会上,就全市个体私营经济发展、政法队伍整顿、治理"三乱"等问题,提出20多条意见和建议。一些政协委员被纪检部门聘请为党风监督员,他们经常向纪检部门反映一些问题,并提出意见和建议。1999年,委员们就全市科技兴农、建设农业强市,大力发展非国有经济,完善二轮承包,中小企业改革,粮食流通体制改革等热点、难点问题,提出30多条意见和建议。2000年,委员们在意见听取会上,对市委、市政府提出的十项重点工作开展政治协商,就农业改革与发展、搞好质量型农业产业结构的调整、加快城市建设等,委员们提出很多具有建设性的意见和建议。2001年,委员们就经济建设、科教兴市、民主法制、城市管理、社会主义精神文明建设等方面提出50多条意见和建议。2002年,委员在意见听取会上协商讨论"一府两院"工作报告、财政预决算报告及国民经济和社会发展计划执行情况的报告,共提出8个方面计126条意见和建议。2003年,委员们就招商引资、农村社会劳动力转移、民主法制建设等方面提出160条意见和建议。2004年,在意见听取会上,委员们协商讨论市委提出的双城建设新的发展思路,提出55条意见和建议。2005年,政协委员意见听取会上,40多名委员就全市实施品牌战略、商标法、广告法及医院、学校门前应进行整顿,提出38条意见和建议。委员们针对群众关心的热点问题进行民主监督,还积极参与最好最差单位评比和党风巡视工作,全市有80多名委员成为纪检委、公安局、法院、税务局、物价局、财政局等部门的执法执纪巡视员和监督员。

【文史资料征集】 1988年10月,政协双城县第七届委员会编辑出版第三集《双城文史资料》,记述双城东北沦陷时期、抗美援朝时期及第二次国内革命战争时期、抗日战争时期为国捐躯的烈士等人物,共15篇文章,近16万字,发行2 000册。2001年6月,政协编纂出版第四辑《双城文史资料》,记述东北沦陷时期、民国时期、建国初期和东北野战军前线指挥部旧址纪念馆等历史人物及商业经济变迁等,共19篇文章,近12万字,发行2 000册。2002年3月,政协编纂出版第五辑《双城文史资料》天南地北双城人,记述解放战争时期5 000名双城籍干部、战士为共和国建立转战南北、立功、捐躯的英雄事迹和一些双城籍人在祖国各地为国家建设而奋斗的人物等,共15篇文章,近16万字,发行2 000册。2005年7月,政协成立双城市政协文史诗社,政协主席、副主席任社长、副社长,科教委员会主任任秘书长,下设文史编辑部和诗词编辑部,出版诗词报三期,发行3 000份。

【支农活动】 1990年,政协组织农业组科技委员深入到公正、五家等乡镇为农民传播"奶牛、鸡饲料"和"玉米高产模式化生产"技术,还采取课题试验与技术推广相结合的办法,在团结乡团结村搞吨粮田实验,引进禾本科固氮增产新技术和三个高产玉米品种模式化高产试验,起到一户带百户,一人服务千家的效果。1991年,政协常委张天贵引进推广蔬菜、油料等品种,在周家、同心、东官、青岭、幸福等乡(镇)1 192户试验推广,为这些农户增加近百万元收入。1993年3月,科技组的委员深入到杏山、公正等乡镇,在种植业养殖业方面,开展定项技术咨询10余次,把公正乡、杏山镇作为政协科技咨询的服务点,定期去开展咨询服务。1994年,政协从省民盟请大豆专家来双城为四个乡镇1 200多农民讲授大豆高产栽培技术,并引进大豆优良品种2个,与乡村协商建立大豆高产技术咨询服务,联系一个村,技术咨询服务联系12户,还搞了农作物高产栽培,病虫害防治、奶牛科学饲养、园艺生产等方面的技术咨询服务4项。1995年,从省里请专家到青岭等四个乡镇为农民讲授大豆高产栽培技术,并引进优良品种3个,把青岭乡益胜村做大豆高产栽培技术咨询服务点;从北京良种工程所引进优质高产的(132)"千斤谷"的栽培技术;为双城镇200多菜农讲蔬菜新品种及相应的栽培技术;引进大豆新品种3个,红小豆新品种1个,谷子新品种1个,蔬菜新品种4个。1997年开始,政协委员樊树森筹措资金210万元,连续10年帮助十户家庭创办企业,其中公正乡关金晶的酱菜园、李田发的北方食品有限公司等八家企业获得成功,安排就业人员150余人。除此,他还多次为敬老院、学校、贫困户捐款,总计30余万元。1998年,政协常委温中来出资200多万元,先后为市第八中学、同心乡富成村分别建一栋教学楼和一处标准化小学,并为同心乡富成、富新、富强三个村和五家镇修20公里的沙石路,还资助特困学生40人,捐助永胜乡困难户1万元现金。泰达公司经理何文太积极开展科技扶贫,公司出动4台货车和10名兽医坚持常年免费为养鸡户提供送料、防病、治病等各种服务,仅此一项每年要拿出15万元;他还在自己的公司接收和安排下岗职工困难户、大专毕业生60人。2000年,政协组织部分委员对朝阳乡、五家镇的特困户捐款4 000多元,帮助他们发展生产,脱贫致富。政协委员为希望工程、扶困助学等社会公益事业踊跃捐款捐物合人民币近百万元。2003年,政协委员开展为贫困户和下岗职工送温暖献爱心活动,政协委员王凤清、付荣耀、陈明举、赵连有等走访慰问下岗特困职工和患病中的委员,为他们送钱、大米、面粉等。政协委员左广山为本乡敬老院送去一头肥猪过春节。2005年,政协委员在创办的各种经济实体中,安排下岗职工和特困职工就业人员达4 000多人;扶贫助学等社会公益事业捐款237万元。为城乡建设捐款、捐物合人民币300多万元。为国家纳税达630万元。委员中涌现出一大批先进人物。获得市级以上奖励的政协委员有67人,占委员总数的30%;市委、市政府授予的个体私营企业20强、20大标兵、20个重点保护单位中,政协委员就有16人,占80%;团市委授予的20位杰出青年创业者中,政协委员有9人。

【调查研究】 1986年,政协组织委员深入城乡基层进行调研11次,写出专题报告3份。1989年,政协委员重点调研的课题是《群众看病难的问题》《两个文明建设》《贫困乡村的考察》《乡镇企业发展战略》等。1990年,政协委员的《农业工业科技队伍状况的调查》报告,引起市委、市政府重视,召开专题会议,制定《关于放活科技人员,发挥科技人员作用意见》,报告中的建议还纳入市委制订的科技兴市的方案。1991年《双城市村级集体经济状况的调查》《关于发展外向型农业的调查与思考》被市委作为农村改革和社会主义思想教育的重点。《双城工业发展的途径调查》对抑制工业生产滑坡、稳定发展工业生产起到了促进作用。1992年4月,《双城奶牛生产情况的调查》为市委制订"八五"期间奶牛发展计划提供了重要依据。1993年写出调查报告《双城市经济稳定发展的调查思考》《双城市科技兴市、乡企情况的调查》,表达了政协委员的真知灼见,《132"千斤谷"的调查》为公正乡试种成功起到指导作用。1994年,完成了重点调研《关于工业企业产权制度改革情况的调查》《关于个体私营经济发展情况的调查》《社会治安综合治理情况的调查》《九年义务教育情况的调查》等。1996年3月,关于《玉米吨粮田栽培技术研究》《提高黄牛单产饲养技术研究》等课题的调查,为推动全市农牧业生产向科技型和效益型发展起到促进作用。1997年,开展《民族乡经济发展状况的调查》《个体私营经济发展和存在问题》调研。2000年,《农业科技园示范园区建设》《加快生态农业建设》的调研被哈市政协转发给哈尔滨市委,得到哈市委的高度重视,安排在相关会议上做专题发言。2001年,《我市旱灾看农业结构调查的紧迫性》的专题调研,被哈市政协转给哈市委。2002年8月,政协《关于农村奶牛被毒死情况的调查》，被市委《双城情况》刊物转载，并责成有关部门作为"两打三治"专项斗争来抓，奶牛被毒死的事件得到遏止，保证全市奶牛业的健康发展。2003年，《文化市场整顿情况的调查》《粮食收购工作情况的调查》受到市政府重视，要求有关部门抓紧调查清楚，认真办理。《村级干部年龄老化，知识偏低的问题的调查》引起市委领导重视，在全市村级班子换届选举中重点加以解决。2004年，《关于畜牧饲养和饲料业存在的问题及对策》《实施产业化战略》《关于加快农村富余劳动力转移》《农村辍学现象的研究》等四篇调研，得到市委、市政府的重视。《以东北老工业基地改造为契机，加快经济结构调整，促进县域经济腾飞》的调研，在省政协会上和哈市政协常委会上做专题发言。《解决专业村建设的几个问题》调查报告被哈市政协评为优秀调研报告。2005年，《加快我市民营经济发展的几点思考》《关于推进我市奶牛业发展的建议》的调研，在哈市政协会上做专题发言，受到哈市领导的高度重视。

第十五编　民主党派　工商联　人民团体　社会团体

民主党派　工商联

人民团体

社会团体

1987 年双城恢复工商业联合会,至 2005 年工商联共有会员 500 名;双城市工人联合会有 20 个系统工会,会员 26 763 人;共产主义青年团有基层团委 61 个,团员 317 112 人;妇女联合会有乡镇妇联 24 个,村妇代会 246 个,城镇妇委会 27 个,社区妇联 7 个;残疾人联合会在全市 6 个街道,246 个村屯建立残疾人协会 252 个。还有文学艺术界联合会、科学技术协会、归国华侨联合会、消费者协会、个体私营企业协会、关心下一代工作委员会、红十字会等人民团体和社会团体。这些人民团体和社会团体是中共市委、市政府密切联系人民群众的桥梁和纽带,是社会主义建设事业的重要力量。到 2005 年,各人民团体和社会团体在市委、市政府领导下,充分发挥各自优势,积极组织、协调、调动社会各界力量,参与改革,投身建设,为双城经济发展和社会进步做出重大贡献。

1995 年,双城有 1 人加入民革,1 人加入"九三学社"。到 2005 年,双城市有民革成员 4 人,九三学社成员 4 人。未设民革支部和九三学社支社。

第一章　民主党派 工商联

第一节　民主党派

【民革成员】　1995 年,双城市教师进修校教师白金声加入民革,系民革黑龙江省委常委、民革省委参政议政委员会副主任。1996 年,有 1 人加入民革,系民革黑龙江省委医疗卫生一支部副主任。1997 年 1 人加入民革,在民革黑龙江省委综合支部参加活动。2002 年,有 1 人加入民革,系民革黑龙江省委综合六支部成员。2005 年,双城市有民革成员 4 人。

【九三学社成员】　1995 年,有 1 人加入九三学社,在九三学社黑龙江省委机关二支社参加活动。2004 年,有 1 人加入九三学社,系九三学社黑龙江省直机关二支社成员。2005 年,有 2 人加入九三学社,系九三学社黑龙江省直机关二支社成员。2005 年,共有九三学社成员 4 人。

第二节　工商联

【双城市工商业联合会】　1987 年,双城县恢复工商业联合会组织(下称工商联),与县委统战部合署办公。1992 年,市工商联机关编制 2 人。2005 年,市工商联共有会员 500 名。

历任市工商联主任委员(会长):佟祥友、王英芳、刘晓波、刘智、于洪亮;历任秘书长:张国文、袁广喜、汪敏、游海波。

【代表大会】　1989 年 5 月,召开双城市工商业联合会第一届会员代表大会,出席代表 120 人。会议听取和审议佟祥友会长所做的题为《适应形势,乘势而上,促进工商联工作健康有序发展》的工作报告。大会选举主任委员 1 名,副主任委员 3 名,秘书长 1 名。1992 年 6 月,召开双城市工商联第二届会员代表大会,出席代表 112 人。会议听取并审议佟祥友会长代表一届执委会做题为《明确目标,锐意进取,为努力开创工商联工作新局面而奋斗》的工作报告。会议选举主任委员 1 名,副主任委员 5 名,秘书长 1 名。1997 年 5 月召开双城市工商联第三届会员代表大会,出席代表 118 人。会议听取并审议王英芳会长做题为《围绕中心,服务大局,为促进双城经济社会发展做出贡献》的工作报告。会议选举会长 1 名,副会长 7 名,秘书长 1 名。2001 年 6 月,召开双城市工商联第四届会员代表大会,出席会议代表 124 人。听取和审议刘智会长做题为《围绕中心,突出重点,努力开创工商联工作新局面》的工作报告。会议选举会长 1 名,副会长

9 名,秘书长 1 名。

【参政议政】 1987 年,工商联会员先后提出《关于发展农村个体经济》《关于我县工业生产运营中急需解决的问题》等建言,引起县委、县政府的高度重视。1989 年,市工商业联合会的一大批优秀非公有制经济人士进入人大、政协担任委员和常委。他们围绕计划经济向市场经济转轨、农业产业化经营、产业基地建设、个体私营经济发展、专业村规模户建设、城乡基础设施建设、畜牧业良性发展、创建"平安双城"等全市经济发展大局的重要问题,积极建言献策。1990 年,提出"双城应重新修建魁星楼"的建议,立即被市委、市政府采纳,1993 年重阳节,新建的魁星楼竣工。到 2000 年,工商联会员先后向人大、政协提出提案、建议 200 余件,其中百分之八十提案建议得到重视,最后得到有效落实。《关于打造白酒之乡的建议》《加大微型客运车辆的规范管理》《合理拓宽雀巢路的建议》《做大做强"四野"文化的几点思考》《护城河改造刻不容缓》等建议和提案被人大、政协列为重点建议和提案,这些建言为领导科学决策提供了有力的依据。其中,《双城私营企业大发展、快发展的思路》《关于民营经济健康发展的几点意见》《分析我市个体私营经济现状》等论文相继在省市刊物发表。2001 年,工商联针对出现偷盗毒害奶牛事件,立即组织副会长、执委、会员了解情况,撰写《打击奶牛投毒》的提案,市委集中开展严厉打击偷盗毒害奶牛犯罪行动,从而保护主导产业的健康发展。市委每次做出的重大决策,都吸纳工商联和广大会员的意见和建议,政府工作报告出台前,都邀请部分工商联会员提意见,使政府的决策更加科学、民主。2005 年,工商联组织会员开展调研,写出《关于加快民营经济发展的几点思考》调查报告,为县域经济发展建言献策。

【参与经济建设】 1987 年,工商联牢固树立参与地方经济建设的工作思路。特别是 2000 年,工商联把招商引资当作一件重要大事来抓,发挥自身优势,取得丰硕的成果,独立或协调有关部门完成招商项目8 项,引进资金近 9 亿元。2004 年,引进投资 5 亿元的北京汇源果汁集团,投资 5 000 万元的双路包装有限公司和黑天鹅集团双城加盟店等有生命力的企业。为提高双城地区动物养殖水平,工商联邀请瑞士动物营养专家来双城传授养殖技术,帮助企业和农户提高养殖水平。2005 年,工商联与建行、信用社领导深入20 余家重点私营企业调研,使机电技术开发公司等 10 家企业获得贷款 1 000 万元。同市委宣传部密切配合,在电视台开辟"个体私营经济"专栏,宣传党的政策和非公有制经济人士的创业历程、先进事迹。还对全市 30 家重点私企实行挂牌保护,明确市长热线电话,向私企发放保护卡,实行行风评议,受到广大企业会员的拥护。

【光彩事业】 1995 年,工商联采取政治上激励、经济上奖励等办法,鼓励工商联会员参与造福社会、义得兼顾、德行并重的光彩事业,为下岗职工再就业提供岗位,引导非公有制企业家做光彩人、走光彩路。工商联副会长、信誉印刷厂厂长樊树森 10 年来累计向教育、希望工程捐款近 30 万元,救助失学儿童 20 余人次,被任命为省级光彩企业家称号。1998 年,工商联组织会员捐助资金 10 万元支援抗洪抢险,组织个体私营业户到抗洪抢险前线慰问 4 次;组织捐资 5 万元,扶持万隆乡战胜村脱贫和爱老敬老活动。组织捐资50 万元修筑白色路面 1 000 米,取名光彩路。2001 年,双城希望广场建设中,有 29 名工商联会员慷慨解囊。2003 年,在防"非典"期间,副会长王凤清一次捐款 3 万元,陈明举等 20 余名工商联会员也积极捐款捐物,深入一线慰问工作人员,受到社会的好评。广大工商联会员在城市建设、抗洪抢险、扶贫济困、安排下岗职工再就业等光彩事业活动中做出积极贡献。2004 年,市工商联荣获省工商联系统先进单位称号。哈市工商联现场会在双城召开,市工商联介绍了经验。到 2005 年,共安排近 5 万人次就业,其中三得利酒厂安排就业 2 000 人,中强公司、兰格集团安排各类人员 1 000 人,机电技术开发公司、荣耀生物有限公司等会员企业均安排大批下岗职工。2005 年,荣获哈市工商联系统标兵单位称号。

第二章　人民团体

第一节　工会组织

【双城市总工会】　1986年，内设机构为组织部、宣传部、生产部、生活部、女工部、财务部、民主管理部、办公室、职工技术协作办公室、法律顾问办公室、职工物价监督总站。两个事业单位，工人文化宫和职工业余学校。1996年，编制为11人。内设5个部，组织民管部、宣教文体部、财务部、经济技术部、经济保障部。下属1个事业单位，工人文化宫。2005年，内设9部1办1中心，即宣传文体部、组织部、民管部、经济技术部、劳动保护部、法律部、保障部、财务资产部、女工部、城市"一帮一"办公室、特困职工帮扶中心。有工作人员11名。

历任市总工会主席：袁英有、王庆喜、韩宏模、何雅春、李克真、刘福芹；副主席：路致、陈锡柱、王福泰、苏德学、曹凯峰、谢远华、韩辉、李灿泉、许文彩、安丽霞、孙德明、张波。

【基层工会组织】　1986年，全县有21个系统工会，10个直属工会，257个基层工会，会员31 726人。1998年10月，全市第一家非公有制企业市机电技术设备有限公司成立工会。2000年1月，双城市个体私营企业工会联合会成立，经过一年的发展，基层工会组织达到46个，会员人数达到1 570人。2002年4月，雀巢有限公司工会成立，这是双城市首家外商投资企业建立工会组织，也是雀巢公司在中国投资企业第一家成立工会组织。2005年，全市共有20个系统工会、25个直属工会、24个乡镇工会和1个个体私营企业工会联合会。共有职工27 048人，工会会员26 763人。

【工会代表大会】　1988年5月23—25日，召开双城县第十一次工会代表大会。出席代表共有269人，大会主要任务是：认真贯彻党的十三大和全国总工会十届五次执委会精神，全面总结县工会十次代表会议以来的工作，确定今后一个时期工会工作任务，动员全体工会会员和全县职工发扬主人翁精神，积极参加改革和经济建设，为振兴双城，实现富县富民的共同目标而共同努力。会议选出本届委员会常委9名，委员29名，选举袁英有为主席，路致、陈锡柱为副主席。1994年1月20—21日，召开双城市工会第一次代表大会。出席代表200人，大会的主要任务是：认真贯彻党的十四届三中全会、全国总工会十二大和市委二届三次全会精神，总结双城市工人运动和工会十一次代表大会以来的工作，部署今后五年工会工作任务，动员全市广大职工以高度的主人翁责任感和历史使命感，肩负起主力军的光荣任务，为全市经济腾飞再立新功。会议选出本届委员会委员21人，选举何雅春为主席，曹凯峰、谢远华为副主席。2005年11月30日，召开双城市工会第二次工会代表大会。出席代表163人，大会的主要任务是：全面贯彻科学发展观，认真落实党的十六届五中、六中全会，中国工会十四大会议精神，总结工作，部署今后五年工会工作任务，团结动员全市职工在"建设中等规模哈尔滨卫星城市"的伟大实践中，充分发挥主力军的作用。会议选出本届委员会委员21人，选举刘福芹为主席，张波、孙德明为副主席。

【帮扶困难职工】　1986年，工会组织开展对困难职工帮扶活动，1987年，被省总工会授予先进单位称号。到1989年，各级工会组织共帮扶困难职工3 448人次，共筹款物折合人民币近20万元。这一时期，先后有583户困难职工脱贫。从1990年开始，工会全面实施"送温暖"工程，通过开展"联、帮、献""结对子"等活动，对困难职工实行节日送温暖与日常帮扶相结合方式，确保对困难职工的及时帮扶和援救。至1999年，先后有2 000名党政领导干部与困难职工结成帮扶对子，使1 963户困难职工脱贫。元旦春节期间，走访慰问困难职工3 849户，送去款物折合人民币297万元。1994年，市总工会开始给全市特困职工核发《特困证》，先后有近千名职工领取了《特困证》。1998 年，市委、市政府转发市总工会、劳动局、工商局、城建局、公安局、工委、教委、民政局、卫生局、税务局等十家单位联合下发的《关于解决企业特困职工生活问题的若干办法》，对特困职工再就业、就医、子女就学等给予一定优惠政策。为帮助亏损、停产和半停产企业中家庭人均生活费低于全市最低生活保障标准，确无其他收入来源，并具备一定生产、经营技能的城镇特困职工摆脱贫困，2000 年，启动城市"一帮一"扶贫解困工程，成立双城市城市"一帮一"扶贫解困工程领导小组，领导小组办公室设在市总工会，负责日常工作。"一帮一"扶贫解困工程由副科级以上领导干部每人包扶一户特困职工，以 3 年为一个包扶周期。通过传授科学技术、经济资助等办法扶持特困职工走出困境。在第一轮帮扶中，全市共有 242 名副科级以上领导干部与 242 户特困职工结成帮扶对子，脱贫率达 100%。2004 年 2 月，成立双城市困难职工帮扶中心，其宗旨是"特困有救助，来访有回音，求职有岗位，维权有援助"，主要工作是法律援助、技能培训、职业介绍、信访接待、特困救助。同时，启动第二轮城市"一帮一"扶贫解困工程，有 350 名副科级以上领导干部与 350 名特困职工结成帮扶对子。帮扶中心的成立为全市特困职工又开辟一条绿色帮扶通道。到 2005 年，帮扶中心先后接待来信来访 560 人次，帮扶困难职工 792 名，发放帮扶资金 9.4 万元、衣物等折合人民币 2.1 万元；培训下岗职工 106 名，帮助他们实现了再就业。

【职工文体活动】 1987 年 3 月，举办职工长跑环城赛，共有 61 支代表队 366 名运动员参加比赛。1990 年元月，在市工人文化宫举办全市职工书法、绘画、摄影展，共展出作品 250 余件，举办舞会 75 场次。2002 年 7 月，在新世纪广场与哈市歌剧院举办职工专场文艺演出。2005 年 10 月，在市兆麟中学体育馆举办"龙升杯"职工乒乓球赛，各单位共选派 200 多名运动员参加比赛。全市各级工会组织先后共举办近千场各种文化体育活动，职工参加人数占全市职工总数的 64%。

【劳模表彰】 1986 年，评选出县级先进单位 86 个，劳动模范标兵 14 人，劳动模范 178 人。1986—2005 年先后 4 人被授予全国劳动模范荣誉称号，他们是杏山镇杏山村党支部书记孙永年、乐群乡乐群村党支部书记王玉林、洗涤剂厂厂长李凤武、丰禾玉米研究所所长吴坚。有 5 人被授予全国"五一劳动奖章"，他们是双城酿酒厂厂长张忠、双城梳棉厂厂长高喜范、双城儿童乳品厂厂长李学林、双城珍珠岩厂厂长王洪常、洗涤剂厂厂长李凤武。1986—2005 年，有 44 人被授予黑龙江省劳动模范荣誉称号。他们是朱文生、赵雨桥、王大丰、王艳芳、白金声、高喜范、李学林、明树德、蔡军、周坤、刘晓波、王洪常、于汇一、辛彦章、刘营、王连仲、王重、张忠、王淑清、柴德民、吴绍云、王凤清、张远林、段文安、王贵海、徐迅、高云、郑延达、韩世柏、王志忠、裴井春、张连芝、李静杰、付亚凤、仇同贵、王晓峰、刘凤英、刘景志、刘广学、冷洪贵、姜雅芳、徐金堂、徐衍龙、崔福德、林国彬。1986—2005 年，有 85 人被授予哈尔滨市劳动模范荣誉称号。他们是佟春友、郑树连、王少平、张达、岳林海、王英贤、王树贵、何雅春、崔玉鑫、刘福芹、袁凤山、雪飞虎、赵景文、谢立秋、刘官祥、吴云生、何玉茹、董殿茹、马河、辛彦章、杨喜坤、关树连、唐艳杰、林跃武、高丽华、朱铁、姜得金、陈贵森、刘广学、张永生、刘用才、王江、宋广鹏、孟繁玉、王有吉、孙希辰、杨秀芝、刘景云、关升、赵志学、张子春、王作涛、姜秀、刘营、王纯仁、于广明、范伟席、孙占树、惠达文、张文成、金朝中、白雪飞、白志林、赵龙祥、卜宪贵、李志文、袁志玲、韩树德、王东滨、李永健、闫馥、祖广和、耿彪、陈仁奎、王玉红、吕正贵、郭永恒、杨红梅、李文志、樊树森、苗雨苗、于占江、吴方义、孙德明、刘建民、乔青山、许兆红、王海光、王春荣、李玉臣、恩伟达、宗久、王平权、白中山、刘国仁、董玉学、丛培荣、郑广维、王继忠、王晓峰、郭岩龙、黄汝学、王重、周振文、王凤清、郝德生、孙占树、韩德学、李志国、郑彦达、姜宝玉、韩世柏、王作韬、高云、王志忠、王大丰、谢立新、孙喜臣、赵瑞民、潘洪民、王平权、裴景春。到 2005 年，全市共召开劳动模范先进单位（集体）表彰大会 16 届，表彰先进单位 1117 个，先进集体 62 个，劳动模范标兵 96 名，特等劳动模范 294 名，劳动模范 3 057 名。

1986—2005 年双城市（县）历届劳模大会表彰情况表

表 15 - 2 - 1

年度	届别	先进单位（个）	先进集体（个）	劳模标兵（人）	特等劳模（人）	劳模（人）
1986		86		14		178
1988		86		13		217
1989	1	100		19		191
1990	2	87		24		195
1991	3	88	10	26		187
1992	4	68	10		34	195
1993	5	87	12		30	196
1994	6	69	10		31	193
1995	7	62			32	198
1996	8	66			37	219
1997	9	64			31	210
1998	10	59			29	195
1999	11	60			30	169
2001	12	47			21	160
2003	13	55	6		19	171
2005	14	33	14			183

第二节　共青团组织

【中国共产主义青年团双城市委员会】 1986 年,内设办公室、组织部、宣传部、青工青农部、学校部,编制 10 人,1988 年,撤县设市后,共青团双城市委员会(以下称团市委)内设机构没变,编制 8 人。1997 年,内设机构撤掉办公室。2001—2005 年,内设机构 3 个,组织部、学校部、青工青农部,在职人数 8 人。

历任团市委书记:赵洪君、李大锦、佟宝刚、李春仁、李海威、景丽玲、王宏伟、刘洪涛、刘志强;副书记:刘志国、李大锦、佟宝刚、朱波、李春仁、李海威、景丽玲、王宏伟、刘志强、刘德梅、何洪千。

【基层团组织】 1986 年,全县有基层团委 69 个,其中乡镇团委 27 个;机关、企事业单位、中学团委 42 个,基层团总支 62 个,团支部 1 029 个,有青年 237 464 人,团员 40 211 人。1994 年全市有基层团委 66 个,其中乡镇团委 28 个,机关、企事业单位 26 个,中学团委 12 个,基层团总支 58 个,团支部 598 个,有青年 23.4 万人,团员 4.8 万人。2005 年,全市有青年 202 298 人,团员 37 112 人。全市有基层团委 61 个,其中乡镇团委 24 个,机关、企事业单位及中学团委 37 个,团总支 52 个,辖 566 个团支部,其中市直团支部 58 个,学校团支部 262 个,村团支部 246 个。专职团干部 78 人。

【少年先锋队】 1986 年,全县有少年先锋大队 397 个,中队 2 580 个,辅导员 397 人,少先队员 27 862 人。1994 年,全市有少先队大队 39 个,中队 697 个,大队辅导员 39 人,中队辅导员 697 人,少先队员 3.2 万人。2005 年,全市有少年先锋大队 216 个,中队 1 682 个,辅导员 240 人,少先队员 21 342 人。

【团员代表大会】 1986 年,召开中国共产主义青年团双城县第十四次代表大会,会议代表 400 名,大会传达贯彻县委第九次党代会和团省委第八次团代会精神;会议听取赵洪君代表共青团双城县第十三届委员会做的《率领全县青年站在改革的前列,在开发建设双城的伟大事业中开拓进取建功立业》工作报告;选举产生共青团双城县第十四届委员会,其中委员 60 名,常务委员 11 名。团县委书记赵洪君,副书记刘志国,李大锦。1992 年 5 月,召开共青团双城市第一次代表大会,会议代表 410 人。大会主要任务是:深入学习邓小平同志关于改革开放,建设有中国特色社会主义理论,认真贯彻市第一次党代会精神,动员组织全市团员青年积极投身改革开放、发展科技、振兴经济,促进精神文明建设,为全面活跃我市共青团工作,为全市兴经济、奔小康而努力奋斗。会议听取佟宝刚代表共青团双城县第十四届委员会做的《不负党的厚望,不辱时代使命,为双城的改革和建设贡献青春》工作报告;会上选举产生共青团双城市第一届委员会,其中委员 71 人,常委 12 人。团市委书记佟宝刚,副书记朱波、李春仁。此后没有召开团员代表大会。

【杰出青年评选活动】 从 1997 年开始,团市委以纪念五四运动为契机,积极开展各类杰出青年评选活动。1998 年,评出双城市返乡青年十大杰出创业者有:付荣军、王有吉、崔玉希、马春福、周成彬、李萍、孙忠华、楚焕兴、于洪涛、巩庆久。1999 年,评出双城市再就业青年十大杰出创业者:姜秀、王德祥、刘养军、佟基鹏、金明、王继忠、王玉民、王松楠、高腾骏、付振生。2001 年,评选双城市十大杰出青年经纪人:黄祖儒、白雪飞、仲兆春、刘君伟、臧艳秋、黄海波、葛小波、桑军、赵忠国、朱铁双。2002 年,评选双城市十大杰出青年:白雪飞、王松楠、王春梅、李月楠、尹清林、刘广学、刘养军、单连有、乔青山、王伟。2004 年,评选双城市十大农村青年致富带头人:王冬雪、霍爱民、吴方勇、刘建敏、孙福才、周立刚、刘宏伟、刘彦涛、何英玉、乔青山。2005 年双城市十大杰出青年:苏彦文、马天来、薛鸿雁、陈超、郝策、刘传刚、宋臣喜、付荣耀、寇俊峰、闫善刚。到 2005 年,由团市委牵头评选出的各类杰出青年人才 90 余人,其中,推树国家级青年典型 2 人:新兴乡新胜村蛋禽批发市场青年经纪人白雪飞,双城市荣耀饲料生物研究有限公司经理付荣耀。省级青年典型 25 人,哈市级青年典型 30 人。

【支农活动】 1998 年,团市委组织双城镇各中小学生开展"城帮乡、心连心"帮扶活动,为 40 多个乡村青年科技文化活动室,捐赠各类书籍近万册。1999 年初,团市委与市科委、肥力高集团在全市开展为期四个月的送科技下乡活动,先后在兰棱、五家、跃进等 6 个乡镇举办科技知识培训班,受训青年 980 人,培训期间,组织专家到青年种植养殖大户进行现场指导和示范 30 次。2000 年 12 月 26 日,团中央书记处书记崔波及团省委等领导到双城视察工作,对双城共青团支农等工作给予充分肯定。2001 年,团市委与市科委、市多种经营办联合,在全市开展一个月的"科普之冬"送技术下乡活动,以白瓜子、两瓜、蔬菜种植新技术为主,先后在双城镇、五家镇等 11 个乡镇开展培训活动。2002 年 1 月,团市委在新兴乡新民村组织开展"三下乡、迎新春,全省科普之冬启动仪式",市科委、农业推广中心及涉农部门在现场进行义务咨询服务,为农民解答农业问题 100 条,发放科普书籍 1 000 册,团省委副书记少广华等参加活动。2003 年 11 月,团市委组织三名青年农民参加黑龙江省青年农业科技知识竞赛,获得全省第一名。2004 年,团市委与教育局、信用联社开展支援农村青年致富成才储蓄活动,将所有储蓄资金采取小额贷款的方式,用于扶持农村青年致富创业。同时通过发倡议书、致学生家长一封信等形式进行宣传发动,全市青年支农储蓄金额三年期累计达到 1 000 万元,发放各类贷款 100 万元。同年 4 月 27 日,召开"纪念五四运动 85 周年暨农村青年增收成才事迹报告会"。会上表彰在青年支农储蓄活动中做出突出贡献的单位。2005 年,评选出"十大农村青年致富带头人"并做典型事迹报告。

【青年志愿者活动】 1986 年开始,团市委每年都以"三五"学雷锋纪念日为契机,组织广大志愿者,中小学学生到客运站、东北第四野战军前线指挥部、敬老院等公共场所开展各项义务活动;开展"青年辉映夕阳红"活动,组织青年志愿者成立 12 支助老服务队,帮助孤寡老人、军烈属解决生活中的困难。1998 年,团市委组织动员全市广大团员青年志愿者,积极参加抗洪抢险,团员青年以村为单位,成立抗洪抢险突击队和青年志愿者服务队,奔赴抗洪抢险第一线。全市共组建 200 人以上抗洪抢险突击队 27 支,青年志愿者服务队 46 支,做到哪里有险情,哪里就有突击队,就有志愿者。全市 27 个乡镇团委,32 个市直团委(总支)、青年企业家及广大团员青年志愿者共为灾区抗洪军民捐款捐物价值 5 万余元,为重灾区送去价值 50 多万元的救灾物资,帮 1 000 户重灾户、300 多名受灾小学生、7 所小学校解决生产生活和教学等方面的困难。团市委被评为"全省抗洪抢险突击队标兵"。2002 年 4 月,双城市青年志愿者协会正式成立,协会设理事长 1 人,秘书长 1 人,理事 61 人,青年志愿者 2 000 名。协会制定《双城市青年志愿者协会章程》。2002 年 3 月,为在全社会和青少年中树立绿色文明意识、生态环境意识、可持续发展意识,团市委组织全市青少年和广大志愿者开展"植绿护绿、保护母亲河行动",先后在万隆乡、单城镇、希勤乡等地捐植树苗 4 万余棵,并设立"青年林"碑记,经常进行管护,推进了全市绿化和生态环境建设。2003 年,开展为城市洗脸爱国卫生活动中,有 2 000 名志愿者到市区主要街道、公园、广场清捡白色垃圾,刷洗护栏,清除乱贴乱画。2003 年,在抗击"非典"斗争中,许多志愿者勇敢无畏,无私奉献在防"非典"第一线,有 5 名志愿者被评为哈市级抗击"非典"先进个人,有 3 名志愿者荣获哈市级"爱心使者"荣誉称号。到 2005 年,有 10 名志愿者与孤寡老人结成爱心门铃 10 对,在社区建立志愿者服务队 5 支。

【希望工程】　1994 年,双城乡友韩德惠个人捐款 3 万元,在同心乡同治村建成德惠希望小学。1995—1997 年,团市委自筹资金又相继建设 9 所希望小学,命名为第一至第九希望小学。1997 年,吉林省金马集团捐资 10 万元援建杏山镇仁和村小学,命名为金马希望小学。同年,黑龙江省辰氏集团捐资 5 万元在团结乡宏生村援建一所小学,命名为辰氏第一希望小学。1998 年,广东团省委捐资 15 万元在永胜乡永兴村援建粤青希望小学。1999 年,大连团市委捐资 10 万元在临江乡松江村援建抗洪希望小学;同年,省青基会投资 5 万元帮新兴乡新民村及万隆乡战胜村两所学校改善办学条件。2000 年,日本千叶胜士先生捐款 5 万元,在永胜乡胜强村援建胜士希望小学。2001 年,黑龙江省律师协会捐 5 万元援建永胜乡兴业村律师希望小学;黑龙江省青少年发展基金会捐资 5 万元给金城乡花园村援建花园希望小学;黑龙江省双龙美食集团捐资 10 万元援建五家镇双井村双龙希望小学。2003 年哈尔滨施达建筑公司捐资 10 万元在周家镇东海村援建东海希望小学。2004 年,安徽蚌埠卷烟厂捐资 20 万元在单城镇政前村援建了黄山希望小学;哈尔滨啤酒集团捐款 4 万元救助 10 名贫困大学生;哈尔滨大正集团投资有限公司捐款 5.4 万元救助 20 名兆麟中学高中学生。2005 年,山东百替集团捐资 20 万元在万隆乡战胜村援建百替集团希望小学;哈尔滨飞机制造集团捐款救助 50 名农村小学生,每人每年 200 元,直到这些学生小学毕业为止。到 2005 年 9 月,共资助学生 1 898 人,其中中学生 111 人,大学生 37 人,援建希望小学 26 所,为 71 所小学改善了办学条件,总投资近 400 万元。双城市希望工程在全省各县市中救助人数最多、建希望小学最多。

【学校团组织活动】　1988 年,在全县少先队组织中开展"小火炬为双城振兴添光彩"主题活动,有 3 万余名少先队员参加活动。1989 年 4 月,举办双城市首届青年书法、美术、摄影大联赛,学校团委积极组织中学生参赛,全市有 2 000 余人参加大赛,评选出一等奖 1 名,二等奖 2 名,三等奖 3 名,优秀奖 10 名,活动丰富了青少年的文化生活,培植了艺术新人。1991 年 9 月 12 日,建立中学生团校,制定下发工作条例,使学校团的活动更加制度化。1993 年 2 月,组织"学雷锋、学赖宁、争做合格接班人"知识竞赛活动。全市各小学校 2~6 年级的学生,中学初一、初二的学生全部参加,此次竞赛分设小学组、中学组,每组各设一等奖 1 名,二等奖 2 名,三等奖 3 名,组织奖 2 名。2000 年 4 月 5 日,团市委组织部分中学生到烈士陵园祭扫烈士墓,在烈士纪念碑前举行入团宣誓仪式,并学习李兆麟将军等抗联烈士的英雄事迹。5 月 19 日,团市委与市教委联合组织"清捡白色垃圾"行动,200 余名中小学生参加活动。12 月,团市委在乡镇及市直小学生中开展"雏鹰争章"活动,评选一星级奖章获得者 1 500 名、二星级奖章获得者 300 名、三星级奖章获得者 10 名。同年,团市委充分利用节假日,在市直各小学,开展宣传《中华人民共和国未成年人保护法》和《黑龙江省未成年人保护条例》,发放小册子 2 000 余册,提供咨询 50 人次,参与未成年人案件审判工作 6 次,与关工委配合,请老干部、老党员到学校讲课,增强学生的法制观念。2002 年 7 月,团市委在全市范围内,开展以扶老助老关心老年人为主题的"青春辉映夕阳红"助老活动,在全市中学生中成立 12 支助老服务队,长期与市内各敬老养老机构结对,为老年人提供相应的服务。2003 年 4 月 4 日,团市委组织镇内中学生开展清明祭扫活动,激发青少年的爱国主义热情。神舟五号载人航天飞船发射成功后,号召中学团委以团会为载体,组织各种形式的庆祝活动,激发青少年的民族精神和民族自豪感。同年,还组织市直中学团委,深入开展"公民道德建设实施纲要我先行"系列活动,各学校充分利用宣传栏、黑板报、发放宣传材料、召开团员大会等多种形式,大力宣扬"爱国守法、明礼诚信、团结友善、勤俭自强、敬业奉献"的基本道德规范,引导青少年积极向上、追求真善美。2004 年 4 月,组织少先队员 100 余人,在单城镇拉林河畔植树27 000 棵,并建立"红领巾生态防护林"碑标。2005 年 4 月,在全市高中开展 18 岁成人宣誓仪式。5 月,在全市开展"构建和谐社会,创建平安校园"中小学生法制教育活动。活动第一阶段邀请法制副校长为学生做一次法律知识讲座;第二阶段"联想杯"知识竞赛,竞赛评出一等奖一名,第三中学代表队获得;二等奖二名,第八中学代表队、第四中学代表队获得;三等奖二名,杏山代表队、新兴代表队获得;组织奖二名,由第五小学、第八小学代表队获得。同时,在全市各中学开展保持团员先进性教育活动,活动主要分为五项内容进行:建立主题团日活动制度;规范新团员入团宣誓仪式;深入开展团的基本知识教育;严格团费收缴制度;开展"亮、树、做"主题教育活动。

第三节　妇女组织

【双城市妇女联合会】　（下称市妇联）1986 年,内设机构有:维权部、儿少部、生产部、组织部、宣传部、办公室,编制 10 人。1990 年 4 月,成立双城市儿童少年工作委员会。1995 年 1 月,成立儿童少年工作委员会办公室。1998 年 3 月,更名为市妇女儿童工作委员会办公室。2005 年,内设机构为:妇儿办、维权部、组织部、宣传部、儿童部、生产部,编制 7 人。

历任市妇联主任（席）:王冠茹、何雅春、林淑清、韩淑萍、王丽艳;副主任（席）:梁凤荣、林淑清、韩辉、刘丽秋、韩淑萍、王丽艳、孙玉珍、关玲、孙丽红。

【基层妇女组织】　1986 年,全县有乡镇妇联组织 27 个,村妇代会主任 386 人,城镇系统妇委会 30 个,基层妇代会 194 个。2000 年,合并乡镇,乡镇妇联调整为 24 个,村妇代会主任 246 人,城镇系统妇委会 24个。2005 年,全市有乡镇妇联 24 个,村妇代会 246 个,妇代会主任 246 人,城镇妇委会 27 个,社区妇联 7个。

【妇女代表大会】　1988 年 9 月 28 日,召开双城县第九次妇女代表大会。到会代表 381 名,列席代表10 名。何雅春代表县妇联第八次执行委员会做《自尊、自信、自立、自强,为深化改革振兴双城而奋斗》的报告。大会选举双城县第九次妇女联合会执委 47 名,常委 13 名,何雅春当选县妇联主任。1994 年 10 月,召开双城市第一次妇女代表大会。到会代表 393 名,列席代表 9 名。林淑清代表县妇联第九次执行委员会做《全市妇女团结起来,为推进双城经济持续快速健康发展努力奋斗》的报告,选举双城市第一次妇女联合会执委 55 名,常委 15 名,林淑清当选市妇联主席。2005 年 8 月 23 日,双城市第二次妇女代表大会召开。王丽艳代表市妇联第一次执行委员会做《践行"三个代表",推动妇女发展,在全面建设小康社会的伟大进程中创业建功》的报告。大会选举产生双城市第二次妇女联合会。其中执委 51 人,常委 13 名,王丽艳当选市妇联主席。

【参与经济建设】　1988 年 12 月,在全市妇女中开展"科普之冬"活动,到 1989 年下发宣传资料 5 万份,召开现场培训会 28 次,举办各类培训班 1 280 期,培训妇女 62 000 人次,培训妇女骨干 900 人。获省妇联、省科协颁发的"科普之冬"金桥奖。1990 年,组织妇女开展"双学双比"竞赛,利用农业函授大专班等各类培训班,培训妇女 70 800 人次,到农户家中召开现场培训会 919 次,组织妇女参加各种农业知识竞赛。对面城乡利民村孙占坤代表松花江地区在省里参加农业知识竞赛获得第一名。通过"双学双比"组织更多的妇女参与商品生产,科学养猪、蛋鸡、奶牛,推广科学种植烤烟、甜菜。1992 年,有 16 300 名妇女参加"巾帼建功"竞赛活动,各系统共评选出业务技术拔尖人才 139 名。1993 年,全市加工服装点 400 处,其中妇女开办的380处;饮食业860处,妇女经营602处;美容美发业717处,其中妇女经营的645处;周家镇大市场有2 700人经商其中妇女1 890人;全市5 650个养鸡户中有5 000多名妇女从事此业。1994年,有6万名妇女从事养殖业。1998年,全市"巾帼文明示范岗"由原来的50个发展到80个。2000年,启动"科技兴业工程",通过树立新兴乡新胜村"巾帼科技示范村"典型,带动全市妇女参与商品生产;鼓励动员农村妇女离土离乡创业,实现妇女劳动力向省外、国外输出,由农业向牧业转移;在下岗女工中实施"自强创业工程",对下岗女职工进行转岗就业训练和实用技术培训,安置下岗女工870名。全市有5.1万妇女离土离乡创业,实现创收2.8万元。2002年8月,建立"巾帼志愿者队伍",首批167名巾帼志愿者参加,并组织志愿者开展环保、扶贫帮困、义务医疗送药、法律咨询等项服务。2003年,实施"金桥工程",与劳动部门联合培训下岗女工,为妇女外出打工提供信息、为妇女提供法律援助。帮助下岗失业妇女进入第三产业和非公有经济领域自谋职业,自主创业,推动妇女富余劳动力有序转移。6月9日,成立市妇联好日子家政服务中心,当年有256人报名参加,为70名妇女联系外出打工。2004年,开展"畜牧兴家"活动,建立以妇女为主的养殖业示范基地10个,培养养殖大户60户,有90%的农村妇女参与养殖业生产。2005年1月,组织百名农业技术人员送科技下乡活动,在6个乡镇举办科普大集,发放科技种养殖书籍1 500本;4月,聘请养殖业专家为8个乡镇的2 740名农村妇女传授科学养殖方法。为妇女开辟就业渠道,提供用工信息。通过妇联协调,有13 000名妇女为齐峰亚麻绢品厂加工亚麻制品。

【精神文明创建活动】　1986年,妇联组织广大妇女开展"五好家庭"创建活动。1989年,选出"五好文明家庭"66 150户,标兵户754户,双文明户7 581户。"三八"节期间奖励先进人物400名。1991年,在革除封建迷信陋习教育中,联兴乡妇联采用积极有效措施,取缔一个由天主教派生出来的"苦哭派"迷信组织。1992年,通过开展家庭演唱会、运动会、故事会,促进"美好家庭"活动深入开展,评出"美好家庭"典型户253户。1995年,通过开展评选十大杰出妇女活动,评选出苏联华、何玉茹、韩伯云、刘晓光、夏尊玲、薄晶荣、佟杰、黄炳秀、刘福芹、王亚娟等双城市十大杰出妇女,并授予荣誉称号。1996年,开展"写给年轻妈妈"读书和评选优秀年轻妈妈活动,许多年轻母亲,通过学习掌握科学的育儿知识,树立良好的母亲形象,推动了全市家庭教育工作的开展。2000年,动员妇女积极参与"情系西部、共享母爱",支援西部大开发募捐活动,为西部贫困母亲和儿童捐款。2002年,组织广大妇女学习《公民道德建设纲要》,开展"公民道德规范进家庭"活动。开展以"妇女家园环境"为主题的环保宣传教育活动,倡导"绿色文明",创建"绿色家庭",净化古堡环境。妇联通过发表电视讲话,开展"破旧俗、立新风、婚事新办"活动,倡议全市党员、女干部转变观念,抵制大操大办,引导广大妇女新办、俭办婚事。2003年,在防控"非典"工作中,大力开展"合力防非典、健康在家庭"活动,面向城乡妇女散发宣传材料3万份。全市妇女干部和战斗在防"非典"第一线的女医护工作者为防"非典"工作取得胜利做出了突出贡献。2005年,在城镇组织广大妇女开展"学习、廉洁、节约、平安、环保"五型家庭和巾帼文明示范社区创建活动。

【维护妇女儿童合法权益】　1989年,在普法宣传教育中接待群众217人次,解答法律问题57件,印发30万份法制宣传材料,培训骨干25 000人,优秀女调解员145名。1992年,《妇女权益保障法》颁布以后,通过举办培训班等形式,组织广大妇女大张旗鼓地开展学习宣传活动。年末获松花江地区妇女权益工作先进市。1994年,配合公安部门,成功解救两名被拐到河南省的妇女。省电视台、广播电台、法制报、新华社等八家新闻单位对此事进行专题宣传报道。结合"四五"普法活动,开展学习宣传新《婚姻法》《未成年人保护法》活动。4月,全国人大对双城市贯彻《中华人民共和国妇女权益保障法》的执行情况进行检查,对宣传落实工作给予充分肯定。2000年,开展"爱心献春蕾"活动,有15名贫困儿童得到资助。2002年,对全市孤困儿童情况进行调查,建立孤困儿童档案库。6月,哈市司法局救助双城市35名贫困儿童,救助金额1.5万元。2003年3月,开展妇女法律维权月、维权周、维权日活动。与司法部门联合在市区与乡镇所在地设立多处"148"妇女维权咨询站,现场为妇女群众进行法律咨询。2004年8月,建立人民陪审员队伍,其中有9名女陪审员,参与各类案件的审理150起。妇联为186名孤困儿童争取救助金6万元。

2005年4月,开展禁毒宣传教育活动,在市中心设立禁毒宣传点,发放禁毒宣传单3 000份。"六一"儿童节期间,在希望广场举办"爱心保障未来,牵手扶贫助困"为孤困儿童捐赠仪式。年末,为孤困儿童协调助学金4万余元。6月,成立省首家反家庭暴力庇救中心。在哈尔滨市"四五"普法经验交流会上,双城市《深入开展妇女普法工作,推动维权工作创新发展》的经验在会上进行了交流。

【妇女儿童工作】 1987年,举办首届"六一"儿童节幼儿文艺汇演。1988年2月,组织首届妇女长跑运动会,有22支代表队490人参加。1989年,普及妇幼保健知识,请省肿瘤专家为妇女病普查普治。以家庭教育为重点,召开家教理论研讨会54场次,参赛论文1 134篇,开办家长学校辅导课9 438次,咨询5 680人次,印发宣传材料12 500份,培训保教人员1 354名。同年,地区幼儿教育研究会第一次会议在双城市召开,双城市被评为省和全国幼儿教育先进市。1990年,号召妇女儿童为亚运会捐款127 830元。1993年,协同教委开展中小学生辍学原因调查,配合教委深入基层劝学,使85名小学生、405名中学生复学。1994年4月制定下发《双城市九十年代儿童发展规划》和《双城市九十年代妇女发展规划》,纳入到全市经济社会发展"八五"计划和十年规划中。通过广播《你好,星期天》的直播节目,为广大听众解答婚前检查、婚孕保健和母乳喂养等问题,年末,开展脊髓灰质炎强化免疫活动和"伸出一双手,奉献一颗爱心"的活动。在市妇联的倡导下,为东官镇东志村贫困学生金冬梅做心脏手术捐款10.1万元。1996年,借助全国首届"恩威杯"妇女保健卫生知识大赛,宣传普及妇女卫生保健知识,请省肿瘤专家,乳腺病专家为妇女病普查普治。在开展"教子有方,希望之家"活动中,幸福乡保瑞安一家被评为地区级"教子有方,希望之家"。2002年,针对妇女儿童发展规划中的重点难点问题进行全面的调查,对妇女失地、学龄前儿童教育、合并乡村后儿童失学辍学、网吧管理混乱等问题向有关部门提出建议和对策。2004年,在6个社区分别建立家长学校,学习《未成年人保护法》《义务教育法》《双城市儿童发展规划》等法律法规,培训家长342人。2005年,将儿少委成员单位从28家调整为33家。为纪念世界妇女大会召开十周年,制作主题为"十年之旅,不懈追求"宣传贯彻男女平等基本国策十周年成果展示板,并在哈市友谊宫、中央大街、索菲亚教堂展出。8月,启动"百万妇女乳腺普查"工程,有8 353名妇女接受乳腺普查。

第四节　文学艺术界联合会

【机构】 1986年,双城县文学艺术界联合会(简称文联),主席、副主席都是兼职,秘书长是专职,负责文联日常工作,归县委宣传部领导。同年,成立文学协会。1988年,成立书法、美术、剪纸、戏剧、曲艺、音乐舞蹈、摄影协会。1989年,成立民间文学研究会。1990年,市文联共有会员786人。2005年,市文联设专职常务副主席1名,秘书长1名,下属10个协会,分别为作家、美术家、书法家、音乐家、舞蹈家、曲艺家、戏剧家、摄影家、民间民俗文艺家、诗词楹联协会;6个诗社:二月花、寸丹、方圆、夕阳红、三初、朝阳诗社。共有会员1 100人。

历任文联主席:顾万志、魏振亚、王德力、刘滨;副主席:王文山、徐凤歧(兼)、田国忠(兼)、王德力、何坚、刘大为、于圣波、王伟、贾宝瑞、郑孟楠(兼)、姜文超。

【代表大会】 1987年3月15日,双城县第三届文学艺术工作者代表大会在县图书馆举行。会议由县文联副主席王文山主持,宣传部部长邰春玉到会讲话。会议选举产生双城县文联第三届委员会。主席宣传部副部长顾万志(兼)。副主席王文山、徐凤歧(兼)、田国忠(兼),秘书长王文山兼。1989年4月1日,召开双城市第一届文学艺术工作者代表大会,到会代表76人。会议由市文联主席、宣传部副部长顾万志主持,会议宣布市文学协会、美术协会、音乐协会、摄影协会、电影协会、民间文学协会等10个协会的理事名单,通过文联副主席王文山代表上届文联所做的工作报告。表彰奖励1988年度文艺创作先进集体和先进个人。会议选举产生双城市文联第一届委员会。主席顾万志(兼),副主席王文山(兼)、王德力,秘书长王德力(兼)。1993年5月5日,召开双城市第二届文学艺术工作者代表大会,到会代表109人,会议由文联副主席王文山主持,文联主席魏振业致开幕词,市委副书记李孟东到会讲话。会议听取副主席王德力代表上届文联做的《团结一致,开拓进取,为双城市文学艺术事业的繁荣而努力》的工作报告。选举产生双城市文联第二届委员会,主席魏振亚兼任,副主席王德力、王文山(兼)。2005 年 6 月,召开双城市第三届文学艺术界联合会。出席代表 168 人,宣传部副部长刘滨代表上届文联做《加强队伍建设,繁荣文艺创作,努力发挥先进文化的功能作用》的工作报告。会上市委、市政府授予王文山、孙爱音、张济、张国平、陈志佳、郑孟楠、周冬华、姜永山、徐新民、韩非子 10 名同志双城市"十佳文艺工作者"荣誉称号。选举产生双城市文联第三届委员会。主席宣传部副部长刘滨(兼),副主席郑孟楠(兼)、刘大为,常务副主席姜文超,秘书长滕飞,副秘书长陈志佳。

【主要活动】　1986 年 3 月,文联创办内部不定期刊物《双城文学》。1987 年,坚持每月组织一次大型交谊活动,定期组织各协会召开各种形式的经验交流会,推动各协会间相互学习、相互促进。到 1989 年文联各协会开办各类培训班 40 余次,培训各类文艺骨干 1 623 人。1990 年 7 月,组织戏剧、曲艺、音乐 3 个协会的骨干作者深入农村、基层体验生活,创作出一批反映百姓生活的话剧、小品、拉场戏、二人转、歌曲等文艺作品。王文山创作的二人转《巧劝妻》获文化部首届群星大奖银奖。8 月,组建一支由 25 人组成的文艺小分队,先后到五常、尚志、呼兰、阿城、木兰等地进行巡回演出。1991 年,双城文联、文化局编选的《双城堡二人转选》由中国曲艺出版社出版,这是有史以来国家级出版社专门出版的二人转作品集。1991 年,由文化馆编选的首部《双城书法作品选》出版,省委书记孙维本为该书题词"繁荣书法艺术弘扬精神文明"。1994 年,《文山二人转选集》在中华工商联出版社出版。1993 年 10 月重建的魁星楼竣工剪彩,文联组织各专业协会在魁星楼前举办形式多样、内容丰富的庆祝活动。其中书法和美术家协会组织 100 人在魁星楼前当场泼墨挥毫、吟诗作画,作品达 300 余件。1996 年,张济创作的国画作品获全国文联"首届全国扇子艺术大展"国画一等奖。国画作品《子母虎》被中南海收藏,张济获国家人事部"当代中国画杰出人才奖"。1997 年 6 月,在承旭广场举办大型迎香港回归,百人唢呐演出活动。王文山与王庆彬合作的拉场戏《傻子相亲》获文化部二人转汇演剧本创作一等奖,姜永山、陶然、贺雅娟、陈守霞获表演二等奖,市歌舞团孙爱音多次在哈市、原松花江地区文艺演出中获舞蹈表演一等奖,并参加中央台《曲苑杂坛》的演出。1998 年,韩非子创办的《韩非子皮影木偶剧社》创作的皮影戏,应首届中国国际民间艺术节博览会之邀到北京演出,10 月,参加中央电视台《欢聚一堂》演播,剧社并多次赴韩国参加东太平洋人偶剧艺术节汇演。歌舞团青年演员张海涛、张丽丽兄妹俩的唢呐演奏赴法国参加国际民间艺术节演出。1999 年,徐新民编选的《双城市五十年作品选》上下集由哈尔滨出版社出版,收入全市专业、业余文学作者在各类报刊和著作中发表的各类文学作品达 600 余篇(首)。市歌舞团演员刘鹏的手绢艺术绝活应邀到日本参加国际汇演。2000 年,开始在新城区希望广场举办"古堡之夏"大型群众文艺演出活动,围绕纪念建国 50 周年、建党 80 周年等重大纪念日,举办美术、书法作品展、图片展和有奖征文等文艺竞赛活动。周冬华的藏书票作品在第八届全国书票大展中获优秀作品奖。魏立斌的书法作品在全国书画、摄影、作文大奖赛中获金奖。2002 年,民间艺人刘鑫扎制的秫秸灯"航空母舰"等系列作品在哈尔滨民间艺术博览会上获金奖,刘庆华的蜡拓书画、史宝宪的纸上烙画等民间工艺作品都在哈博会上展出获奖。到 2005 年,文联与文化局、文化馆、书画院联合举办全市各类大型书画展、书法笔会、美术摄影展、书画研讨会等近 100 次,举办文学、书画、舞蹈、声乐、电子琴等培训班 40 余次。文联组织编辑出版《双城文艺》《双城文化》《双城音乐》《双城诗词报》《乡土艺苑》等多种报刊。双城专业和业余作者创作的新诗、散文、小学、报告文学等在哈市级以上出版专著 30 余部,在哈市级以上各种征文大赛中获奖作品 400 多人次。被吸收为国家、省、哈市级会员的文艺创作骨干已增加到 70 多人。其中国家级会员 5 人,省、哈市级会员 60 多人。

第五节　科学技术协会

【机构】　1986 年,双城市(县)科学技术协会(简称科协)有工作人员 7 人,设主席 1 人,副主席 1 人。

内设机构有：办公室、学会工作部、基层工作部、普及工作部。1995 年末全市共建立基层科协组织 29 个，成立专业技术学会 30 个，农民技术研究会 124 个。1996 年，科协并入市科学技术委员会，对外保留名称，设主席 1 人由科委副主任兼任，专职副主席 1 人。2005 年 8 月 4 日，成立老科学技术工作者协会。

历任科协主席：张天贵、许树芳、张凤超、石恒波；副主席：宁世民、石恒波、杜迎普。

【科协活动纪略】 1986 年，科协举办小学生数学竞赛一次，参赛选手 74 名；举办高中物理竞赛一次，参赛选手 50 名；举办科技培训班 10 期，受训人数 1 500 人次；推广新技术 108 项；申报科技项目 8 项。1987 年 2 月，建立中国农村致富技术函授大学双城科技扶贫辅导站。同年从中国农业广播电视函授大学引进"鹅肉罐头""玉米速调粉""微量元素肥料""倒锁螺栓"等技术项目。1988 年 4 月，组织广大科技工作者在"双增双节"运动中，开展"提千项建议，增百万元效益"立功竞赛活动。同年，建立科技人员继续教育学校，科技人员受教育人数 550 人。1989 年，各专业技术学会申报并评选出优秀论文 36 篇，评选出先进科技工作者 19 名。在农村落实科普村 87 个，成立 87 个村级科协组织，发展会员 1 927 人，推荐出科技示范户 278 户，落实科技项目 129 项。1992 年，成立农民技术职称评定委员会，批准洪可军、潘志宽、周志国、吴坚等 1 634 人晋升农民技术职称。每年举办一次"科普之冬"活动，通过科技培训、科技咨询、科普大集、科技图片展、放科技电影、电视讲座、发放科技书籍、送科技下乡等活动对广大民众，特别是农民进行科技教育。1993 年，有 30 名科技工作者被评为市级拔尖人才，有 4 名被评为地级拔尖人才。1998 年，在兰棱镇举行的送科技下乡活动中，副省长马淑洁到场并讲话；省科委当场奖励给兰棱镇政府微机一台。同年，组织青少年参观农科院的试验田；参观外资企业雀巢乳制品厂；观测彗星雨。年底，在双城镇举办农业科技大奖赛，历时两个月涉及 7 800 户 16 000 多人。1986—2005 年，全市累计举办科技培训班 4 309 期，聘请授课教师 1 744 人次，受教育人数 918 030 人次；发放科技书籍和科技资料 38 710 份；科技咨询 13 471 人次。2005 年，老科学技术工作者协会各专业委员会组织多次调查研究，并向市委建议在"十一五"计划中应加进建设老年活动中心的计划，被市委、市政府采纳。

第六节　归国华侨联合会

【机构】 1985 年 1 月 5 日，双城县第一届归国华侨联合会成立大会在政府招待所召开，出席会议代表 25 人，会上选举方英为侨联主席，叶枫为副主席，秘书长张枝森（兼），副秘书长薛世尧。1986 年，双城县有华侨华人 121 户 477 人，侨眷 129 户 688 人。1989 年，开始有新移民华侨华人。1992 年，郭俊山任秘书长。1995 年，双城市第二届归国华侨联合会在市政府会议室召开，出席会议代表 42 人，选举叶枫为侨联主席，史禹生、王松楠为副主席，卢英杰、李好、梁冀民为委员，秘书长王德伟。2000 年，双城市第三届归国华侨联合会在市人大会议室召开，出席会议代表 37 人，选举王松楠为侨联主席，史禹生、梁冀民为副主席，卢英杰、李好、叶兰、白玉杰、管振彬、崔国义、何文太为委员，秘书长王德伟。2005 年，共有华侨华人 183 户 723 人，侨眷 178 户 954 人，分布在美国、日本、俄罗斯、韩国等 10 个国家和地区。在国外分别从事工业、文化、科学、卫生、教育等事业。1986—2005 年，侨联只设秘书长 1 人，在政府办办公。

【主要活动】 侨联成立后，经常组织侨联委员和代表学习党的有关文件，宣传祖国统一、一国两制方针政策，为祖国统一努力工作。积极参政议政，为市政协推荐政协委员人选，发挥华侨、侨眷的应有作用。1987 年，华侨和侨眷家属开始在双城投资兴办企业。1992 年，侨联接待旅日华侨黄慧之女士到双城探亲访问，走访市残联、市人民医院、聋哑学校、市福利院等单位，感到双城各项事业发展很快，很受感动，主动向有关单位捐助小轿车。到 2005 年，侨联与市政协、统战部、台办等部门密切配合，接待回国探亲访问的"三胞"人员 30 多人次。嵩楠饲料科技有限公司、玉洁皮肤科诊所、泰达畜禽实业有限公司、汇丰金属加工部、吉安大药房、溪洋食品有限公司、哈尔滨利君电器连锁店等 7 家企业，安排职工 800 余人，年均上缴税金 60 万元。

第三章 社会团体

第一节 残疾人联合会

【机构】 1989年8月,市残疾人联合会(简称残联)成立,执行理事会是其办事机构。副科级单位,定编5人,由民政局代管。1997年8月,市残联独立,升格为正科级单位,隶属市政府。1998年,各乡镇成立残联组织24个,由主管乡(镇)长任主席,设专职理事长任副主席,主持日常工作。全市6个街道、246个村屯建立了残疾人协会252个。2005年,残联有工作人员11人,内设康复、教育就业、组织建设、宣传文体、维权、扶贫、办公室7个股室。直属事业单位1个,劳动服务管理所。2005年,建立肢残、聋人、盲人、智力残、精神残五个专门协会。

历任残联主席:邰春玉、李启和、佟宝刚;残联理事长:关洪涛、高广贤;副理事长:王文峰。

【代表大会】 1990年7月5日,召开双城市第一届残疾人代表大会,正式代表175人,大会选出残联理事会理事9人,选举残联理事长1名。关洪涛代表理事会做工作报告。1998年4月30日,召开双城市第二届残疾人代表大会,正式代表141人,大会选出残联理事会理事11人,选举残联理事长1名。关洪涛代表上届理事会做工作报告。2003年4月8日,召开双城市第三届残疾人代表大会,正式代表251人,大会选出残联理事会理事13名,选举残联理事长1名,副理事长1名。高广贤代表第二届理事会做题为《团结奋进,务实创新,推动我市残疾人事业再上新台阶》的工作报告。

【残疾人康复】 1991年10月,邀请省医疗队到双城,为48名儿麻患者实施矫治手术。1995年,成立精神病防治康复工作领导机构,卫生、民政、公安、残联等部门共同开展社会化、综合性、开放式的精神病防治康复工作。1996年举办低视力预防科普知识大集,发放宣传材料万余份。1999年,市残联依托市医院、13个乡镇卫生院、6个社区门诊建立残疾人康复指导站。2004年,依托社会力量投资30万元,成立双城市低视力康复部,为低视力儿童少年进行矫治。到2005年,康复指导站先后对132名弱智儿童、90名脑瘫儿童、80名聋儿、2800名肢体残疾人进行功能康复指导和训练。为14名残疾儿童捐赠康复训练费8400元,先后7次为1100名白内障患者实施复明手术,免去手术资金400余万元,在全省第一个实现白内障患者全部免费手术的目标。依托哈市精神病院和市医院对126名精神病患者进行治疗。配合市地病办完成特需人群补服碘油72774人。成立双氏和康复部、开展低视力检查诊断、助视器验配、训练指导及巡诊工作。发放和配戴助视器具1000余件,诊治8000余人次。为10名聋儿捐赠助听器。为34名小腿截肢残疾人免费安装假肢。为残疾人捐赠轮椅车200辆,发放各种康复器用品用具426件,价值20万元。

【残疾人教育】 1989年,协助教委在市第六小学建立弱智班。采取各种方式直观教学,使弱智儿童受到较好教育。此后每年都有2~3名弱智儿童转入正常班就读。1994年,协调教委下发《残疾儿童随班就读管理规定》,减免残疾儿童学杂费。2003年对全市残疾少年儿童进行调查摸底,促使适龄残疾儿童都能够入学。2005年,全市聋哑适龄儿童入学率60%,残疾儿童入学率90%。借助彩票公益金助学和社会力量筹款18万元,资助41名残疾大学生和残疾人家庭大学生就读,救助40名接受九年义务教育的残疾学生和贫困残疾人家庭的学生完成学业。市残联通过市职教中心、劳动培训中心举办残疾人就业实用技术培训班、盲人按摩培训班,先后培训残疾人1520人。

【残疾人就业】 1998年,成立安置残疾人就业工作协调委员会和残疾人劳动就业服务管理所。召开残疾人就业工作推进大会,出台《双城市按比例安置残疾人就业办法》和《双城市扶助优惠残疾人规定》。

2002 年,建立健全残疾人就业服务体系网络,将城镇残疾人教育和培训与就业结合,向正规化、专业化和学历化发展。农村残疾人职业教育和培训与生产、扶贫结合。2002—2005 年,先后在省牧校、畜牧局、市医院等机关企事业单位及 11 家福利企业安置残疾人 500 多名。共举办残疾人就业招聘大集三次,录用残疾人 120 余人。2005 年,协调地税局为 120 名贫困残疾人个体业户办理减免税手续。扶持残疾人个体就业,城乡分散劳动就业已达 2 100 名。

【扶助贫困残疾人】 1998 年,市政府出台《关于扶助优惠残疾人办法》。通过税务、工商等部门对残疾人个体工商业户实行优惠政策,对农村残疾人减免两工、公益事业费、农业税等给予照顾。开展“一帮一”扶残活动,全市副科级以上干部、乡村干部结对包扶残疾人贫困户 190 户,机关、企事业单位包扶本单位本系统残疾人贫困户 92 户,扶持贫困残疾人 1 512 户。包扶单位及个人累计为贫困残疾人捐资赠物达 150 余万元。1999 年,争取国家康复扶贫贷款,到 2004 年,争取到 400 万元,扶持 4 个残疾人扶贫基地。通过扶贫基地,以投放仔牛、鸡雏、缓收贷款、技术培训和辐射扶持等方式共扶持贫困残疾人 300 户;利用志愿者支农储蓄款 50 万元,扶持 92 户贫困残疾人从事种、养、加等行业;城镇交警中队干警 8 年如一日先后包扶二户残疾人家庭,扶持他们就业,帮助盖新房,资助子女上学、节日送去慰问物资。市公安、农行职工捐资 8 000 元帮助肢残人建立爱心书屋;市建委、地税局、环保局、联通公司、泰达公司、东官禽类加工基地等单位的职工都积极开展助残活动,走访慰问贫困残疾人,帮助治病、维修房屋、资助子女上学、节日送去生活用品。2005 年,市残联开展《爱心永恒》邮品宣传册义卖活动,共义卖《爱心永恒》邮品 440 册,为全国第四次特奥会筹集资金。市残联还协调民政、社区、乡镇等部门为 2 267 户贫困残疾人办理低保。协调社保、劳动等部门为企业残疾人职工办理医疗保险。协调乡镇民政对农村无子女的贫困残疾人办理五保供养手续。

【文体活动】 1989 年,协调市聋哑学校开设体育课,举办校内运动会、各类球赛和文艺表演。之后每年还组织部分残疾学生参加上级残联组织的绘画作品展。2003 年 9 月,录制《爱心播洒光明》《残疾事业的春天》等 3 部专题片,宣传、歌颂残疾人事业。2004 年 9 月,市残联组队参加哈市第一届残疾人运动会,聋人男子篮球获第五名,田径获得 7 个第一名、5 个第二名、3 个第三名的好成绩,双城市代表队在 19 个参赛代表队中获团体第七名和优秀组织奖。刘泗刚、张大伟等四人代表哈市参加省残运会,获 9 金、6 银、1 铜好成绩。五家镇盲人运动员刘泗刚代表省队参加全国残运会,取得中长跑比赛第二名的好成绩。市残联还向上级残联推荐两名残奥会后备运动员。

【法律援助】 1999 年,市残联在彦学律师事务所成立双城市残疾人法律援助中心。2001 年,又在天一律师事务所成立双城市法律援助中心残疾人工作部。通过援助中心和残疾人工作部为残疾人提供法律服务和援助。同年 5 月 10 日,市人大组织人大代表到法律援助中心、聋哑学校等单位就《中华人民共和国残疾人保障法》贯彻落实情况进行执法检查。2003 年 5 月 10 日,开展“两法”宣传一条街活动,设立 9 个咨询台,50 名助残志愿者为市民发放 2 000 余份宣传资料。市法院还为同心乡残疾人王丽免费受理伤残赔偿案件,不但为其讨回公道,还发动全院职工为其捐医药费 11 470 元。2004 年 5 月结合“四五普法”举办“两法”知识竞赛,在 60 个单位发放试卷 5 000 份。1999—2005 年,市残联共接待处理残疾人来信来访 3 000 余人(件)次,为残疾人提供法律服务和援助 200 人(次)。2005 年,双城市五家司法所被评为全国残疾人维权示范岗。

第二节　消费者协会

【机构】 1987 年 11 月 17 日,双城消费者协会(简称消协)成立。是由县工商局牵头,县计量局、物价局、卫生局、畜牧局联合组建,挂靠在工商局,日常工作由消协办公室负责,秘书长主持日常工作。1988 年,改为市消费者协会。其宗旨是开展对商品和服务的社会监督、反映消费者愿望、保护消费者合法权益、指导广大消费者合理消费、促进社会主义市场经济健康发展。1998 年 6 月,成立双城市消费者协会办公室,为副科级单位,定事业编 8 人,归工商局管理。2005 年机构没有变动。

　　历任市消协名誉会长:赵乾质、刘文斌、刘凤英、何文发,会长于海君、刘树斌、张波;常务副会长:赵长春、杨华,秘书长王忠范。

　　【理事会】　消协实行的是单位理事制,领导机构是理事会。理事由各有关部门、人民团体及有关方面消费者代表协商推选产生。1987 年 11 月,双城县消费者协会第一届一次理事会在县政府宾馆召开。共有理事 58 人,省消协副秘书长裴斐、松花江地区工商局长杨云龙到会祝贺。会议选举县人大副主任赵乾质为名誉会长,冯汉、张枝森、管凤林为顾问,于海君为会长,刘忠忱、张起生、刘丰志、王桂珍为副会长,王忠范任秘书长。会议通过了《双城县消费者协会章程》。1997 年 6 月,双城市消费者协会第二届一次理事会在文路中学礼堂召开。出席会议理事 69 人。会议选举副市长刘文斌、市人大副主任刘凤英、市政协副主席何文发为名誉会长。刘树斌为会长,赵长春、赵玉文、苗长生、关和、佟基华为副会长,秘书长王忠范。会上赵长春做工作报告,市人大副主任刘凤英在会上讲话。1998 年后没有召开理事会议。

　　【活动纪略】　自 1988 年开始在每年的“三一五”国际消费者权益日都组织开展大型宣传活动,主要是宣传有关保护消费者合法权益的法律法规、商品知识,接待消费者咨询、受理消费者投诉、开展打假展览等项活动。活动由市消协、市工商局组织,市技术监督局、物价局、卫生局、广播电视局等有关部门参加。市委、市人大、市政府、市政协领导每年都参加宣传纪念活动,并发表电视讲话。1997 年,为落实中国消费者协会提出的“为了农村消费者”的主题,“三一五”举行大型活动,哈尔滨市工商局、哈市消费者协会会同双城市消费者协会在兰棱镇大集上召开隆重纪念大会。省内四十多家知名涉农产品厂家参加大会,并在会上展销优质产品,受到了广大农民消费者的欢迎。市消协还有针对性地开展送法下乡等项活动。当年夏天,永胜乡六位农民到市消协投诉,反映他们在双城市一家种苗公司购买的“日本甜宝瓜种”全部为假种子,所种三十多亩甜瓜一斤也没卖出去,经济损失达 3 万多元。市消协马上组织人员展开调查、取证。经查证,原来是供种方将父母代种子错当商品瓜种装错袋出售。谈到赔偿时,经销商、供种方却相互推诿,一拖再拖。消协人员不辞辛苦多次找当事人宣传有关法律、法规,依法进行调解,经过近两个月的努力,终于将 3.7 万元赔偿款送到农民手中。市电视台以“劳神费力公仆心”为题对此进行报道。市消协全心全意为消费者负责的精神,先后多次受到省、哈尔滨市消协的肯定和好评。中国消费者协会秘书长杨坚昆在双城市调研和检查指导工作时,也对此给予高度的评价。秘书长王忠范被国家工商局、中国消费者协会授予“全国保护消费者合法权益先进工作者”称号。2000 年,受理各类投诉案件 286 件,与有关部门进行查处,并组织商家开展整顿,规范了市场,为消费者挽回经济损失 21.6 万元。2003 年,利用 12315 维权体系,接待咨询 340 人次,为消费者挽回损失 30 万元,市消协被中国消费者协会评为落实“消协法定职能”优秀单位。2005 年,在哈尔滨市人大组织的《中华人民共和国消费者权益保护法》《黑龙江消费者权益保护条例》执法检查中,哈市人大检查组对双城市人大、政府贯彻《中华人民共和国消费者权益保护法》《黑龙江省消费者权益保护条例》工作给予充分肯定,对市消协的工作给予好评。到 2005 年,市消协累计受理消费者各类投诉达 4 500 多件,为消费者挽回经济损失达 360 多万元。

第三节　个体私营企业协会

　　【机构】　1986 年,双城市(县)个体劳动者协会设在工商局,设秘书长 1 人。2002 年,更名为双城市个体私营企业协会,2005 年,设名誉会长 2 人,会长 1 人,专兼职副会长 6 人,秘书长 1 人。

　　【代表大会】　1987 年,召开双城县个体劳动者第二届会员代表大会,出席会员 50 人,选出理事 30 人,常务理事 15 人。工商局副局长赵长春当选为协会主任,李昌德当选为副主任兼秘书长。1992 年,召开双城市个体劳动者第一届会员代表大会,出席代表55人,选出理事30人,常务理事15人。工商局副局长张波当选为协会主任,王清当选为副主任兼秘书长。1997年8月,召开双城市个体劳动者协会第二届代表大会,出席代表110人,选出理事67人,常务理事35人。工商局副局长张波当选为协会主任,侯玉三为副主任兼秘书长。大会聘请市委副书记刘文斌为名誉会长。2002年12月31日,召开双城市个体私营企业协会第三届代表大会,出席代表106人,产生理事75人,常务理事23人。工商局副局长马汇娟当选为会长,张格海当选为副会长兼协会秘书长。大会聘请市委副书记郭景友、副市长刘士文为名誉会长。

历任会长(主任)刘树彬、赵长春、张波、于振学、马汇娟;秘书长(常务副主任、副会长)赵瑞增、李昌德、王清、郭恒春、侯玉三、张格海。

【培训工作】 1986年以来,协会以提高个体私营经济组织、自我教育、自我管理、自我服务、自我发展的能力为基本的工作方针。为提高劳动者技能,适应大面积就业,采取请进来和走出去的方式开展培训工作。针对个体劳动者就业需求,主要开展厨师、裁缝、理发、电气焊等培训。1987年,办培训班3期,培训269人。1989年,培训770人(次),其中80人获专业证书。1999年,培训经纪人1 300人。2002年开始,协会每年组织2~3次现代企业经营管理知识培训讲座,请专家教授为企业经营者讲授企业先进管理知识,到2005年,共计有1 600多人次听课接受培训。

【普法教育】 1986年开始,协会每年定期组织个体私营企业户学习法律法规、教育个体私营企业户守法经营、依法维权。在普法教育过程中,重点宣传普及《个体工商户管理条例》《公司法》《民法通则》《消费者权益保护法》《工会法》《劳动法》等数十部法律法规。1991年,协会组团参加省个体私营企业协会组织的个体工商户法律竞赛,获得第二名。在普法教育过程中,注重依法维护会员权益,从"一五"普法到"四五"普法共印普法资料2万余份。2002年,依法制止越权检测处罚行为1起,为手机业户及全市流通领域业户减少损失200余万元。纠正行政违法行为3起,涉案金额600余万元,保护了业户的合法权益。2005年,协会被哈市协会评为"四五"普法先进集体。

【文明创建活动】 协会与市委宣传部、精神文明办公室联合在会员中开展文明创建活动。1987年树立文明户典型户4户;1988年评选文明户400户;1990年评选文明户497户,其中,98户业户被评选为市先进工作者。经营户学雷锋做好事先进事迹不断涌现,有3名业户拾到千元以上钱款返还失主。1991年,兰棱马文科获"全国先进个体劳动者"称号,史树阁、刘国强获全省"先进个体劳动者"称号。1994年,评出76户文明户,吴洪波荣获全省"青年文明号"荣誉称号。1994—1998年,在市委、市政府召开的发展个体私营经济先进典型表彰大会上,有80名个体户会员、20名个体私营企业家受到表彰奖励。2000—2005年,在全国"户户讲道德、店店无假货"评比活动中,有36家被评为"诚信店"和"诚信企业",名列哈市各县市之首。

【互助活动】 1986年,协会在会员间开展基金互助活动。通过各种方式协调资金为困难企业解难,受到会员好评。1988年,兰棱分会成立基金会,股东80人,集资40万元,贷款38万元,为个体户发展提供资金援助。1992年,组建光彩之声文工团。编排演唱彰显光彩事业的文艺节目,在本地、外地演出多场,受到好评。2000年,协会在全省率先组建个体私营企业工会联合会,维护劳资双方合法权益。到2005年,企业已成立工会26个,会员1 700余人。协调资金1 220万元,帮助困难职工。

第四节　关心下一代工作委员会

【机构】 双城市关心下一代工作委员会(简称关工委)是1994年11月成立的。关工委是在同级党委领导下,以离退休老同志为主体,党政有关部门和群众团体负责人参加的群众性工作组织,是党委、政府培养教育青少年工作的参谋和助手。市关心下一代委员会由市委副书记、常务副市长、组织部、宣传部、老干部局等有关领导、离退休老同志组成。下设办公室,聘请5名驻会离退休老同志做具体工作。乡镇和各有关单位设委员会或关工领导小组。2005年,有乡镇关工委24个,社区关工委1个,教育关工委1个。关工小组389个,其中社区6个,村屯420个,学校137个,行政村246个。参加关心下一代工作的"五老",即老干部、老战士、老教师、老专家、老模范共计3100人。

历任主任:李孟东、刘文彬、裴君、佟宝刚、井岗;常务副主任:赵乾质、马永魁、侯义。

【活动纪略】　1994年,主要是建立基层关工委组织。1997年,在城镇组织"五老",在中、小学做爱国主义教育,在农村投身改革开放、致富成才活动。1998年,开展"十五大精神进课堂的宣传教育",与市教委、共青团配合,在第八中学和实验小学搞观摩课,推动全市活动的开展。全市中学生受教育31 200人,小学生受教育72 800人。协同教育等有关部门,开始创办家长学校,举办不同规模的家长学习班,教育和引导家长改变旧的家庭教育观念,用科学的方法教育子女。全市组织224位老同志,举办各种报告会2 868场,对广大青少年开展爱国主义、集体主义、社会主义和世界观、人生观、价值观的宣传教育,受教育人数28 600人次。1999年,协同教委组织全市中小学生以纪念五四运动80周年为主题,开展爱国主义教育活动。利用入团仪式、升旗仪式、团会、队会、报告会、演讲会等多种形式,激励和鞭策广大青少年继承"五四"光荣传统,弘扬"五四"爱国主义精神。2000年,与有关部门配合,重点在农村青年中开展"讲政治、学科技、育新人、奔小康"活动。编印农业知识宣传单,科普资料3万余份,通过举办培训班,培训乡村骨干800余人。2001年起,关工委每年都参与"科教兴农"活动,组织从农业、畜牧、科委、科协等部门离退下来的老科技工作者,组成科技服务队,为青少年特别是青年农民开展科技讲座和科技咨询活动,帮助他们科学种田,科学养殖。2001年,成立"中华魂"读书领导小组,在城乡中小学和社会青年中开展系列读书教育活动。开展以理想信念为核心的主旋律教育,以纪念中国共产党建党80周年为契机,组织全市中小学开展"共产党好、社会主义好、改革开放好"和"没有共产党就没有新中国"的宣传教育活动。采取专题报告会、主题班会、演唱会、讲演会、知识竞赛、书画展、团会、队会等多种宣教形式,受教育中小学生达10万多人次。组织司法、公安战线离退休老干部成立五人法制讲演团,深入中小学宣讲《中华人民共和国未成年人保护法》和《中华人民共和国预防未成年人犯罪法》,提高青少年法律意识,增强法律观念,养成遵纪守法的良好行为,学会用法律来保护自己。同时协调市综合治理办,从政法部门抽调71名优秀干警进驻学校,任法制副校长,进行法制教育。组织"老干部、老战士、老教师、老专家、老模范"对失足劣迹和刑满释放、解除劳教的青少年进行帮教工作,失足劣迹和"两放"青少年改好率为82%。2003年,采取各种形式进行"一个主题、一个灵魂、一个精髓、一面旗帜、一个目标"为内容的"五个一"教育,组织报告会329场,受教育青少年93 574人次。结合贯彻《公民道德建设实施纲要》,从青少年的思想品德、生理、心理等实际出发,教育青少年从自己做起,从小事做起,从现在做起,注意自己道德行为规范的养成。全市有305所中小学开展教育活动,参加活动的中小学生3万余人。2005年,开展纪念反法西斯战争暨抗日战争胜利60周年活动。组织233名宣讲员,以抗日战争胜利的史实,生动的抗战故事,对广大青少年进行"不忘国耻,爱我中华"的爱国主义和革命传统教育。宣讲3 096场,受教育中小学生95 900人次。各学校组织广大中小学生参观东北民主联军前线指挥部旧址、烈士陵园,宣讲赵一曼、李兆麟、赵尚志等抗日英雄的感人事迹,放映抗战内容的电影,使广大青少年受到生动的爱国主义教育。关工委与公安、司法、共青团、妇联、工会有关部门配合,动员社会力量开展扶困助学,资助失学儿童和特困生就学。到2005年受资助和帮扶的学生达6 241人,捐资达52.4万元。组织调查组对全市城乡网吧现状作专项调查,向市委提交《关于对全市城乡网吧管理问题和进一步加强监管》的调查报告。市委组织文化、工商、公安、电信、社区等部门对网吧进行整顿,净化了学校周边环境。

第五节　红十字会

【机构】　1989年,恢复双城市红十字会(简称红十字会)。办公室设在卫生局,秘书长由王庆阁兼,办公室主任王桂珍兼,专职工作人员1人。2005年,全市卫生事业单位为团体会员单位,共有会员2 550人。

历任会长:邰春玉、李克荣、刘鹏雁、王明才、高尚国、丁桂兰;副会长:王庆阁、关和,秘书长王庆阁、马文明。

【活动纪略】 1989年以来,每年5月8日世界红十字日都开展宣传纪念活动。组织青少年开展书法绘画活动,与市血站联合开展无偿献血宣传活动,发放宣传单。组织医务人员进行义诊活动。每年的春节前夕,组织红十字会会员到部分乡镇敬老院为孤寡老人送医送药,捐献衣物。1996年5月8日,组织兆麟中学、第三中学、实验小学、第六小学四名学生参加哈市红十字会组织的迎接香港回归,在100米长卷上绘画活动,受到副省长、省红十字会会长周铁农的接见。当年春节,组织市骨伤科医院红会会员到双城镇敬老院为老人看病,免费送3 000元药品。1997年春节,到杏山镇敬老院为老人看病并送去2 500元的药品。1998年,在抗洪救灾工作中,组织红十字会会员到受灾严重的永胜乡永胜村、建乡村、临江乡龙江村、沿江村、杏山镇临江村、增产村,万隆乡板子房村进行义诊,并免费送药,诊治病人1 360人次,同时为受灾村屯进行灾后防疫。在救灾中,市红十字会接收香港捐助大米40吨,及时送到受灾群众家中,接收厦门红十字会捐助救护车1辆,接收哈市红十字会捐助衣物、被褥、药品和生活用品,价值200万元,都及时发给灾区群众。1999年9月29日,庆祝中华人民共和国献血法颁布一周年时,在十字街中心广场组织红十字会员36人进行无偿献血光荣的宣传,为过往行人发放宣传单3 000张,展出8块无偿献血宣传板,组织医务人员现场进行讲解。当天有19人主动无偿献血。2003年"非典"时期,发挥红十字会精神,积极参加抗击"非典",每个乡镇组织一支抗击"非典"小分队昼夜检查来往人员。组织20人的防疫队伍在兰棱公路收费站检查,对进入省内的车辆和人员,严格检查,为全省抗击"非典"做出贡献,受到哈市和省领导的表扬。2005年,组织红十字会员到农村乡镇为贫困户、孤寡老人义诊3次,并送医送药,受到农民欢迎。

第十六编　司法　军事

公安

检察

审判

司法行政

军事

1986—2005 年,全市政法、军事工作贯彻中共中央"稳定压倒一切"的方针,在维护国家法制尊严、巩固人民民主专政政权,维护社会稳定、保障全市改革开放和社会主义建设事业顺利进行中发挥了重要作用。公安机关为稳定社会秩序、保障经济建设顺利进行,开展破大案、抓逃犯、反盗窃、打团伙、打黑除恶百日攻坚等专项斗争,严厉打击刑事犯罪活动,加强社会治安整治和防范。20 年来侦破刑事案件11 493起,侦破率62.6%,侦破重特大案件4 114起,侦破率63.8%。检察机关依法履行职责,与公安、审判机关密切配合,强化打击严重刑事犯罪、经济犯罪、查办税务犯罪、进行法律监督。20 年来批准逮捕各种刑事犯罪嫌疑人5 637人,提起公诉4 767人,立案查处职务犯罪案件 128 件143 人。立案查办贪污贿赂等经济犯罪案件537 件557 人。审判机关坚持审判工作为经济建设服务,不断深化审判改革,努力提高案件审结率,积极参与社会治安综合治理,促进社会安定。20 年来审结刑事案件4 212件,经济案件3 896件,审理民事案件36 366件,行政案件778 件。司法部门为提高公民法制意识,积极开展法律、法规宣传和普法教育,开展民事调解、法律服务、公证、律师事务等工作。20 年来调解各类纠纷31 198件,办理法律公证9 200件,律师代理民事诉讼案件8 600件、经济纠纷诉讼案件3 100件。市人民武装部积极开展征兵工作,征兵10 523人,无责任退兵,认真开展民兵训练和国防教育,积极参与地方值勤和抗洪抢险等工作。中国人民武装警察部队双城中队,圆满完成武装警戒、押运、拘捕及处理突发事件等任务。

第一章　公安

第一节　机构、队伍

【双城市公安局】 1986 年,双城县公安局内设办公室、行政科、政工科、政保科、保卫科、治安科、刑事技术科、刑事侦察科、经济侦察科、预审科、治安民警队、刑警队、看守所、收容所、自行车管理所、话务班、防火科等 17 个机构。下属 1 个事业单位,公安招待所。下辖治国、民主、东风、红旗、站前、站北 6 个双城镇内派出所。周家、五家、兰棱、幸福、韩甸、东官、新兴、公正、永胜、农丰、临江、水泉、乐群、团结、跃进、希勤、金城、万隆、朝阳、单城、联兴、青岭、杏山、对面城、前进、同心 26 个农村派出所,有干警276 人。1987 年,县交通监理所划归县公安局,组建公安交通警察大队,话务班划归行政科。1988 年,撤销刑事技术科、保卫科、政保科、治安民警队、公安招待所。设立治安科,增设巡逻警察大队和经济案件侦察科,税务派出所、工商派出所。1989 年设立刑警大队,下设城内、农村两个中队,政保科单列。增设双城镇、粮食、邮电、卫生、教育、水产、林业派出所。1990 年,增设户政科、法制科、内保科、纪检组,撤销企业派出所。1991 年增设信访科。1992 年,增设城郊派出所,自行车管理所与治安科合并。周家派出所改为周家分局,增设特警队。公安局的政治教导员改称政治委员。增加事业编88 人。全局总人数470 人,其中合同警127 人。1996 年五家、兰棱派出所改为分局,信访科改为控申科。1997 年,看守所改为第一看守所、收容所改为第二看守所,成立外事科、兰棱治安检查站、公安局指挥中心。五家、兰棱派出所改为分局。1998 年,撤销刑侦科和刑警队,组建刑侦大队。撤销预审科,组建涉税案件侦察科,成立监察室、考核办。1999 年,成立禁毒科。2000 年9 月,双城市国家安全局合并到公安局。2001 年,撤销前进、跃进、对面城三个派出所。2002 年成立工商民警队;撤销兰棱治安检查站。2003 年,周家、五家、兰棱三个分局改为派出所,市局成立督察队。交警、巡警合并称交巡大队。2004 年,机构整合,刑侦大队、禁毒科、经侦科、税侦科合并后称刑侦大队;户政科、内保科、外事科、治安大队合并后称治安大队;行政科、办公室、指挥中心合并后称办公室;纪检监察室、督察队、控申科合并称纪检组;内保科、政保科、外事科合并后称国保大队;成立网监大队。2005 年,公安局内设机构有纪检组、监察室、政工科、办公室、控申科、法制科、国保大队、刑侦大队、刑技大队、治安大队、网监大队、交警大队、巡防大队、特警大队、指挥中心、第一看守所、第二看守所17个机构;下辖红旗、民主、东风、治国、站前、站北、城郊7个镇内派出所;23个农村派出所,共有干警530人。

历任局长:张国兴、韩长河、孙殿生、顾质学、王祥玉、郭景友(兼)、王小林;教导员:张鹏鳌;政委:张鹏鳌、杨德新、顾成林、王庆丰;副局长:黎景祥、闫铁友、张伦、徐国祥、张国富、赵连军、王祥玉、张胜臣、张士义、李越君、李新松、李泽、李伏;副教导员:徐国祥;副政委:杨德新、曹桂华、顾成林;纪检组长:张双城。

【干警队伍】 1986年,公安局有干警276人,其中男干警265人,女干警11人;大学学历13人,中专24人,高中115人,初中113人。1995年,公安局干警增加到365人,其中,男干警344人,女干警21人。2000年,干警增加到475人。2005年,公安局有干警530人,其中男干警460人,女干警70人;大学学历458人,大专72人。

【警衔】 1993年6月18日,双城市公安局根据《中华人民共和国人民警察警衔条例》(简称《条例》),在御花园宾馆大会议室举行人民警察首次授衔仪式,294名人民警察被授予警衔。其中一级警督5人,二级警督32人,三级警督53人,一级警司104人,二级警司79人,三级警司13人,一级警员3人,二级警员5人。1993年以后,根据《条例》规定,经上级公安机关批准,每年都进行警衔评定和调整。2005年市公安局人民警察授衔541人,其中三级警监1人,一级警督43人,二级警督83人,三级警督303人,一级警司55人,二级警司40人,三级警司8人,二级警员8人。

【双城市安全局】 1985年3月组建时为双城县国家安全工作组,亦称双城县人民政府第一办公室,编制2人。1989年改为双城市国家安全局,编制3人。1991年,人数增至8人。2000年9月,安全局撤销,人员和业务工作并入公安局。

历任局长:张国富、李越君。副局长:李树春、佟会群。

第二节　打击犯罪

【刑事案件侦察】 1986年4月24—5月14日,开展集中打击抢劫盗窃专项战役,破获刑事案件47起,打掉犯罪团伙5个,成员18人,抓捕刑事犯罪分子72人。全年刑事案件发案253起,破案220起,其中特大案件3起,全部侦破。1987年开展六次打击、两次抓捕流窜犯专项斗争,特别是破获了在二三月间双城镇内连续有8名青年、妇女被一骑车青年流氓刺伤、社会影响极坏的案件。1988年,坚持依法从重从快的方针、打击刑事犯罪和经济犯罪的斗争,全市开展七次统一行动,全年共抓获各种刑事犯罪分子1 724人,摧毁犯罪团伙17个,成员60人,抓捕流窜犯18人,逃犯24人,收缴赃款赃物折合人民币30万元。1990年9月,打掉在全市影响较大的同心乡治安村以陆某为首的横行乡里、欺压群众、强奸妇女等作恶多端30多人的流氓犯罪团伙。1991年,开展打击盗窃大牲畜犯罪活动的专项斗争,历经90天,破获盗窃大牲畜案件28起,摧毁盗杀大牲畜犯罪团伙2个。1993年10月份,按照全省统一部署,开展"破大案、挖团伙、抓逃犯、打盗车"的百日攻坚战。1994年,开展"打现行、破积案、控团伙、抓逃犯"的专项会战和打击"乡痞村霸"专项会战。1至7月,共破获多类案件33起,其中盗窃大牲畜46起,追缴大牲畜92匹(头),打掉犯罪团伙31个,成员109人,抓捕逃犯44人,抓捕乡痞村霸87人。周家公安分局打掉以汪某为首的一伙乡痞村霸,当地群众拍手称快,《黑龙江法制报》予以专题报道。1996年4—8月,在全市开展一次继1983年严打以来较大规模的集中统一严打战役。破获各类刑事案件248起,其中重特大案件121起。抓获各类违法犯罪分子716人,其中批捕188人,教养173人;抓捕逃犯56人,其中杀人犯19人;打掉各类犯罪团伙40个,成员151人;收缴各类枪支274支,子弹255发,雷管67枚,管制刀具120余件,收缴赃款赃物总价值106万元。1998年,开展打击侵财犯罪专项斗争、夏季破案大会战和"百日攻坚"行动。三个战役中共破获各类刑事案件1 268起,其中现案969起。重大案件发生471起,破360起,破案率为76%。特大案件78起,破65起,破案率为83.3%。挂牌案件11起,破10起,破案率为91%。破案总数在哈市十二县(市)名列第一名。刑侦大队侦破了"98.12.14"挂牌特大抢劫杀人案,受到哈尔滨市公安局"百日行动"嘉奖。刑侦大队获"哈尔滨市公安局东莱优秀所队"称号。2001年,市委、市政府决定在全市开展"打黑除恶"和严厉打击奶牛投毒犯罪的专项斗争。经过100天的打击,打掉恶势力团伙9个,成员23人,破获案件125起。破获奶牛投毒案170起,涉及毒死的奶牛412头,抓获投毒犯罪嫌疑人41人。2002年,在严打整治百日达标会战中,仅两个月时间就取得了阶段性胜利,侦破刑事案件335起,其中大案97起,重大案件83起,特大案件14起,哈市挂牌案件2起,严重暴力案件1起,综合破案率为84.4%。侦破"7.23"特大抢劫杀人案、"6.26"特大杀人案、"6.10"系列盗窃电缆案,"6.18"特大绑架等一批典型的大要案。2003年,开展打现行、破积案、抓逃犯、整顿市场秩序和打击奶牛投毒盗窃专项打击。破获各类案件512起,破积案10起,查获犯罪团伙4个,抓捕人犯1 175人,抓获网上逃犯59人,刑拘448人,治安拘留456人。刑侦大队一中队及时侦破"2.27"特大抢劫杀人案,被哈市公安局记集体三等功。2005年,开展以打击居民区盗窃、楼道抢劫、蒙面抢劫和入室抢劫为重点的专项行动。3月1日至4月12日侦破各类抢劫盗窃案件41起,抓获犯罪嫌疑人29人。11月18日刑侦大队成功破获双城市内连续发生夜间驾驶微型出租车持刀抢劫、强奸乘车妇女案件,二名嫌疑人交代连续作案20起的特大案件。2005年,破案458起,其中特大案件26起,重大案件175起,一般案件257起。

1986—2005 年刑事案件侦破情况表

表 16 - 1 - 1

年度	发案(件)	破案(件)	破案率(%)	特大案件		重大案件		
				发案(件)	破案(件)	发案(件)	破案(件)	破案率(%)
1986	253	220	86.9	3	3			
1987	251	221	88.0	4	4			
1988	254	230	90.6	7	7			
1989	11 85	447	37.7	8	8			
1990	1 148	489	42.5	10	7			
1991	1 136	624	54.9	9	9	198	148	74.7
1992	759	397	52.3	11	10	159	131	82.3
1993	683	406	59.4	19	15	19	156	79.2
1994	725	520	71.7	30	27	258	214	82.9
1995	722	551	76.3	34	32	288	241	83.7
1996	738	419	56.7	21	17	285	208	72.9
1997	1 085	439	40.5	90	49	440	204	46.4
1998	1 227	966	78.7	79	65	470	357	76.0
1999	1 293	1 058	81.8	64	56	410	314	76.0
2000	1 313	906	69.0	85	50	514	326	63.4
2001	932	424	45.5	123	66	385	165	42.9
2002	1 497	1 066	71.2	168	101	526	319	60.6
2003	1 085	775	71.4	114	62	367	200	54.5

续表

年度	发案(件)	破案(件)	破案率(%)	特大案件		重大案件		
				发案(件)	破案(件)	发案(件)	破案(件)	破案率(%)
2004	1 226	877	71.5	215	37	542	305	56.3
2005	839	458	54.6	83	26	404	175	43.3

【打击经济犯罪】 1986年,查处经济案件12起,其中经济诈骗案9起,抓获一批经济犯罪案犯,为国家挽回经济损失120余万元。1988年,开展查缉非法倒卖走私黄金、文物的犯罪活动,破获倒卖走私黄金案件15起,缴获黄金4 311.2克,白银4 775克;破获倒卖走私文物案件4起,收缴国家三级文物3件;破获贩卖大烟膏案件4起,海洛因案件1起,咖啡因案件2起,抓获案犯71人,收缴赃物折合人民币20万元。1989年,侦破经济案件62起,其中倒卖、走私黄金、文物、毒品案件39起,缴获黄金6 465.8克,文物16件以及海洛因、咖啡因等毒品,为国家挽回经济损失70余万元。1991年,在松花江地区公安局指挥下,侦破一起特大黄金走私案,收缴黄金首饰3 058.61克,折合人民币26万余元。在破大案、抓逃犯专项打击中,追缴诈骗款28万元,原煤100吨。1995年,查处经济诈骗案件10起,抓获违法犯罪分子11人,挽回经济损失39.5万元。其中查破双城镇振武制鞋厂被骗案,为其挽回经济损失9万余元。1996年,查处经济案件12起,其中经济诈骗案9起,倒卖黄金案2起,贩卖毒品案1起,抓获犯罪分子131人,收缴黄金7 273克,毒品(杜冷丁)160支,挽回经济损失120余万元。仅查处河北省廊坊市生产资料公司常海诈骗案,一次就追回被骗化肥款50余万元。1997年,查处经济诈骗案件28起,倒卖毒品案件52起,抓获经济违法犯罪分子180人,挽回经济损失700余万元。其中还破获贩卖假币案件1起,缴获假币10万元。1998年,查处偷税、抗税案件400余起。8月14日,中外合资企业双城雀巢有限公司财务部工作人员携公款100万元潜逃,刑侦大队迅速派员出击,几经周折,从外地捕获了疑犯,追回赃款80万元。1999年3月,经侦科查破双城复合肥厂价值150万元化肥诈骗案,为企业挽回经济损失124万元。2002年,查破重特大经济案件24起,缴获赃款赃物折合人民币30万元。2005年经侦、禁毒、税侦科与刑侦大队合并。

第三节 治安管理

【公共场所和特种行业管理】 1986年,公安局与工商、税务、交通、文化等部门密切配合加强对公共场所和特种服务行业的管理。通过清理整顿,处罚违犯治安管理规定业户13家,违法人员14名。1989年1月,公安局开展冬防安全会战,组织32个小组,对火车站、汽车站、市场、影剧院、录像厅等24家公共场所和旅店、饭店、废品收购部等47家特种行业进行清查,抓获各种违法犯罪分子29人。1994年,特种行业、公共娱乐服务场所迅猛发展,各种场所发展到706家,比1990年增加1.5倍,特种行业164家,比1990年增加71%。针对这种情况,公安局加大管理力度,采取划片分组的方法,与宣传、文化、工商、税务等部门配合,对文化市场、周家大市场、废旧金属收购业、刻字业和公共场所先后进行五次专项治理整顿,清查卡拉OK厅、台球厅、录像厅、电子游艺厅等99家,收缴销毁淫秽书刊、画册690余本,淫秽录像带300余盘,治安拘留10人,治安罚款13人,批评教育67人。处罚违规收购点10个,违规经营的刻字业7家,收缴匕首、尖刀、弹簧刀等管制刀具47把。1996年,对565家饭店、64家旅店、345家废旧物资收购业、74家修理业、468家汽车出租业、24家刻字业、70家复印业、217家文化娱乐业进行清理整顿,发现查证违法人员698人,其中逮捕劳动教养15人。1997年,为国庆节、香港回归和党的"十五大"隆重召开创造良好的社会环境,多次出动警力对公共娱乐场所进行清查,其中9月10日就出动警力354人,警车62台,清查公共场所729家,抓捕违法犯罪人员35人。1999年,对《公共场所治安管理登记证》《特种行业许可证》实施微机联网管理,当年换发新证,特种行业许可证录入微机198份,公共文化娱乐场所登记证录入微机237份。

2000 年,全市各种行业场所已发展到 1 188 家,其中特种行业 234 家,公共娱乐场所 954 家。2001 年,强化了网吧管理,对全市 58 家网吧按照新的管理标准重新审核,批准开业 27 家,取缔 31 家,整顿中治安处罚 65 人,治安拘留 13 人。采取会战的方法,把整治歌舞娱乐、桑拿洗浴按摩、录像放映、美容理发、电子游戏等作为会战重点,共清理公共娱乐场所 850 家,其中取缔 90 家、停业整顿 115 家、限期整改 65 家。2002 年,加大校园周边环境整治力度。由治安、内保科牵头,与工商部门配合,对校园周边的菜市场、娱乐场所进行检查,清理、取缔了影响学校秩序和学生学习的各类场所,使校园周边 300 米内没有娱乐场所。2005 年,开展禁止赌博专项行动,清理网吧、游艺厅、浴池等公共聚集赌博场所 48 家,收缴博彩机 27 台,查处赌博案件 33 起,查处赌博团伙 11 个,涉及人员 255 人,行政拘留 214 人。

【危险物品管理】 1986 年,加强民用枪支和易燃易爆物品管理和安全检查。1987 年,公安局在清理整顿民用枪支和爆炸物品行动中,收缴匣枪 1 支,气枪 60 支,猎枪 14 支,土枪 62 支,火药枪 12 支,子弹 1 248 发,匕首 75 把,军刺战刀 6 把。1994 年 5 月 19 日对周家大市场不法商贩倒卖枪支、弹药、管制刀具突击检查,收缴各种枪支 4 707 支,其中钢珠枪 238 支、口径枪 11 支、电击枪 6 支、催泪枪 3 支、气枪 4 450 支、警匕、蒙古刀、猎刀等 1 313 把及部分子弹。处罚违法人员 60 人,收缴非法所得 13 万余元。1996 年,《中华人民共和国枪支管理法》公布实施后,按规定对全市已登记有证的 1 091 支民用枪支实行收缴统一保管。冬季严打战役期间,收缴非法枪支 51 支、子弹 15 发、炸药 3 公斤、雷管 67 枚。1998 年,加强对易燃易爆物品的安全检查和严格管理,实行责任追究制度。12 月,兰棱治安检查站查获从湖南浏阳等地非法运入黑龙江的烟花爆竹千余箱。1999 年,完成公务配枪的定编发证工作,将违规超配的枪支全部收缴。开展对烟花爆竹等易燃易爆危险物品安全大检查,将查获、收缴上来的 100 余箱劣质烟花爆竹、509 箱擦爆、14 060 个双响子全部进行销毁。帮助生产、销售部门建立健全各项规章制度,实行谁主管谁负责的责任追究制度。2001 年,对双城镇烟花爆竹厂检查,发现许多生产隐患,做出停产整顿的决定,帮助企业实行生产、储藏、生活三区分开,达到部颁标准,并帮助培训员工,制定完善安全生产制度。同时加大缉检力度,全年收缴枪支 1 033 支,子弹 290 发。2003 年,公安局下发《关于进一步明确烟花爆竹管理权限的通知》,明确内部责任分工,完成对烟花爆竹零售网点的布设和核发销售、储存许可证工作。2005 年,继续开展治爆缉枪活动,加强易燃易爆物品安全检查,使易燃易爆物品管理进一步规范化、制度化。

【治安案件查处】 1986 年,查处治安案件 618 起,其中扰乱公共秩序案件 50 起,妨害人身权利案件 21 起,侵犯人身权利案件 164 起,侵犯公司财务案件 146 起,妨害社会管理秩序案件 189 起,其他案件 48 起。查处违法人员 964 人,其中拘留 887 人,罚款 77 人,劳动教养 49 人。1994 年,针对群体突发治安事件明显增多的情况,制发《双城市公安局处置突发事件预案》,建立指挥部,抽调警力 280 人,成立情报信息、治安秩序、交通疏导、行动后勤、防爆预备队等战斗小组,以应付处置治安突发事件。全年与有关部门配合,处置大型群体上访事件 40 多次,其中影响较大的事件 7 次。查处治安疑难案件 36 起。1995 年,加强处置突发事件的软件建设,全年为市委、市政府提供有价值信息 28 件,协助有关部门劝导集体上访案件 7 起。较好地处置了 9 月 4 日发生在永胜乡大规模的群众"讨药"事件,制止了封建迷信活动。1998 年 4 月 27 日,阿城市农民 170 多人在双城堡火车站拦截火车,要进京上访。公安局接警后,立即组织警力 180 多人到火车站,一面维护现场治安秩序,一面协助有关方面劝阻。经过说服教育,于凌晨 2 时,用两台大客车将上访人员送回阿城。1999 年,公安局制订《双城市公安局维护社会稳定处置紧急治安事件的实施方案》,在工作中坚持教育、疏导、化解的原则,严格把握界线,维护稳定工作收到很好的效果。全年出动警力 1 000 多人次,妥善处置大型群体事件 5 次,小型事件 6 次。查处治安 819 起,其中疑难案件 6 起,查处违法人员 1 113 人。2005 年,在改革和规范治安案件查处工作上,采取专题讲座、集中培训等形式规范了执法行为,促进了执法公正。全年共查处治安案件 1 711 起,其中打仗斗殴、偷盗、流氓滋扰、赌博等案件占较大比重。查处违法人员 1 491 人,其中拘留 583 人,罚款 249 人。

【内部保卫】 1986 年,内保列管单位中要害单位 23 个,要害部位 156 个,金库 383 个,枪库 19 个,物资仓库415个。针对全县金库被盗案件增多的新情况,狠抓治安防范工作。重要的保卫单位和部位实行窗有铁护栏、铁皮门,库有防护罩,人有岗位责任制。经过宣传教育、督促检查多数单位都达到规范要求。1990年,抽调民警到地方税务局等8个单位组建公安执勤室,加强内保力量。7月,针对乳制品厂、五家粮库等单位相继发生重特大盗窃案件,内保科组织140名保卫干部,对86个企事业单位进行夜查,发现有60个单位存在各种问题,及时召开会议,给予通报批评,提出整改意见。1991年,各企事业单位恢复保卫科、股,全市共有保卫科112个,保卫股61个,专兼职保卫干部397人。配有经济警察的单位124个,共有经济警察271人。实行社会治安"谁主管谁负责",建立健全防火、防盗、防爆炸、防破坏、防治安灾害事故五防安全防范规章制度。强化人防、物防、技防相配套的严密防范工作。要害部位安有金属防护网的29家,安有铁皮门、防盗门的69家,安有铁护栏、铝合金门窗的39家。银行金融部门都安装红外线报警装置。设置电视监控的11家,与"110"公安报警台联网的71家,对防范和快速反应起到重要作用。1994年,东风派出所首先在金融、邮电等部门安装无线电报警器,为科技防范迈出可喜的一步。3月24日晚,第五中学闯入劫匪,更夫在被捆绑的情况下,按动了报警器开关,东风派出所值班民警闻声赶到,抓获抢劫现行犯3人。1995年,无线电报警器网络由37户(台)发展到226户(台),地域覆盖面达25平方公里。利用"报警器"破获抢盗案件37起。1997年11月29日中午,中国银行双城支行富民储蓄所闯进一名劫匪,将男营业员打倒后,持刀威胁女营业员打开金柜,女营业员在身体多处受伤的情况下,冲出营业室打报警电话,为保卫国家财产立了功,被评为中行卫士,哈市见义勇为先进分子。2001年,落实打防一体化和"154"工程建设,群防群治队伍得到巩固和提高,社会治安综合治理的各项措施得到进一步的落实。东风派出所安装的无线微机报警装备,与金融、企业、个体工商户等270家建立联系网络。2002年,双城镇有治安力量287人,扩大了治安防范覆盖面,增大了防范密度。全年发生民宅入室盗窃案件221起,比上年减少14起。2005年,以控制和减少可防性,多发性案件为重点,加强专职治安员队伍建设,发动群众开展形式多样的治安巡逻,构建警民联防、专群结合的社区治安防控网络。全市建起无线报警系统、电视监控系统56个,双城镇内楼区安装院内电视监控系统5个,大部分住宅楼安装了防盗门和对讲系统,提高了安全防范的科技含量。

【自行车管理】 1986年,针对自行车被盗案件突出的情况,5月30日开始开展清查自行车专项会战。从局机关抽调26名干警到农村乡镇指导清查工作,采取从车到人摸底排查,从人到车深挖犯罪的方法,仅一个月的清查,查明全县共有自行车105 918台,发现可疑车辆3 212台,破获自行车被盗案件60起,挖出犯罪分子11人,缴获被盗自行车91台。1988年8月13日,省公安厅发布《黑龙江省自行车治安管理规定》,公安局立即印发到各派出所,通过多种形式向群众宣传。1989年,为加强自行车管理,增配副所长1名,充实干警2名,聘用退休干部2名,招聘车管员31名,对农村26名车管员进行调整。双城镇在原有12个存车处的基础上又增设11个存车处,车管工作形成市、乡、村三级网络。1990年7月20日,在全市范围内开展清查自行车、打击盗车大会战,破获盗窃自行车案件56起,抓获犯罪分子27人,摧毁犯罪团伙4个,成员12人。为外地破获自行车案件47起。共缴获赃车256台,合人民币18 000余元。1991年1月至3月,自行车管理所在开展专项打击斗争中破获各种案件57起,其中重大盗窃案件4起,抓获犯罪分子27人,打掉盗窃团伙2个,成员8人。缴获摩托车2台,自行车41台。9月,周家派出所在反盗窃斗争中,收缴赃物自行车51台,轻便摩托车1台,破获一起盗窃自行车60多台的作案团伙。1992年,自行车管理所合并到治安科,由一名副科长主抓自行车管理工作。2004年,撤销自行车管理所。

【户政管理】 1986年,全县常住人口703 365人、157 236户,重点人口2 991人,刑嫌分子2 148人。1988年,下发《关于加强城乡流动人口管理的若干规定》,加强社会治安管理。从全县5 200多名流动人口中,查获各种违法犯罪分子87人,摸出刑嫌分子109人,破获各类案件11起。4月1日成立"双城县颁发居民身份证办公室",各派出所负责分检编码和打卡工作,对全县应发证人口进行核对,为366 000人发放了居民身份证,发证率在95%以上。此后,居民身份证的制发、补、换成为公安户籍部门的一项经常性工作。制定《城乡公安派出所基础建设工作规划》,明确提出人口分三类进行管理,外来人口 16 周岁以上的发暂住证,办证率达到 90% 以上。1995 年,在双城镇内 7 个派出所和周家、五家、兰棱 3 个分局共建 10 个流动人口管理站,其余派出所设流动人口管理员,负责流动人口登记、办证、管理。对全市 7 244 名重点人口进行清理整顿,共办暂住证的外来人口 9 707 人。年底,全市有 8 个派出所实行微机管理人口。1997 年,根据公安部要求,加强档案管理。分别对常住人口、暂住人口、居民身份证、重点人口建档立卷,当年,为 677 人建立重点人口卷。1998 年,根据公安部《重点人口管理工作规定》利用 2 个月时间对新规定的四类十九种重点人口进行一次全面重新排查,重新确定重点人口 5 917 人。对有重大现实危害的重点人口建立监控小组,及时发现犯罪,打击处理。2000 年,流动人口管理上做到档案齐全、内容完整。全市流入暂住人口 3 338 人,应办证 2 754 人,已办证 2 634 人,办证率达 95.6%。2001 年,办理暂住证 2 562 人,发证率为 94%。对人户分离户发催办单。2001 年,东风派出所在严打整治中,依靠扎实的基础工作,通过灵敏、缜密的人口管理信息网络,破获一起系列盗车案,抓获犯罪嫌疑人 2 名、缴获汽车 7 台。2002 年,全市开展为期两个月的专项会战,重点增加人口管理中的图像占有率,常住人口和外来人口办证率。2004 年,派出所工作重点是完善四个网络建设,即治安防控网络、路面巡逻网络、场所控制网络、案件侦查网络。2005 年,在春季开展的严打战役中,重点强化对流动人口、重点人口的管理,共清理整顿暂住人口 2 444 人,出租房屋 651 户。

第四节　消防

【消防组织及装备】　1986 年,公安消防科与消防中队都实行现役制,隶属双城县武装部。消防中队有消防队员 19 人,消防车 3 台。周家镇集资购买消防车 1 台,配备消防队员 8 名,成立双城县第一支民办消防队。1989 年,消防中队隶属黑龙江省松花江地区行政公署武装警察支队。1993 年消防科与消防中队合并成立消防大队。1995 年,消防大队装备东风牌载水 3.5 吨梯子车 1 台,水带 65 盘,水枪 15 支;企业专职消防队 7 支,消防车 8 台,消防队员 126 人;农村民办消防队 23 支,消防车 23 台。1997 年,双城市公安消防大队隶属哈尔滨市人民武装警察公安消防支队。2000 年,消防大队装备曲臂登高车 1 台。2001 年装备载水 8 吨灭火水罐车 1 台。2002 年,市政府投资 45 万元分别在双城镇南门外、西门外、北门外、市医院急救中心门前各建上水鹤 1 处,消防水源增加到 12 处。2005 年,全市共有消防队员 28 人,消防车 45 台,其中消防大队 4 台,企业消防车 12 台,民办消防车 29 台。

【消防宣传】　1986 年,消防部门利用会议、电视、张贴标语、出动宣传车等多种形式,深入宣传《中华人民共和国消防条例》,普及消防法律、法规知识。4 月,结合外地发生火灾的典型事例,召开春季防火会议,开展宣传教育,提高各级领导抓好防火工作的自觉性。1991 年消防部门通过电视台播放防火专题录像 14 次、火灾现场录像 3 次,印发《黑龙江省居民防火条例》4 万多张,并绘制防火漫画 15 幅,由电视台配音后在春节期间播放 40 多天。1996 年,在"119"消防宣传日,组织 4 台消防车、2 台消防宣传车参加宣传巡游,发放"致双城市全体市民的一封公开信"5 000 余份、"家庭消防安全常识"3 000 余份、逃生知识 3 000 份、"让家远离火灾"、《消防安全培训教材》400 本;设立消防宣传咨询站 8 个;出消防板报 200 块。1997 年,消防部门与有关方面配合,全年召开多种类型防火会议 14 次,印发防火宣传材料 5 000 多份,书写张贴消防标语 2 000 多条。1999 年,积极落实江泽民总书记关于"防患险于明火、防范胜于救灾、责任重于泰山"的重要指示,在庆祝《中华人民共和国消防法》实施一周年之际,适时开展宣传活动,印发《中华人民共和国消防法》300 余册,制作图板 100 余块,还在防火重点单位和区域增设防火标志。2002 年,消防大队组织企事业消防重点单位参加哈尔滨市消防支队和省消防局组织的消防知识竞赛活动,参赛人员获奖品彩电一台、奖金 5 000 元。2004 年,开展"4.17"防火宣传周活动,开展消防宣传进社区、进学校、进乡村活动日,组织消防重点单位参加地下建筑火灾扑救、人员疏散实地演练。每年 4 月 17 日"全民消防日",都召开大型会议宣传消防安全,并由消防大队现场表演消防器材的使用、家庭火灾的扑救、缓降器救人等项目。发放"致双城市人民的一封公开信"4 500份。2005年,突出以电视、宣传标语为主要媒介的宣传教育活动,电视台跟踪报道有关消防宣传内容42次,14个社区设立消防宣传栏。

【消防监督】 1986年,列入消防监督二级管理的重点单位57家。消防部门以春冬两季为重点,不间断地开展消防安全检查。4月,县委、县政府召开专门会议,部署春季防火工作,给36个消防重点单位颁发"防火安全合格单位"红牌。抽调230人,分成44个小组,进行全面防火大检查。1987年,大兴安岭特大森林火灾后,县里召开紧急电话会议,进一步明确防火工作责任人,下发《关于在全县开展安全防火检查通知》,抽调人员用7天时间进行检查,对发现的火灾隐患认真整改。全年发生火警46起,火灾10起,损失37 378元,没有突破上级下达的火灾损失指标。1989年,认真贯彻落实《松花江地区农村场院及柴草垛防火管理试行办法》,推广了将柴草垛堆放在村外的办法。11月针对化肥厂新建车间构成重大火险隐患的问题,及时协助企业进行整改。1990年,按照省综治办的要求,认真开展春季防火百日安全竞赛活动,效果显著,当年发生火灾比上年下降23.6%。1996年6月2日,农丰镇村民搬家请客引起火灾,殃及2个单位87户居民,烧毁单位房屋83栋,民房224间。消防队出动16台水车50名官兵投入灭火战斗,保住了新建的木糖醇厂。市里召开现场会,进行火灾隐患排查、整改。1997年10月22日,大修厂鞋厂发生火灾,烧毁厂房619平方米,成品鞋1 400双,火灾殃及三环实业总公司,烧毁库内物资,造成经济损失39万元。消防部门加强了安全检查,发现双城粮库、花园酒厂、贸易城地下商场等单位存在防火安全隐患,立即下发消防通知,帮助企业整改,消除隐患19处。1999年,对全市7个液化气站、61个加油站进行防火安全检查,发现7个液化气站未设有消防给水和残液回收设备,当即下达限期改正通知书,并派防火工程师协助整改,增添设施。在全年防火检查中,依法处罚6个单位,16个责任人。查清3起火灾原因,处罚火灾肇事者10人。全年火灾发生率比上年下降66.1%,火灾损失率比上年下降94%。2000年,通过安全防火检查,依法处罚10个单位,取缔居民楼内经营烟花爆竹食杂店4家,取缔在居民区中收运液化石油气钢瓶点6处,查封黑柴油加工点2处。2001年,加大对45个重点防火单位的管理,全年检查182次,当场下改正通知书20份、责令整改通知书28份、消防安全检查意见书75份,整改隐患227处,关停单位2个。2002年,贯彻落实《黑龙江省公安厅关于对消防安全重点单位实施告知和重大火灾隐患实施告知制度的通知》,加大监督执法的力度,处罚41个单位,责任人67人,停产停业17家,罚款8万多元。2005年,重点对公共娱乐场所和大型商服区进行隐患排查,全年下发责令限期整改通知书33份,下发复查意见书41份,责令停产停业18家,查封2家,处罚40人,拘留1人。1986—2005年,全市累计发生火灾1 772起,死亡11人,伤残3人,经济损失474.6万元。

第五节　交通管理

【交通秩序管理】 1987年,交警大队成立后,召开全县整改交通秩序有线广播大会,印发《关于加强双城镇交通管理的通知》宣传单2 000份,印成小册子3 000册,广泛张贴,发给机动车司机。10月开展"百日交通安全"会战,对全县交通秩序进行专项整改和治理,清除路障13处,检查机动车辆21 700台次,扣留违章车辆报废车辆78台。1989年,以城区为重点,加强路面管理和检查,增设交通岗亭5个,路面执勤保持三分之二的警力,治理违章占道、乱停乱放车辆等行为。全年纠正违章车辆304台次,吊销驾驶证128本,拘留无证驾驶18人,罚款3万余元。1991年,在城区的主要道路上投资4万元增设交通标志54个,实行人车分流,各行其道。1994年,集中抓城区道路交通秩序和京哈公路交通秩序整顿。加强车辆检测和路检路查,做到压事故、保安全、保畅通。1995年8月,在出租车场所设立出租车辆管理办公室,设立专门人员加强对出租车的管理。设置隔离带5 000米,喷涂道路标线3 000米,规范机动车辆行驶。2004年,开展交通安全大排查,重点对客运车辆实行专项治理。加强市区道路交通治安日常管理,除早晚交通高峰期在主要交通路口设9个固定岗勤外,其余时间以巡逻为主,随时处理交通违法行为。进一步加强交通基础设施建设,投资50万元在学校门前路段设置减速带8处153延长米,增设交通标志27块,更换信号灯5处,新增信号灯2处。2005年,交警部门与城管部门配合,对非机动车道上违法停车堵塞交通的乱停乱放行为,依法进行处罚,同时调整市区和公路勤务的执勤警力,加大重点整治区域警力投入,加大接处警的考核力度,进行跟踪问效;加强夜间交通管理,对夜间闯红灯、无牌无证、灯具不全、酒后驾车等违法行为进行处罚。

【车辆与驾驶员管理】 1987年,成立交警大队,设车务组负责机动车辆管理、检验、牌照核发和车辆档案管理。办理机动车辆停驶、复驶、变更、转籍手续,负责驾驶员培训、考试、发证。全县有各种机动车19 667台。1988年,结合驾驶员审验工作,对驾驶员进行18场学习"条例"的考试,参加人员达1 700多人。1991年,全市拥有各种机动车21 697台,驾驶员12 566人。1994年,根据《关于全市启用印发"九二式"机动车牌证的公告》,对全市境内所有机动车辆更换新牌证。1998年,组织驾驶员学习《中华人民共和国道路交通管理条例》,进行18场考试,参考人员1 700多人。1999年,投资40万元,更新车辆监测系统,坚持每年春检一次,年检一次,使机动车辆安全系数达到或接近国家规定标准,及时排除或减少事故隐患。2001年,全市各种机动车增至42 385台,驾驶员18 947人。全年检测违章车辆725台,违章率为11.5%。针对车辆递增较快、道路车辆增密的情况,交警部门坚持严格核发牌照、分类注册、登记建档做法,在建立车辆台账的基础上及时将车辆变更、转籍、停驶、复驶、报废等信息录入微机,及时掌握车辆的技术状况和分布情况。2005年,全市机动车5 1634台,驾驶员40 118人。报废各种机动车890台。

1987—2005年机动车辆年增情况表

表16-1-2　　　　　　　　　　　　　　　　　　　　　　　　　　　　　　　单位:台

年度	小型车	大型车	农用车	二、三轮车	合计
1987	97	62	1	55	215
1988	207	60	2	88	357
1989	105	58	4	82	249
1990	72	45	13	94	224
1991	137	70	84	634	925
1992	233	83	95	679	1 090
1993	245	84	115	797	1 231
1994	256	116	123	897	1 392
1995	367	132	164	946	1 579
1996	239	59	146	1 017	1 458
1997	305	54	156	1 340	1 855
1998	345	56	174	1 445	2 020
1999	674	102	186	1 571	2 533
2000	574	1 038	1 757	1 100	4 469
2001	632	151	106	393	1 282
2002	641	179	72	863	1 755
2003	684	183	20	1 863	2 750
2004	695	197	8	1 768	2 668

续表

年度	小型车	大型车	农用车	二、三轮车	合计
2005	642	244	29	1 161	2 076

【交通事故处理】 1987年3月以前,交通事故处理由交通局下属道路交通监理所负责。3月18日,交警大队成立以后,交通事故处理由交警大队负责。当年,发生交通事故24起,死亡10人,伤21人,经济损失5.3万元。1994年3月6日18时30分,吉林省公主岭市风响乡司机驾驶解放牌大货车在102国道由北向南行驶,会车时撞上路旁推自行车行走的兰棱镇农民,造成3人死亡的重(特)大交通事故。肇事后司机弃车逃跑,交警部门将逃逸司机抓获,依法进行严惩。随着经济的快速发展,车辆逐年增多,交通事故也呈上升趋势。1997年,全市境内发生交通事故524起,死亡66人,伤405人,经济损失291万元,是交通事故发生最多的一年。1998年4月9日,哈市前进劳教所工作人员驾驶微型面包车,在102国道上与对面行驶的吉林省松源市个体司机驾驶的酒糟车相撞,致使面包车上2人当场死亡,1人抢救无效死亡。对肇事者依法进行处理。2000年,共发生交通事故350起,死亡45人,伤314人,经济损失198.7万元。2005年,发生交通事故173起,死亡49人,伤210人,经济损失160万元。

1987—2005年交通事故四项指标情况表

表16-1-3

年度	发生数（起）	死亡人数（人）	受伤人数（人）	经济损失（万元）
1987	24	10	21	5.3
1988	45	11	18	15.3
1989	87	20	53	52.5
1990	121	38	85	91.4
1991	155	41	117	1 112.4
1992	161	48	125	1 127.4
1993	183	52	141	14
1994	188	55	156	149.2
1995	197	58	150	148.6
1996	212	59	143	161.9
1997	524	66	405	291.1
1998	506	80	498	212.1
1999	465	80	422	218.8
2000	350	45	314	198.7
2001	277	47	306	276.3
2002	270	50	322	231
2003	309	64	330	261
2004	202	54	158	216.2
2005	173	49	210	160.2

第二章　检　察

第一节　机构、队伍

【**双城市人民检察院**】　1986年,县人民检察院内设批捕科、起诉科、经济检察科、法纪检察科、控告申诉检察科、办公室、政工科。在地税、国税两局,周家、五家、兰棱镇派检察室,在编人员50名。1988年,增设监所检察科、检察技术科、研究室,成立举报中心。1990年3月,经济检察科改为贪污贿赂检察科。1993年4月,增设民事行政检察科。1994年5月,增设法警队。1997年5月,贪污贿赂检察科更名为反贪污贿赂局。撤销地税、国税检察室。1998年,撤销乡镇检察室。2001年4月,增设预防职务犯罪科。2002年3月,法纪检察科更名为反渎职侵权局,7月,批捕科改为侦查监督科。2003年5月,起诉科改为公诉科。2005年,市检察院内设机构有侦查监督科、公诉科、预防职务犯罪科、民事行政检察科、反贪污贿赂局、监所检察科、检察技术科、控告申诉检察科、反渎职侵权局、办公室、调研室、政工科。编制71名,实有干警75名。

历任检察院检察长:张世武、李立奎、张禄、张英凯;副检察长:孙俭、王福顺、金代江、陈喜满、于占江、孙国庆、田兆信、孙国忠、施晓飞、曲文福、肖宪林、李卓勋、陆小庆;党组专职副书记:刘松波。

【**队伍**】　1986年,全院有干警50人,其中大专以上文化15人,占30%,中专12人,占24%,高中23人,占46%。副处级1人、正科级3人、副科级6人。检察员11人、助理检察员18人、书记员5人、司法警察6人。1989年,市检察院被评为全省检察系统先进院。1994年,市检察院被省委、省政府命名为文明单位标兵。1995年,被最高人民检察院授予全国模范检察院称号。检察长李立奎被最高人民检察院授予模范检察领导干部光荣称号。1998年8月,市人民检察院首次进行检察官等级评定和司法警察授衔工作。当年,检察院评定高三级检察官1名、高四级检察官15名、一至四级检察官29名,8名司法警察被授予二级警督2名、三级警督5名、一级警司1名。同年抗洪抢险斗争中,市检察院被最高人民检察院授予先进单位,被省检察院记一等功。2000年,市检察院以精神文明和职业道德建设为核心,运用教育、行政、经济、法律等手段,不断提高检察队伍政治、业务素质和职业道德素质。曾多次在松花江地区、哈尔滨市和全省检察系统政工会议上介绍队伍建设经验。2005年,全院共有干警75人,其中研究生学历2人、本科学历34人。干警中法律专业毕业的65人,占全院干警的82%。干警中正处级检察官1人、副处级检察官3人、正科级检察官10人、副科级检察官24人、股级检察官21人、书记员10人、司法警察6人。20年中,共计78次受到地方党委、政府、上级党委、政府、上级检察院表彰,检察干警223人次受到奖励。全院干警拒收案件当事人钱物折合人民币18.5万元。涌现见义勇为、智擒罪犯、搭救病人、扶贫帮困等好人好事215件,群众送锦旗12面、牌匾8块、表扬信124件。涌现出一大批省、哈尔滨市级优秀公诉人、优秀侦查员、优秀检察干部。检察院坚持从严治检,通报批评干警违章18人,处分干警违纪1人,查处干警违法犯罪2人。

第二节　检察工作

【**刑事检察**】　1986年,受理公安机关提请批捕的刑事案件165件175人,批捕175人。受理公安机关移送起诉案件104件169人。其中提起公诉98件157人,免予起诉6件12人。1990年受理提请批捕的刑事案件214件265人,批捕265人,受理公安机关移送案件155件200人,决定起诉150件194人,决定免诉5件6人。2000年,侦查监督科开展"青少年维权岗"活动,在审查批捕工作中,认真贯彻党对青少年犯罪的刑事政策,维护青少年的合法权益,被评为哈尔滨市检察系统"青少年维权"先进单位。2001年,在中央统一开展的为期三年的"严打整治"斗争中,积极参与"打团伙、抓逃犯"和"打黑除恶"等专项斗争。坚持依法"严打"方针,对刑事案件在法定时限内快捕快诉,批捕各种犯罪嫌疑人240人。2002年7月,侦查监督科在受理公安局提请批捕的双城镇刘某涉嫌强奸幼女一案时,发现诸多矛盾和疑点。在三次退查仍证据不足的情况下,侦查监督科组成办案组自行补查,查清此案是一起谋财蓄意诬告陷害案件、对刘某做出不予批捕决定,无罪释放,对捏造事实唆使养女陷害他人的王××以诬告陷害罪批准逮捕,公诉后被判刑。2003年,批捕、公诉盗窃、投放危险物质毒害奶牛犯罪嫌疑人29人,追究刑事责任29人;公诉利用邪教组织破坏法律实施犯罪嫌疑人29人,全部被判处刑罚。2005年,批捕各种犯罪嫌疑人338人,提起诉讼390人。

1986—2005 年批捕、公诉案件情况统计表

表 16 - 2 - 1

年度	批捕						公诉							
	受案		审结				受案		审结					
			批捕		不捕				公诉		免诉		不诉	
	件	人	件	人	件	人	件	人	件	人	件	人	件	人
合计	4 697	5 673	4 697	5 637		36	3 782	4 922	3 692	4 767	83	134	1	9
1986	165	175	165	175			104	169	98	157	6	12		
1987	98	129	98	125			108	166	100	138	8	28		
1988	143	160	143	159		1	87	118	83	110	4	8		
1989	175	274	175	274			110	172	107	163	3	9		
1990	214	265	214	265			155	200	150	194	5	6		
1991	217	313	217	310		3	210	311	196	293	14	18		
1992	162	223	162	220		3		119	166	156	3	5		5
1993	145	169	145	169		5	91	123	91	120		3		
1994	236	277	236	271		6	190	220	173	212	7	8		
1995	284	303	284	300		3	203	284	197	278	6	6		
1996	261	284	261	281		3	187	252	160	224	27	28		
1997	285	311	285	307		4	172	215	172	213		2		
1998	324	398	324	398			298	377	298	376		1		
1999	439	508	439	506		2	344	400	344	400				
2000	300	336	300	332		4	279	324	279	324				
2001	208	240	208	240			203	224	203	224				
2002	234	290	234	290			195	241	194	239			1	2
2003	230	291	230	291			208	267	208	267				
2004	317	387	317	387			238	301	238	301				
2005	260	340	260	338		2	291	392	291	390				2

【监所检察】　1988 年,增设监所检察科,向看守所派驻检察室,有检察人员 4 名。坚持对监所平时与重大节日的安全检查,对监管活动是否合法实行依法监督,及时消除不安全因素,防止突发事件发生。2002 年,对看守所长期超期羁押问题进行集中清理整顿,清理超期羁押 34 人,公、检、法三部门及时进行纠正。2003 年,看守所在押死缓杀人犯王某纠集 7 名在押犯,将同监号一名犯罪嫌疑人用拳脚打死,监所科配合有关部门及时进行查处。2004 年,在刑罚执行监督中,加强对被判缓刑、管制和保外就医人员的监督;与公安部门配合进行执法检查,纠正违法问题 3 件 3 人。2005 年,看守所监管人员失职,致使 2 名在押犯脱逃,2 名公安干警受到法律和纪律处分;监所科办理在押人犯再犯罪案件 2 件 2 人,均被法院加刑判决。同年,驻所检察室被最高人民检察院授予"二级规范化检察室"称号。

【控告申诉检察】　1986 年,受理控告申诉信件 26 件。1991 年 5 月,加强人民群众来信来访工作,开展文明接待室和检察长接待日活动,全年接待群众来信来访 16 件。1994 年,检察院根据群众举报,一举查办市财政局工财股长付某挪用公款 45 万元大案,2 名财政局人员受到刑事处分。2000 年,受理人民群众来信来访 58 件。2001 年,依法开展举报线索初查,初查案件 7 件,初查率达到 85%,其中贪污贿赂犯罪线索 5 件、成案 5 件,渎职侵权犯罪线索 2 件,成案 1 件。2003 年,受理群众来信来访 46 件,其中举报线索 12 件,控告线索 23 件、申诉线索 11 件。2004 年,对署名信访,在接待、办理、结果反馈三个方面均达到 100%;对急访、群访,急事急办。9 月,朝阳乡胜发村 30 名村民乘坐四轮车来院上访,状告朝阳电管站在农村低压线路改造时,每户收 166 元,还不开收据问题。主管检察长和控申科长接待后,到农电局调查,发现朝阳电管站每户多收 32.3 元,让他们立即进行清退,并补开正式收据。当年,市检察院接待室被最高人民检察院授予全国文明接待室称号。2005 年,市检察院建立完善处理群众涉法上访工作机制,开展"集中处理群众涉法上访"工作,当年处理群众涉法上访 2 件。1986—2005 年,市检察院接待群众来信访 2 935 件(次),其中检察长接待 265 件(次)、批办群众来信 178 件。市检察院办理刑事赔偿 5 件,赔偿金额 12 万元。

【民事行政检察】　1993 年,检察院成立民事行政检察科,对已发生法律效力的、显失公平的民事、行政判决、裁定,通过法定的"抗诉"形式,实行依法监督。当年受理民事行政案件 4 件,立案 4 件、提请抗诉后法院改判 2 起、调解 1 起。1994 年,民事行政检察科被评为省检察系统民行工作先进单位。1996 年,受理民事行政案件 10 件,审查后提起抗诉 6 件,提出检察建议 4 件。处理结果是改判 5 件,再审 4 件,息诉 1 件。2000 年,受理民事行政案件 22 件、提请抗诉 16 件,提出检察建议 6 件,处理结果是改判 8 件,再审 6 件、调解 4 件、维持原判息诉 4 件。2002 年 3 月,民事行政检察科受理万隆乡村民祝某和梁某因土地承包与村委会发生纠纷案,法院经审理,判令驳回祝、梁二人的诉讼请求后,仅用三天时间就调查获取大量证据,证明法院判决属适用法律不当,向法院发出检察建议,要求按审判监督程序尽快再审。法院接受建议后再审,并在检察院派员参加下,去当地宣布裁定先予执行,祝、梁二人胜诉,当事人及时种上地。2005 年,受理民事行政案件 9 件,其中债务纠纷 4 件、医疗赔偿 2 件、宅基地纠纷 3 件。经审查提请抗诉 8 件,提出检察建议 1 件。处理结果是改判 4 件,再审 1 件、调解 2 件,维持原判 2 件。1993—2005 年,共立案办理民事、行政判决、裁定申诉案件 130 件,其中提请抗诉 79 件,占办案总数的 60%。抗诉案件改判 43 件、占提请抗诉案件 54.4%。调解处理 19 件,维持原判息诉 17 件,提出检察建议 51 件,全部被法院采纳,再审改判率达 100%。通过办案为群众挽回经济损失和防止国有资产流失达 58.2 万元。

1993—2005 年办理民事行政案件情况表

表 16－2－2　　　　　　　　　　　　　　　　　　　　　　　　　　　　　　　单位:件

年度	受案	审查处理		结案处理			处理结果				
		合计	立案	合计	抗诉	检察建议	合计	改判	再审	调解	维持原判
合计	130	130	130	130	79	51	130	43	51	19	17
1993	4	4	4	4	4		4	2		1	1
1994	9	9	9	9	4	5	9	3	5		1
1995	8	8	8	8	4	4	8	3	4		1
1996	10	10	10	10	6	4	10	5	4		1
1997	8	8	8	8	5	3	8	2	3	2	1
1998	13	13	13	13	8	5	13	5	5	2	1
1999	9	9	9	9	3	6	9	1	6		2
2000	22	22	22	22	16	6	22	8	6	4	4
2001	7	7	7	7	4	3	7	2	3	2	
2002	11	11	11	11	5	6	11	2	6	2	1
2003	8	8	8	8	3	5	8	1	5	1	1
2004	12	12	12	12	9	3	12	5	3	3	1
2005	9	9	9	9	8	1	9	4	1	2	2

第三节　查办与预防职务犯罪

【查办职务犯罪】　1986 年,全年立案侦查贪污贿赂案件 16 件 19 人,有罪判决 6 人。立案侦查渎职侵权案件 2 件 2 人,有罪判决 2 人。在全县聘任兼职检察员 60 名,为检察机关提供案件线索和协助办案。1988 年,检察院历时八个月立案侦查了原县政府办公室会计陈某等 4 名干部贪污案,在全县引起震动。1999 年,在查办市新华书店、锅炉厂、生产资料公司、石油公司等单位发生的涉嫌贪污案中,共追缴赃款56 万元。按地方规定,此款上缴地方财政后,财政部门将按 80% 比例返给市检察院补充办案经费。但检察院舍弃部门利益,将这些赃款返给企业,用于补发拖欠的职工工资。1999 年 12 月,最高人民检察院副检察长胡克惠到院视察工作时,对此举予以肯定和赞许。2004 年,查办原韩甸粮库主任李某挪用公款7 000余万元的特大案件,李某被判无期徒刑,在全市引起广泛关注。到 2005 年,检察院立案查办国家工作人员非法拘禁、刑讯逼供、重大责任事故、玩忽职守、滥用职权等渎职侵权案件 128 件 143 人,提起公诉 37 件 45人,追究刑事责任 45 人。立案查办党政机关、行政执法部门和司法机关以及经济管理部门、国家工作人员贪污贿赂等经济犯罪案件 537 件 557 人,提起公诉 104 件 110 人,追究刑事责任 110 人。其中处级干部 4人,科级干部 12 人。通过查办贪污贿赂等经济犯罪案件,为国家和集体挽回经济损失2 600多万元。

【预防职务犯罪】　2001 年,市检察院增设职务预防犯罪科,通过检察建议、帮助发案单位整章建制、开展法制宣传等形式,开展个案预防和系统预防。2003 年,成立双城市预防职务犯罪领导小组,召开 3 次预防工作会议,按照标本兼治、综合治理、惩防并举、注重预防的反腐败方针及教育、制度、监督并重的惩治和预防体系的要求,协调全市各级党委、行政部门通力合作,从源头上开展预防职务犯罪工作。2004 年 8

月12日,市委、市政府在检察院召开预防职务犯罪工作会议,总结预防职务犯罪、促进经济发展、社会稳定一期工程工作,部署预防职务犯罪二期工程任务。在全市21个系统、39个单位、21个乡镇、6个社区建立预防工作联系点,聘请87名预防信息联络员,建立预防教育基地2处,开展预防讲座20次,受教育干部职工达5 000余人次。2005年,市检察院抓住建筑领域招投标环节,进行预防监督。市公安局交警大队综合楼招投标时,参加投标公司没有达到法定数量要求,有关人员继续开标。检察院预防科工作人员立即指出继续开标的不合法性,建议重新进行招投标,此建议被采纳。2001—2005年,检察院在预防工作中共提出检察建议18件,均被有关单位采纳。帮助有关单位整章建制22项,纠正违法12次,避免经济损失达190余万元。

1986—2005年贪污贿赂人员案件查处情况表

表16－2－3

年度	立案		侦结						公诉						判决结果	
			移送公诉		移送免诉		移送不诉		公诉		免予起诉		不起诉		有罪判决	
	件	人	件	人	件	人	件	人	件	人	件	人	件	人	件	人
合计	537	557	104	110	429	443	4	4	104	110	429	443	4	4	104	110
1986	16	19	6	6	10	13			6	6	10	13			6	6
1987	11	11	2	2	9	9			6	6	10	13				
1988	15	17			15	17					15	17			2	2
1989	26	30	3	4	23	26			3	4	23	26			3	4
1990	29	32	1	1	28	31			1	1	28	31			11	11
1991	93	93	11	11	82	82			11	11	82	82				
1992	80	80	4	4	76	76			4	4	76	76			4	4
1993	61	63	1	1	60	62			1	1	60	62			1	1
1994	51	52	7	8	44	44			7	8	44	44			7	8
1995	56	37	7	8	29	29			7	8	29	29			7	8
1996	53	53			53	53					53	53				
1997	6	6	6	6	6	6			6	6					6	6
1998	3	3	3	3	3	3			3	3					3	3
1999	10	11	10	11	10			1	10	10				1	10	10
2000	5	5	5	5	5	5			5	5					5	5
2001	8	8	8	8	8	8			8	8	8	8			8	8
2002	8	8	7	7			1	1	7	7			1	1	7	7
2003	4	4	4	4	4	4			4	4					4	4
2004	7	8	7	8					7	8					7	8
2005	15	17	12	14			3	3	12	14			3	3	12	14

1986—2005 年渎职侵权案件情况表

表 16－2－4

年度	立案		侦结						公诉						判决结果	
			移送公诉		移送免诉		移送不诉		公诉		免予起诉		不起诉		有罪判决	
	件	人	件	人	件	人	件	人	件	人	件	人	件	人	件	人
合计	128	143	37	45	87	94	4	4	37	45	87	94	4	4	37	45
1986	2	2	2	2					2	2					2	2
1987	5	6	4	5	1	19			4	5	1				4	5
1988	6	6	4	5	1	1			6	6						
1989	7	11	2	2	5	9			2	2	5	9			2	2
1990	2	2			2	2					2	2				
1991	21	21			21	21					21	21				
1992	26	26	2	2	24	24			2	2	24	24			2	2
1993	9	11			9	11					9	11				
1994	8	8			8	8					8	8				
1995	5	5			5	5					5	5				
1996	5	5	5	5							5	5				
1997	1	1	1	1					1	1					1	1
1998	6	9	6	8		1			6	8		1			6	8
1999	2	4	1	3	1				1	3	1	1			1	3
2000	3	3	3	3					3	3					3	3
2001	3	3	2	2			1	1	2	2			1	1	2	2
2002	1	1	1	1					1	1					1	1
2003	3	6	3	6					3	6					3	6
2004	8	8	6	6			2	2	6	6			2	2	6	6
2005	5	5	4	4			1	1	4	4			1	1	4	4

第三章　审　判

第一节　机构、队伍

【双城市人民法院】　1986 年，法院内设刑事审判庭、民事审判庭、经济审判庭、执行庭、行政审判庭、办公室。下设兰棱、东官、韩甸、农丰、五家、水泉、城关 7 个法庭。1988 年，增设乐群、同心、临江、杏山、朝阳、金城、单城、周家、新兴9个法庭。1990年,增设告诉申诉庭、政工科、调研室、监察室。1997年增设少年法庭。2001年,撤销告诉申诉庭,改设审判监督庭、立案庭。2001年改执行庭为执行局,下设执行一庭、执行二庭。民事审判庭改称民事审判一庭,经济审判庭改称民事审判二庭,成立司法警察大队。2005年,法院内设民事审判一庭、民事审判二庭、刑事审判庭、行政审判庭、立案庭、审判监督庭、执行局(辖执行一庭、执行二庭)、少年法庭、办公室、政工科、监察室、调研室、司法警察大队。派出机构有城郊、韩甸、周家、五家、兰棱法庭。

历任法院院长:何文发、王树森、张士伟、纪永福;副院长善哈年、周庆林、孙国忠、宋恩芳、曲守贵、高荣斌、孙国华;党组副书记:赵敏、赵连军。

【队伍】 1986年,全院有干警70人,男61人,女9人。院长1人,副院长3人,审判员17人,助理审判员10人,书记员34人,法警5人。1991年,全院有干警88人。1997年,全院有干警102人,其中男82人,女20人;院长5人,审判员65人,助理审判员13人,法警3人,书记员14人,工人2人。1998年,根据《中华人民共和国法官等级暂行规定》,首次开展法官等级评定工作,当年评出法官86人,其中,高级法官4人,一级法官13人,二级法官17人,三级法官35人,四级法官10人,五级法官7人。2005年,全院有干警111人,其中院长1人,副院长3人,副书记1人,庭长13人,副庭长15人,正副主任6人,队长1人,正副科长2人,局长1人,审判员30人,助审员1人,书记员12人,执行员9人,法警7人,工人3人。

第二节 审判工作

【刑事审判】 1986年是中央部署开展从重从快、严厉打击严重刑事犯罪斗争的最后一年。审理刑事案件354件,判处罪犯461人,重刑面在50%以上,其中判处5至10年的184人,10至15年的46人,三大刑的16人,5年以下的220人。1988年,根据中央精神,抽调有经验的审判员17人,对历史老案进行复查,复审"文革"前判处的反革命案件355件、"文革"中105件,普通刑事案件319件。以当时的政策法律为标准,做到有错必纠,积极稳妥地落实党的政策,经过复查,维持原判296件,占复查的93%,改变性质刑罚未改的7件,占2.2%,按起义投诚对待的5件,占1.6%,定罪免处的1件,占0.3%,宣告无罪的14件,占4.4%。1993年,在刑事案件审理中,坚持严打方针,对杀人放火、抢劫、强奸、盗窃等严重危害社会秩序的犯罪分子依法从重从快严打严处。全年刑事案件受案148件,审结146件,审结的刑事案件综合量刑面为45.8%。1998年,刑事案件受案317件,审结317件,判处人犯396人。2001年,全市开展对黑恶势力、涉毒、涉盗奶牛及扰乱鲜奶收购市场等犯罪予以严厉打击活动。法院审结偷盗、毒害奶牛案件29件,判处罪犯23人,其中判处5年以上徒刑的12人。被告人车某作案10起,毒死奶牛25头,直接经济损失15万余元;被告人刘某作案5起,毒死奶牛21头,直接经济损失12.7万元。检察机关对这两起案件以破坏生产经营罪提起公诉,经审判,二被告主观恶意深,情节严重,危害特别大,以破坏生产经营罪论处,显得打击力度不够,经请示中院,最后以投毒罪分别判处车某、刘某有期徒刑13年、12年。2005年,受理刑事案件277件,审结276件,判处各类人犯345人。1986—2005年,审理刑事案件4 321件,判处罪犯5 258人。其中5年以上有期徒刑的1 577人,5年以下有期徒刑2 367人,拘管缓1 314人。

1986—2005年刑事案件受结案情况表

表16-3-1

年度	受案 (件)	结案 (件)	结案率 (%)	判处人数 (人)	年度	受案 (件)	结案 (件)	结案率 (%)	判处人数 (人)
合计	4 233	4 212	99.5	5 249	1996	215	215	100	268

续表

年度	受案（件）	结案（件）	结案率（%）	判处人数（人）	年度	受案（件）	结案（件）	结案率（%）	判处人数（人）
1986	133	133	100	159	1997	242	242	100	302
1987	132	131	99.2	163	1998	317	317	100	396
1988	102	100	100	127	1999	377	376	99.7	470
1989	124	122	98.4	152	2000	307	307	100	383
1990	170	170	100	212	2001	231	223	96.5	278
1991	225	225	100	281	2002	235	233	99.1	291
1992	142	142	100	177	2003	238	23	99.6	296
1993	148	146	98.6	182	2004	272	271	99.6	338
1994	155	153	98.7	191	2005	277	276	99.6	345
1995	191	191	100	238					

【民事审判】 1986 年,随着民事诉讼范围不断扩大,民事案件逐年增加。全年受理各类民事案件 640 件。其中婚姻案件 250 件,抚养案件 19 件,债务案件 218 件,赔偿案件 38 件,房屋买卖案 32 件。审结 635 件,审结率为 99.2%。在审结案件中,判决 51 件,调解 539 件,撤诉 25 件,其他 20 件。1990 年,受理民事案件1 315件,其中婚姻案 513 件,债务案 447 件,赔偿案 79 件,房屋买卖案 66 件,抚养案 39 件,审结案 1 315件,审结率为 100%。1993 年,受理各类民事案件1 637件,其中婚姻案 795 件,借贷案 289 件,赔偿案 61 件,买卖纠纷案 10 件,其他 346 件,结案1 507件,结案率 92.1%。结案方式,判决 360 件,调解 880 件,撤诉 265 件。1994 年,双城法院在全省率先进行审判方式改革。6 月,全省 120 多位法院院长、庭长以及有关专家来双城观摩民事审判改革示范庭活动,此后,双城法院的改革受到最高院的重视,多次派专家来双进行指导、总结经验。双城法院总结出的“一公开、三强化”,即公开审判,强化庭审功能,强化举证责任,强化合议庭权力,实行一步到庭的审判方式,受到上级法院的肯定和推广。改革后的庭审进一步体现诉讼活动的民主性、公开性,强化公诉人、当事人、辩护人的举证责任。改革后的民事案件审时平均 35 天,适用简易程序的平均 20 天,当庭宣判率达 70%。下放合议庭权限,调解书均由法庭庭长签发,一般判决书由民庭庭长或被授权的法庭庭长签发,缩短办案时间,增强审判员的责任感。实现当庭举证、质证、认证,有理讲在法庭,是非分清在法庭,赢的仗义,输的服气。当年,民事案件出现疑难案件增加,新型案件增多,执行难度增大三个特点。为提高办案质量,法院制定《民事案件质量检查考评办法》,实行审结案件按月归档制度,做到一案一检查,一月一报卷。当年,受理民事案件1 320件,其中婚姻案 854 件,借贷案 302 件,人身损害赔偿案 79 件,其他 85 件,结案1 319件,结案率 99%。在结案方式上,判决 236 件,调解 731 件,撤诉 349 件,其他 4 件。1995 年,民事审判不断加强服务意识,为经济建设和社会稳定服务。11 月,双城镇长勇村 80 多户农民拒交公粮,城镇领导要求法庭给予支援,城关法庭庭长亲自到农户家中走访,做工作,当天就有一半农户交粮,之后全村很快完成了国家粮食订购任务。全年共受理各类民事案件1 478件,审结1 478件,结案率 100%。1998 年,第二轮土地承包合同纠纷案件增多,法院对涉农案件实行“三优先”,即优先立案、优先审理、优先执行。民庭和各法庭的审判人员深入乡村办案,审理了一大批农村土地承包合同纠纷案件。1999 年春季,仅两个月就审理 57 件涉农案件,全市审结土地承包纠纷案 200 多件。本年受理民事案件2 187件,审结2 187件,结案率 100%。其中判决 903 件,调解 282 件,撤诉及其他方式结案 702 件。

2001 年,共受理案件2 353件,审结2 234件,审结率为95%,其中调解678 件,判决1 132件,撤诉412 件,驳回起诉12 件,移送2 件。2005 年,受理案件2 512件,其中婚姻案983 件,债务案857 件,赔偿案151 件,房屋买卖126 件,抚养案76 件,其他案件319 件,结案2 425件,结案率为96.5%。1986—2005 年,共受案36 366件,结案35 552件,结案率为97.8%。

1986—2005 年民事案件受结案情况表

表 16 - 3 - 2

年度	受案(件)	结案(件)	结案率(%)	年度	受案(件)	结案(件)	结案率(%)
合计	36 366	35 552	97.8	1996	1 859	1 840	98.9
1986	640	635	99.2	1997	3 943	3 785	95.9
1987	645	629	97.5	1998	2 721	2721	100.0
1988	747	745	99.7	1999	2 187	2187	100.0
1989	1 052	1 023	97.4	2000	1 655	1644	99.3
1990	1315	1315	100.0	2001	2 352	2 334	95.0
1991	2 269	2 269	100.0	2002	2 180	2 116	97.1
1992	2 521	2 395	95.0	2003	1 472	1 460	99.2
1993	1 637	1 507	92.1	2004	1 860	1 824	98.1
1994	1 320	1 319	99.9	2005	2 512	2 425	96.5
1995	1 478	1 478	100.0				

【经济审判】 1986 年,受理经济案件130 件,审结128 件,结案率为97%。通过案件审理,及时有效地维护正常经济秩序,保护了当事人的合法权益,化解矛盾,为维护社会稳定提供了司法保障和法律服务。1993 年,受理经济案件225 件,全部结案,结案标的额2 200多万元,为本市企业索回欠款1 760万元。1995年,适用破产程序处理破产案件22 件,破产金额7 亿元。在审理破产案件时,提前介入,防止资产流失,集中人力,清理财产,依法指导产权界定,使破产案件以最快速度、最小影响、最佳效果审结。黑龙江省合成洗涤剂厂数百名工人集体上访,要求清理企业债权,清查有关人员的腐败问题。市委、市政府成立联合专案组,法院派员参加,采取诉前谈话和法制教育方式,敦促债务人主动偿还债务。采取缓交诉讼费用,快立案、快送达、快审理、快宣判的方式,一个月里收回欠款60 多万元,为工厂确认债权180 多万元。全年受理经济案件109 件,审结108 件,结案率99%。经济审判坚持服从和服务经济建设作为工作的出发点和落脚点,到1997 年共为特困危困企业办案814 件,案件标的额7 936万元,确认债权3 456.7万元。对骨干企业实行重点服务,采取领导挂帅、专人驻守、急案急办,加快办案节奏。对危困企业实行优惠服务,采取诉讼费减、缓、免或先办案后收费,帮助企业盘活资金发展生产。在办理供销社职工欠承包费案件时,采取减缓收费办法,一个月内帮助供销社索回欠款20 余万元。2005 年,受理经济案件168 件,结案166 件,结案率98%。1986—2005 年,共受理经济案件3 967件,审结3 885件,结案率97%,解决争议标的6.7 亿元,为企业挽回经济损失1.4 亿元,确认债权2.9 亿元。

1986—2005 年经济案件受结案情况表

表 16-3-3

年度	受案（件）	结案（件）	结案率（%）	年度	受案（件）	结案（件）	结案率（%）
合计	3 967	3 896	98.2	1996	173	171	98.8
1986	130	128	98.5	1997	328	321	97.9
1987	118	116	98.3	1998	400	394	98.5
1988	76	76	100	1999	164	160	97.6
1989	124	121	97.6	2000	206	198	96.1
1990	154	153	99.3	2001	391	379	96.9
1991	144	140	97.2	2002	280	275	98.2
1992	162	160	98.8	2003	132	130	98.4
1993	150	146	97.3	2004	382	380	99.4
1994	176	174	98.9	2005	168	166	98.8
1995	109	108	99				

【行政审判】 1987 年，设立行政审判庭。对起诉的行政案件及时立案、审理。当年受理行政案件 7 件，审结 5 件。1990 年，《中华人民共和国行政诉讼法》颁布实施，市法院广泛进行宣传，增强法人、公民运用法律保护自己合法权益意识。在受理行政案件中，把好立案关，准确掌握行政诉讼受案范围及条件，实行"有诉必接、合议审查、裁定答复"的制度。审理行政案件时，坚持以事实为根据，做耐心细致的法律解释工作，既注意维护政府职能部门的威信，又要保护公民、法人的合法权益。当年受理行政案件 20 件，结案 20 件。在审结案件中维持行政机关裁决的 17 件，撤销行政机关行为的 2 件，原告撤诉的 1 件。1995 年，受理行政案件 76 件，审结 76 件，结案率 100%。其中，维持行政机关行为 65 件，撤销行政机关行为 8 件，原告撤诉 4 件。1997 年，最高人民法院关于贯彻执行《中华人民共和国行政诉讼法若干问题的意见》发布，受案范围扩大。1998 年，城市改造，拆迁工作大面积进行，行政案件增多，全年受理行政案件 83 件，结案 81 件，结案率 97.6%。其中，维持行政机关行为的 69 件，撤销行政机关行为的 8 件，原告撤诉的 4 件。1999—2001 年，审结各类行政诉讼案件 129 件，其中，维持行政机关行为的 108 件，撤销行政机关行为的 13 件，原告撤诉的 7 件。案件涉及公安、劳动、城建、工商、土地、交通、卫生、规划、民政等行政执法部门。行政庭除审理行政案件外，还担负行政机关申请的强制执行工作。2001 年，双城镇内修路，涉及拆迁，因此，案件增多，矛盾突出。行政庭配合有关部门执结案件 7 件，保证了修路工作顺利开工。2005 年，审结行政案件 35 件，其中，维持行政机关行为 30 件，撤销行政机关行为 4 件，撤诉 1 件。1987—2005 年，行政审判受理行政诉讼案件 778 件，审结 770 件，结案率 99%。其中，维持行政机关行为的 654 件，撤销行政机关行为的 77 件，撤诉的 39 件。行政庭执结各类案件 180 余件。

1987—2005 年行政案件受结案情况表

表 16 - 3 - 4

年度	受案(件)	结(件)	结案(%)	维持行政机关行为(件)	撤销行政机关行为(件)	撤诉(件)
合计	778	770	99	654	77	39
1987	7	5	71.4	4	1	0
1988	18	18	100	15	2	1
1989	19	19	100	16	2	1
1990	20	20	100	17	2	1
1991	22	22	100	19	2	1
1992	25	25	100	21	3	1
1993	30	30	100	26	3	1
1994	45	45	100	38	5	2
1995	76	76	100	65	8	4
1996	79	79	100	67	8	4
1997	79	78	98.7	66	8	4
1998	83	81	97.5	69	8	4
1999	38	37	97.3	31	4	2
2000	24	24	100	20	2	2
2001	67	37	100	57	7	3
2002	50	48	96	41	5	2
2003	29	29	100	25	3	1
2004	32	32	100	27	3	2
2005	35	35	100	30	4	1

【涉少审判】　1997 年,少年法庭成立,负责审理涉及未成年人案件(简称涉少审判)。1998 年,受理涉及未成年人刑事案件 17 件,审结 17 件,判处 24 人。涉少审判认真贯彻《未成年人保护法》,坚持教育、感化、挽救的方针,坚持"寓教于审、审教结合",审判与帮教有机结合,把单一的法制功能扩展为"教育、改造、监控、就业"四位一体的整体功能,教育和挽救了一批少年犯,维护了未成年人的合法权益,体现了对未成年人的人文关怀。同时,也发挥惩治犯罪、保护人民、维护社会稳定的作用。2000 年,受理涉少刑事案件 22 件,审结 22 件,判处 25 人。受理涉少民事案件 42 件,审结 42 件。2003 年,受理涉少刑事案件 26 件,审结 26 件,判处 45 人;受理民事案件 41 件,审结 41 件。同年,少年法庭被共青团省委、省高院授予优秀青少年维权岗称号。2005 年,受理涉少刑事案件 28 件,审结 28 件,判处 55 人;受理民事案件 74 件,审结 74 件。1997—2005 年共审理涉少案件 492 件,其中刑事案件 163 件,民事案件 329 件,判处罪犯 244 人。

第三节　审判监督与执行工作

【审判监督】　1989年,刑事审判二庭更名为审判监督庭,职能由原来的历史老案复查改为刑事民事经济审判监督。当年受案12件,结案12件。1995年受案52件,结案50件。2000年,受案81件,结案80件。2003年,受案98件,结案96件。到2005年,共审理申诉再审案件972件,维持原判的558件,占57.4%;改判的209件,占21.5%;调解的121件,占12.5%;撤诉的84件,占8.64%。通过对申诉再审案件的审理,及时有效地纠正案件差错,维护法律的严肃性,依法保障当事人行使诉权,维护当事人的合法权益。共抽查案件5 567件,抽查率9.3%,762件案件有问题,占抽查案件13.89%,全部予以纠正,并将情况反馈给有关庭和承办人,进行通报批评。2001—2005年,还对568件发改再审、抗诉再审改判的案件进行详查,对重点案件进行剖析,通报批评364人次。

【执行工作】　1986年,设立执行庭,其职能是负责办理民事案件判决和裁定的执行事项;刑事案件判决和裁定中财产部分的执行事项。当年,受理执行案件41件,执结29件,执结率75%。执行标的额113万元。1988年,受理执行案件558件,执结530件,执结率85%,执行标的额2 067万元。1991年,随着各类执行案件的增多,执行工作越来越重,执行难度也越来越大。执行人员以"少喊执行难,多想怎么办"为工作指导原则,严格按照法律规定程序、实施细则和规章制度办事,使执行工作步入规范化轨道。2000年8月,开展执行会战中,一个月执结积案58件。2001年,市法院成立执行局,下设执行一庭、二庭。根据上级法院的要求和执行工作的具体情况,积极开展执行大会战。在10月会战中,采取上下结合,城乡联动的方法,一个月执结各类案件60余件。共开展执行会战30多次。到2005年,共受理执行案件16 048件,执结15 502件,执结率85%,执行标的额达60亿元。

1987—2005年案件执行情况表

表16-3-5

年度	受案（件）	结案（件）	结案率（%）	执结标的额（万元）	年度	受案（件）	结案（件）	结案率（%）	执结标的额（万元）
合计	16 048	15 525	96.1	60 547.5	1996	111	110	99	429
1987	41	29	70.7	113.1	1997	335	330	98.5	1 287
1988	558	530	95	2 067	1998	1 579	1 570	99.4	6 123
1989	800	700	97.5	2 730	1999	1 430	1 420	99.3	5 538
1990	560	557	99.5	2 172.3	2000	664	621	93.5	2 421.9
1991	2 000	1 900	95	7 410	2001	857	826	96.3	3 221.4
1992	1 132	1 100	97.2	4 290	2002	920	900	97.8	3 510
1993	280	270	96.4	1 053	2003	3 388	3 300	97.4	12 870
1994	98	96	98	374.4	2004	794	784	98.7	3 057.6
1995	105	100	95.2	390	2005	396	382	96.5	1 489.8

【告诉申诉与信访】　1990年,法院设立告诉申诉审判庭,负责受理依法由基层法院管辖的刑事自诉、民事、经济纠纷和行政案件的告诉;处理非诉讼来信来访;市委、人大和上级法院交办案件;接待来信来访。为保证办案质量,推出加强执法监督十条规定,责成告申庭对全院各类审判、各个环节进行全方位、全过程的执法监督,使用"案件催办单""指令受案单""纠正问题通知单"等文书,并试行错案追究制,有效地解决

执法中存在的一些问题。当年审理申诉案1 642件,处理来信来访188件,进行法律咨询200余人次。1997年,申诉庭改为立案庭。立案工作是法院工作的第一道关口。坚持做到企业立案优先,外地当事人立案优先,案件交审判庭后,对各案的审限跟踪管理。当年,共立各种案件4 001件,其中,刑事案件376件,民事案件2 187件,经济案件162件,行政案件37件,非诉行政执行案件108件,申诉案件46件,申请支付令案件115件,执行案件970件。接待来信来访268件,其中,来访244件,来信24件,咨询36件。2001年,共立各种案件3 838件,其中,民事案件2 353件,经济案件281件,刑事案件235件,少年刑事案件11件,行政26件,执行案件604件,非行政执行147件,申诉再审62件,支付令案件119件,接待信访410人次。到2005年,共立案22 504件。处理来信来访1 180人次。

第四章　司法行政

第一节　机　构

【双城市司法局】　1986年,为双城县司法局,内设办公室、基层股、法宣股、政工股。下辖公证处、第一、第二法律顾问处、27个乡镇司法办,编制41人。1987年,双城县第一、第二法律顾问处合并,改为双城县司法局法律顾问处。1988年改为双城市司法局。1990年,法律顾问处撤销,分设"古堡"和"天一"两个律师事务所,增设"劳改劳教"工作站。1994年,成立"古堡""天一""彦学""诚清"4个合伙制律师事务所。1996年,内设办公室、基层股、法宣股,公证处变为机关事业单位,定编15人。2000年,设立"148"法律服务专线电话服务中心,成立双城市法律援助中心。2005年,内设办公室、基层股、法宣股、公证律师管理股、法律援助中心,下辖公证处,"148"法律服务专线电话服务中心,古堡、天一、彦学、诚清、承旭、德廉、鑫丰7个律师事务所,24个乡(镇)司法所及法律服务所,在职人员62人。

历任局长:陈喜满、金代江、傅振书、何文发、张文岐、汪振忠、王树春、张连峰;副局长:叶福久、田青、王国清、李君朴、李大有、岳东旭、贾淑芬、王会清、杨松尧、姜忠、刘国军。

【普法办公室】　1986年,根据中共中央《关于在全体公民中基本普及法律常识的第一个五年规划》的文件精神,双城县委成立普及法律常识领导小组,领导小组下设办公室,普法办公室设在双城县委宣传部,1989年底改设在司法局,与司法局合署办公。到2005年没有变化。

历任主任:叶福来、田青、贾淑芬(兼);副主任:李君朴、魏正杰。

第二节　普法宣传

【"一五"普法】　1986—1990年,双城县普法办制订《双城县"一五"普法教育方案》。普及的法律法规主要有《宪法》《刑法》《行事诉讼法》《民事诉讼法》《婚姻法》《民法通则》《经济合同》《继承法》《治安管理处罚条例》等。对象为机关事业干部、工人、农民和青少年学生。五年共发放普法教材2.8万余册,散发普法宣传册、宣传单8.5万册(份),举办县、乡两级普法培训班290期,培训普法骨干6 385人(次),在全县中小学讲解法制课784课时。

【"二五"普法】　1991—1995年,市普法办在认真总结"一五"普法工作经验教训的基础上,继续开展以《宪法》《行政诉讼法》《刑法》和《土地管理法》《水法》《婚姻法》《税法》《义务教育法》等为主的法律法规宣传教育。"二五"普法期间,全市共举办市、乡、村三级培训班316期,培训骨干7 898人(次),出动宣传车123台次,为企事业单位、农村乡镇、村屯印发《宪法》《义务教育法》《婚姻法》《土地管理法》等法律法规宣传手册35 000余册。利用电台、电视台、板报、画廊、法制宣传专栏、标语、大字块等多种形式在全市城乡广泛开展宣传活动。全市城乡90%以上的普法对象受到不同程度的法律法规教育。1995年,双城市被评为全省"二五"普法先进市。

【"三五"普法】 1996—2000年,市委、市政府根据中共中央提出的"建设社会主义法治化国家"的基本治国方略,及时调整普法宣传教育形式,由过去单纯普法宣传教育向依法治理转变,研究制定《双城市依法治市五年规划》,在此基础上,根据工作进展情况,每年都在年初研究制订当年的普法依法治市的工作计划,乡(镇)、村两级也根据各自的实际,分别制定依法治乡(镇)、治村工作规划。为加强青少年和中小学生的法治教育,从公、检、法、司四部门抽调业务骨干,到全市各中小学校兼任法治副校长。法治副校长的任务除协助所在学校搞好校园及周边治安秩序外,每学期给学生讲法治课不少于8课时,明显改善校园的治安环境,提高了青少年学生遵纪守法意识。除此之外,还与市关心下一代工作委员会密切配合,经常邀请老红军、老劳模、老党员、老干部到城乡中小学校讲法治课,用老一代艰苦奋斗、遵纪守法的切身经历教育青少年。"三五"普法期间,全市各中小学法治副校长讲授法治课80 000余课时,组织律师、关工委老同志讲法治课360余课时,全市中小学生接受法治课教育达100%。结合《村民委员会组织法》《选举法》《劳动法》《土地管理法》《治安管理处罚条例》等法律法规的宣传教育,组织不同类型的法律知识竞赛18次,参赛人员438人。举办市乡(镇)两级普法培训班324期,培训骨干10 234人(次),组织处级领导干部普法考试3次,科级以上领导干部普法考试4次,机关、事业干部普法考试4次,参考人数达5万多人,受教育面达90%以上。2001年,在全省"三五"普法考核验收中,双城市被评为全省"三五"普法依法治理先进市。

【"四五"普法】 2001—2005年,在"三五"普法的基础上,在继续加大《宪法》宣传力度的同时,开展对国家最新颁布的《物权法》和《黑龙江省预防职务犯罪条例》等法律法规的宣传,聘请省委党校教授、东北林业大学法学院教授到双城来对国家新颁布的法律法规做辅导讲座,全市1 768名机关工作人员和792名副科级以上领导干部参加培训。2003年6月,哈尔滨市依法治市办公室举办的七区十二县村官法律知识大奖赛,在双城希望广场举行,双城市获得优秀组织奖。同年10月,双城市在哈尔滨市依法治市办组织的法律知识竞赛中,获得第三名。11月,全市830名副科级以上领导干部参加全省组织的法律知识考试,及格率达100%。2005年,双城市被哈尔滨市委、市政府授予"四五"普法先进市称号。

"一五"至"四五"双城市普法情况一览表

表16-4-1

时限	培训骨干（人）	重点内容	受教育面		印发材料	知识竞赛（次）
			场次	万人次		
一五	6 385	《宪法》《民法通则》	83	32.7	教材2.8万册、宣传单8.5万份	14
二五	7 898	《宪法》《义务教育法》《土地管理法》	86	36.5	宣传手册3.5万册	19
三五	1 023	《宪法》《村民委员会组织法》《治安管理处罚条例》	103	46.7	宣传单30万份	18
四五	9 867	《宪法》《物权法》《黑龙江省预防职务犯罪条例》	98	42.8	宣传手册6.8万册、宣传单24.4万份	18

第三节　人民调解、法律服务与安置帮教

【人民调解】 1986 年,人民调解工作由乡镇司法助理员负责指导和管理,村、屯设有专兼职调解员和信息员。全县有调解员 354 人,调解各类民间纠纷1 234起,调解成功率94%。1988 年,调解各类民间纠纷1 264件,调解成功率95%。1990 年,民事纠纷案件逐年增加,婚姻纠纷、家庭纠纷呈上升趋势。全市调解民事纠纷1 304件,比 1986 年上升5.8%。1996 年,债务纠纷、生产经营纠纷、邻里纠纷、土地纠纷也突显出来。2001 年,各乡镇都成立人民调解委员会,全市有基层人民调解委员会 246 个,调解员 492 人,调解民事纠纷1 881件,调解成功率98%。2003 年,调解各类民事纠纷1 826件,调解成功率97.9%。2005 年,全市基层人民调解组织 246 个,调解员 492 人,调解民事纠纷1 841件,调解成功率98.4%。

【法律服务】 1986 年,全县 27 个乡镇均有司法办公室,并相继成立法律服务所,与司法办合署办公,负责为当地群众提供法律咨询,担当法律顾问,承担民事、经济案件诉讼代理,参与民间纠纷调解等法律服务。全年担当法律顾问 27 家,调解民事纠纷1 234件,协办公证 64 件,代理民事诉讼 138 件,法律宣传 54场。1995 年,全市法律服务所担当法律顾问 414 家,协办公证 102 件,代理民事诉讼 159 件。当年,周家司法所被国家司法部命名为全国十佳基层法律服务文明窗口单位。同年 10 月,中纪委驻司法部纪检组长韩灵同志到黑龙江视察工作,专程到周家司法所检查指导工作,并亲笔题词"提供优秀法律服务,为经济发展保驾护航"。2000 年 7 月,成立"法律服务专用电话协调指挥中心",并配备专职值班人员,建立相关工作制度,开通"148"法律服务专用电话,及时解答当事人的法律咨询。同年开始承办法律援助工作。2001 年承办法律援助案件 24 起,其中民事案件 18 起,刑事案件 6 起。2004 年 9 月,全国第四次法律援助工作会议在北京召开,全国只有 2 个县级法律援助工作领导参加,双城市司法局局长张连峰参加会议并在大会上做经验介绍。2001—2005 年,共承办各类法律援助案件 272 件,其中民事案件 114 件,刑事案件 58 件,为困难群众挽回经济损失 100 余万元。"148"法律专用电话接听群众来电来访近 1.2 万人次。2005 年,全市法律服务所担当法律顾问 270 家,代理民事诉讼 225 件,协办公证 117 件。

1986—2005 年基层法律服务情况表

表 16 - 4 - 2

年度	担当法律顾问(家)	调解纠纷(件)	协办公证(件)	代理民事诉讼(件)	法律宣传	
					会议(场次)	参加人数(人)
1986	27	1 234	64	138	54	32 000
1987	27	1 243	58	129	63	38 000
1988	27	1 264	69	114	65	41 000
1989	27	1 304	72	193	71	45 000
1990	27	1 359	68	187	74	49 000
1991	27	1 368	86	169	72	48 600
1992	27	1 364	84	154	78	50 300
1993	27	1 372	91	163	81	53 400
1994	414	1 408	95	171	80	51 000
1995	414	1 423	102	159	78	49 800

续表

年度	担当法律顾问（家）	调解纠纷（件）	协办公证（件）	代理民事诉讼（件）	法律宣传	
					会议（场次）	参加人数（人）
1996	414	1 569	97	164	85	55 600
997	414	1 621	88	171	92	63 700
1998	414	1 745	106	166	101	72 100
1999	414	1 876	115	183	98	67 500
2000	414	1 881	109	192	104	73 400
2001	270	1 824	1 214	194	115	82 100
2002	270	1 826	132	198	108	76 500
2003	270	1 835	128	201	121	88 700
2004	270	1 841	136	214	119	85 200
2005	270	1 841	117	225	124	90 300

【刑释解教人员安置帮教】 1986 年，司法局接收两放人员 42 人。1992 年，接收两放人员 64 人。从 1993 年起，以司法局为主，成立双城市综治委刑释解教人员安置帮教工作领导小组，领导小组下设办公室，办公室设在司法局，安排专人负责刑释解教工作。在全市 24 个乡（镇）分别成立"安置帮教办公室"。全市有兼职工作人员 40 人。到 2005 年，全市共接收两放人员 1 888 人，其中，刑满释放 1 119 人，解除劳动教养 769 人。其中回乡务农的 1 432 人，承包江河滩地或草原的 19 人，自谋职业的 389 人，兴办个体私营企业的 48 人。此间，"两放"人员重犯罪的 9 人，占两放人员的 0.4%。通过有效地安置帮教，使大多数刑释解教人员都能遵纪守法，做对社会有用的人。双城镇鞭炮厂工人刘某某，刑满释放后被接回原厂。在厂领导和同事们的帮助下，工作积极肯干，被评为厂劳动模范。工厂解体后，他自己办印刷厂，安排下岗职工 12 人。司法局先后 18 次组织服刑人家庭、社会先进人物到双城籍罪犯所在劳改劳教地进行探视慰问，鼓励他们安心改造，重新做人。

1986—2005 年刑释、解教人员情况表

表 16 - 4 - 3 单位：人

年度	累计	刑释	解教	重新犯罪	年度	累计	刑释	解教	重新犯罪
1986	42	25	17		1996	96	54	42	1
1987	46	18	28		1997	81	35	46	
1988	54	23	31	1	1998	77	41	36	
1989	67	26	41		1999	121	68	53	
1990	58	31	27		2000	119	77	42	1
1991	69	34	35		2001	175	90	85	
1992	64	37	27		2002	149	109	40	
1993	82	46	36	1	2003	140	83	57	3
1994	78	32	46		2004	153	125	28	
1995	73	41	32	2	2005	144	124	20	

第四节　律师、公证

【律师工作】　1986 年,双城的律师业务由法律顾问处负责,有专职律师 5 人,为 24 家单位担当法律顾问,办理民事诉讼代理 78 件,调解民事案件 108 件,办理刑事辩护 16 件,代理经济诉讼 42 件,解答法律咨询 867 次,代写法律文书 786 件。1990 年,法律顾问处从机关分离出去,成立天一、古堡 2 个律师事务所。1994 年,又相继成立彦学、诚清 2 个律师事务所,有专职律师 12 人,法律工作者 17 人。而后又成立德廉、承旭、鑫丰 3 个律师事务所,双城共有 7 个律师事务所,体制名义上为合作或合伙制,实为主任律师个体办所。2005 年,7 个所为机关企事业担任法律顾问,代理民事诉讼 397 件,办理刑事辩护 24 件,调解民事案件 603 件,代理经济诉讼 210 件,解答法律咨询 4 556 人次,代写法律文书 1732 件。1986—2005 年,代理民事诉讼案件 8 600 件;代理经济纠纷诉讼案件 3 100 件;代理行政诉讼案件 102 件,受理刑事诉讼辩护案件 2 860 件。其中,辩护有罪变无罪 3 人,减轻刑罚 85 人,不予起诉的 5 起 7 人。解答法律咨询 12.6 万人次,调解非民事诉讼案件 420 件,代书诉讼法律文书 609 万件,为当事人避免直接经济损失共计 9 100 多万元。

1986—2005 年律师业务情况表

表 16 - 4 - 4

年度	法律顾问			民行诉讼代理		刑事辩护		调解民事案件		解答咨询代书	
	单位数（家）	代办法律事务（件）	挽回经济损失（万元）	民事（件）	行政（件）	案件（件）	人员（人）	民事（件）	行政（件）	解答咨询人（次）	代书（件）
1986	24	18	45	78		16	21	108		867	786
1987	24	8	32	103	1	13	13	98		1 021	1 231
1988	32	21	88	132		14	17	134		1 156	1 268
1989	45	24	106	156		17	21	156	2	1247	1 356
1990	45	35	468	134		14	17	121		1456	1 187
1991	68	14	104	168		19	24	187		1 387	1 357
1992	68	19	231	132		18	18	204		1 432	1 216
1993	84	24	304	208		15	17	232		1 369	1 314
1994	108	46	286	216		21	24	285	3	1 568	1 214
1995	184	65	321	232		19	19	274		1 486	1 321
1996	184	35	218	321		17	17	314		1 447	1 269
1997	184	25	420	284		18	18	402		1 269	1 154
1998	201	31	398	301		14	14	369		1 497	1 335
1999	201	25	401	327		16	16	298		1 569	1 487
2000	201	32	514	284		21	21	303	4	1 869	1 356
2001	236	18	603	269		18	24	321		2 069	1 457
2002	324	45	496	469		23	28	403		2 168	1 657

续表

年度	法律顾问			民行诉讼代理		刑事辩护		调解民事案件		解答咨询代书	
	单位数（家）	代办法律事务（件）	挽回经济损失（万元）	民事（件）	行政（件）	案件（件）	人员（人）	民事（件）	行政（件）	解答咨询人（次）	代书（件）
2003	387	67	509	497		19	19	387		2 256	1 587
2004	407	79	654	475		21	21	569		2 369	1 457
2005	465	82	760	397		24	31	603		4 556	1 732

【公证业务】 1986 年，公证处有公证员 5 人，其中有涉外资质公证员 2 名。其业务主要涉及民事、经济、涉外公证。全年办理公证 253 件，其中国内公证 143 件，涉外公证 110 件。1990 年，公证处有公证员 2 名。全年共办理公证 478 件。其中各类合同达 120 件，大部分是经济合同。1997 年，公证处改为事业单位，公证员工资仍由市财政全额支付，办公经费从公证收费中列支。2000 年，办理公证 476 件，其中较为突出的是贷款还款公证，共办理 180 件，各类合同公证 87 件。2001 年，《中华人民共和国担保法》出台，原公证项目被分散，合同公证数量减少。2005 年办理公证业务 294 件，其中国内公证 97 件，涉外公证 197 件。1986—2005 年，公证处共办理各类公证业务9 200件，其中，民事公证4 488件，经济公证939 件，涉外公证3 773件。

1986—2005 年受理公证业务情况表

表 16 - 4 - 5　　　　　　　　　　　　　　　　　　　　　　　　　　　　单位：件

年度	收养	遗产遗嘱	产权	各类合同	贷、还款	其他	涉外			
							国籍	身份	婚姻	其他
1986	3	4	17	8		111	7		8	95
1987		8	7	35		167	15	7	30	20
1988		5		20		230	7	10	35	87
1989		3		65		170	5	15	20	74
1990		8	20	120		150	7	8	30	135
1991	2	4		37		171	27	7	15	115
1992		7	5	115		127	15	8	3	95
1993		5		51		170	20	8	20	150
1994		7	20	20		120	18	5	19	92
1995	2	6	15	35		137	7	10	25	113
1996		5	12	75		128	5	17	20	141
997		3	4	15		151	12	5	25	105
1998		11	15	7		120	18	15	20	112
1999		15	25	25	70	252	20	17	30	125
2000	1	8		87	180	69	20	10	30	71
2001		10		40		85	25	5	25	153

续表

年度	收养	遗产遗嘱	产权	各类合同	贷、还款	其他	涉外			
							国籍	身份	婚姻	其他
2002		5	15	22	20	80	17	10	5	102
2003	1	8	30	8	40	285	33	6	15	97
2004		3	15	11		123	25	8	20	111
2005	1	2	20	14		60	30	10	25	132

第五章 军 事

第一节 民兵及预备役工作

【机构】 1986年5月前,双城县人民武装部(以下称人武部)隶属松花江军分区领导,6月,人武部移交地方管理,隶属于松花江军分区和双城县委领导。人武部内设政工、动员、作训、装备4个科和办公室,实行以地方为主、地方和军队相结合的共同管理体制,机构由县级降为副县级。但其性质任务未变,属县委的军事部、政府的兵役机关,负责辖区的民兵和兵役工作。1988年,改称为双城市人民武装部。1996年,武装部由地方建制收归部队建制,改为中国人民解放军黑龙江省双城市人民武装部。机构由副团级晋升为正团级,下设军事科、政工科和后勤科;现役军官14名,职工12名。2004年,根据中央军委命令,人武部对机构、体制、编制进行调整,干部数量由原来14人减编至8人,取消军事科长编制,由副部长兼任。调整后的编制为:部长1人;政委1人;副部长兼军事科长1人;军事参谋2人;政工科长1人;政工干事1人;后勤科长1人;职工12人。

历任部长:王跃东、张国富、王有存、杨焕廷、孙福臣、张立军、曹大成;政委:杨振彬、王战民、高景坤、徐明、李子新。

【兵役】 1986年,兵役工作执行《中华人民共和国兵役法》,实行义务兵役制为主体的义务兵与志愿兵相结合的兵役制度。市(县)政府按照省政府征兵办公室下达的新兵征集任务,统一组织体检、政审、组织交接、起运。征集新兵工作开始,市政府成立征兵工作领导小组,下设征兵办公室,组成体检组、政审组、宣传组。市征兵领导小组组长由市委书记或市长担任,副组长由主管武装工作的市领导、人武部部长担任,成员由市委、市政府有关部门主要领导担任。征兵办公室主任由人武部军事科长担任,副主任由市委、市政府办公室主任担任。办公室成员由人武部参谋和纪检、公安、卫生、教育、宣传、民政负责业务的工作人员组成。体检组长由卫生局主要领导担任,成员由市医院的内科、外科、五官科等业务能力强的医务人员组成。政审组长由公安局主管副局长担任,成员由人武部政工科科长、公安局政保科科长等有关职能人员组成。宣传组由宣传部副部长担任,成员由人武部政工科人员组成。按照市征兵领导小组的要求,坚持原则、坚持标准、坚持公开公正,保质保量完成新兵征集任务。到1998年,共征集兵员5 800人。1999年起,执行国务院颁布实施的新《兵役法》,义务兵服役期限改为二年。每年的征兵工作做到领导到位、认识到位、工作到位、教育到位、政策到位。重点把握体检、政审、审批定兵三个关口,确保新兵数和质量。在宣传教育上做到了广播有声、电视有影、墙上有标语、板上有文字。体检过程中做到了严格坚持标准,确保新兵质量,政审工作采取三级联审,谁签字谁负责。市征兵领导小组和接兵部队集体定兵、择优选兵、公开定兵,保障了兵员质量。到2005年全市共征集兵员4 723人,无一退兵。

【预备役登记】 1986年,继续实施预备役登记工作,除对复员军人进行定期登记外,还对年满18岁至30岁符合预备役条件的男性公民和具有专业技术的女性公民进行普遍登记。同时,按照上级有关精神对预备役人员进行全面的复查核对,县、乡村确定专人负责此项工作。当年全县共培训预备役骨干600余人。在复查核对中采取培训骨干与建立专业化队伍相结合,查对档案与走访相结合,专业人员登记和各级层层把关相结合,登记统计与落实优抚政策相结合的办法,对全县3 215名退伍军人进行登记,逐人建立卡片,达到数量清、质量清、分布清。到2000年,预备役士兵登记总数4 596人。2005年,预备役士兵登记总人数4 898人。

【军事训练】 1986年,根据上级改革民兵军事训练的指示精神,减少数量、注重训练质量、改进训练方法,重点加强专业技术分队训练,训练时间相对缩减。1995年,人武部由地方编制收归部队编制,军事训练由2年1个训练周期改为1年1个训练周期,每年15天。采取集中使用时间的办法,两年训练时间集中在一年使用,学完所学的科目。1996年,全市共训练民兵7 500人,其中专武干部65人、民兵连排干部605人。2005年,训练基干民兵总人数2 800人。其中,专武干部30人、民兵连排长213人。

【专业技术训练】 1986年训练科目主要有侦察、通讯、82无后坐力炮专业。训练专业技术民兵413人。1987年训练专业技术民兵400人。1988年训练专业技术民兵400人。1989年训练专业技术民兵402人。1991年训练专业技术民兵412人。1992年训练专业技术民兵398人。1993年训练专业技术民兵392人。1994年训练专业技术民兵400人。1995年训练专业技术民兵380人。1996年训练专业技术民兵390人。1997年训练专业技术民兵397人。1998年训练专业技术民兵400人。1999年训练专业技术民兵415人。2000年共训专业技术兵420人。2004年训练专业技术兵690人。2005年训练专业技术兵767人。

【民兵训练基地建设】 1986年,民兵训练基地占地为1 506平方米,设有83个床位,建有教室和食堂。1995年,民兵训练基地被市委、市政府征用。2000年,与哈尔滨工程技术学校共建共用4 000平方米民兵训练基地。2001年,训练场地改建到双城市双乐公路3公里处,占地83 600平方米,并修筑了靶台。至2005年未变。

【民兵教育】 1986年,根据民兵改革的精神,民兵政治教育实施目标管理。开展以有道德、有理想、有文化、有纪律为内容的"定向达标"活动,激发了广大基干民兵的政治热情和奋发向上的精神,全县共有50人入党、183人入团、40人被评为各级先进生产者。1987年,在人武部的组织下,针对民兵分布广、流动性大、文化素质参差不齐等情况,实行分类施教,做到教育与实际情况相结合、与全民性教育相结合,收到了良好的效果,教育面达100%。1991年,在民兵中开展爱党、爱人民、爱社会主义、爱岗敬业;不参加邪教、不迷信、不赌博、不信歪理邪说为主要内容的宣誓警示活动。利用"青年民兵之家"在民兵整组、征兵、农闲季节组织民兵开展读书竞赛、知识竞赛、宣誓签字活动;将学科学、用科学和搞封建迷信导致家破人亡正反两方面的事例汇编成册,下发民兵连;通过电视、广播、报刊等新闻媒体宣传科技致富的民兵典型;利用农闲季节组织排练文艺节目,丰富民兵文化生活;利用重大节日在集贸市场、大商场等聚集会点,举办有关民兵政治教育内容的灯展、悬挂条幅、图板,发挥政治教育潜移默化的作用。1993年,邀请地方党政主要领导给民兵讲政治课,采取当面提问当面解答的方法,宣传党的各项方针、政策,收到了良好的效果。1994年,民兵政治教育,把"月课"改为"季课",宣传党的路线、方针、政策,组织民兵学习科学文化知识和生产技能,宣传社会主义新道德、新风尚。为保证教育的落实,建立由宣传部、工会、团委、武装部参加的政治工作研究小组,坚持每季度开展一次分析活动,建立政治教育宣传工作网,保证了民兵队伍思想上、组织上的纯洁。1995年,市人武部把民兵职业道德教育和传统教育结合起来,既讲中华民族传统道德,又讲如何发扬我国民兵优良作风;既制定干部、职工的职业道德规范,又制定专武干部、民兵职业道德规范,受教育面达到80%以上。2000年起,根据党的"十五大"关于加强国防后备力量建设的精神,在宣传新《兵役法》为主要内容的政治教育中,进行爱国奉献、革命人生观、尊干爱兵和艰苦奋斗教育。到 2005 年,全市民兵受教育率达到 90% 以上,受到上级领导机关的嘉奖表扬。

【抗灾抢险】 1986 年 5 月 6 日,跃进乡跃进村发生火灾,周边乡镇和本乡镇 500 余名民兵参加扑救,保住半个村的居民住宅。1996 年 4 月 30 日,同心乡富强村村民放荒,引燃柴垛蔓延进村,同心乡出动民兵 300 余人、抽调水车 13 台扑救,使数百户房屋得到保全。6 月 2 日,农丰镇农丰村大风天烟囱起火,火势凶猛,从村西北烧向东南,全市组织 1 000 余名民兵,抽调水车 24 台参加灭火,由于全体扑救人员的共同努力,奋力扑救,保住了 500 多户居民住宅和其他场所设施。1998 年,双城市经历了历史上罕见的特大洪水,市人武部成立防汛救灾指挥部,负责全市民兵防汛救灾的组织指挥和协调工作。民兵预备役人员死守全市 3 处重要险工弱段。动用民兵 1 万多人次,出动车辆 300 多辆次,动用土石方 1 万余立方米,为保护全市人民生命财产安全做出了突出的贡献。市人武部被省政府、省军区授予抗洪抢险先进集体称号。市人武部部长王有存和永胜乡武装部部长陈绍全被省政府、省军区评为抗洪抢险先进个人。到 2005 年,全市在抢修电路、交通、供电、供水、供气、通讯中共动用民兵 30 万人次,为国家挽回经济损失近百万元;全市扑火救灾共出动民兵 1 万人次,挽回经济损失近 500 万元。

【国防教育】 1988 年起,市国防教育领导小组采取请进来、走出去的办法,利用广播、电视、黑板报、文艺演出、知识竞赛等形式,在群众中开展国防教育。1991 年 4—10 月,在全市范围内开展“我与国防”讲演比赛活动,扩大教育的普及面。利用“七一”“八一”“十一”等节日,召开复转军人、民兵座谈会、茶话会,采取与驻双部队联欢等形式,开展内容丰富、健康向上、寓教于乐的活动,促进全民国防教育的开展。1996 年,在市委党校开设国防教育课,培训一大批全民国防教育骨干。还在中小学校普遍开设国防教育课。1997 年,暑假期间开展中小学“军事夏令营”活动,在兆中、三中、六中举办国防教育夏令营活动,并组织实施竞赛、讲演、诗歌朗诵活动。1998 年,根据地域文化和国防教育开展的特点,主动与文化馆联合在全市成立以基干民兵为主体的国防教育宣传队,将国防教材编成小节目,以群众喜闻乐见的二人转形式进行宣传,使群众在娱乐中受到教育。还利用传统节日、农闲时节深入全市 456 个自然村屯进行国防知识宣传教育。每年冬季征兵期间,将国家的政策及市里规定编成节目进行演出,以增强适龄青年的参军热情,激发他们的报国之心。至 2005 年,双城民间艺术剧院团累计下乡进行国防教育宣传演出达 186 场次。分发国防教育宣传小册子 3 万余册,民兵及适龄青年受教育面达到 100%。

【武器装备及管理】 1986 年起,民兵武器不再使用“三八式”步枪,开始使用新式武器,武装干部配备新式手枪。民兵武器管理由乡镇武装部负责,演习和集训时发放,并登记造册。重机枪、火箭筒、迫击炮、无后坐力炮等重型火器,统一由县武装部管理,大型军事演习时发放。1988 年,根据总参谋部、总后勤部颁发的《民兵武器装备管理规定》,建立武器登记统计制度、擦拭保管制度、交接制度、检查评比制度、安全防范制度等武器装备管理各项规章制度。1992 年,市人武部自筹资金 30 余万元维修武器库、弹药库,更新枪柜等设施,进一步完善民兵武器装备的管理条件。1999 年,重点加强民兵武器装备仓库的扩建、整修,规范装备库种,修建 2 栋库房,在装备库四周布上脉冲电网、红外线电子墙、无线报警器,增加警卫人员,以确保武器装备的安全。同年,武器装备库被沈阳军区评为“红旗库房”。到 2005 年,全市民兵武器装备有手枪、半自动步枪、冲锋枪、班用轻机枪、重机枪、高射炮、火箭筒、迫击炮、无后坐力炮、信号枪、电台、电话单机、车辆等装备。市武器装备库被沈阳军区评为“甲级仓库”。

第二节　武装警察部队

【武装警察部队驻双城武警中队】 1986—1988 年 10 月为中国人民武装警察部队黑龙江省总队松花江地区支队驻双城县中队。2000 年 8 月前为中国人民武装警察部队黑龙江省总队第六支队双城市中队。2005 年 8 月前为中国人民武装警察部队黑龙江省总队第六支队驻双城市中队。12 月末为中国人民武装警察部队黑龙江省总队哈尔滨市支队第四大队十二中队。

历任中队长：刘伯金、王世民、何立君、褚晓、赵彦宁、倪立伟；指导员：金士权、景伟、田振光、高峰、陈刚、孙喜波、赵宏宇。

【看守警卫工作】 1986—1991 年，负责双城看守所的警卫工作，完成了警卫任务，武警中队被松花江武警支队评为训练、后勤先进单位。1992 年，按照国务院、中央军委颁发的《关于中国人民武装警察部队内卫执勤任务范围的规定》，积极稳妥地抓好勤务目标的"内转外"工作。武警由监所内警戒改为负责监所外围警戒。在监所围墙上设立两座岗楼，电话、电铃和应急灯。武警昼夜轮流位执勤，并派流动巡视，共同监视监区在押人员动向。同年 3 月 26 日 15 时 50 分，市看守所发生一起人犯企图抢夺执勤武警哨兵武器事件，由于哨兵警惕性高，处置果断，成功地把犯人制服，避免了一起恶性重大事件的发生；9 月 13 日凌晨发生重犯逃跑的严重事故，公安局派出警察和武警积极追捕无果，后因其混进北京市作案被捕判处死刑。1996 年 2 月 16 日，武警中队协助看守所成功地制止一起人犯"暴狱"事件的发生。2 月 15 日 15 时 30 分，看守所例行放风时，获悉监内犯人预谋暴狱行动计划。武警中队和看守所警员掌握情况后，立即成立以中队领导和看守所长组成的临时指挥组，研究制订行动方案。第二天早 7 时，中队指导员率领 5 名战士协助看守所把 13 监 5 名预谋暴狱人犯分散隔离，并进行彻底清监，搜出越狱所用的器械，彻底粉碎人犯暴狱的阴谋。1999 年 7 月 22 日，接到上级指令，抽调一批武警参加取缔邪教"法轮功"的行动，圆满完成任务。2000 年 8 月 25 日根据上级要求，抽调武警配合公安民警胜利完成双城段铁路沿线警卫任务。2001 年，配合哈支队完成哈洽会安保任务。2002 年，完成营区新建与搬迁任务。2003 年，协助驻地完成抗击"非典"任务。2004 年，完成总队正规化管理建设设点任务。2005 年，圆满完成总队举办的"五小练兵"试点任务。

【军事训练】 1986 年，按照总队提出训练生产经营上去、各种事故下去的训练要求，严格训练，全年进行射击、擒敌技术、勤务队列化、体能和单枪的基本功训练。中队被支队评为训练先进中队。1989 年，坚持"两严"训练方针，坚持训练为执勤服务的原则，围绕执勤任务，专勤专训，在巩固基础训练同时不断加大训练难度，提高训练质量。总队 93 号通令，表彰双城市中队基层建设达标标兵中队并记二等功。1992 年，以《军事训练条例》为依据，坚持高标准、严要求训练，提高部队自身素质，被总队通令表彰，中队被评为达标先进中队并发给奖金 1 000 元。年底，又被评为军事业务训练标兵中队。1993 年大队通令，表彰双城市中队为军事义务训练标兵中队。1997 年，军事训练共完成 52 个训练日，圆满完成各项训练科目。司令部 2 月 26 日—3 月 4 日，在双城中队举办基层中队长集训。参加培训的 8 名队长体验了双城市中队统一管理、严格训练的做法，感到基层中队加强管理的关键是"官为兵表率，兵向官看齐"。1998 年，3 月 1 日开训至 11 月 30 日结束，中队训练以"中心"任务需要为目标，以"四个贴近"为重点，以正规化训练为基本内容，严格训练、严格要求。推广五常中队"以训促勤，以训促管"的做法，积极开展"五小练兵"活动，不断提高部队执勤和"处突"的能力，获得良好训练成绩。1999 年，突出新的擒敌术普及训练。首先中队长在支队教导队进行培训，然后回中队进行普及训练，重点进行射击训练。参加尚志市的射击培训班，主要进行 1.3 练习射击。双城中队被支队评为基层建设先进中队。2000 年 9 月，参加支队举行首届基层干部和小分队人员军事业务比武，比赛科目有射击、擒敌、器械、公路武装越野及应急小分队情况处置。中队获得军事业务团体总分第 5 名。2005 年，在支队第五次军事业务比武中获第一名。

第三节 人民防空

【双城市人民防空办公室】 1986 年，领导班子设主任 1 人；副主任 2 人。内设机构三个股，即人防工程、工程指挥和财务股。编制为 8 人。1996 年机构改革，设主任 1 人，副主任 1 人。内设机构秘书股和工程指挥股，编制为 7 人。至 2005 年未变。

历任主任：张义田、付士显、李彬、马学良、张贵、王继富；副主任：任贵、高继宏、郭庆江、曹凯丰、王志辉、孙万华。

【人防工程】　1986年末，全县有人防工程34项，20 396平方米。其中公共工程9项，12 758平方米；单位工程25项，7 638平方米。公共工程达到"三有三无"即：有人管理；有规章制度；有检查内容；无污染；无积水；无垃圾标准的有8项，面积11 953平方米；未达标的1项，面积805平方米，达标率93.7%。单位工程达到"三有三无"标准的有24项，面积7 388平方米；未达标面积250平方米，达标率96.7%。工程总合格率32项，面积19 341平方米，合格率94.8%。按照沈阳军区和省人防办提出的"平战结合"要求，充分发挥人防工程的社会效益、战备效益和经济效益，人防工程利用项目达到10项，利用面积6 088平方米，营业额达到15万元，利润1.8万元。1988年起，职工参加人防工程的维护和管理，至1989年末，共清淤24 935平方米，回填土方2 500平方米，雨季抢险50余处。1990年起，在国家人防委关于"长期坚持，平战结合，全面规划，重点建设"方针指导下，对全市人防工程进行全面的开发利用。到1998年末，全市人防工程面积为20 271平方米，其中公共工程14 079平方米，单位工程6 192平方米。利用面积达到5 963平方米，占可达到利用率46.4%。与此同时，对破损的人防工程进行维修和管护，维修面积达19 366平方米，维修合格率占95%，回填报废工程2 000平方米。2001年初，根据上级业务部门要求，加强防空设施建设，7月辟建一处3 098平方米的地下人防工程，2002年6月竣工并交付使用，防护能力达到五级以上。这项人防工程是全省首家个人投资辟建的人防工程，在全省人防工作史上，开创个人修筑人防工程的先河。2005年，全市人防工程面积为18 680平方米，利用面积为6 324平方米。做到平战结合，又充分发挥社会效益、战备效益和经济效益，达到"安全第一，预防为主""谁主管，谁负责""谁使用，谁负责"，受到省和哈市业务主管部门的奖励。

【组织指挥】　1986年，按照省业务部门的要求，完成人防工程通讯指挥网络建设。1987年起，重新落实人防组织指挥系统建设，明确责任制，修订防空袭方案，并对城区8台电动警报系统进行全面的检查，使警报音响覆盖面达到100%，处于良好状态。1991年，为了全市抢险救灾需要，市政府决定将7个警报器移交防火科使用。1997年，重新修整和建立面积为10平方米指挥室和资料室各一处，达到省、市人防部门规定的标准。修订防空袭预案、平战结合抢险救灾方案，并按照国家人民防空训练大纲要求，对人防队伍进行调整和训练，95%人员参加了培训，受训人员合格率达到100%。2002年末，对全市整个人防工程指挥通讯系统进行全面检查，落实了"谁主管、谁负责""谁使用、谁负责"的人防工作责任制。与武装部联系进行工程检查，对500平方米坍塌工程进行及时回填，对受阻的500平方米通讯设施进行输导，使全市整个人防工程指挥系统运行良好。从2002年起，每年8月15日上午9时都要鸣放一次防空警报器，对全市人民以警示作用。到2005年末，全市人防工程组织指挥系统建设初具现代化规模，完成指挥部数据库建设工作，建立了网络指挥系统，保证通讯电台的维护管理工作，值班制度进一步完善，整个沟通率达到98%以上。

【"三防"教育】　1986年，按照省人防工作要点，开展"三防"即防空袭、防化学、防细菌战教育工作。城区六所中学，32个教学班开展"三防"知识普及，参加学习的1920名学生经地区"三防"知识教育考核，合格率为100%，教育率100%。1991年，根据国防部和省、市主管部门的要求，拓宽"三防"教育面，在市人武部、市教委配合下，对城镇七所中学36个教学班1 699名学生进行"三防"知识教育，并在第二中学、第四中学、第六中学进行试点，在此基础上，推广到全市所有中学，开课率达到100%，考试优良率达93%。同年，汇同人武部，对各乡（镇）武装部长、民兵连长组织两次人民防空知识和"三防"知识的培训和演练，收到良好的效果，受到沈阳军区和省人防办的表彰。1998年，在市教委的配合下，对镇内10所中学普遍开设"三防"知识教育课，受教育率达到98%以上。同时对周家、五家、韩甸、兰棱4个镇的中学，也开展"三防"知识教育，教育面达90%。2000年，在市教委的配合下，根据"三防"教育要求，举办"三防"教师培训班，有20名教职人员参加培训和演练。到2005年末，全市"三防"教育以十五大、十六大精神为指导，以

《人民防空法》《省实施人防法条例》为依据,增加"三防"教育课内容,推进"三防"教育规范化学校建设。市区内 10 所中学、农村 6 所中学的学生进行"三防"教育知识的全面普及,普及率达 98% 以上,市区内的兆麟初级中学、第六中学、第四中学成为"三防"教育先进学校。

第四节　拥政爱民工作

【军民共建】　1990 年,人武部把双拥共建工作列入重要议程,作为密切新时期军政、军民关系、加强两个文明建设、构建和谐社会的重要途径。人武部在定期组织召开的军民共建领导小组会议上分析形势,统一思想认识,积极探索新形势下做好双拥工作的新举措、新办法。根据需要适时召开军民共建经验交流会、军民共建成果汇报会、共建现场观摩会,总结推广好的经验,宣扬典型,表彰先进。组织广大民兵预备役人员积极宣传执行国家双拥政策。举办文艺演出、征文、书画展等活动,传播双拥工作的光荣传统。同时组织民兵连为每名退伍军人及军烈属在生产生活等方面给予扶持。在军民共建工作中,大力配合地方抓好国防建设的宣传和教育,主动协助学校搞好军训,坚持每年利用"八一"、春节等重要节日携带慰问金及慰问品看望老退伍军人及家属,为他们解决生活中的一些实际困难,让他们感到党的温暖。2002 年与哈尔滨工程技术学校结成共建共育对子,并在该校建立了民兵训练基地,为人武部民兵训练提供了食宿和训练场地;人武部每年都组织民兵骨干对学校新生进行军训、开展国防教育。兆麟中学、第三中学的军训工作由人武部承担。通过训练使学生增强了组织纪律观念和国防意识,磨炼了意志,培养了作风,强健了体魄,提高了综合素质,受到了政府的高度评价和学校的普遍欢迎。人武部积极维护军人的合法权益、对军人及军属来信来访反映关于涉法方面的纠纷都能够认真对待,并想方设法给予解决。1998—2000 年,共为军人及家属解决涉法纠纷 10 余起,有力地维护了军人的合法权益,解除了官兵的后顾之忧。2005 年,人武部广泛开展了扶贫帮困、捐资助学活动。三年统计,组织干部职工捐款、捐物合计金额就达 3 万元。积极开展"双管双助"活动。对未随军的干部及士官家属,特别是生活困难的家庭每年都给予一定的资助,并为家属健康检查、就业等方面提供帮助。积极参与新农村建设。人武部确定新兴乡新华村为帮建点。在本级帮建的基础上,积极协调民政局、哈尔滨工程技术学校、驻军部队在资金、物品、科技方面给予帮扶。人武部多次召开新农村建设推进会、联席协调会,深入新华村调查达 10 余次,为该村学校贫困学生捐资数千元,并送去了单双杠等体育设施,通过有效的帮建,加快了新农村建设的步伐。

【支援地方建设】　1986 年,组织全市民兵参与科普之冬活动,组建领导小组 36 个,科普小组 482 个,培训 300 余次,受教育人达 5 万余名。1990 年,市人武部组织 3 万民兵兴修水利;义务植树造林,植树 70 万株,成活率达 90% 以上;修筑公路 3 000 多公里。10 个单位、700 名个人受到嘉奖。1992 年,全市有 5 万多名民兵参加"黑龙杯""铁牛杯""绿化杯"等生产竞赛。1994 年,动员 6 万多民兵修建水利工程,拉运土石方 3 万立方米,修建水渠 5 条。1996 年,动员 4 万人次民兵帮助播种、收割农作物 10 万余亩。1997 年,组织 3 万余人参加农业小区开发、松花江、引拉江河堤加固等劳动,拉运土石方 2 万立方米,修建水渠 7 条。1998 年,组织 8 万余民兵参加抗洪抢险和救灾工作。2000 年人武部动员 1.5 万民兵参加城市建设和小区开发、道路铺筑。2003 年以来,人武部积极开展"创业标兵"活动。在支持企业改革、发展农村经济创建专业村、参与重点项目、小城镇建设、扶贫帮困、抢险救灾、精神文明建设等 7 个方面做出中长期规划,制定切实可行的措施。每年都组织 2 次以上的基层武装部长"创业标兵"活动部署总结会议,组织广大民兵参与活动。每年春季组织民兵植树造林,到 2005 年,动用民兵 1 万余人、车辆 80 余台次,在沿松花江、拉林河、102 国道植树 100 余万株,受到市绿化委员会的好评。2004 年 5 月,双城市引进投资 6 个亿的菊花味精责任有限公司,人武部主动请战出动 800 名民兵,为公司建厂整修道路 2 500 延长米,平整场地千万平方米,并从民兵中选出 30 人作为该厂第一批员工。2005 年,组织民兵预备役人员 5 400 名、车辆 50 台次参与乡村环境卫生整治和社会治安综合整治。同时,各村组成以民兵为骨干的治安巡逻小分队,坚持昼夜巡逻。协助当地公安机关抓捕犯罪分子17人,有效地遏制了犯罪,维护了社会安定。人武部积极响应市委关于为建设小康社会做贡献的"先锋工程"号召,制定三级承包责任制,即市人武部包一个乡,基层人武部包一个村,基层民兵连包一户。人武部承包贫困的新兴乡庆乐村,春耕时,为该村15家贫困户解决5 000斤种子和3 000斤化肥、农药。组织该村民兵连为2户五保家庭修缮房屋。修整庆乐村至102国道4 000延长米的沙石路。部里干部和群众为15名因贫困而失学儿童捐款7 500元,帮助他们重返了校园。人武部先后聘请多名农技师为农民传授种植养殖技术,实现由"输血"向"造血"功能的转换。通过市、乡、村三级承包责任制的落实,使25个村、252户群众脱贫。注重发挥民兵脱贫致富的带头作用,依托新兴企业,组织民兵大力发展养殖业。雀巢、娃哈哈、旺旺等乳品企业落户双城,据此动员民兵专业户带头养牛,全市3 200户奶牛专业户中民兵专业户占30%,全市奶牛存栏发展到20万头。新兴鲜蛋批发市场的兴起,养鸡业成了致富路。新胜村近百户民兵家庭成了养鸡专业户,养鸡50万只。全市种植棚室菜15万亩,民兵种植户达5万亩,占1/3,创效益2 000多万元;以发展农村质量效益型农业为重点,大力组织民兵发展两瓜和小杂粮种植业。全市种植两瓜3万亩,小杂粮2 000亩。从事"两瓜"及绿色小米种植业的民兵占53%。依托产粮优势,组织民兵大力发展深加工。以小酒坊、小油坊、小作坊、小加工、小工厂"五小"为重点,大力组织民兵带头领办、创办"五小"企业达1 400多个,仅五家镇就有130多民兵创办了小酒坊,年生产白酒达118吨,加工转化粮食2.6万吨,实现增值约1 000万元,吸纳劳动力1 500多人。周家镇人武部组织民兵依托周家大市场创办轻纺加工企业120多个,年创产值达5 000多万元,吸纳劳动力就业1 000多人。

第十七编　教育　科技

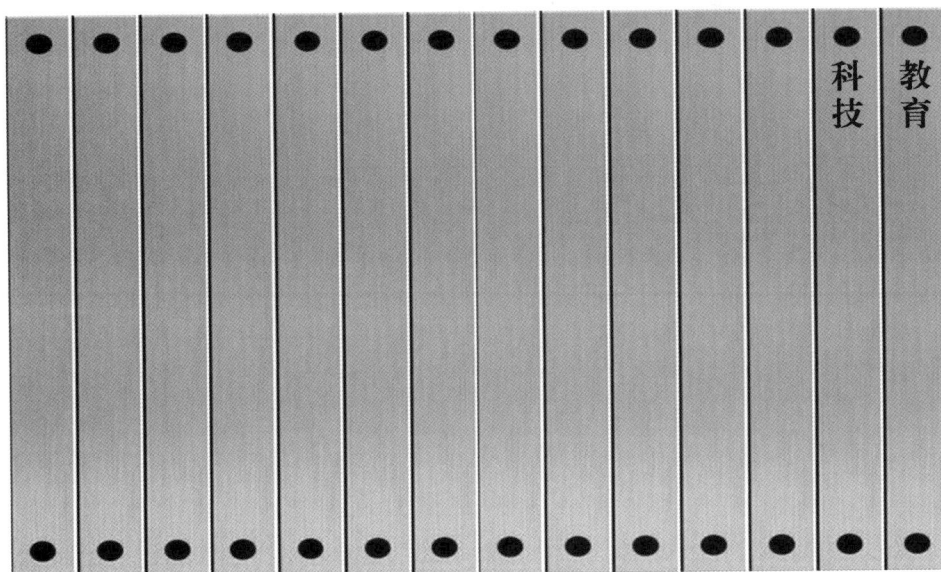

1986 年,《义务教育法》颁布后,双城县被松花江地区教委评为基础教育先进县、"双实"先进县;1995 年,分别通过省和国家"两基"工作检查验收,在松花江地区率先实现基本普及九年义务教育,成为全省第二批实现"两基"的县(市)。2005 年,省政府督导室对双城市高标准高质量普及九年义务教育工作复检通过。1986 年,双城县城乡共有 347 所幼儿园,到 2005 年共建幼儿园 485 所,规范化幼儿园达 80% 以上。1986 年,开始普及九年义务教育准备工作。全县有小学 387 所,在校生 40 924 人,小学教师 4 656 人。2005 年,全市小学 310 所,在校生 48 474 人,小学教师 2 973 人。1986 年,有初级中学 30 所,高级中学 8 所;完全中学 5 所,在校生 3 662 人。初级中学专任教师 1 545 人,高级中学专任教师 291 人。2005 年,全市有普通中学 46 所,有教职工 3 005 人,在校生 46 209 人。1996 年兆麟中学迁入新址,2004 年,兆麟中学(高中部)被评为省级示范高中。1986 年,兆麟高中在校生 1 001 人,升学率 49.4%;2005 年,在校生 2 167 人,升学率 95.2%。20 年,升入本科院校 3 355 人,升入专科院校 1 411 人。2001 年,双城市有职教中心学校 1 所,有教职工 147 人,其中专任教师 76 人,学生学员 1 011 人。1986 年,双城市实现中小学校舍砖瓦化。到 2005 年,城乡校舍建设又有新发展,楼房化比例:小学 5.2%,初中 51.5%,高中 100%,成职校 100%。

1988 年召开全市科技大会,确立科教兴县的战略思想。1990 年编制"双城市科教兴市实施方案",全面实施科教兴市战略。1995 年,双城市被省科委确定为"两高一优"农业试验示范县。同年双城市被国家科委列为全国科技综合实力百强县之一,荣获全国科技工作先进县的称号。1997 年,双城市人大常委会通过"双城市 1996 年至 2010 年科教兴市实施方案"。2001 年市委、市政府又一次下发《关于实施科教兴市战略意见》。80 年代,双城没有民营科技型企业。到 2005 年,全市有民营科技企业 35 家,技工贸总收入 32.5 亿元,占全市国内生产总值的 25.1%。具有自主知识产权产品的有 15 家。1986—2005 年全市累计投入资金 14 439.4 万元(不含外企)完成科技项目 661 项次,其中省、部级 88 项次,哈市、松花江地区级 95 项次,市(县)级 478 项次;取得科技成果 446 项,其中省、部级成果 29 项,哈市、松花江地区级 412 项,市(县)级成果 376 项;获国家专利 206 项。2004 年双城市被省政府授予"科技兴省先进市(县)"的称号。2001—2004 年双城市连续 4 年被国家科技部授予"全国科技进步先进市(县)"的称号。2005 年被国家科技部确定为科技工作试点市(县)。

第一章　教　育

第一节　机　构

【双城市教育局】　1986 年,编制 17 人,在职 17 人,内设机构有办公室、人事股、计财股、普教股、审计股、保卫股。1989 年,教育局改称教委,内设机构有秘书股、人事股、基础教育股、职业教育股、成人教育股、计财股、审计股。1997 年,机构改革后内设机构有秘书股、计财审计股、基础教育股、成人职业教育股、人事股,核定行政编制 23 人。2001 年,机构改革时恢复教育局,内设机构有秘书股、计审股、基础教育股、人事股、成职教育股、文化艺术股、群体竞赛股,核定编制 34 人。2005 年,在职 29 人,内设机构没有变化。

历任局长(主任):韩长河、白景喜、吴宣文、李启堂、杨耀武;副局长(副主任):白景喜、王庆阁、张翰章、王维林、闫辅安、李启堂、关洪策、李文发、刘永田、郑孟楠、吴振生、杨耀武、沈继宁、徐绍林、武学汉。

【双城市人民政府教育督导室】　1989 年,组建教育督导室,设在教育局,编制 3 人,设主任 1 人,副主任 1 人,专职督学 2 人。

历任主任:贾谦、闫辅安、关洪策、隋遵义;副主任:关本新、关云泉、隋遵义、刘永田。

【双城市招生考试办公室】 1986 年,编制 4 人,设主任 1 人,副主任 1 人。2005 年,编制 5 人,实有 10 人。

历任主任:王维林、李文发、沈继宁;副主任:郑孟楠、何洪千、佟基胜。

第二节 学前教育

【幼儿园】 1986 年,全县共有幼儿园 347 所,其中县办 2 所,双城镇内校办幼儿园 10 所,农村校办幼儿园 285 所,城乡个体幼儿园 50 所。1989 年、1995 年,双城市两次获"全国幼儿教育先进市"称号。1997 年,4 周岁入园率 67%,5 周岁入园率 99.5%,6 周岁入园达 99.3%。到 1999 年,全市共建幼儿园 467 所,其中,市办 2 所,双城镇内校办 13 所,农村校办 385 所,城乡个体幼儿园 67 所。幼儿园内设大班、中班和小班。2005 年,全市共建幼儿园 485 所,其中,双城镇市办 2 所、集体办 16 所、企业办 7 所、民办 36 所、农村校办中心幼儿园 24 所、村屯办 335 所、民办 65 所,其中规范化幼儿园达 80% 以上。

【幼儿教师】 1986 年,有幼儿教师 623 人,其中,双城镇内 109 人,农村 514 人。市教委从提高对幼儿教师的资格、学历、职业道德、人格修养等方面对学历不达标的幼儿教师,由市教委普教股、人事股与教师进修学校联合举办幼儿教师培训班,利用双城市第二职业高中具有幼师专业的优势,对不达标的幼儿教师进行培训,有 85% 以上的幼儿教师获得幼儿教师合格证书。双城镇内幼儿教师资格证达标为 96.1%,学历达标为 91%;农村幼儿教师资格证达标为 85%,学历达标为 76%。1995 年,全市有幼儿教师 737 人,其中城镇 224 人,农村 513 人。2005 年,全市有幼儿教师 685 人,双城镇内幼儿教师 278 人,资格证达标为 97%,学历达标为 92.4%;农村幼儿教师 407 人,资格证达标为 82.1%,学历达标为 79%。双城市幼儿教师大专学历达到 40%,中专学历达 60%,继续教育进修率达到 95%,有 30% 的幼儿教师能够制作简单的教学课件。

【教学内容】 1986 年,根据《幼儿园教学大纲》的要求,幼儿教育的教学内容,主要是学习简单知识、技能技巧、发展儿童智力,培养幼儿认知兴趣、学习能力和良好的品德。教学内容是多方面的,具有启蒙性和广泛性。城乡幼儿园普遍开设语言、计算、艺术、舞蹈、音乐、绘画、体育、自然等课程。教师既教生活中简单又易接受的知识技能,又注重训练孩子感官,发展智力,培养良好的品行和多方面的兴趣。幼儿教育的教学内容,一方面符合幼儿年龄特点要求,另一方面又根据幼儿地域发展个性差异因材施教。从 1996 年下半年开始,市教委对幼儿教育的教学内容进行改革和试验。2005 年,教育幼儿园、机关幼儿园、五家镇中心小学幼儿园开展对幼儿"开发右脑""情境教学""电教手段开发智力""综合性主题教育"等教学试验活动,都收到良好的教学改革效果。

【教学方法】 1986 年,在幼儿教学活动中探索新的方法。除课外,还渗透在游戏、劳动和日常生活行为中,具有直观性、示范性、欣赏性和启发性。1996 年,全市幼儿园实行的教学方法主要有直观法、口授法、实践法等。直观法,主要是观察、欣赏、演示、示范和范例。教师使用直观教具,培养幼儿观察兴趣,教给儿童观察方法,扩大眼界,锻炼感知觉,发展幼儿观察能力和认识能力,激发求知欲。口授法,主要是讲解、讲述、谈话、描述、讨论等,教师通过口头语言,向孩子描绘情境,叙述事实,解释概念,说明道理,这是双城市幼儿教育使用最早、最广的教学方法。实践法,就是练习、表达、游戏、操作等,教师指导孩子用绘画、手工、唱歌、跳舞、表演、游戏、谈话、讲述、朗诵等方式,让幼儿充分地表现自己,让他们在表达和表现中得到锻炼。教育幼儿园、实验小学幼儿园、五家镇中心小学幼儿园在优化教育改革中进一步丰富教学内容,成为幼儿教育的样板。2005 年,幼儿教育的教学内容和教学手段上更重视年龄特点,突出运用适合幼儿教育的观察、游戏、启发、日常生活、操作实践等教学方法,采用现代教育手段,运用生理学和心理学,逐步纠正幼儿教育的小学化和成人化的错误教法,改变重教轻养,重智轻德的教育倾向、摸索出一套适合幼儿年龄特点的新的教学方法。

第三节　小学教育

【学校】　1984 年 10 月,双城县实现了普及初等教育。1985 年,《义务教育法》颁布。1986 年,开始普及九年义务教育准备工作,全县小学 387 所,其中城镇小学 34 所,农村小学 353 所,有 3 258 个班,其中城镇小学 476 个班,农村小学 2 782 个班;城镇小学 21 319 人,农村小学 19 605 人。小学入学率 97.5%,巩固率为 97.4%,毕业率为 98.9%,升学率为 96.3%。城乡小学教师 4 656 人,小学教师学历达标率为 78%。1994 年,开始社会捐助资兴建希望小学,当年建希望小学 4 所。1995 年 5 月,经省和国家教委"两基"检查组检查验收,全市基本实现普及九年义务教育。当年,全市有小学校 388 所,在校学生 91 000 人,适龄儿童入学率达 100%,辍学率 0.09%,初等教育完成率 99.4%,毕业率 99.8%。小学教师 4 028 人,小学教师学历达标率 95%。2001 年开始,加强师德建设工作,到 2004 年,全市有 50 所小学校被评为师德建设先进学校,有 320 名小学教师被评为师德先进典型。同年,对 2 525 名小学教师进行小学教师资格认定;在全市小学开展百校达标活动;加强教师职务培训、班主任培训、新教师岗前培训和小学校长培训工作。同年 11 月,经省政府督导室检查验收,双城市"普九"教育顺利通过了"高质量,高标准"检查验收。2004 年 7 月为适应教学改革的需要,乡镇教育办改为乡镇中心学校。2005 年,全市小学 310 所,其中城镇小学 35 所,农村小学 275 所;农村建希望小学 30 所,在校人数 48 474 人;城镇小学在校生 17 424 人,农村小学 31 050 人。小学教师 2 973 人,其中城镇小学 992 人,农村小学 1 981 人,小学教师学历达标率为 99.8%。小学入学率 100%,巩固率 100%,毕业合格率 99%,升学率 100%。

1994—2005 年双城市捐资助学兴办希望小学情况表

表 17 - 1 - 1

序号	学校	乡、村	建成年份	捐资单位或个人
1	共青第四希望小学	兰棱镇治新村	1994	双城市自捐 8 万元
2	共青第五希望小学	单城镇政富村	1994	双城市自捐 3 万元
3	德惠希望小学	同心乡治乡村	1994	韩德惠个人捐资 60 万元
4	新发希望小学	新兴乡新发村	1995	新发希望小学捐 5 万元
5	共青第一希望小学	希勤乡治强村	1995	双城市自捐 6 万元
6	共青第二希望小学	万龙乡增产村	1995	双城市自捐 5 万元
7	共青第三希望小学	永胜乡永生村	1995	双城市自捐 5 万元
8	共青第八希望小学	团结乡双富村	1996	双城市自捐 5 万元
9	共青第九希望小学	乐群乡富勤村	1997	双城市自捐 5 万元
10	共青第六希望小学	团结乡团结村	1996	双城市自捐 5 万元
11	共青第七希望小学	朝阳乡胜勤村	1996	双城市自捐 6 万元
12	启新希望小学	金城乡启新村	1996	省青基会捐 5 万元
13	金马希望小学	杏山镇仁和村	1996	吉林金马集团捐 60 万元
14	标准化立志小学	兰棱镇立志村	1996	文路中学校长王治才出资 80 万元
15	辰氏第一希望小学	团结乡宏生村	1997	辰氏集团捐 5 万元
16	粤青希望小学	永胜乡永兴村	1998	广东团省委捐 15 万元

续表

序号	学校	乡、村	建成年份	捐资单位或个人
17	新城希望小学	团结乡连丰村	1998	上海新城投资集团捐 20 万元
18	抗洪希望小学	临江乡松江村	1999	大连团市委捐 10 万元
19	战胜百替希望小学	万隆乡战胜村	1999	省青基会捐 22 万元
20	新民希望小学	新兴乡新民村	1999	省青基会捐 3 万元
21	胜士希望小学	永胜乡胜强村	2000	日本国千叶胜士先生捐 5 万元
22	双利满族锡伯族希望小学	农丰镇双利村	2000	双城市民族宗教局投资 5 万元、双城市教委投资 10 万元
23	律师希望小学	永胜乡兴业村	2001	黑龙江省律师协会捐 5 万元
24	双龙希望小学	五家镇双井村	2002	双龙美食集团捐 10 万元
25	裕生希望小学	希勤乡裕生村	2002	哈药六厂捐 10 万元
26	花园希望小学	金城乡花园村	2002	省青基会捐 5 万元
27	东海希望小学	周家镇东海村	2003	哈尔滨施达建筑工程公司捐 10 万元
28	富晨希望小学	万隆乡吴家村	2003	长春市富晨集团公司投资 65 万元
29	兴城希望小学	农丰镇兴城村	2004	国家计委投资 80 万元
30	黄山希望小学	单城镇政前村	2005	省青基会捐 20 万元

【课程设计】 1986 年,小学实行教育部颁布的《全日制教学计划》,开设语文、数学、思想品德、自然常识、地理、历史、音乐、体育、美术等课。2003 年起,根据《基础教育课程改革纲要》,市教委制订《双城市课程改革实验方案》,确定市直实验小学、第二小学、第三小学、周家中心小学、五家镇教育办为实验区。2004 年秋季,全市小学全部进入新一轮教学改革。小学课程设计发生变化,小学一、二年级增开品德与生活课,三至六年级增开品德与社会课、外语课、科学课、综合实践活动课。教学设计基本依据课程标准要求,确定教学目标,设计教学方案,适合学生的兴趣、知识水平和理解能力;教学设计过程注意了课程资源的合理利用、方法的选择和现代教学技术的使用,做到脑中有"纲"(课程标准),胸中有"本"(教材),目中有"人"(学生),心中有"数"(差异),手中有"法"(方法)。到 2005 年仍在执行原计划。

【教材】 1986 年,城乡小学普遍开设语文、数学、思品、自然、音乐、体育、美术、劳动、社会等课程,使用国家统一新教材。2001 年,小学低年级的思品课改为品德与生活课,自然课改为科学课;高年级的思品课改为品德与社会课,增开综合实践课,包括劳动技术、社区服务、信息技术等内容。2002 年,随着新课改的不断深入,小学各学科都开发校本课程。市教育局首先在实验小学、第三小学、幸福乡中心小学和五家镇中心小学进行试点,以课程开发为基地,以教师为课程开发主体,进行校本课程开发,突出学校自己的特色。新课程标准、新教材、综合课程、研究性学习成为全市小学教学改革的新亮点。立足用好课堂教学的重要载体,充分体现新课程改革新教材的科学性、基础性和开放性,并通过充分开发和利用教材以外的课程资源,拓展教师的视野,全面渗透新课标思想。新教材改革的主要内容是:控制内容总量,适当降低知识难度;大量引用现代信息;促进课程优化组合;紧密联系生活,关注学生个体经验;鼓励学生探究制造,扩展课堂学习空间;图文并茂,引人入胜等。新编教材在研创过程中始终贯彻新课程条件下"一堂好课"应有的标准,同时对教学目的确定、教学内容的选择、教学方法的采用、教学过程中设计,均提出系统的解决方案,供教师选择。新编教材,把学生的学习目的、态度、兴趣、知识基础、学习能力和学习方法状况,作为设计的基础工程来对待,为全面打造充满生机与活力的课堂教学平台,提供了切实的保障。2004 年,全市城乡小学因教材的改革引发教学的深化改革,市直第三小学、幸福乡中心小学等学校深入开展教改试验,取得成效。2005 年,新教材推广到全市城乡中小学,全市的中小学的素质教育、校本课程、课堂教改、新课程评价等教改活动已全面推广到各个学校。

【教学方法】　1986年，全县小学教育的教学方法，虽然有很大的改革和进步，但基本上还是沿袭传统的教习方法，上课就是听课—背诵—练习—再现教师传授的知识，学生学习处于被动地位，注重知识传授，死记硬背，机械训练，被动地接受学习。在教学过程中教师采用传递、讲授、灌输的教学方式、教学方法。1996年，随着教育改革的不断深入，教学方法发生很大变化，全市城乡小学均以讲解法为主。同时引入小组讨论法、发现法、自觉辅导法、创造性教学法、研究性学习法，以及计算机辅助教学法。课堂教学中设置悬念，激发兴趣；发掘学生潜力，引起学习兴趣；深入浅出，幽默形象；联系实际，贴近生活；巧用游戏，学"玩儿"结合；以情激趣，亲师信道。实验小学使用"注释"教材进行的语文愉快教学改革试验，荣获省"九五"教育科学规划重点课题优秀科研成果特等奖。2002年，第三小学《对小学生自主、合作、探究能力的培养》定为哈尔滨市实验课题。2005年继续将典型经验全面推广到全市城乡小学，进行新一轮的新课程教学方法改革。

【德育教育】　1986年，全县中小学德育教育工作，主要目标是以爱祖国、爱人民、爱劳动、爱科学、爱社会主义为主要内容，结合贯彻《小学生守则》，向学生进行道德品质和行为规范的教育。培养小学生初步具有共产主义道德品质和良好的行为习惯，做有理想、有道德、有文化、守纪律的劳动者。在方法上主要采取正面教育，生动活泼，形象具体，用革命前辈和英雄模范事迹教育学生。教师以身作则，身教言教结合，并向小学生提出一些实践要求。城乡小学建立升旗制度、晨会制度、班会制度、三级值周制度。建立转化后进生工作机制，校长包学年，教导主任包班级，班主任包学生，进而提高小学的道德素质。双城市实验小学、五家镇中心小学、万隆乡中心小学，先后开展文明校、文明班、文明学生评比活动。1998年，黑龙江省家教学会在双城市兴办家长学校骨干培训班，各学校105名德育工作领导参加培训，加强了师德建设。1999年，实验小学、五家镇中心小学等20个班级被评为哈尔滨市优秀班集体，200名学生被评为哈尔滨市级三好学生。双城市被评为哈尔滨市级德育工作先进集体，有17所小学，优秀班主任标兵1名，优秀班主任76名，优秀德育工作者28名。2000年，教育学生树立以人为本的观念，综合发展观念。对学生进行爱国主义、艰苦奋斗教育、遵纪守法、基础道德教育、心理健康教育和审美教育。培养小学生树立正确的人生观、世界观、价值观。市教育局突出抓小学班主任为核心的德育教育队伍的建设和小学校园文化建设。五家镇教育办、幸福乡中心小学，专门为小学班主任举办培训班，对小学德育工作提出严格的要求。实验小学、第三小学、五家镇中心小学、幸福乡中心小学等学校，在德育教育上努力做到教书育人、环境育人、管理育人、服务育人。班主任以爱事业、爱学生为出发点，以事业心、责任心、进取心为目标，树立民主平等的意识，尊重学生，相信学生，情理交融，搞好德育教育。2005年，双城市教育系统被评为哈尔滨市德育工作先进集体19个，哈尔滨市优秀德育工作者29名，哈尔滨市优秀班主任103名。

【文体教育】　1986年，农村小学基本上没有专职音乐教师，镇内小学专业音乐教师为数极少，全市小学音乐课每周两课时，还时断时续，小学文艺活动开展的次数也较少。城乡小学体育课都设有专兼职教师，经常开展体育活动。城乡小学每半年举办一次运动会。农村以乡镇为单位，每年举行一次中小学田径运动会。全市两年举办一次中小学田径运动大会。1990年，五家镇中心小学开展音乐教改实验获得成功，受到国家、省、市领导和专家的高度评价。1999年，市进修校小学教研室配备小学专职音乐教研员，全市小学音乐教研活动才开展起来。2000年，第二小学展示课间舞、腰鼓舞；第三小学展示口风琴合奏；五家镇中心小学展示一台综合性文艺演出。2002年，五家镇五家村小学体育器材教学改革为省体育教学现场会提供现场。同年12月，五家村小学为省体育教学现场会提供冰雪教学现场。2003年，第三小学办起版画实验班。城乡小学每逢"六一"儿童节，都举行文艺庆祝活动，每年教师节都搞庆祝活动，每年10月许多小学都举办艺术节汇演活动。2001年，双城市希望广场建成后，每年秋季，镇内中小学都在本校排练大型舞蹈、合唱等节目，由市文化局统一排列演出时间，每天晚上都有一所中小学校向社会进行公开演出。2005年，这些教学活动仍在继续。

【劳动教育】 1986 年,城乡小学普遍开设劳动课程,使用统一教材,主要是对小学生进行热爱劳动、培养劳动习惯和热爱劳动人民的思想感情的意识教育;培养小学生学会生存、学会生活、学会劳动。在劳动课堂上,培养学生学编织、制作、种植、做饭菜等生活小技巧,认识日常生活和周围环境中的常见材料,学会使用一些基本工具等。从 2004 年开始,小学劳动课改为综合实践课,根据新课程改革的需要,小学三至六年级开设综合实践课,对小学生进行劳动与技术教育。到 2005 年仍实行这些教育活动。

【学制】 1986 年,全县实行六年学制,1998 年秋季开始,根据省教委的指示精神,把小学六年学制改为五年学制,在三年之内过渡完。2003 年,全市又将小学五年学制全部改为小学六年学制。到 2005 年学制没变化。

第四节　重点小学简介

【双城市实验小学】 1911 年 3 月创办,始称第一高等小学堂,1949 年改为双城县第一完全小学校,1966 年改为双城镇第一小学校,1981 年改为双城县实验小学。同时被省确定为重点实验小学。1985 年被省政府授予"标准小学"。1986 年,教师 67 人,1993 年有教师 84 人。1989 年,实验小学被省教委评为省级"两全学校"。1996 年,获省级文明单位、省级教育科研先进单位。2000 年,对教材进行的语文愉快教学改革试验,获省教育科学规划重点课题优秀科研成果特等奖。2005 年,教师 96 人。有 3 860 平方米的三层教学楼,学校占地面积 13 979 平方米,操场面积 9 140 平方米,设有滑梯、单双杠、秋千、爬杆、吊环、山羊、跳箱等体育活动器材 15 件。学校有会议室、党团员活动室、图书室、仪器室、准备室、实验室、电教室、档案室、卫生室、微机室、广播室、体育室、音乐室、美术室等。图书室藏书 24 类 39 875 册,人均超过 20 册。仪器室配有科学实验器材 289 类 6 756 件。微机室配有微机 49 台。教学班在 24 到 27 个。学生人数 2 200 人。

【双城市第三小学】 1930 年创建,为"双城县第十一完全小学校"。1953 年改为双城县第五区中心小学,1981 年改为双城县第三学。1986 年,有 24 个教学班,学生 1 200 人,教师 40 人。1990 年,建面积为 2 355 平方米的三层教学楼,18 个教学班,在校生近 1 500 人。1991 年获省中小学教育先进集体,1994 年荣获省标准化小学称号,1996 年荣获省卫生先进单位,1998 年获全国教育科学"九五规划"国家重点项目"教育与发展"实验先进学校称号。2005 年,教学成绩获全市小学第一名。学生入学率、巩固率为 100%,毕业率、升学率为 100%。

【双城市五家镇中心小学校】 1950 年成立。管理全镇 11 所小学校,教师 186 人,在校生 2 440 人。1987 年,在全省率先组建音乐教改试验班,由 32 名儿童组成。1990 年,音乐教改试验班在省教育学院为省政府、省教委、省教育学院等各级领导及专家教授做专场汇报演出,教委发给奖金一万元,奖给钢琴一架。同年 7 月,国家教委副主任柳斌到五家镇中心小学观看音乐班演出,与实验班师生合影留念。并题词:"以美辅德,以美益智,以美健体,以美促劳,为培养一代素养很高的社会主义公民而努力。"1992 年,五家中心小学被省教委授予幼儿教育先进集体称号;1995 年,全镇 15 所小学就有 12 所小学达到基本合格标准。1998 年,在小学开展计算机辅助教学,中心小学、五家小学、民安小学设立了微机室,都有钢琴并有音乐教室,全镇三分之一的小学班班有投影仪。1999 年,五家镇中心小学荣获省创新教育先进实验学校称号;2002 年 3 月,学习推广新的各种课程标准第二稿试验在五家镇中心小学进行。2003 年,五家镇中心小学被辽宁、吉林、黑龙江三省教育学会美育专业委员会授予美育研究先进单位称号;2004 年,五家镇中心小学获省一类小学校称号。2005 年,小学教师学历达标率为 100%,大专以上学历占教师总数的 69%,高级职称教师占 14.3%。

第五节　中学教育

【学校】 1986 年,有初级中学 30 所,其中双城城镇 10 所,农村乡镇中学 20 所;高级中学 8 所;完全中学5所。初级中学607个班,高级中学71个班,在校生3 592人。初级中学教师1 545人,高级中学教师291人。1995年,按照规范化学校标准化要求,通过多渠道改善办学条件,共新建翻建校舍78 000平方米,全市中学消灭了危房,中学校舍全部实现砖瓦化、暖气化。全市有22所初级中学达到基本合格标准,规范化初中达到73.3%。1998年,五家高中、周家一中、农丰中学、兰棱中学被评为哈尔滨市普通高中大面积提高教学质量先进单位。2002年,除兰棱高中外,城乡高中全部实现楼房化,市政府投资60多万元,建立教育网络平台,建立24栏网页,全市有44所中学接入市教育信息网,实现校校通。全市投资860万元建设"新三室"(即语音室、电教室、微机室),城乡中学共有语音室35个、微机室44个、多媒体教室31个。2005年有普通中学46所,其中城镇中学27所,农村中学19所。初、高中班856个,在校生34 084人,其中城镇中学18 921人,农村中学15 163人;有高中12所,其中城镇7所,农村5所,在校生14 034人,有教职工3 005人。

双城市部分年度高中教育发展变化情况表

表 17-1-2

年度	城乡别	高中学校(所)			在校生人数(人)	毕业生人数(人)	专任教师人数(人)	学历达标率(%)
		小计	独立	完全中学				
1986	城区	2	1	1	2 040	853	142	72
	农村	6	0	6	1 552	491	96	67
1990	城区	2	1	1	2 680	953	153	75
	农村	6	2	4	2 514	888	109	76
1996	城区	4	2	2	2 854	999	186	81
	农村	6	2	4	2 603	901	112	78
2000	城区	5	2	3	4 513	965	291	90
	农村	6	2	4	3 640	965	116	82
2005	城区	7	3	4	11 008	3 272	465	96
	农村	5	2	3	3 026	1 125	134	98

【升学与招生】　1986年学期高中升学率达15%,招生1 205人。1994年,学期高中升学率比1986年学期提高30.6个百分点,招生人数增加980人。2000年学期高中升学率比1994年学期提高6.4个百分点,招生增加296人。2005年学期高中升学率达65%,招生人数为3 154人。

双城市部分年度高中升学与招生情况表

表 17-1-3

年度	学校数(个)	在校人数(人)	毕业生数(人)	升学人数(人)	升学率(%)	兆麟中学升学率(%)	招生数(人)
1986—1987	6	3 592	1 197	179	15	35	1 205
1989—1990	8	5 194	1 731	579	30	37.25	1 833
1992—1993	8	5 684	1 894	852	45	72	2 091

续表

年度	学校数（个）	在校人数（人）	毕业生数（人）	升学人数（人）	升学率（%）	兆麟中学升学率（%）	招生数（人）
1994—1995	10	5 893	1 964	895	45.6	81.3	2 185
1997—1998	10	6 054	2 018	948	47	58	2 293
1999—2000	11	8 153	2 714	1 357	50	84	2 384
2000—2001	11	8 361	2 784	1 393	52	69	2 481
2002—2003	11	8 360	2 876	1 725	60	75	2 976
2003—2004	12	12 135	4 045	2 548	63	78	3 052
2004—2005	12	14 034	4 678	3 040	65	91.8	3 154

【普及九年义务教育】 1986年,为普及九年义务教育做准备。1993年,被松花江行署评为基础教育先进市。为支撑普及义务教育,市财政局对教育的拨款做到"两个增长"。1994年教育拨款占财政总支出的32.5%,勤工俭学率达到100%,用于补充教育经费占总数的77.4%。全市小学合格率94.1%,其中城镇为97.8%,村小学为92.8%;初中统考合格率为78.4%,小学毕业生体育合格率为97.1%,初中毕业生体育合格率为98.5%;中小学生行为规范合格率分别为99.5%和99.8%。1995年,按照省政府检查评估的五项标准,完成普及九年义务教育各项指标。2002年,财政对教育拨款13 303万元。2003年,财政对教育拨款14 731万元。2004年,财政对教育拨款15 484万元,设立"教师工资奖金专户",教师工资不拖不欠。2004年,调整教育布局,涉及21个乡镇,170所学校,共撤并学校21所,农村中小学办学规模效益和质量都有很大提高。2005年,通过了省政府督导室对双城市高质量高标准普及义务教育的检查验收。初等教育阶段适龄儿童入学率为100%;初级中等教育阶段适龄少年入学率为95.8%;小学在校生辍学率为0.009%;初中在校生辍学率为1.9%;残疾儿童98.7%,都能入学,15周岁人口文盲率为0.02%;初等教育完成率99.4%;17周岁人口中初级中等教育完成率为92.6%。规范化学校建设,小学为86.2%,中学为73.3%,试验室建设不断增加,累计藏书超过70万册。初中毕业生合格率99.5%。全市小学专任教师学历达标率100%,初中教师学历达标率为97%,高中教师学历达标率88%。

【课程改革】 1986年,对农村中学教育打破单一的办学模式,先由少数几所中学进行"三加一""四年制"和初二分流后试点。1992年,农村中学普遍开办职业技术课,根据当地经济发展需要,确定培养目标。有针对性地设置课程、选编教材、建设基地,并单独举行毕业考试。2002年起,为贯彻落实《基础教育课程改革纲要》,适应新一轮课程改革的需要,制定课程改革实验方案。指定学校承担新课程标准的试验任务,试用根据新课程标准编写的新教材。2004年,双城市教育局下发《双城市关于义务课程改革实验教学设计和课堂教学的实施意见》《双城市关于义务教育课程改革实验研究性学习活动的实施意见》《双城市关于义务教育课程改革实验中小学学生评价改革的实施意见》和《双城市关于义务教育课程改革实验改进和加强教学研究工作的实施意见》。全市城乡初级中学全部进入新一轮课程改革。2005年,中学教学改革是确立"以学生发展为本"的教育理念,着眼学生的全面成长,促进学生认知、情感态度与技能等方面的和谐发展;着眼学生潜能的开发,促进学生独立、自主地发展;关注学生生活世界,使学生有个性、有特色的发展,使现代课堂教学与学生今天的学习生活相结合。

1986 — 2005 年双城市中学部分学科教学情况表

表 17 – 1 – 4

学科	教学试验改革内容	教学改革效果	学科带头人	获奖情况
俄语	1986—1987 学年度,重视基本功训练,让学生在"听、读、写、译"上下功夫	一个也不放弃,注重全面提高教学质量,俄语学科的考试成绩普遍较高	第六中学俄语教师夏艳君	松花江地区特级教师,教学能手 1 人
语文	1996—1997 学年度,中学语文快速作文法试验,教师六项技能训练	中学语文教师的板书、教态、语言、情感等六项基本技能得到不同程度的提高。	第六中学语文教学组组长贺军	省级教学能手 2 人,哈尔滨市级骨干教师 15 人
数学	1996—1997 学年度,五家初中移植上海数学教改经验,让学生在迫切要求下学习,组织好课堂教学层次,让学生试验,及时提供数学效果信息,随时调解教学	学生的学习兴趣、积极性和主动性、思维敏捷性大大提高,学生考试成绩及格率高出 14.5%,优生率高出 27.7%,五家初中在双城统一测评中排名第一	五家初中数学教师刘佩岩	全国中学数学竞赛中,五家初中获国家二等奖 1 人,省一等奖 2 人,二等奖 5 人,三等奖 7 人
电化	2002 年双城市建立教育网站,城乡多数中学都有校园网、电子备课室,资源共享,为实现网络化新课改创设了条件	特级教师可在网上讲课,教师可在网上备课,学生可在网上学习,现代教育技术的利用率很高,信息化教育迈上了一个新台阶	双城市电教馆馆长陈立新	双城市电化教育在实普工作中获全省第三名
音乐	2003 年,中学音乐教师基本功竞赛,理论笔试、歌曲弹唱、即兴伴奏、表演特长、情感动作等	考察了中学音乐教师的专业理论和基本技能,树立了音乐教师音乐教改意识,提高了中学音乐课的教学质量	兆麟中学音乐教师马加衡	省级教学能手 3 人,哈市级骨干教师 1 人,双城市骨干教师 10 人
体育	2004—2005 学年度,体育器材改革,校本教研,体育教师武术表演,自编舞蹈,篮球基本功	2005 年,中学体育教师学历 100%达标。体育教学法达到专职、专业,并年轻化	兆麟中学体育教师王丽艳	国家级骨干教师 1 人,省级骨干教师 2 人,省级教学能手 5 人,哈市级骨干教师 20 人

【德育教育】 1986 年,中学德育教育以学生德智体美劳全面发展为主,结合《中学生守则》向学生进行共产主义道德品质和行为规范教育。1987 年,兆麟中学开展文明礼貌、校风校纪和校容校貌"三改观"活动,开展自主教育,加强对学生坚强意志和受挫折能力的培养训练。1991 年,中学德育以品德素质教育为主,对学生进行"全面发展""学有所长""发展潜能"的教育。1999 年末,全市有 10 所中学被评为哈市级德育工作先进集体,班主任标兵 2 名,优秀班主任 31 名,优秀德育工作者 20 名。2001 年,教师进修校成立德育教育教研室,负责进行教师政治、思想、道德、心理健康、法纪、审美等内容的教育培训。教育学生要说文明话,做文明事;要先成人,后成才;要先做人,后做事。通过家庭教育、社区教育、网络教育等渠道,对学生进行德育教育。坚持以"生活化德育"和"以人为本"的理念,以国家重点德育课题为牵动,以新课程改革为契机,以班主任培训为保证,落实德育实践活动课,按照"一校一课题,一校一特色"的原则,各城乡中学积极参与现代化德育教育与实践活动。双城市第二中学提出"一切为了孩子,为了一切孩子,为了孩子的一切"的教育口号,兰棱一中以"学会做人""学会做事""学会合作""学会生存""学会学习"为目标

开展德育教育。兆麟初中开展"转变后进生,大面积提高全体学生教育质量",将德育融入各学科的教改实践活动。2004年,全市有15所中学被评为哈市级德育工作先进单位,优秀德育工作者25名,优秀班主任48名。到2005年,这种新理念实践的方法,形成双城市德育工作的新特色,提升了德育教育活动的新品位。

【双城市兆麟中学】 1905年创建,名为双城官立中学堂。1946年,民族英雄李兆麟将军在哈尔滨不幸殉国,同年4月,中共满洲省委在双城中学召开会议,并在学校礼堂展出兆麟将军血衣等遗物,大会决定将双城中学更名为兆麟中学,将军遗作《露营之歌》定为校歌。1954年,行政区域调整后,学校改为黑龙江省双城县兆麟中学。1955年,学校被省政府定为省级首批重点中学。1986年,兆麟中学举行建校81周年和命名40周年校庆活动。同年有教学班18个班,在校生1001人,升学率49.4%。1991年,升学率达54%,1人考入清华、3人考入北大。有教学班30个,升学率69%;1996年,学校迁入新址;1999年,被评为国家体育达标先进集体;2001年,升学率54.7%。2002年秋季教学班逐年增加,2004年被定为省级示范性高中,2005年有教学班46个,在校生2167人,升学率95.2%;有教师186人,其中高级职称35人,中级职称77人。20年考入清华大学15人,考入北大12人;升入本科院校3 355人,升入专科院校1 411人。教师获得国家级科研成果38项,在各级报刊、专著上刊载成果24项。同年举行"百年校庆"活动。评为省特级老师的有:吴云生、关士平、吴守身、温立哲、易孟雄;评为全国优秀教师的有:关加伦、杨以农;评为全国骨干教师的有:王丽艳;评为全国先进教育工作者的有:李永健;评为省级优秀教师的有王胡兰;评为省级骨干教师的有:王胡兰、马英吉、王琦、王春梅、崔淑萍。

历任校长:赵志宽、吴云生、李启堂、李永健、杨耀武、徐绍林。

1986—2005年双城市兆麟中学毕业生高考录取情况表

表17-1-5

年度	班数（个）	在校生数（人）	毕业生数（人）	考入本科（人）		考入专科（人）
				人数	清华大学	
1986—1987	18	1 001	249	86		37
1987—1988	18	1 006	250	87		39
1988—1989	18	1 112	251	81		35
1989—1990	18	1 014	255	53	1	29
1990—1991	18	1 008	258	107	1	34
1991—1992	18	1 100	255	52		36
1992—1993	18	1 120	290	63	2	73
1993—1994	18	1 121	313	90	2	82
1994—1995	18	1 120	304	86	1	87
1995—1996	30	1 512	412	172	1	114
1996—1997	31	1 510	515	226	1	88
1997—1998	31	1 531	552	202	1	121
1998—1999	31	1 578	515	260	1	87
1999—2000	29	1 593	511	349		84
2000—2001	30	1 657	567	363	2	105

续表 17-1-5-1

年度	班数（个）	在校生数（人）	毕业生数（人）	考入本科（人）		考入专科（人）
				人数	清华大学	
2001—2002	32	1 617	579	249	1	82
2002—2003	35	1 681	530	276		86
2003—2004	37	1 697	572	253		89
2004—2005	46	2 167	423	300	1	103

第六节 职业教育、成人教育

【双城市职业中学】 1986年,有职业中学4所。农民中等专业学校有教职工45人,在校生356人;农业技术高级中学教职工26人,在校生151人;第一职业高级中学教职工36人,在校生266人;第二职业高级中学教职工25人,在校生241人。四所学校开设的专业课有农学专业、畜牧专业、园艺专业、汽车修理专业、旅游专业、亚麻纺织专业、财会专业、服装裁剪专业、家用电器修理专业、美术专业、幼师专业等。1987年第一职业高中、第二职业高中的纺织专业为双城亚麻纺织厂输送102名合格的具有专业技能的纺织工人。1990—1997年,市农民中等专业学校为全市农村培养一大批农村种田能手和致富大户的人才。1998年4月,将4所职业学校合并为职业教育中心学校。2005年,没有变化。

【双城市职业教育中心学校】 1998年4月,双城市政府按照省政府文件精神,实行"政府统筹,部门联办"办学体制要求,开始组建双城市职业教育中心学校。校址设在双城市新城区东直路路南,紧靠东环路,校园占地面积10万平方米,建筑面积15 900平方米,其中教学楼5 163平方米,科技试验楼2 149平方米,多功能餐厅2 253平方米,学生宿舍楼2 062平方米。1998年,将双城市成人中等专业学校、农业技术高级中学、第一职业高级中学、第二职业高级中学一起并入职业教育中心学校。1999年9月,市职教中心招收3年制普通中专和二年半制成人中专254人;招收3年制普通中专设农村艺术专业2个教学班80人,学生毕业后成绩合格者发给普通中专毕业证书。招收二年半制成人中专文秘办公自动化(含计算机技术)、财会电算化、农学、兽医等专业174人,面向城乡招收应往届初高中毕业生,学生毕业后,发给国家承认的中专毕业证书,享受中专生待遇。2001年,职教中心学校有教职工总数147人,其中专任教师76人,高级职称教师18人,中级职称教师23人,大学本科学历的有21人,专科学历的48人。职教中心开设与市场经济紧密相关的专业有:财会电算化专业、电子计算机应用专业、农学专业、牧医专业、幼师专业、服装设计与裁剪专业、文秘专业、园艺专业、美术专业、音乐专业等。共计18个教学班1 011人。在校学生572人,函授学员439人,招生较少,在校生不足300人。2003年,学校本着"普职成统筹,德智体全面发展"的办学方向,开办普通高中"双城市实验高中"。实行两轮驱动,普职协调发展。暑期,普高招生800人,职高招生300余人。当年扭转了职教中心学校滑坡的局面。2005年,确定"以市场为导向,以就业为指南"的办学理念,由以"普养职"的办学模式转向大力发展专项职业教育的办学道路,专业设置逐年合理,学生实习培训基地不断扩大,招生人数稳中有增。增开机械加工技术专业、汽车维修与驾驶专业、计算机美术设计专业、学前教育专业、电焊专业、财会专业等。同时,在校内校外根据专业需求,开办相应的学生实习培训基地,使学生专业对口学用结合。有25个班级,专业班7个,在校生940人。

【职工教育】 1987年,双城镇内各大系统、生产企业单位相继成立职工学校,有商业职工学校、粮食职工学校、工业职工学校、供销职工学校、交通职工学校、电业职工学校、物资职工学校、五金公司职工学校、百货批发职工学校、大修厂职工学校等30多所。职工学校均配备专兼职教师,利用本单位的大小会议室做教室,由单位领导牵头,对本单位的职工进行政治思想教育、文化学习和结合本单位的生产实际进行生产技术的"双补"教育等。参加职工学校学习的41 614人,占职工总数的56.4%。获得初中"双补"合格证书的16 374人,获得高中"双补"合格证书的3 005人,获得中级技术合格证书的3 824人,获得初级技术合格证书的7 084人。1988 年"双补"教育结束。1990 年以后,随着企业体制改革的不断深入,有的单位解体,有的单位转轨,职工学校逐渐消失,职工教育停止。

【农民教育】 1986 年,双城县工农教育办在抓扫盲工作的同时,抓农民的实用技术培训。1990 年,全市 27 个乡镇全部建立了农民文化技术学校,其中站校合一的 6 所,独立设校的 4 所,设在中学的 17 所。乡镇农技校配备专任教师 1 至 3 人,兼职教师根据需要聘用,基本具备了教学、试验设施。建立村农民文化技术学校 385 个,以村小学为依托,配备教室和桌椅,一校变两校,一师变两师。村农技校校长由村小学校长兼任,安排一名专职教师,3 至 5 名兼职教师,保证科技培训需要。1991 年,乡镇、村两级农民文化技术学校,积极开展农村实用技术培训。在教学中根据本地生产特点定培训内容,根据培训场地定培训规模,根据当地农民特长定培训专业;采取集中办班课堂讲,走村串户巡回讲,深入农户进家讲,联系实际现场讲;做到扫文盲与扫科盲结合,长班与短班结合,专职教师与兼职教师结合,大课堂教学与生产现场参观结合。1993 年依托市职教中心,充分发挥职教中心师资力量,培训乡镇教育办主管农教的副主任、乡镇农民文化技术学校校长、农村中学农技课教师、科技示范村村长、科技重点户等。到 1996 年,职教中心共培训农村基层干部 289 人,培训农村技术骨干 364 人,培训农村青壮年技术农民 486 人。同年,双城市被松花江地区评为科技培训先进市,获"燎原之冬"活动奖杯。东官镇农民文化技术学校,为 70% 回乡的初高中毕业生进行实用技术培训,先后培养 350 名初级技术人才和管理人才。东官镇农民文化技术学校被国家教委授予"全国先进农民文化技术学校"称号。1998 年,农丰镇农民文化技术学校,依托镇初级职业中学,举办农民实用科技培训,成绩显著被国家教委评为全国先进农技校。1999 年末,乡镇、村两极农民文化技术学校每年举办大小科技培训班2 252期,培训青壮年农民达 15 万人次。

2000 年,成人教育工作重点放在科技培训上。市教委与市科委、畜牧局、农业技术推广中心协调,由市教委牵头成立"农民科技致富讲师团",分别深入到乡镇、村农民文化技术学校对青壮年农民进行科技培训,收到很好的科技培训效果。2001 年,农民教育没有继续开展。

【扫除文盲】 1986 年,经省政府扫盲检查组检查验收,双城县人民政府被省人民政府授予扫除青壮年文盲先进县称号。1994 年,全市基本实现了扫除青壮年文盲。总人口文盲率由 1990 年的 9.7% 下降到 1994 年的 7.4%,成人文盲率由 1990 年的 13.7% 下降到 1994 年的 10%,青壮年文盲率由 1990 年的 3.6% 下降到 1994 年的 1.5%。经黑龙江省人民政府检查验收组验收,认定为基本实现扫除青壮年文盲。1995 年 5 月,经国家"两基"检查团复查,认定双城市已达到国家规定的扫盲标准。按照省政府提出的"高标准扫盲,分类指导,分期达标,分层次推进"的要求,达到了高标准扫盲标准。1996 年,全市青壮年文盲率下降到 0.18%,2002 年下降到 0.02%。为巩固扫盲成果,本着"一堵、二扫、三提高"的扫盲方针,认真组织脱盲人员读书读报活动。到 2003 年,全市农村组织读书读报组有 324 个,参加学习人数1 987人。订阅《成人教育》440 份、《农村成人教育》75 份、《农民致富之友》54 份、《农民文摘》27 份、《扫盲学习报》1 200 份,以行政村为单位组织脱盲人员与小学肄业人员学习。2005 年,全市青壮年文盲还剩 331 人,均是年龄偏高或丧失学习能力的人,全市扫盲工作结束。

第七节　特殊教育

【聋哑教育】 1986 年,全县共有盲聋哑儿童 96 人,弱智儿童 31 人。有聋哑学校 1 所,在校学生 76 人,占聋童总数的 60%,盲童和弱智儿童教育基本空白。1988 年在市直第六小学附设弱智班;1989 年,开始进行盲、聋哑、弱智三种残疾儿童随班就读试验。1990 年,市防疫站免费为聋校学生检查身体,市残联每年助残日到聋哑学校和第六小学弱智班进行慰问,并深入到乡镇村进行康复工作;市劳动局提出优先安排聋校毕业生就业;市民政局每年六一儿童节和教师节都给聋校师生做服装;市粮食局按月供给聋校住宿生细粮,双城市财政局从1991年8月起,把聋校学生的伙食补助提高到每人每月12元。金城乡和平小学开始聋童随班就读试验,同年幸福乡久前小学和永支小学扩大聋童随班就读试验,联兴乡长勇小学进行弱智儿童随班就读试验,随后在全市城乡推广。同时教委在与各乡镇教育办签订普及初等教育工作目标责任状时,加进特殊教育条款,并对各乡镇残疾儿童教育提出具体要求,明确残疾儿童入学率、巩固率、学生学习质量等具体要求。市教委注重抓特殊教育的常规培训,每学期开学前都组织小学校长办班,以会代训,学习有关特殊教育文件、法规、业务知识,然后,再由小学校长对本乡镇随班就读教师进行培训,做到先培训后上岗。到1992年末,共举办小学校长特殊教育培训班6次。乐群小学总结出的经验受到专家徐百仑和省教委的肯定,并在桦南县特殊教育现场会上进行交流。乐群乡光明小学教师汪世萍撰写的《奉献给孩子一片光明》、王亚茹的《用心血催开迟开的花朵》、付传侠的《我是怎样教好聋童随班就读的》等科研论文,都集中体现了特殊教育教学研究的成果。1993年,市教委为调动特殊教育教师的积极性,在教师待遇上制定优惠政策。评模选优不受名额限制,只要条件具备,就可以上报审批;根据工作量和成绩,由乡校考核,发给相当基本工资的15%特教津贴;工作成绩特别突出的教师可破格评定职称;鼓励特殊教育教师参加培训,解决培训经费。2005年,普通学校特教班随班就读在校残疾学生总数146人,其中智力残疾学生145人,视力残疾学生1人。

【双城市聋哑学校】　1986年,聋哑学校有教工51人。有9个班,学生76人。1991年,双城市委、市政府投资60万元,建成1 400平方米的三层教学楼,250平方米的门市房,同时翻建食堂和木工教室。1993年,装备实验室、美工室;1994年,购置语训设备,建语训室;1995年,被省教委评为省级标准特殊教育学校。1997年,被评为哈市特教先进集体、精神文明单位。1998年,市政府出台在聋哑学校读书的聋哑儿童由其所在村每年补助1 200元生活费的政策。青年教师牟荣娟的"小蝌蚪妈妈"在全省百花奖大赛获三等奖。2000年,聋哑学校获双城市教育先进集体。2002年,青年教师韩晓东在省第二届"希望杯"大赛中获一等奖。2005年,学校占地面积达3 645.82平方米,校舍建筑面积1 831.38平方米,有学农基地20亩。校内学生实验室一个,律动室一个,语训室一个。有学生65人,男生42人,女生23人,9个教学班。学校教职工总数55人,其中中级职称19人,初级职称22人,大学本科学历4人,大学专科学历24人,中师学历14人,高中学历6人,教师学历达标率90%,其中特师毕业生14人。

第八节　民办教育

【学校建设】　1992年,由双城县商业职工学校校长王志才创建文路中学;1996年,兆麟中学异地建校后,原兆麟中学校长吴云生以个人名义在兆麟中学原校址创建国有民办的兆麟初级中学;1998年,由双城市城乡建设工程公司总经理温忠来创建现代中学。从2000年开始,双城市民办幼儿园逐渐兴起,到2005年,双城市内民办幼儿园所36处,农村民办幼儿园所65处,幼儿教师队伍基本稳定;同年,兆麟高级中学以个人名义创办忠植学校。到2005年相继创建4所民办学校。共有教职工588人,其中专任教师385人,在校学生3784人。

【双城市文路中学】　双城市文路中学是王志才独资兴办的一所全日制、全住宿,封闭式管理的私立完全中学。学校创建于1992年7月,位于双城市南郊102国道西侧,占地22万平方米,建筑面积7.3万平方米,由13栋建筑组成白色楼群。学校分设高中部、初中部、小学部,各部均有相对独立的食、宿、学、玩条件,共有50个教室,可容纳学生2 800人。采取封闭式管理,独家教师,注重基础,因材施教,制度严明。2000年,霍君怡考入北京大学,成为私立中学第一个叩开北京大学大门的学子。2001年,高中部29个班,1 300名学生;初中部18个班,680名学生;小学部6个班,150名学生。自1995年参加高考以来,文路中学先后向北京大学、中国政法大学、哈尔滨工业大学等名、优大学及其他普通高校输送学子 4 118 名；在各大学就读的博士生、硕士生计 69 名；出国留学生 49 名。参加高考重本进线率 23.8%；普本进线率 57.2%；专科进线率 15.8%。2003 年 5 月，经哈市教育局考核，成为哈尔滨市"社会力量办学规范化建设示范学校"。2005 年，文路中学有教职工 380 人，管理人员 40 人，安全保卫 20 人，员工 180 人，

【双城市兆麟初级中学】 1996 年 8 月，兆麟中学异地建校后，经松花江地区教委批准，以吴云生校长个人名义在兆麟中学旧址创办国有民办的兆麟初级中学，以校养校收费办学，当年招生 300 名，每生收费 10 000 元，6 个教学班，每班 50 人。校长吴云生，副校长杜兆才、闫正举，教职员工 46 人。1997—1999 年，每年各招收 6 个班，每年招生 300 人。2004 年招生 780 人，2005 年招生 880 人，在校生 2 400 人，44 个教学班，教职员工 135 人。

第九节　进修学校、教育科学研究所

【双城市教师进修学校】 1986 年，学校下设中教部、初教部、干训部、师训部、德育部、信息部、职教部、会考办、总务办、科研所，教职工 39 人。校长 1 人，副校长 2 人。学校依据《教育法》《中小学教师继续教育规定》《中小学校长培训规定》，对中小学教师和中小学校长进行培训。有计划、分期分批地对教师进行学历教育。师训部对自修教师进行辅导，城区以校为单位，农村以乡镇中心校为单位，利用双休日进行学习辅导。对小学校长每五年培训一次，主要是对小学校长进行任职资格培训。1996 年，加强中小学教师的基本功训练。组织教师学习《综合评估方案》《中小学教师职业技能训练实施方案》《师德建设工作意见》《教师职业道德规范》等，积极开展中小学教师"基本功训练"和"百枪达标"活动。1998 年 8 月，校址由原西北隅二中对过搬迁到第一职业高级中学。2001 年，针对全市基础教育实施新的课程体系，为适应新教材，组织教师自修《教育观念的转变与更新》《教师职业道德建构与修养》《提高教育与教学质量和策略与方法》《教育信息技术的掌握与应用》《教育科研能力的培养与提高》《心理健康教育与教师心理素质》等六本书。双城市教师进修学校建立了教育信息网站，基本实现全市"校校通"。2005 年，全校有教职工 67 人，其中专任教师 64 人，工人 3 人。专任教师中本科学历 45 人、专科学历 18 人、中师学历 1 人。中学高级职称 27 人，中级职称 22 人，初级职称 15 人，特级教师 1 人。

【双城市教育科学研究所】 1986 年成立，编制 2 人，1995 年有编制 5 人，其中，中学高级教师 3 人，中学一级教师 1 人，中学二级教师 1 人。1990 年，主持小学作文日记化训练实验研究；1992 年，承担小学语文愉快教学改革实验研究；1996 年，参与哈尔滨市基础教育科研工作现状的调查分析与对策；1998 年，主持培养学生自主学习的研究；2000 年，主持中小学活动性德育课程实验研究；同年主持教育与发展——创新人才的心理学整合研究；2004 年，参与教师职业道德建设的研究与实践；2005 年，参与三导自学式教学方法研究。同年被省教育厅评为先进集体。

第十节　驻双城市院校

【黑龙江省畜牧兽医职业学院】 1986 年，省畜牧兽医学校设中专、大专两部分。中专部分设畜牧、兽医、草原饲料、财务会计等专业；大专部分设畜牧、兽医、畜牧师范、兽医师专业。全校 24 个教学班，学生 971 人，教职工 333 人。其中副教授 5 人，高级兽医师 1 人，是教育部确定的全国重点中等专业学校。1987—2000 年学校致力于以教学为中心的全方位改革，面向社会调整专业结构，开展多形式、多层次办学；加强教师队伍建设，实行全员聘任制；大力兴办实体，增强自我造血功能，使学校整体工作走上制度化、规范化、科学化的轨道，形成自己的办学特色。省畜牧兽医学校被农业部评定为"A 等一级学校""教学改革先进单位"，被省委、省政府命名为"省级文明单位"。2001 年，学校进入跨越式发展时期。开展以市场为

导向的专业设置改革;以能力教育为本位的人才培养模式改革;以质量、效益为目标的人事、后勤制度改革;以美化校园环境,形成良好校园文化为目标的硬件建设;注重规模、质量、效益的有机统一。使学校整体办学水平得到发展。2002年2月,全院教职工300人,教师210人,在校生2 100人,学院总占地面积220万平方米,建筑面积6万平方米,图书馆藏书16万册,专业实验室35个。学院副厅级领导1人,正处级领导6人,副处级部门19个,学院实行书记领导下的院长负责制。经省政府专家组考察评审,学校被省政府批准升格为黑龙江省畜牧兽医职业学院,单位级别为副厅级。2005年,全院教职工350人,教师240人,全日制在校生4 300人,学院建筑面积10万平方米,图书馆藏书19万册,专业实验室80多个,开设畜牧兽医、园林花卉、计算机应用、动物繁育等主体专业30余个。学院被评定为全国职业技能鉴定先进单位。

【哈尔滨市工程技术学校】　1986年,学校的招生和分配纳入省、地劳动部门统管,学校根据社会需求培养人才,调整专业设置,停办原农机修理、农机管理和机加专业,设机修钳工专业、财会专业。1990年12月和1991年7月,学校分别同黑龙江职业技术学院和哈师大历史系联合开办大专自学考试辅导班,开设汉语言文学、会计、历史和法律四个专业;1993年又增设汽车修理专业。1996年更名为哈尔滨农业机械化技工学校。1997年,经哈尔滨市教委批准,学校开办中等专业教育,定名为哈尔滨农机职工中等专业学校,业务与技工教育专业同步。2001年,学校坚持"面向市场、面向企业、面向农村、面向未来、培养高素质、高技能型人才"的办学宗旨,率先通过ISO9001国际教育质量管理体系认证。采用教育、教学、生产、实习、经营、社会服务"一体化"办学模式,实行模块式教学。学生管理实行全封闭、全日制、全住校、准军事管理。学校对毕业生跟踪服务管理,终身负责就业推荐制度,每年毕业生一次性就业率都达到100%。就业网络覆盖广州、大连、青岛、哈尔滨等11省23个市达70家知名企业。2005年,学校拥有哈尔滨和双城两个校区,占地面积4.8万平方米,建筑面积3.2万平方米,在校生2 040人,其中高级工在校生606人。教职工150人,专职教师86人,其中高级讲师30人,讲师及助理讲师56人。学校设有机械工程系、汽车工程系、信息工程系、商贸工程系四个系,开设数控技术、机械加工、机电一体化、焊接、汽车维修、计算机应用、会计电算化、物理管理等专业,其中机械加工专业是全省名牌专业。实习培训基地有机械加工厂、服装加工厂、汽车维修中心数控中心,还有数控、电工电子、金属工艺、计算机等12个专业实验室。同年被定为省级重点技术学校,全省示范性技工学校,获得"中国最具特色职业学校"等荣誉称号。

【哈尔滨市经济贸易职工中等专业学校】　该校系哈尔滨市教育局直属学校。学校建于1980年,校址在原双城农机二厂院内,校名为"双城县工交职工学校",隶属双城县工交政治部。1986年,由双城县工交职工学校更名为松花江地区工业职工中等专业学校,是黑龙江省政府批准,教育部备案的全日制中等专业学校,学制为三年,副处级单位。1996年松哈合并后更名为哈尔滨市经济贸易职工中等专业学校,隶属哈尔滨市经贸委。学校占地面积32 420平方米,建筑面积4 000平方米。设有学生科、财务科、招生与就业指导科。2005年,有教学班3个,在籍学生136人。有教职员24人,在职13人,外聘教师5人。教师全部具有大专以上学历,其中高级讲师1人,中级讲师3人,初级讲师6人。学校先后共开设过企业管理、化工、电工、机械加工、餐饮管理、机织工艺、财会、会计电算化、计算机应用等9个专业,25年间共培养出2 778名中专毕业生、177名大专毕业生,就业率达98%以上。

【哈尔滨市广播电视大学双城分校】　1979年成立,简称"双城电大",是双城市具有独立办学资格的唯一的一所高等学校。1986—1989年,专任教师7人,兼职教师11人,开设中文、物理、化学和财会等专业,招生300余人,学制二年。双城电大为市直机关、乡镇政府和中小学校培养了一批实用型人才。1997—1999年,双城各行各业对中高层次的人才需求不断扩大,电大为适应社会需要,又增设小学师资教育、金融学等专业课程,在校人数达1 000余人。2005年,双城电大独立办学,有专业14个,其中本科有:汉语言文学、金融学、法学、会计学、行政管理、土木工程、计算机应用、英语。专科有:小学师资教育、金融学、法学、会计学、现代文学、行政管理。双城电大根据电大教师任职标准,招聘具有中级以上职称,具有丰富专业教学经验的专、兼职教师18人,管理人员9人,教师学历全部达标;副教授职称6人,讲师10人,助教4人。

第十一节　教育管理、教师队伍

【**教师资格结构**】　1985 年,国务院颁布《教师资格条例》,双城逐步实施教师资格准入制度。资格结构分为幼儿教师、小学教师、初级中学教师、高级中学教师资格、中等职业学校教师等资格、中等职业实习指导教师、高等学校教师。1996 年,按照松花江地区教委的要求,开展教师资格认定过渡工作,共有 6 323 名教师分别认定幼儿教师、小学、初中及高中教师资格。2001 年,按照国家、省及哈市教育部门的要求,首次开展教师资格认定工作,共有 2 145 人通过认定。2002 年,有 625 人通过教师资格认定。2004 年,首次开始面向社会人员认定教师资格,共有 440 人通过认定,其中社会人员 16 人。2005 年,认定 654 人,其中社会人员 32 人。

【**教师性质结构**】　1986 年,全县有教职工 6 826 人,其中工代教 125 人、代编 326 人、民办教师 536 人,共计 987 人。教师性质分为公办教师、民办教师、工代教、代编教师、临时代课教师。到 1998 年,通过内招、上学、考试、考核等形式,将绝大部分工代教、代编、民办教师逐步转为公办教师,一少部分因不称职等原因被辞退。2005 年,全市共有公办教师 6 534 人。

【**教师学历结构**】　1986 年,教师学历以中师为主,具有大专学历的教师数量很少。1991 年以来,正规大专院校毕业生不断充实到教师队伍中来,中小学教师在职进修学习的也越来越多,教师队伍的素质不断增强,教师的学历有了明显提高。2005 年,全市小学教师中师学历达标率为 99.8%,初中教师专科学历达标率为 98.6%,高中教师本科学历达标率为 88.7%。

【**教师职称结构**】　1986 年,省教委在双城县兆麟中学、五家高中、幸福小学、第七小学进行教师评定职称试点。1987 年,全县首批开始中小学校教师职称评定工作,共评选出有职称的 917 人,其中高级 18 人、中级 388 人、初级 511 人。2005 年 9 月,全市共有专任教师 6 534 人,其中高级职称 392 人,中级职称 2 755 人,初级职称 3 387 人。

1987—2005 年双城市教师职称情况统计表

表 17 - 1 - 6　　　　　　　　　　　　　　　　　　　　　　　　　　　　　　　　　　单位:人

年度	高级	中级	初级(人)
1987	18	388	511
1988	18	124	316
1989	18	201	478
1990	18	224	509
1991	17	286	518
1992	14	177	605
1993	14	168	439
1994	17	183	379
1995	21	234	578
1996	37	272	576
1997	34	348	676
1998	34	381	693

续表

年度	高级	中级	初级（人）
1999	31	348	665
2000	30	360	756
2001	25	320	606
2002	43	343	576
2003	33	280	520
2004	99	319	460
2005	122	194	420

【教师年龄结构】　1986年，全县中小学教师平均年龄为48.6岁；1990年，中小学教师平均年龄为47.8岁；1999年，教师平均年龄为45.9岁。2005年，全市中小学教师平均年龄为39.6岁，其中农村中小学教师平均年龄达到45岁。

【教师性别结构】　1986年，全县中小学教师，女教师比男教师多，而且男教师的比例呈逐年下降趋势。2004年，男教师与女教师的比例为2∶7。农村，有的小学只有校长是男性，其余教师全部是女性。2005年，教师男女比例没有太大变化。

【教师待遇】　1985年进行全国第二次工资改革，实行以职务工资为主要内容的结构工资制。1993年，进行第三次工资改革，从此建立起正常的增资机制。经过两次工资调整和改革，教师的工资水平明显提高，从而调动教师的工作积极性，稳定了教师队伍。1997年、1999年、2001年，分别进行工资标准的调整。2002年初，农村中小学教师工资纳入市财政发放体系，实现全市教师工资的统发、统管，保证城乡教师工资的按时足额发放和支取。2005年，教师参加基本养老保险，教育系统首次建立教师养老保险体系，解除了教师养老的后顾之忧。

【教师考核】　1986年，各类学校都对教师的政治思想、业务水平、文化进修、工作业绩等进行学期和年终的全面考核。1987年，省教委下发教师考核管理办法，对教师的全面考核做了较详细的规定，具体内容有：教师的政治思想表现和师德修养情况，教师的学识水平和业务进修情况，教师在教学工作中有无业务创新精神和大胆改革实验等事迹，教师在教育工作中有无转变教育观念和做出突出事迹等，教师在教育教学研究方面，培养指导教师业务提高等方面有无突出事迹，教师工作负荷与出勤情况等。通过对教师的严格考核和考察，到2004年，第一线的教学能手、先进教育工作者、优秀教师、教育系统劳动模范等骨干教师人数为全市教师总数的2%左右。2005年，全市有省级骨干教师34名，哈市级骨干教师221名，双城市级骨干教师706名。

【师资培训】　1986年以前，小学教师绝大部分没有达到国家规定的学历要求，小学教师学历补偿教育成为教师培训的主要任务。1986—1990年，采取"送教下乡，巡回讲课""师资培训"的办法，完成对小学教师的补偿教育，使全市小学教师的学历水平基本达到了国家规定的中师要求。1992年开始，在小学教师中开展"五项基本功""六项课堂教学技能"的培训和竞赛活动。1997年，开始对历届师范院校返双的新教师进行岗前培训，共培训新教师1 107人。1999年，双城市率先在哈市十二县中开展中小学教师的普通话培训测试工作。2000年，全市测试中，考试合格率达到97%。2001年，对中小学教师进行学历提高培训，双城市进修学校与吉林省通化师范学院联合办学，双城市840名中小学教师，通过函授学习，达到本、专科学历。到2005年，双城市中小学教师基本上都取得普通话合格等级证书。通过其他途径的学历进修,全市在岗小学教师专科学历已达80%,初中教师本科学历已达85%。全市共培训中小学骨干教师700多人,有些骨干教师已成为教育教学专家和学科带头人。

【中小学校长培训】 1990年,市教委对中小学校长进行岗位培训,到1995年基本完成了中小学校长岗位培训任务,并实施中小学校长持证上岗制度,建立一支基本适应中小学校长岗位需要的管理人员队伍。1996年,开始对中小学校长进行提高培训,并选送教师到外地培训。2001年开始对中小学校长的岗位培训,注重发挥中小学校长的积极性,把培训与教育科研密切结合起来,提倡研究性、个性化培训,探索多样化的培训课程和培训模式,向学习型、研究型、发展型培训转变。到2005年,选送15名中小学校长到北京师范大学、上海华东师范大学参加全国中小学校长高级研修班学习;选送12名中学校长到哈市三中、哈师大附中挂职锻炼,为双城培养了一批名优校长和专家型校长。

【优秀教师】 1986年,进行优秀教师和优秀教育工作者评选,到1996年,被评为双城市教育系统先进工作者10 847人。到2005年,教师记大功有3 032人,记功有4 947人。

1986—2005年双城市各级优秀教师情况表

表17-1-7 单位:人

年度	市系统先进工作者	哈市优秀教师	省级劳动模范	省级优秀教师	全国优秀教师	特级教师	其他
1986	163	32					
1988	168	32				吴云生、白金声	
1989	173	18	于广志、徐茂金、马明礼、仲彦昌	关士平、畅淑珍、苏悦芹、车承秀、鲍亚贤、胡忠凯、高品秀、赵淑华、温秀焱、袁英明、范吉太、杨佰风	关加伦、吴秀文、牛雅君、杜占军、徐瑞衡、吴云、白杰、关秀珍、赵大波、那洪飞、汪作斌		全国优秀教育工作者黄朝贵
1990	190						
1991	174		马丽英	霍德文、刘景云、全忠贞、苏立娟、裴永君、李茂春、刘德贵、张守权	马明礼、杨以农、苏悦钦		
1992	185	5					
1993	197			杜兆才、苏桂朴、徐淑珍、何玉茹、刘茂富、苗秀华、朱艳芝、车成恩	吴云生、白金声、马丽英		省特级教师杨以农、何玉茹,省教育系统劳动模范李世光

续表

年度	市系统先进工作者	哈市优秀教师	省级劳动模范	省级优秀教师	全国优秀教师	特级教师	其他
1994	166						哈市劳模3人,优秀教育工作者4人,优秀教师21人
1995	1 92	14		张达林、蒋本祥、吴守申、姜彬、王春荣、李哲、徐亚杰、付淑华、杨国、徐凤玲	全国教育系统先进工作者李世光 全国优秀教师苏桂朴、何玉茹		
1996	196						
1997	记大功336,记功556	26					
1998	记大功394,记功567	232		徐绍林、赵文达、刘启飞、刘景云、董殿茹、文立申、夏仲斌	谢立新		
1999	记大功340,记功570	229					
2000	记大功344,记功558	229	李哲、姜彬	徐绍林、刘士菲、徐玉焕、雪飞虎、关升、穆秀兰、温秀艳、何秀玲			全国优秀教育工作者李永健
2001	记大功300,记功532	232					
2002	记大功332,记功532	203					哈市功勋教师姜彬
2003	记大功319,记功527	232					
2004	记大功324,记功548	229	苗雨苗、王丽、赵庆忠、闫立波	王春荣、马英吉、赵昌刚、谢立君、李惠敏、李杰、苏桂朴、成殿辉、裴忠丽	温丽哲		
2005	记大功343,记功557	299					

2004 年双城市教师队伍状况情况表

表 17 - 1 - 8

项目	项目指标	代码	2004 年
小学	教职工总数（人）	C1	3 388
	专任教师人数（人）	C2	3 015
	专任教师学历符合规定要求人数（人）	C3	3 015
	专任教师学历达标率（%）	C4	100
	专任教师中专科以上学历人数（人）	C5	2 106
初中	教职工总数（人）	C6	2 101
	专任教师人数（人）	C7	1 587
	专任教师学历符合规定要求人数（人）	C8	1 547
	专任教师学历达标率（%）	C9	99.2
	专任教师中本科以上学历人数（人）	C10	705
普通高中	教职工总数（人）	C11	716
	专任教师人数（人）	C12	669
	专任教师学历符合规定要求人数（人）	C13	645
	专任教师学历达标率（%）	C14	96.4
	读研或研究生毕业人数（人）	C15	10
职业高中	教职工总数（人）	C16	74
	专任教师人数（人）	C17	62
	专任教师学历符合规定要求人数（人）	C18	62
	专任教师学历达标率（%）	C19	100
	读研或研究生毕业人数（人）	C20	0

第十二节　教学研究

【小学教研活动】　1986 年 9 月,由五家镇教育办主任赵景文倡导对小学生音乐培养,五家中心小学音乐教师汪作彬担任实验教师,实验班学生 32 人。1989 年 6 月,黑龙江省教育学院以五家中心小学为现场,召开全省农村小学音乐教育推进会,五家中心小学音乐教改经验在全国第二届音乐研讨会、全国第七届美育研讨会上交流。1991 年,全面开展小学语文"注音识字,提前读写"教材改革实验,发挥汉语拼音的多功能作用,寓识汉字于读写之中,提前阅读,提前写作。实验从实验小学开始,继之是双城镇小学、幸福中心小学,然后普及全市。1994 年,召开了全市"注音识字,提前读写"教改实验十周年庆祝大会,省教委、省语委有关领导参加会议,对双城市十年教改试验取得的成绩给予高度评价。2003 年 12 月,双城市第三小学在进修学校美术教研员刘德才的指导下,办起美术版画实验班,共 4 个班,120 名学生,开设科目有纸版、粉印、纸漏、黑白木刻、套色木刻等,实验取得显著成效。实验班学生的作品有 20 多幅在《小学生作文》《小学生导刊》《学生之友》等刊物上发表;有 15 幅作品参加了"全国少儿版画作品展"。2005 年 9 月,第三小学举办"艺术节版画专场",省著名版画家于承佑先生亲临现场,给予高度评价并赠画留念。

【中学教研活动】 1993年,双城市五家镇初级中学移植上海青浦县数学教学改革经验,确定一个教学班58名学生进行实验,由数学教师刘佩岩担任实验教师。实验的主要内容是:让学生在迫切要求下学习;组织好课堂教学的层次;指导学生亲自尝试;及时提供教学效果的信息;随时调节教学形式。在试验中重点抓住五个教学环节,即把问题作为教学的出发点;指导学生开展尝试活动;组织变式训练,提高训练效率;归纳总结,归入知识系统;根据教学目标分类细目,及时回授调节。坚持四条教学原理即:情意原理、序进原理、活动原理、反馈原理。到1996年,学习效果大见成效,考试成绩与平行对比班相比,及格率高出14.5%;在全市统考中列第一名。1995年全国中学生数学竞赛中,有15名学生获奖,其中,获国家二等奖1名,获省一等奖2名,二等奖5名,三等奖7名。五家镇初级中学的教学经验在全市教学工作会议上做了介绍并加以推广;同年,松花江地区教育学院以五家镇初级中学为现场,召开全区学习推广青浦教学经验成果交流会,在整个松花江地区产生很大影响。

【音乐艺术教研活动】 1986年,双城市教师进修学校没有设中小学专职音乐教研员,音乐课教研活动基本处于停滞状态。市直中小学校专业音乐教师极少,农村中小学基本上没有专职音乐教师。城乡中学迫于升学压力,音乐课只流于课程表的形式,而被升学考试科目所占领,尤其中学开展文艺活动寥寥无几。1999年,市教师进修学校教研室配备专职音乐教研员。2000年开始,利用寒暑假对全市76名音乐教师进行专业知识和理论培训。市教委组织艺术教育现场会,市第二小学展示全校师生的课间腰鼓舞;第三小学展示学生的口风琴合奏;五家镇中心小学展示一台综合性文艺演出。2002年,组织音乐新教材观摩会,增强音乐教师对新教材的了解,为教师驾驭新教材提供了条件。2003年,组织全市音乐教师教学基本功竞赛活动,经过笔试、教材歌曲弹唱、即兴伴奏、发挥特长等项目竞赛,考察了音乐教师的专业技能和专业理论,同时选送5名突出音乐教师参加哈市音乐教师基本功竞赛,并获团体一等奖。2004年,组织音乐教师巡回讲课活动,有9名教师分别在一小、二小、三小巡讲,全体音乐教师参加交流,促进了音乐教师教研水平的提高。2005年,组织全市音乐教师课程标准测试,经过笔试、抽签答题等形式,检查音乐教师掌握音乐理论及应用情况。10月,双城市有2名音乐教师参加哈市举办的音乐评奖大赛,分别获得一等奖、二等奖。11月,哈市举办音乐教师基本功大赛,双城市参加5人,获一等奖2人,二等奖3人。

【体育教研活动】 1986年,教师进修学校每年都坚持对体育教师的业务培训,坚持体育课的标准,并随时深入到中小学校进行听课指导。从1992年开始,每年都召开1～2次体育高考研讨会,研究怎样提高体育考生的术科成绩和文化课成绩。1993年,全市一共为各级各类体育高校输送915名大学生,其中本科620人,专科295人。大批的体育大专毕业生不断地充实师资队伍。2001年,在双城召开哈市体育教学现场会,兆麟中学、第三小学、实验小学、五家镇一中、二中、中心小学和五家村小学共计出课18节,7个大课间,得到好评。2002年6月,五家镇五家村小学的体育器材教学改革、校本教材的开发,为省体育教学现场会提供现场。同年12月,五家村小学冰雪教学为省体育教学现场会提供现场。2003年,双城市14人代表队参加省体育教学说课大赛,获团体总分第一名,其中10人获一等奖,2人获二等奖。2004年体育教师开展武术表演赛。2005年自编舞、篮球基本功大赛都取得好成绩。全市中小学体育教师学历达标率达100%,年龄结构合理年轻化,平均30岁,有市体育骨干教师30人,哈市体育骨干教师20人,省级教学能手5人,省十佳教师1人,省级骨干教师2人,国家级骨干教师1人。

【奥林匹克竞赛】 1995年开始,全市中学生参加全国中学生数学竞赛1 235人,获国家级奖励5人,省级奖励22人,松花江地区级52人。其中五家镇初中有15名学生获奖。1999年,全国中学生英语奥林匹克竞赛,双城市参赛有1 856人,其中,初中学生1 250人,高中学生606人。获国家级奖励的10人,省级奖励的46人,哈市级奖励的52人。2000年开始,全国中学生英语奥林匹克竞赛改为中学生英语能力竞赛。2004年,双城市中学生参加全国中学生英语能力竞赛1 265人,获国家级证书的23人,哈市级证书的70人。2004年,中学生参加全国中学生数学竞赛2 200人,获国家级三等奖3人,省一等奖10人,哈市级一等奖3人。双城市中学生参加全国中学生英语能力竞赛2 661人,获国家一等奖5人,二等奖22人,三等奖29人,获得省级证书95人,哈市级证书50人。2005年,中学生参加全国中学生数学竞赛1 025人,获国家级一等奖1人,二等奖3人,三等奖5人,省级奖21人。

第十三节　教育经费及学校建设

【财政拨款】　1986年,开始实施"政府办学,以县为主"的办学管理体制。当年,县财政对教育拨款585万元;1990年,拨款856万元;1995年拨款896万元;2000年市财政拨款1 054万元;2001年双城市中小学教师工资全部纳入市财政统管,按人事权和财权相统一的原则,采取确保主渠道、开辟新渠道的办法,保证教育经费投入。2002年拨款1 330万元;2003年拨款14 731万元;2004年拨款15 484万元;2005年拨款15 862万元。

【教育费附加】　城市教育费附加,由双城市地税局组织征收,对凡有经营收入的城镇国营、集体和私营企业、个体工商户,按实际缴纳增值税、消费税、营业税的4%计征,市财政单独立账户,足额征收,全部拨给教育。1986年征收76万元,1990年征收82万元,1995年征收86万元,2000年征收85万元,2002年征收89万元。2002年末取消了乡镇统筹,变成农业税,与此同时,农村教育费附加也随之取消,变为实施九年义务教育公用经费,由市政府财政直接拨付教育经费。2003年拨款115万元,2004年拨款138万元,2005年拨款145万元。

【学杂费】　1986年,小学生每生每学期收3元,初中生收7元,高中生收12元,职高学生每学期40元。1997年小学和特殊教育学校,城镇每学期收取学杂费40元,农村每学期24元;初中和职业初中,城镇每学期60元,农村每学期42元。小学、初中住宿费每生每月8元。借读生小学生每学期借读费160元,初中生每学期借读费240元。小学、初中每学期收取班费3元,城镇小学生自愿参加的看护班费每月8元,热饭的学生热饭费每生每月6元,城镇看管自行车费每生每月3元。毕业生体检费,小学3.80元,初中4.70元。初中升学考试,每科8元。普通高级中学学杂费每学期150元,市(县)级重点高中每学期250元,省级重点高中每学期300元,住宿的学生每月8元;计划外学生学费,每学年7 000元,一次性收费。每学期收班费4元,热饭费每月6元;自行车看管费每生每月3元;高中毕业会考考务费每生每科8元,体检费每生年收费2元。职业高中每学期学费200元,省级重点职业高中每学期300元;住宿生每学期20元;班费,每月4元;热饭费每月6元;自行车看管费每生每月3元,体检费,每学年收费2元。民办学校的小学,每年最高不得超过4 000元,初中每年最高不得超过6 000元,高中每年最高不得超过7 000元。2004年秋季新学期开始,双城市义务教育阶段中小学实行"一费制"收费办法。每学期开学后,学校只向学生收取一次费用。"一费制"的内容为:杂费、信息技术教育费,冬季取暖费、课本费。"一费制"收费按学期收取,学生用教科书费实行按学年一次性收取,多退少补。"一费制"中的杂费、借读费、住宿费收入纳入"收支两条线"管理,杂费只能用于补充学校公用经费的不足。借读费、住宿费要求专款专用,服务性代收费是学校直接用于为学生提供服务的支出,不能计入学校收入,不纳入财政专户管理,必须向学生定期公布收支情况。2005年,继续执行这个收费规定。

【校舍建设】　1986年,全县中小学已实现校舍砖瓦化。万隆乡、对面城乡、幸福乡高标准、高质量、实现砖瓦化做出表率,全省许多地、市、县、乡镇主管教育的领导和中小学校校长,以及辽宁、吉林等省的有关领导前来双城参观、考察和学习。同年7月,省教委在双城县召开规范化学校建设现场会。1987年,双城第五中学、第八中学、农丰镇中心小学、农丰中学、周家一中、五家高中、乐群中学等7所教学大楼,建筑面积29 842平方米。1988—1989年,第三小学、第一职业技术高级中学建2所三层教学大楼,建筑面积6 688平方米。1990年,市政府为聋哑学校投资70万元,建成1 440平方米的综合教学楼,并完善了教学上的配套设施。8月,联合国亚太地区教科文组织来黑龙江省召开中小学危房维修手册研讨会,双城市教委在会上做专题发言,并把双城市万龙隆小学的校园整体设计格局作为校园整体建设的基本模式,校园规划典范,编入《农村中小学校舍与设备规范化建设》一书中。1992年,市第六中学、现代中学、第四中学、文路中学纷纷建教学楼,建筑面积达83 633平方米。同年4月,省教委拨给双城市34万元补助费,完成农村8所小学的危房改造工程。1993年7月,省教委在双城市召开学校建设、改善办学条件工作现场会,双城市获大奖,得奖金43万元。1995年,双城市兆麟高中异地建校,综合楼建筑面积16 600平方米,1996年竣工投入使用。1998年,双城市职业教育中心学校综合楼建筑面积18 868平方米,1999年投入使用。1996年,单城中学教学楼、第九小学教学楼、第十小学教学楼相续落成。1999年,双城市全市改造危房校舍2 000平方米,新建校舍5 500平方米。2002年,双城市第二中学教学楼建筑面积为4 357平方米;韩甸中学教学楼建筑面积7 233平方米。2002—2004年,市政府投入危房改造及维修资金1 200万元,城乡31所中小学校20 753平方米危房得以彻底改造,城乡中小学新建扩校舍38 983平方米。投入800多万元,用于新建和改善中小学校"新三室"建设。2005年,城乡校舍楼房化比例:小学5.2%、初中51.51%、高中100%、职业学校100%;城乡校舍楼小学16幢、初中17幢、高中11幢、职业学校1幢。

【教育设施】　1986年,县教育局对城乡中小学校建设和教室设施提出标准,校园布局合理,配套设施齐全,校校达到"十有三化",即有教室、有黑板、有讲台、有校门、有校园、有甬路、有操场、有国旗、有标语挂图、有专栏板报;校园环境要达到净化、绿化和美化。要求学校要逐步实现有功能教室、有实验仪器室、有图书阅览室、有音乐美术室等。市政府财政年年拨款,不断改善和充实中小学办学条件和教室设施。到2001年,全市有34所中学、265所小学达到办学标准。2002年,市财政在专项资金使用上提出"阳光工程",三年投入800多万元,专门用于新建和改善中小学校"新三室"建设,到2004年,市直中小学和部分农村学校建起语音室、多媒体室和微机室。投资60多万元,建立教育网络平台。已有78所学校联入双城市教育信息网,初步实现"校校通"。有11所学校建立校园网,占应建学校总数的13.8%。2005年,各类学校的办学条件和教室设施达到生均校园面积:小学56平方米,初中22平方米,高中44平方米,成职校70.4平方米。生均校舍面积:小学5.6平方米,初中5.9平方米,高中9.8平方米,城职校20.1平方米。生均图书册数:小学12册,初中17册,高中38册,成职校15册。教学仪器设备按不同类型学校标准配置配齐率小学95%,初中98%,高中100%,成职校100%。生均计算机数:小学0.04台,初中0.05台,高中0.06台,成职校0.08台。新三室(语言室、微机室、电教室)总数,小学36个,初中33个,高中11个,成职校7个。城乡校舍暖气化程度,小学66.1%,初中100%,高中100%,成职校100%。实现校舍暖气化学校数量,小学205所,初中33所,高中11所,成职校1所。音、体、美、劳技能专用教室数,小学1240个,初中132个,高中44个,成职校12个。

第二章　科　技

第一节　科研组织与人才资源

【双城市农业技术推广中心】　1986年,由"七站两室"组成,即:办公室、化验室、推广站、水稻站、植保站、测报站、土肥站、经作站、基层站。全面承担双城市农业新技术的试验、示范、推广、培训、指导等项工作,是农业新技术转化为现实生产力的技术核心部门。2005年,内设机构无变化,有职工66人,其中技术干部56人,非技术人员10人。在技术干部中具有高级技术职称的13人,具有农艺师技术职称的32人;具有大学本科以上学历的15人,具有大专学历的32人。在多年从事农业新技术试验、示范、推广的基础上开发储备多项农业新技术。其中："玉米保护地栽培技术""玉米节肥节水节药综合技术""平衡施肥技术""大豆垄三栽培技术""玉米通透栽培技术"等20余项农业技术正在生产中应用。

【双城市农机技术推广站】 1986年，为双城县农具研究所，事业单位，编制8人，实有人数12人。1987年6月，与农机校合并变为农机推广服务中心。1988年，参与农业部及黑龙江省"玉米旱作机械化技术""机械化精少量播种技术""机械化深施液态化肥技术"等项科研项目，获得国家级、省级、地县级科技成果12项，获国家专利技术2项，推广农业机械新技术30多项、新机具20多种。1990年，从农机推广服务中心分离出来恢复为农具研究所。1997年8月，在机构改革中更名为农机技术推广站。有职工18人，有专业技术人员16人，其中高级职称2人，中级职称7人，初级职称7人。承担着全市农机新技术的试验、示范、推广、指导等项工作。1992年，获农业部"农业科技先进单位"称号。农机推广工作在全省乃至全国名列前茅。2001—2005年，推广机械药剂灭草免耕技术、机械化残膜回收技术取得很好的效果。

【双城市工业研究所】 1986年，有工程技术人员8人，当时组建化工、机械、食品、轻工、土建、情报信息、电器仪表等8个专业组，为双城乃至松花江地区的工业企业提供大量的科技信息进行多次项目论证、工装设计和技术改造；开展技术咨询、技术交流；引进并推广新产品新技术。随着国营工业企业的关、停、并、转和经费、人才的紧缺，20世纪90年代后期失去服务功能。2005年仅存3名行政工作人员。

【双城市林业研究所】 1986年，与黑龙江省林业研究所合作推广多项林业生产新技术，引进杨、柳新品种，完成"稀土在林业上的应用"等项目，并获得省级科技成果奖。1989年撤销。

【双城市丰禾玉米研究所】 1992年成立，专门从事玉米新品种的研究、选育和开发、推广等工作。是黑龙江省首批认定并被双城市政府授予的先进民营科技型企业。"九五""十五"期间投入1 270多万元主持的重大项目和成果有："粮食科技丰产工程核心示范区""矮秆耐密型玉米新品种选育及配套技术""玉米高产攻关品种选育技术""高赖、高淀粉玉米新品种选育"等，成功选育并通过审定了丰禾1号、丰禾2号和丰禾3号、丰禾4号、丰禾10号优质高效玉米杂交品种。1998年农业局引进推广丰禾10号等品种，其中丰禾1号、丰禾10号是黑龙江省唯一打到省外的玉米品种，填补了省内空白。丰禾10号玉米品种选育与开发推广获2004年黑龙江省科技进步二等奖。2005年有职工50人，其中专业技术人员28人，包括高级职称3人，中级职称8人，有本科、专科生32人，

【双城市金城农科所】 1995年成立，设有3个育种站、8个品种试验站、60多个试验网点。每年投入科研经费120多万元，先后引进和自选自交系11 000多份，年配制杂交组合12 000多份。2001年以来，已育成金玉系列玉米新品种11个，遍布黑龙江省1~3个积温带6个生态区和吉林、内蒙古西部大部分地区，累计推广面积达1 500万亩以上。2005年有职工38名，有专业技术人员35名，其中研究员3名，高级农艺师6名，农艺师8名，新毕业大学生18名。金玉系列品种均申请了国家新品种保护权。金玉2号荣获哈尔滨市科技进步三等奖。现承担着国家试验和全省联合区域试验任务、国家星火计划和科研成果转化基金项目，省发展高新技术产业化资金和良种化工程项目以及哈尔滨市科技攻关项目。

【人才资源与配置】 1986年，全县具有技术职称的科技人员3 130人（含教师）。市政府注重人才资源的储备和人才体系的建立。1987年成立人才中心，完善人才库；1988年开始选拔拔尖人才。1992年起，市委、市政府多次下发有关放活科技人员、发挥科技人员作用的政策，稳定并壮大科技人员队伍。1996年，市委、市政府下发《关于市级拔尖人才选拔管理暂行规定》，三次共选拔出拔尖人才32名。1998年，丰禾玉米研究所所长吴坚获中青年农业专家称号，并荣获省政府专家特殊津贴。2000年，新兴乡农民白雪飞被团中央授予全国农村科技致富带头人称号，同年实行市、校（所）合作，聘请哈工大、东北农大、哈师大、中科院黑龙江农业现代化研究所等的80名教授为市政府专家库成员。2003年以来，利用招商引资、项目带动在开发区聚集一批中高级人才。到2005年，双城市共有各类各级人才27 114人。市直机关、企、事业单位共有人才16 935人，其中具有专业技术职称的9 470人。人才中心储备人才757人。开发区聚集人才622人。乡土人才8 800人。

部分年度双城市拔尖人才队伍一览表

表 17－2－1

系统	姓名	性别	批数及批准时间	级别	备注
教育	白金声	男	第一批,1988 年 12 月	省级	
教育	何玉茹	女	第三批,1997 年 12 月	哈市	
教育	吴云生	男	第一批,1988 年 12 月	市级	
教育	张国斌	男	第一批,1988 年 12 月	市级	
教育	王作荣	男	第三批,1996 年 11 月	市级	
卫生	金润和	男	第一批,1988 年 12 月	市级	
卫生	邓明德	男	第一批,1988 年 12 月	市级	
卫生	邹华林	男	第一批,1988 年 12 月	市级	
卫生	刘翠芬	女	第三批,1996 年 11 月	市级	
卫生	高曙华	女	第三批,1996 年 11 月	市级	
卫生	姜洁贞	女	第三批,1996 年 11 月	市级	
卫生	鞠嘉民	男	第三批,1996 年 11 月	市级	
卫生	赵庆田	男	第三批,1996 年 11 月	市级	
农业	陈文生	男	第一批,1988 年 12 月	市级	
农业	刘　颖	男	第二批,1992 年 5 月	市级	
农业	高　云	男	第二批,1992 年 5 月	市级	
农业	王淑清	女	第二批,1992 年 5 月	市级	
农业	关　波	男	第三批,1996 年 11 月	市级	
农业	赵岩松	男	第三批,1996 年 11 月	市级	
农业	赵　金	男	第三批,1996 年 11 月	市级	
文化	王文山	男	第一批,1988 年 12 月	市级	
文化	张　济	男	第一批,1988 年 12 月	市级	
文化	高庆年	男	第一批,1988 年 12 月	市级	
文化	杜丽琴	女	第三批,1996 年 11 月	市级	
文化	陈志佳	男	第三批,1996 年 11 月	市级	
粮食	刘丰志	男	第三批,1996 年 11 月	市级	
粮食	辛彦章	男	第二批,1992 年 5 月	市级	
畜牧	汪正奎	男	第二批,1992 年 5 月	市级	
林业	林　潜	男	第一批,1988 年 12 月	市级	
农机	佟志超	男	第三批,1996 年 11 月	市级	
科委	蒋书祥	男	第三批,1996 年 11 月	市级	
酒厂	陈继忠	男	第三批,1996 年 11 月	市级	

表 17-2-2

部分年度双城市专业技术人员分布情况表

单位:人

年度	总数	职称			工程	农业	卫生	教学	经济	会计	统计	图书档案文博	新闻出版	律师公证	播音	工艺美术	体育	艺术
		高级	中级	初级														
1990	8 113	117	1 831	6 165	846	326	815	4 851	478	568	107	57	22	6	11		21	
1995	8 364	211	2 482	5 671	620	370	731	5 642	325	283	78	64	28	6	10		20	181
2000	9 127	240	3 230	5 657	477	379	850	7 042	74	98	20	58	30	8	3	1	21	61
2005	9 470	355	3 567	5 548	639	452	1 352	6 214	180	385	30	71	35	3	3	1	44	50

表 17-2-3

部分年度双城市专业技术人员基本情况表

单位:人

年份	总数	性别		学历					年龄		
		男	女	研究生	大学本科	大学专科	中等专业	高中及以下	35岁以下	36至45岁	46岁以上
1990	8 110	5 064	3 046		250	1 240	3 630	2 990	3 205	2 880	2 028
1995	8 364	5 445	2 919		364	1 581	3 996	2 423	3 105	2 760	2 499
2000	9 127	5 824	3 303		513	3 612	4 631	371	3 895	3 159	2 073
2005	9 470	5 892	3 578	8	1 714	3 919	3 803	26	3 702	2 649	3 119

第二节 科技管理

【**双城市科学技术与信息产业局**】 1986年,为科学技术委员会,编制10人,在职10人,内设机构有农业科技股、工业科技股、星火计划股、人秘综合股、科技普及股。核定行政编12人,工勤事业编2人。1997年,机构改革,内设人秘股、工业科技股、农业科技股、情报综合股、科技普及股。核定行政编12人,工勤事业编2人。2005年,编制12人,在职13人,内设机构为秘书股、科技股。

历任局长(主任):佟彦、刘德兴、刘颖、吴守庆、蒋书祥;副局长(副主任):陈庆恩、苏德学、刘德兴、关洪策、刘颖、张凤超、石恒波、杜迎普、徐东明、赵金香。

【**科技工作体系**】 1987年,开始在农村配备科技副乡镇长。1991年,市政府把科技三项费正式列入市乡两级财政预算之内,并逐年高于当年经常性收入的增加幅度。以后各乡镇陆续成立科技管理机构,设置专(兼)职科技助理,各村调整充实科技副村长;市直各经济主管部门设立科教股;市政府成立科技顾委;各国营企业开始实行总工程师负责制。1992年,全市深入落实省36条和松花江地区30条知识分子政策,先后出台7项有关放活、引进人才的优惠政策,对有突出贡献的科技人员实行重奖,在工作、生活上给予优先照顾。先后有154名省内外大专院校和科研单位的高、中级专业技术人员获市重大贡献奖。1993—2000年,广泛开展"绿色证书"和"四个一"(每户一名种田明白人,每50户一名初级农业科技人员,每个村一名中级农业科技人员,每个乡镇一名高级农业科技人员)培训工程,向农民、工人、国家干部进行技术教育和学历教育。利用招商引资、产业化发展契机引进高层次人才,本着"不求所在,不求所有,但求所用"的人才观和互惠互利的原则,实行人才柔性流动的策略,吸引专家顾问以及更多的域外高层次人才聚集双城,为双城的经济发展服务。到2005年,政府投入的科技三项费达到818万元。政府拨款、银行贷款、企业及个人投入、科技创收、社会融资等多元化的科技投入体系初步形成。

【**科教兴市**】 1988年,召开全市科技大会,确立科教兴县的战略思想。创办《双城科技》报,建立科技信息库,储备近600项科技兴省、兴市、兴县方面的信息,为科教兴县工作的实施提供服务。1989年,科技工作实行目标管理,把科技进步目标责任制列入一级工作目标。1990年,编制《双城市科教兴市实施方案》,本着"解放思想、发挥优势、商贸导向、科教先行、调整结构、外引内联、城乡联动、富市富民"的思想全面实施科教兴市战略。同年建成五家镇奶牛高产、永治村无公害蔬菜种植、青岭乡无公害西瓜种植、单城镇政久村无公害水稻种植等示范基地;建成五家镇居民富村活动室、幸福乡庆城村科技书报室、希勤乡希贤村文化活动中心、双城镇永治村科技培训站、单城镇政久村优质水稻研究会等。1991年,市委、市政府采纳科顾委"建立'两高一优'效益型农业、利用资源优势大力发展大玉米—大奶牛—大乳品龙型经济的建议",乳品生产创利税1400万元。同年,双城被列为国家肉牛生产示范县,被省政府确定为发展经济的九小龙之一。1992年,召开全市科技大会。市政府筹集11.5万元奖励39名在科教兴市工作中有特殊贡献的科技人员和拔尖人才。同年,市长带队参加全国科技成果展交会,成交项目12个,争取资金866万元。1993年9月4日,首次召开科技项目新闻发布会,239人参加会议。会上对接126项科技项目,草签意向性协议88个。同年,成立科技市场。1994年,省农业开发办、科委在双城确立"京哈路技术开发小区"项目,建棚室50万平方米;种上露地菜和西瓜1.6万平方米;种优质葡萄3300亩;建成8条畜禽标准化一条街,修标准畜禽舍310栋,畜禽饲养量增加1.9倍。1995年,双城市被省科委确定为"两高一优"农业试验示范县,围绕玉米、奶牛、肉牛、蔬菜等主导产业开展8项新技术试验和推广。同年,双城市被国家科委列为全国科技综合实力百强县之一,并荣获全国科技工作先进县的称号。1992—1995年,工业企业技术改造总投资3.41亿元,完成大型技术改造44项,引进技术46项,引进人才200名,开发新产品87种。1998年,创建人才市场,开始人才交易。2000年,出台《双城市决策科学化和民主化制度》,强调重大事项的决策机制是市委领导下的经济技术委员会。同年,双城市通过国家科技部科技进步考核。2001年,市委、市政府又一次下发《关于实施科教兴市战略意见》。同年,周家镇成功申报"农村小城镇现代化建设示范"国家级星火计划项目。2002 年,实施市、校(所)合作,与 10 所大学确立合作关系,与 6 个院校、研究所达成合作协议;收集整理各大专院校、研究单位适合双城经济特点的科研成果编辑成《科技成果百例》和《最新科技成果》供科技工作者和广大农民学习;聘请专家库成员东北农大秦智伟教授、哈工大王久云教授、黑龙江大学王朗玲教授等来双进行专题研讨,提出建议部分被采纳。同年,东北农大李景富、于锡宏等 4 名教授到无公害蔬菜生产基地永治村,就中国加入 WTO 后如何调整农业种植结构,适应市场变化及无公害蔬菜生产标准、栽培技术进行讲解,听讲座 230 多人。2003 年 6 月,市政府按照电子政务"三网一库"的模式成功地完成了内外网建设,开通了公众信息网。2004 年,双城市被省政府授予"科技兴省先进市(县)"的称号。被国家科技部授予"全国科技进步先进市(县)"的称号。2005 年,被国家科技部确定为科技工作试点市。

第三节　科技项目与科技成果

【部省级科技攻关项目】 1988 年,完成市科委、市农业局立项的"玉米高产综合栽培技术"项目、烟花爆竹厂立项的"十大类烟花新产品试制"。1991 年,完成双城市科委、双城市农业局立项的"千亩玉米中低产综合技术研究"、双城市农业局立项的"生物防治玉米螟技术应用研究"。1991 年,农具研究所立项的"玉米旱作机械化技术", 1992 年完成。1993 年农具研究所立项的"机械深施液态化肥技术"项目、农具研究所立项的"机械精少量播种技术"项目,1994 年完成。1994 年双城市政府立项的"两高一优效益型农业示范区建设"、双城市政府立项的"京哈路农业综合技术开发",1996 年完成。1995 年双城钻机厂立项的"大直径工程钻机研制",1997 年完成。龙华畜产有限公司立项的"肉兔养殖和肉兔生产及冷冻处理"、临江高蛋白饲料厂立项的"高蛋白粉"、双城畜牧局立项的"规模化奶牛生产技术研究"、双城水产局立项的"河蟹养殖试验"、机电设备厂立项的"有载分接开关的研制"、双城畜牧局立项的"奶牛胚胎移植"1999 年完成。农业技术推广中心立项的"北方寒地持续高效农业示范区建设"、农业技术推广中心立项的"北方大豆密植高产栽培技术开发与研究",农业技术推广中心、金城农科所、丰禾玉米研究所立项的"粮食科技丰立工程核心示范区",2003 年完成。双城科信局立项的"小城镇建设中生态环境建设示范研究"、双城市政府立项的"双城市农业生态复合经济与产业化配套技术研究"、双城畜牧局立项的"青贮饲料示范""奶牛科技入户工程示范试点县""奶牛良种补贴试点县"2005 年完成。丰禾玉米研究所立项的"矮秆耐密型玉米新品种选育及配套技术"—双城水产管理总站立项的"云斑鱼与河蟹的引进及养殖技术研究"2005 年完成。

【部省级星火计划项目】 1989 年乐群友好化工厂立项的"3301 不饱和聚酯树脂"项目,双城塑料厂立项的"真空镀铝包装袋"项目,1990 年完成。双城制伞厂立项的"晴雨两用伞"项目, 1990 年完成。双城佰利高效复合饲料厂立项的"米糠系列产品加工"项目,1992 年完成。临江切割工具厂立项的"新能源丙烷切割机具"、造纸厂立项的"高光泽铸涂纸", 1992 年完成;临江高蛋白饲料厂立项的"PY 高蛋白饲料"项目,1993 年完成。花园酿酒总厂立项的"应用微机勾兑白酒工艺"项目,2002 年完成。包装实验厂立项的"绿色食品包装袋"项目,2004 年完成。周家镇政府立项的"星火小城镇示范镇"项目,2004 年完成。周家镇政府立项的"北方寒地城郊型奶牛青贮饲料的研制与开发"项目、金城农科所立项的"高产、优质饲用玉米种子产业化开发"项目,2005 年完成。

【部省级科技成果】 1987 年,亚麻厂研制的"亚麻二粗纤维的利用"获国家科技部科技进步一等奖,乳品厂研制的"罐头儿童食品品种及加工技术的研究——配制奶粉中间试验"获国家科技部科技进步二等奖,有机化工厂的"上点火炉和上点火炉灶"通过省级成果鉴定,乳品厂研制的"高蛋白奶粉"通过省级成果鉴定,变压器厂研制的"S 节能型变压器"通过省级成果鉴定,农机修造厂研制的"双色水位计"通过省级成果鉴定。1988 年,电熔镁厂生产的"电熔镁"产品在全国星火计划成果展览会上获铜牌奖,花园酒厂生产的"花园白酒"获中国食品博览会银奖。1989 年,林业研究所完成的"稀土微肥在林业育苗上的应用"项目通过省级成果鉴定。1991 年,制伞厂生产的"晴雨两用伞"获北京星火计划产品博览会银牌奖。1992 年,市政府承担的"千亩玉米中低产田改造"项目通过省级成果鉴定,糖厂完成的"甜菜高产、高糖攻关"项目通过省级成果鉴定,市多种经营办完成的"万亩西瓜高产攻关试验"项目通过省级成果鉴定。1993 年,水利局完成的"库后坝下水稻高产综合技术开发"项目通过省级鉴定,机电设备厂研制的"等加速离心机"通过省级成果鉴定,认定为国家首创。1994 年,农业技术推广中心承担的"高寒地区玉米高产高效增产技术"项目获农业部农牧渔业丰收奖。1994 年,农具研究所完成的"玉米旱作机械化技术"获国家丰收计划三等奖。1995 年,农具研究所完成的"机械深施液体化肥技术"获国家科技进步三等奖。1997 年,农业技术推广中心完成的"玉米综合丰产技术"项目获省农牧渔业丰收奖。1998 年,双城市政府承担的"'两高一优'农业试验示范区建设"项目通过省级成果鉴定,农业技术推广中心承担的联合国开发署(UNDP)"平衡施肥"项目经农业部专家验收获优秀项目奖。1999 年,农机推广中心的"机械精少量播种技术"获省科技进步三等奖。2000 年,农业技术推广中心承担的"北方土壤供钾能力及钾肥高效施用技术"获中国科学院技术进步奖。2001 年,农机推广中心完成的"机械标准化作业技术"获国家科技部科技进步二等奖。2003 年,中强集团研制的"聚合物理离子电动车用电池"通过省级科技成果鉴定。2004 年,丰禾玉米研究所完成的"丰禾 10 号玉米品种选育与开发推广"项目获省科技进步二等奖。2005 年,农业技术推广中心完成的"玉米通透栽培技术"获省丰收奖,畜牧局完成的"中药对奶牛乳房炎病原菌和体外抑菌活性及临床疗效的研究"获省畜牧局科技成果二等奖,畜牧局承担的"奶牛丰收计划"项目获省畜牧局科技推广一等奖。1987—2005 年,双城市在实施国家、省科技项目中,获国家科技进步奖 5 项,获国家部级奖 7 项,获省科技进步奖 5 项,通过省科技成果鉴定 12 项。

1987—2005 年双城市科技项目完成情况表

表 17 - 2 - 4

年度	合计（个）	类别（个）						级别（个）			资金投入（万元）
		科技攻关	星火、火炬	技术推广	试验示范	技术改进	其他	省、部	地、市	县	
总计	661	106	48	304	33	76	94	88	95	478	14 439.4
1987	81	4	6	10	3	11	47	4	6	71	1 304.4
1988	72	5	5	28	8	15	11	5	5	62	6 007.5
1989	51	5	3	20	6	15	2	6	2	43	1 101
1990	18	2		10		3		5		10	180
1991	55	4	3	19	1	10	18	7	5	43	1 383.7
1992	67	9	3	20	4	17	14	6	8	53	1 107
1993	36	4	9	20		3		4	8	24	501.3
1994	25	5	5	15				5	2	18	485
1995	36	6	4	26				6	7	23	304
1996	32	8	2	20		2		6	4	22	385
1997	37	13		24				5	9	23	170
1998	15	6		9				3	4	8	120

续表

年度	合计（个）	类别（个）						级别（个）			资金投入（万元）
		科技攻关	星火、火炬	技术推广	试验示范	技术改进	其他	省、部	地、市	县	
1999	14	4		8	2			2	6	6	115
2000	21	6		15					8	13	95
2001	30	6		20	4			3	4	23	135
2002	15	5		10				4	2	9	140
2003	18	6	2	10				7	1	10	245.5
2004	19	4	3	10	1		1	5	4	10	317
2005	19	4		10	4		1	5	7	7	343

第四节　科技活动

【农业新技术推广】　1986 年,农业局引进中单二号玉米杂交种,是为沿江地区选定的玉米高产品种。在全市推广了"水稻寒地稀植新技术""锌肥应用技术""氮、磷、钾配合深施技术"和"玉米保护地栽培技术"。双城镇农业技术推广站推广"甜瓜早熟栽培技术",甜瓜早上市一个月。1987 年,农业局和亚麻厂推广"亚麻中产技术",引进新品种、播前磁化处理,试验 1 000 亩,平均原茎产量 180 公斤/亩。农业推广中心引进并推广"大粒型花生品种'旅花'1 号高产综合技术",首次开始花生种植。1988 年,农业局推广"吉林 20 大豆种植技术"为双城岗地大豆种植选定优良品种。同年双城农业技术推广中心推广"玉米催大芽技术",解决了吉字号玉米生育期长,无霜期短的矛盾;推广了"水稻旱育稀植技术""水稻床上调酸增肥技术""玉米配方施肥技术""水、旱田化学除草技术"和"大豆根瘤菌应用技术"。1989 年,农业局大面积推广"四单八"玉米杂交品种,实现农业大幅度增长。1990 年,农业技术推广中心推广"玉米秸秆肥使用技术"和"地下害虫及玉米螟综合防治技术",实现了培肥地力,减少损失。1991 年,农业技术推广中心推广"玉米、水稻、大豆三大作物高产综合栽培技术",采取选用良种、发挥机械优势、配土施肥、催芽坐水早播、加强田间管理,防止病虫害等技术组装配套达到增产。1992 年,农业技术推广中心推广"水稻大中棚育苗"和"机械插秧技术";推广"谷子簇播技术""农抗 120 防治瓜类病害技术"和"植物激素、微胞应用技术"。1993 年,双城市多种经营办公室和糖厂推广"甜菜纸筒育苗技术",甜菜单产增加到 3～3.5 吨,增幅 80～130%。农业技术推广中心推广"高矮棵作物间种技术"和"水稻超稀植技术"解决大面积玉米清种问题,增加作物通风透光度和把水稻旱育稀植技术又向前推进一步。1994 年,农业技术推广中心推广"甲拌磷防地下害虫技术",提高保苗率和推广"水稻壮秧剂育苗技术",提高秧苗素质。种子公司引进并推广"玉米本育九、中单二、丹玉十三"和"高粱敖杂一"等优良品种。1995 年,农业局推广"玉米大双植、大双覆高产栽培技术",同时引进"高赖氨酸玉米""高蛋白大豆""优质水稻"等优良品种。同年,多经办推广"赤眼蜂防治玉米螟技术"和"农田灭鼠技术"。1997 年,科委推广"水稻、西瓜无公害种植技术"。农业局推广"生物菌肥、生物钾肥施用技术"。1998 年,农业局引进推广中矮秆紧凑型玉米"莱 3119、3638"和"丰禾 10 号"等品种,种植 15 万亩;引进"角质吨"玉米并进行富硒加工;多经办推广"棚室菜多茬立体种植技术"。1999 年,农业局推广"种子包衣技术",多经办推广"日光照节能温室技术"。2000 年,农业技术推广中心推广"绿色玉米栽培技术"。2001 年,农业技术推广中心推广"玉米节水、节肥、节药综合栽培技术"。2003 年,农业局推广"种子剂防治玉米黑穗病和地下害虫技术",防治面积达 355 万亩,防治效果达 90% 以上。2005 年,农业技术推广中心推广"青贮玉米机械化栽培技术"。

【畜牧新技术推广】　1986年,兽医卫生防疫站改革并推广"猪瘟免疫程序",节省大量疫苗和资金,有效控制猪瘟。1987年,畜牧局推广"青贮饲料";推广"马冻精配种技术"实施1 000匹,增收20万元;推广"黄牛冻精配种技术",实施3 000头,增效30万元;推广瘦肉型猪饲养技术,饲养4 000头,增效12.5万元。1988年,畜牧防疫站推广应用"喹乙醇防治禽霍乱病技术";奶牛办推广"简易塑料暖舍养牛技术"。1989年,畜牧局推广"笼养鸡技术"和"猪直线育肥技术"。1991年,畜牧局推广"奶牛规范化饲养技术"和"鸡的规范化管理技术";推广"人工植黄技术"生产牛黄。1992年,畜牧局采用"试纸检疫法"对奶牛隐性乳房炎进行快速诊断,及时治疗,效果突出;推广"秸秆盐化处理技术",提高产奶量;推广"草原改良技术",采用科学方法改良草原1万亩,提高产草30%。1993年,畜牧局推广"玉米秸秆氨化、青贮、埋大壮等综合技术";利用鸡粪喂养猪、鱼,节约精料100万斤。1994年,畜牧局采用"奶牛胚胎移植技术",对105头奶牛进行移植。1995年,畜牧局和科委共同推广"规模化奶牛生产技术",采取建栏立卡、选种选配、标准化暖舍、科学饲养、低奶量培育犊牛、增加饲草生产量,实行秸秆青黄贮与一揉、二化,科学防治疫病;实行防、检、治综合配套等措施,达到奶牛单产6吨以上。1996年,畜牧局推广"肉牛育肥"和"奶牛提高群体单产"新技术。1998年,畜牧局全面推广"牛、猪、鸡高产技术模式",科技含量明显提高。1999年,畜牧局和科委建立培育"高产奶牛良种核心群",培育出高产种核心母牛1 013头。2000年,科委配合荣耀公司推广"奶牛NPN缓释颗粒饲料",降低劳动强度,增加产奶量。2002年,科技开发中心推广"农区奶牛适度规模饲养技术",奶牛的饲养趋于现代化、科学化。2003年,周家镇推广"北方寒地城郊型奶牛青贮饲料技术",对发展城郊饲养奶牛提供科学依据。2004年,奶牛中兽药研究所推广"中草药防治奶牛乳腺疾病技术",对治愈奶牛乳腺疾病起到积极作用。2005年,亿达牧业科技发展有限公司推出"高效生物活性饲料添加剂",对畜牧饲料业发展,起到积极作用。

【农机新技术推广】　1987年,农机局推广"地膜机械覆盖技术",铺膜10万亩。1988年,农机局推广"机械播种技术""机械施化肥技术"和"机械中耕技术"。1989年,农机推广中心推广"超深松技术""茎秆还田技术"和"秸秆揉碎技术"。1990年,农机局引进并推广"种子磁化技术"。同年农机局和幸福罐头厂、双城豆制品厂推广"大豆深加工技术"。1991年,农机局推广"玉米、水稻机械化高产栽培技术";推广"化肥分层深施技术"和"玉米催芽机播技术"。1992年,农机局推广"精量、半精量播种技术";农具研究所推广"机械根茬还田技术",机械粉碎灭茬12万亩、机械旋耕灭茬30万亩、秸秆粉碎还田10万亩。1993年,农机服务中心和农业技术推广中心推广"大豆精量播种技术"。1994年,农具研究所推广"松旋耕法"。同年改革"龙江单体大豆播盘",代替2BT－2型播种机,实现垄上双行精量点播。1995年,农具研究所推广"机械深施肥技术",提高肥效20%～30%。1999年,农机局推广"全程机械化作业技术",提高作业质量,节省劳力。2000年,农机技术推广站推广"玉米旱作机械化技术"。2001—2005年农机技术推广站推广"机械深施液态化肥技术""机械药剂灭草免耕技术""机械化残膜回收技术"。

【林业新技术推广】　1987年,林业局推广"秋插杨、柳育苗技术",全县推广2 000亩;推广"杨树烂皮病防治技术",推广3 000亩。1988年,林业局推广"旱快柳栽培技术",从吉林引进品种,推广3 000亩。1989年,林业总站引进"针叶树造林育苗栽培技术",改变了双城大地树种单一的局面。1990年,林业总站引进"小黑杨14号培育技术"。1991年,林业局推广"性诱剂防治白杨透翅蛾"。1992年,林业局应用"稀土微肥育苗"促进苗木速生;推广"ABT生根粉在林业的应用技术",促进苗木提前生根。到2005年没有变化。

【其他新技术推广】　1987年,乡镇企业局推广"内燃砖技术",全县推广1.5亿块,节煤9 000吨。锅炉检验所推广"锅炉除垢剂和除渣剂技术",全县节煤1 700吨。1988年,农村能源办推广"省煤节柴炕、灶"5万个,创经济效益730万元。水利局引进并推广"混凝土防冻剂技术"和首次"在水利工程上应用聚乙烯硬质塑料板"。1989年,水产局推广"塑料大棚提高水温培育乌子头技术",比正常发塘率提高50%。1991年,水产局推广"稻田养鱼技术""高精度养鱼技术"。1992年,水利局推广"沙筑坝整治河道新技术"；应用"无纺布代替反滤层江河护岸新技术"。1993 年，粮食局推广"机械通风降水技术"、水泥制品厂应用"楼板拉模机"代替木板模具板。1994 年，水产局推广"轮虫发塘技术"。1997 年，教委在农村中、小学推广"燃池技术"和"介质锅炉技术"。1998 年，水利局、科委推广"节能温室滴水灌溉技术"。到 2005 年没有变化。

【新产品引进和技术改造】　1987 年，金属材料厂引进"拉丝电缆线"新产品，填补县内空白；变压器厂引进"节能型电力变压器生产"，相当国际先进水平。1988 年，制伞厂引进"小拉簧晴雨两用自开伞"，填补省内空白；周家阀门厂采用"离心浇注法"生产铜套，质量提高 20%。1989 年，制粉厂研制出"特二粉"，满足了双城人民的生活需要。铸件厂引进"优质碳钢钢坯生产"新技术，安置 50 名待业青年。1990 年，市塑料厂开发出"真空镀铝复合包装袋"，年创利 50 万元。1991 年，糖厂进行技术改造生产"颗粒粕"新产品。陶瓷厂生产大块陶瓷砖。1992 年，钻机厂研制出"震拔机"；农机修造厂研制出"双向耕耙犁"；啤酒厂研制出"干啤酒"和"锗啤酒"；机电设备厂研制出加速离心机。1993 年，儿童乳品厂开发出"康力佳"新产品；花园酒厂开发出"蚂蚁系列保健酒"；烤醋厂开发出"高档烤醋"和"固体酱油"；家具厂开发出"200 型彩色仿瓷涂料"，填补省内空白。1994 年，钻机厂进行"HT400/800 环箍钻机生产线改造"。同年，糖厂进行"饴糖生产线改造"。1995 年，恒华复合肥厂从美国引进"高效多元素复合肥生产技术"。1997 年，环球乳制品公司与天津华旗集团合作进行"年产5 000吨华旗豆奶粉生产线技术改造"。烤醋厂完成"2 000吨烤醋生产线技术改造"。1998 年，雀巢公司开始三期工程改造，投产后日处理鲜奶1 000吨。钻机厂研制出"新型水井钻机"。1999 年，引进的哈尔滨时代科技发展有限公司生产出"3 - 氯代苯酐、4 - 氯代本酐和单醚酐"等新兴化工产品。2001 年，哈博纺织有限公司完成一期工程生产出工业用"特种纺织品"和"仿真丝多功能保健布"。2003 年，黑龙江省鼎鑫包装有限公司开发出"包装纸板"。2004—2005 年多多印制罐公司生产出"彩印铁涂铁罐"，年生产能力5 000罐。

第五节　气象与地震预防

【双城市气象局】　1984 年，双城县气象科改为双城县气象局。1986 年，双城气象局内设：测报股、预报股、农业气象观测股，人员 11 人。1988 年改为双城市气象局。2002 年，气象局内设：气象测报股、预报服务股、防雷办及防雷设施检测站。2005 年，有工程师 3 人，助理工程师 8 人，内设机构未变。

历任局长：安郁昌、刘玉学、王玉文、王春华、高丽馨；历任副局长：王春华、任照发、高丽馨、裴贵才。

【气象测报服务】　1986 年，气象局利用传真机接收天气形势图并制作长、中、短期天气预报。同年购置苹果—2 计算机，用于测报气表审核打字专用。1989 年农气股配发气式烘干箱用于烘土专用。1990 年安装气象警报接收机发射塔，购置气象警报发射机主机全套设备，为市委、市政府召开各种电话会议服务，并定时向各有关服务单位发布天气预报。同年 10 月，利用气象卫星终端接收云图与天气形势图，提高预报准确率，定时向全市各服务单位发布天气预报。随着基础业务建设不断加强，服务项目逐步健全，增加"人控"服务，即人工影响天气作业服务，增雨、防雷作业服务，还增加中长期预报服务项目。1993 年，购置高频电话一部，用于通讯联络和预报会商天气。1999 年，购置 586 型计算机两部，用于电话"12121"天气预报自动答询服务；购置了天气预报上电视节目制作全套设备；2000 年，省局配备了 TANET192 系列调制节器和 UPS 稳压电源，业务用电报及数据可以直接通过网络传输；购置了 686 型计算机两部用于预报上网接收卫星云图及天气形势图及打字专用。由于仪器设备更新换代，提高气象测报预报水平，更好地为全市提供气象决策服务和春季的旱涝分析、大风预报、透雨预报，夏季的暴雨预报，全市防雷设施的定期检测，秋季的霜冻预报和平时重大转折天气预报服务，为双城市各级领导指挥农业生产、抢险救灾起到参谋助手作用。

【气象科研】　1993 年，双城市气象局编写出双城大田作物"玉米产量丰欠分析"，对农作物做产量预报提供科学依据。1994 年,编写"30 天韵律预报双城春季第一场透雨"。1996 年,编写出"韵律方差分析制作年度积温预报"。1997 年,编写制作出用 12 年韵律预报全年降水、秋初霜、透雨等长期预报方法。同年,有两名技术人员参加哈尔滨市气象局组织的气象学术交流会,会上王春华编写的《玉米欠收分析》获二等奖,任照发编写的《年度积温预报》及高丽馨编写的"最低温度预报方法"获三等奖。1998 年,双城市气象局同双城市电信局联合开展电话"12121"天气自动答询业务服务,对发展双城气象事业起到重要作用。1999 年,有两名技术人员参加哈市气象局组织的气象学术交流会,车思声编写的《关于霜冻标准的讨论》获三等奖,他还发表了《关于测报霜冻标准的讨论》技术论文。同年成立防雷设施检测站,在全市范围内开展防雷减灾工作,对全市所有的防雷设施进行定期检测,取得良好的经济效益和社会效益。到 2005 年没有变化。

【地震预防服务】 1986 年,双城市没有地震预防机构。1996 年按照省、哈市地震局的要求开始组建地震办,1997 年正式成立地震办,与市农村能源办公室一个机构两块牌子,隶属农委。2001 年,成立地震局(含科技与信息产业局内,由科信局一名副局长兼任地震局局长),负责贯彻落实国家防震减灾工作方针、政策;制定落实本地区防震减灾工作中、长期及年度规划;负责有关防震减灾知识的宣传教育工作;负责重大工程和可能发生严重次生灾害的建设工程的地震安全评价管理工作;地震监测预报管理;震情速报及制定落实破坏性地震应急预案等工作。2002 年制订《双城市破坏性地震应急预案》。并对双城瑞麦食品有限公司进行建筑地震安全评价。是年,开始在每年的 7 月 28 日开展唐山地震纪念日宣传活动。2004 年 3 月 1 日,开展了以贯彻《中华人民共和国防震减灾法》增强防震减灾意识为主题的宣传活动。2005 年 11 月 20 日,双城市人民政府办公室根据黑龙江省及哈尔滨市近期地震形势定位制订并印发《双城市近期防震减灾应急预案》。11 月 28 日进行"三网一员"培训工作,对乡镇防震减灾助理员和观测员进行防震减灾相关知识的培训。

第六节 驻双城市科研单位

【黑龙江省地球物理勘察院】 1958 年 6 月地质部把物探局所属的北方物探大队 114 队和 130 队下放给黑龙江省地质局,黑龙江省地质局于当年 8 月将两个队合并,组建黑龙江省地质局地球物理探矿大队(黑龙江省地球物理勘察院的前身),队址在哈尔滨市。1995—2000 年,完成北安电厂扩建工程乌裕尔河南岸水源地、电测工作等物探项目 6 项;完成呼中幅进行区域化探扫面等化探项目 17 个。2001—2005 年,完成满归幅 1/20 万区域重力调查等物探项目 18 个;完成五常市、牡丹江市一带及敦化县幅(黑龙江部分)1:20 万区域化探扫面等化探项目 12 个。物勘院工作承担大量的物化探区域性基础地质工作,先后在省内进行矿产普查、资源预查,相继发现大兴安岭和省内多个地区金矿、铅锌矿、钨矿、煤矿,物探在配合地质工作、在追索和固定矿体和矿体详查方面发挥积极作用。

【黑龙江省亚麻原料工业研究所】 黑龙江省亚麻原料工业研究所是全国唯一的亚麻专业研究机构。地址在双城镇火车站北。1964 年兴建时称省亚麻良种繁育试验场,隶属省轻化工业厅。1983 年,改属省纺织工业总公司,1995 年改为现名,2000 年隶属省国资委。1990—1992 年,开展中法科学技术合作,取得成果;参与制定全省亚麻种植标准、原茎和纤维标准、农作物品种区划;成立种子开发公司,开展亚麻高代种子高倍繁育工作。1994 年,"亚麻 1 号"获中国纺织总会科学技术进步二等奖。1999 年,"双亚 5 号"获黑龙江省科学技术进步三等奖。2004—2005 年,"双亚 7 号"获中国纺织工业协会科学技术进步二等奖;稀土对亚麻产量和质量效果获黑龙江省科学技术进步奖,生根粉对亚麻增产效果获黑龙江省科委科技进步奖;亚麻优质高产栽培技术开发应用获省纺织科技进步奖;亚麻原料厂制麻通风除尘获省政府优势科技成果奖;6DD—780 长麻打麻机、6DC—1200 短麻机获国家首届星火奖;先后对内蒙古自治区土默特右旗、四川省阿坝县和若尔盖县白河牧场、黑龙江省克山县、明水县进行亚麻大面积种植技术指导。2005 年,取得科技成果30余项,培育出双亚系列亚麻品种10个。1986—2005年历任亚研所党政领导:曲家祥、于先宝、宁长臣、白靖宇、张玉恒、高崇、张文太;副所长:张立才、步广仁、张文太、田玉杰、鲁家振。全所共有办公楼试验室等建筑面积6 640平方米,试验用地11万平方米,温室750平方米。2005年固定资产178万元,政府拨款241万元。主要设备有超净工作台、恒温箱、电冰箱、培养箱等10余台,馆藏图书10万余册。所内设常规育种、栽培、生物技术、工艺4个研究室和1个情报站。有职工52人,科技人员35人,其中研究员3人,副研究员9人,农艺师10人,助理农艺师13人,工人17人。主要从事亚麻优良品种选育、高产栽培技术、生物技术、初加工世艺设备等研究和小型专用设备的研制,为亚麻工农农业生产提供整套技术服务。

【黑龙江省九〇四水文地质工程地质勘察院】 黑龙江省九〇四水文地质工程地质勘察院,原为基建工程兵水文地质部队九〇四团,1984年集体就地对口转业后,隶属地质矿产部,更名为地质矿产部九〇四水文地质工程地质大队。1999年6月实行属地化管理,划归黑龙江省地质矿产局。2002年经省编委批准更名为黑龙江省九〇四水文地质工程地质勘察院,属处级事业单位。主要业务范围:水文地质、工程地质、环境地质调查与液体矿产勘察、地质钻探;地质灾害治理工程勘查、设计施工及工程监理地、地质灾害危险性评估;地球物理勘察;固地矿产勘察;岩土工程勘察、设计、施工;水资源调查评估与水资源论证、地热资源勘察;工程测绘、工程降水、土工化验分析、基坑及矿山降水;给排水管网安装、低压电力安装、机电工程安装、市政工程、化工石油工程、锅炉安装改造、冶炼机电安装、房屋建筑等项目。

1986—1987年,开展三江平原水文地质工程地质综合评价项目的钻探工作和农田供水项目。施工人员开赴绥滨、富锦、萝北和建三江农管局等地开展野外工作;鄂伦春自治旗、爱辉县幅1:50万区域水文地质普查;在大兴安岭松岭区、内蒙古自治区兴安盟、呼伦贝尔盟等地,开展大兴安岭1:50万水文地质普查工作。1988年,中国水勘院在呼和浩特主持终审《三江平原地区水文地质工程地质综合评价报告》,给予高度的评价,认为这份报告对地质环境问题做了新的探索,尤其是使自然科学向软科学发展具有较大的进展,对三江平原国土整治与开展利用具有重大的实际意义,达到国内同类成果的先进水平。开展阿尔山公社新幅、科尔沁右翼前旗1:50万区域水文地质野外踏勘工作,并形成普查报告。1989—1991年,部探项目佳木斯市城市环境地质勘察工作正式铺开;部探项目富锦市南部地区1:5万—1:10万供水水文地质勘察项目,同地矿部呼和浩特水文地质工程地质研究中心共同开展野外工作。部探项目中俄界河1:10—1:50万水文地质工程地质环境评价项目,开展野外踏查工作。1993年,大兴安岭三区区域水文地质普查工作正式启动;中俄界河水工巩固综合评价项目继续开展;地矿部,中国水勘院下达的指令性任务1:50室韦公社幅、额尔古纳左旗幅区域水文地质普查任务全面完成。1994年,九〇四大队和呼和浩特地质研究中心共同提交的《富锦市南部地区农田供水水文地质勘察报告》经中国水勘院进行评审,认为其成果不仅为本地区地下水资源的合理开展利用提供了科学依据,也为大厚度含水层分布区地下水资源的计算评价做了有意义的探索。同时,在理论和方法上有创新和突破,在大面积农田供水管理模式方面,具有国内领先水平。对双城市区1:5万地下水资源评价项目定性评估整治建议获批准。1995年,继续开展大兴安岭三区五区工作,还开展了大罗密镇公社幅、沙兰站公社幅、三站公社幅等区域文化地质工作。1996—1999年先后完成黑龙江省朗乡林业局、迎春林业局、牡丹江飞机场、省嫩北农场等供水工程。2000—2003年先后完成了鸡东热电厂、抚远县、黑河民航站及宝泉岭农场、红星林业局供水工程。2004年,完成内蒙古自治区白育甲乌抗铅锌矿、乌苏里江制药有限公司、佳大制药厂工程地质勘察项目;中美合资乌苏里江制药厂供水工程。2005年,完成巴彦县、塔河县水资源地水文地质勘察项目;哈尔滨民航机场、中瑞雀巢制奶公司、伊春、上甘岭林业局、塔河林业局、内蒙古莫尔道嘎林业局、哈铁局南岔铁路地区等40多个处于贫水区的企事业找到了优质丰富的基岩裂隙水。2005年,共有各类专业技术人才200余人,其中教授级高级工程师3人,高级工程师10人,工程师33人。1986—2005年,历任党政主要领导:孙福厚、吴明柱、梁振涛、王丕玉、陈永库、孙广臣、杜永成、李会林。

第十八编　体育　卫生

体育

卫生

1986—2005 年,双城市的体育事业快速发展。1988—1991 年,市里投资 80 多万元,建成总面积为 19 176平方米的大型田径场、篮球训练馆、乒乓球训练馆。2001 年,市里又在新城区建成健身路径,内设 30 余种健身器材,并设 300 平方米的篮球场。政府投资建成兴城宾馆游泳馆,个人投资建成东方邨游泳馆,各项体育设施不断得到完善。1996—2005 年,职工集体体育活动相对减少,相对的群众自发的体育活动有大发展的势头,如篮球、乒乓球、游泳、健身操、健身舞蹈、扭大秧歌、跑步、象棋、围棋、太极拳比赛。到 2005 年,全市经常参加体育健身活动的有320 784人,占人口 40%。1988—2004 年,双城市在参加松花江地区、哈尔滨市、省各项体育赛事活动中,均获好成绩。

1986 年以来,双城市的医疗卫生事业有大发展。市人民医院 1995 年被省卫生厅评审为二级乙等医院,1995 年 9 月被卫生部命名为"爱婴医院"。市中医院经过 20 年的发展,已粗具规模,在全省县级中医院中名列前茅。20 年间,全市医护人员队伍不断发展壮大。2005 年,全市共有医生2 137人,其中高级职称40 人,中级职称565 人,初级职称1 532人,全市每千人口拥有医生 2.6 人。全市共有医疗机构405 个,其中市直医疗机构 4 个,乡镇卫生院 24 个,民营医院 1 个,村级卫生所 219 个,卫生室 125 个,厂企卫生院(所)17 个,个体诊所 3 个,总床位 950 张,全市每千人拥有床位 1.18 张。

第一章　体　育

第一节　机　构

【双城市体育局】　1986 年,内设秘书股、竞赛股、群体股,下设少年儿童业余体校、体育辅导中心。1996 年 4 月,机构改革,市体委改为文化体育局,内设体工办。1997 年,体工办内设秘书股、竞赛股、群体股。1997 年,文化体育分开,成立体育运动委员会。2001 年,机关体制改革,体育、文化、教育三个单位合并,成立教育局。2005 年成立体育局,内设机构没有变化。

历任局长(主任):王朝福、王世春、王维林、吴振生;历任副局长(副主任):王世春、肖大兹、吴振生、李常玲、孙德明、贾宝瑞。

【双城市业余体校】　1986 年,双城县业余体育校设施有灯光篮球场,简易 400 米田径场,设有篮球、田径、乒乓球队;1988 年,原畸轻畸重戏场改建成能容一万人看台的标准 400 米田径场,设有篮球、田径、乒乓球、自行车、射击、举重队;1989 年,建篮球训练馆;1991 年扩建体育场主席台(主席台与乒乓球训练馆一体)。至 1993 年,体校设施有灯光篮球场、标准 400 米跑道田径场、篮球训练馆、乒乓球训练馆、举重训练房、摔跤柔道训练房,校设有篮球、乒乓球、田径、举重、摔跤、柔道队。1996 年,校设有篮球、乒乓球、田径、摔跤、举重队。2005 年,有篮球、乒乓球、田径、摔跤、举重、速滑队。业余体校有教职员工 10 人。历任校长有:李恒喜、张万年、周祖和、关革、姜禹智。

1988 — 2005 年双城市体校输送运动员情况统计表

表 18 - 1 - 1

序号	姓名	性别	输送去向	入队年份	从事项目	最好成绩	输送教练
1	潘秀洁	女	地区体校 省体工队	1989.02 1990.01	举重 柔道	省廿运会柔道比赛48kg级金牌	姜禹智

续表

序号	姓名	性别	输送去向	入队年份	从事项目	最好成绩	输送教练
2	李红	女	地区体校 省体工队	1989.05 1989.09	举重 柔道	1989 年省举重比赛女子 75kg 级铜牌	姜禹智
3	王赟刚	男	地区体校 省体工队	1989.05 1989.09	举重	1989 年省举重比赛男子 75kg 级铜牌	姜禹智
4	顾广福	男	地区体校	1989.05	举重	松花江二青会举重 69kg 级冠军	姜禹智
5	黄启生	男	省体工队	1989.10	举重	2003 年全国举重分龄赛抓举第三名	姜禹智
6	刘闯	女	省体工队	1989.11	柔道	1996 年奥运会女子柔道比赛 56kg 级第五名	姜禹智
7	张红艳	女	地区体校	1989.11	举重	1989 年省举重赛破二项纪录三枚铜牌	姜禹智
8	金秀凯	女	地区体校 省体工队	1989.11 1990.07	举重 柔道	1991 年地区三青会柔道冠军	姜禹智
9	刘晓波	女	地区体校	1988.05	短跑	地区赛冠军	姜禹智
10	郭文忠	男	省体工队	1988.07	举重	松花江二青会银牌	李拥辉
11	周洪涛	男	省体工队	1988.07	摔跤		周祖和
12	赵蓉莉	女	省体工队	1989.03	手球		于士友
13	宫树超	女	地区体校	1990.04	举重	省七运会举重赛女子 48kg 级冠军	姜禹智
14	景宝新	男	地区体校	1990.10	举重	1991 年地区三青会银牌	姜禹智
15	汪振福	男	地区体校 省体工队	1991.11 1992.06	举重	1991 年地区三青会冠军	姜禹智
16	王洪生	男	地区体校	1992.11	举重	1993 年省举重赛三枚银牌	姜禹智
17	夏丽萍	女	地区体校 省体校	1992.01 1994.01	田径 柔道	省田径分龄赛第三名	姜禹智
18	李娜	女	地区体校 省体工队	1994.01 1996.01	举重 柔道	2000 年哈 15 届运动会金牌	姜禹智
19	蔡立波	女	地区体校	1994	举重	1991 年地区三青会冠军	关革
20	王培晶	女	三体校	1992	田径	全国田径分龄赛分区跨栏第一名	关革
21	李月飞	男	三体校	1993	田径	全省田径分龄赛第三名	关革
22	车彦丰	女	地区体校	1992	田径		关革
23	张恩成	男	省体工队	1990.3	田径		关革
24	于江鹏	女	地体 省体工队	1994 1996	举重 柔道	省十运会柔道 57kg 级金牌	关革
25	贾艳红	女	地区体校 省体工队	1994 1996	举重 柔道	省九运会柔道金牌	胡文起
26	李红艳	女	地区体校 省体工队	1994 1996	田径 柔道	全国少年赛 56kg 级第六名	关革
27	韩霞	女	地区体校 省体工队	1994 1996	投掷 举重	省田径分龄赛第二名 哈十五运会举重赛金牌	关革
28	王晓婷	女	地体 省体工队	1994 1996	田径（短）	全国田径分龄赛跳高第一名	关革
29	蔡磊	男	三体校	1997	田径		胡文起

续表

序号	姓名	性别	输送去向	入队年份	从事项目	最好成绩	输送教练
30	孙敬敏	女	省体校	1995	柔道	哈15届运动会柔道第三名	胡文起
31	周丽娜	女	省体工队	1994	乒乓球		胡文起
32	何微	女	哈三体校	1997	举重	哈15届运动会举重赛第三名	胡文起
33	于秀敏	女	哈三体校	1997	田径(中长跑)		胡文起
34	吴洪斌	男	哈二体校	1997	田径(中长跑)	东三省少年赛1500米第二名	胡文起
35	杨琳琳	女	哈尔体校	1994	田径(投掷)	省田径分龄赛乙组铁饼冠军	郭庆福
36	张喜柱	男	地区体校	1994	田径		姜禹智
37	姜忠山	男	省体工队	1988	田径(投掷)	全国田径选拔赛(球、饼)第三名	周祖和
38	戴瑞峰	男	省体工队	1990	摔跤	1994年亚运会第六名 2000年全国锦标赛冠军	周祖和
39	高月春	女	体工三队	1989.07	自行车	1991年省少年自行车比赛第一名	胡文起
40	杨秀艳	女	体工三队	1990.07	自行车	1991年省少年自行车比赛第四名	胡文起
41	王艳	女	体工三队	1990.07	自行车	1991年省少年自行车比赛第二名	胡文起
42	郑丽波	女	体工三队	1990.07	自行车	1991年省少年自行车比赛第五名	胡文起
43	孙进	女	体工三队	1990.07	自行车	1991年省少年自行车比赛第一名	胡文起
44	王翔宇	男	省体工队	1990.09	乒乓球	省青运会乒乓球男子双打冠军	侯加喜
45	白立新	女	省体校	1998	田径	全国田径分龄赛跨栏第三名	胡文起
46	于秋红	女	哈三体校 省体工队	1998.01 1999.09	举重 柔道	哈15届运动会举重银牌	姜禹智
47	魏丽	女	哈二体校 三体校	1998.01 1998.10	举重	省十运会金牌	姜禹智
48	白杨	女	哈二体校	1998.09	投掷	省九运会田径乙组铁饼冠军	郭庆福
49	安振华	男	哈二体校	1998.09	篮球		周祖和
50	张广鹏	男	哈二体校	1998.08	中长跑	省田径分龄赛季军	胡文起
51	张晓光	男	哈二体校	1998.08	短跑		关革
52	李岩	男	省体工队	1998.09	摔跤	2003年全国比赛+100kg第一名	郝会凡
53	陈亮	男	哈二体校	1998.06	摔跤	全国青年自由式摔跤84kg第三名	郝会凡
54	刘玲	女	哈二体校	1998.07	摔跤	全国青年摔跤比赛48kg第四名	郝会凡
55	陈川	女	哈三体校	1998.08	中长跑	青少年田径赛标枪第一名	胡文起
56	田志中	男	哈二体校	1999.05	中长跑		胡文起
57	白海洋	男	哈三体校	1999.09	中长跑	省十一届运动会3 000m障碍季军	胡文起
58	杨阳	女	哈三体校	1999.09	短跑		胡文起
59	董旭	男	哈二体校	1999.07	投掷	省十运会田径赛甲组铅球冠军	郭庆福
60	聂明宇	男	哈二体校	1999.08	摔跤	全国青年古典式摔跤74kg第二名	郝会凡
61	马超	男	哈二体校	1999.09	投掷	2003年省分龄赛乙组铁饼第一名	郭庆福
62	邓秋波	男	哈二体校	1999.09	举重	哈15届运动会举重银牌	姜禹智

续表

序号	姓名	性别	输送去向	入队年份	从事项目	最好成绩	输送教练
63	孙旭龙	男	省体工队	1999.07	摔跤	全国青年自由式摔跤96kg级第四名	郝会凡
64	付春丽	女	省体工队密山分校	1999.07	摔跤	省少年自由式摔跤赛84kg级第五名	郝会凡
65	刘成军	男	省体工队密山分校	1999.07	摔跤	省摔跤赛古典式55kg级第三名	郝会凡
66	高勇	男	双鸭山分校	1999.04	摔跤	省九运会摔跤60kg级第三名	郝会凡
67	宋广和	男	双鸭山分校	1999.08	摔跤	全国青年摔跤赛古典式74kg级第五名	郝会凡
68	刘天华	男	双鸭山分校	1999.08	摔跤	全国青年古典式摔跤+100kg级第四名	郝会凡
69	张红	女	哈二体校	2000.08	中长跑	省少年田径赛1500米第三名	胡文起
70	张宏	女	哈三体校	2000.08	短跑	省十一届运动会女子击剑第一名	关革
71	耿丽	女	哈三体校	2000.12	中长跑		胡文起
72	刘佳	女	哈三体校	2000.12	短跑	哈市少年田径赛100米第二名	关革
73	谢晶	女	哈二体校	2000.10	举重	省12运会举重赛48kg级冠军	车德书
74	张惠玲	女	哈二体校	2000.10	举重	哈16届运动会举重赛53kg级冠军	车德书
75	王鑫	女	哈二体校	2000.10	举重	哈16届运动舆举重赛63kg级冠军	车德书
76	吴金玲	女	哈二体校	2000.10	举重	2002年哈少年举重赛53kg级冠军	车德书
77	陈菲菲	女	哈三体校	2001.09	中长跑	省田径分龄赛季军	胡文起
78	李治刚	男	哈二体校	2002.06	中长跑		胡文起
79	黄鑫	男	哈二体校	2002.06	中长跑		胡文起
80	苏可盛	男	哈二体校	2002.06	中长跑	全国青少年田径锦标赛冠军	胡文起
81	关洪琪	女	哈三体校	2002.08	短跑	省田径分龄赛短跑全能第一名	关革
82	何美玉	女	哈二体校	2002.08	柔道		郭庆福
83	王正斌	男	哈二体校	2002.06	举重	2003年哈市少年举重赛85kg级冠军	车德书
84	赵义	男	哈二体校	2002.06	摔跤	2003年省少年运动会第二名	车德书
85	赵宗福	男	哈二体校	2002.10	柔道		姜禹智
86	蒋立新	男	省体校	2002.09	篮球	全国少年篮球赛第三名	周祖和
87	杨圣宇	男	省体校	2002.09	摔跤	全国青年摔跤赛自由式55kg级第六名	郝会凡
88	李胜男	男	省体校	2002.09	摔跤	全国青年摔跤自由式55kg级第三名	郝会凡
89	曲健勋	男	省体工队	2003.07	摔跤	全国青年摔跤赛自由式100kg级第六名	郝会凡
90	贾明月	女	省体校	2002.09	摔跤	全国青年摔跤赛自由式55kg级第三名	郝会凡
91	宋朝国	男	双鸭山分校	2003.10	摔跤	省九运会摔跤赛66kg级第一名	郝会凡
92	夏仲龙	男	双鸭山分校	2003.10	摔跤	省九运会摔跤赛74kg级第一名	郝会凡
93	杨宇	女	哈三体校	2003.09	短跑		关革
94	韩英艳	女	省体校	2003.09	摔跤		郝会凡
95	王智慧	男	哈二体校	2003.10	摔跤	省九运会摔跤赛96kg级第六名	郝会凡
96	蒲春竹	女	哈二体校	2004.10	短跑	全国城运会4×100米接力第六名	关革

续表

序号	姓名	性别	输送去向	入队年份	从事项目	最好成绩	输送教练
97	于佳	女	哈二体校	2004.10	短跑		关革
98	田志勇	男	哈二体校	2004.10	摔跤	省摔跤赛自由式74kg级第二名	郝会凡
99	曹洋	女	哈三体校	2005.04	中长跑		关革
100	李丹	女	哈二体校	2005.09	投掷	哈16届田径比赛乙组铁饼冠军	郭庆福
101	杜明哲	男	哈二体校	2005.09	柔道		胡文起
102	王大伟	男	哈军体	2005.03	射击		胡文起
103	董玉龙	男	哈军体	2005.03	射击	东三省少年赛第三名	胡文起
104	潘宏达	男	哈军体	2005.09	射击		胡文起
105	段春燕	女	省体工队	2005.04	摔跤	省摔跤赛女子自由式63kg级第一名	郝会凡
106	李超	男	省体工队	2005.04	摔跤	全国青年摔跤赛古典式55kg级第五名	郝会凡
107	李兴男	男	省体校	2005.07	摔跤	全国青年摔跤赛古典式55kg级第五名	郝会凡
108	赵永超	男	哈二体校	2005.08	举重	2004年哈市少年赛94kg级冠军	车德书

【双城市老年人体育协会】　1986年4月5日,成立双城市老年人体育协会,会长关振山,会员80人。为使老年人健身强体,延年益寿,市体委建立各种拳、操、舞辅导站17个,开辟晨晚习练点13个,使晨练、晚练在全市普遍推开。市老干部局活动中心设有乒乓球、棋室、舞厅等,专供离、退休老干部活动。1998年,老干部局、老年人体协举办乒乓球、棋类比赛,500多人参加。1990年,市老干部局和体委联合举办双城市第二届老干部综合性运动会,设置12个项目,有534人参加比赛。1991年,全市运动会上,老年门球比赛被列为市运会正式比赛项目,11个系统代表队参加比赛。2000年,市老人体协在希望广场组织老年人门球赛,参加人员300人。2002年,全市举行大型老年长跑竞赛,有千人参加。2005年,举行老年人太极拳比赛,参加人员400人,并派代表队参加哈市比赛,获团体第二名。

第二节　体育设施

【田径场地】　1988年,投入资金14万元,建成标准400米田径场地,总面积为19 176平方米,东西长188米,南北宽102米。观众座席为水泥看台。是体校田径训练和举办全市大型赛会及广大群众参与健身运动的重要场所。市田径场曾多次迎接省市田径比赛。

【场馆】　1989年,市里投资30万元,建成东西长33米、南北宽20米、高7.5米的篮球训练馆,它是体校篮球训练和举办篮球比赛的场馆。1991年,市里投资39万元,建成长24米,宽12米,高7.5米的乒乓球训练馆。2001年,在新城区建成长60米,宽50米的篮球场,内设三副标准篮球架。乡镇、各系统、企事业单位,中小学校园都设有一至三处篮球场;市内有两处游泳馆;各中小学校都有运动场地。

【中心冰上场地】　自2000年开始,每年冬季都在双城镇东南隅的市人民体育场浇建一处全市中心冰场。到2005年,冬季每天参加冰上体育运动的人数平均为1 000人。

第三节　群众体育

【全民健身活动】　1988年,全市全民健身活动全面开展。太极拳协会、武术协会、农民体育协会、老年体育协会、乒乓球协会相继成立,并积极组织开展各项活动。1991年,市体委每年组织一至两次越野长跑赛、乒乓球比赛。两年组织一次青少年运动会。市民自发开展的体育健身活动更是形式多样，如走步、跑步、打乒乓球、篮球、太极拳、扭大秧歌等。1992年，经常参加体育锻炼的人口达264 706人，占总人口36%。参加体育健身活动的人数一年比一年多，特别是健身操、健身舞蹈，更是广泛普及。到2005年，经常参加体育健身活动的有320 784人，占总人口40%。

【职工体育】 1986年，全市有机关95个，企事业单位497个，其中：百人以上的基层单位71个，职工总数66 110人，经常参加体育锻炼的人口34 377人，占职工总人数52%。到1996年，全市各系统百人以上企事业单位全都成立体育工作领导小组，各单项体育协会利用业余时间、节假日开展活动。全市职工体育以篮球为主，同时在各系统、单位广泛开展工间操、拔河、棋类、乒乓球、排球、羽毛球等体育活动。市体委每四年举办一届大型的职工运动会。各系统相继建立篮球队。市篮球队多次在地区比赛中获得冠军。1996年起，每年自五月至十月，各系统、各单位都自行举办各类竞赛活动，仅市政府机关每年进行的篮球赛就有56支队伍参赛。市体委年年都组织职工进行乒乓球、象棋、篮球比赛，企事业单位普遍建成业余运动队、赛前组织训练。洗涤剂厂、生产资料公司、医药公司男女篮球代表队多次双城市参加省冰灯杯、咨询杯等篮球比赛，均取得较好成绩。工商银行坚持多年做班前操，增强职工组织纪律性，提高身体素质。2005年，市内有健身房，人们开始室内锻炼和户外跑步及各种活动。

【农民体育】 1986年，全市27个乡镇相继建立农民体育协会和体育辅导中心，均建有运动场、篮球场地、文体活动室、青年之家等。在农村，由于乡镇党委、政府的重视，农民生活水平的提高，参加体育活动的人越来越多。每到农闲季节和端午节、中秋节、重阳节、春节以及"八一"建军节、国庆节等传统节假日，各乡镇都要组织农民开展篮球、排球、田径、长跑、拔河、乒乓球、棋类以及采珍珠（满族体育项目）等比赛活动，丰富群众文化体育生活。1986年，双城市兰棱镇有一对夫妇自办武术馆，到1998年培养武术学员40多人。1991年，省首届农运会自行车负重比赛中，双城市运动员代表松花江地区参加比赛，获得男、女团体总分第一名和男、女个人第一名四块金牌。同年，双城市幸福满族乡的"采珍珠"代表队曾代表松花江地区参加省少数民族运动会比赛取得好成绩。2000年，全市农民篮球赛，各乡镇有30个代表队参加，参加人数360人。2005年，全市举行农民乒乓球比赛，参加的48个代表队有240人。全市有农民运动队416个，全年各层次的比赛活动1 233次，经常参加体育活动的人口104 166人，占农民总人口的22%。

【学校体育】 1986年起，教委每两年举办一次中小学田径运动会。各学校在贯彻《中小学体育工作条例》中，切实抓好"二课，二操，三活动"，保证学生有一小时体育活动时间，普遍推行《国家体育锻炼标准》。全市中小学学生达标率分别为86.5%和85.3%。1991年，全市中小学学生达标率都超过省规定的标准。双城兆麟中学被国家体委评为全国的达标先进单位，双城市实验小学被国家体委、国家教委评为全国传统项目学校先进单位和省田径传统项目学校标兵，实验小学体育教师裴春梅被评为全国传统项目学校优秀教练员。兆麟中学特级教师关加仑被评为全国优秀体育教师。市教委成立学校体育教研中心，定期开展教研、进修、业务培训、在职提高等活动，教委在普教股配备一名专职体育视察员，在进修校配备一名专职体育研究员，全市配齐专职体育教师249人，兼职体育教师293名，乡镇中心小学以上的中小学都配齐了专职体育教师，各校普遍成立体育教研组，组织体育课教学、课外体育活动、业余运动训练队和观摩交流活动。1998年，双城市成立上冰雪活动领导小组，每年都召开上冰雪活动启动仪式。到2005年，先后有20人获省上冰雪活动先进个人，10所学校获省上冰雪先进单位；40人获哈市上冰雪先进个人，40所学校获哈市上冰雪先进单位；有60人次打破全市中小学田径纪录。

【主要赛事及成绩】 1986年，双城体育代表团参加松花江地区第一届青年运动会，到1994年参加松花江第二、三、四届青年运动会，省二届青年运动会举重比赛、省七届全运会举重比赛、省举重比赛。1998—2004年，参加哈尔滨市第十五届运动会、哈尔滨市第三届少儿运动会、哈尔滨市第十六届运动会。

1986—2005 年双城市体育代表团竞赛成绩统计表

表 18 – 1 – 2

赛会名称	时间	地点	成绩
松花江地区第一届青运会	1986 年	尚志	团体总分第三名 男、女篮球第一名
松花江地区第二届青运会	1989 年	巴彦	团体总分第二名 金牌总数第三名 8 人 8 次破地区田径记录 8 人 25 次破 19 项地区举重记录
松花江地区第三届青运会	1991 年	五常	团体总分第二名 金牌总数第二名 10 人 25 次破 21 项地区举重记录
松花江地区第四届青运会	1994 年	双城	团体总分第一名 金牌总数第一名 7 人 4 次破地区举重记录 6 人 3 次破 3 项地区田径记录
省二届青运会举重比赛	1991 年	伊春	获金牌三枚、银牌一枚、铜牌一枚、破一项省男子 105KG 级抓举记录
省七届运动会举重比赛	1992 年	鸡西	获金牌一枚、银牌一枚、铜牌一枚、第四名 2 人、第五名 1 人、第六名 3 人。宫树超破女子 48KG 级一项省成年记录,两项少年记录,同时获优秀运动员称号。
省举重比赛	1993 年	鸡西	7 项第一名,5 项第二名,11 项第三名
哈十五届运动会	1998 年	哈尔滨	团体总分(县市级)第六名
哈尔滨市第三届少儿运动会	2001 年	哈尔滨	团体总分第八名
哈十六届运动会	2004 年	哈尔滨	团体总分第七名 金牌总数第八名 夏季项目第七名

第二章 卫 生

第一节 机 构

【双城市卫生局】 1986 年,编制 10 人,在职 10 人,内设机构有办公室、医政股、防保股、人事股、计划财务股、审计监察股,县公费医疗办设在卫生局。1992 年,市爱卫办与卫生局合署办公;市防治地方病办公室隶属卫生局。1996 年,市爱卫办改为卫生局内设机构,对外保留牌子。1997 年机构改革后,内设机构有秘书股(党群办)、人事股、计划财务审计股、医政股、爱国卫生运动办公室,核定编制16人。2005年,编制14人,在职14人,内设机构为秘书股(人事、信访)、医政股、防疫(药政)股、计划财务审计股。

历任局长:张义、唐立权、王庆阁;副局长:王桂珍、唐立权、王庆阁、那祖顺、孟凡波、关和、张德学、李学武、丁继荣。

【双城市爱国卫生运动委员会办公室】 1986年,属市政府直属机构,历任主任:刘仁宝、朱庆刚、关和;副主任:王立山。1996年4月机构改革合并到卫生局,主任由卫生局局长王庆阁兼任,设专职副主任1人,其主要职责是:协调爱卫会成员部门工作职责的落实;组织开展城乡社会性公共卫生管理和经常性检查;开展农村改水改厕工作;开展卫生城市、卫生乡镇、卫生村、卫生先进单位创建活动;开展健康教育、除四害等工作。到2005年,内设机构没变化。

【双城市卫生防疫站】 1986年,人员57人,其中医疗技术人员51人,管理人员4人,工勤人员2人。1990年,有人员57人,其中卫生技术人员50人,管理人员4人,工勤人员3人。1995年人员76人,卫生技术人员57人,管理人员15人,工勤人员4人。2003年有人员85人,卫生技术人员62人,管理人员3人,工勤人员2人,其他人员18人。2004年11月24日,机构改革,撤销市卫生防疫站,组建市疾病预防控制中心、卫生监督所,工作职能一分为二。

【双城市人民政府地方病领导小组办公室】 1988年6月,市政府设立地方病办公室,人员7人,2004年11月24日,因机构改革撤销地方病办公室,其人员和工作职能职责划归市疾病预防控制中心。

【双城市疾病预防控制中心】 2004年11月24日组建,人员55人。内设计免科、流病科、消毒科、地病科、宣传科、性艾科、慢病科、办公室、公工科、检验科。其中医疗技术人员50人,管理人员3人,工勤人员2人。

【双城市卫生监督所】 2004年11月24日组建。内设传染科、医政科、学校科、环境科、稽查科、宣教科、食品科、办公室、职业放射科。其中医疗技术人员36人,管理人员3人,工勤人员2名,计41人。

【双城市妇幼保健站】 1953年成立,是全市唯一一所妇女儿童疾病治疗的医疗单位。1986年,有床位25张,人员49人。1990年,床位仍为25张,人员增加8人。1995年,人员达到63人,同时率先跨入"爱婴医院"行列。属院站合一单位,既有妇幼保健管理职能又有妇幼医疗。2000年,人员减到56人,2005年,市妇幼保健站设有妇科、产科、计划生育科、妇幼保健科、儿童保健科、检验科、婚姻保健科、医学影像科、麻醉科、儿科、药剂科、控感科。主要设备有:电动吸引器、综合手术台、新生儿抢救台、新生儿保温箱、心电图机、儿童体桥梁测量用具、儿童智力检测仪、水浴箱、B超、血红蛋白测定仪、自动生化分析仪、多参数监护仪、麻醉机、离心机、全自动血球分析仪。建筑面积2 400平方米,床位30张,医护人员50人,其中副高职称4人、中级职称25人。

【双城市结核病防治所】 1986年,承担全市肺结核病人的管理和治疗。有人员17人,其中卫生技术人员15人,管理人员2人。1990年,有人员20人,其中卫生技术人员15人,管理人员2人,工勤人员3人。1995年,有人员19人,其中卫生技术人员13人,管理人员3人,工勤人员3人。2000年,有人员21人,其中卫生技术人员15人,管理人员3人,其他人员3人。2005年10月,疫苗管理移交给市疾病预防控制中心;有500平方米楼房,人员19人。副高职称3人,中级职称6人,管理人员2人。

【双城市药品检验所】 2004年1月撤销合并到市食品药品监督管理局。原药监所职责是药政、药检。

【双城市血站】 1996年12月组建,人员10人。主要职责:贯彻执行《中华人民共和国献血法》,以采供血为中心,以血液质量为重点,保证全市临床供血需要。到2005年没有变化。

【双城市卫生干部进修学校】 1986年,有人员13人。主要职责:对全市医疗卫生人员进行业务培训,举办各类培训班,到2005年,职工18人。共培训医护人员、乡村医生5 000余人(次)。

【双城市新型农村合作医疗管理办公室】 2004年7月组建,人员5人。收缴合作医疗基金,为看病农民按比例报销医药费。2005 年,参加农村合作医疗的农民370 835人,占农民人口的61.8%。12 月底已为72 222人报销医药费7 698 320元。有 14 个乡镇21 名患者得到最高封顶线 1 万元的补偿。

第二节　医疗机构

【双城市人民医院】 1986 年,有人员 360 人,卫生技术人员 270 人,管理人员 46 人,工勤人员 44 人,有 1 个门诊,是双城最大的一座综合性医院。1995 年 9 月,被卫生部命名为"爱婴医院",12 月,被省卫生厅评审为二级乙等医院。全院建筑面积 3.5 万平方米。在老城区设有第一住院部及两个门诊,在新城区设有急救中心,设置病床位 500 张。2002 年,被省委、省政府授予省级文明单位。2000—2005 年,主要科室有:内一科、内二科、普外科、脑外科、骨外科、妇产科、儿科、五官科、皮肤科、肛肠科、手术室、CT 室、放射线科、检验科、病理科、输血科、理疗科、超声科、心电室、脑电室、胃镜室、血液透析科、高压氧科。医技辅助科室 11 个,专家门诊 7 个。职工 512 人,其中:主任医师 3 人,副主任医师 19 人,中级职称 50 人。2005 年门诊量 11.5 万人次,住院病人 1.8 万人次。2005 年,医院大型设备:核磁共振仪 2 台、CT2 台、四维彩超 1台、三维彩超 1 台、800 毫安 X 光机 1 台、500 毫安 X 光机 2 台、全自动生化分析仪 2 台、高压氧舱 7 座、血液透析仪 3 台、50 万元以下医疗设备近 70 台。

【双城市中医院】 1986 年,有人员 126 人,卫生技术人员 112 人,管理人员 9 人,工勤人员 5 人,院长、副院长 3 人,是双城唯一一所以中医中药为主的综合性医院。全院建筑面积5 000平方米,开设床位 100张,设 2 个分门诊、一个住院部。中医院拥有内科、妇产科、外科、骨科、糖尿病科、口腔科、五官科、中医科、急诊科、儿科、麻醉科、B 超室、心电室、检验科、X 线科、CT 室。2000 年,医技辅助科室 8 个、4 个专家诊室。2005 年,有职工 218 人,其中副主任医师 6 人,中级职称 55 人。门诊量 6 万人次,住院病人 2 000人次。医院大型设备有 500 毫安 X 光机、彩色多普勒超声仪、四维彩超、四通经颅多普勒、美国 GE 螺旋 CT 机、全自动生化仪、纤维胃镜。医院先后获:国家质量万里行信得过医院、省级卫生先进单位。

【乡镇卫生院】 1986 年,全市有 27 所乡镇卫生院。2001 年,乡镇改革,全市有乡镇卫生院 24 所。2005 年,全市有乡镇卫生院 24 所。总建筑面积29 456平方米,卫生技术人员 613 人,其中高级 2 人,中级147 人,初级464 人。开展的诊疗项目有:内科、外科、妇产、妇女保健、预防保健、儿科、儿童保健、耳鼻喉、口腔、急诊急救、医学检验、医学影像、中医。主要设备:B 超、X 光、心电、电动吸引器、离心机、必要的手术器械、洗胃器、呼吸球囊、高压灭菌设备、万能手术床。双城镇卫生院既有乡镇卫生院的功能,又是一所以骨伤治疗为主的专科医院,称双城市骨伤科医院。中心乡镇卫生院 5 所:周家镇中心卫生院、五家镇中心卫生院、兰棱镇中心卫生院、韩甸镇中心卫生院、水泉乡中心卫生院。其他乡镇卫生院 18 所:单城镇卫生院、东官镇卫生院、公正乡卫生院、朝阳乡卫生院、金城乡卫生院、农丰镇卫生院、乐群乡卫生院、同心乡卫生院、万隆乡卫生院、联兴乡卫生院、新兴乡卫生院、团结乡卫生院、青岭乡卫生院、幸福乡卫生院、杏山镇卫生院、临江乡卫生院、希勤乡卫生院、永胜乡卫生院。

【村级卫生所】 1986 年有村级卫生所 354 个。2001 年,乡镇改革,村级卫生工作设置减少。到 2005年,全市村级卫生所 219 个,医务人员 935 人。村卫生所主要设备有:听诊器、血压计、诊床、高压灭菌器等。

单城镇:有 9 个卫生所,政德村卫生所、政利村卫生所、政新村卫生所、政财村卫生所、政久村卫生所、政兴村卫生所、政丰村卫生所、政善村卫生所、富源村卫生所。

东官镇:有 6 个卫生所,庆胜村卫生所、东兴村卫生所、庆新村卫生所、东城村卫生所、庆农村卫生所、庆合村卫生所。

乐群乡:有 8 个卫生所,光辉村卫生所、富勤村卫生所、富志村卫生所、耕勤村卫生所、国庆村卫生所、乐群村卫生所、乐民村卫生所、光华村卫生所。

团结乡：有12个卫生所,连丰村卫生所、保丰村卫生所、增胜村卫生所、创富村卫生所、农富村卫生所、跃进村卫生所、裕仁村卫生所、西官村卫生所、宏升村卫生所、创勤村卫生所、快乐村卫生所、新富村卫生所。

双城镇：有18个卫生所,建城村卫生所、承恩村卫生所、永和村卫生所、呈顺村卫生所、呈祥村卫生所、承旭村卫生所、长勇村卫生所、长生村卫生所、长产村卫生所、中兴村卫生所、永治村卫生所、建功村卫生所、万家村卫生所、光明村卫生所、友联村卫生所、金星村卫生所、富乡村卫生所。

临江乡：有6个卫生所,松江村卫生所、三家村卫生所、新发村卫生所、沿江村卫生所、三江村卫生所、新富村卫生所。

希勤乡：有7个卫生所,爱强村卫生所、爱新村卫生所、爱贤村卫生所、爱兴村卫生所、爱富村卫生所、爱业村卫生所、爱勤村卫生所。

联兴乡：有7个卫生所,安家村卫生所、兴结村卫生所、兴功村卫生所、永跃村卫生所、庆华村卫生所、兴团村卫生所、安强村卫生所。

同心乡：有6个卫生所,富城村卫生所、同兴村卫生所、治安村卫生所、同富村卫生所、同旺村卫生所、同强村卫生所。

韩甸镇：有12个卫生所,大马家村卫生所、新立村卫生所、腰小房村卫生所、白土村卫生所、田家村卫生所、红城村卫生所、双林村卫生所、长丰村卫生所、三姓村卫生所、荣生村卫生所、大房村卫生所、永河村卫生所。

公正乡：有8个卫生所,富余村卫生所、爱乡村卫生所、康宁村卫生所、国兴村卫生所、固强村卫生所、贤邻村卫生所、民旺村卫生所、庆丰村卫生所。

兰棱镇：有12个卫生所,胜友村卫生所、永发村卫生所、胜林村卫生所、胜阳村卫生所、治新村卫生所、立志村卫生所、新化村卫生所、石家村卫生所、广益村卫生所、靠山村卫生所、许家村卫生所、兴发村卫生所。

青岭乡：有8个卫生所,万解村卫生所、延放村卫生所、军星村卫生所、群利村卫生所、益利村卫生所、兴民村卫生所、益胜村卫生所、庆北村卫生所。

农丰镇：有9个卫生所,保胜村卫生所、保收村卫生所、田茂村卫生所、兴城村卫生所、双利村卫生所、进步村卫生所、仁利村卫生所、永久村卫生所。

周家镇：有8个卫生所,东太卫生所、东海卫生所、东安卫生所、东跃村卫生所、东旭村卫生所、东宁卫生所、东发卫生所、东辉村卫生所。

金城乡：有9个卫生所,榆树村卫生所、金河村卫生所、沿河村卫生所、临河村卫生所、生平村卫生所、启新村卫生所、花园村卫生所、爱国村卫生所、和平村卫生所。

朝阳乡：有18个卫生所,胜华村卫生所、胜兴村卫生所、胜德村卫生所、胜乡村卫生所、诚乐村卫生所、诚吉村卫生所、诚明村卫生所、诚东村卫生所、诚利村卫生所、胜功村卫生所、胜勤村卫生所、胜丰村卫生所、胜城村卫生所、胜利村卫生所、政安村卫生所、胜业村卫生所、胜平村卫生所、政广村卫生所。

杏山镇：有8个卫生所,仁合村卫生所、顺利村卫生所、临江村卫生所、树庆村卫生所、河山村卫生所、龙山村卫生所、富山村卫生所、双青村卫生所。

幸福乡：有7个卫生所,久前村卫生所、幸福村卫生所、庆城村卫生所、庆宁村卫生所、永庆村卫生所、安西村卫生所、永支村卫生所。

五家镇：有9个卫生所,民生村卫生所、暖泉村卫生所、民富村卫生所、民和村卫生所、新丰村卫生所、解放村卫生所、双井村卫生所、民安村卫生所、民康村卫生所。

新兴乡：有6个卫生所,新胜村卫生所、新华村卫生所、新兴村卫生所、东朴村卫生所、东光村卫生所、庆乐村卫生所。

永胜乡:有 8 个卫生所,太宁村卫生所、建乡村卫生所、胜强村卫生所、兴业村卫生所、永强村卫生所、乐乡村卫生所、永兴村卫生所、永胜村卫生所。

万隆乡:有 14 个卫生所,战胜村卫生所、建新村卫生所、增产村卫生所、吴家村卫生所、苗家村卫生所、长胜村卫生所、保国村卫生所、双龙村卫生所、建国村卫生所、奋斗村卫生所、繁荣村卫生所、板子房村卫生所、双胜村卫生所、楼上村卫生所。

水泉乡:有 6 个卫生所,荣华村卫生所、大德村卫生所、大友村卫生所、大义村卫生所、富友村卫生所、三邻村卫生所。

【村级卫生室】　1986 年,全市村级卫生室 137 个。2003 年,全市合并行政村时考虑方便群众就医,把行政村所在屯卫生所保留,把撤销行政村的屯卫生所改为卫生室,作为卫生所的分支机构。2005 年有村级卫生室 125 个。

【企事业医疗机构】　1986 年,全市企事业医疗机构 17 家,职工人数 195 人,到 2005 年底,全市企事业医疗机构 17 家,双城市同仁医院(原工业职工医院)、双城市广济医院(原商业卫生所)、黑龙江省畜牧兽医学院卫生所、黑龙江省合成洗涤剂厂卫生所、哈尔滨市工程技术学校卫生所、双城市水泥厂卫生所、双城市磷肥厂卫生所、双城市糖厂卫生所、地矿部双城九〇四大队卫生所、双城市油米厂卫生所、双城市亚麻厂卫生所、双城市粮库卫生所、双城市五家粮库卫生所、双城市临江三家粮库卫生所、双城市周家镇阀门厂卫生所。职工人数 145 人。

【英华医院】　2005 年初,吉林省公主岭市人马瑛来双投资 700 万元,在双城镇迎宾路 33 号组建了营利性民营综合英华医院。英华医院设有:内科、外科、儿科、妇科、五官科、口腔科、心电室、B 超室、药局、静点室、急诊室、检验科、供应室、手术室、处置室、CT 室、放射线科、中医科。有专业技术人员 58 人,其中高级 6 人,中级 13 人,初级 39 人,床位 50 张,开展的诊疗项目有:内、外、儿、妇、眼耳鼻喉、麻醉、医学检验、医学影像、中医等。该院于 2005 年 6 月 23 日挂牌开诊。

【个体从医诊所】　1986 年,全县个体从医人员有 42 人。1995 年,有个体诊所 19 家,从医人员 30 人,2005 年有个体诊所 3 家:王秀文西医内科诊所、刘衍智西医内科诊所、王淑芬镶复诊所。

第三节　医疗技术

【西医技术项目】　1986 年,全市购进或引进的先进设备有:彩色超声诊断仪、经颅多普勒、超声诊断仪、便仪工血液透析仪、血球分析仪。2000 年,市医院自筹资金 190 万元购置日本日立 MRP—20 核磁共振设备。2005 年 1 月,市医院自筹资金 60 万元购置高压氧舱(6 座),为一氧化碳中毒、脑缺氧患者提供就医便利条件,填补双城医疗界的一大空白;自筹资金 78 万元购置德国生产的费森尤斯 4008—S 血液透析机,为急性肾功能衰竭、急性肺水肿、高钾血证、血肌酐尿素氮迅速上升患者提供方便条件。市医院住院二部脑外科开展的颅脑微创外科手术可有效救治大面积脑出血的急危重症患者。

【中医技术项目】　1989 年 8 月,市中医院主任医师邓明德根据多年临床经验撰写的《头针为主配合体针中药治疗脑血管病 112 例》,在全国头针临床应用研讨会上获优秀论文奖并获双城市科技二等奖;《清利化石汤治疗泌尿系结石 113 例》在东北地方肾病研讨会上获优秀论文奖并获双城市科技三等奖。1989 年 3 月,邓明德医生运用清利化石汤给患者治疗肾结石,服用一个疗程后,症状明显减轻,三个疗程后该患者痊愈。1999 年 1 月,市中医院自筹资金 15 万元购置韩国生产的中草药煎药机,改变了传统瓦罐煎药的方式,填补全市中草药煎药的空白。市中医院针灸推拿科医师刘彦秋运用针灸推拿技术,治疗脑中风后遗症,疗效显著。市中医院副主任医师张殿霞根据多年临床经验撰写的《糖肾康治疗糖尿病肾病的临床研究》在第六次全国中西医结合糖尿病学术会议上交流获优秀论文奖。2000 年,她撰写的《中西医结合治疗糖尿病眼底出血》和《糖尿病足的中西医结合治疗》,同时在第九次全国中西医结合糖尿病学术会议上交流,获优秀论文奖。2003年2月,中医院针灸科主任刘彦秋医生运用针灸推拿技术,对脑出血患者进行康复治疗,收到很好的疗效。2005年,这些医疗技术得到进一步应用。

【重点专科项目】 1993年5月,市医院主任医师李静杰对158例治疗的癫痫病例进行总结分析得出最佳治疗方案,论文在国家杂志发表,而且治疗效果好,成功率99%。1999年10月,市医院颅脑外科主任、副主任医师王伟去北京朝阳医院进修学成颅脑内血肿钻孔微创清除术。2000年10月回双城市医院开展颅内血肿微创清除手术。对脑出血25毫升以上的患者不用开颅手术,采用打孔吸出的办法,减少费用,降低死亡率。2002年1月,市医院骨科主任、副主任医师孙醒杰去西安市唐城医院进修学习腰间盘突出介入治疗术。2003年1月回到市医院开展腰间盘突出介入(切吸溶核)治疗,它通过在腰间盘纤维环上开孔摘取病变区髓核同时在间隙内注入胶原酶进行髓核溶解治疗,不开刀、创伤小、康复快、并发症少。此项技术的开展填补了双城医疗领域的一个空白,获哈尔滨市科技创新荣誉称号。市医院主任医师李静杰对16例蛛网膜下腔出血全部治愈病例,而且利用了脑脊液置换技术,治愈后总结分析。2004年7月,她的《急性心肌梗死并心律失常28例治疗体会》论文参加全国心血管病学术论坛会议交流。

第四节 卫生监督

【环境卫生监督管理】 1986年,县卫生防疫站按国务院颁布的《生活饮用水管理条例》,对市政供水、二次供水、自备水源单位进行监督管理。当年有市政供水1家,核发生活饮用水许可证,同时建档。集中式供水每年监督检查4次,监督覆盖率100%;二次供水监督覆盖率93.2%,监测合格率91.2%。1987年,贯彻执行《国务院公共场所卫生管理条例》,核发卫生许可证,同时建档。全市有各类重点监督公共场所78家,包括浴池、理烫发美容、旅店、商店超市、候车室、游泳馆等。当年对公共场所监督检查234次,监督覆盖率98%,从业人员应体检人员215人,实际体检人数203人,体检率为91%,检出问题人员7人,检出率为0.02%,调离7人。1994年1月,建成第二供水场。2005年,全市有市政供水2家,自备水源124家,二次加压供水91家。集中式供水每年监督4次,监督覆盖率100%。二次供水覆盖率100%,检测合格率93.5%。共监测水样98份,对供水从业人员要求必须经过培训持健康证上岗,检出无证人员,调离岗位。全市有公共娱乐场所246家,浴池55家,理烫发美容86家,旅店167家,商店超市296家,候车室5家,游泳馆2家。公共场所监督检查次数1 512次,监督覆盖率100%,从业人员应体检人数1 207人,实际体检人员987人,体检率81.8%,检出"五病"人员37人,全部调离。全市有化妆品专卖店9家,商店超市代卖化妆品随公共场所卫生监督管理。对零售商店主要是"索证",一看生产许可证检验报告,二看产品生产期、失效期,三是监督产品夸大宣传,当年共抽样检查98个品种,其中护肤类38种,美容类17种,特殊用途类21种,发用类22种,合格率100%。

【食品卫生】 1986年,由市食品卫生监督检验所负责全县食品卫生工作。1992年10月,撤销食品卫生监督检验所,食品卫生工作改由市卫生防疫站食品科承担。设监督员12人,农村各乡镇防保站设检查员54人,聘用社会检查员10人。1999年9月8日,双城市永兴大酒店举办婚宴,使用冰虾检出麦氏弧菌造成90人食物中毒。2004年10月13日双城铁路中学食堂晚餐使用豆角(皂角素)造成68名高中生食物中毒。同年11月24日,撤销市卫生防疫站,成立市卫生监督所,监督所设食品科、医政科、学卫科、环境科、稽查科,承担全市食品卫生监督工作;设食品卫生监督员21人,农村各乡镇防保站检查员56人;核发食品卫生许可证,同时建立各类食品企业档案。2005年底全市共有食品生产加工企业156家,食品批发零售单位1 246家,餐饮业441家。从事食品生产经营人员必须取得健康证方可上岗,健康体检时患"五病"(痢疾、伤寒、病毒性肝炎、活动性肺结核、皮肤病)人员不予发证。1986—2005年共检出"五病"人员836人。食品卫生监督实行巡回监督,对集餐的单位进行食品卫生监督。对食品卫生加工、销售企业进行季监督。对餐饮业每年监督8次。承办大型活动、大型会议、重大活动接待时进行食品卫生专项监督。

【劳动卫生】　1986年,由市卫生防疫站劳卫科负责劳动卫生监督。设劳动卫生监督员6人。主要是贯彻执行《中华人民共和国职业病防治法》和《放射性同位素与射线装置安全和防护条例》,对全市职业病、射线防护进行监督管理。全县有毒有害企业共11家。对用人单位进行职业健康监护监测,对接触有毒有害作业人员进行健康体检。1994年,个体制鞋厂有2人死于苯中毒。到2005年,全市有化肥、洗涤剂、亚麻、鞋厂、化工、造纸、水泥等有毒企业63家,体检27 010人。共检出职业病9人。其中尘肺2人、苯中毒7人。每年对接触尘毒危害企业的生产环境有害物质浓度进行一次测定。2005年粉尘应测点37个,实测27个,合格点15个;化学因素应测点8个,实测点8个,合格点7个;物理因素应测点21个,实测点7个,合格点9个。对不合格点提出整改意见,要求改造工艺流程,减少职业病的发生。坚持经常性的监督,对63家有毒有害企业每年进行一次监督,发现问题提出整改意见。同时根据上级主管部门要求进行专项监督。建立射线档案20家。建立射线工作人员档案35人。个人计量(个人受照计量)档案62人。

【学校卫生】　1986年1月,学校卫生由市卫生防疫站学卫科负责,设学校卫生监督员6人。主要是贯彻落实国务院颁布的《学校卫生工作条例》,对学生进行健康教育,监测学生健康状况。在中小学校设专(兼)职校医,形成网络。到2005年,由卫生监督所学卫科负责监督管理的城乡有中学44所,小学37所,聋哑学校1所,大专院校1所,技工学校1所,共有在校学生60 658名。配置校医室8个,有专(兼)职校医91名。开展健康教育,普及率由1986年的30.6%提高到2005年的100%。各学校均设健康教育课,学生的卫生知识知晓率及健康行为形成率得到明显提高。学生体检率由1986年的65.5%增到2005年的96.8%。学生的各类传染病患病率从1986年15.2%降至2005年的2.3%。20年来学校没有发生重大传染病流行情况。

第五节　妇幼保健

【妇女保健】　1986年,除开展正常分娩和计划生育手术外,对乡、村两级妇幼医生进行管理和业务培训指导,系统管理妇幼保健。1990年,开展妇女病普查普治工作和儿童四病防治。新法接生率97%,其中科学接生率达34%。1994年,在双城镇开展婚检试点工作。1996年,开展正常产和疑难产处置(剖宫产)及开展子宫肌瘤、卵巢囊肿等妇科手术。1997年,新法接生100%,住院分娩60%,孕妇产妇死亡率0/10万。2000年,取消村级接生员,在全市实行产妇住院分娩。到2005年培训乡村妇幼医生每年100人次,每年妇女保健知识电视讲座2次,在初、高中学生健康教育课中讲妇女保健知识。20年来共查出患宫颈炎213 260人、患阴道炎179 600人、患附件炎76 540人、患盆腔炎6 050人,诊疗281 180人。发放妇女保健知识宣传单10万余张,妇女保健手册10万余册,提高妇女自我保健意识。

【儿童保健】　1986年,儿童入园前体检,幼师健康体检持证上岗,建立健全儿童保健制度,加强托幼机构食堂监督管理。定期对儿童进行3.2.1体检,(1岁内儿童每年体检3次,2~3岁儿童每年体检2次,3~7岁儿童每年体检1次)筛查体弱儿,进行专案管理。开展新生儿疾病筛查(苯丙酮尿症、甲状腺功能低下)降低儿童死亡率。到2005年婴儿死亡率控制在18‰以下,不超过国家标准。开展儿童保健知识宣传教育,每年开展两次育婴讲座。20年来共发放科学育儿小册子5 000册,母乳喂养小册子1万余册,宣传单、宣传画10万余张。

【婚前保健】　1998年,开展婚前医学检查,新婚登记时必须持婚检医学证明。到2003年,6年间共检查36 488人,查出各种疾病4 391人,进行指导治疗。2003年以后,实行自愿婚前医学检查,参检人数明显下降。到2005年,婚前检查基本上没有人检查。

第六节　疾病防治

【传染病防治】　1986年,根据《中华人民共和国传染病防治办法》确定的乙类传染病由县防疫站实行管理,形成县、乡、村三级报告制度。实行新生儿出生到 8 个月免费接种卡介苗、麻疹、白百破、脊灰、乙肝等疫苗,18 个月到 6 周岁加强免疫 4 次,以此降低传染病发病率。对传染病患者对症治疗、隔离治疗,县(市)医院设传染病区,其他医院设传染科。对患者家属进行隔离,患者使用过餐具进行消毒。对患者使用传染病报告卡,发现病情及时报告。2004 年,传染病由市疾病控制中心管理。2005 年,形成以疾病控制中心为主,市医院、中医院、结核病防治所网络直报体系。

【地方病防治】 1986 年,双城地方病防治主要是甲状腺肿,由县卫生防疫站负责甲状腺肿病的监测,县政府地方病防治领导小组办公室负责碘盐监督管理。主要采取全民普遍服用碘盐来消除甲状腺肿的发病。为保证人民群众吃上合格碘盐,认真执行国务院关于《食盐加碘消除碘缺乏病危害管理条例》,坚持对碘盐生产、储存、销售、用户等环节进行监督监测,使碘盐合格率达到 95% 以上。2004 年 11 月,由市疾病预防控制中心负责碘盐监督管理。到 2005 年,共普查 1 万名小学生,其中发现甲状腺肿大的学生 331 名,患病率达 3.31%,没超过国家规定的 5% 的指标。

【结核病防治】 1986 年,结核病患者采取自费治疗。1993 年,利用世界银行贷款免费治疗结核病。到 2001 年,世界银行贷款 61.4 万元,市财政内配资金 75.2 万元,每年为 600 名结核病人免费治疗,并开始实行全国结核病防治规划。2003 年 4 月,启动第四轮全球基金结核病控制项目,到 2005 年,共免费治疗 2 847 人。以市结核病防治所为主体形成市、乡、村三级防痨(结核病)网络。市结核病防治所负责发现、登记、管理、治疗结核病人;乡镇卫生院负责发现、推荐、转诊可疑结核病人;村卫生所负责推荐、督导管理病人;市内各级医疗机构负责报告、转诊结核病人;全市在防治措施上主要采取发现病人,接种卡介苗、采取治疗病人和管理相结合的办法防治结核病。

【健康教育】 1986 年,全县健康教育工作由卫生防疫站宣教科负责。日常健康教育宣传季节性多发病、夏秋季肠道病、食物中毒、冬春季流行性感冒防治知识。宣传危害重大的传染性疾病,如:艾滋病、性病、结核病、出血热、伤寒等防治知识。宣传公共卫生知识,如灭鼠,公共场所禁止吸烟等。宣传《食品卫生法》《传染病防治法》《职业病防治法》等卫生法律法规。还利用每年的"3·24"世界结核病防治宣传日、"4·25"计划免疫宣传日、"5·18"中国碘缺乏病防治宣传日、"5·20"中国母乳喂养宣传日、"12·26"艾滋病宣传日、"爱牙日""禁烟日"等宣传活动,将疾病形成、危害、预防知识制成宣传报,摆放在市内大街主要街道,使参观者一目了然,一看就懂。各医疗卫生单位都设立卫生知识橱窗,不定期地更换防病知识内容。在夏秋季和冬春季都在市电视台进行预防季节性多发病讲座。对食品加工、销售、餐饮从业人员和公共场所从业人员进行短期培训,由食品卫生、公共场所卫生、专业人员进行讲座。2004 年 11 月,健康教育由疾病预防控制中心宣教科负责,设专职人员 3 人。

第七节　药　剂

【医院中药制剂】 1982 年 5 月,市中医院建立制剂室,生产品种单一。1986 年,形成规模,生产中成药 6 个品种:双黄连口服液、藿香正气水、香薷白芷饮、骨伤丹、山楂丸、挫伤膏。这些药剂用于本院临床,生产量不大。1990 年 8 月,因城市改造,房屋拆扒停止生产。

【医院西药制剂】 1986 年,市中医院生产西药 7 个品种:安痛定、维生素 C 注射液、注射用水、5% 葡萄糖注射液、10% 葡萄糖注射液、50% 葡萄糖注射液、0.9% 生理盐水。1993 年 5 月,市医院开始兴建 800 平方米的中心制剂室,1994 年竣工,生产西药 7 个品种:5% 葡萄糖注射液(500 毫升、250 毫升两种剂量)、0.9% 生理盐水(500 毫升、250 毫升两种剂量)、甲硝唑 200 毫升注射液、环丙沙星 200 毫升注射液、氧氟沙星 200 毫升注射液。这些药品应用于本院临床,不在市场上流通。2001 年 7 月,国家卫生部制定医院药剂标准,医院生产的药品没有通过药监环保部门的认证通过,停止生产。

第八节　医政药政管理

【公费医疗管理】　1986年,机关事业单位职工凭公费医疗证就医;乡镇享受公费医疗人员住院医疗费由县医院包干管理、使用。门诊医疗费按人均规定指标由县财政拨给乡镇医院包干使用,县直机关事业单位享受公费医疗人员门诊和住院医疗费,由县财政按规定指标拨付市定点医院包干管理使用。1994年8月,市政府出台《双城市城镇职工基本医疗保险管理(暂行)办法》,规定医疗费用由市财政、用人单位和职工三方承担,实行住院统筹基金和个人账户相结合的新型医疗保险模式。市公费医疗办公室同时变更为医疗保险办公室,职工干部定点医疗就医改为参保人员自选市定点医院就医。医疗费分别按离休、退休、在职不同身份,按规定不同比例核销。离休干部的门诊和住院医疗费用基本得到保证,退休和在职人员门诊费按规定标准划入个人账户包干使用,住院费用超过核销限额自理。2003年,将企业纳入医疗保险范围,国有企业和新兴企业职工基本上参加医疗保险。2005年,参加医疗保险职工5 700人,占参保总人数的30%。

【农村合作医疗】　1997年,《中共中央、国务院关于卫生改革与发展的决定》提出"到2000年人人享有初级卫生保健"的目标,双城市委、市政府下发《双城市农村合作医疗管理办法》。农村合作医疗的管理体制以"乡办乡管"为主,"村办村管"为辅。"乡办乡管"以乡镇为单位筹集、管理和使用合作医疗基金,统一结算,共同承担风险。"村办村管"以村为单位自筹自管,自用合作医疗基金。合作医疗形式分为三种:合医不合药,减免诊费、挂号费、注射费和处置费,药费由患者支付;合药不合医:药费可按一定比例减免,而挂号费、诊费等由患者支付;合医合药:既按比例补偿药费,又免收医疗费。农村合作医疗参加对象是在册农村人口,以户为单位参加。自愿参加合作医疗的农村,每年支付的合作医疗费用可逐步达到人均收入1%~2%;村委会从公益金中拿出20%左右;乡镇企业从上交的用于社会性支出的经费中列出一部分用于合作医疗。乡镇政府根据启动区域受益人口的实际需要投入相应的启动资金。农村自愿缴纳的合作医疗基金属于农民个人消费支出,不计入乡统筹和村提留。乡镇根据实际情况,把合作医疗基金分为两部分:一部分作为个人基金,建立个人账户,可以结转和继承;另一部分作为统筹基金,用于村民医疗费用补偿及预防保健和管理工作的费用。全市27个乡镇除乐群、对面城没开展合作医疗外,25个乡镇的156个行政村开始起步,占行政村的41%,其中合医合药的17个村,占4.4%。1998年,合作医疗村215个,占行政村的56.1%,其中合医合药20个。1999年,合作医疗村占50%。当时的合作医疗筹资水平低,补偿水平低,相关管理制度不健全,农民认可度不高,有些患病农民得不到补偿。到2000年,农村合作医疗工作没有真正实现合医合药。2005年1月,开始实行新型农村合作医疗制度,实行个人、集体、政府共同分担的筹资机制。合作医疗基金由市合作医疗管理办公室(简称合管办)经办,财政局审核,在中国银行建立专户储存支付的办法。农民就医按药品进行报销,报销时先由市、乡、村医疗机构垫付,再由合管办划拨,方便了农民看病。出市就医由市人民医院转诊回来所在地卫生院方可报销,由经办员代办,农民不用自己跑路。在操作上全部实行微机化管理,市合管办与本市定点医疗机构、农村乡镇卫生院联网,农民缴费、报销情况直接入网,实行现代化管理。

【药政管理】　1986年,药政管理由卫生局医政股负责,后由药品检验所管理。2004年6月,在原药品监督局基础上组建食品药品监督管理局,正式挂"双城市食品药品监督管理局"牌子、依法履行药品安全综合监管职能。办公地点在双城市双城镇十字街南电子联营楼六楼,面积238平方米。双城市药品监督管理局为哈尔滨市药品监督管理局直属机构。内设四个股室:办公室、监督一股、监督二股、监督三股。下设直属事业单位为双城市药品稽查大队。依据《哈尔滨市实施农村"两网"建设指导意见》等有关文件,针对全市医药市场的实际状况,充分利用本土资源,以连锁经营为模式,以行政引导,帮、促企业自主运作为手段,以解决农村供药、净化药品市场为目的,组建四家医药连锁有限公司。在全市的24个乡镇及246个行政村铺设药品供应网点397家,全面实现乡镇、村屯药品供应网点铺满盖严。没收销毁质量有问题的药品、医疗器械价值21万余元,销毁货值95 814元。2005年,销毁货值113 525元;取缔无证经营户51个,捣毁制假、售假窝点8个,移交上级机关3件。

【创建等级医院】 1991年1月,国家卫生部在全国医院实行分级管理。1995年12月省卫生厅按国家卫生部医院等级评审标准批准市人民医院为二级乙等医院。同年经松花江地区卫生局评审,农村27个乡镇卫生院中一级甲等卫生院6个:双城镇卫生院、周家镇中心卫生院、五家镇中心卫生院、兰棱镇中心卫生院、韩甸镇中心卫生院、水泉乡卫生院;一级乙等卫生院17个:东官镇卫生院、公正乡卫生院、金城乡卫生院、农丰镇卫生院、同心乡卫生院、前进乡卫生院、万隆乡卫生院、对面城乡卫生院、联兴乡卫生院、新兴乡卫生院、永胜乡卫生院、团结乡卫生院、青岭乡卫生院、幸福乡卫生院、杏山镇卫生院、临江乡卫生院、希勤乡卫生院;一级丙等卫生院4个:朝阳乡卫生院、乐群乡卫生院、单城镇卫生院、跃进乡卫生院。1995年之后再没有审批。

【实施《执业医师法》】 1999年5月1日,实施《中华人民共和国执业医师法》。同年9月,卫生部做出决定:凡1998年6月26日前取得医师以上职称的认定执业医师资格,取得医士职称的认定执业助理医师资格,全市共获得执业医师资格476人,执业助理医师资格192人。2000年,卫生部每年统一组织一次执业医师、执业助理医师资格考试。成绩合格者发给执业证书。到2005年,6年间共考取执业医师资格的280人,执业助理医师228人。

【血液管理】 1986年,全县没有成立采供血机构。急重病人需要输血,多为临时找来有偿献血者或动员病人家属献血,在紧急状况下医务人员常主动献血给病人。输血由各医院组织血源,自行体检、化验。符合献血标准即可采血输给病人。1997年12月,血站建立后实行先储备后使用。1998年10月1日,《中华人民共和国献血法》实施后,全市实行无偿献血,由血源管理办公室组织部队、机关、学校、事业单位血员有计划献血。2005年,开始无计划献血,血员到市血站献血,每天市血站出动献血车到繁华街口组织献血,基本满足全市临床用血需求。血员献血后由市血站做艾滋病、梅毒、甲、乙、丙型肝炎、胆红素、血型等7项检验。符合标准的全血储备,一旦急危病人需要输血,血站即派人送血,配型后输血。血液管理已达到规范化,保证用血安全。

【整顿医疗市场】 1986年,依照1951年国务院批准发布的《医院诊所管理暂行条例》整顿医疗市场。1994年9月1日,实施国务院《医疗机构管理条例》。由卫生局医政监督股对黑诊所、药店坐堂医、上门静点、游医、医疗机构对外承包科室和打着医学科研、军队、义诊幌子误导、欺骗患者等行为进行清理整顿,重点打击严重危害人民群众身体健康和生命安全的非法行医活动。这期间每年都取缔一些黑诊所、坐堂医、非法义诊等非法行医现象,净化医疗市场,保证人民群众就医安全。到2005年,全市共取缔黑诊所7户,坐堂医3人,非法义诊活动3次。

【整顿村卫生所】 1986年,全县按行政村每村一所共383个卫生所,实行村办村管,村提供房屋,并对承担公共卫生人员给予一定的补偿。20世纪90年代随着村级组织的弱化,村卫生所由村办村管转向村医联办或村医独资经营。坚持一村一所的原则,要求房屋达到40平方米,4室分开,不准拆所单干,否则属非法行医。到1996年,撤销乡镇所在地村卫生所,人员及公共卫生全部划给乡镇卫生院,村卫生所为356个。到2003年,合并行政村时为方便群众就医,把行政村所在屯卫生所保留,把撤销行政村的屯卫生所改为卫生室。2005年,全市有卫生室125个。

第九节 爱国卫生运动

【改造城市卫生环境】 1986年,全县通过坚持不懈地开展爱国卫生运动,组织动员社会各界力量,群专结合,标本兼治,有效地改造城市卫生环境,提高了人民群众健康水平,推动两个文明建设。1987—1993

年,开展以改造卫生环境为主要内容的春季秋季爱国卫生突击月活动,各行各业除搞好本单位的室内外环境卫生外,还要承担清理背街小巷的垃圾堆、冰雪堆、基建残土堆等任务,全民动手改变公共卫生环境。日常实行门前三包制(包卫生、秩序、绿化)。1994—2003 年,农村开展三项清理活动:清理庭院内柴草垛和生活垃圾,做到柴草垛、垃圾出村;清洁庭院环境;清理厕所和禽畜圈卫生,使人畜粪便及时清除,送到村外堆肥,进行无害化处理;净化村屯环境;清理道路边沟的垃圾和污物,做到道路平整,边沟畅通。通过三清理,改善村屯的卫生面貌,达到庭院优美、环境舒适。随着经济的发展,按照城市建设总体规划和布局,市财政每年都投入资金用于环卫基础建设,使环卫设施日趋完善。到 2005 年,市城区已有固定垃圾箱 230 个,果皮箱 64 个,各种环卫车辆 110 台,洒水车 4 台。从而保证了主要街道的垃圾日产日清,隔内垃圾及时清运。市城区环境卫生管理人员已发展到 417 名,使全市环境卫生状况得到进一步改善,为人民群众创造一个健康文明的生产生活环境。

【爱国卫生先进单位】　2005 年,全市被评为省级卫生先进单位 10 个:兆麟中学、人民医院、中医院、市血站、客运总站、国土资源局、质量技术监督局、人民法院、国家税务局、中国人民银行双城市支行。省级卫生先进村 2 个:双城镇长勇村、新兴乡新胜村。被评为哈尔滨市卫生先进单位 10 个:第三中学、兆麟初级中学、妇幼保健站、结核病防治所、卫生监督所、疾病预防控制中心、公路运输管理站、交警大队、双大浴场、中国工商银行双城市支行。哈市级卫生先进村 2 个:乐群乡光华村、公正乡贤邻村。

第十节　医疗队伍

【医生】　1986 年,全县卫生技术人员 1 260 人。1990 年,全市有卫生技术人员 1 314 人。1995 年,全市卫生技术人员 1 167 人,其中高级 18 人,中级 327 人,初级 822 人。2005 年,全市共有医生 2 137 人,其中高级职称 40 人,中级职称 565 人,初级职称 1 532 人。全市每千人口拥有医生 2.6 人。

【护士】　1986 年,全县共有护士 187 人,其中助理级 14 人。1990 年,全市共有护士 227 人,其中中级 24 人,初级 203 人。2000 年,有护士 314 人,其中中级 43 人,初级 271 人。2005 年,有护士 330 人,其中高级职称 1 人,中级职称 94 人,初级职称 235 人。

【医技培训】　1986 年,有计划地进行医疗卫生技术和专业技术的培训,以提高医疗卫生技术人员为人民群众防病治病的服务水平。1988—2001 年,针对村医生跟师学徒的多、短期速成的多、医疗技术参差不齐的特点,采取轮训的方式每年培训一次,请急救、防疫、妇幼、卫生法律法规等方面的专家为他们讲课,逐年提高村医生的医疗卫生服务水平。医院医生、护士多采取上学进修、到大医院培训等方式提高医疗水平和专业技术。2003 年,防"非典"期间共举办培训班 4 期,培训各类人员 2 000 人次。2004 年,"禽流感"期间共举办培训班两期,培训各类人员 1 000 人次。每年搞一次学术交流和聘请省、市专家举办一次医学讲座,不断提高医疗卫生技术人员的专业技术水平,更新知识。

【职称评聘】　2001 年,开始职称评定。医疗卫生技术人员专业技术职称评定每年一次,由市人事局职称办负责,凡符合晋升高级、中级、初级条件的医疗卫生技术人员由卫生局人事股将个人相关的证书、材料审验整理后报市人事局职称办。晋升高级职称的医疗卫生技术人员评定工作由省人事厅职称办审查相关材料合格者交省卫生厅评定。晋升中级、初级职称的医疗卫生技术人员评定工作由哈尔滨市人事局职称办审查相关材料,合格者交哈尔滨市卫生局评定。医疗卫生技术人员取得专业技术职称后由用人单位按职称聘用。2001 年,卫生实行人事制度改革后可低职高聘,高职低聘。5 年来,市医疗卫生单位高职低聘的没有,低职高聘只有一例,市医院外科主任王森是主治医师,医院聘为副主任医师。2005 年,晋升高级职称 7 人,中级职称 42 人,初级职称 40 人。

2001—2005 年双城市卫生系统职称晋升情况表

表 18 - 2 - 2 单位:人

年度	高级	中级	初级
2001	5	41	120
2002	5	45	24
2003	4	40	44
2004	7	39	45
2005	7	42	40

【考试与考核】 医疗卫生技术人员考试晋升职称时每年卫生部组织全国统一考试,考外语和计算机两科,成绩合格者方能晋升相关的专业技术职称。从 1999 年开始,到 2005 年每年卫生部组织执业医师资格考试,由国家医学考试中心统一命题,6 月份考实践技能,9 月份考基础知识(综合笔试),考试合格者方能取得执业医师资格。每两年全省组织一次乡村医生执业资格考试,省卫生厅出题、市卫生局组织考试、省卫生厅组织阅卷,合格者发给执业证书。医疗卫生技术人员考核分两个层次。各医疗卫生单位按岗位责任每人都有工作目标手册,由单位考核办按季进行考核,并填写考核档案。市人事局考评办对医疗卫生单位每个人都进行年度考核,分合格、基本合格、不合格三个等次。连续 3 年不合格者,不予晋升职称,不涨工资。

第十九编　文　　化

档案、史志

新闻媒体

文学艺术

文化事业

1986 年以来,双城市文化事业呈现出繁荣与发展的好势头。1994 年,双城市被省委、省政府命名为文化先进县(市)。《中国文化报》、中央电视台、《黑龙江日报》等报刊电台、电视台报道了双城市文化工作的成果与经验。

1986 年以来,双城涌现和培养造就了一大批艺术创作人才,形成了强劲的老、中、青三代梯次有序的文艺创作队伍,为双城文学艺术繁荣发展起到了重要推动作用。20 年中,全市出版各类文学专著近百部,专业和业余作者在哈市级以上报刊发表稿件4 000 余篇(首),其中有1 000 余篇(首)作品在省、市级以上征文大赛中获奖。这一时期,诗歌、散文创作尤其高产。20 年间,双城市的戏剧、曲艺创作繁花似锦,硕果累累。这一时期,音乐舞蹈、书画摄影等涌现了大批有影响的好作品,在市、省、国家级演出、参展,取得好成绩,频频获奖。创作的美术作品多达2 000 多件,有近百幅美术作品在各级大赛中获奖。

广播电视事业大发展。1985 年,双城有线广播站更名为双城人民广播电台,自办双城新闻、广告等15 套节目,一次性播出时间为 125 分钟。1987 年 10 月,双城电视差转台正式开办"双城新闻"节目和"电视广告"业务。1989 年,开始发展调频广播。1994 年,双城电视差转台被广播电视部批准为双城电视台。开办"双城新闻""古堡瞭望""娱乐 30 分""电视广告""电视剧场"等节目。2005 年,城区内有线电视用户达到18 000 户,农村入网用户达到7 000 户,开通有线电视节目 36 套。

第一章 文化事业

第一节 文化机构

【双城市文化局】 1986 年,县文化局内设机构有人事股、业务股、财会审计股,人员 13 人。1994 年,双城被省委、省政府命名为文化先进县(市)。1996 年 4 月,在政府机构改革中,市文化局与市体委合并为双城市文化体育局,下设文化工作办公室和体育工作办公室。1997 年 7 月,文化和体育分开,重新成立市文化局,下设人事、业务、财会 3 个股。2001 年 12 月,市文化局与市教育局、市体育局合并,合并后分挂两块牌子,即双城市文体局和双城市教育局。文化工作由市教育局一名副局长分管,财务收支单独核算。2005 年 5 月 16 日,教育、文化、体育局又一分为三,文化局设文化业务股、信息产业股、办公室。人员 5 人。

历任局长:王茂珍、王文山、王士春、王维林、王文山、徐新民、郑孟楠;历任副局长:徐凤岐、王占山、郭金冠、田青、朱礼、刘阳、李铁铭。

【双城市文化馆】 1986 年,人员编制为 20 人。馆内分设文艺辅导组、美术组、创作组、调研组和总务组。1989 年,晋升为副科级单位,正馆长按副科级干部管理,馆内改组为股。1986 年至 2005 年,先后创办《创作辅导》《文化网站》等内部刊物。1998 年,根据群众文化发展实际需要,又增设少儿部,具体负责全市少儿的艺术培训辅导工作。1990 年,馆长苏显武被评为全国优秀馆长。全年搞各类展出 4 场次,游艺活动26 场次,观众31 000 人次。1991 年,文化馆被分别评为省、国家一级馆。1995 年展出 5 场次,观众4 500 人次。2005 年,人员编制 20 人,展出 12 场次,观众12 000 人次。

【双城市文化市场管理办公室】 1989 年 11 月成立,办公地点为市图书馆一楼。隶属双城市文化局领导,是文化执法单位,有工作人员 10 人。1999 年,内设文化稽查大队,人员 8 人。1996 年,被省文化厅评为先进单位;1999 年、2003 年被评为哈尔滨市"扫黄打非"先进集体。

【双城市文物管理所(纪念馆、博物馆)】 1982 年成立,1986 年,所址设在市图书馆内,人员编制为 2人。1996 年后迁至东北民主联军前线指挥部旧址。2005 年,全所有人员为 18 人。内设机构有讲解组、保卫组、人秘组、文物保管组、财会组和办公室。

第二节 演出团体

【双城市民间艺术剧院】 1986年,县民间艺术团与县评剧团、县影剧院三家合并,更名为双城县民间艺术剧院,为注册的专业文艺表演团体。人员编制为35人。1989年,被批准为副科级单位,内设导演、编剧、演员、乐队、剧务、后勤、财会等股室。其演出剧种以东北地方戏二人转、拉场戏和戏剧小品为主。服务面向农村,演出120场次。1990年11月,被黑龙江省文化厅授予全省"百团大下"先进标兵荣誉称号。民间艺术剧场位于双城镇北西二道街北,剧场为砖木结构,面积400平方米,内设木制翻板靠座席500个,演职人员31人。1995年,演出184场次。2000年,演出150场次。到2005年,双城市民间艺术剧院坚持面向基层,积极为广大农民群众服务的办院宗旨,以自制的大篷车积极活跃在全市城乡各地,还先后到哈尔滨、长春、沈阳等50多个市县进行巡回演出。共生产新剧目150个,营业性演出3 000余场,开展公益性演出400场。《人民日报》曾报道了该剧团为农民送戏上门的先进经验和事迹。

【双城市歌舞团】 1992年组建,人员编制为33人,内设舞蹈队、声乐、乐队、财会、人事5个组,有音响师1人,灯光师1人。1995年,演出184场次。2000年,演职人员54人,演出150场次。到2005年,共生产节目30个,为全市各种会议、宣传活动等演出1 000余场。并多次参加地(市)文艺汇演和省电视台《当代舞台》节目演出活动,多人、多节目获松花江地区、哈尔滨市和省汇演一、二、三等奖。在此期间张海涛、张丽丽的唢呐应邀参加法兰西艺术节;刘鹏表演的手绢艺术获省首届地方戏绝活大赛头奖,12次在中央电视台表演。

第三节 文化设施

【文化设施建设】 1986年,全县有双城电影院、影剧院、青少年宫和青年影院4家大型影剧院。有黑龙江省畜牧学校、洗涤剂厂、亚麻厂、物探队和五家镇5家对内俱乐部。其中,容纳1 000人以上的有3家,可容纳800~500人之间的有6家。另有图书馆、新华书店和文化馆展览厅暨群众文化活动室各1处。农村乡镇中的五家镇、周家镇、兰棱镇、韩甸镇、杏山镇、希勤乡等较大乡镇均建有农民群众文化活动中心。1996年,由于双城市城市规划改造和一部分剧场年久失修,双城镇的4家影、剧场陆续被拆除。随着电影演出市场的逐步萎缩,对内6家俱乐部,除黑龙江省畜牧学院(原黑龙江省牧校)俱乐部1家在断续开展活动外,其余4家俱乐部也相继停止活动或拆除;同年11月,双城市新华书店综合楼竣工剪彩,书店正式对外营业;市委、市政府决定,将东北民主联军辽沈战役前线指挥部旧址交由市文化局管理,挂双城市文物管理所和双城市博物馆两块牌子。1997年11月,将市公安局交警大队投资新建的承恩楼无偿交给市文体局使用,市图书馆迁入,正式向读者开放。2000年11月,文化局自筹资金,在少年宫旧址建设的双城市文化大世界正式落成剪彩。2005年,全市有剧院1处、电影放映公司1处、文化馆1个、图书馆1个,博物馆1处。

【双城市图书馆】 1986年,馆址在双城镇内西大街路北团结大街70号,馆舍面积450平方米。在编9人,设采编外借、辅导信息、咨询、文献收藏等业务股室。有藏书8.6万册,接待读者2 954人次。1989年,又扩建300平方米的二楼,一楼与原藏书库合并使用,二楼为少年阅览室,馆舍总面积为750平方米。1994年,开展大型纪念反法西斯战争图片展,接待28 938人次,被文化部评为三级馆。1996年4月,在城市改造中,市图书馆被拆除。迁至市青少年业余体校二楼,开展少量的图书借阅工作,书刊阅览全部停止。1997年11月,图书馆搬到新建的西门内承恩楼。馆舍总面积为1 450平方米。内安置书架96个,单格累计1 072延长米;设阅览桌18张,座椅60个;报纸期刊架6个。1999年晋升为国家二级图书馆,2000年,有人员14人。2005年,新增置电脑11台,藏书7.4万册,接待读者1.8万人次。

1986—2005 年双城市藏书情况一览表

表 19 - 1 - 1

年度	年入藏书		藏书总计		订阅期刊	订阅报纸
	种	册	种	册	种	份
1986			12 712	76 822	185	78
1987	5 535	1 235	13 265	78 057	459	69
1988	247		13 512	79 429	459	64
1989	136		13 648	80 519	459	46
1990	1 129		14 777	67 735	447	44
1991	115	6 484	14 892	74 219	243	39
1992			14 892	74 219	243	37
1993	3	45	14 895	74 264	242	39
1994	3	4	14 898	74 268	146	35
1995			14 898	74 268	146	35
1996			14 898	74 268	146	35
1997			14 898	74 268	125	32
1998			13 629	70 624	108	24
1999	246	502	13 872	71 126	112	24
2000			13 872	71 126	112	24
2001	60	120	13 932	71 246	112	24
2002	30	60	13 932	71 306	114	27
2003	10	20	13 972	71 326	114	27
2004	72	140	14 044	71 466	124	27
2005	54	121	14 098	71 586	127	28

【双城市文化大世界】　1997 年,市文化局自筹资金在原少年宫旧址建设双城市文化大世界,2000 年交付使用。全楼使用面积为 3 888 平方米。一、二层卖出做商服,三层楼为文化活动区,面积为 1 300 平方米。到 2005 年没有得到有效利用。

【双城市新华书店】　1986 年,新华书店店址位于双城镇内十字街西路北,临街为二层楼门市。在编34 人,内设门市部、教材组、库保组和财会组,另在双城镇内设门市部 2 处,27 个乡镇设有图书代销点。1993 年,在城市建设改造中被拆除,门市部迁至西大街庙头路北双城电影院二楼。1996 年 4 月,租用东门承旭楼南侧的门市做临时书店。1995 年,划归省图书音像发行集团,在岗职工 21 人,店内设门市部、教材组、财会组和后勤组。1997 年,迁入东街路南新华书店综合楼内。门市部营业面积为 450 平方米;库房面积为 305 平方米;办公室面积为 400 平方米。2005 年 9 月,门市部加入黑龙江省图书音像发行集团连锁店。

【双城市青少年宫】　1982 年建设,建筑面积 1 200 平方米,以演 35 毫米电影为主业,隶属市文化局领导的青年大集体单位。1986 年,在岗职工 20 人。单位内设电影放映、财会售票、场务后勤、电影美术宣传四个组。年放映近800场,接待观众40余万人次。因年久失修,1997年拆除,在该址建双城文化大世界,青少年宫随之解体。

【双城市影剧院】 1986年,位于双城镇内北二道街东路南。剧场总面积为3 000平方米。剧场内舞台宽深,台下设有演员排练休息室、乐池,观众席为一、二楼两层,两侧为包厢,观众座席1 400个,为铁木结构翻板靠椅。该剧场以演出戏剧为主,兼放电影。由于资金匮乏,剧场年久失修,到1996年已成危楼,各种演出活动终止。

【双城市文化宫】 1982年12月,双城总工会在双城镇北门外路西重建文化宫,总面积3 000多平方米。一楼为活动大厅,二楼间隔多个活动室。1998年后,通过出租形式开设舞厅、歌厅、游戏厅等。到2005年,各种文化活动已全部停办。

【双城市博物馆】 1998年8月1日建立,地址在双城镇东北隅精英胡同优干街130号,东北民主联军辽沈战役前线指挥部旧址。该馆房屋为青砖灰瓦结构,共35间,总建筑面积为1 178平方米。馆内分东西两院,东院为三合院,一正两厢,各5间,西院为四合院,各有房屋5间。东院为革命历史展馆。正房为"四野"前线指挥部司令部展厅,按历史原貌布成司令员起居室、办公室和作战指挥室;西厢房为"四野"战史展厅,共收集当年历史实物和照片200余件;东厢房为"四野"将帅英雄谱展厅,共展出将帅照片521幅,并附有个人简介,团以上干部烈士名录183位。西院为双城文史馆。正房为文昌书院厅,共有实物150件;西厢房为双城发展史展厅,记录双城沿革及各阶段所取得的辉煌成就,实物和照片共200余件;东厢房为文物陈列室展厅,共展出各种历史文物321件。其中,国家三级以上文物22件。

【双城市书画院】 1993年4月建院,编制2人。建院伊始,与市文联、市文化馆联合举办各类大型书画展、书法笔会、书画培训班、书画研讨会等,为全市书法绘画艺术水平的提高起到了积极的推动作用。1996年11月,市书画院院长张济先后两次在北京中国美术馆举办个人画展,作品国画《虎》被中南海收藏。市书画院高级馆员高庆年的作品也多次在国家和省市级以上报刊发表。到2005年,共举办大型书画展、书法笔会30余次。

【乡镇文化站】 1986年,共有乡镇文化站27个,在编人员为27人。乡镇文化站负责领导、组织和开展本乡镇文化工作。隶属于各乡镇政府,市文化局对其协管,负责业务工作指导,定期组织开展业务培训工作。1994年,周家镇被评为全国文化先进乡镇。2000年,随着全市农村乡镇撤并,全市乡镇文化站减至24个,在编人员为24人。每乡（镇）设文化站长1人。至2005年没有变化。

【基层文化室】 1986年,城乡共有各类文化室396个,其中,农村乡镇有大型文化中心27个,村文化室329个,双城镇内较大的企事业单位有文化活动室40个。文化中心和文化室由主管部门管理和组织开展文化活动。市文化馆负责定期深入基层进行文化活动辅导。2005年,全市共有各类文化室416个,农村乡镇有大型文化中心29个。

第四节　文化市场管理

【文化娱乐场所】 1986年,全县有国营电影院1处、集体电影院2处、工厂企业俱乐部5处、工人文化宫1处、剧场1处、农村简易电影院6处,二人转演出场所2家。1989年后,城乡文化市场得到快速发展,1994年,增加电子游戏厅、台球室、音像厅、卡拉OK厅。1995年,娱乐服务场所迅猛发展,歌舞厅170个,遍及城乡,游戏厅增加到50家、台球厅增加到35家。1996年出现网吧,到2000年,网吧发展到30家。2005年,文化娱乐场所229家。

【音像、书刊市场】 1986年,除新华书店外,县城内文化馆和图书馆门前有6家个体书刊摊床,每家书刊有50多种近百册。1990年,有音像放映室2处。1995年,全市音像市场共有放映、零售和出租点32家;书报刊零售、出租点17家。2005年,全市音像市场已发展到75家;书报刊出租零售点发展到28家。

【演出市场管理】 1989 年 11 月,双城市文化市场管理办公室成立。1990 年后,随着电子游戏厅和网吧的发展,文化市场管理办公室与工商、公安部门联合开展专项整治活动,取缔距校园 200 米内开设游戏厅和接待未成年人等违规活动;严厉打击利用网吧等互联网传播淫秽色情信息等违法犯罪活动。1995年,针对歌厅、舞厅出现色情、淫秽表演和扰民问题进行治理。到 2005 年,对剧场业主集中进行业务和职业道德培训 5 次,共接待外来演出团体近 40 余家,其中,对 5 家因演出证件不全或节目不健康予以拒绝,对非法和违规营业演出处罚 11 次;取缔证照不全黑网吧 2 处,处罚接纳未成年人进入网吧 5 处;取缔带有赌博性质的游戏厅 4 家,关闭距校园较近的游戏厅 2 家,抓获歌舞厅卖淫嫖娼 3 起,责令停业、限期搬迁 5家。

1990—2005 年双城市文化市场发展概况表

表 19 - 1 - 2 单位:个

年度	娱乐场所					音像市场			书报刊		演出市场		印刷企业	
	歌厅	舞厅	游戏厅	台球厅	网吧	放映室	零售点	出租点	零售点	出租点	演出团体	演出场所	国营	个体
1990			4	20		2			7	6	2	3	2	
1991			7	25		4			9	7	2	3	2	1
1992			10	30		7			11	5	2	3	2	2
1993			15	30		9			10	5	2	3	2	3
1994			26	35		10			13	8	2	3	2	3
1995	150	20	50	35		8	5	19	12	5	2	3	2	3
1996	153	20	37	40	1	11	8	23	10	7	2	3	2	3
1997	20	16	37	43	2	8	10	24	10	7	2	3	2	4
1998	50	8	37	43	8	5	12	28	10	7	2	3	2	7
1999	85	5	37		19	3	14	30	11	8	2	3	2	10
2000	110	5	26		30	2	13	35	13	10	2	3	2	15
2001	130	5	26		47	2	12	40	13	11	2	3	2	16
2002	130	3	17		28	2	14	41	13	10	2	3	2	17
2003	150	3	17		28	1	15	45	21	9	2	3	2	20
2004	170	2	17		50	1	15	55	20	10	2	3	2	21
2005	160	2	17		50	1	14	60	20	8	2	3		21

第五节 电影事业

【电影发行、放映】 1986 年,双城电影发行、放映工作分为两部分:一部分是镇内影院、俱乐部的 35毫米影片发行、放映工作由地区和省电影公司负责;另一部分即农村 16 毫米的影片发行、放映工作由双城县电影公司负责。1990 年,全市 16 毫米影片拷贝数最高达 400 余部,同时,市电影公司还采取向省电影公司购买新拷贝和与相邻市、县轮串的办法,每年对全市农村投放新影片近 50 部,平均每月有 5 至 7 部新影片供农村电影放映队轮流演出,基本保证每个电影放映队每月能有 1 部新片放映。双城镇内电影院和俱乐部每月上演影片在 20 部左右,每星期可上映新片 2 部;年放映总场次在 3 500 场左右。1991 年,由于电视的普及,加之电影部门转轨工作解决得不够,农村电影工作出现组织放映难、收费难、农民看电影难的"三难"问题,从而,导致全市有三分之二的农村电影放映队停止活动。市电影公司收入急剧下降,无力再购新影片。影片发行放映也出现困难,全市农村电影放映队年演出总场次仅在 7 000 至 8 000 场左右。镇内 35 毫米放映单位仅有双城电影院 1 家演出,年放映场次不足 1 000 场。1996 年,因城市规划改造,双城电影院拆扒后临时租用黑龙江省牧校俱乐部继续演出,年放映场次为 300 至 400 场左右,1998 年,双城市 35 毫米电影的放映终止。1999 年以后,全市城乡电影放映单位基本瘫痪,农村电影发行工作停止。2005 年,只有市电影公司新组建的一支放映队,通过购置流动放映大棚,组织学生观看爱国主义教育片等办法,在全市城乡校园中继续开展放映活动,年均放映场次仅在 200 场次。

【双城市电影公司】 1986 年,双城市电影公司有职工 42 人,单位内设发行、宣传、财会、纪检、放管、后勤 6 个组。1991 年,晋升副科级单位,内设组织股,在岗职工 20 人。电影公司辖管乡镇电影管理站 16 个,放映队 9 个,村级电影放映队 203 个。电影公司对农村 16 个电影管理站和 9 个乡镇电影放映队直接行使业务管理权,包括电影发展布局、电影放映任务的下达和影片拷贝供应工作,以及所有农村放映队的机器维修任务。1998 年后,农村所有的电影管理站和放映队相继瘫痪。

【双城电影院】 1986 年,地址在双城镇内西大街路北,建筑为砖混钢架结构,面积为 2 000 平方米。有观众座席 1 200 个,为铁木结构翻板座椅。舞台安挂金属立体宽银幕,既可放映普通电影片,又可放映宽银幕片、遮幅片和立体影片。是一处设备较为先进、功能较为齐全的电影放映场所。到 1995 年年放映场次在 1 200 场左右,接待观众达百万人次。1996 年,因市区改造,双城电影院被拆除。

第二章 文学艺术

第一节 小说、散文

【短篇小说】 1986 年,徐双山在《小说林》发表《杨斧子》,潘志军在《黑龙江农村报》发表《希望》。1987 年,肖宪明、潘志军、杨兴文等在《当代农民》《黑龙江地质报》发表小说。1988 年,张育新在《岁月》文学月刊第 8 期发表小说《幺崴子》、潘志军在《青年文学家》发表小说,黄玉臣在《幼儿乐园报》等发表数篇儿童小说。1989 年,刘子成的《青纱帐,母亲》在《当代》杂志发表,徐双山小说《佛痴》发表在《岁月》。1990 年,张云鹏发表小说《黑二梅叫真》。1991 年,张建武在《中国地质矿产报》发表小说《青虫其人》。2003 年,王彦双的小说《宇和一根木头》发表于《微型小说选刊》,并获该刊小小说大赛三等奖;2005 年,齐光瑞的小说《喜丧》在《清明》发表;同年王彦双的小说《负重的甲壳虫》在《北方文学》发表。

【中篇小说】 1988 年,徐双山在《小说林》发表《地秤》。1990 年,徐双山在《岁月》发表《老宅》;李长荣在《章回小说》发表《金兀术与李师师》。1991 年,李长荣在《章回小说》发表《他在她的怀中死去》。1996 年,徐双山在《民政月刊》连载《老城子》。1999 年,刘子成在《小说林》发表《将军坞》。2003 年,齐光瑞出版《齐光瑞文集》(三卷本),其中中短篇小说 50 篇。2004—2005 年,没有新作品出版。

【长篇小说】 国内出版社正式出版:1986 年,董玉振《滚珠人引起的风波》。1988 年,王忠瑜《中国的夏伯阳——赵尚志传》;亢进《来自地狱的报告》。1989 年,有王忠瑜《总司令的悲剧——赵尚志传》;王文山《唐伯虎点秋香》《飞天大侠》(上下册)。1990 年,有王文山《续秦英征西》。1991 年,刘子成《黑蝙蝠》《龙兴地》;董玉振《魂系青山》。1994 年,奚青汶《丑巷》。1995 年,奚青汶《裸野》《山魁》。1997 年,有王忠瑜《李兆麟——辽东烽火》。1998 年,有唐飙《黑嫂》;奚青汶《蝴蝶泪》。2000 年,有海南《城市游鱼》。2002 年,有刘文生《五国城》。2003 年,唐飙《万劫余生》。2005 年,张育新《古河道》;唐飙《喋血双城堡》;奚青汶《离婚为了谁》;赫崇明《红果园日记》。

【小说集】 1986 年起,双城籍作者文艺丛书系列中,先后出版徐双山的《知归鸟》;潘志军的《十五月亮十六圆》;邓成德的《晚会前后》;张育新的《苦土》;杜丽琴的《小城的记忆》。1990 年,刘子成的中篇小说集《丑妻》;1996 年,王忠瑜的短篇小说集《阿布沁河上》。1999 年,刘子成的三部纪实小说集《悍匪》《女子大监狱》《黑道》。同年,徐双山的《徐双山中短篇小说选》。2003 年,齐光瑞的中短篇小说集《万紫千红总是春》。2004—2005 年没有新小说集出版。

【散文】 1987 年,韩非子在诗人沙龙报发表《冰雪节诗会散记》。王兴在《农民日报》发表《塔头沟情思》。1991 年,徐双山在《散文》发表《酸茶》。1991 年,杜丽琴在《北方文学》发表《三爷爷》。1992 年,王文山在《黑龙江日报》发表《乡风暖融融》。1994 年,海南的《送父亲远行》被选入《散文选刊》。1995 年,王文山在《黑龙江日报》发表《灯痴》。1996 年,王文山在《黑龙江日报》发表《两厢书屋》《农家婚宴》《木兰滚冰图》。胡果在《绿风》发表《在诗与非诗之间沉默或歌唱》。1997 年,赫崇明在《满族文学》发表《废墟前的沉思》。1997 年,胡果在《黑龙江日报》发表《那一条蜥蜴》。1998 年,王文山在《黑龙江日报》发表《东厢小院》《葡萄村》。1998 年,徐新民在《黑龙江日报》发表《爸爸的娱乐琴》。1998 年,胡果在《黑龙江经济报》发表《不可复制的美好》。1999 年,王文山在《黑龙江日报》发表《怀念杏花》。2005 年,王文山在《北方文学》发表《童年的兰棱河》。徐新民在《北方文学》发表《三棵树》。

【散文集】 1988 年,王忠瑜的《爱与美的融合》在安徽文艺出版社出版。1989 年,海南的《乡思在渔歌》在百花文艺出版社出版;王禹时的《芳草天涯》在辽宁大学出版社出版。1990 年,唐飙的《北国相思豆》在黑龙江人民出版社出版。1992 年,王文山的《乡风暖融融》在黑龙江省群众艺术馆出版;刘彦文的《不惑集》在黑龙江省群众艺术馆出版。1993 年,王作龙的《青山遮不住》在哈尔滨出版社出版。1994 年,王忠瑜的《不谢的樱花》在黑龙江人民出版社出版;王文山的《小城花月夜》在黑龙江省群众艺术馆出版。1996 年,朱宏轩的《脚印》在中国社会出版社出版。1997 年,王忠瑜的《王忠瑜散文选》在黑龙江人民出版社出版。1998 年,王文山、徐新民的《心灵的家园》在哈尔滨出版社出版。1999 年,郑子良、郑孟楠的《岁月无痕》(散文、诗歌合集)在中国文联出版社出版。2002 年,王文山的《回头的风景》在中国国际广播出版社出版;傅伯庚的《生命读记》在中国文联出版社出版。2003 年,王作龙的《感谢痛苦》在时代文艺出版社出版。2005 年,朱宏轩的散文集《天地赤子》在华夏出版社出版。

第二节　诗　歌

【诗歌作品】 1986 年,韩非子在《诗林》《诗歌报》《诗人》《诗神》等刊发表图案诗,引起诗歌界瞩目与争鸣;1987—1988 年韩非子在"全国超短诗大奖赛"及"全国探索诗爱情诗大奖赛"获三等奖、优秀作品奖;徐新民(牧之羊)在《飞天》文学月刊发表诗歌《小城的二道街》《北方的白桦林》,他的诗歌《采石工的妻子》获"工源杯"全国诗歌大赛二等奖;张静波在《诗林》季刊发表诗歌《面对这片土地》;刘卉在《诗林》发表诗歌;孟楠的诗歌在全国短诗大赛中获奖;张静波、刘卉、王跃辉等在《诗林》等处刊物发表诗歌。1989 年,李长生的诗歌《回眸心灵的轨迹》等三首,在《当代诗歌》头题位置发表;孟楠、刘卉的诗歌在《诗人》杂志发表;徐新民(牧之羊)的诗歌在《天山》文学双月刊发表。1990 年,徐新民(牧之羊)的诗歌《一棵向日葵》在《草原》文学月刊发表,并获"北中国之星"全国诗歌大赛优秀奖;他的组诗《绿色的阳光》在《北大荒》文学双月刊发表;齐文斌(胡果)的诗歌《感觉十年》在《诗歌报》月刊发表;秦苏的诗歌在《黑龙江日报》文艺副刊发表;张静波在《诗林》季刊,发表诗歌《穿越诗歌》《嬗变的秋天》。1991 年,齐春玲的《有一种鸟音》等多首诗歌在《诗人》杂志发表;铁梅的诗歌在《大河诗刊》《诗神》等刊发表,并获"大河杯"诗歌大赛优秀奖;墨茵、修冬生的诗歌在《诗人》杂志发表;刘卉的诗歌在《中国诗歌》发表;赵乾质、高步才、王忠瑜、王振权、王福泰、张继兴、广德明在"镜泊金秋首届全国诗词大奖赛"中获佳作奖,作品入选北方文艺出版社的《一代风骚》。1992 年,王人地的诗歌在《诗林》发表;齐春玲的诗歌在《淮风》诗刊发表。1993 年,齐春玲的《石头与水的光影》诗歌在《诗林》发表;徐新民(牧之羊)的诗歌被收入上海教育出版社《校园诗歌》;星桥的诗歌被收入长江文艺出版社《中国朦胧诗现代诗多解辞典》。1994 年,张济的古体诗《雨后》入选新纪元中华诗词艺术书库《当代诗词撷英》;王人地的诗歌在《诗林》发表。1996 年,铁梅的诗歌在《绿洲》杂志发表;1997 年,齐春玲的《雪》、齐文斌(胡果)的诗歌《那一只蝉》在《绿风》诗刊发表。1998 年,铁梅的组诗《存在的表情》在《绿风》诗刊发表;齐文斌(胡果)的诗歌《鞋子渡我》《门》在《散文诗》杂志发表。1999 年,孟楠、徐新民(牧之羊)的诗歌在《文化导报》上发表。2004 年,张静波在《人民文学》发表诗歌《记住太阳岛》。2005 年,徐新民(牧之羊)的多首诗歌在《北方文学》《诗林》《黑龙江日报》发表;齐文斌(胡果)的组诗《高处的蝉》在《北方文学》发表;伟钟的诗歌《雪花的请求》入选《中国网络现代诗精选》;《梦见一首诗》《秋风》《我们的太阳》入选《东三省诗歌年鉴 2005 卷》;王国维的诗歌在《北方文学》发表。二十年间,发表新诗的作者还有:张希彦、冷凌、刘彦文、赵立明、于圣波、王彦双。现代新诗之外,赵乾质、高步才、韩非子、王福泰、王振权、关云权、赵志宽、徐双山、张济、孟楠、徐新民、袁英有、张继兴等还在一些正式报刊发表若干古体诗词。

【诗集出版】 (出版社正式公开出版)1986 年,陈景文《人生之歌》在作家出版社出版。1988 年,李方元《走出平原》在北方文艺出版社出版;陈景文《灼热的情思》在文化艺术出版社出版;李纯人《滴血的灵魂》(散文诗集)在对外贸易教育出版社出版。1990 年,海南《摇橹者的歌》在时代文艺出版社出版;陈景文《爱在燃烧》在中国工人出版社出版。1991 年,陈景文《青春林里相思树》在中国青年出版社出版。1993 年,唐飙《梦不会失约》在哈尔滨出版社出版;双城市诗研会 17 人著《红罂粟》在黑龙江人民出版社出版。1994 年,刘文生《岁月的余音》在黑龙江人民出版社出版。1996 年,海南《那些飘雨的日子》在黑龙江人民出版社出版。1997 年,赵守亚《北方乡情》在中国国际广播出版社出版。1998 年,王忠瑜《王忠瑜诗歌选》在黑龙江人民出版社出版。1999 年,郑子良、郑孟楠《岁月无痕》(诗文集)在中国文联出版社出版;陈景文《陈景文爱情诗选集》在中国文联出版社出版,陈景文《走向金秋》在北方文艺出版社出版,朱宏轩《乡情》在中国文联出版社出版。2001 年,王英文《夯歌》在哈尔滨出版社出版,张荔鹃《青春梦与白云梦》在中国文联出版社出版,贾奔《迟开的花》在北京十月文艺出版社出版。2002 年,秦苏《无弦琴》在中国文联出版社出版。2003 年,李方元《方元诗选》在作家出版社出版,刘卉《风语者》(诗文集)在中国戏剧出版社出版,韩润范、韩润森《无心插柳》在吉林人民出版社出版。2004 年,铁梅《果实与野兽》在新疆电子出版社出版,柳晓峰《洁白的云》在哈尔滨出版社出版。2005 年,徐新民(牧之羊)《一棵向日葵》在华龄出版社出版,王忠瑜《王忠瑜短诗选》在银河出版社出版,陈景文《热爱》在黑龙江教育出版社出版,张浩《浪漫的季节》在中国民族文化出版社出版。

第三节　戏剧、曲艺

【戏剧】 1986 年,王文山出版《王文山戏剧曲艺选》,徐双山出版《徐双山戏剧曲艺作品选》。1987 年,朱宏轩的《说古唱今》出版。1991 年,中国曲艺出版社出版《双城堡二人转选》。1994 年起,王文山创作的 16 篇曲艺作品在国家《曲艺》刊物上发表,他创作的小品《双验收》《俩姑爷》《谁说了算》分别获文化部群星奖和松花江地区艺术创作一等奖,他创作的二人转《巧劝妻》《花木恋》分别获文化部首届群星奖银奖和《农民日报》征文一等奖;他与王庆斌合作的拉场戏《相傻子》获文化部二人转汇演剧本创作一等奖。刘英武的 28 集电视文学剧本《黑土情》由作家出版社出版。1994 年,韩非子创作的剧本《大战红孩儿》《驴之技穷》《风流小狐仙》《宋定伯卖鬼新传》《智斗花公子》在《剧作家》刊物发表。1995 年,王文山创作的小品《吻》发表在《曲艺》杂志。1996 年,中华工商联合出版社出版王文山《文山二人转选》。此时期,还有齐光瑞的戏剧卷《风流村》、郑彦清的《郑彦清戏剧曲艺选》、张希彦的《张希彦曲艺选》等出版。2003 年,郑孟楠创作的舞蹈剧文学脚本《点亮那方天》、诗剧《赫尔墨斯与雕像者》、话剧小品《办年》等先后在《剧作家》《戏剧文学》和《经济新闻导报》等报纸杂志上发表。王文山创作的单出头《失约姑娘》在《曲艺》发表;2005 年,王文山创作的单出头《总理让咱多养牛》、二人转《特殊婚礼》在《曲艺》发表。

【曲艺】　1986 年,双城曲艺代表作品有鼓词《梨花盛开》(王文山)、书帽《会朋友》(郑彦清)、鼓词《幸福槐》(王文山),1995 年鼓词《炸军火》(王文山、徐双山)、1996 年鼓词《为总司令站岗》(王文山),对口快板《西瓜作客》(王文山)。1997—2005 年没有新作品发表。

【二人转】　1986 年,黄启山、刘劲松参加东北三省首届民间艺术节,演出二人转《高老庄》(双城籍作家奚表汶创作),节目获最高探索奖,两位演员分别获优秀奖。1987 年,黄启山、刘劲松赴京参加中国首届艺术节,演出经过进一步加工的二人转《高老庄》,获艺术节金杯奖。首都的几家报纸、黑龙江的多家报刊、电台报道了这一消息。同年,黄启山、刘劲松参加黑龙江省天鹅艺术节演出二人转,获特别荣誉奖。1991年王文山创作的二人转《巧劝妻》获全国首届文艺群星奖二等奖。1994 年 11 月,在黑龙江省第四届地方戏评比中,民间艺术剧院创作演出的拉场戏《双验收》获剧目一等奖;二人转《指路》,获剧目三等;《双验收》表演者王华,获表演一等奖。1995 年民间艺术剧院演员表演的拉场戏《相傻子》在文化部举办的第二届全国二人转观摩演出中获得节目三等奖;市歌舞团刘鹏、张海涛、张丽丽,民间艺术剧院王成举、金蕾分别在黑龙江省首届地方戏绝活大赛中获一、二等奖;艺术剧院王华的单出头《王二姐思夫》代表黑龙江省参加京、津、黑、苏四省市南北曲艺荟萃(海河之秋艺术节)交流演出,获表演一等奖。1997 年,姜永山、陈守霞、陶然表演的拉场戏《俩姑爷》获第七届群星奖铜奖;同年,王成举、金蕾表演的二人转《寒江》《拱地》(片段),上中央电视台"曲苑杂坛"播出,影响广泛。同年,双城二人转《猪八戒重游女儿国》(王文山创作)参加全省首届专业艺术表演团体评比演出,获得三等奖。2001 年,姜永山、王华表演二人转《双赶集》,在哈尔滨市第十届农民文艺汇演中获表演一等奖。2004 年,姜永山、陶然、贺亚娟、陈守霞等在文化部二人转汇演中获表演二等奖。2005 年演出人员有 200 多人。

【皮影戏】　俗称"驴皮影",双城素有"黑龙江皮影艺术故乡"之称。1986 年,由农民作家影匠高凤阁与其女高金华组成高家班,在城乡时有皮影戏演出活动。1987 年,有领箱人南文久组织皮影戏艺人在农闲时演出皮影戏。1992 年元月,诗人、剧作家韩非子组建"双城民间皮影艺术剧社",创办《皮影艺术》报,举办双城"首届皮影艺术节",实施"皮影展出""皮影沙龙"、皮影艺术培训班等皮影艺术系列化工程。同年 6 月,参加第三届天鹅艺术节暨第二十届"哈尔滨之夏音乐会",9 月,参加"全国木偶皮影戏汇演",并获奖。1998 年 4 月,参加中央电视台"欢聚一堂"演出。8 月 14—18 日,应"首届中国国际民间艺术博览会"组委会之邀,在北京展览馆演出皮影戏 30 余场;8 月 23 日,该剧社又在北京举办"抗洪赈灾义演晚会"。10 月份,又应邀参加"98 上海国际青少年卡通节"活动,历时 30 天,演出上百场,引起轰动。2 000年,"双城民间皮影艺术剧社"更名为"双城市韩非子皮影木偶剧社",有"潍坊风筝、吴桥杂技,双城皮影戏"之美誉。同年 10 月,参加"东太平洋人形剧节暨 2000 年庆祝世界文化博览会"之后,连续五次赴韩国参加演出及交流。2005 年 9 月,该剧社参加由河北省人民政府和唐山市人民政府主办的"冀东油田杯 2005 中国·唐山国际皮影艺术展演",夺得四个奖项:《小猫种鱼》《驴之技穷》《智斗花公子》获优秀短剧奖,韩迟、赵宝军、韩星、赵宝珠分获优秀表演奖,韩非子获优秀编剧奖。

第四节　音乐、舞蹈

【音乐】　1986 年,双城的专业和业余音乐工作者在各级比赛中获奖达百余人(次);1987 年,吴德政创作锡伯族歌曲《阿玛给我拧一支柳哨》,参加地区音乐会,获二等奖;贾娜菲先后在第六届松花江音乐会上、哈第八届农民文艺汇演暨第五届农民文化周中获辅导奖和表演二等奖。刘卉创作的歌词《植树了》《卖豆芽的姑娘》《笑声醉了我种瓜人》分别在第六届和第七届松花江音乐会上获一等奖。1988年,关立新曾获得全国农民歌手大赛三等奖。1993年,刘香秋在第三届松花江艺术节声乐比赛中获一等奖。1997年,刘香秋在哈尔滨市农民文艺汇演中,获表演一等奖;李铁柱在黑龙江省"北国杯"声乐大赛中获三等奖。1998年,由贲娜菲谱曲的歌曲《人间真情》在哈市1998抗洪"留真杯"征文大赛中获优秀奖;声乐爱好者张濛、黄玲、孙艺伟等人也多次参加各级声乐大赛,并取得较好成绩。到2005年,双城市文化馆举办声乐培训班达40多次,培养声乐艺术人才上百人;同时,还配合市委宣传部、市文联、市文化局共举办了八届全市规模的声乐大赛。双城的专业和业余音乐工作者,创作谱写各种歌曲一百多首,有几十人在哈市级以上的各类大赛中获奖。主要曲作者有苏显武、吴德政、闻艺、贲娜菲、王占山、林伟、张濛等十几人;主要词作者有徐双山、韩非子、徐新民、刘卉、王莉、王纯、黄玉臣等二十余人;主要专业歌唱演员有贲娜菲、聂维明、关立新、李铁柱、陈淑英、刘香秋、王继军等人,此外全市各乐队的业余歌手还有上百人。

【舞蹈】 1992年,双城市歌舞团创立,下设舞蹈队,培养一批专业的舞蹈演员。1993年,孙爱音多次在哈市、松花江地区文艺演出中获舞蹈表演一等奖,参加过中央电视台1998年5月《曲苑杂坛》的演出,并为全国首届金源文化艺术节领舞。同年,双城市文化馆成立星星少儿艺术团,常年举办舞蹈培训班。1999年,刘鹏的手绢绝活应邀到日本参加国际汇演。张辉、梁海红、孙爱音等人也多次参加哈市历届农民文艺汇演,并取得好成绩。到2000年,歌舞团的专业舞蹈演员和一些业余舞蹈工作者先后整理、创编出汉族、满族、藏族、蒙古族等成人舞蹈数十个,经常演出的舞蹈节目有:《大姑娘美》《五福临门》《飞旋的乡风》《黑土》《蒙古人》《走进新时代》《世纪欢歌》《欢乐的节日》《绣出一片真情》《雨中情》《头发乱了》《送给你》《为祖国干杯》《大豆摇铃》《卧虎藏龙》等,这些舞蹈节目分别在中央电视台、省电视台演出,有的获松花江地区和哈尔滨市汇演一、二、三等奖。到2005年,星星少儿艺术团培养青少年业余舞蹈骨干二百多名,向上级艺术院校输送舞蹈人才十几人。该艺术团的舞蹈学员们经常义务参加双城市内的各种演出活动。艺术团创编儿童舞蹈四十多个,主要舞蹈节目有:《辣妹子》《跨越九九》《军中姐妹》《收获》《好日子》《喜洋洋》《草原小姐妹》《花裙子飘起来》《飞吧,鸽子》《在希望的田野上》《开门红》《中国功夫》《幸福》《冰糖葫芦》《青藏高原》《当兵的人》《腰鼓》等。

第五节　书画、摄影、秫秸灯

【书法】 1986年,双城的书法创作活动活跃,出现一些有影响的书法作者。到1990年,有张济、张国平、曲建民、郑孟楠、李金发、张东、王连成、魏立斌等创作书法作品2 000多件,其中约有200多件书法作品在省级以上书法大赛中获奖,有80多件书法作品在哈市级以上的刊物发表,有1 000多件书法作品在各级书法展览中展出。1991年,文化馆编选的《双城书法作品选》出版。1994年,举行书法艺术之乡笔会。魏立斌书法作品,1996年获湖南省书协主办的大赛优秀奖、2000年获黑龙江省书协主办的大赛书法金奖。张国平、张东的书法作品入选黑龙江2003年省书法新人新作展。2004年,张济作品入选中国楹联界首届自撰楹联书法展。2005年,李金发的书法作品在"纪念毛泽东主席诞辰110周年"全国书画大赛中获一等奖。张国平的书法作品参加由中国书法家协会举办的"冼夫人杯"书法大赛;张济、郑孟楠书法作品获黑龙江省美协主办的全省政协委员书画展银奖。

【绘画】 1986—1995年,双城市美术工作者创作出的美术作品有2 000多件,在各级报纸杂志上发表的美术作品有100多幅,参加哈市级以上展览的美术作品有200多幅,有近百幅美术作品在各级大赛中获奖。其中,王德力的水彩画《暮归》《原野》入选1994年国际现代水彩画招待展,《林中人家》入选1995年黑龙江省天鹅艺术节美术作品展览。张济创作的国画作品《东北虎》《春消息》《子母虎》《秋入农家院》《山林情》《硕秋》等在文化部、中国文联、中国美协等单位主办的国家级大赛中获大奖,作品《雏鸡声声》

《文运千秋》《霜叶红于二月花》《清韵图》《硕秋图》等入选国家级书画展,在中国美术馆展出,并被收入多部大型画集和期刊。1996 年 11 月,作品《子母虎》被中南海收藏,并曾先后两次在北京举办个人画展。陈志佳的中国画《曙光》在中国书画协会、中国书画家杂志社联合举办的"风光这边独好"纪念毛泽东主席诞辰 110 周年全国书画大赛中获二等奖,2000 年,出版《志佳画集》。2002 年 10 月,张济获国家人事部"当代中国画杰出人才奖",并出版《张济书画集》;周冬华的版画作品多次入选全国版画展,并在第八届全国书画大展中获优秀作品奖。曲建民的国画作品选入省文联举办的黑龙江艺术之冬美术系列展。多智新、王文山、范玉国的国画作品,在黑龙江省政协委员书画展中获铜奖。到 2005 年,市文化局、文化馆与相关单位举办各种形式的书画展览 40 多次,展出美术作品近千幅,并成功举办五届全市青少年书画大赛,每次的参赛人数均在 400 人以上,参赛的美术作品不仅形式多样,质量也较高。

【摄影】 1986 年,丁国良拍摄的彩色图片《当仁不让》《银河恋歌》获全国"华美杯"奖,刘士才的摄影作品《办年货去》发表在黑龙江农村报上。1998 年,双城市举办改革开放二十年摄影展。2005 年,张格海、高文祥、王佳杰、张国平四人的 50 余幅作品在哈尔滨市文联组织的全市摄影展中展出,取得好成绩。同年,张格海的作品《百年孤独》《横空出世》在《北方文学》上发表;双城市还多次举办摄影图片展,展出作品 400 多幅。其中有计划生育图片展、交通安全图片展、爱国教育图片展等。

【秫秸灯】 1986 年,县文化馆举办元宵灯展,以后每年都举办元宵灯展,使这一民间艺术得到发展。1990 年,乐群乡农民赵力费时 8 个月,用秫秸扎制的黄鹤楼灯高 1.2 米,直径 50 厘米,送到北京亚运村,被国家收藏;1991 年,油米厂工人刘鑫扎制的秫秸灯"航空母舰"系列作品在哈市民俗博览会上获奖。到 2005 年,全市制灯队伍发展到百余人,其中骨干 20 余人。

第六节 群众文化活动

【大秧歌】 双城是满族人聚集地,逢年过节都以扭秧歌表达喜悦心情。1986 年,扭秧歌活动还只是在节日中出现。1996 年,农历正月十五,举办双城市首届新秧歌汇演,全市 27 个乡镇和城内 20 多个系统部门参赛形式新颖的大秧歌队受到省委领导和省内外媒体的关注。省委书记岳岐峰题写片名《双城新秧歌》的专题片在中央电视台 7 频道播出。《黑龙江日报》《哈尔滨日报》《光明日报》、省电视台等也分别进行报道。1995 年开始,高淑芳自筹资金 10 万余元,组建百姓秧歌队,活跃群众文化生活。2000 年,扭秧歌已成为人们早晚健身活动。至 2005 年,全市经常开展活动的秧歌队有 20 余个,每个秧歌队的固定成员均在 50 人以上,成员中不仅有六七十岁的老人,也有二十多岁的年轻人,涵盖老、中、青三代人,各秧歌队都自费购置了服装、道具等行头,每逢活动时,阵容十分整齐。节假日里,人们用扭秧歌这种方式来活跃气氛,平常日子里,人们又将扭秧歌作为一种锻炼身体、休闲娱乐的途径。

【主题文化活动】 1986—1996 年,市委宣传部、市文联、市文化局、文化馆等单位共联合举办了反腐倡廉书画展、计划生育图片展、爱国教育图片展、交通安全图片展等 50 多次,这些展览不仅主题突出,而且艺术特征鲜明,成为双城市文化生活中的一大亮点。1997 年,为庆祝香港回归,双城市在承旭门广场举办百人唢呐团演出的"震天唢呐",观众数以万计,受到省内多家新闻媒体的关注。1999 年,为纪念建国五十周年,举行全市各系统大合唱汇演,参与汇演的有国税、工商、粮食、教育、卫生、政法、城镇、建设、市直机关、农业、通讯团、省牧校、电业等 13 个部门和系统的 16 支合唱队,每个合唱队都在 150～200 人之间,各合唱队演唱的主要歌曲有《党啊,亲爱的妈妈》《我爱你,中国》《走进新时代》《公仆赞》等 38 首歌颂党、歌颂祖国、歌颂社会主义和改革开放、讴歌时代精神的歌曲,有上万名市民观看演出。2000 年,在新城区兴建的希望广场建成,每年春、夏、秋季,文化宣传部门都在广场组织开展"古堡"群众文化活动。由民间演奏手宋国顺等组成的"古堡之声军乐队"经常在广场或农村为群众演出。2001 年,为庆祝建党八十周年,全市又组织有 3 000 多人参加的大合唱汇演等庆祝活动。到 2005 年,主题文艺演出共计有 100 多场(次)。

同时还多次举办主题艺术展览。

第七节　文物古迹

【文物保护】　1991 年,全市定为县(市)级文物保护单位的有 11 处:永胜古城、元宝古城、双河古城、金钱屯古城、双城古城、小半拉城子古城、大半拉城子古城、万解古城、车家城子古城、石家崴子古城和单城子古城。1999 年 7 月至 8 月,黑龙江省文物考古研究所对车家子城址(现双城市兰棱镇)进行抢救性发掘,发掘总面积1 000余平方米,主要工作包括城墙、城壕的解剖和测量,门址清理,城外居址及墓葬的发掘等。此外,还对城址平面重新进行测量,获得一些新数据,此次发掘清理房址 1 座,墓葬 1 座,灰坑 9 个,灰沟 1 条,出土陶器、铁器、石器、铜器及铜钱等遗物100 余件。城址应为金代设置的一处驿站,虽设置于金初,金代中晚期乃至明清两代,这里始终有人活动。车家子城金代城址的发掘活动是新中国成立以来双城境内的首次科学考古发掘。2005 年,双城市共发掘古城址 17 处。

【文物收藏】　1981 年收藏文物 6 件,1987 年收藏文物 5 件,1991 年收藏文物 10 件。到 2005 年末,双城市文物管理所征集和收缴文物共计 321 件,其中有 22 件定为国家一、二、三级文物。具体如下表。

1981—1990 年双城市重要文物一览表

表 19 - 2 - 1

序号	名称	时代	级别	形制与特点	出土年份	出土地点、来源	收藏年份
1	素面重唇灰陶罐	辽代	三级	陶罐表面呈深灰色,泥质轮制,火候较高,胎质坚硬,表面无釉,但很光亮,素面无纹饰。器形规整,侈口重唇,小卷沿,颈直且短,圆肩,彭腹,平底。高29.8 厘米,腹径25 厘米,口径13 厘米,底径13.5 厘米,重2 500 克,仅口沿微残	1981	前对面城古城	1981
2	刻画纹灰陶罐	辽代	三级	陶罐为泥质轮制,表面呈灰色,口沿外侈,小卷沿,短颈圆肩,鼓腹平底,肩部有两排楔形点戳纹,印痕较深,其下至底部排列不甚规则的蓖形浅画纹,器形规整,保存完好	1981	前对面城古城	1981
3	金城记铜镜	金代	三级	镜为铜质,青黑色,圆形,直径9 厘米,厚0.7 厘米,重165 克。镜背中央为半球状的小圆纽,外饰瑞兽葡萄纹图案,其外区是二十八个隶书铭文,文为:青盖作镜自有记辟去不羊宜古市长保二亲利孙子为吏高官寿命久。镜缘刻有"金城记"款和一"岳"形押记。保存完好	1981	后对面城古城	1981
4	泰州主簿铜镜	金代	三级	镜为铜质,青黑色,圆形,直径9 厘米,厚0.6 厘米,重150 克。镜背中央为半球状的小圆纽,圆形纽座。外饰瑞兽葡萄纹图案,其外区是二十八个隶书铭文,文为:青盖作镜自有记辟去不羊宜古市长保二亲利孙子为吏高官寿命久。镜缘刻有"泰州主簿"款和一"忌"形押记。保存完好	1981	后对面城古城	1981

续表

序号	名称	时代	级别	形制与特点	出土年份	出土地点、来源	收藏年份
5	吴牛喘月铜镜	金代	三级	镜呈绿色,背面中间有一半小球形小圆钮,周围为"吴牛喘月"故事图案,其外有一周锯齿状凸起,镜缘利器阴刻"菜"形押记,铜镜厚0.5厘米,直径11厘米,工艺不精,保存完好。	1981	单城子古城	1981
6	白釉大碗	金代	三级	瓷质,平口圆唇,缓壁圆底圈足,土白色釉,碗内壁满施釉,外壁上半部挂釉,有流淌痕,下半部无釉露胎,胎质较粗,呈褐色。碗高12厘米,口径22.4厘米,底径9.5厘米,壁厚约0.8厘米,距口沿1.5厘米处有一条横向弦纹。自口沿至腹部有三道纵向裂纹。	不详	对面城	1981
7	钧瓷碟	金代	二级	平口侈唇,斜弧开壁,圈足,胎骨厚重,天蓝色釉,光泽莹润,色彩绚丽,釉面上布满冰裂纹开片,釉下可见"蚯蚓走泥纹"。口沿及圈足处釉色微呈褐红。淡水鱼同3.1厘米,口径13厘米,底径5厘米,重175克,造型古朴端庄。	1987	兰棱镇房身泡地	1987
8	牡丹缠枝纹铜镜	金代	三级	镜为铜质,褐黄色,圆开,直径11.4厘米,厚0.4厘米,重260克。镜背中央为一圆满形桥状纽,图案由一周弦纹分为内外两区,外区为牡丹缠枝花纹,内区为浮云掩月图案。镜面边缘处有一"官"字形印迹,保存完好。	1987	兰棱镇	1987
9	套口陶瓶	辽代	三级	泥质轮制,火候稍高,陶质坚硬,灰色素面无纹饰。套口圆唇,鼓腹平底,套口处略有缺损。通高17.7厘米,口径7.7厘米,底径9.5厘米,重815克。	1987	兰棱镇	1987
10	辽官窑黑釉小罐	辽代	二级	瓷质,平口无颈圆肩鼓腹,圈足,下腹至圈足处无釉露胎,胎呈灰色,其余部位遍施黑釉,中有褐色斑点,圈底部有"11"形划痕,此为辽官窑即林东窑所特有押记。罐高5.7厘米,口径2.6厘米,腹径7厘米,底径3.2厘米,重115克。口沿处有一块稻米粒大小的崩残处。	1987	兰棱镇房身泡屯	1987
11	双鱼纹锡纽铜镜	金代	三级	镜为铜质,青黑色,圆形,直径16.5厘米,重1375克。镜背中间有一龟形纽,两条鲤鱼绕龟纽腾跃于水波纹之上,首尾相衔,栩栩如生,其中一鱼的鳃盖上刻有"临潢县"三字,另一鱼同样位置刻有一"血"形的押记,器形规整,保存完好。	1987	兰棱镇	1987

续表

序号	名称	时代	级别	形制与特点	出土年份	出土地点、来源	收藏年份
12	仿定窑葵口盏			瓷质。六瓣葵口,壁直薄,底部渐圆,小圈足,胎轻薄,釉色青白光亮,有冰裂状开片,釉下可见褐色细小斑点,靠近底部有三条鱼形印花纹,器形小巧玲珑,高3.4厘米,口径11.5厘米,底径3.3厘米,仅重104克。	不详	打击文物走私品	1990
13	素三彩碗	辽代	二级	瓷质,平口弧形壁,小圈足,黄色釉,有四条宽约1厘米的绿白相间条纹由碗底向碗口呈放射状排列,碗内壁满期施釉,外壁上半部施釉,釉较厚,有流淌痕。碗高5厘米,口径13.5厘米,底径4.5厘米,器形规整,口沿部有小崩口。	不详	打击文物走私品	1990
14	明代哥窑盘	明代	二级	瓷质,圆口缓壁,平底圈足,釉色清白,釉面满布细密的冰裂纹开片,圈底均匀分布七个支钉痕迹。盘高5.2厘米,口径27.3厘米。器形规整,保存完整。	不详	打击文物走私品	1990
15	酱釉小碗	辽代	三级	瓷质,平口侈唇,平底微凹,小圈足,釉色酱黄,内壁满施釉,底部边缘均匀分布三个支钉痕迹,外壁上半部施釉,下半部无釉露胎,胎呈土黄色,碗高4厘米,口径8.8厘米,底径3.3厘米,器形规整,唯口沿处有小崩口。	不详	打击文物走私品	1990
16	龙纹青花天球瓶	清中期（仿制）	三级	瓷质,平口长颈,丰肩膨腹呈球形,矮圈足,通体白釉绘青花五爪云龙纹,圈底楷书"大明正德年制"六字款,瓶高36.2厘米,腹围28厘米,口径7.8厘米,底径14厘米,壁厚0.4厘米。	不详	打击文物走私品	1990
17	三彩菊花笔筒	清初	三级	陶胎,平口直壁平底,釉呈三彩,黄褐色地子上带有浅黄色菊花和淡绿色的叶子,釉面上有细密的裂纹,胎色黑红,高10.5厘米,口径11厘米,底径10.1厘米,器形古朴,釉面有少许脱落痕。	不详	打击文物走私品	1990
18	瓜棱铜注	金代	三级	青铜铸造而成,呈八瓣瓜棱形。有柄、嘴、盖,盖和柄之间用铅链边接。注内壁上有一梅花形押记,直径约0.8厘米,应为制作匠人留下的标识。通高10.5厘米,腹围33厘米。口径5厘米,底径7.2厘米,重575克,器形规整,保存较好,唯铅链已断。			1990

续表

序号	名称	时代	级别	形制与特点	出土年份	出土地点、来源	收藏年份
19	昭明铜镜	辽金时期	三级	镜为铜质,铅黑色,圆形,直径8.2厘米,厚0.2厘米。小圆纽,纽座外侧有一周突起的弦纹,纹外饰以内向八角形连弧纹,每个角有一个凸起的小圆点,连弧纹外铸有一圈铭文,18个字,铭文为:内清之以昭明光象夫日月心忽忠不池。保存完好。	不详	打击文物走私品	1990
20	四乳景记铜镜	辽金时代	三级	镜为铜质,铅灰色,圆形,直径8.7厘米,厚0.4厘米。镜背中央有一小圆纽,外饰两道弦纹,其外侧为缠枝花纹,在缠枝花纹中均匀地分布着四个乳头状的丁,在一侧的缠枝花纹中铸有"景记"二字,镜边有两道弦纹,弦纹之间饰以V形花纹。保存完好。	不详	打击文物走私品	1990
21	四乳铜镜	辽代	三级	铅镜呈铅青色,有斑点状绿色浮锈,圆形镜背中心有一半球状小圆纽,四周有四个乳头形丁,乳丁间均匀分布8只鱼形图案,镜缘无刻款,镜厚0.4厘米,直径8.2厘米,保存完好。	不详	打击文物走私品	1990
22	青花缸	清咸丰年	三级	瓷质,平口圆唇,斜直腹微鼓,平底,白釉青花绘牡丹图案,缸外壁均匀分布四个圆形开光,中绘松鹤图,缸内壁遍施白釉,缸高47.5厘米,口径50厘米,保存完好。	20世纪50年代	双城堡	1991

第八节　文化景观

【双城堡火车站】　建于光绪二十五年(1899年),原为俄式建筑。后重建,是由宝塔和宫殿组成的一组建筑群落,距双城市中心约3公里,占地1 257平方米,其中候车室1 041平方米,行李房182平方米。整体上由两座东西横向的大殿相接而成,两殿风格各异、主次分明,呈不对称格局,是其布局艺术的重要特征。民间传说:光绪二十五年建(1899年),有一位外地客商乘火车来双城,被当地独特的人文景观和淳朴的民风深深吸引,有感于双城没有一座像样的火车站,便多方筹资兴建,并决定来此定居。不料天有不测风云,车站工程过半,这位商人却不在了,修建也就没法继续下去,从而留下了现在的不对称格局。但这一格局无形中增添了建筑艺术的魅力,远望飞檐凌空翘起,殿顶高低相称,错落有致。殿顶绿色琉璃瓦覆盖,正脊两端盘踞着浅蓝色坐龙一对,垂脊上蹲着深绿色鸱吻。尤其在偏殿西北角矗立一座三层四角阁楼,玲珑剔透,别有一番韵致。1932年1月31日,以赵毅团长为首的东北军六六二团爱国官兵,曾在火车站狙击由长春开往哈尔滨的日本侵略军天野兵团。1946—1948年,东北第四野战军指挥部在双城指挥了三下江南、四保临江战役,新开岭战役等多次重大战役后,指挥部成员由此乘火车南下辽沈前线。新中国成立之初,为表彰双城堡火车站的历史功绩,国家将其图案印在东北流通券一元钱票面上,使其更加闻名遐迩。这幢古建筑吸引着众多游人旅客,游览观光,摄影留念,是双城市的著名景观。

【"四野"辽沈战役前线指挥部旧址纪念馆】　中国人民解放军第四野战军前线指挥部旧址是中外驰

名的解放战争纪念地之一，也是东北地区仅有的一座保存完好的地主庄园。它不仅是旅游景点，也是进行爱国主义教育的重要基地，被列为省级文物保护单位。这座建筑是1917年建设的位于双城东北隅的两座毗邻宅院。东三合院是供职吉林省警察厅的双城人赵冀为家眷建的一所私宅。西侧的四合院，是当时双城有名的大地主张老震所建。两院占地面积5 760平方米，外围两米高青砖墙，院内建筑面积650平方米，共有青砖灰瓦木结构的硬山式房屋35间，分为东、西两院，中间有一月亮门相通，东院是典型的三合院，一正两厢各五间，共15间，前有内墙与外墙相隔，内墙正中为一木结构青瓦预紫脊垂花门楼。三合院集中体现了整个旧址的中国古典宫廷式建筑特色，房顶均覆青瓦，正脊上立有鸥吻，廊殿前突，红色木质外廊明柱托举起一带额枋，上面雕梁画栋，墙面饰有寓意吉祥的小型浮雕，精美别致，给人富贵庄严之感。西院为四合院，东西南北房各五间，东院为前线指挥部及后勤保卫人员居住，西院为通讯枢纽处，有通向前线和各纵队的电台十二部。1946—1948年前线指挥部在双城的两年里，先后指挥大小战斗、战役二十二次，其中著名的有新开岭战役、三下江南、四保临江战役、夏季攻势、秋季攻势和冬季攻势；并成功策划了历时50天，歼敌47万的辽沈战役，为解放全东北，继而夺取全国的胜利做出了不可磨灭的卓越贡献。1946年12月10日—1948年9月3日，彭真、林彪、罗荣桓、刘亚楼、高岗、陈云、吕正操、李富春、程子华、萧劲光等将军们曾在双城活动，本馆展示521位高级将领事迹，也突现渡海英雄团、铁塔英雄等光辉群体和董存瑞等一大批英雄战士。程子华将军在1989年再次来到双城时，欣然题词盛赞双城为"解放战争重镇，松花江畔名城"。1990年被黑龙江省人民政府批准公布为第三批省级文物保护单位。1998年10月，在文化部门的积极运作下，"四野"前线指挥部旧址纪念馆正式落成开放。2001年，被黑龙江省委、省政府命名为省级爱国主义教育基地。

【魁星楼】　始建于清光绪十九年（1893年），坐落于双城镇内，后因年久失修，于1957年拆除。魁星楼得建于双城，因这里是满族人定居和金代兴邦之地，清朝统治者称双城堡为满族的"龙兴之地""满洲故里"。魁星乃二十八星宿之一，专司点文武状元之职。1892年双城籍清内阁中书张邦彦联络邑绅关毓谦、张俊生、张选生、张萧铭等，禀请通判孙逢源在转详上峰批准捐资修葺大成殿的同时，建魁星楼，以增辉文运，繁荣这一地区的文化，当权者顺应提议，这是兴建魁星楼的重要原因。1990年魁星楼易地重建，建在双城东门外的公园之内，重建历时三年整，于1993年农历重阳节竣工。魁星楼的高度，整体景观为全国同类建筑之首。建筑物采用明清官式造法，建筑标准为国家一级建筑，彩绘选用墨线玺子小点金。建筑式样为方形塔式十字歇山顶。楼高39.9米，台基护栏为正方形，边长33米。主建筑楼体为正方形，边长17米，采用群众捐资方式兴建，比原建筑高出6米。魁星楼姿态雄伟、造型新颖、结构精巧、工艺高超，代表了双城人民超群的创举和智慧，体现了中华民族古典建筑特点。魁星楼成为双城的同义词，犹如紫金山之于南京，五羊雕之于广州一样具有象征性。魁星楼兴建有众多传说：一传清内阁中书张邦彦省亲，散步双城东南隅，得魁星点化而建楼；二传清道光皇帝夜观天象，见流星坠入东北而建楼。魁星楼共三层，室内墙壁设玲珑牖窗，工艺巧妙。一层迎面触目的是一大幅中国画《双城堡的来历》。画中主要人物是清嘉庆十九年（1814年）吉林将军富俊勒马伫立图，四周图画反映清廷移京旗屯垦、双城设治、工商兴起、市容繁华等情节。二楼是巨幅中国壁画《魁星楼的传说》，画面居中是巍峨挺拔的魁星楼，背景是碧海蓝天，云雾缭绕，长空白鹤。渲染了魁星楼的不凡来历，寄托了双城人民群众的美好凤愿。三楼是魁星雕塑，立北面南，高9.9米，魁星仪态威猛，足踏金鳌，左手托斗，右手号笔，神笔才会点状元。

【观音寺】　位于双城镇东北隅，占地2 400平方米，是双城现存最完整的寺院之一。观音寺原名观音堂，在"文化大革命"中遭到严重的毁坏。中共十一届三中会议之后，在双城市政府的关怀下，由信教群众布施12万元，将年久失修的正殿推倒重建，同时将东西配殿修葺一新。观音寺由弥勒殿、大雄宝殿、地藏殿及东西配殿组成。大雄宝殿正脊上镶有瓷顶大稳，二龙戏珠雕塑两旁，金黄色的琉璃瓦在阳光照射下，璀璨夺目。三层飞檐四出，金碧辉煌，气势雄伟。檐下雕梁画栋，四角刻有"清净廉洁、慈悲为怀"八个大字。寺院开阔，光洁如洗。千斤铸铁香炉，香烟袅袅。殿前两座雄狮左右守护姿势威猛。东西配殿各具特色,宽敞的长廊,讲究的苏式彩绘,红漆明柱等将寺院衬托得肃穆典雅。1994 年,在东郊外东南方向又开始兴建一座观音寺。2003 年农历七月二十七日举行开光大典。新观音寺由寺院、塔院、僧寮院组成。总建筑面积为6 216平方米。西院为四进,由山门、天王殿、大雄宝殿和藏经楼组成。附设百孝图画廊。中院亦为四进,由山门、钟鼓楼、东西配楼、千佛塔、七佛宝塔、比丘尼塔组成。东院建僧寮一栋,楼前三亩菜园。塔院为仿古建筑群落,布局严整,递进分明,楼台殿阁,朱栏玉砌,金碧辉煌,无比壮观。其中七佛宝塔36.9米,七层七檐,气势巍峨。每层供奉一尊佛菩萨,拾级而上,登高远眺,风光尽收眼底。

【承旭门】　承旭门是双城比较古老的一座门楼。清同治七年,公元1868 年,由双城堡总管双福监督,重修双城堡城墙,增建起四座门楼,东为承旭门、西为承恩门、南为永和门、北为永治门。历经百余年风雨沧桑,至今仅存老百姓俗称"东门"的承旭门一座。这座承旭门楼高 11.5 米,东西长 8 米,南北宽 8.75 米,总建筑面积 70 平方米。基座平面呈长方形,由青砖砌筑,中有一东西走向的拱形门洞,为横木过梁式,向城外的一面起圆形券拱,上面一尺处为双福总管亲笔题写的匾额。楷书阴刻"承旭门"三个大字。意为面临东方初升旭日之意。匾上是女墙,在青砖基座上是一座木结构单檐歇山式楼阁,面阔三间,进深一间,中间辟有小阁,四周装木雕花格扇,栋梁门饰有彩绘,楼顶覆盖绿色琉璃瓦。正脊两端鸱吻高驻,垂脊和戗脊上蹲琉璃瑞兽,整座建筑堪称工艺精湛,雄关虎踞。但由于年久失修,承旭门楼也曾一度面目全非。门楼下,左右各筑起连接式钢筋水泥结构护城河桥一座。从门楼背面看有一块承旭门碑志,详细记载着修建门楼的经过。门楼画栋雕梁,飞檐斗拱,琉璃瓦阁,面貌一新,翘首下悬挂着铸铁风铃,清风徐来,铃声叮咚悦耳。1979 年,双城县政府拨款进行修葺,恢复了本来面目。后定为双城市级文保单位文化保护建筑。承旭门为古堡双城增色不少,双城市的市徽即以此为标志。

【民俗文化步行街】　民俗文化步行街坐落在双城镇西南隅南二道街。是由湖南省浏阳市客商于2003 年投资兴建的,全长 460 米。主街上立有八座生肖牌坊,牌坊正面题有生肖楹联,后面刻有双城堡百年大事记。街铺大理石路面,两侧为二层商服楼。步行街内设有花坛、以各种动物为主题的大理石雕塑、奇石、怪石、异石,还设有跳舞音乐池,少年儿童游乐器具和成年人的健身器械及休闲亭、诗词碑等。

第三章　新闻媒体

第一节　机构、队伍

【双城市广播电视局】　双城市广播电视局属局台一体制。1986 年,下设电台、电视差转台及人秘股、编辑部、事业股、技术股、服务部。共有职工 48 人,其中编采播人员 11 人,工程技术人员 26 人。大专文化学历的有 3 人,职工大部分是初、高中文化。1987 年,有中级职称 7 人,初级职称 8 人。1994 年,局下设电台、电视台、有线电视台。局、台机关下设 15 个部门:办公室、宣传股、事业股、音像股、报刊发行站、新闻部、专题部、对上报道部、总编室、广告文艺部、技术制作部、管理部、工程部、微波站、机房。电台与电视台合作,不另设机构。2005 年,局、台共有职工 96 人,编采播人员 24 人,工程技术人员 34 人。本科学历的 9人,具有大专学历的 39 人,具有初中学历的 36 人,具有副高级职称的 4 人,中级职称 20 人,初级职称 25人。

历任局长:杨凤荣、王朝福、刘彦文;副局长:蒋本琴、张翰章、付胜贵、佟基华、李越君、何坚、张建武、许国腾。

【乡镇广播站】　1986 年,全县 26 个乡镇全部设置广播站。站内至少有两名工作人员负责值机、编节目、播音等工作。建村级广播室 356 个,安装大喇叭 1 042 个,通屯率达 96% 以上;广播喇叭 90 544 只,占农户总数的 83% 。1994 年,农村广播声音入户率达到 94.8% 。各乡镇广播站除每天转播县广播电台的节目外,还定时播送本乡新闻,一般两天一套节目,稿件都是广播站编辑采写或各村通讯员供稿,宣传全乡近期发生的大事小情,新人新风。此外,还受乡镇党委、政府的委托播送一些重要的会议精神、规定、决定、通知等。同年,双城市乡镇广播站的设备实现大面积的更新换代,并达到国家标准,成为全省第一个设备达标县。1995 年 6 月,松花江地区广播电视局在双城市联兴乡召开广播调频现场会,推广双城发展调频广播的经验和做法。1997 年底,各乡镇广播站在行政管理上从市广播电视局剥离出来,从属于当地乡镇政府,由于对人员和设备的管理出现空白,农村广播阵地逐渐荒芜。

【队伍建设】 1986 年,县广播电视局、人民广播电台有干部职工 48 人,其中有大专文化学历的 3 人。1987 年,有中级职称 7 人,初级职称的 8 人,大部分是初、高中文化程度,新闻从业人员 14 人。为加强新闻队伍建设,提高新闻从业人员的政治和业务素质,选派业务骨干参加国家广电部、省厅举办的培训班集中学习。到 1993 年,先后有 7 名同志被送到北京广播学院参加短期培训,有 2 人报考北京广播学院函授学习,并取得毕业证。除每月组织两次政治业务学习外,还请中央人民广播电台著名播音员洪云到双城现场指导播音员工作,并做新闻采编和播音专题辅导。同时鼓励干部职工参加电大、业大、函大学习。广泛开展业务交流研讨,积极参加省、市组织的节目创优活动,从而使新闻编辑、记者在实践中得到锻炼,提高业务能力和自办新闻质量。1994 年,着手规范新闻队伍,使之胜任新闻宣传工作,先后出台"记者职业道德规范条例""新闻从业者十不准"等规章制度;对记者实行"全员目标责任管理",规定每组记者每月完成 20 条新闻稿件,超奖少罚;为保证新闻节目质量,坚持推行"稿件三审责任制度"和"安全播出审查制度",从而很好地保证宣传工作的有序进行,逐步提高自办节目的水平。1997 年 10 月,经市委、市政府批准,在全市教师队伍中公开招聘编辑记者,到 1999 年 6 月共招收 7 名记者,充实到新闻队伍中。2005 年,广电局具有本科学历的 9 人,具有副高职称的 4 人,中级职称 20 人,初级职称 25 人。二十年来,广电局涌现一批优秀的新闻从业人员和作品,其中 6 人次获得省级优秀新闻工作者等荣誉称号。通讯《屯哥们闯郑州》,专稿《农民为啥不会种地》,消息《不从儿童嘴里抠钱》等 27 篇新闻作品先后在国家、省里获奖。

1986—2005 年双城市广播电视局优秀节目（作品）一览表

表 19 - 3 - 1

作者	作品名称	授奖单位	等级		获奖年份
			国家	省级	
佟基华、李茂怀	屯哥们闯郑州	全国优秀广播节目评选委员会	1	1	1986
姜春慧、刘 斌、王玉贵	活跃在农村的拖斗剧团	省新闻学会、省新闻工作者协会、省广播电视学会		2	1989
于洪斌 刘树山	赛牛会	省广播电视厅、省广播电视学会		2	1990
佟基华	集市上的科技咨询站	省新闻学会、省新闻工作者协会、省广播电视学会		3	1991
蒋本芹、李茂怀、周 青	农民为啥不会种地	国家广电部	1		1992
顾玲华	农村话题（播音）	省广播电视厅、省广播电视学会		3	1993
顾玲华	双城新闻（播音）	省广播电视厅、省广播电视学会		3	1994
周 青、姜春慧	新闻组合	省广播电视厅、省广播电视学会		2	1994
佟基华、金秀英	农民追教授的启示	省广播电视厅、省广播电视学会		2	1995

续表

作者	作品名称	授奖单位	等级		获奖年份
			国家	省级	
李艳秋、佟玲玲	光波酱油厂被罚停产始末	省广播电视厅、省广播电视学会		2	1998
于洪斌、路晓燕	实行三公开第一天	省广播电视厅、省广播电视学会		2	1999
王　霞、何　巍、卢善威	省劳模和他的老爷车	省广电学会		2	1999
于洪斌、刘树峰、路晓燕	回报母亲河	省广播电视厅、省广播电视学会		2	2000
于洪斌、顾玲华、李艳秋	小村巧解债务链	省广播电视厅、省广播电视学会		1	2000
王　霞、叶　岩	富裕村里的辍学娃	省广播电视厅、省广播电视学会		1	2000
周　青、王　霞	新闻组合	省广播电视厅、省广播电视学会		2	2000
谭桂玲、洪　军、路晓燕	一样遭灾，为啥这里不受害	省广播电视厅、省广播电视学会		2	2000
杨剑萍、邢凤玉、高曙光	服务节目	省广播电视厅、省广播电视学会		2	2000
王　霞、周景芳	双城农民学英语成时尚	省广电学会		1	2001
王　霞、周　青	双城新闻	省广电学会		2	2001
何　巍、王　霞	点蛋成金——白雪飞	省广电学会		1	2002
何　巍、周广然、卢善威	食盐抢购风波平息始末	省广电学会		2	2003
孙　静、李金维、牛春红	十八名医务人员火线入党	省广电学会		3	2003
何　巍、佟　强	两万农民忙赶集	省广电学会		1	2004
王　霞、高曙光	台长要当首席记者	省广电学会		2	2004
何　巍、佟玲玲	双城小伙，京城名保安	省广电学会		2	2005
王　霞、刘文刚	县级电视台办好"民生新闻"之管见	省广电学会		2	2005
李艳秋、王　霞	先进技术育出大瓜王	省广电学会		3	2005

第二节　广播、报纸

【有线广播】　1986 年，全县有线广播专线全长 285.85 公里，乡至村线路总长1 021.5公里,村到屯线路总长 255 公里,县乡共有发射、接收机48 台,总输出功率22 375瓦,村级广播室356 个,全县安装大喇叭1 042只,通屯率96% ,小喇叭90 544只,占农户总数的83% 。1994 年,农村广播声音入户率达到94.8% 。节目信号由杭广1 000瓦发射机发射,经有线广播网络传到村屯。有线电台拥有 GK86—1 型广播中心控制台,GY—a—16A 型10 路高保真立体声调音台,6 台记者采访录音机,1 台录音电话,2 台电容式话筒,采编节目的技术指标比过去大幅度提升,节目编播质量有明显提高,同时还探索创办广播直播节目和听众点歌节目。共创办 11 套节目。在"有线广播"中,充分体现为党的方针服务,为传播农业新技术服务,为传播改革经验服务,为传播信息服务,为传播社会新风尚服务,为活跃人民文化生活服务等六个服务的特点,把党的声音送到群众中去,得到社会普遍关注。1997 年,随着电视事业发展,群众对广播节目兴趣的降低,也由于设备无力更新而停播。

【节目设置】　1986 年,广播在节目设置上,除转播中央、省和地区广播节目外,还自办《双城新闻》《农村节目》《双城生活》《乡镇内外》《文艺之窗》《评书联播》《广告信息》《天气预报》等15 套节目。《双城新闻》节目是自办节目的主打品牌,是媒体发挥"喉舌"和"工具"作用的有效载体。每天办 1 次,每次 15 分钟。报道的内容除地方政治、经济、文化动态,还有宣传农村新人新貌、关注百姓生活的社会新闻。1988年撤县设市、1989 年商业改制经营、1990 年开始的城市建设与改造、1991 年成功引进瑞士雀巢公司落户双城投资建厂等重大社会活动都在《双城新闻》节目中得到全方位的展示。每天 07:00 首播,11:25 和 17:00重播,各乡镇广播站同步转播《双城新闻》节目。《农村节目》和《双城生活》是颇受听众朋友喜爱的两档专题节目。《农村节目》专为农民朋友兴办,节目不仅及时宣传党和政府对农村和农业工作的方针、政策,传播先进农业技术和经验,还经常邀请农技专家就某一时期农业生产中出现的共性问题,释疑解惑,传授新技术、新经验。每周办节目三期,周一、三、五的 07:30 首播,12:00 和 17:30 重播,每期节目的长度都在 15分钟左右。《双城生活》主要反映镇内人民群众的生产生活,聚焦时事政治之外,还有一栏服务栏目,发布与群众生活息息相关的信息。双城畜牧养殖业萌芽和发展、农民离土离乡创业、大力发展乡镇中小企业、鼓励发展个体私营经济等系列改革和发展的好政策,都在"农村节目""双城生活"中得到很好的宣传。每周办节目三期,周二、四、周日 07:45 首播,12:15 和 17:45 重播。每期节目也在 15 分钟左右。随着广播设备改进和完善,还相继开办听众点播、评书联播、广告信息、天气预报等综艺、服务节目。1993 年,率先在全省县级电台创办大型直播板块节目《你我星期天》,集"新闻回顾,听众约播,专家访谈,信息发布"于一体,是一档以"服务大众"为主旨的综合直播节目。每期节目长度为 125 分钟,每周日早 07:30 播出,听众参与非常踊跃,在全省县级广播电台产生巨大影响。1997 年广播节目停播。

【无线广播】 1985 年,双城县有线广播站更名为双城人民广播电台。1989 年,开始发展调频广播,当年购置 1 台广播机型号为哈产 GLP—H1000W 立体声发射机,利用杭州广播试验厂生产的 GYZX275W 扩音机改造单元板,发射广播节目,频率 97.5MH,框型天线有效高度 67m。由于农村经济发展相对滞后,农民的收音机普及率相对较低,利用发达的有线广播网传输节目,市台用调频广播节目发送到千家万户。除转播中央、省、地区广播节目外,还自办双城新闻、农村节目、社会服务、文艺节目、评书联播、广告等 15 套节目,一次性播出时间为 125 分钟。1992 年,公正乡广播站与市广播电台联合试制的低压线调频广播载波发送机和接收机试验成功,并获得国家专利。同时农村乡镇站的设备实现了更新换代,达到国家标准,成为全省第一个设备达标县。1993 年,市电台创办大型直播板块节目《你我星期天》,受到社会广泛关注,其创办经验在全省推广。1995 年 6 月,松花江地区广电局在双城市联兴乡召开广播调频现场会推广双城发展广播调频工作经验。随着电视事业的蓬勃发展,群众对广播节目的兴趣逐渐降低,同时市广播电视局受人力、资金等方面条件的限制,广播设备器材陈旧,勉强维持转播能力,节目内容除日常转播中央、省台节目和自办节目《双城新闻》外,1997 年其他节目停播。

【哈尔滨日报·双城新闻版】 1999 年 1 月 6 日创刊,是《哈尔滨日报》子报。《双城新闻》是双城市委、市政府的机关报。编辑部由 15 人组成,主编王文山。创刊以来,始终按照《哈尔滨日报》"政治家办报,企业化管理,关注焦点热点问题"的办报理念,遵循"高扬主旋律",坚持"三贴近"原则,坚持"三坚持三满意"宗旨即坚持为中心工作服务,让双城市委、市政府领导满意;坚持关注百姓焦点热点问题,让城乡广大读者满意;坚持不断提高新闻写作水平,让哈尔滨日报城乡新闻主编、编辑满意。突出双城地方特色,展出多姿多彩的地域文化,"双城新闻"版曾开设"三个代表代在基层""学习贯彻十六大""天南地北双城人""古堡轶事""两打三治""双评新秀"等栏目,还与双城信誉印刷厂联合举办"信誉杯好新闻"大赛,涌现一批深受城乡广大读者喜闻乐见的好新闻《托起朝阳》《"团职牛官"》《三战进军富临江》等。从创刊起,《双城新闻》版,连续四年被《哈尔滨日报·城乡新闻》编辑部评为先进单位,"遵循三坚持三满意原则办好地方新闻"先进经验,曾在各市县编辑部主任会议上交流。主编王文山曾连续三年被评为先进个人。2003 年 10 月停刊。运营期间,共出版报纸 301 期,发稿 3 311 篇(幅),其中刊发文字稿 2 408 篇(包括文学作品),发表新闻照片、美术、书法作品 903 幅。

第三节 电 视

【无线电视】 1986 年,双城电视差转台有 50 瓦黑白电视发射机 1 台,1000W 双通道彩色电视发射机 1 台,转播中央电视台 1 套、黑龙江电视台 1 套节目。并设置 838 监视器两台,V81 采波器 1 台,FT101 台。经县政府同意广电局按照黑白电视每台集资 10 元钱,彩色电视机每台集资 20 元的标准集资 23 万元,购买 1 部 563 型录像机、1 台 900 编辑机、Z31 摄像机和 M7 型摄像机,为开办自办电视节目做初步准备。9 月 15 日,双城县第一座卫星地面站建成投入使用,中央台节目通过卫星信号传递到老百姓家中,节目音画质量有了质的飞跃。1987 年,又增设 1 台 300W 单通道彩色差转机,采用二层十字天线转播中央二套节目,至此,观众可以收看到中央一、二套电视节目和省一、二、四套电视节目。10 月,双城电视差转台正式开办《双城新闻》节目和"电视广告"业务。1992 年,全市群众集资 130 万元建成微波接收站并建 134 米高自立塔,装置无线电视发射天线,接收省一、中央一电视信号和省电台广播信号,信号可覆盖双城县全境及吉林省扶余县部分地区。1994 年,双城电视差转台被广播电视部批准为双城电视台。1995 年,亚洲冬季运动会比赛实况信号通过双城微波站传输到北京,传送给全国电视观众。微波站肩负省一套、公共频道和哈尔滨电视台新闻综合频道共 3 套电视节目信号的接收任务,并为有线系统提供这 3 套信号,同时向五常微波站传送上述 3 套信号。到 2005 年,双城广电局无线电视发射系统共有 3 部 1 000 瓦发射机组成,其中有一台为全固态 1 000 瓦机器。摄像机、编辑机等设备也进行了全面更新。有专业新闻从业人员 30 人,开办"双城新闻""古堡瞭望""娱乐 30 分""电视广告""电视剧场"等节目。

【有线电视】 1993 年末,与吉林市科协合作,由吉林市科协科技咨询中心投资 160 万元,建设双城市城区内有线电视网。在工程设计、施工方面,聘请黑龙江广播电视局和哈尔滨广播电视局的专业工程师做工程设计方案、建网图纸,并深入工地监督工程进度和质量。1994 年春季正式施工,经过 6 个月的紧张施工,完成市城区繁华路段和居民密集区 30 余公里有线电视网络建设。9 月 18 日,正式成立双城有线电视台,开始传输有线电视信号,入网用户达到 3 000 户,是松花江地区各县(市)中第一个辟建的有线电视网。有线电视开通后,设立有线电视管理部、工程部等,并开始在有线电视台开辟"双城新闻"、电视广告、电视剧场等多档自办节目。10 月,在周家镇开通松花江地区第一个农村有线电视信号源,入网用户 800 户。周家镇有线电视的开通,为 1995 年周家镇顺利通过国家级小城镇建设检查验收奠定基础。1995 年,有线电视网络继续延伸,增加覆盖面积,铺设主干线 20 公里,支干线达到 50 公里。城区内居民能收视到 18 套音画清晰的有线电视节目。1996 年 5 月,广播电视局向社会公布《双城市有线电视管理的若干规定》,严格遵照国务院及省有关规定要求,对有线电视设计、施工、管理等做出明确要求,禁止任何违法违规行为,保障有线电视事业的健康良性运行。1998 年,广播电视局引进深圳迈威公司投资 800 万元,发展农村有线电视事业,为东部、西部乡镇电视用户提供 12 套节目信息源。1999 年,有线电视入网用户达到 12 000 户。有线电视收视费突破 100 万元;有线电视网络带宽为 450MH2 电缆领频传输系统,覆盖城区的 60%;双城镇内干线总长 50 公里,传送上级批准的 26 套有线电视节目,前端为专业数字卫星接收机,中频邻频调制器 26 台,放大器 380 台,未出现过停播事故。2003 年 6 月,决定引进黑龙江省饲料公司科技分公司,投资 1 500 万元再建双城市城区内有线电视网络。2004 年 4 月,本着"精心管理、科学谋划、完善功能、保证质量"的原则,成立双城市文昌广电网络传输有限公司,公司下设行政管理部、技术工程部、业务管理部。负责电视用户收费、维护服务管理。6 月,新网再建工程正式启动。11 月底,新网络完成市城区内 240 栋住宅楼的网络铺设,前端机房设备安装完毕,铺设光缆干线 48 000 米,光节点 90 个,用户终端控制器 2 000 台。12 月初新网正式开通。2005 年,市政府把改造市城区内平房有线电视网和建设农村有线电视网列为市政府要为群众办的十件大事之一。5 月,引进沈阳迈威视迅宽带网络工程设备有限公司,投资 2 500 万元发展农村有线电视,利用数字微波技术为广大农村群众提供丰富多彩的有线电视节目。数字微波信号已覆盖全市乡镇75%。在周家、五家、兰棱、韩甸、东官、青岭、杏山、水泉、单城、朝阳、新兴、公正等13个乡镇20多个村屯建设有线电视网。开通有线电视节目36套,农村入网用户达到7 000户。9月,市广播电视局与市扶贫开发办公室联合为青岭乡的军星村、朝阳乡的诚立村、金城乡的和平村建设有线电视网,为群众免费入网。这是全省首次以扶贫方式解决农村群众看上有线电视节目。12月底,在城内铺设平房住宅区有线电视光缆主干线30 000米,有线电视网覆盖率达到80%,城区内有线电视用户达到18 000户。

【《双城新闻》节目】　1987年10月,创办《双城新闻》节目,是双城电视台自办节目的主打品牌。到1989年间节目内容比较单一。每周办两期节目,周三、周六晚19:30播出,当日晚21:00重播。每期节目长度不足10分钟,大约播出消息4~5条,多是动态报道,有时也有"口播通告""地方报纸摘要""图片报道"等。片头、音乐,节目制作水平停留在初级的"音像"阶段。1993年下半年,节目辟建"专栏",有"系列报道"和"连续报道"。1994年,《双城新闻》成为一个固定播出的、较为成型的节目。每周二、周四、周六播出三期,节目长度10分钟。新闻关注的视角日渐开阔,除市委、市政府的重要会议,反映广大人民群众,尤其是农村群众的生产生活成为《双城新闻》节目的重要内容。新闻表现的手法有"现场报道""小通讯""编后话"等。还制作较为成熟的片头、音乐、片尾。节目的包装令观众耳目一新,信息量和时效性有明显提高。到1997年,节目内容和形式趋于成熟,反映国企改革、城市建设和城乡群众生活变化的新闻成为当地群众关注的焦点,同时播发大量"现场报道""专题报道"和适时的"新闻评论",出现反映干部民主选举、竞聘上岗的消息"聘乡长",展示双城畜牧业发展成果的"赛牛会"等作品。1998年初《双城新闻》由每周办三期节目改为每日办一期,每期节目长度为10~15分钟,逢有重要会议或重大社会活动则延长,播出消息7~10条。在1998年抗洪期间电视台记者纷纷深入一线,昼夜奋战,每天都采访消息20多条,编采播人员精心制作并播出抗洪大型专题片"万众一心锁蛟龙",同时对城市改造进行报道。还对采、编、播、制设备逐步更新换代,数字设备取代模拟设备。2003年,实现节目从采编到播制的全部数字化,音画质量有了"质"的飞跃。与此同时,电视台对"萨斯"做了充分、深入、多角度的报道,发消息400余条。新闻报道的时效性显著增强,新闻反映生活的速度更加迅捷。新闻节目分别于1998、2001、2003年3次对片头、片尾、音乐、播音背景进行重新设计,提高了节目的质量。2004年,全年播发稿件1 700多条,其中"当日新闻当日播发"的消息近1 100条,占60%以上。2005年,《双城新闻》节目内容进一步贴近群众生活,新闻的表现形式也进一步丰富起来,增加"新闻特写""人物访谈""媒体链接""以案说法"等,画面的摄录更注重细节,追求审美效果和画外意境,表现力大大增加。全年发播1 600条,开办各类专栏40个,组织大型采访活动10次。

【《新闻专题》节目】　1992年,创办的《农村节目》是新闻专题节目的雏形,是专为农民观众开办的电视节目。以宣传党和政府的对农政策、反映农民生活、展示农村风貌、传播农技知识为主要报道内容。每月播出一期,每期节目15分钟。1993年10月,新闻专题片《金秋百里行》,全面展示双城几十万农村群众在党的富民政策指引下,昂首迈向小康社会的精神风貌。此片获当年全省县级电视台优秀农村节目评选二等奖。1994年,专题片《今日双城》以全市创建省级卫生城市为主线,全面展示双城市委、市政府带领全市人民在"两个文明"建设中取得的辉煌业绩,在迎检观摩中受到好评,同时作为全面展示双城改革开放成果的精品片被送到北京乡友会上展播。1996年,正式开办新闻专题《古堡瞭望》节目。1997年,成立专题报道组,独为"新闻专题片"配备专职记者和采制设备。每周日晚19:30播出一期节目。当日晚21:00和周一中午12:00重播两次。每期节目长度15分钟。至1997年,《古堡瞭望》节目从形式到内容逐渐完善,精心制作节目片头、片尾、配乐、片花,内容上有两个小栏目《时政聚焦》和《生活传真》,每周制作一期节目。1999年,增加"本周要闻回顾"栏目,回顾本周《双城新闻》节目播出的时政要闻,或与群众生活密切相关的政策资讯,此栏目于2000年初停办。2000年11月,《古堡瞭望》节目更换片头、片花、配乐。在采制质量上认真打造"精品工程",精心策划新闻专题,对新闻主题深刻剖析,12月播出《富裕村里的辍学娃》,节目播出后引起教育主管部门的高度重视,及时纠正这种错误的继续蔓延。此片获2000年全省优秀电视新闻评选一等奖。2005年,《古堡瞭望》节目调整报道的视角,把镜头对准实实在在做事的普通人,关注小人物的喜、怒、哀、乐,表现人民群众的生产生活,推出《用"点子"赚"票子"》《义务扫街人》等作品。全年编制《古堡瞭望》节目48期,其中有逢重大社会活动或重要节目制作的特别节目4期,播出《迎国庆、看变化》《老师,您辛苦了》等节目。

【宣传管理】　宣传管理上,双城广播电视局重视记者学习与培训活动,努力提高新闻队伍的整体从业水平。"重学习、比业务"在电视台蔚然成风。1994年,双城电视台先后出台《新闻稿件三级编审制度》《记者职业道德及采访制度》《技术设备管理维护制度》《每月集中学习与培训制度》等行业规范,有效杜绝了"虚假新闻""广告新闻"和"有偿新闻";为保证稿源,对记者队伍实行量化管理,规定每组记者每月完成稿件任务十条,奖勤罚懒。这些制度和措施的实行,有效规范记者从业行为,提高记者工作积极性。在强化对电视宣传的指导方面,大力推进"报送题制""新闻策划"制,要求电视宣传不仅要根据年初的市委全委会、人代会、政协会等重要会议精神制定一年的宣传工作思路和规划,还要制定阶段性工作重点和目标,防止新闻采访活动的盲目和无章法。到1996年,《双城新闻》节目做了精心包装,加大了信息量。节目由原来的"三天一套"改成"两天一套";新闻体裁丰富多彩,出现有策划、有组织的系列报道、连续报道、专题报道,同时大量的现场报道、电视访谈等宣传形式令观众喜闻乐见;记者队伍的整体素质有明显提高。1997年,双城电视台加强对新闻从业人员的业务培训和理论学习,努力提高采、编、播人员的政治素质和业务素质,严格执行《新闻稿件三级编审制度》和《全员目标责任管理制度》。同时努力改善采编设备,逐步更换数字化摄像机、非线性编辑机、装修演播室、完善播音器材,2001年底,基本实现了采、编、播、制设备的数字化。自办节目的采制水平有了显著提高。同年,新闻节目由双日新闻改成每日新闻,新闻增大了信息量,同时节目中出现的"批评性报道""连续追踪报道"完整地记录了国企改革体制经营的全过程。1998年,"98抗洪"也让电视新闻宣传经受了严峻考验。电视台采、编、制人员克服人手紧、设备少、任务重等困难,做到招之即来、来则能战、战则必胜,出色完成采访任务,保证新闻节目的及时播出。节目长度经常达到半个小时,有时甚至是一个小时,播出消息条数达到20多条。这一年全年发稿达到2 300条。1999年底,双城电视台还精心制作了专题片《走进新时代》,再现了"双城"厚重的历史文化积淀和昂首迈进新世纪的矫健身姿。2001年,中国共产党建党80周年,电视台精心策划并制作了大型专题《光辉的里程》,本片全长75分钟,从双城的历史、工农业发展以及城市建设、招商引资、社会各业等诸多方面展示了建党80年来双城走过的光辉历程,歌颂了朴实勤劳的双城人敢于创造、善于创造的开拓精神。2002年,电视宣传围绕"加大农业产业调整力度、鼓励农民务工经商、建设中等规模卫星城"等市委市政府中心工作,不断加大宣传报道的力度和密度。新闻节目的信息量和时效性明显提高,全年播出新闻稿件近1 800条,"当日新闻"占50%。同年,总编室强化了对电视宣传工作的指导,每月出刊《总编室快讯》,及时总结采、编、播、制工作,并提出月初报道计划,点评名篇佳作,传递上级宣传部门的宣传动态和宣传工作精神,保障电视宣传工作的正确运行。2005年,电视宣传提出"关注民生打造精品"的宣传口号,增加"民生新闻",让节目更贴近群众,贴近生活。《农村致富百家访谈》栏目,报道了60多位实实在在、勤劳肯干、头脑灵活的庄稼人,这样的报道既好看,又有说服力,受到观众的普遍好评。双城电视台全年播发新闻稿件1 600条,办专题节目48期,组织专栏报道40多个。

【广告信息】　1986年,双城人民广播电台开办广告业务后,播发的广告很少,每日播3~4条,而且大部分都是各部门及企业通知之类,收费也很低。1987年10月,电视差转台开办广告节目,广告节目制作设备简陋,只有900编辑机1台,Z31摄像机1台,与新闻制作共用。广告字幕是人工写在玻璃板上,再用录像机录下重新制作播发。1993年,成立双城电视台后,由于改进设备,增加专业人员,广告业务有了起色。1994年,电视广告收入达20余万元。之后,广播电视局加大广告创收力度,由1名副局长负责,下设广告部,有主任1名,业务人员3名,具体承办广告业务;修订广告管理制度并加强管理,做到应收尽收,认真严格,遵守职责;加强广告网络联系,积极与哈尔滨市一些广告公司取得联系,由其推荐广告客户,同时与本市一些大企业、公司建立合作伙伴关系,长期为其做广告,增加广告收入;丰富自办节目,在过去观众点歌、点播电视剧的基础上,1999年,开通电视剧场,不仅丰富了人民群众的业余文化生活,也增加了广告收入。2000年,以广告为主的创收达86万元。2001年,广告制作设备得到更新换代,非线性编辑系统和数字摄像机投入广告采制中,提高了画面广告的制作水平,广告业务大幅度增加,全年以广告为主的创收实现96万元。2005年,广告节目播出系统升级为硬盘播出系统,广告节目从采编到制作播出实现了数字化一条龙,有效提高了电视广告节目质量。同时《精彩30分》《娱乐天地》《观众约播》《电视剧场》等广告文艺节目,不仅丰富了人民群众的业余文化生活,而且拓展了广告节目广阔的市场空间,为双城电视台创收突破100万元。

第四章 档案 史志

第一节 档 案

【双城市档案局】 1986年,成立县档案局,下设秘书股、指导股、管理股,编制18人。1996年4月,市志办、党史研究室并入档案局,档案局与档案馆实行局馆合一。一个机构、两块牌子,市政府直属事业单位。2000年6月,增设执法股。2005年市志办、党史研究室划出,档案局有工作人员13人。

历任局长:周国禄、梁凤荣、赵长春、于国友、宋春岩;副局长:张国君、于国友、王会清、白树栋、熊继坤、李益兴、杨国伟、冯海军。

【库房和设备】 1986年,制作档案架8个,购置档案盒4 000个。1995年新建档案楼交付使用,库房面积900平方米。装具有铁、木制档案柜2种32套,密集架19列90平方米。1999年,市政府拨款16.5万元,除装修库房外,又购置密集架、复印机、电视机、微机、照相机、吸尘器、报警器以及温湿度计、灭火器等设备。2005年,增设微机室、阅览室。

【档案整理征集】 1990年,接收干部清房档案2 239卷,并进行整理、鉴定、编目、验收,还征集有参考价值的各种资料200余册。馆藏档案由14个全宗调整为150个。对全宗档案进行分类鉴定,重新整理出案卷13 000卷。1992年重新整理修复排架档案与资料2 000多卷册。1994年,接收死亡干部档案。2005年,共接收档案273卷,征集教学档案11卷,名人档案10卷,收集照片档案127幅,其中国家、省地主要领导人来双城考察照片20张,还接收机关及专业档案3 911卷,其中有抗洪档案23卷。

【档案馆藏】 1986年,馆藏革命历史档案1 070卷,文书档案案卷9 288卷。到2005年新增案卷20 769卷。馆藏档案以文书档案为主体,累计共有20 779卷。年代从清末到2005年。藏有清代档案50 459卷,民国档案22 354卷。

1986—2005年市(县)档案馆接收文书档案案卷表

表19-4-1

单位:卷

年度	数量	年度	数量	年度	数量	年度	数量
1986	906	1991	833	1996	1 058	2001	1 039
1987	850	1992	968	1997	1 543	2002	1 061

续表

年度	数量	年度	数量	年度	数量	年度	数量
1988	975	1993	1 010	1998	1 031	2003	1 096
1989	998	1994	1 041	1999	1 052	2004	1 098
1990	1 011	1995	1 119	2000	1 063	2005	1 017

【档案管理】 按照《档案法》制定《双城市档案行政许可审查与决定制度》《双城市档案行政许可期间与送达制度》《双城市档案局档案行政许可受理制度》《规范性文件备案制度》,对档案行政进行规范。市档案馆对馆藏的档案收进移出及时登记,编制多种检索工具,1988 年编写《双城县长办公会议索引》《档案开放目录》。1992 年,编写 150 个《全宗介绍》《档案库房索引》《档案馆藏阅览》等。全市机关设立档案室,保管条件符合"七防"要求,保证馆藏档案的完整齐备。对双城市村级档案管理实施提出了具体的意见。对"非典"时期建档工作指导,对新建的 13 个社区的建档工作提供了技术帮助。1992 年双城市档案馆晋升为省三级馆。1998 年晋升为省二级馆。2000 年晋升为省一级馆。2005 年,全市共有 67 家基层单位档案管理工作达到了省级标准,3 家达到省级优秀单位,7 家达到省级标兵单位。

【档案利用】 1986 年,馆内进行编研工作调阅档案 2100 卷,提供利用资料 29 册。编写印发《双城县自然灾害情况汇编》《双城县档案志》《双城市档案馆指南》三本资料。1989 年,编写《民国期间双城县工商状况》和《双城早期用电机为动力制油企业 7 家》近15 000字。1990 年,编写《拉林试垦奏章》《档案大事记续编》《档案组织沿革续编》《二十八项专题文件目录》《各种会议简介(续编)》等资料。1991 年,编写《双城市新成果汇集》。2004 年,开展信用档案建档工作,为残疾人建立了肢体康复档案。2005 年,开展民营企业建档工作,扩大建档范围,拓展利用面。

1986—2005 年接待查档咨询情况表

表 19 - 4 - 2

年度	查档人数	调卷数	出证数	年度	查档人数	调卷数	出证数	年度	查档人数	调卷数	出证数
1986	849	2 195	151	1993	185	254	72	2000	617	875	348
1987	765	2 026	136	1994	365	476	185	2001	453	624	301
1988	267	571	96	1995	165	294	63	2002	371	546	237
1989	541	1 070	105	1996	286	446	76	2003	355	874	141
1990	819	1 500	157	1997	512	788	242	2004	406	653	205
1991	810	1 100	157	1998	548	804	272	2005	105	268	90
1992	1 450	1 720	996	1999	496	702	216				

第二节 党史编纂

【中共双城市委党史办公室】 1985 年 7 月,成立县委党史工作办公室。1989 年 12 月,市委党史工作办公室更名为市委党史研究室。1996 年 4 月,整建制并入档案局。2005 年 9 月,从档案局整建制划出,隶属市委组织部,机构规格为股级,对外独立开展工作。

历任市(县)委党史工作办公室主任:王玉林、周国禄、闫存、侯玉春、李益兴;副主任:闫存、张成邦、金秀芳。

【党史工作】 1986 年 6 月,编辑整理内部资料《双城县革命烈士传略》1.5 万字,主要记录第二次国内革命战争时期、抗日战争时期、解放战争时期以及社会主义建设时期双城县付显明、唐聚五、孙玉奎等革命烈士的事迹。12 月,编辑整理《党史资料汇编》(第二辑),收录《东北民主联军前线指挥部在双城》《军事调处执行部第三十五执行小组进双始末》《解放初期驻双城的武装部队》《中共中央调查组来双始末》《宋庆龄、邓小平视察双城》等 12 篇研究成果,共 2 万字。还整理汇编了双城市革命斗争史资料、双城市建国前后党史及不同时期各条战线的优秀共产党员先进事迹。1988 年 6 月,编撰《中国共产党黑龙江省双城县组织史资料》(1945—1987)《黑龙江省双城县政、军、统、群系统组织史资料》(1945—1987),30 万字,印数 320 册。1990 年 5 月,《中国共产党黑龙江省双城市党的活动大事记》(1926—1987)编撰完成,18 万字,印数 1 500 册。此书以编年体为主、记事本末为辅的形式,分别记录各个时期中国共产党在双城成长壮大和领导双城人民进行革命和建设的过程。《中国共产党黑龙江省双城市组织史资料》(1987—1993)编撰完成,10 万字,印数 500 册。2003 年 10 月,《中国共产党黑龙江省双城市组织史资料》(1994—1998)编撰完成,25 万字,印数 300 册。这些资料编纂发行后被广泛地利用;编辑整理的双城市部分革命烈士及优秀共产党员的事迹,以宣传板的形式展出后被松花江地委党史研究室编排到松花江地区党史宣传月活动展板中。齐春玲、闫存撰写的《浅谈双城支前工作的作用和基本经验》,张继泰、闫存、贾英伟撰写的《解放战争时期双城县干部密切联系群众的优良作风》被收录到省党史研究室编辑的《北满革命根据地》一书。1992 年,由齐春玲、闫存撰写的《建国头七年双城党的基层思想工作的经验借鉴》、由张继泰、闫存撰写的《双城市建国后进行党性教育的主要形式及得失》被选为领导干部学习教材。1995 年,齐春玲撰写的《试述建国初期双城县党的基层思想政治工作》,贾英伟撰写的《对 1949—1956 年双城县党的作风建设的回顾与探讨》,由郭成撰写的《浅谈双城县"三反"、"五反"运动的历史》被收录到省委党史研究室编辑的《光辉七年》一书。

第三节　地方志工作

【双城市地方志编纂委员会办公室】 1984 年,成立双城县地方志编纂委员会下设办公室,正科级单位,隶属于双城县政府领导。编制 5 人,主要负责双城县地方志编纂工作。聘用专业编辑 8 人。1988 年,改为双城市地方志编纂委员会办公室,编制 5 人,聘用人员 8 人,继续承担《双城县志》编纂工作。1996 年,机构改革,与档案局合并。2000 年,并入市政府办公室,编制 4 人。至 2005 年未变。

历任主任:刘雁飞、李益兴、杨国伟。

【县志编修】 《双城县志》从 1979 年末开始收集资料,由县档案科负责。1984 年成立县志办,主抓《双城县志》的编纂工作,几经修改,完成县志初稿。志稿下限止于 1985 年,历时 9 年的时间,1989 年定稿,当年由中国展望出版社出版发行。该书由李益兴主编,全书分列 19 篇、84 章、291 节,文稿 120 万字,16 开本。该书结构上采取分志并列的长编体,体例以志体为主,述、记、志、传、图、表、录等多种体裁并用,设有建置(地理位置、建置沿革、行政区划县城、乡镇)、自然环境(地质地貌、气候、水文、土壤植被、自然资源、自然灾害)、城乡建设(县城建设、乡镇村建设、环境保护)、农业(土地、生产关系变革、种植业、农机具、水利、畜牧业、渔业、林业)、工业交通(工业、交通、邮电、电业)、商贸贸易(商业、供销、粮食、物资、外贸)、财税金融(财政、税务、金融)、工商物价(工商行政、物价、标准计量)、党派社团(中共双城县地方组织、社会团体、中国国民党双城县地方组织)、政事(权力机关、政府、政协)、政法(公安、检察、审判、司法行政)、民政、人事、劳动、军事(兵制武装、驻军、战备、重大兵事记述)、教育(教育行政、学前教育、初等教育、中等教育、高等教育、教师)、科技(科技、体育)、文化(文化事业、文学艺术、新闻、文物古迹)、卫生(医疗、医药、卫生防疫、妇幼保健、爱国卫生运动)、社会(人口、人民生活、民族)、风俗习惯、宗教、方言、谚语、歇后语、会道门、旧社会陋习、人物(人物传略、人物简介、革命烈士英名录、双城籍地师级以上干部简表)。新编《双城县志》属通志,它记录了满洲故里双城这块古老而神奇的地方所历经的兴衰忧患,更详实地记载了新中国成立近四十年双城的发展变化,是一部较为完备的百科全书。1997 年,第二次修志启动,双城市市志办通过多种渠道,进行了资料收集工作。1986—2002 年间,共有 9 个单位先后编修 9 部部门志。

1989—2002 年出版部门志修编情况表

表 19 - 4 - 3

志名	主编	断限	出版年月	版本	字数
双城县水利志	韩跃东	1949—1985	1989.09	16 开	15 万
双城县粮食志	荀文复	1812—1985	1994.09	16 开	90 万
双城市土地志	田忠禹	1814—1996	1998.08	16 开	32 万
双城市烟草志	穆春荣、郭学群	1900—2000	2002.09	16 开	11 万
双城县石油商业志	徐迅、韩志	1814—1990	1992.02	16 开	60 万
双城县税务志	张玉民	1814—1988	1989.09	16 开	49 万
双城县工会志	王福泰	1946—1988	1991.08	16 开	18 万
双城县文艺志	徐凤岐	明万历年间—1985	1988.12	32 开	22 万
双城市满族锡伯族志	佟宝璋	古代—1990	1992.10	32 开	16 万

第二十编　习俗　宗教　方言

习俗

宗教、方言

双城是多民族聚居地,有 27 个民族,其中以汉族人居多,满族人数次之,蒙古族人数第三。由于曾是女真、满族肇兴之地,在生活习俗上受满族影响,有些习俗带有满族人习惯。本轮志书记述了满族和锡伯族人在当地的习俗。语言上由于满族与汉族混居之中形成了地方语言,本志书承载和收录 71 条方言。在信仰上记述了佛教、伊斯兰教、基督教,体现了信仰多种形式。

第一章 习 俗

第一节 生活习俗

【饮食】 20 世纪 80 年代,城镇实行粮食供应,标准面粉 2.5～3 公斤,大米 0.5～1 公斤,豆油 0.25 公斤,其余为粗粮。日常人们以玉米糙、玉米面为主食,副食不多。20 世纪 90 年代后期,取消粮食供应,大米、白面成为主食,粗粮成为搭配,餐桌常见的主食有米饭、馒头、饼、包子、饺子、面条,副食常见的有鸡、鸭、鱼、肉等副食品。蔬菜基本上还是老三样,土豆、萝卜、白菜,只有夏秋季才能吃上新鲜蔬菜。21 世纪以来,人们生活得到很大提高,生猛海鲜已经成为人们餐桌上的常见品,杀猪菜已成为人们回忆的菜肴。一年四季都可以吃到新鲜蔬菜,山野菜已经成为保健食品。

【居住】 20 世纪 80 年代,城镇居民住的是单位或个人修建的砖瓦结构的平房。农村住的基本上是泥草房,很少有砖瓦房。火坑和土暖气是常见的取暖设备。房间没有什么装修,墙上只刷白灰,屋棚糊纸,只有春节时贴年画作为装饰。20 世纪 90 年代以来,伴随着城市改造,居民住宅有了很大的改善,城市高楼矗立。2005 年,全市已有 114 个小区,人们住着宽敞明亮的集中供热的楼房,彩电、洗衣机、微机、电话已经进入寻常百姓家。小区内实现绿化、健身场地和健身馆,全部物业管理。农村居住实现砖瓦化,有的人家还自盖楼房,有的乡镇还建起商品楼房。

【出行】 20 世纪 80 年代,人们出行工具有自行车、畜力车,近途主要是步行,远行乘坐火车、汽车。20 世纪 90 年代,全市公路有所改善,近途除了自行车,还有摩托车、面包出租车,远行依然是火车和长途客车。进入 21 世纪以来,伴随公路建设和人们生活的提高,出租车不断增加,特别是以面包车出租拉客是双城的一大景观,私家车也逐渐增多,人们出行更加便捷。乡与乡、乡镇到市区不出屯就可以乘车到达。2005 年,在客流量大的临江、五家、万隆、团结、金城、单城、青岭、公正、农丰等乡镇建立客运站,全市多数村屯不出村屯就可乘车直抵哈尔滨。

【服饰】 20 世纪 80 年代中期,男人的服装多是中山装、制服和青年装,布料多为卡其布、的确良、涤卡布、棉布等。颜色单一,以黑蓝色为主。女人的服装虽然比男人的服饰较多,但夏季多穿百褶裙、一步裙,上着白衬衣、花格衣。男女冬季多穿棉袄、棉裤,多为黑色、灰色。学生夏装多为白布衫蓝裤子。到 21 世纪初,服饰变化比较大,穿戴不仅追求保暖,而且追求审美、时尚,注重与个人形体、职业、气质相搭配,形成具有个人特点的着装。男人的中山装转为西服、夹克衫、西裤、统裤、牛仔裤、运动装。女人服饰追求露、透、瘦。夏季的裙子各式各样,有吊带式、坎式、连衣裙、旗袍,有的穿短裤,而且年年有变化,样式追求新颖。春秋之季女人还佩戴丝巾、方巾、发饰、胸饰等饰物;男女服装还流行羊毛衫,冬季羽绒服、皮衣、羊绒大衣、裘皮服装等。中老年服饰变化也比较大,不仅追求舒适、方便、样式宽松,面料颜色也一改蓝黑,向红、绿、黄、紫等多种颜色面料发展。

【娱乐】 20 世纪 80 年代以来,人们的娱乐活动比较单调,家庭有收音机、半导体等收听工具,休闲时听广播、看报纸杂志、读书,有的串门闲聊等。农村农闲时听书、看二人转、看露天电影。儿童活动有跳皮筋、踢口袋、跳格子、抓嘎拉哈、骑马战。老年人以玩纸牌为主。20 世纪 90 年代,电视进入百姓家庭增加了视听工具,看电视成了活动的主要内容。随着视听电子产品逐渐增多,人们休闲活动多种多样,唱卡拉 OK、看录像、跳交际舞、下棋、打扑克、玩电子游戏。进入 21 世纪,随着电脑和网络技术的发展,上网聊天、网络游戏又开展起来,人们休闲方式丰富多彩。不同的年龄选择方式不同,年轻人上网冲浪,中年人选择唱卡拉 OK、健身、跳舞、外出旅游。中老年人下棋、打扑克、打麻将、扭秧歌、打门球、晨练、旅游等。少年儿童参加各种素质教育培训班,有的上网做游戏。

【婚俗】 20 世纪 80 年代,在农村男女双方多数经介绍认识谈恋爱,有的是自由恋爱,确定恋爱关系之后,双方家长通过订婚确定结婚日子,送彩礼,选择吉日,举办婚礼。结婚的当日送亲车一般是畜力车,车上扎彩棚,马挂红布条。在家支大棚,请厨师举办宴席招待亲朋好友,婚礼有专门司仪,有的请乐队。新娘三天或七天回门。城市里男女双方结婚形式跟农村差不多,婚车一般用大汽车。20 世纪 90 年代后,伴随着网络的发展出现网恋,结婚程序越来越复杂,通过"会亲家",选良辰吉日,穿婚纱礼服照相,做结婚影集。结婚前一天娘家送嫁妆,婆家包红包给送嫁妆的人,点灯等程序。结婚典礼请司仪乐队,租婚车,搞摄像,设宴席招待亲朋好友。

21 世纪初,随着经济的发展,人们生活逐步提高,婚礼越来越"讲究",程序也比较烦琐。筹备婚礼时,新郎要装修新房,置办具、彩电、电脑、家庭音响等。有的男女双方共同出资置办。新郎新娘照上千元以上的婚纱照。新郎新娘做发型、租婚纱、选傧相,租婚车和乐队。婚礼早上,新娘要做发型和化妆,坐在新娘家床或炕中间,面朝里边等候迎亲。迎亲乐队提前到娘家奏乐,娶亲的头车要扎彩花,车队一般十几辆或者更多,每辆车都要挂彩。娶亲人数为单数,要由长辈带队,回来时是双数。由长辈拿回用红纸包好的离娘肉、粉条、筷子和大葱,娶亲回来时拿回一半。娶亲时由司仪主持,到女方家后新郎把新娘抱下床,然后向新娘父母行礼改口叫爸妈,女方父母送给新郎红包,称"改口钱",与亲友合影留念,新郎抱着新娘上头车。有的有小孩"压车",新郎家要送红包称"压车"钱。迎亲车队回来时,有的到新房,有的直接去酒店。一般婚礼都在酒店举行,司仪按预订好的时间宣布婚礼开始,放鞭炮和礼炮,新郎新娘在乐曲中步入新婚殿堂,宾客向新人抛彩条,农村有的用五谷粮抛向新人。婚礼由证婚人宣读结婚证书,男女双方证婚人讲话,主婚人、介绍人讲话,来宾祝词。新郎新娘分别向证婚人、主婚人、介绍人来宾致答谢礼。新娘给婆母头上戴花,并改口叫妈,婆母送给新娘金银饰品或"改口钱"。婚礼进行中乐队奏各种欢快的曲子,歌手献歌,有的还表演节目。婚礼三天后,新娘带着四合礼回门,太阳不落时新郎新娘回自己的家。也有不举行婚礼,采取旅游或集体结婚形式。

【葬俗】 20 世纪 80 年代,农村还实行土葬,90 年代后普遍实行火葬。死者衣服一般有五件或七件组成,除内衣外,无论是冬季还是夏季死者都穿棉衣棉裤,外罩长衣。尸体停放时下铺褥子,头枕三角形枕头,上盖黄布,脚穿寿鞋,用黑线或白线拴住双脚,称"绊脚绳",口内放压口钱。死者一般停放三天,也有的停七天,等远道来的亲属。死者亲属穿孝服,孝服为八尺白布,七尺白腰带或戴黑纱。送葬时在殡仪馆举行告别仪式或开追悼会,尸体火化后装入骨灰盒,在殡仪馆存放或直接到墓地安葬。之后三天"圆坟",烧"三七""五七""百天"周年。此后有的死者儿子家过春节三年不贴对联,不挂彩灯,以示对死者怀念。

【生育习俗】 生育习俗农村还"讲究"一些,小孩生下来之后家门口挂红布以示添人进口。下奶的第一个进家看孩子的人,示为孩子采生人,意为今后孩子像采生人,有的人家专门请人采生。下奶拿的礼物有小米、红糖、鸡蛋、挂面,还有小孩衣服之类的东西,满月或百天时亲朋好友有的送金银首饰,还有的办满月酒答谢亲友。产妇在一个月内不能干活、洗澡、洗头,不能吃过咸的食物,要吃一些催奶的东西。小孩满月之后要到姥姥家去住,叫"挪尿窝"。孩子第一次到长辈家,长辈要给孩子脖子上挂线拴钱。

第二节　节日习俗

【传统节日】 元旦:一年的第一天称为元旦,放假一天。

春节:一年之始,万象更新,主要活动是在除夕夜吃年夜饭、祭祀和守岁等,另外正月初一、二、三日是大年三天,也要祭祀供奉。这三天,一般除了做饭,不做任何工作,忌讳说不吉利的话,要拜访至亲和尊贵的亲戚朋友,春节是传统节日中最为热闹和奢侈的节日。

元宵节:农历正月十五为元宵节,又称元夕节、上元节、灯节。节日里有吃元宵、观花灯、猜灯谜等习俗。

二月二:俗称"龙抬头",也叫青龙节,是一年农业生产开始的标志。这天主要吃猪头肉、猪爪等食物。

清明节:祭扫祖坟、踏青游春,忌动烟火。

四月初八:相传是释迦牟尼的诞辰日,信奉佛教的市民大都去观音寺赶庙会。

端午节:也叫端阳节,相传是为纪念屈原。主要有吃粽子、鸡蛋、踏青等活动,还有系索(用五色丝线拧成的细绳,缚在手脚腕上)、插杨柳、佩香包等习俗,以用来驱虫和祈求吉祥平安。

七夕节:也叫乞巧节,传说是牛郎织女鹊桥相会的日子。民间一般在当晚摆供桌,女子乞巧,以求给予好的女红。也有青年男女谈情说爱的,也称为中国的情人节。

中秋节:又称月夕、秋节、仲秋节、八月节、八月会、追月节、玩月节、拜月节或团圆节,这一天全家团圆赏月、吃月饼。

重阳节:取九九重阳之意。主要活动为登高、赏菊、饮酒等,颇受老年人喜爱,所以也叫"老年节"。

冬至节:冬至,是我国农历中一个非常重要的节气,也是一个传统节日。冬至俗称"冬节""长至节""亚岁"等。有冬至宰羊,吃饺子,吃馄饨的习俗,

腊八节:人们习惯上把农历的十二月称为腊月,把腊月的初八称为腊日或腊八,并将其当作一个传统节日即腊八节来对待。许多与腊月或腊八有关的习俗也往往都被冠以"腊"字。这天相传是释迦牟尼的成佛日,许多地方都吃腊八粥,腊八其实也是春节准备工作的开始。

【新节日及纪念日】 "三八"妇女节、"五一"劳动节、"五四"青年节、"六一"儿童节、"七一"中国共产党诞生纪念日、"八一"建军节、"十一"国庆节。

【舶来节日】 圣诞节、开斋节、古尔邦节、情人节、愚人节、母亲节、父亲节。

第三节 满族、锡伯族习俗

【满族习俗】 2005 年末,有 10 个民族乡镇,其中 9 个满族乡,69 个满族村,有满族人口158 411人,占全市总人口的 19%,是市内二十六个少数民族中人口最多的一个民族。散居在全市二十四个乡镇,主要分布在幸福、乐群、同心、希勤、青岭、联兴、农丰等民族乡镇。市内有民俗展馆一座,坐落在青岭满族乡延放满族村。满族的住房一般有正房两间或三间房,两间房者外屋厨房,安置锅灶,里屋有三铺炕,为"门"字形,西炕为贵,北炕为大,南炕为小。家中长辈多住北炕,小辈的姑娘媳妇住南炕。三间房中间为厨房,两侧为住屋,西侧为长辈居住。房屋多开南窗和北窗,冬暖夏凉。满族人喜欢吃小米、黄米干饭和黄面饽饽(即黏豆包),每逢过节吃饺子,满语为"哎吉格饽"。阴历除夕,晚间要吃手扒肉。白肉血肠是满族人的传统大菜。满族婚姻是一夫一妻制。女方父母向男方要彩礼,有猪、酒、衣服、首饰和钱等,男方送的彩礼全都作为姑娘的财产。结婚时,新娘要在南炕上坐帐一日,称为"坐福",晚间在地上放一张桌子,桌上放两个酒壶与酒盅,新郎新娘手挽手绕桌子三圈后饮酒。炕上点燃一对蜡烛,通宵不熄。外屋一人或数人唱喜歌,名曰:"拉空家",或有人用黑豆往新房里洒,热闹一两个小时后自散。三日后新郎新娘去娘家回门。此外,生小孩睡摇车也是满族人留下的习惯,以后满、汉皆用。

满族的丧葬也很有特点:不准在西炕和北炕死人,人死后要停在西屋,头朝西,死人要从窗户抬出。人死后,在院子里西边立一竿子,高一丈五尺左右,上挂布幡,幡长九尺,用红布和黑布做成,幡的头尾用黑布,中间三条红布。出殡时,亲友要抢幡上的布给小孩做衣服,认为可以避邪,不做噩梦等。还保留烧枕头

糠、烧七、烧百日、烧周年习惯。满族主要信奉"萨满"。萨满是满语，意为"疯狂的人"，汉译为巫师。民间的萨满有两种。一种是跳神的萨满，另一种是管理祭祀的家萨满。跳神的萨满目前在少数村屯还存在，家萨满已经不复存在。满族祖奠在西屋的西墙上方，置一尺八寸宽、一尺半长的"祖宗板"，满语叫"倭库"，祭祀时放着神刀(哈马刀)和箭，表示是祖宗用过的东西；在神板旁吊着黄布袋叫"妈妈口袋"，也叫"子孙娘娘"，内放三四丈丝绳叫"子孙绳""长命绳"；祭祀时把祖宗匣子接到西炕，摆三张桌，供上黄面饽饽，然后家中长者把匣打开，全家按序磕三个响头。满族人不吃狗肉，因为狗曾救过努尔哈赤的命。满族有自己的语言、文字。随着汉化，满族文字基本上不使用，仅有一些口语在沿用。

2005年在全市有满族姓氏108个：李、傅、朱、马、陈、那、曹、吴、白、官、关、高、鄂、郎、金、邵、宫、刘、张、赵、汪、周、韩、卫、文、齐、温、于、贾、何、孟、隋、王、耿、苏、吕、满、乔、石、冯、孙、初、穆、牟、苍、郭、佟、杨、沈、徐、伊、李、唐、计、鲍、杜、洪、安、闫、田、宁、巴、陶、南、麻、姚、包、奚、黄、郑、宋、葛、蔡、莫、车、万、邹、夏、范、许、冠、钟、屠、桑、苗、柴、富、章、董、卜、单、钮、商、叶、鲁、戴、常、梁、胡、罗、谢、尹、武、任、庞、姜、裴、魏。

【锡伯族习俗】 据第五次人口统计，双城有锡伯族人口3 023人，占全市总人口的0.4%，主要聚居于农丰、东官、双城三个镇和水泉、青岭、公正、团结四个乡，相对集中于双利、康宁、大义等三个锡伯族村。由于锡伯族同胞迁离双城境内，有些人不知自己的族源、族属、族系，混同于满族人口之中等原因，使双城锡伯族人口有所减少。在长期混居中，除部分老人尚记得少数锡伯文，仍保持供奉喜利妈妈等民族风俗外，双城锡伯族同胞已基本失去了本民族的习惯和语言文字。锡伯族的婚姻是一夫一妻制。以前只限于同族内通婚，但本姓禁止通婚。古式联姻有：指腹为婚，至成婚年龄予以成婚的，叫蛋婚；联婚后，如女子年幼，家庭生活困难，可将幼女移交男家抚养，长大后成婚，叫"小姐婚"；招养老女婿，没有子嗣的人家为养老送终，可招作为继承人，其婚事所需之物均由女家负担，民间多称帮工婿。这种婚姻不仅过去存在，现在也存在；男女自幼联姻，在各自父母家中长大，则婚事所需之物绝大部分由男方准备。结婚前每逢大年三十，女婿要去娘家送衣料和其他礼物(平时不登门)，女子必须回避，女方家受礼后送给女婿一双布鞋或其他物品。锡伯族婚姻，一般分4个阶段完成。即说亲、定亲、认亲、迎亲(即举行婚礼)。婚礼是一件大事，仪式烦琐，一般在秋后举行。迎亲时，男女双方都要大摆宴席，先在女方家两天。第一天先由男家聘请亲戚中较有声望、与亲家相好，而且善于辞令，同时属相与女方属相相同的男女各一名和媒人代表男方去把彩礼(喜酒、猪羊等)同迎亲的喜篷车送到女方家，新郎特意为岳父岳母奉送两瓶酒。男方的近亲及老人们前来送行，预祝一切顺利，称之为"送喜车"。女家这一天准备第二天的安巴萨林(大宴)，杀猪宰羊，并下请帖，近亲都来帮忙。这是女家开宴的第一天，主要是接受男家送的礼物和安放喜篷车。婚礼的第二天，女家设大宴，举行嫁女"萨林"，盛情款待四方客人。婚礼的第三天，新郎家设大宴招待其亲朋好友，举行结婚仪式。新郎必须在这一天的破晓前将新娘迎至家里，举行程序繁多的结婚仪式。解放后，随着社会的发展，人们思想认识的改变，这种习俗已经不存在，现在锡伯族的婚娶，一般实行新事新办。

锡伯族通行土葬。在特殊情况下还要进行火葬和天葬。锡伯族习惯人死后要停放7天，最短3天，并念经超度，子女日夜守灵，并按时辰在灵前举行全家性哭祭，如有人来吊孝，守灵人要给来人磕头，来人哭，守灵人也要陪哭。择吉辰将死者入殓，棺椁停于院中席棚内。出殡前，举行"辞灵"仪式。"辞灵"仪式结束后，驱灵车前往坟地。由长子先填第一锹土，然后众人动手用土垒成坟头。在长者死后的第6天午夜，即第7天的凌晨，家里人举行哭祭的仪式"上望"，白天要烧"头七"，以后每隔七天祭祀一次，直到"七七"。百日、周年再进行祭祀。近年来，人们思想觉悟日益提高，丧葬仪式也比以前大大简化，但子女对死去的亲人仍然进行沉痛的哀悼，举哀3天，然后出殡，入土为葬。

锡伯族的服饰，因时代不同和地区的差异，以及民族相互间的影响，也有所差异和变化。由于锡伯族与汉族经济、文化方面交往密切，因此，服饰与汉族逐渐相同。随着生产的发展和生活水平的提高，服装用料越来越考究，样式越来越多样化，除老年妇女还保留穿长衣的习惯外，其余人普遍与汉族人着装相同。锡伯族饮食习惯有独到之处。锡伯族男子一般都有吸烟和饮酒的嗜好。家家户户都养猪、鸡、鸭、牛、马、羊,肉食自给自足。同时,也喜欢野味,每逢冬雪融化都外出打猎捕鱼。农历四月十八日,煮面酱做"米顺"盛入瓦缸中,用于做菜调味,或用青黄瓜、青椒等蘸着吃。到秋末,用韭菜、青椒、包心菜、胡萝卜等切成细丝,腌制"哈特混素吉"。此外,锡伯族韭菜合子、南瓜饺子、鱼汤等也别有风味。锡伯族人在日常生活中,有很多忌讳之处。夜晚睡觉不得在炕上横卧,不能把脱下的裤子、鞋袜等放在高处。不得从衣、帽、被、枕等物上跨过,如事出无意,须立即在灯火或火盆上把该物摇晃几下,才算干净。吃饭时不得坐在门槛上或站立行走,严禁用筷敲打饭桌、饭碗,他们认为要饭的才敲打碗筷。翁媳不同桌吃饭。子女在偶数年龄时禁婚,起码有一方是奇数,才能举行婚礼。停灵在家时,禁止猫、狗在灵前绕过尸体,出殡忌申日。从正月初一到十五,妇女不做针线活儿。二月初二,禁止在地上劈柴。家有病人,要在大门外挂上布条或一束草,意为禁止外人入内。锡伯族人供奉"喜利妈妈",保佑家庭人丁平安、兴旺。喜利,锡伯语是延续的意思,"妈妈"是娘娘神。据锡伯族老人传说:在远古的时候,锡伯族人遇有大难,天崩地裂,洪水滔滔,多数人死亡,幸喜有位女老祖人带领全族人逃难,历尽艰辛,迁到安全的地方,全族人才得以继续生存下来。子孙后代为纪念这位女老祖人,全族人都供奉这位女祖宗,奉为女神。供奉"喜利妈妈"的位置与一般神的位置也不一样,安置在上房屋西山墙西北角上。祭祀时准备纯黑猪一头,主祭人在喜利妈妈灵前焚香叩头。祭祀完了将同族人请来吃"神余",即祭祀猪。家庭成员遇有天灾病祸,要到喜利妈妈灵位前许愿。供奉的喜利妈妈袋内装有左劲一丈五尺长、右劲一丈五尺长拧成的九股线绒绳,绳上系有若干铜钱、红布条等。绳上之物代表不同的意义。锡伯族又供奉海尔堪,"海尔堪"是能保护牲畜兴旺之神灵,供奉在正房西屋外面南墙角上。

第二章　宗教　方言

第一节　宗　教

【佛教】　全市有佛教场所 2 处,即观音寺、龙聚寺。每年农历初八、十八为庙会日。2003 年 8 月 23 日—24 日,观音寺举行开光庆典活动,有游客及信教群众 5 万余人参加。2005 年,全市有比丘、比丘尼 39 单,佛教信徒8 360人。

【伊斯兰教】　1980 年,落实宗教政策,伊斯兰教活动重新开始。2005 年,伊斯兰教信教群众有 487 人,阿訇 1 人。有 1 所清真寺。该寺始建于伪满时期,位于东南隅团结街罐头厂后院。1980 年 5 月迁至西南隅民主街 4 委 4 组,有正殿 5 间、东厢房 3 间。1993 年成立伊斯兰教协会,会长李怀国,副会长李德来,秘书长李金发。

【基督教】　清光绪年间,英国耶稣教牧师劳但里从沈阳来双城设立教会,隶属苏格兰长老会。中共十一届三中全会后,落实宗教政策,经过重新登记现有活动场所 16 处,其中教堂 4 处,固定场所 12 处。这些活动场所中较大的是中心礼拜堂,原址位于双城镇东南隅,于 1996 年经政府批准建立。2002 年 9 月经上级主管部门批准在新城区气象局西侧移址新建教堂。占地面积4 000平方米,建筑面积1 500平方米,投资 200 万元,2002 年 11 月 21 日举行献堂庆典,负责人周新凯,有教师 1 人,传道员 5 人,信教群众 700 余人。2005 年基督教信教群众1 373人。基督学院毕业生 18 人。

第二节　方　言

【概况】　清嘉庆十九年(1814 年),吉林将军受命开垦双城,移来旗丁。随后成为满人集聚地,满人语言奠定了双城方言。上轮志书收录方言 32 条,本轮志书收录方言 71 条。

【词汇】

噶哈:意思是有什么事,干什么去,视具体语言环境而决定具体所代表的意思。

咯了盖儿:膝盖。

卡了:摔倒,栽跟头了。

埋汰:脏,形容词。也做动词用,埋汰人,比喻侮辱人。

上街(gāi)里溜达:上街上,到街里闲逛。

唠嗑:谈话,聊天。

杠杠地好、杠杠狠:非常好,非常狠。

你装呐:贬义,你在装模作样。

嘚瑟:贬义,形容人的言行举止不着边际。

削:打,暴打。

整事儿:故弄是非,做出某种行为。

麻溜:快一点儿。

贼:副词,与很、特别一个意思。

沙棱儿:分两种意思,一是和麻溜一样表示快一点儿的语气词。二是表示爽快、干脆的形容词。

寒碜、砢碜:害羞、不好意思,丑陋。

秃噜反账:说话、办事不利索。

界壁儿:邻居,指隔着一堵墙的邻居。

捯饬(升调,降调):收拾,打扮。

嘞嘞:唠叨。

秀箧:腼腆,拘束。

老扤:老伴儿,好像只用来形容女性。

远点儿扇着:离我远点儿,滚蛋。

激眼:意为发火,恼羞成怒,愤怒。

老鼻子:特别多的意思。

滚犊子:意为滚蛋。

抓瞎:意为遇事找不到方向,抓不到门道。

咋整:意为怎么办。

整个浪儿:意为全部,整个。

稀罕:意为喜欢。

闲嘎嗒牙:意为闲扯,可以理解为用闲扯来消磨时光。

熊色(sǎi):贬义,形容一个人讨厌的样子。

晒脸:意指小孩顽皮,淘气。

山炮:土里土气,处事莽撞。

备不住:有可能,也许。

鼻嘎巴(bígába):鼻屎。

不远遐:指不太远。

扯谈:胡说八道。

刺挠:痒。

眼力价:意指为人处事的一种标准。

敞亮:形容一个人不藏心眼儿,大方直爽。

包圆儿:全部,全包了。

点儿正(背):运气好(坏)。

挡害:碍事。

二虎吧唧:傻乎乎。

二乙子:不男不女。

嘎不溜脆:十分流利地。

裹:吸,吮。

哈喇子(há lá zi):口水。

干仗:打架。

叽哥:闹别扭。

尿性:有骨气,真汉子。

曲咕:小声说。

戚儿(qǐe):客人。

土抱子:土生土长地没见过大世面的人。

铁子(老铁):哥们,好朋友。有时也指男女不正当关系。

五迷三道:迷迷糊糊。

稀里马哈:马虎。

屋脊六兽:形容无聊到了极点,闹心,不知道干什么。

暴土扬场(cháng):多形容满天灰尘,扬沙天气(沙尘暴)。

洋吧二正:形容做事不认真,三心二意。

埋了咕汰:多形容人或房间 衣服等,不干净,不整洁。

得得(四声)瑟瑟:多形容人做事情炫耀,骄傲自大。

吭哧瘪肚:形容说话结巴,语言迟钝。

傻了八叽:形容人比较呆傻。

斯斯哈哈:拟声词,东北的天气冷出门不带手套,冻手的时候吐哈气用来暖手,因此演变成被冻的程度。

老天巴地:形容人长得老,岁数大了。

皮儿片儿:主要形容房间不整洁,东西摆放比较凌乱。

魂儿画儿:形容脸上有污垢,有黑泥。

破马张飞(武武玄玄):形容人张狂言行不注意的外表形象。

吊儿郎当:形容人游手好闲,没有正经的事情做。

人 物

人物传
人物简介
人物表录

双城被誉为"解放战争重镇，松花江畔名城"，物华天宝，人杰地灵，历来英才辈出。在中国革命和社会主义建设的历史进程中，涌现出一大批杰出的人物，他们当中有业绩非凡的政界要员，转战南北的英雄将领，有成就卓著的专家学者，蜚声国内外的作家、艺术家和救死扶伤的医务工作者，有商海泛舟的企业家，还有在平凡岗位上默默奉献的双城人。

本志辑入断限内各界双城人物1 037人。其中立传人物9人，人物简介302人，人物表录735人。立传人物以本籍为主，兼记客籍，按出生先后为序。人物简介辑入市（县）全国人大代表2人，全国劳动模范8人，省劳动模范35人，英雄烈士1人，见义勇为先进分子1人，国家部委授予荣誉称号19人，双城籍副地市级以上干部134人，享受国务院特殊津贴及其他在某方面有影响的人物102人，人物表录辑入双城籍域外领导干部137人，均以姓氏笔画为序。高级专业技术人员596人，以评定职称年度为序。

一、人物传

高凤阁（1913—1986）

高凤阁，男，锡伯族，农民作家、诗人。1913年出生于双城堡五家镇民和村一个贫困之家。幼年丧父，靠其外祖父供给读了6年书。15岁开始，在点心铺当学徒，做过粮店伙计。因家有外债，从18岁起，农忙时打零工，冬天在粮店当搬运工以维持生计。19岁学唱皮影戏，去过五常镇、拉林镇等地演出。

1948年，他在双城土改运动中加入中国共产党。1949年，参加农村艺人训练班。他在文艺创作实践中，配合抗美援朝宣传，创作出《美军暴行》皮影戏剧本。还创作出《马拉磙子人骑马》《风环绕明月》等快板书和文学作品。1950年，松江省召开文艺揭晓会，高凤阁带领的小组被评为省模范宣传小组，他本人被评为一等模范宣传员。

中华人民共和国建国之初，高凤阁做过五家镇民和村村长和五家镇剧团团长。而后调入双城县人民艺术剧院任副院长、党支部副书记。他以极大的创作热情，投入到现实生活中，深入农村生活，创作出反映时代的诗歌"夜半三更多，馋鬼炖老鹅。心急肉不烂，添柴紧掀锅"在民间流传甚广。

1958年，他创作的短篇小说《垫道》，仅有1 450字。作品取材于农村生活，描写开春时队里为盖发电所，刘队长与老雷头带领一群青年人用胶轮车拉砖，半路上大车陷入泥泞中，青年队长带头脱下身上的棉袄，大家也跟着脱下棉袄垫道，才使大车推出泥洼子。小说刊登在1958年的《北方文学》刊物之后被收入1963年出版的《黑龙江短篇小说选》等多种文选中。此作品在文坛引起反响，并被译成俄文，在苏联的文学刊物上刊出。受到国家文化部部长茅盾的赞誉，称《垫道》是"一鸣惊人的小小说"。《垫道》被选入全国中学语文课本。还译成英文、日文介绍到国外。

1961年，高凤阁参加黑龙江省文联召开的群英会，被评为先进文艺工作者。同年被吸收为中国作家协会会员，黑龙江省作家协会理事，政协黑龙江省委员会委员，双城县艺术剧院副院长兼创作组长。他创作的小说人物形象生动，呼之欲出，语言朴实无华，生活气息浓郁。如"春风地皮干""勒马等道干""六月不忘腊月衣"都是原汁原味的农民语言。他创作的曲艺作品和民间故事发表在国内多家文学刊物上，主要作品有《龙王失业》《绣地球》《五姊妹回娘家》《老两口送爱国粮》《飞雪迎春》《五姊妹大战九头山》等。小说《梨花送枕》改编成剧本在黑龙江文艺会演中获优秀作品奖；现代戏《雪地红花》和大鼓说唱《三十晚上出月亮》获省优秀创作奖。

"文化大革命"期间,被停止工作和文学创作。粉碎"江青反革命集团"后,他重新担任双城县文化馆创作组长,潜心从事文学创作。此间家遇一场火灾,烧掉多年积累的书籍和资料,使他的半生心血付之一炬。他没有灰心,仍然坚持创作,勤奋笔耕,硕果累累。在《黑龙江民间文学》、吉林《参花》《北京民间文学》等杂志发表大量的民间故事和诗歌作品,其主要作品有:《烧臭虫》(民间故事)《贝勒爷下乡》(民间故事)和诗歌《二度梅开》《新春歌》等。1979 年,他出席全国少数民族歌手座谈会。激情满怀写出"各族歌手集北京,香山层林尽染红,枫叶红时我虽老,梅经雪压色更浓"。"十年面壁斥鬼蜮,于无声处却有声。不是雪化春来早,怎得梅花二度生"。

高凤阁的文学创作来源于生活,高于生活。他既善于演唱又擅长创作,诗歌和说唱诙谐、讽刺和幽默,语言生动具有浓郁的北方色彩。他从旧的唱本和鼓词中汲取精华,从现实生活中汲取营养,借鉴古典诗词的艺术手法,创作出许多优秀作品。

高凤阁晚年患有严重的肺气肿病,于 1986 年病逝,享年 73 岁。

通　愿（1913.9—1991.3）

通　愿,女,俗名翟尧臣,号妙华,1913 年 9 月 6 日生于双城县。佛教人士。其父翟文选系清朝举人,曾任奉天省省长。母亲李淑华毕业于双城县立师范学校,在林甸县创办女子小学,是第一任校长。

翟尧臣自幼聪颖好学,3 岁开始受到母亲启蒙教育,5 岁时能诵读《诗经》,对《百家姓》《三字经》《千字文》《弟子规》能倒背如流。母亲不无遗憾地说:"若为男儿就好了!"她随口应道:"我长大也能为大丈夫事。"父母惊叹不已。她 13 岁在齐齐哈尔祖母处读完小学。

1929 年,她随家迁居沈阳,进入沈阳女师附中初中部读书。此后,其父为避开日伪特务的迫害,称病请辞奉天省省长之职。翟尧臣 17 岁时,随父母到北京定居,就读于北京女子师范大学附属中学高中部。

1933 年,她以优异成绩考入北京大学文理学院经济系。1937 年,大学毕业正值卢沟桥事变,天津沦陷,时局动乱,原本她想学成之后,做一名会计,以实现自己的抱负。但事与愿违,她已无意外出求职,不幸又身患重病,手术之后,身体非常虚弱,长期赋闲在家,更让她心灰意冷。当时父亲已是佛教居士,母亲也是虔诚的佛教信徒。翟尧臣与母亲一起去北京净莲寺听慈舟法师讲经。听《华严三观》顿悟。此后,她坚持每天都去寺院听经礼佛,历时两年,决定出家修行。1940 年,翟尧臣征得父母同意,在广慈寺落发剃度出家,法名通愿。同年,于北京名刹弘慈广济寺受具足戒。她从仕宦之家的富贵小姐变成尼姑。从此潜心研究《华严经》《戒律》,精读佛法,弘化一方。1943 年,通愿升为通教寺八敬监学及住持。在通教寺苦修十年,她躬身佛事,严谨治学,受到众僧尼拥戴。

建国之初,通教寺改为缝衣厂,通愿担任缝衣厂第十八缝纫社主任。她亲自参加生产劳动,与尼众共同接受社会主义改造。

1956 年,经宗教主管部门批准,通愿移居五台山,投能海法师,居山修炼佛法。1963 年,她任五郎庙监院,先后在小茅蓬、五郎庙、大茅蓬、玉玺寺、殊像寺、南禅寺为住持法师。

在"文化大革命"中,通愿被关押在太原监狱十年。

中共十一届三中全会之后,落实宗教政策,寺院恢复正常活动。1981 年底,通愿赴四川与大德隆莲老尼师合作,于 1982 年 1 月在四川传授两部僧戒,传戒后返回五台山。为维护僧伽传统,培育尼众学律持戒,她在五台山开班讲学,全国各地和新加坡、马来西亚还有香港地区都有学僧前往听课。1985—1990 年,通愿游化陕西,驻锡终南山大元寺,游化辽宁丹东,驻锡栖莲精舍,后到四川朝礼峨眉山。

通愿有"中国当代佛教比丘尼律学大师"之称,是佛教界"四大尼师"之一,她以"爱国爱教"为己任,爱祖国,拥护社会主义,拥护党的路线、方针和政策。淡泊名利,顺其自然,而备受佛教信众瞩目。她说:"普天众僧,非佛家弟子,何须标新立异;佛经浩如烟海,贵在领悟躬行,岂可另辟新境。"所以她不收徒众,不著书立说,悟性颇深。

1980—1991 年,通愿历任中国佛教协会常务理事,山西省佛教协会常务理事、副会长,五台山佛教协会副会长,五台县政协委员。

1991 年 3 月 6 日,通愿法师在太原崇善寺圆寂,世寿 78 岁。她的遗体火化之后,炼获五彩舍利子 7 000 余颗。遵其嘱:一份撒五台大道,一份送苏州灵岩山寺,一份供奉于五台山。有十余颗舍利子被美国加州万佛城派工作人员请至佛院供奉,另有三颗供奉在双城观音寺舍利塔内。

通愿法师的事迹被中央电视台神州采风节目作专集报道。

姚 伦(1914.3.13—2004.4.9)

姚伦,男,曾用名贾瑛。1914 年生于双城县。系姚垦之弟。1935 年 4 月在北平(今北京)参加"中国民族抗日先锋队",1936 年加入中国共产党。在西安参加东北军学兵队。西安事变后,根据中共党组织安排,到东北第六十七军开展抗日宣传工作。而后他被派往绥远垦区从事生产劳动和党的地下工作,参与"后套暴动",组织"挺进军青年先锋队",任一中队队长。参加在山西河曲抗日战斗,后因负伤转入地方工作。1938 年 5 月历任中共山西临县三交区区委书记、县委组织部部长、县委副书记。1940 年,姚伦被选送延安马列主义学院学习。1941—1945 年担任西北公学组织干事,从事干部审查和反特工作。抗战胜利后,在晋察冀公安管理处、晋察冀社会部、华北社会部任审讯科科长。1949 年,被调入公安部。历任公安部处长、副局长、十三局局长、北京功德林战犯管理所监狱长、东北警察学校校长兼政委。"文化大革命"期间,受到错误批判。平反后,历任公安部预审局局长、公安部顾问(副部级)。姚伦自 1946 年从事公安预审和战犯管理工作。曾参加对日本战犯、伪满洲国战犯、国民党战犯的审讯改造工作。

1952 年,他赴朝鲜参加对美国战俘的审讯,成为中华人民共和国审讯专家。在任北京功德林战犯管理所监狱长期间,尊重战犯人格,注意改善监狱服刑人员的生活,使之脱胎换骨,重获新生。他还为溥仪出版《我的前半生》做了大量的工作。

1971 年,杨成武之女杨俊生在"文化大革命"中,因受"杨成武、傅崇碧、余立金事件"牵连,被转移至丰台时,姚伦具体负责监护。姚伦得知其冤情,对其关怀备至,保护了她,杨俊生现已成为武警部队的女将军。姚伦担任公安部预审局局长时,特别是在林彪专案组审讯之后,又担任审讯"江青反革命集团"工作。姚伦驻秦城监狱,总揽行政,担任案件审判委员会工作组成员兼办公室主任。他按照党中央、国务院的部署,在公安部党委的领导下,为彻底清算林彪、江青反革命集团的罪行做了大量艰苦细致的工作。2004 年 4 月 9 日,姚伦在北京因病逝世,享年 91 岁。

赵云鹏(1917—1997)

赵云鹏,男,原名赵景芳,曾用名贾立志,满族。1917 年 11 月出生于双城县公正乡公正村。1931 年,在双城第三中学读书时正值"九一八"事变,为抗日救国不顾家人阻拦,毅然决然入关参加革命。1936 年,他在山西省薄一波领导的太原民训团受训,同年肄业于北京民国大学政治系。1937 年,由殷之年介绍加入中国共产党。历任甘肃省驿马关红军第十五军团宣传队教员、八路军野战宣传队火星剧社社长、八路军野战政治部宣传科科长、八路军野战医院卫生干部学院代理政治委员、八路军兵工部工业学校政治教导员。他参加了太行山抗日根据地三次反"扫荡"和平型关战役。

1945 年,他任东北挺进大队党总支书记。同年 10 月下旬任哈南军区双城县保安二团团长兼任双城县公安局长、县长。11 月 26 日,赵云鹏与中共双城县委书记林诚等接收双城,领导双城民众建立民主政府。在县委成立之初,最主要的任务就是积极发展革命武装。因伪地方治安维持会保安队队长张斌和伪县长张树声,不但拒绝谈判接管双城问题,还扣押中共代表,中共党组织决定积极发展革命武装,准备用武力接收双城。赵云鹏率部配合哈南支队解除了伪警宪特组编的伪治安维持会保安队的武装,逮捕了敌伪反动头目张斌等,遣散了伪保安队组织。接收了双城县政权,建立民主政府,搭起中共双城县委(对外称民运部)的班子。1946年2月12日,赵云鹏任县警察局局长。

赵云鹏在双城解放初期的剿匪反霸、镇压反革命、维持地方治安、建立地方新政权中做出应有的贡献。

中华人民共和国成立后,赵云鹏任松江省水利局局长、松江省粮食局局长、松江省检察署署长兼省公安厅副厅长、巴彦县县长、中共佳木斯市委第一书记、黑龙江日报社党委书记兼总编辑。1979年12月,任黑龙江省高级人民法院院长、党组书记,中共黑龙江省顾问委员会常委。1997年12月30日,赵云鹏因病在哈尔滨逝世,享年80岁。

赵光中（1929.5—2000.3）

赵光中,男,1929年5月12日出生在双城,汉族。1949年6月参加革命,1952年11月加入中国共产党。公安部二局(现为科技局技侦局)高级工程师。历任东北新华广播电台增音室技术员、副主任,中央广播事业局出国干部集训班学员,苏联列宁格勒电工学院无线电工程系电视工程专业留学生党支部书记、学生会主席。公安部十二局研究所六室技术员、副主任,一一二九所四室主任,公安部计划财务局副局长、科技局副局长。1992年被授予人民警察二级金盾荣誉奖。1997年7月被国家人事部、公安部授予全国公安系统有突出贡献的离退休人员称号。

1954年他被组织选送苏联列宁格勒电工学院学习。1960年5月,学成回国,被调入公安部十二局研究所从事公安科技工作。他运用所学专业技术知识,参与国家第一台公安用晶体管电视摄像机、卫星地面站监控摄像机及单双管彩色摄像机的研制工作,时任研究室副主任、工程组长、科研项目负责人,成为公安部研究所的业务管理骨干。"文化大革命"期间,他被列为重点"审查"对象,受到不公正的对待。虽身处逆境,他始终坚信党、坚信共产主义。

1969年11月,他随研究所部分人员并入第七机械工业部504科研所(陕西省长安县)。1975年,参与国家遥感技术应用的研究和全国遥感规划工作。查阅收集大量资料,进行分析整理,提出许多有价值的观点和意见,为中国遥感事业的启动做出重要贡献。

1987年7月他被调回公安部,在一一二九研究所四室担任副主任兼党支部书记。带领科技攻关小组圆满地完成科技攻关任务。1982年11月—1984年5月他为国家重点单位完成安全保密工程建设。1984年5月调入计划财务局任副局长,主管装备、被装物资及办公室工作。1985年8月,任十二局副局长,主管公安科研、生产、技术监督、行业管理和财务工作。他注重科技为公安建设服务,深入基层调查研究,掌握第一手资料,为公安部领导正确决策,提供依据。他积极推进科技在公安工作中的应用,并组织制定公安科技发展规划,协调部属研究所、厂科研生产办予以实施。积极支持各地公安机关的科技项目,逐步开拓和实施对全社会的公共安全产品的行业管理。发表许多有价值的学术论文、译文。参与公安教学大纲的拟定和编写,承担部属院校部分科目的教学工作。多次被评为先进工作者、优秀工作者,获得国家科委颁发的科普荣誉证书。

1990年离休后,随即回聘于科技局,一如既往地把余热献给公安科技事业。积极推广行业管理、技术鉴定等工作。1993年中国金辰公司成立,他被聘为顾问,参与公司的管理工作,为公司的建设和发展付出心血。特别是他在确定开展KILL杀毒软件和高安全防伪护照等证件印刷上功不可没。1995年,他参加公安部课题《高科技犯罪对策研究》项目的研究并担任主编。在不到两年时间内,列出本课题研究大纲。多次组织本项目专家进行论证,亲自查阅大量国内外犯罪发展趋势和对策方面的资料,撰写4万余字的课题"绪论",将课题组十几个人撰写的50万字12个子课题的文章逐字推敲,两次修改,诚恳地提出意见,不计任何报酬。赵光中同志在病重期间仍然牵挂着该书的完成。此课题已通过评审,公安部科技局予以高度评价,认为此书具有重大现实意义和前瞻性。2000 年 3 月因病逝。享年 71 岁。

李大鹏(1929—2003)

李大鹏,男,又名李惠芳,曾用名王庆祥,汉族。1929 年 3 月 16 日出生于双城县联兴乡(原正蓝旗二屯)。1946 年 8 月参加工作,1949 年 4 月加入中国共产党。中国人民解放军军事经济学院院长(正军级),少将军衔,教授。先后当选为武汉市第七届人大代表,解放军代表团团长,湖北省七届人大代表,解放军代表团副团长。被评为湖北省人大优秀代表并获得荣誉证书和证章。

他曾就读于双城县永安小学、育才优级学校、海拉尔市第二国民高等学校(高科),毕业于东北大学经济学院,东北军需学校后勤学院组织指挥系,中央教育行政学院(高教班)。

参加革命后,在东北民主联军供给学校(东北军需学校的前身)学习。之后,任第十纵队战勤部财政科会计、会计训练班主任,中国人民解放军第四十七军后勤部财务科会计组长、副科长兼会计训练队教员;中国人民解放军志愿军第四十七军后勤部财务科长兼随军银行中心支行行长,后勤组织计划处主任;中国人民解放军财务学校(在北京)训练部主任教员、财务处副科长,解放军后勤学校(在武汉)训练部教务科长,解放军后勤学院(在北京)指挥系学员;第三四零二厂(在西安,生产"五七"牌军用卡车)军代表,厂党委书记;中国人民解放军总后勤部军政干部学校训练部教务处长;后勤学校(在武汉)训练部副部长、校务部长;中央教育学院(在北京)高教班学员;解放军高级后勤学校副校长、校长;解放军经济学院(在武汉)院长、兼任武汉地区军队院校协作中心领导小组组长,1989 年 11 月离职休养。

他先后参加 1947 年的东北秋季攻势和冬季攻势;1948 年的辽沈战役黑山阻击战和进关作战;1949 年的平津战役攻占廊坊、围攻北平,并从事改编北平(今北京)起义部队的财务保障工作。在南下作战中参加新保战役(解放安阳)、宜沙战役(解放宜昌),随第二野战军进军西南参加解放重庆作战。1950 年进驻湘西参加剿匪反霸斗争,清理战时财务,建立健全财务管理制度,组办军会计训练队为全军和湘西军区培训一大批财务管理干部。他于 1951 年初随军北上,4 月入朝鲜作战,先后参加 5 次战役。1952—1953 年春季,在临江一线参加战术反击战和对上浦坊东山(老秃山)敌军阵地的进攻。在朝鲜战场,随军作战时担任军战勤联合办公室主任,从事战勤组织计划工作。在此期间,两次奉命调到志愿军后勤司令部,在洪学智司令员和罗文参谋长的直接领导下,参加编辑《抗美援朝战争后勤工作经验总结》的撰稿工作。1954 年被选调回北京,分配到财务学校做教学和管理工作。

他在军队院校工作期间,始终保持旺盛的工作热情,牢记人民军队的宗旨,忘我工作,曾向苏联顾问介绍解放军财务工作情况和经验,修订以苏军财务学校教材为蓝本的《教学大纲》。1955 年创制"排课台",被评为学校先进工作者。1958 年,在 6 校合并组建多科性后勤学校时,组织修订 8 个学系 17 个专业的《训练计划》和《教学大纲》,制定《教学工作细则》。1974—1978 年在改建总后军政干校和复建后勤学校中,组织制定各专业教学总体设计。1984—1986 年,在全军试办"自学考试",首办"函授教育"。在由高级后勤学校改建军事经济学院之后,他认真组织实施由后勤指挥训练为主向以军事经济管理专业为主,由中专向大学专科大学本科和研究生教育过渡的"一改两过渡"工作,根据未来战场和市场经济发展的要求,适应军队现代化建设的需要,组织制定第一个《五年建校规划》。通过深化教学改革,率先提出"做人要有志气,军队要讲士气,办学要创名气"和"教书育人,管理育人,服务育人"的要求,加强学院建设,提高教育质量,逐步实现了"一改两过渡"的建校目标,使军事经济管理各专业教学进入全军领先行列。

1985 年,他首倡并组织召开国防经济理论研讨会,为创立具有中国特色的"军事经济学科"开始思想理论准备。1987 年 10 月组织召开全军首届"军事经济理论研讨会",组织军内外专家学者创立中国人民解放军"军事经济研究中心",任首届总干事。编辑出版《军事经济理论文集》。先后创办《军事经济研究》

《军队财务》《军需管理》《军队物资》《军事交通》和《司务长》等6种学术期刊。著有《军队财政会计》《军队财务管理与核算》和《军事经济发展概述》等专著和教材。撰写发表《经常费预算的编制方法》《作战费的审计问题》《战时财务工作之我见》和《军以下战勤组织与指挥》等多篇学术论文。

他一生致力于军事科研和教学，成绩卓著。在解放战争时期，荣立战勤小功1次，获解放奖章1枚；在抗美援朝战争中荣立三等功1次，获军功章1枚，荣获朝鲜民主主义共和国三级国旗勋章1枚；在军队院校工作和建设中，曾被评为先进工作者，荣立三等功1次，获军功章1枚。并荣获中国人民解放军胜利功勋荣誉奖章。2003年李大鹏因病逝世，享年74岁。

马 敬（1930.4—2005.11）

马 敬，男，汉族，原籍山东省栖霞县，初中文化。1947年3月，在兰西县中学加入东北民主青年联盟。1948年11月8日，在兰西县经郑爽西、葛长荣介绍加入中国共产党。

1948—1955年，先后任兰西县人民政府科员、组织部干事、县委秘书、县委办公室主任、农村工作部长、县委副书记兼农工部部长。1956年，在中共黑龙江省委中级党校离职学习。1957年，任中共兰西县委书记处书记。1960年，任黑龙江省委农工部副处长。1964年，参加黑龙江省委社教工作队任阿城县工作队队长。1965年，任黑龙江省社教工作队巴彦县分团副书记、书记。1966年，任黑龙江省农村工作部副处长。1967年，任黑龙江省委核心办公室工作人员。1968—1981年，历任双城县革委会副主任、核心组成员、县委副书记、县革委会副主任、革委会主任、县委书记。1981年8月，任松花江地区行政公署副专员。1981年，任黑龙江省农机管理局党委副书记、副局长。1983年，任黑龙江省农机管理局党委书记、局长。1986年，任黑龙江省农机管理局厅级巡视员。

他在双城任职期间，针对双城风沙大，连年干旱的现状，同县委领导张守中、李树森一道，多次下乡考察，经过调查分析论证，1976年11月，县委决定把拉林河水引进双城腹地。全县组织领导3万民工，用3年的时间，以愚公移山精神，锹挖肩扛，昼夜奋战，共完成土方1 026.32万立方米，石方8.46万立方米，混凝土2.32万立方米。硬是靠血肉之躯，凿开了干渠5条，总长177公里，支渠54条，总长232公里，途经双城14个乡镇99个村屯的友谊渠。1977年年三十，担任引拉工程总指挥的马敬没有回家过年，冒着零下30℃的严寒坚守在工地，白天和民工一起运石筑坝，晚上和群众一起亲自动手包饺子，吃年夜饭。和群众同吃同住同劳动的作风，受到群众的好评。友谊渠的成功建设，使全县实现灌溉面积25万亩土地，开创了双城旱改水大面积种植水稻的历史。同时，为根治和防止风沙，营造良好的生态环境，他在担任革委会主任和县委书记期间，领导全县人民大搞植树造林，全县境内基本实现四旁绿化和农田林网化。畜牧业生产也有了很大进展，实现全县农村一人一头猪，年上交国家10万头生猪。他为双城农、林、牧业的发展做出了重要贡献。

他调任省农机管理局工作之后，在主持工作期间以大局为重，认真执行党的路线和各项方针，为全省农机事业发展做了大量卓有成效的工作。

2005年11月，马敬因病医治无效，在哈尔滨去世，享年76岁。本着他生前遗愿，其骨灰葬到双城，部分骨灰撒放到双城石人水库。

张喜臣（1935—1987）

张喜臣，男，1935年4月出生于双城县乐群乡光辉村。1956年在双城县兆麟中学毕业，同年参军入伍。1972年加入中国共产党。中国人民解放军空军医学专科学校三系仪器教研室主任。1987年3月18日不幸因公殉职。张喜臣同志去世后，沈阳军区空军党委做出决定，号召军区空军指战员向他学习。

他生长在农村,在学校读书时是个品学兼优的学生,乐于助人,经常得到老师的表扬和学校的奖励。在乡亲们的眼里张喜臣是个勤劳节俭的孩子。

在部队的革命熔炉中,张喜臣成为一位优秀的知识分子,党的忠诚战士。他坚持贯彻执行党的军事路线,认真学习马克思列宁主义毛泽东思想和党的军事理论,学习现代科学知识。他以雷锋同志为榜样,把党和人民的利益放在首位,全心全意为人民服务。由于他的工作出色,先后被学校和沈阳空军政治部评为优秀共产党员,优秀教员和学雷锋先进个人,被沈阳空军政治部命名为"新时代的雷锋"。在部队他4次受到嘉奖、4次荣立三等功。他所领导的教研室,组建三年连年被评为先进单位受到嘉奖。在科研和教学领域,张喜臣取得13项科研成果,其中有两项成果荣获军里科技成果二等奖,有4项获军里科研成果三等奖。

三十多年的部队生涯中,特别是在中共十一届三中全会以后,张喜臣同志认真系统地学习邓小平理论和新时期军队建设的思想,时刻用共产党员的标准严格要求自己,在平凡的岗位上做出了许多感人的事迹。他密切联系群众,把群众的冷暖挂在心上,经常深入基层搞调查研究,掌握第一手材料,用自己的知识和技能为群众排忧解难,受到广大群众的敬佩和称赞。他热爱本职工作,忠诚党的军事教育事业,为搞好人民军队的建设,精心教书育人,身体力行,为军队培养了一批又一批的合格人才;他一心扑在医疗科研上,奋发进取,刻苦攻关,取得了一批有价值的应用性科研成果。

党的优秀共产主义战士张喜臣同志,一生奋斗拼搏。带头端正党风,严格自律,清正廉洁,不谋私利,凝聚着他为共产主义而奋斗终生的革命理想,表现出一代知识分子为党和人民以及人民军队的建设事业鞠躬尽瘁,死而后已的高尚品德和无私的奉献精神,激励和教育着后人。

1987年9月22日,中共双城县委做出《关于向张喜臣同志学习的决定》,号召全县人民向他学习。

刘子成(1942—1999)

刘子成,男,汉族,笔名流星、溪曲,中共党员。1942年农历八月十五日出生于双城县三眼井屯。1953年辍学从艺,拜师老艺人于安居学习东北二人转。后考入松江省戏曲学校地方戏科。在哈尔滨电机厂做过学徒工。1958年带职上大学。1960年毕业于哈尔滨市工人业余学院中文系,同年参加中国人民解放军独立七师文工团(宣传队)任演员、创作员。1976年,他从部队转业到哈尔滨市文联工作,在《哈尔滨文艺》《小说林》杂志做戏曲、小说编辑。1984年9月调入哈尔滨市作家协会为专业作家,历任哈尔滨市作家协会副主席、黑龙江省作家协会主席团成员。系中国作家协会会员、中国电影家协会会员、中国电视艺术家协会会员、中国报告文学研究会会员、中国民俗文学研究会会员、亚非作家协会理事、《世界名人传》出版委员会(中国卷)编委。国家一级作家,享受国务院特殊津贴待遇。哈尔滨市第七、八届政协委员,第九届全国人民代表大会代表。

1960年,开始发表文学作品,其中长篇小说11部,代表作品有《龙兴地》《黑蝙蝠》《捉住一个太阳》《火的战争》等;中篇小说150篇,代表作有《越过防线》《青山夕照》《青纱帐·母亲》等;纪实文学曾以《黄瘸子集团》《乔四团伙》《朱胜文腐败大案》而产生轰动效应;报告文学《荒原的觉醒》等。中篇小说《丑妻》,电影文学剧本《江湖怪狼》《男性世界》《飞来的仙鹤》(与人合作)为代表作。电视连续剧剧本《硝烟散后》《山后那个秋》《暴风骤雨续集》《原野上的马车》获多项大奖。其主要著作,有的得过国际大奖,有的得过国家和地区大奖,仅奖状就达三十多。大案纪实系列有四卷之多,百余万字。这四卷中的一些作品,在其发表之初,多次引起社会效应,成为街谈巷议的热门话题。中篇小说《青纱帐·母亲》获全国大奖,作品多次被译为俄、法、德、朝鲜等国文字,向世界介绍。电影剧本《飞来的仙鹤》(合著)获文化部优秀故事片奖和意大利、法国电影节奖;另获中国第十一、十二届飞天奖一等奖,改革潮二等奖,全国第三届报纸连载奖,黑龙江第三届天鹅大奖一等奖。还连续7届获东北三省电视剧金虎奖。

《人民中国》刊物曾介绍刘子成作品和生平。台湾评论家张放在《我看当代大陆小说》一书中，称刘子成是黑土地升起的一颗新星。中国著名作家吴昊对其作品的评价是："刘子成的创作，质优量众，十几年工夫下来，已积累了五百多万字的作品，而且形式多样，种类齐备，确是一位北大荒文学的突击手，多面手。作品鲜明的特点是：及时性、真实性、艺术性。文学子成恰能做到：可读性强，警示性强，纪实性与艺术性的有机结合，相辅相成。人物刻画，特征突出，毕省其人。心理描写，细腻缜密，纤毫可察。他的创作思想，是植根于深厚的现实主义原则。其作品为人生，为社会，绝不讳言自己的政治性和倾向性，这是在商品大潮冲击下的，最宝贵的独立品格。他能固守住这一片纯洁的圣土。"

他于1989年加入中国作家协会，1999年入选联合国世界名人录。同年5月去世，享年58岁。刘子成逝世后，作家李长荣用诗哀悼，即《祭刘子成》："蹦蹦声中事笔耕，子成大业自天成。平生磊落心胸宽，大野芳菲意气横。仙鹤飞来哭鹤去，人龙跃起唤龙兴。狂歌豪饮真名士，古堡凭君励后生。"

二、人物简介

【全国人大代表】 刘丽秋　女，1957年出生于双城县青岭乡。1979年7月参加工作，大学本科学历，中共党员。历任中学教师、乡妇联主任、双城市妇联生产部长、办公室主任、市妇女联合会副主任。1996年任中共双城市委老干部局局长兼党委书记。1997年任中共双城市朝阳乡党委书记。2002年任双城经济开发区管委会副主任兼办公室主任。全国人民代表大会第九届、第十届代表。获全国妇女联合会、国家教委第三届巾帼扫盲先进个人，哈尔滨市抗洪抢险先进个人，哈尔滨市人民政府乡镇企业科技管理先进科技工作者、双城市优秀党务工作者、第二届十佳公仆称号。

苍秀芝　女，满族，大专文化，中共党员。1966年12月出生于双城县东官镇。1997年参加工作，历任双城市东官镇农经站出纳员、农业中心副主任。全国人民代表大会第八届人大代表，黑龙江省人民代表大会第九、十届代表。

【全国劳动模范】 王洪常　男，1939年10月出生，汉族，籍贯双城，高中文化。1960年参加工作，1980年加入中国共产党。双城市珍珠岩厂厂长、书记。他带领工人，大胆进行技术革新。从5万元起家办厂，发展为有几百万元固定资产，解决3100多人的下岗再就业，每年上缴利税50多万元。1990年以突出的业绩，获得全国"五一劳动奖章"。

王玉林　男，1955年3月出生，满族，籍贯双城，中专文化。1974年参加工作，1981年加入中国共产党。历任乐群乡乐群村党支部书记、乐群乡武装部长。在任村党支部书记期间，领导群众共同致富兴建村办企业奶牛场，养奶牛100多头，制油厂，日加工大豆10吨。积极开发种植业，栽果树1000亩，全村创产值1000万元。1991年被授予黑龙江省特等劳动模范称号，1995年被评为全国劳动模范。

孙永年　男，1942年6月出生，汉族，籍贯双城，初中文化，1964年加入中国共产党。双城市杏山镇杏山村党支部书记。他积极带领村民脱贫致富，把人均收入不足300元的穷村变成了富村。1989年，粮食平均亩产500公斤，人均收入1150元。1990年，全村10500亩玉米，实现科学种田，达到平均亩产1698斤，有的地块亩产达1800公斤，同年粮豆总产量首次突破2000万斤。集体积累资金100多万元。1989年，被评为全国劳动模范，出席了在北京召开的群英会。

李凤武　男，1944年9月出生，汉族，籍贯辽宁昌图，大专文化。1965年参加工作，1972年9月加入中国共产党。任黑龙江省双城洗涤剂厂厂长，高级工程师。在任厂长期间，积极带领科研人员和工人搞技术革新，从西德、意大利引进先进设备，自己动手安装，为国家节省资金50多万元。带领全厂干部职工艰苦奋斗，使工厂由亏损变盈利，年创利润超过200万元。工厂被评为"六好企业""科技进步先进企业""文明单位标兵""国家二级企业"。1990年,获全国"五一劳动奖章",1995年被授予全国劳动模范称号。

李学林 男,1932年10月出生,汉族,籍贯双城,高中文化。1952年参加工作,1964年加入中国共产党。任双城市儿童乳品厂厂长、书记,双城市工委副书记。在工作中,连续9年被评为市劳动模范。在改革开放中,领导全厂职工搞技术革新,提高产品质量,使产品被评为全国优质产品,工厂被评为全国优秀乳品行业先进企业。年上缴利税200多万元。1986年,获黑龙江省劳动模范称号,1982年获国家科技进步奖,1990年获全国"五一劳动奖章"。

吴 坚 男,1953年5月出生,满族,籍贯吉林省,大专学历。黑龙江大学农学院客座教授、高级农民技师、双城市丰禾玉米研究所所长。农民育种专家,"丰禾10号"种子的选育人。1996—2000年,先后6次被双城市政府、哈尔滨市政府授予先进科技工作者和优秀科技工作者称号。1997年3月至2002年2月两次被黑龙江省委省政府授予哈尔滨市有突出贡献中青年专家、黑龙江省优秀中青年专家、全省农业先进科技工作者称号。1998年10月被省政府批准享受政府特殊津贴。1999年12月,被双城政协授予"十佳"政协委员称号。2000年2月,他选育的种子经黑龙江省品种审定委员会审定通过,被确定为优良品种,填补了黑龙江省第一生态区无自己选育的当家品种和省内无高赖氨酸玉米品种两项空白。4月,被国务院授予全国劳动模范称号。10月,被授予哈尔滨市农村拔尖人才。2001年12月,被国家人事部、农业部授予全国农村优秀人才、记一等功。

张 忠 男,汉族,1941年1月出生于双城,高中文化。1956年参加工作,1961年加入中国共产党。原双城市花园酒厂厂长。工作中,认真负责,开拓创新,领导全厂职工不断提高产品质量,创出了花园品牌,使花园酒畅销全国各地。年上缴国家利税400万元。1995年被评为黑龙江省劳动模范,1996年荣获全国"五一劳动奖章"。

高喜范 男,汉族,1939年1月出生于双城,中专文化。1962年8月参加工作,1985年7月加入中国共产党。历任双城市梳棉厂厂长,双城市绝缘有限公司经理、工程师。在改革开放中,努力拼搏,把一个濒临破产的企业救活,使企业固定资产达到200多万元,年产值650万元,年利税6万元。安置下岗职工100多人。并从企业中拿出资金救助辍学的孩子和帮助敬老院。1987年5月,荣获全国"五一劳动奖章"。

【省劳动模范】 于汇一 男,汉族,1948年12月13日出生于双城,大专学历,中共党员。1968年参加工作。双城市儿童乳品厂厂长。1989年被评为黑龙江省劳动模范。

王大丰 男,汉族,1964年10月出生于双城,大学学历,中共党员。1983年8月参加工作,历任双城市(县)农机修造厂技术科技术员,双城国营有载分接开关厂副厂长、厂长,双城市三环有限公司副总经理,双城市新世纪电气有限公司总经理,1995年被评为黑龙江省劳动模范。

王淑清 女,汉族,1942年出生于双城,中专文化。1964年参加工作,1982年加入中国共产党。曾任双城市农科所技术员,双城市农业技术推广中心站高级农艺师。1997年被评为黑龙江省劳动模范。

王凤清 男,汉族,1941年3月出生,籍贯阿城,大专文化。1965年6月参加工作,曾任双城市机电技术开发有限公司董事长。1990年被评为黑龙江省劳动模范。

王 重 男,汉族,1958年10月出生于双城,大专学历。1975年7月参加工作,1986年5月加入中国共产党。历任双城市电业局生技股长、安装公司副总经理、副局长、总工程师。2002年被评为黑龙江省劳动模范。

王志忠 男,汉族,1948年出生于双城,1968年参加工作,1970年加入中国共产党,曾任希勤供销社营业员、主任。1987年被评为黑龙江省劳动模范。

王艳芳 女,汉族,1944年9月出生于双城,高中文化。1957年参加工作,1965年12月加入中国共产党。双城市百货一商店营业员。1989年被评为黑龙江省劳动模范。

王连仲 男,汉族,1949年出生于双城,中共党员,高中文化。曾任双城县国营一饭店主任、双城县商业局股长、双城市医药公司经理、商业总公司经理。1987—1990年双城市医药公司连续四年被评为双城市

（县）先进企业,1987 年盈利 21 万元,1988 年盈利 31 万元,1989 年盈利 41.8 万元,1990 年盈利 51.9 万元。黑龙江省第七届劳动模范。

王贵海 男,汉族,中共党员,1944 年出生于双城,高中文化。双城市烟花炮竹厂党支部书记。1987—1988 年被评为松花江地区优秀企业家,1989 年被评为黑龙江省劳动模范,1990 年被评为黑龙江省优秀企业家。

仇同贵 男,汉族,1949 年出生,籍贯山东,初中文化。1965 年参加工作,1971 年加入中国共产党。任双城县亚麻厂车间主任。1986 年被评为黑龙江省劳动模范。

付亚凤 女,汉族,1934 年出生于双城,高中文化,中共党员。双城县百货二商店营业员。1986 年被评为黑龙江省劳动模范。

刘凤英 女,汉族,1944 年出生于双城。历任双城县民政局局长、市商业局局长、机关工委书记、双城市人大常委会副主任等职。1986 年 5 月被黑龙江省政府评为劳动模范。1986 年 11 月被中华人民共和国民政部授予全国"双扶"先进工作者称号。

刘景志 男,汉族,1941 年 9 月 10 日出生于双城,大专学历。1963 年参加工作,1985 年加入中国共产党。历任双城县农机修造厂车间主任,双城县农机局科员,双城市三环公司副厂长。1987 年被评为黑龙江省劳动模范。

刘 营 男,汉族,1958 年 6 月出生于双城,高中文化。1978 年参加工作,1986 年加入中国共产党。双城市糖酒公司保管员。1991 年被评为黑龙江省劳动模范。

刘晓波 男,汉族,1948 年出生于双城,大专学历。1968 年参加工作,1969 年加入中国共产党。历任双城花园酒厂厂长、高级经济师、市供销社主任、统战部副部长。1991 年被评为黑龙江省劳动模范。

刘广学 男,汉族,1970 年 9 月出生于双城,大学本科学历,学士学位。1991 年参加工作,1996 年加入中国共产党。现任双城市交通局副局长,高级工程师,黑龙江省劳动模范。

李静杰 女,汉族,1955 年 11 月 28 日出生于双城,大学学历,学士学位。1994 年加入中国共产党。双城市人民医院主任医师。系黑龙江省中西医结合风湿病分会会员、黑龙江省中西医结合神经内科分会会员。2002 年被评为黑龙江省第九届劳动模范。

张国斌 男,汉族,1940 年 1 月出生于双城,中师学历。1958 年 3 月参加工作,1973 年 2 月加入中国共产党。历任双城金城乡小学教员、中学教员、双城县教委视察员、双城县农技高中校长、双城市进修校教研员、双城市教委教研员。1986 年被评为黑龙江省劳动模范。

吴绍云 男,汉族,1953 年 12 月 15 日出生于双城,大专学历。1975 年参加工作,1985 年加入中国共产党。双城市二轻局副局长。1997 年被评为黑龙江省劳动模范。

辛彦章 男,汉族,1947 年 4 月 12 日出生于双城,大专学历,高级政工师。1967 年参加工作,1971 年 6 月加入中国共产党。双城市油米厂厂长、第三粮库主任。1991 年 4 月、1997 年 4 月先后两次被评为黑龙江省劳动模范。

冷洪贵 男,汉族,1941 年 6 月出生于双城,中专文化。1958 年参加工作,1969 年 10 月加入中国共产党。历任农丰满族镇林业站技术员、农丰镇政府科员、双城县农科所副所长兼工会主席、双城县种子公司副经理、双城市农业技术推广中心副主任。1973—1986 年 3 次被评为黑龙江省劳动模范。

周 坤 男,1937 年出生,籍贯双城,汉族,高中文化,经济师。1955 年参加工作,1958 年加入中国共产党,双城农业生产资料公司经理。1991 年被评为黑龙江省劳动模范。

林国彬 男,汉族,1949 年 10 月出生于双城,中共党员,中专文化。1969 年 4 月参加工作,历任双城市五家镇党委书记、周家镇党委书记、双城党校校长。1996 年被评为全省优秀党委书记,1997 年被评为黑龙江省第八届劳动模范。

姜雅芳 女,汉族,1938 年出生于双城,中共党员,大学文化,药学副主任医师。双城市药检所所长。

1986—1989 年,双城市药检所连续 4 年被评为省级文明药检所。1987 年被评为全国先进药检所。1987 年被评为黑龙江省劳动模范。

赵雨桥　男,满族,1943 年出生于双城,大专学历,中共党员。1958 年 9 月参加工作。双城市拖拉机制造厂职工。1988 年被评为黑龙江省劳动模范。

段文安　男,汉族,1946 年 10 月出生于双城,大专学历。1965 年 7 月参加工作,1976 年加入中国共产党。双城市塑料制品有限公司厂长、经济师。1997 年被评为黑龙江省劳动模范。

高　云　男,汉族,1955 年出生于双城,大专学历。1976 年 7 月参加工作,1989 年 9 月加入中国共产党。双城市农业技术推广中心高级农艺师。2002 年被评为黑龙江省劳动模范。

柴德民　男,汉族,1944 年 8 月 21 日出生于双城,大学本科学历。1965 年参加工作,中共党员。历任双城县化肥厂助理工程师、双城糖厂助理工程师、双城化肥厂工程师、双城市有机化工厂总工程师,1989 年被评为黑龙江省劳动模范。

徐衍龙　男,汉族,1954 年 8 月 9 日出生,籍贯山东肥城县,本科学历,高级政工师,中共党员。1972 年 12 月参加工作。双城市客运总站站长。2002 年被评为黑龙江省交通系统“文明职工”,2003 年被授予双城市特等劳动模范,2005 年被评为黑龙江省劳动模范。

徐　迅　男,汉族,1948 年 10 月出生于双城,中共党员,高中文化。1968 年参加工作,双城市石油公司经理。1988—1997 年双城市特等劳动模范。1997 年黑龙江省第八届劳动模范。

徐金堂　男,1935 年出生,籍贯河北,高中文化。1956 年参加工作,1958 年加入中国共产党,历任双城县亚麻厂工人、车间工长、车间党支部书记、厂工会主席。1959 年、1988 年先后两次被评为黑龙江省劳动模范。

韩世伯　男,满族,中共党员,籍贯双城,双城市联兴乡安家村农民。2002 年被评为省第九届劳动模范。

崔福德　男,汉族,1952 年 8 月出生于双城,初中文化。1969 年参加工作,1979 年 5 月加入中国共产党。黑龙江省合成洗涤剂厂工人。1986 年被评为黑龙江省劳动模范。

裴景春　男,满族,籍贯双城,双城市团结乡富民村农民。1997 年被评为黑龙江省劳动模范。

蔡　军　男,满族,1934 年 10 月 9 日出生于双城,初中文化。1952 年参加工作,1980 年加入中国共产党。双城味精厂厂长。1989 年被评为黑龙江省劳动模范。

【国家部委授予荣誉称号人员】 马明礼　男,汉族,1946 年 5 月 24 日出生于双城,大专学历,中学高级教师,中共党员。1969 年 7 月参加工作,教师进修校校长。1991 年 10 月被国家教委、人事部、教育工会授予全国优秀教师。

马丽英　女,汉族,原籍阿城县亚沟镇,大专学历。1969 年在双城参加工作,中学高级教师。1993 年 9 月 10 日被国家教委、人事部授予全国优秀教师,并授予全国优秀教师奖章。

牛雅君　女,满族,1938 年 6 月出生,大学本科学历,中共党员。1963 年参加工作,中学高级教师。1989 年被国家教委、人事部、全国教育工会授予全国优秀教师。

白　洁　女,汉族,中共党员,籍贯双城。1974 年参加工作,小学高级教师。1989 年 10 月被国家教委、人事部、全国教育工会授予全国优秀教师。

关秀珍　女,满族,1944 年 11 月 18 日出生,籍贯双城,中共党员。1975 年 8 月参加工作,中学一级教师。1989 年 10 月被国家教委、人事部、全国教育工会授予全国优秀教师。

李世光　男,汉族,1947 年 12 月出生,籍贯双城,中共党员。1961 年参加工作,中学高级教师。1995 年 8 月 25 日被国家教委、人事部、全国教育工会授予全国优秀教师。

李永健　男,汉族,1945 年 11 月出生于双城,大专学历,中共党员。1968 年参加工作,兆麟中学校长。2001 年 9 月被国家教委、人事部、全国教育工会授予全国优秀教师。

吴才云　曾用名吴彩云,女,大专学历,籍贯双城,中共党员。1969 年 11 月参加工作,中学高级教师。1989 年 9 月 10 日被国家教委、人事部、全国教育工会授予全国优秀教师。

那洪飞　男,1967 年出生于双城,1986 年 7 月参加工作。本科学历,中学高级教师。双城市第三小学校长。1989 年被授予全国优秀教师。

苏贵朴　男,汉族,1951 年出生于双城青岭乡,大学本科学历,中共党员,1978 年参加工作,中学高级教师。1995 年 8 月 25 日被国家教委、人事部、全国教育工会授予全国优秀教师。

贺　巍　男,1968 年出生于双城,双城市地税局干部。1994 年 12 月 26 日,为保卫单位财产和同志生命安全,与歹徒搏斗,被刺伤,因流血过多,抢救无效牺牲。年仅 26 岁。1996 年 1 月 8 日被黑龙江省社会治安综合治理委员会、黑龙江省见义勇为奖励基金会评为“一九九五年度黑龙江省见义勇为先进分子”。

张国富　男,1953 年 5 月出生于双城县东官乡,中共党员,大学本科学历。1970 年参加工作,历任双城市农机修造厂工人,双城市公安局民警、派出所所长、政工科副科长、刑侦科科长等职。1993 年任双城市公安局副局长。1991 年 11 月 26 日获“全国刑事犯罪情报资料工作”先进个人,出席公安部召开的表彰奖励大会。1995 年被公安部授予“全国优秀民警”称号,被黑龙江省公安厅授予“全省优秀公安局长”称号。

张爱型　男,1940 年出生于双城,大专学历,中共党员。1965 年参加工作,双城市百纺公司职工学校校长。1989 年被国家教委、人事部、全国教育工会授予全国优秀教师。

周广财　男,1946 年出生于双城县农丰镇仁利村,中共党员。1963 年在仁利村从医,1972 年,考取中医主治医师。2005 年被国家卫生部命名为“全国优秀乡村医生”称号。《哈尔滨日报》曾以“父老乡亲离不开的‘土大夫’”为题,报道其先进事迹。

赵强国　男,1969 年出生于双城市,1988 年从部队复员回双城。1996 年 4 月 13 日下午,赵强国的营运客车在行驶中遭遇一名车匪的打劫。劫匪丧心病狂泼洒汽油点燃车厢,他奋不顾身从烈火中救出 13 名乘客,他被重度烧伤,毁容致残。1997 年 11 月 4 日被中宣部、公安部、中华见义勇为基金会授予“全国人民群众见义勇为与犯罪分子作斗争先进分子”荣誉称号。

赵大波　男,满族,1964 年 10 月出生于双城,中共党员,大专学历,1982 年 12 月参加工作,双城市希勤乡中心小学校校长。1989 年 10 月 10 日被国家教委、人事部、全国教育工会授予全国优秀教师。

杨以农　男,汉族,大学本科学历,籍贯双城,中共党员。1964 年 8 月参加工作,兆麟中学高级教师,黑龙江省特级教师。1991 年被国家教委、人事部、全国教育工会授予全国优秀教师。

徐瑞恒　女,汉族,中师学历,籍贯双城,中共党员。1959 年 7 月参加工作,中学高级教师。1989 年被国家教委、人事部、全国教育工会授予全国优秀教师。

郭永恒　男,汉族,1956 年出生于双城,大专文化,中共党员,高级建筑工程师、规划师。1975 年参加工作。历任双城镇党委副书记,双城市建设局党委书记、局长等职。1998—2004 年双城市城市建设功臣,1999—2003 年被双城市人大授予特级劳动模范。2002 年被评为哈尔滨市劳动模范。1999 年 11 月国家人事部、建设部授予全国建设系统劳动模范称号。

黄朝贵　男,汉族,1938 年 6 月出生于双城,大学本科学历,中共党员。1962 年 7 月参加工作,第三中学高级教师。1989 年 9 月 10 日被国家教委、人事部、全国教育工会授予全国优秀教师。

温立哲　男,1961 年出生于双城,大学本科学历,兆麟中学高级教师。2001 年获省级优质课一等奖,他所带高三毕业班获哈尔滨市优秀班级集体的称号,2004 年获黑龙江省级骨干教师称号。同年被授予全国优秀教师称号。

【副地市级以上干部】　于文复　男,汉族,籍贯黑龙江省巴彦县,1945 年出生,中共党员。1986—1989 年任中共双城县委书记。后调入原松花江地区行署任副专员。2005 年为黑龙江省国土资源厅副厅长。

马喜成　男,满族,1934年1月5日出生于双城县正黄五屯(贤邻村)。1948年5月参加中国人民解放军,1950年12月加入中国共产党。历任部队宣传员、参谋、干事、副科长、团政委,广州军区总医院副政委。1955年被授予解放奖章。1988年被授予大校军衔,1989年被授予胜利功勋荣誉章。

王奎方　男,汉族,1930年出生,双城人,1946年参加中国人民解放军,1948年加入中国共产党。1983年5月至1985年8月任福州军区空军参谋长,1985年8月至1990年6月任南京军区空军参谋长,1988年授予空军少将军衔。

王　兴　男,汉族,1940年10月出生,双城县韩甸镇人,1958年加入中国共产党。1959年参加中国人民解放军,曾任第23集团军参谋长,1990年6月至1993年2月任第64集团军副军长,1993年2月至1995年7月任辽宁省军区副司令员,1991年7月晋升少将军衔。

王其琨　男,双城人,中共党员。解放军军事经济学院训练部部长,2005年为军事经济学院院长,1988年9月被授予少将军衔。

王梦岩　男,双城人,中共党员,1945年毕业于哈尔滨师范学校,1946年在双城县公安局参加工作,历任土改、清算工作队队员,第四野战炮兵文工团团员、创作组组长,解放军文艺出版社编辑、编辑组组长,副社长、编审(正高职称)。1951年开始发表作品,1982年加入中国作家协会。

王桂林　男,汉族,1933年出生于双城县青岭乡,中共党员。1946年参军,冬参加三肇地区剿匪工作,1947年调到四野前线指挥部通讯处当机要通讯员,参加辽沈战役、平津战役、南下作战。全国解放后分别在广州军区364医院和177医院担任主治医生,医务处主任,1969年任广州军区后勤部卫生处处长,后任广州军区疗养院院长(正师职),副军级待遇。

王景禹　男,汉族,1944年出生,双城人,中共党员,大专文化,曾任云南省体委主任。

王洪恩　男,汉族,1953年10月出生,双城人,中共党员,大学学历。历任大庆市萨尔图区政府办公室秘书,大庆市福利厂书记、厂长;大庆市萨尔图区工交科长、党委书记、计经委主任、大庆市让胡路区政府副区长、常务副区长、区长、区委书记等职。2000年6月任大庆市人民政府副市长、党组成员,高级政工师。

王玉琢　男,汉族,双城人,大专文化,中共党员。任黑龙江省陆军预备役高射炮兵师政治部主任,大校军衔。

王成林　男,汉族,1949年出生,双城人,中共党员,曾任青岛警备区政委,中共青岛市委常委。

王若夫　男,汉族,1928年出生,原籍辽宁省,中共党员。1953—1956年在双城县兆麟中学担任副校长、校长。历任黑龙江省文教局干部、东北局宣传干部、辽宁省教育厅厅长、辽宁省人大常委会副主任。

王淑华　女,汉族,双城人,中共党员。双城兆麟中学毕业,1947年参加革命(鲁艺三团)。曾任辽宁省沈阳音乐学院党委副书记,纪委书记。

王振伟　男,汉族,1947年出生,双城人,大学文化,中共党员。任黑龙江省政府办公厅信息中心主任(副厅级员)。

王忠桥　男,汉族,1947年出生于双城县希勤乡,中共党员。历任哈师大团委书记、中共呼兰县委副书记,哈尔滨师范大学党委副书记、副校长,博士生导师。

王忠人　男,汉族,双城人,大专文化,中共党员。黑龙江省发展改革委员会副主任,党组成员。分管交通运输、交通战备、国民经济动员、财经方面的工作。

王振琦　男,汉族,大专文化。1933年9月出生,双城人。1951年参加工作,1955年加入中国共产党。历任中共双城县委宣传部干事,中共双城县委党校副校长,先后任松花江地委党校和绥化地委党校教员、黑龙江省委党史工作委员会副主任兼省委党史研究所副所长、省委党史研究室副主任、主任(正厅级),兼任《省委组织史资料》编纂领导小组成员,编辑组常务副主编。黑龙江省政协第七届委员会委员、省委组织史资料编辑组常务副主编。曾多次获省和国家社会科学优秀成果奖。

王振权　男,汉族,1935年2月出生于双城县金城乡花园村,1953年加入中国共产党,1954年毕业于黑龙江省农业机械化学校。历任中共双城县委宣传部部长,松花江农机学校党委书记兼校长,黑龙江省农机管理局教育处处长、办公室主任、纪检组组长等职。享受副厅级待遇。

王兆力　男,汉族,1962年12月出生,双城人。1984年7月加入中国共产党,1987年7月哈尔滨工业大学毕业,研究生学历,管理学硕士,高级经济师。历任黑龙江省计经委科员、黑龙江省农业开发办主任科员、副处长、计财处处长、汤原县政府副县长、黑龙江省农业开发办副主任、黑龙江省财政厅副厅长、党组成员、黑龙江省鸡西市委副书记、政府副市长、市长。

王永和　男,1954年8月30日出生,双城县单城乡政新村人。1971年,双城县单城中学高中毕业。1972年12月参军,1975年3月加入中国共产党。历任空军航空兵第16师48团定检中队军械师、定检中队军械分队长、机务大队技术员、大队助理员、机务大队军械主任、机务处军械主任。1987年1月,赴广西田阳对越作战。1988年8月被授少校军衔,1991年被授中校军衔,1995年被授予上校军衔,1996年3月经考试合格被空军装备部批准为空军保留技术骨干。2001年10月作为军事专家赴非洲坦桑尼亚执行援外任务,2003年6月回国。2004年5月被中国人民解放军总政治部授予大校军衔(正师职待遇)。

孔宪礼　男,汉族,1930年出生于双城仁祥村,中共党员。1946年参加东北民主联军,在6纵17师49团1营1连当战士。1977年任43军128师师长,1983年任43军军长,1985年任济南陆军学校校长。1986年任信阳陆军学院院长。1988年被授予少将军衔。

方振声　男,汉族,1927年7月20日出生于双城县双城镇,初中文化。1946年6月参军,1947年7月加入中国共产党。历任17师382团3营7连副指导员、128师382团3营指导员。1951年11月至1953年10月先后任128师382团3营副教导员、教导员,1951年11月至1955年9月先后在43速成学校、中南军区第一速成中学、总高级步兵学校一期七班学习。1955年9月至1970年1月先后任总高级步兵学校战术教员、军事学院战术教研室教员,授中校军衔。1970年任解放军军政大学学员队政委,大校军衔。继后任解放军军政大学(国防大学的前身)战术教研室副主任,少将军衔。在部队参加大小战役累计15次,多次立功受奖,其中记大功4次,小功3次。

文海英　女,汉族,1950年6月出生,双城人,中央党校研究生学历,1968年6月参加工作,1985年9月加入中国共产党。1968年6月在中国科学院109厂工作。1978年12月在北京经济学院劳动经济系劳动经济专业学习。毕业后任国家计委劳动工资计划局职工计划处干部,1986年12月任国家计委劳动工资计划局综合处副处长。1988年7月任人事部计划司经费处处长。1991年6月任国家人事部办公厅副主任,1992年8月任人事部综合计划司副司长。1996年9月至1997年7月在中央党校中青年干部培训班学习,1998年8月历任人事部规划财务司副司长、规划财务司司长、办公厅主任。2002年11月任安徽省副省长、党组成员。

付文化　男,汉族,1966年出生,双城人,中共党员。1983年双城兆麟中学毕业,同年考入大连陆军学院。1987年毕业后分配到23集团军。在部队先后就读于南京高级步校,德国最高军事指挥学院,中国国防科技大学,获得留德硕士和国防科大硕士双学位。历任排长、连长、营长、某集团军作运处副处长、处长,装甲处处长、某集团军老虎团团长、装甲16集团军坦克四师副师长。大校军衔。

付华民　男,满族,1952年4月生于双城县水泉乡水泉村,中共党员,研究生学历,教授。1972年12月参军。历任团军体参谋,团警卫连长,某飞行学院学员队队长,军务参谋,地面训练兼防化参谋,学院外事办主任,教育办主任(副师级)。2003年任空军石家庄飞行学院教育办主任(正师级)。荣立三等功一次,优秀教练奖、伯乐奖,中央党校和空军继续教育先进工作者,全军教育先进工作者。出版《空军中等专业保卫教材》共17册、《现代军人德育概论》(空军蓝天出版社出版),并有多篇论文先后在《解放军报》《空军报》《河北日报》《石家庄日报》发表。

付　山　男,汉族,1947年出生于双城杏山镇,大专文化,中共党员,1964年入双城兆麟中学读书。1967年参军,大连海军92538部队政治部美术师,大校军衔(正师)。中国书法家协会会员。

　　白德林　男,满族,1945 年 11 月出生于双城县乐群乡富志村,大学文化,中共党员。1965 年双城县兆麟中学毕业,同年考入东北石油学院,毕业后留校任教,先后任讲师、副教授。1985 年调入东北石油学院秦皇岛分院任筹建处副主任,后任秦皇岛大庆石油学院副院长。

　　刘　文　男,1943 年 1 月出生,双城人,1966 年 9 月参加工作,1973 年 6 月加入中国共产党,大学本科学历,高级工程师。历任重庆钢铁四厂技术员、机动科科长、副厂长、厂长。1984 年任重庆钢铁三厂党委书记。1986 年任四川重庆市江北区区委副书记。1987 年后历任四川重庆北碚区委副书记、书记,1989 年任江北区区委副书记、书记,1993 年,任中共重庆市委常委、秘书长兼市级机关工委书记,1996 年任中共重庆市委常委、工交工委书记,1997 年任重庆市总工会党组书记、总工会主席,2000 年 1 月任重庆市人大常委会副主任,市总工会主席、党组书记。

　　刘学斌　男,1937 年 9 月出生,双城人,研究生学历。1958 年考入哈尔滨医科大学医疗系学习。1960 年进入中国人民大学读研究生,同年 4 月加入中国共产党。曾任中共松花江地委党校教师,绥化革委会宣教组科员、政治秘书、绥化地委宣传部秘书、绥化地委党校教研室主任、副校长、地委宣传部副部长。1981 年任黑龙江肇州县委副书记、县长。1983 年任绥化地区行署副专员、专员,绥化地委副书记、书记,绥化军分区党委第一书记。1992 年 1 月任海南省委常委、省委宣传部长,海南省省长特别助理。1997 年 8 月至2002 年 4 月任海南省委常委、省纪委书记。中共十五大当选为中央纪委委员。

　　刘　斌　男,汉族,1954 年 10 月出生,原籍黑龙江省哈尔滨市,1974 年在双城县青岭公社兴胜大队插队。1976 年 6 月加入中国共产党。先后当过大队机耕队长、民兵连长、青岭公社团委副书记。1978 年进入齐齐哈尔师范学院政治系读书,获得学士学位。1982 年起,先后任黑龙江省委党校理论研究实习员,政策学教研室副主任、讲师、主任、副教授。1994 年 1 月任黑龙江省穆棱市委副书记。1995 年任黑龙江省委党校教育长、党委委员、教授、函授学院院长。1998 年任黑龙江省委党校副校长、党委委员,中央党校函授学院黑龙江分院院长。2001 年任黑龙江省企业工委副书记(正厅级)。2003 年兼任省国企改革办公室常务副主任。2003 年任黑龙江省政府国有资产监督管理委员会党委副书记、副主任。

　　刘贵生　男,汉族,1947 年 10 月出生,双城人。1966 年参军入伍,1968 年加入中国共产党,大学本科学历。历任排长、指导员、团政委、政治部主任等职。空军长春飞行学院政委、党委书记,大校军衔。

　　刘嘉林　男,满族,1946 年出生于双城县东官乡东兴村,中共党员,北京大学毕业。国家计委工作,历任科长、处长等职,后任国家人事部公务员管理司司长。

　　刘振堂　男,汉族,1928 年出生,双城人,中共党员。1985 年至 1990 年任总参谋部工程兵政治委员。1988 年被授予少将军衔。第七届全国人民代表大会代表。现已离休。

　　刘文生　男,汉族,1937 年出生,双城人,中共党员。1958 年毕业于双城县兆麟中学,1963 年毕业于哈尔滨工业大学。历任哈尔滨电子仪器厂工程师、哈尔滨电子研究所所长、高级工程师,哈尔滨电子工业局局长、哈尔滨市计委副主任。中国作家协会黑龙江分会会员。出版诗集《岁月的余音》,小说集《小提琴之梦》,长篇小说《五国城》。早年出版的《取样技术》由科学出版社多次再版,并在美国 IEEE 上用英文发表多篇颇有影响的电子学论文。

　　刘兴权　男,汉族,1949 年 10 月 1 日出生于双城县,大学本科文化,中共党员。1968 年在双城县青岭乡兴盛村插队。1970 年参加工作。曾在双城县商业科、知青办、县委办公室任职。1973 年在省知青办从事宣教工作。1979 年在省劳动局先后任办公室秘书、副主任。1984 年在省整党办参与《农村整党党课八讲》一书的编写工作。1986 年在黑龙江省委办公厅任综合办副处级秘书、省委机要局业务处长、省委督查室副主任,省政协十届委员会委员、提案室副主任、主任(副厅级)。省委办公厅副主任(正厅级)。省政协十届委员会委员、提案委副主任。

　　刘成果　男,汉族,1941 年 10 月出生,双城人,中共党员。1965 年东北农学院毕业。历任绥化县连岗公社秘书、党委委员,绥化地区人防办科员,绥化县农业办副科长、科长。1979 年任黑龙江省兰西县副县长,1981年任黑龙江省绥棱县委副书记、县长,县委书记。1983年任黑龙江省绥化地委副书记。1985年任黑龙江省委副书记。1987年任黑龙江省国营农场总局党委书记、局长。1990年后历任农业部农垦司司长、农业部副部长,党组成员、党组副书记,国务院扶贫开发领导小组副组长,全国政协人口资源环境委员会副主任。第九届全国政协委员、全国政协经济委员会委员。

关守义　男,汉族,1929年出生,双城人,1947年参加革命,同年加入中国共产党,广东省珠海市委副书记。

朱清文　男,汉族,1956年7月出生,原籍黑龙江省宾县。1973年3月参加工作,1974年加入中国共产党。1997—2002年任中共双城市委书记,中共哈尔滨市委委员。2000年在黑龙江省第9次党代会上当选出席党的十六大代表。2002年任中共鹤岗市委常委、市政府副市长,2004年任鹤岗市委副书记、市政府市长、党组书记。

朱立民　男,1928年出生,双城人。1945年参加工作,1948年加入中国共产党。历任哈尔滨汽车厂大修部主任、厂总支书记,哈尔滨东安机械厂干部科科长,第三机械工业部政治干部处长,干部局局长。中纪委驻航空工业部纪委检查组长。

朱　海　男,汉族,中共党员,1956年4月出生于双城县双城镇新民街。1975年考入哈尔滨省财政金融学校。1977年毕业被分配到哈尔滨市财政局工作。1977年任哈尔滨市财政局科长、副处长、处长。1997年任哈尔滨市财政局副局长。2005年任哈尔滨市国资委副主任、主任,正局级。

朱　宇　原名朱喜维,男,汉族,1959年10月10日出生于双城县杏山镇临江村,中共党员。1982年考入东北师范大学政治系。1986年7月毕业后攻读硕士研究生。2001年考入北京大学读在职研究生。此间去日本讲学6个月。博士学位。2005年为黑龙江省社会科学院副院长兼政治研究所所长(副厅级)。

朱　琳　男,汉族,1928年10月出生于双城县兰棱镇大林家屯。1946年1月参军,1947年在松江军区通河干校学习,同年4月加入中国共产党。1949年四野39军152师456团任5连副指导员,参加广西剿匪。1953年广西军区暂编34团任副营职宣传助理。1954年任广西召平县人武部副政委,梧州军区政治部组织科长。1955年授大尉军衔,1963年后晋升少校、中校。1965年8月转业,先后在国防科工委下属的广西军工企业工作。任筹委会主任,党委书记等职,后进入中央党校学习,享受司局级待遇。

朱宏轩　男,原名朱维国,汉族,1945年农历十一月十九日出生于双城县孔家窝棚屯。中共党员。先后就读于中师和省教育学院。任双城中学教师、县委宣传部新闻干事,松花江地区行署秘书、副处长,地区文联主席。黑龙江省人民政府民政杂志社社长兼总编,国家民政部《中国社会报》黑龙江记者站站长。共发表文学、新闻作品400余万字。诗歌、戏剧作品多次获奖。中国作家协会会员、中国曲艺家协会会员。著有诗集《泥土集》、散文游记《足涉神州》等。其传略被收入《中国专家名人大辞典》。

许兆君　男,汉族,1955年9月出生,双城人。1973年参加工作,1979年5月加入中国共产党,经济技术与管理博士。1973年双城林场知青、团支部书记。1989年任黑龙江省委办公厅处级秘书,1989年任肇东市委副书记兼政法委书记,1996年任黑龙江省经济贸易委员会副主任、党组成员,1998年任中共佳木斯市委副书记、市政府常务副市长。2003年任伊春市委副书记、市政府市长。

许世范　男,满族,1936年出生于双城县双城镇西南隅,中共党员。1955年双城兆麟中学毕业,保送到哈尔滨军事工程学院读书。1962年毕业被分配到北京国家航天工业部工作。曾任航天工业部第二研究院研究室副主任(副局级),高级工程师,光学研究专家。

齐亮祖　男,汉族,1928年出生,原籍辽宁省沈阳市,中共党员。1958年毕业于北京中央教育行政学院。1952年任双城兆麟中学校长。历任黑龙江省教育厅视察员、哈师大附中校长,哈尔滨师范大学副校长,中国教育管理研究会副理事长,学术委员会主任等职。

齐　云　又名齐韫,女,汉族,1918年出生于河北省高阳县。抗战爆发之前,在北平(今北京)师大附中读高中,曾任学生会主席,参加中华民族解放先锋队组织,1938年5月加入中国共产党。先后担任晋豫边抗日军政干部学校辅导员,中共阳城县妇女工作委员会负责人,兼任阳城县革命民族小学校教师。1939年,她被派往长治工作,先后任长治、平顺、潞城指导员,组织部长,县政府秘书、科长。1945年,抗战胜利后被派到东北解放区开展工作,先后在东北农学院,东北计划委员会任职。1947年,齐云任中共双城四区区委书记。同年10月《中国土地法大纲》颁布,她依靠贫雇农,搞平分土地试点,为全县土改树立了榜样。后任中共双城县委妇女工作委员会主任。1955年调回北京市,历任国家农业部计划局副局长,中央办公厅地区组研究员等职。

闫忠信 男,汉族,1951年2月出生,双城朝阳乡政广村人,大专文化。1969年12月参军,1970年8月加入中国共产党。历任福州市87074部队军医、卫生队队长等职。1990年任福州87074部队雷达旅医院院长,上校军衔。1995年被授予大校军衔,技术等级6级。

孙继铭 男,汉族,1937年11月18日出生,双城人,1951年在双城兆麟中学读书,1957年考入清华大学工程物理系,1960年5月加入中国共产党。1963年清华大学毕业,获优秀毕业生金质奖章,同年留校工作,在工程力学系任助教,兼任校团委书记。1970年到甘肃天水风动工具厂工作。1973年回清华大学核能技术设计研究院从事科研工作。1983年任院党委副书记,1984年任清华大学核能技术设计院党委书记。1986年晋升为副研究员,1988年任清华大学秘书长,1990年任清华大学党委副书记、副校长。1994年晋升为研究员,任科技园第一任董事长。1999年任清华大学科技园规划建设委员会常务副主任和校务委员会副主任,享受副部级待遇。

孙克杰 男,双城人,1928年出生,1946年参加革命,同年加入中国共产党,曾任广东省民政厅副厅长。

李 岩 男,1929年出生,双城人。1946年东北大学学习,1948年加入中国共产党。曾任东北民主联军驻绥芬河口岸办事处股长、政治指导员。1951年毕业于中国人民大学对外贸易专修科。历任中共中央东北局组织部干事、中共中央书记处第三办公室干事、中央工业交通工作部干事,中共中央组织部干事、研究办公室副主任,中共中央组织部处长、局长,中共中央直属机关党委副书记、中共中央直属机关工作委员会副书记。

李长江 男,1944年10月出生,双城人,1965年12月加入中国共产党,1970年参加工作,大学学历。历任吉林省长春228厂干部,长春光学精密机械学院团委副书记、书记,学院学生工作部部长,长春光学精密机械学院党委常委办公室主任、院党委常委、纪委书记。1986年任共青团中央青运史研究室干部、副主任,共青团中央青运史研究室主任兼中国青年政治学院党委常委、副书记。1992年任国家土地管理局副局长、党组成员。1995年任浙江省省长助理,1998年任浙江省副省长。1999年任海关总署副署长,国家出入境检验检疫局局长。2001年任国家质量监督检验检疫总局局长、党组副书记,中共十六届中央委员。正部级。

李景和 男,汉族,中共党员。1954年8月至1956年3月任中共双城县委书记。历任吉林省公路局副局长,交通部基本建设质量监督总站副站长、站长(正局级),曾任黑龙江省交通厅副厅长、党组副书记(正厅级)。

李培元 男,1950年5月出生,双城人,中共党员,哈尔滨工业大学政治经济学专业研究生硕士学历,高级政工师。2002年任黑龙江省广播电视局局长、党组书记、黑龙江电台、电视台台长。2003年任中央组织部组织局局长(正局级),干部教育局局长,中国传媒大学党委书记。

李 轩 男,汉族,原籍河北省,1921年出生于双城。1939年加入中国共产党。1942年任冀中八分区武工队政委,津南支队队长,解放军63军团长、团政委等职。建国后历任汉口铁路分局政治部主任,郑州铁路局副局长,铁道部第四勘测设计院党委书记、院长,铁道部基建总局副局长。1962年任中共双城县委书记,1969年任铁道部外援办公室主任,负责坦赞铁路建设的全面工作。1979年任中国土木工程公司副董事长兼总经理。1982年任铁道部副部长。

李　彰　男,汉族,1939年9月出生,双城人,大专文化。1958年8月参军,在空军第四飞行学院学习,毕业后到海军航空兵部队,1961年5月加入中国共产党。历任飞行员,中队长、大队长、副团长、副师长。1979年调入海军航空兵机关工作,历任参谋长助理、副参谋长、副师长等职,分管装备、科研、训练工作,为部队引进先进的技术装备,先后到法国、苏联进行多次谈判,均出色地完成了任务。1992年晋升为海军少将军衔。

李　恩　男,汉族,1948年2月出生,双城县万隆乡人。1966年1月参加中国人民解放军,1967年2月加入中国共产党。1993年任空军第9军政治部主任,1996年任空军第9军副政治委员;1997年任空军第9军政治委员,2002年任济南军区空军副政治委员。1997年晋升为空军少将军衔,第十届全国人大代表。

李德贵　男,汉族,1943年出生于双城县水泉乡大有村,大专文化,中共党员,兰州军区后勤部部长,大校军衔,转业后任甘肃省人防办主任。

李孟东　男,汉族,1948年出生于双城,中共党员,1965年在双城兆麟中学读书。历任中共双城市委常委、纪委书记、市政府副市长,中共双城市委副书记、市人大常委会主任。中共宾县县委书记,哈尔滨市民宗局局长,哈尔滨市人大民族宗教事务委员会主任。

李万山　男,汉族,1930年出生于双城县,1946年在双城兆麟中学读书,1948年4月参加革命,1949年3月加入中国共产党。1948年任鲁艺音乐工作团团员,1949年7月代表东北解放区去北平参加首届全国文艺工作者代表大会演出,受到周恩来等中央领导的接见,后调入解放军第四野战特种兵高射炮团任文工队音乐指挥兼分队队长,随大军南下参加解放全国战斗。历任政治指导员、高炮团俱乐部主任,1959年入南京空军政治干校学习。历任广州空军俱乐部主任,航空兵团政委,师政治部副主任,副政治委员。

李大铮　男,汉族,1951年出生于双城县双城镇,中共党员。1972年入上海外国语大学学习,1975年参加工作,在国家石油化学工业部做国家重大项目技术、设备和人才引进工作,曾任科研设计工程处副处长。1988年任中国宁波经济开发区管理委员会、宁波市发展总公司副主任,副总裁。1991年在北京中国五矿集团工作,先后任中国五矿有色金属公司副总经理,中国五矿贵稀金属出口公司总经理兼任中国五矿通灵珠宝公司总经理,中国五矿国际实业发展公司总经理兼国外十几家企业董事长。1998年任中国戴梦得投资股份有限公司副总裁,2004年任山西锌业集团总裁,现任中国化工企业管理协会副会长。

李克明　男,满族,1955年出生于双城县团结乡大李家窝堡(系李世德烈士之子),中共党员。毕业于北京外国语学院法学系,硕士研究生学历,毕业后分配到国家文化部工作,曾先后两次,7年派驻法国大使馆任三等秘书,后晋升为一等秘书。2001年驻贝宁大使馆任文化参赞,2005年驻瑞士大使馆任文化参赞。

李世新　男,满族,1930年出生于双城县乐群乡董家窝堡,中共党员。1948年参加东北民主联军(四野),曾参加辽沈战役、平津战役、淮海战役,直至解放海南岛,后又参加广西、云南剿匪战斗。在战斗中多次立功受奖,历任连长、营长、团长、师长等职,转业后在南宁市任粮食局局长,享受厅级待遇。

李庆学　男,汉族,1937年9月出生,双城人,大专文化,中共党员。历任双城兆麟中学教师,中共双城县委宣传部部长、政府副县长、双城市政府市长,松花江地区教委副主任、主任,正局级。

李　军　男,汉族,籍贯巴彦县,1946年出生,大专文化,中共党员。1993年任双城市政府市长,1995年任中共双城市委书记,后任哈尔滨市政府副秘书长,哈尔滨市农委主任。

李学良　男,汉族,1951年出生,双城人,大专文化,中共党员。1970年在十一区公社任办事员,团委书记,管委会副主任,党委委员,管委会主任,乡党委书记。1990年历任双城市农委主任,市政府副市长、市委常委、市委副书记、市政府市长,中共双城市委书记。2005年任哈尔滨市林业局局长、党组成员、哈尔滨市森林防火指挥部副总指挥。

苏　才　男,汉族,1930年出生于双城县,大学文化。1947年参军,1948年2月加入中国共产党。1950年转业到地方工作。历任辽宁省教育学院院长,辽宁省教育厅厅长等职。1991年离休。著有《当代职业教育》等专著 4 部。

罗春海　男,汉族,1951 年出生于双城,大学文化,经济学学士,高级经济师。1972 年参加工作,1973 年加入中国共产党,历任中国人民银行黑龙江省分行科长,货币发行处副处长,国库处处长,国家外汇管理局黑龙江省分局国际收支处处长,中国人民银行哈尔滨中心支行委员会组织部长(党委委员),中国人民银行哈尔滨中心支行副行长,2005 年兼任国家外汇管理局黑龙江省分局副局长。中国金融会计学会常务理事,中国统计学会国际收支统计分会常务理事,黑龙江省预算会计研究会常务理事,黑龙江省金融学会理事,科研评奖委员会委员,《中国外汇》杂志编委。主编出版了《社会主义金融改革论》《中俄边境地区经济金融发展与外汇管理》等书籍。被收入《世界优秀专家人才名典》和《中国百业领导英才大典》。

吕观洲　男,双城人,1945 年 1 月出生,1968 年参加工作,1979 年加入中国共产党。曾任绥化地区行政公署副专员。

张国柱　男,双城人,中共党员,1971 年 12 月参加工作,双城县希勤乡教师。中国人民解放军 81213 部队文书,希勤乡农建干事,1978 年考入黑龙江大学经济系,1982 年任松花江地委宣传部干事、副部长,中共五常县委副书记,松花江地委宣传部副部长、文化局长,黑龙江团省委副书记,呼兰师范专科学校党委书记、校长,2000 年任牡丹江师范学院党委书记。

张守中　男,汉族,1926 年 5 月 2 日出生,原籍拜泉县,1939 年考入拜泉县国民高等学校,1944 年考入吉林师道大学。1945 年 11 月参加革命工作,1947 年 6 月加入中国共产党,历任拜泉县民政科长,黑龙江省民政学校秘书,黑龙江省教育厅教学研究室主任、普教处处长,1964 年先后任中共五常县委副书记、县委书记,1975 年任中共双城县委书记。1980 年任黑龙江省教育厅厅长。

张卫东　女,汉族,1947 年 9 月出生,双城人,1971 年 5 月加入中国共产党,天津南开大学研究生毕业,硕士学位,研究员。1972 年在长春地质学院物探仪器系读书,1975 年先后在地质部计划司、直管局任局长、处长,参加全国地质工作"七五""八五"计划的编制工作。1996 年历任中国地质环境监测院院长助理、副院长、党委书记。兼任中国地矿经济学会副理事长、环境经济专业委员会主任、中国地质学会环境专业委员会副主任、中国土地学会复垦分会副主任。

张晓涛　男,1974 年 12 月 21 日出生,双城人,中共党员。1997 年毕业于中国农业大学经济管理学院货币银行专业。1999 年 9 月提前攻读博士学位,中国农业大学农村金融与投资研究中心特聘研究员,从事中央财经大学国家邮政总局委托项目;中国石油天然气总公司委托项目、中央财经大学金融学院青年项目研究、中央财经大学教学内容与教学方法改革,国际贸易课程教学内容与方法改革项目主持人,中国农业院校科研状况和国家社科基金项目研究,1999 年我国主要农产品价格跟踪与监测研究,农业部软科学基金项目参加人,出版书籍和发表有价值论文多部(篇),现任中央财经大学金融学院副院长。

张伟库　男,汉族,1952 年出生于双城县朝阳乡胜丰村,大学文化,中共党员,2005 年为黑龙江省高级人民法院刑事审判庭庭长(副厅级)。

张伟宝　男,汉族,1942 年出生于双城县朝阳乡胜丰村,中共党员,2005 年为黑龙江省安全局局长,正厅级。

张永革　男,汉族,1948 年 5 月 10 日出生于双城县双城镇东北隅,大专文化,中共党员。1966 年参加工作,是双城县朝阳乡中心小学和朝阳乡中学教师。1973 年任双城县文教科财务股会计,1979 年调入黑龙江省教育厅计财处任科长,1984 年黑龙江省财政厅文教行政处任副处长,1993 年省财政厅文教行政处任处长,1995 年任省财政厅社会保障处处长、装备处处长,2004 年任黑龙江省社会保障资金管理中心主任,副厅级。

张志义　男,锡伯族,1932 年 9 月出生于双城县东官镇,1947 年 9 月参军,1949 年 4 月加入中国共产党。1947 年哈南三分区独立团当司号员,沈阳解放后入关参加平津战役和广西剿匪,两次立三等功,历任排长、通讯连长、副营长、通讯营政委、团政委,陕西榆林军分区副政委,西安军分区司令员,师党委委员、军分区党委书记,省军区党委委员,行政级别正师级。

张士伟　男,汉族,1955年出生于双城,大学文化,中共党员。历任中共双城县委宣传部干事,市统战部部长,中共双城市委办公室副主任,双城市法院院长,五常市法院院长,黑龙江省高级法院纪检书记,监察室主任。

张振学　男,1933年11月19日出生于双城县张家窝棚屯,1948年10月15岁参加双城县十六区民运工作。1950年就读于双城兆麟中学,1951年在中国人民解放军测绘学院航空测量系学习,1953年到北京解放军总参谋部测绘局任航测领航参谋,1956年加入中国共产党。1959年任航空测量大队长,1963年到总参谋部测绘局四处担任测绘仪器装备生产管理参谋,从事测绘装备的研制工作,并领导和组织全军测绘部队开始几个大项目的测绘仪器装备生产和改造,填补了新中国军队测绘事业的空白。1967年到中央办公厅和国务院秘书厅联合接待室工作。1969年解放军军政大学学习深造,后被任命为中央军委总参谋部测绘局装备处处长,主抓全军测绘装备工作,大校军衔。

张恒军　男,汉族,1954年3月出生于双城县双城镇中兴村,大学文化,中共党员。1972年12月参军,历任兰州军区空军高射炮第13师、第14师班长、排长、副指导员、指导员、副政治教导员、教导员。1985年被选送空军指挥学院中高级指挥班学习,1987年任空军航空兵第47师空军银川场站政治处副主任,1989年任政治处主任,1992年任空军银川场站政治委员,授空军上校军衔。1997年任空军航空兵第47师副政治委员,授大校军衔,1998年任兰州军区兰州离职干休所所长。

张成国　男,汉族,1949年出生,大专文化,籍贯巴彦县,中共党员。1990年1月至1993年1月任中共双城县委书记,后任省审计局副局长、省地税局副局长,黑龙江省纪检委副书记,省农垦总局纪检书记,在省政协退休。

张国壮　男,锡伯族,1934年出生于双城县乐群乡光华村,中共党员,北京大学毕业,曾任黑龙江省邮电学院院长。

吴杰民　男,满族,1935年出生于双城县五家民和村,中共党员。曾任中科院老干部局局长。

宋恩华　男,汉族,1953年1月出生,双城人。哈尔滨工业大学管理学院管理工程专业毕业,研究生学历,工学硕士学位。1971年参加工作,1974年3月加入中国共产党。历任黑龙江穆棱林业局党委副书记、副局长。牡丹江林业管理局团委副书记、团委书记。1987年任共青团黑龙江省委副书记、省青联副主席、省青联主席。1991年任共青团黑龙江省委书记。1994年历任黑龙江省牡丹江市委副书记、牡丹江市政府代市长。1998年任中共邯郸市委副书记、邯郸市代市长。2002年任河北省政府副省长、党组成员。第八届全国政协委员。

佟述仁　男,满族,1932年7月13日出生于双城县正蓝头屯。1948年12月参军,任东北民主联军野战军司令部干训队学员。1949年去张家口,军委工程学院读书,1956年9月加入中国共产党。1955年被授予少尉军衔,1956年晋升为中尉,1959年晋升为上尉。1980年任总参三部某局技术研究室研究员(副师级)。1983年任总参三部某局技术研究室正师级研究员。1988年被授予少将军衔。1991年享受国务院特殊津贴。1994年技术定为3级(副军职)研究员。1995年任总参三部某局调研室研究员。

佟彦　男,满族,1948年2月出生,中共双城县青岭乡人,中共党员。历任双城市同心乡、新兴乡党委书记,双城市政府办公室主任,双城市委常委、市纪检委书记,中共通河县委副书记、县长,中共通河县委书记,中共呼兰县委书记,哈尔滨市市纪检委副书记、监察局局长,曾荣获林业部绿化勋章。

何忠海　男,双城人,中共党员,2005年为黑龙江省伊春市政府副市长。

何忠学　男,满族,1945年2月出生,中共党员,籍贯黑龙江省五常市,1993年1月至1995年4月任中共双城市委书记。历任双城市委副书记、政府市长、市委书记,黑龙江省建委副主任,中共鹤岗市委书记,黑龙江省政府副秘书长等职。

陈景文　笔名晨虹,男,汉族,1952年出生于双城杏山镇,中共党员。1977年毕业于黑龙江中医学院中医系,历任教师、警察、医师、干事、报刊记者,黑龙江电视台文艺部主任,黑龙江省出版局副局长,中共黑龙江省委《奋斗》杂志社社长兼总编辑。中国作家协会会员,世界华文诗人协会会员,中国诗歌学会理事,国家一级编剧,全国青年作家代表大会代表,享受国务院特殊津贴专家。著有《人生之歌》《不朽的岁月》等多部著作,《边塞苍茫》等8部专辑电视音乐文学采风片。部分作品选入中小学课本。

陈　平　男,汉族,1956年出生,双城人,大学文化,中共党员,1976年参军,现任青岛海军基地作训处处长,大校军衔。

周玉昌　男,汉族,1943年出生于双城县双城镇长勇村,中共党员。任北京中国人民解放军总参谋部机要局局长,大校军衔。

金广忱　男,汉族,双城人,1928年出生,专科文化。1946年2月参加革命工作,1948年加入中国共产党,曾任黑龙江冶金工业厅副厅长。

杨德树　男,1928年出生,籍贯天津市。1946年考入双城兆麟中学干部培训班学习。同年年底到双城粮库当管理员。1948年迁至沈阳市,后提升为器材科长。1954年在中央粮食部人事局任副局长。1960年任粮食部办公厅副主任兼任人事局副局长。任国家商业部办公厅主任、外事局局长。

杨德军　男,双城人,中共党员。现为第40集团军(中国人民解放军65631部队,前身是东北民主联军第3纵队)后勤部部长,大校军衔。

杨学军　男,汉族,1956年10月出生,双城人,大学本科文化。1974年双城县第二中学毕业。1975年加入中国共产党。1976年为海军烟台基地司令部通讯营一连战士。1978年历任海军烟台基地司令部通讯营分队长、副指导员、指导员和海军青岛基地政治部宣传处副处长、处长。2002年任海军潜艇学院副师职教员,大校军衔。曾先后就读于中央党校,中国人民解放军国防大学,北京大学。编撰出版《蓝色航迹》《光荣岁月》《坚实脊梁》《中国人民解放军海军60年》等书籍。

杨连和　男,满族,1927年6月出生于双城县乐群乡富志村。1946年参军,解放战争时期参加四野先遣队,参加了"三下江南""四保临江"战役。1950年参加抗美援朝,1953年回国,在广东韶关驻防。历任连长,营长,团长,师长。1983年正师级转业到广州化工总厂任副厂长,纪检书记。

邵伯康　男,汉族,1930年出生于双城堡双城镇。1947年5月参加革命,1948年加入中国共产党。参加了辽沈战役、平津战役、解放海南岛战役,先后立大功两次,小功两次,荣获东北解放、华北解放、中南解放渡海作战纪念章各一枚。1953年转业,历任中国人民银行海口支行股长、团支部书记、工会主席,海口市委宣传部、文教部、组织工交部干部科长,海口团市委书记,市总工会执委,海口市供销社副主任、党组书记,海口市公安局副局长、党组书记,海口市机关党委副书记,中共海口市委常委、政法委书记,1987年当选为海口市人大常委会主任,海南省人大常委会委员。

赵学敏　男,满族,1939年出生,双城人。1983年任南京军区空军副参谋长,1990年任空军上海指挥所副司令员,1993年任空军上海基地副司令员。1990年晋升为少将军衔。

赵福臣　男,满族,1941年出生,双城县单城镇富源村人,中共党员。历任中共阿城县委书记,哈尔滨市政府副市长,黑龙江省土地管理局局长。

赵国祯　男,中共党员。1969年至1970年9月任中共双城县党组核心组长。1970年9月至1975年12月任中共双城县委书记。后调入松花江地区任中共松花江地委常委、黑龙江省乡企局局长等职。

赵守林　男,满族,1940年出生于双城县希勤乡爱贤村。1960年双城兆麟中学毕业,考入哈尔滨工业大学。1965年加入中国共产党。1965年到北京中国核工业情报研究所秘书处工作。历任科长、副处长、处长,1987年在国家原子能出版社任副编审,1997年被评为正编审(正高职称)。1995年职级为行政省部级,他能翻译14个国家的语言。

赵恩喜　男,满族,1925年出生于双城县贤邻村,中共党员。20世纪50年代全国劳动模范。曾任黑龙江省双城县委副书记,五常县委书记,黑龙江省纺织品公司总经理。

赵　坤　男，汉族，1956 年 8 月出生，双城人，大学本科学历。历任双城县幸福乡党委副书记、农丰镇党委副书记、镇长。1989 年任双城市万隆乡党委书记，1991 年任双城市周家镇党委书记。1993 年任中共双城市委常委、市政府副市长。1997 年任木兰县委副书记、县政府代县长、县长。2002 年任木兰县委书记。2004 年任阿城区委书记。

赵文洲　男，满族，1950 年出生，双城人。1986—1987 年任绥化地委副书记，1987—1988 年，任黑龙江团省委副书记，1988—1991 年任黑龙江团省委书记，1991—1994 年任黑龙江省委副秘书长，1994—1997 年任中共黑河市委书记，1998—2001 年任黑龙江政法委常务书记，2001—2004 年黑龙江省国家安全厅党委书记，2004—2005 年任黑龙江省政府副秘书长。

赵家国　男，满族，1951 年 8 月出生于双城县，研究生学历，中共党员。1968 年 3 月参加工作，中国长城资产管理公司哈尔滨公司总部党委书记、总经理。1978 年 9 月任沈阳军区大连陆军学院理论宣传干事，校党委理论秘书。1981 年 8 月—1994 年 7 月历任中国农业银行黑龙江分行农贷处副处长，中共肇源县县委副书记、副县长，中国农业银行黑龙江分行办公室副主任（正处级），中国农业银行黑龙江分行黑龙江职工中等专业学校、省电视大学农行分校党委书记、校长等职。1995 年 3 月任黑龙江省农业银行副行长，党组副书记（副厅级），1999 年 12 月任中国长城资产管理公司哈尔滨公司总部党委书记、总经理（正厅级）。2004 年获黑龙江省“五一劳动奖章”。

赵文志　男，汉族，1942 出生，双城人，中共党员、大学文化。历任中共黑河地委、常委组织部长，松花江地委组织部部长，哈尔滨市人事局局长等职。

赵恩荣　男，满族，1937 年出生，双城人，中共党员。1958 年双城兆麟中学毕业，考入哈尔滨师范学院中文系。1964 年到双城县乐群中学任教师。历任双城县政府秘书，中共松花江公署地委宣传部副部长、部长，松花江公署副专员。

赵桂林　曾用名赵贵林，男，满族，1935 年出生于双城县双城镇。1958 年加入中国共产党，中专学历。1950 年参军后在东北军区通讯学校学习。1951 年参加抗美援朝，先后在中国人民志愿军防空部队高射炮兵 513、511、512、515 团电台任报务员。1953 年任志愿军防空部队司令部通讯处参谋。1954 年任华北军区防空部队高射炮兵第 514 团通讯股参谋，1960 年任北京军区防空军雷达兵第 314 团通讯股副股长。1963 年任空军第 6 军司令部通讯处参谋，1967 年任济南军区司令部通讯处参谋。1978 年任济南军区空军通讯团副团长。1981 年任济南军区空军司令部通讯处副处长、处长。1984 年任济南军区空军研究员。大校军衔。

赵英华　男，满族，1951 年出生于双城县乐群乡，中共党员，大学文化。1969 年参军，曾任黑龙江省高级检察院经济检查处副科长、科长，检查起诉处副处长，处长，省反贪局局长，黑河市检察院检察长、党组书记（副厅级）、一级高级检察官。

赵春林　男，满族，1936 年出生于双城光华村，中共党员、大学文化。曾任上海市某海军研究所所长，大校军衔。

姚　艮　本名姚廷枢，又名姚冬麦，男，汉族，1912 年出生于双城县。公安部党组成员、办公厅主任，群众出版社总编辑（享受部长级医疗待遇）。1931 年加入中国共产党，任中共北平通州党支部书记。1932 年为给抗日义勇军筹备军火去苏联，正值苏联肃反扩大化时期，被苏联保安部门以“间谍”罪名逮捕送入劳动营。1939 年获释回国到新疆，先后在塔城、迪化（乌鲁木齐）、库车等地参加反帝反分裂的斗争。1946 年受中共党组织派遣，赴东北从事党的秘密情报工作，任长春铁路分局调度所长、沈阳南站站长。1946 年恢复党籍。1948 年任中共中央东北局社会部工作侦讯处科员。1949 年后历任公安部办公厅秘书、俄文秘书、办公厅秘书处编译科长、办公厅编辑处处长，公安部首席苏联专家的翻译。1961 年被任命为公安部办公厅副主任。“文化大革命”时被关 8 年监狱。1978 年恢复工作，被任命为公安部办公厅主任。1991 年被公安部政治部授予“人民警察一级金盾荣誉奖章”。著有自传体长篇纪实文学《一个朝圣者的囚徒经历》

一书。

姚士杰 男,汉族,1947年出生于双城县前进乡胜利村,大学文化,中共党员。解放军211医院主任医师(副师级待遇),大校军衔。

姜国华 男,汉族,1940年出生于双城县万隆乡战胜村,中共党员。1965年东北农业大学毕业后分配到中共黑河地委组织部。1968年到德都县工作,1974年任德都县革委会副主任。1980年任黑河地区农机局副局长,1983年任中共黑河地委组织部副部长,1984年任黑龙江省农机局副局长,1985年任黑龙江省农机局局长,2000年任黑龙江省人大常委会农林委员会委员(正厅级)。

訾显章 男,汉族,1928年12月出生,双城人,1947年参加革命,1949年1月加入中国共产党,曾任牡丹江市市长等职。

高海文 男,锡伯族,1929年出生于双城县西正黄旗头屯,中共党员。1946年参军在东北民主联军6纵18师独立团,在东北战场参加夏季攻势、冬季攻势。1948年参加辽沈战役、平津战役。1949年随军南下,参加先遣兵团解放华中战役配合中原野战军渡江作战,参加解放广州、海南岛等战役。1951年调入华南军区司令部机关工作。1969年任广州军区司令部办公室主任,1975年任湖南吉首军区副司令员。1982年任广州军区司令部研究员。参与编写当代华南民兵史。1984年10月离休。

高树栋 男,汉族,1937年出生,双城人,大学文化,中共党员。历任国家经贸委秘书长,国家开发银行行长等职,曾担任前国家领导朱镕基总理的秘书。

康慨 男,汉族,1958年出生于双城,1984年6月参加中国共产党。毕业于黑龙江大学哲学系,经济学硕士,研究生学历。中共黑龙江省委办公厅副主任。

耿文彪 男,汉族,1954年10月出生于双城县农丰镇田茂村,中共党员,大学学历。1972年参加解放军,历任空军排长、战区连长、机运股长、战区正营职助理员、战区后勤处处长(副团职)。1989年任空军西安四站厂厂长(正团级)。1994年晋升为副师职,被授予大校军衔。1998年晋升为正师级,高级经济师。2004年晋升为副军职,高级经济师。后为兰州空军正军职高级经济师。

郭国顺 男,汉族,1945年3月出生,双城人,中国共产党党员,硕士研究生学历。历任哈尔滨市太平区农业局副局长,区委农工部副部长,纪检委副书记,中共哈尔滨市委组织部党政干部处副处长、干部调配处副处长,哈尔滨市纪检委常委、党风党纪教育室主任、市端正党风办公室副主任,市监察局常务副局长,现任哈尔滨市检察院反贪污贿赂局局长、副检察长。

傅庚辰 男,满族,1935年11月14日出生于双城县。1948年3月参军,进入东北鲁艺学习。1956年9月加入中国共产党。1953年赴抗美援朝前线慰问演出,荣立三等功两次。在第二次对越保卫战时,率队赴云南老山前线演出。1957年毕业于东北音乐专科作曲系。先后就读和毕业于沈阳音乐学院、中国人民解放军国防大学。历任中国人民解放军政治部歌舞团、解放军总政治部歌舞二团创作员、"八一"电影制片厂作曲、音乐组长、总政治部歌舞团团长、中国电影音乐协会副会长。1987年被授予大校军衔。他先后创作800多首歌曲、10部管弦乐、5部歌剧歌舞剧、70部影视剧音乐以及舞蹈、话剧、广播剧等多种音乐作品。影片插曲《雷锋,我们的战友》《地道战》《映山红》《红星照我去战斗》等歌曲广泛传唱。1989年3月被任命为解放军艺术学院院长,1990年晋升为少将军衔。行政级别副军级,享受国务院特殊津贴。

富亚洲 男,汉族,中共党员。1981年7月至1983年7月任中共双城县委书记,历任松花江地区行署专员,哈尔滨市副市长,哈尔滨市人大常委会副主任。

曹玉书 男,汉族,1948年9月出生,双城人,中共党员。毕业于武汉大学经济学院,经济学博士。新华国际招标有限公司董事长。曾任国家计委法规司司长,国家发展和改革委员会新闻发言人,国务院西部地区开发领导小组办公室副主任。中国价格协会常务理事,中国投资协会特约常务理事;兼任中国人民大学、北京师范大学、北京交通大学教授,博士生导师,后任国家发改委秘书长兼政策研究室主任。主持世界银行与国家计委合作项目《关于中国服务业的研究》,亚洲发展银行与国家计委合作项目《中国西部大开发战略研究》，联合国开发署与国家计委合作项目《中国石油发展战略研究》，国家计委专项软科学基金研究课题《我国加入世界贸易组织前后的应对措施》《关于实施走出去战略的研究》。发表专著和参与编写书籍10余部，发表有学术价值的论文百余篇。《进一步推进价格改革，完善社会主义市场经济》获薛暮桥价格研究奖。

常德民　男，汉族，原籍山东省，1926年出生，中共党员。1949年至1951年在双城兆麟中学任校长。历任松花江师专副校长，哈尔滨师专校长，哈尔滨师范学院副书记、副校长，院党委书记、院长，黑龙江商学院党委书记等职。

夏秀成　男，满族，1952年生于双城青岭乡，大学文化，中共党员。历任共青团双城县委书记，松花江地区人事局副局长，地委组织部副部长、哈尔滨市人事局局长，编委主任等职。

崔玉发　男，1948年出生，双城人，中共党员，大学文化。1977年后，历任黑龙江省电子计算站系统室副主任、主任，黑龙江省经济信息中心同行业处长，黑龙江省信息化管理中心主任，黑龙江省电子政务推进专家组组长。

温贵显　男，汉族，1947年出生，双城人，中共党员。毕业于哈尔滨师范学院，历任赤峰某部队副师长、师长，副军长，少将军衔。

韩树强　男，汉族，1926年出生于双城县，中共党员。1946年参加革命，1947年参军，在第146师政治部宣传队任中队长。1948年调入师政治部宣传科任师《前进报》记者。1948年加入中国共产党。参加了平津战役、宜沙战役、衡宝战役和广西剿匪战斗等战地报道工作。1952年调到中南军区政治理论训练班，以学员身份担任教育助理员。1955年任中国人民解放军政治学院秘书处秘书。被授少校军衔。1969年任新疆生产建设兵团农6师101团政委。1979年任解放军西安政治学院副师职教员。

韩广儒　男，汉族，中共党员，1984年1月至1986年3月任中共双城县委书记，曾任黑龙江省政府副秘书长。

谢远一　男，汉族，1957年出生于双城县双城镇新民街。1977年考入哈尔滨科技大学。1983年在原松花江地区林管局工作。1989年任黑龙江省委办公厅综合处副处长。1997年任黑龙江省政府办公厅三处处长。2001年任哈尔滨市委办公厅副主任。

蒋清学　男，1954年出生，双城人，中共党员，历任中共黑龙江省委组织部人才培训中心主任，招待所所长等职，现为中共黑龙江省委党史研究室副主任。

蒋才兴　男，1929年出生，双城人，1948年毕业于哈尔滨铁路学院工务系。1948年任齐齐哈尔铁路局公务处技术员、公务员、主任工程师，代理技术科长。1951年加入中国共产党，1952年任铁道部第三工程局机械筑路工程队分队长、副队长。1959年任呼和浩特铁路局机械筑路队副队长、队长、政委。1969年任湖南省湘黔枝柳铁路会战指挥部生产管理组长，1970年任援建坦赞铁路赞比亚六机队主管生产副队长，1976年任铁道部第四工程局机械筑路工程总队政委、铁道部第四工程局副局长，1978年任铁道部基本建设总局副局长，已离休。

谭中义　男，汉族，中共党员。1941年出生于双城县韩甸镇新立村，中师文化。1965年任中共双城县周家镇党委副书记。1971年任中共双城县五家镇党委副书记、书记。1974年任中共双城县革委会副主任、农机局局长。1980年任双城县农工部副部长、部长，中共双城县委常委。1985年任双城县政府副县长，1988年任中共双城市委副书记，1991年任松花江地区农委主任，1994年任哈尔滨市农委副主任（副局级）。

赫崇学　男，满族，1931年出生于双城，1947年参加工作，1949年加入中国共产党。1950年任乡政府公安助理，同年9月任中共双城第一区委员会书记，中共双城县委组织部副部长，县委常委。1960年任日喀则分区工委组织干事，后任分区工委干部训练班负责人和日喀则专区干部学校校长，1964年任日喀则地区直属机关党委副书记。1972年调回双城任中共双城县委常委，管委会副主任，1978年任中共双城县委副书记,1980年任双城县县长,1983年任中共双城县委书记。1984年任松花江地区中级人民法院院长、党组书记,1990年任松花江地区人大工委副主任。

魏兴柱　男,汉族,1943年出生于双城。1964年参加大庆石油大会战,1966年加入中国共产党。历任大庆市人事局副局长、局长,大庆市政府副市长,大庆市人大常委会副主任。曾连续多年被评为大庆市先进工作者和优秀共产党员。黑龙江省端正党风先进个人标兵,荣获全国"五一劳动奖章"。1986年中共大庆市委、黑龙江省委分别做出向魏兴柱同志学习的决定。1989年被评为全国先进工作者,是大庆油田开发30周年时树立的"大庆精神大庆人"十大标兵之一。

【各界名人】马亚川　男,满族,1929年出生于双城县希勤乡,国民优级学校毕业。1946年参加革命工作。中国民间文学家协会会员。1966年开始业余文学创作,主要作品有《女真萨满神话》《女真传奇》《完颜部的兴起》《阿骨打的传说》《康熙皇帝的传说》等。

亢　进　男,原名王璟琳,1931年出生,双城人,中共党员。1946年参加东北民主联军,大学本科,中国作家协会广西分会专业作家。1958年弃医从文。先后在报社任编辑部主任。历任县文化馆馆长,文化局长、宣传部长、县长等职。1984年任广西电影制片厂副厂长。系黑龙江省作家协会会员,世界华人诗协会会员。主要著作有长篇小说《来自地狱的报告》,诗集《新城序曲》《爱的旋律》及电影文学剧本《乳燕飞》等。

王恩吉　男,20世纪40年代出生,双城人。2005年为黑龙江省美术馆副馆长,黑龙江省美协秘书长。作品有版画壁画《腾飞》《思》《信息》。

王海南　男,1943年出生,祖籍双城县兰棱镇。1962年考入师范大学中文系。当过乡村教师、文化馆馆员、文学编辑、新闻记者。长春日报社高级记者,中国作家协会会员,中国散文学会理事,长春作家协会副主席。第八届、第九届长春市政协委员。1963年开始文学创作,在国家和省各级刊物发表小说、散文、诗歌、报告文学、评论250余万字。多次在全国及省、市获奖。有散文诗集《单桨船》,诗集《那些飘雨的日子》,小说集《爱情四季》等。其小传曾收入《新中国文学辞典》。

王作龙　男,汉族,1954年出生于双城县水泉乡小西荒村,中共党员。1975年呼兰师范毕业回乡教书。1980年为中共双城县委宣传部干事。1992年为《松花江报》记者。后为《哈尔滨日报》高级记者,黑龙江省作家协会会员。长篇通讯《榜样的力量》在《人民日报》发表后,选入全国高中二年级语文补充教材。在报刊发表各类文字作品百余万字。著有散文集《悠悠故乡情》《青山遮不住》《感谢痛苦》。

王文山　男,汉族,1946年出生于双城县,大学文化,中共党员。曾任双城县文联副主席,双城市文化局局长兼党委书记,《哈尔滨日报·双城版新闻》主编。国家一级编剧,一级美术师。双城市作协主席。系中国曲艺家协会会员,黑龙江省作家协会会员,黑龙江省戏剧家协会会员,黑龙江省曲艺家协会理事。20世纪60年代后期开始发表作品。出版曲艺、戏剧集4部,长篇历史小说4部,散文集3部。二人转《巧劝妻》《花木兰》4次获国家文化部群星奖;二人转《猪八戒重游女儿国》等曲艺作品和散文《童年的兰棱河》《留恋露天电影》《母亲的三件宝》等曾在全国、全省获奖。

王　兴　男,汉族,1949年生,双城市人,中共党员。1988年考取律师资格后一直从事律师职业。利用业余时间从事文学创作,在《农民日报》《解放军报》《黑龙江农村报》《哈尔滨日报》《重庆晚报》等多家报刊发表过散文作品。

王禹时　男,汉族,原籍河北,出生于双城。1948年毕业于东北铁道学院。1949年加入中国共产党。历任《中国青年报》记者,《万年青》杂志编委,《体育报》国家部主任、编委,《文物天地》杂志主编,《人民政协报》总编辑,中华全国新闻工作者协会理事。著有长诗《春姑娘》,通讯《邢燕子》《可敬啊,为真理而战斗的人们》,合著有《青年飞车手》等。其书法作品收入《当代中国书法》。

王忠瑜　男,1927年出生,原籍安徽省合肥市。20世纪60年代至80年代初在双城工作,曾任双城县农机局副局长。1946年开始发表作品。1951年参军入朝作战,1958年转业后任《北大荒》编辑,1962年调黑龙江省作家协会任专业作家,国家一级作家。主要作品有长篇小说《惊雷》《鹰击长空》《赵尚志》《李兆麟》等;短篇小说集《鹰之歌》等4部;诗集《列车奔向北方》《一朵野芍药》《饮雪斋诗稿》等4部。结集出版《王忠瑜文集》7部,《王忠瑜选集》3卷。其创作的电视连续剧《赵尚志》获"五个一工程奖"和"飞天奖"等五项大奖。其传略收入《中国文学家辞典》《中国诗歌大辞典》《当代诗词大辞典》《散文百家传略》以及英国剑桥《世界名人录》,美国《500名有影响作家》、印度《亚洲名人录》等数十部中外辞书。并获黑龙江省文艺终身成就奖。

　　王英文　男,1952年出生于双城,1961年迁居黑龙江农垦七星泡农场,系黑龙江省作家协会会员。1985年创办早春诗社,同年开始文学创作。作品有诗歌、散文、杂文、小说、歌词散见于报刊。诗歌被收入《中国当代诗人代表作》,散文被收入《中国当代散文家力作选》(第二卷)等中外文集。2001年出版诗集《夯歌》

　　王德力　男,1955年出生于双城。1983年毕业于哈尔滨师范大学美术系中国画专业。文学学士学位。中共党员。历任双城县文化馆副馆长,双城市文联主席,双城市委宣传部副部长,双城市环保局局长。黑龙江省美术家协会会员、黑龙江省书法家协会会员。曾任黑龙江省现代水彩画学会理事,松花江地区美术家协会副主席。《双城市歌》作者。水彩画《暮归》《林中人家》《原野》先后参加1994年国际现代水彩画展和1995年黑龙江省天鹅艺术节美术作品展。

　　王　伟　男,1971年出生于双城。1989年考入齐齐哈尔医学院。现任双城市人民医院第二住院部脑外科主任。2002年被评为双城十大杰出青年、哈尔滨市经济技术创新能手。2004—2005年两次获全国颅内血肿微创技术推广奖。获"黑龙江省优秀知识型人才"称号。

　　王德智　男,汉族,1957年出生于哈尔滨市,大学学历,中共党员。曾任双城市农丰镇党委副书记,双城市国税局副局长,黑龙江省通河县国税局局长等职。系中国乡土作家协会理事,中国文化研究会诗词艺术家委员会副主任委员。著有《心池斋吟稿》。

　　白金声　男,1947年出生,双城人,汉族,大学文化,民革成员,特级教师,小语专家,享受国务院政府特殊津贴。双城市政协副主席,哈尔滨市政协委员,民革黑龙江省委常委、民革省参政议政委员会副主任;黑龙江省小语学会常务理事,全国反馈教学法研究会常务理事。在省市以上学术会议交流的论文70余篇,获优秀科研成果奖40余项,其中"小学语文法指导实验研究"项目获国家教委"八五"重点课题二等奖;《小学语文愉快教学教改实验研究》项目获黑龙江省教育厅"九五"重点课题特等奖。出版著述56本,其中专著13本。先后获哈尔滨市一级功勋教师,黑龙江省优秀教师,全国优秀教师,黑龙江省劳动模范,黑龙江省有突出贡献优秀中青年专家,民革全国先进个人等荣誉称号。1995年获曾宪梓教育基金奖。

　　白春跃　男,1971年出生于双城。1990年考入呼兰师专艺术系,学习钢琴、手风琴。1992年毕业后担任双城市歌舞团键盘演奏员。从教十几年为双城培养出一批优秀的钢琴人才,在全国钢琴考级中,他的学生有20多人获8级水平,有10余人获9级水平,有7人获10级水平。系国家三级演奏员,黑龙江省钢琴学会理事。

　　刘　音　女,1926年出生,双城人,中共党员,1944年双城国高毕业。1947年参军后被组织选送到医学专科学校学习。毕业后在部队任军医,参加抗美援朝,在医疗工作中,被授予"模范医务工作者"称号。1970年转业到广州工作,副主任医师。

　　刘志悟　男,原名刘志武,1939年出生,双城人。1963年毕业于哈尔滨艺术学院美术系装潢专业。1984年毕业于黑龙江业余书法学院。曾任工艺美术师,五大连池市文联名誉副主席。黑龙江省妇女干部学院教授。系中国民盟盟员,中国书画艺术家制作中心顾问,黑龙江省美术家协会会员,黑龙江省水彩画学会会员。

　　刘玉龙　男,汉族,1967年出生,黑龙江双城县临江乡人。曾就读北京广播学院、东北师范大学。中国书法家协会会员,黑龙江省书法家协会学术委员会委员,哈尔滨市书法家协会副秘书长。"第三届亚冬会"全国书法美术作品大赛组委会负责人。1990 年作品参加黑龙江省文艺作品进京展;1996 年入选全国首届扇面书法展;2002 年入展中国书法最高奖——首届"中国书法兰亭奖"。2002 年获全省书法大奖赛一等奖和黑龙江省政府文艺精品工程奖。著有《中国书论的审美特征和艺术精神》等学术论文。

刘英武　男,满族,1944 年出生于双城县五家镇镶蓝旗三屯。1963 年参军,退役后曾任乡广播站编辑,后调入松花江地区行署、哈尔滨市工作。1958 年开始文学创作。发表小说、散文、诗歌数百篇(首)。黑龙江省作家协会会员。著有诗集《马莲草》。

刘景云　女,1950 年出生,汉族,中共党员,高级政工师。历任单城镇政治村小学教师,双城县第五小学教师,双城县第十一小学教导主任,双城县第二小学副校长。1992 年任双城市聋哑学校校长,1996 年任双城实验小学校长。被评为黑龙江省"注提"专业委员会委员,全国"注提实验"先进工作者,黑龙江省优秀教师,黑龙江省优秀小学校长,黑龙江省小学作文训练序列实验先进工作者,哈尔滨市劳动模范,2000 年 6 月获黑龙江省教师继续教育突出贡献奖。

刘　闯　女,国家柔道队队员,黑龙江选手。1966 年出生,双城人。1981 年进入双城市业余体校田径班。1989 年获黑龙江省女子柔道锦标赛 56 公斤级亚军;全国女子柔道锦标赛 56 公斤级比赛第 5 名;第 7 届全国运动会 56 公斤级比赛第 5 名;亚洲柔道锦标赛获女子 61 公斤级第 5 名;全国女子柔道锦标赛女子 56 公斤级冠军;第 12 届亚运会女子 56 公斤级第 3 名。1995 年在全国女子柔道锦标赛上获女子 56 公斤级冠军。1995 年在亚洲柔道锦标赛上,获女子 56 公斤级第 3 名,1996 年在全国女子柔道锦标赛上获女子 56 公斤级冠军,1996 年在美国亚特兰大举行的第 26 届奥运会女子柔道 56 公斤级比赛中获第 5 名。1997 年参加在韩国举行的第二届东亚运动会,获女子 56 公斤级冠军。

刘　卉　女,大学本科学历。1956 年出生于双城。高级职称,双城市文化馆研究馆员。1980 年参加工作,1996 年 9 月调入双城市文化馆,任文学创作股辅导员,创作股股长。2003 年加入黑龙江省作家协会。从 20 世纪 70 年代开始文学创作,著有诗集《三角帆》《风语者》(诗文集)《刘卉文集》。诗歌《乡根》1988 年获《诗林》编辑部作品二等奖;《自画像》《野人》1991 年至 1992 年先后获全国"诗歌选拔赛"和"中国冰雪节"诗赛一等奖。报告文学《真真实实林国彬》1997 年获新华社颁发的作品一等奖。

刘明福　男,1955 年 5 月出生于黑龙江双城县青岭乡延放村。1975 年考入技校,毕业后成了一名火车司炉工。1996 年凭着娴熟的技术,担任朱德号第 18 任司机长。1989 年,被铁道部、中华全国总工会授予全国铁路劳动模范称号。

任国顺　男,1936 年出生于双城。1954 年开始发表作品,1956 年与韩统良创建哈尔滨第一工具厂萌芽文学创作小组,任副组长。1958 年编辑《萌芽小组作品选》(北方文艺出版社出版),受到茅盾和刘白羽等前辈作家的接见。其作品还被收入《黑龙江诗歌选》《红旗下》《黑龙江诗歌选 1949—1979》。系黑龙江省作家协会会员。

朱俊峰　男,1933 年出生于双城。1953 年考入东北师范大学俄罗斯语言文学系。少年时喜欢集藏、后潜心于开掘藏品的功能,使之服务于社会,教化于民。曾任中国展览馆协会副秘书长、《中国展览》杂志总编辑、副编审,黑龙江省收藏家协会常务理事。其传略收入《收藏家》和《20 世纪中国收藏家大全》。

齐春玲　笔名冷吟,女,汉族,1953 年出生于尚志县亚布力镇,大学本科学历。1971 年参加工作,中共党员。双城市政府地方志办公室副编审。系黑龙江省作家协会会员,哈尔滨市地方志学会理事。1985 年开始在《诗人》《诗歌报》《诗林》《绿风》《淮风》《岁月》《远东诗坛》《海峡之声》,广播电台"文艺节目"、《黑龙江日报》"天鹅"副刊、《黑龙江青年》杂志等刊物和电台发表诗作百余篇,报告文学 20 余篇。著有诗集《星河》。诗歌《预告明天》获 1990 年黑龙江省"黑土地杯"大赛二等奖;《清泉·摇篮》在中国《海峡之声》广播电台对港、澳、台和东南亚地区播出后,1990 年被评为文艺作品三等奖;《后来》和《给我一段空间》1993—1995 年先后获全国跨世纪作品大赛优秀奖和第二届华文诗歌大奖赛佳作奖。《雪是另外一种火苗》获 2002 年黑龙江哈尔滨冰雪诗歌大赛三等奖并被收入《雪国优秀诗歌选》一书。报告文学《艰难的跨越》获 1997 年黑龙江"黑土地杯"征文大赛二等奖。

齐光锐　又名齐光瑞,男,汉族。1962 年出生于双城县前进乡胜业村。黑龙江省作家协会会员,黑龙江省曲艺家协会会员。20 世纪 70 年代开始文学创作,先后在全国各地报刊发表小说、报告文学、散文、诗歌、评论等文字作品 200 余篇(首)。1991 年获全国"首届自学成才优秀人物"称号。著有《纪实文学的写作艺术》、小说集《万紫千红总是春》、散文集《挥斥方遒》《关东风情》,戏剧集《风流村》、古体诗词《网事情怀》等,其通讯《山沟里飞出软件制造娃》被选入 2002 年中国人民大学课本。2000 年任《光明日报》黑龙江记者站新闻中心主任记者。2005 年任《北方文学》杂志社主编。入选《中国当代文艺家荟萃》等辞书。

齐文斌　笔名胡果,男,汉族,1961 年出生于双城县朝阳乡政广村,大学本科学历。1978 年朝阳二中语文老师。1981 年开始诗歌创作,先后在《诗歌报》《绿风》《诗林》《散文诗》《北方文学》《黑龙江日报》"天鹅"副刊等发表诗歌、散文、随笔百余篇(首)。并有数十篇作品收入多种文选。其代表作有《临风的九月》《那一只蝉》《一把杏黄色的伞出现》《谁和你在同一条河里洗脸》《今夜》《高处的蝉》和创作随笔《那一条蜥蜴》等。系黑龙江省作家协会会员,黑龙江省诗词协会会员。

关　晶　男,满族,双城人,高中文化。1943 年毕业于双城国民高等学校。1956 年在北京中央商业干部学校学习。1946 年曾在哈南军分区第六兵站工作。黑龙江省商业储运学会会长,中国仓储协会理事,全国商品储存养护技术研究会顾问。曾参与《商品合理运输》《商品合理运输概论》《运输管理学》的编写工作。他本人被收入《中国当代经济科学学者辞典》和《中华人物辞海》。

关洪野　男,锡伯族,1932 年出生,双城人,中共党员。1945 年参加工作。1952 年就读于清华大学机械工程系。1958 年后任广州经济开发区高级工程师,广州岭南美院艺术铸造教授,中国科学院华夏编钟创制组总工程师,工程安装总指挥。享受国务院有特殊贡献专家津贴。参与复制战国曾侯乙编钟,获文化部科技成果一等奖。研究创制世界独一无二的坝高 70 米的大型水轮机全球铁机组,解决了球铁球化衰退的世界难题。参与研制镁球铁国家标准,论证中国 2000 年前西汉发明的球铁,从而使西汉铁匠是世界球铁之父的史实得到世界科学界认同。主编和参编《球铁基础知识》《耐磨铸铁艺术铸造》《编钟之王——中华和钟》《球铁化原理论文集》专著,创办世界独一无二的《球铁》杂志并任主编。1998 年调入中国科学院之后参与并指挥中华编钟工程获得成功,获国家奖励证书,并获得"世界最大舞治编钟"称号和"吉尼斯世界之最"证书。2004 年应邀参加第三届中国科学学论坛,获 6 项国家一、二等技术成果和科技进步奖。

伊文茹　女,1952 年出生,1977 年毕业于佳木斯大学临床医学专业。大学本科学历。急救中心妇科门诊主任。2002 年晋级主任医师。黑龙江省医学会妇科分会理事。

李大为　男,满族,1933 年出生于双城县团结乡大李家窝堡。1953 年考入哈尔滨国防工业高职学院飞机制造专业。1956 年毕业获得飞机制造机械技术员资格。同年到西安航空学院(现西北工业大学)502 教研室任教。1973 年调入黑龙江大兴安岭地区筹建航空试验站任站长。1998 年被黑龙江省科技干部局评为机械高级工程师。1996 年被中国航空学会聘为中国航空学会轻型飞行器飞行与应用技术专业委员会委员。曾获中国林业部、中国农林工会全国委员会颁发的林业系统合理化建议和技术革新先进个人奖。黑龙江省科委、黑龙江省总工会颁发的高效节能灯具的应用项目优秀成果奖,卫星导航仪在林业上的应用项目获黑龙江省科技进步三等奖。

李大志　男,1948 年出生,双城人,民盟盟员。毕业于黑龙江双城牧校。黑龙江省七台河市人民广播电台文艺部主任。七台河市政协委员,中国广播电台学会会员,黑龙江省曲艺家协会会员,黑龙江省地方戏学会会员,七台河市曲艺家协会副主席。编辑的作品多次在全国、省、市获奖。

李长荣　男,1938 年出生,双城人。1964 年毕业于黑龙江大学中文系。先后在省直文化部门任编剧、教师、编辑、常务副主编等职,副编审。中国剧协、中国曲协,中国作家协会黑龙江分会会员。在报纸杂志发表文学作品 300 余万字,多次在省内外获奖。

李纯人　男,1934 生于双城,1956 年起,用李黎、树人、纯人等笔名在全国报刊发表散文、话剧、诗歌、随笔、杂文、散文诗、报告文学等各类作品数百篇。著有话剧《上尉的婚事》、散文诗集《绿的思念》《滴血的灵魂》等。编选散文诗理论集、散文作品集多部。曾先后任中国作家协会黑龙江分会理事、中国散文诗学会副会长兼秘书长,黑龙江省作家企业家联谊会秘书长,《企业文化》杂志社社长兼主编。

李立奎　男,1948 年出生于双城,汉族,大专文化,中共党员。1966 年参加工作。历任教师、乡武装部部长、双城市纪检委办公室主任、纪检委副书记等职。1990 年任双城市检察院检察长。1995 年任尚志市检察院检察长。2002 年任黑龙江省人民检察院高级检察官。1995 年在双城检察院任职时被最高人民检察院授予全国模范检察官称号。双城市检察院被评为全国模范检察院。

李之凡　男,1935 年出生,1946 年毕业于双城兆麟中学,考入哈尔滨大学文艺音乐系。1949 年考入鸡西矿区文艺工作团乐队担任乐手。当过歌剧、话剧、舞蹈演员和乐队指挥。1952 年投师俄籍小提琴教育家特拉贺田别尔格门下深造。后任乐队首席小提琴。创作 200 多首音乐作品。并编写《少儿小提琴集六十首》教材。黑龙江省音乐家学会会员、鸡西市调频音协秘书长。

李坤久　男,1932 年出生,1950 年毕业于双城兆麟中学。1953 年参军,后入长春军医大学卫校学习。后参加抗美援朝赴朝作战。在金城反击战中荣立战功。后在内蒙古医学院附属医院任副主任医师。内蒙古针灸学会副理事长。长年从事中医针灸临床学、科研工作,曾被授予"白求恩式的好医生"称号。1991 年赴苏联讲学,在国家和省级学术刊物发表论文 30 余篇。因业绩非凡而被收入《世界医学界名人录》《中国当代学者大辞典》和《中国专家大辞典》。

李孝平　男,1973 年出生,双城人。山东省百替集团董事局主席。百替集团有限公司始创于 1991 年,集团总资产达 17.9 亿元,是以房地产开发、食品加工为主导,业务涵盖影视传媒、物业经营等领域的多元化发展的企业集团,拥有十几个子公司。通过双城团市委捐款 10 万元救助贫困大学生,并在双城万隆乡战胜村投资 22 万元人民币修建一所希望小学。

李方元　男,曾用名元也。1947 年出生于双城县西南隅。曾任哈尔滨市作家协会副主席,秘书长,哈尔滨市民间文艺家协会主席,黑龙江作家协会主席团委员。20 世纪 70 年代中期任《哈尔滨文艺》后分为《小说林》《诗林》诗歌编辑。国家一级作家,黑龙江省作家协会会员。1971 年后发表大量诗歌、散文、诗评、电视艺术片脚本等作品。其中部分作品被译成英、日等文字在海外发行。出版诗集《走出平原》《方元诗选》、长篇报告文学《有防洪纪念塔的城市》、散文集《新月旗城》、长篇纪实小说《老哈干一杯》等。

李益兴　男,满族,1951 年出生于黑龙江省双城县水泉乡大有村,大专学历,中共党员。双城县第一轮社会主义新方志主编。1969 年参军,1974 年双城县教育指导站职员。1983 年任双城县幸福乡党委副书记,1985 年任双城县地方志办公室副主任;1990 年任双城市地方志办公室主任,1996 年任双城市档案局副局长兼党史办主任。1993 年他撰写的双城县志概述获黑龙江省地方志创新奖。

李月奎　男,汉族,1965 年出生于双城,大学文化。1985 年在哈尔滨铁路车辆段工作。后回双城经商创业。现为双城市金街商贸发展有限公司总经理兼董事长。拥有四个子公司,固定资产上千万元,是大型综合性民营企业。2003 年成立黑龙江省双城金街房地产开发有限公司,系双城市工商联合会副会长,双城市个体私营经济协会副会长。2001 年被评为"双城市城市建设特等功臣"。

邢　琏　女,满族,1929 年出生,双城人。中国美术家协会会员,历任内蒙古美术创作员,中央民族学院民族系副研究员。擅长油画与原始艺术研究。作品有《年年月月》《斗争图》。论文有《生命礼赞——从原始艺术母神雕像谈起》。

宋晓君　男,汉族,1964 年出生于双城县太平公社,中共党员,大专文化。哈尔滨市纪检委办公室综合处长。1988 年历任哈尔滨市道里区监察局干部、哈尔滨市纪律检查委员会科长、副处长、处长等职。中国摄影家协会会员,香港名家摄影研究院高级会员。1989 年作品《启蒙》获黑龙江省首届"生活瞬间"摄影比赛二等奖,1995 年作品《卖瓜女》在中国首届冰雪摄影艺术品展中获银奖,1999 年作品《雪天即景》在佳能杯"亚洲风采"摄影比赛中获三等奖。1999 年论文《浅析当代摄影艺术发展方向》被中国艺术研究院摄影艺术研究中心评选为"中国摄影优秀论文奖"。

孙朝成　男,1947 年出生于双城县,1966 年参军,复员后当过工人、干部、记者。1988 年到北京工作。1990 年在北京"下海"创办民营科技企业。北京市作家协会会员,北京市音乐家协会会员,北京市文物保护协会会员,中国诗歌学会会员,中国诗词学会会员,中国乡土诗人协会副会长。作品有红色旅游歌曲《魂牵萦绕西柏坡》《放歌井冈山》《延安放歌》《小平小道》。20 世纪 70 年代开始发表文学作品,已出版多部作品集。

张兆南　男,1955 年 10 月出生,双城人。现任湖南师范大学音乐学院教授、硕士研究生导师。中国音乐家协会会员,中国声乐教育协会会员,湖南省音乐家协会声乐艺术委员会副会长,湖南省高级职称评审委员会学科评议组专家。

张育新　男,汉族,大学文化,中共党员,1964 年出生于双城县临江乡。哈尔滨日报社《新晚报》记者,中国作家协会黑龙江分会会员。出版发表各类作品 200 余万字。著有长篇小说《古河道》、长篇纪实游记《金长城之旅》(合作)。文集《活回去一次》、诗集《橄榄岁月》。

张济　男,汉族,大学文化,1956 年出生于双城。1983 年毕业于哈尔滨师范大学美术系。1994 年就读北京画院中国画研修班。双城市政协副主席,双城市画院院长,黑龙江美术家协会会员,黑龙江书法家协会会员。中华诗词学会会员,国家一级美术师。1987 年国画作品获全国九华山杯全国书画大奖赛一等奖。1996 年 3 月作品《春消息》《子母虎》分别获亚洲国画巡回大展金奖,首届全国扇子艺术大展国画一等奖。1999—2001 年作品《雏鸡声声》《文运千秋》《秋入农家院》《霜叶红于二月花》《清韵图》《硕秋图》《山林情》分别获金彩奖、牡丹杯新人奖,全国群众书画摄影大展银奖,东方书画艺术大展全国奖,黑龙江省美术回顾展银奖,其中《文运千秋》入选纪念孔子诞辰 2550 周年全国美展,《霜叶红于二月花》入选全国国画院院长中国画新展,《清韵图》入选《清莲颂》——中国书画展。

张浩　男,1960 年出生,双城人,曾在双城和哈尔滨市政府机关任职。北京天丰测控技术有限公司董事长,北京天丰林业发展有限公司董事长、上海绿海电脑技术开发有限公司董事长、中国信息报刊协会理事、今日中国论坛杂志社社长助理、黑龙江鸿英律师事务所主任助理、中国成功者历程研究会副会长、中华国际民营企业促进会副秘书长。中国作家协会会员,中华诗词学会会员。已出版《张浩诗集》《浪漫的季节》《文化创意方法论》《改革与沉思》等著作。

张静波　男,1962 年出生于双城县舒家窑村。中共党员。哈尔滨市平房区委宣传部副处级调研员。诗歌发表于《人民文学》《诗神》《诗林》《诗歌月刊》《岁月》《大型诗丛·诗 16 卷·18 卷》《后时代诗刊》《关东诗刊》《诗沙龙》《淮风诗刊》《香稻诗报》《陌生诗刊》《燕赵诗刊》《中国诗歌在线》《北大荒文学》《鄂城文学》《秋水诗刊》《北美枫》《诗歌报》等多家报刊。并选入《禁果》《冰城十年文学选》等合集。作品曾获《诗歌报》首届爱情诗大奖赛三等奖、《人民文学》"太阳岛、红博杯"文学创作征文优秀作品奖。

张希成　男,汉族,大学文化,1925 年出生,原籍山东宁阳。黑龙江省音乐协会会员。1946 年参加 359 旅先遣队宣传队。1952 年开始到双城兆麟中学任教。多年来培养出大批音乐人才。1959 年创作歌曲在省刊发表,曾为大型 4 幕 7 场歌剧《五顶山》作曲,著有正谱音乐基本理论、音乐史料、发声初步作曲法、指挥法等。创作群众歌曲 50 余首。1985 年论文《论音乐欣赏能力培养》获省优秀论文奖。

张宝辉　男,汉族,1966 年 7 月 7 日出生于双城,中共党员。1985 年双城兆麟中学毕业,同年考入哈尔滨师范大学。1989 年双城兆麟中学任教。1994 年获北京师范大学教育专业硕士学位。1994 年在北京师范大学担任化学教育专业讲师。兼任中国科协青少部特邀研究员。2003 年在美国密歇根大学教育学院获得教育技术与科学教育博士学位。之后曾任职于美国匹兹堡大学学习与研究中心(LRDC)及在卡耐基·梅隆大学化学系作为博士后研究人员工作一年。2004 年被聘为美国密歇根州立大学教育学院及中美教育研究中心副研究员。2005 年任新加坡南洋理工大学助理教授、博士生导师。致力于《应用学习科学等领域的方法研究教育技术支持下的系统化的中小学科学教育方法》。

　　张喜彦　曾用名张喜雁,张希彦,男,1937 年出生于双城县新镶红旗五屯。中共党员。曾任希勤乡电影放映站长、文化站站长等职。1957 年开始业余文学创作,1958 年参加全省业余创作会议,并与茅盾、严辰等合影。1959 年加入黑龙江省作家协会。1965 年出席全国青年业余文学创作会议,受到党和国家领导人接见。在《北方文学》《萌芽》《中国青年》《黑龙江日报》等多家报刊发表文学作品千余篇。并入选多种选集。系中国作家协会会员、中国诗歌学会、中国曲艺家协会会员。著有《张喜彦诗词选》《新村歌》《金训华》《做毛主席的好学生》等著作,列《中国文学家词典》《世界名人录》《中国当代文艺家词典》等。

　　张振江　男,1960 年出生于双城。1983 年毕业于黑龙江中医学院中医系。本科学历,学士学位。双城市中医院副院长,中医内科副主任医师。1995 年被黑龙江省中医管理局授予黑龙江(中医)肾病学科带头人。2001 年被哈尔滨市工会授予经济技术创新能手。系世界中医药学会联合第一届中医心理学专业委员会理事。有多篇学术论文在国家和省医学刊物发表,并获奖。

　　何永鳌　男,汉族,双城人,1930 年出生。1951 年毕业于中国人民解放军成都第四航校。曾任新疆八一钢铁厂采矿工人、焦炭分厂宣传干事,《新疆文学》杂志社编辑。专业作家,文学创作二级。1949 年开始发表作品,1988 年加入中国作家协会。

　　何玉茹　女,汉族,1956 年出生于双城市朝阳乡胜丰村,中共党员,大学本科学历。双城市第十小学校长,高级职称。1990 年开始承担"小学语文学法指导"教学实验任务。她曾多次应邀出席全国小学语文学法指导研究会,并多次在会上做观摩课,受到教育界领导和专家的高度评价,其教学录像带在全国发行。撰写有价值的学术论文 30 余篇,其中有 6 篇被评为国家级优秀论文,有 7 篇被评为省级优秀论文。并获优秀科研成果奖。参与编写国家出版的《九年义务教育备课手册》《实用语文学习方法》《全国 20 省市语文、教学随堂参考书》等书籍。被评为全国优秀教师,全国特级教师,同时享受两个特殊津贴。

　　胡文刚　男,汉族,1936 年出生于双城县,1954 年林业学校毕业后到林业部森林调查一大队工作,1955 年任林业部航测队技术员。1961 年调到伊春市政府任科员,1965 年调到伊春日报社,先后任编辑,办公室副主任。系黑龙江作家协会会员,曾任伊春市作家协会名誉副主席。1987 年被评为副高级职称。主要作品有散文《在大兴安岭上》1956 年发表在《北京文艺》,小说《马戏团来啦》1963 年发表于《北方文学》,中篇小说《遥远的兵站》1980 年在中国少年儿童出版社出版,《双城堡里的小鸟》在《伊春日报》连载。

　　萧　冷　原名刘兴元,男,1930 年出生,双城希勤满族乡人。作曲家,中国音乐家协会会员。1947 年参加哈尔滨鲁艺文工团乐队,1948 年并入鲁迅文学艺术学院乐团。1951 年参加抗美援朝,1952 年任鞍山市文联编辑。1961 年从上海音乐学院作曲系毕业后,在北京中央民族学院艺术系任教,1978 年调入中国歌剧舞剧院创作室从事音乐创作。主要作品有《拖拉机手之歌》《挖煤歌》《新旧婚姻对唱》《打开大地的门窗》《茶山新歌》《九里十八坡》《快乐的早晨》《摇篮曲》等。作品被编入《工人歌选》《各民族歌独唱重唱歌曲选》和《歌坛新秀歌曲选》一、二集。他创作的歌曲被中央人民广播电台在 1985 年 5 月 30 日至 31 日内做过专题广播,并在中央人民广播电台《广播之友》第四期《少数民族音乐宫》栏目对其做专题介绍。

　　吴云生　男,汉族,1936 年出生,原籍上海。1950 年考入北京师范大学中文系。1979 年双城兆麟中学任语文组组长。1980 年加入中国共产党。1981 年任副校长,1990 年任兆麟中学校长,特级教师,曾获全国优秀教师称号。全国教育系统劳动模范,享受国务院政府特殊津贴。

　　吴振坤　男,汉族,1928 年出生于双城县周家镇,中共党员,著名经济学家,中央党校理论动态组长,政治经济学教研室(部)副主任,主任。1953 年调入中央马列学院翻译室从事《资本论》的翻译工作,并任经济翻译组组长。1977 年《理论动态》的首批成员,负责撰写有关经济方面的文章。在《红旗》杂志上发表《生产力在历史发展中起决定作用》,同时在《理论动态》上发表《农村集市贸易是资本主义的自由市场吗?》,并且撰写了《要真正弄清社会主义生产的目的》一文。1979 年他撰写的《要真正弄清社会主义生产的目的》在《理论动态》刊出后,同年 10 月在《人民日报》头版头条被转发。

　　吴安财　男,1928 年出生,双城县农丰镇人,中共党员,1947 年参军。全国解放后曾任卫生队队长,师后勤部副部长。1976 年任鸡西市人民医院副院长,传染病医院党支部书记,副主任医师,市卫生局工会主席。撰写自传体《一个老兵的回忆》等 20 余篇战斗故事,发表在《鸡西日报》等报刊。著有《战火纷飞的岁月》一书。

苏君志　男,1954 年出生于双城,大学学历。主任医师。1980 年毕业于哈尔滨医科大学医疗系。双城市中医院外科主任、副院长。1997 年在哈尔滨地区同类医院率先开展脑外营养(TPN)治疗项目,为很多严重消化道疾病患者及胃肠道较大手术患者的救治和术后康复提供治疗。该项目在全市二级医院全面推广应用,取得良好的技术效益和社会效益。现为中华医学会哈尔滨市外科分会会员、哈尔滨市医师协会理事、《医学理论与实践》编委。主编的《胃肠外科实用技术》一书由国家医学教育中心出版发行。

佟基华　男,汉族,1948 年出生于双城,中共党员。曾任双城市广播电视局编辑、编辑部主任、副局长,大专学历,2000 年任主任编辑(副高)。有多篇通讯报道、散文在报刊上发表。撰写的新闻专稿《屯哥们闯郑州》分别获黑龙江省 1986 年好新闻一等奖,1986 年度全国优秀广播节目评选一等奖和 1986 年全国好新闻作品三等奖,1990 年被评为全省优秀新闻工作者。

金海林　笔名林海、金天,男,1946 年出生,双城县幸福乡长勇村人,大学文化,中共党员。1966 年毕业于哈尔滨市第十二中学,1969 年大兴安岭插队知青、三级警监,一级作家。历任大兴安岭加格达奇区工人,哈尔滨第二工具厂工人,哈尔滨机械工业学校办公室主任,哈尔滨市纪检委办公室秘书、副主任、主任(副局级),哈尔滨市公安局纪检组长、督察长。黑龙江摄影家协会理事,中国艺术摄影学会会员,中国作家协会会员,《哈尔滨法学》杂志主编。出版编著《古镜百鉴》《今镜百鉴》,著有言论集《卫士之声》《卫士之见》,散文集《琴心剑胆》,摄影 集《走进天堂隔壁》。其传略被收入《中国专家大辞典》《中国作家协会会员辞典》。

金恒宝　男,1962 年出生于双城县新兴乡。1980 年参加工作。黑龙江省作家协会会员。散文《向往绿色》收入教育科学出版社出版的小学六年级语文课本(下册)。已出版散文集《黑土乡歌》。

杨桐树　女,1960 年出生,双城人,汉族。哈尔滨医科大学医学检验专业毕业,大学学历。1983 年参加工作。现任哈尔滨医科大学附属肿瘤医院主任医师。

杨成志　男,汉族,1954 年出生于双城县,1969 年参军后开始文学创作。系黑龙江省作家协会会员,黑龙江省萧红研究会副会长,哈尔滨市作家协会副主席,哈尔滨市文学艺术联合会副主席、党组成员。著有《杨成志诗词选》《杨成志书法选》。

周胜华　男,汉族,1949 年出生,双城人。黑龙江省版画院副院长、中国美术家协会会员、中国美术家协会版画艺术委员会委员、中国版画家协会常务理事。其作品套色木刻《暖冬》《霜降》《三月乌苏里》堪称珍品。有 39 件作品被省级以上美术馆、博物馆收藏,其中 4 件被中国美术馆收藏。1993 年获国务院颁发的政府特殊津贴。

陈志佳　男,汉族,1955 年出生于五常县。毕业于哈尔滨师范大学美术系。中国国画家协会会员,中国展示设计协会会员,黑龙江美术家协会会员。第九届哈尔滨市政协委员,双城市政协常委。2003 年赴法国参加"中法文化艺术交流展"。国画《小憩》获全国名家书画金杯奖金奖,风光这边独好大奖赛银奖;国画《孟色拉纳西》等作品在日、美、韩、法、中五国艺术大展中获特等奖和银杯奖。其作品收入《一百位艺术名家》《一百套传世经典》邮政国家名片和明信片中。他的名字先后被《中国当代美术家名人录》《跨世纪著名书画家经典》《世界当代书画名家作品集》《东方之子》《中华骄子》《艺术人生》和《黑龙江政协委员风采》等多部典籍收录。他跻身"2005 年中国书画百杰"行列,被授予"跨世纪人才"、"世界书画名人"称号。

邹华林　男,汉族,1937 年出生于双城,中共党员。1961 年毕业于黑龙江中医学院。历任双城市中医院副院长、人民医院副院长。主任医师(正高职称)。黑龙江省中医学会内科委员,中国中西医结合学会黑龙江分会儿科会员,松花江地区中医学会主任委员,双城市医学会副理事长。1994 年被黑龙江省授予"黑龙江省名中医"称号。省中医继承工作导师、学科带头人,双城市拔尖人才。撰写学术论著《眩晕的辨证论治》《逍遥散在临床上的应用》《慢性肝炎肝区痛中医治疗》《肾盂肾炎的中医分型治疗》等28篇论文分别在国家刊物上和学术会议上发表、交流。1986—1987年荣获省四项科研成果奖。4次获市级科技进步奖。《阳黄茵草汤治疗急性黄疸型肝炎》被收入中国中医药优秀学术成果文库《中国名医特技精典》专病特治专集中。先后入录《中国当代名人志》《中国当代名医辞典》《中国当代高级医师大全》《中国专家大辞典》等16部典志。

　　郑彦清　男,汉族,笔名俨勃、延青,1956年出生于双城县。1981年参加工作,1984年进入双城县民间艺术剧院任编剧。1991年毕业于黑龙江省艺术学校大专戏剧文学班。后到黑龙江省大庆市话剧院歌舞剧院任专职编剧。中国曲艺家协会会员,黑龙江省戏剧家协会会员,黑龙江省地方戏学会理事。出版戏剧、曲艺作品两部。国家一级编剧。

　　郑孟楠　男,汉族,1963年出生,双城人,大学文化。1980年入阿城师范学校。1984年任中学语文老师。1990年后,任党政机关秘书、市委政研室主任、办公室副主任。2001年任市教育局副局长,2005年任双城市文化局局长。1983年开始发表诗歌、小说等作品。其小说《老校长》被收入《全国中师学生优秀作品选》。其诗歌、散文、报告文学、戏剧、曲艺等作品陆续发表于《诗人》《北方文学》《剧作家》《经济新闻导报》《今天消费报》《文化导报》《曲艺》等多家报刊。1999年加入黑龙江省作家协会。出版诗文集《岁月无痕》(1999年,中国文联出版社)。另有作品分别被收入《洒向新世纪的花雨》等选集。

　　赵志宽　男,1947年出生,籍贯哈尔滨市。双城市兆麟中学毕业,插队知青。曾任中学语文教师、县教学研究员等职。1980年调入双城兆麟中学。1984年至1990年任兆麟中学校长。中学高级教师职称,黑龙江省优秀教师。1990年任阿城师范学校校长。中华诗词学会会员,诗作发表于《中华诗词》及省内外刊物。

　　赵守亚　男,汉族,1951年出生于双城县单城镇。1971年参加工作,在大庆油田物业管理二公司任职。1983年开始文学创作。先后在《大庆日报》《黑龙江工人报》《黑龙江日报》《中国科学报》《北大荒文学》《岁月》《北方文学》《诗潮》《诗林》《乡土诗人》等报刊发表诗歌近千首。1997年出版诗集《北方乡情》。黑龙江作家协会会员、中国石油作家协会会员。

　　赵　力　男,满族,大学文化,1952年出生,双城人,中共党员。双城市委政策研究室主任,松花江地委政研室科长、松花江新闻中心记者,哈尔滨日报政教要闻部主任、焦点读者主编、集团新闻研究室主任。高级记者。与人合作的中篇小说《花园公主》获全国城市报刊小说连载一等奖,新闻曾获中国新闻奖、全国副省级城市短消息大赛一等奖、黑龙江新闻一等奖。

　　赵乾质　字慎言,号东门处士,男,汉族,1930年出生于双城,中共党员。1951年参加工作。历任食品公司经理,商业局副局长,黑龙江省办公厅秘书处副处长,双城县政府副县长,双城市人大常委会副主任等职。爱好书法,擅长古体诗词。有的诗词被收入《双城县志》。作品有《筛石集》《四吟集》《赵乾质诗词选》。系黑龙江省作家协会会员,中华诗词协会会员,黑龙江省书法家协会会员。

　　宣化上人　男,满族,俗名白玉书,又名白玉禧,1918年出生,双城人,当代佛学大师。1932年在哈尔滨三缘寺皈依佛门,同年被送进私塾读书。1935年辍学在家照顾父母,舍宅开办义学,让众多的贫寒子弟接受教育。1936年剃度出家,法名安慈,1947年在普陀山受具足戒。1948年任广东曹溪南华寺佛学院监学。1949年赴香港创立西乐园寺兴建佛教讲经堂、慈兴寺。1956年被宗门泰斗虚云任命为释迦牟尼佛传承第四十六代、中国沩仰宗第九代嗣法人,始赐号宣化。1973年在美国成立国际译经院,1976年在北加州瑜伽市大摩镇建立万佛圣城,内设育良小学、培德中学、法界佛教大学和僧伽居士训练机构。在西方传播佛教,开创美国佛教新纪元。传授中国经典,弘扬中国的儒家文化。他晚年各处弘法,其足迹遍布巴西、阿根廷、巴拉圭、印度、越南、新加坡、马来西亚、泰国和香港、台湾地区。把中国的佛教传播到世界,被誉为"当代鉴真"。

郎德山　男，满族，原籍五常县，1938 年出生，中共党员。1955 年就读于双城市兆麟中学，1958 年考入东北人民大学（吉林大学的前身）物理系。1963 年在哈尔滨军事工程学院任教，1970 年学院南迁湖南长沙市并更名为国防科技大学，继续任教。1987 年调到解放军天津运输工程学院任教授。中国计算机学会信息存储技术专业委员会副主任。享受国务院政府特殊津贴。著有《计算机储存系统》《计算机高速缓存同步底板互连》等。撰写论文《十多个系统的研究与实现》等多篇均发表在全国学术刊物上。完成国家重点科技攻关项目"151 百万次计算机系统""银河亿次型计算机系统""银河全数字仿真计算机系统"和"总后重点研究题目""车船综合数据库系统"等十几个科研项目的研制工作。获得国家科技进步一等奖，军队科技进步一等奖、二等奖、三等奖多项。立三等功 2 次，被评为全军优秀教师。

姜洁贞　女，1957 年出生，籍贯广西壮族自治区环江县。1974 年在双城县参加工作，1983 年加入中国共产党。大学本科学历，副主任医师。双城市疾病预防控制中心主任。1994 年参与完成《松花江甲基汞污染对沿江居民健康危害的研究》获国家卫生部科技进步三等奖。2005 年参与完成《中国居民膳食结构与营养状况变迁的追踪研究》获中华医学会科技奖三等奖。1996 年被中共双城市委、市政府授予"市级拔尖人才"，1993 年被评为黑龙江省卫生防疫站疾病检测管理先进工作者。1996 年被评选为黑龙江省卫生厅计划免疫先进个人。1998 年被评为黑龙江省卫生厅公共场所卫生监督先进个人。2001 年被评为黑龙江省厅全省消灭脊灰先进个人。2002 年获中华预防医学会食品卫生检验先进工作者。2003 年获"中共黑龙江省委全省防治典型肺炎"优秀共产党员。

贲洪奇　男，汉族，1965 年出生，双城人。1988 年毕业于沈阳工业大学工业电气自动化专业，1991 年获哈尔滨工业电力电子技术专业硕士学位。1999 年获哈尔滨工业大学机械电子工程专业博士学位。2001—2003 年在哈尔滨工程大学控制科学与工程博士后流动站从事科研工作。哈尔滨工业大学工学博士、教授。主要从事电子学、开关电源的原理与设计课程的教学和电力电子与电力传动学科的科研工作。研究方向是特种电源技术及应用、电化学工艺过程自动控制及控制，有源功率因数校正技术及应用。先后参加国家自然科学基金、总装备部"十五"攻关计划 7 项科研课题工作。获部级二等奖 2 项，国防科技进步三等奖 1 项。发表科研论文 40 余篇。

唐　飙　男，汉族，1960 年出生于双城县对面城乡。曾任哈尔滨建材系统某直属厂团委书记、副厂长、工会主席、党委书记。1985 年开始发表作品，著有诗集《梦不会失约》《女人·太阳》长篇小说《黑嫂》，与人合著散文集《北国相思豆》。黑龙江省作家协会会员、中国乡土诗社会员、黑龙江诗社会员、哈尔滨市文联理事。

奚青汶　男，出生于双城，国家一级作家，中国曲艺家协会会员。1957 年为双城县剧团演员、编导。1974 年任《黑龙江艺术》编辑，1963 年创编二人转《柳春桃》参加哈尔滨市文艺汇演，获特等创作奖。1964 年春风文艺出版社将《柳春桃》出版发行，后被北京宝文堂书店再版。发表曲艺专集 5 部、戏剧专集 2 部、中篇小说集 4 部、散文集 1 部、诗歌集 1 部、长篇武侠小说 8 部。1986 年创作二人转《高老庄》参加全国艺术节获金杯奖。

徐双山　男，汉族，1948 年生于双城县，大学学历。1967 年在兆麟中学毕业，1968 年参军复员后历任双城县剧团编剧、县文化馆创作员、松花江地区创评室主任、黑龙江省国土资源勘测规划院业务办主任，正编审技术职称。黑龙江省作家协会会员，黑龙江省戏剧家协会、曲艺家协会、地方戏学会、诗词协会会员。中国散文家协会会员。发表小说、散文、报告文学、戏剧、曲艺、古体诗词作品数百万字。主要作品有《徐双山中短篇小说选》、短篇小说集《知归鸟》、散文集《丁香结》、报告文学集《人生档案》《徐双山戏剧曲艺作品选》、古体诗词《止观斋诗稿》《止观斋词存》等 10 余部。

徐新民　笔名牧之羊、心敏，男，汉族，1957 年 1 月出生于阿城县亚沟镇，1 岁时随家来双城堡。1975年毕业于双城堡铁路中学，1979 年毕业于呼兰师范学校中文班，1989 年毕业于黑龙江省宣传文教干部学院创作班。1975 年参加工作，历任文化局副局长、局长、审计局副局长等。1994 年加入黑龙江省作家协会。1982年开始发表作品。1986年后,在《飞天》《草原》《北大荒》《岁月》《天山》《春风》《诗人》《诗林》《北方文学》《农民日报》《哈尔滨日报》《长春日报》等国内40余家报刊发表诗歌200余首,散文、评论、报告文学等近百篇。主要获奖作品:《采石工的妻子》(诗歌)1988年获"工源杯"全国诗歌大赛二等奖;《女儿楼》(散文)1989年获《散文选刊》全国散文大奖赛鼓励奖;《一棵向日葵》(诗歌)1990年获《草原》"北中国之星"全国诗歌大赛优秀奖;《榆树林子》(诗歌)1992年获"松花江杯"全国诗歌大赛一等奖。出版作品:诗集《北方的印象》,散文集《心灵的家园》(与王文山合著),诗集《一棵向日葵》2005年出版。主编《双城市五十年作品选》(文学卷上、下),1999年出版,全书120万字。

徐忠武　男,汉族,1938年出生于双城,大学文化。中学高级教师。黑龙江省散文诗学会副会长、黑龙江省作家协会会员、中国散文诗学会会员、中国诗歌学会会员、中国校园作家协会会员,香港世界华人文学艺术研究会会员。著有《推开心灵之窗》《徐忠武散文诗选》《绿恋情怀》《莹露品雨》等。

徐绍林　男,汉族,1963年出生于双城,中共党员,现任双城市兆麟中学校长、党总支书记。研究生学历,中学高级教师。在从教和管理中,曾先后获双城市劳动模范,哈尔滨市模范教师,哈市功勋教师,省模范教师,被授予黑龙江省优秀教师,优秀班主任,黑龙江省优秀教育工作者和双城市首届十佳校长等称号。

顾玲华　女,汉族,1957年出生,中共党员,1981年在双城广播电视台做新闻播音工作,大专学历,主任播音员。1986年由其主播的特写"屯哥们闯郑州"获全国优秀播音一等奖。1993年农村话题节目,获全省优秀广播电视作品三等奖。1994年双城新闻节目获全省优秀广播作品三等奖,1991年写的论文《谈主持人的听众意识》在全省优秀播音论文评比中获得三等奖。

倪红伟　男,1964年出生,双城人。1989年毕业于东北师范大学,理学硕士学位,1998年毕业于东北林业大学获农学博士学位,2001年东北师范大学国家草地生态工程实验室博士后出站。他致力于湿地生态学、生物多样性、资源生态学生态环境保护与建设等领域的研究,共参加研究项目34项。获黑龙江省第五届青年科技奖。黑龙江省十大杰出青年。黑龙江省科学院自然资源研究所所长。出版专著6部,发表论文60余篇。

高步才　字芸阁,男,汉族,1939年出生于双城县,中共党员。1962年毕业于哈尔滨师范学院中文系。历任双城县兆麟中学语文教师,双城县政府秘书,双城县司法局局长,双城县民族事务委员会主任,双城市(县)商业及文化系统党委书记。中国作家协会黑龙江分会会员、中华诗词学会暨黑龙江省诗词协会会员。双城承旭诗社社长。有的作品收入《双城县志》。作品《咏镜泊湖》被收入人民文学出版社出版的《北国吟》。与诗友赵乾质合著《筛石集》《四吟集》。

梁福成　男,汉族,1941年出生,双城人。毕业于哈尔滨工业大学,工学硕士学位。历任黑龙江省计量科学研究所第一研究室主任,黑龙江省计量科学研究所副所长、所长、名誉所长;黑龙江省标准化协会副秘书长,黑龙江省技术监督局副总工程师、中国计量协会常务理事。曾先后被评为黑龙江省有突出贡献的优秀中青年专家和国家优秀中青年专家。享受国务院颁发的政府特殊津贴。他从理论与实践对拍频现象进行深入研究,课题成果1989—1998年曾先后获得国家科技进步三等奖,黑龙江省科技进步三等奖,黑龙江省技术监督局科技进步一等奖,黑龙江省科技进步二等奖。他提出研制单项交流标准源,电压标准源、电流标准源,参加相位标准源等课题的研制开发,使其准确度达到2×10^{-4},相对准确度0.02°,处于国内领先水平。

黄玉臣　男,汉族,1935年出生于双城县西南隅。1951年双城简师毕业。1950年创作的第一首儿歌在沈阳《好孩子》杂志发表。次年童话《两只狼》在东北地区故事比赛中获一等奖,后编入《好孩子》丛书。由东北青年出版社出版。1958年开始曲艺创作。1979年5月落实政策返城,被分配到县文化馆工作。从事创作和辅导40余年,发表诗歌、小说、散文、儿歌、童话、曲艺等形式作品200余篇(首)。出版两本曲艺集,与人合作出版3本连环画。其小说《芳芳的生日》获黑龙江省黑土地杯馆办刊物大赛最高奖。黑龙江省曲艺家协会会员、省群众文学学会会员、松花江地区作家协会副主席。

黄启山　男,1942 年出生于双城县青岭乡。双城县民间艺术团二人转演员。1979 年他与演员赵玉杰搭档演出二人转《猪八戒拱地》在黑龙江省人民广播电台播出后,全国 40 余家电台转播,并由吉林省长白山音像出版社录制成盒式录音带发行全国。1981 年被国家文化部评选为农村文艺服务先进个人。1982 年东北三省二人转学术讨论会在双城开幕,他在研讨会上发表题为《浅谈二人转的表演艺术》的论文。1983 年他表演的《穆桂英指路》参加省二人转地方戏会演获一等奖。1984 年 11 月双城民间艺术团应邀赴上海体育馆、光华影剧院、东海舰队俱乐部演出受到好评。他表演的二人转《高老庄》1986 年参加东北首届艺术节获最高探索奖。1987 年《猪八戒拱地》获表演二等奖。

释安海　俗名王淑琴,法号国观,女,满族,1938 年出生,双城人。1957 年在双城观音堂落发出家。1990 年接任双城市观音寺监院。1991 年被选为黑龙江省佛教协会常务理事,2003 年当选为哈尔滨市佛教协会副会长。安海法师接替观音寺第三代住持后,用积攒于寺众的 12 万元于 1990 年 8 月 15 日动工重建庙宇,于 1993 年 5 月 13 日举行落成开光典礼。1994 年投资 4 000 多万元修建观音寺塔院,2003 年 8 月 24 日观音寺举行开光典礼。观音寺被评为哈尔滨市五级寺院,并被列为黑龙江省著名佛教寺院。

傅万琳　女,1923 年出生于双城,满族。1953 年毕业于中央美术学院油画系。先后任河北师范学院、天津美术学院教授。擅长油画,作品有《黑女人》《报春》《心潮》等。

傅伯庚　男,满族,1944 年出生,双城人。中国书法家协会会员、黑龙江省文史研究馆馆员、黑龙江省美术理论专业委员会副主任、黑龙江省花鸟画研究会理事、黑龙江省书法家协会理事、牡丹江书画院副院长、研究馆员,一级美术师、文艺评论家、书画家。著有《叩问笔墨》《生命读记》《山巅的风流》《中国笔墨语言论纲》《翰墨当歌》《傅伯庚序跋集》《傅伯庚书法作品集》。

韩德韬　男,1956 年出生于双城县水泉乡仁勇村,汉族,主任医师。福建医科大学教授、硕士研究生导师。从事骨科专业临床诊治工作 30 年。成功矫治数以万计的脊椎弯曲病人,发表学术论文 30 篇。获省级科研成果奖 2 项,专著有《实用创伤性颈椎病诊疗学》。系福建省医学会中西骨科学会委员、福建省高干保健中心主任。《美国中华骨科》杂志特邀编委。福建省科技《严重脊柱畸形矫正生物力学临床研究》重点攻关课题负责人。

韩渐锐　笔名韩非子。男,汉族,1949 年出生,双城人。先后在双城县文化馆和哈尔滨《经济新闻导报》副刊任职。中国戏剧家协会会员、中华诗词学会会员、黑龙江省作家协会会员、黑龙江省诗词协会会员。写诗自讽刺诗开始,在形式与内容方面进行探索,善写一行诗、图案诗、爱情诗等。其图案诗于 1986 年在《诗林》等诗刊发表,在北京某诗歌新闻发布会上引起热烈讨论。20 世纪 90 年代初开始研究皮影戏,举家投入编、导、演,编剧 40 余出。韩氏皮影参加省和国家调演,在艺术节多次获奖。中央电视台、《人民日报》《文化月刊》等媒体对韩非子本人及其家庭皮影戏均有专访和报道。

韩德佳　男,汉族,1953 年出生于双城、中共党员,大学本科学历,副主任医师,双城市结核防治所工会主席。《浅谈对结合病人健康教育》等六篇学术论文,分别发表在《黑龙江医学杂志》《中华世界综合医学杂志》《中国综合医学杂志》《中国初级卫生保健杂志》《中华实用医学理论与实践》等医学杂志上。2003 年获省部级科学技术成果奖。

董玉振　男,1933 年出生于双城县杏山镇范家窝堡,1952 年双城兆麟中学初中毕业,进入东北吉林工业学校学习。1954 年在乌敏河林业局工作,历任技术员、工段长、林场副场长、伊春林管局党委办公室研究员。1960 年任《伊春日报》副刊编辑、副主任、主任,伊春市文联副主席、主席,《林苑》主编。1955 年开始发表作品。著有长篇小说《精明人的苦恼》《滚珠人引起的风波》,电影文学剧本《雪地忠魂》(合著),电视连续剧剧本《这一方热土》(合著),电视风光片撰稿《请到大森林里来》(合著),短篇小说《公社里来的人》等。中国作家协会会员。

赫崇明　男,满族,祖籍辽宁凤凰城,1946 年出生于黑龙江省双城县镶蓝旗二屯。北方交通大学和东北林业大学毕业,交通工程师,高级政工师。曾任双城县五家公社副主任,双城市人才中心主任,双城市林业党委副书记。1999 年加入黑龙江省作家协会。有上百篇散文在《中国交通报》《中国林业报》《黑龙江日报》《哈尔滨日报》和《满族文学》《奋斗》等报刊发表。其中《四等小站》一文获《党的生活》杂志征文奖，《满族的姓氏》等两篇文章被《黑龙江少数民族文学作品选》收录。已出版长篇纪实小说《红果园日记》和散文译文集《拾之穗》。

樊树森　男，汉族，1934 年出生，双城人，中共党员。曾任双城市第二小学校长兼党支部书记。1995年退休。创办企业黑龙江省双城市信誉印刷厂任厂长，系双城市政协委员，市工商联合会副会长。他的企业是黑龙江省 500 强企业。其本人被评为省、市光彩企业家，光彩之星，发展先进企业先进个人。十几年为特困户和乡村修路、建学校、敬老院等社会公益事业捐款累计 30 多万元。

潘铁成　男，汉族，1947 年出生于双城镇的一个中医世家，1967 年毕业于大连军区学校医疗专业。五官科面肌病专家、教授。在北京某中心医院任五官科主任，从事面肌痉挛这类疑难病症的研究根治工作。他研制的"面肌痉挛 1 号"和"消馏液"对面肌痉挛治疗效果显著。他拒绝国外的高薪聘请，把根深扎在中国。被评为部级有突出贡献的中青年专家，享受国务院特殊津贴。

三、人物表录

表 21－3－1　　　　1986—2005 年双城域外领导干部名录（137 人，不完全统计）

姓名	性别	党派	工作单位及职务
丁继久	男	中共党员	黑龙江省地矿局局长,省地质学会理事长
于长江	男	中共党员	大连警备区二炮师长
于志义	男	中共党员	广州军区医院院长
于国君	男	中共党员	深圳质检局副局长
马云龙	男	中共党员	中组部老干部局局长
马成惠	男	中共党员	中纪委六室主任
马维娜	女	中共党员	北京工业大学监察室主任
王庆林	男	中共党员	广州军区某师政委
王书仁	男	中共党员	国家轻工业部某司司长
王世宽	男	中共党员	国家计委中小企业局副局长
王守信	男	中共党员	国家民航总局公安局长
王荫同	男	中共党员	北京建中机器厂厂长
王学民	男	中共党员	黑龙江省人防办主任
王子方	男	中共党员	黑龙江省牡丹江市政府副市长
王汉章	男	中共党员	黑龙江省牡丹江市人大常委会副主任
王立申	男	中共党员	中共唐山市委书记
王国华	男	中共党员	黑龙江省公安厅副厅长
王千生	男	中共党员	广西省供电局局长
王凤荣	男	中共党员	湖南长沙国防科工大研究所所长
王峰	男	中共党员	吉林省科委主任

续表

姓名	性别	党派	工作单位及职务
王凤侠	男	中共党员	北京某部队师级干部
王恒久	男	中共党员	哈尔滨铁路局副局长
王玉英	女	中共党员	武汉市儿童医院副院长
王明奇	男	中共党员	中国外交部行政司副司长
王学忠	男	中共党员	安徽省统计局副局长
王庆楠	男	中共党员	广州军区文化学校政委
王新民	男	中共党员	黑龙江省公安厅副厅长
方再生	男	中共党员	国防科技大学大队政委
毛贵延	男	中共党员	江苏省教育学院副院长
石振波	男	中共党员	黑龙江森工总局副局长
石英	男	中共党员	广州军区后勤部军需副部长
白益华	男	中共党员	国家民政部财政司司长,社会福利司司长,社会事务司司长
白世民	男	中共党员	辽宁省纺织厅厅长
孙凯	男	中共党员	解放军总参通讯兵副政委
齐彦	男	中共党员	国防科工委副主任
刘克地	男	中共党员	广州民航局副局长
刘永范	男	中共党员	林业部政策法规司司长,林业资源保护司司长
刘兆彬	男	中共党员	国家质检局法规司司长
刘业耕	男	中共党员	国家计委金融局局长
刘子云	男	中共党员	湖南省军区副司令员,少将军衔
刘德生	男	中共党员	国防科工委政治部副主任
刘兴臣	男	中共党员	黑龙江省办公厅副主任
刘青山	男	中共党员	国家司法部人事局副局长
刘佑千	男	中共党员	南宁炮兵七十师参谋长
刘洪生	男	中共党员	国家质检局监督司副司长
刘汉志	男	中共党员	铁道部十九局副局长,中铁十九局集团有限公司副总
关景华	男	中共党员	解放军42军125师政治部主任
李成奎	男	中共党员	新疆军区副司令
李福柱	男	中共党员	新疆武警总队队长,少将军衔
李长喜	男	中共党员	中宣部秘书长兼任干部局局长
李洪军	男	中共党员	佛山军分区政治委员
李占春	男	中共党员	黑龙江省电视台副台长
李哲	男	中共党员	辽宁省公安厅副厅长
李全林	男	中共党员	黑龙江省经合会主任
李光兴	男	中共党员	黑龙江省交通银行副行长
李晓白	男	中共党员	哈尔滨市政协副主席

续表

姓名	性别	党派	工作单位及职务
李立秋	男	中共党员	国家商业部某司司长
李嘉峰	男	中共党员	天津市人大常委会副主任
朱云山	男	中共党员	大连港务局党委书记
苏凤阳	男	中共党员	湖北省海军工程学院副院长,少将军衔
吕耕芳	男	中共党员	黑龙江省冶金厅厅长
闫 平	男	中共党员	中组部老干部局副局长
肖昌勤	男	中共党员	湖南湘潭军区政委
张子华	男	中共党员	空军政治学院副院长
张树森	男	中共党员	林业部人事司司长
张书田	男	中共党员	成都军区空军作战处处长,少将军衔。
张 英	男	中共党员	中国文联纪委书记
张振才	男	中共党员	广西省外贸厅厅长
许 安	男	中共党员	黑龙江省社会和法治委员会主任
那宝奎	男	中共党员	国家冶金部质量司司长
吾凤富	男	中共党员	国家航天部某司司长
佟 健	男	中共党员	沈阳空军副司令员
佟庆绵	男	中共党员	国家计委地区经济司司长
何忠海	男	中共党员	黑龙江省伊春市政府副市长
何英华	男	中共党员	黑龙江省水产厅厅长
何作田	男	中共党员	黑龙江省乡企局局长
吴振东	男	中共党员	大连海军学院副院长
吴 斌	男	中共党员	黑龙江省机关工委副书记
吴荣福	男	中共党员	广州军区炮兵司令
陈 河	男	中共党员	上海市委副书记
周茂武	男	中共党员	云南省军区副司令员
周清波	男	中共党员	北京外国语学院副院长
周乃均	男	中共党员	中央军委办公厅干部(师级)
周 直	男	中共党员	铁道学院组织部长
卓 雄	男	中共党员	国家民政部副部长,享受正部级待遇
赵德库	男	中共党员	广州市外贸局局长
赵晶辉	男	中共党员	广东省军区文化站副站长
赵筱丽	女	中共党员	国家教育部规划司办公室副主任
赵佳洪	男	中共党员	黑龙江省肿瘤医院院长
赵家刚	男	中共党员	黑龙江省体委副主任
赵儒成	男	中共党员	天津海军总医院院长
赵士中	男	中共党员	广州空军10师副师长,大校军衔

续表

姓名	性别	党派	工作单位及职务
赵天鹰	男	中共党员	黑龙江省民政厅副厅长、党组成员
赵丙安	男	中共党员	海南军区副司令员
赵一洲	男	中共党员	国家计划生育协会副主席
赵维学	男	中共党员	广州军区政治部主任
赵春林	男	中共党员	上海市某研究所所长，大校军衔
赵慈田	男	中共党员	黑龙江省计委副厅级员
赵　毅	男	中共党员	广州军区后勤部直供部主任
赵英凯	男	中共党员	苍州炮兵五师后勤部长
赵贵林	男	中共党员	山东省军区某师师长
赵德安	男	中共党员	吉林省民委主任
季德江	男	中共党员	黑龙江七台河市委副书记
季显文	男	中共党员	解放军 40 军政治部主任
苍永新	男	中共党员	辽宁省委组织部副部长
郑玉珠	女	中共党员	国家旅游局副局长
孟庆才	男	中共党员	海南陆军 132 师参谋长
高镇坤	男	中共党员	解放军 5298 部队政委
高双林	男	中共党员	河南省物资局局长
高启山	男	中共党员	广州空军学院副政委，大校军衔
高　晶	女	中共党员	哈尔滨科技大学党委书记
贾继学	男	中共党员	苏州工学院党委书记
贡庆孝	男	中共党员	上海市人事厅副厅长
郭英奎	男	中共党员	中共佳木斯市纪检委书记
秦玉才	男	中共党员	国家发展改革委员会西部发展司司长
姜庆中	男	中共党员	黑龙江省物价局副局长
贺建国	男	中共党员	吉林省卫生厅厅长
崔　燕	女	中共党员	沈阳故宫博物馆馆长
徐耀轩	男	中共党员	内蒙古自治区经协委副主任
徐　行	男	中共党员	吉林省文联主席
徐　华	女	中共党员	国资委机关事务管理局副局长、直属机关妇工委主任
曾宪民	男	中共党员	中国三农发展基金会会长
温亚成	男	中共党员	林业部老干部局局长
温洪兴	男	中共党员	黑龙江省公安厅保密局局长
黄家帮	男	中共党员	天津某部某师政委
韩刚生	男	中共党员	齐齐哈尔市重型机器厂党委书记
韩宇仲	男	中共党员	中组部某局局长
韩　放	男	中共党员	中组部教育局局长

续表

姓名	性别	党派	工作单位及职务
韩 刚	男	中共党员	石家庄坦克厂党委书记
韩丰太	男	中共党员	海外进出口总公司副总
韩松本	男	中共党员	江苏省歌舞剧院院长
韩建广	男	中共党员	空军指挥学院教官（师级）
翟桂云	女	中共党员	中纪委驻中科院纪检组副主任
潘文龙	男	中共党员	国家安全部审计局局长
裴殿清	男	中共党员	长沙有色冶金设计研究院副院长
霍福臣	男	中共党员	银川地质局党委书记
魏正民	男	中共党员	黑龙江省地质局副局长

（二）高级专业技术人员表（598 人）

表 21 - 3 - 2

姓名	性别	单位	专业技术职称	授予年份
于先宝	男	亚麻研究所	高级农艺师	1985.07
马启坤	男	双城市党校	高级讲师	1987.09
李明坤	男	双城市党校	高级讲师	1988.09
吴凤歧	男	哈尔滨高级技工学校	高级讲师（副教授）	1988.09
周顺一	男	哈尔滨高级技工学校	副主任医师	1988.09
蔡贵元	男	哈尔滨高级技工学校	高级讲师（副教授）	1989.09
韩有余	男	双城市花园酒厂	高级政工师	1990.04
佟文远	男	双城市工业党委	高级政工师	1990.04
李灿泉	男	双城市工业党委	高级政工师	1990.04
张贵文	男	双城市工业党委	高级政工师	1990.04
王 志	男	双城市粮食党委	高级政工师	1990.04
聂宝友	男	双城市党校	高级讲师	1990.09
朱士芬	女	哈尔滨高级技工学校	高级讲师（副教授）	1990.09
高会峰	男	哈尔滨高级技工学校	高级讲师（副教授）	1990.09
陈瑞志	男	哈尔滨高级技工学校	高级讲师（副教授）	1991.09
陈铁华	男	双城五家高中	中学高级教师	1991.11
丁 伟	男	亚麻研究所	高级农艺师	1991.11
卢 沛	男	亚麻研究所	高级农艺师	1991.11
王奉喜	男	亚麻研究所	高级农艺师	1992.08
张丽珠	女	亚麻研究所	高级农艺师	1992.08
张彦清	女	双城第五小学	中学高级教师	1993.09
李君芝	女	亚麻研究所	副研究馆员	1993.09

续表

姓名	性别	单位	专业技术职称	授予年份
田久海	男	双城市兆麟高级中学	中学高级教师	1994.09
张凤歧	男	双城市第八中学	中学高级教师	1994.09
郭兰柏	男	双城市第八中学	中学高级教师	1994.09
吴长春	男	双城教师进修校	中学高级教师	1994.09
张明锐	男	双城韩甸中学	中学高级教师	1994.09
闫淑平	女	双城第四小学	中学高级教师（小）	1995.07
李 斌	男	双城市防疫站	副主任医师	1995.09
关永文	男	双城市兆麟高级中学	中学高级教师	1995.09
苏贵朴	男	双城教师进修校	中学高级教师	1995.09
王再富	男	双城金城二中	中学高级教师	1995.09
刘用才	男	双城市花园酒厂	高级政工师	1995.09
陈淑娟	女	双城市三环公司	高级政工师	1995.09
李连真	男	双城市兆麟高级中学	中学高级教师	1996.09
马秀珍	女	双城市第八中学	中学高级教师	1996.09
刘国铎	男	双城市第八中学	中学高级教师	1996.09
郭艳华	女	双城市第八中学	中学高级教师	1996.09
关玉芳	女	双城电大工作站	高级讲师	1996.09
张亚儒	男	双城万隆中心校	中学高级教师	1996.09
毕清发	男	双城万隆中心校	中学高级教师（小）	1996.09
白永宽	男	双城青岭中学	中学高级教师	1996.09
鲁立志	男	双城万隆二中	中学高级教师	1996.09
赵金和	男	双城农丰中学	中学高级教师	1996.09
孙丽君	女	双城兆麟初级中学	中学高级教师	1996.09
佟桂琴	女	哈尔滨高级技工学校	高级讲师（副教授）	1996.09
李学鹏	男	亚麻研究所	高级农艺师	1996.09
关紫阳	男	黑龙江畜牧兽医职业学院	中学高级教师	1996.09
范金信	女	双城市供销党委	高级政工师	1996.09
张艳秋	女	双城市第四粮库	高级政工师	1996.09
高树生	男	双城市第三粮库	高级政工师	1996.09
张国良	男	双城市第三粮库	高级政工师	1996.09
林成志	男	双城市磷肥厂	高级政工师	1996.09
辛彦章	男	双城市第三粮库	高级政工师	1996.09
赵玉敏	女	双城市第八中学	中学高级教师	1996.11
赵春荣	女	双城市第八中学	中学高级教师	1997.05
田广明	男	双城市农机校	高级工程师	1997.09
郭景惠	男	双城市公安局	高级会计师	1997.09

续表

姓名	性别	单位	专业技术职称	授予年份
郭景波	男	双城市妇幼保健站	副主任医师	1997.09
熊玉环	女	双城市中医院	副主任医师	1997.09
徐绍林	男	双城市兆麟高级中学	中学高级教师	1997.09
高连香	女	双城市第二中学	中学高级教师	1997.09
付海	男	双城市第四中学	中学高级教师	1997.09
董国岩	男	双城职教中心	中学高级教师	1997.09
何玉菇	女	双城第十小学	中学高级教师(小)	1997.09
沈伟	男	双城教师进修校	中学高级教师	1997.09
钟福军	男	双城青岭中学	中学高级教师	1997.09
赵莹	女	双城五家高中	中学高级教师	1997.09
王椿荣	女	双城兆麟初级中学	中学高级教师	1997.09
于淑芹	女	双城第三中学	中学高级教师	1997.09
吴秀艳	女	哈尔滨高级技工学校	高级讲师(副教授)	1997.09
孙洪涛	男	亚麻研究所	高级农艺师	1997.09
步广仁	男	亚麻研究所	副研究馆员	1997.09
吴昌斌	男	亚麻研究所	高级农艺师	1997.09
刘春起	男	黑龙江畜牧兽医职业学院	高级兽医师	1997.09
丁桂兰	女	双城市委宣传部	高级政工师	1997.09
宋军元	男	双城市委宣传部	高级政工师	1997.09
高文祥	男	双城市信用合作联社	高级政工师	1997.09
崔玉和	男	双城市兆麟中学	高级政工师	1997.09
李斌	男	双城市卫生防疫站	高级政工师	1997.09
关明贤	女	双城市教育委员会	高级政工师	1997.09
朱辉	男	双城市组织部	高级政工师	1997.09
范传智	男	双城市第五中学	中学高级教师	1998.07
高时	男	双城市第八中学	中学高级教师	1998.07
赵元达	男	双城教师进修校	中学高级教师	1998.08
左桂兰	女	双城市党校	高级讲师	1998.09
柳秀杰	女	双城市人民医院	副主任药师	1998.09
王胡兰	女	双城市兆麟高级中学	中学高级教师	1998.09
王丽艳	女	双城市兆麟高级中学	中学高级教师	1998.09
崔淑萍	女	双城市兆麟高级中学	中学高级教师	1998.09
金明远	男	双城市第八中学	中学高级教师	1998.09
汪艳茹	女	双城职教中心	中学高级教师	1998.09
吴海	男	双城职教中心	中学高级教师	1998.09
李哲	女	双城第三小学	中学高级教师(小)	1998.09

续表

姓名	性别	单位	专业技术职称	授予年份
唐传浩	男	双城铁路中学	中学高级教师	1998.09
张羽	男	双城教师进修校	中学高级教师	1998.09
刘启飞	男	双城教师进修校	中学高级教师	1998.09
王志普	男	双城教师进修校	中学高级教师	1998.09
吴香云	女	双城校办公司	中学高级教师	1998.09
吴亚芝	女	双城希勤中心校	中学高级教师（小）	1998.09
沙玉祥	男	双城朝阳二中	中学高级教师	1998.09
刘业星	男	双城五家高中	中学高级教师	1998.09
张荣山	男	双城团结一中	中学高级教师	1998.09
畅淑珍	女	双城第三中学	中学高级教师	1998.09
宋海洪	男	双城市农业中心	高级经济师	1998.09
关宏顺	男	哈尔滨高级技工学校	高级讲师（副教授）	1998.09
许丽梅	女	哈尔滨高级技工学校	高级讲师（副教授）	1998.09
邹克美	女	亚麻研究所	高级机械工程师	1998.09
郭景波	男	双城市妇幼保健站	高级政工师	1998.09
张秀云	女	双城市第六小学	高级政工师	1998.09
张若冰	女	双城市第八中学	中学高级教师	1998.11
高曙馥	女	双城市第八中学	中学高级教师	1998.11
汪云峰	男	双城市第八中学	中学高级教师	1998.11
赵淑芬	女	双城市第八中学	中学高级教师	1998.11
裴世民	男	双城铁路中学	中学高级教师	1999.07
佟上权	男	双城市建筑工程管理站	高级工程师	1999.09
苏连友	男	双城市市委党校	高级讲师	1999.09
姜洁贞	女	双城市防疫站	副主任医师	1999.09
郎明义	男	双城市兆麟高级中学	中学高级教师	1999.09
高忠恕	男	双城市兆麟高级中学	中学高级教师	1999.09
关云国	男	双城市兆麟高级中学	中学高级教师	1999.09
栾云朗	女	双城市兆麟高级中学	中学高级教师	1999.09
赵晓芬	女	双城市第二中学	中学高级教师	1999.09
王立昌	男	双城市第二中学	中学高级教师	1999.09
王振声	男	双城市第六中学	中学高级教师	1999.09
关庆芳	女	双城市第六中学	中学高级教师	1999.09
刘淑梅	女	双城第十小学	中学高级教师（小）	1999.09
惠晓秋	女	双城教师进修校	中学高级教师	1999.09
侯桂林	男	双城电大工作站	中学高级教师	1999.09
刘玉民	男	双城临江中心校	中学高级教师	1999.09

续表

姓名	性别	单位	专业技术职称	授予年份
张淑珍	女	双城五家中心校	中学高级教师	1999.09
张国会	男	双城青岭中学	中学高级教师	1999.09
王义丰	男	双城韩甸中学	中学高级教师	1999.09
孙永发	男	双城五家高中	中学高级教师	1999.09
马玉春	女	双城五家高中	中学高级教师	1999.09
苏宝桐	男	双城团结二中	中学高级教师	1999.09
高云	男	双城市农业中心	高级经济师	1999.09
田玉杰	女	亚麻研究所	高级农艺师	1999.09
李超	男	黑龙江畜牧兽医职业学院	高级讲师	1999.09
刘洪敏	女	黑龙江畜牧兽医职业学院	高级兽医师	1999.09
艾长侠	男	双城市第八中学	中学高级教师	1999.11
朱玉强	男	双城市广济医院	副主任医师	2000.07
邓孝民	男	双城市环保监测站	高级工程师	2000.09
王丽	女	双城市兆麟高级中学	中学高级教师	2000.09
王玉芬	女	双城市第二中学	中学高级教师	2000.09
文立申	男	双城市第六中学	中学高级教师	2000.09
赵喜春	男	双城市第八中学	中学高级教师	2000.09
严庆国	男	双城职教中心	中学高级教师	2000.09
张树国	男	双城职教中心	中学高级教师	2000.09
韩刚森	男	双城职教中心	中学高级教师	2000.09
付新	男	双城教师进修校	中学高级教师	2000.09
王忠臣	男	双城教师进修校	中学高级教师(小)	2000.09
侯克平	男	双城韩甸中心校	中学高级教师(小)	2000.09
马丽华	女	双城兰棱中心校	中学高级教师	2000.09
乔元信	男	双城希勤中心校	中学高级教师(小)	2000.09
李德峙	男	双城五家中心校	中学高级教师(小)	2000.09
周福祥	男	双城朝阳一中	中学高级教师	2000.09
梁洪彪	男	双城公正中学	中学高级教师	2000.09
王中跃	男	双城万隆二中	中学高级教师	2000.09
白凤贤	男	双城第三中学	中学高级教师	2000.09
王滨	男	哈尔滨高级技工学校	高级讲师(副教授)	2000.09
李凤祥	男	黑龙江畜牧兽医职业学院	高级讲师	2000.09
吴宪芳	女	双城市第八中学	中学高级教师	2000.11
刘淑华	女	双城市第五中学	中学高级教师	2001.07
王丽霞	女	双城市农机校	高级工程师	2001.09
李树清	男	双城市锅炉检验所	高级工程师	2001.09

续表

姓名	性别	单位	专业技术职称	授予年份
张景峰	男	双城市水利勘测设计队	高级工程师	2001.09
刘殿彬	男	双城市河道管理站	高级工程师	2001.09
王英辉	女	双城市骨伤医院	副主任医师	2001.09
王丽霞	女	双城市妇幼保健站	副主任医师	2001.09
邹清芬	女	双城市中医院	副主任医师	2001.09
王 琦	男	双城市兆麟高级中学	中学高级教师	2001.09
孙桂玲	女	双城市兆麟高级中学	中学高级教师	2001.09
周志才	男	双城市兆麟高级中学	中学高级教师	2001.09
谭成彦	男	双城市第二中学	中学高级教师	2001.09
赵 振	男	双城市第二中学	中学高级教师	2001.09
徐敏燕	女	双城市第二中学	中学高级教师	2001.09
贾淑华	女	双城市第四中学	中学高级教师	2001.09
孙加祥	男	双城市第四中学	中学高级教师	2001.09
夏艳军	女	双城市第六中学	中学高级教师	2001.09
邹艳红	女	双城市第六中学	中学高级教师	2001.09
王英波	男	双城市第六中学	中学高级教师	2001.09
岳长江	男	双城市第六中学	中学高级教师	2001.09
张 英	女	双城职教中心	中学高级教师	2001.09
罗 丽	女	双城职教中心	中学高级教师	2001.09
丁雅利	男	双城职教中心	中学高级教师	2001.09
裴春梅	女	双城实验小学	中学高级教师	2001.09
刘世菲	女	双城第二小学	中学高级教师	2001.09
鲁显秋	女	双城第十小学	中学高级教师（小）	2001.09
王明海	男	双城教师进修校	中学高级教师（小）	2001.09
佟述君	男	双城新兴中心校	中学高级教师（小）	2001.09
马忠源	男	双城幸福中心校	中学高级教师（小）	2001.09
白春贵	男	双城公正中心校	中学高级教师（小）	2001.09
陈雷锋	男	双城同心中心校	中学高级教师	2001.09
李 平	男	双城青岭中学	中学高级教师	2001.09
谢宗强	男	双城兰棱二中	中学高级教师	2001.09
颜井海	男	双城临江中学	中学高级教师	2001.09
李绪奎	男	双城万隆一中	中学高级教师	2001.09
付兴民	男	双城农丰中学	中学高级教师	2001.09
朱胜军	男	双城兆麟初级中学	中学高级教师	2001.09
白永辉	男	黑龙江畜牧兽医职业学院	高级讲师	2001.09
吕衍娟	女	黑龙江畜牧兽医职业学院	高级讲师	2001.09

续表

姓名	性别	单位	专业技术职称	授予年份
唐雪冰	女	黑龙江畜牧兽医职业学院	高级讲师	2001.09
李正春	男	黑龙江畜牧兽医职业学院	高级农艺师	2001.09
王佳友	男	黑龙江畜牧兽医职业学院	副研究馆员	2001.09
伊文茹	女	双城市人民医院	主任医师	2002.09
吴瑰秀	女	哈市高级技工学校	副教授	2002.09
李贵福	男	双城市地方道路管理站	高级工程师	2002.09
韩德佳	男	双城市结防所	副主任医师	2002.09
蒋本栋	男	双城市防疫站	副主任医师	2002.09
王　颖	女	双城市畜牧站	高级兽医师	2002.09
贾桂秋	女	双城市兆麟高级中学	中学高级教师	2002.09
刘秀霞	女	双城市兆麟高级中学	中学高级教师	2002.09
谢立君	男	双城市兆麟高级中学	中学高级教师	2002.09
李亚芬	女	双城市第二中学	中学高级教师	2002.09
姚惠民	男	双城市第二中学	中学高级教师	2002.09
赵元德	男	双城市第四中学	中学高级教师	2002.09
陆广珍	女	双城市第六中学	中学高级教师	2002.09
赵秀华	女	双城市第七中学	中学高级教师	2002.09
胡秀琴	女	双城市第八中学	中学高级教师	2002.09
吕宏崎	男	双城职教中心	中学高级教师	2002.09
赵连国	男	双城职教中心	中学高级教师	2002.09
张子年	男	双城职教中心	中学高级教师	2002.09
黄敬波	女	双城第二小学	中学高级教师	2002.09
杨巨光	男	双城第四小学	中学高级教师(小)	2002.09
李　萍	女	双城第十一小学	中学高级教师(小)	2002.09
刘正生	男	双城教师进修校	中学高级教师(小)	2002.09
蒋英杰	女	双城教师进修校	中学高级教师	2002.09
吴忠礼	男	双城青岭中心校	中学高级教师	2002.09
隋传江	男	双城希勤中心校	中学高级教师(小)	2002.09
李雅棠	男	双城万隆中心校	中学高级教师	2002.09
张文武	男	双城万隆中心校	中学高级教师	2002.09
付会君	男	双城朝阳一中	中学高级教师	2002.09
关太维	男	双城公正中学	中学高级教师	2002.09
谢同启	男	双城兰棱二中	中学高级教师	2002.09
汪振华	男	双城韩甸中学	中学高级教师	2002.09
矫玉堂	男	双城五家高中	中学高级教师	2002.09
陈昌宏	男	双城周家一中	中学高级教师	2002.09

续表

姓名	性别	单位	专业技术职称	授予年份
魏殿彬	男	双城团结二中	中学高级教师	2002.09
王昕	男	双城兆麟初级中学	中学高级教师	2002.09
王玉萍	女	双城第三中学	中学高级教师	2002.09
刘冠军	男	双城杏山中心校	中学高级教师	2002.09
赵英慧	女	双城市农业中心	高级农艺师	2002.09
贲洪东	男	双城市农业中心	高级农艺师	2002.09
郝桂兰	女	双城市农业中心	高级经济师	2002.09
白宏伟	男	双城市农业中心	高级经济师	2002.09
康艳杰	女	双城市农广校	高级经济师	2002.09
王亚坤	男	哈尔滨高级技工学校	高级讲师（副教授）	2002.09
甄少华	男	哈尔滨高级技工学校	高级讲师（副教授）	2002.09
吴瑰香	女	哈尔滨高级技工学校	高级讲师（副教授）	2002.09
郝春生	男	黑龙江畜牧兽医职业学院	教授	2002.09
李家申	男	黑龙江畜牧兽医职业学院	高级工程师	2002.09
付洪义	男	黑龙江畜牧兽医职业学院	高级讲师	2002.09
李惠琪	女	黑龙江畜牧兽医职业学院	高级讲师	2002.09
金忠喜	男	黑龙江畜牧兽医职业学院	高级政工师	2002.09
王明义	男	双城幸福中学	中学高级教师	2003.07
刘媚媚	女	双城市计划生育指导站	副主任医师	2003.09
朱彦臣	男	双城市公安局	副主任法医师	2003.09
刘桂芳	女	双城市中医院	副主任医师	2003.09
李玉杰	女	双城市防疫站	高级畜牧师	2003.09
王春梅	女	双城市兆麟高级中学	中学高级教师	2003.09
张国珍	女	双城市兆麟高级中学	中学高级教师	2003.09
李艳芳	女	双城市兆麟高级中学	中学高级教师	2003.09
张喜辰	男	双城市兆麟高级中学	中学高级教师	2003.09
耿风波	男	双城市第二中学	中学高级教师	2003.09
焦艳霞	女	双城市第五中学	中学高级教师	2003.09
李东	男	双城职教中心	中学高级教师	2003.09
梁立平	男	双城职教中心	中学高级教师	2003.09
王艳华	女	双城职教中心	中学高级教师	2003.09
韩枫	男	双城职教中心	中学高级教师	2003.09
张士荣	女	双城职教中心	中学高级教师	2003.09
王维玲	女	双城实验小学	中学高级教师	2003.09
顾亚春	女	双城实验小学	中学高级教师	2003.09
赵丽萍	女	双城教师进修校	中学高级教师	2003.09

续表

姓名	性别	单位	专业技术职称	授予年份
尹立新	男	双城聋哑学校	中学高级教师（小）	2003.09
刘　威	男	双城兆麟小学	中学高级教师（小）	2003.09
何兆明	男	双城新兴中心校	中学高级教师（小）	2003.09
南文田	男	双城幸福中心校	中学高级教师（小）	2003.09
王英辉	男	双城朝阳中心校	中学高级教师	2003.09
徐凤君	男	双城乐群中心校	中学高级教师	2003.09
白丽霞	女	双城同心中心校	中学高级教师（小）	2003.09
付秀珍	女	双城五家中心校	中学高级教师	2003.09
韩庆先	男	双城同心中学	中学高级教师	2003.09
陈景全	男	双城临江中学	中学高级教师	2003.09
高金库	男	双城五家二中	中学高级教师	2003.09
于均贵	男	双城万隆一中	中学高级教师	2003.09
王冠中	男	双城兰棱一中	中学高级教师	2003.09
王喜斌	男	双城周家二中	中学高级教师	2003.09
夏仲云	男	双城兆麟初级中学	中学高级教师	2003.09
孙秀丽	女	双城市农业中心	高级农艺师	2003.09
姬妍菇	女	亚麻研究所	高级农艺师	2003.09
绍明东	男	黑龙江畜牧兽医职业学院	副教授	2003.09
魏立有	男	黑龙江畜牧兽医职业学院	高级政工师	2003.09
许景芝	男	黑龙江畜牧兽医职业学院	高级政工师	2003.09
李国富	男	黑龙江畜牧兽医职业学院	高级政工师	2003.09
张春柏	男	双城铁路中学	高级教师	2003.10
刘满芳	女	双城铁路中学	高级教师	2003.10
杨惠芬	女	双城铁路中学	中学高级教师	2003.10
李少华	女	双城铁路中学	中学高级教师	2003.10
金守丽	女	双城铁路中学	中学高级教师	2003.10
于凤丽	女	双城铁路中学	高级教师	2004.01
刘　子	男	双城铁路中学	中学高级教师	2004.01
张俊霞	女	双城铁路中学	中学高级教师	2004.01
蒋永新	男	双城铁路中学	中学高级教师	2004.01
于静伟	男	双城市第五中学	中学高级教师	2004.07
武艳丽	女	双城市第五中学	中学高级教师	2004.07
贾禹华	男	双城市第五中学	中学高级教师	2004.07
吴宪志	男	双城朝阳二中	中学高级教师	2004.08
项玉武	男	双城市人民医院	主任医师	2004.09
李静杰	女	双城市人民医院	主任医师	2004.09

续表

姓名	性别	单位	专业技术职称	授予年份
姜春慧	男	双城市电视台	主任编辑	2004.09
周 青	女	双城市广播电台	主任编辑	2004.09
聂丽娜	女	双城市电视台	高级工程师	2004.09
陈 巍	男	双城市林业工作总站	高级工程师	2004.09
尹清林	男	双城市河道管理站	高级工程师	2004.09
何兆刚	男	双城市人民医院	副主任医师	2004.09
董 艳	女	双城市人民医院	副主任医师	2004.09
陈雪静	女	双城市人民医院	副主任医师	2004.09
刘 妍	女	双城市人民医院	副主任医师	2004.09
付艳霞	女	双城市人民医院	副主任医师	2004.09
张玉生	男	双城市兆麟高级中学	中学高级教师	2004.09
邢振波	男	双城市兆麟高级中学	中学高级教师	2004.09
李连玉	男	双城市兆麟高级中学	中学高级教师	2004.09
张永利	女	双城市兆麟高级中学	中学高级教师	2004.09
王树君	男	双城市兆麟高级中学	中学高级教师	2004.09
白玉福	男	双城市兆麟高级中学	中学高级教师	2004.09
马秀艳	女	双城市兆麟高级中学	中学高级教师	2004.09
房鸿雁	女	双城市兆麟高级中学	中学高级教师	2004.09
罗建滨	女	双城市兆麟高级中学	中学高级教师	2004.09
李春梅	女	双城市兆麟高级中学	中学高级教师	2004.09
张国新	男	双城市兆麟高级中学	中学高级教师	2004.09
关丽琴	女	双城市兆麟高级中学	中学高级教师	2004.09
董国强	男	双城市第四中学	中学高级教师	2004.09
吴凤英	女	双城市第六中学	中学高级教师	2004.09
赵清霞	女	双城市第六中学	中学高级教师	2004.09
常胜利	男	双城市第六中学	中学高级教师	2004.09
郭淑红	女	双城市第六中学	中学高级教师	2004.09
何淑敏	女	双城市第六中学	中学高级教师	2004.09
唐淑梅	女	双城市第六中学	中学高级教师	2004.09
高玉华	女	双城市第七中学	中学高级教师	2004.09
徐 丽	女	双城职教中心	中学高级教师	2004.09
于重堂	男	双城职教中心	中学高级教师	2004.09
刘文利	男	双城职教中心	中学高级教师	2004.09
熊继成	男	双城职教中心	中学高级教师	2004.09
于 艳	女	双城职教中心	中学高级教师	2004.09
顾艳春	女	双城实验小学	中学高级教师	2004.09

续表

姓名	性别	单位	专业技术职称	授予年份
梁运霞	女	黑龙江兽医学院	副教授	2004.09
许玉芬	女	双城实验小学	中学高级教师	2004.09
董金芝	女	双城实验小学	中学高级教师	2004.09
岳淑英	女	双城第五小学	中学高级教师	2004.09
王月欣	女	双城第十一小学	中学高级教师（小）	2004.09
王艳春	女	双城第十一小学	中学高级教师（小）	2004.09
王敏英	女	双城教师进修校	中学高级教师	2004.09
张丽艳	女	双城教师进修校	中学高级教师（小）	2004.09
曹　丽	女	双城教师进修校	中学高级教师	2004.09
张景宏	男	双城教师进修校	中学高级教师	2004.09
张连库	男	双城教师进修校	中学高级教师	2004.09
刘英范	男	双城教师进修校	中学高级教师（小）	2004.09
白全军	男	双城教师进修校	中学高级教师	2004.09
宋国英	男	双城教师进修校	中学高级教师	2004.09
张淑艳	女	双城教师进修校	中学高级教师	2004.09
刘英君	男	双城教师进修校	中学高级教师	2004.09
何庆杰	女	双城教师进修校	中学高级教师	2004.09
李奇昀	女	双城教师进修校	中学高级教师	2004.09
杨小伟	女	双城教师进修校	中学高级教师	2004.09
关英敏	女	双城教师进修校	中学高级教师	2004.09
范国文	男	双城聋哑学校	中学高级教师（小）	2004.09
张国东	男	双城兆麟小学	中学高级教师（小）	2004.09
宋伟宏	男	双城城镇中心校	中学高级教师	2004.09
郭岩华	女	双城新兴中心校	中学高级教师（小）	2004.09
曹振达	男	双城朝阳中心校	中学高级教师	2004.09
张加彬	男	双城韩甸中心校	中学高级教师（小）	2004.09
孙业贵	男	双城青岭中心校	中学高级教师（小）	2004.09
王兆杰	男	双城兰棱中心校	中学高级教师	2004.09
赵大波	男	双城希勤中心校	中学高级教师（小）	2004.09
汪贞田	男	双城新兴中学	中学高级教师	2004.09
陈晓祥	男	双城朝阳一中	中学高级教师	2004.09
晁文舜	男	双城联兴中学	中学高级教师	2004.09
张贤伟	男	双城青岭中学	中学高级教师	2004.09
李兴文	男	双城杏山中学	中学高级教师	2004.09
汤淑杰	女	双城希勤中学	中学高级教师	2004.09
姜义国	男	双城万隆一中	中学高级教师	2004.09

续表

姓名	性别	单位	专业技术职称	授予年份
范全军	男	双城万隆二中	中学高级教师	2004.09
张庆和	男	双城农丰中学	中学高级教师	2004.09
李忠义	男	双城韩甸中学	中学高级教师	2004.09
郭显阳	男	双城单城中学	中学高级教师	2004.09
关明胜	男	双城兰棱一中	中学高级教师	2004.09
陈洪生	男	双城周家一中	中学高级教师	2004.09
王英杰	男	双城周家二中	中学高级教师	2004.09
唐静波	女	双城五家一中	中学高级教师	2004.09
赵国湘	男	双城团结一中	中学高级教师	2004.09
潘孝平	男	双城兆麟初级中学	中学高级教师	2004.09
沙丽娟	女	双城兆麟初级中学	中学高级教师	2004.09
胡静波	女	双城兆麟初级中学	中学高级教师	2004.09
赵昌刚	男	双城兆麟初级中学	中学高级教师	2004.09
王桂芝	女	双城兆麟初级中学	中学高级教师	2004.09
蔡文波	女	双城兆麟初级中学	中学高级教师	2004.09
白英香	女	双城兆麟初级中学	中学高级教师	2004.09
吴玉梅	女	双城兆麟初级中学	中学高级教师	2004.09
崔崇斌	男	双城兆麟初级中学	中学高级教师	2004.09
罗英丽	女	双城兆麟初级中学	中学高级教师	2004.09
董立秋	女	双城兆麟初级中学	中学高级教师	2004.09
徐向阳	男	双城团结中心校	中学高级教师（小）	2004.09
薛鸿雁	女	双城市农业中心	高级农艺师	2004.09
公立凤	女	双城市农广校	高级经济师	2004.09
孔秀范	女	哈尔滨高级技工学校	高级讲师（副教授）	2004.09
王秀丽	女	哈尔滨高级技工学校	高级讲师（副教授）	2004.09
李秀明	男	哈尔滨高级技工学校	高级讲师（副教授）	2004.09
裴彦萍	女	哈尔滨高级技工学校	高级讲师（副教授）	2004.09
杨彩霞	女	哈尔滨高级技工学校	高级讲师（副教授）	2004.09
魏国江	男	亚麻研究所	高级农艺师	2004.09
刘 莉	女	黑龙江畜牧兽医职业学院	教授	2004.09
刘 艳	女	黑龙江畜牧兽医职业学院	教授	2004.09
任 平	女	黑龙江畜牧兽医职业学院	教授	2004.09
张丽艳	女	黑龙江畜牧兽医职业学院	副教授	2004.09
赵 亮	男	黑龙江畜牧兽医职业学院	副教授	2004.09
崔晓彪	男	黑龙江畜牧兽医职业学院	高级工程师	2004.09
徐生志	男	双城铁路中学	高级教师	2004.12

续表

姓名	性别	单位	专业技术职称	授予年份
赵家跃	男	双城市农业中心	高级经济师	2005.05
黄绍起	男	哈尔滨高级技工学校	高级讲师（副教授）	2005.05
李淑萍	女	双城市第五中学	中学高级教师	2005.07
盖尊彪	男	双城农丰中学	中学高级教师	2005.07
姜 宏	女	双城市广播电台	主任编辑	2005.09
王卫东	男	双城市地方道路管理站	高级工程师	2005.09
白乐勤	男	双城市林业工作总站	高级工程师	2005.09
曹艳霞	女	双城市环保监测站	高级工程师	2005.09
温 莉	女	双城市血站	副主任检验师	2005.09
樊国丽	女	双城市卫校	副主任护士	2005.09
薛伟雁	女	双城市人民医院	副主任医师	2005.09
侯兆华	女	双城市人民医院	副主任医师	2005.09
赵宾雁	女	双城市人民医院	副主任医师	2005.09
尹义娟	女	双城市人民医院	副主任医师	2005.09
金 芝	女	双城市人民医院	副主任医师	2005.09
李 英	女	双城市中医院	副主任医师	2005.09
张 成	男	双城市人民医院	副主任医师	2005.09
丁学君	男	双城市兆麟高级中学	中学高级教师	2005.09
汪晓丽	女	双城市兆麟高级中学	中学高级教师	2005.09
鞠海侠	女	双城市兆麟高级中学	中学高级教师	2005.09
田旭霞	女	双城市兆麟高级中学	中学高级教师	2005.09
李 伟	男	双城市兆麟高级中学	中学高级教师	2005.09
桑玉玲	女	双城市兆麟高级中学	中学高级教师	2005.09
崔兆宏	男	双城市兆麟高级中学	中学高级教师	2005.09
李保平	男	双城市兆麟高级中学	中学高级教师	2005.09
刘国萍	女	双城市兆麟高级中学	中学高级教师	2005.09
罗丽梅	女	双城市第二中学	中学高级教师	2005.09
王丽娟	女	双城市第二中学	中学高级教师	2005.09
王相龙	男	双城市第二中学	中学高级教师	2005.09
宠玉杰	女	双城市第五中学	中学高级教师	2005.09
邱 江	男	双城市第六中学	中学高级教师	2005.09
张晓霞	女	双城市第六中学	高级教师	2005.09
王凤田	男	双城市第六中学	中学高级教师	2005.09
王盛莲	女	双城市第六中学	中学高级教师	2005.09
葛宝权	男	双城市第七中学	中学高级教师	2005.09
陆彦波	女	双城市第七中学	中学高级教师	2005.09

续表

姓名	性别	单位	专业技术职称	授予年份
刘跃成	男	双城职教中心	副教授	2005.09
夏元民	男	双城职教中心	副教授	2005.09
翟永波	男	双城职教中心	中学高级教师	2005.09
张东伟	男	双城职教中心	中学高级教师	2005.09
赵立梅	女	双城职教中心	中学高级教师	2005.09
马古林	男	双城职教中心	中学高级教师	2005.09
白丽华	女	双城职教中心	中学高级教师	2005.09
王秀霞	女	双城职教中心	中学高级教师	2005.09
郭维明	男	双城第八小学	中学高级教师（小）	2005.09
李 杰	女	双城第九小学	中学高级教师（小）	2005.09
王雪飞	女	双城教育幼儿园	中学高级教师（小）	2005.09
王 湃	男	双城城镇中心校	中学高级教师（小）	2005.09
马忠凡	男	双城幸福中心校	中学高级教师（小）	2005.09
付治彬	男	双城农丰中心校	中学高级教师（小）	2005.09
苏家海	男	双城联兴中心校	中学高级教师（小）	2005.09
赵文学	男	双城韩甸中心校	中学高级教师（小）	2005.09
张成国	男	双城单城中心校	中学高级教师	2005.09
周立萍	女	双城公正中心校	中学高级教师（小）	2005.09
徐殿平	男	双城金城中心校	中学高级教师（小）	2005.09
邓乃祥	男	双城兰棱中心校	中学高级教师	2005.09
王志国	男	双城水泉中心校	中学高级教师	2005.09
杜尚华	男	双城新兴中学	中学高级教师	2005.09
王兴发	男	双城幸福中学	中学高级教师	2005.09
马忠怀	男	双城幸福中学	中学高级教师	2005.09
刘仁胜	男	双城东官中学	中学高级教师	2005.09
李亚学	男	双城联兴中学	中学高级教师	2005.09
孙洪江	男	双城乐群中学	中学高级教师	2005.09
郑彦鹏	男	双城乐群中学	中学高级教师	2005.09
王淑侠	女	双城杏山中学	中学高级教师	2005.09
刘印春	女	双城杏山中学	中学高级教师	2005.09
苏连伟	男	双城公正中学	中学高级教师	2005.09
王立国	男	双城金城一中	中学高级教师	2005.09
陈立国	男	双城金城二中	中学高级教师	2005.09
赵志铭	男	双城希勤中学	中学高级教师	2005.09
乔兴龙	男	双城同心中学	中学高级教师	2005.09
葛若一	男	双城临江中学	中学高级教师	2005.09

续表

姓名	性别	单位	专业技术职称	授予年份
刘英涛	男	双城五家二中	中学高级教师	2005.09
何玉东	男	双城五家二中	中学高级教师	2005.09
兰玉田	男	双城万隆一中	中学高级教师	2005.09
盖兴文	男	双城万隆二中	中学高级教师	2005.09
夏学彦	男	双城水泉中学	中学高级教师	2005.09
刘井安	男	双城农丰中学	中学高级教师	2005.09
姜清国	男	双城农丰中学	中学高级教师	2005.09
赵金学	男	双城农丰中学	中学高级教师	2005.09
那振国	男	双城农丰中学	中学高级教师	2005.09
张兆龙	男	双城农丰中学	中学高级教师	2005.09
周 歧	男	双城韩甸中学	中学高级教师	2005.09
杨久双	男	双城韩甸中学	中学高级教师	2005.09
程显华	男	双城韩甸中学	中学高级教师	2005.09
黄松奎	男	双城韩甸中学	中学高级教师	2005.09
刘 权	男	双城单城中学	中学高级教师	2005.09
王德志	男	双城单城中学	中学高级教师	2005.09
王 兴	男	双城兰棱一中	中学高级教师	2005.09
高云志	男	双城兰棱一中	中学高级教师	2005.09
贾复兴	男	双城兰棱一中	中学高级教师	2005.09
车承荣	女	双城兰棱一中	中学高级教师	2005.09
关明贤	女	双城兰棱一中	中学高级教师	2005.09
夏占春	男	双城五家高中	中学高级教师	2005.09
王 祥	男	双城五家高中	中学高级教师	2005.09
赵铁刚	男	双城五家高中	中学高级教师	2005.09
生玉斌	男	双城周家一中	中学高级教师	2005.09
薛凤桐	男	双城周家一中	中学高级教师	2005.09
胡广东	男	双城周家一中	中学高级教师	2005.09
刘庆军	男	双城周家一中	中学高级教师	2005.09
崔国华	女	双城周家一中	中学高级教师	2005.09
苗文广	男	双城周家二中	中学高级教师	2005.09
王 秀	女	双城周家二中	中学高级教师	2005.09
马福金	男	双城五家一中	中学高级教师	2005.09
何跃君	男	双城五家一中	中学高级教师	2005.09
杜 奎	男	双城团结一中	中学高级教师	2005.09
刘柏山	男	双城团结一中	中学高级教师	2005.09
范传兴	男	双城团结二中	中学高级教师	2005.09

续表

姓名	性别	单位	专业技术职称	授予年份
杨淑华	女	双城兆麟初级中学	中学高级教师	2005.09
葛晓红	女	双城兆麟初级中学	中学高级教师	2005.09
韩秀玲	女	双城兆麟初级中学	中学高级教师	2005.09
王功成	男	双城团结中心校	中学高级教师（小）	2005.09
张文庄	男	双城杏山中心校	中学高级教师（小）	2005.09
张晓波	女	双城市农业中心	高级农艺师	2005.09
王志勇	男	哈尔滨高级技工学校	高级讲师（副教授）	2005.09
田滨石	女	哈尔滨高级技工学校	高级讲师（副教授）	2005.09
付会琴	女	哈尔滨高级技工学校	高级讲师（副教授）	2005.09
高洪斌	男	哈尔滨高级技工学校	高级讲师（副教授）	2005.09
颜 丽	女	哈尔滨高级技工学校	高级讲师（副教授）	2005.09
王守燕	女	哈尔滨高级技工学校	高级讲师（副教授）	2005.09
孙亚琴	女	哈尔滨高级技工学校	高级讲师（副教授）	2005.09
李振伟	男	亚麻研究所	高级农艺师	2005.09
潘冬梅	女	亚麻研究所	高级农艺师	2005.09
阴玉华	男	亚麻研究所	高级农艺师	2005.09
李秋芝	女	亚麻研究所	高级农艺师	2005.09
陈鸿雁	男	黑龙江畜牧兽医职业学院	教授	2005.09
陈晓华	男	黑龙江畜牧兽医职业学院	教授	2005.09
韩登峤	男	黑龙江畜牧兽医职业学院	教授	2005.09
韩行敏	男	黑龙江畜牧兽医职业学院	教授	2005.09
侯继勇	男	黑龙江畜牧兽医职业学院	教授	2005.09
金璐娟	女	黑龙江畜牧兽医职业学院	教授	2005.09
黎广彬	男	黑龙江畜牧兽医职业学院	教授	2005.09
王 喆	女	黑龙江畜牧兽医职业学院	教授	2005.09
王文焕	男	黑龙江畜牧兽医职业学院	教授	2005.09
吴学军	男	黑龙江畜牧兽医职业学院	教授	2005.09
闫明伟	男	黑龙江畜牧兽医职业学院	教授	2005.09
张 英	女	黑龙江畜牧兽医职业学院	教授	2005.09
张淑娟	女	黑龙江畜牧兽医职业学院	教授	2005.09
张淑香	女	黑龙江畜牧兽医职业学院	教授	2005.09
王海珊	男	黑龙江畜牧兽医职业学院	教授级高级政工师	2005.09
白彩霞	女	黑龙江畜牧兽医职业学院	副教授	2005.09
白晓坤	女	黑龙江畜牧兽医职业学院	副教授	2005.09
多智新	女	黑龙江畜牧兽医职业学院	副教授	2005.09
付美艳	女	黑龙江畜牧兽医职业学院	副教授	2005.09

续表

姓名	性别	单位	专业技术职称	授予年份
葛广鹏	男	黑龙江畜牧兽医职业学院	副教授	2005.09
关中辉	男	黑龙江畜牧兽医职业学院	副教授	2005.09
郭清兰	女	黑龙江畜牧兽医职业学院	副教授	2005.09
郝传龙	男	黑龙江畜牧兽医职业学院	副教授	2005.09
金明琴	女	黑龙江畜牧兽医职业学院	副教授	2005.09
金忠伟	男	黑龙江畜牧兽医职业学院	副教授	2005.09
李贤凤	女	黑龙江畜牧兽医职业学院	副教授	2005.09
李新贵	女	黑龙江畜牧兽医职业学院	副教授	2005.09
李忠显	男	黑龙江畜牧兽医职业学院	副教授	2005.09
秦秀玉	女	黑龙江畜牧兽医职业学院	副教授	2005.09
任　玲	女	黑龙江畜牧兽医职业学院	副教授	2005.09
任静波	男	黑龙江畜牧兽医职业学院	副教授	2005.09
宋德花	女	黑龙江畜牧兽医职业学院	副教授	2005.09
王　鹏	男	黑龙江畜牧兽医职业学院	副教授	2005.09
王秀敏	女	黑龙江畜牧兽医职业学院	副教授	2005.09
王玉梅	女	黑龙江畜牧兽医职业学院	副教授	2005.09
赵彦生	男	黑龙江畜牧兽医职业学院	副教授	2005.09
周　利	男	黑龙江畜牧兽医职业学院	副教授	2005.09
丁玉琢	女	黑龙江畜牧兽医职业学院	高级会计师	2005.09
李　娟	女	黑龙江畜牧兽医职业学院	高级实验师	2005.09
刘　伟	女	黑龙江畜牧兽医职业学院	高级实验师	2005.09
庞淑华	女	黑龙江畜牧兽医职业学院	高级实验师	2005.09
秦光彪	男	黑龙江畜牧兽医职业学院	高级实验师	2005.09
孙智敏	女	黑龙江畜牧兽医职业学院	高级实验师	2005.09
张秀华	女	黑龙江畜牧兽医职业学院	高级兽医师	2005.09
赵贵亮	男	黑龙江畜牧兽医职业学院	高级兽医师	2005.09
鲍庆丰	男	黑龙江畜牧兽医职业学院	高级政工师	2005.09
钟敏放	男	黑龙江畜牧兽医职业学院	高级政工师	2005.09
刘亚南	男	黑龙江畜牧兽医职业学院	高级政工师	2005.09
赵晓权	男	双城铁路中学	中学高级教师	2005.12
龙　泓	女	双城铁路中学	中学高级教师	2005.12
姚会杰	女	双城铁路中学	中学高级教师	2005.12

附　录

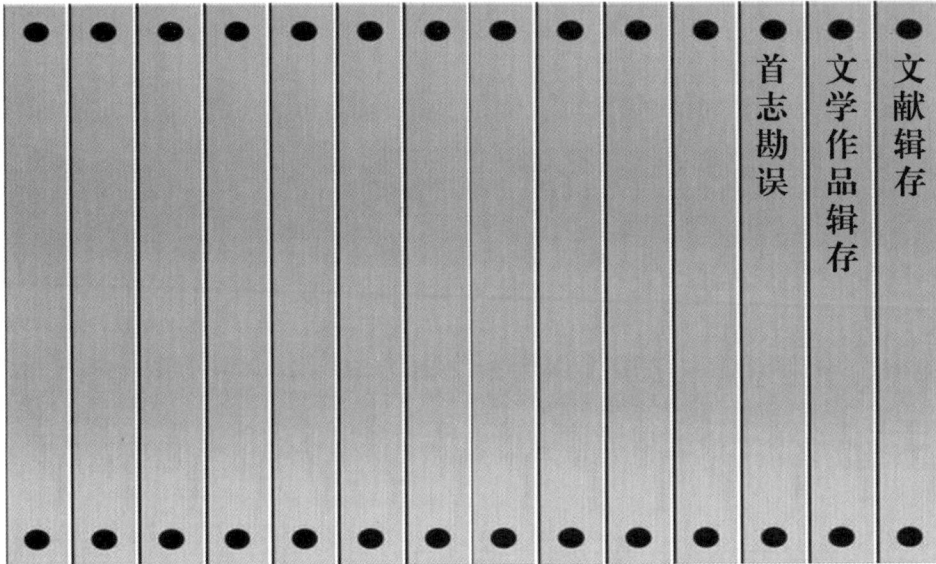

首志勘误

文学作品辑存

文献辑存

附录收集文件 8 件,文章 8 篇,诗歌 21 首,楹联 12 副。

一、文献辑存

中共双城市委、双城市人民政府
关于印发《关于延长土地承包期工作的若干政策规定》的通知

各乡镇党委、人民政府,市直各党委(总支)、党组,市直各部、委、办、局,各群团组织:

经市委、市政府研究决定,现将《关于延长土地承包期工作的若干政策规定》印发给你们,请各单位、各部门结合本单位实际,认真遵照执行。

关于延长土地承包期工作的若干政策规定

我市农村第一轮土地承包到 1997 年末全部到期。根据上级有关文件精神,结合我市实际,在试点调查的基础上,对我市延长土地承包期工作提出如下政策规定。

一、延长土地承包期的依据和遵循的原则

1. 延长土地承包期的依据。

(1)以中办发〔1997〕16 号文件、黑发〔1997〕21 号文件和哈发〔1997〕18 号文件为政策依据。

(2)以 1983 年实行土地承包时,在籍人口(劳力)所分得的口粮田、承包田等土地面积台账为土地微调的依据。

(3)以现有出生、死亡、迁入、迁出等人口变动现状和实有土地现状为收回土地和补给土地的依据。

2. 延长土地承包期应坚持的原则。

(1)坚持稳定的原则。延长土地承包期必须以稳定为前提、以稳定为大局的总体要求办事。稳定现有土地承包关系,主要是稳定土地承包经营权,稳定土地承包经营期限,稳定土地所有权。

(2)坚持微调的原则。由于我市 1983 年实行土地承包责任制以来,没有统一进行大的调整,人地矛盾比较突出。在稳定大多数农户原有承包土地的前提下,进行必要的"小调整"。

(3)坚持完善的原则。在第一轮土地承包期中,出现了一些新的矛盾和问题,如合同兑现、欠款回收、土地流转、土地耕暄、土地培肥、农田基本建设、"两工"提用等,都要在延长土地承包期中,进行具体的补充和完善。

(4)坚持群众路线的原则。在完善土地承包责任制过程中,要自始至终地坚持党的群众路线,宣传群众、发动群众、相信群众、依靠群众。一切从实际出发,充分尊重绝大多数群众的意愿,要充分发挥村民代表议事会的作用,做到民主、公正、公开。

二、延长土地承包期的形式和时限

3. 延长土地承包期的形式。我市延长土地承包期采取"大稳定、小调整"的形式。近几年已经做出了土地微调的地方,要在原微调整的基础上,按照本规定进行微调和完善。

4. 延长土地承包期的时限。新的承包期从 1997 年 12 月 31 日 零时开始,在第一轮土地承包的基础上再延长 30 年。"五荒"等开发性生产的承包期可适当延长。

三、延长土地承包期微调的对象和标准

5. 应收回土地的对象。以 1983 年土地承包时的在籍人口和土地承包台账为准,截至 1997 年 12 月 31 日,对下列人员分得的口粮田、承包田、园田地等所有土地,全部由村收回。

(1)死亡的人口。

(2)户口迁出的人口。

(3)婚出的人口。

(4)农转非的人口。包括转为国家正式干部、教师、职工,升学已分配工作、参军提干或转为志愿兵、出国定居、办理城市户口的,及其吃供应粮的家属。

(5)违反当时的政策规定,多占土地(包括未纳入村统一规划,农民自行开荒的土地)的人口。

(6)被供养的五保户。

(7)被判死刑的人员。

(8)自愿放弃土地承包经营权的人口。

6. 应补给土地的对象。以 1997 年 12 月 31 日零时在籍户口为准,符合下列条件之一者,予以补地。(凡是 1983 年土地承包时,分得土地的人口不在这次补地之内。)

(1)新出生的人口。

(2)婚入的人口。

(3)1983 年后,经村同意落户的人口(不包括未经村同意落户的或落户时以不给土地为条件的人口)。

(4)乡镇企业从业人员、乡村民办教师、现期服役的义务兵、第一轮土地承包时漏分的和户口已迁出未分配工作的在校学生。

(5)已办理城市户口,户口欲迁回本村的,经村同意,持公安局城市户口注销证明,户口迁回本村后,予以补地。

7. 有关土地调整的具体问题。

(1)被判死缓、无期、有期徒刑和劳教人员,其土地由村收回作为机动地,待释放后再恢复其土地经营权。

(2)合同制干部、职工分得的土地,由村收回做机动地,待其解聘后再恢复其土地经营权。

(3)第一轮土地承包时,只分得口粮田漏分承包田的村干部、机耕队人员、乡镇企业人员、临时工、复员兵、民办教师等基本劳力,1983 年后村按承包田标准补给土地的稳定不动;超标准部分由村收回,不足的不再补给;没给补地的,参加新一轮补地。

(4)有承包田的劳动力死亡后家庭人口土地调整。一是可以参考原生产队现有人均占有土地标准执行;二是可以由村民代表议事会议会讨论决定。

(5)原承包的土地账地不符的,其超出部分由村收回,不足部分不再补地,按现实有土地面积承担责任和义务。

(6)1983 年按土地分担的集体债务继续由原承担者负责。

(7)凡是补办出生证明申请落户的,卫生和公安部门必须给予办理出生证明和落户手续。

(8)凡是婚出婚入人口,原则上在规定时间内办理户口迁移,在户口所在地承包土地。

8. 补给土地的标准。人均补地的数量,要以原生产队为单位,用收回土地的面积除以应补地的人数,计算出人均补地面积,有多少补多少,但不得超出原生产队现有人均占地的水平,超过部分由村收回作为机动地。

9. 土地微调的具体办法。在土地微调中,可采取家庭内部自行平衡消化或地邻之间相互窜动的办法解决。在自行调节后,其余需要补给的土地,采取抽签的形式进行。

10. 收补土地的地级标准。对应收回的土地,原则上要收回应收人口分得生产队的中上等地,具体由乡(镇)、村根据实际情况统一确定,所收土地不要过于零散,收哪块地补哪块地。对个别面积较小,不便经营的,在尊重群众意愿的基础上,允许就地有偿转让给原承包户或地邻,以利承包地块的相对稳定。

四、进一步规范和完善土地承包责任制

11. 提高承包合同的兑现率。在延长土地承包期开始前,对农户欠村集体欠款要进行认真清理,农户还清欠款后,再签订延长土地承包期合同。对确无能力还清欠款的农户,要经村民大会通过,村集体经济组织批准,偿还一定比例欠款,并订出还款计划后,再签订合同。利息的减免方式均由村民代表议事会讨论决定。

12. 加强机动地管理。村集体留有的机动地,不得超过耕地总面积的5%,不足5%的,原则上不再增加。考虑今后三十年农防林欠账再开新带、农田基本建设、修路等用地因素,在这次土地微调中,经乡(镇)政府批准,可适当再留出部分机动地。机动地承包要本着头号公开、公正的原则,实行竞价承包。坚决禁止干部以权承包、偏亲向友和机关、企事业单位职工到农村承包机动地。

13. 规范土地的流转机制。在新的承包期内,要加强村集体经济组织对土地流转的管理。土地流转方式可以由转出农户自行转让,但必须通过集体组织,签订书面合同,明确转让土地的各种义务和应承担责任的主体。对户口不在人不在的欠款户,其土地必须由村收回,以转让金差价款顶欠的办法统一转让。还清欠款后,可以经村同意自行转让。

14. 兑现土地培肥、耕暄制度,搞好农田基本建设。具有土地经营权的承包者,每年要做到亩施优质农家肥1.5立方米。每少施1立方米农家肥,交地力补偿金30元,此款专项用于培肥地力建设。农户必须按村统一安排进行耕暄,耕暄费可以在轮耕年度内,每年按地均摊,也可以当年谁耕暄谁交钱,具体办法由村自定。

15. 明确"两工"的负担办法。劳动积累工按土地面积均摊,义务工按劳动力均摊。

五、延长土地承包期相关问题的处理

16. 关于"五荒"资源和开发性承包的管理。针对我市"五荒"资源相对较少和开发现状的实际,"五荒"开发的土地合同到期的可以纳入微调中,合同未到期的待到期后再行处理。由乡(镇)、村统一规划管理。

17. 关于菜田区的土地承包完善问题。菜田区的土地承包也要实行"大稳定、小调整",具体由双城镇人民政府参照本规定制定实施办法,报市人民政府批准后实施。

18. 在新的土地承包期内提倡"增人不增地、减人不减地"的做法。土地承包期延长后,新增劳力和人口变化,不再调整土地。

19. 对承包土地实行依法管理。在新的土地承包期内要做好土地建档工作,重新签订土地承包合同,发放承包土地使用权证,建立健全合同仲裁制度,依法加强对耕地的管理和保护。

20. 本规定由市农办负责解释。本规定自发布之日起施行。

一九九八年三月一日

关于"双城解放日"需经市人大、市政府正式讨论给以确认的报告

市委、市人大、政府、政协：

关于"双城解放日"的问题，市志办公室曾于一九八七年一月十二日给县四个班子打了正式报告，但始终没有讨论给以确认，这对编写县志带来不利，故再次报告希能尽早讨论给以确认，以便加快修志工作。

（一）

根据市志、党史和公安史志的需要，公安志办刘景荣同志提出的问题，我们依照市领导指示精神，组织召集了"党史办"、"公安志办"的有关同志，于元月七日进行了"何时为双城解放日"的专题研究。大家本着重史实而不轻信口碑，重实质而不重表面现象的唯物史观，最后统一了认识，明确了双城解放日和双城人民政府成立的具体时间，也回答了刘景荣同志信中提及的问题。

（二）

到会的同志一致认为，要确定双城解放的具体时间，必须明确当时的历史现状和社会背景。大家本着实事求是的精神，进行了认真地回顾。人所共知，一九四五年"八一五"日本投降之后，双城随之"光复"。八月二十日苏联红军来双，十一月二十三日东北人民自治军所属的王良部队（即老七团），进驻双城，同年十一月二十七日，林诚、孙新仁、赵云鹏三同志奉松江工委命令来双，接收双城，建立政权，当时林诚同志任县委书记，孙新仁同志任县长，赵云鹏同志任公安局长。翌年二月根据"雅尔塔协议"精神，国民党政府派付润成来双任县长。林诚同志改任政委，孙新仁同志改任卫戍区司令，赵云鹏同志改任警察局长。历时两个月，付于一九四六年四月离双。林诚、孙新仁、赵云鹏三同志复原职。随之开展反奸清算，镇压叛乱，土改建政等工作。这些大家是清楚的。

（三）

根据这一历史现状，经过大家反复讨论，最后确认：林诚、孙新仁、赵云鹏三同志来双，即一九四五年十一月二十七日为双城解放日。原因有三：其一，一九四五年八月十五日日本投降，东北"光复"只是我国领土从侵略者手中夺回来，人民还没有当家做主，不能算解放；其二，日本投降后，虽然苏联红军来双，但那时仍是"治安维持会"把持双城大权，后来王良部队进驻双城，只是缴了"治安维持会"的械，而没有接管双城政权，也不能算解放；其三，林诚、孙新仁、赵云鹏三同志，是奉上级党组织委派来双，来双即接管了双城，组建了双城县委，成立了政府和公安局，随即开展反奸清算，土改建政等工作，使广大劳苦大众真正当家做主，得以解放。虽然在一九四六年二月至四月，国民党政府派付润成来双任过县长，但那是处在国共合作期间。更主要的是，一切政令、公务均按以林诚、孙新仁、赵云鹏为代表的共产党主张行事。付实质上是"牌位"，没起什么实质性的作用。

所以最后一致认定"一九四五年十一月二十七日为双城解放日"。同时也认定此日为双城县人民政府成立纪念日。

汇报当否。请示。

双城市志办

一九八八年十二月三十日

关于我县拟改市建制后机构设置和人员编制情况的报告
（双城县人民政府文件双政发呈字〔1988〕22号）

省民政厅：

　　为更好地实行对外开放、搞活，有利改革，繁荣经济，促进县城市政建设，我们从这一目的出发，按照国务院和省政府的有关规定，已向省政府呈请将我县改为县级市建制。如上级批准我们改为市建制，其政治体制与县建制没有差异，机构设置仍将保持现状不变，人员仍将控制在现有编制内，不再增加。今后，随着政治体制改革的深入进行，其机构设置和人员编制，根据"精兵简政"的原则，也只能减少，不会扩大。另外，就我县目前的经济实力条件，不仅不允许我们扩编增人，而且还要严格控制机关、事业编制，尽量减少行政经费支出。

　　特此报告，请省政府及省直各有关部门予以监督、检查。

双城县人民政府
一九八八年八月九日

关于拟将我县改为县级市建制的再次请示
（双城县人民政府文件双政发呈字〔1987〕53号）

省民政厅：

　　关于拟将我县改为县级市建制问题，自一九八四年以来，我们先后三次，分别向松花江地区行署和省民政厅写过书面报告，至今未批复。为此，按照建立县级市的要求，再次报告如下：

　　我县总人口，现已达到七十万零一千人。县政府所在地双城镇总人口为十三万六千七百人，其中非农业人口十二万四千七百人，年国民生产总值已达四亿一千一百万元，占全县国民生产总值的百分之五十一点五。

　　根据国发〔1986〕46号文件规定"总人口五十万以上的县，县人民政府驻地所在镇的非农业人口一般在十二万以上，年国民生产总值四亿元以上，可以设市撤县"的标准，我县现已基本具备了撤县设市的条件。

　　特再次请示，当否，请批示。

　　附：双城县建市条件说明

双城县人民政府
一九八七年十二月八日

黑龙江省民政厅转发民政部门关于设立铁力、尚志、双城市的批复的通知

（黑龙江省民政厅文件黑民字〔1988〕23 号）

松花江行署,伊春市、铁力、尚志、双城县人民政府:

经省政府同意,现将民政部关于设立铁力市、尚志市、双城市的批复（民〔1988〕行批 26 号、27 号、30 号文件）转发你们。

铁力设市后,从伊春市划出,由省直辖,原行政区域不变。领导体制变更从一九八九年一月一日起实行。请伊春市及省直有关单位做好各方面的交接工作。

尚志、双城设市后,仍隶属松花江地区行署领导,原行政区域不变。

设置铁力、尚志、双城市,人员编制不增加,建市经费由市自行解决。

附:民政部门〔1988〕行批 26 号、27 号、30 号文件。

一九八八年十月四日

中华人民共和国民政部民关于黑龙江省设立双城市的批复

黑龙江省人民政府:

你省一九八八年六月三十日《关于撤销双城县设立双城市的请示》收悉。经国务院批准,同意撤销双城县,设立双城市（县级）,以原双城县的行政区域为双城市的行政区域,不增加人员编制。

中华人民共和国民政部

一九八八年九月十四日

（中华人民共和国民政部民〔1988〕行批 30 号）

双城市人民政府文件

双政发(1989)5 号

双城市人民政府关于印发《双城市兑现一九八八年企业承包（租赁）合同实施方案》的通知

市政府各有关直属单位:

现将经市政府讨论通过的《双城市兑现一九八八年企业承包（租赁）合同实施方案》印发给你们,望贯彻执行。对执行中所遇到的问题,可随时报市体改委。

双城市人民政府

一九八九年三月一日

双城市兑现一九八八年企业
承包（租赁）合同实施方案

我市企业推行招标抵押承包（租赁）经营已经一年了。为了做好1988年合同兑现工作，根据市长办公会议讨论的意见，特制订本方案。

一、兑现的原则

依据国家承包、租赁条例，按照双城市《企业招标抵押承包（租赁）经营实施方案（试行）》的有关规定，严格执行承包（租赁）合同，认真兑现奖惩，兼顾国家、企业、经营者和生产者利益，全面调动企业经营者和生产者的积极性，促进我市经济的稳步发展。

二、兑现的方法步骤

1. 认真搞好年终审计，国营工业企业由市审计局会同企业主管局负责审计，其他各系统的企业由企业主管部门负责审计。审计结果由审计负责人签名盖章，以示负责。

2. 检查合同履行情况。由市政府组织体改委、经委、财政局、审计局和各主管局等部门人员参加的检查组，分别对合同的履行情况逐条进行检查。

3. 提出兑现合同的具体方案。由各检查组会同企业提出兑现合同的具体方案，并填写1988年承包（租赁）企业合同兑现表。

4. 审批。各企业承包合同兑现方案报主管部门、综合部门和体改部门审核后，提交市长办公会议批准后执行。

三、兑现的有关规定

1. 企业完成承包基数，承包者得企业职工年平均基本工资3~4倍的报酬，个人承包的给厂长（经理），集体承包（班子成员都缴纳了抵押金）的由厂长（经理）分配；企业职工年平均基本工资是企业职工档案工资的平均值，不包括其他补贴和奖金；承包者所得的企业职工年平均基本工资3~4倍的报酬，不包括本人每月已发的工资及其他各种附加费和补贴费，但在计算承包者所得的3~4倍报酬时，应将自定已发的岗位工资和奖金剔除。

2. 企业超额完成承包基数，按合同发给承包者企业留利部分的5%~15%的奖金，由法人代表自行支配；当年发给50%，其余50%作为风险保证金，存入市财政局，待承包期满，经审检按盈亏结算后的数额付给承包者；在承包期内不得将原有抵押金抽回。

3. 企业法人代表不准违背合同规定乱拉奖金（包括停薪留职职工的结余工资）为领导班子成员滥发超发奖金，违者除收缴多发的奖金外，按私分公款严肃追究当事者的责任。

4. 全员承包的企业按双政发〔1988〕19号文件执行。租赁企业按租赁合同执行。目标管理的企业按责任状执行。

5. 超过合同规定处理的历史挂账一律不视为当年实现的利润。

6. 企业联营所得的收入可视为利润；转出的利润凡是计算在承包基数内的，也可视为利润；承包合同签订后，实行联营付出的利润一律不视为利润。

7. 企业内部职工年终奖金分配，由主管局牵头，会同体改委、财政局、审计局共同审批后执行。企业不得突破合同规定的奖金额超发职工奖金。

8. 没有完成承包（租赁）基数的企业，按合同规定该收缴抵押金的收缴抵押金，该亮"黄牌"的亮"黄牌"，该终止合同的终止合同；终止合同的企业法人代表就地免职，就地安排工作，不能进事业和机关单位；

没有完成承包基数收缴的抵押金,国营企业由财政局收缴入库,集体企业由主管部门收缴,作为生产发展基金。

9. 承包后实行工资总额与经济效益挂钩的改革,鉴于目前还不够完善,暂不执行。

本方案自公布之日起生效,解释权由市政府责成体改委负责。

双城市人民政府关于印发工业企业产权制度改革工作实施方案的通知

各乡、镇人民政府,市政府各有关直属单位:

现将《双城市工业企业产权制度改革工作实施方案》印发给你们,请认真贯彻执行。

一九九三年十一月三日

双城市工业企业产权制度改革工作实施方案

为了进一步加快我市工业企业的改革步伐,根据省委、省政府在桦川县召开的国有工业企业产权改革座谈会议精神和黑办字(1993)19号文件提出的要求,结合我市实际,特制定本方案。

一、指导思想

以建立完善的社会主义市场经济体系为目标,以贯彻落实市委、市政府提出的加快我市工业企业改革步伐精神为指导,以理顺产权关系为重点,以提高经济效益为中心,解放思想,加大力度,有组织、有步骤、大规模地推进工业企业的产权改革,使企业真正成为自主经营、自负盈亏、自我约束、自我发展的法人实体和市场竞争主体,促进我市经济发展登上新台阶。

二、工作原则

(一)坚持以"三个有利于"为标准的原则;

(二)坚持谁出资、谁所有、谁受益、谁承担责任和风险的原则;

(三)坚持维护国有资产权益的原则;

(四)坚持从实际出发、因企制宜的原则;

(五)坚持积极稳妥,分步推进、务求实效的原则;

(六)坚持兼顾国家、集体和职工利益,保障社会基本安定的原则。

三、基本形式

根据我市工业企业的实际情况,结合外地经验,按照省、地的要求,采取以下七种形式实施产权制度改革:

(一)股份合作制。对于规模较大、效益较好、产品适应市场需要且有前途的骨干企业,可将企业资产按照现值全部或部分出售给企业内部职工或其他法人,实行资产折股、共同认股、有偿转让、分年偿还的办法,建立股份合作制企业。如花园酿酒总厂、针织厂等五户国有企业和周家阀门厂等两户集体企业。

（二）实行"嫁接"改造。"嫁接"改造就是企业同其他经济成分进行多层次、多形式的合资与合作经营。既可以与国外企业"嫁接"，也可以同国内的乡镇、集体或私营企业"嫁接"；通过不同所有制经济的优势互补，培养新的经济增长点。如对亚麻纺织厂等两户国有企业和一户集体企业实行"嫁接"改造。

（三）租赁经营。对企业规模较小、效益不高，但尚能维持生产的企业实行租赁经营。企业可以租给集体、个人或外商，租赁期限可长可短，一般不超过五年；形式可灵活多样，可以采取切块租赁或整体租赁，还可以采取连包滚租等办法；真正使租赁者在交足国家的（税和租金）、留够集体的（风险资金、发展基金等）前提下，剩下的都归自己。如对鞋帽厂等十六户企业实行租赁经营。

（四）实行兼并。对生产经营形势不好、经济效益差、无主导产品或产品无市场的企业，按照《条例》《细则》和省、市政府有关规定实行兼并。如水泥厂、工具厂等八户企业。

（五）出售产权。即将现有企业部分或全部资产出售给社会法人或自然人。具体可以采取竞价出售的办法，也可以采取承担债务、净资产出售的办法（即将企业的资产和负债相抵，按评估后的净资产出售，企业的债务全部由购买者承担）。采取这种形式的有梳棉厂、兰棱砖瓦厂等四户企业。

（六）剥离经营。对长期亏损、债务多、包袱重、积重难返的企业，可采取"母体裂变"剥离经营的办法。把企业内部有生命力并能独立经营的部分，分离出来，组成一个或若干个经济实体，让企业活一块、"死"一块。剥离出来的新企业，宜股则股，宜租则租，宜售则售，实行新企新制。实行这种形式的有环球乳制品总公司等企业。

（七）实行破产。对资不抵债、已经关停、濒临倒闭的企业，按照《破产法》实行破产。如化肥厂、钢纸板厂等五户企业。

（八）独资公司。指由国家全部控股的国有大中型企业，有糖厂、花园酿酒厂、啤酒厂、乳品厂四户企业。

（九）承包经营。暂不能进行上述改造的企业可实行此办法。

四、方法步骤

（一）方法

根据以上九项工作内容，要成立三个工作组，分别负责对各企业产权改造工作的指导、监督与协调。一是资产评估组。由国有资产管理局牵头，企业主管部门配合，组织专业队伍，进行清产核资和资产评估工作；起草《市属国有企业产权出售办法》，并组织实施。二是政策指导组。由体改委牵头，负责制定产权改造的有关配套政策，进行产权改造过程中政策的指导、协调工作；起草《双城市工业企业股份合作制试行办法》并组织实施。三是综合协调组。由工委牵头，组织一批精干人员，具体负责起草《双城市二轻集体企业产权出售试行办法》和《双城市工业企业租赁经营实施细则》，并负责组织实施和指导协调工作。

（二）步骤

这次全市工业企业的产权改造，大体分三个阶段进行。

第一阶段为学习、宣传、动员阶段。

企业主管部门、经济杠杆部门和各企业领导班子成员都要认真学习省委、省政府在桦川县召开的全省县办国有工业企业改革座谈会会议精神，学习内蒙古凉城等地产权改造的成功经验，学习《条例》《细则》和市委、市政府关于向企业放权的若干具体规定。通过学习，提高参与意识，进一步解放思想，更新观念。同时要充分利用各种会议和传播媒介，广泛宣传、动员、大造声势，为企业产权改造顺利进行鸣锣开道。

第二阶段为具体实施阶段。

此阶段的主要工作是：一要由各工作组协调有关部门，对已确定产权改造的单位进行清产核资；对出租、出售的企业进行资产评估，并将评估结果报市产权改造领导小组办公室。二是由领导小组依据评估结果确定标的。再由出售（租）方代表以公开方式招标。三是在择优选定中标者的基础上，甲、乙双方签订出售(租)合同书,经法律公证后即可生效。

第三阶段为检查验收阶段。

在坚持标准、保证质量的前提下,由市产权改革领导小组进行验收。对没有改造或改造不彻底的企业,要坚决按照"不换机制就换人"的原则,首先调整企业领导班子,然后再进行产权改造。工商行政管理部门对产权改造验收合格的企业要进行登记发照。

五、应注意的几个问题

(一)产权改造是重大的历史性变革,除了必然要触及传统的、固有的计划经济体制下的旧观念外,也必然要遇到债务、人员安置和国有资产出售等难点问题。因此,要本着"三个有利于"的原则进行。要树立不管以谁为主,不怕"肥水外流"的思想;树立局部利益服从整体利益的思想。

(二)各企业产权改造的方案,要走群众路线,充分发扬民主。通过充分酝酿协商,经职工代表大会讨论通过,报市产权改革领导小组审批后,方可实施。

(三)各单位在开展这项工作中,不得弄虚作假,不得走过场,不得流于形式;要摆到领导班子的重要议事日程,扎扎实实地抓好此项工作,收到"立竿见影"的效果。

(四)此项工作要在1993年底取得突破性进展,力争在1994年6月底前结束。

(五)其他部门的工业企业参照此方案执行。

六、组织领导

市政府成立工业企业产权制度改革工作领导小组。

组　　长:李　军(市委副书记、市长)

副组长:李　伦(市委副书记)

　　　　刘鹏雁(市政府副市长)

成　　员:陈忠礼(市工业经济委员会主任)

　　　　刘兆昌(市体改委主任)

　　　　吴荣佩(市计委主任)

　　　　管逢林(市财政局局长)

　　　　张振国(国有资产管理局副局长)

　　　　刘树彬(市工商局局长)

　　　　张宝安(市税务局局长)

　　　　宋惠忠(市人民银行行长)

　　　　王润兰(市工商银行行长)

　　　　白连举(市劳动局局长)

　　　　王　江(市工业经济委员会副主任)

　　　　吴宣文(市委组织部副部长)

　　　　南明良(市人事局副局长)

市工业企业产权制度改革工作领导小组下设办公室,办公室主任王江(兼);办公室地点在市政府办公楼工业经济委员会企管科。

一九九三年十一月二日

二、文学作品辑存

塔头沟情思

王　兴

你披过蓑衣吗？那是塔头草编的;你穿过靰鞡吗？那是塔头草絮的;你睡过江村热炕吗？那是用塔头草烧的。如果这些你都没有,那你一定使过纸张,而塔头草又是造纸的原料。

然而,千百年来,那些把无尽的塔头草贡献给人们的塔头沟,却不曾被诗人们咏唱过一句,不曾被画家们描绘过一笔。它不比那些名山大川炫人眼目,众所皆晓,而只以自己独特的风光和作为养育人们的富源,默默无闻地存在于江河两岸一些乡下人的心间。

我离开家乡松花江畔的小村,已经十几年了,至今还在思念它。提起它来,那些在城市里深居简出的人,自然不会认识的。它是由一丝丝草根集结起来的碗口粗、盆口粗、尺把高,密密麻麻数也数不清的小树墩一样的塔头组合而成。遇有野火烧过,便是黑黝黝的一片。看到这副状貌,你也许会感到荒凉和平庸吧？其实,这不过是冬天的景象。到了春天,它便会一改容貌了:一墩墩塔头草,锥尖似地冒出来,像装在无数盆子里的麦苗。远远望去,又像是一条长长的绿带,被擎在低低的空中,于是,你会有一种新鲜的感觉:"嗬! 这不起眼的塔头,居然能展现如此清丽的奇景!"甚至后悔相见太晚。

其实,这只是你一见钟情罢了,塔头沟的真正美景还不在春天,而在夏天。见过塔头沟之夏的人,当会对这种初起的爱进一步加深。夏日里,一沟沟的塔头草长高了,长长的,绿绿的,像是袅娜无力的女子的秀发,披散开来,一有清风拂过,便会草浪滔滔。那绿,也已不是嫩嫩的绿,而是旺盛的绿,绿得是那样沁人心扉,使你在炎热的天气里看到它,不会觉得热,在口渴的时候看到它,不会觉得渴。这时的塔头沟,以不为高人雅士所赏的魅力,招来了各种各样的鸟,各种各样的虫,各种各样的蛙,在这大自然的乐厅和舞场中,比赛歌喉。孩子们更是把它当成流连忘返的胜地,每天都是一群群结伴而来,在那摔不疼、跌不坏的草丛中又蹦又跳,在看不见影子的塔头空儿里捉迷藏。最得意、最尽兴的莫过于找鸟蛋,抓田鸡。为了一窝鸟蛋,会被一只只的鸟儿引逗得沟里沟外地转。忽然找到了,就争着去看、去摸那垒得精致的窝,那带着花斑的蛋。一不小心,打碎了,痴情的鸟儿便疯了似的飞上飞下地叫。大人们看到这不忍的情景便要叫住孩子,讲鸟的孵卵是如何的不易。

入伏以后,江水上涨,漫过河床,流入低谷,也钻进了塔头沟。塔头沟又成了钓鱼者的乐园。

这里的垂钓,不同于在江河湖泊,用一把钓竿甩来甩去。而是用一根根柳条,拴上鱼钩,插到一个个的塔头空儿里。当把十几根乃至百根的钓竿插完后,尽可以沉住气,躺在密实的塔头丛中去等候。闭上眼睛,憧憬着钓时的情景,总好像有几根钓竿在一抖一抖地动。实在耐不住了,跑去一看,果真就有钓竿在动,于是,便不顾塔头草的缠绕,一颠一扑地过去,把它拔起来,便有一条摆着大尾的鲶鱼,扑棱棱地被提上水面。最有意思的是,在那一动不动的钓竿中,常有一根或两根,待你拔取的时候,忽然哗啦一声,随即你的手就被有力地一牵,那无疑是条大鱼了。它就像撞到了你心上,你的心会立刻一翻,然后便忽闪忽闪地跳。这时,你会不忌讳嗓音的粗细,唱起渔人最爱唱的大口落子来:"钓它两条金翅鲤呀,再钓它两条大尾鲶,我拿到市上去换钱。"

看钓的时候,也会遇上别人落下的钓竿。上面钓住的鱼,早就死了,变得发黄。它使你不由得想到集市上的那些卖鱼人,摊子上常常摆有这种黄鲶鱼。明知是死得时间久了,却还要大言不惭地喊着:"黄鲶鱼,黄鲶鱼!"好像是黄鲶鱼才是最好的鱼,这也是骗人有术吧。于是,却有不识货者,争着去买。而那些光凭货色,不靠叫卖的人摊子上的鲜货——黑鲶鱼,竟弄得无人问津了。

塔头沟是美丽的,富饶的,它的每一个季节,都有动人情思的地方。

秋天,满沟的塔头草熟了,便有附近的人们来收割。除了自家足用之外,还可以卖钱。这是不用种、不用铲,不用浇水施肥就可以得到的收获。人们都把镰刀磨得快快,竞赛一样地割,竞赛一样地捆,然后,又竞赛一样,用绳子拢好,穿上扁担,咿咿呀呀,从那刚刚割过的塔头顶上踩过,挑到摞有高高垛码,成绩卓著的岸边。你再看塔头沟,它已经是光秃秃的了,但也许你不会说它平庸和荒凉了,还会感到它有看不见的美。

久违了,塔头沟! 十几年来,不知你有何变迁,也不知那些鸟儿、虫儿、蛙儿们是否还在那里汇聚,更不知这些年中,你又无声无息地给予了人们多少!

（发表于《农民日报》1987 年 3 月 3 日）

童年的兰棱河

王文山

家乡的河是我心中的河,家乡的景是我难忘的景。那里的一草一木储存着我童年的梦幻和欢乐,一泡子一河摄下过我童年的身影,一争一鸣的鸟雀叫声里,掺杂着我童年的歌声和笑语。记得上小学的时候,每逢旧历五月节前后,兰棱河便成了天然的大花园、百鸟园、游乐场。一望无际的柳条通,遮天蔽日,像座翡翠的屏障,绚丽繁茂的花,铺天盖地,灿烂盛放;蓝蓝的天上,百鸟飞翔,唱着春歌,碧莹莹的兰棱河水面上,船儿竞发,渔歌互答。每逢这个季节,在盎然生机的惹逗下,小伙伴们的"春心"早就浮动啦,人坐在课堂里,心儿早就飞到兰棱河畔。无奈,只好逃学。

次日清晨,我们几个小同学事先邀好,为了不让家里大人发现破绽,还像往常一样,在家吃罢早饭,背上书包,里边偷偷装上打鸟用的夹子和扣网,直奔南河沿儿(即兰棱河南岸),到了大野甸子上,首先选中一个沙砣子,各自找好向阳之地,把书包里的书和文具盒儿全倒出来,用沙子埋好,每个人再找一个树枝子插上做记号。然后分兵几路去找地方下夹子和扣网,空书包挎在脖子上,悠荡在胸前,一边溜雀儿,一边捡野鸡蛋、野鸭蛋、鹌鹑蛋什么的。一会儿工夫,每个人都捡满一书兜鸟蛋,唱呵呵回到沙砣子上来烧鸟蛋吃。先把各种鸟蛋都埋在沙子里,捡些干树枝子架在砂子上,用火点着。呼呼呼一阵干柴烈火把沙子烧热了,鸟蛋也全烫熟了,我们便围坐在周围,开始吃贴响饭。一个个都吃得小脸蛋儿通红,嘴巴黢黑儿。吃饱了肚子就去起夹子和扣网,小伙伴们怀着打了胜仗的喜悦心情,喊着互相通报战况"我扣住一个'水腊子',打着两只山雀儿。铁蛋儿,你呢?""我呀,我比你有成绩,扣住三只'蓝靛颏',打着四只'柳罐球子'。""二愣子,你咋样?""我嘛,请放心,比你们俩都强。我扣住五只鹌鹑,四只红马料儿。"哈哈哈,嘻嘻嘻,几个人不由一阵开心的大笑。笑声中,太阳升高了,估计也就是上午十点多钟吧,阳光照得整个大甸子上暖洋洋,热烘烘的。我们拎着战利品,唱着快活的歌儿离开沙砣子。第二个活动场所是去兰棱河游泳抓鱼。来到河边儿,一个个脱得光光的,扑通扑通跳进水里,自由自在地在河里尽情地玩呀游哇,时而像水鸟浮出水面,时而像游鱼,翱翔水底,玩够了也玩饿了,我一声令下"抓鱼,准备午餐"。小伙伴一呼百应,分别奔赴草棵儿树挂,河边抓起鱼来。铁蛋儿善于抓鲇鱼,二愣子抓嘎牙子鱼有绝招儿,石柱子专抓鲫瓜子和老头鱼。抓够了,我们便上岸卡哧鱼鳞,掏嘎水和鱼下水,用带钩的青柳条子,一条一条穿在鱼嘎水上,然后再一条一条拧在一根大粗柳条棍子上。选择河边一处背风的河坎楞子下边,"埋锅造饭",点起一堆篝火烧活鱼。鱼烧熟了,我们忍着饥肠辘辘的饿肚子,先选几条大鱼祭河神。第二批鱼熟了,我们便动手吃起来,你一条我一条,肚子吃得鼓起来才肯罢休。玩得尽兴了,才想起上课之事。于是赶忙洗净脸蛋儿,收拾好书包,趁学校师生午休时间,悄悄回去上下午第一节课。路上,我们搞好攻守同盟,谁也不准当"叛徒"。谁要泄露机密就开除他参加下次活动的资格。下午上课时老师讲完了课,安排其他同学写作业,开始审问我们几个。不管老师有千条妙计怎么审问,我们有一定之规站在那里是徐庶进曹营一言不发。老师灵机一动,冷不防拽过我们几个的胳膊,用手一挠,出现了一条条白道子,就知道我们去河岸儿玩去啦,索性每个人打几个手板儿,罚我们放学后打扫教室。尽管如此,我们当时是属耗子的,撂爪儿就忘,打完罚完,过几天经不住诱惑了,又逃学走到兰棱河畔玩去了。

烧活鱼,烧鸟蛋,游泳,打雀儿,虽然是几十年前的事儿啦,但是回忆起来,那香味儿那乐趣儿,还久久回荡在心海深处,焕发起一颗不泯的童心,比起现时代的吃烧烤、玩卡拉OK,兴致浓郁多了。

（此文发表于2005年《北方文学》）

芳芳的生日

黄玉臣

星期天,是芳芳的第六个生日。她很早就起床了,自己洗脸梳头、扎上大红绫子,打扮得漂漂亮亮。然后,她拿起喷壶浇庭院里的花草。干这活最有趣儿,小草向你点头,花儿向你扬起笑脸,送来阵阵香气。

隔壁的阳阳也起得很早。他今年五周岁,星期天不上幼儿园,头不梳,脸不洗,抱起心爱的小花猫屋里屋外走,嘴里念着爸爸编的歌:

小花猫,喵喵喵,
瞪着眼睛弓着腰。
捉老鼠,真有招,
乐得阳阳直蹦高。

阳阳正念得起劲,一只小麻雀落在芳芳家的花圃旁。小花猫猛地从阳阳的怀中挣脱,嗖的一声扑过来,小麻雀飞了,小花猫气得狠劲儿摇尾巴,叫了两声,用舌头舔舔嘴巴,显出很扫兴的样子。芳芳也喜爱小花猫,她放下喷壶,拍着手叫:"小花、小花。"

小花猫根本不理芳芳,一直跑到阳阳脚下,又是打呼噜又是蹭腿,不知怎么撒娇好了。阳阳当然高兴。

芳芳笑了笑,又去浇花。不大功夫,就听阳阳在屋里哭闹起来。这是怎么啦?芳芳仔细一听,才知道阳阳把一枚五角的硬币丢了。他妈妈给十枚五分的硬币,他不要;他爸爸给一张一元的嘎巴票,他更不要。

"我要金色的硬钱,那是外婆给的,我喜欢,我不花,我要……我要……"阳阳哭闹得更厉害了,真叫人着急。

芳芳家也没有这样的硬币,这可怎么办?芳芳想一想,决定帮阳阳去找。她在房前屋后找个遍,没见到五角硬币的影子,难道这枚硬币还能飞了?芳芳想呀,想呀,忽然想起来了。昨天傍晚,阳阳在后院桑树下玩儿，拿着棍子打桑粒儿，一蹦一跳的，硬币是不是丢那儿了？想到这儿，芳芳一直向后院跑去。

桑树下一个人也没有，几只淘气的麻雀在树上喳喳叫着。芳芳围着桑树，弯着腰，细心地寻找，连黄色的瓷器片、草根儿也不放过。找着找着，眼前忽然一亮，从一片树叶下闪出一道金光。芳芳精神很紧张，像扑蝴蝶一样猛扑过去，手指擦破了，膝盖跌红了。她把扑到的东西放在手心上，真是一枚金光闪闪的五角硬币，那上面有庄严的国徽，太美了！怪不得阳阳那么哭闹呢。

芳芳兴奋极了，用劲儿攥着硬币跑回家。她真想一步到阳阳面前，把硬币交给他。可是她没那么做。幼儿园的阿姨常说，雷锋叔叔总是背地做好事，那才叫好呢。如果当着人家面做好事，让人家道谢，那还叫什么做好事呢。芳芳又费脑筋了，要想一个最好的办法。往屋里扔呢，不行，扔丢了更糟，还许打坏玻璃。求妈妈送去？不行不行。到底咋办好呢？她一眼看到阳阳家窗台上的那只小花猫。

"芳芳，歇一会儿吧，快上屋来。"这是妈妈在唤她。

芳芳回到屋里，妈妈问：

"芳芳，今天你过生日，喜欢吃什么，让爸爸去买。"

芳芳眨了眨大眼睛："我要吃鱼。"

"哟，芳芳想吃鱼了。"爸爸笑起来，"好，爸爸就去买，给你买一条二斤重的活鲤鱼。"

芳芳忙说："不，不要，爸爸，我要吃小鱼，小鱼香极了。您千万别买大鱼，好爸爸。"

"好好好。"爸爸答应着，提起塑料筐，骑上自行车走了。

妈妈纳闷儿，芳芳最喜欢吃兔肉，过生日怎么想吃鱼呢。

爸爸买东西真快，不到十分钟就把小鱼买回来了。芳芳趁爸爸不在意，抓了一把。她蹲在花圃旁，往阳阳家窗台下抛了一条小鱼。小花猫耳朵真灵，听到声音就跳下来，用嘴拣起小鱼，没等细嚼就咽到肚里。芳芳就一条接一条扔，一条比一条扔得近。贪吃的小花猫被芳芳捉住了。

芳芳摘下头上的红绫子，把五角硬币系在中间，然后把红绫子系在小花猫的脖子上。

阳阳听到小花猫的叫声，从屋里跑出来。这时，受了委屈的小花猫已跑到跟前，喵喵地诉苦。阳阳摘下红绫子，发现了自己丢失的五角硬币，乐得蹦起来。芳芳完成了一件大事，心里十分愉快。她却不知道，这一切都被爸爸妈妈看到了。

芳芳的生日过得多好啊。

（获黑龙江省群众艺术馆办刊物评奖最高奖〈1990 年〉）

宇和一根木头

王彦双

宇家的屋檐下，放着一根木头。

宇恍惚记得，那是父亲多年前从一个看山的老头手里买的。那时，宇才六七岁，还没上学。那根木头很粗，粗的那端比家里的水桶还粗些。宇记得当时母亲对父亲说："暂时也用不上，买它干什么？"父亲望着木头得意地说："这是一根好木材，好木材还愁没用？"

后来，不时有人向宇父亲购买这根木头，但宇父亲只是摇头。宇母亲就埋怨说："反正现在也不用，不如卖掉算了！"父亲仍摇着头说："这是一根好木材啊，早晚会有用的。"

眨眼十几年过去了,宇已到城里读高中了,但那根木头仍一直放在屋檐下。暑假的时候,宇喜欢坐在木头上,一边纳凉,一边看书。

那年,宇高考落榜了,回到家里就坐在木头上偷偷流了泪。从此,宇坐在木头上的时候就更多了,虽然他坐在木头上的时候不再看书。

后来,父亲让宇自己选择道路:要么随他经商,要么重新复习。宇讨厌商场的尔虞我诈,但又厌倦了铺天盖地的学习材料和没完没了的背诵、计算,一时做不出决定来,时间就逐渐消耗了。父亲心疼儿子,就说:"'天生我材必有用',老爸相信你干啥都能出息,过几年再说吧!"那时,宇的父亲成功地做了几宗大买卖,赚了几十万。心想即使白养他一辈子也是养得起了。

眨眼又是秋天,宇已经习惯优哉游哉的生活,就什么也不去想了。

有一天,又有一个人来找宇的父亲商量买那根木头。钱袋鼓起来了的父亲已经不把一根木头放在眼里了,就慷慨地说:"什么钱不钱的,搬去用吧。"

然而,当众人把木头翻过来的时候,发现贴地的一侧已经腐烂不堪了。众人都无限惋惜,说:"多可惜的一根木头,这么好的木材,竟白白烂掉了!"宇的父亲也惋惜起来:"这么好的木材,我总以为会有用的,没想到竟然烂掉了,恐怕烧火都不会起火苗了。"

众人走后,宇在那根木头前站了很久。那一晚,宇失眠了。第二天,宇就去城里参加了高考补习班。

第二年,宇考取了省里一所重点大学。

(获新世纪哲理微型小说全国征文大奖赛三等奖,发表在《微型小说选刊》2002年第3期)

四等小站

赫崇明

五家站是一个位于京哈线上介于省城与县城之间的四等铁路小站。

小站虽小,历史却悠长,是一百多年前俄国人修筑中东铁路时设立的。站房举架高大,房屋墙壁宽厚,但窗户狭小,可能是出于俄国人御寒的设计。远处望去,尖尖的绿屋顶,淡黄色的围墙,站房两侧栽种着几十棵粗壮的白桦树,典型的俄罗斯风格。

但站房西侧却极不协调地矗立着一状如碉堡的怪式房屋,据说是日本人伪满时期修建的日本兵的营房,现在成了铁路职工的库房。

两座风格迥然不同的建筑物,分明地刻画出了小站的历史轨迹。

小的时候常常和小伙伴们在小站的鹅卵石站台上玩耍,在白桦树上攀登,甚至到碉堡的屋顶上撕打,而更多的时间,我们则坐在站台上看铁青色的蒸汽机车吞云吐雾般地进出小站,听刺耳的汽笛声掠过小镇的上空。小站是小镇的中枢,小站是孩子们心中的圣殿。

早年每天都有几对南来北往的旅客列车在小站停留,载着小镇的人们去县城,达省城,小站是小镇通往外面世界的唯一通道。随着铁道线路标准的提高和车速加快,现在每天早晚只有南北各一对市郊客车在小站停留,使小镇人走向外面的世界受到了极大的限制。

于是,聪明的小镇人终于把目光转向了铁路以外的公路运输上来。开始的时候,一个在城里打工的匠人筹资从县城购买来一辆旧面包车,每天早晚两次跑县城,逐渐的人们认识到了这条出路,于是又有了第二辆,第三辆……现在每天往返于小镇到县城之间的面包车要有几十台次,小镇人上县城比去邻村串门还方便。不久又有人购买了大客车开始跑省城,赫然写着小镇直达省城标牌的大客车络绎不绝地奔跑在小镇通往省城的公路上,打破了小镇人上省城只能坐火车的惯例,于是小站被冷落了。

不知是什么时候,几辆"解放"牌货车跑起货物运输来了,货车拉着小镇人的农副产品运往县城、销往省城,又从县城和省城把小镇人生活所需物品拉回小镇。小镇人甚至可以花几千元租一辆"东风"长箱货车,把自家的农产品拉到广州去卖,小镇的汽车走出了小镇,走向了外面的世界。

小镇通往各村的道路也一改过去低洼泥泞的土路,都铺上了砂石路面,镇内的大街小巷也铺上了水泥路面,小镇的公路像蜘蛛拉网一样,把小镇与各村,又把各村与各屯连接起来,贯穿全镇,又延伸到县城,延伸到省城。

镇中心百十平方米的停车场停放着几十辆标有"出租"字样的轿车,吉普车和微型面包车。隔壁二林家的闺女丑丫驾驶着一辆花十几万元买来的"桑塔纳－2000"在跑出租,还有"捷达"轿车、"夏利"轿车、"北京吉普"已更新到2020SG代,"天津港田"三轮车像过去的野狗一样在大街小巷里窜来窜去,小镇人过上了出门打的的城里人生活。

小镇人不再拘泥于日出而作,日落而息的庄稼汉子生活,小镇人纷纷打起行装,提着工具袋,乘火车,坐汽车到县城,省城,甚至凭一纸车票到北京、广州打工去了。据小镇的领导讲,小镇每天去县城 省城打工者就有三四千人,还不包括去外地打工者。按每人每天20元收入计,小镇每天从县城和省城就可以拿回近十万元的人民币,每年光打工一项收入小镇人就可以给小镇拿回逾五千万元的人民币,这对于二十年前的小镇人来说无疑是一个天文数字。

随着公路的兴起,铁路被冷落了,但在农闲季节,小站也有闪光的日子。一个只有两万人口的小镇,每天傍晚光是从省城到小镇的市郊客车上就有几千人下来,去省城打工的小伙子们穿着笔挺的西装,系着金利来领带,姑娘们穿着鲜丽的裙装,背着名牌挎包,花花绿绿的小镇人像潮水一样淹没了寂静的小站,"四等小站"又一次成了小镇的闪光点。

（获 1999 年度《党的生活》杂志征文三等奖）

红高粱

那成章

我又想起了故乡,想起了一生劳作的父亲,于是,你那挺拔修长的身影又在我的眼前了。

且不说你那浓郁的芬芳醉了多少情肠;也不说你那清脆的拔节声,在宁静的夏夜歌唱着希望;更不要说那铺炕的席、蒸干粮的屉,围园田的篱笆和孩子们吹着的口笛……因为那文明的编织和编织的文明啊,在家乡,不知已经流传了多少个世纪。

那天,父亲用你那皮坚心软的躯干,给我扎了盏西瓜灯,风一刮,你挣脱了我,我张着两只颤抖的小手,蹒跚着正在学步的腿脚,追呀,追呀……可你连头也不回一下,终于,我急了,流出两颗滚烫的泪滴,打那时起,我懂得了啥叫记忆。

那是一个荒年,青黄不接的时节你还正在孕穗,父亲牵着我的小手,在你的行列里苦苦寻觅,一棵、两棵、三棵……脖子仰酸了,眼睛盯疼了,腹中的饥饿总算被驱走了,父亲看着我嘴唇被乌米染成的黑胡须笑了,但那一瞬,他那黝黑的脸上,分明滚着两颗泪滴。

哦,你养大了我,又把我扶直,让我踏着你的脊梁朝前走去,你却说,不让我常常把你记起……

啊,你竟从来不企望任何人的歌颂,只知道默默淌出甘醇,编织文明和变成通红的火焰……你只知道流汗,吃苦,耐劳,朴实的庄稼人一样,把自己的名字埋在家乡、那不为人知的家乡的土里。

啊,家乡的红高粱!

(1987 年发表于《黑龙江农村报》)

屯哥们闯郑州

佟基华　李茂怀

四月初,正是河南郑州梧桐花飘香的时节。俗话说:梧桐引凤凰。真赶巧了,十二日这天,全国贸易商品展销会在郑州召开。梧桐开花,召来了全国各地客商云集郑州城。

在郑州街头川流不息的人群里,有四位背包撂伞,匆忙赶路的外地屯哥们。原来他们是双城县乐群满族乡友好村钢化玻璃家具厂的负责人齐景文和他的弟兄们,赶来参加商品展销会的。

说起友好村的屯哥们这次闯郑州,搞展销,做买卖,真是乍着胆子来的。他们胆胆突突地来,主要是这次参加展销会的都是全国各地有名的大厂家,而友好村钢化玻璃家具厂是去年才建立起来的村办企业。三十七名工人中,大部分是妇女。其实他们都是刚放下锄把镰刀一年的农民。别看厂小人少,可他们生产的钢化玻璃桌面家具,一出厂就在县城"打炮"了。虽说产品不错,可在本县地界销路太窄。咋想法能打入更广的天地呢?村党支部书记兼厂长齐景文总琢磨这件事。

一天齐景文在报上看到四月十二日在郑州召开全国商品展销会的广告,他心里一动,咱们村生产的家具,能不能上展销会呢?当齐景文把这个想法,跟两位副厂长一说,他们也活心了,都说应该闯一闯。但也有人劝齐景文:"咱庄稼人,靠种地吃饭,要做买卖,那是磨眼里的粮,吃不饱人。"尽管七嘴八舌说啥的都有,可齐景文闯郑州的决心已定,他要为乡亲们趟出一条发展商品经济的新路。

到了上郑州的日子,又遇到麻烦事,展销的货发不出去,他们只好扛着上火车,来到了郑州。

当他们赶到四层楼的展销会大厅时,已经气喘吁吁,汗流浃背了。齐景文找到接待室,掏出介绍信,从一个窗口递进去,一位年轻的女接待员扫了一眼盖着乡政府印章的介绍信说:"来晚了,没地方。"齐景文急切地说:"我们从报上看到这个信,就赶来了。从黑龙江到这儿,几千里真不易,照顾照顾我们吧,屋里没地方,我们在外边也行。只要让我们参加会,没地方摆货,我们背着,站着都行呵。"诚恳淳朴的话语,感动了接待室的人,最后接待室的一位主任,给他们在厅外露天展棚里,安排了一块两平方米的地方。

厅外展棚虽说比楼里差一层,但在屯哥们看来,也够气派的了。宽大的展棚有二里路长。各式各样的商品琳琅满目,各家的推销员有节奏的吆喝声连成一片。面对这个多彩、喧腾的商品世界,他们眼花缭乱了。他们在厅外展棚的过道上,找到了那属于他们的两平方米的位置。这儿没有货架,也没有凳子。他们只好站在那里,扶着那没打包的货物,惊奇地望着这场没开台的"大戏"。

齐景文定了定神,对赵厂长说:"立仁,咱们几个分分工。你到外面搞推销,打听打听行情,我们几个在棚里看看人家卖货的门道。"接着齐景文搬起了大包裹,对技术员小赵说:"咱们把货也亮出来,要是有茬儿,你给说道说道。"当他们把六张明亮、光洁、素雅的仿大理石钢化玻璃桌面亮出来之后,左右的客商们立刻投来惊奇的目光。尤其是那一次绘成在桌面上的自由花体,更让人叫好。虽然他们的产品一露面就使

·703·

人"上眼"，可人家的货咋样，谁心里也没底。

下午，天气更热了。齐景文觉得有点头晕。当赵厂长捧着两个面包来到他面前时，他感到肚子里咕噜噜叫起来了。这时，他才想起早晨下火车时，只喝了碗玉米面粥，吃了两根油条。一人抓个面包，就着凉水，大口小咽地吃起来。齐景文拿着半块面包，半天咬一口，在想着他的心事。

当他用半杯凉水漱下最后一口面包时，对赵厂长说："走，咱们到外面转转。"他们串大厅，逛展棚，把大厅上，展棚里，凡是有展销桌面的都看个遍。在样式各异的上百家同类产品中，他们的桌面还是叫响的，这回齐景文的心才算落了地儿。

第二天早晨，齐景文他们的桌面刚一摆上，就有许多人上来打听价格，有的干脆啥也不问，就要求订货。订货的客商里三层外三层，把那两平方米的地方围得水泄不通。面对这突然出现的场面，屯哥们冒汗了。怎么同用户谈判，合同咋签？这活儿他们可没干过。齐景文只好照本实说："我们没做过买卖，请各位多帮忙吧！"看到这几位淳朴的北方屯哥们，不少用户都自告奋勇帮他们签订合同。这真是人喊人千声不语，货喊人不请自来。在一百五十家同类产品中，友好村生产的钢化玻璃桌面力压群芳。上百上千份订货合同，在四个屯哥们笔下签订着。这些用户南到广西，西到新疆，遍及全国十省二十四个市。仅十三日这天就签订了八千六百四十套产品的订货合同，订货额达二十万元。

齐景文带领屯哥们这次闯郑州，获得了意想不到的成功。几天来的忙乎，虽然屯哥们的脸上有些瘦削，但个个都露出了喜悦的神采。这时，郑州城里正在举办全国知名的牡丹花会。到郑州不观赏牡丹花，真叫人感到可惜。几个屯哥们一商量，不看了，快赶回去，多少用户在等着他们发货啊。

闯郑州的屯哥们，虽然没有看到艳丽多姿知名全国的牡丹花，但是一种美好、充满希望的乡村企业之花正在他们心里盎然开放。

（获 1986 年全国优秀广播节目稿件一等奖）

双城民俗文化步行街记

韩非子

癸未年（2003），市委、市政府谋兴市富民之计，运筑巢引凤之策，请来湖南浏阳原副市长易武兴先生，融资四千万，于西南隅二道街，打造民俗文化步行街。是街也，横穿三神道，直通老市场，号称双城之王府井，古堡之南京路。故市府召集骚人墨客张济、孟楠、文山及非子，联络文人雅士，撰联作赋，又邀老作家王忠瑜赐墨暨主持遴选锦绣诗文刻于石上。

步行街，置生肖牌坊十二座，与传统"功名坊""道德坊""陵墓坊""门式坊"以及"标志坊"大相径庭。此牌坊，始自壬午年（2002）由易氏于浏阳首创。因其以人为本，天人合一，返璞归真，领异标新，为世人所称道。今于双城另建，堪称南方独一，北地无二，可谓之姊妹牌坊，辉映成趣。

统览步行街，东达魁兴阁林木荫翳，西连承恩门菜蔬盈畴，南折永和门外千里京哈国道，北接新城区内万人城乡广场。夹道琼楼，鳞次栉比；矗街牌坊，依次排列。玉亭相峙，组雕呼应；豚犬牛羊，集田园之乐；狼虫虎豹，尽山林之趣。采奇石供人鉴赏，寓时来运转之意；镌五幅任尔品玩，蕴福至心灵之愿。露天歌舞场舞池溢彩，浏阳菊花石花蕊凝香。且临街两侧，竖碑立石：记花园公主压酒之佳话，志富俊将军兴边之盛事，刊大年佳作莫公诗稿，镂运升遗篇斗瞻尺牍；又择后辈图画以附骥，录今人诗词而续貂。洋洋大观，以昭古堡文运之昌明也。

　　且夫或晨或昏,或暇或假,入街徜徉,览繁华市容,疑似清明上河图。门市棋布,酒旗斜矗,商贾云集,游人如织。日宿西山,华灯初上,绚似云霞,灿若星河。烧烤熟食,风味小吃,沿街叫卖,声声唱晚。有丝竹之悦耳,无车马之喧嚣;莳花草以怡心悦目,植杨柳以游憩纳凉。春华夏绿,一片生机;秋霜冬雪,满树梨花。一街之景四时有别,一市之兴昼夜各异。宜为商贾经贸首选之地,游人观光览胜之处,市民休闲娱乐之所,情侣相约温馨之乡。奇哉美哉!斯街乃绝胜也。

　　若携三五良朋,一二宾客游焉,即兴小酌,则酒香菜香人香心香飘然而至,亲情友情乡情诗情陡然而生。酒过三巡,心胸大快,执箸击碗,唱大江东去,歌阳关三叠。嗟乾质乘鹤而去,念步才驱车而游;赞王老董狐风骨挥毫龙虎雪,评张郎唐寅雅韵泼墨诗书画;侃莫德惠政坛得失扼腕击掌,诌刘酸茶逸闻趣事大笑微嗔;泣赵团奋戈御侮师殁绝地,哭韩旅血溅沙场气壮山河;论四野前线指挥部运筹帷幄之名将,话两地古城步行街引领风骚之儒商。噫!地因人而灵,人因地而杰;街因文而名,文因街而传。岂非若此乎!

　　家乡巨变,游子振臂。经饮雪斋主荐举,由建筑商家嘱托,余为步行街试笔,且雅兴所至,杜撰一联:生肖坊仿生肖风云会龙虎,步行街皆步行晴雨看霓虹。

(发表在 2003 年《今天消费报·大生活家》)

采石工的妻子

徐新民

十八岁那年
你向往大山了
二十岁那年
你嫁给大山了
嫁给大山就知道了采石场
就熟悉了男人
那柄大锤那把钢钎
从此少女的痴恋渐渐发育出
妻子的柔媚母亲的温婉
于是你便成为丰丰盈盈
富有生动内涵的女人了

每天采石的汉子归家
你会用亲情和体贴
洗荡丈夫一天的疲惫
用喷香滚烫的心泉
把焦渴的丈夫滋润
睡梦里你靠紧丈夫那一身
坚硬灼热的石头
呢喃的呓语
倾吐对石头的依恋
有一天丈夫在酒后
说你是他一辈子的采石场
你生出娇嗔如秋天的苹果树
悬挂羞涩的红艳

后来你居住的小石屋
又长起一座小山
后来你鬓边被白霜点染
你仍记着丈夫的那次幽默
你想有一天当自己老去
真愿成为永生的石头啊
真愿成为采不完的石场啊

（刊登于 1988 年 11 月工人出版社《工源诗歌选》）

蓝星星雨

郑孟楠

谁能在我静静的注视里
感受到荒野那条小径
和那密林中声声呼唤
一阵阵扑棱棱的提醒

雪意在阳光下颤动着
高远的天空
无数双沉甸甸的眼睛
大脑载不动……
记忆里有绛色的云升起
世界却沉下去
沉成了戛然而止
戛然而亮的红绿灯
甩着水珠挣脱目光的网
意识的游鱼游向峡谷
游向无底洞
任黑色的苦汁
浸透她的笑声
蓝星星雨洒落了

（发表在 1989 年 9—10 月号《诗人》）

谁和你在同一条河里洗脸

齐文斌

谁和你在同一条河里洗脸
虚幻的亚麻花
把忧伤的蓝色铺向天边
那个病夏的男孩儿
掬一捧自己的影子洗脸

谁被八月

最后一片雨声带走
远远地离开河床
一条河,被夏天的翅膀带走

谁在西风里,一边歌唱
一边将残存的酒杯喝干?
秋天坐在大地的深处
和泪把自己饮干

谁掉进夜晚无底的井里
天空和月亮
掉进自己深深的井里

棹一只小船
谁把诗歌的骸骨打捞?
在黑暗的河流上
痛哭着把自己打捞
河流黑暗,点亮灯盏

（发表在 1996 年第 4 期《诗林》）

与杨对话

秦 苏

杨,你落下最后一片叶子
就等于从我拮据的生活
拿走唯一的一枚金币
能不为你动容吗
那赤裸的灵魂和正直的思想
依旧高不可攀
杨,你是我家园的巨人
在你辽阔的绿荫里
我们繁衍人类的后代
爱情像鸟巢一样
布满你记忆的年轮
杨,你站立的姿势
教会我在平凡的生活中
坚定不移

我知道自己永远不能
到达崇高和伟大
但我已懂得生存的意义

（发表在 1990 年 11 月 21 日《黑龙江日报》）

水的声音

齐春玲

水，一种比石头坚硬的声音
缘于水的深处
生态的水，透明的水
以她特有姿态灌注你
那些植物绿得可人

单纯的小女孩
在水边长大
谁不曾倾听水的悠长
临水的夜晚
许多花瓣被水声唤醒
她在草丛之上
被风托起的裙裾还有
草尖上的露水珠
散发出来的月光的香味
在并不十分遥远的故乡
漫无边际的水啊
渐渐地将往事围困

驼铃牵引着小路的足迹
一天天消逝
而你心的荒漠
那些刈不败的野草和
羔羊的一声叫唤
水一样与你生死相依
有种目光的转盼
很像母亲的手势遗落水中

（发表在 1998 年 2 月 23 日《黑龙江日报》）

海恋

刘　卉

我又一次回眸
凝望你蔚蓝色的微笑
晚霞正为黄昏梳妆
浪花在恋恋挽留
几只归巢的海鸟
我却要去了
身影长长
似抛在沙滩上的纤锚
思念也长长
累着你亲切的白帆
系着你多情的小岛

（发表在 1987 年《诗人沙龙》3—4 期）

对门儿

墨　茵

习惯于长久注视
对面那黑色的门
有一处洁白的云飘出飘进
占据了我整个灵魂
无论季节怎样变幻
相思已在我心中长成了蓊郁的森林

有一天,那黑色的底片仍在
却抹去了梦一样的白云
我甜甜的葡萄酒里
加进几滴苦涩的问询
我独自走向对门儿
在那庄重的颜色上
留下了我的双唇

（选自哈尔滨出版社 1999 年《双城市五十年作品选》文学卷）

雪纷飞

赵乾质

彤云密布朔风吹，风卷鹅毛六出飞。
六出飘飘来天外，何人天外撒银灰。
银灰袅袅羞落地，盘旋太空霖屑玉。
对面五尺不见人，唯见纷纷舞白絮。
白絮弥漫倾宇宙，霎时改尽山河旧。
塞城万树梨花开，枯草逢春皆增秀。
草木争荣换新装，更有寒梅送暗香。
庭前翠柏窗前竹，地上堆琼瓦上霜。

（选自哈尔滨出版社 1999 年《双城市作品五十年选》文学卷）

登魁星楼

高步才

偶像空余座，魁星尚有楼。
飞檐遮画壁，翠瓦罩林头。
征雁天边去，平川眼下收。
三层登已尽，一节一番秋。

（选自哈尔滨出版社 1999 年《双城市五十年作品选》文学卷）

春　蚕

王忠瑜

桑叶鲜鲜溢碧脂，风和日丽正春时。
明知作茧关生死，也向人间献寸丝。

（选自哈尔滨出版社 1999 年《双城市五十年作品选》文学卷）

问　鹤

王振权

问君来此几多年？一领白衫可御寒？
往返流连何所系，扎龙底是胜江南。

（选自哈尔滨出版社 1999 年《双城市五十年作品选》文学卷）

西安大雁塔

赵志宽

玄奘佛心在，一尊雁塔留。
悠悠千载去，唯有善难求。

（选自哈尔滨出版社 1999 年《双城市五十年作品选》文学卷）

窗下蒲公英

张　济

轻寒老树慢抽芽，连日狂风扑面沙。
惟有地丁春梦早，依然窗下举黄花。

（选自哈尔滨出版社 1999 年《双城市五十年作品选》文学卷）

登泰山

韩非子

气蒸齐鲁乱晴阴，罩岭山花草本深。

借丈登云阶万尺,凭东跨险索千寻。
祥云托岱涛拍远,疏雨敲石鸟唱春。
绝顶凌霄非看日,叩山向剑谒仙人。

（选自哈尔滨出版社 1999 年《双城市五十年作品选》文学卷）

端午重游承旭公园兼吊屈原

关云泉

一番细雨洗浮尘,去岁晨风去岁云。
忍对园中滴露柳,追思泽畔涉江人。
常吟楚韵如心韵,始信诗魂即国魂。
堪叹阴霾遮祭日,暂凭杯酒长精神。

（选自哈尔滨出版社 1999 年《双城市五十年作品选》文学卷）

登望火楼

王福泰

二十年前登此楼,麟园一代正风流。
激扬笔奋千秋史,谈笑文轻万户侯。
来去京华为国事,担挑道义解民忧。
登临已是黄花晚,洒泪岂因为白头。

（选自哈尔滨出版社 1999 年《双城市五十年作品选》文学卷）

寄同乡诸友

徐双山

舞文弄墨累浮名,浪迹江湖雨打萍。
瓦舍炊烟游子梦,竹篱豆蔓故园情。
老来总忆儿时事,病卧常思旧日朋。

早为儿孙写遗嘱，百年白骨葬双城。

（选自华龄出版社出版《徐双山作品选》）

咏杏花

张继兴

东郊趁步觉春浓，春在初开百卉中。
草未成茵杨乍绿，柳先增色杏先红。
枝枝沾雨苞含蕊，朵朵凝香艳照容。
喜为林园添秀丽，芳菲不与众花同。

（选自黑龙江人民出版社《双城市五十年作品选》）

双城堡·老庙头

宫新民

三条神道对山门，
街道喧嚣宝殿尊。
茶肆酒楼悬彩幌，
靴鞭短袄卖山珍。
洋片影戏演朝野，
醒木三弦唱汉秦。
关帝香烛盈四隅，
庙前市井地生金。

（选自哈尔滨出版社1999年《双城市五十年作品选》文学卷补编）

登魁星楼

刘关祥

一楼拔地起，登临响巨涛。

隔窗见牛女,依稀会鹊桥。
近水夜自凉,超凡虑始消。
方信无羽翼,亦可远尘嚣。

(选自黑龙江2003年《今天消费报》)

咏　剑

郑孟楠

霜刀曾饮血,匣内敛光寒。
安得重出鞘,一挥定天山。

(选自黑龙江美术出版社《双城市文艺精品集》)

双城镇步行街楹联

鼠　坊

韩非子

曾窃食灯油偷稻粱捉放自便
若编成故事飨读者喜悲由之

牛　坊

韩非子

载日耕春一元大武竭尽千钧力
栉风沐雨四季勤工图强万户兴

虎　坊

张　济

空山长啸逐鹿雄风惊草莽
幽谷潜行吞天霸气隐文章

兔　坊

张　济

久入仙籍戏蟾憨态嫦娥笑
身居广厦避世娇姿百姓怜

龙　坊

王忠瑜

吞吐云天重光日月清宇宙
兴播雪雨遍润江山泽人寰

蛇　坊

关云泉

古洞潜修方得道
大江横渡即成龙

马 坊

郑孟楠

霜蹄健影不在悲鸿塑风骨
冷月香痕何须伯乐品精神

羊 坊

徐新民

品厚重貌端庄牧青草荒山时念归真抱朴纯矣谦谦君子
性温良德至善游远天近水常思取义成仁美哉落落丈夫

猴 坊

郑孟楠

闲戏老藤皎月霜林飘健影
清吟长天空山流水荡秋声

鸡 坊

刘海潮

雄豪一羽思破晓
壮志六翮欲冲天

狗 坊

王文山

曾助神君擒大圣
敢为孽畜啖金乌

猪 坊

赵志宽

神鼻拱厚土哼经常诵谁曾解
玉首化龙头盛典永传尔自安

三、首志勘误

　　《双城县志》(1990 年版)发行后,很多读者给予关注。徐新民等同志对该志书进行研读后,指出谬误之处,经征得《双城县志》主编李益兴同意,交谬误之处更正如下:

　　其一:783 页"王兴文的散文《珍珠的回忆》"王兴文应改为王兴。784 页柳贵卿应为郝贵卿。789 页《双城子迤带怀古》《咏双城》署名应改为张矞铭,不是柳大年;另《咏双城》误写为《咏双执》应予更正。783 页作者付亚超应改傅雅超。

　　其二:783 页王作龙的报告文学《用热血亲吻祖国大地》句的"大地"应为"土地",同页《学海苦读记》应为《学海苦渡记》;韩建锐的《我的爱象清水里的绿豆》,应改为《我的爱象清水里的绿豆》;《童年初夕夜》应改为《童年,除夕夜》。784 页《梨花送忧》应改为《梨花送枕》。

　　其三:778 页"1970 年学习小靳庄,赛诗、跳舞"等,学习小靳庄应为 1974 年。782 页"高凤阁小说《堑道》被选入建国 30 年小说集中"应为"建国 10 年小说集"。796 页"1979 年县文联主办《双城文学》《学员作品报》"应为 1986 年以后,均不在这本志书的时间段内。

　　其四:784 页提到奚青汶的戏剧、曲艺创作等作品在中央电台、省电台录制播放 300 余个不实,应为近百个。798 页《名胜》节中"双城堡火车站距哈尔滨火车站 60 公里"中,"60 公里"应改为"51 公里";同页介绍魁星楼匾额时,其中《文运昌明》应为《昌明文运》。778 页"在一个仅 200 平方米的展览厅内,观赏的人多达 15 000 人"一句应在 15 000 人后面加"次"。879 页莫德惠生卒应改为(1883—1968)。882 页"王家祯"应改为王家桢。873—874 页唐聚五卒年应为 1939 年,不是 1938 年 9 月 16 日。784 页奚青汶创作二人转《高老庄》是在 1986 年,不在本书断限之内,应删去。《红湖赤卫队》应改为《洪湖赤卫队》。"甲戊"改为"甲戌";"州五周年"应改为"卅五周年"。

后　记

　　双城市第二轮修志工作于 2006 年 4 月启动，在市委、市政府的直接领导下，在全市党政群团组织的大力支持下，在全体编纂人员的辛勤工作下，历经九年时间，《双城市志》（1986—2005）已编辑成书，即将出版发行，这是双城人民值得庆贺的一件大事！

　　这轮《双城市志》编修工作，经历了四个阶段：一是培训人员阶段：2006 年 4 月 28 日，市政府召开了全市修志启动大会。会后，志办工作人员利用两周时间对全市城乡参与修志资料征集工作人员进行业务培训，使其明确征集资料的重要性和可靠性。二是资料征集阶段：全体志办人员包科局、包乡镇进行全面征集志书所需资料。为求证资料的真实性可靠性，志办工作人员召开多次小型座谈会，进行搜集和考证。在征集资料的基础上，编写资料长编，以备编纂之用。经过两年的努力，志办工作人员共征集资料 700 余万字，写出资料长编百余篇。三是编纂成书阶段：在志书编纂过程中，六易篇目，七审志稿，编纂人员相互研讨，取长补短，在大家的共同努力下，历经五年时间完成 120 余万字的双城市志编纂任务，于 2014 年 7 月，志书样本送审。经过省及哈志办专家精心评审研究，利用近五个月的时间，提出近 200 余条志稿修改意见，于 2014 年 12 月初，省及哈志办专家莅临双城志办进行面对面反馈交流，使志办修志工作人员受益很大。志办修志人员利用四天时间进行学习消化专家修改意见，在此基础上，开始对志书进行二次志稿修改工作，送交编委会及哈市志办进行终审。四是终审出版阶段：将志书的终审稿送到各委办局和相关单位征求意见，经过编委会的审定，报送哈尔滨市志办验收。

　　值此《双城市志》成书之际，我们真诚地感谢上级业务主管部门对双城修志工作的关心指导；尤其是在初稿形成之时，哈市志办领导莅临双城，对志书初稿进行中肯的点评，对双城市志的编纂工作起到不可估量的作用，我们表示衷心的感谢！感谢兄弟县市对双城修志工作的无私支持；同时，我们为这次修志工作做出突出贡献的 王忠诚 同志表示深切的怀念；对这次修志做出积极贡献的何文发、张福型、袁金涛、白德山、徐新民同志表示衷心的感谢！

　　《双城市志》（1986—2005）问世了，给全市人民带来的愉悦之情是无可言表的！但由于编纂人员的水平有限，加之部分资料的缺乏，谬误之处在所难免，敬请读者予以指正。

双城市地方志编纂委员会办公室